Das Bild unserer Welt
Amerika
Von Alaska bis Feuerland

Dieses Buch entstand in Zusammenarbeit zwischen dem ADAC Verlag, München, und dem Deutschen Bücherbund, Stuttgart München

© 1991 ADAC Verlag GmbH, München und Deutscher Bücherbund GmbH & Co. Stuttgart München
Zweite, aktualisierte Ausgabe

Satz: Rombach GmbH Druck- und Verlagshaus, Freiburg i. Br.
Repro: Wehrle Repro, Freiburg i. Br.
Länderkarten: © Istituto Geografico de Agostini, Novara
Druck und Bindearbeiten:
Fabrieken Brepols n.V., Turnhout/Belgien
Printed in Belgium
ISBN 3-87003-316-9

Vorwort

»Das Bild unserer Welt« – der Untertitel dieses Werkes ist ein Programm: Es zeichnet ein lebendiges, zeitnahes Bild der Kontinente und ihrer Länder – vom unbekannten Zwergstaat in der Karibik, der vielleicht schon morgen in die Schlagzeilen der Weltpresse gerät, bis hin zur Supermacht, von der man alles zu wissen glaubt und doch nicht viel mehr als Klischees kennt.
Für dieses anspruchsvolle Vorhaben konnten wir Autoren gewinnen, die heute in den Ländern Nord-, Mittel- und Südamerikas leben oder durch häufige Besuche ihr Bild vom Land differenzieren konnten: profilierte Auslandskorrespondenten der deutschen Fernseh- und Rundfunkanstalten sowie großer Zeitungen und Zeitschriften.

Die Autoren berichten in ihren namentlich gekennzeichneten Artikeln authentisch, kritisch, kenntnisreich über ihre Erfahrungen in »ihrem« Land, über Begegnungen mit Menschen und Landschaften, über Kultur und Politik, die Geschichte und den Weg in die Zukunft; für einige Länder empfehlen sie ausgesuchte Touren: »Die besondere Reise«. Hervorragende Fotografen dokumentieren mit ihren Bildern die Texte der Autoren oder erweitern sie um neue Facetten. Dem persönlich gehaltenen Landesporträt folgen – von einer großen Lexikonredaktion erarbeitet – »Daten, Fakten, Reisetips«. Sie liefern alles Wissenswerte im Überblick und vervollständigen die Informationen mit einer detaillierten Landkarte.
Entscheidend für die Aufnahme eines Landes in diesen Band war der Status der Souveränität oder eine gewisse regionale Eigenständigkeit – ungeachtet historisch bedingter Abhängigkeiten. Die Länder erscheinen in alphabetischer Ordnung. Am Ende des Bandes steht, als Kontinent eigener Art, die Antarktis.
Das Bild unserer Welt, das sich so Land für Land zusammensetzt aus dem persönlichen Erfahrungsbericht, faszinierenden oder auch aufrüttelnden Bilddokumenten und objektiv dargebotenen Fakten, möchte anregen zum Nachdenken und zum Gespräch, zur Wissenserweiterung und zu Traumreisen. Es möchte das Verständnis für die Eigenarten und Probleme anderer Länder und Völker erleichtern und in jedem von uns die Verantwortung wecken für diese Erde in ihrer Vielfalt und Schönheit.

Inhalt

Die Autoren dieses Bandes 10

Amerika
Das Bild eines Kontinents
Peter von Zahn 12
Amerika in Daten und Fakten 32

Antigua und Barbuda
Landesporträt Brigitte Geh-Spinelli 36
Daten · Fakten · Reisetips 40

Argentinien
Landesporträt Ulrich Encke 42
Die besondere Reise Ulrich Encke 52
Daten · Fakten · Reisetips 54

Bahamas
Landesporträt Brigitte Scherer 60
Daten · Fakten · Reisetips 64

Barbados
Landesporträt Brigitte Geh-Spinelli 66
Daten · Fakten · Reisetips 70

Belize
Landesporträt Ulrich Stewen 72
Daten · Fakten · Reisetips 76

Bermuda
Landesporträt Brigitte Geh-Spinelli 78
Daten · Fakten · Reisetips 82

Bolivien
Landesporträt Peter Laudan 84
Daten · Fakten · Reisetips 90

Brasilien
Landesporträt Walter Tauber 92
Die besondere Reise Walter Tauber 108
Daten · Fakten · Reisetips 110

Chile
Landesporträt Rolf Pflücke 116
Die besondere Reise Rolf Pflücke 122
Daten · Fakten · Reisetips 124

Costa Rica
Landesporträt Fiona Zeller 128
Daten · Fakten · Reisetips 132

Dominica
Landesporträt Ulrich Stewen 134
Daten · Fakten · Reisetips 138

Dominikanische Republik
Landesporträt Klaus Harpprecht 140
Daten · Fakten · Reisetips 144

Ecuador
Landesporträt Wolfgang Gahbauer 146
Daten · Fakten · Reisetips 152

El Salvador
Landesporträt Willi Germund 154
Daten · Fakten · Reisetips 158

Französisch-Guayana
Landesporträt Ulrich Stewen 160
Daten · Fakten · Reisetips 163

Grenada
Landesporträt Roshan Dhunjibhoy 164
Daten · Fakten · Reisetips 168

Grönland und die Arktis
Landesporträt Erhard Treude 170
Der Weg zum Pol
Alfred M. W. Schürmann 178
Daten · Fakten · Reisetips 180

Guadeloupe
Landesporträt Gerda Rob 182
Daten · Fakten · Reisetips 185

Guatemala
Landesporträt Roger Franz 186
Daten · Fakten · Reisetips 192

Guyana
Landesporträt Ulrich Stewen 194
Daten · Fakten · Reisetips 198

Haiti
Landesporträt Rita Neubauer 200
Daten · Fakten · Reisetips 204

Honduras
Landesporträt Roger Franz 206
Daten · Fakten · Reisetips 212

Jamaika
Landesporträt Roshan Dhunjibhoy 214
Daten · Fakten · Reisetips 218

Kanada
Landesporträt Hans-Gerd Wiegand 220
Zwei besondere Reisen
Hans-Gerd Wiegand 234
Daten · Fakten · Reisetips 238

Inhalt

Kolumbien
Landesporträt Wolfgang Gahbauer 244
Daten · Fakten · Reisetips 250

Kuba
Landesporträt Horst-Eckart Gross 254
Daten · Fakten · Reisetips 260

Martinique
Landesporträt Gerda Rob 262
Daten · Fakten · Reisetips 265

Mexiko
Landesporträt Armin Wertz 266
Die besondere Reise
Miguel Rico Diener 276
Daten · Fakten · Reisetips 278

Nicaragua
Landesporträt Willi Germund 284
Daten · Fakten · Reisetips 290

Panama
Landesporträt Armin Wertz 292
Daten · Fakten · Reisetips 296

Paraguay
Landesporträt Wolfgang Gahbauer 298
Daten · Fakten · Reisetips 304

Peru
Landesporträt Ulrich Encke 306
Die besondere Reise Ulrich Encke 312
Daten · Fakten · Reisetips 314

St. Kitts und Nevis
Landesporträt Ulrich Stewen 318
Daten · Fakten · Reisetips 321

St. Lucia
Landesporträt Ulrich Stewen 322
Daten · Fakten · Reisetips 326

**St. Vincent
und die Grenadinen**
Landesporträt Ulrich Stewen 328
Daten · Fakten · Reisetips 332

Suriname
Landesporträt Gunter C. Vieten 334
Daten · Fakten · Reisetips 338

Trinidad und Tobago
Landesporträt Roshan Dhunjibhoy 340
Daten · Fakten · Reisetips 344

Uruguay
Landesporträt Wolfgang Gahbauer 346
Daten · Fakten · Reisetips 352

Venezuela
Landesporträt Harald Jung 354
Daten · Fakten · Reisetips 360

Vereinigte Staaten von Amerika
Eine Weltmacht wird geboren
Klaus Harpprecht 366
Glanz und Elend im Weißen Haus
Fritz Pleitgen 373
Patrioten in Gottes eigenem Land
Gabriele von Arnim 384
Von New York bis San Francisco
Uwe Siemon-Netto 392
Drei besondere Reisen
Eva Windmöller-Höpker 410
Daten · Fakten · Reisetips 416

Antarktis
Ein Kontinent unter ewigem Eis
Heinz Kohnen 426
Der Wettlauf zum Südpol
Alfred M. W. Schürmann 436

Internationale Organisationen 438
Mitarbeiter 439
Zeichenerklärung zu den Karten 440
Register 443
Bildnachweis 455

Autoren

Dr. Gabriele v. Arnim, 1946 in Hamburg geboren; Studium der Politischen Wissenschaften und Soziologie; lebte zehn Jahre u. a. als Korrespondentin der Zeitschrift art in New York. Autorin des DuMont-Führers Richtig Reisen: New York. Lebt heute als freiberufliche Journalistin in München.

Roshan Dhunjibhoy, Pakistani, Filmemacherin und Journalistin. Sie hat über 50 politische und kulturelle Dokumentarfilme und -berichte für ARD und ZDF gedreht. Lehraufträge für Dokumentarfilme an der Film- und Fernsehakademie in Berlin und an der University of the West Indies in Jamaika. Beiträge für Zeitschriften und Bücher.

Miguel Rico Diener ist 26 Jahre alt und arbeitet als Politik-Redakteur bei der in Mexiko erscheinenden Tageszeitung Unomasuno.

Ulrich Encke, 1943 in Remscheid geboren. Mehrere Jahre Handelsschiffahrt, Abitur auf dem zweiten Bildungsweg. Studium der Wirtschaftswissenschaften. Seit 1973 beim Bayerischen Rundfunk (Hörfunk), 1978–1980 ARD-Korrespondent in Teheran, 1984–1987 ARD-Korrespondent für Südamerika mit Sitz in Buenos Aires. Seit 1987 außenpolitischer Redakteur in München.

Dr. Roger Franz, Jahrgang 1954, Studium der Ethnologie, Kunstgeschichte, Archäologie und Volkswirtschaft; Spezialgebiet: der amerikanische Doppelkontinent, zahlreiche Forschungs- und Arbeitsaufenthalte in der Neuen Welt; heute als Publizist und an verantwortlicher Stelle im Fernreise- und Studientourismus tätig.

Wolfgang Gahbauer, geboren 1943 in München, Studium der Germanistik, Philosophie und Zeitungswissenschaften, Journalist. 1966–1975 Redakteur im Hörfunk des SWF Baden-Baden, 1975–1978 im ARD-Studio Buenos Aires. Lebt seitdem als freier Mitarbeiter für das Deutsche Fernsehen in Brasilien.

Brigitte Geh-Spinelli, Journalistin und Buchautorin (Text und Bild), (Reise-)Reportagen, Reisebücher, Mitarbeit bei Zeitschriften, Zeitungen, Funk und Fernsehen. Spezialgebiet (und Passion): Inselstaaten. Wohnsitze: München und Rom.

Willi Germund, geboren 1954, seit 1980 als Journalist in Mittelamerika und der Karibik tätig. Korrespondent mehrerer deutscher und ausländischer Tageszeitungen.

Horst-Eckart Gross, geboren 1943, Diplom-Mathematiker. Lebte 13 Jahre in Brasilien, heute in Bielefeld tätig als Autor und Übersetzer. Zahlreiche Buch- und Zeitschriftenveröffentlichungen über Kuba, Guatemala, El Salvador.

Klaus Harpprecht, geboren 1927 in Stuttgart, Schriftsteller und Journalist. Drei Jahre Chef des S. Fischer Verlages, danach Mitherausgeber und verantwortlicher Redakteur des Monat. 1972–1974 Chef der Schreibstube und Berater bei Bundeskanzler Willy Brandt. Lebt seit 1982 als freier Schriftsteller, Mitherausgeber mehrerer Magazine und Produzent von Fernsehfilmen in Südfrankreich. Zahlreiche Buchveröffentlichungen. Für seine publizistische Arbeit wurde Harpprecht mit dem Theodor-Wolff-Preis und dem Josef-Drexel-Preis ausgezeichnet.

Harald Jung, geboren 1938 in Zagreb (Jugoslawien). Abitur, erstes und zweites juristisches Staatsexamen in München. Bereits während des Studiums freier Mitarbeiter, später Redakteur der Münchner Abendzeitung, freier Mitarbeiter beim Bayerischen Rundfunk (Hörfunk und Fernsehen), ab 1970 freier Mitarbeiter, Redakteur und zuletzt stellvertretender Leiter des zeitkritischen Magazins Kennzeichen D im Zweiten Deutschen Fernsehen. 1981–1987 ZDF-Korrespondent für Mittelamerika mit Sitz in Caracas/Venezuela. Seit 1989 Leiter des ZDF-Studios Madrid.

Dr. Heinz Kohnen, geboren 1938, Studium in Münster und Mainz, Promotion, Diplom-Geophysiker, seit 1967 in der Polarforschung tätig. Vier Arktisexpeditionen nach Grönland, Alaska und in die kanadische Arktis, acht Antarktisexpeditionen seit 1970. Seit 1982 als Abteilungsleiter und Wissenschaftlicher Direktor am Alfred-Wegener-Institut für Polar- und Meeresforschung in Bremerhaven tätig.

Peter Laudan, geboren 1935 in Schönebeck an der Elbe, 1953 dort Abitur, danach Studium der Medizin und später der Germanistik, Publizistik und Soziologie in Berlin (Ost) und Berlin (West). Seit 1961 Rundfunk- und Fernsehredakteur (Nachrichten, Kultur und Wissenschaft, Politik, zahlreiche Reportagen und Fernsehfilme). Sechs Jahre lang ARD-Hörfunk-Korrespondent in Ostafrika, von 1987–1990 in Südamerika, wo Bolivien zu seinem Berichtsgebiet gehörte (– das er seit 1969 kennt). Seit 1990 leitender Redakteur beim Hörfunk des WDR.

Rita Neubauer, Jahrgang 1958, arbeitet als Korrespondentin für verschiedene bundesdeutsche Tageszeitungen und Magazine sowie als freie Journalistin für Rundfunkanstalten. Sie berichtet seit 1986 aus Mittelamerika und der Karibik.

Dr. Rolf Pflücke, Jahrgang 1942. Schulbesuch und Abitur in Bruchsal. Studium an der philosophischen Fakultät Heidelberg. 1970 Promotion. Längerer Aufenthalt in den USA. Reporter beim SWF Baden-Baden. 1973–1979 Lateinamerika-Korrespondent des ARD-Fernsehens. Freier Journalist. Seit 1986 ZDF-Korrespondent mit Sitz in Rio de Janeiro.

Fritz Pleitgen, geboren 1938 in Duisburg. 1959 bis 1963 Volontär und Redakteur bei der Freien Presse in Bielefeld. 1963–1970 beim Westdeutschen Rundfunk Redakteur für Tagesschau und Sonderaufgaben (u. a. Zypern- und Sechstagekrieg). 1970–1977 ARD-Korrespondent in Moskau, 1977–1982 Leiter ARD-Studio DDR, 1982–1987 Leiter ARD-Studio Washington, von 1988 an Leiter WDR-Studio New York. Danach Chefredakteur Fernsehen des WDR.

Dr. Gerda Rob, Historikerin und Ethnologin, in Tirol geboren, verheiratet; wenn nicht auf Reisen, mit Familie in Wien lebend. Autorin von 27 Reiseführern (darunter Titel wie New York, Australien, Indonesien, Brasilien) und mehreren kulturgeographischen Büchern (Ungarn, Italien, Österreich, Griechenland). Freie Mitarbeiterin bei Die Weltwoche, Welt am Sonntag.

Brigitte Scherer, geboren 1943 in Berlin. Nach Soziologiestudium und Volontariat seit 1969 Redakteurin im Feuilleton der Frankfurter Allgemeinen Zeitung mit dem Arbeitsgebiet Tourismus. Vorübergehend FAZ-Kulturkorrespondentin in New York. Theodor-Wolff-Preis (1980) für ihre tourismuskritischen Beiträge.

Alfred M. W. Schürmann, geboren 1935 in Stuttgart, Wissenschaftsjournalist, seit 11 Jahren bei der Zeitschrift Kosmos, Spezialgebiet Biologie, Geographie, Fotografie, Reisen in fast alle Kontinente.

Uwe Siemon-Netto, 52, freier Journalist und Autor. Nach 30 Jahren als Auslandskorrespondent deutscher Presseverlage in London, Paris, New York, Washington, Vietnam, Hongkong und Nahost unterbrach er seine Laufbahn vorübergehend, um in Chicago seinen Magister Artium in lutherischer Theologie zu machen. Jetzt bereitet er sich in Boston auf seine Promotion zum Dr. phil. vor. Der gebürtige Leipziger hat zwei Wohnsitze, einen in New York und einen anderen in der Dordogne in Südwestfrankreich.

Ulrich Stewen, 41, studierte Ethnologie, Internationale Politik und Entwicklungssoziologie in Frankfurt; zahlreiche Aufenthalte in der Karibik und im Südpazifik; Redakteurstätigkeit bei Fachzeitschriften und Nachrichtenagenturen; Mitglied im Journalistenbüro Sextant für Berichterstattung aus der Dritten Welt, Bonn.

Walter Tauber, geboren 1948 in Prag. Vater Schweizer, Mutter Holländerin. Aufgewachsen vor allem in London und Zürich. Studium (Geschichte) in Genf und Barcelona. Ab 1976 freier Journalist in Spanien, mit häufigen Reisen nach Mittelamerika. 1979 zum Spiegel nach Hamburg, als Redakteur für Mittelamerika zuständig. 1983–1988 Südamerika-Korrespondent mit Sitz in Brasilien, seit 1989 Spiegel-Korrespondent in Madrid.

Prof. Dr. Erhard Treude, geboren 1940 in Münster (Westfalen), Studium der Geographie, Ethnologie und Anglistik in Münster, Wien und Montreal, Promotion (Dr. phil.) und Habilitation über arktische Themen, seit 1978 Professor für Wirtschaftsgeographie und Leiter der Forschungsstelle für die Geographie der Polarländer beim Fach Geographie der Universität Bamberg.

Gunter C. Vieten, 58, hat sich nach naturwissenschaftlichem Gymnasium und Journalistenschule, Aachen, vor 30 Jahren in den Niederlanden angesiedelt. Er vertritt als Haager Korrespondent Rundfunkanstalten und ist Autor mehrerer Bücher über holländische und andere Themen.

Armin Wertz, 1945 in Friedrichshafen/Bodensee geboren. Nach Abschluß des Studiums (Dipl.-Volkswirt) an der Freien Universität Berlin Arbeit in der Nachrichtenredaktion des Stern. 1980–1982 als freier Journalist in Mittelamerika. 1983–1985 Redakteur für Lateinamerika beim Spiegel in Hamburg. 1986–1989 Korrespondent des Spiegel für Latein- und Mittelamerika.

Hans-Gerd Wiegand, 55 Jahre alt, in Köln geboren, Studium der Sozialwissenschaften und Psychologie, seit 20 Jahren als Redakteur, Autor und Regisseur für den WDR tätig, heute Korrespondent in Kanada.

Eva Windmöller-Höpker, in Bochum geboren, erlernte das Reporterhandwerk in den fünfziger Jahren beim Spiegel. Funk und Fernsehen bei Werner Höfer in Köln. 1963 ging sie zum Stern, für den sie Serien über die Situation der Frauen schrieb. 1974 bis 1976 mit Fotografen-Ehemann Thomas Höpker als Korrespondentin in der DDR, danach zehn Jahre in New York. Sechs Jahre Moderatorin der TV-Serie Ehen vor Gericht. 1987 wurde sie freie Autorin in Hamburg und New York.

Dr. Peter von Zahn, geboren 1913, humanistisches Gymnasium in Dresden und Meißen, Studium der Geschichte, Doktorarbeit über soziale Ideen der Wiedertäufer, Verlagstätigkeit, während des Zweiten Weltkrieges Leutnant i. d. PK, ab 1945 Leiter der Wortsendungen des NWDR, 1951–1964 Rundfunk- und Fernsehkorrespondent in Washington, seitdem freier Fernseh- und Filmproduzent, Buchautor und Kolumnist.

Fiona Zeller, 28 Jahre alt, Fachjournalistin für Touristik. Tageszeitungs-Volontariat bei der Nordsee-Zeitung in Bremerhaven. Studium der Wirtschaftsgeographie in Hamburg und München. Seit 1986 freiberuflich bei der Südbayerischen Redaktionsgemeinschaft Tourismus, Wolfratshausen, tätig.

Peter von Zahn

Amerika

Das Bild eines Kontinents

Ein Kontinent schwimmt sich frei

Die Neue Welt hat sich erst kürzlich von der Alten losgerissen. »Kürzlich« heißt: vor rund 180 Millionen Jahren. Da trennten sich zwei gewaltige Stücke Erdkruste von dem Urkontinent, der heute noch in Gestalt von Afrika und Eurasien lose zusammenhängt, und glitten auf dem geschmolzenen Magma des Erdinnern auseinander. An der Bruchlinie flossen die Wasser des Urozeans ein und bildeten mit der Zeit den Atlantik.

Seitdem treiben die Alte Welt und Amerika auseinander; oder, genauer gesagt: Der Atlantikboden zwischen ihnen weitet sich. Die Geschwindigkeit ist atemberaubend. Sie beträgt einige Zentimeter im Jahr. Aber im Verlauf von Jahrmillionen werden aus kleinen Zentimeterschüben Tausende von Kilometern. Auf einem Globus kann man wie an einem zerfledderten Puzzle-Spiel erkennen, wo der nördliche Teil der Neuen Welt mit Europa zusammenhing und daß die Schulter Südamerikas einst an die Biegungen Afrikas paßte. Die westliche Hemisphäre wurde somit zu einer Insel, umflossen von den Gewässern des Atlantiks und des Pazifiks. Ihre Form erinnert an zwei Trichter, elegant wie ein Mobile von Calder gegeneinander versetzt. Der obere Trichterrand von Nordamerika enthält die eisigen Öden von Grönland und Alaska. Auch der größte Teil Kanadas ist ziemlich unwirtlich.

Südamerikas Schwergewicht liegt dagegen am Äquator; ein immer schmaler werdender Ausläufer reicht von da bis fast an die Antarktis. Infolge einer erdgeschichtlichen Laune hängen die beiden Kontinente am Isthmus von Panama zusammen.

Ihre gemeinsame Herkunft ist auf der pazifischen Seite besonders deutlich erkennbar: an einem endlos langen, fast von Pol zu Pol reichenden Gebirgszug. Die Berge mögen Anden, Kordilleren, Sierras, Kaskaden oder Rocky Mountains heißen – sie haben sich alle in vielen, engen Falten da hochgestaucht, wo die Frontlinie des wandernden Doppelkontinents auf die Schollen des pazifischen Beckens drückte.

Entlang dem Stillen Ozean entstand von Alaska bis Feuerland eine Zone, die mit Erdstößen, Seebeben und Vulkanausbrüchen für ständige Aufregung in den Zeitungen und entzücktes Interesse bei den Geologen sorgt. Unter den Filmstudios von Hollywood und den Bank-Hochhäusern von San Francisco verläuft zum Beispiel der San-Andreas-Graben – eine spannungsreiche Verwerfung der Erdkruste,

Die Bilder zu diesem einleitenden Kapitel – große Überblicke wie präzise Details – sollen, in der Abfolge von Nord nach Süd, Motive, Eindrücke von diesem spannungsvollen Doppelkontinent vermitteln, während der Text aus der Feder Peter von Zahns in die Tiefe der Zeit, der erdgeschichtlichen wie der historischen, geht und Entwicklungen bis in unsere Tage nachzeichnet und reflektiert.

die man vor 15 Millionen Jahren noch Hunderte von Kilometern weiter ostwärts hätte finden können. Sie ist also weit gereist, aber nicht müde. In diesem Jahrhundert hat sie schon mehrmals für böse Erdbeben gesorgt.

Es gibt zwischen Nord- und Südamerika noch eine weitere geologische Ähnlichkeit: Jeweils am atlantischen Rand der beiden Kontinente haben sich in altersgrauer Zeit – lange vor den Ketten im Westen – Gebirge und Hochplateaus – zum Beispiel die Appalachen und das brasilianische Hochland – geformt, welche die Flüsse an ihren Flanken zum Landesinnern hinlenken. Dort vereinigen sie sich mit den Wassern von den westlichen Hochgebirgen, den Anden im Süden und den Rocky Mountains im Norden, zu den in Nord-Süd-Richtung fließenden Stromsystemen des Paraguay/Paraná und des Mississippi, deren Fluten ihren Weg ins offene Meer erst nach langer Suche finden. Der Mississippi kommt dabei dem Nil an Länge fast gleich.

In der Stromrichtung von West nach Ost entspricht dem Amazonas der Sankt-Lorenz-Strom; er besorgt die Entwässerung der Großen Seen im Herzen der nordamerikanischen Landmasse. Der Amazonas entwässert ein Gebiet, das mit über 7 Millionen Quadratkilometern fast so groß ist wie die USA ohne Alaska.

Auch Wasserfälle im Range von Weltwundern besitzt jeder der beiden Kontinente. Dabei übertreffen die Cataratas del Iguazú des Río Paraná die Niagarafälle des Sankt-Lorenz-Stromes an Wucht und Wildheit.

Im übrigen taten Wind und Regen, Sonne und Eiszeiten, Vulkane und Meteore ihr Werk wie in anderen Weltgegenden auch und gaben den beiden Amerika ihr jeweils unverwechselbares Gesicht.

Das Klima spielt gern verrückt

Südamerika ächzt in weiten Gebieten beiderseits des Äquators sommers wie winters unter Hitze und ungemütlicher Luftfeuchtigkeit. Das trifft aber auch auf die Sommer in Nordamerika zu, wenn Winde aus der Karibik und dem mexikanischen Golf warme Luftmassen das Mississippital hinauf bis weit nach Kanada tragen. Im Spätsommer und Herbst folgt der Hurrikan. In Form harmloser Wasserhosen wird er im Südatlantik geboren und erreicht bereits halb erwachsen die Karibik. Nie wendet er sich dann nach Süden, sondern stets nach Norden, wo er zu voller, tobender, verheerender Größe anwächst. Manchmal wird die Warmluft im Mississippital von kälteren Luftschichten aus dem Westen überlagert; dann entstehen zu allem Überfluß noch Tornados und reißen die Dächer von den Häusern und die Autos von den Straßen der sonst so gemütlichen Kleinstädte in Illinois. Im Winter dagegen tragen die Polarwinde gewaltige Schneestürme von Norden her über den ungeschützten Kontinent und langen mit eisigen Pfoten bis ins subtropische Florida.

Überhaupt spielt allenthalben auf dem Doppelkontinent das Klima gern verrückt. Die Natur neigt zu extremen Ausschlägen. Für beide Kontinente gilt: eine Menge Feuchtigkeit in den Tieflandbecken des Landesinnern und an der atlantischen Küste – aber zuwenig Wasser, große Dürre, Wüste und Waldbrand im gebirgigen Westen. Die Küsten des Stillen Ozeans sind abgekühlt durch den Humboldtstrom, die Ufer des Atlantiks dagegen erwärmt durch den Golfstrom. Gleichermaßen kalt sind der äußerste Norden und Süden; mächtige Gletscher fließen hier von den Bergen, brechen ins Meer ab, und die treibenden Eisberge erinnern daran, daß sich dieser Doppelkontinent zwischen Arktis und Antarktis spannt. Insgesamt zeigt er, je nach Höhenlage und geographischer Breite, eine ungezähmte Wildheit und eine Vielfalt des Klimas wie sonst kein Erdteil.

Als letzter kam der Mensch

Als sich die Neue Welt von der Alten löste, nahm sie ihren Bestand an Dinosauriern mit auf die Reise. Sie lebten noch gute 60 Millionen Jahre in den heißen Farnwäldern und Meereslagunen jener Erdepoche. Die nächsten 60 Millionen Jahre sollten den Vögeln und schließlich den Säugetieren gehören. In der Abgeschlossenheit des Kontinents entwickelten sich eigentümliche Geschöpfe wie der Tapir, das Lama und der Kolibri. Das merkwürdigste Säugetier allerdings, der Mensch, scheint die Neue Welt erst vor ganz kurzer Zeit – rund 40 000 Jahren – betreten zu haben.

Jägerstämme aus Asien folgten über die zugefrorene oder verlandete Beringstraße ihrem Wild nach Alaska. Sie breiteten sich von da über viele Stationen nach Süden aus,

Zwischen Nord- und Südpol

Gletscher, Kormorane, Eskimos – man könnte glauben, es seien Bilder aus einer einzigen Region. Dazwischen aber liegen fast 20 000 Kilometer Land mit Salzwüsten und Regenwäldern, Riesenstädten und alten Kulturen. Zwei Kontinente eigentlich, deren Extreme sich im Eis berühren: die kalten Breiten des Südens, hier die Mondwelt dieses Gletschers in Patagonien – und der äußerste Norden, dort die Eskimokinder auf einer Insel im Beringmeer.

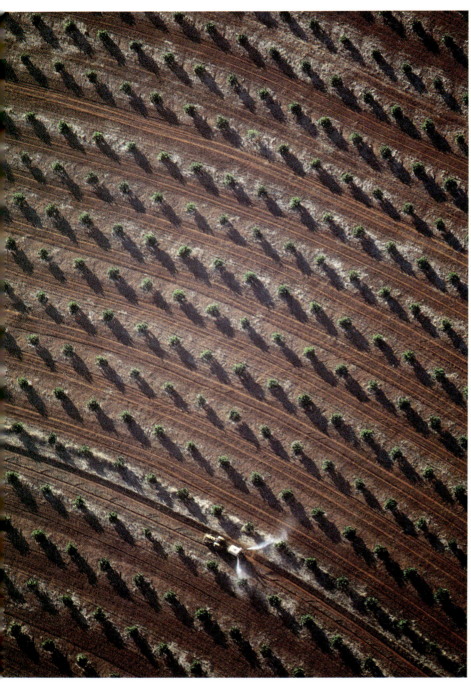

rufen hinterließen. Es war eine hauchdünne Besiedlung. Wenn auf der gesamten Fläche von Kanada und den USA damals eine Million Indianer lebten, war es viel. Es fehlte wohl auch an Nachschub. Irgendwann wurde die Beringstraße wieder unpassierbar. Die Nachzügler der steinzeitlichen Wanderer blieben als die heutigen Eskimos in Alaska, Nordkanada und Grönland hängen.

Die frühen Staaten in Mexiko und in den Anden

Zu dieser Zeit war auf der Hochebene zwischen Popocatépetl und Iztaccíhuatl in Mexiko und in den Hochtälern der Anden bereits eine Staatenbildung im Gang, die in mancher Hinsicht mit den frühen Stromkulturen an Euphrat und Nil verglichen werden kann. Nahrungsbasis war längst nicht mehr die Jagd allein und das Sammeln von Früchten und Wildpflanzen. Mais und Tomate, Kartoffel und Erdnuß waren in langen Prozessen zu Kulturpflanzen geworden. Ein trockenes Klima machte künstliche Bewässerung und Terrassenbau notwendig. Das wiederum erforderte eine ausgeklügelte Verwaltungsbürokratie der Wasserämter und Landvermesser. Künstlich bewässerte Äcker warfen hohe Überschüsse ab.

Die Bevölkerung nahm rasch zu. Um ihre spirituellen Nöte kümmerte sich die Priester-Kaste. Sie beobachtete den Himmel, opferte der Sonne und besänftigte die Launen breitmäuliger Dämonen. Auf den Terrassen der Tempel-Pyramiden brachte sie blutige Menschenopfer dar. Ihre Bildchroniken zeigen, daß solches zur höheren Ehre sonnengleicher Monarchen geschah, die in der Kasten-Pyramide von Offiziers- und Landratsadel die oberste Spitze erklommen hatten. Das Fundament bildeten die Bauern der Hochtäler. Ihr Fleiß und die Organisationsgabe ihrer Herren ermöglichte zum ersten Mal in der Geschichte des Doppelkontinents die Bildung einer Gesellschaft, die nicht von der Hand in den Mund lebte. Die Maya-Zivilisation fand Zeit und Muße für farbenfrohe, wenn auch nicht gerade fröhliche Kunstwerke, in deren Darstellungen der gewaltsame Tod keine geringe Rolle spielt.

bis sie 20 000 Jahre später die Hochtäler von Peru erreicht hatten. In Zwischeneiszeiten folgten diesem indianischen Typus aus Asien andere, mehr mongolide Stämme. Sie drangen aus den Felsengebirgen Nordamerikas in die Prärie vor. Noch zu Fuß, weil ohne Pferd, doch schon mit Feuerstein-Speerspitzen bewaffnet, jagten sie erst das Mammut und waren dann hinter dem Büffel her.

2000 Jahre vor unserer Zeitrechnung vertauschten ihre Vortrupps das Nomadenzelt mit dem hölzernen Langhaus. In den Lichtungen der Laubwälder am Ohio und an den Mündungen der Ströme in den Atlantik und mexikanischen Golf wurden sie seßhaft. Mais, Bohnen, Kürbis und die Technik des Anbaus mit dem Grabstock waren aus Mexiko zu ihnen gelangt. Reste ihrer kultischen Erdpyramiden sind noch vorhanden. Aus dem Flugzeug kann man in der Landschaft kilometerlange Embleme der Schlange mit dem Ei im Maul erkennen – Arbeiten, die menschliche Großorganisationen voraussetzen. Doch wissen wir über die Hopewell- und die Mississippi-Kulturen nicht viel mehr, als was sie uns in Gestalt von Dämonen-Figuren an geheimnisvollen Zu-

Die Gebirge öffneten ihre Kupfer-, Gold- und Silberadern. Die Metallurgie feierte erste Triumphe. Ein Kunsthandwerk entstand. Es gab sinnreiche Kalender, goldene Kultstätten, wie Puzzlespiele entworfene Hieroglyphen und ausgedehnte Metropolen; man baute befestigte Straßen und tollkühne Brücken und hatte das starke Bedürfnis, über die letzteren mit Heeresmacht zu marschieren, um die Täler der Nachbarn zu erobern und ihre Kulte auszulöschen. So entstanden zu verschiedenen Zeiten in den ersten anderthalbtausend Jahren unserer Zeitrechnung die Großreiche der Inka in den Anden, der Maya in Yukatán und Guatemala und der Azteken in Mexiko.

Manche Forscher sind der Meinung, daß diese Gesellschaften bereits in einen Zustand dekadenter Verfeinerung verfallen waren, als eine Handvoll berittener und gepanzerter Haudegen von jenseits des Atlantiks das Kreuz zwischen Mexiko und Cusco aufpflanzte, um es den Indios aufzuerlegen. Es wäre sonst nicht zu verstehen, meinen die Forscher, wie bei aller europäischen Kampftechnik so wenige in so kurzer Zeit so viele überwältigen konnten – man schätzt die eingeborene Bevölkerung zwischen dem Río Grande und dem Río de la Plata, also den indianischen Untergrund der heutigen iberoamerikanischen Zivilisation, um das Jahr 1500 auf etwa 20 Millionen. Die spanischen und portugiesischen Eroberer zählten dagegen nur wenige tausend; infolge der restriktiven Einwanderungspolitik der spanischen Krone kamen ihre reinblütigen, weißen Nachkommen bis zum Ende des 18. Jahrhunderts auf nie mehr als 150000.

Die Besiedlung der Inseln im Karibischen Meer

Die Anden-Hochlande waren zur Zeit der Conquista die am dichtesten besiedelten Teile des südamerikanischen Kontinents. Das tropische Tiefland war dünn bevölkert, jedoch nicht menschenleer. In den Dschungeln des Amazonasgebietes lebten (und leben noch) Hunderte von Indianerstämmen in steinzeitlicher Abgeschlossenheit. Selbst heute, im Zeitalter des Hubschraubers und der Volkszählungen, entdeckt man hin und wieder

unter dem grünen Walddach ein bislang unbekanntes Grüppchen mit einer bisher nicht klassifizierten Sprache. Die Gelehrten zählen mal 82, mal 117 Indianersprachen, eine jede mit vielen Dutzend Dialekten und über unzählige Familien, Clans und Kleingruppen verbreitet.

So sehr haben sich diese Idiome im Laufe einer durch die Jahrtausende fortschreitenden Sonderentwicklung differenziert, daß die Verwandtschaft mit Wortschatz und Grammatik der nordamerikanischen Indianer kaum noch feststellbar ist.

Die Arawak und Kariben, die Tupí, Gê und wie sie alle hießen, kannten weder Schrift noch Rad noch Töpferscheibe. Obwohl sie kunstvolle Dinge flechten und einfache weben konnten, gingen sie vorwiegend nackt; sie trugen jedoch eine bunte Bemalung. Da sie nicht schrieben, mußten sie ihrem Gedächtnis viel zumuten; zum Beispiel die Kenntnis komplizierter genealogischer Reihen und Zusammenhänge, die genau zu beachten waren, wollten sie die strengen Tabus der Eheschließung mal innerhalb, mal außerhalb der Blutlinien des Stammes nicht verletzen.

Vom Überfluß im Norden

Ob auf den endlosen Weizenfeldern der Great Plains im Norden oder auf den künstlich bewässerten Fruchtplantagen des Südwestens – die volltechnisierte Landwirtschaft Nordamerikas produziert Überfluß. Tomaten landen auf Abfallhalden, gehen von Grün über Rot in Verwesung über: Der »Markt« fordert die Vernichtung. Lateinamerika dagegen versinkt zunehmend im Elend.

Sie lagen häufig untereinander in Fehde. Das hatte weniger wirtschaftliche als rituelle Gründe. Nachdem die Portugiesen und Spanier die Kopfjägerei, die Polygamie und den Kannibalismus der Indios unter Strafe gestellt hatten, lockerten sich die Stammesbande; die Schamanen verloren ihre Macht, die Häuptlinge wurden zu Quislingen, zu Landesverrätern. Man verfiel dem Trunk und ging an den eingeschleppten Krankheiten der Weißen massenhaft zugrunde.

Es waren Splitter dieser Stämme, die vom Festland Südamerikas aus die Karibischen Inseln besiedelt hatten. Von der venezolanischen Küste aus erreichten sie mühelos Curaçao und Trinidad. Von da Tobago und Grenada und so die ganze Kette der Kleinen Antillen – grüne Spitzen eines im indigoblauen Meer fast versunkenen oder aus ihm entstiegenen Vulkangebirges. Die Großen Antillen beginnen da, wo sich die Kette nach Westen wendet und die Inseln immer größer und die Gipfel immer höher und wunderbarer werden: Puerto Rico, dann San Domingo (heute Haiti), anzusehen auf der Karte wie ein Fisch mit geöffnetem Rachen, und schließlich Kuba, die größte von allen, einer Hummerschere gleichend und so ausgedehnt, daß Kolumbus sie hartnäckig für das Festland Asiens hielt und jeden Moment das Auftauchen des Großkhans erwartete.

Der uneingestandene Irrtum des Christoph Kolumbus

Seitdem heißt die Gegend fälschlich Westindien. Erst als die Karavellen des Kolumbus vor Yukatán und der Landenge von Panama lagen, dämmerte ihm sein Irrtum. Eingestanden hat er ihn nie. Er hatte die Koralleneilande der Bahamas entdeckt, Kuba, San Domingo und Jamaika für den König von Spanien in Besitz genommen, Städte und Kathedralen gegründet, den ersten Schritt zur Unterjochung der indianischen Bevölkerung getan, das ganze Oval des Karibischen Meeres umfahren, die Passatwinde verspürt und in den Golf von Mexiko geblickt, von wo aus, wie wir heute vermuten, die warmen Wasser des Golfstroms bis hin zu den Küsten Europas dem Klima aufhelfen. Er stand auf der Schwelle der Neuzeit. Zu Recht wird Amerikas Zeit vor ihm »präkolumbisch« genannt. Zu Unrecht heißt der Erdteil nach Amerigo Vespucci. »Kolumbia« wäre sinnreicher gewesen.

Die Neue Welt war übrigens schon vor Kolumbus von Europäern betreten worden. Aber das Abenteuer der Wikinger ist folgenlos geblieben. Kolumbus dagegen transportierte nicht nur die Technik, sondern auch die Konflikte Europas nach Amerika. Über den Ozean nahm er mit sich die Rivalität der Fürsten und Höfe; wie die meisten seiner Zeitgenossen war er besessen von der Gier nach Titel und Rang – aber in seinem Falle konnten weder riesige Besitzungen noch die Ausbeute der Goldbergwerke auf den Inseln der Karibik den unersättlichen Ehrgeiz befriedigen. In ihm lagen die Wissenschaft seiner Zeit und die Prophezeiungen der Bibel in ständiger Fehde. Er teilte den hochmütigen Anspruch der Kirche auf Ausschließlichkeit des katholischen Glaubens und Ritus; der Kampf um die Seele der Heiden und um die Körper ihrer Frauen wurde unter seiner Führung nach Mustern geführt, die sich in der gewaltsamen Auseinandersetzung der christlichen Spanier und Portugiesen mit Arabern und Afrikanern entwickelt hatten. All diese Konflikte spiegeln sich in den Schicksalen des Kolumbus wider – eines Seefahrers aus spanisch-jüdischer Familie, der in Genua zur Welt kam, aber als seine Heimat eher die atlantischen Schiffahrtswege zwischen Island und den Kapverdischen Inseln betrachtete.

Im Jahre 1492 lief er mit drei Schiffen an eben dem Tage aus dem südspanischen Hafen Palos zu seiner ersten, weltgeschichtlichen Entdeckungsfahrt aus, an dem die spanische Krone das Edikt über die Ausweisung der orthodoxjüdischen Minderheit in Kraft setzte. Es war wie ein vorweggenommener Fingerzeig auf die spätere Funktion der Neuen Welt als eines Asyls für religiös Verfolgte.

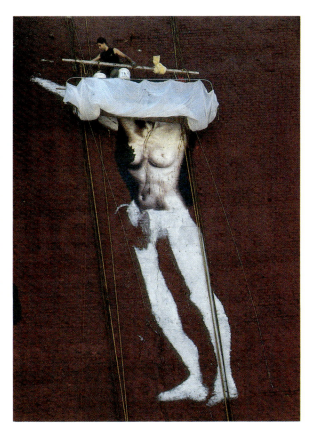

Naturgewalt und Metropolen

Dampfquellen, Geysire, Vulkane – im Yellowstone Park der Rocky Mountains zeigt die Natur noch ihre Urgewalt. Im Osten der Vereinigten Staaten dagegen scheint der Mensch der Herr zu sein. Er schuf faszinierende Metropolen wie Chicago, New York. Doch unter den Zwängen von Werbung und Konsum, in den Schluchten der Häuser, unter der Dunstglocke der Industrie und in der Furcht vor krimineller Gewalt wird er zum Opfer seiner selbst.

Asyl jedoch suchten weder Kolumbus noch seine Männer, als sie den Boden der Neuen Welt betraten. Sie suchten Gold und Juwelen, Gewürze und Sklaven. Sie hatten nicht die Absicht zu bleiben – sonst hätten sie ihre Frauen mitgebracht –, sondern wollten schnell reich werden und heimkehren. Das unterschied sie von späteren Kolonisatoren Nordamerikas. Ihre Jagd nach Reichtümern betrieben sie in ständiger Eile und deshalb mit einer so grausamen Entschlossenheit, daß sie binnen weniger Jahre die Indianerstämme auf den Inseln durch Schwert, Feuer und Zwangsarbeit dezimiert hatten. Sie kultivierten nicht, sie betrieben Raubbau. Bald waren die Arbeitskräfte in Westindien so knapp, daß es sich lohnte, Negersklaven aus Westafrika zu importieren. Die Spanier pflanzten dadurch der Neuen Welt den Keim zu tiefgehenden öffentlichen und privaten Konflikten ein.

Die goldgierigen Konquistadoren – Hernán Cortés und Francisco Pizarro

Fast dreißig Jahre nach der Entdeckung Amerikas war das Azteken-Großreich Mexiko durch Hernán Cortés erobert, weitere zehn Jahre später überfiel Francisco Pizarro mit 178 Mann und 100 Pferden das Inkareich in den Anden und machte es zum Besitz der spanischen Krone. Nun besaß sie also neben den Karibischen Inseln ein überseeisches Festlandsreich, das von der Gegend des Colorado-Flusses Kaliforniens entlang der Küstengebirge am Stillen Ozean bis zum heutigen Chile reichte und auf dem südamerikanischen Kontinent an die Besitztümer Portugals grenzte.

Die Eroberung eines Gebiets von der doppelten Größe Europas entsprang keiner wirtschaftlichen oder strategischen Notwendigkeit, auch nicht dem Trieb zur Mission, sondern der Goldgier. Cortés tat gegenüber einem Boten des Aztekenkönigs Montezuma den zynischen Ausspruch: »Die Spanier leiden an Herzbeschwerden, gegen die Gold ein besonders geeignetes Mittel ist.« Der Tod Montezumas kam auf sein Konto. Pizarro ließ sich vom Inka-Gottkaiser Atahualpa einen Palastsaal so hoch, wie ein Mann die Hand ausstrecken konnte, mit goldenen Gegenständen füllen und brachte seinen Gefangenen dann um.

Die Ausbeute an Gold und noch viel mehr an Silber, die jedes Jahr durch die spanische Flotte heimgeschafft wurde, war Ende des 16. Jahrhunderts schon so bedeutend, daß sie in Europa zu einer heftigen Inflation führte, ohne Spaniens Bevölkerung wesentlich reicher gemacht zu haben. Aus Amerika importierte Inflationen und Deflationen sollten noch mehrmals bis auf unsere Tage die Alte Welt beunruhigen – das war nebst Tabak, Kokain und Syphilis die Vergeltung für die rauhe Behandlung, die der Neuen Welt zuteil wurde. Im übrigen revanchierte sie sich für die Einführung des Schießpulvers, der Ketzerverbrennung und des Pferdes mit dem humanen Geschenk von Kartoffeln, Tomaten, Ananas, Mais, Gummi und Schokolade.

Die wüste Vergewaltigung der Indianerreiche durch die Eisenmänner aus Kastilien und der Estremadura hatte Folgen, an denen Lateinamerika heute noch leidet. Den Indianern wurde das kollektive Gedächtnis herausoperiert. Ihre Kultur hat sich trotz einiger Versuche künstlicher Wiederbelebung bisher von diesem Eingriff nicht erholt. Die Wandmalereien von Diego Rivera in Mexiko City oder von Fernando Castro Pacheco in Mérida sind kein vollgültiger Ersatz. Man raubte dem Indio die Stimme im Chor der Weltkulturen.

Die spanische Kolonialverwaltung schloß unter Beihilfe der katholischen Kirche das Riesenreich in Amerika für 300 Jahre von den geistigen und wirtschaftlichen Bewegungen Europas ab. Die bestimmende ökonomische Instanz war der weiße Großgrundbesitzer mit seinen exorbitanten polizeilichen Befugnissen. Die Häfen Lateinamerikas waren für nichtspanische Waren geschlossen. Wenn in San Juan auf Puerto Rico ein neuer Friedhof angelegt werden mußte, wurden Ort und Aussehen der Kapelle von einem Bürokra-

ten in Sevilla bestimmt. Ein Verwaltungsbeamter im Vizekönigtum Peru konnte mit seinem Kollegen in Mexiko dienstlich nur auf dem Umweg über Sevilla verkehren. Die Zentralisierung und Bürokratisierung der spanischen Vizekönigtümer wirkt in der Verwaltung lateinamerikanischer Staaten bis heute lähmend nach.

Die Besiedlung Nordamerikas

Das Territorium der heutigen Vereinigten Staaten von Nordamerika blieb von dieser Art der Ausbeutung und Stagnation verschont. Über St. Augustin im Norden Floridas und das südliche Kalifornien kamen die Spanier auf ihren Eroberungszügen nicht wesentlich hinaus. Und dort, zwischen Sandstrand und Sümpfen, setzten sie sich nur fest, um französischen und englischen Piraten den Überfall auf spanische Silbertransporte zu erschweren. 100 Jahre lang ankerten nur gelegentlich Forscher in den stillen, breiten Flußmündungen am Atlantik – meistens auf der Suche nach einem nördlichen Seeweg nach Asien. Doch als den Spaniern die Seeherrschaft an den Küsten Europas entglitten war, im beginnenden 17. Jahrhundert, entstanden in Nordamerika holländische, französische und englische Siedlungen von Dauer.

Jamestown im späteren Virginia machte 1607 den Anfang. Eine Londoner Handelsgesellschaft finanzierte mit königlicher Bewilligung das Unternehmen. Geführt wurden die 100 Siedler von Kapitän Smith, einem fähigen Organisator. Ihm lag an einem guten Verhältnis zu den örtlichen Indianerstämmen. Dank seiner persönlichen Ausstrahlung schien die kleine Kolonie anfangs zu gedeihen. Doch ehe der Tabak jenen Wohlstand bringen konnte, den man sich eigentlich von Goldfunden versprochen hatte, wurde die kleine Siedlung von Mißernten, Epidemien und Massakern dermaßen mitgenommen, daß ein Totalverlust drohte. Die Lizenz der Virginia-Gesellschaft wurde aufgehoben und die Kolonie unter staatliche Verwaltung gestellt. Erst 25 Jahre nach ihrer Gründung stand sie wirtschaftlich auf eigenen Füßen. Sie besaß nun auch, und das war im Vergleich zu den spanischen Besitzungen eine folgenreiche Neuerung, neben dem Vertreter der Krone eine gewählte Repräsentanz der Siedler.

Westeuropa war mit blutigen Religionskriegen beschäftigt, als in Plymouth unweit der künftigen Stadt Boston von einem Schiff mit Namen »Mayflower« eine Gruppe englischer Familien an Land ging, die weder Gold noch Abenteuer suchten, sondern in erster Linie Freiheit von religiösem Zwang, Selbstregierung und gutes Land für ein friedlich-arbeitsreiches Leben in einer Gemeinde der Gleichgesinnten. Es waren keine Glücksritter, sondern brave Bürger. Diese »Pilgerväter« hatten sich dogmatisch von der anglikanischen Kirche getrennt. Ein Zion in der Wildnis schwebte ihnen vor. Sie arbeiteten hart und gönnten sich wenig, sie pflanzten die Saat der Nachbarschaftshilfe und Selbstverwaltung in die neue Erde ein. Mit den Indianern schlossen sie Verträge, statt sie zu verjagen. Binnen kurzem erfreuten sie sich eines beachtlichen Wohlstands.

Ihrer Religion wegen kamen auch andere Siedler, wie die Katholiken des Lord Baltimore in Maryland und die Quäker in Pennsylvania. Aus verschiedenen Gründen herrschte in diesen Kolonien eine Toleranz, die sich in der Alten Welt herumsprach und neben der Aussicht auf freies Land immer neue Einwanderer anlockte, zum Beispiel auch Mennoniten aus Krefeld und aus der Pfalz. Auf der englischen Insel erhoben Diktatoren ihr Haupt, Könige verloren das ihre, katholische Monarchen wurden durch kalvinistische ersetzt – England hatte also zuviel mit sich selbst zu tun, als daß es die unterschiedliche Entwicklung seiner nordamerikanischen Kolonien hätte vereinheitlichen oder auch nur bremsen können: Die aristokratischen Pflanzer in Virginia, die frommen Farmer, Handwerker und Kaufleute in Neuengland und auch die anderen utopisch-philanthropischen Gründungen entlang der Atlantikküste sicherten sich ein großes Maß an Unabhängigkeit von den Behörden im weit entfernten Mutterland.

Die Kraft der Sonne

Das Solarkraftwerk Barstow in Kalifornien und der indianische Pueblo Bonito im Chaco Canyon von New Mexico: Bilder aus zwei Zeitaltern dieses Kontinents. Den Indianern, Trägern einer frühen Kultur in Amerika, war die Sonne göttlich: Gegenstand der Verehrung und zugleich Kalender für Feste und Arbeit. In der modernen Zivilisation hat sie einen neuen Stellenwert – in den Denkfabriken des »jungen« Westens sucht man nach neuen Wegen in die Zukunft und besinnt sich auf die alten Kräfte der Natur: Mit moderner Technik wird die Energie der Sonne genutzt.

Der Nord-Süd-Konflikt

Den spanisch-französischen Kolonialstil bewahren die Balkone von New Orleans, der Stadt am Mississippi. Großartig das Delta des mächtigen Stroms. Er war der erste Nord-Süd-Verkehrsweg im riesigen neuen Land, im 19. Jahrhundert dann die große Verbindung zwischen der jungen Industriezone im Gebiet der Großen Seen und dem feudal bestimmten Süden mit seiner Plantagenwirtschaft. An diesem Gegensatz entzündete sich der blutige Nord-Süd-Konflikt, der als Sezessionskrieg unter dem Schlagwort der Sklavenbefreiung geführt wurde. Chancengleichheit von Schwarz und Weiß ist aber bis heute noch nicht erreicht. Enttäuschung, Skepsis, Resignation malen sich im Gesicht des alten Mannes an der Straße im Süden der Staaten.

Waldläufer und Missionare am Sankt-Lorenz-Strom

Die Entwicklung im Gebiet des Sankt-Lorenz-Stroms verlief anders. Hier hatten sich seit dem Beginn des 17. Jahrhunderts Franzosen festgesetzt. Sie waren nicht zahlreich. Sie kamen nicht, um die riesigen Wälder zu roden und Farmen anzulegen, sondern wollten den modischen Appetit Europas auf Biberfellmützen und Silberfuchspelze befriedigen. Sie konzentrierten sich auf den Handel mit den lokalen Indianerstämmen – lockere Bünde von Stammesgruppen der Irokesen, die untereinander im scharfen Wettbewerb um Jagdgründe und europäische Feuerwaffen lagen. Den französischen Waldläufern folgten die Jesuiten-Missionare auf dem Fuß. Sie betrieben emsig die Bekehrung der Indianer zum Christentum. Sie öffneten die Oberen Seen und das ganze Mississippital bis hinab nach New Orleans dem französischen Einfluß. Als im 18. Jahrhundert die britischen Grenzer aus den Küstenebenen über die Appalachen westwärts vorstießen, trafen sie bereits im Tale des Ohio-Flusses auf die Holzpalisaden französischer Forts. In ihren Kapellen wurden die mit Frankreich verbündeten Indianer katholisch getauft.

Eine Kette von blutigen Auseinandersetzungen war die Folge. Dabei wurden die Scharmützel und Hinterhalte in den Wäldern der Neuen Welt zu fernen Ausläufern der weltweiten Rivalität zwischen England und Frankreich. Siedler mit deutschem Akzent in Pennsylvania und die preußischen Grenadiere des Siebenjährigen Krieges halfen auf beiden Seiten des Atlantiks, der französischen Krone mit der Provinz Kanada einen ordentlichen Brocken Land abzuknöpfen. Nutznießer waren die hannoverschen Könige auf dem englischen Thron. England kontrollierte seit dem Frieden von Paris 1763 den nordamerikanischen Kontinent, soweit er nicht spanisch war. Allerdings für nicht länger als 20 Jahre – dann rebellierten die Kolonien.

Warum? Der Anlaß war nicht, wie die Legende will, ausbeuterische Unterdrückung. Zwar schöpfte England, wie es damals üblich war, bei den amerikanischen Aus- und Einfuhren den Rahm ab. Aber in Verwaltung und Gerichtswesen, Verkehr und Erziehung ließen die königlichen Gouverneure den Siedlern ziemlich freie Hand. London mischte sich selten ein. In Virginia, Carolina und Georgia lag die Praxis der Verwaltung in den Händen einer aristokratischen Gesellschaft von Tabak-, Mais- und Baumwollpflanzern. Wie ihre Vettern in England lasen sie die Philosophen der Aufklärung, betrieben die Fuchsjagd und tranken viel importierten Portwein. Ihre Pferdeburschen und Kammerzofen allerdings hatten nicht weiße, sondern schwarze Gesichter: Der Betrieb der riesigen Plantagen war abhängig von der Einfuhr schwarzer Sklaven, die aus Westafrika auf dem Umweg über die Westindischen Inseln kamen. Arbeitskräfte waren jahrhundertelang in Nordamerika Mangelware.

Die unbegüterten Einwanderer aus Europa wollten nicht wieder unter einer Art von feudalem Gutsherrn arbeiten, sondern zogen westwärts, wo das Land dem gehörte, der es roden, bestellen und seinen Hof vor den Indianern schützen konnte. Diese Grenzer – häufig rauhe Burschen aus den verarmten Gegenden Irlands und Schottlands – hatten für bürokratische Feinheiten nicht viel übrig. Sie überließen den Honoratioren die Mitwirkung in den kolonialen Parlamenten und regulierten die Angelegenheiten ihrer Gemeinden ohne Eingriffe von oben.

Ähnlich die relative Staatsferne in den Landgemeinden Neuenglands. In diesen Bastionen puritanischer Moral war die Familienfarm die unterste, solide Einheit. Ungezählte jüngere Söhne auf der Suche nach eigenem Land trugen die Gewohnheiten der Selbstverwaltung in den noch sehr wilden Westen. In den Städten dominierten Kaufleute, Schiffsreeder, Anwälte und Handwerker. Überall spielte der Geistliche, manchmal schon der Universitätsprofessor eine herausragende Rolle, und nur gelegentlich mußte sich die Bevölkerung über die Willkür von Beamten beklagen, die ihr von London vor die Nase gesetzt wurden.

Doch nun war die Entwicklung an einen Kreuzweg gelangt. Die Bedrohung durch Frankreich und die Indianer hatten die amerikanischen Siedler und ihre Londoner Regierung an einem Strang ziehen lassen. Dieses einigende Band fiel weg. Die Erfolge in der Neuen Welt machten ihre Bürger recht selbstbewußt. Sie pochten auf ihre Rechte unter der englischen Verfassung; aber die waren nie richtig definiert worden.

Die Kriege gegen Frankreich – geführt vornehmlich zum Schutz der amerikanischen Kolonien – hatten England viel Geld gekostet. Es schien nur recht und billig, daß sich die Amerikaner an diesen Lasten beteiligten. Also verfügte das Parlament in London höhere Beiträge zum Unterhalt der britischen Schutztruppe und saftigere Verbrauchssteuern. Das erschien den Honoratioren der Neuen Welt als unerträgliche Zumutung, zumal sie nicht zu Rate gezogen worden waren. An den Abgaben auf Tee entzündete sich der Zorn gegen das ferne Parlament und schließlich auch gegen die Krone. Es kam zum Aufruhr in den Häfen, englische Truppen griffen durch. Eine Versammlung von Notabeln erklärte die 13 Kolonien 1776 für unabhängig. Mit einer weithin schallenden Erklärung aus der Feder Jeffersons kam die amerikanische Revolution in Gang. Diese erste Auflehnung eines Entwicklungslandes gegen die europäische Mutternation sollte bleibende Folgen für die beiden amerikanischen Kontinente und damit für die Welt haben.

Die 13 Kolonien hatten wirtschaftlich fast unvereinbare Interessen und waren militärisch unerfahren. Nur dem überragenden Charakter Washingtons war es zu danken, daß ihre undisziplinierten Truppen nicht bei jeder sich bietenden Gelegenheit auseinanderliefen. Sie hätten sich gegen Englands rotberockte Berufsheere, gegen die hessischen Söldner und die größte Flottenmacht der Welt auch nicht auf die Dauer behaupten können, wären ihnen nicht Frankreich, Spanien und die Niederlande zu Hilfe gekommen. Der insulare Charakter Amerikas machte ozeanweite Flotten-Operationen notwendig. Sie führten nach sieben Jahren die militärische Entscheidung herbei. Ein großer Teil des britischen Expeditionsheeres wurde auf einer Halbinsel Virginias eingeschlossen. Das war wirklich ein geschichtsträchtiger Ort. Rund 180 Jahre zuvor hatte dort die britische Kolonisation begonnen; 80 Jahre nach der Kapitulation von Yorktown, im amerikanischen Bürgerkrieg, war die Chesapeake Bay die Szene der ersten Seeschlacht zwischen U-Boot und Panzerschiff, und heute befindet sich hier das Hauptquartier der Seestreitkräfte, die den Atlantik für die Demokratien sichern.

Eine neue Nation mit neuen Grundsätzen

Die amerikanische Revolution zielte nicht auf den sozialen Umsturz. Sie revolutionierte nicht die Auffassung von Besitz und Eigentum, sondern die Staatenwelt. Die Bedeutung der amerikanischen Unabhängigkeit liegt darin, daß sich eine neue Nation – die Vereinigten Staaten von Amerika – nach neuen, noch unerprobten Grundsätzen bildete. Sie brach mit den europäischen Feudal-Traditionen und gab sich eine republikanische Verfassung. Ihre Hauptziele bestanden im Schutz des einzelnen vor dem Moloch Staat und im Schutz des Staates vor der Tyrannei eines einzelnen.

Diese Nation schloß ihre Häfen nicht wie das spanische Kolonialreich gegen die Außenwelt ab, sondern öffnete sie und lud – ob arm, ob reich – die Abkömmlinge aller europäischen Völker ein, die Weiten der Neuen Welt zu füllen. Die Gewißheit, einen neuen Anfang machen zu können, und die Abwesenheit von bürokratischem Zwang und religiöser Verfolgung setzten unerhörte Energien frei, die binnen kurzem das weite Becken des Mississippi, die Felsengebirge und die kalifornischen Küsten am Stillen Ozean für Menschen aller Zungen und Hoffnungen aller Art öffnen sollten. Die Gefahren der wilden Natur und Indianerstämme, die ihr Terrain verteidigten, schufen eine Grenzermentalität, die alle Standesunterschiede einebnete. Jedoch gelang es den Verfassungsvätern trotz ihres Verlangens nach Gleichheit und Freiheit aller Menschen nicht, für das Gift der Negersklaverei eine Medizin und für die indianischen Ureinwohner eine Überlebensgarantie zu finden. Die Indianer trieb man mit Gewalt in entlegene Stammesreservationen. Die Schwarzen, auf deren Arbeitskraft die Südstaaten angewiesen waren, wurden zu einer Art Sprengstoff der Nation.

Die Sklavenfrage führt zum Bürgerkrieg

Das hing nicht nur mit den moralischen Ansprüchen der Puritaner in den Nordstaaten zusammen. Eine mächtige literarische und religiöse Agitation maß die Lage der Neger unter den Gutsherrschaften des Südens an den Idealen der Bibel, der Freiheit und der Gleichheit und befand die Situation für unerträglich. Zur selben Zeit erhob sich jedoch die Frage: Wie sollen die riesigen Erwerbungen im Westen – Texas, Neu-Mexiko, Kalifornien –, ge-

waltige Stromtäler, Prärien und Gebirge, organisiert werden? Als Heimstätte für freie Menschen oder als Staaten, in denen ein geflohener Negersklave wie ein entlaufenes Pferd reklamiert und durch die Polizei seinem Eigentümer zurückgebracht werden konnte? Die Plantagenbesitzer des Südens sahen ihre wirtschaftliche Zukunft gefährdet, wenn sie nicht die neuen Territorien im Westen mit Hilfe ihrer Sklaven für den Baumwollanbau erschließen konnten. Die Farmerfamilien des Nordens hingegen mußten sich auf die Konkurrenz von Großbetrieben mit billigen Arbeitskräften gefaßt machen.

Nach 50 Jahren mühsamer Kompromisse kam es zum Bruch. Die elf Südstaaten bildeten eine unabhängige Konföderation. Die Nordstaaten, doppelt so reich an Menschen, Maschinen und Waffen, stellten die Union in einem mit äußerster Erbitterung geführten Bürgerkrieg wieder her. Präsident Lincoln proklamierte die Befreiung aller Sklaven. Er wurde kurz nach der siegreichen Beendigung des Krieges am 15. April 1865 ermordet – eine Tragödie, welche die in Nord und Süd geschlagenen Wunden für mehrere Generationen weiter schwären ließ.

Europäische Stützpunkte in der Karibik

Bereits von der Geburt der Vereinigten Staaten waren merkbare Erschütterungen ausgegangen. Die Französische Revolution verstärkte das Beben der politischen Welt. Es machte vor der Karibik nicht halt. In dieser ursprünglich von Spanien beherrschten Inselwelt hatten sich seit dem 17. Jahrhundert die meisten seefahrenden europäischen Mächte Stützpunkte gesichert. Von dort betrieben sie Handel, Schmuggel und Piraterie.

Wirtschaftliche Eigenbedeutung erhielten die Inseln besonders durch den Anbau von Rohrzucker, der von weißen Plantagenbesitzern mit Hilfe schwarzer Sklavenheere gewonnen wurde. Im 18. Jahrhundert entwickelte sich auf dieser Basis ein ökonomisches Dreieckssystem, bei dem jeder Teilnehmer, abgesehen von den hauptbeteiligten Schwarzen, auf seine Kosten kam: Nordamerikanische oder englische Schiffe brachten Waffen, Werkzeuge, Schmuck und billige Kleidung nach Westafrika und handelten diese Ware gegen arbeitsfähige Schwarze ein, die durch die lokalen Stammesfürsten im Landesinnern zusammengejagt wurden.

Die menschliche Ware wurde unter wenig erfreulichen Begleitumständen quer über den Südatlantik auf eine der Karibischen Inseln verschifft; ein Teil kam auf die Plantagen, ein Teil in die Häuser der Weißen, andere wurden nach einer gewissen Eingewöhnungszeit zusammen mit Zucker und Rum weiter nach Charleston oder Savannah verkauft. Aus dem Erlös füllte sich der Schiffsbauch erneut mit Artikeln, die Westafrika schätzte. Es war ein lukratives Geschäft.

Bis zum Jahr der Französischen Revolution war die Insel San Domingo das Juwel der Karibik. Ihr westlicher Teil gehörte Frankreich; dem Wert nach stellte dieses Gebiet zwei Drittel der französischen Übersee-Investitionen dar und war den Franzosen wichtiger als das riesige Kanada. Eine Flotte von 700 Handelsschiffen war nötig, um all den Zucker, Kaffee, Kakao, Indigo und die Baumwolle ins Mutterland zu schleppen.

Es lebten 32000 weiße Franzosen auf der Insel, etwa ebenso viele Mulatten, aber über eine halbe Million schwarzer Sklaven. Sie erhoben sich in einer Augustnacht des Jahres 1791 und brachten nahezu alle Weißen um. Napoleon versuchte die Insel zurückzuerobern – ohne Erfolg. Nach entsetzlichen Verwüstungen erklärte sich Haiti, wie es sich nun nannte, für frei und unabhängig. Die wirtschaftliche Blüte war jedoch mit der Zerstörung der Wasserwerke auf den Plantagen und dem Massaker unter dem technischen Personal geknickt. Seit 1804 hat Haiti wenig Glück mit seinen Regierungen gehabt, dafür aber 20 verschiedene Verfassungen und 41 Staatsoberhäupter einschließlich zweier Kaiser und eines Königs.

Brasilien – vom Kaiserreich zur Republik

Zwei Kaiser und einen König hatte auch Brasilien, aber damit endet jeder nützliche Vergleich. Brasilien ist ein Land eigener Art. Es hielt sich eine Monarchie, als das in ganz Amerika unmodern geworden war; es schaffte die Sklaverei erst 25 Jahre nach den USA und fast 100 Jahre nach Haiti ab – dafür allerdings war das Los der

Macht und Ohnmacht

Die Lagunenstadt Mexcaltitlán, an der pazifischen Küste Mexikos gelegen, wirkt wie ein Miniaturbild der alten Stadt Mexiko, das damals Tenochtitlán hieß. Der erste Blick, den der Spanier Cortés auf Mexiko warf, ließ ihn ein Venedig der Neuen Welt sehen: Inmitten des großen Sees von Texcoco lag eine Stadt mit fast 200000 Einwohnern, das Machtzentrum des aztekischen Mexikos, eine letzte Blüte in der Folge vieler Hochkulturen. Doch Cortés' Blick war tödlich. Mit ihm begann eine Geschichte der Ausrottung und Ausbeutung, der Niedergang eines stolzen Volkes.
Die Kargheit des täglichen Lebens zeichnet die Gesichter der Menschen. Lethargie, Apathie, Versinken in den Rausch sind ein Ausweg und doch keine Rettung vor der Not.

Negersklaven in Brasilien niemals so tragisch gewesen wie in Nordamerika und auf den Antillen.

Brasilien heißt so nach dem Holz eines Baumes, den die Portugiesen bei ihren ersten Besuchen auf dem südamerikanischen Festland in großen Mengen fanden und wegen seines Farbstoffs schätzten. Eine Zeitlang wollte man diese Gestade auch Papageien-Land nennen. Die Indianer waren schön, freundlich und trugen keinen Goldschmuck. Das war ihr Glück. Glück hatten sie auch mit den Jesuiten, die sich der Mission widmeten. Die Padres griffen schon mal zur Waffe, wenn ihren Schutzbefohlenen von portugiesischen Sklavenjägern Gefahr drohte.

Abgesehen von kurzlebigen Stützpunkten der Holländer und Franzosen an der Küste (die sich später zu Suriname und Französisch-Guayana verfestigten) blieb Brasilien fast 300 Jahre lang ein leeres Land ohne besondere Anziehungskraft auf Europäer. Allerdings schlossen es die portugiesischen Könige auch sorgfältig von der Außenwelt ab. Sie erlaubten in Brasilien weder Zeitungen noch Druckerpressen; sie gründeten weder Universitäten noch Banken. Nur ein schmaler Küstenstreifen mit wenigen Häfen und Städten wurde besiedelt. Erst im 17. Jahrhundert zogen Grenzer-Expeditionen durch die Hügelplateaus des Innern, um dort nach Gold und Edelsteinen, vor allem nach Diamanten, zu schürfen.

Dieses Land, das den Portugiesen auch die Spanier nicht streitig machten, war so groß, daß sich die Ureinwohner in seinen tropischen Weiten beinahe verloren. Der Arbeit in Zucker- und Kaffeeplantagen waren sie nicht gewachsen. Dort schufteten Negersklaven aus Afrika. Unter ihnen befanden sich Christen, Moslems und Spiritisten; manche konnten im Unterschied zu den Besitzern der Plantagen sogar lesen und schreiben. Viele waren geschickte Handwerker und begabte Künstler. Da die Portugiesen von

Haus aus an der dunklen Hautfarbe keinen Anstoß nahmen und mit ehelicher Moral nicht viel im Sinne hatten, mischten sich mit der Zeit die Rassen in einer Art, die den andernorts üblichen explosiven Konflikten vorbeugte.

Die Revolutionen in Nordamerika und in Frankreich erregten in Brasilien nur kleine Zirkel von Intellektuellen. Die neue Zeit kam auf ganz unerwartete Art. Napoleon hatte sich Spaniens bemächtigt und bedrohte 1807 auch Portugal. Unter englischem Geleitschutz segelte die königliche Familie mit dem Hofstaat – insgesamt wohl 15000 Menschen – nach Bahia und zog von dort nach Rio de Janeiro weiter.

Der Einschlag einer Bombe hätte keine stärkeren Veränderungen nach sich ziehen können. Innerhalb kurzer Zeit wurden die Häfen den ausländischen – sprich englischen – Waren offiziell geöffnet, Banken und Eisenwerke entstanden, ärztliche und militärische Spezialschulen wurden gegründet, die Justizverwaltung umgestaltet und nordeuropäische Akademiker ins Land geholt. Die mitgebrachten 60000 Bände der königlichen Privatbibliothek dienten als Fundament für künftige wissenschaftliche Arbeit.

Im Gegensatz zu allen anderen Staaten der beiden amerikanischen Kontinente erlebte Brasilien also die Geburt einer neuen Zeit nicht durch Abschüttelung eines europäischen Monarchen. Der portugiesische Monarch verlegte vielmehr den Sitz der Dynastie in die Kolonie. Und eben dadurch kam es zur Unabhängigkeit: Der Träger der Krone ging nach dem Ende der napoleonischen Abenteuer nach Lissabon zurück. Sein Sohn, den er in der Neuen Welt gelassen hatte, ergriff die Gelegenheit, sich selbst als Kaiser eines unabhängigen Brasilien auszurufen.

Es folgten bürgerliche Unruhen und Kriege mit Argentinien und Paraguay. Aber unter der fast fünfzigjährigen Regierungszeit von Kaiser Dom Pedro II. (1840–1889) erlebte Brasilien seine erste Blüte. Die Bevölkerung wuchs in einem halben Jahrhundert um das Dreifache auf 14 Millionen, und es waren nun nicht mehr nur Portugiesen, sondern Europäer aller Art, auch viele Deutsche, die Brasilien zu ihrer Heimat machten.

Der Kaiser war ein blauäugiger Riese von 1,94 Meter, der am liebsten Schullehrer geworden wäre. Er fühlte sich als der erste Diener des Staates. Er achtete darauf, daß in diesem Land, dem die finanzielle Korrektheit nicht im Blut steckte, der hohe Beamte seinen Posten ärmer verließ, als er ihn angetreten hatte.

Die größte innenpolitische Leistung war die friedliche Abschaffung der Sklaverei im Jahre 1888. Sie erfolgte ohne Entschädigung der Großgrundbesitzer. Da der Kaiser gerade dem Militär auf die Finger geklopft hatte, als es sich in

völkerung aus rechtlosen Indios, die Unabhängigkeit weder in der Vergangenheit noch überhaupt als Begriff kannten. Außer in Mexiko spielten sie in der Auseinandersetzung zwischen Kolonie und Mutterland nur eine passive Rolle. Die Regierung lag in den Händen von Beamten, die von Madrid oder Sevilla entsandt worden waren.

Die in Amerika geborenen Nachkommen spanischer Einwanderer, die Kreolen, bildeten das politisch unruhigste Element. Sie erhofften sich von der Unabhängigkeit größere wirtschaftliche Freiheit, befürchteten aber zugleich den Verlust mancher Privilegien, die sie als Gutsbesitzer und im städtischen Patriziat genossen. Da für die politische Betäti-

die Politik einzumischen begann, bildete sich eine mächtige Allianz der Unzufriedenen, die ihn im folgenden Jahr außer Landes zwang.

Brasilien war nun eine Republik wie die anderen Staaten Amerikas auch. Es hatte seinen Status als größte Nation Südamerikas auf paradoxe Weise gewonnen, nämlich ohne tiefgreifende Erschütterungen.

Kriege, Umstürze, Massaker – ein Imperium löst sich auf

Ein gleiches läßt sich für die Entwicklung in den spanischen Besitzungen nicht sagen. Auch hier gab Napoleon durch die Besetzung des Mutterlandes den Anstoß zum Kollaps eines verkrusteten Systems, das zwischen Buenos Aires und San Francisco nahezu 300 Jahre lang unangefochten geherrscht hatte. Aber die Umstände waren im spanischen Teil Amerikas anders als in Brasilien, wo selbst Revolutionen mit einer gewissen Höflichkeit vonstatten gehen. Die Auflösung des spanischen Imperiums war voller blutiger Kriege, Aufstände, Racheakte, Umstürze und Massaker.

Die Erklärung liegt darin, daß nicht wie in Nordamerika eine im wesentlichen homogene Bevölkerung ihre Unabhängigkeit begehrte. Vielmehr bestand die Masse der Be-

gung kein Raum war, gingen die Söhne der Kreolen mit Vorliebe in die Armee; als Offiziere erwarben sie Prestige, Privilegien und technisches Training. Das letztere konnte ihnen bei der Übernahme politischer Verantwortung zugute kommen – ein »Naturgesetz« war das aber nicht.

Überblickt man die nicht abreißende Kette von Caudillos und Militär-Junten in jedem einzelnen Nachfolgestaat der spanischen Besitzungen von damals bis heute, so haben die Lateinamerikaner ihre Faszination für Säbel und Epauletten teuer bezahlen müssen. Die Ansprüche einer mit höheren Offizieren überfrachteten Armee konnten die Regierungen häufig nur durch Aufnahme großer Auslandskredite befriedigen; zwang dann die Überschuldung zu scharfen Sparmaßnahmen, setzten sich die Militärs an Stelle der zivilen Gewalt und verschlimmerten die Situation bis an den Rand des Staatsbankrotts. Für die Sanierung waren am Ende wieder Politiker zuständig, deren Beliebtheit dabei nicht stieg.

Im Laufe des 19. Jahrhunderts eröffnete sich auf dem Umweg über das Militär auch für die Mestizen eine rasche Aufstiegsmöglichkeit; zu Beginn der Kämpfe um die Unabhängigkeit befanden sie sich jedoch in der Schicht der Vaqueros, der Vorarbeiter auf der Hazienda, der Aufseher im Bergwerk und der Händler; also überall da, wo es zwischen weißen Besitzinteressen und den leibeigenen Indios zu vermitteln galt. Auch im Klerus traf man Mestizen. Als amerikanische Mischlinge empfanden sie keine strikte Loyalität für die spanische Krone, als gläubige Katholiken konnten sie aber sehr wohl die Kirchenfeindlichkeit der liberalen Revolutionäre zum Anlaß nehmen, für die Beibehaltung der überkommenen Ordnung zu kämpfen.

Die katholische Kirche mit ihrem Anspruch auf Ausschließlichkeit agitierte für ihren Besitzstand, also für unermeßliche Ländereien im Schutz der Krone, stimmte aber häufig in den Ruf nach Unabhängigkeit von Spanien ein, wenn es im Mutterland der Kirche an den Kragen ging – wie während der Revolution von 1820. Das Hin und Her um die Trennung von Kirche und Staat ließ besonders in Mexiko bis in die ersten Jahrzehnte des jetzigen Jahrhunderts keine Ruhe eintreten. Dort waren es 1810 zwei Priester, Hidalgo und Morelos, die mit einem sozialrevolutionären Programm für die Indios die Loslösung des Vizekönigtums Neuspanien vom europäischen Mutterland gefordert hatten. Es überkreuzten sich also die Strömungen der Zeit mit den Traditionen Lateinamerikas auf verwirrende Weise.

Zwei Jahrzehnte lang beherrschten zwei Männer von antiker Statur die Szene: José de San Martín und Simón Bolívar. Beide waren beeinflußt durch die Ideen der nordamerikanischen Revolution, Bolívar außerdem durch den deutschen Forscher Alexander von Humboldt, der die spanische Kolonialherrschaft fünf Jahre lang mit den scharfen Augen des Ethnologen und Ökologen beobachtet hatte. Bolívar erkämpfte die Selbständigkeit der späteren Staaten Venezuela, Kolumbien, Panama und Ecuador. José de San Martín, geboren im heutigen Paraguay, befreite Argentinien und Chile.

In einer Vereinbarung von seltener Uneigennützigkeit überließ er den Truppen Bolívars die Einfügung des Schlußsteins in das neue Staatensystem: 1824 kapitulierte der spanische Vizekönig in Peru, und im folgenden Jahr unterlagen auch die letzten spanischen Truppen in Bolivien. Die Kreolen schickten sich an, wahr zu machen, was Bolívar prokla-

Schöne Welt mit alten Wunden

*Rosario Islands vor der Küste von Kolumbien: ein typisches Stück Karibik, Sinnbild tropischer Fülle und Farbenpracht, der Anmut auch – etwa die Frauen von Haiti, die ihre bunten Lasten balancieren; bewundernswert ihre Heiterkeit. Denn diese Welt ist durch die Hölle von Kolonialismus und Sklaverei gegangen. Verständlich die Bestrebungen der Karibik nach Unabhängigkeit seit der Französischen Revolution.
Einen eigenen Weg aus der ungerechten Verteilung von Arbeitslast und Besitz suchte Kuba: Eine bescheidene »Havanna« leistet sich hier auch der Arbeiter von der Zuckerrohrplantage.*

miert hatte: »Wir sind nicht Indios noch Europäer, und doch sind wir ein Teil von beiden.«

Bolívar lehnte mehrmals das Amt des Monarchen oder Diktators auf Lebenszeit ab. Er war überzeugter Republikaner, allerdings von der konservativen Sorte: »Die amerikanischen Staaten brauchen die Anstrengungen paternalistischer Regierungen, wenn die Wunden heilen sollen, die Despotismus und Krieg geschlagen haben.« Sein Traum war ein Bund der lateinamerikanischen Staaten, in dem alle Streitigkeiten durch Schiedsgerichte geschlichtet werden sollten. Dieser Vorläufer der heutigen Organisation der amerikanischen Staaten schien 1826 durch einen Kongreß in Panama wahr zu werden. Er schloß auch die Föderation der Vereinigten Provinzen von Zentralamerika ein, das heißt der neuen Staaten Guatemala, Honduras, El Salvador, Nicaragua und Costa Rica. Beide Organisationen waren kurzlebig – der Kongreß blieb ein Schemen, und die zentralamerikanische Föderation löste sich nach kaum 20 Jahren auf. Sie scheiterte an den unvereinbaren Gegensätzen zwischen Liberalen und Autoritären, wie sie noch heute der Einigung Mittelamerikas im Wege stehen.

England unterstützte den Befreiungskampf der spanischen Kolonien mit Geld und Freiwilligen, die Vereinigten Staaten gaben diplomatischen Flankenschutz. Mit der »Doktrin« ihres Präsidenten Monroe ließen sie 1823 die europäischen Mächte wissen, daß sie eine gewaltsame Wiederherstellung der alten Ordnung durch europäische Interventionen in den spanischen Besitzungen Amerikas nicht dulden würden. Das war so etwas wie die Unabhängigkeitserklärung des Doppelkontinents.

Respektiert wurde sie nicht immer. Der russische Zar sprach eine Zeitlang von Alaska als einem Sprungbrett, von dem aus er die Ziele der europäischen Heiligen Allianz in dem zu Mexiko gehörenden Kalifornien verfolgen könne. Napoleon III., Kaiser der Franzosen, benutzte die außenpolitische Schwäche der Vereinigten Staaten während des Sezessionskrieges, um in Mexiko mit französischer Truppenhilfe den Habsburger Erzherzog Maximilian als Kaiser einzusetzen. Das Abenteuer endete 1867 mit der Hinrichtung Maximilians und dem Aufstieg eines Indianers, Benito Juárez, zum Präsidenten von Mexiko. Juárez war der Mann der Landreform, der Aufhebung der Leibeigenschaft, der Abschaffung klerikaler und militärischer Privilegien. Er errichtete Schulen ohne kirchliche Aufsicht und öffnete das Land durch Vergabe von Konzessionen an Ausländer zum Bau von Eisenbahnen und Telegraphenlinien.

Mexiko hatte Gebiete von der Größe Westeuropas, nämlich Texas, Neu-Mexiko, Arizona und Kalifornien an die USA verloren; nicht alles durch Krieg, manches auch durch Verkauf. Es hatte unaufhörlich Bürgerkriege geführt und Invasionen erduldet. Nun sollten »Freiheit, Ordnung und Fortschritt« herrschen. Der plötzliche Tod von Juárez im Jahre 1872 führte dazu, daß unter dem schier ewig regierenden Diktator Porfirio Díaz wohl Ordnung und Fortschritt eine Chance hatten, aber die Freiheit zu kurz kam. Erst die Revolution von 1910 brachte nach blutigen Turbulenzen eine Beruhigung.

Mexiko hat seitdem drei besondere Merkmale: Kirche und Militär haben nichts zu sagen. Es herrscht seit fast 60 Jahren eine einzige Partei (PRI, Partido Revolucionario Institucional), eine Koalition aus Gewerkschaften, Bauernverbänden und kleinen Geschäftsleuten. Ihr Führer ist zugleich Staatspräsident. Er muß vornehmlich darauf achten, daß ausländisches Kapital in der stark protektionistisch orientierten Wirtschaft nichts zu sagen hat, aber immer so reichlich fließt, daß Mexiko unter seiner Schuldenlast nicht zusammenbricht. Auf Indianerland gegründete Kooperativen sollen der latenten Agrarkrise entgegenwirken. Allerdings wächst die Bevölkerung mit unheimlicher Schnelligkeit, besonders im Gebiet der Hauptstadt mit ihren insgesamt 20 Millionen Einwohnern. Auch fordert die Auslandsverschuldung ihren Zoll. Dennoch zählt Mexiko zu den stabilsten Staaten Lateinamerikas. Seine Präsidenten pflegen ihre vorgeschriebene Amtszeit lebendig zu beenden. Zum letzten Mal wurde einer 1928 ermordet.

Freiräume und Reservate

Eine Zitrusplantage in Brasilien. Der Reiz solcher Bilder darf nicht darüber hinwegtäuschen, daß der Natur in diesem Land ständig größte Opfer abgefordert werden. Ärgstes Beispiel: die Wälder des Amazonas. Sie sind unschätzbar wichtig für das Klima unserer Erde, fallen aber kurzsichtiger Profitsucht zum Opfer. Zwar finden Tiere wie der Jaguar noch Freiräume, doch die Ureinwohner verdrängt der weiße Mann in Reservate. Dort leben die ehemaligen Herren des Landes, die Xinguanos etwa, oft als touristische Attraktion, geraten in Abhängigkeit von der Zivilisation – und verkümmern.

Die Pioniere erobern den Westen

Während sich in Lateinamerika die neuen Staaten und ihre Gesellschaften auf dem Boden alter Reiche und in den kaum veränderten Traditionen einer dreihundertjährigen Kolonialherrschaft bildeten, hatten die Nordamerikaner 300 Jahre lang einen riesigen, fast leeren Raum vor sich gehabt; was sie damit machen würden, konnte man nicht leicht voraussagen. Wo sie siedelten, war eben noch Grenze gewesen; sie schoben die Grenze immer weiter nach Westen vor sich her.

Zu Ende des 19. Jahrhunderts erklärte der Historiker Frederick Turner in einem faszinierenden Essay den Charakter seiner Landsleute als geformt durch die Bedingungen der Grenze. Daraus hätten sich Eigenschaften gebildet wie »Roheit und Stärke, Scharfsinn und Wissensdurst, ein praktischer, erfindungsreicher Geist, eine ruhelose, nervöse Energie und die übermütige Spannkraft, die mit der Freiheit kommt«.

Diese Eigenschaften wurden niemals deutlicher sichtbar als in der zweiten Hälfte des 19. Jahrhunderts. So als habe die Erledigung der Sklavenfrage unerhörte Kräfte freigesetzt, drängten die Pioniere einer neuen technischen Zivilisation nach Westen. Sie bauten Straßen und Kanäle, überbrückten die Ströme, legten die stählernen Bänder der Eisenbahnen von Ozean zu Ozean, rodeten die Wälder, pflügten die Prärie um, rotteten mit dem Büffel aus, schürften mit großen Maschinen nach Gold und Silber, bewässerten Wüsten, gründeten Fabriken, Städte, Telegraphenämter, Zeitungen, Opernhäuser, Universitäten, schichteten 50 Etagen in ihren Hochtürmen übereinander, erhellten die Boulevards mit grellem Licht und verdunkelten den Glanz europäischer Hauptstädte mit neureichem Protz.

Diese Amerikaner machten fürs erste noch keine großen wissenschaftlichen Entdeckungen, aber was sie gegen die körperliche Plackerei taten, war höchst verdienstvoll: von der Maschine zum Reinigen der Baumwolle über die elektrische Glühbirne und den Rasierapparat bis zum Automobil. Nein, sie erfanden den Benzinmotor nicht, aber sie machten die Herstellung des Ford Modell T so billig, daß Millionen von Handarbeitern sich das neue Gefühl der Freiheit leisten und im eigenen Wagen den Rausch der Geschwindigkeit und der Ferne erleben konnten.

Das wäre nicht möglich gewesen ohne den immer mehr anschwellenden Zustrom der Einwanderer. Die Alte Welt gab außer dem Kapital viel von ihrem Besten und auch einiges vom Schlechtesten: fleißige und anschlägige Köpfe, die in der engen Standesgesellschaft Europas nicht weiterkamen – aber auch rücksichtslose Bankrotteure; junge Burschen auf der Flucht vor dem Militärdienst und bisweilen vor den Gerichten; abgearbeitete Bauernfamilien auf der Suche nach Land, Prostituierte auf der Jagd nach Kunden. Orthodoxe mit langen Bärten und Freidenker, die der Staatskirche entfliehen wollten, und natürlich immer wieder einige Leute mit Geld und viele ganz ohne.

Wenn zu Anfang des 19. Jahrhunderts die Iren und nach einer mißglückten Revolution neue Wellen von Deutschen gekommen waren, so kamen nun Italiener, Polen und Juden, Basken und Slowaken – und wie verschiedenartig auch ihre Sitten, Sprachen und Kenntnisse waren: Sobald sie die Goldminen an der pazifischen Küste erreicht hatten, taten sie schon ganz wie Amerikaner und fühlten sich als Grenzer. Und nach ein, zwei Generationen waren sie es tatsächlich geworden.

Die Vereinigten Staaten auf dem Weg zur Weltmacht

Selbst als es schon Eisenbahnlinien quer über den Kontinent gab, reiste es sich an die Westküste immer noch bequemer mit dem Schiff. Das galt zumal für Alaska – eine dem Zaren abgekaufte Einöde voller Bären und prächtiger Goldadern. Die Reise um Kap Hoorn war langwierig. Quer über jenes mittelamerikanische Verbindungsstück zwischen den beiden großen Trichtern bauten pfiffige Amerikaner erst Straßen, dann Eisenbahnen.

Schließlich stand ein Schiffahrtskanal durch Nicaragua oder Panama zur Debatte. Panama bot die kürzere Route, aber es gehörte zu Kolumbien und mußte erst mit sanfter Gewalt selbständig gemacht werden, ehe sich die Regierung in Washington den benötigten Streifen Land abtreten lassen konnte. Das erforderte diplomatisches Engagement – ebenso wie der Schutz nordamerikanisch finanzierter Bananenplantagen in Nicaragua oder von Bergwerken in Guatemala oder von Gläubigerinteressen in Venezuela.

Die USA waren mit einem Male die beherrschende Macht in der Karibik geworden. 1898 verhalfen sie aufständischen Kubanern gegen die spanische Kolonialregierung zur Selbständigkeit. Bei dieser Gelegenheit gliederten sie sich Puerto Rico an. Damit war das Ende eines Riesenreiches gekommen, in dem nach den Worten seines Gründers, Kaiser Karls V., die Sonne nicht untergeht.

Der amerikanische Drang nach Westen überschritt im gleichen Jahr 1898 auch seine natürliche Grenze an der pazifischen Küste und erhielt einen ozeanischen Charakter. Die Inselgruppe von Hawaii wurde annektiert. Spanien trat die Philippinen an die USA ab. Als sich das chinesische Kaiserreich in einer Kette von Kriegen und Aufständen auflöste, proklamierten Washingtons Diplomaten die Politik der »offenen Tür«. Kaufleute, Missionare und Universitätsprofessoren öffneten China, Korea und Japan den Einflüssen des demokratischen Westens.

Es war der Auftakt zu unserer Epoche. Sie sah heftige Gegenbewegungen, wie den Überfall der japanischen Kriegsmaschine auf Pearl Harbor oder die Offensive der kommunistischen Großreiche unter Stalin und Mao gegen die asiatischen Stützpunkte der USA. Doch wird dieses Jahrhundert nach zwei von den Amerikanern entschiedenen Weltkriegen vorwiegend dadurch geprägt, daß der bis dahin so stille Stille Ozean in den Mittelpunkt des Weltgeschehens gerückt ist und daß die Vereinigten Staaten, der Inselnatur ihres Kontinents entsprechend, auf alle Weltmeere blicken und dort eine Pax Americana garantieren.

Die Entwicklung Amerikas im 20. Jahrhundert

Was vor allem unterscheidet die beiden Amerika vom Rest der Welt in diesem unserem Jahrhundert? Vielleicht das: Der Doppelkontinent blieb von den Verwüstungen verschont, die große Teile Asiens, Afrikas und Europas fast unkenntlich machten. Es ging in der Neuen Welt im wesentlichen friedlich zu. In Kanada und Nordamerika war die Verdrängung der Rothäute aus dem Hauptstrom der Geschichte abgeschlossen; die Einfügung der Schwarzen in die Gesellschaft schritt voran. Das gilt auch für Brasilien. Die Grenzstreitigkeiten der Staaten Südamerikas flauten nach dem Chaco-Krieg zwischen Bolivien und Paraguay ab. Nicht nur der angelsächsische Norden, auch Lateinamerika kennt keine Stacheldrahtzäune und Wachtürme an den Grenzen.

Nur zweimal flammte ein Konflikt mit weltweit drohenden Konsequenzen auf: 1962 bot Fidel Castro der Sowjetunion seine Insel als Raketenstützpunkt gegen die USA an. Das führte haarscharf an einem Zusammenstoß der Weltmächte vorbei und verwandelte Kuba in das erste unter sowjetischer Statthalterschaft stehende Land auf amerikanischem Boden. Das andere Mal kam 1982, als es die Militärjunta in Argentinien für notwendig hielt, von ihren innenpolitischen Desastern durch die frisch-fröhliche Besetzung der britischen Falklandinseln abzulenken. Es war ein totaler Mißerfolg, der die Generale diskreditierte und den demokratischen Kräften Argentiniens Oberwasser gab.

Ansonsten herrschte in Südamerika an Bürgerkriegen, Staatsstreichen, Bauernaufständen und Guerilla-Aktionen kein Mangel; sie bilden heute wie seit anderthalb Jahrhunderten den blutigen, düsteren Hintergrund der Politik. Es scheint, als liege besonders den Bewohnern der ehemals spanischen Gebiete der Appell an die Gewalt so nahe wie ihren Dichtern die Schilderung gewaltsamer Verirrungen; doch waren offenbar weder Perón in Argentinien noch Vargas in Brasilien oder Jiménez in Venezuela gewalttätig genug, um dem Durchschnittsbürger Lateinamerikas eine Militärdiktatur als Schreckensherrschaft erscheinen zu lassen. Im Rückblick wird man vielleicht auch in Pinochet einen nicht aus dem Rahmen fallenden Typ des autoritär denkenden Kreolen erblicken. Jedenfalls kam nichts den grausamen Verheerungen des spanischen Bürgerkriegs gleich, der für Europa den Auftakt des Zweiten Weltkriegs bildete.

Dagegen blieb das angelsächsische Amerika im 20. Jahrhundert von den Schrecknissen eines Bürgerkrieges gänzlich verschont: Das Französisch sprechende Quebec erhob sich nicht in Waffen gegen die kanadische Zentralregierung in Ottawa, keine Prätorianer-Truppe hat das Weiße Haus in Washington umstellt, kein noch so scharfer Gegensatz zwischen arm und reich konnte die Yankees davon überzeugen, daß sie das staatliche oder wirtschaftliche Gefüge mit Molotow-Cocktails verbessern müßten. Selbst auf dem Tiefpunkt, dem großen Wallstreet-Krach von 1929 und der darauf folgenden Wirtschaftskrise, blieb die Zuversicht unerschüttert, daß es mit Gottes eigenem Land am Ende wieder bergauf gehen müsse.

Die in den Prinzipien klare, in der praktischen Anwendung kompromißfreudige Verfassung hat die mächtigen Regionen, Oligopole und Einzelinteressen der Vereinigten Staaten immer wieder unter einen Hut gebracht. Dank dieser Verfassung wurde in kritischen Momenten wie der Ermordung Präsident Kennedys und der Absetzung Präsident Nixons das Problem der Nachfolge ohne bürgerkriegsähnliche Erschütterungen bewältigt.

Ähnliches läßt sich für die Staaten Südamerikas nicht behaupten, obwohl sie ihre Verfassungen nach dem nordamerikanischen Muster gestaltet haben. Ein immer wiederkehrendes Charakteristikum ihrer inneren Politik sind das schroffe Gegeneinander und die Schärfe des Konflikts zwischen Rassen und Klassen, Provinzen und Clans. Soziale Konflikte wurden meistens als Kampf um alles oder nichts

len Interessen und aufmüpfigen eingeborenen Intellektuellen eine Kette von Explosionen ausgelöst, wäre da nicht das Ventil der Auswanderung gewesen. Millionen Puertoricaner fanden Arbeit in New York, Hunderttausende von jungen Leuten aus Jamaika ließen sich in Toronto und Birmingham nieder, die Kinder von Guadeloupe und Haiti zog es nach Paris. Die wirtschaftliche Anfälligkeit der Inselwelt und der wachsende Bevölkerungsdruck konnten durch diesen Exodus allerdings nur gemildert, nicht beseitigt werden. Abgesehen von der Schönheit ihrer Küsten für den Touristen haben diese Inseln nur billige Arbeitskräfte, aber wenig natürliche und kaum industrielle Hilfsquellen – weshalb denn auch die Versuche zur Gründung eines einheitlichen Zoll-, Währungs- und Wirtschaftsraums der Karibik bisher zu keinem Ergebnis geführt haben.

Das rasche Wachstum der Bevölkerung bekam der Natur überall schlecht. Im Amazonas-Becken wird der tropische Urwald kahlgeschlagen. Änderungen des Klimas und Verarmung der Fauna machen sich bemerkbar. Über den Großstädten hängt Smog. An ihren Rändern entstehen Slums. Brasília verkommt in Verkehrs- und Wohnungsproblemen. Aber dank künstlicher Bewässerung grünen ent-

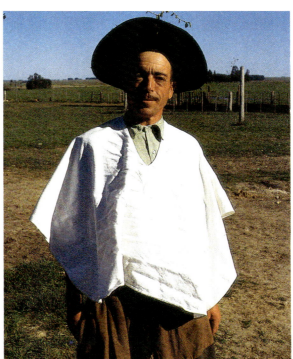

Die Pampa und der Tango

*Das südliche Pendant zu den Prärien im Norden ist die Pampa Südamerikas: Viehherden in der unendlichen Weite des Landes. Und der südliche Kollege des Farmers ist der Facendeiro.
Aber ganz anders als im Norden: Die Lebensart ist romanisch geprägt – weit entfernt vom puritanischen Erbe der Nordamerikaner. Zum Beispiel der Tango: In der Metropole Buenos Aires ist er Teil einer gelebten Stadtkultur.*

ausgetragen wie im Chile Allendes, zwischen Somoza und den Sandinisten in Nicaragua oder mit der rigorosen Beseitigung der bürgerlichen Zivilisation durch einen Guerilla-Caudillo vom Schlage Castros.

Dem kommenden Jahrtausend entgegen

Die besonders hohe Einwanderungswelle aus Europa um 1900 hat nicht nur Nordamerika verändert. Auch Lateinamerika erlebte einen Zustrom meist mittelmeerischer Immigranten, die den Prozeß der Industrialisierung beschleunigten. Im Jahre 1930 betrug die Bevölkerungszahl von Nordamerika 134 Millionen, die in Südamerika einschließlich Mexikos 108 Millionen. Bereits 1950 hatte der Süden dank seiner hohen Geburtenziffern aufgeholt – heute steht es 400 zu 250 zugunsten Lateinamerikas.

Es gibt jedoch auch eine Auswanderung, und zwar aus dem schönen Armenhaus der Neuen Welt. Vielleicht hätten nach 1960 auf den Inseln der Karibik die Konflikte zwischen den Hautfarben und Klassen, zwischen abtretenden kolonia-

lang dem Pazifik die Wüsten und tragen mehrere Ernten im Jahr. Die Arbeiter, die sie einbringen, führen das Leben motorisierter Nomaden. Für ihren Treibstoff pumpen in Maracaibo die Bohrtürme aus Leibeskräften und verbreiten die Raffinerien bei Houston und in New Jersey Dampf aus tausend Rohren.

Noch springt der Lachs in den Flüssen des Nordwestens, noch bringen die Gletscher in Alaska und in Feuerland Eis der Vorzeit ans Meer. Touristen strömen an die einladenden Küsten Amerikas und seiner Inselwelt. Amerika reist mit Samba und Rock, Karneval und Fiesta, Song und Slang, Jeans, Walkman und Coca Cola dem kommenden Jahrtausend entgegen. Hollywood und die TV-Familienserie haben die Welt erobert und ihr Klima mindestens so verändert wie Kernkraft, Mondfahrt, Mikrochip, Gen-Experiment und die Befreiungstheologie.

Überall neue Grenzen, die es hinauszuschieben und zu meistern gilt, während sich die amerikanischen Kontinente unter dem Gepolter der Erdbeben und den Schwefelwolken der Vulkanausbrüche weiter nach Westen bewegen, unverdrossen, mit einigen Zentimetern Geschwindigkeit im Jahr.

Amerika — Daten und Fakten

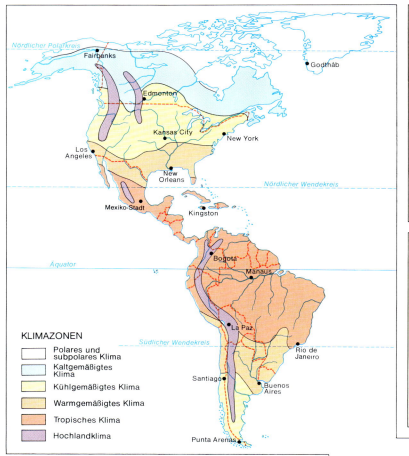

KLIMAZONEN
- Polares und subpolares Klima
- Kaltgemäßigtes Klima
- Kühlgemäßigtes Klima
- Warmgemäßigtes Klima
- Tropisches Klima
- Hochlandklima

Klimastationen (Temperatur in °C, Niederschlag in mm)

	Höhe m ü.M.	Mittl. Monatstemperatur Minimum	Mittl. Monatstemperatur Maximum	Jahres-niederschlag	Land
Godthåb	20	-7,5/Jan.	8,5/Aug.	510	Grönland
Fairbanks	133	-24,0/Jan.	15,5/Juli	290	USA (Alaska)
Edmonton	206	-14,0/Jan.	17,5/Juli	470	Kanada
New York	40	0,5/Jan.	25,0/Juli	1080	USA
Kansas City	226	-0,5/Jan.	27,0/Juli	870	USA
Los Angeles	103	13,5/Jan.	23,0/Juli	370	USA
New Orleans	3	13,5/Jan.	28,5/Aug.	1610	USA
Mexiko-Stadt	2309	12,0/Jan.	18,0/Mai	760	Mexiko
Kingston	35	25,0/Jan.	27,5/Aug.	810	Jamaika
Manaus	48	26,0/Feb.	28,0/Sep.	1900	Brasilien
Rio de Janeiro	31	20,5/Juli	26,0/Feb.	1090	Brasilien
Bogotá	2556	13,0/Sep.	13,5/Apr.	940	Kolumbien
La Paz	3632	8,0/Juli	12,0/Nov.	490	Bolivien
Buenos Aires	25	10,0/Juli	23,5/Jan.	1030	Argentinien
Santiago de Chile	520	8,0/Juli	20,0/Jan.	360	Chile
Punta Arenas	8	2,5/Juli	11,5/Jan.	450	Chile

Längste Flüsse (Auswahl)

	Länge km	Einzugsbereich km²	Einmündungs-gewässer
Amazonas (mit Ucayali)	6500	7180000	Atlantischer Ozean
Mississippi (mit Missouri)	6021	3778000	Golf von Mexiko
Mackenzie (mit Peace R.)	4241	1787000	Nordpolarmeer
Paraná	4200	3100000	Atlantischer Ozean
Sankt-Lorenz-Strom	3350	1300000	Atlantischer Ozean
Madeira (mit Mamoré)	3240	1160000	Amazonas
São Francisco	3200	630000	Atlantischer Ozean
Rio Grande	3030	570000	Golf von Mexiko
Yukon	3020	855000	Beringmeer
Colorado	2700	428000	Golf von Kalifornien
Orinoco	2575	1086000	Atlantischer Ozean
Arkansas	2350	416000	Mississippi
Columbia	2250	822000	Pazifischer Ozean
Paraguay	2200	1150000	Paraná

Größte Seen

	Fläche km²	größte Tiefe m	Höhe m ü.M.	Land
Oberer See	82103	405	183	USA/Kanada
Huronsee	59570	229	176	USA/Kanada
Michigansee	57757	281	176	USA
Großer Bärensee	31153	413	156	Kanada
Großer Sklavensee	28570	614	156	Kanada
Eriesee	25667	64	174	USA/Kanada
Winnipegsee	24390	18	217	Kanada
Ontariosee	19011	244	75	USA/Kanada
Titicacasee	8288	281	3810	Bolivien/Peru
Nicaraguasee	8264	70	31	Nicaragua
Athabascasee	8080	124	212	Kanada
Rentiersee	6390	219	350	Kanada
Nettillingsee	5250	keine Angabe	29	Kanada

Höchste Berge (Auswahl)

	Höhe m ü.M.	Gebirge	Land
Cerro Aconcagua	6960	Anden	Argentinien
Nevado del Illimani	6882	Anden	Bolivien
Nevado Ojos del Salado	6863	Anden	Argentinien/Chile
Nevado Huascarán	6768	Anden	Peru
Volcán Chimborazo	6267	Anden	Ecuador
Mount McKinley	6194	Alaskakette	USA (Alaska)
Mount Logan	6050	Küstengebirge	Kanada
Pico Cristóbal Colón	5800	Sierra Nevada de Sta. Marta	Kolumbien
Pico de Orizaba	5700	Sierra Madre Oriental	Mexiko
Volcán Popocatépetl	5452	Cordillera Volcánica	Mexiko
Pico Bolivar	5007	Cordillera de Mérida	Venezuela
Mount Whitney	4418	Sierra Nevada	USA
Volcán Tajumulco	4220	Sierra Madre	Guatemala
Cerro Chirripó	3820	Cordillera de Talamanca	Costa Rica
Gunnbjørns Fjeld	3700	Ostgrönland	Grönland
Pico Duarte	3175	Cordillera Central	Dominik. Republik
Pico da Neblina	3014	Bergland von Guayana	Bras./Venezuela
Pico da Bandeira	2890	Brasilianisches Bergland	Brasilien
Mount Mitchell	2037	Appalachen	USA

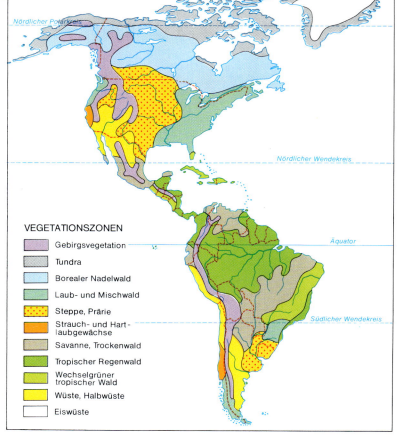

VEGETATIONSZONEN
- Gebirgsvegetation
- Tundra
- Borealer Nadelwald
- Laub- und Mischwald
- Steppe, Prärie
- Strauch- und Hart-laubgewächse
- Savanne, Trockenwald
- Tropischer Regenwald
- Wechselgrüner tropischer Wald
- Wüste, Halbwüste
- Eiswüste

Daten und Fakten — Amerika

Größte Städte (mit Vororten 1988)

Stadt	Einw. in Mio.	Land	Stadt	Einw. in Mio.	Land
Mexiko-Stadt	20	Mexiko	Washington	3,4	USA
New York	18	USA	Dallas	3,4	USA
São Paulo	15	Brasilien	Guadalajara	3,3	Mexiko
Los Angeles	12,5	USA	Houston	3,2	USA
Buenos Aires	11	Argentinien	Toronto	3,1	Kanada
Rio de Janeiro	10	Brasilien	Belo Horizonte	3	Brasilien
Chicago	8	USA	Montreal	2,9	Kanada
Philadelphia	5,8	USA	Cleveland	2,8	USA
San Francisco	5,7	USA	Miami	2,8	USA
Bogotá	5,5	Kolumbien	Monterrey	2,7	Mexiko
Lima	5,5	Peru	Porto Alegre	2,6	Brasilien
Detroit	4,3	USA	Recife	2,5	Brasilien
Santiago	4,2	Chile	St. Louis	2,4	USA
Boston	4	USA	Atlanta	2,4	USA
Caracas	4	Venezuela	Pittsburgh	2,4	USA

Größte Staaten nach der Fläche

	Fläche km²	km² pro Einw.
Kanada	9976139	0,38
USA	9372614	0,04
Brasilien	8511965	0,06
Argentinien	2766889	0,09
Mexiko	1958201	0,02
Peru	1285216	0,06
Kolumbien	1138914	0,04
Bolivien	1098581	0,15
Venezuela	912050	0,05
Chile	756945	0,06
Paraguay	406752	0,11
Ecuador	269178	0,02
Guyana	214969	0,22
Uruguay	176215	0,06
Suriname	163265	0,40
Nicaragua	130000	0,04

Größte Staaten nach Einwohnern

1988	Einw. in Mio.	Einw. pro km²
USA	250	27
Brasilien	150	18
Mexiko	86	44
Argentinien	32,5	12
Kolumbien	33	29
Kanada	26	3
Peru	22	17
Venezuela	20	22
Chile	13	17
Ecuador	11	41
Kuba	10,5	95
Guatemala	9,2	84
Dominik. Rep.	7,3	150
Bolivien	7,2	7
Haiti	6,2	220
Honduras	5,1	45

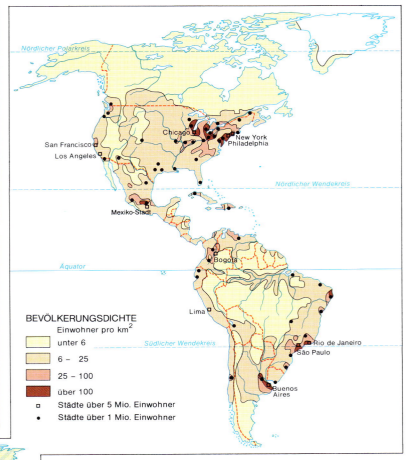

BEVÖLKERUNGSDICHTE — Einwohner pro km²: unter 6; 6–25; 25–100; über 100. Städte über 5 Mio. Einwohner; Städte über 1 Mio. Einwohner.

Bruttosozialprodukt der Länder (1988)

Land	BSP pro Kopf US-$	BSP gesamt Mio. US-$	Land	BSP pro Kopf US-$	BSP gesamt Mio. US-$
Vereinigte Staaten	19780	4863674	Chile	1510	19220
Kanada	16760	437471	Belize	1460	264
Bahamas	10570	2611	Grenada	1370	139
Barbados	5990	1530	Kolumbien	1240	37210
Antigua u. Barbuda	3880	302	St. Vincent u. Grenad.	1200	135
Trinidad u. Tobago	3350	4160	Paraguay	1180	4780
Venezuela	3170	59390	Peru	1120	23113
Saint Kitts u. Nevis	2860	119	Ecuador	1080	10920
Argentinien	2640	83040	Jamaika	1080	2610
Uruguay	2470	7430	El Salvador	950	4780
Suriname	2450	1050	Guatemala	880	7620
Brasilien	2280	328860	Honduras	850	4110
Kuba *)	1900	21000	Nicaragua	850	3200
Mexiko	1820	151870	Dominik. Republik	680	4690
Panama	1810	4207	Bolivien	570	3930
Saint Lucia	1810	242	Guyana	410	327
Costa Rica	1760	4690	Haiti	360	2240
Dominica	1650	130			

*) Stand 1986

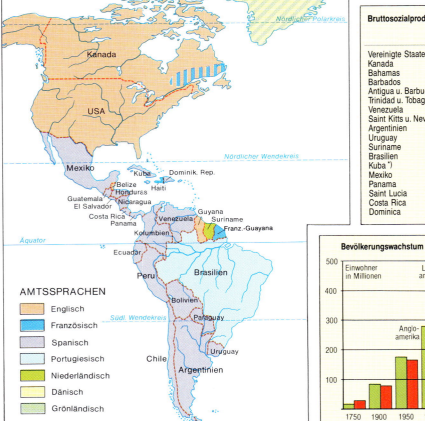

AMTSSPRACHEN: Englisch, Französisch, Spanisch, Portugiesisch, Niederländisch, Dänisch, Grönländisch

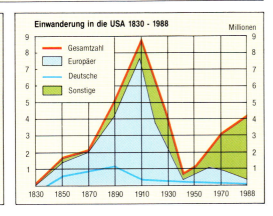

Bevölkerungswachstum — Einwohner in Millionen (Lateinamerika, Angloamerika) 1750, 1900, 1950, 1988.

Einwanderung in die USA 1830–1988 (Millionen): Gesamtzahl, Europäer, Deutsche, Sonstige.

 Antigua und B

Brigitte Geh-Spinell

K
aribik, Antillen, Westindien – mehrere Taufnamen für den Inselbogen, der sich von Florida bis Venezuela erstreckt, rund 30 bewohnte Inseln, jede eine Welt für sich. Ihr wechselvolles Schicksal ist von den einstigen Kolonialherren geprägt: Spaniern, Engländern, Franzosen, Holländern...

Auf Antigua (mit dem Anhängsel Barbuda) haben sich, abgesehen von einem kurzen französischen Intermezzo, die Briten verewigt: mit Architektur und Ambiente, Kirche und Küche, Sitten und Sprache. Auch jetzt, nach der Unabhängigkeit der Insel, begegnet man ihren Spuren auf Schritt und Tritt – nebst denen der Nordamerikaner, die seit vielen Jahren im Winter in ihr »Mittelmeer« einfallen, das nur einen Luftsprung entfernt ist.

Die Antiguaner, überwiegend Nachkommen der insgesamt vier Millionen Sklaven, die einst aus Westafrika nach Westindien deportiert wurden, sehen ihr Eiland wegen der zentralen Lage und des modernen Jet Airports als »Drehkreuz der Karibik«. Der offizielle Reklame-Slogan aber lautet: Heart of the Caribbean, Herz der Karibik.

Staatsname:	Antigua und Barbuda
Amtssprache:	Englisch
Einwohner:	85 000
Fläche:	442 km²
Hauptstadt:	Saint John's
Staatsform:	Parlamentarische Monarchie im Commonwealth
Kfz-Zeichen:	ANT
Zeitzone:	MEZ −5 Std.
Geogr. Lage:	Karibik, östlich von St. Kitts und Nevis

English Harbour war im 17. und 18. Jahrhundert wichtigster Flottenstützpunkt der britischen Marine in der Karibik

Barbuda

Paradies, das sagt sich so leicht dahin

Irgendwie schafft es der Pilot nach sieben Stunden Flug, den winzigen Punkt in der Karibischen See zu finden. Nicht einmal die Hälfte von Ibiza: Antigua (das »u« wird nicht ausgesprochen).

»Oh, diese Hitze!« Müde und schlechtgelaunt fädelt sich der Reisende, der sich ebensoviel Unvoreingenommenheit wie Karibikgenuß vorgenommen hat, in die Schlange ein, an deren Kopf sich ein Beamter mit den fremden Pässen vertraut macht. Er hält das Ganze offensichtlich für eine zweifelhafte Pflicht, der er so zögernd wie möglich nachkommt. Was wollen alle diese Leute hier?

Mit paradiesischen Versprechungen in der Tasche sind sie ausgezogen, aber vor den Eintritt ins Paradies hat der liebe Gott keine glutäugigen Inselschönheiten oder feurigen Limbotänzer gesetzt, sondern die Bürokratie. Und die Häuptlinge der Dienstmänner und Taxifahrer, die ihre Mannen auf die Neuankömmlinge und ihr Gepäck hetzen.

Niemand hat sie aufeinander vorbereitet, die beiden Fronten, die jetzt bei 30 Grad im Schatten aufeinanderprallen. Die einen, die für ihr »Eintrittsgeld« nicht enttäuscht werden wollen. Die anderen, die redlich versuchen, ihre bescheidenen Einkommensverhältnisse am sagenhaften Reichtum der Besucher aufzubessern. Die Vorstellungen der Touristen haben mit denen der Einheimischen keinen gemeinsamen Nenner, aber der Tourismus macht inzwischen den Hauptteil des Bruttosozialprodukts aus und fängt einiges von der hohen Arbeitslosenquote auf.

Die industrielle Entwicklung steckt in Kinderschuhen, trotz aller Bemühungen um ausländische Investoren. Die Ölraffinerie am Hafen von Saint John's ziert das Panorama mit ihren Tanks; häufig sind sie – eine Folge der Preisentwicklung – leer. Die Lage der Landwirtschaft hat sich in den letzten Jahren etwas verbessert. »Produktdiversifizierung« heißt das neue Zauberwort: Baumwolle, Gemüse, Bananen und Mais werden verstärkt angebaut, und auch die Vermarktungsmethoden sind effektiver geworden.

Verzauberung – und ein bißchen Enttäuschung

Für den Besucher ist die Insel ein Idyll. Doch als Neuankömmling stellt er sich verschämt die Frage, ob ein bißchen Enttäuschung erlaubt sei. Marion, Antiguas erste Taxi-Lady, chauffiert ihn jetzt in ihrem Chevrolet, dem Statussymbol der Mietkutscher, das wundersamerweise ohne Schnur zusammenhält, souverän allen Schlaglöchern ausweichend übers flache, trockene Land. Autowracks ragen am Wegesrand empor wie Denkmäler: Die Karibik versprüht ihren Charme selten im ersten Augenblick, Antigua schon gar nicht.

Später dann, am Halbmondstrand vor seiner Luxusherberge, mit einer von Pelikanen und Kolibris belebten Traumkulisse vor den Augen, mit einer Mischung aus Seetang, Gewürzen, Blüten und überreifen Früchten in der Nase, dem tausendstimmigen Chor der Baumfrösche im Ohr, den sanften Streicheleinheiten der Luft auf der Haut und dem legendären Rum Punch auf der Zunge, während die Sonne hinter den gezackten Schattenrissen der Palmen und den Silhouetten der Nachbarinseln wie Gold vom Himmel ins Meer tropft, seufzt der Besucher wunschlos glücklich: »Ich bin in der Karibik!«

Am nächsten Morgen, als das Wasser spärlich aus der Dusche tropft, der Strom für eine Stunde ausbleibt und die Gummibrötchen beleidigt unter dem stumpfen Messer quietschen, bevor sie flugs vom Spottdrossel-Geschwader abtransportiert werden, mit dem man hier alle Mahlzeiten teilt, verläßt der Perfektionsgewohnte fluchtartig die Szene. Der Genießer jedoch schlachtet vergnügt eine große süße Ananas, schaut sich um und stellt zufrieden fest, daß er immer noch in der Karibik ist.

»Hier ist alles wie in England, nur ganz anders«

Marion erwartet ihren Kunden mit frisch geglätteten Strähnen, auch einem Statussymbol, und schlägt als erstes Ausflugsziel die Metropole Saint John's vor. Sie fährt an langen Reihen buntgestrichener Häuschen vorbei, alle mit der Veranda zur Straße hin, wo das wahre Leben stattfindet. »Hier ist alles wie in England, nur ganz anders«, sagt Marion, die nie in England war.

Saint John's ist ein Sammelsurium von klapprigen bis schmucken, rekonstruierten Kolonialbauten, von Läden und Kneipen. Den Anschluß an die Neuzeit soll »Heritage Quay« demonstrieren, ein edler Shopping-Komplex, der Liebhaber tropischer Romantik eher erschreckt als erfreut. Zum Trost gibt es immer noch den Markt, eine farb-, duft- und geräuschintensive karibische Viktualienbühne, die von unfaßbar füllligen Frauen betreut wird.

Schon zielt das Zoom-Objektiv wie von selbst auf eine besonders »malerische« Figur, die in einem Blechnapf rührt. Aromawolken kitzeln die Nase: kreolische Straßen-

▽ *Ein Stück Europa in der Karibik: Vorgeschoben ins Meer liegt der Strandpavillon von Halcyon Cove, einer der schönsten Buchten Antiguas im Norden von St. John's.*

△ *Der Pfeiler markiert es deutlich: Hier lag einmal Nelson's Dockyard, die Werft von English Harbour. Dieses Denkmal der Seefahrtsgeschichte ist heute ein Höhepunkt im Sightseeing-Tourismus. Der Namensgeber allerdings, der große Admiral Nelson, nannte English Harbour ein »grauenhaftes Loch«.*

küche! Da schiebt sich eine schwielige schwarze Hand vor die Linse, ein Wortschwall folgt, aus einem faltenzerfurchten Gesicht funkeln empörte Augen. Die Marktfrau ist bei der Alltagsarbeit, nicht in einer Zirkusvorstellung für Kopfjäger mit Kamera. Marions beschwichtigende Intervention und der Kauf einiger Früchte sorgen für Waffenstillstand. Die aufmüpfige Lady reicht dem Fremden ein Schälchen mit Pepperpot-Suppe, gratis. Gast ist Gast.

Das ist auch die Devise von Brother B., einem der wenigen Schwarzen, denen ein Gourmet-Tempel in der Karibik gehört. Zum Lunch treffen sich in seiner Laubenkneipe fast nur Antiguaner. Jene natürlich, die sich ein Menü dort leisten können – Antigua ist nicht billig! »Das Geheimnis unserer kreolischen Küche sind die Gewürze, an die sich eine Hotelküche nur selten heranwagt«, philosophiert Brother B., »und der Tourismus ist ebenso nützlich wie problematisch. Weil er die Leute hier nicht nur am Rande streift, wie in den Industrieländern, sondern total überrollt.« Ein Gast nickt zustimmend: »... und uns wieder mal zu einem Volk von Dienstboten macht. Kapital und Führungspositionen bleiben in der Hand der fremden Investoren, wir passen uns ihren Ideen an...«

Als der Fremde dann eines Abends Beethovens Neunte von einer flotten Steel Band präsentiert bekommt, empfindet er dieses Resultat des westlichen Kulturimperialismus als fast gerechte Strafe.

◁ *Nähservice auf einer »Singer Uralt« am Halcyon Cove: Man kann sich direkt am Strand ein Kleid schneidern lassen und zusehen, wie es fertig wird – so flott geht das hier.*

▽ *Lord Nelson, Englands populärster Seeheld, als Galionsfigur. 1784 kam er in Antigua an, um von hier aus den Seehandel der rebellischen Nordamerikaner lahmzulegen. English Harbour war zu jener Zeit ein wichtiger Stützpunkt der britischen Flotte.*

Kanonen, Katastrophen und Bilder des Friedens

Die Landschaft: sanfte Konturen im Hügelland des Südens, Korallenformationen im Norden, dazwischen Baumwoll- und Zuckerrohrplantagen oder flaches Weideland, das im Winter unter gelegentlichen Regenschauern matt- bis sattgrüne, in der sommerlichen Dürre eher dezent braune Töne zeigt. Ringsherum ein perfektes Strandprofil, mittendrin immer wieder die Requisiten der bewegten Geschichte der Insel. Nichts für Anhänger kultureller Höhenflüge, keine Tempel- und Pagodenromantik. Die Historie der Karibik hat eher mit Kanonen, Erdbeben und Wirbelstürmen zu tun, auch menschlichen. Seit ihrer Entdeckung waren die westindischen Inseln ein Schlachtfeld der Weltmächte: erobert, verloren, getauscht. Die schwarze Bevölkerung macht inzwischen rund 90 Prozent der Einwohner aus, aber immer hatte der weiße Mann das Sagen. Erst stülpte er den Schwarzen seine Religion und Kultur über, entließ sie dann in alle möglichen Schattierungen von Unabhängigkeit, kehrt jetzt als dollarschwingender, anspruchsvoller Ferienmensch zurück und wundert sich über den latenten, wenn auch gut kaschierten Groll in seine Richtung.

Der Chevy kämpft sich hinauf zu den Shirley Heights, einem Aussichtspunkt, der dem Besucher buchstäblich den Atem raubt. Nicht nur wegen des Windes, der hier oben pfeift. Auf der einen Seite fallen die Klippen fast 400 Meter hinunter auf den zerzausten Atlantik. Auf der anderen, in einer geschützten, von der Sonne durchfluteten Bucht, liegt English Harbour. Die Kameras klicken, dieses Bild muß sein: Am wichtigsten Stützpunkt der britischen Flotte zu jener Zeit, als sich noch halb Europa um die Karibik raufte, dümpeln jetzt friedlich Charterboote und private Jachten aus aller Welt – Antigua ist ihre bevorzugte Anlaufstelle in der Karibik.

Unten, in Nelson's Dockyard, wo der später so berühmte Admiral und Flottenkommandeur drei Jahre lang seine Strategien austüftelte, wandert der Fremde zwischen den wunderbar restaurierten Erinnerungen an Antiguas Kolonial- und Englands Militärgeschichte umher, versorgt sich mit neuestem karibischem Inselklatsch bei den Seglern und mit dem feinen lokalen Cavalier-Rum im Hafenshop. Und freut sich, daß zumindest in diesem Areal auch die Einheimischen ganz kräftig mitverdienen.

...und Barbuda schwelgt in bunten Farben

Als sich Antigua aus dem Verbund mit anderen Inseln löste und sich 1981 für die Autonomie entschied, kündigte das winzige Eiland Barbuda »gewaltlosen Widerstand« an. Die 1500 Einwohner fühlten sich vernachlässigt, und ohne Garantien von der britischen Regierung in bezug auf die Absicherung ihres Parlaments und gegen den Landverkauf auf ihrer eigenen Insel wollten sie nichts von neuen Freiheiten wissen. Die Angelegenheit konnte jedoch geschlichtet werden.

Barbuda, die flache Koralleninsel, träumt wieder mehr oder weniger beruhigt vor sich hin. Auch Robinson Crusoe würde sich hier, trotz einer exklusiven Hotelanlage, noch wohl fühlen: an rosafarbenen Stränden und im glasklaren Wasser, dessen vielfältige Bewohner sich farbenprächtig vor dem schützenden Riff tummeln, oder in der Kolonie der Fregattvögel, die mit aufgeblasenen, karmesinroten Kehlsäcken um ein Rendezvous mit Artgenossen bitten. Und einfach wegfliegen können, wenn ihnen etwas nicht paßt.

Antigua und Barbuda
Daten · Fakten · Reisetips

Landesnatur

Fläche: 442 km² (halb so groß wie Berlin)
Ausdehnung: Hauptinsel Antigua: West–Ost 25 km, Nord–Süd 20 km
Höchster Berg: Boggy Peak 402 m

Der kleine mittelamerikanische Inselstaat Antigua und Barbuda liegt im Nordabschnitt der Kleinen Antillen und umfaßt neben den beiden Inseln auch die knapp 50 km südwestlich von Antigua gelegene unbewohnte Vulkaninsel Redonda (1,5 km²).

Naturraum

Antigua (280 km²) und das 40 km nördlich davon gelegene Barbuda (160 km²) zählen zu den Kalkantillen. Sie sind aus Korallenkalk aufgebaut, vorwiegend flach und verkarstet. Nur im Südwesten Antiguas kommt tertiäres Vulkangestein vor, das die bis über 400 m hohen Sheekerley Mountains bildet. Weithin säumen, besonders vor Barbuda, Korallenriffe die teilweise buchtenreichen Küsten.

Klima

Das tropische Klima, das durch ständigen Seewind abgemildert wird, weist monatliche Mitteltemperaturen zwischen 23 °C und 28 °C auf; die jährliche Niederschlagsmenge beträgt durchschnittlich 900 mm. Da zwischen November und Mai kaum Niederschläge fallen und fließende Gewässer fehlen, müssen Zisternen, Brunnen und Stauwehre die Wasserversorgung sichern. Im Spätsommer werden die Inseln häufig von Wirbelstürmen (Hurrikanen) heimgesucht.

Vegetation und Tierwelt

Antigua ist nur stellenweise bewaldet; Barbuda hingegen, dessen größter Teil zum Naturschutzgebiet erklärt wurde, ist stärker bewaldet. In den Wäldern leben Wildschweine und Hirsche; ferner gibt es zahlreiche Echsen-, Schildkröten- und Vogelarten.

Schulkinder auf Antigua: Bildung ist der erste Schritt auf dem Weg aus dem sozialen Abseits.

Selten zu sehen, aber massenhaft zu hören: ein Vertreter der Baumfrösche. Das bunte Kleid ist in den Tropen eine gute Tarnung.

Politisches System

Staatsname: Antigua and Barbuda
Staats- und Regierungsform: Parlamentarische Monarchie im Commonwealth of Nations
Hauptstadt: Saint John's (auf Antigua)
Mitgliedschaft: UN, Commonwealth, OAS, CARICOM, AKP

Antigua und Barbuda bilden zusammen einen völkerrechtlich unabhängigen Staat, an dessen Spitze das Oberhaupt des britischen Königshauses steht, vertreten durch einen in Abstimmung mit der Inselregierung ernannten Generalgouverneur; er erfüllt hauptsächlich repräsentative Aufgaben.
Das Parlament besteht aus zwei Kammern: dem Senat und dem Abgeordnetenhaus. Der Senat hat zehn Mitglieder, die auf Vorschlag des Premiers, des Oppositionsführers und des »Rats für Barbuda« ernannt werden. Die 17 Mitglieder des Abgeordnetenhauses werden für fünf Jahre direkt gewählt. Das Rechtswesen orientiert sich am britischen Vorbild.

Bevölkerung

Einwohnerzahl: 85 000
Bevölkerungsdichte: 193 Einw./km²
Bevölkerungszunahme: 1,2 % im Jahr
Größte Stadt: Saint John's (35 000 Einw.)
Bevölkerungsgruppen: 92 % Schwarze, 4 % Mulatten, 2 % Weiße, 2 % Asiaten

Etwa 95 % der Bevölkerung leben auf der Hauptinsel Antigua, der Rest auf Barbuda. Die meisten Bewohner stammen von afrikanischen Sklaven ab, die seit dem 17. Jh. zur Arbeit auf den Zuckerrohrfeldern eingesetzt wurden. Minderheiten in der Bevölkerung bilden Weiße meist britischer Herkunft sowie Asiaten. – Amtssprache ist Englisch; Umgangssprache ist ein kreolisches Englisch. 80 % der Bevölkerung sind Anglikaner, 12 % Katholiken, der Rest Methodisten.

Soziale Lage und Bildung

Das größte innenpolitische Problem bildet die hohe Arbeitslosenrate von fast 40 %. Auch die sozialen Einrichtungen zur Absicherung der Beschäftigten sind unzureichend. Für die medizinische Versorgung stehen ein Krankenhaus und vier Gesundheitszentren zur Verfügung. Durch die allgemeine Schulpflicht ist die Analphabetenrate auf etwa 10 % gesunken. Heute besucht die Hälfte der Kinder höhere Schulen. In St. John's wurde ein College für technische und pädagogische Ausbildung eingerichtet.

Wirtschaft

Währung: 1 Ostkaribischer Dollar (EC$) = 100 Cents (c)
Bruttoinlandsprodukt (in Anteilen): Landwirtschaft 7 %, industrielle Produktion 16 %, Dienstleistungen 77 %
Wichtigste Handelspartner: Nachbarstaaten in der Karibik, Venezuela, USA, Großbritannien, Kanada

Zwar ist die Landwirtschaft des Inselstaates nach wie vor von Bedeutung, ja sogar durch Übergang von Zuckerrohr-Monokultur zum Anbau vielfältiger Produkte und verbesserte Vermarktungsmethoden im Wachsen begriffen, doch hat sich der Tourismus zum wichtigsten Wirtschaftszweig und zur Haupteinnahmequelle (rd. 60 % der Devisen) entwickelt.

Landwirtschaft

Hauptanbauprodukt der Insel war früher das Zuckerrohr. Die Abschaffung der Sklaverei sowie lange Dürreperioden und verstärkte Bodenerosion führten, langfristig gesehen, zu einem Rückgang des Anbaus. Seit 1972 ist Baumwolle wichtigstes Agrarprodukt; daneben werden Getreide, Gemüse und Obst angebaut. Viehzucht und Fischereiwirtschaft reichen kaum zur Versorgung der Bevölkerung.

Industrie

Der Inselstaat ist industriell unterentwickelt. Verarbeitet werden überwiegend einheimische Agrarprodukte.

Handel

Ausgeführt werden Produkte der Textilindustrie sowie Baumwolle, Früchte,

Der English Harbour auf Antigua, früher Stützpunkt der britischen Flotte in der Karibik, heute ein friedlicher Jachthafen.

Gemüse, Zucker und Rum, eingeführt werden vor allem Lebensmittel.

Verkehr, Tourismus

Der Inselstaat verfügt über einen internationalen Flughafen (Coolidge) und einen Tiefseehafen (St. John's), den auch Kreuzfahrtschiffe anlaufen. Das Straßennetz ist gut ausgebaut (etwa 1000 km befestigte Straßen). Beliebte touristische Ziele sind die Strände und der Jachthafen English Harbour auf Antigua.

Geschichte

Antigua und Barbuda wurden 1493 von Kolumbus auf seiner zweiten Reise entdeckt. Die Ureinwohner, die Arawaks, waren schon im 14. und

Daten · Fakten · Reisetips   Antigua und Barbuda

15. Jh. von den Kariben verdrängt worden. Mitte des 16. Jh. besetzten die Spanier beide Inseln und verschleppten die meisten Bewohner nach Hispaniola (Haiti) als Arbeitssklaven für die Bergwerke, die übrigen Inselbewohner wurden fast völlig ausgerottet.
Im Verlauf der wechselvollen Kämpfe um die Vorherrschaft im karibischen Raum versuchten in der Folge Engländer, Franzosen und Niederländer, in den Besitz von Antigua und Barbuda zu gelangen.

Die Kolonisation
Die eigentliche Besiedlung erfolgte erst ab 1632 durch die Engländer von Saint Christopher aus. In den folgenden Jahrzehnten und vor allem im 18. Jh. verschärften sich die Auseinandersetzungen zwischen Großbritannien und Frankreich um den Besitz dieser strategisch wichtigen Inseln. Erst im Pariser Frieden von 1814 wurde Antigua neben einer Reihe anderer Antillen-Inseln endgültig Großbritannien zugesprochen. Nachdem 1807 der Sklavenhandel verboten und zwischen 1833 und 1838 die Sklaverei schrittweise aufgehoben wurde, fehlten auf Antigua Arbeitskräfte für die Plantagenwirtschaft. So verlor die Insel ihre wirtschaftliche Bedeutung. Barbuda, das ab 1680 in britischem Privatbesitz war, fiel erst 1860 an die britische Krone.

Die Unabhängigkeit
Im 20. Jh. verstärkte sich das Streben des Inselstaates nach Selbstverwaltung – der Prozeß der Entkolonialisierung begann. Da die Inseln nach britischer Auffassung für sich allein nicht lebensfähig waren, bemühte sich das Mutterland seit 1947 um die Bildung einer Westindischen Föderation. Diese Pläne scheiterten jedoch. 1967 erhielten die Inseln den Status eines mit Großbritannien assoziierten Staates, 1981 wurden sie unabhängig. Bei den vorgezogenen Neuwahlen von 1984 wurden der Regierung Korruption und Mißwirtschaft sowie die Ab-

Was auf Antigua immer wieder in die Augen sticht: die Diskrepanz zwischen dem einheimischen Elend und dem Angebot für die Touristen.

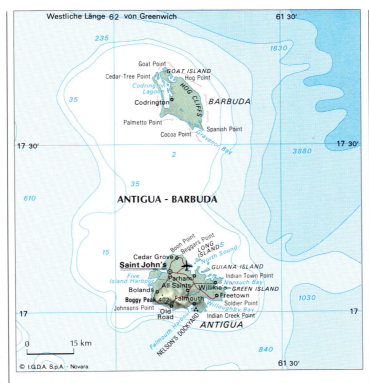

wicklung illegaler Waffentransporte nach Südafrika vorgeworfen. Ein weiteres Wahlkampfthema war die starke US-Präsenz auf der Insel (Marine- und Luftstützpunkt, US-Sender). Diese Konflikte bestimmen auch heute noch die innenpolitische Situation der Inseln.

Kultur

Die ersten Bewohner der beiden Inseln waren Arawaks, ein ackerbautreibendes Volk, das handwerklich sehr begabt war (Bearbeitung von Stein, Töpferei). Zeugnisse der Urbevölkerung findet man heute nur noch im Museum, so im Old Mill Museum und im Museum der Satellitenbeobachtungsstation Dow Hill, die auch für das Apollo-Raumfahrt-Programm genutzt wurde. Noch vor der Ankunft der Spanier waren die Arawaks von den Kariben ausgerottet worden. Diese praktizierten auch Kannibalismus. Beide Völker kannten die Tabakpflanze, deren Blätter bei kultischen Zeremonien geraucht wurden.

Britische und afrikanische Traditionen
Heute sind die Inseln von der Kolonialzeit geprägt. Der britische Lebensstil wird vor allem von den oberen Schichten gepflegt. Die Unterschicht hat dagegen noch viel von den Lebensgewohnheiten der afrikanischen Vorfahren bewahrt: den Glauben an Geister und magische Heilmethoden, Sprichwörter und Tiergeschichten sowie die Musik. Für die Musik sind Tamburine charakteristisch.
In der Architektur dominiert der viktorianische Stil. Die baulichen Sehenswürdigkeiten sind zugleich Zeugnis für die strategisch wichtige Lage der Hauptinsel: Antigua war im 17. und 18. Jh. Stützpunkt der britischen Flotte im karibischen Raum. Heute ist der 1764 gegründete Kriegshafen English Harbour einer der reizvollsten Jachthäfen der Welt. Die restaurierte Werft (Nelson's Dockyard) erinnert an den Seehelden Horatio Nelson, der als junger Mann drei Jahre lang auf Antigua diente. In der Nähe steht Clarence House: Hier wohnte Prinz William, Herzog von Clarence, der spätere britische König William IV. (1830–1837), während seiner Marinezeit.
Der Karneval auf Antigua wird in der Karibik an Lebendigkeit und Farbenfreude nur noch vom Karneval auf Trinidad übertroffen. Er dauert von Ende Juli bis zum ersten Donnerstag im August. Der wichtigste Festtag ist »J'ouvert« (oder Juvé), wenn die Menschen schon um vier Uhr morgens zur Musik von Steel- und Brass-Bands tanzend durch die Straßen ziehen.

Reise-Informationen

Einreise- und Fahrzeugpapiere
Bürger der Bundesrepublik Deutschland, der Schweiz und Österreichs benötigen für einen Aufenthalt bis zu drei Monaten einen gültigen Reisepaß bzw. Kinderausweis.
Fahrzeuge dürfen nur mit einer »Visitors Driver's Licence« gefahren werden, die gegen Vorlage des nationalen Führerscheins nach Ankunft in St. John's gegen Gebühr ausgestellt wird. Zum besseren Verständnis empfiehlt sich auch die Mitnahme des internationalen Führerscheins.
Zoll
Bei der Einreise sind zollfrei pro Person ab 18 Jahre 200 Zigaretten oder 50 Zigarren oder 225 g Tabak, 1 Liter Spirituosen, eine kleine Menge Parfüm.
Devisen
Ostkaribische Dollars (EC$) dürfen bei Deklaration in unbegrenzter Höhe ein- und ausgeführt werden. Auch die Mitnahme von Fremdwährung ist unbeschränkt, muß aber in Höhe der deklarierten Einfuhr wieder ausgeführt werden.
Impfungen
Für Besucher, die aus Infektionsgebieten einreisen, ist Gelbfieberimpfung vorgeschrieben.
Verkehrsverhältnisse
Das Straßennetz ist gut ausgebaut. Es besteht Linksverkehr. Von St. John's

Angeblich auf Antigua entstanden, heute in der ganzen Karibik verbreitet: die Steel Bands.

aus verkehren private Omnibuslinien nach allen Orten. Mietwagen, Mopeds und Mini Mokes (Fahrräder mit Hilfsmotor) können gemietet werden. Internationaler Flughafen ist Coolidge Airport bei St. John's.
Unterkünfte
Man findet Hotels von europäischem Standard. Die Preisunterschiede zwischen Vor- und Hauptsaison sind erheblich. Rechtzeitige Reservierung in der Hauptsaison wird empfohlen.
Reisezeit
Hauptsaison ist von Mitte Dezember bis Mitte April.

Argentinien

Ulrich Encke

Fußballfest in Buenos Aires: Bevor die Ballartisten Argentiniens ihre Kunst zeigen dürfen, gehört der Rasen des River-Plate-Stadions den Fans, die das Spiel als nationales Ereignis feiern. Wenn König Fußball regiert, ist das Land glücklich.

Mehr als 30 Millionen Einwohner und über 50 Millionen Rinder – das ist Argentinien. Ein Land der Gegensätze: tropischer Urwald im Norden, antarktische Kälte im Süden, dazwischen die Dreizehn-Millionen-Metropole Buenos Aires mit südeuropäischem Klima. Wie vor Hunderten von Jahren lebende Indios im nördlichen Jujuy, mit der Technik des 20. Jahrhunderts arbeitende Ingenieure auf den Ölbohrstellen in Patagonien.

Auch politisch ist Argentinien ein widersprüchliches Land. Militärdiktaturen und Demokratieversuche wechseln einander in schöner Regelmäßigkeit ab, herbe Wirtschaftskrisen sind ständige Wegbegleiter beider Herrschaftssysteme. Einst war das Land eines der reichsten dieser Erde, heute steckt es in einem tiefen Schuldenloch.

Die letzte Militärdiktatur mit ihren schrecklichen Menschenrechtsverletzungen ist überwunden, mehrere Putschversuche konnte die Demokratie seitdem überstehen. Der Preis dafür war allerdings hoch: Erneut mußten die Zivilisten den Militärs weitreichende Zugeständnisse machen. Dennoch hat es inzwischen – für Argentinien ungewöhnlich – den ersten demokratischen Regierungswechsel ohne militärisches Zwischenspiel gegeben.

Staatsname:	Argentinische Republik
Amtssprache:	Spanisch
Einwohner:	32,5 Millionen
Fläche:	2 766 889 km²
Hauptstadt:	Buenos Aires
Staatsform:	Präsidiale Bundesrepublik
Kfz-Zeichen:	RA
Zeitzone:	MEZ −4 Std.
Geogr. Lage:	Im Süden Südamerikas, begrenzt von Uruguay, Brasilien, Paraguay, Bolivien und Chile

Buenos Aires – eine europäische Stadt

Wer die argentinische Hauptstadt von einem anderen lateinamerikanischen Land aus anfliegt, wähnt sich auf einem anderen Kontinent; wer von Europa her kommt, glaubt zuerst, gar nicht abgeflogen zu sein. Buenos Aires ist eine europäische Stadt: die gleichen Menschen, die gleichen Gesichter wie auf dem alten Kontinent.

Argentinien ist ein Einwanderungsland, in dem nur wenige Ureinwohner die Kolonisation überlebt haben. Die Nachfahren spanischer und italienischer Einwanderer sind es vor allem, die das Erscheinungsbild des Pampastaates prägen. Dazu mischen sich jene, die aus anderen europäischen Ländern kamen: aus Polen und Rußland, aus Großbritannien und Deutschland, aus Frankreich, aber auch aus Syrien und dem Libanon.

Buenos Aires – das scheint auf den ersten Blick eine Mischung aus Mailand und Madrid zu sein: ein gigantischer Betonmoloch, durchschnitten von den breiten Avenidas mit ihren Straßencafés, durchsetzt von unzähligen Plätzen mit schattenspendenden Bäumen und mit dem obligatorischen Denkmal. Eines dieser Denkmäler steht im Lezama-Park und ist einem Deutschen gewidmet: dem aus dem bayrischen Straubing stammenden Utz Schmidl, der den spanischen Konquistador Pedro de Mendoza 1535 auf dessen Eroberungsfahrt in das La-Plata-Gebiet begleitete. Utz Schmidl war der erste Deutsche, der den Boden des Pampastaates betreten hat, knapp eine Million anderer sind ihm in den nächsten Jahrhunderten gefolgt. In Buenos Aires zum Beispiel haben deutsche Auswanderer ihre bis auf den heutigen Tag sichtbaren Spuren hinterlassen. Es gibt deutsche Kindergärten, Schulen und ein Krankenhaus, mehrere deutsche Sportvereine und Clubs; und mit dem »Argentinisches Tageblatt« eine wöchentlich erscheinende deutschsprachige Zeitung, die über die Aktivitäten innerhalb der deutschstämmigen Gemeinde informiert.

Argentinien – ein Land ohne Argentinier

Nicht nur die Deutschen, sondern alle Einwanderungsgruppen haben ihre nationale Identität in die Neue Welt hinübergerettet. Mit einem kuriosen Ergebnis: Argentinien scheint auch heute noch ein Staat zu sein, in dem keine Argentinier leben. Mit größter Selbstverständlichkeit sagt der Sohn polnischer Auswanderer, daß er Pole sei, bezeichnet sich der Enkel spanischer Auswanderer immer noch als Spanier. Argentinier ist man nur dann, wenn es um die wirklichen Schicksalsfragen der Nation geht – um den Fußball etwa oder um die von den Briten besetzten Falklandinseln, die man in Argentinien Malvinas nennt.

Groß-Buenos Aires, wo mit rund 14 Millionen Einwohnern knapp die Hälfte der argentinischen Bevölkerung lebt, ist ein Schmelztiegel für Einwanderer aus aller Herren Länder. Mit dem großen Vorteil, daß hier auch der Besucher, der des Spanischen nur ansatzweise mächtig ist, ungeniert drauflosreden

▽ *Die »Mütter der Plaza de Mayo« halten die Erinnerung wach: Noch immer fordern sie donnerstags vor dem Präsidentenpalast Aufklärung über das Schicksal ihrer verschwundenen Kinder.*

▷ *Ungetrübtes Blau über der Skyline von Buenos Aires. Doch immer häufiger gibt es auch in der Stadt der »guten Lüfte« Smogprobleme.*

▷ *Ein anderes Häusermeer – der Großstadt-Friedhof von Buenos Aires. Wer auf sich hält, hat hier ein Grabmal für die Familie.*

kann: Jeder Dialekt wird akzeptiert, auch die kühnsten Konstruktionen werden in aller Regel verstanden, in Buenos Aires ist sprachliche Nachsicht eine Selbstverständlichkeit.

Eine »Bruchzone zwischen Europa und Amerika« hat der argentinische Romancier Ernesto Sábato seine Heimat einmal genannt: europäisch im Erscheinungsbild, im eigenen Selbstverständnis und auch im Lebensstil – durch und durch lateinamerikanisch aber in der Mentalität, die das private und öffentliche Leben und seine Organisation prägt. Hier zeigt sich das andere Gesicht des »europäischen« Argentinien: Im Organisationschaos wird Lateinamerika sichtbar, ein anderer Kontinent – und der darüber oft verblüffte Besucher fühlt sich in die Dritte Welt versetzt.

Bis vor kurzem noch hätten die europäisch orientierten Argentinier jeden Zusammenhang zwischen ihrem Land und der Dritten Welt empört zurückgewiesen. Entsprechend isoliert war Argentinien auf dem lateinamerikanischen Kontinent. Das hat sich grundlegend gewandelt: Die militärische Niederlage im Falklandkrieg gegen die europäische Macht Großbritannien und die in diesem Konflikt demonstrierte Solidarität der anderen Europäer mit London haben die Argentinier doppelt hart getroffen, weil sie sich trotz der geographischen Entfernung doch als Bestandteil dieses Europas fühlten. Die Niederlage hat sie zu verstärkter Kooperation innerhalb Lateinamerikas gezwungen. Der auf allen lateinamerikanischen Staaten lastende Verschuldungsdruck hat ein übriges getan, um sich politisch stärker innerhalb Lateinamerikas zu integrieren und sich in der internationalen Diskussion die Argumente

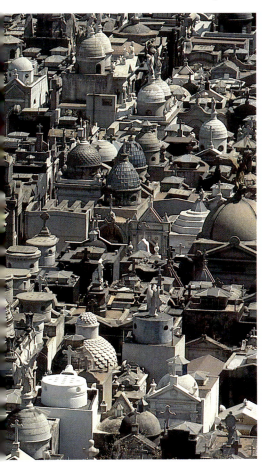

Ein trauriger Gedanke, den man tanzen kann: Tango

Die Boca, das alte Hafenviertel von Buenos Aires: Fischkutter, abgesoffene Pötte und ausgeweidete Schiffsleichen dümpeln in der schwarzen Brühe des Hafenbeckens. Eine morbide Atmosphäre, in der noch etwas nachklingt vom Leben der vorwiegend italienischen Einwanderer, die hier Ende des letzten Jahrhunderts ankamen: Verarmte, Entwurzelte, Einsame. Sie machten damals den Tango zu ihrem Tanz, lange bevor er salonfähig wurde. Dieser Tango spiegelte die Melancholie der Vorstadt wider, in seinen Texten drückte sich das Lebensgefühl der Einwanderer aus. Fast alle Tangolieder handeln von unerfüllter Liebe, von Sehnsucht, betrogenen Hoffnungen und von Einsamkeit. Der Tango, so hat Enrique Santos Discépolo, einer seiner bedeutendsten argentinischen Interpreten, einmal gesagt, ist »ein trauriger Gedanke, den man tanzen kann«.

Die Boca ist auch heute noch fest in italienischer Hand. Wenn man durch die Gassen mit den heruntergekommenen, grellbunt bemalten Häusern geht, kann man immer noch aus einer der schmuddeligen Kneipen den Tango hören, von mehr oder weniger begabten Vorstadtkünstlern schmachtend in die Nacht hinausgesungen. Lange Zeit hat die Boca nur noch Touristen angelockt, in letzter Zeit aber wurde das Viertel von einheimischen Künstlern wieder entdeckt.

Dennoch hat es die Boca bis heute nicht geschafft, wieder zum Zentrum einer Großstadt-Bohême zu werden. Das ist heute vielmehr der Stadtteil San Telmo – dort, wo zwischen sanft bröckelnden Schnörkelfassaden und verwunschenen Innenhöfen »Buenos Aires ayer«, das Buenos Aires von gestern, weiterlebt.

Der »Viejo Almacen« ist hier das bekannteste Tangolokal: perfekt in der Darstellung der zweimal pro Nacht stattfindenden Bühnenshow, durchorganisiert vor allem für die Bedürfnisse des touristischen Gruppenreisenden. Atmosphäre aber findet man eher in den vielen kleinen Tangobars in San Telmo, in denen nicht nur Touristen, sondern auch noch die Argentinier sitzen. Hier sieht man zuweilen wirklich noch auf der kleinen Tanzfläche engumschlungen ein Pärchen im Tangoschritt: sie mit Kapotthütchen und Netzhandschuhen, er mit schwarzer Fliege und Lackschuhen. Gedankenverloren blickt der alte Bandoneonspieler an ihnen vorbei ins Leere: Mit traumhafter Sicherheit entlockt er seinem Instrument die unnachahmlichen, wehmütigen Töne, ohne die man sich Tangomusik in Argentinien nicht vorstellen kann. Neben dem alten Klavier, ebenfalls unverzichtbares Instrument beim Tango, steht der Sänger mit sehnsuchtsvollem Blick, Pomade im Haar und die Hand pathetisch ans Herz gepreßt – wie der Mann auf dem Bild über der Bar, der jung und siegesgewiß auf seine Gemeinde herablächelt. Der Mann auf dem Foto ist eine Legende, ein Mythos: Carlos Gardel, der Sänger »mit der Träne in der Kehle«. Aufgewachsen in den Armenvierteln von Buenos Aires, eroberte er die Konzertsäle der Welt. 1935 – auf dem Höhepunkt seines Ruhms – kam er bei einem Flugzeugabsturz ums Leben. Aber im Herzen der Argentinier und vor allem in San Telmo lebt »Carlitos«, wie ihn seine Verehrer zärtlich nennen, bis heute weiter.

der Dritten Welt zu eigen zu machen. Heute drückt sich das Verhältnis Argentiniens zu seinen Nachbarn in verbalen Solidaritätserklärungen aus, tatsächlich aber herrschen nur geschäftsmäßig freundliche Beziehungen. Eine wirkliche grenzüberschreitende Freundschaft zwischen den Ländern gibt es nicht.

Die Hauptstadt – ein schlafender Riese

Buenos Aires ist eine Stadt, die nicht schlafen geht. 24 Stunden am Tag pulsiert das hektische Leben durch die Gassen, Straßen und großen Avenidas, die die Metropole im Schachbrettmuster durchziehen. Der Straßenverkehr ist im wahrsten Sinne des Wortes atemberaubend, erkennbare Vorfahrtsregeln gibt es nicht, auch keine Rücksichtnahme der Autofahrer auf die Fußgänger. Nur wer grundsätzlich mit allem rechnet, kann einigermaßen vor unangenehmen Überraschungen sicher sein. Wer frisch aus Europa kommt, sollte sich statt eines Mietwagens lieber ein Taxi nehmen und zumindest am Anfang während der Fahrt nicht aus dem Fenster sehen. Auto fahren in Buenos Aires – das ist nichts für schwache Nerven.

Verkehrspausen gibt es nicht, ob vormittags oder mitten in der Nacht: Immer schieben sich laut hupende Taxis mit schreienden Fahrern, Tausende von Lastwagen und Omnibussen mit ihren Abgaswolken durch die Stadt. Und mit ihnen allen nehmen verwegene Privatfahrer jeden Tag aufs neue den halsbrecherischen Kampf um die Vorfahrt auf.

Während der sonnigen Sommermonate sind die zahllosen Straßencafés schon ab den frühen Morgenstunden besetzt, und im Zentrum sind die Bürgersteige regelmäßig übervölkert: Der Schaufensterbummel scheint auch all jenen eine heilige Pflicht zu sein, die gar kein Geld zum Einkaufen haben. Und das sind viele in Argentinien. Die hinter dem Bahnhof beginnende Fußgängerzone mit der Florida und der Lavalle, die Avenida 9 de Julio, von den Hauptstädtern stolz als breiteste Straße der Welt bezeichnet, und die sie kreuzende Avenida Corrientes bieten jeden Tag die Möglichkeit für ein Bad in der Menge. Nicht minder belebt ist die Einkaufsstraße Avenida Santa Fé. Der Beginn der Rush-hour läßt sich allein daran erkennen, daß die Wartezeiten noch länger, das Autogehupe noch entnervender und der Abgasgehalt der Luft in den tief eingeschnittenen Häuserschluchten noch unerträglicher werden.

Argentinien 45

Mit Einbruch der Dunkelheit, wenn die Reklameschilder aufleuchten, eins das andere übertrumpfend, beginnt Buenos Aires erst richtig zu leben. Das gilt vor allem im argentinischen Sommer, der auf dem Kalender der Zeit des europäischen Winters entspricht. Von Weihnachten bis Ende Januar ist dieser Sommer fast schon unerträglich feucht-heiß, danach herrscht herrliches Hochsommerwetter mit Temperaturen wie im mitteleuropäischen Juli oder August.

Vor allem am Wochenende schieben sich dann Millionen von Menschen durch die In-

▽ *Er braucht Wasser und Wald: Infolge von Rodungen wird der Lebensraum des urtümlichen Flachlandtapirs immer weiter eingeengt. Der scheue Einzelgänger ähnelt in Aussehen und Lebensweise dem Wildschwein.*

▷ *Unzählige Schlingen bildend, windet sich der Unterlauf des Río Paraná durch die Ebenen des Zweistromlandes, das sich östlich des Flusses bis an den Río Uruguay erstreckt.*

nenstadt. In der Fußgängerzone und rund um den Obelisken auf der Avenida 9 de Julio wird die Nacht zum Tage. In disziplinierten Zweierreihen bilden sich endlose Warteschlangen vor den Kassen der insgesamt mehr als 1000 Kinos, die Whiskerias, Bars und Cafés sind überfüllt. Die Theater im Zentrum bieten meist Musicals und sind an der Abendkasse ebenso ausverkauft wie die kleinen Zimmertheater in San Telmo, die seit dem Ende der Militärdiktatur vor allem politische Stücke mit einer Aufarbeitung der eigenen Vergangenheit aufführen. Und ausverkauft ist natürlich längst auch das eindrucksvoll an der Avenida 9 de Julio gelegene Teatro Colón, eines der bedeutendsten Opernhäuser der Welt, in dem die besten Sänger und Orchester aus Europa gastieren.

Für europäische Verhältnisse relativ spät – etwa ab 22 Uhr – füllen sich dann auch die unzähligen Steakhäuser, in denen es zu günstigen Preisen riesige Portionen vom besten Fleisch der Welt gibt – und dazu hervorragende argentinische Weine. Besonders am Wochenende muß man ab Mitternacht mit Wartezeiten rechnen, wenn man einen Tisch bekommen will. Wer nach dem Essen noch nicht zu müde ist, der kann problemlos weitermachen: in einer der Tangobars in San Telmo, die meist erst gegen Mitternacht mit ihrem Programm beginnen; mit einem Kinobesuch, wobei hier nur unsynchronisierte Filme mit spanischen Untertiteln gespielt werden (in der Nacht von Samstag auf Sonntag beginnt die letzte Vorstellung morgens um 1 Uhr 30); oder aber in einer der Café-Bars, die es ebenfalls gleich tausendfach in der Innenstadt gibt. Für ein Schwätzchen findet sich dort immer jemand. Ab drei Uhr morgens kann man dann an einem der großen Kioske die neu erschienenen Zeitungen kaufen, um sich schon einmal auf den kommenden Tag einzustimmen. Denn in Buenos Aires gibt es immer alles – zu jeder Tages- und Nachtzeit. Von einer Wirtschaftskrise ist da auf den ersten Blick nichts zu sehen.

Ein Krösus verspielt seinen Reichtum

Dennoch gibt es sie, fast schon als ein chronisches Leiden in diesem Land, das einst – nach dem Zweiten Weltkrieg – zu den reichsten dieser Erde zählte. Damals wurden mit dem weltweiten Export von Fleisch und Weizen Milliarden Dollar gemacht, heute steckt das Land in einem milliardentiefen Schuldenloch.

Von seinen Voraussetzungen her ist Argentinien ein reiches Land. Es fehlen die sonst für die Dritte Welt charakteristischen Krisenmerkmale: Es gibt keinen Bevölkerungsdruck, mit gut 30 Millionen Einwohnern ist das Land unterbesiedelt; es gibt keine Probleme bei der Nahrungsmittelversorgung, Argentinien exportiert Agrarprodukte; schließlich ist man von der Entwicklung auf den internationalen Ölmärkten praktisch unabhängig, das Land ist nicht zuletzt dank seiner Ölvorkommen im südlichen Patagonien Energie-Selbstversorger. Der Reichtum Argentiniens wurde allerdings von dem auch heute noch legendären General Juan Perón leichtfertig verspielt.

Der populistische, stark von Mussolini geprägte General startete 1945 vorgeblich den Versuch, eine soziale Demokratie aufzubauen. Lohnerhöhungen, eine Verkürzung der Arbeitszeit und die Einführung eines Sozialversicherungssystems machten den Peronismus bis auf den heutigen Tag politisch populär. Mit dem Aufbau eigener peronistischer Gewerkschaften, die noch immer ein mitentscheidender Machtfaktor im Lande sind, sicherte Perón seine Herrschaft ab.

Zu finanzieren war all das nur mit Hilfe der in den ersten Nachkriegsjahren gigantischen Wachstumsraten der Exporterlöse, zumal durch Selbstbereicherung und Korruption ein Gutteil der volkswirtschaftlichen Wertschöpfung verlorenging. Doch in dem Maße, in dem sich die Weltwirtschaft von den Kriegsfolgen erholte, schrumpften die argentinischen Exporte und damit auch die Gewinne zusammen. Eine horrende Inflation besorgte den Rest. In Argentinien – das gilt bis auf den heutigen Tag – wurde kaum noch investiert, dafür um so mehr spekuliert. Das Finanzgeschäft war und ist ungleich einträglicher als jede Produktion.

Der Peronismus zog einen Wechsel nach dem anderen auf die Zukunft, er finanzierte sein populistisches Programm mit Geldern, die man schon lange nicht mehr hatte. Als Perón 1955 unter dem Druck des Mittelstandes und der Militärs gestürzt wurde, stand das Land vor dem Bankrott, war bereits der Grundstein für die heutige Verschuldungskrise gelegt. Die Anhänger des Peronismus können oder wollen diesen Zusammenhang nicht erkennen: Für sie war die Herrschaftszeit von General Perón eine Blütezeit für die argentinische Arbeiterschaft, die nachfolgenden, teils zivilen und teils wieder militärischen Regierungen scheiterten regelmäßig an den ungelösten wirtschaftlichen Schwierigkeiten. Und die Unterschicht mußte jedesmal die Zeche zahlen, was politisch zusätzlich Wasser auf die Mühlen des Peronismus war.

1973 kehrte der in das Exil gejagte Perón in seine Heimat zurück und trat eine erneute Präsidentschaft an. Doch unter den veränderten wirtschaftlichen Bedingungen wurde die Konzeptionslosigkeit des Peronismus deutlich – das Land versank wirtschaftlich im Chaos. Nach Peróns Tod übernahm seine Frau María Estela (»Isabel«) 1974 die Präsidentschaft, 1976 wurde sie von der Armee aus der Casa Rosada, dem Präsidentenpalast, geputscht. In Argentinien begann eine der finstersten Phasen in der Geschichte des Landes.

Wirtschaftlich konnten die Militärs zunächst Scheinerfolge erzielen: Es war die Zeit, da die internationalen Kapitalmärkte von den Petro-Dollars überflutet waren, Kredite gab es damals praktisch zum Nulltarif. Die Militärs griffen kräftig zu: Sie verschuldeten sich mit 27 Milliarden US-Dollar, eine Summe, die sich durch die Notwendigkeit weiterer Kredite, noch mehr aber durch Zins und Zinseszins bis heute praktisch verdreifacht hat. Doch die Militärs versäumten es, die Kredite produktiv und damit zum Nutzen der Volkswirtschaft zu verwenden. Investiert wurde in unsinnige Prestigeobjekte und militärische Beschaffungsprogramme. Ein großer Teil der Kreditsumme versickerte zudem in dem ausufernden Korruptionssumpf.

Demokratischer Neuanfang mit einer schweren Hypothek

Ende 1983, als mit Raúl Alfonsín erstmals wieder ein demokratisch gewählter Staatspräsident sein Amt antrat, stand das Land vor einem im nationalen Rahmen nicht mehr lösbaren Schuldenproblem. Die private Produktion war weitgehend zusammengebrochen, die staatlichen Unternehmen arbeiteten defizitär, die Inflation bordete über, die Kapitalflucht hatte das Land ausbluten lassen – allein die Finanzspekulation einiger weniger war ertragreicher denn je.

Argentiniens Demokratie hat dieses wirtschaftliche Erbe der Militärs bis heute nicht bewältigen können. Der von den Generälen zurückgelassene Scherbenhaufen wird auch in Zukunft so leicht nicht beiseite zu räumen sein, was erneut zu einer Bedrohung des Fortbestandes dieser Demokratie selbst führt. Weltwirtschaftliche Rahmenbedingungen kommen hinzu: Die westlichen Kreditgeber haben es bisher konsequent abgelehnt, das Schuldenproblem als ein politisches, bilateral zwischen den Regierungen zu lösendes Problem anzuerkennen. Sie beharren auf einer finanzwirtschaftlichen Lösung. Die kann

---

Las Malvinas son argentinas – Der Kampf um die Falklandinseln

»Las Malvinas son argentinas« – die Malvinen sind argentinisch: Dieser Feststellung begegnet man auch heute noch überall in Argentinien – in Rundfunk und Fernsehen, bei der Zeitungslektüre, auf Propagandatafeln am Rande der großen Autostraßen.

Die Malvinen – das ist eine Inselgruppe im Südatlantik, die der britischen Krone untersteht und bei uns Falklandinseln genannt wird. Am 2. April 1982 besetzten argentinische Marine-Infanteristen und Fallschirmjäger die Hauptinsel, der britische Gouverneur und seine 79 Soldaten wurden nach Hause geschickt. Aus den Falklandinseln wurden die Malvinas, aus der Inselhauptstadt Port Stanley wurde Puerto Argentino, und über dem Gouverneurspalast wehte für einige Wochen die argentinische Fahne. Die militärische Besetzung der Inselgruppe sollte der in einer tiefen Krise steckenden Militärjunta als innenpolitischer Blitzableiter dienen. Am Ende des Abenteuers stand ihr Zusammenbruch.

Drei Tage nach der Besetzung lief ein britischer Flottenverband mit Kurs Südatlantik aus. Am 25. April begannen die Briten von ihren insgesamt 36 Kriegsschiffen aus die Rückeroberung der Inselgruppe. 74 Tage dauerte dieser Krieg, der formal nie erklärt worden war. Die Kriegskosten auf beiden Seiten waren gigantisch, die Materialschäden hoch, über 1000 britische und argentinische Soldaten mußten ihren Einsatz mit dem Leben bezahlen. Am 15. Juni 1982 kapitulierten die argentinischen Truppen, Puerto Argentino hieß wieder Port Stanley, und über dem Gouverneurspalast wehte wieder der Union Jack.

An der Ausgangslage hat sich aus argentinischer Sicht bis heute nichts geändert: Der historisch begründbare Hoheitsanspruch auf die Inselgruppe im Südatlantik wird weiterhin aufrechterhalten. Auch die hinter dem Konflikt stehenden wirtschaftlichen Interessen sind die gleichen geblieben: Ölvorkommen, die rund um die Inselgruppe im Atlantik vermutet werden, die Fischereirechte, derzeit einseitig von den Briten verwaltet, und der mit der Nähe zur Antarktis begründete Anspruch auf den dort vermuteten Rohstoffreichtum.

In zahlreichen internationalen Organisationen – von den Vereinten Nationen bis hin zur Organisation Amerikanischer Staaten – wurde der argentinische Hoheitsanspruch anerkannt, an der Lage selbst aber hat das nichts ändern können. Zwar wurden 1990 wieder diplomatische Beziehungen zu Großbritannien aufgenommen, doch die Hoheitsfrage blieb dabei ausgeklammert. Die Inseln werden wieder von den Briten verwaltet, und in Argentinien kann man nur weiter davon träumen, daß die Falklandinseln eines Tages doch wieder Malvinas heißen werden.

◁ *Die Wasserfälle von Iguazu am Dreiländereck zwischen Argentinien, Brasilien und Paraguay sind eines der großen Naturwunder Südamerikas. Rund zwei Millionen Liter Wasser stürzen in jeder Sekunde hinab in die Teufelsschlucht.*

Argentinien 47

es aber nicht geben, weil den lateinamerikanischen Staaten – so auch Argentinien – alle Voraussetzungen dafür fehlen. Zudem muß erst verdient werden können, was an Schulden zurückgezahlt werden soll. Das wiederum verhindern nach argentinischem Verständnis die Länder der Ersten Welt mit ihren künstlich aufgebauten Handelshemmnissen.

Angeprangert wird vor allem der Protektionismus der Europäischen Gemeinschaft im Agrarbereich: Die EG-Agrarordnung begrenzt den Zutritt von Exporteuren der Dritten Welt, lebensnotwendige Absatzmärkte gehen so auch für Argentinien verloren. Schlimmer noch: Um die eigene Überschußproduktion abzubauen, exportiert die EG stark subventionierte Agrarprodukte auf Märkte

△ *Er formt den Tonkrug nach alter Väter Sitte. Im Indioland Jujuy im Norden Argentiniens haben sich indianische Traditionen vielfach bis heute erhalten.*

außerhalb der Gemeinschaft und verdrängt so auch auf Drittmärkten die argentinischen Fleisch- und Weizenproduzenten. Aus diesem Teufelskreis zwischen Schuldenlast und Welthandelsordnung kann sich Argentinien aus eigener Kraft nicht befreien. Die Forderungen der dritten Welt nach einer neuen Welthandelsordnung aber werden weiter ungehört verhallen, was mit ein Grund dafür ist, daß sich die Wirtschaftskrise von Jahr zu Jahr immer noch mehr verschärft.

Nach 1955 scheiterte der demokratische Neuaufbau am peronistischen Erbe. Heute droht der erneute Demokratieversuch – obwohl bereits in der zweiten Legislaturperiode und jetzt erneut unter peronistischer Führung – am Erbe der Militärs zu scheitern.

Die Schrecken der Militärdiktatur

Als sich die Militärs 1976 an die Macht putschten, steckte das Land nicht nur in einer tiefen wirtschaftlichen, sondern auch in einer innenpolitischen Krise. Die staatliche Autorität war zusammengebrochen, linke und rechte Bombenleger lieferten sich unerbittliche Duelle, vom linken Flügel der Peronisten beeinflußte Guerilla-Gruppen – die Montoneros – forderten den Staat heraus.

Die Generalität wollte das Gewaltmonopol des Staates wieder durchsetzen. Sie tat dies mit ihren, mit militärischen Mitteln. Unmittelbar nach dem Putsch begannen die Generäle einen gnadenlosen Krieg gegen das eigene Volk. Argentinien ertrank im Blut, der Name des Pampastaates wurde weltweit zum Synonym für Menschenrechtsverletzungen. Der blindwütige Haß der Militärs richtete sich gegen alle, die links dachten oder von denen man nur glaubte, sie könnten politisch links orientiert sein. Massenhafte Entführungen und grauenhafte Folterungen waren an der Tagesordnung, die Militärs praktizierten das, was man später die »argentinische Lösung« nennen sollte: Oppositionelle und anderweitig politisch Verdächtige ließ man einfach verschwinden.

Seitdem suchen Kinder ihre Eltern und Eltern ihre Kinder, suchen Großeltern ihre Enkelkinder – das Schicksal der meisten Verschwundenen konnte bis heute nicht aufgeklärt werden. Eine nach dem Ende der Diktatur eingesetzte staatliche Untersuchungskommission hat knapp 10000 Fälle von Verschwundenen dokumentiert; man geht aber davon aus, daß über 15000 Menschen, andere sprechen gar von 30000, der staatlichen Mordmaschinerie unter dem Kommando der Militärs zum Opfer gefallen sind.

▽ *Ein Rest von Gaucho-Romantik in der Pampa, der Fleischkammer Argentiniens:*

Fünf Männer haben alle Hände voll zu tun, um den jungen Stier in die Knie zu zwingen.

Schon in den letzten Jahren der Diktatur sorgten die »Mütter von der Plaza de Mayo« weltweit für Aufmerksamkeit – Mütter, die ungeachtet allen Terrors öffentlich von den Generälen Aufklärung über das Schicksal ihrer verschwundenen Kinder verlangten. Jeden Donnerstag nachmittag kreisten sie schweigend auf der Plaza de Mayo vor dem Präsidentenpalast: in der Hand ein Bild des Verschwundenen, auf dem Kopf ein weißes Tuch mit einem eingestickten Datum – dem Tag, an dem staatliche Killerkommandos den Sohn oder die Tochter verschleppt haben.

Obwohl es seit der Rückkehr zur Demokratie im Dezember 1983 keine Menschenrechtsverletzungen mehr gab, demonstrierten die Mütter von der Plaza de Mayo auch weiterhin: Sie forderten Gerechtigkeit für die Opfer, Strafe für die Täter und Auskunft über das Schicksal ihrer Familienangehörigen. Heute nimmt die Öffentlichkeit kaum mehr Notiz von ihnen, doch die Forderungen der Mütter sind die gleichen geblieben.

Nunca más! – Nie wieder?

Die demokratische Regierung des Raúl Alfonsín konnte die verlangte Auskunft ebensowenig geben, wie dies die Regierung von Carlos Menem tun kann: Sie wissen selbst nichts über das

lärer Vorgang, der in der lateinamerikanischen Geschichte ohne Vorbild ist.

Die in die Kasernen zurückgekehrte Armee, deren Ansehen in der Öffentlichkeit restlos zerstört war, nahm es – wenn auch murrend – hin. Als dann aber nicht nur die politisch verantwortlichen Junta-Generäle, sondern auch die Täter selbst – Angehörige des mittleren Offizierskorps – zur Rechenschaft gezogen werden sollten, brach der Konflikt offen aus. In den Kasernen machte sich Unruhe breit. Offiziere weigerten sich, vor Gericht zu erscheinen. Gerade erst mit Schimpf und Schande aus ihren Machtpositionen verjagt, begannen die Militärs wieder laut mit dem Säbel zu rasseln. Politische Drohungen kamen aus den Kasernen, mehrere Einheiten begannen eine offene Meuterei. Argentinien drohte einem erneuten Militärputsch entgegenzugehen.

Staatspräsident Raúl Alfonsín, an dessen politisch-moralischer Integrität es keinen Zweifel gab, beugte sich dem Druck: Stufen-

◁ **Die fruchtbaren Ebenen östlich der Sierras de Córdoba – Felder, soweit das Auge reicht. Landwirtschaft und Viehzucht begründeten einst den Reichtum Argentiniens.**

▽ **Im Süden des Landes, in den Weiten Patagoniens, spielt die Schafzucht eine bedeutende Rolle – Wolle ist ein wichtiges Exportprodukt. Auf der Estancia Monte Aymond kastrieren Landarbeiter junge Schafböcke wie am Fließband.**

Schicksal der vielen tausend Verschwundenen. Und der Versuch, durch Bestrafung der Verantwortlichen den Opfern und ihren Angehörigen späte Gerechtigkeit widerfahren zu lassen, ist trotz eines vielversprechenden Anlaufs gescheitert.

Nunca más – nie wieder, so lautete nach dem Zusammenbruch der Diktatur die Parole. Mit einer nicht nur politischen, sondern auch rechtlichen Aufarbeitung der Vergangenheit sollten die Voraussetzungen dafür geschaffen werden, daß dieses »Nunca más« nicht nur ein inhaltsleeres Wort bleibt. Die ehemaligen Militärdiktatoren wurden vor ein ziviles Gericht gestellt und teils zu lebenslanger, teils zu jahrelanger Haft verurteilt – ein spektaku-

weise wurde ein »Punto Final«, ein Schlußstrich, unter die Vergangenheit gezogen. Alfonsíns Nachfolger im Präsidentenamt, der Peronist Carlos Menem, verfügte dann eine endgültige Amnestie, von der zunächst allein die verurteilten Juntagenerale ausgenommen wurden. Anfang 1991, nach dem letzten Putschversuch der Militärs, wurden dann aber auch sie begnadigt.

Der Verzicht auf eine weitere Aufarbeitung der Vergangenheit, von vielen in Argentinien als Kapitulation der Zivilisten vor den Militärs empfunden, hat bei den unmittelbar Betroffenen, den Opfern der Diktatur, ihren Verwandten und Freunden, zu einer heftigen Verbitterung geführt. In der übrigen Bevölkerung löste er tiefe Verunsicherung aus: Schon unter Alfonsín war deutlich geworden, daß die Militärs immer noch ein Machtfaktor im Lande sind. Die Demokratie konnte vorerst gerettet werden, doch nicht erst seit Carlos Menem ist es eine Demokratie unter militärischem Vorbehalt.

Eine Regierung in der Zwickmühle

Parallel zum Río de la Plata, der bei Buenos Aires so breit ist, daß er wie ein Meer aussieht, führt vom Zentrum der Hauptstadt die vielspurige Avenida del Libertador zum Tigre genannten Mündungsdelta des Flusses hinaus – vor allem am Wochenende ein beliebtes Ausflugsziel der Porteños, der Hafenbewohner, wie sich die Hauptstädter stolz nennen. Wer auf der Libertador stadtauswärts fährt, der kommt durch die ausgedehnten Villenvororte der Hauptstadt, die von dem Reichtum zeugen, der im Lande einst geherrscht hat und über den eine kleine Oberschicht auch heute noch verfügt.

Diese Oberschicht, die argentinische Oligarchie, ist ein weiterer Machtfaktor in der heutigen Politik. Großgrundbesitzer, Fleisch- und Getreidebarone und erfolgreiche Finanzspekulanten, die traditionell sehr enge Beziehungen zu den Militärs unterhalten, wachen argwöhnisch über ihre Privilegien.

Den gesellschaftspolitischen Gegenpol zur einflußreichen Oligarchie bilden die peronistischen Gewerkschaften. Sie setzten der Regierung Alfonsín klare Grenzen. Mit ihrer kompromißlosen Streikbereitschaft machen sie jetzt aber auch der eigenen peronistischen Regierung erhebliche Schwierigkeiten. Neben der allgemeinen Wirtschaftspolitik war die Privatisierung der defizitären Staatsunternehmen der entscheidende Konfliktpunkt.

Unter Alfonsín hatten die Peronisten alle Privatisierungspläne mit ihren Generalstreiks blockiert, jetzt zog der Peronist Menem das Programm radikaler durch, als es Alfonsín jemals geplant hatte: Die Telefongesellschaft ENTEL, einer der größten Staatsbetriebe in Argentinien, kam ebenso unter den Hammer wie die nationale Fluglinie, Tausende von Kilometern Bahnlinien und Nationalstraßen. Die erdölverarbeitende Industrie, Stahlwerke, Gas- und Wasserwerke sollen ebenso noch privatisiert werden wie staatliche Hotels, Werften und ganze Häfen. Dieser nationale Ausverkauf hat zum gefährlichen Bruch zwischen den peronistischen Gewerkschaften und ihrem peronistischen Staatspräsidenten geführt.

So wird jede demokratische Regierung in Buenos Aires zum Spielball der Interessen von Militärs, Oligarchie und Gewerkschaften. Die Regierung von Carlos Menem steht daher vor den gleichen Schwierigkeiten wie zuvor die von Raúl Alfonsín: Die demokratische Einbindung der Streitkräfte in den neuen Staat ist nicht gelungen. Die dringend notwendige Reprivatisierung der Staatsunternehmen steht immer noch aus. Die gesellschaftliche Macht der Großgrundbesitzer ist ungebrochen, Finanzspekulation und Korruption konnten nicht unter Kontrolle gebracht werden.

Die in Argentinien traditionell konservative katholische Kirche bildet einen weiteren Machtfaktor. Obwohl die Kirche aufgrund ihrer Nähe zu den Militärs während der Zeit der Diktatur innerhalb der Bevölkerung kräftig in Mißkredit geraten ist, bleibt ihr politischer Einfluß beträchtlich. Eine von ihr mit Vehemenz geführte Schlacht hat sie gleichwohl verloren: Im demokratischen Argentinien wurde unter heftigsten Protesten des Klerus 1986 ein Scheidungsrecht eingeführt.

Eine neue Hauptstadt in Patagonien

Mit einem als Jahrhundertwerk deklarierten Verzweiflungsschritt hat die Regierung Alfonsín versucht, sich aus der lähmenden Umklammerung zu befreien. Die Hauptstadt des Pampastaates sollte an den Río Negro verlegt werden und künftig Viedma heißen. Vorgeblich sollte mit dieser Verlegung eine gleichgewichtigere Entwicklung in Argentinien und die wirtschaftliche Erschließung der fast endlosen Weite des südlichen Patagoniens eingeleitet werden. Tatsächlich aber ging es um etwas anderes: Der Wasserkopf Buenos Aires sollte abgebaut, über Jahrzehnte hinweg eingefahrene Machtstrukturen sollten durch eine politische und administrative Dezentralisierung aufgebrochen werden. Noch während der Amtszeit Alfonsíns wurde das Vorhaben stillschweigend wieder aufgegeben. Es erwies sich als nicht finanzierbar. Carlos Menem hat dieses Projekt denn auch nicht mehr aufgegriffen. Die einsame Weite Patagoniens bleibt so weiterhin großstadtmüden Touristen vorbehalten.

Buenos Aires, so sagt man, ist mehr als das halbe Argentinien. Tatsächlich saugt die Stadt die Lebenskraft des ganzen Landes auf. Doch wer in den kalten Süden mit seinem ewigen Wind reist, der lernt ein ganz anderes, ein ebenfalls reizvolles Argentinien kennen.

Das andere Argentinien – eine Reise ans Ende der Welt

Eine sich über Hunderte von Kilometern erstreckende Ebene, grüne Wiesen, nur hier und da vereinzelte Baumgruppen – und ansonsten Rinder, Rinder und noch mal Rinder: Das ist die Pampa, in die man von Buenos Aires aus einen Tagesausflug mit dem Auto machen kann.

Eine ebenso endlos scheinende Weite und doch ein völlig anderes Landschaftsbild bietet sich dem Reisenden im Süden Argentiniens, in der kargen, unwirtlichen Landschaft Patagoniens. Stundenlang kann man mit dem (möglichst geländegängigen) Wagen fahren, ohne einem anderen Fahrzeug zu begegnen. Die Ölvorkommen an der Küste – vor allem rund um Comodoro Rivadavia – gehören zu den Wohlstandsreserven des Landes, das in-

▽ *Im verzaubernden Licht der Abendsonne, gespiegelt im Wasser des Gletschersees: der gut 3000 Meter hohe Cerro Torre im südargentinischen Gletscher-Nationalpark Los Glaciares. Kenner preisen ihn als einen der schönsten Berggipfel der Welt.*

nere Patagonien ist von Farmern besiedelt, die sich auf ausgedehnten Ländereien der Schafzucht verschrieben haben. Die Halbinsel Valdés, rund 1200 Kilometer südlich von Buenos Aires, ist ein berühmtes und faszinierendes Tierparadies. Im Norden der Halbinsel – bei Punta Norte – findet man eine der größten Festlandkolonien von See-Elefanten. Tausende der bis zu sechs Meter langen Kolosse leben dort einträchtig mit Scharen von Pinguinen zusammen und lassen sich auch durch neugierige Besucher nicht in ihrer Ruhe stören. Vor der Küste tummeln sich Seelöwen, und während des Frühlings, im September und Oktober, tauchen hier auch Wale auf, denen man sich in kleinen Booten fast bis auf Reichweite nähern kann.

Ein Naturerlebnis ganz anderer Art bietet der Lago Argentino, ein phantastischer Gletschersee am Fuße der Kordilleren. 80 Kilometer von Calafate, dem Hauptort des Nationalparks Los Glaciares, erreicht man per Bus oder Auto den einzigartigen Perito-Moreno-Gletscher, der seine Eiszungen in alle Himmelsrichtungen vorschiebt. Am Rande des Gletschers lösen sich ständig große Eisbrocken und stürzen mit Donnerhall in den See. In den dahinter liegenden bizarren Eisformationen vollzieht sich – von dem sich ändernden Sonnenstand hervorgerufen – ein faszinierendes, ständig wechselndes Farbenspiel. Bei schönem Wetter lohnt sich auch ein Bootsausflug zum Upsála-Gletscher, der fast schon eine Reise in die Antarktis ersetzen kann.

Als die südlichste Stadt der Welt gilt Ushuaia, der Hauptort von Feuerland. Die Nähe der Antarktis prägt hier das Klima. Ushuaia, ein kleiner schmuckloser Ort, ist eingebettet in eine begeisternde Landschaft: Umgeben von einer mächtigen Bergkulisse mit ewigem Schnee, liegt es am Rande des Beagle-Kanals, der wegen umstrittener Hoheitsrechte 1978 beinahe zum Krieg zwischen Argentinien und Chile geführt hätte. Unter Vermittlung des Vatikans wurde der Konflikt beigelegt. Ushuaia aber ist geblieben, was es immer war: ein Dorf am Ende der Welt, das allerdings Besonderes zu bieten hat: die südlichste Straße der Welt, das südlichste Restaurant, Café, Hotel und auch den südlichsten Zeitungsstand.

Jenseits der Pampa – der argentinische Norden

So wenig wie in Feuerland, wo von Lateinamerika nichts mehr zu sehen und zu spüren ist, bemerkt man im teils subtropischen, teils schon tropischen Norden Argentiniens noch etwas von der vermeintlich alles beherrschenden Pampakultur. Hier findet man nämlich das andere, das lateinamerikanische und damit indianisch geprägte Argentinien.

Indioland ist auch heute noch Jujuy in den Anden, die nördlichste, an Bolivien grenzende Provinz Argentiniens. Von der schönen Kolonialstadt Salta führt die Straße nach Cafayate durch eine eindrucksvolle Landschaft, die an den Grand Canyon erinnert und einen großartigen Eindruck von der majestätischen Andenwelt vermittelt.

Östlich des Andenvorlandes erstreckt sich bis an den Paraguay-Fluß der Gran Chaco, ein heißes Busch- und Waldtiefland, das im Süden in die Pampa übergeht. Im Nordosten – zwischen dem Paraguay- und dem Uruguay-Fluß – liegt die Mesopotamia argentina, das argentinische Zweistromland, das im Norden durch den Paraná-Fluß begrenzt wird. Hier, im Grenzdreieck zwischen Argentinien, Brasilien und Paraguay, findet man eine der größten Attraktionen ganz Südamerikas: die Wasserfälle von Iguazú. In Hunderten von kleinen und großen Katarakten stürzt der Río Iguaçu bis zu 72 Meter in die Tiefe – ein überwältigendes Naturschauspiel.

◁ *Herbststimmung in den argentinischen Anden: Glutrot leuchtet das Buchenlaub.*

▽ *Kletterern gilt der Fitz Roy – obwohl »nur« 3375 Meter hoch – als einer der schwierigsten Berge überhaupt. Nur manchmal – im Hochsommer – strahlt der patagonische Himmel über dem Massiv in solch kräftigem Azurblau.*

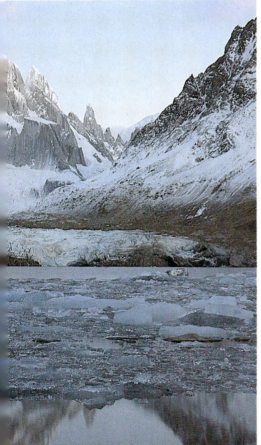

Argentinien 51

DIE BESONDERE REISE
Quebrada de Humahuaca

Eine Reise ins Indioland

Von San Salvador de Jujuy aus geht die Fahrt nach Norden, Richtung bolivianische Grenze. Langsam windet sich die Straße, die auf den ersten 100 Kilometern noch asphaltiert ist, die Voranden hinauf. Die tiefhängende Wolkendecke sollte einen nicht erschrecken, denn noch vor Tumbaya reißt sie auf und gibt den Blick frei auf den stahlblauen Himmel der Hochanden – mit Ausnahme der Regenzeit (Dezember bis Februar) ist darauf Verlaß.

Tumbaya mit seinen aus Lehmziegeln aufgeschichteten Häusern ist ebenso schmucklos wie die meisten anderen Orte an der Wegstrecke. Aber nicht diese Städte und Dörfer, sondern die überwältigende Landschaft der Anden macht die Reise zu einem unvergeßlichen Erlebnis.

Es ist eine unwirkliche, zuweilen schon unheimliche Landschaft. Auf die scheinbar endlose Weite der Voranden folgen tiefeingeschnittene Täler von beklemmender Enge. Das in allen Farben von Dunkelrot bis Ockergelb schimmernde Kalkgestein wurde im Lauf der Jahrtausende durch Erosion zu bizarren Formen gestaltet. In der Nachmittagssonne, wenn alles noch konturenreicher erscheint, beginnt an den Felswänden ein fast schon blendendes Farbenspiel. Immer neue phantasievolle Bilder werden durch das Lichterspiel der Sonnenstrahlen auf die große Leinwand der Natur projiziert. Bei Sonnenuntergang fließen die Farben ineinander, die Anden scheinen in Flammen zu stehen. Dann werden die Schatten länger, neue, überdimensionale Figuren treten aus den Berghängen hervor, bis sie alle zusammen mit den riesigen Bergrücken der Anden von der Dunkelheit verschluckt werden. Die Geisterstunde ist dann vorbei, der Geisterglaube aber bleibt.

Diesen Geisterglauben gab es schon, als die Inka Jujuy ihrem Reich einverleibten, und er überdauerte unbeschadet auch die blutigen Attacken der spanischen Kolonisatoren, deren Eroberungsweg zahlreiche kolonialbarocke Kirchen markieren. Jujuy ist heute, wie ganz Argentinien, ein katholisches Land; die Verehrung der Jungfrau Maria ist fast grenzenlos. Doch auch Geister und andere Gottheiten haben in Jujuy einen durchaus gleichberechtigten Platz, denn Jujuy ist auch heute noch Indioland, und die Indianer sprechen neben dem Spanischen untereinander nach wie vor die alte Indianersprache Aimará.

Daß sie trotz der spanischen Vernichtungswut und trotz der Unwirtlichkeit dieser Bergwelt bis heute überlebt haben, verdanken sie nach eigenem Glauben nicht nur der Jungfrau Maria, sondern auch einer indiani-

▷ *Der alte Lehmziegelturm von Humahuaca, kaum größer als die mächtigen Säulenkakteen, die ihn umgeben. Gebäude aus Lehmziegeln, dem traditionellen Baumaterial der Indios, findet man in der Provinz Jujuy noch vielerorts.*

◁ *Die erste Staatsflagge Argentiniens, zu sehen im Regierungspalast von Jujuy. Der Freiheitskämpfer und General Manuel Belgrano ließ diese nationale Reliquie zu Beginn des 19. Jahrhunderts anfertigen.*

▷ *Wie angemalt sehen sie manchmal aus, die phantastisch gefärbten Berge im Hochland von Jujuy. Spuren von Mineralien lassen diese bunte Pracht entstehen.*

△ Wie hier zwischen Purmamarca und Humahuaca liegen die Friedhöfe im Indioland Jujuy immer am Berghang oberhalb der Dörfer: Die Seelen haben es dann nicht mehr ganz so weit ins Jenseits.

▷ Statt eines Firmenschildes: Ein Töpfer in Purmamarca hat seine schlichte Ware einfach an den Eckbalken seines Hauses gehängt.

▽ Überall im Nordwesten Argentiniens zeugen Barockkirchen aus der Kolonialzeit von dem Einfluß, den die katholische Kirche bei den Indios gewonnen hat. Von allen »Segnungen« der Kolonialherren hat der Glaube die tiefsten Wurzeln geschlagen.

malerischen Ort umgibt. »Cerros de los siete colores« – Berge der sieben Farben – haben die Indios die hinter dem Ort aufsteigenden Bergriesen genannt. Auch hier ein Farbenspiel, wie man es selbst in der Andenwelt in dieser Intensität nur selten erleben kann.

Bei der Weiterfahrt Richtung Tres Cruces, wo sich dann die Puna genannte Hochebene öffnet, kündigen immer wieder weithin sichtbare Friedhöfe den nächsten Ort an. Vergleichbar den Pucará genannten Inkafestungen, wurden die Friedhöfe weit oberhalb des Dorfes in die Berghänge hineingebaut. Die Toten sollen zwischen ihrem letzten Wohnort und dem Himmel zur letzten Ruhe gebettet werden, damit sie Gott näher sind und die Seele leichter den Weg ins Jenseits finden kann.

schen Göttin: Pachamama, der Göttin der Erde. Doch Pachamama ist eine launische Dame, sie verlangt ihre Opfer und bestraft all jene mit Krankheit und Mißernten, die ihr gegenüber säumig sind. Pachamama bestimmt den gesamten Lebensrhythmus der Indios, mit ihr teilen sie alles, was ihr armseliges Leben erträglich macht: Der erste Schluck aus der Schnapsflasche wird auf die Erde gegossen – als Opfergabe an Pachamama. Eine Zigarette und ein Kokablatt werden täglich im Erdboden verscharrt, und an besonderen Feiertagen auch ein eigenes Festmahl für Pachamama.

In der gigantischen Andenwelt wirkt auch Außergewöhnliches fast selbstverständlich – das Dörfchen Purmamarca, das kurz hinter dem 2076 Meter hoch gelegenen Tumbaya etwas abseits der Straße liegt, genießt jedenfalls nur bescheidenen Ruhm. Doch ein kurzer Abstecher lohnt sich in jedem Fall – nicht nur wegen der echten Indiofrauen in ihren farbenprächtigen Stammestrachten, die auf dem Marktplatz von Purmamarca falschen Indio-Schmuck verkaufen, sondern vor allem wegen der eindrucksvollen Kulisse, die den

Bis zu dem fast 3000 Meter hoch gelegenen Humahuaca sollte man auf jeden Fall fahren – ein wunderschöner barocker Ort mit einem akzeptablen Touristenhotel. Rund um Humahuaca gibt es noch alte Indianersiedlungen, in denen die Menschen ebenso primitiv wie vor Hunderten von Jahren leben. Wem die dünne Höhenluft keine Atembeschwerden bereitet, der kann am nächsten Tag noch durch die Puna bis zur bolivianischen Grenze fahren, man kann aber auch in Humahuaca schon umkehren. Es geht dieselbe Straße zurück, doch die Fahrt durch diese Landschaft lohnt sich aus einer anderen Perspektive, vielleicht in einem anderen Licht durchaus ein zweites Mal. Kurz vor der Provinzhauptstadt San Salvador de Jujuy, inmitten der Berge aus buntfarbenem Gestein, gibt es die Termas de Reyes, die Königsthermen, mit einem gleichnamigen Hotel. Dort kann man sich von der faszinierenden, aber anstrengenden Fahrt erholen. Und wenn man abends auf der Terrasse mit einem Drink Abschied nimmt von Jujuy, dann sollte man dabei Pachamama nicht vergessen.

Ulrich Encke

Argentinien — Daten · Fakten · Reisetips

Landesnatur

Fläche: 2766889 km² (fast achtmal so groß wie die Bundesrepublik Deutschland)
Ausdehnung: Nord–Süd 3700 km, West–Ost 1500 km
Küstenlänge: 2500 km
Höchster Berg: Cerro Aconcagua 6960 m
Längste Flüsse: Río Paraná, argentinischer Anteil 1800 km (Gesamtlänge mit Río Grande 4200 km), Río Salado 2000 km, Río Uruguay 1650 km (Gesamtlänge), Río Colorado 1150 km
Größte Seen: Lago Buenos Aires 2240 km² (mit chilenischem Anteil), Laguna Mar Chiquita 1800 km², Lago Argentino 1414 km²

Argentinien ist nach Brasilien das zweitgrößte Land Südamerikas. Nachbarländer im Norden sind Bolivien und Paraguay. Nach Osten zu wird es von den brasilianischen Südstaaten, Uruguay und dem Atlantischen Ozean begrenzt. Nach Westen bilden die Anden eine natürliche Grenze zu Chile, mit der sich Argentinien auch den Feuerland-Archipel im äußersten Süden teilt.

Ständig kalbt der Gletscher Perito Moreno in den Lago Argentino im Parque Nacional los Glaciares.

Naturraum

Argentinien läßt sich in drei Großlandschaften gliedern: zunächst das erdgeschichtlich junge, im Tertiär entstandene Faltengebirge der Anden mit den ostwärts vorgelagerten Sierras; dann im Osten die weiten Ebenen des Gran Chaco, der Pampas und des Landes zwischen Paraná und Uruguay (Mesopotamia); schließlich das nach Süden anschließende Tafel- und Schichtstufenland Ostpatagoniens.
Die Anden erstrecken sich entlang der gesamten Westgrenze zu Chile. Den nördlichsten Teil bildet das ausgedehnte Hochland der »Puna Argentina« mit ihren 5000 m hohen Andenketten; zahlreiche Bergrücken zerteilen das Hochland in oft abflußlose, von Salzsümpfen (Salares) ausgefüllte Becken in Höhen zwischen 3000 und 4500 m. Besonders im Westteil ragen mächtige Vulkankegel empor,

In der unberührten Weite des Hochlands auch am Tage aktiv: der Puma, der Berglöwe der Anden.

darunter der Nevado Ojos del Salado, mit 6863 m der höchste vulkanisch entstandene Berg der Erde. Nach Osten begrenzen steil abfallende Gebirgszüge (subandine Sierras) die Andenregion. Südlich der Puna verengt sich das Hochgebirge zur Hauptkordillere – mit dem Cerro Aconcagua, dem höchsten Berg Amerikas (6960 m). Im Osten verläuft parallel dazu die durch Grabenbrüche abgetrennte Vorkordillere, der die sog. pampinen Sierras (Hauptzug: Sierra de Cordoba) vorgelagert sind.
An die Hauptkordillere schließt nach Süden zu die »Patagonische Kordillere« an. Zahlreiche, mit Seen ausgefüllte Wannen, von der Eiszeit ausgeschliffene Flußtäler sowie bis nach Ostpatagonien hineinreichende Moränenlandschaften zeugen von der ehemals umfassenden Vergletscherung dieses Gebiets. Als Abschluß der Anden reicht die Feuerlandkordillere bis zum Kap Hoorn.
Besonders charakteristisch für die weitgestreckten Ebenen Argentiniens – erdgeschichtlich junge Aufschüttungsgebiete – ist die Steppenlandschaft der Pampas. Ebenes Gelände kennzeichnet auch den nordwärts anschließenden »Gran Chaco«, dessen südlicher und mittlerer Teil zu Argentinien gehören.
Mesopotamia, das Land zwischen Paraná und Uruguay, wurde im Quartär, der jüngsten Epoche der Erdgeschichte, leicht angehoben und schließlich zu einem flachwelligen Hügelland umgeformt, das im Süden und Norden von Sümpfen durchzogen ist. Im äußersten Nordosten, in der Provinz Misiones, hat Argentinien Anteil am Brasilianischen Bergland.
Das Ostpatagonische Tafelland südlich des Río Colorado hat gebietsweise Mittelgebirgscharakter und fällt in Stufen zum Atlantik hin ab.

Klima

Die Klimaregionen Argentiniens weisen vom tropisch-heißen Norden bis in die subantarktisch kühlen Breiten Feuerlands erhebliche Unterschiede auf. In Mittelargentinien herrscht subtropisch-gemäßigtes Klima vor (Buenos Aires: Januarmittel 23,5 °C, Julimittel 10 °C).
Die Niederschläge des Westwindgürtels werden großenteils durch die Barriere der Anden auf chilenischer Seite abgefangen, die des Südostpassats am Ostabhang des Brasilianischen Berglands. Daher liegen etwa zwei Drittel Argentiniens in einer breiten Trockenzone. Während die Ebenen im Osten das ganze Jahr über genügend Feuchtigkeit erhalten (500–1000 mm), verringern sich die Niederschlagsmengen im Gran Chaco, im Bereich der Puna und im Patagonischen Tafelland bis auf 200 mm. Ausgesprochen feucht sind nur wenige Landstriche: das Bergland von Misiones (1500–2000 mm), der Ostabfall der Anden (einschließlich der vorgelagerten Sierras) im Nordwesten, ein Teil der Südkordillere sowie Feuerland.
Die Sommertemperaturen steigen bis über 30 °C – im Chaco als Monatsmittel, in Patagonien als seltene Höchstwerte. In Patagonien werden im Winter Tiefsttemperaturen von –30 °C erreicht. Polarlufteinbrüche (Pamperos) können gelegentlich zu Temperaturstürzen von 20 °C und wolkenbruchartigem Regen führen. Nennenswerten Schneefall erhalten nur die südlichen Anden und das vorgelagerte Ostpatagonien.

In den Anden Chiles und Argentiniens ist die Araukarie, ein markanter Nadelbaum, heimisch.

Vegetation und Tierwelt

Heute werden große Flächen in den argentinischen Trockengebieten landwirtschaftlich überansprucht und damit einer verstärkten Erosion ausgesetzt.
Im Zwischenstromland gibt es savannenähnliche Waldgebiete, entlang den Flüssen Sumpfwald. Das niederschlagsarme Binnenland wird von dem nur in der Regenzeit belaubten »Chacowald« bedeckt. Nach Süden zu findet sich Buschwald, in Patagonien Strauchsteppe und schließlich Wüstensteppe. Immergrüner Regenwald bedeckt das Bergland von Misiones, ebenso die niederschlagsreichen Osthänge der Sierras im Nordwesten.
Zu den charakteristischen Tierarten der Wälder und Sümpfe im tropischen Norden des Landes gehören Brüllaffe, Jaguar, Tapir, Sumpfhirsch, Kaiman und verschiedene Vogelarten (darunter Papagei und Kolibri). Steppenbewohner sind Guanako, Nandu (der Pampasstrauß), Gürteltier sowie zahlreiche Nagetiere (z. B. das vom Aussterben bedrohte Chinchilla). In den Südanden leben Puma, Kondor, Gabelhirsch und an den Küsten Patagoniens Robben und Pinguine.
In Zusammenarbeit mit den Nachbarländern hat Argentinien mehrere Nationalparks eingerichtet, so an der Grenze zu Brasilien um die Iguazúfälle und an der Grenze zu Chile im seenreichen Hochgebirge Patagoniens (Lanin, Nahuel Huapi, Los Glaciares).

Politisches System

Staatsname: República Argentina
Staats- und Regierungsform: Präsidiale Bundesrepublik
Hauptstadt: Buenos Aires
Mitgliedschaft: UN, OAS, ALADI, SELA

Nach der mehrfach revidierten Verfassung von 1853 ist Argentinien eine föderative Präsidialdemokratie. Der Präsident des Landes muß (wie auch der Vizepräsident) der römisch-katholischen Kirche angehören und gebürtiger Argentinier sein; er ist gleichzeitig Regierungschef und Oberbefehls-

Daten · Fakten · Reisetips — Argentinien

haber der Streitkräfte. Gewählt wird er für eine Amtszeit von sechs Jahren durch ein 600 Mitglieder zählendes Wahlmännergremium, das wiederum direkt vom Volk gewählt wird. Der Präsident hat weitreichende politische Vollmachten, kann jedoch im Anschluß an seine Amtszeit nicht sofort wieder kandidieren.

Gesetzgebung und Verwaltung

Legislative ist der Bundeskongreß, der aus zwei Kammern besteht: Abgeordnetenkammer und Senat. Die 254 Mitglieder der Abgeordnetenkammer werden für vier Jahre vom Volk direkt gewählt, alle zwei Jahre wird jeweils die Hälfte der Abgeordneten neu bestimmt.

Der Senat hat 46 für neun Jahre gewählte Mitglieder. Ihre Zahl ergibt sich aus der verwaltungsmäßigen Aufteilung des Landes in 22 Provinzen und den Bundesdistrikt Buenos Aires (mit je zwei Sitzen im Senat); das Nationalterritorium Feuerland ist im Senat nicht vertreten. Alle drei Jahre ist ein Drittel der Senatorensitze neu zu besetzen.

Europäische Zuchtrassen haben das klassische Langhornrind – in der Bildmitte – allmählich aus den argentinischen Pampas verdrängt.

Die Provinzen haben ihre eigenen Parlamente und Regierungen. Sie werden, wie der Bundesdistrikt Buenos Aires, von gewählten Gouverneuren verwaltet.

Es ist geplant, in nächster Zukunft den Regierungssitz nach Viedma nahe der Mündung des Río Negro zu verlegen. Man hofft, dadurch nicht nur die föderalistische Struktur zu stärken, sondern auch das übervölkerte Buenos Aires zu entlasten.

Recht und Justiz

Die Rechtsprechung orientiert sich vorwiegend am französischen »Code Civil«. Für das Justizwesen sind Bundes- und Provinzialgerichte zuständig. Höchste bundesgerichtliche Instanz ist der Oberste Gerichtshof in Buenos Aires. Daneben gibt es fünf Appellationsgerichte. Jede Provinz hat zudem ihr eigenes Justizwesen mit einem obersten und mehreren nachgeordneten Gerichtshöfen.

Bevölkerung

Einwohnerzahl: 32,5 Millionen
Bevölkerungsdichte: 12 Einw./km²
Bevölkerungszunahme: 1,6 % im Jahr
Ballungsgebiete: Großraum Buenos Aires mit der benachbarten Industrieregion am Unterlauf des Paraná
Größte Städte: Buenos Aires (3 Mio. Einw.; Groß-Buenos Aires 14 Mio.), Córdoba (1 Mio.), Rosario (960 000), Mendoza (600 000), La Plata (570 000), San Miguel de Tucumán (500 000), Mar del Plata (420 000), Santa Fe (380 000)
Bevölkerungsgruppen: 94 % Weiße, 6 % Mestizen

Für die Bevölkerungsentwicklung Argentiniens war die Masseneinwanderung aus Europa, die in den 70er Jahren des 19. Jh. einsetzte und vor dem Ersten Weltkrieg ihren Höhepunkt erreichte, weit wichtiger als das Binnenwachstum. Etwa 80 % der Argentinier leben in den Städten, vor allem im Großraum Buenos Aires, der mit rd. 16 000 Einw./km² vier- bis fünfmal so dicht besiedelt ist wie bundesdeutsche Großstädte. Die Weißen sind zu etwa einem Drittel italienischer, einem Viertel spanischer Abstammung. Aus Europa kamen außerdem Slawen (besonders Polen und Russen), Briten, Franzosen und Deutsche, aus dem östlichen Mittelmeerraum Syrer und Libanesen.

Die Mestizen bilden die am schnellsten wachsende Bevölkerungsgruppe; sie sind allerdings kaum in die Gesellschaft integriert und werden als Bürger zweiter Klasse angesehen. Die Indianer sind bei der Eroberung der südlichen Landesteile im 19. Jh. nahezu ausgerottet worden; ihre Zahl beträgt heute noch etwa 30 000. Größere Gruppen bilden nur noch die Chaco-Stämme im Grenzgebiet zu Paraguay und die Anden-Indianer in den Hochtälern des Nordwestens; dagegen sind die wenigen Patagonier auf Feuerland vom Aussterben bedroht. Im Lande leben etwa 3 Mio. Menschen ohne Staatsbürgerschaft; die Hälfte ist illegal aus den Nachbarländern eingewandert.

Neben der Landessprache Spanisch – auch »Castellano« genannt – ist unter den Weißen (darunter über 200 000 Deutschstämmige) die Sprache ihres jeweiligen Herkunftslandes noch häufig Umgangssprache.

Religion

Der Katholizismus, zu dem sich rund 90 % der Einwohner bekennen, erhält als Staatsreligion öffentliche Unterstützung (Staatspatronat). Nur schwach vertreten sind Protestanten (2 %), Juden (1 %) und Muslime.

Soziale Lage und Bildung

Einer kleinen Oberschicht von Großgrundbesitzern (Estancieros) stehen auf dem Lande die Masse der Pächter, Kleinbauern und Landarbeiter (Peones), in den Städten ein wachsender Industriearbeiterstand und eine nur dünne Mittelschicht gegenüber. Die Sozialgesetzgebung geht auf die Perón-Reformen von 1946 zurück; sie wurde unter dem Druck der mächtigen peronistischen Gewerkschaften danach ständig weiter ausgebaut. Allerdings sind ihre Leistungen, schon 1976 von den Militärs beträchtlich eingeschränkt, von der jahrelangen Inflation weitgehend aufgezehrt worden.

Die medizinische Versorgung zeigt große regionale Unterschiede. Vor allem in ländlichen Gebieten und in den Slums der Großstädte fehlt die ärztliche Betreuung.

Allgemeine Schulpflicht besteht vom 6. bis zum 14. Lebensjahr; auf dem Land verläßt aber etwa die Hälfte der Kinder vorzeitig die Schule, so daß die offizielle Analphabetenrate von 8 % deutlich überschritten werden dürfte. Der Besuch aller öffentlichen Bildungseinrichtungen ist kostenlos. Neben zahlreichen höheren Bildungsanstalten gibt es 29 öffentliche und 24 private Universitäten mit insgesamt 600 000 Studenten; die älteste wurde 1613 in Córdoba gegründet.

Wirtschaft

Währung: 1 Austral (A) = 1000 alte Pesos = 100 Centavos (c)
Bruttoinlandsprodukt (in Anteilen): Land- und Forstwirtschaft 12 %, industrielle Produktion 44 %, Dienstleistungen 44 %
Wichtigste Handelspartner: USA, Brasilien, EG-Staaten, Japan, UdSSR

Bis heute ist die Landwirtschaft der bedeutendste Wirtschaftszweig und größte Devisenbringer, obgleich Industrie und Dienstleistungssektor die höchsten Anteile am Bruttoinlandsprodukt erzielen. Ackerbau und Viehzucht bestreiten einen Großteil des Exports und sind Grundlage einer gut entwickelten Verarbeitungsindustrie. Die größten Belastungen für die Wirtschaft sind geringe Investitionsneigung, extreme Inflationsraten und drückende Auslandsverschuldung. Auch durch verschiedene Wirtschaftsprogramme und finanzpolitische Maßnahmen (Austral-Plan) konnte die Wirtschaftslage nicht nachhaltig verbessert werden.

Landwirtschaft

Über 70 % des Staatsgebiets werden landwirtschaftlich genutzt, gut 50 % davon als Weide-, rd. 10 % als Ackerland und etwa 20 % als forstwirtschaftliche Waldgebiete. Noch immer ist

Mit 6960 m höchster Berg Amerikas: das Massiv des Cerro Aconcagua.

der Großgrundbesitz trotz verschiedener Reformversuche weit verbreitet. Die landwirtschaftlichen Betriebe werden zu 70 % von Pächtern bewirtschaftet. Die Pampas werden sowohl für die Viehzucht als auch für den Ackerbau genutzt. Die Nutzung der Flächen kann – je nach Weltmarktsituation – wechseln.

Die agrarische Kernzone – ein lößbedecktes Flachland der Pampas – erstreckt sich in einem Halbkreis von etwa 600 km um die Landeshauptstadt Buenos Aires. Wichtigste Feldfrüchte mit den größten Anbauflächen sind Weizen und Mais, außerdem Hafer, Roggen, Gerste, Reis, Zuckerrohr, verschiedene Hirsearten, Sonnenblumen, Leinsaat, Sojabohnen, Erdnüsse, Kartoffeln, Luzerne, Baumwolle und Tabak.

Feuerland, Land der Schafzucht: Wolleballen auf der Hafenmole von Ushuaia im äußersten Süden.

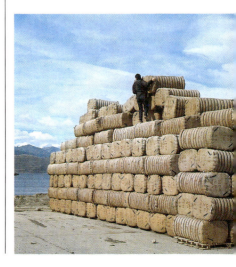

Argentinien — Daten · Fakten · Reisetips

In der Trockenzone am Fuße der Anden haben sich Bewässerungsoasen zu Zentren des Gemüse-, Obst- und vor allem auch des Weinbaus entwickelt. Erwähnenswert sind schließlich Schwarzer Tee und Yerba-Mate, Grundlage des argentinischen Nationalgetränks.

Die bedeutende Mastviehwirtschaft mit einem Rinderbestand von über 50 Mio. Stück wird immer stärker rationalisiert. Fleischausfuhr und Fleischkonsum gehören zu den höchsten der Welt. Weidegebiete sind die ausgedehnten Ebenen vom La-Plata-Ufer bis tief in die Pampa. Schafzucht dominiert in der südlichen Pampa, in Patagonien und Feuerland. Die Schweinezucht ist, wie die sich ausweitende Geflügelhaltung, in Maisanbaugebieten gefördert.

Im Vergleich zu den anderen Ländern Südamerikas besitzt Argentinien nur wenig Wald. Die größten Bestände finden sich in den Nordprovinzen, ihre Nutzung erfolgt oft noch im Raubbau (Hart-, Farbhölzer), systematische Forstwirtschaft wird erst ansatzweise betrieben. Der Fischfang in den 1969 auf 200 Seemeilen ausgedehnten Küstengewässern wird bisher noch wenig gefördert.

Bodenschätze, Energieversorgung

Obwohl Argentinien eine Reihe wichtiger Mineralvorkommen hat, spielt der Bergbau – abgesehen von der Erdöl- und Erdgasgewinnung – eine untergeordnete Rolle. Häufig lagern die Bodenschätze verkehrsungünstig, z. T. hoch in den Anden, so daß sich die Ausbeutung kaum lohnt. Abgebaut werden, in meist nur geringen Mengen, Steinkohle (Patagonien), Eisenerz (Provinzen Río Negro, Jujuy), Kupfer, Blei, Zink, Zinn, Silber, Mangan, Wolfram und Uran.

Die Förderung von Erdöl und Erdgas an der patagonischen Küste und in verschiedenen Abschnitten des Andenvorlandes deckt nahezu den Eigenbedarf des Landes. Bei der Erzeugung elektrischer Energie soll der Erdölverbrauch durch eine stärkere Nutzung des reichen Wasserkraftpotentials verringert werden. Außerdem sollen weitere Kernkraftwerke in Betrieb gehen.

Industrie

Ältester und immer noch sehr bedeutender Industriezweig ist die Verarbeitung der einheimischen Fleisch- und Agrarprodukte. Schlachthöfe, Kühlhäuser, Fleischpackereien, Fleischextrakt- und -konservenfabriken konzentrieren sich im La-Plata-Bereich, während Getreide- und Ölmühlen, Molkereien, Zuckerfabriken, Obst- und Gemüsekonservierung sowie Tabakveredelung in den Anbaugebieten selbst angesiedelt sind.

Die Textilindustrie verarbeitet die gesamte inländische Baumwollernte sowie Wolle. Großen Aufschwung haben in den vergangenen Jahrzehnten besonders die Branchen Metallverarbeitung, Fahrzeugbau, elektrotechnische, chemische und petrochemische Industrie genommen. Die junge Eisenhüttenindustrie muß Erze und Koks weitestgehend aus Importen beziehen. Die Industriebetriebe konzentrieren sich im wesentlichen in Mittelargentinien in den Großräumen Buenos Aires, Rosario, Santa Fe, Córdoba und Mendoza.

Handel

Wichtige Handelsgüter neben dem – im Export allerdings rückläufigen – Rindfleisch sind Getreide, Häute, Wolle, Leinsamen, Öle, Fette und Obst, außerdem Textilien, chemische Erzeugnisse, Maschinen, Kraftfahrzeuge und Elektrogeräte. Eingeführt werden vor allem Maschinen, Metalle und Metallwaren, Bergbauprodukte (besonders Erze), Chemikalien, Gummi, Papier und Zellulose.

Verkehr

Aufgrund der weiten Entfernungen zwischen den einzelnen Wirtschaftsräumen kommt dem Verkehrswesen große Bedeutung zu. Ein modernes, relativ dichtes Verkehrsnetz weist allerdings nur Mittelargentinien auf, insbesondere der Raum Buenos Aires – Córdoba – Bahía Blanca. Alle anderen, vielfach nur spärlich besiedelten Landesteile sind wenig erschlossen. Grundlage des Verkehrs bildete lange Zeit das Eisenbahnnetz (35 000 km), doch verlagert sich der Personen- und Gütertransport zunehmend von der Schiene auf die Straße. Das Straßennetz umfaßt etwa 220 000 km, davon sind 60 000 km befestigt. Wichtigste Binnenhäfen sind Rosario und Santa Fe. Buenos Aires ist der größte Seehafen Südamerikas. Die Hauptstadt verfügt mit dem internationalen Flughafen Ministro Pistarini (Ezeiza) über einen der größten der Welt.

Tourismus

Auslandstouristen kommen vor allem aus den Nachbarstaaten. Auch der Inlandstourismus floriert. Hauptanziehungspunkte sind die Badeorte an der Atlantikküste, besonders Mar del Plata, die Wasserfälle des Iguazú, die Sierra de Córdoba als Sommerurlaubsgebiet, die Wintersportorte und Nationalparks in den Anden, die Thermalbäder im Nordwesten des Landes und in jüngster Zeit auch Patagonien als Ziel für Abenteuerurlauber.

José de San Martín, der große argentinische Freiheitskämpfer, befreite auch Chile und Peru von der spanischen Herrschaft.

Geschichte

Die Erschließung Argentiniens begann mit ersten Erkundungen, u. a. durch Juan Díaz de Solís 1515, durch Fernão de Magelhães 1520 und Sebastiano Caboto 1529. 1537 wurde das Mündungsgebiet des Río de la Plata durch Domingo Martínez de Irala im Auftrag Karls V. systematisch in Besitz genommen. Nach Rückschlägen – Buenos Aires, 1535 gegründet, mußte zeitweise wieder aufgegeben werden – entstand 1617 die »Provincia Gigante« mit der (heute paraguayischen) Hauptstadt Asunción, die an die spanischen Gebiete Perus grenzte. Der vermutete Silberreichtum (lat. argentum, Silber) gab dem Land seinen Namen.

Die Besiedlung entlang der Andenkette und die wichtigsten Stadtgründungen im Landesinneren erfolgten nach 1550 von Peru und Chile aus. Die Ebenen und der Gran Chaco blieben Indiogebiet, in dem die Jesuiten missionierten.

Ab 1546 wurde in dem weiten Land Rinderzucht betrieben, die die Versorgung der peruanischen Bergleute sicherstellen sollte. Die Indios mußten den Viehhirten immer weiter weichen, bis sie Ende des 19. Jh. nahezu ausgerottet waren. Lange Zeit blieb das Gebiet des Río de la Plata wirtschaftlich unbedeutend. Erst die Schaffung des spanischen Vizekönigreichs Río de la Plata mit Buenos Aires als Hauptstadt 1776 (es umfaßte im wesentlichen die Gebiete Nordargentiniens, Uruguay, Paraguay, Bolivien) und die Freigabe des Handels mit Spanien 1778 brachten wirtschaftlichen Aufschwung. Seit Beginn des 18. Jh. pflegte Argentinien unmittelbare Handelskontakte mit Europa durch den Transport auf englischen Schiffen (Häute und Fleischwaren). Buenos Aires wurde zum Zentrum eines selbstbewußten Bürgertums.

Die Zeit der Unabhängigkeitskämpfe

Die spanischen Wirtschaftsreformen begünstigten vor allem die kreolische Oberschicht, deren Anspruch auf Selbstverwaltung des Landes entsprechend wuchs. Landaristokratie und die Bürger von Buenos Aires schüttelten 1810 die spanische Herrschaft ab. Eine provisorische Regierung ersetzte den Vizekönig. Die Versuche der Spanier, von Peru und Chile aus das Land zurückzuerobern, wurden durch den Sieg des Generals Manuel Belgrano bei Tucumán 1812 und die Andenüberquerung des Generals José de San Martín 1817, die mit der Befreiung Chiles 1818 und der Eroberung des peruanischen Lima 1821 endete, endgültig abgewehrt. Am 9. 7. 1816 erklärte der Kongreß in Tucumán die Unabhängigkeit der Vereinigten Provinzen des Río de la Plata. 1825 entstand die Argentinische Konföderation, die Vereinigung der 14 Provinzen am La Plata. Am 24. 12. 1826 wurde die Argentinische Republik gegründet.

Kampf um den Einheitsstaat

Die Konsolidierung eines stabilen Staatswesens und die Durchführung innerer Reformen wurden nicht nur durch den Drang auch kleinerer Gebiete nach Selbständigkeit, sondern vor allem durch den Gegensatz zwischen unitarisch gesinntem städtischem Bürgertum und den föderalistisch eingestellten Caudillos, den Gouverneuren der Provinzen, behindert. Die Herrschaft General Manuel de Rosas' (1829–1852) stellte gewaltsam die Staatseinheit her. Sein diktatorisches Regiment zwang die Caudillos unter die Zentralregierung und garantierte damit Großgrundbesitzern, einheimischen Kaufleuten und ausländischen Kapitalgebern wirtschaftliche Sicherheit und Kontinuität. Nach de Rosas' Sturz wurde 1853 eine Verfassung nach dem Muster der USA geschaffen, die einen Kompromiß zwischen Unitariern und Föderalisten dar-

Die farbenfrohen Muster von Wollstoffen und Teppichen – hier eine Weberei in Patagonien – entstammen alter Indiotradition.

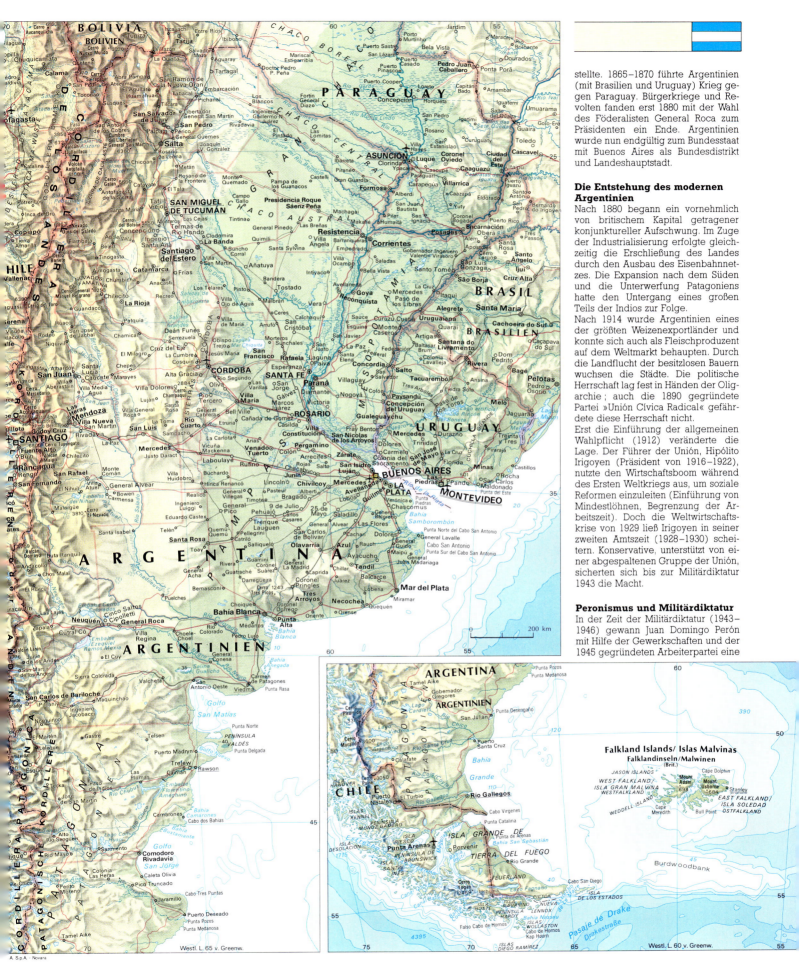

stellte. 1865–1870 führte Argentinien (mit Brasilien und Uruguay) Krieg gegen Paraguay. Bürgerkriege und Revolten fanden erst 1880 mit der Wahl des Föderalisten General Roca zum Präsidenten ein Ende. Argentinien wurde nun endgültig zum Bundesstaat mit Buenos Aires als Bundesdistrikt und Landeshauptstadt.

Die Entstehung des modernen Argentinien

Nach 1880 begann ein vornehmlich von britischem Kapital getragener konjunktureller Aufschwung. Im Zuge der Industrialisierung erfolgte gleichzeitig die Erschließung des Landes durch den Ausbau des Eisenbahnnetzes. Die Expansion nach dem Süden und die Unterwerfung Patagoniens hatte den Untergang eines großen Teils der Indios zur Folge.

Nach 1914 wurde Argentinien eines der größten Weizenexportländer und konnte sich auch als Fleischproduzent auf dem Weltmarkt behaupten. Durch die Landflucht der besitzlosen Bauern wuchsen die Städte. Die politische Herrschaft lag fest in Händen der Oligarchie; auch die 1890 gegründete Partei »Unión Cívica Radical« gefährdete diese Herrschaft nicht.

Erst die Einführung der allgemeinen Wahlpflicht (1912) veränderte die Lage. Der Führer der Unión, Hipólito Irigoyen (Präsident von 1916–1922), nutzte den Wirtschaftsboom während des Ersten Weltkriegs aus, um soziale Reformen einzuleiten (Einführung von Mindestlöhnen, Begrenzung der Arbeitszeit). Doch die Weltwirtschaftskrise von 1929 ließ Irigoyen in seiner zweiten Amtszeit (1928–1930) scheitern. Konservative, unterstützt von einer abgespaltenen Gruppe der Unión, sicherten sich bis zur Militärdiktatur 1943 die Macht.

Peronismus und Militärdiktatur

In der Zeit der Militärdiktatur (1943–1946) gewann Juan Domingo Perón mit Hilfe der Gewerkschaften und der 1945 gegründeten Arbeiterpartei eine

Argentinien

Daten · Fakten · Reisetips

große Anhängerschaft und wurde 1946 zum Präsidenten gewählt. Er führte das Frauenwahlrecht ein und setzte die Sozialversicherung sowie eine 20%ige Lohnerhöhung für die breite Masse der »Descamisados« (der Hemdlosen) durch. Seine Parolen verhießen »soziale Gerechtigkeit« und »nationale Unabhängigkeit«. Im Zug einer umfassenden Nationalisierungspolitik wurden Eisenbahnen und Kraftwerke aufgekauft, die Landesbank verstaatlicht und ein staatliches Getreidemonopol geschaffen. Auch am Bergbau und an der Schwerindustrie beteiligte sich der Staat. Eine Agrarreform wurde hingegen nicht einmal versucht. Devisenmangel infolge Konjunkturrückgangs und ein unwirtschaftliches Produktionssystem führten zu Zugeständnissen an das ausländische Kapital und zur Inflation. Die Unterstützung der Gewerkschaften ging verloren. 1955 drängte das Militär mit Unterstützung der katholischen Kirche den seit 1949 diktatorisch regierenden Perón ins Exil.

Doch auch danach kam Argentinien nicht zur Ruhe. Mehrere Regierungen wechselten sich in den Folgejahren ab. Die Instabilität wuchs unter dem dauernden Druck der weiterbestehenden peronistischen Partei, die bald verboten war, bald aber wieder zugelassen werden mußte. Die Armee griff wiederholt ein (1962, 1966 und 1970), ohne die Krise beheben zu können: »Law-and-Order«-Maßnahmen verhinderten weder die Aktivitäten der rechten »Todesschwadrone« noch der linken Untergrundbewegung, der Montoneros.

Mit Hilfe seiner Anhänger kehrte Perón 1973 nach Argentinien zurück und wurde erneut zum Präsidenten gewählt. Dennoch konnten weder er noch seine Frau María Estela, genannt Isabel, die ihm nach seinem Tod 1974 ins Präsidentenamt folgte, die alten Erfolge wiederholen. 1976 wurde Isabel Perón vom Militär gestürzt.

Den ausufernden Terrorismus im Land – allein 1976 wurden offiziell 1275 Todesopfer genannt – bekämpfte die Mi-

»Besser als Reden ist Handeln« – »Die einzigen Privilegierten sind die Kinder«: Zitate als Ausdruck

der Hoffnungen, die sich in Argentinien mit »Evita« und Juan Domingo Perón verbanden.

litärjunta unter General Jorge Rafael Videla mit äußerstem Gegenterror in ihrem »schmutzigen Krieg«. Neben der ständigen Verletzung der Menschenrechte (Folterungen, Internierungen in Konzentrationslagern) erregten besonders die während der Militärherrschaft »Verschwundenen« das Land und aufgrund des Einsatzes der »Mütter der Plaza de Mayo« auch die Weltöffentlichkeit. Menschenrechtsorganisationen schätzten 1983 die Zahl der »Verschwundenen« auf 30000.

Der allgemeine Bankrott der Militärregierung (zwischen 1973 und 1983 betrug die durchschnittliche Inflationsrate pro Jahr fast 170 %) veranlaßte die Junta zu einer »nationalen« Aktion: zur Besetzung der Falklandinseln am 2. 4. 1982. Nach sechs Wochen zwang die englische Gegenaktion die Argentinier zur Kapitulation (15. 6. 1982). Die Junta hatte so abgewirtschaftet, daß sie sich einer politischen Öffnung nicht mehr widersetzen konnte.

Der Sieger in den Wahlen vom 30. 10. 1983, Raúl Alfonsín, leitete energisch einen Demokratisierungsprozeß ein (u. a. Aburteilung der Juntagenäle und hoher Polizeioffiziere), mußte aber dem dauernden Druck der Armee wiederholt nachgeben. Zwar konnte die Offiziersrevolte im März 1987 nicht die geforderte Generalamnestie für alle Verbrechen der Militärs erreichen, seinen Preis hatte Alfonsín jedoch zu zahlen mit dem Gesetz über den Befehlsnotstand, dem »Schlußpunkt«-Gesetz (»Punto Final«) vom 31. 12. 1987, das vielen Offizieren Straffreiheit gewährte.

Der 1989 neugewählte Präsident Carlos Menem verordnete unmittelbar nach seiner Amtsübernahme wirtschafts- und finanzpolitische Notstandsmaßnahmen und begnadigte zahlreiche Angehörige der Streitkräfte, die wegen Umsturzversuch und Menschenrechtsverletzungen verurteilt worden waren. Aus diesem Personenkreis wurde nun Anfang Dezember 1990 eine erfolglose Rebellion gegen die Regierung Menem geführt.

Kultur

In Argentinien halten die Einwanderer aus den verschiedensten Ländern sehr stark an ihren nationalen Traditionen fest. Dabei dominiert eindeutig das mediterrane Element. So ist die Landeskultur hier stärker europäisch geprägt als irgendwo sonst in Lateinamerika.

Indianische Kulturen

Ursprünglich war Argentinien von indianischen Völkern bewohnt, die jedoch überwiegend ausgerottet wurden oder sich mit den Weißen vermischt haben. Lediglich im Nordwesten (Reservate) und im Gran Chaco leben heute noch Indianer, die teilweise ihre Gebräuche bewahren konnten. In der Mehrzahl handelte es sich bei der Urbevölkerung um Stämme, die als Jäger und Sammler lebten, Fische fingen und Nutzpflanzen anbauten. Nur im Einflußbereich der altperuanischen Hochkulturen stellte der Feldbau die Grundlage der Ernährung dar. Die niedrigste Entwicklungsstufe wiesen die Feuerland-Indianer auf.

In Patagonien lebten die meisten indianischen Stämme von der Jagd auf Guanakos und Nandus. Nach der Ankunft der Spanier übernahmen sie Pferde als Reittiere und ernährten sich auch von wildlebenden Rindern. Für die Jagd verwendeten sie »Bolas«. Diese Schleuderwaffen, an mehreren Lederriemen befestigte Steine, wurden später von den Gauchos übernommen. Während die patagonischen Indianer das Töpferhandwerk bereits beherrschten, lernten sie die Kunst des Webens erst von den Araukanern (Pehuenche), die nach der Ausrottung der nördlichen Stämme durch

Frappierend modern wirken diese indianischen Höhlenmalereien in der Provinz Santa Cruz.

die Spanier aus dem westlichen Hochland in die Pampas nachrückten. Höherentwickelte Kulturen existierten im Nordwesten von Argentinien. Im Gebiet von Tucumán und Salta lebten die auch aus Chile bekannten Atacameño- und Diaguita-Völker, die kunstvolle Holzschnitzereien fertigten und Kupfer und Bronze meisterhaft zu hauchdünnen Zeremonialäxten, Zierscheiben und Rundschilden verarbeiteten. Ihre höchste Blüte erreichte die Diaguita-Kultur unter den Inka. Ein Relikt aus dieser Zeit sind die Ruinen der alten Inka-Festung von Tilcara.

Einflüsse indianischer Kultur finden sich auch sehr häufig an Sakralbauten aus der spanischen Kolonialzeit, wie z. B. an der geschnitzten Kanzel der Kathedrale in San Salvador de Jujuy.

Über 1000 Opfer forderte der Krieg um die Falklandinseln – das Lachen der Soldaten will den Betrachter nicht recht fröhlich stimmen.

Daten · Fakten · Reisetips — Argentinien

Spanische Kolonialzeit

Aus der Kolonialzeit sind nur wenige Bauwerke unverändert erhalten. Einen Eindruck von den schachbrettförmig angelegten Städten im Kolonialstil vermittelt noch heute Córdoba. Hier wird der große Einfluß der Jesuiten deutlich, die in Nordargentinien (Provinz Misiones) indianische Missionssiedlungen anlegten und mit Hilfe der Indianer auch Kirchen und Klöster erbauten. Diese Jesuiten-»Reduktionen« sind heute fast alle zerstört oder vom Urwald überwuchert – bis auf die einst florierende Kulturoase San Ignacio Miní im Nordostzipfel Argentiniens, die 1797 von den Jesuiten verlassen wurde und seit 1940 unter Denkmalschutz steht.

In der Hauptstadt findet man nur noch im Zentrum alte Gebäude, da Buenos Aires zu Beginn dieses Jahrhunderts fast völlig neu aufgebaut wurde. Argentinien war in der Baukunst lange von Europa abhängig. Beispielhaft für das 18. Jh. ist neben dem Barockstil der manieristische Stil des italienischen Baumeisters Andrés Blanqui (z. B. die Kirche El Pilar in Buenos Aires).

Kultur zwischen Großstadt und Pampa

Heute konzentriert sich das kulturelle Leben in Argentinien zumeist auf die europäisch anmutenden Großstädte. Daneben bestimmt aber auch die Pampa das Bild von Argentinien. Außerhalb der Städte gibt es, meist entlang der Bahnlinien, Pueblos, ländliche Siedlungen mit wenigen Häusern, die aus getrockneten Ziegeln erbaut sind. Inmitten von Weizenfeldern und Viehweiden liegen die »Estancias«: große Gutshöfe mit einem Herrenhaus im Stil französischer oder kalifornischer Landsitze, um das etwas abseits Wirtschaftsgebäude und Unterkünfte der Landarbeiter gruppiert sind. Die Behausungen der Viehhirten – mit Gras oder Schilf gedeckte Lehmhütten oder kleine Ziegelhäuser – sind über den ganzen Besitz verstreut.

Argentinien – »Silberland«: Sogar Sporen und Steigbügel waren in großer Zeit aus dem kostbaren Metall.

Wie Argentinien vielfach mit Pampa gleichgesetzt wird, so ist die Folklore ohne die mythische Gestalt des Gauchos nicht denkbar. Ursprünglich waren diese berittenen Nomaden meist mestizischer Abstammung, die in der weitgehend herrenlosen Steppe von freiziehenden Rinderherden lebten. Erst als man mit dem Einzäunen der Weiden begann und die Viehzucht teilweise vom Ackerbau verdrängt wurde, war es mit der ungebundenen Freiheit der Gauchos vorbei. Sie mußten sich nun auf den Estancias als Viehhirten und Handlanger, als sog. »Peones« verdingen. Geblieben ist die typische Kleidung (kleiner schwarzer Hut, Pumphosen und Poncho). Ihre ursprüngliche Wildheit lebt nur noch gelegentlich auf: bei Rodeowettbewerben und beim Pato, einem Ballspiel zu Pferd.

Literatur, Film und Musik

In der argentinischen Literatur wurde den Gauchos ein bleibendes Denkmal gesetzt. Im 19. Jh. entstand eine eigenständige Gaucholiteratur. Dabei wurden mündliche Überlieferungen mit indianischen Themen verschmolzen und in einer bildhaft-volkstümlichen Sprache das Leben der Pampabewohner zunächst romantisch verklärend, später auch kritisch und realistisch dargestellt. Das bekannteste Werk ist das Vers-Epos »Martín Fierro« (1879) von José Hernández.

Die zeitgenössische argentinische Literatur ist in erster Linie eine Großstadtliteratur. Der Lyriker, Erzähler und Essayist Jorge Luis Borges (1899–1986) griff auf europäisches Bildungsgut (Mythen, Geschichte und Philosophie) zurück und schrieb vor allem metaphysisch-phantastische Erzählungen. Julio Cortázars (1914–1984) phantastisch-realistische Romane knüpfen an Borges und den Surrealismus an und porträtieren das argentinische Bürgertum gesellschaftskritisch. Ernesto Sábato, geboren 1911, analysiert in seinen Romanen den vereinsamten Menschen und schreibt politische, kulturkritische und literarische Essays.

Der argentinische Film wurde lange von kommerziellen Produktionen (Tangofilme) beherrscht. Internationales Ansehen erreichte als erster Leopoldo Torre Nilsson mit seiner kritischen Darstellung der argentinischen Bourgeoisie (»Das Haus mit dem Engel«, 1957). Anfang der 60er Jahre propagierten junge, unabhängige Regisseure den »Neuen argentinischen Film«; nach der Machtübernahme des Militärs mußten sie zumeist im Untergrund arbeiten. Dabei entstanden wichtige politische Filme, wie z. B. »Die Stunde der Hochöfen« (1968) von Fernando E. Solanas und Octavio Getino. Fernando Birri, berühmt geworden durch seine Dokumentarfilmschule in Santa Fe, ist ein Leitbild für die junge Generation von Filmemachern, die sich seit 1983 kritisch mit der jüngsten Geschichte Argentiniens auseinandersetzt.

Die populärste Musik in Argentinien ist der Tango mit seiner melancholischen Grundstimmung. Dieser vor etwa 100 Jahren in der Halbwelt der Vorstädte von Buenos Aires entstandene Tanz, der auf kubanische und spanische Wurzeln zurückgeht, erlangte um 1920 Weltgeltung und wurde dadurch auch in seinem Heimatland gesellschaftsfähig.

Dank seinem berühmten Opernhaus Teatro Colón gilt Buenos Aires als musikalisches Zentrum Südamerikas. Bedeutende moderne Komponisten, wie Alberto Ginastera und Mauricio Kagel, und berühmte Pianisten, wie Martha Argerich, stammen aus Argentinien.

Architektur aus dem Jahre 1924: das Cavenagh-Gebäude, das erste Hochhaus in Buenos Aires.

Reise-Informationen

Einreise- und Fahrzeugpapiere
Bürger der Bundesrepublik Deutschland, der Schweiz und Österreichs benötigen für einen Aufenthalt bis zu drei Monaten einen gültigen Reisepaß bzw. Kinderausweis. Auf Antrag ist eine Verlängerung der Aufenthaltsgenehmigung um weitere drei Monate möglich.
Wer mit dem eigenen Auto oder mit einem Mietwagen reisen will, braucht einen internationalen Führerschein.

Zoll
Bei der Einreise sind zollfrei: für Touristen aus Nicht-Nachbarländern Argentiniens 400 Zigaretten und 50 Zigarren, 2 Liter alkoholische Getränke und 5 kg Lebensmittel; für Touristen aus den Nachbarländern 200 Zigaretten und 25 Zigarren, 1 Liter alkoholische Getränke und 2 kg Lebensmittel.

Devisen
Die Ein- und Ausfuhr von Austral (A) und Fremdwährung ist unbeschränkt erlaubt. Da der Umtausch von europäischen Währungen in Landeswährung außerhalb der großen Städte schwierig ist, empfiehlt es sich, US-Dollars mitzuführen. Reiseschecks werden nur in großen Städten eingelöst. Die meisten Hotels akzeptieren Kreditkarten.

Impfungen
Für die Einreise nach Argentinien sind keine Impfungen notwendig. Malariaschutz ist erforderlich in den Monaten Oktober bis Mai in ländlichen Gebieten unter 1200 m Höhe.

Verkehrsverhältnisse
Argentinien hat ein ausgedehntes, teilweise gut ausgebautes Straßensystem. Die großen Städte des Landes sind durch Landstraßen erster Ordnung verbunden. Mietwagen sind teuer, ihr Zustand oft fragwürdig. Dagegen verfügt Argentinien über ein leistungsfähiges Bussystem. Für lange Strecken, besonders in den Monaten November bis Februar, ist es ratsam, Tickets im voraus zu besorgen. Im Großraum von Buenos Aires wird meist der »Colectivo« (Privatbus) oder die U-Bahn benutzt. Taxifahren in oft klapprigen Wagen ist billig. Auch Rundreisen per Flugzeug im Landesinneren werden angeboten.

Unterkünfte
Im allgemeinen gibt es in allen touristischen Zentren und Städten mit über 10000 Einwohnern einfache Unter-

Da von einer neuen Metropole nicht mehr die Rede ist, bleibt das Kongreßgebäude in Buenos Aires Zentrum parlamentarischer Arbeit.

künfte. Komfort von internationalem Niveau ist jedoch entsprechend teuer. Viele Argentinier offerieren auch Privatunterkünfte. Für Campingtouristen gibt es in fast jeder Ortschaft eine »Terrena de camping«.

Reisezeit
Für Buenos Aires und Mittelargentinien empfehlen sich als beste Reisezeit Februar bis Mai und September bis November. Die subtropischen Provinzen im Norden sind im April oder Oktober am erträglichsten. Für den Süden sind die angenehmsten Monate Dezember, Januar und Februar.

Brigitte Schere

Kein anderer tropischer Inselverband steht im Ruf, paradiesisch zu sein, eleganter, exklusiver, teurer. Selbst der hochnäsige Werbeslogan, auf den Bahamas sei es besser als anderswo, wird von denen, die noch nicht dagewesen sind, so rückhaltlos für wahr genommen, daß allein schon der Prestigewert eines Urlaubs dort sein Geld wert ist.

Am schönsten sind die Bahamas in ein paar tausend Metern Höhe vom Fenster des Flugzeugs aus gesehen, wenn die durchsichtige See den Blick auf Hügel, Schluchten und Dünenlandschaften freigibt, die aus der opal leuchtenden Tiefe schimmern. Über dem Meeresspiegel indessen herrschen andere Maßstäbe. Wie Pfannkuchen liegt eine Unzahl von Inselchen in der warmen See, von wunderbar weißen und rosafarbenen Stränden gesäumte Flecken, auf denen Kiefern und anderes immergrünes Gehölz wuchert.

Staatsname:	Bund der Bahamas
Amtssprache:	Englisch
Einwohner:	240 000
Fläche:	13 935 km²
Hauptstadt:	Nassau
Staatsform:	Parlamentarische Monarchie im Commonwealth
Kfz-Zeichen:	BS
Zeitzone:	MEZ −6 Std.
Geogr. Lage:	Atlantik, vor der Küste Floridas und Kubas

Bahamas submarin: bunt schillernde Tropenfische, sich wiegende Unterwasserwälder, Korallen wie Hecken, Bäume oder Türme. Sanft versinkt man in die »Freiheit des Unberührten«, gibt sich dem »Easy Diving« hin, dem leichten Tauchen in Tiefen bis zu 40 Meter. Und die Unterwasserfotografen rühmen die klaren, einfachen Farben hier unten.

Ein amerikanischer (Alp-)Traum

Wie viele Inseln zu den Bahamas gehören, weiß wohl niemand genau. Rund 700 meinen die einen, andere zählen fast 3000, die sogenannten Cays, Felsklippen und Mini-Koralleninseln, eingeschlossen – was den Unterschied erklärt. Nur etwa 20 der Inseln sind bewohnt, manche von ihnen befinden sich in Privatbesitz. Auf den 17 touristisch erschlossenen Inseln – alle haben Häfen, und fast jede verfügt über einen oder mehrere Flugplätze – landen jährlich über 2,5 Millionen Bahama-Besucher.

Diese Massen müssen natürlich irgendwo wohnen. Und da gibt es dann die erste Ernüchterung für Paradiessucher: Mammutanlagen mit der Atmosphäre von jugoslawischen Großhotels und Feriensiedlungen, die von zementierten Fußwegen in ordentliche Rechtecke gegliedert werden. Doch andererseits kann man auf einer Insel, die ausdrücklich »Paradies« heißt und über eine mautpflichtige Brücke von der Hauptstadt Nassau aus zu erreichen ist, ein Kloster aus dem 14. Jahrhundert bestaunen. Der amerikanische Supermarkt-Millionär Huntington Hartford ließ es in Frankreich abbrechen und im Garten des Ocean-Club-Hotels wieder aufbauen.

Und wären nicht die kolonialen Hinterlassenschaften der Briten, der rosaweiße Gouverneurspalast in Nassau, das verwunschene Graycliff-Restaurant, ein paar alte Hotels und die versteckten Anwesen alteingesessener Wohlhabenheit, das Auge fände in der Beton der Schuhschachtel-Architektur keine Oase des Charmes. Ob es nun bewundernswerte oder eher arme Reiche sind, die mit ihren millionenteuren Jachten in der Marina von Treasure Cay auf Abaco vor Reihenhäusern im Stil deutscher Sozialwohnungsviertel anlegen und abends in einem Restaurant dinieren, das als Bürgerhaus in Südhessen vielleicht Furore machen könnte – diese Frage gilt nur bei spielverderberischen Europäern als eine Sache der Weltbetrachtung.

Die Bahamas sind kein Ort, der jedermanns Sehnsucht stillt. Wer der verträumten Stille japanischer Kirschgärten oder den romantischen Pfahlbungalows in einer Südsee-Lagune nachträumt, wird den Markenartikel »Paradies« hier nirgendwo finden. Die Bahamas sind eine amerikanische Ferienkolonie, in der Mister Miller aus Milwaukee vom Teppichboden bis zur Air-condition, vom Eiswasser bis zum Club-Sandwich sein Zuhause wiederfinden kann. »Sun, sand, sea and gambling« heißen die Koordinaten des amerikanisch-karibischen Ferientraums, der in Hotels mit amerikanisch standardisiertem Komfort und amerikanischen Satelliten-Programmen auf dem Fernsehschirm Wirklichkeit wird, Swimming-pool und die »einarmigen Banditen« der Casinos stets in angenehmer Nähe. Von hier aus betrachtet, befindet sich der nassauische Stadtteil »Over the Hills« auf einem anderen Stern. Ein Ort, wo die Reichen nicht wohnen und schwarze Familien im Sonntagsstaat die seltenen Fremden lächelnd in ihre Kirche einladen.

Die große Zeit begann mit Wallis Simpson

Ihre Phantasie wies den Inselbewohnern seit Beginn ihrer kurzen Geschichte stets den direkten Weg zum Erfolg. Der verwirrenden Geographie und den berüchtigten Untiefen verdanken die Inseln ihren Ruhm als Unterschlupf für Freibeuter und Strandräuber. Erwerbszweige, denen sich die Einheimischen alsbald so tatkräftig hingaben, daß Wilhelm III. Anfang des 18. Jahrhunderts einen tüchtigen Gouverneur zum Aufräumen in die junge britische Kolonie entsenden mußte. Den nächsten Boom brachte der amerikanische Bürgerkrieg, bei dem die Nordstaaten die Häfen der Südstaaten blockierten und vom Export ihrer landwirtschaftlichen Produkte abschnitten. Als Blockadebrecher und Waffenlieferanten verdienten die ehemaligen Piraten noch viel besser – und das in den Augen der englischen Krone sogar legal.

Während der Prohibition in den USA zwischen 1920 und 1933, dem nächsten geschichtlichen Glücksfall für die Bahamas, setzten die Inselbewohner mit ihren schnell segelnden Rum Runners den florierenden Handel im Windschatten der Gesetze fort. Damit und mit dem ebenso einträglichen Zwischenspiel als amerikanischer Militärstützpunkt im Zweiten Weltkrieg legten sie den Grundstein für die bilateralen Beziehungen zum großen Nachbarn. Die entstanden traditionell aus eben jenen Vergnügungen, die dem amerikanischen Bürger zu Hause verboten waren: einst der Whisky und heute, im Zeichen des Tourismus, das Glücksspiel.

Diese Fügungen ergaben jedoch noch nicht die Basis für einen guten Ruf und schon gar nicht den der Exklusivität – wenn nicht, Wallis Simpson sei Dank, der Herzog von Windsor für ein paar Jahre als Gouverneur nach Nassau entsandt worden wäre. Hier vertrat er die englische Krone, weitab von Großbritannien, das er nach seiner Heirat mit der geschiedenen Amerikanerin nicht mehr betreten durfte. Das elegante Paar zog die elegante Welt imagefördernd für die Bahamas an. Als dann auch noch die Steuern abgeschafft wurden und später Kubas Amüsierge-

◁ *Strandreiten auf den Bahamas – ein Vergnügen. Kilometerweit kann man auf dem Rücken eines Pferdes über den weißen Sand fliegen – das palmengesäumte Ufer auf der einen Seite, die sanfte Karibische See auf der anderen.*

▷ *Die Fracht der Schiffe im Hafen von Nassau besteht überwiegend aus Touristen – über zweieinhalb Millionen Besucher kommen jährlich per Schiff und Flugzeug auf die Inseln. Vor allem für Amerikaner wirkt die geringe Entfernung attraktiv. Und entsprechend ist der »way of life« auf diesen Inseln.*

werbe in sozialistischer Prüderie unterging, wurden die Bahamas wirklich zum Paradies: für Spielcasinobesitzer, Spieler, Vergnügungssüchtige und alle jene, die ihr Geld vor der Steuer retten wollten. Wieder machten die Inseln Karriere. Als Steueroase, Finanzdrehscheibe, Spielplatz für Bauspekulanten und, angereizt durch einen volkstümlichen Spielcasinobetrieb, als Traumziel im Tourismus.

Bis heute kommt die Kundschaft zum größten Teil aus Nordamerika. Das hat mit der Nähe zu tun, aber auch mit der Währung, die an den Dollar gekoppelt ist. Der erfreuliche Umstand für Leute mit Barvermögen, das Erworbene steuerfrei genießen zu können, verkehrt sich beim normalverdienenden Besucher in sein Gegenteil. Auf den Bahamas wird die Steuer den Waren zugeschlagen. Alles, was aus Amerika importiert werden muß, und das ist das meiste, wird durch den finanzamtlichen Zuschlag und den Transport teurer als dort. Für die mit Drei- oder Vier-Tage-Pauschalarrangements angereisten Amerikaner spielt das aber keine entscheidende Rolle. Die drei Tage »Fun« läßt man sich um so leichteren Herzens etwas kosten, als Hunderte einarmiger Banditen in den Spielcasinos die Hoffnung auf bares Glück wachhalten. Und wo nicht – der steuerfreie Einkauf von schottischem Whisky und französischem Parfüm in den Läden der Bay Street garantieren in jedem Fall einen Trostgewinn.

Drogenschmuggel als Wachstumsbranche

Der Tourismus ist die wichtigste Einnahmequelle der Bahamas, das Rückgrat der Wirtschaft. Er sichert nicht erst seit der Unabhängigkeit ein für karibische Verhältnisse überdurchschnittliches Wirtschaftswachstum. Doch die Entwicklung der Arbeitsplätze in der Tourismusindustrie konnte mit dem Bevölkerungswachstum nicht Schritt halten. Der Aufbau einer eigenen industriellen Basis aber wurde von der Regierung vernachlässigt. Obwohl der Staat kräftig in den Tourismus investiert und kürzlich zwei schöne ältere Hotels, das Royal Bahamian und das Nassau Beach, für 17 Millionen Dollar renovieren ließ sowie ein neues Hundert-Millionen-Dollar-Hotel erbaute, nimmt der Kampf um die traditionelle Kundschaft von der amerikanischen Ostküste an Härte zu. Jedes Hotel muß doppelt so viel Geld für Werbung ausgeben wie vergleichbare Häuser anderswo in der Welt. Schuld daran ist nicht nur das mitunter unbefriedigende Verhältnis von Preis und Leistung, sondern auch die Kriminalität.

Nach einer Aufstellung von Interpol zählen die Bahamas zu den zehn Staaten mit den meisten schweren Verbrechen. Die Inseln gelten als größter Drogenumschlagplatz für den amerikanischen Markt. Der Schmuggel von Süd- nach Nordamerika soll nach Berechnungen amerikanischer Banken etwa genauso einträglich sein wie der Tourismus. Als Indiz wird der Bauboom bei Privathäusern angeführt, zu einer Zeit, in der sowohl Auslands-

▽ *Aus der Vogelperspektive gesehen: Paradise Island, wohl das beliebteste Ziel der Bahama-Besucher. Tausende passieren täglich die Brücke, die von Nassau aus auf die »paradiesische Insel« führt, wo sich in den Luxushotels der internationale Jetset trifft.*

△ *Das Spielkasino in Freeport auf Grand Bahama: ein Traum aus Tausendundeiner Nacht. Was hier beim Glücksspiel umgesetzt wird, verschweigt die offizielle Statistik – aber wenig ist es sicher nicht. Schließlich gilt Freeport als Mekka der Vergnügungsuchenden.*

investitionen als auch Übernachtungszahlen rückläufig sind. Schon kann man in den einheimischen Zeitungen lesen, daß junge Leute die Drogenhändler mit ihrem zur Schau gestellten Reichtum als Helden bewundern. Seit auch der verdienstreiche Premierminister Lynden O. Pindling, der die britische Kolonie 1973 in die Unabhängigkeit geführt und ihr soziale Fortschritte gebracht hatte, in einen Bestechungsskandal im Zusammenhang mit einer Kokain-Luftbrücke verwickelt wurde, ist der Schmuggel Staatsaffäre.

Bahamas — Daten · Fakten · Reisetips

Landesnatur

Fläche: 13 935 km²
Ausdehnung: Nordwest–Südost 900 km (gesamte Inselgruppe)
Höchste Erhebung: Alvernia 63 m

Die Bahamas (von span. Bajamar »Niedrigwasser«) gehören zu den Westindischen Inseln. Sie bilden einen rund 1000 km langen Bogen im Atlantischen Ozean von der Südostküste Floridas entlang Kubas Nordküste bis nach Haiti. Der Inselstaat umfaßt 30 größere und rund 700 kleinere Inseln sowie etwa 2400 Riffe (Cays).

Naturraum

Die Bahamas sind flache Inseln mit weiten Sandstränden und vielen Palmen. Die höchste Erhebung, der Mount Alvernia auf Cat Island, überragt den Meeresspiegel um 63 m. Die Inseln bestehen aus Korallenkalken und verfestigten Kalksanden. Weite Teile sind verkarstet; Flüsse gibt es keine. Die Inseln sitzen auf untermeerischen Gebirgen, die aus großer

Der Büschelbarsch, blitzschneller Räuber in bunter Korallenwelt.

Tiefe (4000 m bis 5000 m) emporragen. Die größten Inseln sind das lagunen- und sumpfreiche Andros (5957 km²), Great Inagua (1551 km²), Grand Bahama (1372 km²), Great Abaco (1023 km²), Eleuthera (518 km²), Long Island (448 km²), Cat Island (388 km²) und New Providence (207 km²) mit der Hauptstadt Nassau.

Klima

Das Klima des »Inselparadieses« ist subtropisch-maritim und mild, denn im Sommer weht ständig der Südostpassat (Julimittel 28 °C), im Winter (Januarmittel 22 °C) sorgt der warme Golfstrom dafür, daß die Temperaturen in der Regel nicht unter 16 °C fallen. Die jährlichen Niederschläge bewegen sich zwischen 1200 mm im Nordwesten und etwa 1000 mm im Südosten. Zwischen Juni und November ziehen häufig Wirbelstürme über den Archipel.

Vegetation und Tierwelt

Savannen sind der vorherrschende Vegetationstyp, doch gibt es auf den feuchteren nordwestlichen Inseln auch ausgedehnte Kiefernbestände, vereinzelt sogar Feuchtwälder mit Edelhölzern. An flachen Buchten finden sich Salzwiesen und Mangrovegewächse.
Auf den Bahamas leben neben einigen größeren Tieren wie Agutis (hasenähnliche Nagetiere), Waschbären und Flamingos mehrere Arten ungiftiger Schlangen sowie Frösche und Eidechsen.

Politisches System

Staatsname: The Commonwealth of the Bahamas
Staats- und Regierungsform: Parlamentarische Monarchie im Commonwealth of Nations
Hauptstadt: Nassau
Mitgliedschaft: UN, Commonwealth, OAS, CARICOM, AKP

An der Spitze des Staates steht das Oberhaupt des britischen Königshauses, vertreten durch einen Generalgouverneur. Die Mehrheitspartei stellt den Premierminister. Das Parlament besteht aus dem Senat (16 ernannte Mitglieder) und dem für fünf Jahre gewählten Abgeordnetenhaus (49 Mitglieder). In der seit der Unabhängigkeit (1973) geltenden Verfassung sind Gewaltenteilung und Menschenrechte festgeschrieben. Die Rechtsprechung folgt britischem Vorbild; der Oberste Gerichtshof hat seinen Sitz in London.

Bevölkerung

Einwohnerzahl: 240 000
Bevölkerungsdichte: 17 Einw./km²
Bevölkerungszunahme: 2,0 % im Jahr
Größte Städte: Nassau (140 000 Einw.), Freeport (25 000)
Bevölkerungsgruppen: 85 % Schwarze und Mulatten, 15 % Weiße

Von den zahlreichen Inseln sind nur 22 bewohnt. Über 60 % der Gesamtbevölkerung leben in den Städten Nassau auf New Providence und Freeport auf Grand Bahama. Schwarze und Mulatten verfügen als bedeutendste Bevölkerungsgruppe über großen politischen Einfluß; die Weißen haben dagegen die wirtschaftliche Macht inne. Seit den 60er Jahren hat die Bevölkerung um etwa 50 % zugenommen. 40 % der Einwohner sind jünger als 15 Jahre. Zahlreiche illegale Einwanderer kommen u. a. aus dem Nachbarstaat Haiti ins »Inselparadies« der Bahamas.
Über 90 % der Bahamaer bekennen sich zu christlichen Konfessionen (Baptisten 47 %, Katholiken 25 %, Anglikaner 21 %); daneben gibt es Anhänger afrikanischer Naturreligionen.

Soziale Lage und Bildung

Die Sozialgesetze von 1972 bieten weitgehenden Versicherungsschutz bei Schwangerschaft, im Krankheits- oder Todesfall und im Rentenalter. Die Arbeitslosenquote liegt bei 20 % (vor allem Jugendliche).
Der Gesundheitsdienst ist in Nassau konzentriert. Von hier aus erfolgt die medizinische Versorgung der übrigen Inseln mit Flugzeugen. Die Bahamas haben eine, bezogen auf die Einwohnerzahl, sehr hohe Quote registrierter Aidserkrankungen.
Das Bildungssystem entspricht dem britischen; seit 1965 besteht für 5- bis 14jährige allgemeine Schulpflicht. Die Analphabetenrate liegt bei rund 11 %. Neben einer technischen Fachschule und zwei Lehrerbildungsinstituten gibt es das College of the Bahamas und eine Außenstelle der University of the West Indies (Jamaika) in Nassau.

Wirtschaft

Währung: 1 Bahama-Dollar (B$) = 100 Cents (c)
Bruttoinlandsprodukt (in Anteilen): Land- und Forstwirtschaft 8 %, industrielle Produktion 12 %, Dienstleistungen 80 %
Wichtigste Handelspartner: USA, EG-Staaten, Kanada, Brasilien

Die Wirtschaft der Bahamas lebt im wesentlichen vom Fremdenverkehr: Die Tourismusbranche hält rund 65 %

Typisch für die Bahamas: die Exuma Cays – langgestreckte Karstinseln auf Bergkämmen unter dem Meer.

am Bruttoinlandsprodukt und beschäftigt mehr als zwei Drittel der Erwerbstätigen. Aufgrund der weitgehenden Steuerfreiheit und vorteilhafter Bankgesetze – keine Einkommensteuer und nur geringe Grund- und Vermö-

Die Polizeikapelle von Nassau probt für den Karnevalsaufzug.

gensteuer – haben sich die Bahamas ähnlich Bermuda zu einem international bedeutenden Zentrum der Banken und »Briefkastenfirmen« entwickelt; das Bank- und Versicherungswesen ist der zweitwichtigste Wirtschaftszweig der Inseln.
Die Bahamas gelten als Drehscheibe des Drogenschmuggels von Südamerika in die USA: Nach Schätzungen von US-Banken erbringt der Drogenhandel ebensoviel wie der Tourismus. Die Binnenwirtschaft des Landes (Landwirtschaft, Industrie) ist deutlich unterentwickelt.

Landwirtschaft

Nur 1 % der Gesamtfläche ist landwirtschaftlich nutzbar. In kleinbäuerlichen Betrieben werden vorwiegend für den Eigenbedarf Gemüse, Zitrusfrüchte, Ananas, Bananen, Sisal und etwas Zuckerrohr angebaut. Auch die Forstwirtschaft deckt nur den inländischen Bedarf. Seit der Ausweitung der Fischereizone auf 200 Seemeilen floriert die Fischereiwirtschaft. Besonders Hummer (53 % des Gesamtfangs), aber auch andere Krebse sowie Fische und Schildkröten werden exportiert; Hauptabnehmer sind die USA.

Industrie

Das industrielle Zentrum der Bahamas ist Freeport auf Grand Bahama. Hier gibt es pharmazeutische und elektrotechnische Industrie, eine Zementfabrik und eine Erdölraffinerie. Diese Industriezweige verarbeiten importierte Rohstoffe und produzieren fast ausschließlich für den Export. Auf den anderen Inseln gibt es nur kleinere Verarbeitungsbetriebe, Bootswerften und Salinen.

Handel

Exportwaren sind Erdölerzeugnisse, Zement, Meersalz, Hummer, Früchte,

Daten · Fakten · Reisetips   Bahamas

Rum; eingeführt werden etwa 80 % aller Lebensmittel, Grundbedarfs- und Luxusartikel, industrielle Halbfertigprodukte sowie Rohöl. Besonders umsatzstark ist der Drogenschmuggel in die USA.

Verkehr, Tourismus

Die 22 bewohnten Inseln sind verkehrsmäßig gut erschlossen. Vom etwa 4100 km langen Straßennetz (davon 600 km auf New Providence) sind rd. 1700 km befestigt. Der Binnenverkehr wird überwiegend von Flugzeugen bewältigt. Nassau und Freeport besitzen internationale Flug- und Schiffshäfen. Die meisten der Touristen (über 2,5 Mio. pro Jahr) kommen aus den USA und Kanada. Hauptanziehungspunkte sind New Providence und Grand Bahama.

Geschichte

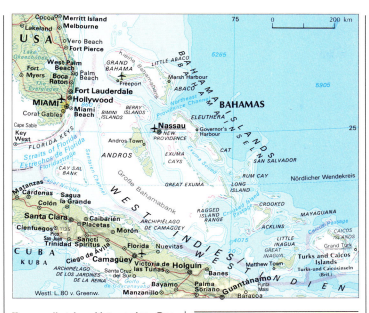

Am 12. Oktober 1492 betrat Kolumbus als erster Europäer amerikanischen Boden: das heutige Watling Island. In der Sprache der Lucayas-Indianer hieß die Bahamainsel Guanahani. Kolumbus nannte sie San Salvador. Seine spanischen Landsleute errichteten keine Siedlungen, sondern verschleppten etwa 40000 Eingeborene als Sklaven in die Bergwerke der Nachbarinsel Hispaniola (Haiti). 20 Jahre später waren die Bahamas fast menschenleer.

Erst 1648 besiedelte eine Gruppe englischer Auswanderer unter Führung von Kapitän William Sayle die Insel Cigatoo, das heutige Eleuthera. 1656 gründete eine zweite Gruppe auf New Providence eine weitere Niederlassung. 1671 ernannten die Siedler ihren ersten Gouverneur und wählten ihre Vertretung.

Bahamas Islands – selbsternannter Mittelpunkt der Welt.

Freibeutertum und Alkoholschmuggel

Die Seeräuberei, größtes Problem der Inseln, konnte nur von der britischen Krone selbst beseitigt werden. Deshalb übernahm sie 1717 den Schutz der Kolonie und entsandte 1718 einen königlichen Gouverneur, Woodes Rogers, mit einem Truppenkontingent. Es dauerte aber noch bis 1728, ehe sich auch die letzten Piraten ergeben hatten. 1729 wurde den Siedlern eine gesetzgebende Versammlung zugestanden. Seitdem sind die Bahamas britische Kronkolonie; als Stützpunkt der britischen Marine spielten sie eine wichtige Rolle.

Auf dem Weg in die Unabhängigkeit

Während des Nordamerikanischen Unabhängigkeitskrieges (1775–1783) wurden die Inseln 1776 vorübergehend von den Amerikanern unter John Paul Jones und 1782 von den Spaniern besetzt. Nach dem Sieg der 13 Kolonien (1783) ließen sich viele amerikanische Loyalisten, Anhänger der britischen Krone, auf den Inseln nieder. Sie führten die Plantagenwirtschaft ein, aber auch die Sklaverei, die erst 1834 abgeschafft wurde. Eine Verfassungsänderung gewährte der Kolonie eine gewählte Legislative. Während des nordamerikanischen Sezessionskrieges (1861–1865) benützten britische Blockadebrecher die Inseln als Basis für die Unterstützung der Südstaaten.

Im 20. Jh. wurden die Bahamas in der Zeit der amerikanischen Prohibition (Alkoholverbot) von 1920 bis 1933 zum Zentrum des Alkoholschmuggels. Aus dieser Zeit rührt der gewaltige Aufschwung des Tourismus her.

Am 7. Januar 1964 gewährte das britische Parlament der Kronkolonie innere Autonomie. 1967 ging aus den ersten allgemeinen und gleichen Wahlen der erste schwarze Premier hervor. Am 10. Juli 1973 erlangten die Bahamas ihre staatliche Unabhängigkeit. Wegen Korruption und der Verwicklung der Regierung in den Drogenhandel kam es 1984 zu einer Regierungskrise; Premierminister Pindling verblieb jedoch im Amt.

Kultur

Durch ihre Nähe zum amerikanischen Festland und zu wichtigen Schiffahrtswegen sind die Bahamas seit Jahrhunderten fremden kulturellen Einflüssen ausgesetzt gewesen.

Die indianischen Ureinwohner, die Lucayas, ein Zweig der aus Südamerika eingewanderten Arawaks, haben keine sichtbaren Spuren hinterlassen. Sie standen vermutlich in Verbindung mit Indianerstämmen aus Florida.

Der heutige Lebensstil ist in hohem Maße amerikanisiert. Zeugnisse der britischen Kolonialzeit findet man vor allem auf New Providence und Eleuthera. In der Hauptstadt Nassau sind noch zahlreiche Gebäude aus dem 18. Jh. zu sehen: Kirchen, Forts und aus Kalkstein erbaute Häuser mit hölzerner Veranda. Insgesamt wirkt Nassau etwas provinziell, da der Bau von Hochhäusern verboten ist und es ungeachtet des amerikanischen Einflusses nur wenig Neonreklame gibt.

Auf den Bimini Islands soll der amerikanische Schriftsteller Ernest Hemingway Anregungen für seine Erzählung »Der alte Mann und das Meer« erhalten haben. Erinnerungsstücke sind im Museum des Compleat Angler Hotel ausgestellt.

In der Kultur der negriden Bevölkerung haben sich Elemente afrikanischer Traditionen erhalten. Der stärkste schwarzafrikanische Einfluß ist heute in der Musik spürbar, wenn auch viele Traditionen auf dem Umweg über die USA übermittelt worden sind. Die Vokalmusik erinnert an Gospelsongs, die Instrumentalmusik ist deutlich vom Jazz beeinflußt. Auf afrikanische Wurzeln weisen auch Tänze wie das Limbo und das Feuertanz hin, die nur von Trommeln begleitet werden. Das Neujahrsfest Junkanoo wird mit Musik und Tanz gefeiert. Sein Name erinnert an den Seeräuber John Canoe, der in der Folklore der schwarzen Bevölkerung von Jamaika weiterlebt.

Reise-Informationen

Einreise- und Fahrzeugpapiere
Bürger der Bundesrepublik Deutschland, der Schweiz und Österreichs benötigen für einen Aufenthalt von drei Monaten einen mindestens noch einen Monat über den beabsichtigten Aufenthalt hinaus gültigen Reisepaß bzw. Kinderausweis.
Als Fahrerlaubnis ist der internationale Führerschein erforderlich.

Zoll
Bei der Einreise sind zollfrei: pro Person ab 18 Jahre 200 Zigaretten oder 50 Zigarren oder 450 g Tabak, 1 Liter Spirituosen, 1 Liter Wein, dazu für alle Reisenden eine angemessene Menge Parfüm und Geschenke bis zu 25 US-$.

Devisen
Landeswährung darf nur nach Genehmigung der »Central Bank of Bahamas« eingeführt und nur bis zu 70 Bahama-Dollar (B$) pro Person ausgeführt werden. Die Ein- und Ausfuhr von Fremdwährungen ist unbegrenzt. US-Dollars (Reiseschecks) können direkt in Zahlung gegeben werden.

Big-Game-Fischen: Jagd auf Haie, ein harter Urlaubssport.

Impfungen
Für Besucher, die aus Infektionsgebieten einreisen, ist Gelbfieberimpfung vorgeschrieben.

Verkehrsverhältnisse
Es herrscht Linksverkehr. Zu mieten sind Autos, Fahrräder und Motorroller. Auf New Providence gibt es ein Netz von Linienbussen. Zwischen den Inseln verkehren regelmäßig Flugzeuge und Boote (Charter).

Unterkünfte
Es gibt über 200 Hotels von internationalem Standard sowie Gäste- und Ferienhäuser. Camping ist nicht gestattet (»Wildcamper« werden bestraft oder ausgewiesen).

Reisezeit
Die Bahamas sind ein Reiseziel für das ganze Jahr; Hochsaison ist von Dezember bis April.

Barbados

Brigitte Geh-Spinelli

Während auf den anderen, von europäischen Kolonisatoren heiß umkämpften Karibikinseln nicht selten bis zu zehn Eroberer ihre jeweiligen Visitenkarten hinterließen, kannte Barbados in seiner ganzen Geschichte nur zwei Flaggen: die britische und die eigene. Daraus ergaben sich eine gewisse Stabilität, Disziplin und Ordnung – eine Konstellation, die auch den Besuchern zugute kommt, deren ungetrübtem Ferienglück sich die Insel inzwischen verschrieben hat. »Touristischen Ausverkauf« muß sich das östlichste, etwas abseits vom Antillenbogen gelegene, wohlgeordnete kleine Inselreich von manchen Karibikstaaten vorwerfen lassen. Barbados selbst sieht sich lieber als »Little England«, als Melange aus europäischem Geist und karibischer Seele, stolzer Unabhängigkeit und freiwilliger Abhängigkeit. Golf, Tennis, Polo, Kricket und der Five-o'clock tea gehören zum Leben wie Trommeln, Ziegenrennen und Rum Punch. Was Barbados wirklich ausmacht, das muß der neugierige Fremde allemal selbst entdecken.

Staatsname:	Barbados
Amtssprache:	Englisch
Einwohner:	260 000
Fläche:	431 km²
Hauptstadt:	Bridgetown
Staatsform:	Parlamentarische Monarchie im Commonwealth
Kfz-Zeichen:	BDS
Zeitzone:	MEZ −5 Std.
Geogr. Lage:	Karibik, östlich von St. Vincent und den Grenadinen

Die Kinder auf Barbados – zwar weitgehend von Rassendiskriminierung verschont – haben es mit ihrer dunklen Hautfarbe gegenüber den Weißen trotzdem schwerer, die soziale Stufenleiter hinaufzuklettern.

Werbung und Wirklichkeit

Mit langem Gesicht liest mir mein Begleiter nach einer Inselrundfahrt aus einem Reiseführer vor, der von ausgedehnten, seidenweichen weißen Stränden schwärmt und von unverdrossen freundlich lächelnden Menschen: das Paradies vor dem Sündenfall.

Die Wirklichkeit ist natürlich etwas anders, aber dieses Schicksal teilt Barbados mit den meisten »Traumzielen«, die dem Reisenden häufig als ein Sofa im Urwald oder als endloser Sonnenstrand verkauft werden – ohne störende Schattenseiten.

Die Strände gibt es zwar, und jedermann hat dort Zutritt. Aber die schönsten, gar nicht so viele, sind von einem Hotel der obersten Preisklasse belegt. Einheimische lernt man dort meistens nur als fliegende Händler kennen, die hartnäckig versuchen, den Krimskrams aus ihrem Bauchladen an die Sonnenanbeter zu bringen.

Die Bajans, wie sie sich selbst nennen, sind gewiß freundlich – von Natur aus, wie alle Karibier. Weniger der Kampf um die Existenz als vielmehr der scharenweise Einfall touristischer Entdecker hat jedoch so manches Lächeln aus den Gesichtern gefegt. Vor allem bei jenen, die nicht unmittelbar an dieser Devisenquelle zapfen. Selbst das Fotografieren von Marktszenen wird jetzt meistens nur noch gegen Cash geduldet, oder es fliegen die Tomaten und Zitronen. Doch als ich in solch einer Situation geistesgegenwärtig um Nachschub bitte, hört der vegetarische Prasselregen sofort auf. Lachen, Zuwinken – einen humorlosen Karibier habe ich noch nicht getroffen. Völkerverständigung, wie sie nicht im Prospekt steht.

Der Rest... Südseeträume werden kaum erfüllt, nicht auf den ersten Blick jedenfalls. Dafür ist Barbados die beste Einstiegsinsel in die Karibik. Für vorsichtigere Naturen, die nichts von exotischen Schocks und allzuviel historischem Schnickschnack halten.

Touristischer Ausverkauf in »Little England«?

»Exotische Farbenpracht. Glutäugige Inselschönheiten. Calypso, Feuerschlucker, Rum Punch. Tauchen, Surfen, Fischen, Faulenzen. Und 365 Tage Saison.« So steht's im Prospekt, und so wird's gebucht. Hier kennt sich die Tourismusindustrie aus.

Aber bei rund 15000 Betten in 200 Unterkünften kommen alljährlich mehr Touristen nach Barbados, als die Insel Einwohner hat. Die Regierung scheint sehr bemüht, die damit verbundene Beeinträchtigung der Umwelt in Grenzen zu halten. Wie sie das schaffen soll, weiß sie selbst noch nicht so recht. Vorerst einmal erklärt sie ihr Land zu einem der gesündesten Plätze der Welt. Schon George Washington soll hier wegen des Klimas und des heilkräftigen Wassers, das aus vulkanischer Erde kommt und durch Korallengestein gefiltert wird, seinen einzigen Erholungsurlaub im Ausland gemacht haben.

Die meisten Besucher kommen aus den Vereinigten Staaten und Kanada. »Das sind auch unsere wichtigsten Handelspartner und Investoren«, erklärt uns ein Regierungssprecher. »Sie haben finanzstarke Niederlassungen in Barbados gegründet, vor allem im Bereich Mikroprozessoren und Computerchips. Einer lohnenden Software-Produktion steht nichts mehr im Wege, da auch die Insulaner immer mehr zu technischen Spezialisten werden. Barbados soll ein internationales Produktions- und Handelszentrum in der Karibik werden. Unser Ziel war immer die politische Selbständigkeit auf dem Fundament einer stabilen ökonomischen und sozialen Ordnung...«

Ein Produkt europäischer Phantasie

Aus einem sehr realistischen Blickwinkel verfolgt John Wickham, Journalist und Herausgeber der größten Tageszeitung »The Nation« die Entwicklung seines Landes. »Geographie und Geschichte bestimmen das Leben eines Volkes. Wir haben ein ausgeprägtes Nationalbewußtsein, aber wir sind vor allem ein Produkt europäischer Phantasie. Jetzt kommt noch die nordamerikanische dazu.«

Die englischen Kolonisatoren brachten nicht nur Sklaven ins Land, sondern auch ihre Rechtsordnung und parlamentarische Tradition. Nach Bermuda hat Barbados das älteste Parlament außerhalb der britischen Inseln. 1966 wurde aus der Kronkolonie recht plötzlich ein eigener Staat, aber das Konterfei der Queen hängt noch in jeder Amts- und Wohnstube, die etwas auf sich hält. Auch die Sprache hat sich mit altertümlichen Formulierungen so konserviert, daß selbst ein Brite seinen Shakespeare im Kopf haben muß, um die Feinheiten zu verstehen.

Das viel gepriesene »harmonische Sozialgefüge« sieht Wickham so relativ, wie es nun mal in Entwicklungsländern ist und wie es auch jedem Besucher, der sich für mehr als die Grillparty am Strand interessiert, ins Auge springt. Aus der einstigen Plantokratie, der Vorherrschaft der Besitzer lukrativer Zuckerrohr-Plantagen, wurde eine Demokratie. Aber es gibt immer noch die Minderheit der sehr Wohlhabenden und die Mehrheit derer, die – allerdings ohne hungern zu müssen – von der Hand in den Mund leben, sowie einen bescheidenen, für die Karibik jedoch phänomenalen Mittelstand. Rassenprobleme werden nicht öffentlich ausgetragen. Analphabeten sind eine Rarität, Arbeitslose durchaus nicht.

Vom Piratennest zur Platinküste

Der Reisende, der mit Hochglanzprospekten und vollmundigen Versprechungen ins Land gelockt wurde, kann ganz zufrieden sein. Vor allem im Sommer, wenn sich Barbados mit der ganzen Karibik vom US-Sterntaler-Tourismus erholt, der im Winter den Europäern die Preise verdirbt. Ein supermoderner Airport bietet zwar immer noch keine Garantie gegen Bürokratie und Warteschlangen, aber zumindest gegen ein Übermaß an Schweißtropfen. Das Urlauberkontingent, das die Kreuzfahrtschiffe in der Saison ausspucken, entspricht zwar nicht jedermanns Traum von karibischer Ursprüng-

68 Barbados

lichkeit, aber dafür sind Infrastruktur und Service ordentlich in diesem Land der schattigen Bars und sonnigen Pools, an denen sogar hüllenloses Badeglück möglich ist.

Die organisierte Rundfahrt führt zunächst durch die anmutige Gartenlandschaft im Süden und dort zu Sam Lord's Castle, wo einst ein böser Pirat residierte. Mit falschen Lichtsignalen lockte er redliche Seefahrer in seinen Einzugsbereich, was ihm beträchtliche Schätze eingebracht haben soll. Heute kassiert ein Luxushotel im rekonstruierten Originalstil bei der Kundschaft ab – ganz legal.

Durch Zuckerrohrfelder und Bananenhaine in der Inselmitte geht's zur Tropfsteinhöhle »Harrison's Cave«, durch deren feuchte Pracht man per Mini-Bahn geschleust wird. Dann die buschigen Hügel im Norden, mit Windmühlen, knallbunten Fertighäusern und St. Nicholas Abbey, dem attraktivsten aller ehemaligen Herrenhäuser. Geschwungene Giebel, Kamine, Schornsteine: Offensichtlich wurde der Bau in kälteren Zonen entworfen. Aber der Einblick ins feudale Pflanzerleben ist ein urkaribisches Erlebnis. Eine Stippvisite beim aufgekratzten Atlantik an der Ostküste, dann wieder zurück zur zahmen karibischen See im Westen, wo allerdings das wildeste Abenteuer lauert: eine »Piratenkreuzfahrt«, auf der die rumseligen Passagiere unter Fanfaren – pardon – Calypso-Klängen an der Platinküste entlanggesegelt werden, bis die Sonne spektakulär wie immer hinterm Horizont verschwindet.

◁ *Barbados – früher ein Schlupfwinkel gefürchteter Piraten, heute eine Touristenattraktion ersten Ranges. Mit dem Piratenschiff Jolly Roger geht es auf feuchtfröhliche Kreuzfahrt.*

◁ *An der zerklüfteten, abwechslungsreichen Nordostküste schaukeln die Fischerboote von Bathsheba in der Brandung.*

▷ *Farbenprächtige Marktstände im Hafenviertel der Inselhauptstadt Bridgetown. Die Einheimischen verkaufen hier vor allem Obst und Gemüse, das sie in ihren bäuerlichen Kleinbetrieben anbauen.*

Wer mehr sehen und erleben will, muß mehr suchen, abseits der Prospektpfade und nach seinem eigenen Rhythmus.

Ein Regenbogen über allen Widersprüchen

Wir mieten uns einen Mini-Moke, eine Art Oben-ohne-Jeep, nur mit den nötigsten Funktionen ausgestattet und von den Vorbenutzern grausam malträtiert. Ein ebenso lustvolles wie risikoreiches Unternehmen angesichts der phantasievollen Fahrweise der Einheimischen. Die Straße ist zudem das Begegnungszentrum der Bajans, dort treffen sie sich zum Arbeiten und Spielen, zum Plaudern und Diskutieren.

In der Metropole Bridgetown, die an sich so aufregend ist wie ein Bauklötzchenspiel, sorgen karibisches Temperament und Farbenfreude dafür, daß an jeder Ecke was los ist. Das Hupkonzert in der Rush-hour kann mit Neapel konkurrieren, interessanter ist jedoch das farbige Leben, das sich ebenfalls am Straßenrand mit Verhandlungen, Verkäufen oder Vergnügungstreffs abspielt. Auch wir Bleichgesichter können hier ins Gespräch oder Geschäft kommen, die Bajans sind kontaktfreudig. Nur auf die richtige Annäherung kommt's an. Unsere Hautfarbe wird uns nicht verübelt, sind wir doch ohnehin nur Möchtegern-Othellos, die stundenlang in der Sonne rösten müssen, bis sie sich dem farblichen Zeitgeschmack angepaßt haben. Und mit der kleinsten Akquisition kaufen wir uns mitten ins Herz eines jeden Straßenverkäufers hinein.

Auch durch das Fischerdorf Speightstown sollte man nicht im klimatisierten Bus brausen. Flying Fish and Chips, Bier und Rum schmecken köstlich im Fisherman's Pub, trotz Pappgeschirr. Aus den Lautsprechern dröhnen Steel-Band- und Reggae-Sounds, während die einheimischen Stammgäste versuchen, mit ihren eigenen Chören die Dezibel aus dem Äther noch zu übertönen. In diese Art Kneipen verläuft sich selten ein Tourist, dabei sind sie leicht zu finden. Die karibische Lust an Lärm, Tanz und Rum ist ihr Aushängeschild.

Szenenwechsel in Bathsheba an der Ostküste: Von geradezu melancholischer Schönheit ist das Bild, wenn Wolkenfetzen über schwarze Felsbrocken jagen, um die sich das Meer austobt und weiße Wirbel schlägt, daß die Palmen über den Klippen zittern. Weil gerade Sommer ist, der nicht mit explosiven Regengüssen spart, sitzen wir im offenen Jeep wieder mal so gut wie im Wasser. Aber Minuten später zieht der Himmel erneut sein ungetrübtes Blau auf.

Wie jetzt am North Point. Die Irrfahrt dorthin war schon die ganze Reise wert. Mit einem exquisiten Rum Punch aus der kleinen Bar am Ende der Inselwelt lassen wir uns in wohliger Sonnenwärme trocknen und schauen zu, wie sich über alle Widersprüche dieser Tropenoase hinweg ein Regenbogen spannt.

Barbados — Daten · Fakten · Reisetips

Landesnatur

Fläche: 431 km² (halb so groß wie Berlin)
Ausdehnung: Nord–Süd 32 km, West–Ost 23 km
Höchster Berg: Mount Hillaby 340 m

Der winzige mittelamerikanische Inselstaat Barbados, östlichste Insel der Kleinen Antillen, liegt im westlichen Atlantik.

Naturraum

Die Insel ist wie ein dreieckiges Segel geformt und sitzt auf dem untermeerischen Barbadosrücken, der von Trinidad im Süden kommend nach Norden verläuft. Die Oberfläche bilden etwa 90 m mächtige verkarstete Korallenkalke. Sie überlagern Kalksand- und Tonformationen, die nur im nordöstlichen »Scotland District« frei zutage treten. Nach Westen steigt die Insel in Terrassen an und erreicht im hügeligen Mittelteil mit dem Mount Hillaby (340 m) die höchste Erhebung. An der Ostküste der Insel ragen steile Felsen aus dem Meer, die Südostkü-

Eingebettet in sanfte Hügel: die 200jährige Morgan-Lewis-Windmühle.

ste dagegen ist flach. Breite Sandstrände finden sich vor allem im Westen und Süden der Insel. Fast die gesamte Küste wird von Korallenriffen gesäumt.

Klima

Das tropische Klima von Barbados wird durch die ständig wehenden Passatwinde gemildert. Die jährlichen Temperaturschwankungen sind gering. Die Monatsmittel liegen zwischen 24 °C und 27 °C, Tiefstwerte selten unter 18 °C, Höchstwerte kaum über 32 °C. Niederschläge fallen reichlich, besonders von Juli bis November (1000–2000 mm im Jahr), doch versickert das Regenwasser rasch im durchlässigen Kalkboden, so daß es keine ständig fließenden Gewässer gibt. Mit Hilfe von Windmühlen wird die Wasserversorgung aus Brunnen sichergestellt. Im Sommer und Herbst suchen Wirbelstürme die Insel heim.

Vegetation und Tierwelt

Die ursprüngliche Vegetation ist durch frühzeitigen Flächenanbau von Zuckerrohr bis auf den regengrünen Tropenwald von Turner's Hall weitgehend vernichtet. Kasuarinen, aus Ostindien eingeführte Bäume, wurden zahlreich als Windschutz angepflanzt. Die Tierwelt umfaßt Affen, Waschbären, Mangusten (Mungos), Hasen, Eidechsen und verschiedene Vogelarten (u. a. Regenvögel, Kolibris); zum artenreichen Bestand an Meerestieren gehören z. B. Delphine, Barrakudas und fliegende Fische.

Politisches System

Staatsname: Barbados
Staats- und Regierungsform: Parlamentarische Monarchie im Commonwealth of Nations
Hauptstadt: Bridgetown
Mitgliedschaft: UN, Commonwealth, OAS, SELA, CARICOM, AKP

An der Spitze des Staates steht das Oberhaupt des britischen Königshauses, vertreten durch einen Generalgouverneur. Dieser beruft den Führer der Mehrheitspartei zum Premierminister und auf dessen Vorschlag hin die Kabinettsmitglieder (mindestens fünf). Legislative ist das Parlament, das aus zwei Kammern besteht: Senat und Abgeordnetenhaus. Die 21 Senatoren werden auf Vorschlag des Premiers, der Opposition und verschiedener Interessengruppen vom Gouverneur ernannt. Die 27 Mitglieder des Abgeordnetenhauses werden für fünf Jahre direkt gewählt.
Die Rechtsprechung orientiert sich am britischen Vorbild. Dem Obersten Gericht (Supreme Court) sind acht Magistratsgerichte nachgeordnet.

Bevölkerung

Einwohnerzahl: 260 000
Bevölkerungsdichte: 603 Einw./km²
Bevölkerungszunahme: 0,4 % im Jahr
Größte Stadt: Bridgetown (10 000 Einw.; mit Vororten 100 000)
Bevölkerungsgruppen: 89 % Schwarze, 7 % Mulatten, 4 % Weiße

Barbados hat neben Bermuda die höchste Bevölkerungsdichte aller Länder Amerikas. Zwei Drittel seiner Bewohner leben an der Süd- und Westküste. Etwa 40 % der Bewohner sind jünger als 20 Jahre. Die Bevölkerung stammt überwiegend von afrikanischen Sklaven ab, die seit dem 17. Jh. zur Plantagenarbeit ins Land geholt wurden. Heute üben die Schwarzen die politische Macht im Staat aus; das Wirtschaftsleben jedoch wird nach wie vor von der weißen Oberschicht bestimmt.
Offizielle Landessprache ist Englisch; daneben wird auch »Bajan«, ein barbadischer Dialekt, gesprochen. Über die Hälfte der Einwohner gehört der anglikanischen Kirche an. Als größere

Wegen seiner vielen Bauwerke im georgianischen Stil gilt Bridgetown als typisch englische Stadt.

Gruppen der rd. 90 christlichen Religionsgemeinschaften und Sekten finden sich Methodisten, Moravianer, Katholiken und die Pfingstbewegung. Außerdem gibt es jüdische, moslemische und hinduistische Minderheiten.

Soziale Lage und Bildung

Im Durchschnitt recht hoher Lebensstandard, starkes Einkommensgefälle, Klassentrennung und Arbeitslosigkeit prägen das Leben. Alljährlich suchen Tausende Beschäftigung im Ausland. Ein ausgebautes Sozialsystem existiert nicht, jedoch gibt es seit 1981 Arbeitslosen- und Rentenversicherung, außerdem Beihilfen von Staat und Arbeitgebern.
Die Insel verfügt über ein gutes, nach britischem Vorbild aufgebautes Gesundheitswesen mit elf Krankenhäusern und fünf sog. Gesundheitszentren.
Allgemeine Schulpflicht besteht vom 5. bis 16. Lebensjahr. Das Schulwesen ist nach britischem Muster ausgerichtet. Die Analphabetenrate liegt bei 2 %. Die University of the West Indies unterhält eine Außenstelle.

Careenage, der malerische Hafen, teilt die Altstadt von Bridgetown.

Wirtschaft

Währung: 1 Barbados-Dollar (BDS$) = 100 Cents (c)
Bruttoinlandsprodukt (in Anteilen): Landwirtschaft 8 %, Industrie 21 %, Dienstleistungen 71 %
Wichtigste Handelspartner: USA, EG-Länder, Kanada, Trinidad und Tobago

Das Wirtschaftsleben der Insel wurde schon immer vom Anbau von Zuckerrohr, seiner Verarbeitung und Ausfuhr bestimmt. Zum wichtigsten Wirtschaftszweig hat sich inzwischen auch der Tourismus entwickelt; hier sind 50 % der Erwerbstätigen beschäftigt. Schwerpunkte der Wirtschaftspolitik sind der Ausbau der Energieversorgung sowie die Reduzierung der Abhängigkeit von Lebensmittelimporten.

Landwirtschaft

Zuckerrohr als wichtigstes Agrarprodukt wird auf rund zwei Drittel der gesamten landwirtschaftlichen Anbaufläche in Großplantagen kultiviert. Für die Eigenversorgung werden Bataten (tropische Süßkartoffeln) und andere Knollenfrüchte, Mais, Hülsenfrüchte, Obst und Gemüse angebaut. – Die Viehzucht wird intensiviert, bleibt aber noch hinter dem Eigenbedarf an tierischen Produkten zurück. Die Krabbenfischerei wurde ausgebaut; die Fänge werden hauptsächlich exportiert.

Bodenschätze, Industrie

Neben dem Erdöl, das den Bedarf des Landes etwa zur Hälfte deckt, wird auch Erdgas gewonnen. Zudem werden Ton-, Kalk- und Korallensteinvorkommen genutzt. Ein nach wie vor wichtiger Produktionszweig ist die Zuckerrohrverarbeitung. Die Regierung unterstützt Investitionen in die pharmazeutische und keramische sowie die zukunftsträchtige elektronische Industrie.

Handel

Wichtigste Exportgüter sind Zucker, Melasse, Rum, Elektronikbauteile, Baumwolle, Textilien, Bekleidung, Krabben, Erdölderivate. Eingeführt werden Lebensmittel, Industrieprodukte, Bauholz, Papier, Rohöl und chemische Erzeugnisse.

Daten · Fakten · Reisetips — Barbados

Verkehr, Tourismus
Barbados besitzt ein gut ausgebautes Straßennetz (rd. 1700 km, davon 80% asphaltiert). Südöstlich von Bridgetown liegt der einzige internationale Flughafen (»Grantley Adams«). Die Hauptstadt mit ihrem modernen Seehafen wird auch von vielen Kreuzfahrtschiffen angelaufen.

Das milde Klima der Insel ließ den Tourismus zur wichtigen Devisenquelle werden. Der Fremdenverkehr, vor allem mit Touristen aus den USA, Kanada und Großbritannien, konzentriert sich auf die Strände an der West- und Südküste.

Geschichte
Als erster Europäer landete der Überlieferung nach der Portugiese Pedro a Campos 1536 auf dieser Karibikinsel, vermerkt war sie auf spanischen Karten aber bereits seit 1511. Campos gab dem Eiland den Namen Barbados nach den dort heimischen Feigenbäumen (Ficus barbata).

Als um 1625 englische Siedler das Eiland betraten, war es unbewohnt, denn die Urbevölkerung, die Arawak-Indianer, war im 16. Jh. von spanischen Sklavenjägern verschleppt worden. Sie nahmen es im Namen »James' I., King of England and of the Island« in Besitz. 30 Jahre später, 1652, wurde Barbados dann zur Kronkolonie erklärt.

Zuckerrohr als Hauptanbauprodukt
Ein Jahr später gründeten die Kolonialherren Bridgetown, die Hauptstadt der Insel. 1639 erhielt Barbados ein eigenes Parlament. Um 1650 begann der Anbau von Zuckerrohr und Baumwolle. Als Arbeitskräfte wurden Tausende von afrikanischen Sklaven nach Barbados gebracht, die erst um 1834 ihre Freiheit erlangten. Zur Beförderung der Lasten importierte man sogar Kamele.

Im 17. und 18. Jh. versuchten Franzosen und Niederländer vergeblich, den Briten die aufblühende Kolonie streitig zu machen.

Der Weg in die Selbständigkeit
Mitte des 19. Jh. bemühte sich die britische Regierung, ihre gesamten Besitzungen in Westindien, also auch Barbados, zu einer einzigen Kolonie zusammenzuschließen. Dieser Versuch schlug fehl; Barbados erhielt daraufhin 1881 ein größeres Maß an Selbstverwaltung, aber erst 1954 eine Regierung mit eigenverantwortlichen Ministern. 1958 wurde die Insel Mitglied der kurzlebigen »Westindischen Föderation«, 1961 erhielt sie die volle Selbstverwaltung. Seit November 1966 ist Barbados als parlamentarische Monarchie ein selbständiger Staat innerhalb des Commonwealth.

Innenpolitisch hat sich die 1938 gegründete »Barbados Labour Party« (BLP) lange als die führende politische Kraft erwiesen. Die »Democratic Labour Party« (DLP), die 1955 durch Abspaltung von der BLP entstand, gilt jedoch insgesamt als reformfreudiger. Sie errang bei den Wahlen von 1986 den Sieg. Der Premierminister Errol Barrow (gest. 1. 6. 1987) und sein Nachfolger Erskine Sandiford kündigten Maßnahmen zur Behebung der hohen Arbeitslosigkeit (etwa 20 %) an.

Kultur
Aufgrund seiner geographischen Randlage – etwas außerhalb des Antillenbogens – wurde Barbados im Unterschied zu den anderen Inseln der Kleinen Antillen nicht von kriegerischen Kariben besiedelt. Die Urbevölkerung, friedliche Arawaks, die ihrerseits die wahrscheinlich in Höhlen wohnenden Ciboney verdrängt hatten, ist heute nur mehr durch Reste von handwerklich hergestellten Gegenständen nachweisbar, weil die Indianer zu Beginn des 16. Jh. von den Spaniern als Sklaven nach Haiti verschleppt wurden.

Insel mit britischem Gepräge
Barbados, das seit Beginn der Kolonisierung in britischem Besitz verblieben ist, macht auch heute noch einen sehr englischen Eindruck. Die Hauptstadt Bridgetown gilt mit ihren Holzhäusern im georgianischen Stil des 18. Jh. als die »englischste« Stadt im karibischen Raum. Der Trafalgar Square erinnert daran, daß Lord Nelson die Insel wenige Monate vor der Schlacht bei Trafalgar mit seiner Flotte anlief. (Das Standbild für den Seehelden ist 50 Jahre älter als das Nelson-Denkmal in London.)

Auf Barbados gibt es zahlreiche Herrensitze aus dem 17. Jh.; das älteste Herrenhaus ist Drax Hall (um 1650). Von den alten Windmühlen, die holländische Juden aus Brasilien im 17. und 18. Jh. zum Hochpumpen des Grundwassers erbauten, steht heute nur noch die Morgan Lewis Mill.

Codrington College, heute eine Ausbildungsstätte für anglikanische Geistliche, wurde 1702 als erstes College in der Neuen Welt mit einer theologischen und einer medizinischen Fakultät gegründet.

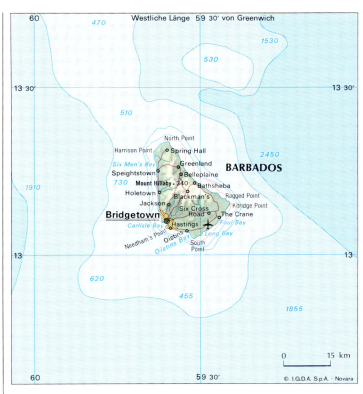

Sam Lord's Castle, ein nobler Bau von 1830, den sich ein berüchtigter Strandräuber errichten ließ.

Sam Lord's Castle, jetzt Teil eines modernen Hotelkomplexes, erinnert an die Zeit der Freibeuterei. Der berüchtigte Strandräuber Samuel Hall Lord täuschte Schiffen in mondlosen Nächten mit Laternen die nahe Hafeneinfahrt vor, so daß sie auf dem Riff aufliefen und von seinen Männern geentert werden konnten. Von bekannten Baumeistern und Bildhauern ließ Samuel Hall Lord sich dann um 1830 sein Castle errichten, dessen Einrichtung z. T. noch von den damals ausgeraubten Schiffen stammt.

Reise-Informationen

Einreise- und Fahrzeugpapiere
Bürger der Bundesrepublik Deutschland, der Schweiz und Österreichs benötigen für einen Aufenthalt von drei Monaten (der für einen Zeitraum von sechs Monaten verlängert werden kann) einen gültigen Reisepaß bzw. Kinderausweis.
Gegen Vorlage eines internationalen Führerscheins erhält man eine örtliche Fahrerlaubnis.

Zoll
Bei der Einreise sind zollfrei: pro Person ab 18 Jahre 200 Zigaretten oder 50 Zigarren oder 225 g Tabak, 1 Liter Spirituosen, 2 Liter Wein, eine angemessene Menge Parfüm sowie Gastgeschenke im Gesamtwert bis 100 Barbados-$. Verboten ist die Einfuhr von Fleisch, Fleischprodukten, ausländischem Rum und Frischobst.

Devisen
Die Einfuhr von Barbados-$ (BDS$) ist unbeschränkt erlaubt, die Ausfuhr ist verboten. Deklarierte Fremdwährung kann unbegrenzt eingeführt und in Höhe der Einfuhr abzüglich der umgetauschten Beträge wieder ausgeführt werden. Es wird empfohlen, möglichst nur US-Währung mitzunehmen. Kreditkarten werden angenommen, Euroschecks nicht.

Impfungen
Für Besucher, die aus Infektionsgebieten einreisen, ist Gelbfieberimpfung vorgeschrieben.

Verkehrsverhältnisse
Es herrscht Linksverkehr. Das Straßennetz ist gut ausgebaut. Taxis und Mietwagen sind vorhanden. Busse verkehren von Bridgetown aus nach allen Teilen der Insel.

Unterkünfte
Es gibt Unterkünfte in allen Preisklassen. Allerdings weisen die Übernachtungspreise während der Haupt- und Nebensaison beträchtliche Unterschiede auf.

Reisezeit
Das tropische Barbados hat fast das ganze Jahr gleichbleibende Temperaturen (24–27 °C). Von Mitte Dezember bis Mitte April ist Hauptsaison.

Ulrich Stewe

Das kleine Belize am südöstlichen Rande der Halbinsel Yucatán ist eine Oase des Friedens. Das klingt vielleicht ein wenig abgegriffen, doch unter den krisengeschüttelten mittelamerikanischen Staaten ist Belize in vielem eine Ausnahme. Hier treffen Menschen verschiedener Sprachen, unterschiedlicher Hautfarbe und Herkunft zusammen – ein Schmelztiegel der Kulturen.

Hier stoßen amerikanische Wochenendreisende, die zu einem Kurzurlaub von Miami herübergeflogen kommen, nicht auf Sprachprobleme: Man spricht Englisch. Auch Flüchtlinge aus den benachbarten mittelamerikanischen Ländern, die vor dem Krieg in ihrer Heimat fliehen, sind willkommen. Denn Belize benötigt Menschen, um den Territorialansprüchen des Nachbarn Guatemala etwas entgegensetzen zu können. Und – die Zuwanderer wissen es zu schätzen – man spricht Spanisch. Wen wundert es da, daß in einigen Landesteilen auch deutsche Töne zu hören sind? Doch Vorsicht: Das Deutsch unserer Tage sollte man hier nicht erwarten.

Staatsname:	Belize
Amtssprache:	Englisch
Einwohner:	185 000
Fläche:	22 965 km²
Hauptstadt:	Belmopan
Staatsform:	Parlamentarische Monarchie im Commonwealth
Kfz-Zeichen:	BH
Zeitzone:	MEZ −7 Std.
Geogr. Lage:	Mittelamerika, an der Karibikküste, begrenzt von Mexiko und Guatemala

Vor der Küste von Belize liegen in der türkisfarbenen Karibischen See Hunderte kleiner Inseln und Atolle. An den Ufern der meist unbewohnten Turneffe Islands, die von dichten Mangroven bedeckt sind, liegen die einsamsten Sandstrände Belizes.

Neue Heimat der Kariben

»Wenn wir diese sechzehn Jahre so überblicken, dann sehen wir, dasz der Herr reichlich gesegnet hat. Der Wald ist zurück gedrängt, und statt dessen sind schön gepflegte Höfe und grüne Felder Korn, frei von Bäumen und Stümpfen. Dem Herrn gebühret alle Ehre dafür.« So in altertümlich wirkendem Deutsch ein Rückblick mennonitischer Siedler auf die ersten Erfolge ihrer Arbeit in Belize.

Als der Mennonit Gerhard Koop 1958 mit seiner Gemeinde begonnen hatte, ein Stück Land unweit der Grenze zu Guatemala urbar zu machen, da nannte sich ihre künftige Heimat noch Britisch-Honduras. Die spätere Mennoniten-Kolonie Spanish Lookout, deren Bewohner trotz materiellen Wohlstandes ein entbehrungsreiches Leben führen, versorgt heute einen Großteil des heimischen Marktes mit Gemüse und Fleisch. Die strenggläubigen Männer und Frauen verlassen nur selten ihre Kolonie: in Notfällen – etwa um einen Arzt in Belize City aufzusuchen oder um Geschäfte abzuschließen. Das Mennoniten-Center in der Stadt hält Funkkontakt zu Spanish Lookout und den kleineren Siedlungen bei Shipyard und Tres Leguas. Die Wiedertäufer, Anhänger des Religionsstifters Menno Simons aus dem friesischen Witmarsum, haben sich ein abgeschiedenes Fleckchen Erde in diesem Land ausgesucht, um dort nach ihren eigenen Regeln zu leben.

▽ *Der Stadtplan am Rathaus von Belize City – gleich neben der Swing Bridge, dem Wahrzeichen der Stadt – ist eher ein hübscher Blickfang als eine Orientierungshilfe.*

▷ *Am 21. September 1981 wurde Belize in die Unabhängigkeit entlassen. Mit einer Festparade feiert die Bevölkerung in Belmopan alljährlich dieses Ereignis.*

Die »karibische Enklave« im krisengeschüttelten Mittelamerika ist in den vergangenen Jahren immer mehr zur Zufluchtsstätte für jene geworden, die Schutz vor den politischen Wirren in ihrer Heimat suchen. Der Regierung in der neuen Hauptstadt Belmopan kommt diese Entwicklung nicht ungelegen. Die niedrige Bevölkerungszahl – rund 185 000 Einwohner in einem Territorium von wenig mehr als der Größe Hessens – schwächte die Verhandlungsposition Belizes gegenüber den Gebietsansprüchen des Nachbarlandes Guatemala. Erst 1862 nämlich hatte Großbritannien das Gebiet zur Kolonie erklärt. Während Mexiko 1893 auf jegliche Ansprüche verzichtete, hielt Guatemala bis in die jüngste Zeit seine Forderung aufrecht. Inzwischen sind sich beide Länder nähergekommen, und die neue Regierung in Guatemala-Stadt erwägt gar die diplomatische Anerkennung des Nachbarlandes.

Schmelztiegel der Kulturen

Kein anderer Staat in Mittelamerika zeichnet sich durch eine derartige Vielfalt in der Zusammensetzung seiner Bevölkerung aus wie Belize. In den zwanziger Jahren des 19. Jahrhunderts waren Abkömmlinge der Kariben-Indianer von der honduranischen Mosquitia-Küste eingewandert. Etwa drei Jahrzehnte später ließen sich Maya-Indianer, Mestizen und eine Handvoll Spanier in dem Gebiet nieder und waren den britischen Siedlern als Holzfäller höchst willkommen. Etwa zur gleichen Zeit kamen auch chinesische und indische Arbeitskräfte ins Land. Bis zur Mitte unseres Jahrhunderts dominierte die dunkelhäutige Bevölkerungsmehrheit, die Belize das karibische Gepräge verlieh. Seither bahnt sich jedoch eine Kräfteverschiebung an. Schwarze und Mulatten verlassen das Land auf der Suche nach besseren Lebensbedingungen in Nordamerika, während sich aus den Nachbarstaaten, vor allem aus Guatemala, immer mehr Zuwanderer in Belize niederlassen.

Exportgeschäfte mit Zucker und Marihuana

Die knapp 8000 Einwohner zählende Küstenstadt Dangriga liegt in der fruchtbarsten Region des Landes. Trotz sinkender Nachfrage auf dem Weltmarkt steht Zucker immer noch an der Spitze der Anbauprodukte in Belize und sorgt für den größten Teil der Exporteinkünfte. Im subtropischen Klima der Küstenregion, wo die Temperaturen zuweilen auf 30 Grad Celsius klettern, Moskitos und Sandfliegen ständige Begleiter sind, werden in jüngster Zeit verstärkt Zitrusfrüchte – Orangen und Grapefruit – angebaut. Für den Eigenbedarf wachsen Mais, Reis, Bohnen und verschiedene Gemüsesorten. Doch trotz der geringen Bevölkerungs-

zahl ist Belize immer noch auf den Import von Nahrungsmitteln angewiesen, um vor allem die Städte ausreichend versorgen zu können.

Der Arbeit in der Landwirtschaft haftet noch immer das Stigma der früheren Sklaverei an. Beim gewinnbringenden Marihuana-Anbau allerdings scheinen derartige Vorurteile vergessen. In der Region der Ortschaft Orange Walk, die wegen ihrer monumentalen Kultstätten der frühen Maya viele Besucher anzieht, blüht der illegale Drogenhandel. Ein einträgliches Geschäft, das die Einkünfte aus der Landwirtschaft immer noch überflügelt, auch wenn die Regierung große Flächen mit Vernichtungsmitteln unschädlich gemacht hat. Natürlich ist der Stoff nicht für den spärlichen Inlandsmarkt gedacht, doch unbekannt ist der Drogenmißbrauch auch unter der städtischen Jugend von Belize City nicht geblieben. In der Regent Street, gleich hinter der Drehbrücke über den Haulover Creek, der die Stadt zweiteilt, muß der Reisende schon einige Wortgewandtheit aufbringen, um sich den Nachstellungen der Dealer zu entziehen.

Weitaus drängendere Sorgen bereitet den Behörden heute allerdings der Transport von Kokain aus Lateinamerika über Belize in die USA. Ein kleiner Teil bleibt im Lande, Drogenmißbrauch und steigende Kriminalität sind spürbare Folgen.

Brasília à la Belize

Von Drogenproblemen ist die neue Hauptstadt Belmopan ebenfalls nicht verschont geblieben. Die Retortenstadt bei Roaring Creek, an der Kreuzung des Western und des Hummingbird Highway, zählt gerade 4000 Einwohner, vornehmlich Regierungs- und Verwaltungsangestellte. 1970, neun Jahre nachdem der Hurrikan »Hattie« Teile von Belize City, darunter zahlreiche öffentliche Gebäude, schwer verwüstet hatte, zogen Parlament, Ministerien und ausländische Vertretungen nach Belmopan. Weitläufige Vorplätze und die Pyramidenbauweise von Regierungsgebäuden erinnern an die frühen Bewohner dieses Landstrichs, denen die Stadt auch ihren Namen verdankt: die Mopan-Indianer der Maya-Linie.

Der Alltag in Belmopan bietet gerade die Annehmlichkeiten einer Bürostadt, so daß viele Beamte und Regierungsangestellte ein Leben in Belize City vorziehen und die 50 Meilen zur Arbeit nicht scheuen. Wer es sich

»Schwarze Indianer«

Im Jahre 1635 waren zwei spanische Schiffe mit afrikanischen Sklaven an Bord vor der Antilleninsel St. Vincent gestrandet. Die Sklaven befreiten sich und fanden Schutz bei den Kariben-Indianern. Mit der Zeit gewannen die Afrikaner an Macht auf der Insel. Sie vermischten sich weitgehend mit der indianischen Bevölkerung. Im Streit zwischen Briten und Franzosen um den Kolonialbesitz schlugen sie sich auf die Seite der Franzosen. Die wiedererstarkten britischen Besetzer rächten sich später und deportierten mehrere tausend jener »schwarzen Kariben« auf die Honduras vorgelagerte Insel Roatán. Um die dreißiger Jahre des 19. Jahrhunderts verließen die Deportierten Roatán. Eine Gruppe ließ sich an der Westküste in Stann Creek – heute Dangriga – nieder.

Bis heute haben die Garifuna, wie sie sich selber nennen, ihre Zweisprachigkeit bewahrt: Die Frauen sprechen eine andere Sprache als die Männer. Dies hat seinen Ursprung in der Zeit des ersten Kontakts der afrikanischen Sklaven mit den indianischen Frauen von St. Vincent.

Während die Garifuna in anderen Ländern Mittelamerikas ihre Tradition weitgehend verloren haben, zeichnet sich unter der Bevölkerungsgruppe in Belize derzeit eine kulturelle Renaissance ab. Mit einem aufwendigen Fest begehen die »schwarzen Kariben« alljährlich am 19. November den Gedenktag ihrer Einwanderung.

leisten kann, schwärmt zum Wochenende auf die der Stadt vorgelagerten Inseln, die Cays, aus. Ambergris Cay und einige bevorzugte kleinere Inseln sind sogar mit dem Flugzeug zu erreichen.

Cay Corker und Cay Chapel, beide südlich von Ambergris Cay gelegen, sind beliebte Ausflugsziele und bieten zahlreiche Unterkunftsmöglichkeiten. Tauchern erschließt sich nicht nur eine faszinierende Unterwasserfauna zwischen ausgedehnten Korallenriffen, sondern auch der Anblick versunkener Schiffswracks mit Schätzen aus kolonialen Zeiten, deren Hebung per Gesetz verboten wurde.

Auf St. Georges Cay, fast in Sichtweite vor Belize City, bietet sich Gelegenheit, auf den Spuren der Kolonialgeschichte zu wandeln. Hier bemächtigte sich im Jahre 1784 eine spanische Flotte von 19 Schiffen der Siedlung. Britische Kriegsschiffe kamen 1798 den Siedlern zu Hilfe und schlugen die Spanier zurück. Damit hatte London seinen Anspruch auf das Territorium bestätigt, das 183 Jahre später in die Unabhängigkeit entlassen werden sollte.

◁ *Die Straßen im unwegsamen Landesinnern sind meist unbefestigt, und gelegentlich muß man mit einer kleinen Fähre über einen der grünen Urwaldflüsse setzen. Wenn die Wassermassen während der Regenzeit anschwellen, kann das zu einem gefährlichen Unternehmen werden.*

Belize — Daten · Fakten · Reisetips

Landesnatur

Fläche: 22 965 km² (etwa halb so groß wie die Schweiz)
Ausdehnung: Nord–Süd 280 km, West–Ost 100 km
Küstenlänge: 400 km
Höchster Berg: Victoria Peak 1122 m
Längste Flüsse: Belize River 290 km, Río Hondo 230 km

Der kleine, langgezogene Staat Belize liegt auf der Halbinsel Yucatán im Nordabschnitt der mittelamerikanischen Festlandbrücke. Im Osten grenzt Belize an das Karibische Meer.

Naturraum

Die grünen, flachen Hügel im Nordwesten Belizes gehören zur großen Kalksteintafel der Halbinsel Yucatán. Zwischen diesen Hügeln und dem Karibischen Meer liegt ein bis zu 75 km breiter, warmfeuchter und sumpfiger Küstenstreifen, das karibische Küstentiefland. Mit seinen vielen Flußschleifen, Strandseen und Lagunen ist es ein Paradies für viele Amphibienarten. Vor der Küste liegen Hunderte kleiner Koralleninseln, sog. Cays. Sie gehören zu einem gewaltigen, rund 250 km langen Riff, das nur wenige Durchfahrtsmöglichkeiten zur Küste bietet. Im Süden Belizes erreichen die stark zerklüfteten Maya Mountains –

In Mittel- und Südamerika als Baustoff verbreitet: Adobe, handgemachte, luftgetrocknete Lehmziegel.

Ausläufer des zentralamerikanischen Grundgebirges – über 1000 m Höhe (Victoria Peak 1122 m).

Klima

In Belize herrscht tropisch-feuchtheißes Klima. Niederschläge fallen vor allem von Mai bis Oktober. Sie betragen im jährlichen Mittel am Gebirgsrand über 2500 mm, in höheren Lagen bis zu 4000 mm; nach Norden und Westen sinken sie auf etwa 1400 mm ab. Die Temperatur beträgt im Jahresdurchschnitt 26 °C, im Bergland 24 °C. Wirbelstürme, vor allem im Sommer häufig, können große Verwüstungen anrichten (Zerstörung der früheren Hauptstadt Belize City 1931 und 1961).

Vegetation und Tierwelt

Etwa 45 % des Landes sind bewaldet. Neben immergrünen Bäumen und laubabwerfenden tropischen Wäldern gibt es auch Pechkiefernbestände, Palmsavannen und -sümpfe. Die Küste wird von Mangroven gesäumt. Zur reichen Tierwelt gehören u. a. Jaguare, Tapire, Gürteltiere, Schlangen, Krokodile und Alligatoren.

Politisches System

Staatsname: Belize
Staats- und Regierungsform: Parlamentarische Monarchie im Commonwealth of Nations
Hauptstadt: Belmopan
Mitgliedschaft: UN, Commonwealth, CARICOM, AKP

An der Spitze des Staates steht das Oberhaupt des britischen Königshauses, vertreten durch einen Generalgouverneur. Das Parlament hat zwei Kammern – Abgeordnetenhaus und Senat. Die acht Senatsmitglieder werden vom Gouverneur ernannt; die 28 Abgeordneten hingegen werden direkt gewählt. Der jeweilige Führer der Mehrheitspartei wird vom Generalgouverneur zum Premierminister berufen. – Das Rechtssystem gleicht dem britischen.

Bevölkerung

Einwohnerzahl: 185 000
Bevölkerungsdichte: 8 Einw./km²
Bevölkerungszunahme: 2,7 % im Jahr
Größte Städte: Belize City (50 000 Einw.), Orange Walk (10 000), Dangriga bzw. Stann Creek (8000), Corozal (7000), Belmopan (4000)
Bevölkerungsgruppen: 52 % Schwarze und Mulatten, 22 % Mestizen, 13 % Indianer, 6 % schwarze Kariben, 5 % Asiaten, 2 % Weiße

Belize ist das am dünnsten besiedelte Land Mittelamerikas. Wegen Arbeitslosigkeit sind viele Einwohner emigriert, vor allem in die USA. Andererseits ist Belize Einwanderungsland für Flüchtlinge aus anderen mittelamerikanischen Staaten. Die Indianer sind Nachkommen der Maya und leben vor allem im Landesinneren.
»Schwarze Kariben« nennt man die von den Antillen stammenden, heute an der Südküste lebenden Garifuna, eine Mischbevölkerung aus Schwarzen und Indianern. Bei den Asiaten handelt es sich vor allem um Inder und Chinesen. Als Landessprachen werden Englisch bzw. »Kreol-Englisch« und Spanisch gesprochen; die indianischen Sprachen treten immer mehr zurück.
Knapp zwei Drittel der Belizer gehören an der römisch-katholischen Kirche an, 30 % sind Protestanten (Anglikaner, Methodisten und Mennoniten).

Ein typischer Bewohner der ausgedehnten Korallenriffe vor der Küste: der Graue Riffhai.

Daneben gibt es noch Minderheiten von Hindus, Moslems, Buddhisten und Juden.

Soziale Lage und Bildung

Der Lebensstandard der Bevölkerung ist niedrig; selbst die Staatsverwaltung ist auf Finanzzuschüsse anderer Länder angewiesen. Das 1981 eingeführte Sozialversicherungssystem hilft bei Krankheit, Arbeitsunfähigkeit und Arbeitslosigkeit. Kostenlos ist für alle die medizinische Versorgung. Neben Hospitälern unterhält der Staat in Stadt und Land einen mobilen Krankenhausdienst. Für Kinder von 6–14 Jahren besteht allgemeine Schulpflicht (kostenloser Schulbesuch). Für die Weiterbildung stehen mehrere höhere Schulen, Fachschulen, ein Lehrerseminar sowie ein an die University of the West Indies angeschlossenes Universitätszentrum zur Verfügung. Die Analphabetenrate liegt bei 5 %.

Indischer Hanf: Aus dieser Pflanze wird Marihuana gewonnen.

Wirtschaft

Währung: 1 Belize-Dollar (Bz$) = 100 Cents (c)
Bruttoinlandsprodukt (in Anteilen): Land- und Forstwirtschaft 24 %, Industrie 20 %, Dienstleistungen 56 %
Wichtigste Handelspartner: USA, Großbritannien, Mexiko, Kanada, Jamaika

Belizes bedeutendste Wirtschaftszweige sind die Land- und Forstwirtschaft; sie erbringen etwa zwei Drittel des gesamten Exportwertes. Die früher beträchtlichen Holzexporte sind auf einen geringen Anteil gesunken. Mehr als ein Drittel der Erwerbstätigen ist in der Land- und Forstwirtschaft beschäftigt.

Landwirtschaft

Auf Großplantagen, die größtenteils in amerikanischem oder britischem Besitz sind, wird vor allem für den Export produziert: Zuckerrohr, Zitrusfrüchte, Bananen und Kakao. Für den Inlandsbedarf werden Mais, Reis, Bohnen, Maniok, Hackfrüchte, Tomaten und Mehlbananen angebaut. Da jedoch von den 6000 km² landwirtschaftlich nutzbarer Fläche nur 450 km² tatsächlich bebaut werden, kann sich das Land nicht ausreichend mit Nahrungsmitteln versorgen; die fehlenden Lebensmittel müssen importiert werden. Die Viehwirtschaft spielt bisher nur eine bescheidene Rolle. Ausgedehnte Wälder liefern neben Edelhölzern (besonders Mahagoni) auch Holz zur Papierherstellung, Wildkautschuk und Chicle, den Grundstoff der Kaugummiproduktion. Die Fischerei hat sich auf den Fang von Krusten- und Weichtieren spezialisiert, die vor allem in die USA exportiert werden.

Bodenschätze, Industrie

Belize erhofft sich von den neuentdeckten Erdölvorkommen vor seiner Küste starke Wachstumsimpulse für seine Wirtschaft, denn die Industrie des Landes ist bislang wenig entwickelt und beschränkt sich auf die Verarbeitung heimischer Agrar- und Forstprodukte. Daneben gibt es einige Textilfabriken.

Daten · Fakten · Reisetips   Belize

Handel

Die Hauptausfuhrgüter sind Zucker, Früchte, Säfte, Hölzer, Tabak, Bekleidung und Hummer. Alle wichtigen Verbrauchsgüter, ebenso Maschinen, viele Energieträger und sogar Lebensmittel müssen hingegen eingeführt werden. Die Handelsbilanz ist seit langem defizitär.

Verkehr, Tourismus

In Belize gibt es ein Allwetterstraßennetz von rund 1600 km Länge sowie 400 km unbefestigte Nebenstraßen. Wichtige Schiffshäfen sind in Belize City und Stann Creek; der wichtige Flughafen Stanley-Field liegt bei Belize City.
Der Fremdenverkehr hat in den letzten Jahren ständig zugenommen (Maya-Ruinen, Korallenriffe). Die sich daraus ergebenden Deviseneinnahmen entsprechen bereits 10% der gesamten Exporteinnahmen. Die meisten Gäste kommen aus dem Nachbarland Mexiko und den USA.

Geschichte

Das Land gehörte ursprünglich zum Kerngebiet der Maya, von deren Bauwerken im Landesinnern noch eindrucksvolle Zeugnisse erhalten sind. Christoph Kolumbus streifte auf seiner vierten Reise (1502–1504) die unwirtliche Sumpfküste des Landes; er betrat sie aber nicht. Erst Mitte des 17. Jh. setzte die eigentliche Besiedlung ein, als englische Holzfäller hierherkamen und begannen, die kostbaren Edelhölzer zu fällen und auszuführen. 1667 gründeten englische Seeräuber die erste feste Siedlung: Belize; sie war bis 1970 Landeshauptstadt.
Im Friedensvertrag von Versailles 1783 wurde Großbritannien die wirtschaftliche Nutzung des Landes zugestanden; die Hoheitsrechte blieben aber weiterhin bei der Krone Spaniens. Mit diesen Hoheitsrechten begründeten Guatemala und Honduras als Rechtsnachfolger der spanischen

Der Küste von Belize vorgelagert sind die sogenannten Cays, Hunderte von kleinen Korallenriffen.

Krone ihre Ansprüche auf das Gebiet Belizes bis in die jüngste Vergangenheit.
Die Versuche der Spanier von 1784 bis 1798, ihre Hoheitsrechte auch tatsächlich durchzusetzen, scheiterten am Widerstand der britischen Siedler. Nachdem Guatemala und auch Mexiko 1821 ihre Unabhängigkeit von Spanien erlangt hatten, hielten beide ihre Ansprüche auf das Gebiet Belizes aufrecht. Erst 1859 erkannte Guatemala den britischen Besitz an, nachdem sich Großbritannien bereit erklärt hatte, eine Verkehrsverbindung zwischen Guatemala und dem Hafen in Belize zu bauen. Dieses Versprechen wurde nie eingelöst. Deshalb beansprucht Guatemala nach wie vor einen Teil von Belize.
1862 erhielt Belize (damals noch: Britisch-Honduras) den Status einer Kolonie (1871 Kronkolonie). Am 6. Januar 1964 erhielt das Land eine eigene Verfassung und die volle innere Selbstverwaltung. 1973 erfolgte die Umbenennung von Britisch-Honduras in Belize. Am 21. 9. 1981 (Nationalfeiertag) erlangte Belize seine volle staatliche Unabhängigkeit im Rahmen des Commonwealth of Nations. 1988 beanspruchte Belize die volle Einbeziehung bei der Lösung des Mittelamerika-Konflikts.

Kultur

Belize gehörte am Ende der klassischen Maya-Periode, um etwa 900, zum Siedlungsgebiet der Maya, wie auch Guatemala, Honduras und Mexiko. Die Überreste der Tempel, Pyramiden, Stelen und Ballspielplätze von San José, Lubaantum, Pusilha, Nohochtunich, Xunantunich und Altun Ha zeugen von dieser Epoche.
Besonders von den Ausgrabungsstätten bei Xunantunich (Bengue Viejo) erhoffen sich die Wissenschaftler Aufschlüsse über die Ursachen der plötzlichen Auswanderung der Maya in den nördlichen Teil der Halbinsel Yucatán in der Zeit nach 850. Bislang nimmt man Naturkatastrophen, Bodenerschöpfung oder eine Bauernrevolte gegen die herrschende Priesterkaste als Auslöser an. Eine Sammlung von Fundstücken aus den Grabungsstätten befindet sich in Belmopan.
Die heute in Belize lebenden Indianer – hauptsächlich Mopan- und Kekchi-Maya – sind christianisiert. Sie bewahren aber neben ihrer eigenen Sprache auch altes Brauchtum und verbinden ihren alten Götterglauben mit dem Christentum. Berühmt sind die Feste der Kekchi von San Pedro Colombia, besonders am San-Luis-Rey-Tag (5. August).
Die Bevölkerungsgruppen der Kreolen und Kariben (besonders die Garifuna an der Südküste) halten ebenfalls an ihren überlieferten Sitten und Gebräuchen fest.
Belize bietet heute das typische Bild einer ehemaligen britischen Kronkolonie. Es gibt eine Tageszeitung, ein Sonntagsblatt, eine Wochenzeitschrift, die ebenfalls wöchentlich erscheinende »Government Gazette« sowie die vom Regierungsinformationsdienst monatlich herausgegebene Schrift »The New Belize«. Seit 1951 sendet das staatlich gelenkte, aber halbkommerziell betriebene Radio Belize in Englisch und Spanisch. Private Fernsehsender strahlen vor allem die Satellitenprogramme aus den USA aus.

Reise-Informationen

Einreise- und Fahrzeugpapiere
Bürger der Bundesrepublik Deutschland und Österreichs brauchen für einen sechsmonatigen Aufenthalt einen mindestens noch einen Monat über den beabsichtigten Aufenthalt hinaus gültigen Reisepaß bzw. Kinderausweis sowie ein Visum. Schweizer benötigen für einen einmonatigen Aufenthalt nur einen gültigen Reisepaß bzw. Kinderausweis. Es empfiehlt sich, einen internationalen Führerschein mitzunehmen.
Zoll
Von Reisenden über 17 Jahren können zollfrei eingeführt werden: 200 Zigaretten oder 50 Zigarren oder 250 g Tabak, 1 Liter Spirituosen und 50 g Parfüm.
Devisen
Für die Ein- und Ausfuhr von Fremdwährungen gibt es keine Beschränkung. Der Umtausch von US-Dollar und US-Dollar-Reiseschecks geht am einfachsten. Landeswährung darf man bei der Ein- und Ausreise bis zu 100 Belize-Dollar (Bz$) mitnehmen.

Das berühmte Blue Hole, das Blaue Loch, gehört zum Lighthouse Reef, dem küstenfernsten Riff.

Impfungen
Für Besucher, die aus Infektionsgebieten einreisen, ist Gelbfieberimpfung vorgeschrieben. Malariaschutz ist überall außer im Distrikt Belize und den Stadtgebieten ganzjährig erforderlich.
Verkehrsverhältnisse
Mietwagen und Taxis stehen zur Verfügung. Die größeren Orte des Landes sind durch Omnibuslinien miteinander verbunden.
Unterkünfte
Hotels und Pensionen gibt es in allen Preiskategorien.
Reisezeit
Im tropischen Belize sind die Monate November bis April ziemlich trocken – mit angenehmen Temperaturen (mittlere Tagestemperatur 20 °C). Regen fällt besonders in den Monaten Mai bis Oktober, mit Ausnahme des August; von Norden nach Süden nimmt die Stärke der Regenfälle zu.

Bermuda

Brigitte Geh-Spinell

Bermuda? Bermudas? Schon der Name ist ein Fragezeichen. Jeder kennt ihn und denkt dabei an ein mysteriöses Dreieck, das Schiffe und Flugzeuge auf Nimmerwiedersehn verschluckt. Oder an eine interkontinentale Hosenmode. Oder an Steuern die keiner zahlt. Oder an unerschwingliche Traumferien ...

Der offizielle Name der Inselgruppe die als britische Kronkolonie zum Commonwealth gehört, lautet Bermuda. Wo aber – das zweite Fragezeichen – findet man Bermuda? Auch wer sich ein wenig auf dem Globus auskennt, wird vielleicht die über 150 im Golfstrom liegenden Inseln und Inselsplitter zunächst einmal in der Karibik suchen. Das mag daher kommen, daß Bermuda ein geographisches Phänomen ist, so etwas wie eine Südsee-Insel im westlichen Nordatlantik, und dort auch nur ein winziges Pünktchen. Etwas umgeschichtet würde Bermuda auf den Luganer See passen oder gut hundertmal auf die Insel Bali. Trotzdem ist der Mini-Archipel jederzeit gut für Überraschungen.

Amtl. Name:	Bermuda
Amtssprache:	Englisch
Einwohner:	58 000
Fläche:	53 km²
Hauptstadt:	Hamilton
Polit. Status:	Britische Kronkolonie
Kfz-Zeichen:	GB
Zeitzone:	MEZ −5 Std.
Geogr. Lage:	Nordatlantik, am Rande der Sargassosee

In Bermudas Hauptstadt Hamilton, Anlaufpunkt für Jachten und Kreuzfahrtschiffe, treffen sich Touristen aus aller Welt

Die Geschichte begann mit einem Schiffbruch

Die Anreise aus der Luft ist in jeder Hinsicht atemberaubend. Plötzlich taucht aus dem Meer ein grünes Blatt auf, wie ein Komma hinter den Atlantikwellen, und unwillkürlich betätigt man eine imaginäre Fußbremse: Dort soll ein Jet landen? Beim Anflug verwandelt sich das Blatt in eine Malerpalette, in der Mitte hell- bis dunkelgrün, dazwischen weiße Tupfer und außen herum alle denkbaren Türkistöne.

Bermuda ist für den Neuankömmling ein Farbenerlebnis. Der Kranz von Riffen, der die Inselgruppe umrahmt, liefert die Blautöne, die subtropische, immergrüne Vegetation und die blitzweißen Dächer über phantasievoll kolorierten Häusern vervollständigen die Illusion, weniger auf einer Insel als mitten in einem Aquarell gelandet zu sein.

Den Riffen verdankt Bermuda auch seinen Einzug in die Geschichte. Im Jahre 1609 sorgte ein Schiffbruch im Sturm – so eindrucksvoll, daß ihn Shakespeare alsbald theatralisch verarbeitete – für die unfreiwillige Landung des britischen Seglers »Sea Venture« in Bermuda. Die Briten, denen kein Erdstrich für koloniale Zwecke zu schmal war, blieben – bis heute.

Tradition ist alles in Bermuda. St. George's, die erste Siedlung und ehemals Hauptstadt der Insel, gleicht immer noch eher einem Museum als einer 2000-Seelen-Gemeinde der Neuzeit. Zwar wurden aus Palmendachhütten Steinhäuser, aus Ziegenpfaden Pflasterstraßen und aus Eselskarren knatternde Zweiräder, aber die Bermudianer haben sich erfolgreich bemüht, ihre historischen Spuren so zu erhalten, daß es dem Besucher nicht schwerfällt, sich in die letzten 350 Jahre zurückzuversetzen. Zum Beispiel in der St. Peter's Church, der ältesten Kirche Bermudas.

Wer über den Friedhof von St. Peter's schlendert, kann dabei noch einige Extraseiten im Geschichtsbuch der Insel aufblättern: Die pompösen Grabsteine der »Herren« erzählen mit skurrilen Inschriften von Kriegen, Krankheiten und sonstigen Katastrophen, während die schmucklosen Steinkuppen auf der anderen Seite wortlose Zeugen der Sklavenschicksale sind, die es auch in Bermuda reichlich gab – etwa zwei Drittel der Einwohner sind Schwarze und Mischlinge.

Auch das erste Inselhaus aus Stein steht noch in St. George's: das Old State House, einst Mittelpunkt kommunaler Aktivitäten. Seit 1815 zahlt eine Freimaurer-Loge die Miete: ein Pfefferkorn als Jahreszins. Mit großem Zeremoniell wird es am St. George's Day Ende April der Stadtverwaltung ausgehändigt und anschließend vom Schatzmeister verwahrt – Sicherheitsstufe eins!

In der schmalen Featherbed Alley scheint jemand die Welt endgültig angehalten zu haben. In der »Printery« am Ende dieser Gasse funktioniert noch ein aus dem 18. Jahrhundert stammender Nachbau der ersten Gutenberg-Druckerpresse von 1450.

Am King's Square, um den sich das Rathaus und ein paar rustikale Kneipen gruppieren, stehen noch drohend Pranger und Folterstock, mit denen einst der Zucht und Ordnung nachgeholfen wurde, die für eine so winzige Insel nun mal unentbehrlich sind. Für die moderne Kriminalität in Bermuda genügt deshalb auch ein einziges kleines Gefängnis, und das steht meistens leer.

Als Kerker kann man eher das Innere der »Deliverance II« betrachten, einer Nachbildung des ersten Schiffs (samt Crew und Passagieren), das 1610 zum Teil aus den Relikten der »Sea Venture« zur Weiterfahrt der Gestrandeten in die Neue Welt gezimmert worden war und den Ruhm der Bermudianer als »Stradivaris der Bootsbauer« begründete.

Auch in Bermudas heutiger Hauptstadt Hamilton pflegt man den Anstrich ungetrübter Tradition. So ist eine der am meisten propagierten Attraktionen das Perot Post Office, wo im Jahr 1848 Bermudas erste Briefmarke erfunden wurde, weil Mr. Perot, der Postmeister der Insel, ein Problem hatte. Für jeden Brief, den er beförderte, berechnete er einen Cent, den die Kunden samt Kuvert in den Kasten vor seinem Haus warfen, wenn er gerade nicht da war. Da Mr. Perot stets weniger Cents als Briefe bekam, zwischen bezahlter und nicht bezahlter Post aber nicht unterscheiden konnte, löste er das Problem mit typisch bermudianischer Phantasie. Bogenweise fertigte er kleine »Stempel« an, die seine Kundschaft kaufen, ausschneiden und aufkleben mußte. Von dieser genialen Erfindung existieren heute noch elf Exemplare, die ebenso unverkäuflich wie unbezahlbar sind.

Ein Blick hinter die Fassaden

Auch die pastellfarbenen Kolonialstil-Fassaden der Front Street, Hamiltons Lebensader, spiegeln perfekt die gute alte Zeit wider, aber hier wird ein bißchen gemogelt. Denn dahinter werden knallharte Geschäfte abgewickelt. Lebensstandard und Beschäftigungsquote auf Bermuda gehören zu den höchsten, die Staatsverschuldung zu den niedrigsten der Welt – praktisch die Situation eines Ölscheichtums. Aber es gibt kein Öl, auch keine direkte Besteuerung. Woher also das Wohlstandswunder (an dem natürlich nicht jeder Bermudianer teilhat)? Nachdem die Zahlungsbilanz lange Zeit ziemlich negativ war, weil Bermuda zwar viel importieren mußte, außer einem guten Ruf aber wenig zu exportieren hatte, galt es, ein paar wirkungsvolle Ideen zur Verbesserung der Lage zu entwickeln. So verlangte man höhere Einfuhrzölle für Importgüter, kurbelte den Tourismus an, um dabei vornehmlich durch Hotel- und Flughafensteuern zu verdienen, und erklärte sich zum Steuerparadies: Steuermüde ausländische Großverdiener können sich in Bermuda ganz legal einen Firmen-Hauptsitz einrichten und von dort aus weltweite Geschäfte tätigen, ohne die Gewinne einer Finanzbehörde vorführen zu müssen. Mehr als 3000 »De-Luxe-Aussteiger« sind es inzwischen, von deren Lizenzgebühren wiederum Bermudas Staatskasse profitiert.

So wachsen Profit und Wohlstand, allerdings auch die Probleme. Je mehr Touristen anreisen, je reger der Flugverkehr und sonstige zivilisatorische Erfindungen zugunsten von Urlaubern und Geschäftsleuten gefördert werden, desto stärker gefährdet ist das kleine Paradies. Was nützt Geld, wenn kein Land mehr verteilt werden kann? Und wenn

△ Bis zum Gürtel englisch, das Beinkleid nach Bermuda-Manier – so sind die Bobbies auf der Koralleninsel gekleidet. Für sie gibt es hier wenig zu tun, denn die Kriminalitätsrate ist äußerst niedrig. Das winzige Gefängnis steht deshalb meist leer.

◁ Tradition wird großgeschrieben in der britischen Kronkolonie. Bei jedem offiziellen Anlaß kommt die gesamte Palette großbritannischer Paradeuniformen zur Geltung.

die Umwelt anfängt, langsam sauer zu werden? Zum Glück haben die Bermudianer hierfür ein ausgeprägtes Bewußtsein.

Dafür sprechen Naturschutzgebiete, sowohl über als auch unter Wasser. Da es keine natürlichen Süßwasservorräte auf der Insel gibt, wird das Trinkwasser in einer Meerwasser-Aufbereitungsanlage gewonnen oder der Regen auf den speziell dafür konstruierten, porentief weißgeputzten Bermuda-Dächern aufgefangen.

Pro Familie ist nur ein Auto zugelassen, Touristen können zwischen Fahrrad, Bus, Taxi, Pferdedroschke oder Moped wählen. Mit diesem National-Vehikel ist man immer up to date, auch im Abendkleid oder Smoking.

Bermudas way of life

Apropos Mode: Die berühmten Bermuda-Shorts sind keine Urlaubserfindung oder einfach nur abgeschnittene Hosenbeine! Sie sind eine sehr seriöse Angelegenheit, die genau zwei Zoll über dem Knie endet und damit den Gentleman jederzeit als modisch korrekt ausweist, vor allem in der Kombination mit Jackett, Krawatte und Kniestrümpfen. Auch der Staatsdiener, ob Minister, Priester oder Polizist, darf Bein zeigen.

Die Bermudianer machten aus den Shorts eine Weltmode, von deren zahllosen interkontinentalen Varianten sich die Erfinder aber ausdrücklich distanzieren!

Arbeit ist überall salonfähig

Daneben sind die Bermudianer auch Weltmeister in der Sparte »Mehrfachberufe«. Mit gutem Beispiel gehen hier führende Politiker voran, die als Grundstücksmakler oder als Radio- und Fern-

▷ *Beim Blick über die stark zerklüfteten Koralleninseln dominieren die Farben Grün, Weiß und Blau. Das Meer liefert die blauen Töne. Alle Schattierungen von Grün findet man in der Vegetation: Zedern, Zwergpalmen und Osterlilien prägen das Landschaftsbild. Dazwischen leuchten die weißen Dächer der Häuser hervor.*

◁ *Südwestlich von Hamilton, an der langgestreckten Warwick Long Bay, schweift das Auge über bizarre, wildromantische Felsformationen. In den geschützten Buchten zwischen den Felsen – wie hier in der Jobson Cove – liegen die schönsten Badestrände der Insel versteckt. Fast unmerklich geht der feine Sand in das türkisfarben schillernde Wasser über.*

sehmoderator ein Zubrot verdienen; ein Offizier arbeitet als Taxifahrer, ein Abgeordneter als Klempner, ein Sportlehrer ist gleichzeitig Barkeeper, ein Hotelier Dressman. Fleiß lohnt sich, da jeder Bermudianer das Geld für seine Bemühungen brutto für netto in die Tasche stecken darf, und Arbeit ist stets salonfähig. Herablassung gegenüber diesem oder jenem Job ist unbekannt. Ein kleines bißchen bröckelt die Toleranz ab, wenn es um Schwarz oder Weiß geht. Erst seit 1961 ist es der dunkelhäutigen Mehrheit erlaubt, neben Weißen im Bus, Kino oder Restaurant zu sitzen. Aber für Rassenprobleme ist auf einer so kleinen Insel wenig Platz, und mehr praktizierte Integration der unterschiedlichen Hautfarben gibt es bisher kaum irgendwo.

Das gilt auch gegenüber den Touristen. Man erträgt sie nicht, man liebt sie. Rund 90 Prozent kommen aus den USA, daher auch das Kontrastprogramm: Ein so gänzlich vom britischen Lebensstil geprägtes Land baut in diesen mühelos den »American way of life« ein, ohne sich ihm zu unterwerfen. Kein Wolkenkratzer, kein Neonlicht und kein Spieltisch stören die Old-England-Kulisse, und auch in der Küche dominiert der lokale Lobster, keineswegs der berühmte »Hamburger«. Bermuda bleibt unbeirrt Bermuda.

Bermuda

Daten · Fakten · Reisetips

Landesnatur

Fläche: 53 km²
Ausdehnung: Nordost–Südwest 23 km (Hauptinseln)
Höchste Erhebung: Town Hill 79 m

Die von Großbritannien abhängige Inselgruppe Bermuda liegt im westlichen Nordatlantik, etwa 1000 km vor der amerikanischen Ostküste auf der Höhe von Kap Hatteras.

Naturraum

Die über 150 kleinen Inseln – die größte ist Great Bermuda (Hamilton Island) mit 39 km² – erheben sich auf einem aus 5000 m Meerestiefe aufragenden Vulkansockel und bauen sich aus gelblichem Korallenkalk und verfestigtem Dünensand auf.
Auffällige Landschaftsmerkmale sind die starke Zergliederung der Inseln und bis zu 70 m hoch aufgewehte Dünen. Umgeben sind die Bermudas von Korallenriffen – den am weitesten nördlich gelegenen der Erde.

Pink Beach südöstlich von Tucker's Town: erfreulich die geringe Bauhöhe solcher modernen Hotelanlagen.

Klima

Das Klima ist, vor allem durch den Golfstrom begünstigt, subtropisch-feuchtwarm mit Jahresniederschlägen von 1500 bis 2000 mm; die Monatsmitteltemperaturen schwanken zwischen 17°C im Januar und 26°C im Juli; allerdings können im Januar auch Tiefsttemperaturen von 5°C vorkommen. Da Flüsse auf den Inseln fehlen, muß Regenwasser in Zisternen gesammelt werden. Im September treten häufig Hurrikane auf.

Vegetation und Tierwelt

Charakteristische Pflanzen der immergrünen Vegetation sind Gummibäume, Salbei-Arten und die Bermuda-Zeder; an manchen Küstenabschnitten wachsen auch Mangroven. Der Bermuda-Petrel, eine schon fast ausgestorbene Seevogelart, hat auf den Inseln seine Brutstätten.

Politisches System

Amtlicher Name: Bermuda
Politischer Status: Britische Kronkolonie mit innerer Autonomie
Hauptstadt: Hamilton

Die Bermuda-Inselgruppe ist eine britische Kronkolonie mit weitgehender Selbstverwaltung. Der Gouverneur ist verantwortlich für die innere Sicherheit; ihm untersteht die Polizei. Verfassungsänderungen können nur von der britischen Regierung beschlossen werden. Schon seit Jahren gibt es starke Unabhängigkeitsbestrebungen.
Das Parlament besteht aus dem Gesetzgebenden Rat (einer Art Senat mit elf ernannten Mitgliedern) und dem Abgeordnetenhaus, dessen 40 Mitglieder nach dem Mehrheitswahlrecht für fünf Jahre direkt gewählt werden. Es besteht ein Drei-Parteien-System. Der Gouverneur beruft jeweils den Führer der stärksten Partei zum Premierminister.

Bevölkerung

Einwohnerzahl: 58000
Bevölkerungsdichte: 1060 Einw./km²
Bevölkerungszunahme: 1,3 % im Jahr
Größte Stadt: Hamilton (3000 Einw.)
Bevölkerungsgruppen: 70 % Schwarze und Mulatten, 30 % Weiße

Nur etwa 20 der insgesamt über 300 Inseln sind bewohnt. Die Farbigen sind Nachkommen afrikanischer Sklaven oder Mulatten, die Weißen meist britischer Herkunft. Amts- und Umgangssprache ist britisches Englisch. – Die Bewohner sind überwiegend protestantisch (den größten Anteil stellt die anglikanische Kirche); etwa 15 % der Bevölkerung gehören der römisch-katholischen Kirche an.

Soziale Lage und Bildung

Neben ausländischen Firmenniederlassungen brachte vor allem der florierende Tourismus den Inseln einen sehr hohen Lebensstandard: Es gibt praktisch keine Arbeitslosigkeit. Über 80 % des Regierungsbudgets werden für Sozialleistungen und Bildung ausgegeben. Allgemeine Schulpflicht besteht vom 5. bis 16. Lebensjahr; das Bermuda College vermittelt erste Hochschulbildung, zum eigentlichen Universitätsstudium gehen die Studenten in die USA oder nach Kanada.

Wirtschaft

Währung: 1 Bermuda-Dollar (Bda$, BD$) = 100 Cents (c)
Wichtigste Handelspartner: USA, Großbritannien, Kanada, Frankreich, Deutschland.

Der Fremdenverkehr stellt den wichtigsten Devisenbringer dar (etwa 40 % des Bruttosozialprodukts). Die Besucher kommen zu rund 90 % aus den USA, zunehmend aber auch aus Westeuropa.
Eine weitere wichtige Einnahmequelle entwickelte sich aus der Steuergesetzgebung Bermudas: Durch erhebliche Steuervergünstigungen für Banken und Versicherungen wurden die Inseln zu einem bevorzugten Standort dieser Wirtschaftszweige. Ein erheblicher Teil der öffentlichen Einnahmen stammt auch aus der Verpachtung eines Gebiets als Militärstützpunkt an die USA (auf Great Bermuda).

Wie bei diesem Siedlerhaus des 17. Jh. wird Regenwasser auch heute noch von den blendend weißen Dächern in Zisternen geleitet.

Landwirtschaft, Bodenschätze, Industrie

Das subtropische Klima ermöglicht eine intensive Landwirtschaft. Angebaut werden Südfrüchte, Gemüse, Kartoffeln, Tabak und Blumen (vor allem Lilien). Der Fischfang deckt nur den einheimischen Bedarf. – Bodenschätze sind, abgesehen von dem als Baustoff genutzten Kalk, nicht vorhanden. – Kleine Industriebetriebe verarbeiten pflanzliche Duftstoffe (Zeder, Lilie) und stellen Pharmaprodukte sowie kosmetische Präparate her.

Handel

Ausfuhrgüter sind Frühgemüse, Spargel, Bananen, Schnittblumen, Pflanzenextrakte und die Erzeugnisse der kosmetisch-pharmazeutischen Kleinindustrie. Eingeführt werden vor allem Nahrungsmittel und Gebrauchsartikel aller Art, Erdölprodukte und Kraftfahrzeuge.

Verkehr, Tourismus

Mit dem amerikanischen Festland (USA, Kanada) und London ist Bermuda durch mehrere Linienflugdienste verbunden. Der Flughafen Kindley Field liegt auf der Insel St. David's, etwa 20 km von Hamilton entfernt. Auf Great Bermuda verkehren staatliche Busse in dichter Folge. Die sieben größten Inseln sind durch Dämme und Brücken miteinander verbunden.

Fahrrad und Moped sind besonders wichtige Verkehrsmittel, da jede Familie nur ein Auto fahren darf.

Daten · Fakten · Reisetips — Bermuda

Geschichte

Tatsachen und Legenden mischen sich in der Geschichtsschreibung der Bermuda-Inseln. Entdeckt wurden sie von spanischen Seefahrern: der Überlieferung nach Anfang des 16. Jh. von Juan de Bermúdez.
Die Engländer wurden auf die Inseln aufmerksam, als ihr Schiff »Sea Venture« 1609 unter Admiral Sir George Somers auf dem Weg nach Virginia vor der Küste strandete. Nachdem die englische Krone, ältere spanische Ansprüche mißachtend, die sog. Somers Islands der »Virginia Company« zugesprochen hatte, landeten 1612 von Virginia aus 60 Siedler auf dem noch unbewohnten Eiland und gründeten die Kolonie St. George.
Von der bald danach gegründeten »Bermuda Company« gingen die Inseln 1684 auf Wunsch der Siedler an die britische Krone über.

Ein Stück England in Bermuda: der oberste Richter der Kronkolonie.

Stützpunkt im Atlantik

Im 18. Jh., in der Zeit der großen Auseinandersetzungen zwischen Frankreich und Großbritannien um den Besitz Nordamerikas, wurden die Bermuda-Inseln britischer Flottenstützpunkt; 1767 richteten die Briten hier eine Marinebasis ein, von 1797 bis 1957 war auch eine britische Garnison stationiert. Zur Zeit der Segelschiffe besaßen die Inseln große Bedeutung als Stützpunkt für Reparaturarbeiten. Afrikanische Sklaven bildeten die Masse der Arbeiter.
Mit der Entwicklung der Dampfschifffahrt verloren die Inseln um 1900 an Bedeutung. Dies änderte sich erst, als die britische Regierung im Jahr 1941 ein Areal zur Anlage von Marine- und Luftwaffenstützpunkten im Nordosten der Hauptinsel für 99 Jahre an die USA verpachtete.

Treffpunkt für die hohe Politik

Nach dem Zweiten Weltkrieg fanden auf den Inseln wiederholt bedeutende Konferenzen westlicher Regierungschefs statt: im Dezember 1953 zwischen Dwight D. Eisenhower, Winston Churchill und dem französischen Ministerpräsidenten Joseph Laniel; im März 1957 – nach der Sueskrise und dem Aufstand in Ungarn – zwischen Eisenhower und dem britischen Premierminister Macmillan; im Dezember 1961 zwischen John F. Kennedy und Macmillan. Auf dieser dritten Bermuda-Konferenz wurden weitere Gespräche mit der Sowjetunion über Entspannungspolitik und Abrüstung vereinbart.

Kultur

Das Bild der Siedlungen ist durch die britische Kolonialzeit geprägt. Die ersten Holzhäuser entstanden im frühen 17. Jh., vor allem aus Zedernholz. Schon bald folgten Bauten im typischen Bermudastil – mit zahlreichen Giebeln und geschwungener Mauerführung.
Als Baumaterial wurde überwiegend Kalkstein verwendet, der in großen Blöcken auf den Inseln abgebaut wurde. Noch heute finden sich solche reizvollen alten Häuser überall auf den Inseln.
Sehenswert ist in St. George's die älteste anglikanische Kirche der Neuen Welt: St. Peter's, 1612 erbaut und im Innern mit Zedernholz ausgekleidet. Im Historical Society Museum, 1725 erbaut, werden Zeugnisse der heimischen Wohnkultur seit dem frühen 18. Jh. gezeigt. Der »Royal Navy Dockyard« beherbergt heute das Maritime Museum. In Hamilton steht auf Gibb's Hill einer der ältesten eisernen Leuchttürme.

Literatur und Brauchtum

Schon im 16. Jh. sind Berichte von Schiffskatastrophen vor den Bermudas zu verzeichnen; zu Beginn des 17. Jh. haben englischsprachige Dichter deren landschaftliche Schönheit beschrieben. Auf diese und andere Quellen stützte sich auch Shakespeare, als er »The Tempest« (»Der Sturm«) schrieb. Unmittelbaren Anlaß zu dem 1611 erstmals aufgeführten Drama gaben wohl Berichte von der Strandung der »Sea Venture« vor Bermuda im Jahr 1609. Die »Höhle des Luftgeists Ariel«, einer Figur aus Shakespeares Drama, ist heute eine vielbesuchte Sehenswürdigkeit. Im 19. und 20. Jh. haben Thomas Moore, Mark Twain, Eugene O'Neill u. a. auf diesen Inseln gelebt und gearbeitet; auch Sinclair Lewis und Rudyard Kipling waren hier zu Gast. Unter den zahlreichen Festivitäten auf den Inseln ist das große Ostervolksfest mit der Wahl der »Lilienkönigin« besonders hervorzuheben.
Schwarze und Mulatten, die Nachkommen der einst aus Schwarzafrika hierher verschleppten Sklaven, haben bis heute viele Lebensgewohnheiten, Bräuche und Volkslieder ihrer Vorfahren bewahrt.

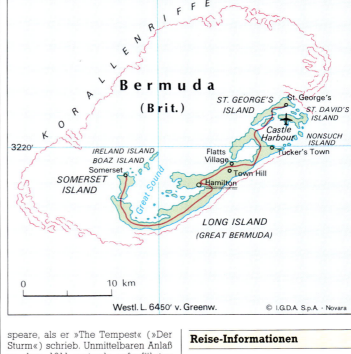

Ein beliebtes Ausflugsziel für Sporttaucher: Kanonen eines französischen Kriegsschiffs, das 1838 vor Bermuda sank.

Reise-Informationen

Einreise- und Fahrzeugpapiere
Bürger der Bundesrepublik Deutschland, der Schweiz und Österreichs benötigen für einen Aufenthalt bis zu drei Wochen (Verlängerung bis zu sechs Monaten möglich) einen gültigen Reisepaß bzw. Kinderausweis.
Es gibt keine Mietwagen. Die Mitnahme von Kraftfahrzeugen ist nicht gestattet. Fahrzeuge von einheimischen Freunden dürfen nur mit einer »Bermuda Driver's Licence« gefahren werden. Mofas können mit amtlicher Erlaubnis gemietet werden; Taxis und Fahrräder stehen zur Verfügung.
Zoll
Bei der Einreise sind zollfrei: pro Person ab 18 Jahre 200 Zigaretten oder 50 Zigarren oder 450 g Tabak, 1 Liter Spirituosen, 1 Liter Wein, 1/4 Liter Toilettenwasser; Geschenke sind zollpflichtig.
Devisen
Landeswährung kann unbeschränkt eingeführt und bis zu 250 Bermuda-Dollar (BD$) ausgeführt werden. Fremdwährung darf unbegrenzt eingeführt werden (Ausfuhr in Höhe der deklarierten Einfuhr). Die Mitnahme von US-Währung wird empfohlen; alle bekannten Kreditkarten werden akzeptiert.
Unterkünfte
Das Angebot an Hotels, Ferienwohnungen und -häusern ist sehr umfangreich und hat europäischen Standard (Reservierung erforderlich).
Reisezeit
Die Hauptsaison dauert von Mitte März bis Mitte November. Die günstigste Badezeit ist von Mai bis Oktober, die Nachsaison (mit frühlingshaften Temperaturen, aber auch Regenfällen) läuft von Anfang Dezember bis Mitte März.

Bolivien

Peter Laudal

In den Yungas Boliviens, an den Hängen der Kordillere im Osten wächst alles, was der Mensch will. Im Tiefland dann Savannen und Urwald, kaum genutzte Reserven. Die freigebige Natur schuf aber auch die Barriere der Anden. Himmelhoch türmen sie sich über Edelmetallen und kostbarem Stein. Dramatisch schlängeln sich Schotterstraßen über viereinhalbtausend Meter hohe Pässe in tiefe Täler. In diesem Land leben stolze und stoische Menschen inmitten einer Natur von unendlicher Schönheit – Bettler auf goldenem Thron. Der weinende Indio-Gott der Ruinen von Tiahuanaco, der auf die unendliche Weite des Titicacasees blickt, hat er das wechselvolle Schicksal der Völker im Sinn, die dem kargen Boden seit Menschengedenken ihr Leben abringen?

Wie zum Trotz gegen graubrauner Stein und Staub weben die Frauen hier die buntesten Tücher, werden die wildesten Göttermasken geschnitzt, dröhnen am Sonntag die Trommeln zu stampfendem Tanz, singt die Hirtenflöte ihre Weisen unter schweigenden Gipfeln.

Staatsname:	Republik Bolivien
Amtssprachen:	Spanisch, daneben die Indianersprachen Ketschua und Aimará
Einwohner:	7,2 Millionen
Fläche:	1 098 581 km²
Hauptstadt:	La Paz (Regierungssitz); verfassungsmäßige Hauptstadt Sucre
Staatsform:	Präsidiale Republik
Kfz-Zeichen:	BOL
Zeitzone:	MEZ –5 Std.
Geogr. Lage:	Im zentralen Teil Südamerikas, begrenzt von Peru, Brasilien, Paraguay, Argentinien und Chile

Fast 4000 Meter hoch in einem Bergkessel, überragt von der kahlen Cordillera Real, liegt La Paz, die größte Stadt Boliviens. Nahezu eine Million Menschen lebt heute in der Metropole, in der auch die Regierung ihren Sitz hat. Offizielle Hauptstadt ist jedoch Sucre

Der Fluch des Silbers aus Potosí

Der bolivianische Diktator Melgarejo bot vor 120 Jahren dem englischen Botschafter ein Glas Chicha an. Der Brite wollte den Maisschnaps nicht trinken. Zur Strafe wurde er, rückwärts auf einen Esel gebunden, zum Gespött der Leute durch La Paz geführt und danach ausgewiesen. Als Königin Viktoria in London von der Schmach ihres Gesandten erfuhr, strich sie diesen Teil Südamerikas auf einer Landkarte durch und rief aus: »Es gibt keine Nation Bolivien!«

Die oft erzählte Anekdote mag wahr sein oder nicht – historisch traf der Satz jedenfalls zu: Es gab keinen Staat, keine Nation, kein Land Bolivien. Die Inka hatten nur das Gebiet bis zur Ostkordillere genutzt, wollten nichts wissen von den dahinterliegenden Regionen des östlichen Tieflands, dessen Klima die Menschen krank und träge machte. Auch Spaniens Conquistadores, die Eroberer im Auftrag der katholischen Könige, interessierten sich nur für die silberhaltigen Berge im Hochland. Der Osten wurde erst später von Paraguay aus kolonisiert, vor allem von Jesuiten, in deren »Reduktionen« die Indios zusammengepfercht wurden und »zivilisiert« werden sollten. »Alto Peru« aber – so hieß die bolivianische Hochebene in spanischer Zeit – war von Lima aus erobert worden, hatte keine Verbindung mit den Tiefebenen jenseits der Anden-Barriere.

Die Silberstadt Potosí im Altiplano, im Hochland, wurde dagegen aus dem Nichts zur wichtigsten Metropole beider Amerika: Der »Segen« des Silbers bescherte der Stadt schon 1573 mehr als 120 000 Einwohner – so viele, wie London im gleichen Jahr hatte. Fast 70 Prozent allen Silbers der Welt kamen aus Potosí, sein Reichtum wurde zur Legende. Von hier gingen wöchentlich 40 000 Pfund reinen Silbers an die spanische Kronverwaltung in Madrid. Hunderttausende Indios mußten ihr Leben für das Edelmetall lassen.

Die Eroberer aus Iberien sind harte und grobe Krieger, wollen den schnellen Reichtum und die persönliche Herrschaft. Um Neid, Mißgunst und Rivalität unter ihnen zu begrenzen und sich Loyalität zu erkaufen, gibt ihnen die Krone riesigen Landbesitz und freie Verfügung über indianische Arbeitskräfte – die sie rücksichtslos ausnutzen, in den Minen wie auf den Feldern.

Diese Herren bildeten schließlich die neue »Criollo«-Elite, die sich Anfang des 19. Jahrhunderts gegen das Mutterland Spanien auflehnen und die Unabhängigkeit Boliviens erkämpfen soll.

Die junge Nation als Fehlgeburt

Als Simón Bolívar, Befreier und erster Präsident des nach ihm benannten Staates, 1822 mit dem Binsenboot aus Peru über den Titicacasee nach Bolivien kam, hatte zwar die Besiedlung und Kultivierung des östlichen Tieflandes durch spanische Großgrundbesitzer begonnen, aber von einer Integration mit dem Andenhochland konnte nicht die Rede sein – ebensowenig von Bolivien als einem Staat, der diesen Namen verdient hätte. Die geographische Trennung hatte eine wirtschaftliche und politische Spaltung von Grundbesitz und Minen-Industrie zur Folge. Und auch die Verfassung, von liberalen Geistern wie Bolívar geprägt, überwand nicht die Kluft zwischen den weißen, aus Spanien stammenden Herren und den Ureinwohnern, den Indios. Als die Silberbergwerke bald nach der Unabhängigkeitserklärung von 1825 erschöpft waren, brach im jungen Bolivien ein halbes Jahrhundert der Anarchie und Tyrannei an, das in der Geschichte selbst Südamerikas ohne Beispiel ist. Vom Jahr der Unabhängigkeit bis 1884 zählte ein Historiker in Bolivien 176 Staatsstreiche und Diktaturen – auf ein paar mehr oder weniger kommt es dabei wirklich nicht an. In dieser Zeit zerrissen die kolonialen Bande zu Europa, das restliche Silber in den Bergen war nur noch wenig wert, die Wirtschaftsentwicklung sank auf den Nullpunkt. Bolivien war schwach und total isoliert. Im Pazifik-Krieg um die Salpeterwüste (1879–1884) entriß Chile dem Land den Küstenstreifen und damit den Zugang zum Meer, 1902/1903 annektierte Brasilien

▷ *Klirrend kalt kann es sein in Potosí, über 4000 Meter hoch in den Anden. Hier gruben seit dem 16. Jahrhundert Indios Silber aus dem Berg; wahrscheinlich Hunderttausende von ihnen sind in den Minen umgekommen – verhungert, erfroren, von herabstürzenden Steinen erschlagen. Ende des 18. Jahrhunderts – nach Silberfunden in anderen Ländern – verfiel Potosí. 100 Jahre später wurde wegen der großen Nachfrage in Europa der Zinnabbau lukrativ. Heute machen sinkende Rohstoffpreise dem Bergbau hier das Überleben schwer.*

△ *In den Cerro Rico, den Reichen Berg bei Potosí, haben Minenarbeiter in den letzten 400 Jahren rund 30 000 Stollen getrieben, denn er enthält Silber, Kupfer, Zinn und Blei in beträchtlichen Mengen.*

▷ *Einst lebte Bolivien vom Silber, später vom Zinn, heute vom Koka-Anbau. Die berauschenden Blätter werden ganz offen auf der Straße verkauft; kein Polizist, kein Soldat greift ein. Wovon sollten die Bauern und Kleinhändler auch leben – andere landwirtschaftliche Produkte bringen noch weniger. Versuche der Regierung, den Bauern Alternativen anzubieten, sind bisher gescheitert.*

86 Bolivien

die Kautschuk-Provinz Acre im kaum besiedelten Osten, in den dreißiger Jahren verlor Bolivien den größten Teil des Chaco-Urwalds in einem Krieg mit Paraguay. Heute besteht das Land nur noch aus der Hälfte des Territoriums, das 1825 das unabhängig gewordene Bolivien ausgemacht hatte.

Nach dem Silber kam das Zinn

Mestizen waren Mischlinge zwischen Weißen spanischen Ursprungs und Indios. Wurden sie als legitime Kinder anerkannt, so gehörten sie zu den Criollos, der Oberschicht in Bolivien – sonst blieben sie da, wo ihre Vorfahren seit der Conquista waren: am unteren Ende der Gesellschaft. Bestenfalls hatten sie Arbeit in den Minen, schlimmstenfalls waren sie sklavenähnliche Wesen, über deren Schicksal Landbesitzer verfügten.

Vor gut einem Jahrhundert kämpfte ein halbverhungerter Mestize im bolivianischen Hochland gegen den Fels: Er versorgte die Bauvorhaben der Reichen mit Bruchsteinen, die er mit Dynamit aus dem Berg sprengte. Nach einer Explosion hielt er geblendet inne: Er hatte eine Zinnader entdeckt, die sich als die reichste der Welt herausstellen sollte. Sein Name war Simón Patiño, und dieser Fund machte ihn zum Multimillionär und brachte Bolivien erneut in die Abhängigkeit von den eigenen Rohstoffen. Nach dem Silber sollte nun das Zinn regieren.

Patiño und zwei spätere Rivalen, die Zinn-Magnaten Hochschild und Aramayo, förderten manches Jahr 80 Prozent des bolivianischen Nationaleinkommens aus ihren Bergwerken. Das Unternehmen Patiño, bei weitem das größte, kontrollierte schließlich auch Eisenbahnen, Banken und Schiffahrtslinien, hatte Schmelzereien in Liverpool und Anteile an der zinnverarbeitenden Industrie ganz Europas. Patiño setzte die Präsidenten Boliviens ein oder ab, hielt sich Privatarmeen skrupelloser Pistoleros und bestimmte das Geschick des gesamten Landes – mit Ausnahme der östlichen Tiefebenen, in denen der Grundbesitz allmählich zu einem zweiten Machtfaktor herangereift war. Hier dominierte die Landwirtschaft auf der Basis des »Encomienda«-Systems aus spanischer Zeit: Die Indios bekamen ein Stück Land für den Eigenbedarf und mußten dafür ohne Lohn auf den Latifundien arbeiten. Technischer Fortschritt blieb gänzlich unbekannt, denn kostenlose Arbeitskraft stand reichlich zur Verfügung.

Aber auch im Hochland wurde nur investiert und modernisiert, soweit es für die Gewinnung und den Export des Zinns notwendig war. Straßen- und Eisenbahnbau, Energiewesen und Wasserwirtschaft, Post- und Fernmeldedienste – alles orientierte sich am »Metal del Diablo«, am »Teufelsmetall«, wie Augusto Céspedes seinen Roman über den Zinnkönig Patiño nannte. Anfang der dreißiger Jahre nahm der Wert dieses Rohstoffes auf dem Weltmarkt um zwei Drittel ab. Das ohnehin rückständige Land fiel in eine wirtschaftliche Stagnation, die zu schweren sozialen und politischen Unruhen führte. Um nationalen Zusammenhalt zu erzwingen, bemühte die Regierung einen »Feind von außen« und zettelte 1932 einen Krieg mit Paraguay in der Urwald-Region des Südostens an: den »Chaco«-Krieg, den Bolivien nach vier Jahren verlustreicher Kämpfe um ein nutzloses Stück Dschungel verlor.

Der Schriftsteller Céspedes nahm als junger Offizier daran teil und setzte in seinen Erzählungen aus dem Chaco-Krieg – »Sangre

▽ *Wirtschaftliche Not zwingt die Arbeiter und Arbeiterinnen immer wieder zu Demonstrationen auf die Straße, wie hier in La Paz. Bisweilen nimmt die Regierung solche Proteste zum Anlaß, hart gegen die Opposition vorzugehen.*

de Mestizos« – den Opfern, vorwiegend Indios und Mischlingen, ein literarisches Denkmal. Und was im Kriege galt, traf auch für den Frieden zu. Ein anderer Dichter, Franz Tamayo, hat es so formuliert: »Was ist der Indio für den Staat? Alles. Und was ist der Staat für den Indio? Nichts!«

Die Mehrheit: »La Raza de Bronce«

Hinter kleinen Pyramiden von Zwiebeln, Äpfeln oder Brötchen, auf groben Säcken mit Reis oder dem traditionellen Getreide Quinoa, zwischen Stapeln von Ponchos und Decken sitzen sie von morgens bis abends auf den Märkten in ihrer malerischen Tracht: drei, fünf, vielleicht sieben Unterröcke und Röcke übereinander gegen

Bolivien 87

die Kälte des Hochlands; über der Spitzenbluse das Bolero-Jäckchen, darüber ein Halstuch, eins um die Schultern und ein Tragetuch für die Last oder das Baby, alles aus Wolle, handgewebt, bunt; auf den schwarzen Haarflechten kühn den Filzhut – das sind die Cholas in ihrem traditionellen Aufzug, die Indio- und Mischlingsfrauen Boliviens, die so tapfer arbeiten, schleppen und – handeln können. Ihre pittoreske Kleidung stammt aus dem Spanien des 18. Jahrhunderts, aus Andalusien und der Meseta im Reich Karls III., der – im Verein mit der Kirche – den Frauen der Kolonien diese Tracht aufzwang, wollten sie auf den Märkten ihre Ware feilhalten.

Über 160 Jahre nach der Vertreibung der Kolonialmacht tragen die Cholas noch immer diese Gewänder. Auch an ihrem Schicksal hatte sich durch die Unabhängigkeit wenig

El Condor Pasa

»Der Flug des Kondors« ist der Titel eines alten Liedes in Bolivien, und der Text wird gedeutet als Gleichnis: Der Sonnengott zieht als Himmel vorüber, gleichmütig auf das Schicksal der Menschen herabblickend. Pachamama, die Göttin der Erde, ist nicht so entrückt. Ihr gilt der erste Bissen des Festmahls, der erste Schluck wird ihr geopfert – noch immer werden einige Tropfen Bier oder Chicha auf die Erde geschüttet, bevor man »a la salud« sagt in Bolivien. Zugleich wird die Madonna verehrt, der christliche Gott angerufen. Religiöses Vertrauen und lebensbejahende Haltung prägen den Bolivianer. Er versteht trotzig zu darben, aber auch fröhliche Feste zu feiern, summt todtraurige Melodien und erzählt handfeste Witze, betrinkt sich gern bei ausgelassenen Fiestas. Wer so ein Fest miterlebt, wird es niemals vergessen. Das Charango, ein Zupfinstrument aus dem Körper des Gürteltiers, die spanische Gitarre, die Reihe der eintönigen Pfeifen aus Schilf (die Zampoña), dumpfe Trommeln und die helle, verzaubernde Quena-Flöte vereinen sich hier zur schönsten Musik in den bolivianischen Kordilleren.

geändert. Alcides Arguedas hat die Unterdrückung der Indios durch die Criollos in seinem 1919 erschienenen Roman »Raza de Bronce« (Rasse aus Bronze) beschrieben.

Erst im Chaco-Krieg entdeckten weiße Bolivianer den Indio erstmals als Bruder, als Menschen, der zum Kriegsdienst gepreßt wurde für einen Staat, der nichts für ihn tat, aber ihm alles nahm: das Land, die Arbeitskraft und im Krieg noch das Leben.

Heute sind die Indios in Bolivien nicht mehr scheue, unterdrückte Arbeitstiere oder unterwürfige Marktfrauen, sondern selbstbewußte Arbeiter, selbständige Bauern und energische Händlerinnen. Gewiß, sie treffen noch immer nicht die Entscheidungen in Staat und Gesellschaft, nach wie vor dominieren die Criollos – aber die Indios haben das Joch von Leibeigenschaft und Zwangsausbeutung abgeschüttelt, mit Hilfe der Weißen, die im Chaco-Krieg entdeckten, daß es Zeit wurde, einen gemeinsamen Staat und eine einheitliche Nation Bolivien zu begründen unter Einschluß der Mehrheit, der Indios und Mestizen. So machten sie 1952 die Revolution.

La Revolución Nacional

Über indianischen Schlitzaugen den Helm mit der Grubenlampe, bunte Wollponchos über den Schultern, in der Hand Dynamitstangen und schwere Fäustel – so ziehen die Bergleute Boliviens vom 4000 Meter hohen Altiplano auf der gewundenen Straße hinunter in die Stadt, die den Namen des Friedens trägt und in der seit dem jüngsten Militärputsch wieder das Kriegsrecht herrscht: nach La Paz, in die Hauptstadt der Fremden, die bisher bestimmt hatten über Lohn und Brot, Arbeit und Ausbeutung. Die Mineros nehmen diesmal nicht den Bus zur Zinnmine, sie sind auf dem Wege zur Macht im Staate Bolivien.

Gemeinsam mit städtischen Angestellten, Studenten und Arbeitslosen, geführt von kämpferischen Gewerkschaftlern und engagierten Intellektuellen besiegen sie das Militär. Sie sind die treibende Kraft der Revolution: die Bergarbeiter, jene archaischen, selbstbewußten Gestalten, die Produzenten des Reichtums der Stadt. Und sie nehmen sich jetzt, was ihnen so lange vorenthalten wurde: einen gerechten Teil am Erlös ihrer Arbeit. Die Zinnminen werden verstaatlicht, das allgemeine Wahlrecht wird eingeführt, auch das Recht aller Bürger auf Erziehung und Bildung, Gesundheitsvorsorge und menschenwürdige Wohnung. Zu den Errungenschaften der Revolution gehörte auch die Mitbestimmung der Gewerkschaften und eine Agrar-Reform – beispiellos in ganz Südamerika. Die Indios wurden vom Objekt zum Subjekt ihrer Geschichte und schufen damit, was es bisher nie gegeben hatte: die Nation Bolivien.

Die Armut ist noch nicht besiegt

La Paz, 36 Jahre danach. Der über 6800 Meter hohe Illimani-Gipfel oberhalb der Stadt ist wolkenverhangen, Nieselregen näßt das Denkmal des Befreiers Bolívar. Bald wird die kalte Nacht in den Cañon des Choqueyapu-Flusses fallen, an dessen Ufern sich diese Stadt seit 1548 entlangzieht. Kirche und Kloster des heiligen Franziskus im Zentrum sind hell erleuchtet, die kolonialen und indianischen Fresken über dem Portal des Gotteshauses aus spanischer Zeit zeugen von der Symbiose der Religionen.

Auf den Stufen, die zur Kirche San Francisco emporführen, liegen Hunderte dunkler Gestalten – Männer, Frauen und Kinder, zugedeckt mit Wollponchos und Säcken, Plastiktüten und Fetzen von Zeltbahnen. Kaum jemand kümmert sich um diese Menschen mit den harten Zügen unter den Wollmützen. Am Rande des zugigen Nachtlagers ein handgemaltes Plakat mit der Aufschrift: »Wir sind die Opfer von Catavi«; daneben ein großer Kessel, aus dem eine alte Frau Portionen dünner Suppe in kleine Töpfe und Blechteller schöpft. Catavi – das war Patiños größte Zinnmine, die seine Familie unermeßlich reich gemacht hatte. Schon vor der Nationalisierung waren die ergiebigsten Adern der Bergwerke abgebaut. Catavi ist heute geschlossen wie fast alle Minen rings um die Stadt Oruro, so auch das legendäre Bergwerk »Siglo XX«, in dem frühe Bergarbeiteraufstände gegen die unmenschlichen Arbeitsbedingungen von der Armee zusammengeschossen worden waren. Die unrentablen Minen Boliviens wurden geschlossen von der Regierung jenes Mannes, der sie 1952 zusammen mit den Mineros verstaatlicht hatte: Dr. Victor Paz Estenssoro.

Der Ex-Diktator mischt noch mit

Mitbegründer und Führer des MNR (Movimiento Nacionalista Revolucionario) und bis 1989 Präsident Boliviens, wurde Paz Estenssoro beim letzten Regierungsbündnis seiner »Nationalrevolutionären Bewegung« von der Partei des deutschstämmigen früheren Diktators Hugo Banzer unterstützt. Die Regierung setzte ein rigoroses Sparprogramm auf Kosten der unteren Sozialschichten durch und legte dabei alle unrentablen Bergwerke still.

Von fast 30000 Arbeitern der Zinnminen wurden mehr als 20000 entlassen. Die wenigsten fanden andere Arbeit. Sie und ihre Familien verloren aber nicht nur die ungesunde und niemals gut bezahlte Arbeit, sondern zugleich Wohnung und medizinische Betreuung, die Schulen für ihre Kinder und die günstigen Einkaufsmöglichkeiten der Gewerkschaftsläden. Die Minengebiete sind heute Geisterstädte wie weiland Potosí – nach dem Silber-Boom ist nun auch die Zinn-Hausse vorüber.

Einige von den älteren Männern auf der Plaza San Francisco hatten noch unter Patiño gearbeitet, waren 1952 mit Victor Paz Estenssoro in die Revolution gezogen. Jetzt sind sie am Ende mit ihrer kärglichen Abfindung nach der Entlassung, obdachlos und ohne staatliche Arbeitslosenhilfe buchstäblich dem Hunger preisgegeben, gegen den sie gekämpft hatten. Andere sind nicht im Altiplano geblieben, sondern schürfen jetzt in den Flußtälern der Yungas Gold auf eigene Faust – davon kann man knapp überleben, wenn man Glück hat. Und niemand weiß, wie viele sich inzwischen, der Not gehorchend, dem neuen Rohstoff-Gott verschrieben haben: der Koka. Durch den Handel mit Koka hatte die Kirche schon im 16. Jahrhundert unermeßlichen Reichtum erworben.

Der neue Präsident Jaime Paz Zamora, seit August 1989 im Amt, will sich insbesondere der Drogenprobleme annehmen. Wie sein Vorgänger ist Paz Zamora – obwohl er der »Bewegung der revolutionären Linken« (MIR) angehört – auf die Zusammenarbeit mit Hugo Banzers »Nationalistischer Demokratischer Aktionspartei« (ADN) angewiesen. Er steuert einen marktwirtschaftlich orientierten Kurs, um den Staatshaushalt zu sanieren, die hohe Auslandsverschuldung abzubauen und den Lebensstandard der Bevölkerung zu erhöhen. Doch Skepsis scheint angebracht. Die Einnahmequellen des Staates sind zu gering. Bolivien leidet unter verfallenden Rohstoffpreisen und ungerechten Handelsbedingungen – wie ganz Südamerika.

◁ *Im Grenzgebiet zwischen Bolivien und Peru erreichen die Gipfel der östlichen Andenkette Höhen von über 6000 Metern. Der Pelechuco-Paß rund 100 Kilometer nördlich des Titicacasees führt in fast 5000 Metern Höhe durch die karge Berglandschaft der Cordillera Apolobamba.*

Das grüne Gold der Yungas

In der Regenzeit ist davon abzuraten, und ängstliche Gemüter sollten generell darauf verzichten – sonst aber ist die Tour von La Paz in die Yungas wie eine Reise ins Paradies. Eine Stunde lang geht es kurvenreich in den Himmel, bis zum Paß La Cumbre, 4725 Meter hoch. Ringsum schneebedeckte Bergriesen, Gletscher glänzen in der klirrendklaren Luft, ein Mensch ist sehr klein da oben. Dann fährt man atemberaubende 3000 Meter hinab ins Grüne, in das Städtchen Coroico zum Beispiel. Trainierte Bergwanderer können in einem Dreitagemarsch mit erfahrenem Führer den alten Inka-Pfad hinabklettern.

Wer danach Ausschau hält, sieht sie bald, die abseits der Straße gelegenen Plantagen mit knapp mannshohen Büschen, deren Blätter denen des Lorbeers ähneln: Das ist der grüne Schatz der Yungas, die Koka, von der Bolivien mehr produziert als jedes andere Land der Erde. Inzwischen wächst Koka längst nicht mehr nur (wie unter den Inka) an den Hängen der Ostkordillere, sondern überall im »Oriente«, wo Boden und Klima günstig sind, besonders in den Flußtälern des Chapare. Es gibt Schätzungen, die den Gewinn der Koka-Wirtschaft höher einstufen als Boliviens sonstige Exporterlöse – doch der Staat hat wenig davon. Immerhin leben von der Koka an die 70000 Familien: nicht nur die großen, sondern auch viele kleine Pflanzer, dann alle, die am Transport und an der Verarbeitung der Blätter zu Pasta beteiligt sind – einem schleimigen Konzentrat, das nach Be-

handlung mit Äther, Kerosin und anderen Chemikalien schon Kokain in hohem Maße enthält.

Zehntausende, die mit bloßen Füßen die Blätter mit diesen Ingredienzien in großen Bottichen zusammenstampfen, werden unheilbar krank (was früher die Staublunge war, sind jetzt verfaulende Füße). Die Indios der Ostregionen transportieren die illegale Fracht in Booten oder auf den Schultern, durch Sümpfe und Flüsse watend, zu Sammelstellen, von wo aus sie mit Lastwagen oder Flugzeugen über die Grenze gebracht wird. Im Gegensatz zu den Rauschgift-Haien können diese Bolivianer nur mühsam und höchst riskant von der Koka leben, aber sie betrachten jeden als Feind, der ihnen diesen Unterhalt ersatzlos wegnehmen will.

Kokain – der Rausch einer neuen Konjunktur

Rund 150 Kilometer von der Stätte des Mordes an dem gefangenen Guerillero Ernesto »Che« Guevara entfernt, blüht heute die Stadt Santa Cruz de la Sierra. Die alte Kolonialsiedlung wurde erst jüngst zur Großstadt und zur Konkurrenz für La Paz.

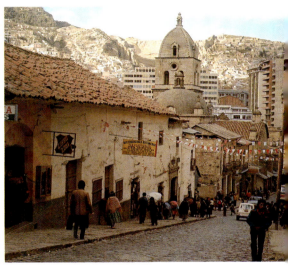

◁ *An diesem Stand gibt es vielerlei zu kaufen: Bonbons, Krüge, Kräuter und Lamaföten: Eingemauert ins Fundament eines neuen Hauses sollen sie Glück bringen.*

△ *In La Paz haben sich nur wenige Gebäude aus der Kolonialzeit erhalten; eines der schönsten ist die Kirche des Klosters San Francisco.*

Hier in der Metropole des subtropischen Tieflandes kann der Reisende nicht nur die großen Getreidesilos und die prächtigen Villen der Agrar-Bourgeoisie bewundern, sondern auch die schnellen Import-Autos und protzigen Luxuspaläste millionenschwerer Profiteure des Kokains.

Die Koka-Mafia bezahlt inzwischen sogar die Bauern für die Blätter mit Kokainpaste, die diese selbst vermarkten müssen, oder sogar mit Waffen zur Verteidigung der Pflanzungen – ein neues Gewaltpotential baut sich im Oriente auf. Die Märkte für das Rauschgift aber liegen außerhalb des rohstoffabhängigen Landes. Die Krise jener westlichen Zivilisation, die Südamerika kolonisiert hat, beschert Bolivien heute den Kokain-Boom, eine trügerische Konjunktur, die nur anhalten wird, bis man den »Stoff« billiger herstellen oder ersetzen kann.

Bolivien — Daten · Fakten · Reisetips

Landesnatur

Fläche: 1 098 581 km² (dreimal so groß wie die Bundesrepublik Deutschland)
Ausdehnung: West–Ost 1200 km, Nord–Süd 1400 km
Höchster Berg: Nevado del Illimani 6882 m
Längste Flüsse: Río Mamoré (mit Río Grande) 1800 km, Río Beni 1000 km
Größte Seen: Titicacasee 8288 km² (mit peruanischem Anteil), Poopósee 2530 km²

Den westlichen Teil des Binnenstaates Bolivien bilden die hier bis über 700 km breiten Anden, zwei Drittel seiner Fläche aber werden von Tiefländern eingenommen: den Randlandschaften des Amazonasbeckens und der La-Plata-Senke.

Naturraum

Im mittleren Abschnitt des Andengebiets liegt der Altiplano de Bolivia, ein abflußloses Hochland in 3600–4000 m Höhe. Es wird im Westen überragt von der Westkordillere, im Nordosten von der stark vergletscherten Königskordillere mit dem Illimani (6882 m); südlich schließen die Ost- und die Zentralkordillere an als Teil des Ostbolivianischen Berglandes. Nach Osten folgen die Tiefländer im Einzugsgebiet des Río Beni und Río Mamoré, im Südosten das Flachland des Chaco Boreal.

Klima

Bolivien hat im allgemeinen tropisches Klima, das jedoch erhebliche regionale Unterschiede kennt. Besonders deutlich zeigt sich das an den von Nordost nach Südwest rasch abnehmenden Niederschlägen: von über 2000 mm auf etwa 200 mm. Der regenarme, kühle Altiplano (mittlere Temperaturen in La Paz zwischen 8 °C im Juli und 12 °C im Dezember) ist im Norden noch relativ feucht, im Südabschnitt wüstenhaft trocken. Hier liegen neben dem Titicaca- und Poopósee auch ausgedehnte Salzpfannen (Salares).

Vegetation und Tierwelt

Im Hochland breitet sich Puna-Heide mit Gräsern und Zwergsträuchern aus. An den Außenhängen der Ostkordillere und des Ostbolivianischen Berglandes liegen je nach Höhenstufung Regen-, Berg- und Nebelwälder. Nach Osten zu schließt sich die Savannenlandschaft des Beni-Tieflandes mit Galerie- und Überschwemmungswäldern an; im feuchtheißen Norden herrscht der Urwald Amazoniens vor. Etwa 40 % der Landesfläche Boliviens sind bewaldet. Der trockene Chaco im Südosten wird überwiegend von Kakteen und Dornbüschen bedeckt.
Die Tierwelt ist sehr artenreich. Vor allem in den Wäldern der Ostanden und im östlichen Tiefland leben Papageien, Kolibris, Tapire, Schlangen, Jaguare und Pumas, Brüllaffen, im Hochland Kondore.

Ein Porträt des Andenkönigs im Profil: der Kondor, Charaktervogel des südamerikanischen Hochlands.

Politisches System

Staatsname: República de Bolivia
Staats- und Regierungsform: Präsidiale Republik
Hauptstadt: La Paz (Regierungssitz); verfassungsmäßige Hauptstadt Sucre
Mitgliedschaft: UN, OAS, ALADI, SELA

Nach 18 Jahren Militärherrschaft hat Bolivien seit 1982 wieder einen zivilen Staatspräsidenten, der auf vier Jahre direkt vom Volk gewählt wird. Er ist Staatsoberhaupt und Regierungschef. Das Land ist in neun Bezirke und 98 Provinzen aufgeteilt.
Legislative ist der Kongreß, er besteht aus Senat und Abgeordnetenhaus. Die 130 Abgeordneten und 27 Senatoren werden für vier Jahre gewählt. Alle zwei Jahre werden die Hälfte der Abgeordneten und ein Drittel der Senatoren neu bestimmt. Der vom Senat bestimmte Oberste Gerichtshof hat seinen Sitz in La Paz; ihm obliegt die Kontrolle der Exekutive.

Farbenpracht und Muster haben eine lange Tradition: Indianer in ihrer kunstvoll gewebten Tracht.

Bevölkerung

Einwohnerzahl: 7,2 Millionen
Bevölkerungsdichte: 7 Einw./km²
Bevölkerungszunahme: 2,7 % im Jahr
Größte Städte: La Paz (950 000 Einw.; als Agglomeration etwa 2 Mio. Einw.), Santa Cruz (420 000), Cochabamba (300 000), Oruro (140 000), Sucre (110 000).
Bevölkerungsgruppen: 60 % Indianer, 30 % Mestizen (Cholas genannt), 10 % Weiße (Kreolen)

Drei Viertel der Bevölkerung leben in einer Höhe von über 3000 m. – Neben Spanisch – nur etwa von der Hälfte der Einwohner gesprochen – sind die Indianersprachen Ketschua (Quechua) und Aimará (Aymará) offiziell anerkannt. – 93 % der Bevölkerung gehören nominell der römisch-katholischen Kirche an; altindianische Glaubensvorstellungen sind fast unverändert in das Christentum übernommen worden.

Soziale Lage und Bildung

Bolivien gehört zu den ärmsten Ländern Südamerikas und befindet sich seit vielen Jahren in einer tiefen Wirtschafts- und Gesellschaftskrise. Die Arbeitslosenrate beträgt etwa 18%. Ernährung und medizinische Versorgung sind für große Teile der Bevölkerung unzureichend.
Die Indianer – seit 1953 formal gleichberechtigte Staatsbürger – sind nach wie vor stark benachteiligt. Trotz der allgemeinen Schulpflicht vom 6. bis 12. Lebensjahr besuchen nur 40 % der Schulpflichtigen eine Schule. Die Analphabetenrate ist entsprechend hoch. Es gibt eine private und acht staatliche Universitäten; die älteste wurde 1624 in Sucre gegründet.

Wirtschaft

Währung: 1 Boliviano (Bs) = 100 Centavos (cts)
Bruttoinlandsprodukt (in Anteilen): Land- und Forstwirtschaft 24 %, industrielle Produktion 27 %, Dienstleistungen 49 %.
Wichtigste Handelspartner: USA, Argentinien, Brasilien, EG-Staaten

Nach jahrelanger Mißwirtschaft der Militärregierung und anhaltender Rezession steht der Kampf gegen Arbeitslosigkeit, illegalen Drogenhandel und Schmuggel sowie gegen die hohe Inflationsrate im Mittelpunkt. Die Sparmaßnahmen gingen vor allem auf Kosten der Sozialausgaben.

Landwirtschaft

Die Produktion reicht zur Versorgung des Landes nicht aus. Angebaut werden vor allem Kartoffeln, Getreide, Quinoa (Reismelde), Zuckerrohr, Baumwolle, Kaffee, Koka. Wachsende Bedeutung hat die Viehwirtschaft (Lamas, Alpakas, Schafe, Rinder).

Bodenschätze, Industrie

Bolivien ist reich an Bodenschätzen, vor allem an Zinnerzen, dazu kommen viele Edel- und Alkalimetalle. Die Industrie ist bis auf wenige Verarbeitungszweige kaum entwickelt.

Handel

Ausgeführt werden vor allem Erdgas, Bergbauprodukte, außerdem Kaffee, Baumwolle, Kokaprodukte; Einfuhrgüter sind Lebensmittel, Bergbaumaschinen und Fahrzeuge.

Verkehr, Tourismus

Die Landstraßen (25 000 km, davon nur 3000 km Allwetterstraßen) sind z. T. schlecht ausgebaut und mangelhaft beschildert. Die beiden Eisenbahnlinien haben eine Länge von 4000 km; eine Verbindung zwischen Cochabamba und Santa Cruz ist geplant. Es gibt ein dichtes Flugnetz (internationale Flughäfen: La Paz, Santa Cruz) und regelmäßigen Schiffsverkehr auf dem Titicacasee.

Geschichte

Spuren indianischer Besiedlung lassen sich seit etwa 4000 v. Chr. im bolivianischen Hochland nachweisen. Zwischen 200 und 800 n. Chr. entwickelte sich um das südliche Titicacabecken mit dem stadtähnlichen Zentrum Tiahuanaco der Aimará-Indianer ein Reich, das in seiner Blütezeit bis zur pazifischen Küste reichte. Zwischen 1450 und 1475 unterwarfen die Inka das ganze bolivianische Hochland.

Kolonialzeit

Nach der Zerstörung des Inka-Reichs 1532 eroberten die spanischen Konquistadoren Francisco Pizarro und Diego de Almagro 1538 das Gebiet des heutigen Bolivien. 1543 fiel das Land dem spanischen Vize-Königreich Peru zu und hieß von da an Ober-Peru. Wirtschaftliche Bedeutung erlangte Ober-Peru vor allem durch die Entdeckung der Silberminen von Potosí (1545), bis Ende des 18. Jh. Hauptquelle des spanischen Silberreichtums. 1776 wurde das spanische Vize-Königreich La Plata gegründet, das neben dem heutigen Paraguay, Uruguay und Nordargentinien auch Ober-Peru umfaßte.

Daten · Fakten · Reisetips — Bolivien

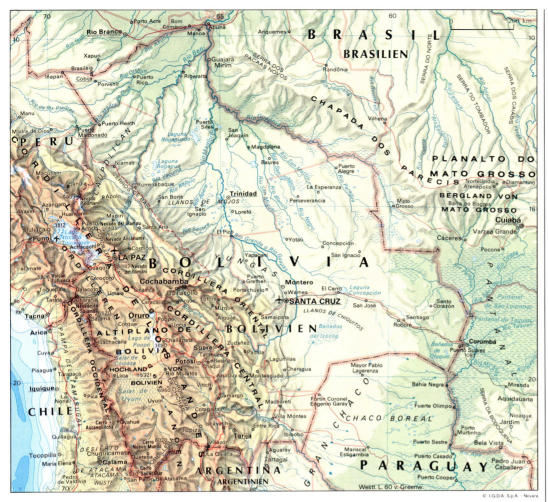

Kampf um die Unabhängigkeit

Seit 1809 beteiligte sich Ober-Peru am südamerikanischen Unabhängigkeitskampf gegen die Spanier. Aber erst 1824 brach General Antonio José de Sucre den Widerstand der Königstreuen und erklärte am 6. 8. 1825 die Unabhängigkeit Ober-Perus. Zu Ehren des großen Befreiungskämpfers Simón Bolívar nannte er den neuen Staat Bolivien.

Bolívar, der erste Präsident, regierte nur wenige Monate. Ihm folgte General de Sucre, der bereits 1828 gestürzt wurde. Der dritte Präsident, Marschall Andrés Santa Cruz, der ein südamerikanisches Großreich nach dem Vorbild des Inka-Reichs errichten wollte, scheiterte nach der gewaltsamen Wiedervereinigung von Bolivien und Peru (1836) an der Intervention Chiles und Argentiniens (1839).

Probleme des neuen Staates

Im »Salpeterkrieg« (1879–1884) verlor Bolivien mit dem salpeterreichen Atacamagebiet auch seine Küstenprovinz an Chile, und 1904 mußte es nach dem verlorenen Krieg gegen Brasilien das Kautschukgebiet von Acre abtreten. Schließlich mußte es im »Chaco-Krieg« (1932–1935) auch den vermeintlich erdölreichen Gran Chaco dem militärisch überlegenen Paraguay überlassen.

Seitdem lösten infolge der schwierigen Wirtschaftslage sozialrevolutionäre Staatsstreiche, Bauernunruhen und Militärputsche einander ab. Trotz der sozialen Revolution von 1952 unter Paz Estenssoro, der Verstaatlichung der Zinnminen und einer zögernden Bodenreform (1953) konnte keine innere Stabilität des Landes erreicht werden. 1964 übernahm die Armee unter General Barrientos die Macht. 1967 versuchte der legendäre Guerillaführer Che Guevara eine Partisanenbewegung aufzubauen, die aber mit amerikanischer Unterstützung unterdrückt wurde.

Links- wie rechtsnationale Militärputsche kennzeichneten dann die folgenden Jahre. 1985–1989 regierte zum vierten Mal Paz Estenssoro. Sein Nachfolger, Paz Zamora, hat sich zum Ziel gesetzt, den Drogenhandel zu unterbinden und mit einem marktwirtschaftlich ausgerichteten Sanierungskurs die wirtschaftlichen Probleme des Landes zu bewältigen.

Kultur

Im unwirtlichen Altiplano liegen unweit des Titicacasees die Ruinen von Tiahuanaco, dem Zentrum des Aimará-Reiches. Kennzeichnend für die Tiahuanaco-Kultur sind monumentale, meist aus einem Block gemeißelte Steinskulpturen, Keramik in kräftigen Farben mit streng geometrischen Mustern und kunstvoll gewebte farbige Textilien. Immer wiederkehrende Motive stellen neben maskenartigen menschlichen Gesichtern Jaguar und Kondor dar.

Tiahuanaco, das jahrhundertelang als Steinbruch benützt wurde, gliedert sich in drei Sektoren: Calasasaya, der am besten rekonstruierte Teil mit Palast- und Tempelresten, Skulpturen und dem berühmten Sonnentor; Acapana, eine etwa 15 m hohe Erdpyramide; Puma Puntu, das Puma-Tor. Stelen und andere Fundstücke wurden u. a. auch im Jardín Tiahuanaco in La Paz aufgestellt.

Die teilweise noch gut erhaltenen Sakral- und Profanbauten aus der Kolonialzeit an verschiedenen Orten spiegeln an Spanien orientierte Stilrichtungen von der Spätrenaissance bis zum Hochbarock wider. Auch in der bildenden Kunst zeigt sich die starke Anlehnung an europäische Vorbilder. Erst seit Anfang des 20. Jh. begann sich in Bolivien eine neue, vom indianischen Volkstum inspirierte Kunst zu entfalten.

In dem früher fast völlig isolierten Land bildete sich erst um die Mitte des 19. Jh. eine eigenständige Literatur heraus. In Europa bekannt wurden die sozialkritische Lyrikerin Yolanda Bedregal und die Prosaschriftsteller Alcides Arguedas, Jesús Lara und Augusto Céspedes. Weltruf erlangte der Filmemacher Jorge Sanjines, der sich in seinen Filmen mit der Unterdrückung der Indios auseinandersetzt.

Reise-Informationen

Einreise- und Fahrzeugpapiere
Bürger der Bundesrepublik Deutschland, der Schweiz und Österreichs benötigen für einen Aufenthalt bis zu 30 Tagen (Verlängerung bis 90 Tage möglich) einen gültigen Reisepaß bzw. Kinderausweis.
Als Fahrerlaubnis sind der internationale Führerschein und für den eigenen Wagen ein Carnet de pasaje erforderlich.

Zoll
Bei der Einreise sind zollfrei: pro Person ab 18 Jahre 200 Zigaretten und 500 g Tabak. Die Ausfuhr von Kunstgegenständen (vor 1900 hergestellt) und archäologischen Funden ist verboten.

Devisen
Bolivianos (Bs) und Fremdwährung dürfen unbeschränkt ein- und ausgeführt werden.

Impfungen
Für Besucher, die aus Infektionsgebieten einreisen, ist Gelbfieberimpfung vorgeschrieben. Sie wird allen Reisenden dringend empfohlen. Malariaschutz ist ganzjährig in vielen ländlichen Gebieten unter 2500 m erforderlich.

Verkehrsverhältnisse
Linienbusse verkehren nur auf den Hauptstraßen. Taxis (auch Sammeltaxis) sind vorhanden.

Unterkünfte
Luxushotels gibt es nur in La Paz und Santa Cruz; in größeren Städten findet man Mittelklasse- oder auch sehr einfache Hotels.

Reisezeit
Die beste Reisezeit ist von April bis Oktober. Von Ende Oktober bis März dauert die Regenzeit.

Das Sonnentor von Tiahuanaco beherrscht der Sonnengott, auch als »Kon-Tiki« bekannt.

 Brasilien

Walter Tauber

Eine vor Vitalität strotzende Natur, vor Lebensfreude überschäumende Menschen, Anmut und Liebreiz im tropischen Paradies – Traumland Brasilien. Doch das Hochglanzbild der Reiseprospekte zeigt nur die eine Seite. Hinter den scheinbar endlosen, von Palmen beschatteten Stränden erheben sich die Hochöfen, erstrecken sich die Werften, laufen die Montagebänder der Automobilfabriken. Brasilianische Flugzeuge fliegen in aller Welt, Computer werden hier gebaut und intensiv genutzt.

Brasilien ist vor allem das Land der Gegensätze. Der Reichtum der achten Industrienation kann die Horrorstatistiken eines fast asiatischen Elends nicht verhüllen. Hinter dem Glanz von Copacabana verbirgt sich die Misere der Slums. Im Süden findet man den bürgerlichen Wohlstand deutscher Einwanderer, Sauerkraut und Zapfbier, im Norden Folklore und Traditionen einer aus Indianern, schwarzen Sklaven und Portugiesen herangewachsenen Bevölkerung. Enorm auch die Kontraste der Landschaftsformen: Sie reichen von Halbwüsten bis zum größten Regenwald der Welt.

Staatsname:	Föderative Republik Brasilien
Amtssprache:	Portugiesisch
Einwohner:	150 Millionen
Fläche:	8 511 965 km²
Hauptstadt:	Brasília
Staatsform:	Präsidiale Bundesrepublik
Kfz-Zeichen:	BR
Zeitzonen:	MEZ −4 bis −6 Std.
Geogr. Lage:	Mittleres und östliches Südamerika

Carnaval do Brasil – glitzernde Kostüme, feurige Rhythmen, überschäumende Lebensfreude. Wenn die Samba-Schulen durch die Straßen tanzen, geraten die Cariocas – die Einwohner von Rio de Janeiro – außer Rand und Band.

Das Gold für den König, die Seelen für den Papst

Pedro Álvares Cabral wollte eigentlich ganz woanders hin, als der Ausguck am 22. April 1500 »Land in Sicht« vom Hauptmast herunterbrüllte. Mit 13 Schiffen und 1500 Mann sollte der Admiral die zwei Jahre zuvor gegründete portugiesische Kolonie von Calicut in Indien stärken. Die lange Reise ins fernöstliche Gewürzparadies war ohnehin schon mühsam genug, jetzt war er auch noch nach Westen abgetrieben. Was sollte er an diesem Ufer da mit dem glitzernden Strand, in diesen nur von nackten Indianern bewohnten Palmenhainen?

Aber immerhin, es war Terra incognita, unbekanntes Land, und in jenem Zeitalter der Seefahrer, als das alte Europa zur Eroberung der Welt aufbrach, wurde nichts verschmäht. Im Namen seines Königs, Manuel I. von Portugal, nahm Cabral Besitz von der vermeintlichen Insel, taufte sie Vera Cruz (Wahres Kreuz) und ließ sogleich den ersten christlichen Gottesdienst abhalten. Schließlich war es ja der Papst von Rom gewesen, der sechs Jahre zuvor im kastilischen Tordesillas auch dieses Gebiet – eben alle Neuentdeckungen, die östlich einer 370 Seemeilen westlich der Kapverdischen Inseln gedachten Linie lagen – dem Königreich Portugal zugeschlagen hatte, während Spaniens Krone sich das Land westlich davon aneignen durfte. Die Indianer fragte keiner – die sollten ja gerettet werden: das Gold für den König, die Seelen für den Papst, das Abkommen war perfekt.

Cabrals Sekretär, Pedro Vaz de Caminha, schrieb in seinem Bericht an den König vor allem begeistert über die Eingeborenen: »Sie sind braun von Aussehen, fast rötlich, haben angenehme Gesichtszüge und wohlgeformte Nasen. Sie gehen nackt und scheuen sich ebensowenig, ihre Geschlechtsteile unbedeckt zu lassen wie das Gesicht.«

Cabral fuhr nach einer Woche schon weiter – er hatte weder goldgeschmückte Azteken noch städtebauende Inka gefunden und glaubte, daß hier keine großen Geschäfte zu machen seien. So verließ er ein Territorium, das zum fünftgrößten Flächenstaat der Welt werden sollte, das Gold und Diamanten in Massen barg, aber auch mit Zucker, Kaffee oder Kautschuk schier grenzenlosen Reichtum produzieren sollte. Aus dem von Cabral kaum beachteten Stück Erde wurde Brasilien, ein Land der Superlative und der Gegensätze, moderne Wirtschaftsmacht und Hort unsäglichen Elends zugleich.

Wie man es auch zu fassen versucht, Brasilien entzieht sich immer wieder. Gerade dann, wenn man glaubt, ein Bild gewonnen zu haben, entdeckt man eine neue Facette, die neue Welten in sich trägt. Man kann endlos »hüpfen« in Brasilien, mit dem Air Pass genannten Rundflugticket Eindrücke sammeln: eine Prise Barockkunst hier, ein wenig Palmenstrand dort, deutsches Oktoberfest heute, afrikanische Kulte morgen. Jahrelang könnte man sich in Folklore und Handwerk vertiefen, die grenzenlos reiche Tier- und Pflanzenwelt beobachten. Wer nicht mit dem Flugzeug herumdüsen will, schippert tage- oder wochenlang auf dem Amazonas, in der Hängematte an der Reling baumelnd, dicht über dem Wasser. Hautnah erlebt das so reisefreudige brasilianische Volk, wer das Land auf den Tausende von Kilometern langen Buslinien abklappert: Wie wäre es mit der Route Cascavel – Bôa Vista, von Süden nach Norden, direkt durch den Amazonas-Urwald? Oder mit Rio – Recife – Juàzeiro, durch die alten Kulturlandschaften der Küste und dann ins trockene Hinterland? Brasilien kennenlernen? Man kann jahrelang im Lande wohnen und noch immer am Anfang stehen.

Das rote Glutholz gab dem Land den Namen

Wer sich heute auf Cabrals Route der Küste bei Pôrto Seguro – zu deutsch: sicherer Hafen – nähert, sieht das grüne Küstengebirge und den leuchtenden Strand noch genauso vor sich wie einst der portugiesische Seefahrer. In der Flußmündung schäumt das Süßwasser, wo es auf das Riff trifft. Davor das türkisfarbene Meer, und am Strand auch heute hübsche braune, wenn auch nicht mehr ganz nackte Menschen. Sie bedecken sich notdürftig mit farbenfrohen Tangas, und das Braun haben sie gerade erst durch Sonnenbäder erworben. Sie kommen aus den Großstädten, drängen sich in Hotels und in Bungalows im Schatten von Kokospalmen. Zahllose Restaurants und Boutiquen in der bezaubernden Altstadt zeigen die Wandlung jenes Ortes, an dem der weiße Mann erstmals Brasiliens Boden betrat.

Ungefähr auf halbem Wege zwischen Rio de Janeiro, der Millionenstadt des industrialisierten Südens, und dem afrikanisch anmutenden Salvador liegt Pôrto Seguro auch zwischen zwei Brasilien, zwei Polen eines Landes, in dem die Gegensätze nicht enden wollen.

Der König von Portugal, der mit seinem kleinen Volk auch weite Besitztümer in Afrika und Asien beherrschen wollte, wußte zunächst gar nicht, was er mit dem Land jen-

◁ *Das Wühlen in Müllhalden – eine Überlebensstrategie der Armen Brasiliens. Der Abfall der Großstädte zeugt zugleich vom ungezügelten Konsum einer Nation auf dem Weg zur wirtschaftlichen Großmacht.*

▷ *Der Zuckerhut – das Wahrzeichen von Rio de Janeiro. Als markanter Blickfang ragt er in der Bucht von Guanabara aus dem Meer. Eine Seilbahn bringt den Besucher auf den Gipfel. Aus rund 390 Metern Höhe bietet sich ein grandioser Ausblick über die Stadt.*

◁ *Seit 1931 breitet »Christus der Erlöser« die Arme auf dem Corcovado aus. 704 Meter ragt der Berg im Stadtgebiet von Rio auf, und 38 Meter darüber hinaus erhebt sich das riesenhafte Symbol des Glaubens, ein Werk des französischen Bildhauers Paul Landowski und des brasilianischen Ingenieurs Heitor Costa.*

seits des Atlantiks anfangen sollte. Es kamen Abenteurer und Händler, die europäischen Glitzerkram gegen Federn oder Felle eintauschten. Vor allem aber suchten sie ein rotes Holz, das als Färbemittel sehr beliebt war. Pau brasil, Glutholz, nannten es die Portugiesen und gaben ihrer neuen Kolonie damit den Namen. Auch französische Piraten fuhren auf der Suche nach Stützpunkten für ihre Überfälle auf die Afrikaflotten das neue Ufer ab. An Land blieben zunächst nur Sträflinge oder Matrosen, die von Bord getürmt waren. Erst 31 Jahre nach Cabrals Landung gründete Martin Afonso de Sousa in Pernambuco die ersten festen Siedlungen. Brasilien entwickelte sich noch jahrhundertelang fast ausschließlich entlang der Küste.

△ *Favelas heißen die Elendsviertel, von denen es allein in Rio ungefähr 400 geben soll. Auf engstem Raum drängen sich die Menschen, immer wieder von Unwettern bedroht, durch Krankheit, Alkohol und Resignation geschwächt. Natürlich blüht hier die Kriminalität, aber es gibt auch Solidarität, schlichte Menschlichkeit, Zuversicht und sogar Fröhlichkeit.*

Küste, Schild, Flüsse – und ein »Monument der Menschheit«

Von Uruguay im Süden bis in den Nordosten erstreckt sich die Küste, zunächst flach, mit weiten Stränden, dann von einem steilen, dicht bewaldeten Gebirge, der Serra do Mar, begleitet. Der Landstreifen davor ist oft sehr schmal, etwa zwischen São Paulo und Rio, wo er die schönsten Buchten des Landes bildet. Vom Hafen Paranaguá führt heute eine spektakuläre Eisenbahnlinie nach Curitiba hinauf, von Santos dagegen, einem der größten Häfen, schwingt sich eine

Autobahn elegant in die nebligen Höhen der Serra und weiter zur Industriemetropole São Paulo. Von hier zieht ein zweiter Gebirgszug nach Nordosten, die Serra da Mantiqueira, ein beliebtes Ausflugsgebiet der Einheimischen, auch als brasilianische Schweiz bekannt. Nördlich von Rio heißt diese Bergkette Serra do Espinhaço. Sie erstreckt sich bis nach Bahia und umfaßt im Gebiet des 2890 Meter hohen Pico da Bandeira, des höchsten brasilianischen Berggipfels, auch einen Nationalpark.

Brasilianischer Schild – so nennen Geologen die Gesteinsmasse, die vom Gebirgszug entlang der Küste nach Westen hin langsam abfällt und auf der sich der Großteil des brasilianischen Territoriums befindet. Der Schild ist brüchig, von flachen Hochplateaus und vulkanischen Aufquellungen unterbrochen – etwa den schönen Gesteinsformationen im Bundesstaat Paraná.

Die Neigung des Schildes nach Westen bestimmt die Richtung der Flüsse. Der Regen, der etwa in São Paulo, nur 30 Kilometer von der Atlantikküste entfernt, fällt, fließt nach Westen ab und legt Tausende von Kilometern zurück, ehe er über den Rio Paraná und den Rio de la Plata schließlich in den Atlantik gelangt.

Der Rio Paraná entsteht in Zentralbrasilien und fließt zunächst nach Südwesten, bevor er in Argentinien seine Richtung zum Atlantik hin wendet.

Zuvor überwindet er allerdings noch einen gewaltigen Bruch: die Wasserfälle von Iguazú. Auf einer Breite von 3,6 Kilometern stürzen die Wassermassen bis zu 72 Meter tief zu Tal – ein Naturschauspiel, wohl beeindruckender noch als die berühmten Niagarafälle. Von der UNESCO wurden die Wasserfälle von Iguazú zum »Monument der Menschheit« erklärt.

Auch der Rio São Francisco entspringt im zentralen Hochland, fließt aber dann parallel zur Küste nach Nordosten ab. Er war einmal eine wichtige Verkehrsverbindung Brasiliens: Auf ihm brachte man hungernde Landarbeiter in die Kaffeeplantagen und Industriebetriebe des Südens.

Noch heute quälen sich ein paar nostalgisch anmutende Heckraddampfer – Gaiolas, Käfige, genannt – auf seinen Fluten. Wann so ein Schiff ablegt, ist in Erfahrung zu bringen; wann es jedoch ankommt, kann auch der Kapitän nur schätzen. Zu beiden Ufern des Flusses herrschen Dürre und Armut – nur wenige Fazendeiros besitzen Pumpen, um ihre Felder zu bewässern. Nach einem 4200 Quadratkilometer großen Stausee macht der São Francisco einen Knick nach Osten und bricht zum Atlantik durch.

Die gewaltigsten Wassermassen aber fließen nach Norden in den Amazonas: Araguaia, Xingu, Tapajós – Ströme von majestätischer Pracht und wilder Romantik. Das Amazonas-Becken, ein im Westen – an den Grenzen zu Peru und Bolivien – weites Tiefland, verengt sich gegen Osten. Hier stößt der weitaus wasserreichste Strom der Erde nach mehr als 6000 Kilometern durch das Gebirge und schiebt sein Süßwasser noch meilenweit in den Atlantik hinaus.

Das Tierspiel – illegal, aber ehrlich

»50 Cruzados, Affe«, sagt der elegant gekleidete Herr zu dem Mann an der Ecke. Der nimmt seinen Block zur Hand, kritzelt kurz etwas nieder, überreicht dem Herrn das Blatt und steckt dafür einen Geldschein ein. »Affe« war offensichtlich keine Beleidigung. Der Herr hat aber auch keine Anzahlung für ein Tier geleistet.

Was da an einer Straßenecke abläuft, ist das Jogo do bicho oder Tierspiel. »Es ist das einzige, das in diesem Land funktioniert und wo ehrlich ausbezahlt wird«, meinte der Gouverneur Leonel Brizola. Das Bicho ist ein illegales, aber zur Zeit toleriertes Glücksspiel. Der Fremde bemerkt kaum etwas davon, aber für die Brasilianer gehört das Spiel genauso zum Alltag wie die Kirche oder die TV-Novelas. Ein Dutzend Mafia-Bosse kontrolliert das Ganze. Sie organisieren die Auslosung und garantieren den Gewinnern die Auszahlung. Ihnen vertrauen, das beweisen Umfragen, die Menschen mehr als der Regierung. Die Mafia bietet ihren Mitarbeitern – allein in Rio sind es über 50 000 – Sicherheit und feste Anstellung.

Ende des 19. Jahrhunderts hat Baron Drumond die Tier-Lotterie erfunden, um Geld für den Zoo von Rio zu sammeln. Für die Analphabeten ersetzte er die Zahlen durch Tierbilder. Bis heute entspricht zum Beispiel ein Affe der Zahl 17.

▷ *Karneval in Rio – die vier tollen Tage sind für die Cariocas der Höhepunkt des Jahres. Unvorstellbar, nicht dabeizusein, wenn die Paraden der Samba-Schulen – wie hier im Sambódromo – den Rhythmus der Stadt bestimmen und Lebensfreude über alle Drangsal triumphiert.*

▽ *Prachtentfaltung um fast jeden Preis – mit nie versiegendem Einfallsreichtum und ungeheurem Aufwand werden die Kostüme für den Karneval geschneidert. Selbst die Bewohner der Favelas, der Armenviertel von Rio, scheuen weder Kosten noch Mühe, um sich einmal im Jahr in Glanz und Luxus zeigen zu können.*

Das Volk: Caboclos bildeten den Grundstock

Schon die ersten Kontakte des weißen Mannes mit der Neuen Welt brachten tiefgreifende ökologische Veränderungen mit sich. Das im Urwald der Serra do Mar im Überfluß wachsende pau brasil wurde innerhalb weniger Jahrzehnte fast gänzlich abgeholzt. Die Tradition der Raubwirtschaft setzt sich bis heute fort.

Die Indianer hatten dem Bericht Pedro Vaz de Caminhas zufolge keine Angst vor den Besuchern aus Übersee: »Sie fühlten sich unter uns sicherer als wir uns unter ihnen.« Und mehr als das: »In jener Zeit schliefen sie frei mit unseren Mädchen, was wir als Ehre empfanden«, berichtete der Indianer Mamboréuaçu über die Entdecker. Als sich die ersten Siedlungen gefestigt hatten, kamen die Priester. »Da durften sie nicht mehr die Mädchen nehmen, sondern nur jene, die Gott erlaubt durch Heirat. Und die mußten getauft sein.«

Die Priester brachten ihre Kreuze und begannen zu taufen. Anders als etwa bei den englischen Pionieren in Nordamerika hielten keine Tabus die Portugiesen davor zurück, mit den Eingeborenenfrauen Nachkommen zu zeugen. Die Brasilianer waren von Anfang an dazu bestimmt, ein Volk vieler Rassen zu werden, die Caboclos, Kinder aus Verbindungen von Europäern mit Indianern, bildeten den Anfang.

Sobald aber die Handelsposten Kolonien wurden, veränderte sich das Verhältnis zu den Indianern. »Weder sie noch die Priester konnten ohne Sklaven leben, die für sie arbeiteten«, klagte Momboré-uaçu über die neuen Herrscher. Es gab ja kein Gold wie im Mexiko der spanischen Konquistadoren. Wer sich in Pernambuco niederließ, mußte Handel treiben oder produzieren. So entstand eine ganze Reihe wirtschaftlicher Zyklen, die dadurch gekennzeichnet waren, daß Brasiliens Reichtum von einem einzigen Exportprodukt abhing. Zunächst war es der Zucker.

Zucker – Basis für Schnaps, Treibstoff und politische Macht

Vom Nordosten des Landes bis hinunter nach Rio de Janeiro legten die Portugiesen Fazendas an, endlose Plantagen mit glänzend grünem Zuckerrohr. Martim Alfonso de Sousa brachte die süßen Stengel 1532 nach Brasilien. Zucker gelangte damals nur in geringen Mengen aus Asien nach Europa. Er war so wertvoll, daß er sogar in Apotheken als Heilmittel verkauft wurde. Könige erwähnten Zucker in ihren Testamenten oder gaben ihn Prinzessinnen zur Mitgift. An Brasiliens Küste fanden die Portugiesen beste Bedingungen für den Zuckerrohranbau: guten Boden und ein ideales Klima mit einer Durchschnittstemperatur von etwa 25 Grad Celsius. Land war genug da, der Urwald mußte nur niedergebrannt werden. So wurde Zucker das wichtigste Exportprodukt. Schon in der zweiten Hälfte des 16. Jahrhunderts beherrschte Portugal den Weltmarkt.

Seit Mitte des 17. Jahrhunderts machten jedoch die Antillen Brasilien den Rang des wichtigsten Zuckerproduzenten Südamerikas streitig. Langsam setzte der Niedergang ein, und bis heute schwächt ein unsicherer Weltmarkt die Branche. Aus dem Zucker brennen die Brasilianer auch einen kräftigen Schnaps, das Nationalgetränk Cachaça. Es ist am besten mit ein wenig Zucker, Limonen, Eis und viel Vorsicht als Caipirinha zu genießen.

Eine andere Verwendung von Alkohol hat die Zuckerplantagen in den letzten Jahrzehnten wirtschaftlich wiederbelebt: Alkohol als Brennstoff treibt viele brasilianische Autos an. Bedrängt durch Ölkrise und Auslandsschulden hofften die bis 1982 regierenden Militärs, ihre energetische Unabhängigkeit einfach anpflanzen zu können. Dank deftiger Subventionen breitete sich das Zuckerrohr in Windeseile auf den besten Ländereien des Bundesstaats São Paulo aus.

Das Alkoholprogramm war gigantisch, ja einmalig auf der Welt, aber – wie so oft in Brasilien – von recht zweifelhaftem wirtschaftlichem Wert. Zwar machten Regierungsgelder die »neuen« Fazendeiros reich, und die Mittelklasse konnte auch während der Ölkrise getrost am Wochenende ins Grüne fahren, aber die Armen hungerten weiter.

Ebenfalls durch Zucker-Fazendeiros war im Brasilien des 16. Jahrhunderts eine der ersten »modernen«, wirtschaftsorientierten Gesellschaftsordnungen in den Tropen entstanden. Portugiesische Familien verkauften in ihrer alten Heimat ihr ganzes Hab und Gut, um jenseits des Atlantiks eine neue, bessere Existenz aufzubauen. »Von 1532 an war die Kolonisation in Brasilien durch die Herrschaft der ländlichen Familien charakterisiert«, schreibt der Soziologe Gilberto Freyre in seiner klassischen Studie »Herrenhaus und Sklavenhütte«. Die Macht der Landherren etablierte sich neben einer schwachen Verwaltung. 1549 wurde São Salvador da Bahia de Todos os Santos, meist einfach Salvador genannt, Sitz eines königlichen Gouverneurs.

△ *Eine Show der Armen für die Reichen – das ist der Karneval heute. Die Samba-Schulen sind straff organisierte und gewinnorientierte Unternehmen, die an dem Riesenspektakel viel verdienen. Dennoch ist der Carnaval do Brasil unvergeßlich für jeden, der ihn einmal miterlebt hat.*

Die feudale Ordnung der Landherren ist – Jahrhunderte später – immer noch spürbar. Die wirtschaftliche Macht, die von den Zuckermühlen ausstrahlte, wurde von den Fazendeiros politisch genutzt. Sie ließen sich Coronel (Oberst) nennen, obwohl die wenigsten von ihnen diesen militärischen Rang besaßen. Ihre Herrschaft über die Bauern blieb bis heute eine Art Leibeigenschaft, die nur durch die Verstädterung langsam schwindet. Der Coronel und seine Freunde, die Clique jener, die wirtschaftliche Macht ausüben – sie bestimmen noch immer die Politik in Brasilien, eine Politik der Klüngel und Lobbies, die sich nur zögernd zu einer modernen Demokratie zu mausern beginnt.

Weißmacherei oder Rassenharmonie?

Die sichtbarste Folge des Zuckerzyklus war der Handel mit Sklaven aus Afrika. Im Jahre 1537 hatte der Papst in einer feierlichen Bulle die Sklaverei verurteilt und verboten, doch das kümmerte die Gutsherren nicht. Plantagenwirtschaft ließ sich in großem Stil nur mit Zwangsarbeit betreiben, und als die Indianer sich in den Urwald zurückzogen, entstand ein großer Bedarf an Arbeitskräften. So begann für die portugiesischen, britischen und holländischen Händler, die an den Küsten Afrikas gegen Schnaps und Tabak Schwarze eintauschten, ein Bombengeschäft. Auch die Krone in Lissabon schöpfte reichlich Steuergelder aus dem Menschenhandel. Etwa vier Millionen Afrikaner gelangten so nach Brasilien, bis die Sklaverei im 19. Jahrhundert verboten wurde.

Heute sind zwar nur rund sechs Prozent der Bevölkerung Schwarze, doch über ein Drittel des Volkes besteht aus Mischlingen. Denn die weißen Herren der Fazendas, die sich schon so freizügig der Indianerinnen bedient hatten, zeigten auch gegenüber ihren schwarzen Sklavinnen keine Zurückhaltung. »Das koloniale Leben Brasiliens begann in der Atmosphäre eines Sexualrausches«, meint Gilberto Freyre. Junge Brasilianer, die mit schwarzen Kindermädchen ihre ersten sexuellen Erfahrungen machten, brüsteten sich mit den Spuren der Syphilis, als wären es Kriegsverletzungen. Sadismus und Willkür gegenüber den Sklaven waren an der Tagesordnung. Eine »Sucht zu befehlen« erkennt Freyre denn auch in den gehobenen Klassen; die Folgen der Sklavenhaltung werden in Gesellschaft und Politik sichtbar: »In Brasilien hat sich die konservative Tradition immer auf den Sadismus des Befehlens gestützt.«

Sklaverei und Mischung der Rassen schufen den Mythos der Rassenharmonie: Anders als in Südafrika herrsche in Brasilien Frieden unter den Menschen verschiedener Hautfarbe, so wird behauptet. Gewiß sind die Konflikte hier nicht so kraß wie anderswo; ein Grund hierfür ist sicherlich die portugiesische Tradition, ihr Hang zu Kompromiß und Schlichtung. »Wir haben kein Rassenproblem, weil die Neger bei uns wissen, wo sie hingehören«, sagt ein Witz, der den Mythos gründlich widerlegt. Der Rassismus ist in Brasilien verhüllt, aber allgegenwärtig. In der Politik gibt es wenige Schwarze, unter den Generälen keinen einzigen. Führungspositionen in der Wirtschaft erobern sie nur schwer. Schwarz ist meist gleichbedeutend mit arm – je schwärzer, desto ärmer. »Weißmachen« lautete lange Zeit die offizielle Ideologie – man glaubte, das schwarze Element in der Bevölkerung lasse sich gerade wegen der starken Vermischung »wegzüchten«.

Auch Schwarze verfallen dem Glauben, weiß zu sein sei besser – was wirtschaftlich gesehen sicher stimmt. Mulattinnen aus den Favelas, den Armenvierteln von Rio de Janeiro, träumen davon, sich im Karneval einen Ausländer zu angeln oder ihren stolz zur Schau getragenen Körper in einer Zeitschrift abgebildet zu sehen – so könnte sich eine Karriere als Modell anbahnen. »Jeder möchte eine Mulattin im Bett haben, keiner am Arm«, weiß ein Show-Unternehmer in Rio – auch dies ein Beweis für die Diskriminierung dunkelhäutiger Frauen.

In der Vergnügungsbranche oder als Dienstpersonal werden sie akzeptiert, aber die volle gesellschaftliche Anerkennung wird ihnen verweigert. Die von den Medien kultivierten Schönheitsideale, die Top Models, die Konsumtrends schaffen, sind immer weiß. Aber noch schlimmer ist: Schwarz wird mit kriminell gleichgesetzt. In der Polizeischule von São Paulo hängt eine Tafel mit folgendem Text: »Ein stehender Neger ist verdächtig, ein rennender Neger ist schuldig.«

»Irgendwann verlieren wir die Geduld«

Nicht durch Apartheid, sondern durch eine gleitende soziale Abstufung von unten nach oben, von Dunkel nach Hell werden die Schwarzen unterdrückt. Von der Gesellschaft anerkannte Kulturelemente der Schwarzen werden integriert und als »typisch brasilianisch« nationalisiert. Ihr Ursprung wird »vergessen«. So gilt die einstige Sklavennahrung Feijoada, schwarze Bohnen mit verschiedenen Fleischsorten, Grünkohl und Reis, heute als brasilianische Spezialität. Die politische Realität zeigt die Diskriminierung direkter: Noch in jüngster Zeit forderte ein Berater des Bundesstaates São Paulo eine Geburtenkontrolle für alle Farbigen, weil sonst die weiße Mehrheit bis zum Jahr 2000 verlorengehen könnte.

Das Selbstbewußtsein der Schwarzen lebt von der Verleugnung ihrer rassischen Herkunft. Bei der Volkszählung von 1980 gaben die Befragten 136 verschiedene Farbtöne an, um das einfache »Schwarz« oder »Mulatto« zu vermeiden. Erst in den letzten Jahren tauchten erste Anzeichen schwarzen Stolzes auf: Es entstanden den Black Panthers vergleichbare Gruppen in Bahia, afrikanische Kulturvereine in Rio oder São Paulo. »Wir sind geduldig«, erklärt der schwarze Gangsterboß einer Favela, »wir lassen den weißen Mann jahrhundertelang auf unseren Zehen herumtreten. Aber irgendwann verlieren wir die Geduld. Wir sind zahlreicher und besser bewaffnet als alle Polizei, die Rio aufbieten kann. Wehe der Stadt, wenn wir von den Hügeln unserer Favelas herunterkommen.«

Sicher stimmt es, daß die Banden der Elendsviertel über große Mengen an Waffen verfügen. Aber noch fehlt den Menschen hier das Bewußtsein für eine gemeinsame Aktion, die im Grunde eine Revolution wäre. Sozialer Protest schlägt sich bislang in Kriminalität nieder, aber in der überwiegenden Mehrheit sind die Favela-Bewohner ehrliche Bürger, die in Frieden leben möchten und weit mehr unter der Kriminalität leiden, als daß sie an ihr teilhaben.

Graues Elend und bunte Folklore

Die Zuckerkultur bestimmte die rassische Zusammensetzung Brasiliens. Und sie schuf ein Wirtschaftsmodell, das im Dienst eines Kolonialherrn auf Exportproduktion ausgerichtet war. Der Zucker prägte den Nordosten Brasiliens, neben dem industrialisierten Süden und dem Amazonas-Urwald eine der drei Regionen, in die sich

In Recife trifft man auf eine einzigartige Volkskunst, reich und mannigfaltig wie sonst nirgends im Lande. Das alte Gefängnis von Recife beherbergt heute eine Boutiquengalerie, in der man die Kunst aus dem Hinterland findet: Schmuck und folkloristisches Kunsthandwerk wie die farbig bemalten Tonfiguren, die Szenen aus dem Alltag oder historische Gestalten darstellen, etwa den Banditen Lampião mit seiner Gefährtin Maria Bonita.

Auch die Kehrseite des Nordostens tritt in Recife unmittelbar zutage: zwölfjährige Mädchen, die sich für ein Trinkgeld prostituieren, damit sie essen können, Kinderbanden, die sich durch Betteln und Stehlen knapp am Leben erhalten. Das Elend ist an jeder Ecke, in jedem Straßenzug zu sehen.

▽ *Im feuchtheißen Klima Amazoniens gedeiht eine Fülle tropischer Früchte. Transportiert werden die Schätze des dünn besiedelten und wenig erschlossenen Landes vorwiegend auf den zahllosen Flüssen, die das riesige Stromgebiet des Amazonas durchziehen.*

△ *Der Amazonas ist der wasserreichste Fluß der Erde. Gespeist von zwei in den Anden entspringenden Quellflüssen, dem Marañón und dem Ucayli, sowie von über 1000 Nebenflüssen, umfaßt sein Einzugsgebiet rund sieben Millionen Quadratkilometer. Die »grüne Hölle«, das Amazonastiefland mit seiner üppigen Vegetation, macht über ein Fünftel des südamerikanischen Subkontinents aus.*

◁ *Manaus – einst die Metropole der Gummibarone, nach dem Kautschuk-Boom zur ärmsten Stadt Brasiliens heruntergekommen. Heute ist Manaus ein aufstrebendes Industriezentrum, das Tausende aus ganz Amazonien anzieht. Doch viele von ihnen landen in den Favelas am Rande des Río Negro, wo sie sich primitive Holzhütten auf Pfählen oder Flößen errichten und auf Arbeit und ein besseres Leben hoffen.*

das Land aufteilen läßt. Einst Quelle so großen Reichtums, ist der Nordosten heute das Armenhaus Brasiliens. Neben den prächtigen Bauten der einstigen Hauptstadt Salvador – es gibt hier mehr als 200 Kirchen – stehen verfallene Häuserfronten an stinkigen Gassen, in denen sich Bettler und Ratten treffen.

Der Nordosten ist das Gebiet, in dem die sozialen Gegensätze am krassesten aufeinanderprallen. Die Nachfolger der Coroneis, die über immense Reichtümer verfügen, leben neben den Ärmsten, zu denen ein Drittel des brasilianischen Volkes gehört. Hier erweisen sich die Klischees über die Dritte Welt als wahr: Swimming-pools vor den Villen neben verdurstenden Kindern in den Slums.

Im Nordosten, zwischen Maranhão und Bahia, hat die Rassenvermischung einen eigenen, kaffeebraunen Menschenschlag von oft großer Schönheit hervorgebracht. Auch die etwas singende Sprechweise der Nordestinos ist unverwechselbar.

Immer mehr Besucher entdecken Brasilien heute im Nordosten. Recife ist ein bedeutender Zielort für Charterflüge geworden. Die von zahlreichen Kanälen durchzogene Stadt war einst holländischer Besitz. Von 1630 bis 1654 konnten sich die Niederländer halten, aber es kamen keine Siedler nach, und so wurden sie von den Portugiesen wieder verdrängt. Blaue oder grüne Augen in den dunklen Gesichtern mancher Nordestinos und einige Gebäude in der Stadt sind das einzige Erbe der niederländischen Kolonialisten.

Sertão – Land der Skorpione und Rebellen

Im Hinterland von Recife folgt auf die feuchtheiße Zona da mata, die noch immer vorwiegend vom Zucker beherrscht wird, der Agreste, wo Mais, Baumwolle, Tabak und Grundnahrungsmittel wie Maniok und schwarze Bohnen angebaut werden.

Immer wieder von Dürreperioden heimgesucht – die letzte dauerte sieben Jahre –, kann der Nordosten seine Bewohner nicht ernähren. Das gute Land gehört den Großgrundbesitzern, was dahinter liegt, bietet nur

Mühsal. Sertão heißt dieses Land, in dem pro Jahr oft weniger als 500 Millimeter Niederschläge fallen – wenn überhaupt (in der Zona da mata sind es dagegen 2000 bis 15 000 Millimeter). Die Dürre von 1877 bis 1879 kostete 58 000 Menschen das Leben, und im Jahre 1915 verhungerten 30 000. Jorge Amado, Brasiliens bekanntester Schriftsteller, beschreibt in seinem Frühwerk »Seara Vermelha« (Die Auswanderer vom São Francisco), wie sich eine Familie durch die von Skorpionen und Eidechsen bewohnte Buschvegetation des Sertão zum São Francisco vorkämpft, um per Boot und Bahn nach São Paulo zu gelangen.

Die Statistik vermittelt ein Bild des Elends im Nordosten: Hier lebt gut ein Viertel der Bevölkerung Brasiliens, rund 38 Millionen Menschen, doch die Region erzielt nur 14 Prozent des nationalen Einkommens. Fast die Hälfte der Nordestinos verdient weniger als zwei Mark im Monat. Nur zwei Krankenhausbetten gibt es für 1000 Einwohner. Von 1000 Kindern sterben 300 vor ihrem ersten Geburtstag, in Carneiros im Bundesstaat Alagoas sind es sogar 633 von 1000. Über 60 Prozent der Kinder im Nordosten sind unterernährt – der Landesdurchschnitt liegt bei 30 Prozent. Dabei ist die Dürre weniger eine Folge des fehlenden Regens als vielmehr zweifelhafter politischer Prioritäten. Mit zehn Milliarden Dollar, rund einem Zehntel der brasilianischen Auslandsschuld, könnte man zwei Millionen Hektar Land bewässern und damit rund 600 000 Familien ein menschenwürdiges Leben ermöglichen. Daß der trockene Nordosten durch Bewässerung sogar zu einem neuen Kalifornien werden könnte, wissen Experten schon lange. Doch die Regierung gibt lieber Geld für Prestigevorhaben wie das deutsch-brasilianische Atomprojekt aus, das trotz Milliarden-Investitionen noch kein funktionierendes Atomkraftwerk aufzuweisen hat. Völkermord nennen Kirchenführer die Regierungspolitik im Nordosten. Schon jetzt ist der Tod von Millionen Kindern vorauszusehen.

▷ *Mato Grosso heißt dichter Wald. Doch wie lange verdient das Hochland im Südwesten Brasiliens seinen Namen noch? Siedlungen wie diese zeigen, daß der einst unbesiegbar scheinende Urwald durch hemmungslose »Nutzung« von der Ausrottung bedroht ist.*

▽ *Die Iguazú-Fälle: 72 Meter hoch, 3,6 Kilometer breit. Doch was sagen Zahlen angesichts der grandiosen Schönheit dieses Naturschauspiels!*

Es ist kaum verwunderlich, daß der Sertão immer wieder Rebellen und Volkshelden hervorgebracht hat. Seine ungebildete, dem Aberglauben ergebene Bevölkerung machte Banditen zu Helden: jene Cangaceiros, die hoch zu Pferd, breitkrempige Lederhüte auf dem Kopf, plündernd von Fazenda zu Fazenda zogen. Die mordenden Banden bekamen von den Kleinbauern des Sertão die Absolution eines Robin Hood. Der letzte dieser Gesetzlosen, Lampião, starb im Kugelhagel der Polizei zur selben Zeit, als der Lastwagen in den Nordosten gelangte. Viele Menschen glauben noch immer, Lampião sei gar nicht tot und werde eines Tages zurückkehren, um den Kampf für die Armen weiterzuführen.

Auch Antonio Conselheiro, dessen Name Ratgeber bedeutet, lebt im Gedächtnis des Volkes weiter. Er zog Ende des 19. Jahrhunderts als Bettelprediger durch die Dörfer. Brasilien war 1889 Republik geworden, und seine Sozialkritik verband sich mit der scharfzüngigen Geißelung der »gottlosen Republik«. Conselheiro sammelte auf seiner Wanderschaft ein riesiges Gefolge um sich. Denn seine Botschaft vom Ende der Welt entsprach dem Leben jener Menschen, die nichts zu verlieren hatten außer der Hoffnung, die der Prediger in ihnen weckte. In Canudos baute er eine neue Hauptstadt, die Cangaceiros wurden seine Truppen. Drei Expeditionen mußte das brasilianische Heer unternehmen, um dem Wahn ein Ende zu setzen. In einem grausamen Blutbad wurden schließlich Tausende rücksichtslos niedergemetzelt, auch Alte, Frauen und Kinder.

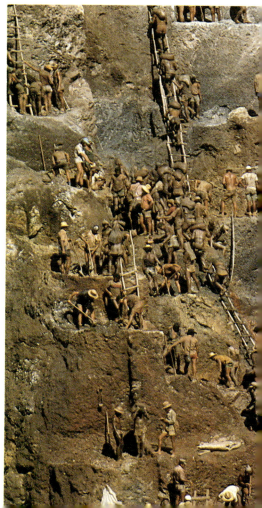

▷ *Goldrausch in Amazonien: Im Süden von Pará öffnet sich mitten im Urwald ein riesiger Krater, in dem es wie von Ameisen wimmelt. Tausende von »Garimpeiros« graben hier nach Gold, getrieben von Abenteuerlust und der Hoffnung auf den großen Fund.*

Goldrausch seit 300 Jahren

Als der Zuckermarkt längst daniederlag, begann in Brasilien ein neuer Wirtschaftszyklus, und erneut entstand ein einseitiges Abhängigkeitsverhältnis: Im Hinterland von Rio waren Ende des 17. Jahrhunderts Gold und Diamanten gefunden worden. Minas Gerais, allgemeine Minen, nannte man die Gegend, in die sich nun eine Flut von Menschen stürzte, ganze Familien mit Frauen, Kindern und Sklaven. Ein Jahrhundert lang dauerte das Goldfieber, das die Besiedlung des Binnenlandes vorantrieb. In den Hügeln von Minas Gerais entstand eine Großstadt, Ouro Preto (Schwarzes Gold), mit 100 000 Einwohnern. Sie ist noch heute ein Juwel der Baukunst.

Zwischen 1700 und 1801 lieferte Brasilien fast 1000 Tonnen Gold nach Portugal. Das war mehr, als die Spanier in den 357 Jahren zwischen 1493 und 1850 aus der Neuen Welt auf ihre Galeonen verladen konnten. Nur ein geringer Teil des geförderten Reichtums blieb im Lande. Um die Minen besser kontrollieren zu können, verlegte die Krone in Lissabon die Hauptstadt der Kolonie nach Rio de Janeiro.

Der Goldzyklus ging vorbei, doch der Goldrausch blieb. Garimpo nennt man heute ein Unternehmen, zu dem sich abenteuerlustige Männer verbinden, um gemeinsam nach Gold zu graben. Die meisten Fundstellen liegen in Amazonien, beispielsweise bei der Serra Pelada (Kahler Berg) im Süden des Bundesstaates Pará. Wie ein riesiger Mond-

Internationale Fernsehkultur – die Platinvenus von Rio de Janeiro

Wolken jagen über den Himmel, Regen peitscht den dichten Urwald, dann explodiert ein gewaltiger Feuerball. Ein Kopf bricht aus dem glitzernden Wasserspiegel hervor, dann noch einer. Langsam recken sich zwei in farbige Stoffetzen und metallisch schillernde Spiralen gekleidete Figuren empor – Adam und Eva des dritten Jahrtausends? Ein Dutzend solcher Fabelwesen tanzt schwerelos über Felsklippen und Eisflächen, auf endlosen Dünen stehen sie Spalier. Ein blauer Planet taumelt aus dem Unendlichen hervor.

Was man für einen Science-fiction-Film von George Lukas halten könnte, ist die Programmeröffnung des privaten brasilianischen Fernsehsenders Rede Globo, den man »die Platinvenus« nennt. Hier kreiert Hans Donner, ein gebürtiger Deutscher, Computergrafik wie kaum ein zweiter auf der Welt; er produziert die Zwischenakte der Show. Donner hat entscheidend zum sagenhaften Erfolg des Globo beigetragen, der in nur 20 Jahren zum viertgrößten privaten Fernsehsender der Welt aufstieg.

Novelas heißen die Fernsehserien, die Brasilien über Monate hinweg fesseln und Serien wie Dallas platt und langweilig erscheinen lassen. In alle Welt exportiert Globo Produktionen mit den besten Schauspielern des Landes, neben Donners Grafik ein markanter Beitrag zur internationalen Fernsehkultur.

Kubas Fidel Castro und die Zuschauer des Westdeutschen Rundfunks waren von den Novelas gleichermaßen gefesselt. Hunderte Millionen Chinesen feierten Globo-Star Lucelia Santos als Schauspielerin des Jahres.

Das Ruder des Unternehmens führt ein einziger Mann, Roberto Marinho, einer von nur drei brasilianischen Dollarmilliardären. Er hat mehr Macht im Lande als mancher Minister. 70 Millionen schauen sich die Novelas an, genauso viele Menschen, wie Brasilien Wähler zählt.

krater öffnet sich mitten im Urwald ein 20 Quadratkilometer großes Loch. Zigtausende graben sich hier in die Tiefe. Eine Kooperative und die Aufsicht des Ministeriums für Bergbau organisieren das scheinbare Chaos, schwer bewaffnete Bundespolizei sucht den Frieden zu wahren. Alkohol ist verboten, Frauen waren es bis vor kurzem auch.

Die meisten, die da arbeiten, sind Angestellte derjenigen, die als erste hier waren oder von diesen die Schürfrechte erworben haben. Sie bekommen Essen, Unterkunft – im Zelt oder einer Bretterbude – und einen Prozentsatz des gefundenen Goldes. Wer etwas gespart hat, kauft sich Schürfrechte, meist nur für einen winzigen Teilabschnitt, denn die Ausgaben sind hoch: Pumpen müssen ständig das Wasser abschöpfen, das sich im Krater ansammelt, von Zeit zu Zeit müssen Baumaschinen die Seitenwände abfräsen, damit unten weitergegraben werden kann. Zu Tausenden klettern die »Ameisen« unentwegt die unzähligen Leitern hoch, Säcke voll Erde auf dem Kopf, schwarz vom Dreck.

Auch die Flüsse der Amazonasebene bergen reichlich Gold. Fofoca (Gerücht) wird eine reiche Fundstelle im Fachjargon genannt. Wer investieren kann, kauft sich ein großes Floß mit einer Pumpe, die den Schlick hochsaugt, der dann in mehreren Arbeitsgängen behandelt wird, bis nur noch die Goldkörner übrigbleiben. »Ich finde um die fünf Kilo Gold im Jahr«, erzählt der 45jährige Antonio Alcaráz. In der Nähe von Pôrto Velho, wo er im Hotel wohnt, hat er zwei Flöße auf dem Rio Madeira liegen. Sein Vater war Gründer des Symphonieorchesters von Sevilla, seine

Brasilien 101

Mutter stammte aus Barcelona. Während des spanischen Bürgerkriegs sind sie ausgewandert, den Sohn trieb es in den Urwald – dies nur ein Beispiel für die unterschiedlichen Menschen, die man auf einer Fofoca trifft.

Hunderte von Flößen aller Art liegen auf dem Rio Madeira an zahlreichen Stellen beieinander, auch Kneipen, Läden und Bordelle schwimmen auf dem Fluß. Offiziell produziert Brasilien heute 26 Tonnen Gold im Jahr, doch es wird viel geschmuggelt – vielleicht sind es auch bis zu 50 Tonnen.

nach Rio abgesetzt. 13 Jahre später kehrte er nach Lissabon zurück und überließ die Regierung Brasiliens seinem Sohn Dom Pedro. Als das Mutterland den Kronprinzen zur Rückkehr nach Portugal zwingen und Brasilien wieder wie eine Kolonie behandeln wollte, erklärte er am 7. September 1822 die Unabhängigkeit des Landes. Noch im selben Jahr wurde er als Pedro I. in Rio zum Kaiser gekrönt. Sein Sohn Pedro II. regierte von 1840 bis 1889. Er war ein kultivierter, liberaler Mann, der den Sklavenhandel verbot und sich damit die Feindschaft der Fazendeiros einhandelte.

Die Republik kam ebenso friedlich wie die Unabhängigkeit: Pedro II. kehrte nach Europa zurück, Schlichtung statt Konflikt, Ausgleich statt Revolution – ein Kennzeichen brasilianischer Politik, auch heute noch, und sicher ein Erbe der stets versöhnlichen Portugiesen. »Wir ziehen einen faulen Kompromiß immer einem schönen Streit vor«, faßt der Chefredakteur einer Tageszeitung in São Paulo diese Haltung zusammen.

São Paulo wächst mit dem Kaffee

Für den nächsten wirtschaftlichen Zyklus, das Zeitalter des Kaffees, hieß der Schauplatz São Paulo. In diesem Bundesstaat sitzt rund die Hälfte der brasilianischen Wirtschaft, die Stadt São Paulo ist eine der größten der Welt.

Die Terra roxa (rote Erde) macht weite Landstriche des Bundesstaates sehr fruchtbar. Grundlage der Wirtschaftsblüte war eine florierende Landwirtschaft, vor allem der Anbau von Kaffee. Das Wachstum der Stadt ging parallel zum Vordringen des Kaffeestrauches vor sich. 1900 zählte São Paulo knapp 80 000 Einwohner, 1920 waren es schon über eine halbe Million. Heute gibt es 10 Millionen »Paulistas«, und 15 Millionen bevölkern die städtische Agglomeration.

Beim Kaffee verlief die Entwicklung ähnlich stürmisch: 147 000 Sack à 60 Kilogramm betrug die Produktion 1836, schon 1906 lag sie bei 15 Millionen Sack. Hunderttausende

Brasilien bekommt einen Kaiser

Die Abenteuerlust, die immer noch unzählige Menschen in den Urwald treibt, gehört ebenso zu Brasilien wie die maßlose Herrschsucht der Zuckerbarone im Nordosten. Diese ist in besonderem Maße charakteristisch für São Paulo, heute ein Industriemoloch und treibende wirtschaftliche Kraft des Landes. Aus der 1554 von Jesuiten gegründeten Stadt schwärmten während der Kolonialzeit die Bandeirantes genannten Sklavenjäger aus. Trotz der Sklaven aus Afrika verlangten Plantagen wie Minen nach immer mehr Arbeitern. Die militärisch organisierten Bandeirantes jagten die Eingeborenen rücksichtslos bis in die Siedlungen der Jesuiten.

Diese Verfolgungen widerlegen die These von der »friedlichen Kolonisierung« Brasiliens im Gegensatz zu dem grausamen Vorgehen der spanischen Konquistadoren. Bis heute gilt: Wo Indianer den Farmern, Goldsuchern oder Bergbaugesellschaften im Weg stehen, werden sie brutal verdrängt oder gar niedergemacht. Der Völkermord, der im 16. Jahrhundert begann und die Indianer auf heute etwa 180 000 Menschen dezimierte, ist noch immer nicht zu Ende.

Während sich der bis heute noch »wilde Westen« Brasiliens so stürmisch entwickelte, ging die Loslösung der Kolonie vom Mutterland erstaunlich schmerzlos vor sich.

Der König von Portugal hatte sich 1808 auf der Flucht vor Napoleon I. mit seiner Familie

△ ▷ *Dreimal war Brasilien innerhalb von zwölf Jahren Fußballweltmeister. Ballverliebt und pfeilschnell, elegant, verspielt und dennoch erfolgreich – die Experten rangen um Superlative. Die Fans strömten in die Stadien, jubelten und vergaßen ihren tristen Alltag. Namen wie Pelé, Didi und Garrincha verzückten ein ganzes Volk. »Neunzig Millionen im Einsatz, mit Brasilien geht es voran«, sangen die Brasilianer noch 1970, nachdem ihre Mannschaft den Titel gegen Italien errungen hatte. Inzwischen leidet Brasiliens Fußball unter Nachwuchssorgen, und einige Stars zog es zu reichen europäischen Clubs. Folglich bleiben die Zuschauer aus, die riesigen Stadien wie das Paulo Machado Carvalho in São Paulo sind nur noch selten ausverkauft.*

102 Brasilien

Die Herrschaft der Militärs: Modernisierung und Misere

Den Sprung in die Neuzeit forderten vor allem die Militärs, die sich 1964 an die Macht putschten. Die reaktionärsten Kräfte der Gesellschaft hatten ihre uniformierten Wachhunde losgelassen, um ihre Privilegien zu schützen. Besonders die von dem populistischen Präsidenten João Goulart geplante Landreform hatte die Besitzenden erschreckt. Mit dem Ziel, den Kuchen nicht zu verteilen, sondern den Anteil der Reichen zu vergrößern, machten sich die Militärs daran, Wirtschaftswachstum um jeden Preis zu schaffen. »Modernisierung« nannten sie ihr Programm, das demokratische Politiker als »makabre Bilanz der Misere« beschimpften.

strömten nun in den Süden, um auf den Plantagen zu arbeiten, befreite Sklaven aus dem Nordosten und aus Minas Gerais, aber auch unzählige Einwanderer aus Europa, vor allem Deutsche und Italiener. Eisenbahnen wurden gebaut, um den Kaffee in die Stadt und von hier zum Exporthafen Santos zu bringen.

Der Kaffeezyklus ging um 1930 mit der Weltwirtschaftskrise zu Ende. Schon zuvor hatte Überproduktion dazu geführt, daß Kaffeebohnen in Lokomotiven verheizt wurden. Nun brach der Markt vollständig zusammen, fast fünf Millionen Tonnen der einst so wertvollen Ware mußten verbrannt werden.

Für die noch junge Industrie Brasiliens war der Zusammenbruch der dreißiger Jahre eine Chance, sich auf dem einheimischen Konsumgütermarkt zu etablieren. Von der Textil- und Lebensmittelproduktion gingen brasilianische Unternehmer langsam zu technisch anspruchsvolleren Bereichen über, etwa zum Maschinenbau oder zur Elektrotechnik. Die Krise und später der Zweite Weltkrieg schützten die einheimische Industrie vor der Konkurrenz. Im Jahr 1949 waren 19 Prozent der im Land verbrauchten Industriegüter brasilianischer Herkunft. Rücksichtslos drückten dann die multinationalen Konzerne diesen Anteil wieder auf fünf Prozent. Seit den fünfziger Jahren sperrten nationalistische Regierungen jedoch zunehmend die Importe – auch die Multis sollten investieren und Fabriken bauen. Die Einfuhr von Kraftfahrzeugen etwa wurde schlichtweg verboten. So konnte das Volkswagenwerk mit seiner Fabrik in São Bernado do Campo, südlich von São Paulo, eine Vormachtstellung im Bau von Personenwagen erringen, und Daimler-Benz besitzt bei der Herstellung von Lastwagen und Autobussen schon fast ein Monopol. Bayer und Hoechst, Bosch und Siemens – wer heute durch São Paulo fährt und die Firmenschilder betrachtet, könnte sich beinahe wie in Deutschland fühlen.

Das rapide Wachstum der Stadt zu einem der größten Industriezentren Südamerikas hat gewiß Reichtum und eine dynamische

△ *Mit dem Kaffee begann der Aufstieg von São Paulo. Noch um 1900 hatte die Stadt knapp 80 000 Einwohner, heute leben in ihrem Einzugsgebiet rund 15 Millionen Menschen.*

▷ *Diese barocke Kirche zeugt von Brasiliens kolonialer Vergangenheit. Portugiesisches Erbe kommt auch in der friedlichen Lässigkeit der Menschen zum Ausdruck.*

Schicht von Unternehmern hervorgebracht. Zu den auffallendsten Merkmalen von São Paulo gehören aber auch Verschmutzung und Verkehrschaos. Nur wenige Häuser erinnern noch an vergangene Zeiten. An der Avenida Paulista, wo vor wenigen Jahrzehnten noch die eleganten Villen der Kaffeebarone standen, wuchs eine Art Manhattan empor. In Reih und Glied stehen die Glas- und Betongiganten: Banken aus aller Welt, Multis oder Behörden haben hier ihre Quartiere. Nur der von dichtem Tropengrün bewachsene Platz der Republik mit seinen Ententeichen bildet eine Insel ungewöhnlicher Ruhe inmitten der Hektik der Großstadt.

São Paulo schockiert: durch Lärm und Schmutz, Kriminalität und Verkehrschaos. Bei jungen Männern ist Mord eine erschreckend häufige Todesursache. Vor allem in den riesigen Elendsvierteln an der Peripherie herrscht ein ständiger Kampf ums Überleben, ein Krieg gegen kriminelle Banden und eine harte Auseinandersetzung mit der ebenso gewalttätigen wie korrupten Polizei.

Aber São Paulo fasziniert auch. An Stelle der tropischen Trägheit Rio de Janeiros, dessen Oberschicht vor allem vom Grundbesitz zu leben scheint, findet man hier Erfindergeist und Dynamik. Die Menschen sind immer beschäftigt. Die Hektik der Stadt erinnert an New York. Es fehlt vielleicht an Pittoreskem für Touristen und an Gemütlichkeit, aber dafür gibt es ein vibrierendes Nachtleben. Natur kommt zu kurz in dieser Riesenstadt, aber sie bietet das größte kulturelle Angebot des Landes – etwa die in aller Welt anerkannte Kunst-Biennale.

Die Statistiken sind beeindruckend: 1964 stand Brasilien mit seinem Bruttosozialprodukt auf Platz 50 der Weltrangliste. Inzwischen hat es den zehnten Platz erreicht und ist zur achten Industrienation der kapitalistischen Welt aufgerückt. Statt weiterhin nur Desserts zu exportieren – Kaffee, Zucker, Obst –, sprang das Land ins Zeitalter moderner Technologie und gehört heute zu den nur 25 Ländern der Welt, die Flugzeuge produzieren. Die staatliche Flugzeugfirma Embraer erhielt auch Aufträge der britischen und französischen Streitkräfte. In 140 Fabriken produzieren 35 000 Brasilianer jährlich Computer im Wert von mehreren hundert Millionen US-Dollar – der Personalcomputer gehört heute in Brasilien ebenso zum Alltag wie in Europa.

Brasilien rühmt sich des modernsten Telefonnetzes der Dritten Welt; aus dem hintersten Urwalddorf kann man direkt nach São Paulo, New York oder Berlin durchwählen, die Zahl der Anschlüsse stieg auf über sechs

Brasilien 103

Millionen. Die Rekordliste erscheint endlos: Die Produktion von Stahl stieg während der letzten zwei Jahrzehnte um das Sechsfache, die von Zement um das Vierfache. Fünfmal mehr Strom fließt heute aus brasilianischen Steckdosen. Ein Viertel des Industriewachstums der Dritten Welt während der letzten 20 Jahre geht auf das Konto Brasiliens.

Sogar das Erdöl, einst gleichbedeutend mit Krise, schmückt die Erfolgsstatistik: 1972 pumpte die Petrobrás aus eigenen Feldern noch 175000 Barrel pro Tag, heute sind es über eine halbe Million. In Itaipú, dicht bei den Wasserfällen von Iguazú, baute Brasilien das größte Wasserkraftwerk der Erde.

Auch auf dem Lande warten die Apologeten des Brasil Potência (Weltmacht Brasilien –

▷ *Brasiliens Landwirtschaft wird von den Großgrundbesitzern beherrscht. Ein Prozent der Landbesitzer verfügt über fast die Hälfte des Bodens. Entsprechend groß ist der politische Einfluß der reichen Fazendeiros, die bis jetzt jeden Versuch einer Agrarreform zu vereiteln wußten.*

◁ *Ein Straßenfest in Bahia. Überall in Brasilien finden sich im Brauchtum der Schwarzen Elemente aus der afrikanischen Tradition, vermischt mit Ausdrucksformen des christlichen Glaubens. Am deutlichsten zeigt sich dieser Synkretismus im weitverbreiteten Macumba-Kult.*

die inoffizielle Parole des Militärregimes) mit Wunderzahlen auf. Zwischen 1964 und 1980 nahm die Soja-Produktion um das Fünffache zu, der Verbrauch von Düngemitteln stieg pro Hektar um das Elffache, die Zahl der Traktoren um das Achtfache. Angesichts der kilometerlangen Kolonnen von Lastwagen, die Soja zum Exporthafen Paranaguá fahren – Brasilien hat nach den USA den zweithöchsten Soja-Export der Welt –, könnte man fast von einem neuen wirtschaftlichen Zyklus sprechen.

Im Süden Brasiliens wächst das Futter, das die Landwirtschaft der Europäischen Gemeinschaft in absurde Fleisch- und Butterberge verwandelt. Dafür haben unzählige Brasilianer nichts zu essen. Zwar wanderten zwischen 1960 und 1980 über 28 Millionen Menschen in die Städte ab, um den Heißhunger der Industrie nach Arbeitskräften zu stillen; aber sie blieben im Elend. Noch immer verfügen fünf Prozent der Brasilianer über 35 Prozent des Nationaleinkommens. Das Land hat die ungerechteste Landverteilung der Welt, 89 Prozent der Landbesitzer gehört weniger als ein Fünftel des Ackerlandes, aber 0,9 Prozent der Fazendeiros besitzen über 45 Prozent des Bodens.

Dies sind Widersprüche, mit denen die Nation zu kämpfen hat. Rekordzahlen, schnelle Profite für eine reiche Oberschicht – das ist ein Leitmotiv der Entwicklung des Landes. Irgendwann aber muß auch das Volk seinen Anteil bekommen, wenn die Tradition friedlicher Konfliktlösungen gewahrt werden soll.

Zapfbier, Dirndl und Churrasco

Der Süden Brasiliens besteht nicht nur aus Industrie. Schon im Hinterland von São Paulo erwarten den Besucher reiche Provinzstädte wie Ribeirão Preto. Der Wohlstand setzt sich in den Bundesstaaten Paraná, Santa Catarina und Rio Grande do Sul fort. Hier liegt das »europäische« Brasilien, hier siedelten sich Ende des 19. Jahrhunderts deutsche und italienische Einwanderer an. 1861 gründete eine Gruppe aus Pommern das Städtchen Pomerode, wo heute noch zahlreiche Einwohner Deutsch sprechen und der Lutheranischen Kirche angehören. Schützenvereine und Musikkapellen beleben das Oktoberfest im benachbarten Blumenau, das Touristen aus aller Welt anzieht. Zapfbier, Sauerkraut und Dirndl gibt es auch in Santa Catarina. Das 4000-Seelen-Nest Treze Tilias wurde 1933 von Tirolern gegründet und ist heute für seine Schnitzereien berühmt. Von Tannen umgeben liegt es in 840 Meter Höhe weit genug im Süden, um schon Temperaturen unter Null Grad und Schnee zu erleben. Rund 120 Kilometer von Curitiba entfernt liegt Carambei, ein 1911 von Holländern gegründetes Dorf mit Windmühle und niederländischer Zeitung.

Der Süden Brasiliens ist zum Teil Pampa – und für die Viehzucht geeignetes Grasland. Hier liegt der Ursprung des Churrasco: auf Holzkohle gegrilltes Fleisch, das in rauhen Mengen serviert wird und die der wäßrigen Schnitzel überdrüssigen Europäer begeistert.

Amazonien – ein Traum geht zu Ende

Einmal mehr sind es Rekordzahlen, die den dritten Großraum des Landes kennzeichnen, Amazonien. Auf 40 Prozent der Fläche lebten hier bis vor kurzem nur rund fünf Prozent der Einwohner Brasiliens. Eine riesige Welle von Einwanderern ergießt sich aber mittlerweile in die »Grüne Hölle« des Urwaldes. Hier, wo sich ein Viertel aller Bäume der Welt bis zu 60 Meter in die Höhe reckt, wo Tausende von Tier- und Pflanzenarten noch nicht einmal wissenschaftlich erfaßt sind, wo Indianerstämme leben, die noch nie Kontakt mit Weißen hatten, liegen unschätzbare Reichtümer: 50 Milliarden Kubikmeter Edelholz, ein Fünftel der Mineralienreserven der Welt, Gold, Diamanten – und in Carajás ein gewaltiges Eisenerzlager.

Kautschuk löste ab 1860 den ersten Boom in Amazonien aus – Brasilien war ein paar Jahrzehnte lang größter Gummilieferant der Welt. Die Pioniere der Kautschukproduktion häuften in kürzester Zeit riesige Reichtümer an. In Manaus, wo sich die dunklen Gewässer des Rio Negro in die hellen des Amazonas ergießen und so eines der schönsten Landschaftsbilder des Landes bieten, errichteten sie ihre prachtvollen Villen. Sie ließen nicht nur Marmor aus Italien herbeischaffen, sondern schickten sogar ihre Wäsche per Schiff nach Europa zum Waschen. Ein ganzes Opernhaus importierte einer der Kautschuk-Könige und hinterließ der Nachwelt damit eine kulturelle Attraktion. Bald wurde Brasilien aber von den Gummiplantagen in Südostasien überholt, der Reichtum verschwand so schnell, wie er gekommen war. Unternehmer wie Henry Ford, die den wildwachsenden Kautschukbaum auch am Amazonas in Plantagen bändigen wollten, scheiterten.

Erst in den sechziger Jahren lösten die Militärs mit dem Bau der Transamazonas-Straße eine Einwanderungswelle aus. Sie hofften, damit ein Ventil für den übervölkerten Nordosten zu schaffen. Doch es gab Probleme: Ackerbau ist auf dem Urwaldboden nicht möglich. Tausende von Bauern starben an Malaria. Trotzdem spornten die Militärs mit Steuerbegünstigungen auch Großbetriebe an, im Urwald zu investieren. Tausende Quadratkilometer Wald wurden niedergebrannt, um Viehweiden zu schaffen. Dabei ist Brandrodung die sinnloseste Form der Raubwirtschaft; denn der Boden ist bald ausgelaugt und langfristig nicht einmal für Weiden geeignet. Die Rinderfarmen bleiben nur bestehen, weil man Jahr für Jahr weiter rodet, ohne einzusehen, daß Rinderzucht im Urwald widersinnig ist und zu katastrophalen ökologischen Schäden führt. Das Volkswagenwerk gab seinen Versuch, eine Musterfarm im Urwald aufzubauen, 1986 auf.

Aber immer noch ziehen Hunderttausende westwärts in die Bundesstaaten Mato Grosso, Rondônia und Acre. Am Pantanal vorbei – einem an der Grenze zu Bolivien gelegenen Sumpfgebiet mit üppiger Vegetation und großem Vogelreichtum – führt seit einigen Jahren eine Bundesstraße direkt in den Urwald. Dort fällen die Männer die Edelholzbäume und verkaufen sie. Die Reste des Waldes brennen sie rücksichtslos nieder und schlagen das so gewonnene Weideland an einen Viehzüchter los. Dann ziehen sie weiter – in das nächste Stück Urwald oder zur Goldsuche in einen Garimpo.

Ökologen warnen längst vor den Folgen dieses Raubbaus an der Natur, denn der scheinbar grenzenlose Urwald ist gefährdet und könnte in absehbarer Zeit zur Wüste werden. An einigen Stellen ist die Katastrophe schon für jedermann erkennbar, so auf dem Direktflug Manaus – São Paulo, wo das Naturparadies schon tiefe Wunden aufweist.

Gelobtes Land: die Retortenstadt Brasília

Seit dem 18. Jahrhundert wünschten sich viele Brasilianer eine Hauptstadt im Binnenland. 1883 soll sogar eine mystische Weisung an den Salesianer-Heiligen Don Giovanni Bosco in Turin ergangen sein, der von einer Reise nach Südamerika träumte und von einem Land, »das Milch und Honig spendet«. Im Jahre 1956 begann der damalige Präsident Juscelino Kubitschek de Oliveira mit dem Bau des neuen Regierungssitzes in jener Gegend, von der Don Bosco

△ Bis heute ist es nicht gelungen, Brasilia, der neuen Hauptstadt des Landes, urbanes Leben einzuhauchen. Dafür blühen in dieser Stadt aus der Retorte wie an kaum einem anderen Ort Okkultismus, esoterische Zirkel und Sekten – Reaktion der Menschen auf Leere und Einsamkeit.

berichtet hatte. Der Städteplaner Lúcio Costa und der Architekt Oscar Niemeyer schufen eine Stadt mit dem Grundriß eines Vogels, deren Weite von Anfang an Verkehrsprobleme vermeiden sollte. Doch heute klagen viele Bewohner über Leere und Vereinsamung. Die Esplanade der Ministerien etwa wirkt wie eine Wüste, ein riesiges kahles Gelände zwischen den grünlich glitzernden Blöcken der Gebäude: Grandioses ins Unmenschliche gesteigert. Am Ende des Betonspaliers steht ein brillanter Niemeyer-Entwurf: das Parlament mit einer nach oben und einer nach unten geöffneten Halbkugel.

Doch gleich dahinter beginnt wieder die Steinwüste: der Platz der drei Gewalten mit Parlament, Oberstem Gericht und Regierungspalast – ein bauliches Ensemble menschlicher Entfremdung. Leben regt sich nur hinter den Fassaden, im Venancio-Einkaufszentrum etwa, einem fast orientalischen Gewirr von Gängen und Innenhöfen, einem von Beton umhüllten Souk. Aber die überdimensionierten Straßen sind menschenleer.

Die Reaktion der Menschen auf die Betonorgie der Stadtplaner war unerwartet: Nirgends wuchert der Okkultismus so ungehemmt wie in Niemeyers Zukunftsstadt. »Nur in Brasília kann man sich an einen Kneipentisch setzen und erzählen, man habe gerade außerirdische Kontakte gehabt, ohne ausgelacht zu werden«, meint ein brasilianischer Journalist. Über 700 Sekten, Wunderheiler, mystische Gruppen und esoterische Vereine haben sich hier angesiedelt. Endlos sind die Geschichten, Zahlenspiele und Spekulationen der Esoteriker: Der Dalai Lama habe schon die Zerstörung Tibets durch »Kräfte des Bösen« und die Verlegung des geistigen Zentrums der Welt auf eine südamerikanische Hochebene vorhergesehen. Der Plan der Stadt sei der eines Raumschiffs, dem Präsidenten Kubitschek durch außerirdische Wesen übermittelt. Überall in der Stadt finden Esoteriker Zahlen von tieferer Bedeutung. So bestehen etwa die Wohnblocks aus elf Gebäuden mit je sechs, also insgesamt 66 Stockwerken. Sechs und sechs ist aber zwölf, die Zahl, die das Universum regiert. Die Stufenpyramide des Elektrizitätswerkes von Brasília ist für die Ägyptologin Iara Kern eine Neuauflage der Stufenpyramide in Sakkara bei Kairo. Die in Brasília geborenen Kinder seien eine Reinkarnation der 18. Dynastie des alten Ägypten – wen wundert es, daß der Gouverneur der Stadt sogar eine Esoterik-Universität gründen will, ein Zentrum für alle Kulte.

Macumba – Afrikas Erbe setzt sich durch

An der Praia Grande, dem großen Strand südlich von São Paulo, stehen Zelte in langen Reihen. Davor markieren Palmwedel oder Blumen eine Fläche, auf der sich Gruppen von Menschen in merkwürdiger Weise bewegen: Frauen in weißen Gewändern tanzen zuckend mit emporgereckten Armen und geben Schreie von sich. Eine andere Gruppe, farbenfroh gekleidet, tanzt hinter einem mit langen Federn geschmückten Anführer her. In den Zelten stehen Kerzen vor Standbildern aller Art, vor blauen Madonnen, alten Negern und Indianern. Man schreibt den 8. Dezember. An diesem Tag treffen sich in Praia Grande Tausende von Anhängern des Candomblé zur Feier der Iemenjá. In Rio de Janeiro wird die der Heiligen Mutter der Empfängnis gleichgesetzte Gottheit dagegen in der Silvesternacht am Strand von Copacabana gefeiert. Mit dem Feuerwerk der Hotels verbinden sich die Kulthandlungen zu einem Schauspiel von einmaliger Harmonie.

Das Candomblé – oder Macumba – ist das Erbe der Bantu aus Angola und der Yoruba aus dem südlichen Nigeria, die als Sklaven nach Brasilien kamen. Die damals noch von fanatischer Intoleranz getriebene katholische Kirche verbot ihnen die Ausübung ihrer alten Kulte. So entstand der Synkretismus, jene Mischung afrikanischer Religionen mit christlichen Riten. Die Gottheiten der Schwarzen verschmolzen mit den Heiligen ihrer Herren: Oxalá, der Herr vom guten Ende, regiert als Sohn des Schöpfergottes Olorun die Welt. Er wird mit Jesus Christus gleichgesetzt.

Zeichen des Synkretismus kann man überall in Brasilien erkennen. An Straßenecken stehen Kerzen neben Schnapsflaschen oder anderen Opfern, dargebracht zur Errettung eines Kranken oder auch zur Verwünschung von Feinden. In der Nähe von Rio, im Tijuca-Wald, findet man an den Ufern eines Bachs zahlreiche Gruppen, die ihren Gottes-

▷ *Balancegefühl, Kraft und ein gutes Auge erfordert der Fischfang mit Pfeil und Bogen, den diese jungen Indianer üben. Fernab der Zivilisation wenden sie Techniken an, mit denen schon ihre Vorfahren den Kampf ums tägliche Leben bestritten haben.*

◁ *Festlich bemaltes Mädchen vom Stamm der Txucarramae-Indianer. Um ihr Überleben als Volk zu sichern, bleibt vielen Indianerstämmen nichts weiter übrig, als sich in die Reservate zurückzuziehen.*

dienst abhalten. Längst haben sich die Kulte der Schwarzen und Mulatten auch innerhalb der weißen Mittelschicht ausgebreitet.

Die katholische Kirche in Brasilien hat sich in den letzten Jahrzehnten stark gewandelt. Anfangs war sie ein Instrument der Kolonisierung, gründete Städte und taufte Indianer. Sie rechtfertigte die Herrschaft der Oberschicht, schwelgte in Pracht und Luxus und verhielt sich gegenüber den Armen unsolidarisch und unchristlich. Das hat sich während der Militärdiktatur gründlich gewandelt. Männer wie der als »roter Bischof« beschimpfte Dom Helder Câmara, Erzbischof von Recife und Olinda, haben sich in den Dienst der Armen gestellt. »Theologie der Befreiung« nennt sich ihre Bewegung. Heute bekämpfen die meisten Priester in Südamerika nicht mehr den Satan, sondern die vom Internationalen Währungsfonds diktierte Sparpolitik; sie drohen nicht mehr Prostituierten, Einbrechern und Alkoholikern mit dem ewigen Feuer der Verdammnis, sondern mahnen die Reichen zur Umkehr. Dabei kümmern sich die meisten Seelsorger angesichts des Elends im Nordosten des Landes nicht mehr um die innerkirchlichen Streitigkeiten der Theologen; denn in den Dörfern und Favelas geht es mittlerweile ums nackte Überleben. Hier ist die Caminhada, der lange Marsch der brasilianischen Volkskirche, schon zu weit vorangeschritten, als daß der Vatikan noch Umkehr gebieten könnte. Die Herde ist losgezogen, der Hirte muß folgen.

Die Menschen selbst organisieren sich unter der Leitung von Priestern oder Laien zu christlichen Basisgemeinden und versuchen, das Evangelium in die Praxis umzusetzen. Das bedeutet, daß sie ihre jahrhundertealte Sklavenmentalität und ihre Angst vor der Gewalt der Herrschenden zu überwinden lernen. Der Gang zu einem Amt, um ein ihm zustehendes Recht zu fordern, ist für einen Analphabeten aus der Favela ein enormer Sieg. Die Menschen üben in den Basisgemeinden Solidarität und lernen, sich selber zu helfen.

Hilfswerke wie Caritas, Misereor oder Oxfam finanzieren nun – statt der Großprojekte – Alternativprogramme, die nur ein Minimum an Material benötigen, aber den Menschen ein Maximum an Selbsthilfe abfordern. Es werden Brunnen gegraben oder die durch Überschwemmungen zerstörten Hütten durch Backsteinhäuser ersetzt. Vor allem aber lernen die Menschen, sich zu organisieren – ein revolutionärer Vorgang im Nordosten Brasiliens.

Die Kirche setzt sich jedoch auch für die Indianer und für die Millionen Kinder ein, die in Brasilien auf der Straße leben. Die seit Jahrhunderten überfällige Landreform gehört zu den Forderungen der progressiven Bischöfe. Das ist nicht ungefährlich für sie, denn schon mancher Priester ist im Amazonas-Urwald un-

ter dem Kugelhagel der von Gutsherren angeheuerten Killer gefallen, weil er Land für die mittellosen Bauern forderte. Die Kirche des Pomps und Glanzes, die Zeremonienkirche des Vatikans, wird hier durch eine Kirche ersetzt, die die Nächstenliebe wieder ernst nimmt – in Wort und Tat.

Die Umsetzung christlicher Lehre in politische Forderungen ist für das an Mysterien gewöhnte Volk noch oft schwer nachvollziehbar. In Juàzeiro do Norte etwa, im Bundesstaat Ceará, wird der Volksheilige Padre Cicero noch immer von Zehntausenden kranker Pilger angebetet, die von ihm ein Wunder erwarten. Millionen haben diese neue katholische Kirche, die politisches Bewußtsein und selbständiges Handeln fordert, verlassen und sich einer der unzähligen protestantischen Sekten zugewandt. Die Lehre dieser meist aus den USA stammenden »Kirchen« fordert Unterwürfigkeit und Schicksalsergebenheit; das Leid dieser Welt wird unter Hinweis auf die Freuden des Jenseits verharmlost. Es sind Kirchen von Unterdrückern für Unterdrückte, und ihre Lehre heißt Unterwerfung.

Rio – Frohsinn und Spektakel

Elend, Hunger, Gewalt – die Leiden des Volkes sind schier unfaßbar. Und dennoch ist die Fröhlichkeit der Menschen ein Merkmal, das jedem Besucher in Rio de Janeiro sogleich auffällt. Se Deus quiser, so Gott will – mit dieser Formel hoffen die Cariocas, die Einwohner von Rio, die Mühsal des Alltags zu überwinden. Sie gehen zum Strand, Arme und Reiche, und genießen das Wetter, das fast nur die Kategorien heiß und noch heißer kennt. Wunderbare Stadt nennen die Einheimischen ihr Rio. Gewiß hat Rio de Janeiro ein atemberaubendes Panorama zu bieten – kegelförmige Berge, die aus dem Urwaldgrün emporragen oder direkt aus dem Wasser der Bucht von Guanabara – wie der berühmte Zuckerhut. Wie von gewaltigen Wellen an Land gespült, liegt die Stadt am Fuß der Hügel. Aber sie hat alle Probleme, die eine Zehn-Millionen-Stadt haben kann: Verkehrschaos, Kriminalität, verschmutzte Strände. Doch all das vergißt man leicht angesichts solcher Schönheit.

Die Cariocas treffen sich an ihren Stränden, als wären es ihre Wohnzimmer. Man steht herum in seinem gewohnten Revier, trifft sich mit Freunden, spielt Volleyball oder Fußball und trinkt auf der Terrasse gegenüber ein »Schopp« genanntes Zapfbier oder am Straßenkiosk ein Kokosnußwasser.

Am Ende von Copacabana findet sich immer eine Schar älterer Bewohner der Wohnblöcke, die hinter dem Strand und der Nobelpromenade aufgetürmt wurden. Die Leute häufen Sand auf, legen einen grünen Filzteppich darüber und setzen sich stundenlang zum Kartenspiel zusammen. Die Gemütlichkeit, die man im Norden Europas in einer Kneipe findet, schaffen sich die Cariocas am Strand. Kaum bekleidet, leben sie hier unbeschwert familiär. Bis tief in die Stadt hinein sieht man die Menschen in Badehosen herumspazieren, den Strandstuhl unter dem Arm, das Handtuch über der Schulter. Die Tangas der Körperkult treibenden Frauen scheinen jedes Jahr kleiner zu werden, man nennt sie schon Fio dental – Zahnseide.

Der spektakulärste Aufmarsch der Schönheiten findet beim berühmten Karneval von Rio statt. Fast unverhüllt stellen sich auch gutbürgerliche Damen zur Schau, Mulattinnen aus den Favelas putzen sich heraus in der Hoffnung, die Chance ihres Lebens zu bekommen. Rios Karneval ist eine Show der Superlative, ein gigantisches Unternehmen, bei dem der Staat und die Glücksspiel-Mafia das Sagen haben. Es handelt sich – für die Oberschicht – um das Geschäft des Jahres. Film- und Musikrechte bringen Millionen ein, ohne den Tourismus wäre Rio längst pleite.

Das einst von den Portugiesen eingeführte Fest, auf dem man nur die Polka tanzte, wurde von den Schwarzen annektiert und mit der Sambamusik fröhlicher gemacht. Bei der Oberschicht waren Samba und Straßenkarneval lange Zeit verpönt – man hielt sich an die Rokoko-Kostümbälle in den Salons.

Inzwischen ist das ganz anders. Die Samba-Schulen, straff organisierte Vereine, die das Riesenspektakel produzieren, sind gewinnorientierte Unternehmen. Beim Karneval von Nizza oder auf der New Yorker Fifth Avenue sieht man als Gäste Samba-Schulen aus Rio marschieren. Das Fest ist zu einer Show der Armen für die Reichen geworden.

△ *Indianer aus dem Xingu-Reservat im Amazonas-Tiefland bereiten sich auf ein Fest vor. Man schätzt, daß in Brasilien heute noch* etwa 180 000 der Ureinwohner in ihren Stammesgemeinschaften zusammenleben.

In den Favelas spart man ein Jahr lang, um das teure Kostüm bezahlen zu können, die Unternehmer allerdings machen damit Millionenumsätze, und die Society-Löwen marschieren in den Samba-Schulen mit, um sich darzustellen.

Dennoch kommen die Menschen noch immer in Massen aus den Elendsvierteln, um am Karneval teilzunehmen. Denn aller Kritik zum Trotz bietet die »größte Show der Erde« etwas Einzigartiges, das sie unvergleichbar und unvergeßlich macht: Wo sonst sieht man so viele Menschen, die einen so riesigen Spaß miteinander haben?

DIE BESONDERE REISE
»Das Herz einer Mutter«

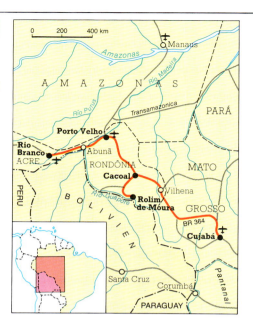

Eine Fahrt in den brasilianischen Urwald

Wenn es regnet, setzen sich die Goldsucher mit ihren Pfannen auf die Straße und schwemmen winzige Goldpartikel aus dem Schlamm: Wir sind in Cuiabá, Hauptstadt des Bundesstaates Mato Grosso, Pforte zum Abenteuer. Hier liegt das Gold buchstäblich auf der Straße.

Cuiabá, nahe dem Naturschutzgebiet des Pantanal gelegen, ist auch Ausgangspunkt der Bundesstraße BR 364, die uns in die endlose Weite des Amazonas-Urwalds führt. Man kann einen Mietwagen nehmen oder, wenn man Zeit hat, mit dem Bus fahren.

Auf dem Bahnhof von Cuiabá trifft man die Menschen, die mit wenig Gepäck und viel Hoffnung in den immer noch wilden Westen Brasiliens ziehen. Erwartungsvoll sitzen sie zwischen ihren Bündeln, Pappkoffern und schreienden Kindern – wie Hunderttausende vor ihnen. Auf nach Rondônia!

An der Grenze zu diesem neuen Bundesstaat werden die Zuwanderer im 24-Stunden-Dienst geimpft und beraten. Da begegnet man Menschen wie Andelino Cantavela, der mit 52 Jahren seine sechsköpfige Familie in sein Taxi steckte und in den Westen fuhr. »Das Taxifahren brachte in Paraná nichts mehr ein«, erklärte er, »und von unseren zwei Hektar Boden konnten wir auch nicht leben. Vom Erlös des Grundstücks kann ich hier 80 Hektar Land kaufen.«

Auch die ausgefallensten Zukunftsvisionen haben in Rondônia noch eine Chance. »Ich will Gürteltiere züchten«, trägt Assis Pena Barbosa selbstbewußt vor, »das wird die erste Gürteltier-Zucht Brasiliens, ja vielleicht der ganzen Welt. Es gibt kein besseres Fleisch. Man muß es nur in Guajaveblättern kochen, um den etwas strengen Geschmack wegzukriegen.«

△ Zur Familie der Zahnarmen werden die Gürteltiere gerechnet, obwohl ihr Gebiß aus bis zu 100 kleinen Zähnen besteht. Die mit einem Schuppenpanzer bewehrten Säugetiere Südamerikas leben bei Tag in selbstgegrabenen Höhlen und gehen nachts auf Jagd nach Kleintieren und Insekten.

▷ Das riesige Sumpfgebiet des Pantanal ist für den Artenreichtum seiner Fauna und Flora berühmt. Ein Durchkommen gibt es nur während der trockenen Jahreszeit.

△ Überall am Río Madeira findet man die Flöße der Goldwäscher. Mit Hilfe einer Pumpe wird der Schlick in langen Schläuchen vom Grunde des Flusses hochgesaugt und in mehreren Arbeitsgängen so behandelt, daß schließlich nur die Goldkörner übrigbleiben.

◁ **Fast so viele Rinder wie Menschen soll es nach einer kürzlich vorgenommenen Bestandszählung in Brasilien geben – über** 100 Millionen. Auf der Suche nach neuen Weideplätzen dringen die Viehzüchter immer tiefer in den Urwald vor.

Über sanft gewellte Hügel führt die BR 364 durch unberührten Urwald oder an frisch gerodeten Feldern vorbei. »Rondônia ist wie das Herz einer Mutter, da ist immer Platz für einen weiteren Sohn«, meint der ukrainische Siedler Viktor Pschek. Mit seiner ganzen Familie, Verwandten und Freunden steht er an einem Sonntag auf seinem Grundstück und hört andächtig dem Priester zu, der auf ukrainisch die Messe liest.

Die Städte, durch die wir fahren, verändern sich von Jahr zu Jahr. Cacoal zum Beispiel versank vor kurzem noch im Schlamm. Heute gibt es hier gepflasterte Straßen, Hotels und Restaurants. Rolim de Moura bestand 1979 nur aus vier Hütten an einer Kreuzung halsbrecherischer Urwaldpisten. Wenige Jahre später hat die Stadt schon 100 000 Einwohner, 90 Sägewerke, fünf Krankenhäuser, 14 Apotheken, 12 Supermärkte, zwei Banken, ein Kino und sogar drei Diskotheken – aber es gibt auch jeden Monat mehrere Tote durch Messerstiche oder Revolverschüsse. Zwischen den Holzhäusern, die mit ihren Vordächern an alte Cowboyfilme erinnern, schieben sich pausenlos Holzlaster, Jeeps, Bauernkarren und Reiter hindurch. Das Hotel Iguazú ist denkbar einfach, fast nur ein Bretterverschlag, doch die Betten haben als Luxus ein Moskitonetz.

Pôrto Velho ist die Hauptstadt von Rondônia, eine unansehnliche Ansammlung schmuddeliger Häuserblöcke, umgeben von teils freundlichen Einfamilienhäusern. Unten am Fluß steht der Bahnhof, heute ein Eisenbahnmuseum, das die ersten Wagen und Lokomotiven der Madeira-Mamoré-Eisenbahn aufbewahrt. Tausende starben zu Anfang des Jahrhunderts, bis die Trasse endlich durch den Urwald gelegt war. Die Bahnstrecke er-

◁ **Brandrodung: Wenn die Edelholzbäume gefällt sind, wird der Rest des Waldes niederge-** brannt. Ökologen warnen vor dem Raubbau an der Natur – bisher vergeblich.

◁ **Wie idyllische Wochenendhäuschen wirken diese einfachen Hütten am Flußufer,** die zum Schutz vor Hochwasser auf Pfählen stehen.

öffnete Bolivien die Verbindung zum Atlantik – Brasilien bekam dafür die Provinz Acre.

Vorläufiges Ende der BR 364 ist Rio Branco, die Hauptstadt von Acre. Holzfäller und Viehhirten sammeln sich hier zum letzten Ansturm auf den Urwald. Eine neue Straße soll ihnen den Weg ebnen, bis hin nach Bolivien und Peru. Sie werden sägen und brennen und die Natur weiter zugrunde richten.

Noch ist die Fahrt auf der BR 364 eine abenteuerliche Traumreise, aber Ökologen befürchten wohl zu Recht, daß man hier schon in wenigen Jahrzehnten Wüstenrennen veranstalten kann.

Walter Tauber

Brasilien — Daten · Fakten · Reisetips

Landesnatur

Fläche: 8 511 965 km² (dreiundzwanzigmal so groß wie die Bundesrepublik Deutschland)
Ausdehnung: West–Ost 4500 km, Nord–Süd 4300 km
Küstenlänge: 7400 km
Höchster Berg: Pico da Neblina 3014 m
Längste Flüsse: Amazonas, brasilianischer Anteil 3500 km (Gesamtlänge 6500 km), Rio São Francisco 3200 km, Rio Tocantins 2700 km, Rio Paraná, brasilianischer Anteil 2400 km (Gesamtlänge mit Rio Grande 4200 km)

Das Riesenland Brasilien nimmt den größten Teil des zentralen und östlichen Südamerika ein. Es grenzt an alle Länder des Kontinents außer Ecuador und Chile. Zum Staatsgebiet gehören auch einige kleine Inselgruppen im westlichen Atlantik.

Naturraum

Das fünftgrößte Land der Erde gliedert sich in drei natürliche Großlandschaften: im Norden an der Grenze zu Venezuela das Bergland von Guayana, daran anschließend das Amazonastiefland und in der südlichen Landeshälfte das Brasilianische Bergland.
Im *Bergland von Guayana* findet sich die höchste Erhebung Brasiliens: der Pico da Neblina (3014 m).

Xinguanos auf der Jagd: In den Reservaten bewahrten sie Reste traditioneller Lebensformen.

Das *Amazonastiefland* (Amazonien) war im Erdaltertum eine nach Westen zum Urpazifik offene Meeresbucht. Nach der Andenfaltung im Tertiär füllte der Amazonas zunächst einen riesigen Binnensee; erst später verschaffte er sich Zugang zum Atlantik. Amazonien ist das größte Tropenwaldgebiet der Erde (4 000 000 km²). Als größter Fluß der Erde – im Unterlauf bis zu 25 km breit und über 60 m tief – nimmt der Amazonas über 1000 Nebenflüsse auf; sein Einzugsgebiet umfaßt zwei Fünftel Südamerikas.
Nach Süden zu erhebt sich aus dem Amazonasbecken allmählich das *Brasilianische Bergland*, der Planalto. Er nimmt den größten Teil Brasiliens ein und besteht aus einem kristallinen Sockel, der an dem schmalen Küstenstreifen des Atlantik steil, oft bis zu 1000 m tief, abbricht. Sein Zentrum ist das Hochland von Goiás mit der Hauptstadt Brasília. Im Südosten wird der Planalto zur wild zerklüfteten Gebirgslandschaft, vereinzelt über 2500 m hoch (Pico da Bandeira 2890 m). Die Berge des Mato Grosso umschließen die weite, bis zur bolivianischen Grenze im Westen reichende Überschwemmungsniederung des Pantanal (100 000 km²).

Klima

Das Klima ist tropisch, nur im äußersten Süden subtropisch. Die mittlere Jahrestemperatur liegt allgemein über 20 °C (Rio de Janeiro: Monatsdurchschnitt 20,5 °C bis 26 °C). Temperaturen von mehr als 40 °C gibt es im Mato Grosso und im Nordosten. Kaltlufteinbrüche aus dem Süden, die gelegentlich auch bis zum Rand des Amazonasbeckens vorstoßen, bringen dem zentralen Planalto Nachtfröste bis −10 °C und manchmal auch Schnee. Es gibt besonders feuchte Küstenstreifen (bis zu 4000 mm Niederschläge jährlich), aber auch zehnmonatige Trockenzeiten im nordöstlichen, im Regenschatten liegenden Binnenland. Das Tropenklima des inneren Amazonien (über 200 Regentage im Jahr mit 2000–3000 mm Regen) ist für Europäer wegen der großen Luftfeuchtigkeit (80–90 %) und der hohen Temperaturen schwer zu ertragen.

Vegetation und Tierwelt

Die Vegetation Brasiliens besitzt vier charakteristische Formen: tropischen Regenwald, Restinga, Capoeira und Caatinga.
In Amazonien wuchert immergrüner, tropischer Regenwald (Selvas). Er besteht aus drei Baumstockwerken mit bis zu 60 m Höhe. Galeriewälder begleiten die Amazonaszuflüsse, einförmiger Überschwemmungswald den Amazonas selbst. Die noch immer nicht gestoppte Abholzung des Regenwaldes (100 000 km² jährliche Rodungsfläche) bedroht das ökologische und klimatische Gleichgewicht

Leuchtende Farben sind eine gute Tarnung im Urwald: eine Rotbug-Amazone.

der Erde. Nur noch vereinzelt findet man an der Ostküste die Pflanzenwelt der Restinga, eine Vegetation aus Dünengräsern, Kakteen und Palmen. Im Küstengebirgsland und im Binnenland wuchs früher tropischer Regen- und Bergwald. An ihrer Stelle wächst heute die Capoeira, eine niedere Ersatzvegetation. Auch die früher in den höheren Lagen des Südostens verbreiteten Nadelwälder, besonders die hohen Araukarienbäume, sind nahezu verschwunden. Im Brasilianischen Bergland breitet sich die Savanne mit Graslandflächen, teilweise durchsetzt mit Gesträuch und niederen Bäumen, sowie Savannenwald aus. Charakteristisch für den Nordosten des Brasilianischen Berglandes, den dürregefährdeten Sertão, ist die Caatinga-Vegetation. Caatinga ist die indianische Bezeichnung für Trockenwald, Dornensträucher, Kakteen und Gestrüpp.
Typisch für Brasiliens Tierwelt sind Jaguare, Leoparden, Tapire, Wildschweine und Leguane, in den offenen Landstrichen Hirsche, Waschbären, Ameisenbären sowie verschiedene Schlangenarten. Im Amazonastiefland mit seinen fischreichen Gewässern (u. a. Piranhas) und im Pantanal gibt es Schildkröten, Fischotter, Kaimane, Riesen- und Giftschlangen, als Baumbewohner Affen und Faultiere. Auch zahlreiche Vogelarten, besonders Papageien und Kolibris, kommen vor.

Politisches System

Staatsname: República Federativa do Brasil
Staats- und Regierungsform: Präsidiale Bundesrepublik
Hauptstadt: Brasília
Mitgliedschaft: UN, GATT, OAS, SELA, ALADI

Brasiliens Staatspräsident wird seit 1985 direkt vom Volk für fünf Jahre gewählt. Er ist gleichzeitig Regierungschef; seine Vollmachten sind jedoch in der Verfassung von 1988 beschränkt worden. Der neu geschaffene Nationale Verteidigungsrat hat beratende Funktion und soll im Verteidigungsfall sowie bei Ausrufung des Belagerungszustandes mitwirken.

Gesetzgebung und Verwaltung

Legislative ist der Nationalkongreß; er besteht aus dem Abgeordnetenhaus mit 503 und dem Bundessenat mit 72 Mitgliedern, die jeweils direkt vom Volk gewählt werden – Abgeordnete für vier, Senatoren für acht Jahre.
Brasilien ist in 23 Einzelstaaten, drei Territorien und einen Bundesdistrikt mit der Hauptstadt Brasília aufgeteilt. Letztere unterstehen direkt der Zentralregierung, während die Bundesstaaten eigene Parlamente und einen gewählten Gouverneur als Regierungschef haben.

Recht und Justiz

Die Rechtsprechung stützt sich auf weiterentwickeltes portugiesisches Recht. Die Einzelstaaten haben eigene Gerichte; dem Obersten Bundesgericht sind weitere Bundesgerichte untergeordnet. Die Todesstrafe wurde 1979 abgeschafft.

Bevölkerung

Einwohnerzahl: 150 Millionen
Bevölkerungsdichte: 18 Einw./km²
Bevölkerungszunahme: 2,4 % im Jahr
Ballungsgebiete: São Paulo – Rio de Janeiro, Salvador (Bahia) – Natal
Größte Städte: São Paulo (10 Mio. Einw.; als Agglomeration 15 Mio.), Rio de Janeiro (5,6 Mio.; Aggl. 10 Mio.), Belo Horizonte (2,1 Mio.), Salvador (1,8 Mio.), Fortaleza (1,6 Mio.), Brasilia (500 000; Aggl. 1,6 Mio.)
Bevölkerungsgruppen: 55 % Weiße, 36 % Mulatten und Mestizen, 8 % Schwarze, 1 % Asiaten

Sklavenimporte aus Afrika und Einwanderer vor allem aus Europa bewirkten eine ungewöhnlich vielfältige ethnische Zusammensetzung der bra-

Der Flachlandtapir: sein Lebensraum ist das Amazonasgebiet.

Daten · Fakten · Reisetips — Brasilien

silianischen Bevölkerung. Die Weißen – gut die Hälfte der Brasilianer – sind vorwiegend portugiesischer, italienischer und spanischer Abstammung. Während die Schwarzen vor allem in Ostbrasilien leben, sind die Weißen in den südlichen Staaten am stärksten vertreten (70–90 %); dort ist auch die Zahl der Deutschstämmigen beachtlich (über 1,5 Mio.).

Mulatten, aber auch die Mestizen (Caboclos) stellen größere Teile der ländlichen und städtischen Unterschicht. Aus der Verbindung von Indianern und Schwarzen sind die Zambos (Cafusos) hervorgegangen. Die brasilianischen Indianer – noch etwa 180 000 Menschen in 150 verschiedenen Stämmen – leben größtenteils in Rückzugsgebieten im Amazonastiefland und im abgelegenen Binnenhochland. Aber auch dort werden sie von Straßenbau, Holzwirtschaft und Minengesellschaften verdrängt, da die Gesetze zu ihrem Schutz nur auf dem Papier existieren.

Brasiliens Bevölkerung ist jung: 35 % sind unter 15 Jahren. Das Land hat eine sehr ungleichmäßige Bevölkerungsverteilung. Über 60 % der Brasilianer leben in wenigen Ballungsräumen. Durch die fortschreitende Verstädterung entstehen am Rande der Großstädte riesige Elendsviertel (Favelas) mit großen sozialen Problemen.

Landessprache

Wichtigste Landessprache ist Portugiesisch, das allerdings viele Wörter und Wendungen aus den Indianersprachen und afrikanischen Dialekten übernommen hat, weshalb die Bezeichnung »Brasilianisch« zutreffender wäre. Die Indianer sprechen fast ausschließlich ihre eigenen Idiome, die überwiegend den großen Sprachgruppen der Kariben, Arawak, Tupí-Guaraní und Gê zuzurechnen sind.

Religion

Über 90 % der Brasilianer sind Katholiken; kennzeichnend für den brasilianischen Katholizismus ist ein ausgeprägter Heiligenkult. Etwa 6 % der Brasilianer sind Protestanten.

Soziale Lage und Bildung

Etwa die Hälfte der Bevölkerung lebt am Rande des Existenzminimums. Die Arbeitslosenquote (geschätzter Landesdurchschnitt 8 %) ist besonders auf dem Land hoch. Die sanitären Verhältnisse in den Ballungsgebieten mit ihren Elendsvierteln sind katastrophal. Das staatliche Gesundheitsprogramm von 1981 brachte zwar erste Erfolge, doch ist die medizinische Versorgung nach wie vor unzureichend.

Allgemeine Schulpflicht besteht für 7–15jährige, viele jedoch verlassen

Beim Personenwagenbau nimmt das Volkswagenwerk São Paulo eine Vormachtstellung ein.

die Schule früher. Die Analphabetenrate liegt bei etwa 25 %. Brasilien hat 68 Universitäten.

Wirtschaft

Währung: 1 Cruzeiro (Cr$) = 100 Centavos (cts)
Bruttoinlandsprodukt (in Anteilen): Land- und Forstwirtschaft 10 %, industrielle Produktion 42 %, Dienstleistungen 48 %
Wichtigste Handelspartner: USA, EG-Länder, Saudi-Arabien, Irak, Japan

In den letzten Jahrzehnten wurde die Industrialisierung energisch vorangetrieben. So hat Brasilien heute die Schwelle vom Agrar- zum Industriestaat überschritten. Die Wachstumsraten waren bis Ende der 80er Jahre gestiegen. Da dieses »Wirtschaftswunder« jedoch hauptsächlich vom industrialisierten Süden bewirkt wurde, entstand ein wirtschaftliches und soziales Ungleichgewicht. Zu den Hauptzielen staatlicher Entwicklungspolitik gehören heute: Förderung der nördlichen Regionen, Ausbau der eigenen Energiequellen, Kampf gegen Arbeitslosigkeit (besonders auf dem Lande), Verringerung der extrem hohen Auslandsverschuldung (Brasilien ist nach den USA das am höchsten verschuldete Land der Erde) und die Bekämpfung der seit 1989 andauernden Rezession und der Inflation.

Landwirtschaft

Trotz des sinkenden Anteils am Sozialprodukt ist die Landwirtschaft noch immer eine wichtige Stütze des Wirtschaftslebens. Etwa 4 % des Staatsgebietes werden z. Z. für den Ackerbau genutzt. Weideland für die Rinderherden nimmt rd. 20 % der Gesamtfläche ein. Etwa 30 % aller Erwerbstätigen arbeiten heute noch in der Landwirtschaft.

Die extrem ungleiche Landverteilung – 10 % aller Farmen bearbeiten 75 % der landwirtschaftlich genutzten Fläche – und die Landkonzentration in den Händen weniger Großgrundbesitzer (darunter auch VW do Brasil) soll durch eine grundlegende Agrarreform gemildert werden, die aber bisher wenig Erfolg hatte.

Die wichtigsten Anbaugebiete Brasiliens liegen in den südlichen und nordöstlichen Küstenregionen. Hauptsächlich werden Kaffee (größte Weltproduktion), Kakao, Baumwolle und Mais angepflanzt. Weitere Agrarprodukte sind Reis, Weizen, Bohnen, Maniok, Kartoffeln, Gemüse, Nüsse und Früchte.

Etwa 60 % der Fläche sind bewaldet (über 5 Mio. km²), von denen rd. 6 % forstwirtschaftlich genutzt werden. Der brasilianische Anteil am Amazonasbecken enthält etwa 12 % aller Holzreserven der Welt. Der enorme Fischreichtum der Binnen- und Küstengewässer wird bislang kaum genutzt.

Bodenschätze, Energieversorgung

Brasilien besitzt große Mineralvorkommen; neben reichen Vorräten an Eisen- und Manganerzen gibt es eine Reihe weiterer Bodenschätze. Schwerpunkt des Bergbaus ist der Staat Minas Gerais. Brasilien gehört zu den führenden Förderländern von Edel- und Halbedelsteinen. Die Erdölförderung in Bahia und bei Campos kann den brasilianischen Eigenbedarf bei weitem nicht decken. So muß Erdöl weiterhin importiert werden. Im Amazonasbecken werden noch größere Lagerstätten vermutet. Um die Abhängigkeit von Erdölimporten zu verringern, wird seit 1975 in großem Umfang Treibstoff (Äthanol) aus Zuckerrohr gewonnen (beträchtlicher Anteil am Benzinverbrauch).

Die gewaltigen Wasserkraftreserven von Amazonas und Paraná samt Zuflüssen sind noch weitgehend ungenutzt, obwohl die Gewinnung elektrischer Energie – zu über 90 % aus Wasserkraft – sprunghaft zugenommen hat (1982 Fertigstellung der brasilianisch-paraguayischen Stauanlage Itaipú am Paraná mit dem größten Wasserkraftwerk der Erde).

Industrie, Handel

Die seit dem Zweiten Weltkrieg aufblühende Industrie konzentriert sich im Städtedreieck São Paulo – Rio de Janeiro – Belo Horizonte. Die am stärksten geförderte Schwerindustrie deckt den Inlandsbedarf an Roheisen und -stahl. Erst nach dem Krieg aufgebaut, produziert die Kraftfahrzeugindustrie heute schon mehr Fahrzeuge, als der Binnenmarkt aufnehmen kann. Gut entwickelt sind auch die chemische, pharmazeutische und elektronische Industrie. Seit den letzten 15 Jahren gewinnt die Rüstungsindustrie an Bedeutung. Nach Schätzungen gehört Brasilien mit einem Exportvolumen von 1,5 bis 2 Mrd. US-$ bereits zu den zehn größten Waffenexporteuren der Welt. Weitere wichtige Ausfuhrgüter sind Kaffee, Sojabohnen, Orangensaft, Eisen- und Manganerz, Kraftfahrzeuge und Kfz-Teile, Zucker, Kakao, Tabak und tropische Hölzer. Haupteinfuhrgüter sind Erdöl, elektrotechnische Geräte, Chemieprodukte sowie Weizen.

Verkehr, Tourismus

Der Süden, Südosten und Teile des Nordostens sind durch Straßen gut erschlossen (von den rd. 1,5 Mio. km sind 9 % asphaltiert), während die weiten Gebiete im Norden und Westen noch überwiegend von Flußschiffahrt und Flugverkehr abhängen. Der Bau der fast 5000 km langen »Transamazónica« und der Verbindung Cuiabá – Pôrto Velho leitete die wirtschaftliche Erschließung des Amazonasgebiets ein. Das leistungsschwache Eisenbahnnetz (29 000 km, davon 2200 km elektrifiziert) hat seinen Schwerpunkt im Südosten des Landes. Das innerbrasilianische Flugnetz ist eines der dichtesten der Welt. Internationale Flughäfen besitzen Brasília, Rio de Janeiro, São Paulo, Pôrto Alegre, Campo Grande, Salvador, Recife, Belém und Manaus. Die größten der fast 50 Seehäfen sind Santos, Rio de Janeiro, Paranaguá, Recife und Salvador. 52 000 km Wasserwege mit fast 100 Häfen sind schiffbar. Der größte Binnenhafen Manaus am Amazonas kann von Seeschiffen bis 5000 t angelaufen werden.

Der in den letzten Jahren stark angewachsene Fremdenverkehr beschränkt sich im wesentlichen auf die

Das meiste Ackerland gehört Großgrundbesitzern. Ihre Plantagen sind so groß, daß die Schädlingsbekämpfung aus der Luft erfolgt.

größten atlantischen Küstenstädte – Rio de Janeiro, São Paulo, Salvador, Recife – und auf einige Ziele im Binnenland: Iguazúfälle, Brasília, Manaus.

Brasilien — Daten · Fakten · Reisetips

Geschichte

Am 22. April 1500 landete Pedro Álvares Cabral an der brasilianischen Küste und nahm das Land gemäß dem Vertrag von Tordesillas (1494) für den portugiesischen König Manuel I. in Besitz. Versuche Frankreichs und Hollands, auf dem neuen Kontinent Fuß zu fassen, wurden erfolgreich abgewehrt. 1531 begann die Besiedlung des Küstenstreifens. Große Ländereien wurden an Adelige vergeben. Der Arbeitskräftemangel in den Zuckerrohrplantagen wurde durch den Import von schwarzen Sklaven aus Afrika ausgeglichen. 1549 wurde Salvador Hauptstadt der Kolonie; 1565 wurde Rio de Janeiro gegründet, das 1763 Hauptstadt wurde.

Mit der Entdeckung von Gold in Minas Gerais 1696 begann ein Zuzug von Goldsuchern (etwa 3000–4000 Portugiesen pro Jahr). In den neuen Minenstädten entstand ein Mittelstand von Handwerkern und Händlern.

Das Kaiserreich Brasilien

Auf der Flucht vor Napoleon hatte der portugiesische König Johann VI. 1808 die Regierung nach Rio de Janeiro verlegt, und 1815 wurde Brasilien zum Königreich erhoben. Nach Napoleons Sturz forderte Portugal erneut die völlige Abhängigkeit Brasiliens vom Mutterland. Johann VI. wurde 1821 nach Lissabon zurückgerufen. Sein als Stellvertreter zurückgelassener Sohn, der sich der Forderung der Patriotenpartei anschloß, erklärte 1822 Brasilien für unabhängig und wurde als Pedro I. zum Kaiser gekrönt.

Die Verfassung von 1824 lehnte sich an europäische Vorbilder an (Gewaltenteilung). Außenpolitisch bedeutsam war neben dem Verlust von Uruguay 1828 und einigen wenigen militärischen Interventionen (1852 gegen Argentinien, 1865–1870 gegen Paraguay) die Gegnerschaft mit Großbritannien in der Sklavenfrage. Wegen des seit etwa 1800 ständig steigenden Kaffeeanbaus wollte man nicht auf die billigen Arbeitskräfte verzichten. Großbritannien, das die Sklaverei 1809 abgeschafft und den Handel mit schwarzen Sklaven zur Piraterie erklärt hatte, konnte ein Verbot erst 1853 durchsetzen. Das »Goldene Gesetz« Pedros II. von 1888 gab den Sklaven endgültig ihre Freiheit. Der Bedarf an

Arbeitskräften und die Hoffnung auf wirtschaftliche Möglichkeiten löste eine Masseneinwanderung aus (allein in São Paulo 1,2 Mio. Einwanderer zwischen 1886 und 1906).

Als schweres innenpolitisches Problem erwies sich der dauernde Streit zwischen Liberalen und Konservativen (besonders Viehzüchtern und Plantagenbesitzern). Die Wirtschaftskrise von 1889 führte zur Absetzung Pedros II. und anschließend zur Ausrufung der Republik.

Von der Republik zum »Neuen Staat«

Die neue, nach amerikanischem Vorbild gestaltete Verfassung des Bundesstaates verhinderte nicht, daß um die Jahrhundertwende das politische Leben Brasiliens von den persönlichen Interessen der Provinzgouverneure bestimmt wurde. Der unverhüllte Kampf um die Macht war politischer Alltag. Gleichzeitig erlebte Brasilien einen ungeheuren Gummi-Boom und den Beginn der Industrialisierung.

Aufkommende wirtschaftliche Probleme (Überproduktion von Kaffee, Ende des Gummi-Booms) wurden durch den Ersten Weltkrieg überdeckt, in den Brasilien 1917 auf seiten der Alliierten eintrat. In der Weltwirtschaftskrise brach dann freilich mit dem Kaffee-Export auch die gesamte brasilianische Wirtschaft zusammen.

Der industrielle Wiederaufbau führte zur Bildung eines städtischen Proletariats. Innere Unruhen, Streikverbote, Kommunistenjagden und regionale Anarchie bestimmten die folgenden Jahre. Schon die Offiziersrevolte von 1922 ließ Reformbestrebungen erkennen, die Getulio Vargas (Präsident 1930–1945 und 1950–1954) später weiterführte. Sein »Neuer Staat« war eine nationalistische Diktatur: Kongreß und Parteien wurden aufgelöst, der Staat korporativ organisiert (Vorbild war Mussolinis Italien). Mit den Sozialgesetzen und der populären Forderung nach Nationalisierung der Bodenschätze sollten die Arbeiter zufriedengestellt und die Macht der herrschenden Gruppen vermindert werden. Gleichwohl blieben die Gegensätze zwischen arm und reich sowie zwischen Stadt und Land bestehen. 1937 endete Vargas Amtszeit gemäß Verfassung; nach einem Staatsstreich regierte er das Land als Diktator weiter. Nach seinem (durch die USA) erzwungenen Rücktritt 1945 und der Liberalisierung des Staates errang

Die »Panamericana«, 30 000 Kilometer von Alaska bis Feuerland.

Vargas 1950 einen großen Wahlsieg. Wirtschaftliche und politische Mißerfolge, dazu eine fortdauernde Korruption führten 1954 unter Beteiligung des Militärs zu seinem Sturz. Vargas beging Selbstmord.

Militärherrschaft und Demokratisierung

Die liberal-kapitalistische Politik von Präsident Juscelino Kubitschek de Oliveira (1956–1960) führte auf Kosten von Sozialreformen und der unterentwickelten Gebiete Brasiliens zu einer forcierten Entwicklung der Industrie und des Handels. Der Bau der neuen Hauptstadt Brasília im Landesinneren verschlang Unsummen.

Die folgenden Sparprogramme des Präsidenten Janio da Silva Quadros (1961–1962) und der populistische Reformkurs des Präsidenten João Goulart (Landreform, Entwicklungsplan, Nationalisierung) lösten die Probleme nicht. Wegen der Enteignung von Ländereien zugunsten von landlosen Bauern und der Verstaatlichung von privaten Ölraffinerien kam es im April 1964 (mit Unterstützung der USA) zum Militärputsch und zum Sturz Goularts. Die Herrschaft der »revolutionären Junta« des Generals H. de Alcenar Castelo Branco (1964–1967) und seiner Nachfolger verschlimmerte bis 1984 die Verhältnisse; die Geldentwertung betrug im Jahresdurchschnitt über 60%, der Schuldenberg Brasiliens wuchs auf 100 Mrd. US-$ an. Aufgrund der »Institutionellen Akte Nr. 5« (Aufhebung der gesetzgebenden Körperschaften) ging Branco und nach ihm Präsident Emílio G. Médici (1969–1973) mit brutaler Gewalt gegen jegliche Opposition vor. Selbst die katholischen Bischöfe wandten sich wiederholt gegen den staatlichen Terror und die sogenannten »Todesschwadrone«. Die UN verurteilte die Verletzung der Menschenrechte.

Erst Präsident Ernesto Geisel (1974–1979) leitete eine vorsichtige Entspannung ein, die von Präsident João Batista Figueiredo (1979–1984) als »Politik der Öffnung« fortgesetzt wurde. Wahlrechtsmanipulation sicherte freilich der Regierungspartei die Mehrheit im Parlament, obwohl die Opposition in den Wahlen von 1980 die Mehrzahl der Stimmen gewann. Die Wahlen waren vorbereitet durch die Aufhebung der »Institutionellen Akte«, durch politische Amnestie und die Zulassung der Parteien. Mit dem Wahlsieger der Opposition von 1985, Tancredo Neves – er starb bereits im April –, begann eine Demokratisierung, die unter seinem Nachfolger, José Sarney (1985–1990), fortgesetzt wurde. So wurde in der 1988 verabschiedeten Verfassung die Stärkung des Parlaments und die Abschaffung des Staatsnotstands festgelegt. Seit 1990 regiert der konservativ eingestellte Fernando Collor de Mello als Staatspräsident.

Kultur

Die brasilianische Kultur ist das Ergebnis einer Verschmelzung verschiedener Rassen, die zu einer Synthese unterschiedlicher Traditionen geführt hat. Sie schöpft dabei nicht nur aus dem abendländischen Erbe der Kolonialherren und Einwanderer, sondern enthält auch Spuren indianischer Traditionen und afrikanische Elemente.

Indianisches Kulturgut

Die indianische Urbevölkerung, die aus verschiedenen Völker- und Sprachgruppen bestand, entwickelte keine einheitliche Kultur, weil die zumeist nomadisch lebenden Stämme kaum Kontakt miteinander hatten.

Die Indianer sind heute u. a. durch Einengung ihres Lebensraumes im Aussterben begriffen und haben im Kontakt mit der modernen Zivilisation ihre kulturelle Eigenständigkeit weitgehend verloren. Ausnahmen gibt es lediglich in Reservaten wie beispielsweise am Rio Xingu oder Rio Araguaia und bei wenigen isoliert lebenden Stämmen. Für ihre Riten benutzen diese Indianer Rauchwerk und stimulierende Drogen (Tabak, Koka, Alkohol). Mit ihren von Rasseln, Klappern und Flöten begleiteten Gesängen und ekstatischen Tänzen steigern sie sich in Trance. Animistische Vorstellungen und der Glaube an die Macht von Geistern und Ahnen leben teilweise auch in der modernen Kultur fort.

Besonders gut hat sich indianisches Brauchtum im Kunsthandwerk erhalten, etwa bei verzierten Gebrauchsgegenständen oder Schmuck und zeremoniellen Gegenständen wie Federkronen und Tanzmasken. Eine Besonderheit ist die Kunst der Körperbemalung, die nicht nur ästhetische, sondern auch soziale Funktion hat.

Afro-brasilianische Traditionen

Die afrikanischen Traditionen gehen auf verschiedene Ursprünge zurück. Ein Teil der schwarzen Sklaven wurde z. B. aus dem Kulturkreis der westafrikanischen Yoruba, ein anderer aus dem Gebiet der sudanesischen Ewe nach Brasilien verschleppt. Sklaven

Ein Fort im Staat Bahia – Bollwerk der Portugiesen im Kampf um die neue Kolonie.

Daten · Fakten · Reisetips — Brasilien

aus Angola brachten den populären Kampftanz Capoeira mit.
Besonders deutlich wird das Erbe der Sklaven, wenn sich afrikanisches Brauchtum mit christlichen Riten und zuweilen indianischen und westlich-spiritistischen Traditionen vermischt. Rituelle Trommelmusik, Gesänge und Tänze sowie Tieropfer, Zauberheilungen und Weissagungen bestimmen diese Kulthandlungen, die nicht nur bei den schwarzen Brasilianern populär sind. Am weitesten verbreitet ist der Macumba-Kult, dessen Grenzen zu anderen synkretistischen Religionen wie etwa Umbanda und Candomblé oft fließend sind.

Kunst der Kolonialzeit

Die Kunst in Brasilien orientierte sich lange Zeit ausschließlich an der europäischen. Aus der Kolonialzeit stammen viele, meist sakrale Bauten und Kunstwerke. Zu den ältesten erhaltenen Bauwerken gehören die Kirchen und Klöster der im 16. und 17. Jh. ge-

Brasília, Hauptstadt aus der Retorte: Verloren wie in einer Geisterstadt wirken die Menschen.

gründeten Missionssiedlungen und die Forts an der Küste.
Brasilien ist reich an Bauten im Barock- und Rokokostil, insbesondere in Ouro Prêto (70 km südöstlich von Belo Horizonte), wo u. a. die berühmte Kirche São Francisco de Asis steht, ein Werk des eigenwilligen Baumeisters und Bildhauers Antonio Francisco Lisboa (1738–1814), genannt »Aleijadchinho«.

Moderne Architektur

Unter dem Einfluß von Le Corbusier wurde in Brasilien ein Baustil entwickelt, der Funktionalität und moderne Gestaltungsformen kombinierte. Wegweisend wurde der Bau des Erziehungsministeriums in Rio de Janeiro (1937–1943). Mit dem brasilianischen Pavillon für die Weltausstellung in New York erregte Lúcio Costa 1939 Aufsehen; auch entwarf er 1957 den Grundriß für die neue Hauptstadt Brasília. Einflußreichster Architekt des Landes wurde Oscar Niemeyer, der die wichtigsten öffentlichen Gebäude in Brasília errichtete. Seine schwerelos wirkenden Bauten sind von geschwungenen Grundrißlinien und kubischen Grundelementen bestimmt.

Literatur und Film

Zwei Autoren von Weltrang weist Brasilien um die Jahrhundertwende auf. J. M. Machado de Assis schuf mit »Dom Casmurro« (1900) eine für sein Land unsterbliche Figur, und Enclides R. P. da Cunhas »Die Sertões« (1902) stellt die erste große kritische Analyse brasilianischer Wirklichkeit dar.
Für die zeitgenössische Literatur ist vor allem eine starke Neigung zum Regionalismus charakteristisch. Jorge Amado (geb. 1912) schildert in vielen seiner Romane das Leben der schwarzen Bevölkerung in Bahia mit einer bildhaft-neorealistischen Sprache. Schauplatz von João Guimarães Rosas (1908–1967) großem Epos »Grande Sertão« ist das gewaltige unwegsame Hochland im Nordosten Brasiliens.
Viele literarische Stoffe wurden verfilmt. Mario de Andrades erfolgreiches Buch »Macunaíma« (1928) wurde 1969 auch als Film ein Kassenschlager. Als Filmland berühmt wurde Brasilien aber vor allem zu Beginn der

Jorge Amado, Autor neorealistischer, sozialkritischer Romane.

60er Jahre durch das »Cinema Novo«, das für ganz Lateinamerika Initialwirkung hatte. Die Regisseure Glauber Rocha, Nelson Pereira dos Santos, Carlos Diegues, Ruy Guerra u. a. setzten dem kommerziellen Kino sozialkritische Filme entgegen, die zugleich realistisch und volksnah waren. Heute produziert Brasilien nicht nur die meisten Filme Lateinamerikas, sondern besitzt mit TV-Globo auch den viertgrößten privaten Fernsehsender der Welt, der mit seinen Serien (Tele-Novelas) inzwischen den Weltmarkt erobert.

Pulsierende Volkskultur

In der brasilianischen Musik sind in hohem Maße indianische und afrikanische Traditionen spürbar, sowohl in den Rhythmen wie auch in der Instrumentierung (besonders Schlaginstrumente). Bekannt ist vor allem die brasilianische Tanzmusik. Der Samba entwickelte sich aus dem alten Bantutanz Batuque; eine modernere Abart davon ist die Bossa Nova. Auch die ernste Musik greift auf traditionelle Elemente der Volksmusik zurück, etwa der Komponist Heitor Villa-Lobos (1887–1959). Die Afrikanisierung des Karnevals ist erst eine Entwicklung dieses Jahrhunderts und eng mit der Entstehung des Samba im Jahr 1916 verbunden, der 1934 zum offiziellen Tanz des Karnevals erklärt wurde. Seinen alljährlichen Höhepunkt findet der Karneval in Rio de Janeiro in der Nacht zum Rosenmontag mit dem Umzug der Samba-Schulen in ihren prächtigen Kostümen.
Fußball ist seit Jahrzehnten Nationalsport in Brasilien, das dreimal die Weltmeisterschaft gewann. Mit dem Maracaña-Stadion besitzt Rio de Janeiro eine der größten Sportstätten der Welt, 200000 Menschen finden dort Platz. Fußballspiele haben in Brasilien wegen des damit verbundenen Spektakels (Samba-Musik und Feuerwerk) den Charakter von Volksfesten.

Reise-Informationen

Einreise- und Fahrzeugpapiere
Bürger der Bundesrepublik Deutschland, der Schweiz und Österreichs sind für einen Aufenthalt von höchstens drei Monaten vom Visumzwang befreit, wenn sie einen noch mindestens sechs Monate gültigen Reisepaß bzw. Kinderausweis vorweisen. Eine Verlängerung der Aufenthaltsgenehmigung ist möglich.
Als Fahrerlaubnis ist der internationale Führerschein erforderlich.
Zoll
Bei der Einreise sind zollfrei: 400 Zigaretten oder 25 Zigarren oder 250 g Pfeifentabak, 2 Liter alkoholische Getränke; Geschenke im Wert bis zu 300 US-$. Waren (auch Alkoholika) aus brasilianischen Duty-free-Shops sind davon ausgenommen.

Devisen
Ein- und Ausfuhr von Cruzeiro (Cr$) und Fremdwährungen sind unbeschränkt erlaubt. Es empfiehlt sich, US-Währung mitzunehmen.
Impfungen
Impfung gegen Gelbfieber ist bei der Einreise nur dann nachzuweisen, wenn man innerhalb der letzten sechs Tage vor der Ankunft in Brasilien Infektionsgebiete oder Angola (auch im Transit) betreten hat. Empfohlen wird diese Impfung jedoch Reisenden, die ländliche Gebiete besuchen wollen. Kinder benötigen eine im internationalen Impfpaß nachgewiesene Poliomyelitis-Impfung. Wichtig ist auch die Hepatitisvorsorge, die jedoch nicht vorgeschrieben ist. Malariaprophylaxe und Mittel zur Bekämpfung vor Ort werden für alle Gebiete unter 900 m Höhe empfohlen.
Verkehrsverhältnisse
Die Straßen in Stadtgebieten sind meistens gut ausgebaut. Busse sind sehr billig und verkehren häufig. Wegen der großen Entfernungen und fehlender Straßen- und Eisenbahnverbindungen im Westen und Norden spielt der inländische Flugverkehr eine bedeutende Rolle.
Unterkünfte
Sowohl im Hinterland als auch an der Küste ist die touristische Infrastruktur ausreichend bis gut. In den großen touristischen Zentren (Rio de Janeiro, São Paulo, Manaus und Salvador) wird auch der anspruchsvollste Tourist zufriedengestellt. Allerdings sind in Manaus Zimmer relativ knapp. Camping, besonders an den Stränden in der weiteren Umgebung von São Paulo, erfreut sich steigender Beliebtheit; an der Küste gibt es eine Reihe von Campingplätzen.
Reisezeit
Wer Hitze gut verträgt, kann zu jeder Jahreszeit nach Brasilien reisen. Die beste Reisezeit ist von Ende Mai bis Oktober; im Juli und August wird es in der südlichen Hälfte Brasiliens nachts angenehm kühl. Von Dezember bis Mai kann man an der gesamten Küste baden, sonst nur an den Stränden nördlich von São Paulo. Im Juli und zwischen Dezember und Februar sollte man Flüge und Busreisen möglichst früh buchen, denn dann machen die Brasilianer Urlaub.

Präsident Juscelino Kubitschek de Oliveira, der Vater Brasílias.

 Chile

Rolf Pflücke

Der »pazifische Feuergürtel« wie Chile wegen seiner vielen Vulkane oft genannt wird, ist eine weithin unbekannte Welt. Ein schmaler Landstreifen, der sich von der trockener Atacama-Wüste im »Großen Norden« über 4300 Kilometer bis hinunter nach Kap Hoorn erstreckt. Hier leben am Rande des Kontinents, eingeschlossen zwischen Bergen und Meer, lebensfrohe, allem Fremden aufgeschlossene Menschen. Eine große natürliche und kulturelle Vielfalt und eine nicht zu verachtende Gastronomie machen Chile zu einem der interessantesten Reiseziele Südamerikas.

Stolz ist das »Land der Poeten« auf seine beiden Nobelpreisträger für Literatur, Gabriela Mistral (1945) und Pablo Neruda (1971). Auch chilenische Musiker, Sänger, Schauspieler und Maler brachten es zu Weltruhm. Doch mit dem Putsch der Militärs begann 1973 in Chile eine Epoche des kulturellen Verfalls. Die Menschen im Lande hoffen, daß mit dem Ende des Pinochet Regimes im Jahre 1990 der Aufbruch in eine bessere Zukunft begonnen hat.

Staatsname:	Republik Chile
Amtssprache:	Spanisch
Einwohner:	13 Millionen
Fläche:	756 945 km²
Hauptstadt:	Santiago de Chile
Staatsform:	Präsidiale Republik
Kfz-Zeichen:	RCH
Zeitzone:	MEZ −5 Std.
Geogr. Lage:	Auf der pazifischen Seite des südlichen Südamerika – begrenzt von Peru, Bolivien und Argentinien

Ein Bild aus Chiles »Großem Norden«: die Atacama-Wüste, 4000 Meter über dem Meer, dahinter die Kette der Andenvulkane. Das gleißend weiße Salz der Atacama läßt alles Leben erstarren. Nur ein paar Flamingos seihen Salzkrebse aus dem Lejia-See.

Armes Land – reich an Schätzen

Kaum ein anderes Land der Erde lebt unter ähnlichen Bedrohungen wie Chile: Schwere See- und Erdbeben, manchmal auch nur »Temblores«, kleinere Erschütterungen, halten die Menschen in ständiger Angst. Vulkanausbrüche – wie der des Villarica 1971 – erinnern stets daran, daß die Lage zwischen dem Kamm der Anden und dem Tiefseegraben vor der Pazifikküste Chiles natürliches Schicksal ist. Der eisige Humboldtstrom kühlt die Küste – das Meer lädt selbst im heißesten Sommer nicht zum Baden ein.

Der »Große Norden« besteht aus einer einzigen Wüste; der »Große Süden« ist unwirtlich, zerklüftet, windgepeitscht. Kein Wunder, daß mehr als 80 Prozent der Bevölkerung im klimatisch milden Mittelchile leben, 4,2 Millionen allein in der Hauptstadt Santiago. Doch der trockene Norden hat lange Zeit den Wohlstand des Landes begründet; denn zwischen Arica an der peruanischen Grenze und Antofagasta liegen große Salpeter- und Kupfervorkommen. Die Hafenstädte an der nordchilenischen Küste verdanken ihre Blüte diesen Bodenschätzen.

△ *Vordergründig wirkt Santiago de Chile mit seinen modernen Hochhäusern und alten Repräsentativbauten recht europäisch. Doch viele der Einwohner leben in Slums.*

◁ *Wird sich das Militär, die wichtigste Stütze des Pinochet-Regimes, der Demokratie gegenüber loyal verhalten? Der Ex-Diktator ist immer noch Oberbefehlshaber des Heeres.*

Das »weiße Gold« Salpeter wurde um 1850 als Düngemittel entdeckt; ein Sturm auf die damals bolivianische Atacama-Wüste setzte ein. »Dank Salpeter und Guano-Mist«, so der Schriftsteller Eduardo Galeano, »entfernte sich das Gespenst des Hungers aus Europa.« 1879 brach wegen dieser Bodenschätze der Pazifikkrieg aus. Chile besetzte die Provinz Antofagasta, während britische Spekulanten peruanische Salpeterschuldscheine horteten. Nach dem Ende des Krieges gehörte der »Große Norden« zu Chile – der Salpeter den Briten. Ein Versuch des Präsidenten José Manuel Balmaceda, die Lagerstätten zu nationalisieren, führte 1891 zum Bürgerkrieg. Britische Kriegsschiffe kreuzten vor der Küste. Balmaceda beging nach dieser Demütigung Selbstmord.

In der Stadt Iquique finden sich noch heute Spuren der viktorianischen Zeit; und wer sich die Mühe macht, nach den Salpetergruben zu forschen, entdeckt in ihrer Nähe die Ruinen verlassener Dörfer, verrostete Eisenbahnschienen und abgeknickte Telegrafenmasten. Das Ende der Epoche kam, als deutsche Forscher im Ersten Weltkrieg den synthetischen Salpeter erfanden.

Es begann die große Zeit des Kupferbergbaus, die ähnlich leidvoll verlief. Chile besitzt vermutlich die größten Lager der Erde; die Minen von El Teniente, El Salvador und Chuquicamata sicherten jahrelang die Exporteinnahmen. Chuquicamata, der Welt größte Kupfer-Tagebaumine, liegt bei Calama und ist an drei Tagen in der Woche zu besichtigen.

Das Land hätte dank dieser Kupfergruben einer der großen Kriegsgewinner des Zweiten Weltkrieges werden können. Doch die wichtigsten Bergwerke befanden sich in nordamerikanischem Besitz, und die USA froren während der Kriegsjahre den Kupferpreis ein. Daß schließlich der christdemokratische Präsident Eduardo Frei 1966 die Minen zu verstaatlichen begann und der Sozialist Salvador Allende die Enteignungen fortsetzte, hat mit zum Militärputsch von 1973 geführt.

Neben dem Kupfer sind inzwischen auch Eisen, Kohle und Erdöl zu Bedeutung gelangt; das »schwarze Gold« wird vor allem auf Feuerland gefördert.

Mittelchile – die Korn- und Fleischkammer des Landes

Der Landwirtschaft sind durch die sprichwörtlich »verrückte« geographische Lage Chiles enge Grenzen gesetzt. Im trockenen Norden können fast nur die Flußtäler bewirtschaftet werden; an der Küste versuchen die Bauern da und dort, Weizen und Gerste anzubauen, und treiben im übrigen extensive Weidewirtschaft. Im tiefen Süden setzen das Klima und die wild zerklüftete Landschaft dem Ackerbau Schranken. So muß die mittelchilenische Region fast allein das Zwölf-Millionen-Volk ernähren: Sie ist seit den kolonialen Tagen die Korn- und Fleischkammer des Landes.

Doch intensiver Ackerbau ist auch hier nur mit Bewässerung möglich; denn die Niederschlags- und die Wachstumszeiten fallen nicht zusammen.

Als Pedro de Valdivia 1539 – den Wegen der Inka folgend – von Peru her in das Land am fast 7000 Meter hohen Aconcagua kam, bauten hier Indiobauern Mais und Hülsenfrüchte an. Dichte Wälder bedeckten die Hügel. Valdivia teilte rund 50000 Quadratkilometer Land unter seinen Soldaten auf – an Stelle des Wehrsolds. Es war der einzige Anreiz für die Truppen, die im dauernden Krieg mit den feindseligen Indianern lagen. So entstanden die Latifundien der Kolonialzeit und die Großgüter späterer Jahrhunderte.

Erst 1967 erlebte die Landwirtschaft ihre Revolution – durch die Agrarreform Eduardo Freis. Das Privateigentum an Bewässerungsland wurde auf 80 Hektar beschränkt, das Privateigentum an Weideland auf 500 Hektar. Alle schlecht bewirtschafteten Ländereien konnten ebenfalls enteignet werden. Nutznießer waren Hunderte kleiner Genossenschaften von Farmarbeitern und Landlosen. Unter

Allende ging die Landreform so stürmisch weiter, daß Ende 1972 praktisch kein Großgrundbesitz mehr existierte. Doch viele eilig besetzte Güter lagen brach; die Erträge gingen zurück, den Kooperativen fehlte die Erfahrung, Chile mußte immer mehr Getreide einführen. In den Städten kam es zu Hamsterkäufen, Hausfrauen zogen protestierend durch die Straßen.

Die Regierung Pinochet hob das Enteignungsgesetz 1978 auf und gab mehr als die Hälfte der Farmen ganz oder teilweise an ihre früheren Besitzer zurück.

Im Weinbau genießt Chile weltweites Ansehen. Zwar hatten schon die Konquistadoren spanische Reben nach Südamerika gebracht. Doch erst in der Mitte des vorigen Jahrhunderts entstanden in den südlichen Andentälern die ersten Großkellereien. Das Etikett mit der Aufschrift „Valle del Maipo" beispielsweise bürgt für beste Qualität – sicherlich weil das Wasser des gleichnamigen Flusses den Rebstöcken so viel Kalk liefern und dem Wein damit Farbe und Schwere verleihen.

Im März, wenn die Weinlese beginnt, fahren schwere, mit Zubern beladene Fuhrwerke vor die Keltereien. Wer in diesem Monat durchs Maipo-Tal wandert, findet auf Schritt und Tritt Straußwirtschaften. Die bekanntesten Marken, inzwischen auch in Europa zu haben, stammen aus den Kellereien von Viña Santa Carolina, Cousiño Macul, Concha y Toro und Undurraga.

Die Chilenen – Südamerikas »Preußen«

Die Ureinwohner Chiles waren Nachkommen jener Jäger und Sammler, die während Jahrtausenden über die Beringstraße nach Amerika vordrangen. In der Südkordillere hat nur ein Volk dem Eroberungsdrang der Spanier getrotzt: die Mapuche, die zum Stamm der Araukaner gehören. Die Spanier lernten sie als gefährliche Krieger fürchten. Die Häuptlinge Caupolicán und Lautaro forderten die Truppen Pedro de Valdivias Weihnachten 1553 zur Schlacht. In dem Gemetzel kam Valdivia, der Gründer von Santiago, ums Leben. Die Mapuche konnten ihre Unabhängigkeit lange bewahren; und das hat sich auf die chilenische Kultur letztlich vorteilhaft ausgewirkt. Das indianische Element blieb überall lebendig. Und es hat, wie Kenner behaupten, in der Mischung mit den Europäern die hübschesten Frauen Südamerikas hervorgebracht. Einer dieser »Kenner« war der Admiral John Byron, der Großvater des berühmten englischen Dichters Lord Byron.

John Byron, der als Freibeuter seiner Majestät vor Südchile Schiffbruch erlitt, schreibt 1768 in seinem Reisebericht: »Die Chileninnen sind auffallend hübsch. Sie tragen das lange Haar offen und als einzigen Schmuck ein paar frische Blumen, die sie an einem Kamm festmachen. Ihre großen, glänzenden Augen sind ausdrucksvoll und schelmisch. Die Frauen sind zugänglich und lieben Komplimente...« Und er fügt, wahrscheinlich aus Erfahrung, hinzu: »Sie pflegen sehr scharf zu kochen; wer nicht daran gewöhnt ist, fühlt den Schlund noch stundenlang brennen...«

◁ *Leblos wie eine Mondlandschaft wirkt dieses Tal südöstlich von Calama in der Region Antofagasta – nicht von ungefähr heißt es Valle de la Luna. In allen Brauntönen schimmert die bizarre Landschaft.*

△ *Kupfer ist das wichtigste Exportgut Chiles, etwa 45 Prozent der Ausfuhrerlöse stammen aus seinem Verkauf. Das Erz wird in riesigen Tagebauminen gefördert und vor Ort zu Barren eingeschmolzen.*

Die Witwe eines englischen Kapitäns, Mary Graham, ergänzt 60 Jahre später Byrons Bericht mit einem wenig schmeichelhaften Seitenhieb auf die Männer: »Während sich die Mädchen und Frauen durch Schönheit und gute Manieren auszeichnen, ist der Chilene eher häßlich und plump...«

Es ist viel darüber gerätselt worden, warum die Chilenen nüchterner, gleichsam preußischer sind als die übrigen Südamerikaner, die doch alle die gleiche spanisch-koloniale Tradition übernommen haben; warum ihre Gesellschaftsordnung über anderthalb Jahrhunderte stabiler, ihre Armee disziplinierter, ihre Verwaltung unbestechlicher geblieben ist als die der Nachbarländer. Als Erklärung wird oft das »spartanische Erbe« der Araukaner bemüht, doch dürfte es schwerfallen, den Beweis dafür anzutreten.

Die chilenische Nation jedenfalls entwickelte sich ohne nennenswerten Einfluß von außen. Nach den spanischen Konquistadoren kamen lange Zeit nur noch Piraten vorbei. Francis Drake und Richard Hawkins überfielen und plünderten im Abstand von Jahrzehnten vor Valparaíso spanische Goldschiffe. Und später, als der Goldrausch in Kalifornien begann, faßten Glücksucher auf dem Weg nach San Francisco hier Proviant.

1809 zählte man in Chile nur 80 Ausländer. Das änderte sich jedoch gut 40 Jahre später, als der deutsche Seemann Bernhard Philippi eine regelrechte Einwanderungswelle auslöste. Die gescheiterte Revolution von 1848/1849 trieb so manchen deutschen Idealisten in die Ferne. Bis 1860 ließen sich in Südchile und am Llanquihue-See rund 3000 Deutsche nieder, und bis zum Ende des Jahrhunderts wuchs ihre Zahl auf über 10000 an. Die chilenische Regierung gab jeder Siedlerfamilie rund 20 Hektar ungerodetes Land, neun weitere Hektar für jeden erwachsenen Sohn, Steuerfreiheit auf Jahre, Materialhilfe und Saatgut. Das von den Deutschen besiedelte Gebiet, die chilenische Seenplatte – man sagt, es regne dort 13 Monate im Jahr –, gilt heute als der Garten Chiles. Bernhard Philippi wurde übrigens für seine Verdienste zum Gouverneur von Punta Arenas an der Magellanstraße ernannt. Er wurde eines Tages beim Ausritt von Indianern ermordet.

Von der »konservativen Republik« zur »Revolution in Freiheit«

Chile errang seine Unabhängigkeit von Spanien im Gefolge der südamerikanischen Befreiungskriege. Napoleon war 1808 in Iberien einmarschiert und hatte Spanien und Portugal entscheidend geschwächt. Zwei Jahre später riefen die Chilenen die Republik aus. Doch es sollte bis zur Schlacht von Chacabuco (Argentinien) im Jahre 1818 dauern, ehe die beiden Südstaaten des amerikanischen Subkontinents endgültig unabhängig wurden.

Der erste chilenische Staatschef Bernardo O'Higgins vermochte das Land politisch nicht zu festigen; denn die reiche spanische Oligarchie klammerte sich starr an ihre Privilegien. Erst in der Zeit zwischen 1831–1861 fand Chile zu seiner definitiven Staatsform und – dank Diego Portales – zu einer Verfassung, die alle Wirren bis 1925 überstand.

1831 begann eine Epoche des Wohlstands; junge Chilenen studierten in Europa und brachten liberale Ideen mit nach Hause. Britische Geschäftsleute investierten in den Bau von Eisenbahnen und Häfen. Die Epoche der »konservativen Republik« (1831–1891) wurde schließlich zum Fundament einer politischen Stabilität, die mit kurzen Unterbrechungen bis 1970 hielt und die Chile so wohltuend von seinen Nachbarländern unterschied. Salpeter- und Kupferboom brachten dem Land Devisen; eine Bergarbeiterschaft entstand, die sich schon früh gewerkschaftlich organisierte.

Chile hatte um die Jahrhundertwende rund drei Millionen Einwohner. Der bescheidene Wohlstand festigte die Mittelschicht, die schließlich zur Stütze der »parlamentarischen Republik« (1891–1920) wurde. Doch die Chi-

---

Die Insel der schweigenden Gesichter

Es scheint die einsamste Route der Welt: Fast 4000 Kilometer westwärts von Chile im Pazifik liegt, gerade so groß wie Fehmarn, die Osterinsel mit den Zeugen ihrer mysteriösen Kultur. Der niederländische Admiral Jacob Roggeveen hat die Insel am Ostersonntag 1722 entdeckt. Dank ihrer Abgelegenheit blieb sie bis heute vom Massentourismus verschont. Vier Flüge in der Woche – zwei von Santiago, zwei von Tahiti – bringen genügend Fremde und Devisen, um den Insulanern ihr Einkommen zu sichern.

Polynesier nahmen im vierten Jahrhundert Besitz von der starr aufragenden Vulkaninsel. Auf polynesisch hat sie viele Namen, darunter Rapa Nui, Große Insel. Ihre Bewohner schufen innerhalb eines Jahrtausends, wohl in völliger Abgeschiedenheit, eine streng gegliederte Klassen-

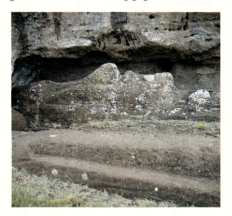

gesellschaft, deren Königsgeschlechter sich von den Göttern ableiteten, und sie errichteten riesige Plattformen, sogenannte Ahus, auf die sie überdimensionale steinerne Köpfe von großer künstlerischer Kraft stellten. Man nimmt an, daß sie damit ihre Ahnen verewigen wollten. Das Inselvolk entwickelte sogar eine eigene, bislang kaum entzifferte Schrift. Zur Blütezeit sollen etwa 15000 Menschen auf der Insel gelebt haben.

Rätselhaft ist der plötzliche Untergang der Kultur. Möglicherweise führte im 18. Jahrhundert die Übervölkerung dieser isolierten, gleichsam ausweglosen Insel zu blutigen Kriegen zwischen den »Kurzohren« und den »Langohren«, den beiden aus der Überlieferung bekannten Stämmen, deren namengebende Merkmale auch an den Plastiken sichtbar sind. Ganze Sippen suchten damals offenbar Zuflucht in den Vulkanhöhlen der Insel, und es gibt Anzeichen dafür, daß die Nahrungsmittelknappheit am Ende zum Kannibalismus führte.

In den Steinbrüchen am Rand der Vulkane findet man heute noch halbfertige Figuren. Andere ließen die Insulaner während des Transports zum Standort liegen. Als die Europäer auf die Insel kamen, waren die »Langohren« vernichtet, die meisten Statuen umgestürzt, viele zerstört. Der Norweger Thor Heyerdahl hat die vielen Rätsel von Rapa Nui auf seiner Expedition 1955/1956 zu entschlüsseln versucht. Seine Ergebnisse und Hypothesen, die nicht unumstritten sind, hat er in seinem Bestseller »Aku-Aku« niedergelegt.

Heute leben knapp 2500 Menschen auf der Insel, die meisten von ihnen mit polynesischem Blutsanteil. 500 sind Festlandchilenen.

---

lenen gewöhnten sich daran, über ihre Verhältnisse zu leben; viele Wirtschaftsgüter und Agrarprodukte mußten eingeführt werden. Die Inflation wuchs beängstigend, und die Unruhe übertrug sich schließlich auf die Armee. 1924 kam es zu einem völlig überflüssigen Putsch und der vorübergehenden Amtsenthebung des Präsidenten Arturo Alessandri y Palma. In den folgenden zehn Jahren – geprägt durch die Weltwirtschaftskrise – verschlissen sich über 20 Kabinette. Die Militärregierung des Generals Carlos Ibáñez del Campo verwirklichte zwar bis 1931 etliche Reformen – sie führte zum Beispiel die allgemeine Schulpflicht ein und verstaatlichte einige Salpetergruben –, doch erst Mitte der dreißiger Jahre fand Chile unter der zweiten Präsidentschaft Alessandris wieder seine innere Ruhe und Stabilität.

Die Jahre des Zweiten Weltkriegs bescherten dem Land einen neuen Kupferboom und damit – obwohl die USA die Preise diktierten – wertvolle Einnahmen. 1943 erklärte Chile wie die meisten südamerikanischen Länder Deutschland den Krieg. Die Radikale Partei blieb an der Macht. Unterstützt von Sozialisten und Kommunisten, wagten sich die Präsidenten Aguirre Cerda (1938–1941) und Juan Antonio Ríos Morales (1942–1946) an den Aufbau der Industrie und an eine erste Landreform. Ihr Nachfolger Gabriel Gonzáles Videla verbot 1948 die Kommunistische Partei; namhafte Linke wie der Dichter Pablo Neruda verließen das Land, andere wurden eingesperrt. Die Epoche des kalten Krieges hinterließ selbst am »Rande der Welt« ihre Spuren.

Chiles Bevölkerung wuchs in den fünfziger Jahren auf über sechs Millionen an. Präsident Jorge Alessandri Rodríguez von der Radikalen Partei (1958–1964) versuchte diesen enormen Bevölkerungsdruck durch Sozialgesetze und gezielte Investitionen zu entschärfen. Doch die Unzufriedenheit der Massen brachte den Kommunisten, die seit 1958 wieder zugelassen waren, regen Zulauf.

Ein Jahr zuvor hatten führende Konservative die neue Christdemokratische Partei Chiles gegründet, die dank ihrer sozialen Versprechungen bald 20 Prozent der Wähler gewann. Gleichzeitig gelang es den Kommunisten, weite Teile der Linken zu einer Volksfront zu einen. Die alte Rechte verlor immer mehr an Einfluß.

Bei den Präsidentschaftswahlen von 1964 siegte der christdemokratische Kandidat Eduardo Frei. Er begann seine ehrgeizige »Revolution in Freiheit« mit der »Chilenisierung« der Minen: Der Staat kaufte den nordamerikanischen Kupferbaronen die Mehrheit ihrer Anteile ab. Die unteren Einkommen stiegen. Hunderttausende von Arbeitslosen fanden Anstellung. Schließlich wagte sich Frei an die Landreform. Doch diese populistischen Maßnahmen entfremdeten den Christdemokraten die Mittelschicht. Das einfache Volk zog zunächst begeistert mit; als der Reformeifer jedoch nachließ, erstarkte die Linke. Frei verlor mit der Popularität auch an Macht; der linke Parteiflügel brach ab.

Man muß diese Vorgänge kennen, um zu verstehen, was nach 1970 geschah, in der dunkelsten Epoche der neueren chilenischen Geschichte. Bei den Wahlen in jenem

Jahr setzte sich die Volksfront aus Sozialisten, Kommunisten und linken Christdemokraten durch. Ihr Kandidat war Salvador Allende. Er brachte zunächst durch Investitionen den Arbeitsmarkt und damit den Konsum in Schwung; doch als er daranging, die großen US-Kupferminen der Anaconda Company und der Kennecott Copper Corporation entschädigungslos zu verstaatlichen und das Telefonsystem der ITT zu enteignen, ging der Hexentanz los. Allende konnte zwar mit Recht darauf verweisen, daß die Mineneigner im Laufe der Jahre Riesengewinne gemacht hatten – doch was nützte das? Die westliche Kapitalhilfe blieb aus, Allende suchte immer engere Beziehungen zur Sowjetunion und zu Kuba. Als dann die Bergarbeiter streikten, Fernfahrer die Straßen blockierten – und vom CIA dafür bezahlt wurden –, schien die Katastrophe unabwendbar. Ein Teil der Linken bewaffnete sich und ging in den Untergrund, rechtsextreme Banden verübten Anschläge und Morde.

Der Putsch und die Folgen

Am Morgen des 11. September 1973 putschten die Militärs; Flugzeuge bombardierten den Präsidentenpalast. Salvador Allende erschoß sich in seinem Arbeitszimmer. Sein Nachfolger, General Augusto Pinochet, ließ alle Linken erbarmungslos verfolgen, einsperren oder deportieren. In jenen Tagen wurden mehr als 3000 Chilenen ermordet. Was als Übergangsregierung begann, erwies sich am Ende als die längste und brutalste Diktatur in Chiles Geschichte.

Pinochet hob Allendes Reformwerk auf und setzte alles auf die Karte der Privatwirtschaft – nur die Massenmedien blieben staatlich. Mit hohen Auslandsanleihen und der Freigabe von Importen steigerte er den Konsum; Ende der siebziger Jahre wähnten sich die Chilenen in einem wahren Wirtschaftswunderland. Nur so ist es zu verstehen, daß 1980 zwei Drittel der Chilenen eine von General Pinochet vorgelegte neue Verfassung billigten.

Die Polizei und der Geheimdienst hatten anderthalb Jahrzehnte lang jeden Widerstand brutal erstickt. Alle politischen Parteien waren seit dem Putsch verboten; erst 1987 wurden sie – mit Ausnahme der Kommunisten – wieder zugelassen.

Im Oktober 1988 forderte General Pinochet die Chilenen auf, der Verlängerung seiner Amtszeit um weitere acht Jahre zuzustimmen. Doch die überwiegende Mehrheit der Wähler votierte mit »Nein«. Damit hatte der machtverliebte und realitätsblinde Diktator nicht gerechnet. Die Folge: Er mußte nun, wie in seiner eigenen Verfassung vorgesehen, allgemeine Wahlen zulassen. Und die gewann der Christdemokrat Patricio Aylwin, der das Bündnis der 17 Oppositionsparteien anführte.

Am 11. März 1991 übergab Pinochet vor dem Kongreß in Valparaiso seinem Nachfolger grimmigen Blickes die Insignien der Macht. Chile kehrte zu seiner 150jährigen demokratischen Tradition zurück. Die weltweite politische Isolierung des Landes hatte ein Ende.

◁ *Über 3000 Meter hoch ragt der Gipfel des Cerro Paine in den Himmel Patagoniens. Man versteht, warum die Chilenen dieses kalte, windgepeitschte Land den »Großen Süden« nennen.*

▽ *Fischerei ist der wichtigste Erwerbszweig an der Küste von Patagonien. Hier ein Bild aus Puerto Eden auf der Isla Wellington.*

DIE BESONDERE REISE
Südwärts zur Insel Chiloé

1000 Kilometer Panamericana

Ein strahlender Frühlingsmorgen, Mitte Oktober; die Aromos, Duftsträucher, entlang der Panamericana stehen in voller Blüte. Ihr leuchtendes Gold wird uns 1000 Kilometer weit begleiten.

Wir sind von Santiago kommend in Concepción gelandet. Am Flughafen steht für uns ein Mietwagen bereit. Wir lassen die quirlige Stadt links liegen und fahren direkt zur Route 5, der Nord-Süd-Achse Chiles.

Schon die erste Wegstrecke ist Balsam fürs Auge. Die Straße windet sich durch eine sanfte Hügellandschaft, vor den kleinen Holzhütten sitzen Frauen in der Sonne und stricken. Man begegnet immer wieder den typischen Ochsenkarren, hochbeladen mit Säcken: Köhler aus den umliegenden Wäldern fahren ihre Tagesausbeute zur Stadt.

Es gibt einen guten Grund dafür, diese »besondere Reise« schon nördlich des Río Laja zu beginnen: Eine Fahrstunde hinter Concepción berührt die Straße die Saltos del Laja, die schönsten Wasserfälle Chiles. Wir parken den Wagen und umwandern die in mehreren Stufen zu Tal stürzenden Katarakte, die ein natürliches Amphitheater bilden. Unter den schattigen Zypressen verkaufen Bauernjungen frische Maisbrötchen und Charqui, getrocknetes Pferdefleisch, dem man magische Kräfte nachsagt.

Bei Los Angeles verlassen wir die Panamericana und biegen westwärts in die Land-

▷ *Wie ein riesiges Amphitheater der Natur wirken die Saltos del Laja, die schönsten Wasserfälle des Landes.*

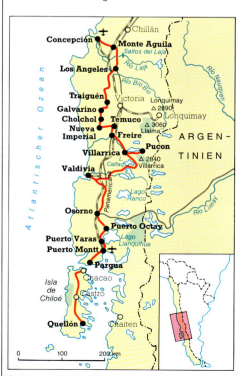

△ *Vor allem deutsche Auswanderer haben das Gebiet um den Llanquihue-See seit der Mitte des vorigen Jahrhunderts besiedelt. Sie haben aus den wilden Wäldern Felder und Weiden gemacht: eine fast mitteleuropäisch anmutende Landschaft entstand.*

▷ *Köhler – kein leichter Beruf, doch Kinderarbeit ist nicht ungewöhnlich in einem Land mit krassen sozialen Gegensätzen.*

◁ *Puerto Montt, die rund 100 000 Einwohner zählende Hauptstadt der Region Los Lagos, wurde um die Mitte des 19. Jahrhunderts von Deutschen gegründet. Sie besitzt einen Naturhafen an einer ruhigen Bucht des Pazifiks. Berühmt sind die Meeresfrüchte in den Hafenkneipen.*

▽ *Ein Bild wie aus einer anderen Zeit: Gemächlich trägt die Fähre einen Bauern mit seinem Ochsenkarren über einen Fluß in der Provinz Araukanien.*

◁ *Chiloé, der Endpunkt der Reise. Typisch für die Insel sind die Pfahlbauten am Ufer des Meeres.*

straße nach Traiguén ein. Sie führt mitten durch das alte Stammesgebiet der Mapuche. Das Auge berauscht sich an blühenden Rapsfeldern, im Osten leuchten die Vulkankegel von Lonquimay, Llaima und Villarrica. Mapuche heißt Menschenland; rund 300 000 Indios leben noch in Südchile. Auf dem Weg von Traiguén nach Cholchol sieht man ihre versprengten Rucas, die strohgedeckten Hütten.

Galvarino ist ein alter Marktflecken; die Indiobauern verkaufen hier Obst und Feldfrüchte. Vor den Kneipen stehen Ochsen- und Maultiergespanne; drinnen setzen die Fuhrleute ihre spärlichen Einnahmen in Chicha de manzana, Apfelschnaps, um.

Über Nueva Imperial erreichen wir nach einer halben Stunde Temuco, die Hauptstadt Araukaniens. Es empfiehlt sich, hier den morgendlichen Indio-Markt zu besuchen; er ist malerisch und voller Überraschungen. Wer allerdings Mapuche-Frauen fotografieren will, muß vorsichtig sein: Er wird unter Umständen beschimpft und mit faulem Gemüse beworfen. Südlich von Temuco, bei Freire, führt eine schöne Straße ostwärts nach Villarrica und Pucón. Villarrica am gleichnamigen See besitzt gute Hotels und eine ausgezeichnete Küche. Es lohnt sich, hier einen Tag auszuspannen und die Ufer am Fuße des Vulkans zu erwandern. Bei Sonnenuntergang spiegelt sich das schneebedeckte Kegelmassiv im dunklen Wasser – ein berauschendes Bild.

Von Villarrica bis zum Llanquihue-See fährt man drei Stunden, an Valdivia und Osorno vorbei. Hinter Osorno führt eine schöne Landstraße nach Puerto Octay und von dort oberhalb des Lago Llanquihue nach Puerto Varas. 1852 kamen die ersten deutschen Siedler in diese Gegend. Binnen zweier Jahrzehnte rodeten sie die Wälder, legten Dörfer an und verwandelten die wilde Natur in eine Kulturlandschaft. Es ist ein merkwürdiges Erlebnis, den See zu umfahren: Überall trifft man deutschsprechende Bauern und blonde Kinder, bieten Kaffeestuben deutschen Kuchen, vor allem Apfelstrudel an.

Nach Puerto Montt ist es von hier aus eine halbe Wegstunde; die Hauptstadt »Klein-Alemanniens« liegt an einem ruhigen Meerbusen und hat einen pittoresken Hafen. In den Fischkneipen ißt man vorzügliche Meeresfrüchte, vor allem den kräftigen Curanto.

Die Panamericana endet zunächst bei Pargua, von wo alle anderthalb Stunden eine Autofähre zur Insel Chiloé übersetzt, nach Feuerland die zweitgrößte Insel Südamerikas. Sie liegt verträumt inmitten eines fast unentdeckten Archipels. Wen es nach Abenteuer gelüstet, der kann von Chiloé aus per Schiff in die Fjordwelt Südchiles fahren, hinunter bis Puerto Chacabuco und Punta Arenas.

Auf Chiloé mischten sich indianische Ureinwohner mit europäischen Siedlern und gestrandeten Seefahrern. Die Dörfer mit ihren buntbemalten Holzhäusern und Pfahlbauten, sogenannten Palafitos, ziehen sich entlang der Uferstraßen. Sehenswert: die rund 150 hölzernen Kirchen der Insel.

Bei Quellón endet die Panamericana endgültig. Es empfiehlt sich, ein paar Tage auf Chiloé zu bleiben, den Fischern bei der Rückkehr vom Fang zuzuschauen, Mariscos (Meeresfrüchte) zu essen und das Innere der Insel mit ihrem Nationalpark zu erwandern.

Rolf Pflücke

Chile — Daten · Fakten · Reisetips

Landesnatur

Fläche: 756 945 km² (doppelt so groß wie die Bundesrepublik Deutschland)
Ausdehnung: Nord–Süd 4300 km, West–Ost 200 km (im Mittel)
Höchster Berg: Nevado Ojos del Salado 6863 m (mit argentinischem Anteil)
Größter See: Lago Llanquihue 780 km²

Chile liegt an der Westküste Südamerikas; es gehört zu den Ländern der Erde mit der größten Nord-Süd-Erstreckung. Die Ausdehnung von West nach Ost beträgt dagegen nur 90 bis 435 km. Im Norden grenzt Chile an Bolivien und Peru, im Süden reicht es bis Kap Hoorn. Außer dem westlichen Teil des Feuerlandarchipels gehören zu Chile noch einige Inselgruppen im südöstlichen Pazifik: Osterinsel, Sala y Gómez, Islas de los Desventurados, Juan-Fernández-Inseln.

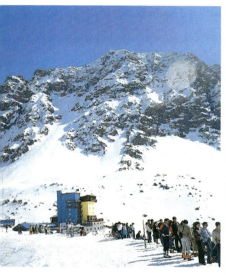

Was man in Südamerika nicht erwartet: ein regelrechtes Skizentrum in der Nähe von Santiago.

Naturraum

Die während des Tertiärs entstandenen Anden prägen die Natur des Landes. Bedingt durch anhaltende Bewegungen der Erdkruste in diesem Raum kommt es vor allem in Mittelchile häufig zu Erdbeben. Chile gliedert sich von West nach Ost in Küstenkordillere, Längstal und Hauptkordillere. Die *Küstenkordillere* erreicht Höhen bis 2500 m. Südlich von Puerto Montt löst sich der Kordillerenzug in viele gebirgige Inseln auf – die größte ist Chiloé mit 8395 km². Das mit Flußablagerungen und vulkanischem Material angefüllte *Längstal* wird von Querriegeln in mehrere Becken unterteilt. Im nördlichen Landesteil dehnt sich die Atacama-Wüste aus, vielfach mit Salzsümpfen und Salzkrusten (Salares) durchsetzt. Den mittleren Teil des Längstales nimmt eine flachwellige Landschaft mit zahlreichen Seen ein. Hier, in der sog. »Chilenischen Schweiz«, liegt die wirtschaftlich wichtigste Region des Landes. Nach Süden taucht die Längssenke unter den Meeresspiegel ab.

Die *Hauptkordillere* besteht aus mehreren Gebirgszügen, die nach Süden zu allmählich niedriger werden. Im breiteren Nordabschnitt liegen mächtige Vulkanberge (Nevado Ojos del Salado 6863 m, Llullaillaco 6723 m). Der stark vergletscherte südliche Teil, die Patagonische Kordillere, setzt sich jenseits der Magellanstraße in der Feuerlandkordillere fort.

Klima und Vegetation

Von Norden nach Süden lassen sich fünf Landschaftsräume unterscheiden: Der »Große Norden«, im wesentlichen die Atacama-Wüste, weist nur geringe Niederschläge auf (unter 100 mm jährlich); auch die Temperaturen sind wegen des kalten Humboldtstroms für die Lage im Grenzbereich von Tropen und Subtropen relativ niedrig (Jahresmittel 16–18 °C). Nur die höher gelegenen Küstenhänge tragen, durch Nebel begünstigt, Sukkulenten und Zwergsträucher; das Längstal dagegen ist Wüstengebiet. Im Hochbecken der Anden gibt es Punaheiden mit Zwergsträuchern und Polsterpflanzen.

Südlich des Río Huasco schließt der »Kleine Norden« an mit Jahresniederschlägen von 100–250 mm. Das Landesinnere wird von Zwergstrauch- und Sukkulenten-Dornstrauch-Formationen beherrscht.

Im warm-gemäßigten Klima »Mittelchiles«, zwischen Illapel und Concepción, gedeihen vor allem Hartlaubgewächse, doch wird das Gebiet heute vor allem landwirtschaftlich genutzt. Die mittlere Jahrestemperatur beträgt 13 bis 15 °C; die Niederschläge steigen südwärts bis auf 2000 mm im Jahr an.

Der »Kleine Süden«, von Concepción bis zum Golf von Ancud, hat kühl-gemäßigtes, immerfeuchtes Klima (Jahrestemperaturmittel 12 °C) mit ganzjährigen Niederschlägen (bis 1000 mm). Hier erstrecken sich ausgedehnte Wälder mit Südbuchen (Nothofagus), Araukarien, Lorbeer- und Zimtbäumen sowie Kiefern, Pinien und Zypressen.

Den Abschluß bildet der »Große Süden« (Patagonische Kordillere bis Feuerland). Das Klima dort ist kühlgemäßigt (6–8 °C im Jahresmittel), nach Süden mit zunehmend subpolarem Charakter. Wo Westwinde ganzjährig Regen bringen (z. T. über 3000 mm im Jahr), wächst immergrüner Regen- bzw. Nebelwald, in den südlichsten Landesteilen wird er fortschreitend von Krüppelwald und Torfmoos-Hochmooren abgelöst.

Tierwelt

Neben wenigen einheimischen Säugetieren – Puma, Andenhirsch, Lama, Alpaka und Vikunja – gibt es zahlreiche Vogelarten (z. B. Adler, Kondor), im Süden vor allem Pinguine und Enten; das Chinchilla ist wegen seines kostbaren Pelzes fast ausgerottet.

Der Geysir del Tatio in der Atacama-Wüste – ein Ventil für die heiße, unruhige Erde dieses Landes.

Politisches System

Staatsname: República de Chile
Staats- und Regierungsform: Präsidiale Republik
Hauptstadt: Santiago de Chile
Mitgliedschaft: UN, OAS, ALADI, GATT

1981 erhielt Chile eine Verfassung, die ganz auf den Staatspräsidenten, Regierungschef und Oberkommandierenden der Streitkräfte, General Augusto Pinochet, zugeschnitten war und für eine Übergangszeit von neun Jahren gelten sollte. Die im Juli 1989 per Volksabstimmung geänderte Verfassung sieht die einmalige Verkürzung der Amtsperiode des Staatspräsidenten von acht auf vier Jahre und die Einschränkung seiner Befugnisse vor. Im Nationalen Sicherheitsrat herrscht fortan Parität zwischen Militärs und Zivilisten. Die Volksvertretung setzt sich aus der Abgeordnetenkammer mit 120 Mitgliedern und dem Senat mit 38 zu wählenden und 9 zu ernennenden Mitgliedern zusammen. Die Erweiterung der Befugnisse sowie die Neuordnung des Parlaments werden angestrebt.

Chile gliedert sich in 13 administrative Regionen.

Das Rechtswesen beruht auf französischen und spanischen Rechtsnormen.

Bevölkerung

Einwohnerzahl: 13 Millionen
Bevölkerungsdichte: 17 Einw./km²
Bevölkerungszunahme: 1,7 % im Jahr
Ballungsgebiete: Mittelchilenisches Längstal mit dem Hauptstadtgebiet sowie die Stadtagglomerationen Valparaíso/Viña del Mar und Concepción/Talcahuano an der Küste Mittelchiles
Größte Städte: Santiago de Chile (4,2 Mio. Einw., mit Vororten), Viña del Mar (300 000), Valparaíso (270 000), Concepción (260 000), Talcahuano (210 000), Antofagasta (180 000)
Bevölkerungsgruppen: 70 % Mestizen, 25 % Weiße, 3 % Indianer

Die ethnische Zusammensetzung läßt sich nur ungefähr bestimmen. Die Weißen sind vorwiegend altspanischer Herkunft (Kreolen), sie bilden auch die Oberschicht. Im »Kleinen Süden« leben etwa 100 000 deutschstämmige Chilenen. Die indianische Bevölkerung setzt sich zusammen aus Araukanern im mittelchilenischen Hochland sowie einigen kleinen Restgruppen der Chango an der Nordküste und der Feuerlandindianer in der südlichen Küstenregion. Im südöstlichen Pazifik sind nur die Osterinsel (zumeist von polynesischen Einwanderern) und die Juan-Fernández-In-

Das Städtchen Puerto Aisen in der Welt der zahllosen Inseln und Fjorde im Westen von Patagonien.

Chile

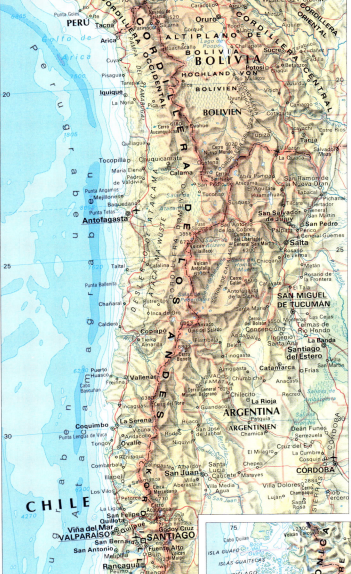

seln bewohnt. Mehr als 80% der Chilenen leben in der Wirtschaftsregion Mittelchile, etwa 30% sind unter 30 Jahren. Amtssprache ist Spanisch, Geschäftssprache ist Englisch.
Etwa 90% der Chilenen sind katholisch; den Rest bilden protestantische Gemeinschaften sowie etwa 30000 Juden.

Soziale Lage und Bildung

Unter der Militärregierung hatten sich die Lebensbedingungen der Bevölkerung nicht gebessert. Die Zuwanderung in die Ballungsgebiete nahm erheblich zu. Es gibt eine kleine, sehr reiche Oberschicht und einen wohlhabenden Mittelstand. Die Arbeitslosenquote beträgt 8%. Die umfassende Sozialgesetzgebung, 1924 begonnen, wurde 1931 im »Código del Trabajo« grundlegend systematisiert, das darauf beruhende Sozialversicherungssystem 1981 z. T. privatisiert, jedoch unter staatlicher Kontrolle belassen. Obwohl die Militärregierung die Ausgaben der öffentlichen Hand reduziert hatte, wurden Unfall-, Krankenversicherung, Arbeitslosenunterstützung und Altersversorgung beibehalten. Chile gehört auf diesem Gebiet zu den fortschrittlichsten Ländern Lateinamerikas.

Seit 1928 besteht für 7–15jährige allgemeine Schulpflicht. Die Analphabetenrate liegt bei 5%. Neben den kostenlosen staatlichen gibt es viele private, meist von der katholischen Kirche geführten Schulen. Die acht Universitäten des Landes genießen in Südamerika einen sehr guten Ruf; die älteste ist die staatliche Universidad de Chile (gegr. 1738).

Wirtschaft

Währung: 1 Chilenischer Peso (chil$) = 100 Centavos
Bruttoinlandsprodukt (in Anteilen): Land- und Forstwirtschaft 9%, industrielle Produktion 45%, Dienstleistungen 46%
Wichtigste Handelspartner: USA, Brasilien, EG-Staaten, Japan, Argentinien, Kanada

Unter Präsident Pinochet wurde die Wirtschaftssanierung nach streng neoliberalistischem Vorbild betrieben, jedoch ohne Rücksicht auf negative soziale Auswirkungen. Wirtschaftsbasis ist nach wie vor der Bergbau – vor allem der Abbau von Kupfer (bis 50% der Gesamtausfuhr). Nach einer schwerwiegenden Rezession zu Beginn der 80er Jahre gehört Chile heute mit einem seit 1984 anhaltend hohen Wirtschaftswachstum und den relativ geringen Inflationsraten zu den ökonomisch stabilsten Ländern Lateinamerikas.

Landwirtschaft

Etwa ein Viertel der Staatsfläche wird landwirtschaftlich genutzt; ein weiteres Viertel ist bewaldet. Zur Sicherung der Versorgung ist Chile auf Agrarimporte angewiesen. Der landwirtschaftliche Anbau erfolgt hauptsächlich im klimatisch begünstigten Mittelchile, vor allem im Längstal und in den Flußtälern. Ein Viertel der Anbaufläche wird künstlich bewässert. Angebaut werden Kartoffeln, Getreide, Gemüse, Ölpflanzen und Tabak. Chile besitzt nach Argentinien das zweitgrößte Weinbaugebiet Lateinamerikas. Die Viehzucht konzentriert sich auf den Süden (Rinder, Schweine, Schafe). – Holzwirtschaft wird, bedingt durch das Verkehrsnetz, nur in Mittelchile betrieben. Begünstigt durch den Humboldt-Strom sind die chilenischen Gewässer reich an Fischen und Schalentieren. Unter diesen Voraussetzungen entwickelte sich Chile zu einem der bedeutendsten Fischfangländer Südamerikas.

Bodenschätze, Energieversorgung

Chile verfügt über reiche Vorkommen an Eisenerzen, Edelmetallen, Phosphaten, Schwefel, Salz und Kohle. Die größte Bedeutung hat der Abbau von Kupfererzen (Chile verfügt über etwa 20% der bekannten Weltreserven); er findet vorwiegend in den Regionen Antofagasta, Atacama und O'Higgins statt. Hochwertige Eisenerze (gemischt mit Mangan, Kobalt, Platin) werden in den Regionen Coquimbo und Atacama gefördert. Die Gewinnung von »Chilesalpeter« in der Atacama-Wüste, der das Land früher seine Weltstellung verdankte, hat an Bedeutung verloren. Geringere Vorkommen an Erdöl und Erdgas werden in Südpatagonien und Feuerland ausgebeutet.

Bei der Energiegewinnung hat die Wasserkraft Vorrang gegenüber fossilen Brennstoffen.

Chile 125

Chile — Daten · Fakten · Reisetips

Industrie
Die Industrie konzentriert sich auf den Raum Santiago/Valparaíso und Concepción. Die wichtigsten Produktionszweige sind Nahrungsmittel-, Textil-, Eisen- und Stahlindustrie, dazu Buntmetallurgie, Zellulose- und Papierherstellung, chemische und petrochemische, metallverarbeitende sowie Baustoffindustrie. Bei den Konsumgütern kann der Inlandsbedarf nicht gedeckt werden.

Handel
Ausgeführt werden in erster Linie Bergbauprodukte, vor allem Kupfer, außerdem chemische Erzeugnisse, Holz und Holzprodukte, Wolle, Felle, Fischmehl, Obst und Wein. Wichtigste Einfuhrgüter sind Nahrungsmittel, Industrieausrüstungen, Chemikalien, Brennstoffe und Textilien.

Verkehr, Tourismus
Das Verkehrsnetz ist in den dichtbesiedelten Gebieten zwischen Santiago und Puerto Montt gut ausgebaut. Das Straßennetz hat eine Länge von etwa 79 000 km; etwa 37 000 km sind ganzjährig befahrbar. Die wichtigste Fernverbindung ist die »Panamericana« – von der peruanischen Grenze bis zur Insel Chiloé. Die südlichen Landesteile sind nur mit dem Schiff oder Flugzeug zu erreichen. Das Eisenbahnnetz umfaßt knapp 10 000 km. Die Küstenschiffahrt ist stark entwickelt. Die wichtigsten der insgesamt 80 Häfen sind Antofagasta, Valparaíso und Puerto Montt. Neben dem internationalen Flughafen von Santiago de Chile stehen weitere vier wichtige Flughäfen zur Verfügung: Puerto Montt, Arica, Antofagasta, Punta Arenas. – Der Fremdenverkehr spielt in Chile keine große Rolle.

Geschichte

Im 14. Jh. dehnten die Inka ihr Reich von Norden her bis zum heutigen Concepción aus, wurden aber von den in Mittelchile ansässigen Araukanern wieder etwas zurückgedrängt. Die Eroberung Chiles durch die Spa-

Ein wichtiger Wirtschaftsfaktor: die Verarbeitung von Krebsen in Punta Arenas im kühlen Süden.

Etwa 450 km nördlich von Santiago liegt in den Anden eine wichtige Sternwarte der europäischen ESO.

nier begann nach 1530. Von Peru aus drang Pedro de Valdivia bis zum Río Bíobío vor. 1541 gründete er Santiago, die heutige Hauptstadt. Im selben Jahr wurde das Kapitanat Chile eingerichtet, das dem Vizekönigreich Peru unterstand. Südlich des Río Bíobío widersetzten sich die Araukaner erfolgreich den spanischen Unterwerfungsversuchen; erst 1859 konnten sie schließlich von den chilenischen Streitkräften bezwungen werden.

Seine politische Unabhängigkeit erlangte Chile während der südamerikanischen Befreiungskriege (ab 1810). Die Befreier Chiles – im Kampf gegen die Spanier – waren der argentinische General José de San Martín und sein chilenischer Freund, der 1818 – dem Jahr der endgültigen Loslösung von Spanien – zum »supremo director« Chiles ernannte General Bernardo O'Higgins. Dieser scheiterte mit einem gemäßigten Programm die liberale Verfassung von 1828 (Versuch einer Landreform, Aufbau eines Erziehungswesens, einer Zentralverwaltung, Prinzip der Religionsfreiheit) ließ sich nicht verwirklichen.

Oligarchie und Reformversuche
Die konservativen Nutznießer der Revolution (Großgrundbesitzer, Handelsherren) setzten sich 1831 durch und errichteten eine Herrschaft, die bis 1837 geprägt war von der autoritären Persönlichkeit des leitenden Ministers Diego Portales: ein präsidiales Regiment, das Honoratioren und Kirche unterstützen und Ordnung und Sicherheit durchsetzen sollte. Nach 1861 gelang es, die präsidialen Rechte einzuschränken und in Verbindung mit liberalen Reformen (u. a. 1884 Zivilehe) einen formalen Parlamentarismus einzuführen, der freilich unter den Rivalitäten der Oligarchen litt (120 Kabinette in 35 Jahren).

Große Veränderungen brachte die besonders mit britischem Kapital erfolgte Industrialisierung mit sich: Der Gewinn der Salpetervorkommen im Krieg gegen Bolivien und Peru (1879–1884) verschaffte Chile das Weltmonopol auf diesem Gebiet, der Ausbau des Kupferbergbaus machte es zu einem wichtigen Rohstofflieferanten. Neben einem gehobenen Mittelstand von Unternehmern und Händlern entstand eine Schicht von Berg- und Industriearbeitern, die sich 1912 in der Sozialistischen Arbeiterpartei (ab 1921 Kommunistische Partei) sammelten; beide forderten mehr Beteiligung an der politischen Macht. Dauernde Streiks, allein 293 zwischen 1911 und 1920, verdeutlichen die innenpolitischen Spannungen. Die Bevölkerung wuchs durch einen starken Zustrom von Einwanderern (besonders ab 1870); die Verstädterung Mittelchiles bahnte sich an. Seit der Gründung der »Liberalen Allianz« (1918) wurden (unter Präsident Arturo Alessandri y Palma) 1924 wichtige Sozialgesetze erlassen; Präsident Carlos Ibáñez del Campo setzte das soziale Reformwerk fort. Die Weltwirtschaftskrise von 1929 traf Chile schwer: Sie führte zur Verelendung der Mittelklassen und war begleitet von einer lang andauernden Inflation. Erst die Präsidenten der 1936 begründeten »Volksfront« konnten zwischen 1938 und 1952 bedeutende wirtschaftliche Erfolge erzielen.

Nach dem Zweiten Weltkrieg bildete sich die Christlich-Demokratische Partei, die als Reformpartei neben die traditionelle Linke und die Konservativen trat. Ihr Parteiführer Eduardo Frei, Präsident von 1964 bis 1970, führte die Nationalisierung des Bergbaus und eine vorsichtige Landreform durch (»Revolution in Freiheit«). Sein Versuch einer politischen Stabilisierung durch Reformen scheiterte aber an der andauernden Inflation und dem Verfall der für Chile lebenswichtigen Kupferpreise.

Von Allende zu Pinochet
1969 kam es zum Zusammenschluß von Radikalen, Sozialisten und Kommunisten zur »Frente de Acción Popular«, deren Kandidat Salvador Allende, von den christlichen Demokraten unterstützt, 1970 der erste demokratisch gewählte sozialistische Präsident Südamerikas wurde. Er leitete eine umfassende Nationalisierung ein: entschädigungslose Enteignung des Kupfer- und Kohlebergbaus sowie des Bodeneigentums und eine Kontrolle des Bankwesens. Nach anfänglichen Erfolgen verschlechterte sich die wirtschaftliche Situation. Wilde Aktionen von angeblichen und wirklichen Anhängern Allendes verbreiteten vor allem beim Mittelstand ein Gefühl von Unsicherheit und führten zu wachsender politischer Opposition (ein Höhepunkt war der Streik der Transportunternehmer). Während es Allende ablehnte, verfassungswidrige »revolutionäre« Mittel zu ergreifen, nutzte General Augusto Pinochet die Situation zu einem Militärputsch, der die verfassungsmäßige Regierung Chiles beseitigte (Tod Allendes 11. 9. 1973).

Chile unter Pinochet
Die Militärjunta löste sofort das Parlament und die Gewerkschaften auf und errichtete ein Regime, das gekennzeichnet war durch Pressezensur, willkürliche Verhaftungen, Folterungen und Mord. Wegen zahlreicher Menschenrechtsverletzungen wurde es wiederholt von der UN und von den chilenischen Bischöfen scharf verurteilt. Pinochet rechtfertigte die Militärdiktatur stets mit der Notwendigkeit des Kampfes gegen den Kommunismus: »Freiheit oder Totalitarismus!« Die Unruhe im Land wuchs jedoch spürbar, nachdem eine anfangs durch die völlige Liberalisierung des Handels erreichte wirtschaftliche Scheinblüte (öffentliche Bauten, Importe von Luxusgütern) ihre Kehrseite gezeigt hatte: Die Arbeitslosigkeit nahm gravierend zu (Höhepunkt 1982: 20 %), die Inflationsrate betrug zwischen 1984 und 1987 durchschnittlich 20,5 %. Vor allem aber wuchs die öffentliche Auslandsverschuldung: Sie machte 1987 nicht weniger als 32,2 % des Bruttoinlandsprodukts aus. 1980/81 legalisierte Pinochet seine Herrschaft durch die »Farce einer beschämenden Wahl« (E. Frei), in der seine »Verfassung der Freiheit« von 67,2 % der Wähler angenommen wurde. Gemäß der neuen Verfassung von 1981 blieb Pinochet für eine Übergangszeit von acht Jahren im Amt. Im Oktober 1988 entschied sich in einem Plebiszit eine Mehrheit gegen eine Verlängerung der Amtszeit von Pinochet bis 1997 und für den Übergang zu demokratischen Verhältnissen.

Rückkehr zur Demokratie
Im Mai 1989 wurden zwischen dem Militärregime und den Oppositionsparteien Verfassungsreformen vereinbart, die als erster Schritt zur Demokratisierung gewertet wurden und bei einer Volksbefragung breite Zustimmung fanden. Als Kandidat der Opposition für die Präsidentschaftswahlen im Dezember 1989 wurde der Vorsitzende der Christlich-Demokratischen Partei, Patricio Aylwin, benannt. Er konnte sich gegen den Kandidaten des Regimes klar durchsetzen; auch bei den Parlamentswahlen mußte das Regime eine deutliche Niederlage hinnehmen. Indessen hat Pinochet seine Machtposition nicht völlig eingebüßt; er bleibt Oberbefehlshaber des Heeres und Chef des Geheimdienstes. Aylwin wiederum ist aufgrund eines Unkündbarkeitsgesetzes zur Kooperation mit dem während der Diktatur aufgebauten Apparat verdammt. Insofern besteht Unsicherheit, ob das Militär willens ist, sich der Regierung unterzuordnen.

Daten · Fakten · Reisetips — Chile

Kultur

Chile ist heute ein Land, in dem sich Elemente indianischer Kulturen mit einer europäisch geprägten, vorwiegend aus Spanien importierten Kultur vermischen.

Relikte indianischer Kulturen

Die geographische Nähe zum Inka-Reich beeinflußte auch die in Chile lebenden Indianer, doch nur das nördliche und das mittlere Chile waren etwa 100 Jahre lang Bestandteil des Großreichs der Inka. Die indianische Tradition hat in Chile vor allem zwei Ursprünge: die Kultur der Atacameño und der Diaguita im Norden und die

Militärdiktatur nach Pinochets Machtergreifung 1973. Posten vor dem zerstörten Präsidentenpalast.

der Araukaner im Süden. Während die Atacameño nach der Invasion der Inka viel von deren Kultur übernahmen, konnten sich die Araukaner erfolgreich gegen die Inka und später auch gegen die spanischen Invasoren verteidigen. Die Atacameño lebten als nomadische Oasenbewohner von Ackerbau und Handel und kannten bereits Bewässerungskanäle und Lasttiere. Die Zeugnisse ihrer Kultur, die unter dem Einfluß der Tiahuanaco-Kultur (im heutigen Bolivien) stand, beschränken sich vor allem auf Ausgrabungsfunde (Grabbeigaben aus Holz und Keramik); ihre Metallarbeiten verraten den Einfluß der Inka. Die im Nordosten lebenden Diaguita fertigten Keramikgefäße an (»Kinderurnen« mit plastischen Gesichtern und Armen). Im Gebiet dieser beiden Volksgruppen trifft man auf viele Petroglyphen. Diese Steinzeichnungen stellen zumeist Tiere und geometrische Zeichen dar. Besonders bemerkenswert sind die »Riesenbilder« in der Region Tarapacá, die sich bis zu einer Länge von 10 km über einen ganzen Berg erstrecken und deren Figuren bis zu 10 m groß sind.

Die Araukaner konnten fast bis zum Ende des 19. Jh. ihre Eigenständigkeit bewahren; sie übernahmen jedoch von den Inka den Gebrauch von Edelmetallen, die Anlage von Wasserleitungen und den Maisanbau und von den Spaniern die Verwendung von Pferden, die Zucht von Rindern und Schweinen und den Weizenanbau. Der älteste noch erhaltene Brauch sind ihre Bittopfer, bei denen eine größere Versammlung unter der Anleitung des obersten Schamanen mit Tieropfern, kultischer Musik und ekstatischen Tänzen um Regen oder Sonne fleht. Daneben gibt es noch Relikte von zwei heute fast ausgestorbenen indianischen Kulturen: den Chango im Norden und den Feuerländern, die als Wassernomaden auf einer steinzeitähnlichen Kulturstufe im äußersten Süden von Chile lebten. Bei den Initiationsriten der Feuerländer wurden die Geister von Tänzern mit Baumrindenmasken verkörpert.

Zeugnisse der Kolonialzeit

Aus der Zeit der spanischen Kolonialisierung sind nur wenige Bauwerke erhalten, weil die Kolonie bis ins vorige Jahrhundert heftig umkämpft war und die von den Spaniern errichteten Städte immer wieder von Indianern oder Piraten zerstört wurden. Ein Großteil der Gebäude fiel außerdem Erdbeben und anderen Naturkatastrophen zum Opfer. Bis zur Unabhängigkeit beschränkte sich der Siedlungsraum in erster Linie auf einen schmalen Bereich in Mittelchile. Im Norden überwiegen Bergbausiedlungen, im agrarisch ausgerichteten Süden Haziendas und weitläufige Straßendörfer.

Moderne chilenische Kultur

Trotz einzelner auch international bekannter Künstler, wie dem Maler Sebastián Matta Echaurren, konnte die chilenische Kunst bisher nur auf literarischem Gebiet eigenständige Leistungen hervorbringen. Die Bedeutung der modernen chilenischen Literatur beruht jedoch anders als in den meisten lateinamerikanischen Ländern nicht auf der Prosaliteratur, sondern auf der Lyrik. Die wichtigsten Vertreter der chilenischen Lyrik, die traditionelle und moderne Elemente verbindet und häufig sozialkritisch und politisch engagiert ist, sind Gabriela Mistral, die 1945 als erste lateinamerikanische Schriftstellerin den Nobelpreis erhielt, Pablo de Rokha und Pablo Neruda (»Canto General«, Nobelpreis 1971). Die Prosaliteratur hat erst in den 60er Jahren an Bedeutung gewonnen (Carlos Droguett, José Donoso). Den größten internationalen Erfolg konnte in jüngster Zeit Isabel Allende feiern (»Das Geisterhaus«, 1984; »Eva Luna«, 1988). Chile besitzt ein sehr aktives Theaterleben (allein zwölf Bühnen in Santiago), verfügt aber nur über wenige bedeutende Dramatiker (Egon Wolf).

Die chilenische Volksmusik, berühmt geworden durch den 1973 von den Militärs ermordeten Victor Jara, ist in den nördlichen Landesteilen vorwiegend spanisch beeinflußt, im Süden hingegen haben sich araukanische Traditionen erhalten. In der klassischen Musik erlangte der Pianist Claudio Arrau Weltruf.

Die modernen Medien litten bislang vornehmlich unter den Zensurbeschränkungen des Militärregimes. So besaß der chilenische Film mit den Regisseuren Helvio Soto, Raul Ruiz, Patricio Guzmán und Miguel Littin seine produktivste Phase unter der Allende-Regierung.

Heute erscheinen in Chile rund 60 Tageszeitungen und fast 100 Zeitschriften. Mehrere hundert Radiostationen arbeiten auf kommerzieller Basis; neben dem staatlichen Rundfunk- und Fernsehnetz gibt es noch vier Fernsehanstalten der Universitäten.

Geheimnisse der Osterinsel

Auf der Osterinsel (3700 km westlich von Chile) sind einzigartige Zeugnisse einer Kultur erhalten, die dort in relativer Isolation entstand, nachdem die Insel wahrscheinlich um 400 n. Chr. von Polynesien aus besiedelt worden war. Besonders bemerkenswert sind die etwa 600 Moai, bis zu 9 m hohe Büsten mit länglichen Gesichtern, die aus schwarzem Tuff bestehen. Weitere Relikte dieser um 1750 untergegangenen Kultur sind die 10 m langen und etwa 1,5 m hohen Begräbnisplattformen (Ahu), die Aufzeichnungen auf Holztafeln, deren bisher kaum entzifferte Schrift zwischen Bilder- und Lautschrift steht, und der heilige Ort Orongo, der mit dem Vogelkult verbunden war.

Rekonstruiert: Einst trugen Moai auf der Osterinsel einen »Hut«.

Reise-Informationen

So sehen die bis heute kaum entzifferten hölzernen Schrifttafeln von der Osterinsel aus.

Einreise- und Fahrzeugpapiere

Bürger der Bundesrepublik Deutschland, der Schweiz und Österreichs brauchen für einen Aufenthalt bis zu 90 Tagen einen mindestens noch sechs Monate gültigen Reisepaß bzw. Kinderausweis (mit Foto). Die Aufenthaltsgenehmigung kann verlängert werden. Als Fahrerlaubnis ist der internationale Führerschein erforderlich.

Zoll

Bei der Einreise sind zollfrei: pro Person ab 18 Jahre 400 Zigaretten, 50 Zigarren, 500 g Tabak, 2,5 Liter alkoholische Getränke und zwei Fläschchen Parfüm. Beim Verlassen des Landes darf der Wert von Andenken 500 US-$ nicht übersteigen.

Devisen

Die Ein- und Ausfuhr von Chilenischen Pesos und Fremdwährung ist unbeschränkt erlaubt. Landeswährung, die aus dem Umtausch von Devisen stammt, kann nur gegen Vorlage der Umtauschbescheinigung wieder in Fremdwährung zurückgetauscht werden.

Impfungen

Im internationalen Reiseverkehr werden keine Impfungen gefordert.

Verkehrsverhältnisse

Die Straßenverkehrsregeln weichen nur unwesentlich von den deutschen ab. Besonders außerhalb des Großraums Santiago ist der Fahrbahnbelag z. T. in schlechtem Zustand. Von Nachtfahrten ist abzuraten. Das Netz der Überlandbusse ist gut ausgebaut.

Unterkünfte

Auch in kleineren und mittleren Städten gibt es Hotels von europäischem Standard. Komfortable und preiswerte Hotels sind allerdings in der Hauptreisezeit (Januar/Februar) voll belegt. Im chilenischen Seengebiet um Osorno und an der nordchilenischen Küste gibt es viele Campingplätze.

Reisezeit

Die günstigste Reisezeit für den äußersten Süden ist im Januar und Februar. Mittelchile besucht man am besten von Oktober bis März.

Fiona Zeller

In der Fernsehwerbung ist die kleine Republik zwischen Panama und Nicaragua längst keine Unbekannte mehr. Wer kennt sie nicht, die »Chiquita«-Banane made in Costa Rica oder den Tchibo-Mann: in der rechten Hand die dampfende Kaffeetasse, in der linken das Paket mit röstfrischen Bohnen aus dem Hochland Costa Ricas.

Costa Rica ist die »Schweiz Mittelamerikas«: ein Staat ohne Militär mit mustergültiger Demokratie und florierender Wirtschaft; das lateinamerikanische Musterländle par excellence. Hier wächst einfach alles: Kaffee auf der Hochebenen, Bananen im Tiefland und Kokospalmen am Strand von Cahuita, dem Touristenzentrum an der Karibikküste. In den Urwäldern nisten seltene Vögel; wildromantische Pazifikstrände ziehen sich vor grün bewachsenem Hügelland dahin. Am Horizont steigen schemenhaft mächtige Vulkane auf.

Nicht einmal die Unruhen in den Nachbarstaaten konnten dieses Idyll bislang nachhaltig stören. Denn Costa Rica hat, wovon die Umgebung nur träumen kann: den Frieden.

Bis zu 3000 Meter hoch steht die drohende Rauchsäule über dem Irazú im Zentralen Hochland von Costa Rica. Der größte Ausbruch des Vulkans in diesem Jahrhundert begann 1963 und dauerte bis 1965.

Staatsname:	Republik Costa Rica
Amtssprache:	Spanisch
Einwohner:	2,9 Millionen
Fläche:	50 900 km²
Hauptstadt:	San José
Staatsform:	Präsidiale Republik
Kfz-Zeichen:	CR
Zeitzone:	MEZ – 7 Std.
Geogr. Lage:	Mittelamerika, zwischen Nicaragua und Panama

Mit dem »Jungle Train« von Küste zu Küste

Die Sonne, die Vulkane, die Meere: Sie zieren das Wappen von Costa Rica, und sie prägen auch in Wirklichkeit das Bild des Landes zwischen Atlantik und Pazifik. Kaum 250 Kilometer schnauft der berühmte »Jungle Train« von Küste zu Küste – doch was für ein Landschaftsunterschied!

Frühmorgens in Puntarenas noch flimmerte die trockene heiße Luft über den verdorrten Feldern im Tiefland am Pazifik. Doch schon mittags ist das Klima mild wie bei uns im Frühling. Im Schneckentempo rattern wir mit dem »Jungle Train« durch die Kaffee-Felder des Hochlandes in Richtung auf die Hauptstadt San José zu.

Draußen schwirren bunte Vögel kreischend durch das Pflanzendickicht. Bei Tempo 20 lassen sich die roten Kaffeekirschen fast im Vorbeifahren pflücken. Erst morgen abend werden wir in Limón ankommen, der feuchtheißen Hafenstadt an der Karibikküste.

San José, die schläfrige Stadt auf der Hochebene, liegt hinter uns. Während wir uns durchs Gebirge winden, Flüssen folgen und dichten Urwald mit phantastischer Orchideenflora durchqueren, nehme ich ein Buch zur Hand: »Mamita Yunai«.

Bis gestern abend konnte ich mit diesem Wort nichts anfangen. Aber Joel, ein Josefino, ein Einheimischer aus San José, ließ sich nicht davon abbringen, mir diesen Volksroman in die Fototasche zu stecken.

Hinter Turrialba sind die Kaffee-Felder an den Hängen verschwunden. Bananen- und Ölpalmen-Plantagen säumen den Schienenstrang. »Mamita Yunai«, weiß ich inzwischen, ist eine Verballhornung des »United Fruit Company«, des Stammhauses der »Chiquita«. Und durch deren Land fahren wir eben.

Einen rund 70 Kilometer langen Streifen Acker am Rande der Kabrikküste kauften die amerikanischen Konzernherren um die Jahrhundertwende von den Indios für Pfennigbeträge und ließen Bananenstauden pflanzen. Sie bauten die Gleise, auf denen wir jetzt fahren; ihnen gehörten die Eisenbahn, die Dampfschiffe im Hafen von Limón, wo die Bananen verladen wurden – ja sogar der Hafen selbst.

Die Eisenbahn, mit der wir nun als Touristen, in wieder flottgemachten Waggons von anno dazumal, durch die Lande schaukeln, diente dabei gleich zwei Wirtschaftszweigen: Offene Bretterwaggons transportierten grün geerntete Bananen zügig aufs Schiff, bevor sie in der Sonne verdarben. Die Kaffeekirschen, die im etwa 50 Kilometer entfernten Hochland reiften, wurden in Loren an die Küste hinuntergefahren.

Ein Stück Jamaika an der Küste

Limón ist wirklich ein Stück Karibik. Fast fühlen wir uns nach Jamaika versetzt, als wir durch die kleinen, vor der Hafenstadt liegenden Dörfer mit ihren Dächern aus getrockneten Palmwedeln rollen. Beim Bummel durch das quirlige Städtchen verstärkt sich dieser Eindruck noch. Überall, an den Hafenmolen und in den engen Gassen mit ihren bunten Leuchtreklamen über kleinen Läden und Kaufhäusern, begegnen uns dunkelhäutige Costaricaner. Sie sprechen ein seltsames Gemisch aus Englisch und Kreolisch.

Kein Wunder: Zum Bau der Eisenbahnlinie San José – Limón im Jahre 1872 holten die Amerikaner schwarze Kontraktarbeiter aus Jamaika. Denn im Land selbst fand man niemanden für die harte Arbeit im Dschungel.

Natürlich blieben die Jamaikaner im Land, wenn auch nur geduldet und an die Küste verdrängt.

Das begehrte Gold war der Kaffee

Im Krisenherd Mittelamerika gilt Costa Rica als ruhiges, sicheres Land. Der Kleinstaat zwischen Panama und Nicaragua ist stolz darauf, laut Verfassung seit 1949 ohne Militär auszukommen.

Den Wohlstand ermöglichen die Amerikaner, die ihren Garten Eden kräftig mit Wirtschaftshilfe pflegen. Dem Großteil der Costaricaner jedenfalls geht es weitaus besser als den Nachbarn links und rechts der Grenze.

Während dort in der Kolonialzeit die Wurzeln für die heutige Armut gelegt wurden, blieb Costa Rica lange Zeit mehr oder weniger verschont. Zwar landete Kolumbus im

▽ *Bananen – einmal nicht gepflegtes Exportprodukt Marke Chiquita, sondern Ware für den heimischen Markt. Auf der kleinen Pazifikinsel Jesusita werden sie zusammen mit Papayas und Melonen auf ein Schiff nach Puntarenas verladen, von dort kommen sie auf den Markt der Hauptstadt.*

Jahre 1502 auf seiner letzten Reise nach Westindien unweit des heutigen Limón. Doch die sagenhaften Goldminen von Zorobaro fand er nicht. Das wenige Gold ließ sich nur mühsam aus den Flüssen waschen, und da man kaum Indianer fand, die als Sklaven taugten, sank das Interesse der Spanier bald.

Ein Glück für die drei kleinen Völker, deren Nachfahren noch heute zurückgezogen in den Bergen der Talamanca leben. Erst Mitte des 19. Jahrhunderts mußten sie die Meseta, das fruchtbare Hochland bei San José, mit spanischen Siedlern teilen. Gemeinsam pflanzten die Bauern hier Kaffeesträucher an. Aber nach kurzer Zeit schälte sich ein Kern von Kaffee-Baronen heraus, der seine wirtschaftliche Macht politisch ausnutzte: Von den insgesamt 49 Präsidenten des Landes entstammen 37 drei Großfamilien.

Erst der Bau der Atlantikbahn und die Bananenplantagen der »Mamita Yunai« an der Karibikküste brachten Costa Rica auch ein kleines Stück Kolonialwirtschaft.

Ein Sturz und die Folgen

Das wirtschaftliche Rückgrat des Landes aber blieb bis heute der Kaffeeanbau. Erst 1981 schloß der Bananenexport auf. Inzwischen hatte man mit Steuervergünstigungen und Investitionsanreizen auch andere exportträchtige Industriezweige ins Land geholt: Chemie und Pharmazie, Gummi- und Metallverarbeitung, Montagestätten für Kraftfahrzeuge und Elektrogeräte.

Die erfolgreiche Industrie-Ansiedlung kam jedoch 1980 jäh ins Stocken. Der Grund: Der Sturz des Diktators Somoza im Nachbarland Nicaragua 1979 und die blutigen Auseinandersetzungen in der Folge stürzten die

gesamte Region in eine schwere Rezession. Costa Rica blieb auf seinen Waren sitzen, die zuvor die sicherste Einnahmequelle im Handel mit den benachbarten Republiken gewesen waren. Das Wirtschaftswachstum der siebziger Jahre fand ein Ende.

Kommen jetzt die Urlauber?

Ganz und gar erholt hat sich das Land davon noch nicht. Seit 1984 versucht die Regierung daher, mit dem Tourismus zusätzlich Devisen zu verdienen.

Schon schieben sich bei Cahuita an der Karibikküste moderne Hotelbauten ans Meer, und wenige Kilometer dahinter thront bereits ein Country Club in tropischer Landschaft.

Doch ob Sandstrände und Natur allein ausreichen, größere Urlauberströme nach Costa Rica zu lenken, steht zu bezweifeln.

▽ *La Gloria – klangvoller Name für eine Wellblechstation des »Jungle Train«, der sich auf schmaler Spur (1067 mm) durch den Urwald von Küste zu Küste kämpft. Die einspurige Strecke ist die einzige Eisenbahnverbindung des Landes.*

In den engen, im Schachbrettmuster angeordneten Straßen riecht es zudem penetrant nach Benzin und nach dem dichten Dieselqualm, der aus den Auspuffrohren der Lastwagen und Omnibusse dringt. Da Costa Rica sein Erdöl nicht auf dem internationalen Markt einkaufen kann, ist die staatliche Raffineriegesellschaft auf Lieferungen aus Mexiko und Venezuela angewiesen, und die sind schwierig zu verarbeiten...

Viele blieben für immer

Aber niemanden stört das ernsthaft: Die Josefinos haben sich längst daran gewöhnt; und auch die Gringos, die Nordamerikaner aus den Vereinigten Staaten, sehen darüber hinweg. Sie halten sich an die Vorzüge des Landes: das freundliche Naturell seiner Bewohner, die reizvolle Umgebung mit grünen Feldern, Blumenteppichen

△ *Früchte und Knospen des Mangobaumes sind willkommene Leckerbissen für den Hellroten Ara, der von allen Papageien am prächtigsten gefärbt ist.*

◁ *San José, die Hauptstadt Costa Ricas, liegt 1165 Meter über dem Meeresspiegel am Fuße der Cordillera Central. Mit ihren 245000 Einwohnern ist sie der wirtschaftliche Mittelpunkt des Landes.*

Denn kulturell hat das Land längst nicht so viel zu bieten wie etwa Guatemala oder Mexiko.

Besonders die Hauptstadt San José tut sich schwer mit touristischen Reizen: Der kleinbürgerliche Kolonialcharme anderer Hauptstädte fehlt. Es gibt nicht gerade viel zu sehen: ein Jade-Museum, ein kleines Nationalmuseum und das kitschige Nationaltheater im Zentrum der Stadt, erbaut um die Jahrhundertwende von Kaffee-Baronen als marmorstrotzende Imitation der Pariser Oper.

und Vulkanen am Horizont und das milde Klima. Kein Wunder also, daß zahllose Einwanderer in Costa Rica ein neues Zuhause finden: Rentner, die ihre Chevrolets zollfrei mitbringen und Überweisungen ohne Steuerabzüge tätigen dürfen; Abenteurer und Aussteiger, die hier streßfrei leben wollen; Naturliebhaber, Botaniker und Individualisten. Costa Rica nimmt sie gerne auf. Schließlich finden sie hier, was sie suchten: ein Naturparadies, das noch viele einsame Flecken bietet.

Costa Rica — Daten · Fakten · Reisetips

Landesnatur

Fläche: 51 100 km² (etwas größer als die Schweiz)
Ausdehnung: Nordwest–Südost 500 km, Nordost–Südwest 150 km
Küstenlänge: 1100 km
Höchster Berg: Cerro Chirripó 3820 m
Längster Fluß: Río Reventazón 152 km

Costa Rica liegt im südöstlichen Abschnitt der mittelamerikanischen Festlandsbrücke, mit einer längeren Küste am Pazifik und einer kürzeren am Atlantik (Karibisches Meer). Zum Staatsgebiet gehört auch die Kokosinsel (Isla del Coco), rund 500 km südwestlich vor der pazifischen Küste.

Naturraum

Das Land wird in Nord-Süd-Richtung von Gebirgsketten durchzogen. Den nördlichen Abschnitt bildet die bis 2000 m hohe Cordillera de Guanacaste. Ihr schließt sich – östlich versetzt – die bis über 3000 m aufragende Zentralkordillere (Cordillera Central) an. In beiden Gebirgen gibt es noch heute tätige Vulkane (Irazú, Arenal). Etwa im Zentrum des Landes werden diese Gebirgszüge durch ein Quertal (Valle Central, etwa 1100 m ü. M.) von der Cordillera de Talamanca getrennt. In diesem südlichen Kordillerenabschnitt liegt der Cerro Chirripó mit 3820 m.
Das karibische Tiefland verbreitet sich im Grenzbereich zu Nicaragua bis über 100 km; seine von Lagunen gesäumte Küste ist wenig gegliedert. Die pazifische Küste wird von den Halbinseln Nicoya im Norden und Osa im Süden beherrscht.

Klima

Charakteristisch für das tropische Klima des atlantischen Bereichs sind fast konstante Jahrestemperaturen und ganzjährige Niederschläge; die mittlere Niederschlagsmenge beträgt 3000–4000 mm. Der pazifische Bereich ist wechselfeucht mit 2000–2500 mm Niederschlag, an der Südküste gegen Panama (Golfo Dulce) immerfeucht. Das ins Gebirge eingesenkte Becken des Valle Central erhält weniger als 2000 mm. Die Tiefländer haben mittlere Jahrestemperaturen von etwa 26 °C, das Valle Central von 20 °C, oberhalb 3000 m sinkt der Durchschnittswert unter 10 °C.

Zum Nationalpark Manuel Antonio gehört ein Teil der Pazifikküste und dahinterliegendes Bergland.

Vegetation und Tierwelt

Das atlantische Tiefland und der südlichste Teil der Pazifikküste sind von tropischem Regenwald bedeckt, der in höheren Lagen in immergrünen Bergwald übergeht. Mangrovewälder kennzeichnen die Lagunensaum; im Hinterland sind Palmsumpfwälder verbreitet, auf den Halbinseln am Pazifik Trockenwälder und Savannen. Zur noch artenreichen Tierwelt gehören u. a. Jaguare, Pumas, Tapire, Wildschweine und Affen.

Politisches System

Staatsname: República de Costa Rica
Staats- und Regierungsform: Präsidiale Republik
Hauptstadt: San José
Mitgliedschaft: UN, OAS, ODECA, SELA, CARICOM

Nach der Verfassung von 1949 ist Costa Rica eine Präsidialrepublik mit Einkammerparlament (Nationalkongreß). Grundsätze der Verfassung sind Gewaltenteilung und politische Neutralität. Die Armee wurde durch Verfassungsdekret 1949 abgeschafft.
Der Staatspräsident an der Spitze der Exekutive wird alle vier Jahre direkt gewählt; nach seiner Amtszeit ist er für die zwei folgenden Amtsperioden nicht wieder wählbar. Nach amerikanischem Vorbild ist er gleichzeitig Regierungschef. Der Nationalkongreß (Legislative) besteht aus 57 Mitgliedern, die für vier Jahre direkt gewählt werden. – Es gibt einen obersten Gerichtshof sowie Gerichte erster Instanz in den sieben Provinzen.

Bevölkerung

Einwohnerzahl: 2,9 Millionen
Bevölkerungsdichte: 57 Einw./km²
Bevölkerungszunahme: 2,5 % im Jahr
Ballungsgebiet: Valle Central mit dem Zentrum San José
Größte Städte: San José (245 000 Einw.), Puntarenas (48 000), Limón (43 000), Alajuela (34 000)
Bevölkerungsgruppen: 80 % Weiße, 15 % Mestizen, 4 % Schwarze

Costa Rica ist der einzige Staat Mittelamerikas mit überwiegend weißer Bevölkerung (zumeist spanischer Herkunft); nur sehr schwach vertreten sind Schwarze, Mulatten, Indianer sowie kleinere asiatische Gruppen. Fast zwei Drittel der Costaricaner leben im zentralen Hochland, dem Valle Central, auf kaum 5 % der Landesfläche. Etwa 36 % der Bevölkerung sind unter 15 Jahren. Ein Großteil der etwa 250 000 Ausländer sind Flüchtlinge aus Nicaragua und El Salvador.
Die Landessprache ist Spanisch. Als Verkehrssprache dient auch Englisch. Die katholische Kirche, der fast alle Einwohner angehören, hat die Stellung einer Staatskirche.

Soziale Lage und Bildung

Das Sozialversicherungssystem ist für mittelamerikanische Verhältnisse sehr gut. Neben einem gesetzlich garantierten Mindestlohn gibt es Kranken- und Rentenversicherung sowie Arbeitslosenunterstützung (Arbeitslosenquote: 6 %). Die mittlerweile verbesserte medizinische Versorgung ist kostenlos.
Etwa 20 % des Staatshaushalts werden für das Bildungswesen ausgegeben; Schul- und Hochschulbesuch sind unentgeltlich. Allgemeine Schulpflicht besteht für Kinder von 6 bis 12 Jahren. Die Analphabetenrate liegt bei 10 %. Von den vier Hochschulen des Landes befindet sich die älteste und größte Universität (gegr. 1843) in San José.

Wirtschaft

Währung: 1 Costa-Rica-Colón (₡) = 100 Céntimos (c)
Bruttoinlandsprodukt (in Anteilen): Land- und Forstwirtschaft 18 %, industrielle Produktion 29 %, Dienstleistungen 53 %
Wichtigste Handelspartner: USA, Japan, Großbritannien, Deutschland, Nicaragua, El Salvador, Guatemala, Panama

Costa Rica gehört zu den reicheren Staaten Mittelamerikas. Das Land konnte in den letzten Jahren – allerdings bei wachsender Auslandsverschuldung – ein leichtes Wirtschaftswachstum erreichen, vor allem durch Ausweitung von Industrieproduktion und Tourismus.

Costa Rica – ein Begriff für Kaffee. Hier reifen die Kaffeekirschen.

Landwirtschaft

Die Landwirtschaft ist nach wie vor der dominierende Wirtschaftsbereich und liefert den größten Teil der Exportgüter (Kaffee, Bananen, Kakao, Zuckerrohr). Für den Inlandsbedarf werden Reis, Mais, Bohnen und Maniok angebaut. Die Rinderzucht gewinnt an Bedeutung.

Bodenschätze, Energieversorgung

Es gibt mehrere Lagerstätten (Eisenerz, Mangan, Kupfer, Blei, Zink, Bauxit), doch werden z. Z. nur geringe Mengen an Gold, Silber sowie Meersalz abgebaut. Die elektrische Energie stammt zu 97 % aus Wasserkraft.

Industrie

Die Verarbeitungsindustrie ist erst im Aufbau. Traditionell dominieren Nahrungs- und Genußmittel- sowie Textil- und Schuhproduktion.

Der Irazú mit seinem schwefelgelben Kratersee gehört zu einer Kette mächtiger Vulkane.

Daten · Fakten · Reisetips   Costa Rica

Handel
Ausfuhrgüter sind Kaffee, Bananen, Fleisch, Vieh, Zucker, Kakao. Einfuhrgüter sind Maschinen, Fahrzeuge, Textilien, Erdöl, Lebensmittel.

Verkehr, Tourismus
Costa Rica verfügt über ein Straßennetz von etwa 29 000 km (davon 3500 km asphaltiert). Ein dichtes Verkehrsnetz besteht nur im zentralen Hochland. Internationaler Flughafen ist Juan Santamaria bei San José. Die wichtigsten Seehäfen sind Limón (Karibik) und Puntarenas (Pazifik). – Die meisten Besucher kommen aus den USA und Westeuropa.

Geschichte

Christoph Kolumbus landete auf seiner vierten Seereise 1502 an der Küste von Costa Rica (reiche Küste). Die eigentliche Eroberung erfolgte jedoch erst in den 60er Jahren des 16. Jh. 1563 gründeten die Spanier Cartago, das bis 1823 Hauptstadt war. Verwaltungsmäßig wurde das Land dem Generalkapitanat Guatemala angegliedert.
Als die Goldvorkommen nach kurzer Zeit versiegten und die indianische Bevölkerung vertrieben oder ausgerottet war, erlahmte das Interesse der spanischen Krone. Costa Rica war in der Folgezeit eine der am dünnsten besiedelten Provinzen Spaniens. Nur spanische Kleinbauern und Handwerker aus Galicien konnten noch für die Neubesiedlung gewonnen werden.
Am 15. September 1821 (Nationalfeiertag) löste sich Costa Rica ohne Kampf von Spanien. Von 1824 bis 1838 gehörte es der Zentralamerikanischen Föderation an. 1848 konstituierte sich die Republik Costa Rica als selbständiger Staat mit eigener Verfassung. Die Jahrzehnte bis 1900 waren gekennzeichnet durch innere Unruhen, Revolutionen und Auseinandersetzungen mit den Nachbarstaaten. Zu Beginn des 20. Jh. konsolidierten sich die innenpolitischen Verhältnisse, aber der politische und besonders der wirtschaftliche Einfluß der USA (United Fruit Company) nahm zu und veranlaßte Costa Rica, in beiden Weltkriegen gegen Deutschland Stellung zu beziehen.
Nach 1948 entwickelte sich ein von der weißen Mehrheit der Bevölkerung getragener demokratischer Verfassungsstaat, der dem Land in der Folge die Bezeichnung »die Schweiz Mittelamerikas« eintrug. Unter dem Präsidenten José Figueres Ferrer (1953–1958 und 1970–1974) fand Costa Rica Anschluß an die soziale und wirtschaftliche Entwicklung der westlichen Industriestaaten. Die Grundlage für diesen Wohlstand war allerdings schon im 19. Jh. mit der Einführung des Anbaus von Kaffee und Kakao gelegt worden. Eine weitere Voraussetzung dieses wirtschaftlichen Aufschwungs bildete die allgemeine Schulpflicht (ab 1886 eingeführt).
Seit Mitte der 70er Jahre häufen sich Grenzwischenfälle mit Nicaragua.

Die Lage verschärfte sich in den 80er Jahren, als nicaraguanische Contras auch von Costa Rica aus operierten. Der 1986 gewählte Staatspräsident, Oscar Arias Sánchez, erhielt 1987 wegen seiner Friedensbemühungen im Nicaraguakonflikt (Arias-Plan) den Friedensnobelpreis. 1990 wurde der konservative Christdemokrat Rafael Angel Calderón zum Staatspräsidenten gewählt.

Kultur

Aus der präkolumbischen Zeit gibt es keine großen und monumentalen Baudenkmäler, nur Plastiken und Kleinkunst. Erlesene Stücke jener Epoche sind im Nationalmuseum von San José, aber auch in Berlin, München und anderen Museen der Welt zu sehen. Anhand der vorliegenden Fundstücke

Prägnante Keramikarbeiten zeugen neben kunstvollem Schmuck von präkolumbischen Kulturen.

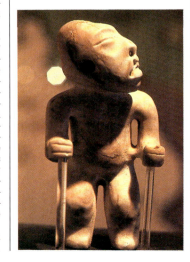

gliedern die Archäologen Costa Rica in vier Regionen.
Von der Halbinsel Nicoya stammt der älteste Fund, datiert etwa 9000 v. Chr. Ab 300 v. Chr. gibt es exakte Zeugnisse über Töpferei und Steinbearbeitung. Zwischen 300 und 500 n. Chr. entstanden kunstvolle Jadearbeiten sowie sog. Metaten (Reibsteine für Mais), Altäre und Skulpturen aus Vulkangestein.
Aus dem Zeitraum zwischen 500 und 1550 stammen zwei- und dreifarbige Keramiken und Tongefäße, die mexikanischen Einfluß aufweisen, sowie Großplastiken, die der indianischen Stammesgruppe der Chorotegen zugeschrieben werden.
Als zweite, kulturhistorisch wichtige Region gilt das zentrale Hochland, das sich ab 1200 von dem auf Nicoya bestehenden Staatsgebilde löste. Steinkistengräber und menschliche Rundplastiken, die dort entdeckt wurden, lassen auf eine eigenständige Entwicklung schließen.
In Línea Vieja sind kunstvoll gearbeitete Kultgegenstände und kostbare Schmuckstücke aus Gold und Jade gefunden worden, denen das Land vermutlich seinen Namen »reiche Küste« verdankt.
Der Süden Costa Ricas wurde von Südamerika her beeinflußt, und zwar von den Chibcha, einer indianischen Sprach- und Stammesgruppe. Charakteristisch sind die Kugeln von Disquís sowie Altäre und lebensgroße Skulpturen aus Stein, die Menschen darstellen, und bunte Keramiken.
Die wenigen noch lebenden Nachfahren der indianischen Ureinwohner leben zurückgezogen und halten bis heute an alten, nicht immer noch völlig erforschten Riten fest.
Die spanischen Eroberer gründeten die Städte Cartago, San José, Heredia, Alajuela und schmückten sie mit sakralen und profanen Bauten im traditionellen Kolonialstil.
In der nach einem Erdbeben 1926 wiedererrichteten Kathedrale Nuestra Señora de los Angeles in Cartago wird »La Negrita«, die »Schwarze Jungfrau«, als wundertätig verehrt. Ihr Festtag, der 2. August, wird im ganzen Land prunkvoll gefeiert.
Erwähnung verdient die Literatur Costa Ricas. Die Costumbristas (Mitte des 19. Jh. bis Anfang des 20. Jh.) beschrieben in romantisierender Weise Leben und Bräuche des einfachen Volkes. Die Vertreter des Modernismus – vor allem die Prosaschriftsteller Carlos Luis Fallas (1909–1966), Fabián Doblas (geb. 1918) und Joaquín Gutierrez (geb. 1918) – setzten sich kritisch mit der Situation des Landes und seiner Bewohner auseinander. Das gilt auch für die Mitglieder der in jüngster Zeit aktiven Dichtergruppe Los Poetas de Turrialba.

Reise-Informationen

Einreise- und Fahrzeugpapiere
Bürger der Bundesrepublik Deutschland, der Schweiz und Österreichs brauchen für einen Aufenthalt bis zu 90 Tagen einen gültigen Reisepaß bzw. Kinderausweis.

Ein idealer Lebensraum für kleine Frösche sind die Pfützen in den Blattachseln von Ananasgewächsen.

Als Fahrerlaubnis ist der internationale Führerschein erforderlich.
Zoll
Bei der Einreise sind zollfrei: pro Person ab 18 Jahre 400 Zigaretten oder 50 Zigarren oder 500 g Tabak und 3 Liter alkoholische Getränke.
Devisen
Ein- und Ausfuhr von Landes- und Fremdwährung unterliegen keinen Beschränkungen. Es werden jedoch nur US-Dollars in Landeswährung umgetauscht.
Impfungen
Malariaschutz ist erforderlich in verschiedenen ländlichen Gebieten unter 500 m Höhe.
Verkehrsverhältnisse
Die Hauptstraßen sind asphaltiert. Leihwagen stehen zur Verfügung.
Unterkünfte
Es gibt Hotels von europäischem Standard sowie einfache Übernachtungsmöglichkeiten.
Reisezeit
Die beste Reisezeit ist von Dezember bis April.

Dominica

Ulrich Stewen

Das Wappentier des »Commonwealth of Dominica« ist der Sisserou, eine Papageienart, die anderswo auf der Welt nicht mehr anzutreffen ist. Stark dezimiert durch mehrere verheerende Wirbelstürme, steht der Sisserou auf der Liste der bedrohten Tierarten. Schutz vor den Nachstellungen des Menschen bietet ihm die Urwaldlandschaft im Inselinnern, in das man nur auf ein paar überwucherten Fußpfaden eindringen kann.

Dominica ist gleichsam »naturbelassen«. Ein Garten Eden für den Besucher, nicht nur paradiesisch jedoch für die Einwohner, deren Landwirtschaft unter dem Mangel an Transportwegen leidet. Die überwältigende Üppigkeit der Natur, die von zahllosen Wasserläufen durchzogene Gebirgslandschaft mit ihren dichten Regenwäldern, hat Dominica aber auch lange Zeit vor der Besitznahme durch die vordringenden Europäer bewahrt. Das prägt die Inselbewohner bis auf den heutigen Tag. Dominica besitzt Dorfcharakter, auch wenn die Hauptstadt Roseau einmal das Sündenbabel der Karibik war.

Staatsname:	Dominicanischer Bund
Amtssprache:	Englisch
Einwohner:	84 000
Fläche:	751 km²
Hauptstadt:	Roseau
Staatsform:	Parlamentarische Republik im Commonwealth
Kfz-Zeichen:	WD
Zeitzone:	MEZ −5 Std.
Geogr. Lage:	Karibik, Kleine Antillen, zwischen Guadeloupe und Martinique

Stiebende Katarakte in undurchdringlichem Grün – so präsentiert sich das Innere der Vulkaninsel. Bis ins 19. Jahrhundert war das unwegsame Gebiet Zufluchtsort für entlaufene Sklaven, die dort ihre Schlupfwinkel gegen Sklavenjäger verteidigten.

Wo das Gestern noch gegenwärtig ist

Kaum ist die Dunkelheit über die Insel hereingebrochen, scheint selbst die Hauptstadt in einen Tiefschlaf zu versinken. Die silberglänzenden Telefonkästen am Postgebäude in der Hillsborough Street, tagsüber hoffnungslos umlagert, sind verwaist. Vereinzelt fällt fahles Licht aus einem Geschäft, andere Läden sind mit Bretterverschlägen verschlossen, gesichert mit enormen Eisenriegeln. Das Regierungsgebäude in der Bath Road, ein finsterer Betonklotz, ist menschenleer. Lediglich ein Wächter döst auf einem Stuhl vor dem Glasportal. Im Hof der nahegelegenen Polizeistation sind die Dienstfahrzeuge in Reih und Glied aufgefahren. Die Hotels haben ihre Gästelisten geschlossen, das letzte Flugzeug war bereits am späten Nachmittag auf dem neuen Canefield-Airport abgefertigt worden. Jenseits der beiden Brücken über den Roseau-River, in Potter's Ville, wo die schweren Verwüstungen des Hurrikans »David« aus dem Jahre 1979 noch immer nicht gänzlich beseitigt sind, kehrt Abendstille ein. Vereinzelt dringt quäkende Musik aus Transistorradios durch die Ritzen baufälliger Holzhütten.

Als lebe Dominica allein im Rhythmus der behäbig wechselnden Jahreszeiten, so fremd ist der Insel die Hektik einer Moderne, die auch vor den Antillen nicht haltgemacht hat. In den Dörfern ist »Le coup de main«, die Nachbarschaftshilfe, noch lebendig. Für den Regierungsbeamten in seinem klimatisierten Büro, für den Geschäftsmann aus Portsmouth mit japanischem Mittelklassewagen, für den Bankangestellten aus Marigot gilt, was auch die neuen Mittelschichten des Landes auszeichnet: Fast alle Stadtbewohner beziehen noch heute ihr Selbstverständnis aus ihrer dörflichen Herkunft.

Waitukubuli – das Land der vielen Schlachten

Nicht von ungefähr hat sich in Dominica – länger als auf den übrigen Inseln der Kleinen Antillen – ein Sozialgefüge erhalten, das nur langsam von Geldverkehr und Stadtkultur ergriffen wird. Eine rauhe, zuweilen feindselig anmutende Natur hat in der Geschichte lange Zeit Eindringlinge von der Insel ferngehalten und den bedrängten Einwohnern später Schutz und Rückzugsmöglichkeiten geboten: ein dichter Dschungel, aus dem sich steilansteigende Vulkane erheben, reißende Tropenflüsse, die von sturzbachartigen Regenfällen genährt werden und sich im Innern der Insel in smaragdgrünen Becken sammeln, aber auch eine verschwenderische Orchideenpracht, umwuchert von Riesenfarnen. Wie als Vorgriff auf die koloniale Eroberung nannten die frühen Kariben-Indianer ihre Insel Waitukubuli, das Land der vielen Schlachten. Hierher flohen Indianer von anderen Inseln der Umgebung und machten Dominica zur letzten Bastion des Widerstands gegen die vordringenden Europäer.

An einem Sonntag – lateinisch: dies dominica – im November 1493 hatte Christoph

▷ *Tropische Regenfälle, schwere Gewitter und Wirbelstürme suchen vor allem im Spätsommer die Insel heim. Die Kinder von Dominica wissen sich zu helfen: Als Schutz vor dem tropischen Regen halten sie sich große Blätter über den Kopf.*

▽ *Die etwa 500 Ureinwohner Dominicas leben heute in einem Reservat an der Ostküste der Insel. Sie ernähren sich vom Fischfang, von Flechtarbeiten und Schnitzereien.*

Kolumbus auf seiner zweiten Reise die Insel gesichtet und nannte sie Dominica. Weil er keinen geeigneten Ankerplatz fand, setzte er seine Fahrt fort. Als elf Jahre später Pedro Arias mit seiner Flotte und 1500 Mann Besatzung hier landete, um Holz und Frischwasser für die Weiterfahrt an Bord zu nehmen, zwangen ihn die vergifteten Pfeile der Kariben, weit vor der Küste zu ankern und nur unter größten Sicherheitsvorkehrungen an Land zu gehen. Erst im 17. Jahrhundert wagten es französische Holzfäller, sich mit ihren Familien an der Küste niederzulassen, allerdings ohne den Schutz der französischen Krone; denn Engländer und Franzosen hatten sich in mehreren Verträgen zur Neutralität der Insel verpflichtet, aber die Abkommen wurden stets wieder gebrochen. Immer mehr französische Siedler, darunter auch entwichene Kriminelle oder Bankrotteure auf der Flucht vor ihren Gläubigern, handelten den Kariben mit Rum, wertlosem Schmuck und Kleidungsstücken Ländereien ab. Schließlich mußten die Indianer, zusammengedrängt in kleinen Gruppen, mit dem felsigen Nordosten der Insel vorliebnehmen. Um die Mitte des 18. Jahrhunderts bestand die zugewanderte Bevölkerung Dominicas bereits zur Hälfte aus schwarzen Sklaven, die sich die weißen Siedler von den Nachbarinseln zur Arbeit auf den Zuckerrohrfeldern geholt hatten.

Englands neuer Stützpunkt

Im Siebenjährigen Krieg von 1756 bis 1763, der nicht zuletzt als englisch-französischer Kolonialkrieg geführt wurde, machte sich London auch Dominica zu eigen und erhielt im Frieden von Paris die Oberheit zugesichert. Die Zahl der Siedler stieg sprunghaft an, die Insel wurde kartographisch erfaßt, und man bot englischen Bodenspekulanten Landgüter zum Erwerb an. Zunächst sollte Portsmouth wegen seines natürlichen Hafens in der Ruperts-Bucht Sitz der Kolonialverwaltung werden, doch die Sumpfgebiete um die Stadt veranlaßten die Engländer, das gesündere Klima von Roseau vorzuziehen. Die Stadt entwickelte sich zu einem Schmuggler-Dorado mit Tavernen und Spielsalons, die Seeleute aus vielen Ländern anzogen, zumal der Rum billig und die »Matadores« in den Freudenhäusern willig waren wie an kaum einem anderen Ort der Region.

Zur Verteidigung der Insel errichteten die Engländer zahlreiche Befestigungsanlagen. Signalstationen sorgten dafür, daß die Ankunft feindlicher Schiffe, die bei Scotts Head an der Südspitze der Insel gesichtet wurden, bereits eine halbe Stunde später 500 Soldaten und eine Artilleriekompanie bei Portsmouth mobilisierte. Doch nicht nur mögliche Angriffe von See her machten den Siedlern Sorge, vielmehr lebten sie in ständiger Furcht vor Sklavenaufständen und Überfällen entlaufener Sklaven, Maroons genannt, die im unwegsamen Inselinnern kaum einnehmbare Verteidigungsanlagen errichtet hatten. Erst nach einer erneuten französischen Besetzung, die jedoch im Frieden von Versailles 1783 wieder rückgängig gemacht werden konnte, versetzten die Engländer den Maroons einen vernichtenden Schlag. Doch ohne Verrat auf der gegnerischen Seite wäre es den Legionären der Siedler wohl kaum gelungen, die Aufständischen in ihrem Dschungelversteck aufzuspüren; zur Abschreckung hängten sie deren Anführer öffentlich. Erst mit der Befreiung der 14000 Sklaven auf der Insel im Jahre 1834 setzte eine Epoche der gesellschaftlichen Konsolidierung ein.

Frankreichs Einfluß bleibt erhalten

Wie prägend jedoch die Phase der französischen Präsenz für Dominica war, wird an dem noch heute – neben der Amtssprache Englisch – gepflegten Kreolisch deutlich, das auf dem Französischen fußt und mit Elementen aus den Yoruba-, Ewe- und Ibo-Sprachen Westafrikas durchsetzt ist. Lediglich die Einwohner von Wesley und Marigot, deren Vorfahren im vergangenen Jahrhundert vornehmlich aus Antigua eingewandert waren, sprechen ein aus dem Englischen hervorgegangenes Kreolisch, Cockoy genannt.

Das dörfliche Dominica, dessen größte Ansiedlung mit der Hauptstadt Roseau gerade 9000 Einwohner aufweist, kennt kaum Industrie. Der Export von Bananen, vornehmlich auf den britischen Markt, bringt dem Land nahezu zwei Drittel der Deviseneinnahmen, die jedoch durch billigere Angebote aus Mittelamerika gefährdet sind. Die Regierung setzt deshalb verstärkt auf den Ausbau des Tourismus.

Eugenia Charles – die »Eiserne Lady der Karibik«

Die Unverwechselbarkeit Dominicas spiegelt sich auch in seiner Politik. Die Weltabgewandtheit der Insel war 1978 nach der endgültigen Unabhängigkeit

◁ *Im unwegsamen Dschungel lebt ein Teil der Inselbewohner in kleinen Hütten. Ohne Jeep ist in der Regenzeit an ein Fortkommen nicht zu denken. Besonders in den westlichen Küstenebenen, der Leeseite der Insel, fallen zwischen Juni und Oktober oft große Niederschlagsmengen.*

△ *Den Jahrestag der Unabhängigkeit vom britischen Mutterland feiert die Bevölkerung mit einem farbenfrohen Umzug. Seit 1978 ist Dominica eine selbständige Republik im Commonwealth.*

von Großbritannien von allerlei mysteriösen Interessengruppen ausgenutzt worden. So konnte im Jahre 1979 nur knapp die Absicht des damaligen Ministerpräsidenten vereitelt werden, nahezu die Hälfte des Territoriums an eine südafrikanische Gesellschaft abzutreten, die Waffen und Erdöl über Dominica zu transportieren trachtete. Sein Nachfolger schloß Verträge mit einer ausländischen Gruppierung, die kaufwilligen Ausländern dominikanische Pässe anpries. Dem Wahlsieg der derzeitigen Premierministerin Mary Eugenia Charles im Jahre 1980 folgten drei Umsturzversuche des Militärs, an denen auch ausländische Söldner beteiligt waren. Die Politikerin löste daraufhin 1981 die Armee auf.

Daß in Dominica eine Frau, die »Eiserne Lady der Karibik«, an der Spitze des Staates steht, ist gewiß kein Zufall. Frauen haben hier in der jüngeren Geschichte immer wieder eine herausragende Rolle im politischen Geschehen gespielt. So gründete die vielfach ausgezeichnete Schriftstellerin Phyllis Shand Allfrey (»The Orchid House«) 1955 die Labour-Partei Dominicas. Schon 1940 war die 1893 geborene Schriftstellerin Elma Napier (»Winter in July«) als erste Frau der Karibik ins Parlament von Roseau gewählt worden. Und mit der 1979 verstorbenen Jean Rhys (»Wide Sargasso Sea«) hat die im Windschatten des Weltgeschehens gelegene Insel eine weit über die Grenzen der Region bekannte Literatin hervorgebracht.

Dominica — Daten · Fakten · Reisetips

Landesnatur

Fläche: 751 km² (etwas kleiner als Berlin)
Ausdehnung: Nord–Süd 50 km, West–Ost 20 km
Höchster Berg: Morne Diablotin 1447 m

Dominica ist die drittgrößte Insel der Kleinen Antillen in der östlichen Karibik. Sie liegt zwischen Guadeloupe und Martinique.

Naturraum

Die fast ovale, gebirgige Insel ist vulkanischen Ursprungs. Der »Boiling Lake« im Süden, zahlreiche heiße Quellen und ausströmende Gasdämpfe lassen auf eine anhaltende vulkanische Tätigkeit schließen. Das Innere der Insel mit seinen bis über 1400 m hohen, meist wolkenverhüllten Gipfeln, den Steilhängen, Schluchten, Gebirgsbächen und dichten Bergwäldern ist bis heute nahezu unerschlossen. An der Nordküste erheben sich bis zu 200 m hohe Klippen.

Klima

Das tropische Klima mit Monatsmitteltemperaturen zwischen 25 °C und 30 °C steht unter dem Einfluß des ständig wehenden Nordostpassats. Die jährlichen Niederschläge liegen zwischen 1800 mm an der Westküste und über 6500 mm im Inselinneren. Besonders im Spätsommer gehen schwere Gewitterregen nieder; oft suchen Wirbelstürme die Insel heim.

Vegetation und Tierwelt

Von den gerodeten Küstenbereichen abgesehen, bedeckt der natürliche immergrüne Regenwald noch fast die gesamte Insel. Neben etwa 135 Vogelarten gibt es Reptilien (Echsen, Schlangen) und kleinere Säugetiere (Goldhasen, Opossums).

Auf dem von Mangrove gesäumten Indian River, dem Hauptfluß der Insel, gelangt man mit dem Boot mitten in den Dschungel hinein.

Premierministerin Eugenia Charles, die »Eiserne Lady der Karibik«.

Politisches System

Staatsname: Commonwealth of Dominica
Staats- und Regierungsform: Parlamentarische Republik im Commonwealth of Nations
Hauptstadt: Roseau
Mitgliedschaft: UN, Commonwealth, OAS, CARICOM, AKP

Nach der Verfassung von 1978 besitzt Dominica ein parlamentarisches Regierungssystem nach britischem Vorbild. Das Parlament, das alle fünf Jahre neu gewählt wird, besteht aus dem Staatsoberhaupt (dem Präsidenten) und der Nationalversammlung, die sich wiederum aus 21 direkt gewählten Mitgliedern und neun vom Präsidenten ernannten Senatoren zusammensetzt. Die Exekutive liegt beim Ministerpräsidenten, dem vom Präsidenten berufenen Führer der Parlamentsmehrheit. Er leitet das aus fünf Ministern bestehende Kabinett.
Der Staat ist in zwei Stadt- und 25 Landkreise aufgeteilt.

Das Rechtswesen ist nach britischem Vorbild aufgebaut. Es gibt einen Obersten Gerichtshof und vier Amtsgerichte.

Bevölkerung

Einwohnerzahl: 84 000
Bevölkerungsdichte: 112 Einw./km²
Bevölkerungszunahme: 1 % im Jahr
Größte Stadt: Roseau (9000 Einw.)
Bevölkerungsgruppen: 65 % Schwarze, 30 % Mulatten und Kreolen, 3 % Mestizen und Indianer, 2 % Weiße

Die Insel wird heute fast ausschließlich von Schwarzen und Mulatten bewohnt. Einige hundert Kariben, Nachkommen der indianischen Urbevölkerung, leben in einem Reservat an der Ostküste. Die Einwohner europäischer oder arabischer (syrischer) Abstammung bilden nur kleine Minderheiten. Über die Hälfte der Bevölkerung ist unter 20 Jahren. Anfang der 80er Jahre lebten nicht zuletzt aus wirtschaftlichen Gründen über 8000 Staatsbürger von Dominica auf Guadeloupe.
Neben der offiziellen Landessprache Englisch wird als Umgangssprache das »Patois«, ein kreolisches Französisch, gesprochen. Auf die französische Präsenz während des 17. und 18. Jh. ist auch der hohe Anteil an Katholiken (etwa 90 %) zurückzuführen; der Rest der Bevölkerung ist protestantisch (Anglikaner, Methodisten).

Soziale Lage und Bildung

Die soziale Absicherung der Inselbewohner ist noch ungenügend. Drückende Arbeitslosigkeit (mindestens 15 % Arbeitslose), Wohnraumknappheit und Armut versucht die Regierung mit Geldern der internationalen Entwicklungshilfe zu beheben. Das Gesundheitswesen ist relativ gut ausgebaut. Acht Krankenhäuser und über die Insel verteilte kleinere Gesundheitsstationen versorgen die Bevölkerung.
Der Schulbesuch ist für Kinder von 5 bis 16 Jahren obligatorisch und kostenlos; die Analphabetenrate ist nicht nennenswert. Neben Mittel- und höheren Schulen gibt es drei Colleges; die »University of the West Indies« (Jamaika) hat eine Außenstelle eingerichtet.

Wirtschaft

Währung: 1 Ostkaribischer Dollar (EC$) = 100 Cents (c); gesetzliche Zahlungsmittel sind auch die französische und britische Währung
Bruttoinlandsprodukt (in Anteilen): Land- und Forstwirtschaft 30 %, industrielle Produktion 16 %, Dienstleistungen 54 %
Wichtigste Handelspartner: Großbritannien, USA, karibische Nachbarstaaten

Der wichtigste Wirtschaftszweig des Inselstaats ist nach wie vor die Landwirtschaft – etwa 40 % der Erwerbstätigen sind in der Landwirtschaft beschäftigt. Die Regierung bemüht sich indessen um eine Ankurbelung des Fremdenverkehrs (bislang 3 % des Bruttoinlandsprodukts).

Landwirtschaft

Aufgrund der topographischen Verhältnisse ist die Landwirtschaft auf den Küstenbereich beschränkt. Hauptanbauprodukte sind Bananen, Zitrusfrüchte, Kakao, Vanille und Kokosnüsse. Der Eigenversorgung dienen hauptsächlich Knollenfrüchte (Bataten, Jams, Maniok). Die bedeutenden Laubholzbestände der Insel sollen künftig zum Aufbau der Holzindustrie genutzt werden.

Industrie

Kleine Industriebetriebe verarbeiten die heimischen Agrarprodukte. Es werden Fruchtsäfte, alkoholische Getränke, Seife und ätherische Öle hergestellt.

Orchideen von faszinierender Farbenpracht und Formenvielfalt birgt der fast unzugängliche Urwald von Dominica.

Handel

Die Ausfuhr von Bananen – überwiegend nach Großbritannien – macht über 60 % des Exportwerts aus. Darüber hinaus werden Kakao, Kopra, Kokosnüsse, Fruchtsäfte, Gemüse und Seife exportiert. Importwaren sind Lebensmittel und allgemeine Gebrauchsgüter, Chemikalien und fossile Brennstoffe.

Verkehr, Tourismus

Der Inselstaat verfügt nur über ein kleines Straßennetz von etwa 800 km, das sich – abgesehen von zwei Ost-West-Verbindungen – auf die Küstengebiete konzentriert. Der bedeutendste Hafen ist in Roseau, der internationale Flughafen Melville Hall ist 53 km von Roseau entfernt.

Daten · Fakten · Reisetips — Dominica

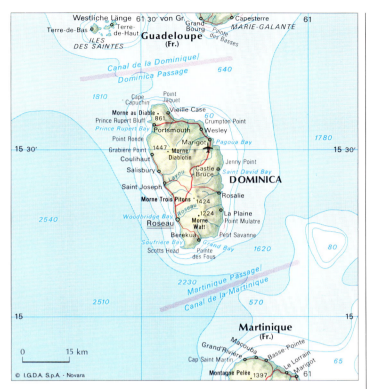

Der Tourismus entwickelt sich zu einer immer wichtigeren Devisenquelle. Hauptattraktion der Insel sind die schönen, weitflächigen Strände und der »Morne Trois Pitons National Park« im Inselinneren.

Geschichte

Christoph Kolumbus entdeckte die Insel am 3. November 1493, einem Sonntag; er nannte sie deshalb Dominica (Tag des Herrn).
Ein Jahr danach, im Vertrag von Tordesillas zwischen Portugal und Spanien, wurde die Insel Spanien zugesprochen. Eine Besiedlung durch die Spanier unterblieb jedoch wegen der Unzugänglichkeit des Inselinneren und der feindseligen Haltung der indianischen Urbevölkerung.
Ab 1632 begannen die Franzosen mit ersten Erkundungen auf Dominica. In der Folgezeit versuchten auch Engländer, Holländer und Dänen, auf der Insel Niederlassungen zu gründen. 1763 wurde nach Beendigung des »Siebenjährigen Krieges« zwischen Großbritannien und Frankreich Dominica den Briten zugesprochen.
Nach mehrmaligen Invasionen der Franzosen besiegte 1782 der britische Admiral George Rodney vor Dominica die französische Flotte unter Admiral François de Grasse und sicherte in dieser letzten großen Seeschlacht in der Karibik die britische Vorherrschaft auf den Weltmeeren. Im Frieden von Versailles 1783 und – nach einer erneuten französischen Invasion im Jahre 1805 – im Frieden von Paris 1814 wurden die Ansprüche Großbritanniens auf Dominica bestätigt.

Ab der zweiten Hälfte des 19. Jh. übten die USA zunehmend wirtschaftlichen Einfluß auf Dominica aus. 1871 wurde die Insel der Föderation der Leeward Islands angegliedert. Im Jahre 1940 schloß Großbritannien Dominica den Windward Islands an. Im Zuge der Entkolonialisierung nach dem Zweiten Weltkrieg war die Insel ab 1956 eine selbständige Kolonie und gehörte von 1958 bis 1962 der Westindischen Föderation an. Nach

Die Wand wird zum Medium für politische Botschaften: Für die Wirtschaftsübermacht der USA bringt man nicht viel Sympathie auf.

deren Auflösung 1962 erhielt Dominica 1967 den Status eines mit Großbritannien assoziierten Staates im Rahmen der Westindischen Assoziierten Staaten.
Am 3. November 1978 wurde Dominica politisch unabhängig. Die wirtschaftliche Abhängigkeit von den USA blieb indessen bestehen. Seitdem führten wiederholte Staatsstreichversuche – insbesondere im Jahre 1981 – mehrmals zur Verkündung des Ausnahmezustands. Erst in den letzten Jahren zeichnet sich eine Beruhigung der innenpolitischen Situation ab.

Kultur

Die im 13. Jh. aus Südamerika eingewanderten Kariben verdrängten die Arawaks, die auf Dominica wie auf den anderen Inseln der Kleinen Antillen ansässig waren. Als die Spanier Ende des 15. Jh. die Insel entdeckten, lebten die dort nur teilweise seßhaften Kariben von Fischfang und Wanderfeldbau mit Brandrodung (Anbau von Maniok, Mais und Bohnen). Sie pflanzten Tabak an und rauchten die Blätter bei religiösen Zeremonien.
Zahlreiche Zeugnisse belegen, daß die Inselbewohner dem Schamanenkult huldigten. Bei kriegerischen Zeremonien pflegten sie das Fleisch ihrer getöteten Feinde zu verspeisen, um dadurch – wie sie glaubten – den Mut und die Stärke ihrer Gegner in sich aufzunehmen. Mit ihren Waffen (Pfeilen, Wurfgeschossen und scharfkantigen Holzkeulen) und schnellen Einbäumen konnten sie sich lange erfolgreich gegen die europäischen Eindringlinge wehren.
Die Nachkommen der Urbevölkerung leben überwiegend in einem Reservat an der Ostküste, das 1903 von Königin Victoria errichtet wurde, und in den schwer zugänglichen Teilen im Inneren der Insel. Sie halten teils noch an den Lebensgewohnheiten ihrer Vorfahren fest, stellen Einbäume und kunstvolle Flechtarbeiten her, konnten aber u. a. ihre alte Stammessprache nicht erhalten.
Bedingt durch die Kolonialzeit ist das kulturelle Leben auf der Insel weitgehend europäisch geprägt. Da dieser Teil der Karibik aber häufig von heftigen Stürmen heimgesucht wird – so 1979 durch den Hurrikan »David«, der zahlreiche Gebäude auf der Insel zerstörte –, findet man nur wenige Bauwerke im britischen Kolonialstil. Zeugnisse aus dem 19. Jh. sind die beiden neugotischen Kirchen St. George's (1820) und Cathedral of Our Lady (1841) in der Hauptstadt. In der Nähe von Portsmouth sind die Ruinen des Fort Shirley aus dem 18. Jh. zu sehen.
Der in der ersten Februarhälfte stattfindende Karneval hat seinen ursprünglichen Charakter bewahrt.
Es gibt drei englischsprachige Zeitungen und eine regierungsamtliche Rundfunkstation; ferner wird das Fernsehprogramm auf Dominica von Barbados übernommen.

Reise-Informationen

Einreise- und Fahrzeugpapiere
Bürger der Bundesrepublik Deutschland, der Schweiz und Österreichs brauchen für einen Aufenthalt bis zu einem Monat einen gültigen Reisepaß bzw. Kinderausweis. Schweizer und Österreicher benötigen zusätzlich ein Visum.
Fahrzeuge dürfen nur mit einer speziellen Genehmigung gefahren werden, die in der Regel gegen Vorlage des internationalen Führerscheins ausgestellt wird.
Zoll
Bei der Einreise sind zollfrei: pro Person ab 18 Jahre 200 Zigaretten oder 50 Zigarren oder 225 g Tabak, 1 Liter Spirituosen oder Wein, eine kleine Menge Parfüm.
Devisen
Ein- und Ausfuhr von Ostkaribischen Dollars (EC$) und von Fremdwährung sind unbeschränkt erlaubt.

Arbeitskräfte sind billig, da braucht man keine aufwendige Technik für den Transport der Bananen, des wichtigsten Exportprodukts.

Impfungen
Für Besucher, die aus Infektionsgebieten einreisen, ist Gelbfieberimpfung vorgeschrieben.
Verkehrsverhältnisse
Auf den schlecht ausgebauten Straßen herrscht Linksverkehr. Mietwagen stehen zur Verfügung. Mit den Nachbarinseln besteht regelmäßiger Flug- und Schiffsverkehr.
Unterkünfte
Es gibt bislang wenig Unterkünfte, die europäischem Standard entsprechen. Eine Hotelreservierung vor Reiseantritt ist ratsam.
Reisezeit
Die günstigste Reisezeit liegt zwischen Dezember und April. Die Regenzeit dauert von Juni bis Oktober.

Dominikanisch

Klaus Harpprecht

Auf der Insel Hispaniola, die sich die Dominikanische Republik und Haiti teilen, begann die Kolonisierung und die Europäisierung Amerikas, durch den »Import« schwarzer Sklaven auch seine Afrikanisierung. In Santo Domingo liegt – angeblich – Christoph Kolumbus begraben. Mit der Entdeckung des mexikanischen Goldes geriet die Insel, die nicht viel größer als Bayern ist, in den Schatten der Geschichte.

Das erste Jahrhundert der Unabhängigkeit der Dominikanischen Republik ab 1844 war von blutigen Wirren, Kriegen mit dem afrikanisch-französisch geprägten Nachbarn Haiti, von Revolutionen, Putschen, Skandalen, Diktaturen bestimmt. Länger als 30 Jahre beherrschte der Tyrann Rafael Leónidas Trujillo das Land. Erst nach seinem gewaltsamen Tod im Jahr 1961 und der amerikanischen Invasion von 1965 entwickelte die Gesellschaft – zu gut 70 Prozent Mulatten – demokratische Lebensformen, trotz der wirtschaftlichen Bedrückung durch den Verfall der Zuckerpreise und die Ölkrise. Seitdem beginnen amerikanische und europäische Touristen, den landschaftlichen Reichtum der kleinen Republik und die entspannte Freundlichkeit ihrer Menschen zu entdecken.

Staatsname:	Dominikanische Republik
Amtssprache:	Spanisch
Einwohner:	7,3 Millionen
Fläche:	48 442 km²
Hauptstadt:	Santo Domingo
Staatsform:	Präsidiale Republik
Kfz-Zeichen:	DOM
Zeitzone:	MEZ −5 Std.
Geogr. Lage:	Karibik, an Haiti grenzend

Die Kinder von Santo Domingo: Ihr Lernwille ist das wichtigste Kapital und die Hoffnung des Landes. Aber 40 000 sind obdachlos.

Republik

Aus dem Joch der Sklaverei unter die Herrschaft der Tyrannen

Die Fremden werden es vorziehen, sich an den weißen Stränden von Puerto Plata auszustrecken oder die blaugrünen Buchten bei Sosúa zu erkunden. Es ist wahr, die Straßen in den Bergen, der Grenze von Haiti zu, sind mühsam, von Schlaglöchern übersät, und es ist nicht undenkbar, daß nach einem der jähen tropischen Unwetter ein Stück der Piste ins Tal fällt. Doch die Luft dort droben ist leicht, kräftig und voller Düfte. In den Dörfern ahmen die lehmgemauerten Hütten – ganz wie in den Dörfern drüben hinter Port-au-Prince oder Cap-Haïtien – manchmal auf einfältige und rührende Weise die Grundformen der klassizistischen Plantagenschlößchen der Franzosen nach, samt den weißgetünchten falschen Säulen. Die Gesichter der Menschen sind dunkler. In die spanische Unterhaltung mischen sich kreolische Worte und Sätze: Anklänge an das französisch-afrikanische Patois, das hinter der Grenze gesprochen wird.

Die Dominikaner hören es nicht gern. Es weckt, noch immer, eine Urangst. Die Truppen Toussaint-Louvertures, des schwarzen Generals der haitianischen Revolutionäre, befreiten auch die dominikanischen Sklaven vom Joch der Kolonialherren. Doch als die Europäer verjagt waren, setzten sich die Haitianer im Ostteil der Insel fest. Sie blieben länger als zwei Jahrzehnte, das Land von neuem versklavend. Ihre Herrschaft – von Zwangsarbeit, täglichem Mord, Gewalt gegen die Frauen gezeichnet – war für die Dominikaner Anlaß, sich nach den spanischen Herren zurückzusehnen.

Hernach waren sie mit ihren eigenen Tyrannen geschlagen. 120 Jahre lang war das Geschick des Landes durch einen bösen Wechsel von blutigen Wirren, Diktaturen, Bürgerkriegen, Staatsstreichen, von Korruption und Skandalen bestimmt. Immer wieder versuchten die Präsidenten, ihre Republik an den Meistbietenden zu verkaufen. Ulysses Grant, der General im Weißen Haus zu Washington, fand sich auch bereit, die Annektion zu vollziehen. Doch der Senat weigerte sich, das Abkommen zu ratifizieren. Im Jahre 1905 aber, als die europäischen Mächte drohten, die Schulden der Dominikaner durch ein Expeditionscorps eintreiben zu lassen, übernahmen die Amerikaner die Verwaltung des Zolls und 1916 für acht Jahre die gesamte Aufsicht über die Republik.

Unter den wohlgefälligen Blicken ihrer Kommandeure diente sich damals der ehrgeizige Polizeioffizier Rafael Leónidas Trujillo in die hohen Ränge der Armee empor, stürzte 1930 die zivile Regierung und etablierte sich für drei Jahrzehnte im Präsidentenpalast. Als der Versuch des Diktators, in Haiti ein Vasallenkabinett zu installieren, auf klägliche

△ *Die Südostküste ist, wie in der großen Zuckerzeit, die Region der Plantagen und Raffinerien geblieben. Der Zucker jedoch hat infolge verfallender Weltmarktpreise seine absolut beherrschende Stellung im Wirtschaftsleben des Landes verloren.*

Weise gescheitert war, ließ er kurzerhand 20000 bis 30000 Haitianer massakrieren: Er wollte die Dominanz der hellhäutigen Mulatten (die an die 70 Prozent der sechs Millionen Dominikaner ausmachten) durch die brutalste Abschreckung für lange Jahrzehnte sichern.

Farbige – gleich und doch nicht gleich

Das Land kennt – nach außen – keine rassische Diskriminierung. Die Schwarzen, die Weißen, die Menschen mit den hundert Schattierungen des Café au lait gehen im Alltag entspannt, voller Achtung und ohne sichtbare Vorurteile miteinander um. Dennoch gibt es hauchfeine, nie genannte Abgrenzungen. Peña Gómez, Generalsekretär des (sozialdemokratischen) Partido Revolucionario Dominicano, der bis zum Mai 1986 acht Jahre regierte, hätte zum Beispiel kaum eine Chance, ins höchste Amt der Nation gewählt zu werden, obwohl er neben Dr. Joaquín Balaguer, dem greisen Präsidenten, ohne Zweifel der begabteste Politiker der Republik ist: vibrierend vor Intelligenz und Energie, neben Fidel Castro der brillanteste Redner der Region, nicht unvernünftig, nicht maßlos, überdies nicht bestechlich. Doch dieser stattliche Mann ist kohlrabenschwarz – der Sohn eines haitianischen Dienstmädchens, das einst vor den Schergen Trujillos über die Grenze floh, ihr Kind bei der weißen Herrschaft zurücklassend (die es wie ihr eigenes aufzog).

Es ist schon so: Die Brieftaschen der Bürger mit einer hell getönten Haut füllen sich schneller. Auf wundersame Weise geraten sie meist an die besseren Posten. Die Türen der Ministerzimmer öffnen sich ihnen leichter. Zum andern greift so rasch kein Dominikaner, ob hell oder dunkel, zur Machete, um Zuckerrohr zu schneiden. Die Knochenarbeit in den silbergrün wogenden Feldern überläßt er lieber den haitianischen Leiharbeitern, die Jahr für Jahr – von grimmigen Inspekteuren überwacht – in ihren phantastisch dekorierten Bussen herüberkommen, um für geringen Lohn wie die Sklaven zu schuften.

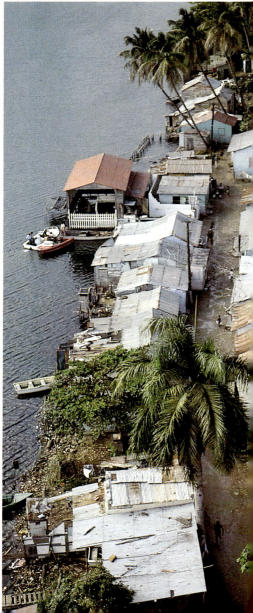

Viele der Haitianer nutzten die Chance, um in den dominikanischen Dörfern unterzutauchen. Andere schlichen sich über die grüne Grenze im unwegsamen Bergland.

Sie mögen als Bürger zweiter Klasse behandelt werden – aber das Durchschnittseinkommen in der Dominikanischen Republik beträgt mit 800 bis 1000 Dollar pro Jahr das Drei- oder Vierfache des haitianischen. Die Zahl der illegalen und legalen Einwanderer aus der unglückseligen, überbevölkerten Nachbarrepublik Haiti wird auf 400 000 Menschen geschätzt. Das wären immerhin sieben bis acht Prozent der Gesamtbevölkerung – eine Auskunft, die manchem Dominikaner Angst einjagt.

◁ *Noch ist die Dominikanische Republik vom Massentourismus nur wenig berührt. An vielen der palmengesäumten Ufer trifft man mehr Einheimische als Urlauber. Doch die Regierung hat bereits beschlossen, den Fremdenverkehr stärker zu fördern – vorerst mit einer halben Milliarde Dollar.*

△ *Exotische Farbigkeit und naive Erzählfreude sprechen aus den Bildern vieler karibischer Künstler. In den Straßen von Santo Domingo kann man ihre Werke für ein paar Dollar erwerben.*

◁ *Das andere Gesicht von Santo Domingo: In den wellblechgedeckten Hütten am Rande der Stadt ist das Elend zu Hause. Über die Hälfte der Dominikaner – die Kinder nicht gerechnet – lebt mehr oder weniger von der Hand in den Mund. Mancher von ihnen ist froh, wenigstens in den Elendsvierteln ein Dach über dem Kopf zu finden.*

Ein Stück Europa in der Karibik

Um die Erinnerung an die Schlächtereien unter den Haitianern auszulöschen, bot 1939 ausgerechnet der Diktator Trujillo 100 000 europäischen Juden eine Zuflucht in seinem Land an. Es kamen fast 10 000. Die meisten zogen, sobald sich eine Chance bot, weiter in die Vereinigten Staaten, doch eine tapfere Schar gründete den Kibbuz von Sosúa im Norden der Republik, der später in eine Genossenschaft umgewandelt wurde. Die jüdischen Bauern beliefern nun seit Jahrzehnten die Hauptstadt mit ihrer Milch, ihrer Butter und einem kräftigen Käse.

Sosúa blühte auf: ein Stück Europa in der Karibik. Die schlichte Synagoge und der Friedhof droben in den Hügeln – ein Idyll unter Palmen und leuchtenden Hibiskus-Büschen – mit deutschen, hebräischen, englischen und spanischen Inschriften auf den Grabsteinen zeugen von den harten Anfängen der Siedlung. Und draußen in den dominikanischen Dörfern ringsum mag man hochgewachsenen Männern und Frauen mit kaffeebrauner Haut und blauen Augen begegnen, die von ihren Nachbarn »Hansi« oder »Gretel« gerufen werden.

Der Tourismus ist die große Hoffnung

Der konservative Staatschef Balaguer – der die Republik schon einmal zwölf Jahre lang (1966–1978) regierte – scheint durch seine Erfahrung, seine unbefangene Vernunft, seine Energie die Stabilität des Ländchens zu garantieren. Die Last der Auslandsschulden (von vier Milliarden Dollar) drückt schwer. Balaguer ordnete eine strenge Bewirtschaftung der Devisen an. Daneben schuf er durch ein Programm öffentlicher Projekte mehr als 100 000 Arbeitsplätze; zugleich entfernte er an die 35 000 Tagdiebe aus der Verwaltung. Das war ein Anfang. Doch zugleich schossen die Preise in die Höhe. 1988 wurden Bürgerunruhen mit harter Hand niedergeschlagen. Mehr als 25 Prozent der Bevölkerung sind arbeitslos, und mehr als 40 Prozent unterbeschäftigt. Die Zuckerindustrie – einst die wichtigste Einnahmequelle des Landes – wird sich kaum zur Rentabilität zurückführen lassen. Die einzige Goldmine des Landes ist nicht mehr allzu ertragreich. So bleibt als große Hoffnung nur ein Aufschwung des Tourismus. Man plant den Neubau von Hotels und Appartements mit 40 000 Zimmern – eine Investition von einer halben Milliarde Dollar: angesichts der generellen Krise vermutlich vorerst eine eitle Erwartung. Der greise Balaguer behauptete sich in den Präsidentschaftswahlen des Jahres 1990 noch einmal knapp gegen den alten Widersacher Juan Bosch, den linksliberalen Literaten, der freilich auch keine Lösungen anzubieten hatte, die den Weg aus der Misere weisen. Die Hunger-Revolten mehren sich.

Die Kinder von Santo Domingo

Das wichtigste Kapital aber bleiben Intelligenz und Lernwille der Kinder. Man sieht sie in allen möglichen Winkeln über ihre Bücher gebeugt: auf den Treppen der Baracken in den Armenvierteln, an den Marktständen mitten im Lärm des städtischen Verkehrs, auf den Mauern des Malecón von Santo Domingo, wo sich die jungen Leute Abend für Abend zum Corso versammeln, um zu schwatzen, eine Cervesa zu trinken und nach den Rhythmen des Meringue ein wenig zu tanzen.

Allerdings: Wer zur Schule gehen kann, hat Glück. Man sagt, an die 40 000 heimatlose Kinder hausten in den Straßen der Hauptstadt. Einige verkaufen Lotterielose und geschmuggelte Zigaretten auf dem Platz vor der Kathedrale, unter deren robusten gotischen Bögen angeblich Christoph Kolumbus begraben liegt – der große Entdecker, der auszog, den Weg nach Indien und zum Paradies zu finden. Im Jahre 1992 wird man das halbe Jahrtausend seit seiner Landung auf dieser Insel feiern. Kein Dorado. Nur ein liebenswertes und kleines Land, dessen Menschen ums Überleben kämpfen.

Dominikanische Republik — Daten · Fakten · Reisetips

Landesnatur

Fläche: 48 442 km² (etwas größer als die Schweiz)
Ausdehnung: West–Ost 380 km, Nord–Süd 270 km
Küstenlänge: 1400 km
Höchster Berg: Pico Duarte 3175 m
Längster Fluß: Río Yaque del Norte 200 km
Größter See: Lago Enriquillo 200 km²

Die Dominikanische Republik nimmt den Ostteil der Antilleninsel Hispaniola ein. Sie grenzt im Westen an den flächenmäßig kleineren Nachbarstaat Haiti, im Süden an das Karibische Meer, im Norden an den offenen Atlantischen Ozean.

Naturraum

Hispaniola ist die gebirgigste der Antilleninseln, der Pico Duarte in der Cordillera Central mit 3175 m ihre höchste Erhebung. Vier Gebirgsketten durchziehen die Dominikanische Republik von Nordwest nach Südost; dazwischen liegen langgestreckte Tieflandfurchen: im Norden, zwischen Cordillera Septentrional und Cordillera Central, der Cibao; im Südwesten, zu Füßen der Sierra de Bahoruco, liegt in einer solchen Furche – 44 m unter dem Meeresspiegel – der einzige größere Binnensee des Landes,

Nashornleguane, selten gewordene Bewohner der Dornbuschsavanne.

der salzhaltige Lago Enriquillo. Eine breite Küstenebene erstreckt sich im Südosten des Landes.
Im Kalkgestein der Gebirge sind vielfältige Karsterscheinungen entstanden. Die Erdkruste ist in diesem Raum in starker Bewegung, so daß es häufig zu Erdbeben kommt.

Klima

Der Nordostpassat beeinflußt das randtropische Klima der Insel. Aufgrund der Vielgestaltigkeit der Landschaft ergeben sich jedoch sehr unterschiedliche Klimaverhältnisse. In Santo Domingo an der Südküste liegen die Monatsmitteltemperaturen zwischen 24 °C und 27 °C.
Niederschläge fallen hauptsächlich in einer sommerlichen Regenzeit (Mai bis November), im Gebirge Jahresmengen von mehr als 2000 mm, in der Enriquillo-Ebene kaum 600 mm. In der zweiten Jahreshälfte treten bisweilen verheerende Wirbelstürme auf.

Vegetation und Tierwelt

Die ursprüngliche Vegetation ist in den Tiefländern weitgehend verdrängt worden. Immergrüner Regenwald findet sich nur an feuchten Gebirgshängen. Im Regenschatten der Kordilleren wachsen regengrüne Trockenwälder. Die trockeneren Gegenden weisen Savannen auf, teilweise sind sie mit Sukkulenten (Agaven, Kakteen) und Dornsträuchern bewachsen.
Unter den einheimischen Tieren sind vor allem Zagutis (Ferkelratten), Schlitzrüßler, Alligatoren und die seltenen Seekühe hervorzuheben, darüber hinaus Flamingos, Pelikane, Papageien, Kolibris und viele andere Vogelarten.

Politisches System

Staatsname: República Dominicana
Staats- und Regierungsform: Präsidiale Republik
Hauptstadt: Santo Domingo
Mitgliedschaft: UN, OAS, SELA, GATT

Nach der Verfassung von 1966 ist der Staatspräsident Staatsoberhaupt, Regierungschef und Oberbefehlshaber der Streitkräfte. Er wird für vier Jahre direkt gewählt. Gleichzeitig wird auch die Legislative, der Kongreß, gewählt. Dieser besteht aus dem Abgeordnetenhaus (120 Mitglieder) und dem Senat (derzeit 29 Senatoren). Das Land ist in 26 Provinzen und den Nationaldistrikt mit der Hauptstadt aufgeteilt. Die Rechtsprechung beruht auf dem französischen Code Civil.

Bevölkerung

Einwohnerzahl: 7,3 Millionen
Bevölkerungsdichte: 150 Einw./km²
Bevölkerungszunahme: 2,4% im Jahr
Größte Städte: Santo Domingo (1,8 Mio. Einw.), Santiago (308 000), La Romana (101 000), San Pedro de Macorís (87 000)
Bevölkerungsgruppen: 73% Mulatten, 16% Weiße, 11% Schwarze

Die Mulatten, der größte Teil der Bevölkerung, stammen von den spanischen Kolonisten und den schwarzafrikanischen Sklaven ab. Gelegentlich haben sie auch indianische Vorfahren. Weiße und Schwarze sind in der Minderheit. Kaum ins Gewicht fallen kleine Gruppen von Japanern und Chinesen. Knapp die Hälfte der Bevölkerung ist jünger als 15 Jahre. Aus dem übervölkerten Nachbarstaat Haiti strömen – meist illegal – viele Einwanderer in das Land.
Allgemeine Landessprache ist Spanisch; im Grenzgebiet zu Haiti wird teilweise ein französisch-kreolischer Dialekt gesprochen. Als Verkehrssprache dient heute auch Englisch. Nominell gehören rd. 90 % der Einwohner der römisch-katholischen Kirche an; daneben gibt es jüdische und protestantische Minderheiten.

Soziale Lage und Bildung

Wegen der extrem hohen Arbeitslosigkeit (über 25%) wandern viele Dominikaner in die USA, nach Puerto Rico und Venezuela aus. Vom bestehenden Sozialsystem profitieren nur wenige Bürger. Die medizinische Versorgung ist auf dem Lande und in den Elendsvierteln der Städte unzureichend.
Allgemeine Schulpflicht besteht zwischen dem 7. und 14. Lebensjahr, doch der Schulbesuch erfolgt oft nur kurz und unregelmäßig. Die Analphabetenrate liegt daher bei etwa 25%. Das Land hat fünf Universitäten; die älteste wurde 1538 in Santo Domingo gegründet.

Wirtschaft

Währung: 1 Dominikanischer Peso (dom$) = 100 Centavos (cts)
Bruttoinlandsprodukt (in Anteilen): Land- und Forstwirtschaft 23%, industrielle Produktion 34%, Dienstleistungen 43%
Wichtigste Handelspartner: USA, Japan, EG-Staaten, Venezuela, Mexiko

Wichtigster Wirtschaftszweig ist die Landwirtschaft. Sie beschäftigt rd. die Hälfte der Erwerbstätigen und bestreitet mit ihren Erzeugnissen einen Großteil der Ausfuhren. Von Bedeutung sind auch der Bergbau und zunehmend der Fremdenverkehr. Arbeitslosigkeit, Inflation sowie der Verfall des Weltmarktpreises für Zucker belasten die Wirtschaft.

Landwirtschaft

Traditionelles Zuckerrohranbaugebiet aus der früheren kolonialen Monokultur ist die südöstliche Küstenebene. Die anderen Agrarprodukte für den Export (Kaffee, Kakao, Tabak) kommen meist aus kleinbäuerlichen Betrieben im Norden. Für den Eigenbedarf werden Mais, Maniok, Bataten, Erdnüsse und Gemüse angebaut. Die Viehwirtschaft beschränkt sich im wesentlichen auf Rinder- und Schweinezucht. Strenge Forstgesetze dämmen ein weiteres Abholzen der Wälder ein. Derzeit sind nur noch 13% der Landesfläche bewaldet.

Bodenschätze

Durch die Ferronickelproduktion ist der Bergbausektor in den letzten Jahren stark angewachsen. Erwähnenswert ist auch der Abbau von Gold, Silber, Salz und Gips. Die Gewinnung von Bauxit wurde 1983 aufgrund der schlechten Weltmarktpreise eingestellt.

Denkmal für Kolumbus in Santo Domingo, wo auch sein Grab sein soll.

Industrie und Handel

Vor allem werden Agrarrohstoffe verarbeitet, in erster Linie Zuckerrohr in meist staatlichen Betrieben. Ferner gibt es Nahrungsmittel-, Textil- und Zementherstellung sowie chemische Industrie. Ausgeführt werden Zucker, Eisen- und Nickelerze, Kaffee, Kakao, Tabak und Bananen. Konsumgüter, Erdölprodukte und Maschinen werden eingeführt.

Verkehr, Tourismus

Ein streckenweise gut ausgebautes Straßennetz (rd. 18 000 km, zu 30% befestigt) verbindet die größeren Orte miteinander. Flugverbindungen bestehen zum amerikanischen Kontinent und zu den karibischen Inseln. Wichtigster internationaler Flughafen ist »Las Americas« bei Santo Domingo. – Der Fremdenverkehr ist zu einem wichtigen Devisenbringer geworden. Die bevorzugten touristischen Ziele liegen bei Puerto Plata und La Romana.

Geschichte

Bis 1697 ist die Geschichte dieses zweiten Staates auf Hispaniola eng mit der Geschichte des westlichen Teils (heute Haiti) verbunden.
Als Christoph Kolumbus die Insel 1492 entdeckte, war sie von den Taino, einem zu den Arawaks gehörenden Indianerstamm, bewohnt. Bei der Eroberung rotteten die Europäer die einheimische Bevölkerung aus. Im Frieden von Rijswijk 1697 mußte Spanien den westlichen Teil Hi-

Daten · Fakten · Reisetips — Dominikanische Republik

spaniolas an Frankreich abtreten, im Basler Frieden 1795 auch den östlichen. Nachdem die Haitianer 1804 eine unabhängige Republik gegründet hatten, besetzten sie den östlichen Teil der Insel. 1808 konnten die spanischen Kreolen ihren Teil wieder zurückerobern, aber 1821 trennte sich dieser endgültig vom Mutterland (erste Unabhängigkeitserklärung als »Spanisch-Haiti«). Daraufhin besetzten die Haitianer 1822 erneut den östlichen Teil der Insel, ehe sie 1844 für immer vertrieben wurden. Noch im gleichen Jahr kam es zur zweiten Unabhängigkeitserklärung als »Dominikanische Republik«.

1861 kehrte der junge Staat unter der Bezeichnung »Santo Domingo« wieder zu Spanien zurück. 1863 erfolgte die dritte Unabhängigkeitserklärung und am 3. Mai 1865 die formelle Loslösung von Spanien. Aus Santo Domingo wurde wieder die Dominikanische Republik. Ihre ständigen inneren Krisen (von 1844 bis 1930 gab es 56 Revolutionen und 43 Präsidenten) riefen am Ende des 19. Jh. die USA auf den Plan. 1905 sicherten sich die Amerikaner die Finanzkontrolle, 1916 besetzten sie das Land und übten bis 1924 die Exekutive aus.

Das Trujillo-Regime

Sechs Jahre dauerte ein demokratisches Interregnum. 1930 gelangte durch einen Staatsstreich der Oberbefehlshaber der von den Amerikanern aufgestellten Armee, Rafael Leónidas Trujillo y Molina, an die Macht. Für 30 Jahre bestimmte der Trujillo-Clan die politische Entwicklung des Landes. Gewalt kennzeichnete die Herrschaft; an dem wirtschaftlichen Aufschwung, den das Land in dieser Zeit nahm, bereicherte sich vor allem die Familie Trujillo.

Die Unterstützung des Regimes durch die USA währte bis in die Mitte der 50er Jahre. 1952 gab Trujillo die Präsidentschaft an seinen Bruder Héctor ab. Aber erst als Rafael Leónidas Trujillo 1961 einem Attentat zum Opfer fiel, erfolgte eine Liberalisierung.

Nach dem Eingreifen der USA 1965 überprüft ein GI die Unterseite der Autos auf versteckte Waffen.

Die Republik kommt nicht zur Ruhe

Die Amtszeit des linksorientierten Exilpolitikers Juan Bosch, der 1962 Präsident wurde, dauerte nur kurz. Erneute Militärputsche 1963 und 1965 veranlaßten die USA wieder zum Eingreifen. Aus Neuwahlen im Jahr 1966 ging der konservative Joaquín Balaguer als Sieger hervor (Wiederwahl 1970 und 1974). 1978 kam nach umstrittenen Präsidentschaftswahlen der gemäßigte Antonio Guzmán an die Macht. Sein Nachfolger wurde im Mai 1982 der Mitte-Links-Politiker Salvador Jorge Blanco. 1986 gelang es dem Expräsidenten Balaguer, wieder ins Präsidentenpalais einzuziehen.

Der Inselstaat ist noch weit von einer politischen Stabilität entfernt. 1985 und 1988 kam es zu blutigen Auseinandersetzungen, als die Regierung die Preise für Nahrungsmittel und Treibstoff drastisch erhöhen wollte.

Kultur

Von der Kultur der Ureinwohner, der Taino, gibt es wie auf Haiti kaum noch Zeugnisse. Bemerkenswert ist eine Skulptur (datiert zwischen 1000 und 1500), die im Museum of the American Indian in New York zu sehen ist.

Prägend für das Land und besonders seine Hauptstadt war die spanische Kolonialzeit. Der Entdecker der Insel, Kolumbus, brachte seine Familie hierher und bestimmte die Insel zu seiner letzten Ruhestätte. Sein Bruder Bartolomé Colón gründete 1496 Nueva Isabella, das spätere Santo Domingo, als erste Stadt in der Neuen Welt. Kolumbus' Sohn Diego kam 1509 als Vizekönig nach Santo Domingo und ließ den Alcázar de Colón (Palast des Colón) im Stil der spanischen Spätgotik und Frührenaissance bauen. Aus jener Zeit sind in Santo Domingo noch mehr als 300 Häuser und andere Bauwerke erhalten, darunter die Casa del Cordón, das älteste in der Neuen Welt errichtete Steinhaus in Amerika. In der Kathedrale von Santo Domingo (1541 eingeweiht), dem ersten großen Kirchenbau der Christen in der Neuen Welt, befindet sich wahrscheinlich die letzte Ruhestätte von Kolumbus.

1538 wurde durch einen Erlaß Papst Pauls III. im Gebäude des 1510 gegründeten Dominikanerklosters die erste Universität Amerikas errichtet, in der auch Bartolomé de Las Casas (1474–1566), der spanische Missionar und Geschichtsschreiber, gewirkt hat. Die Literatur des Inselstaates ist wie die Baukunst entscheidend durch spanische Einflüsse bestimmt worden. Erst im 19. Jh. bahnte sich eine eigenständige Entwicklung an (J. A. Guridi, F. M. del Monte, N. Ureña). In der geistigen Auseinandersetzung mit dem Diktator Trujillo gewannen nach 1930 vor allem Manuel del Cabral und der spätere Präsident Juan Bosch politische und publizistische Bedeutung.

In der Volksmusik und in den Tänzen sind spanische und afrikanische Elemente spürbar.

Die Mehrzahl der Bevölkerung praktiziert noch heute trotz Zugehörigkeit zur katholischen Kirche den Voodoo-Kult. Verbreitet ist auch der Kult der Totengeister.

Reise-Informationen

Einreise- und Fahrzeugpapiere
Bürger der Bundesrepublik Deutschland, der Schweiz und Österreichs benötigen für einen Aufenthalt bis zu 90 Tagen einen gültigen Reisepaß bzw. Kinderausweis.
Als Fahrerlaubnis ist der internationale Führerschein vorgeschrieben.

Zoll
Bei der Einreise sind zollfrei: pro Person ab 16 Jahre 200 Zigaretten oder eine Kiste Zigarren, eine geöffnete Flasche Spirituosen (Wert höchstens 5 US-$) sowie zwei angebrochene Fläschchen Parfüm.

Devisen
Dominikanische Pesos (dom$) dürfen bei der Ein- und Ausreise nicht mitgeführt werden. Die Einfuhr von Fremdwährung ist unbeschränkt erlaubt (Deklaration erforderlich). Jeder Besucher unterliegt dem Zwangsumtausch von mindestens 100 US-$ pro Besuch. Die Ausfuhr der deklarierten Fremdwährung ist abzüglich der umgetauschten Beträge erlaubt. Internationale Kreditkarten werden in zahlreichen Hotels und Geschäften akzeptiert, Euroschecks jedoch nicht.

Die »Escuela de Diseño« von Altos de Chavón, eine mittlerweile weltberühmte Schule für Design.

Impfungen
Für viele ländliche Gebiete ist Malariaschutz erforderlich.

Verkehrsverhältnisse
Das Straßennetz ist streckenweise gut ausgebaut. Während der Regenzeit sind Nebenstrecken schwer zu befahren. Zwischen den Städten verkehren Busse. Mietwagen, Mofas oder Motorräder und Taxis stehen zur Verfügung.

Unterkünfte
Die touristische Infrastruktur ist sehr gut. In vielen Städten gibt es Hotels von internationalem Standard.

Reisezeit
Am besten reist man von November bis April. In der Regenzeit von Mai bis November ist es sehr schwül.

 # Ecuador

Wolfgang Gahbauer

D
urch Ecuador, das Land der Tagundnachtgleiche, zieht sich eine unsichtbare Linie: der Äquator. Er gab dem Land den Namen, und er teilt es in zwei Hälften – die kleinere gehört zur nördlichen Hemisphäre, die größere zur südlichen. In der Nähe von Quito hat man dem Äquator ein Denkmal gesetzt.

Quito, die reizvolle Hauptstadt, liegt hoch in den Anden, die das Land von Nord nach Süd durchziehen und gleichsam sein Rückgrat bilden. Eine Kette von Vulkanen – teils noch aktiv, teils erloschen und von ewigem Schnee bedeckt – säumt die fruchtbaren Andenhochtäler. Die östlichen Hänge des Gebirgszuges führen hinab in den Oriente, in die weithin undurchdringlichen tropischen Regenwälder des Amazonasbeckens. Im Westen gehen die Anden in ein sanftes, von Wasserläufen durchzogenes Hügelland über, das sich bis an die Küstenregion erstreckt. Weit draußen im Pazifischen Ozean aber liegen – isoliert und doch bedroht – die berühmten Galápagos-Inseln mit ihrer einzigartigen Tier- und Pflanzenwelt.

Staatsname:	Republik Ecuador
Amtssprache:	Spanisch
Einwohner:	11 Millionen
Fläche:	283561 km²
Hauptstadt:	Quito
Staatsform:	Präsidiale Republik
Kfz-Zeichen:	EC
Zeitzonen:	MEZ −6 Std., Galápagos-Inseln: MEZ −7
Geogr. Lage:	Westliches Südamerika, begrenzt von Kolumbien und Peru

Wie urzeitliche Ungeheuer erscheinen die Meerechsen, die in Massen die Strände und Felsen der Galápagos-Inseln bevölkern.

Schrumpfköpfe sind nur noch Touristenbeute

Eine leichte Rauchfahne hängt über dem Vulkan Sangay. Zu Füßen des 5230 Meter hohen Feuerberges, in respektvoller Entfernung von gut 20 Kilometern, vollzieht eine kleine Gruppe von Jivaro-Indianern ein Opferritual. Ein Schwein wird erdrosselt, ein Hahn geschächtet. Die Indianer in halblangen Wickelröcken, die bloßen Oberkörper mit bunten Ketten behängt, die Köpfe mit Federn, Vogel- und Kleintierbälgen geschmückt, heben die Arme und blicken erwartungsvoll auf den Vulkan. Aus der Richtung seiner Rauchfahne, aus ihrer Stärke und Farbe, aus einem eventuellen Ausbruch lesen sie Antworten auf Schicksalsfragen.

Die Jivaros sind heute ein friedliches, aber selbstbewußtes Indianervolk. Doch einst waren sie gefürchtete Kopfjäger: Sie pflegten die Häupter ihrer besiegten Feinde in Schrumpfköpfe zu verwandeln. Durch ein kompliziertes und zeitaufwendiges Verfahren entzogen sie den abgeschlagenen Schädeln die Knochen und reduzierten sie auf Faustgröße – am unverändert langen Haar an den Gürtel geknüpft, boten sie einen grausigen Anblick. Heute fertigen die Jivaros Schrumpfkopf-Imitationen aus Affenköpfen oder einfach aus Leder als Touristenbeute.

viel Öl, daß Ecuador bald zu einem der größten Erdölproduzenten Südamerikas wurde. Mit der Erschließung der Ölquellen und dem Bau einer 500 Kilometer langen Pipeline, die aus den Amazonas-Niederungen über 4000 Meter hohe Andenzüge hinunter zur Pazifikküste führt, brachten die Ölfirmen in die Welt der Indianer die Abhängigkeit von Geld, Arbeit und dem zerstörerischen Schnaps.

Das Öl machte Ecuador reich, obwohl ein Großteil der Gewinne in der Staatsbürokratie hängenblieb oder von Industrie und Handel geschluckt wurde. Inzwischen ist der Boom schon wieder abgeflaut. Die Indianer aber waren bereits durch die Automatisierung der Förderung »unnütz« geworden und verfielen dem Elend. Sie blieben im Urwald zurück – Opfer eines Fortschritts, der nicht ihnen, sondern anderen diente.

Urwaldzauber, Gletscherpracht und Palmenstrände

Heute ist es die langsam aufkeimende Tourismus-Industrie, die dem Land Fortschritt verspricht. Und tatsächlich bietet Ecuador fast alles, was ein »reisendes Herz« begehrt: Urwaldzauber im Stromland des Amazonas, Gletscherpracht im Hochgebirge der Anden, Palmenstrände an der Pazifikküste. Erster-Klasse-Komfort gibt

▽ *In den Gassen der eng verschachtelten Altstadt Quitos findet immer irgendwo Markt statt. Dank der geringen Temperaturschwankungen am Äquator ist das Angebot an Früchten und Gemüsen das ganze Jahr über äußerst vielfältig.*

Die Schreckensnacht der Cucarachas

Ein schwerer Gewitterregen platzt über die Hafenstadt Guayaquil herein. Schon können die Gullys die Wassermassen nicht mehr fassen, und nach wenigen Minuten stehen die Straßen knöcheltief unter Wasser. So überraschend und gewalttätig die Regenflut niederbricht, so schlagartig endet sie auch wieder. Die dampfende Luft schluckt das Licht der Straßenlaternen, es ist schon wieder heiß und schwül. Und plötzlich, man weiß nicht woher, sind sie da: Millionen von Cucarachas. Die schwarz glänzenden Riesenkakerlaken umschwirren die dampfenden Lampen, kriechen über alles hinweg. Ein schauerliches Knacken erfüllt die Stadt, auf den Straßen hinterlassen die Reifen der Autos Spuren zerquetschter Lebewesen. Die Invasion der Cucarachas aus den Gullys und Abwasserkanälen nehmen die Bewohner von Guayaquil mit Gelassenheit hin, sie schließen einfach Fenster und Hemdkragen. Nach zwei Stunden ist der Spuk vorbei.

Viel Geld hat die größte und wirtschaftlich aktivste Stadt Ecuadors schon ausgegeben, um zu erforschen, wie sie sich von diesem grausigen Wahrzeichen befreien kann – umsonst. Die Kakerlaken bleiben, wie die Hitze und die Feuchtigkeit. Sie nehmen Guayaquil dennoch nichts vom Reiz einer lebendigen und an Kontrasten reichen Hafenstadt. Dem abblätternden Weiß der Holzgebäude in der Altstadt stehen Stahl, Beton und Glas als Zeichen modernen Wirtschaftswachstums gegenüber. In Guayaquil schlägt der Puls Ecuadors in tropisch temperamentvollem Rhythmus, schneller, dynamischer als in der bedächtigen Bergwelt der Kordilleren.

Die Jivaros zählen zu dem guten Dutzend Waldindianervölkern, die im Oriente, dem östlichen Tiefland Ecuadors, zu überleben versuchen. Sie haben nach einer langen Zeit der Apathie ihr Selbstbewußtsein wiedergefunden und pflegen bewußt ihre Sprache und ihre Kultur.

Doch allgemein sehen die Indianer ihre Existenz so bedroht wie die Welt, in der sie leben: das empfindliche Ökosystem des Amazonas-Regenwaldes. Die Bedrohung geht von denen aus, die vorgeben, den »Fortschritt« zu bringen.

Mit dem Kautschukfieber erschienen zu Beginn unseres Jahrhunderts die Gummihändler. Sie versklavten die Indianer als Kautschuksammler und siedelten sie oft zwangsweise um. Dann kam der Erdöl-Boom. In den sechziger Jahren drangen amerikanische Ölsucher mit Hubschraubern in die Region des Lago Agrio vor und entdeckten so

es inzwischen selbst in den Regenwäldern des Oriente: Auf dem Río Napo bietet das schwimmende Hotel »Orellana« dem Reisenden gefahrlosen Einblick in die Amazonaswelt.

Neben dem Río Napo ist der Río Pastaza der wichtigste Fluß der Anden-Ostseite. Nur langsam läßt er die gewaltigen Vulkane Sangay, Altar und Tungurahua hinter sich und zieht dann mächtig, breit, voller Sandbänke und Nebenarme dem Amazonas entgegen. Behäbig fließt er nun dahin – nichts erinnert mehr an die ungestüme Gewalt, mit der er das vulkanische Gebirge am Ostrand der Anden durchbrochen hat.

Dieser Durchbruch ist landschaftlich besonders reizvoll. An der Schwelle zwischen Hochgebirge und Urwald liegt der malerische Badeort Baños, der wegen seiner Thermalquellen ein besonders beliebtes Ziel des einheimischen Fremdenverkehrs ist.

Markttag ist Ratsch- und Tratschtag

Von Baños ist es kaum mehr als ein Katzensprung nach Ambato. Die Stadt, eine der größten des Landes, beherrscht das zentrale Hochtal mit seiner reichen Landwirtschaft. Die Hochebene liegt im Schatten des mächtigen, 6267 Meter hohen Bergmassivs des Chimborazo. Seine von ewigem Schnee gekrönte Spitze versuchte Anfang des 19. Jahrhunderts Alexander von Humboldt zu ersteigen. Auf der anderen Seite, weiter im Norden, ragt der Vulkan Cotopaxi bis in eine Höhe von 5897 Metern empor. Sein schneebedeckter Kegel ist so ebenmäßig geformt wie der des Fudschijama.

Ambato, sagen die Poeten, ist nicht nur ein Ort, es ist ein Seelenzustand, eine Form zu leben. Am deutlichsten wird dies an jedem Montag, wenn sich die Farbenpracht des Wochenmarktes in der Stadt ausbreitet. Aus der ganzen Region kommen die Bauern – nicht nur des Handels wegen, sondern auch um Neuigkeiten auszutauschen. Markttag ist Ratsch- und Tratschtag, ein Festtag. Wie überall in der Welt lieben es die Bauern, sich an solchen Tagen festlich zu kleiden. Bei den überwiegend indianischen Bauern Ecuadors kommt da vor allem Farbe ins Spiel.

So bunt der Markt auch erscheint, unübertroffen im ganzen Andenhochland ist die Farbenpracht, mit der die Salasaca-Indianer den Fronleichnamstag begehen. Alle nur denkbaren Rot- und Violettöne beherrschen die langen Gewänder der Frauen; sie leuchten von den Bändern ihrer Filzhüte ebenso wie von den bemalten Trommeln der Männer.

Die Salasaca-Indianer leben heute in einer neuen Siedlung in der Nähe von Ambato. Ihre großen Feste aber feiern sie noch immer zwischen den Ruinen ihres alten Dorfes, das 1949 durch ein Erdbeben zerstört wurde. Die Vorfahren dieser höchst eigenwilligen und stolzen Indianer sind wahrscheinlich im 15. Jahrhundert von den Inka aus Bolivien hierher verschleppt worden. Damals sollen sie geschworen haben, sich niemals unterkriegen zu lassen. Bis heute haben sie den Schwur gehalten.

Auf der Allee der Vulkane

Ambato liegt an der Panamericana, jener »Traumstraße«, die Nord- und Südamerika verbindet. In Richtung Süden führt die Straße nach Ríobamba und Quenca mit einer Abzweigung hinunter in die Pazifikregion zu der Hafenstadt Guayaquil. In nördlicher Richtung geht es auf der Panamericana zur Hauptstadt Quito – eine Fahrt durch eine liebliche Landschaft mit gelassen grasenden Rinder- und Schafherden und kleinen Dörfern. Links und rechts wachen über dieser Idylle die Kegel der Vulkane, manche noch tätig, andere erloschen und von ewigem Schnee bedeckt.

Dieser Abschnitt wird oft Avenida de los Volcanes, die Allee der Vulkane, genannt. Die Stadt Latacunga liegt an der »Avenida«, und ihre Häuser wurden aus dem natürlichen Baustoff dieser Landschaft errichtet, dem harten, aber dennoch leichten Vulkangestein. Latacunga ist das urbane Zentrum einer Region, in der auf den fruchtbaren Vulkanböden die Landwirtschaft blüht. Unter den zauberhaften Dörfern der Umgebung ist Pujilí das berühmteste – der Indianertänze am Fronleichnamstag wegen.

△ *Bei einer Zugfahrt von Ríobamba hinab in die Hafenstadt Guayaquil hat man auf den Dächern der Waggons die beste Aussicht – zudem brauchen die Passagiere dort oben nicht zu bezahlen. Fahrtwind, Ruß und Kälte nimmt man dafür in Kauf.*

◁ *Widerstandsfähige Kakteenarten sind typisch für die Pflanzenwelt der Region unterhalb der Schneegrenze, deren Klima von starken Temperaturschwankungen geprägt ist.*

Quito – eine Stadt explodiert

Panecillo, »Brötchen«, ist der kuriose Name eines Berges, der die Hauptstadt Quito im Süden begrenzt. Eine riesige Marienstatue krönt den Panecillo. Von dort oben kann man einen herrlichen Rundblick über das Hochplateau und die Gipfel der Anden genießen. Fast die gesamte Westflanke der Stadt wird vom Massiv des Pichincha, eines erkalteten Vulkans, gesäumt. So breitete sich Quito nach Norden aus.

Quito besteht heute aus zwei Teilen: der Altstadt, in der jahrhundertelang das Herz des Landes schlug, und dem modernen Quito, das mit dem Erdöl-Boom in den sechziger Jahren entstand – im Norden der Hauptstadt schossen innerhalb kurzer Zeit Verwaltungsbauten, Supermärkte, Industriebetriebe und Wohnsiedlungen aus dem Boden. Doch trotz dieses ungestümen Wachstums wurde ihr Charakter nicht allzu grob verändert – die beiden Teile der Stadt fügen sich harmonisch aneinander. Viele Ecuadorianer halten Quito noch immer für die schönste Hauptstadt Südamerikas!

Gründe dafür gibt es genug: die aufregende landschaftliche Umgebung und die Lage der Stadt in 2850 Meter Höhe mit angenehm gemäßigtem Klima, die prachtvolle Kolonialarchitektur und die vielen Kirchen und Klöster in der Altstadt – eine Fundgrube für jeden Kunstfreund. Beeindruckend sind hier besonders die unzähligen Bildtafeln, Gemälde und Schnitzwerke aus der sogenannten »Schule von Quito« des 16. bis 18. Jahrhunderts, in denen sich spanisch-europäische Kulturelemente und indianische Kunstfertigkeit vereinen.

La Compañía, die im 17. Jahrhundert erbaute Kirche der Jesuiten, spiegelt mit ihrer gewaltigen Fassade und den düsteren, goldüberladenen Gewölben Macht und Einfluß der Gesellschaft Jesu wider. Die Klosterbauten anderer Orden sind ihr jedoch an Pracht und architektonischer Schönheit durchaus ebenbürtig: San Augustín zum Beispiel, La Merced oder Santo Domingo. Für die Ewigkeit scheint die kolossale Fassade der Kathedrale San Francisco gebaut zu sein – mächtiger, dauerhafter als der Inka-Palast, den die Spanier schleifen und dessen Fundament sie zur Basis der gewaltigen Kirche machten.

Ausflug zur Mitte der Welt

Quito war zur Zeit der spanischen Eroberung die nördliche Hauptstadt des Inka-Reiches, das damals von zwei Herrschern, den Brüdern Atahualpa und Huascar, regiert wurde. Das südliche Zentrum war Cusco im heutigen Peru. In Quito herrschte der feinsinnige und kultivierte Inka Atahualpa, der der Niedertracht des Kriegsmannes Francisco Pizarro nicht gewachsen war. Die Spanier lockten ihn in einen Hinterhalt, nahmen ihn gefangen und verurteilten ihn unter fadenscheinigen Beschuldigungen in einem Scheinprozeß zum Tod auf dem Scheiterhaufen. Um diesem für einen Inka schmachvollen Ende zu entgehen, trat Atahualpa zum Christentum über und wurde dafür zum Tod durch Erhängen »begnadigt«.

▽ ▷ *Die Galápagosinseln – eines der großen Naturwunder unserer Erde. Hier die Vulkanlandschaft der Insel Bartolomé. Bis zu 1500 Meter ragen ihre Gipfel in die Höhe. Unwirtliche Lavafelder wechseln mit üppigen Vegetationsflächen, die Lebensraum für eine einzigartige Tier- und Pflanzenwelt bieten.*

▷ *Eine Galápagos-Riesenschildkröte erblickt das Licht der Welt. Diesen Schildkröten – spanisch Galápagos – verdanken die Inseln auch ihren Namen.*

Quito bildete über 300 Jahre lang den politischen, wirtschaftlichen und kulturellen Mittelpunkt des spanischen Kolonialreiches. Einiges von dieser Bedeutung hat Quito inzwischen an die Hafenstadt Guayaquil verloren, die von manchen schon als die heimliche Hauptstadt Ecuadors angesehen wurde. Doch das Geld aus dem Erdölgeschäft hat Quito wieder Auftrieb gegeben.

Nicht zuletzt für den Fremdenverkehr ist Quito nach wie vor die Metropole des Landes. Die Infrastruktur wurde verbessert, und neuerdings hat sich die Stadt sogar zu einem kulinarischen Zentrum entwickelt. Man liebt es, sein Luxusauto vor einem »Chalet Suisse«, einem »Maxim's« oder einem »Da Alfredo« zu parken. Links und rechts der Avenida Amazonas, der Hauptstraße des modernen Quito, reihen sich Hotels, Restaurants und luxuriöse Geschäfte aneinander.

Ausflugsfahrten und Rundreisen beginnen übrigens fast immer mit einem Besuch des Mitad del mundo, des Äquatordenkmals nördlich von Quito, eines plumpen, gemauerten Obelisken, auf dessen Spitze eine Erdkugel thront. Die Häßlichkeit des Denkmals und die Trostlosigkeit des von Andenkenläden und Imbißstuben gesäumten Platzes hindern kaum einen Touristen daran, für ein Foto zu posieren – breitbeinig mit einem Fuß auf der nördlichen, mit dem anderen auf der südlichen Erdhalbkugel stehend.

Das ideale Paar: Einer trinkt, der andere wacht

Von Quito aus schwingt sich die Panamericana, breit ausgebaut, nach Norden, bis sie bei Tulcán die Grenze zu Kolumbien erreicht. An der Strecke liegt Otavalo, eines der bekanntesten Indianerdörfer des Hochlandes, am Fuße des Imbabura. An jedem Samstag ist in Otavalo Markttag.

Willi Germund

Die Traditionalisten unter den Dichtern El Salvadors nannten ihr Land – mit rund 21 000 Quadratkilometern das kleinste des Kontinents – in einem Anflug von stolzer Selbstironie gern Pulgacito de America, den »Floh Amerikas«. Ein lächerlicher Begriff, erregte sich Roque Dalton, der größte zeitgenössische Dichter und Schriftsteller des Landes, in seinem Buch »El Salvador«. Seine Kollegen, so rügte er, würden hinter dieser Beschreibung die wahre Geschichte des Landes verschweigen: die Toten, die politischen Gefangenen, die mit aller Härte ausgetragenen politischen Meinungsverschiedenheiten, die sozialen Gegensätze. Kein Zweifel, El Salvador ist ein Land, dessen wichtigste historische Daten in der jüngsten Geschichte Tragödien bezeichnen. Auch Roque Dalton, ein Revolutionär, fiel der Gewalt in seiner Heimat zum Opfer. Die eigenen Kampfgenossen beschuldigten ihn, ein Spitzel zu sein, und brachten ihn um.

Staatsname:	Republik El Salvador
Amtssprache:	Spanisch
Einwohner:	5,5 Millionen
Fläche:	21 041 km²
Hauptstadt:	San Salvador
Staatsform:	Präsidiale Republik
Kfz-Zeichen:	ES
Zeitzone:	MEZ −7 Std.
Geogr. Lage:	Westküste Mittelamerikas, begrenzt von Guatemala und Honduras

Die Erwachsenen in El Salvador haben die Hoffnung auf ein Ende des Krieges fast aufgegeben. Aber der Satz auf dem T-Shirt des kleinen Mädchens »We are the world« mahnt eindrucksvoll den Anspruch auf eine friedliche Zukunft an.

Reichtum hinter Mauern und Stacheldraht

Die Fassaden im Stadtviertel San Benito in der Hauptstadt San Salvador gleichen sich alle: drei bis vier Meter hohe Wände, darüber Stacheldraht. Starke Scheinwerfer lassen auch nachts keinen Schatten zu. Neben schweren Eisentoren lugen Uniformierte durch Sehschlitze. Die Tore öffnen sich nur auf Knopfdruck. Wächter mit abgesägten Schrotflinten behalten die Straße im Auge, während schwere Personenwagen vom Typ Cherokee Chief mit dunkel getönten, gepanzerten Fensterscheiben durchgelassen werden.

Hinter den Mauern verbergen sich die Reichen und Wohlhabenden El Salvadors. Sie leben in prunkvollen Villen, die oft nur der Zweitwohnsitz ihrer Besitzer sind. Der Hauptwohnsitz liegt in Miami, Los Angeles oder New Orleans. Dorthin haben sich auch die sogenannten 14 Familien zurückgezogen, jene salvadorianische Oligarchie von Großgrundbesitzern, der mehr als die Hälfte des bebaubaren Landes in El Salvador gehört.

Aber nicht nur die meterhohen Schutzmauern erinnern an den Bürgerkrieg, der seit 1979 in dem kleinsten und dazu am dichtesten besiedelten Land Zentralamerikas wütet und schon mindestens 80 000 Menschen das Leben gekostet hat. Tag für Tag knattern Hubschrauber über das Reichenviertel San Benito hinweg – im Anflug auf den schwerbewachten Generalstab oder das Militärkrankenhaus im Stadtzentrum. Überall findet man Spuren des Krieges.

ein paar Hunde streunen durch den Ort. 200 Familien leben heute in Tenancingo. Vor sieben Jahren war es noch Heimat für 10 000 Menschen.

Sie flohen vor dem Krieg. Ende September 1983 bombardierte die salvadorianische Luftwaffe den Dorfkern, nachdem Tenancingo von der linksgerichteten Guerillabewegung FMLN besetzt worden war. Die Bilanz: 40 tote Zivilisten und über hundert Verletzte. Die wenigen Bewohner, die jetzt wieder in Tenancingo leben, kehrten im Rahmen eines Projekts der katholischen Kirche zurück. Armee und Guerilla verpflichteten sich, das Dorf als eine Art »entmilitarisierte Zone« zu respektieren.

▷ *Bittere Realität aus dem Kriegsalltag von El Salvador: Befreiungsfront FMLN im Bergland von Morazán nahe der Grenze zu Honduras. In der FMLN haben sich 1980 fünf revolutionäre Guerilla-Organisationen zusammengeschlossen, die sich seitdem einen erbitterten Kleinkrieg mit den Streitkräften El Salvadors liefern.*

▽ *Stacheldraht und Straßengraben – alltägliche Umwelt für viele Menschen in San Salvador.*

Die Narben des Krieges sind im ganzen Land zu sehen: Kriegsversehrte, Einschüsse an Häusern, niedergebrannte Zuckerrohr- und Baumwollplantagen, gesprengte Brücken. Auch die Kathedrale im Zentrum der Hauptstadt San Salvador weist Kriegsspuren auf. In dem seit 1979 unverändert halbfertigen Rohbau liegt links neben dem Altar das Grab von Erzbischof Oscar Arnulfo Romero. Im Volksmund heißt er schlicht Monsignore der Armen. Die Bewunderung, die ihm entgegengebracht wird, grenzt an Heiligenverehrung. Das Grab aus grauem Beton ist mit kleinen Devotionalientafeln geradezu übersät. Die Inschriften unterscheiden sich kaum: »Monsignore, wir danken Dir für das Wunder,

Elend unter Bombenhagel und Granaten

Szenenwechsel: Tenancingo, rund 45 Kilometer östlich der Hauptstadt. Das Dorf liegt eingebettet zwischen sich sanft wellenden, von Kaffeesträuchern bewachsenen Hügeln. Auf einigen Straßen sprießt zwischen dem Kopfsteinpflaster das Unkraut. Nur aus wenigen Häusern schallt Kinderlärm,

Trotzdem rattern auch über Tenancingo die olivgrün gestrichenen Hubschrauber. Im Tiefflug bringen sie Nachschub zu Stellungen der Armee in der Umgebung des Ortes. Hin und wieder sind auch die Einschläge schwerer Artillerie zu hören, und kaum ein Tag vergeht, an dem durch die Straßen von Tenancingo nicht der dumpfe Schall von Bombardements dröhnt, wenn die gefürchteten A 37, die »Dragonfly«-Sturzkampfbomber der Luftwaffe, ihre Angriffe fliegen.

das Du uns bereitet hast.« Die Mütter von Verschwundenen wenden sich an ihn, wenn es kaum noch Hoffnung gibt, ihre Söhne in den Gefängnissen des Landes zu finden. Die Frauen von verwundeten Soldaten beten an seinem Grab um die Gesundung ihrer Männer.

Oscar Arnulfo Romero wurde im März 1980 während eines Gottesdienstes von einem gedungenen Killer mit einem einzigen Schuß ermordet. Wie kein anderer Kirchenfürst hatte sich der kleine, schmächtige Mann zum Fürsprecher der Armen in El Salvador gemacht. Der Geistliche ließ mit seinen Plädoyers für sozialen Wandel jene zittern, die ihren Reichtum nicht teilen wollten.

So wunderte es kaum jemanden, daß aus diesen Kreisen die Mörder kamen. 1987 legte der Fahrer des Killertrupps gegen Zusicherung freien Geleits ein Geständnis ab: Er hatte einen Hauptmann Sanabria zusammen mit einem gedungenen Mörder zu der Kapelle gebracht, in der Romero erschossen wurde. Nach vollendeter Tat ging die Fahrt zum Haus von Major Roberto D'Aubuisson, einem früheren Mitglied des salvadorianischen Geheimdienstes. Der Offizier soll erschreckt auf die Nachricht reagiert haben: »Ihr hättet das noch nicht tun sollen.« Die Antwort seines Gefolgsmanns: »Wir haben ausgeführt, was Sie befohlen haben.«

Krieg als Alltag

Major D'Aubuisson gehört für die rechtsextreme Partei Arena dem salvadorianischen Parlament an. Die Partei finanziert sich aus den Geldern jener 14 Sippen, die glauben, auch ohne soziale Veränderungen wieder Ruhe ins Land bringen zu können – so, wie das 1932 gelungen war. Damals hatten die Streitkräfte und Privatarmeen der Großgrundbesitzer innerhalb eines Monats einen Bauernaufstand niedergeschlagen. Die Matanza, das »Gemetzel«, wie die damaligen Ereignisse noch heute in El Salvador genannt werden, hatte 30000 Tote gefordert. Auch der Anführer der Bauern, Farabundo Marti, war dabei umgekommen.

Farabundo Marti ist das Vorbild, auf das sich heute die linksgerichtete Guerilla beruft. Ihr Kürzel FMLN steht für Nationale Befreiungsfront Farabundo Marti. Die etwa 10000 Guerillakämpfer halten noch immer einer modern ausgerüsteten, 52000 Mann starken Armee stand. Trotz aller Verhandlungsansätze ist immer noch kein Ende des Bürgerkrieges abzusehen.

Die Guerilleros haben sich Schlupfwinkel in den 2182 Meter hohen Vulkan Chinchontepec bei der Stadt San Vicente gegraben, der sich mit seinem Doppelgipfel über den auf Meereshöhe liegenden, flachen Baumwollplantagen erhebt. Sie sitzen auch im Vulkanmassiv Guazapa, das mit seinen fast 2000 Metern drohend vor den Toren der Hauptstadt steht. Die von steilen Bergen durchzogenen Provinzen Chalatenango und Morazán gehören ebenfalls den Muchachos, wie die Guerilleros häufig genannt werden.

Krieg als Alltag, das heißt nicht nur Tote und Verletzte. Die Guerilla-Organisation kontrolliert fast ein Drittel des salvadorianischen Territoriums.

Die Menschen in diesen Gebieten leben vom Ackerbau – und das ist in den unwirtlichen Gegenden von Morazán und Chalatenango ohnehin hart genug. Hinzu kommt, daß die Streitkräfte immer wieder versuchen, die Felder niederzubrennen, um den Bewohnern der Guerilla-Gebiete die Existenzgrundlage zu entziehen. Die Menschen dort leisten angesichts dieser Probleme nahezu Übermenschliches. Unverzagt, schier unermüdlich, bauen sie immer wieder auf, fangen sie wieder von vorne an...

Geschäftstüchtigkeit und ein kopfloser Erlöser

Dies ist ein Charakterzug, der allen Salvadorianern eigen zu sein scheint und für den sie in Mittelamerika nicht nur berühmt, sondern auch ein wenig berüchtigt sind. Die Geschäftstüchtigkeit der Salvadorianer hatte auch schon böse Folgen: Der sogenannte Fußballkrieg mit dem Nachbarland Honduras im Jahr 1969 gehört dazu. Auslöser dieser knapp einwöchigen Auseinandersetzung war die Niederlage der honduranischen Nationalmannschaft gegen das salvadorianische Team bei den Qualifikationsspielen für die Fußballweltmeisterschaft in Mexiko. Die Ursache aber ist eher in angestautem Neid zu suchen: Viele Salvadorianer hatten sich in Honduras niedergelassen und gerade in den Grenzgebieten die einheimischen Honduraner wirtschaftlich überflügelt.

Aber wäre da nicht die Geschäftstüchtigkeit und die Eigeninitiative der Salvadorianer, stünde es beispielsweise heute noch schlimmer um die Opfer des Erdbebens vom Oktober 1986. Das Beben, das den Wert 6,2 auf der Richterskala erreichte, legte zwei Drittel der Armenviertel in der Hauptstadt San Salvador in Schutt und Asche. Über 1000 Menschen starben.

Der damalige christdemokratische Präsident José Napoleón Duarte und seine Führungsmannschaft waren überfordert, wie so häufig Regierungen in der Dritten Welt nach Naturkatastrophen versagen. Es waren die Opfer selbst, die innerhalb weniger Tage den Schutt beiseite räumten, Notkomitees gründeten, Hilfsmaterial besorgten.

Die Spuren des Erdbebens werden die Hauptstadt noch lange zeichnen. Die jungen Leute aus den Nobelvierteln jedoch werden weiter zwischen dem Strand von Miami in den USA und dem von La Libertad in ihrem Heimatland tingeln. Die meisten Menschen in El Salvador haben längst alle Hoffnung auf ein Ende des Krieges aufgegeben. El Salvador heißt »Der Erretter« oder »Der Erlöser«. Die Stadtväter der Hauptstadt ließen vor Jahrzehnten sogar eine Statue errichten, die den Namen El Salvador del Mundo – »Der Erlöser der Welt« – trägt. Beim Erdbeben im Jahr 1986 verlor die Christusfigur ihren Kopf. Für viele Bewohner El Salvadors war das mehr als ein Zufall.

▽ *Nirgendwo sonst ist die Erde so unruhig wie in El Salvador. Doch üppiges Grün gedeiht rund um die Vulkane – wie hier am Izalco, einem der 14 meist noch aktiven Feuerberge des Landes. Und auch die reichen Kaffee-Ernten verdankt das Land seinen fruchtbaren vulkanischen Böden.*

El Salvador — Daten · Fakten · Reisetips

Landesnatur

Fläche: 21 041 km² (etwa halb so groß wie die Schweiz)
Ausdehnung: West–Ost 250 km, Nord–Süd 100 km
Küstenlänge: 270 km
Höchster Berg: Monte Cristo 2418 m
Längster Fluß: Río Lempa 320 km
Größter See: Lago de Ilopango 104 km²

El Salvador, der kleinste Staat Zentralamerikas, erstreckt sich an der Pazifikseite der Landbrücke zwischen Nord- und Südamerika. Es ist das einzige mittelamerikanische Land ohne Zugang zum Karibischen Meer.

Naturraum

El Salvador besteht überwiegend aus Hügel- und Gebirgsland, das vulkanischen Ursprungs ist. Der Küstenstreifen im Süden ist schmal, nur im Mittelabschnitt wird er bis zu 25 km breit. Dahinter erhebt sich die Küstengebirgskette mit teilweise noch tätigen Kegelvulkanen, darunter Santa Ana (2385 m), San Salvador (1967 m), San Vicente (2173 m) und San Miguel (2130 m). Hier liegt, östlich der Hauptstadt San Salvador, in einem eingebrochenen Kessel auch der größte See des Landes, der 250 m tiefe Lago de Ilopango. Nach Norden schließt sich das 400–1000 m ü. M. gelegene Binnenhochland an, das durch die Talsenke des Río Lempa und durch Hochtäler unterbrochen wird. Im äußersten Nordwesten, im Grenzbereich zu Honduras, hat das Land Anteil an der zentralen Grundgebirgskette (»El Pital«) der mittelamerikanischen Landbrücke mit dem 2418 m hohen Monte Cristo. Nach Südosten zu öffnet sich das Hochland zum Golf von Fonseca. Erdbeben richten in El Salvador immer wieder große Schäden an.

Klima

Das Klima ist tropisch-wechselfeucht mit geringen monatlichen Temperaturschwankungen. Das Jahresmittel von San Salvador (685 m ü. M.) beträgt 25 °C, die mittleren täglichen Höchst- und Tiefstwerte liegen bei 32 °C bzw. 18 °C.
In der Regenzeit (Mai bis Oktober) fallen im allgemeinen an der Küste und im mittleren Hochland zwischen 1500 und 2000 mm Niederschlag, im Gebirge bis 2500 mm. Die innertropischen Niederschläge schwanken allerdings bisweilen beträchtlich. Dezember bis März sind ausgesprochen trockene Monate.

Vegetation und Tierwelt

Die ursprüngliche tropische Vegetation ist nahezu vernichtet; Kulturpflanzen oder sekundäre (nachgewachsene) Wildvegetation herrschen heute vor. Nur in den höheren Lagen wachsen noch Berg- und Nebelwälder. Im Küstenbereich gibt es Niederungswälder, Kalebassenbaum-Savanne oder Mangroven.
El Salvador hat aufgrund der Landkultivierung keine sehr reiche Tierwelt. Verbreitet sind Kleinbären, Nagetiere, Leguane und viele Vogelarten; die Binnen- und Küstengewässer sind sehr fischreich.

Politisches System

Staatsname: República de El Salvador
Staats- und Regierungsform: Präsidiale Republik
Hauptstadt: San Salvador
Mitgliedschaft: UN, OAS, ODECA, MCCA, SELA, GATT

1983 trat eine neue Verfassung in Kraft: Sie war Voraussetzung für den inzwischen eingeleiteten vorsichtigen Demokratisierungsprozeß. An der Staatsspitze steht der Präsident, der zugleich Regierungschef ist. Er wird für fünf Jahre, ohne Möglichkeit der Wiederwahl, direkt gewählt. Legislative ist die »Asamblea Nacional Legislativa«, deren 60 Mitglieder für drei Jahre direkt gewählt werden. Abgeordnetenhaus, Präsident und Oberster Gerichtshof können Gesetze vorschlagen. Das Land ist in 14 Bezirke (Departamentos) mit 262 Großgemeinden (Municipios) aufgeteilt.
Die Rechtsprechung ist in drei Instanzen gegliedert: die höchste ist der Oberste Gerichtshof, zugleich das Verfassungsgericht; ihm nachgeordnet sind die Gerichte der zweiten Instanz und die erstinstanzlichen Amtsgerichte.

Erdbeben machen auch vor den Häusern der Reichen nicht halt: ein Bild vom großen Beben 1986.

Bevölkerung

Einwohnerzahl: 5,5 Millionen
Bevölkerungsdichte: 260 Einw./km²
Bevölkerungszunahme: 3,2 % im Jahr
Auswanderungsquote: 1 % im Jahr
Größte Städte: San Salvador (460 000 Einw.), Santa Ana (140 000), Mejicanos (92 000), San Miguel (90 000)
Bevölkerungsgruppen: 92 % Mestizen, 6 % Indianer, 2 % Weiße

El Salvador ist der am dichtesten besiedelte Staat Mittelamerikas; fast die Hälfte der Bevölkerung ist jünger als 15 Jahre. Da die Unterscheidung zwischen Mestizen, sog. »Ladinos«, und Indianern eher nach kulturellen als nach ethnischen Merkmalen erfolgt, sind die Übergänge fließend. Die Weißen, meist altspanischer Abstammung, stellen nur noch eine kleine Minderheit dar.
Allgemeine Landessprache ist Spanisch; die indianischen Dialekte sind im wesentlichen der Nahua-Sprachgruppe zuzurechnen.
95 % der Salvadorianer gehören der römisch-katholischen Kirche an; daneben gibt es protestantische und jüdische Minderheiten.

Soziale Lage und Bildung

Die Lebensumstände der Bevölkerung sind trostlos: Bürgerkrieg, Unterernährung, verkrustete Sozialstrukturen und extreme Arbeitslosigkeit (über 30 %) zwingen seit Jahren zu verstärkter Auswanderung (Honduras, USA). Durch die Sozialgesetzgebung werden nur etwa 10 % der Bevölkerung abgesichert. Die medizinische Versorgung wurde in den Städten verbessert, auf dem Land ist sie unzureichend.
Allgemeine Schulpflicht besteht zwischen dem 6. und 14. Lebensjahr; die Analphabetenrate wird auf 25 % geschätzt. In der Hauptstadt gibt es eine private und eine staatliche Universität, letztere mit Zweigfakultäten in den Provinzstädten.

Wirtschaft

Währung: 1 El Salvador-Colón (¢) = 100 Centavos
Bruttoinlandsprodukt (in Anteilen): Land- und Forstwirtschaft 20 %, Industrie 21 %, Dienstleistungen 59 %
Wichtigste Handelspartner: USA, Guatemala, Costa Rica, Venezuela, Japan, EG-Staaten

Der bedeutendste Wirtschaftsbereich ist die Landwirtschaft mit fast der Hälfte der Beschäftigten und einem Anteil von etwa 75 % am Gesamtexport. Wichtigstes Agrarprodukt ist der Kaffee. Der Verfall der Kaffeepreise, der anhaltende Bürgerkrieg und schwere Erdbeben haben die wirtschaftliche Entwicklung des Landes in den letzten Jahren stark erschüttert. Auslandshilfe in großem Umfang, vor allem aus den USA, ist unerläßlich.

Landwirtschaft

Auf Plantagen in 400–1600 m Höhe wächst der Hauptexportgut Kaffee. Unterhalb dieser Zone werden Baumwolle, Zuckerrohr und Sisal vorwiegend für den Export, Mais, Hirse, Reis, Bohnen, Sesam, Kürbisse, Tomaten und tropische Früchte für den Binnenmarkt angebaut. El Salvador verfügt nach jahrelangem Raubbau nur noch in geringem Umfang über nutzbare Holzbestände (u. a. Balsa). Die Viehzucht kann den Fleischbedarf des Landes nicht decken. Die Küstenfischerei ist auf Hummer- und Krabbenfang für den Export spezialisiert.

Bodenschätze, Energieversorgung, Industrie

Die Förderung von Gold und Silber ist heute unerheblich. Erdölbohrungen an der Pazifikküste waren bisher erfolglos. Die Energie wird vor allem aus Wasserkraft gewonnen.
El Salvador gehört zu den am stärksten industrialisierten Ländern Mittelamerikas. Es werden hauptsächlich heimische Rohstoffe weiterverarbeitet. Einige Branchen, wie die Metall- und chemische Industrie, veredeln importierte Roh- und Halbwaren.

Handel

Wichtigste Ausfuhrgüter sind Kaffee, Baumwolle, Textilien, Zucker, Sisalhanf und Perubalsam. Eingeführt werden Maschinen, Fahrzeuge, Lebensmittel, Erdöl, Düngemittel und Bauholz.

Verkehr, Tourismus

Das Straßennetz umfaßt rund 13 000 km (mit 317 km »Panamerican Highway«). Davon sind etwa 10 000 km ganzjährig befahrbar. Internationaler Flughafen ist Cuscatlán an der Küste.
Der Tourismus spielt im Wirtschaftsleben des Landes kaum eine Rolle.

Trotz Krieg wird weiter angebaut: Baumwolle, in Säcke verpackt.

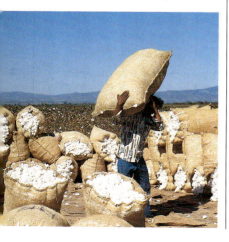

Daten · Fakten · Reisetips — El Salvador

Geschichte

Pedro de Alvarado (1485–1541), ein Unterführer von Hernán Cortés, eroberte 1524/25 das Land für die spanische Krone. 1525 gründete er in Erinnerung an seinen am Vorabend des Fronleichnamsfestes errungenen Sieg die Stadt San Salvador (Stadt des Erlösers), die spätere Hauptstadt des Landes.
Ab 1527 verwaltungsmäßig dem Generalkapitanat Guatemala zugeteilt, gehörte das Land bis 1821 ohne Unterbrechung zu Spanien. Als am 15. September 1821 Guatemala seine Unabhängigkeit von Spanien erklärte, schloß sich auch El Salvador an. Zunächst mußte sich das Land der drohenden mexikanischen Hegemonie erwehren. Dann gehörte es der von 1823 bis 1838/39 bestehenden Zentralamerikanischen Föderation an, deren Hauptstadt San Salvador wurde. Am 20. Januar 1841 erklärte es sich provisorisch zur »Republik von El Salvador«. Durch den 1840 einsetzenden Anbau von Kaffee vollzog sich ein wirtschaftlicher Strukturwandel, der auch kleineren und mittleren Betrieben eine Überlebenschance bot. Im Jahre 1859 wurde El Salvador endgültig Republik.
Die folgenden knapp 40 Jahre waren von ständigen Machtwechseln zwischen Konservativen und Liberalen bestimmt. Nach der Revolution von 1898 stabilisierte sich die innenpolitische Lage: Acht Präsidenten lösten einander ohne größere Revolten ab.
1931 begann mit dem Putsch gegen den Präsidenten Arturo Aranjo die Zeit der Militärdiktaturen; General Maximiliano Hernández Martínez herrschte bis 1944 und wurde durch seine finanz- und wirtschaftspolitischen Maßnahmen zum eigentlichen Schöpfer des modernen El Salvador. Bis 1967 wechselte eine Offiziersjunta die andere ab.

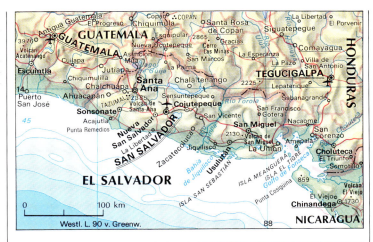

»Fußballkrieg« und Bürgerkrieg

Am 1. Juli 1967 kam Oberst Fidel Sánchez Hernández an die Macht. Unter seiner Präsidentschaft entluden sich 1969 die Spannungen zwischen El Salvador und Honduras im sog. »Fußballkrieg«. Bei den Ausscheidungsspielen zwischen beiden Ländern um die Teilnahme an der Fußballweltmeisterschaft kam es zu Zusammenstößen, in deren Verlauf am 14. Juli 1969 salvadorianisches Militär in Honduras eindrang. Auf Ersuchen der OAS (Organisation Amerikanischer Staaten) zog El Salvador seine Truppen zwar zurück, geriet aber in der Folge in außenpolitische Isolation; erst 1980 kam es zum offiziellen Friedensschluß zwischen beiden Ländern.
Die wachsenden innenpolitischen Probleme lösten einen Bürgerkrieg aus, der von links- und rechtsextremen paramilitärischen Gruppen sowie den Regierungstruppen mit äußerster Brutalität geführt wird und seit 1979 mindestens 80 000 Tote gefordert hat. Weder unter José Napoleón Duarte (1984–1989) noch unter seinem Nachfolger, Alfredo Cristiani von der rechtsextremen ARENA-Partei, ist es zu erfolgversprechenden Friedensgesprächen mit der Befreiungsbewegung Farabundo Marti gekommen, da alle Bürgerkriegsparteien unerfüllbare Vorbedingungen damit verknüpften.

Die mobile Betreuung hilft aus, wo die medizinische Versorgung auf dem Land nicht ausreicht.

Kultur

Älteste Keramikfunde im Gebiet von Chalchuapa stammen aus der Zeit um 1500 v. Chr., die dortigen Erdpyramiden dürften etwa 500 v. Chr. entstanden sein. Um 100 n. Chr. vertrieb ein Erdbeben die Bewohner dieser Region und derjenigen von Quelepa nach Honduras und Guatemala, dem Stammgebiet der Maya. Dort gründeten sie vermutlich Copán, das zwischen 400 und 800 ein bedeutendes Kultzentrum der Maya war. An der Tempelpyramide von Tazumal bei Chalchuapa ist erkennbar, daß von Copán aus die weitere kulturelle Entwicklung El Salvadors beeinflußt wurde.
Im Gebiet von Usulután, im Südosten des Landes, wurden Keramiken gefunden, die auf hellem Grund dunkle Muster zeigen. Sie stammen aus der Zeit vor 300 n. Chr. (vorklassische Periode) und waren auch in Guatemala bekannt.
Um 1400 kamen die Pipiles, ein zu den Nahua gehörender Indianerstamm, nach El Salvador (Cuscutlán, Acajutla) und brachten eine kunstvolle, mexikanisch beeinflußte Keramik mit. Ihre Nachfahren, die Pancho-Indianer von Panchinalco, haben noch viel von den alten Traditionen und Bräuchen bewahrt. Auf den zahlreichen Festen, die meist aus religiösen Anlässen gefeiert werden, mischen sich bis heute indianisches und kreolisches Erbe mit spanischen Elementen. Die meisten Sakral- und Profanbauten der spanischen Kolonialzeit wurden durch die vielen Erdbeben beschädigt oder ganz zerstört, so daß heute einfache Funktionsbauten überwiegen.
Im Kunstschaffen des Landes ist vor allem die Literatur von Bedeutung. Isaac Ruíz Araujo (1850–1881) und Juan J. Cañas (1826–1918) werden der in El Salvador heute noch sehr populären Romantik zugerechnet. Der Lyriker und Epiker Francisco Gavidia (1863–1955) beeinflußte den großen Vertreter des Modernismo aus Nicaragua, Rubén Darío.
Das Musikleben des Landes wird durch indianische und spanische Traditionen geprägt.

Reise-Informationen

Einreise- und Fahrzeugpapiere
Bürger der Bundesrepublik Deutschland, der Schweiz und Österreichs benötigen für einen Aufenthalt bis zu 90 Tagen einen gültigen Reisepaß bzw. Kinderausweis.
Als Fahrerlaubnis ist der internationale Führerschein erforderlich.
Zoll
Bei der Einreise sind zollfrei: pro Person ab 18 Jahre 100 Zigarren oder 600 Zigaretten oder 1 kg Tabak, zwei Flaschen alkoholische Getränke, eine angemessene Menge Parfüm und andere Artikel bis zum Gegenwert von 100 US-$.
Devisen
El Salvador-Colón (¢) dürfen unbeschränkt ein- und ausgeführt werden. Die Einfuhr von Fremdwährung ist unbegrenzt (Deklaration empfehlenswert). US-Dollars (Reiseschecks) werden umgetauscht, teils sogar als Zahlungsmittel akzeptiert.
Impfungen
Für Reisende, die aus Infektionsgebieten einreisen, ist Gelbfieberimpfung vorgeschrieben. Malariaschutz ist ganzjährig für das gesamte Land notwendig. Erhöhtes Risiko besteht in Gebieten unter 600 m Höhe während der Regenzeit.
Verkehrsverhältnisse
Es gibt ein dichtes Busnetz und einige wichtige Eisenbahnlinien. Das Mieten von Leihwagen und Taxis ist möglich. Im Landesinnern besteht kein Flugverkehr.
Unterkünfte
San Salvador verfügt über erstklassige Hotels.
Reisezeit
Am besten reist man von November bis Februar ins tropische El Salvador. Die Regenzeit dauert von Mai bis Oktober.

Der seit 1979 herrschende Bürgerkrieg zwingt in den Flüchtlingslagern zur Improvisation.

Französisch-

Ulrich Stewen

Legt man das Pro-Kopf-Einkommen der Einwohner zugrunde, dann gehört Französisch-Guayana zu den wohlhabendsten Ländern Südamerikas. Das mag überraschen, denn die Wirtschaft des Landes hat dem Weltmarkt so gut wie nichts zu bieten und importiert fast alles, was die verwöhnte Hauptstadt Cayenne und die versprengten Gemeinden benötigen. Die ehemalige Strafkolonie lebt am langen Arm Frankreichs. Und sie lebt fürstlich, weil sich Paris seinen überseeischen Stützpunkt für Militär und Wissenschaft einiges kosten läßt. Verwaltungsangestellte aus dem Mutterland erhalten von der Regierung stattliche Härtezulagen für einen Einsatz in Cayenne. Aus dem Tombeau de l'homme blanc, dem »Grab des weißen Mannes«, ist eine Luxuskolonie geworden, von deren Boden aus sich Europa seine Weltraumträume erfüllt.

Amtl. Name:	Departement Guayana
Amtssprache:	Französisch
Einwohner:	90 000
Fläche:	91 000 km²
Hauptstadt:	Cayenne
Polit. Status:	Französisches Übersee-Departement
Kfz-Zeichen:	F
Zeitzone:	MEZ − 4 Std.
Geogr. Lage:	Nordküste Südamerikas, begrenzt von Suriname und Brasilien

Guayana

Undurchdringliche Mangrovesümpfe säumen einen Teil der Küste von Französisch-Guayana – für Kaimane der ideale Lebensraum.

Strafkolonie in der »grünen Hölle«

Freiwillig sind nur wenige Europäer in dieses schweißtreibende Stückchen Erde gekommen. Anfangs waren es vor allem französische Kaufleute, die sich an der südamerikanischen Nordostküste niederließen und hier 1637 die Stadt Cayenne gründeten. Nachdem 1713 im Frieden von Utrecht die Vorherrschaft Frankreichs vertraglich gesichert worden war, gehörten Lothringer, Elsässer, Pfälzer und Badener zu den ersten, die es in die unwegsamen Urwaldgebiete des Landesinnern verschlug. Doch von den 10 000 Angeworbenen, die man mit falschen Versprechungen angelockt hatte, überlebten in der »grünen Hölle« gerade 2000 – die anderen waren innerhalb weniger Jahre von Seuchen, vom Sumpffieber oder von dem mörderischen Klima dahingerafft worden.

Noch schlimmer war das Schicksal jener Zehntausende von Unglückseligen, die die französische Justiz später hierher verbannte: Raubmörder und rückfällige Taschendiebe, aber auch politisch Mißliebige und völlig Unschuldige wurden an den Piers von Saint-Laurent aus Käfigschiffen geladen, die mehrmals im Jahr Nachschub ins »Bagno« brachten.

Bagno, so nannte man die Gefängnisse für Galeerensträflinge in den Hafenstädten Frankreichs. Als die Zeit der Galeeren vorbei war, wurden die Gefangenen in die Strafkolonie geschickt – in die Bagnos Guayanas. Nur wenige der Verurteilten hatten das Glück, ihre Heimat wiederzusehen – ihre Lebenserwartung war gering. Und kaum einer besaß so einflußreiche Fürsprecher wie jener Hauptmann Alfred Dreyfus, den 1894 ein Justizskandal auf die Ile du Diable, die Teufelsinsel, brachte, bis vor allem Emile Zola öffentlich gegen das Urteil Anklage erhob und der Verleumdete 1899 begnadigt wurde.

Inzwischen hat der tropische Regenwald die Gefängnismauern und Käfige überwuchert. Doch seit die Touristikindustrie das Bagno entdeckt hat, kann man die stillen und doch so beredten Zeugnisse jener Epoche auf der Ile Royale, einer der ehemaligen Gefangenen-Inseln, besichtigen – sie lassen den Reisenden auch heute noch erschauern.

Sprung in die Moderne

Ob die europäischen Techniker, die vom internationalen Flughafen Cayenne-Rochambeau auf der Route Nationale 1 ins Raumfahrtzentrum von Kourou fahren, wissen, daß beim Bau dieser Straße mehrere tausend Häftlinge ihr Leben lassen mußten? Die Erinnerung an die Barbarei jener Tage verblaßt angesichts der zivilisatorischen Großtat, den Weltraum zu erobern. In Kourou, dessen europäisches Getto von Paris finanziell reichlich bedacht wird, befindet sich die Abschußrampe für die Ariane-Raketen, die mit wechselndem Erfolg Nachrichtensatelliten in den Erdumlauf tragen.

Die 7000 Kilometer von Europa entfernte High-Tech-Enklave ist den Befürwortern der Unabhängigkeit des Landes ein Dorn im Auge. Die durch ein großes Aufgebot an Fremdenlegionären geschützten Anlagen er-

△ *Aus dem Urwald ins All. Der Weltraumbahnhof Kourou liegt in Äquatornähe. Von dort aus erreichen die Satelliten schneller ihre Umlaufbahn, weil die Raketen weniger Schub benötigen.*

▷ *Urwaldriesen erreichen ihre Standfestigkeit oft durch Brettwurzeln – seitlich zusammengedrückte Wurzeln, die sich wie die Stützpfeiler einer Kathedrale am Stamm der Bäume bis zu zehn Meter Höhe hinaufziehen.*

scheinen ihnen als »rassistischer Tumor im Körper Guayanas«. Doch eine Loslösung von Frankreich steht für die Mehrheit der Bevölkerung nicht zur Debatte, obwohl die regierende Sozialistische Partei die Autonomie des Landes auf ihre Fahnen geschrieben hat.

Kaum noch eine Stimme besitzen heute die Nachkommen der Ureinwohner des Territoriums, die Indianer. Eingeschleppte Krankheiten vor allem haben ihre Zahl seit der Inbesitznahme des Landes durch die Weißen drastisch verringert. In den verschiedenen Teilen des Landes leben insgesamt nur noch rund 1500 Indianer: die Galibis im Nordwesten, die Racouyennes am Oberlauf des Maroni-Flusses, die Palikours, Oyampis und Emerillon an den Ufern des Oyapock-Flusses im Osten sowie die Arawak, die heute als Holzfäller in der Region Cayenne arbeiten.

Am Mittellauf des Maroni und im Mündungsgebiet des Oyapock leben in kleinen Gruppen Buschneger, die Nachfahren afrikanischer Sklaven, die im 18. Jahrhundert aus dem heutigen Suriname geflohen waren und ihre afrikanische Identität in der Isolation großenteils bewahren konnten. Jagd und Fischfang bilden die wirtschaftliche Grundlage ihrer weitgehenden Eigenständigkeit.

Neben den französischen Zuwanderern haben sich »Fremde« aus Brasilien, von den Kleinen Antillen und aus Haiti, aber auch Flüchtlinge aus Indochina hier niedergelassen. Sie bilden heute bald ein Viertel der Gesamtbevölkerung, die zum anderen Teil aus Kreolen und Schwarzen besteht. Die politischen Wirren im Nachbarland Suriname haben zudem weit über 10 000 Flüchtlinge nach Französisch-Guayana gebracht. Viele der Einwanderer sind in der Landwirtschaft tätig – sie bauen Reis, Mais und Bananen für den heimischen Markt an. Der größte Teil der Nahrungsmittel muß jedoch eingeführt werden, denn nicht einmal ein Prozent der Landesfläche wird landwirtschaftlich genutzt.

Brachliegende Ressourcen im Regenwald

Neun Zehntel Französisch-Guayanas sind von dichtem tropischem Regenwald bedeckt. Der fast menschenleere, undurchdringliche und nahezu unerschlossene Urwald bietet zahllosen Tierarten eine geschützte Heimstatt.

Die Forstwirtschaft steckt noch in den Anfängen. Der Wegebau für den Abtransport der Stämme über weite Strecken erfordert einen finanziellen Aufwand, der bislang in keinem Verhältnis zu den möglichen Einnahmen steht. So gibt es nur eine Handvoll Sägewerke, die das Rückgrat der Industrie des Landes bilden. Dennoch zählen Hölzer zu den Hauptexportprodukten.

Garnelen sind ein weiteres wichtiges Ausfuhrprodukt. Die Fischereiflotte befindet sich jedoch überwiegend in US-amerikanischer und japanischer Hand. So lebt das Übersee-Departement hauptsächlich von französischer Finanzhilfe, mit der die geringe Wirtschaftskraft aufgefangen, die Lücke in der Handelsbilanz gestopft, die Rechnung für Nahrungsmittel und andere Einfuhrgüter beglichen wird. Den Mangel an Arbeitsplätzen und die damit einhergehende hohe Arbeitslosigkeit von weit über 30 Prozent der erwerbsfähigen Bevölkerung gleicht Paris mit Sozialhilfen und durch das Ventil der Auswanderung ins Mutterland aus. Damit erkauft sich die französische Regierung das Privileg, auf dem südamerikanischen Halbkontinent weitgehend unangefochten eine Kolonie bewahren zu können.

Daten · Fakten · Reisetips — Französisch-Guayana

Landesnatur

Fläche: 91 000 km²
Ausdehnung: Nord–Süd 380 km, West–Ost 300 km
Höchster Berg: Mitaraca 690 m
Längster Fluß: Maroni (Marowjine) 720 km (mit Lawa und Litani)

Französisch-Guayana ist das kleinste der drei Guayana-Länder an der Atlantikküste und zugleich das kleinste Land Südamerikas.
An die 15–40 km breite Küstenebene schließt sich nach Süden hin die Mittelgebirgslandschaft des alten Guayanaschilds an. Dem mittleren Küstenabschnitt sind in 10 km Entfernung die Iles du Salut vorgelagert.
Es herrscht ein feucht-heißes, tropisches Klima. Niederschläge fallen von Dezember bis Juli. Die monatlichen Mitteltemperaturen liegen bei 27 °C. Etwa 90 % des Landes ist mit dichtem immergrünem Regenwald bedeckt. In den Küstenebenen gibt es Savannen, an der Küste z. T. breite Mangrovesümpfe. Zur reichen Tierwelt gehören Kaimane, viele Vogelarten (bes. Papageien), Schlangen, Affen, Jaguare, Ozelote, Tapire und Nabelschweine.

Politisches System

Amtl. Name: Département Guayana
Politischer Status: Französisches Übersee-Departement
Hauptstadt/Verwaltungssitz: Cayenne

Französisch-Guayana ist als Übersee-Departement (Département d'Outre Mer; DOM) Teil der Republik Frankreich. Die Verwaltung obliegt einem dem französischen Innenministerium unterstellten Präfekten. Selbstverwaltungsorgane sind der Generalrat (Conseil Général) mit 16 und der Regionalrat mit 31 Mitgliedern.
Das Gerichtswesen ist dem französischen angegliedert.

Bevölkerung

Einwohnerzahl: 90 000
Bevölkerungsdichte: 1 Einw./km²
Bevölkerungszunahme: 3,4 % im Jahr
Größte Städte: Cayenne (40 000 Einw.), Kourou (10 000)
Bevölkerungsgruppen: 50 % Mulatten (Kreolen), 30 % Schwarze, 10 % Weiße, 10 % Asiaten, Buschneger, Indianer

Die Bevölkerung besteht zu 80 % aus Nachkommen ehemaliger Sklaven. Eine Sondergruppe bilden die etwa 4000 am Maroni und Oyapock lebenden Buschneger, deren Vorfahren bereits im 18. Jh. aus der Sklaverei in die Isolation der Wälder flohen. Die Mehrheit der Bevölkerung gehört der römisch-katholischen Kirche an. Offizielle Landessprache ist Französisch, Umgangssprache »Patois« (Kreol-Französisch); die Buschneger haben eine eigene Sprache – Taki-Taki (Sranan Tongo).
Das System der sozialen Fürsorge richtet sich nach französischem Vorbild. Aufgrund hoher Arbeitslosigkeit (über 30 %) wandern ständig vor allem Jugendliche ab. Die medizinische Versorgung ist ausreichend. Das Schulwesen ist nach französischem Vorbild aufgebaut.

Wirtschaft

Währung: 1 Französischer Franc (FF) = 100 Centimes (c)
Wichtigste Handelspartner: Frankreich, USA, Trinidad und Tobago

Die kaum entwickelte Wirtschaft des Landes ist abhängig von Frankreich. Das europäische Raumfahrtzentrum in Kourou (Start der Trägerrakete Ariane) trägt nur wenig zur Ankurbelung der Wirtschaft bei. Auch der Fremdenverkehr ist kaum von Bedeutung.
Mit Agrarprodukten wie Zuckerrohr, Kaffee, Bananen bildet die Landwirtschaft den bedeutendsten Wirtschaftszweig. Die Viehzucht kann den Inlandbedarf an Fleisch nicht decken. Holz steht mit 80 % an erster Stelle des Gesamtexports. Die Krabbenfischerei gewinnt an Bedeutung.
Bauxit, Tantalit und Gold sind die einzigen nennenswerten Bodenschätze. Kleinbetriebe verarbeiten die landwirtschaftlichen Produkte.
Die wichtigsten Ausfuhrgüter sind Holz, Gold, Krabben, Kaffee und Rum. Eingeführt werden Maschinen, Fahrzeuge, Erdöl und Nahrungsmittel.
Das Straßennetz umfaßt etwa 550 km, davon sind 350 km asphaltiert. Nur die Küstenebene ist verkehrsmäßig gut erschlossen. Das Landesinnere kann mit dem Flugzeug oder mit Flußschiffen erreicht werden. Wichtiger Seehafen ist Cayenne, wo auch der internationale Flughafen Rochambeau liegt.

Geschichte und Kultur

Französisch-Guayana wurde vermutlich 1500 zuerst von Vicente Yáñez Pinzón entdeckt. 1635 gründeten Franzosen an der Küste des heutigen Cayenne eine Kolonie, die mehrmals von den ebenfalls in Guayana siedelnden Briten und Niederländern besetzt wurde. Im Frieden von Utrecht 1713 wurde die Kolonie endgültig als französischer Besitz bestätigt. 1808 nahmen Briten und Portugiesen das Land kampflos ein, bis es durch den Frieden von Paris 1814 an Frankreich zurückfiel.
Im 19. Jh. erlebte die Kolonie dank der Plantagenwirtschaft einen wirtschaftlichen Aufschwung. Die billigen afrikanischen Arbeitskräfte mußten jedoch nach Aufhebung der Sklaverei im Jahr 1848 durch Lohnarbeiter ersetzt werden, die überwiegend aus Asien stammten. Von 1854 bis 1938 war das Land französische Strafkolonie. Alfred Dreyfus wurde 1894 wegen angeblicher Spionage für Deutschland unschuldig auf die Gefängnisinsel Ile du Diable verbannt.
Die Einwohner von Französisch-Guayana besitzen seit 1848 das volle französische Bürgerrecht und sind seit 1877 im französischen Parlament vertreten. Am 19. März 1946 erhielt das Land den Status eines Übersee-Departements. Eine größere Autonomie gegenüber der Zentralregierung in Paris erreichte es durch die Dezentralisierung 1982 und die Erweiterung der Befugnisse des Regionalrats.
In Französisch-Guayana besteht ein starkes Kulturgefälle zwischen der weißen Bevölkerungsschicht und den übrigen ethnischen Gruppen. Ursprünglich war das Land von amazonischen Tupi-Guaraní und Kariben bewohnt. Im Landesinneren findet man noch heute Indianer, die bis in die jüngste Zeit Steinwerkzeuge verwendeten. Ihre im Feuer gebrannte Keramik ist teilweise glasiert und mit geometrischen Mustern verziert. Heute dürfen die indianischen Dörfer am Maroni und Oyapock, die lange Touristenattraktionen waren, nur mit Genehmigung der Präfektur besucht werden.
Die Zeit, als das Land noch französische Strafkolonie war, spiegelt der autobiographische Roman »Papillon« von Henri Charrière (1906–1973) sehr anschaulich wider. Aufschlußreich sind auch die Bilder in der kleinen Kirche von Iracou auf Ile Royale, die ein ehemaliger Sträfling gemalt hat.

Reise-Informationen

Bürger der Bundesrepublik Deutschland, der Schweiz und Österreichs benötigen für einen Aufenthalt bis zu drei Monaten einen gültigen Reisepaß bzw. Kinderausweis.
Es gelten die französischen Zollbestimmungen
Französische Währung (FF) und Fremdwährung können bei Ein- und Ausreise unbeschränkt mitgeführt werden (FF und Devisen im Gesamtgegenwert von mehr als 50 000 FF müssen deklariert werden).
Für alle Reisenden ist Gelbfieberimpfung vorgeschrieben. Malariaschutz ist ganzjährig erforderlich.
Im Küstenbereich verkehren Omnibusse. Außerdem stehen Kleinbusse, Taxis und Mietwagen zur Verfügung.
An der Küste gibt es Hotels von europäischem Standard, aber auch einfachere Unterkünfte.
Die beste Reisezeit ist von August bis November.

Die »Iles du Salut« – tropische Schönheiten mit einer schrecklichen Vergangenheit als Gefangeneninseln.

Grenada

Roshan Dhunjibhoy

Ein stiller Abend in St. George's. So gut wie gar nichts erinnert daran, daß Grenada, die Gewürzinsel, vor nur wenigen Jahren im Zentrum des kalten Krieges stand, daß eine Revolution stattfand, gefolgt von einem Putsch und einer Invasion. All das scheint vergangen zu sein wie ein böser Traum. Der Friede ist wieder hergestellt, und das schwarze Schaf ist wieder bei der Herde.

Doch die eindringliche Schönheit der Insel und die Jachten im Hafen, die weißen Touristen, die sich in der Sonne rot färben und das Klingeln von Eis in hohen Gläsern – nichts davon kann die Tatsache verbergen, daß etwas faul ist im Staate Grenada. Eine Wirtschaft im Abschwung, Arbeitslosigkeit, Armut, Apathie und Frustration – das ist die Wirklichkeit hinter den malerischen Fassaden der Hotels.

Unter den Perlen der Karibik ist sie eine der strahlendsten: die Gewürzinsel Grenada. Damit das so bleibt, hat man ein kluges Gebot erlassen: Kein Gebäude darf die Palmen überragen.

Staatsname:	Grenada
Amtssprache:	Englisch
Einwohner:	120 000
Fläche:	344 km²
Hauptstadt:	Saint George's
Staatsform:	Parlamentarische Monarchie im Commonwealth
Kfz-Zeichen:	WG
Zeitzone:	MEZ −5 Std.
Geogr. Lage:	Karibik, zwischen St. Vincent und Trinidad und Tobago

Malerisches Hügelland und eine prächtige Unterwasserwelt

Grenada ist die südlichste der Inseln über dem Wind. Eine Bergkette teilt die Insel in Nord-Süd-Richtung; die höchste Erhebung ist mit 840 Metern der Mount St. Catherine. Zahlreiche kleine Flüsse kommen aus den Bergen, und es gibt Mineralquellen sowie einige Kraterseen, die den vulkanischen Ursprung der Insel bezeugen. Die Tätigkeit der heute erloschenen Vulkane schuf viele malerische Hügel und Täler, und die fruchtbare Vulkanerde läßt eine üppige Vegetation gedeihen. Das Meer ist ausgesprochen klar und bietet Tauchern eine ausgezeichnete Sicht auf die Unterwasserwelt. Die meisten Strände bestehen aus weißem Korallensand, manche haben einen dunklen, fast seidenweichen Sand vulkanischer Herkunft – ein Traumland für Touristen.

St. George's – ein riesiges Amphitheater

Die Hauptstadt von Grenada, St. George's, ist eine der malerischsten Städte der Karibik. Das gilt auch für den Hafen, der von einer langen, natürlichen Bucht, der Carenage, gebildet wird. Um

▷ *Ein Wandbild beschwört die Freundschaft zwischen Grenada und Kuba, die 1983 jäh unterbrochen wurde, als US-amerikanische Truppen die Insel besetzten. Seither pflegt Grenada offiziell eine andere Freundschaft: die zu den Vereinigten Staaten.*

diese Bucht verläuft die Wharf Road, die Hafenstraße, auf der sich ein Großteil des Stadtlebens abspielt: Hier findet man die wichtigsten öffentlichen Gebäude und viele Restaurants und Geschäfte. Hinter der Wharf Road erheben sich halbkreisförmig niedrige Hügel mit vielen Bäumen, Stufe für Stufe mit Wohnhäusern bebaut. Insgesamt entsteht so der Eindruck eines großen Amphitheaters.

Auf den Hügeln standen einst mehrere von den Franzosen erbaute Forts, von denen noch zwei erhalten sind. Im Fort George ist heute das Polizeihauptquartier untergebracht; von Fort Frederick herab kann der Besucher ein atemberaubendes Panorama genießen.

Der Marktplatz von St. George's hat viel von Grenadas Geschichte gesehen, und noch heute werden hier politische Reden geschwungen, Paraden und religiöse Versammlungen abgehalten – vor 200 Jahren diente er auch als Richtstätte. Der ganze Marktplatz ist von Läden umgeben, und außer an Sonntagen herrscht hier wimmelnde Geschäftigkeit. Eine riesige Auswahl an Früchten, Gemüsen, Gewürzen und Getränken steht zum Verkauf, und auch handwerkliche Erzeugnisse werden angeboten.

Hinter dem Markt, an der Grenville Street, steht ein Gebäude, das für Freunde von Gewürzen besonders interessant ist: Hier residiert die Minor Spices Society (die Kleinere Gewürzgesellschaft). Ein Besuch lohnt sich schon wegen des Aromas, von dem das Haus erfüllt ist. Grenadas Hauptgewürz und Nationalsymbol ist die Muskatnuß: Etwa ein Drittel der Weltproduktion wächst auf der Insel.

Grenada und die Weltgeschichte

Bis 1979 verlief die Geschichte Grenadas ähnlich wie die der anderen Antillen-Inseln. Seit dem frühen 17. Jahrhundert veranstalteten England und Frankreich ein Tauziehen um die Insel, stießen aber auch auf ungewöhnlich harten Widerstand der Einheimischen. Im 18. Jahrhundert gaben die Franzosen Grenada an die Briten ab, die den Druck auf die Sklaven in den Zuckerrohrplantagen immer mehr verstärkten. Aufgrund des bergigen Inlands war die Zuckerproduktion auf Grenada jedoch nie so ertragreich wie auf anderen Karibischen Inseln: Muskatnuß und Kakao spielten hier dagegen eine wirtschaftlich wichtigere Rolle. Da aber deren Ernte wenig arbeitsintensiv war, verschickten die Landbesitzer ihre Sklaven regelmäßig zum Zuckerrohrschneiden auf andere Inseln.

Zwar wurde auch auf Grenada die Sklaverei im 19. Jahrhundert abgeschafft, es dauerte jedoch bis 1950, ehe gewerkschaftlich organisierte Arbeiter begannen, die kolonialen Machtstrukturen anzugreifen. Anführer der Bewegung war Eric Gairy, der später politische Macht bekam und den Unabhängigkeitskampf gegen die Kolonialherren führte. 1967 nutzte er seine Popularität, um an die Macht zu kommen, und entpuppte sich dann als rücksichtsloser Diktator.

In den siebziger Jahren bildete sich eine oppositionelle Gruppe unter dem Namen New Jewel Movement. Während eines Auslandsaufenthalts von Gairy gelang ihr 1979 ein nahezu unblutiger Staatsstreich, der von den Grenadern als Beginn einer neuen Ära gefeiert wurde. Die Führung des New Jewel

▽ *Der Markt von St. George's, der malerischen Hauptstadt von Grenada: An sechs Tagen in der Woche herrscht hier ein buntes Treiben. Dicht gedrängt stehen die Stände mit ihrer verführerischen Auswahl an Obst, Gemüse und exotischen Gewürzen – ein Fest auch für das Auge.*

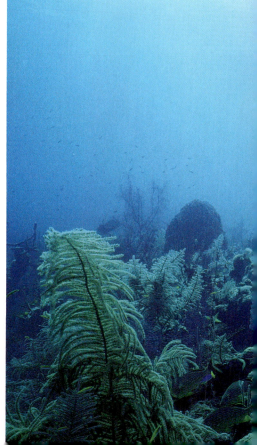

Movement rief die Revolutionäre Volksregierung (PRG) ins Leben und ernannte Maurice Bishop zum neuen Premierminister. Bishop hatte zwar die Unterstützung der Bevölkerung, doch er fand einen politischen und wirtschaftlichen Scherbenhaufen vor. Korruption hatte die Finanzen verschlungen, es gab keine Sozialleistungen, und die Arbeitslosenrate betrug damals 50 Prozent.

Die neue Regierung führte wirtschaftliche und soziale Reformen durch und setzte sich für die Armen ein. Das Bildungs- und Gesundheitssystem wurde verbessert, und Kinder bekamen kostenlos Milch. Besondere Gesetze wurden für die grenadischen Frauen geschaffen, die sich unter der Gairy-Diktatur in ihrer Not nur allzuoft hatten prostituieren müssen. Ihnen wurde gesetzlich gleicher Lohn für gleiche Arbeit zuerkannt, sie bekamen bezahlten Mutterschaftsurlaub und andere soziale Vergünstigungen. Die PRG förderte weiter den privaten Wirtschaftssektor, der 1982 eine Wachstumsrate von zehn Prozent hatte – deutlich mehr als in jedem anderen karibischen Staat.

Während der vier Jahre der Bishop-Regierung war Grenada immer wieder Ziel internationaler und regionaler Kritik, weil es weder Wahlen gab noch ein demokratisches System eingeführt wurde. Diese Kritik erhielt neue Nahrung, als die Regierung 1980 das Projekt eines neuen Flughafens in Angriff nahm. Auf Grenada war es kein Geheimnis, daß Kuba an der Durchführung dieser größten öffentlichen Investition beteiligt war – allerdings war Kuba nicht das einzige Land, das Grenada bei dem Bau unterstützte: Auch Venezuela, Kanada, Mexiko und die EG halfen mit.

In Washington jedoch wurde der Flughafen als militärischer Stützpunkt und Teil einer internationalen kommunistischen Verschwörung eingestuft. 1983 bezeichnete Präsident Reagan die Insel als Bedrohung für die Sicherheit der USA. Grenada erstarrte vor Angst: Plötzlich befand es sich mitten im kalten Krieg, und weder das Volk noch die Regierung waren darauf vorbereitet, mit solch einem Druck fertig zu werden. In diesem Jahr spaltete sich die Regierung: Maurice Bishop wurde unter Hausarrest gestellt und am 19. Oktober 1983 erschossen. Der Zeitpunkt zum Eingreifen konnte für Washington nicht besser sein. Am 25. Oktober landete eine Invasionsarmee von 6000 Mann, die trotz heftiger Gegenwehr keine großen Schwierigkeiten hatte, die Insel zu erobern. Im Dezember 1984 gewann die New National Party, eine Koalition aus drei Parteien, unter Herbert Blaize die Wahlen. Die letzten amerikanischen Truppen wurden im Sommer 1985 abgezogen.

▷ *Reizvoll in einer langgestreckten Bucht liegt der Hafen von St. George's. Hier ankern Segeljachten aus aller Welt – die Karibische See rund um Grenada gehört zu den attraktivsten Segelgebieten der Kleinen Antillen.*

◁ *Sporttaucher schwärmen von Petit Martinique, einer der kleinen nördlichen Nachbarinseln von Grenada. In der phantastisch klaren See findet man eine Unterwasserwelt von großer Pracht und Vielfalt.*

Die Grenadinen – ein Paradies für Segler und Taucher

Nördlich von Grenada erstreckt sich eine Kette von Inseln bis nach St. Vincent. Der südliche Teil dieser Kette, der aus drei größeren und einer Vielzahl kleiner Inseln besteht, gehört zu Grenada, der nördliche zu St. Vincent. Die kleineren Inseln sind fast alle unbewohnt. Wegen ihrer schönen Palmenstrände gelten sie als ideale Ausflugsziele für Segler. Unter den größeren Inseln bezaubern Carriacou und Petit Martinique durch ihre landschaftlichen Reize.

Carriacou erreicht man mit regelmäßig fahrenden Schonern, Charter-Schnellbooten oder aber mit dem Flugzeug. Der größte Ort ist Hillsborough, das in einer weiten Bucht liegt. Direkt am Hafen befinden sich alle wichtigen Behörden sowie Banken, Geschäfte und der Markt. Die Stadt besitzt auch ein kleines Museum, in dem Ausgrabungsstücke gezeigt werden. Südlich von Hillsborough, in der Nähe von Harvey Vale, kann man in einem Mangrovensumpf Baum-Austern sehen. Die herrlichen Strände der Insel versprechen ungetrübte Badefreuden; an manchen kann man Strand-Bungalows mieten und die ausgezeichneten Wassersporteinrichtungen benutzen.

Die kleinere Insel Petit Martinique steht Carriacou an Schönheit in nichts nach. Sie bildet die Spitze eines ehemaligen Vulkans, von dessen höchster Stelle aus man einen phantastischen Blick über die Grenadinen bis nach St. Vincent hat.

Grenada — Daten · Fakten · Reisetips

Landesnatur

Fläche: 344 km²
Ausdehnung: Hauptinsel Grenada: Nord–Süd 32 km, West–Ost 15 km
Höchster Berg: Mount Saint Catherine 840 m

Der kleine mittelamerikanische Inselstaat umfaßt neben der Hauptinsel Grenada (305 km²) auch die Inseln und Korallenriffe der südlichen Grenadinen; darunter Carriacou (34 km²), Ronde (3 km²) und Petit Martinique (2 km²).

Naturraum

Grenada bildet das Südende des großen Inselbogens der Antillen. Die Hauptinsel ist, ebenso wie die nördlich anschließenden Grenadinen, vulkanischen Ursprungs. Hieran erinnern Kraterseen (der größte ist der Grand Etang mit 0,15 km²), Thermen und Schwefelquellen. Die häufig auftretenden Erdbeben zeugen auch heute noch von den Bewegungen der Erdkruste in diesem Gebiet. Das Bergland im Inselinnern steigt bis zu 840 m (Mount Saint Catherine) an und fällt an der Westküste steil ab. Am südlichen Küstensaum finden sich zahlreiche Buchten. Die kleinen Inseln der Grenadinen bestehen in der Regel aus je einem Vulkanberg.

Touristikparadies Grenada: Karibik-Strände wie im Bilderbuch – natürlicher Teil im Angebot des wiederbelebten Fremdenverkehrs.

Klima

Das wechselfeuchte Tropenklima wird durch die Passatwinde gemildert. Die Temperaturen liegen im Jahresmittel bei 27 °C. Sie schwanken zwischen 18 °C (nachts während der Trockenzeit) und 35 °C als Höchsttemperatur in der Regenzeit (Juni bis Dezember). Die Jahresniederschläge betragen an der Küste etwa 1500 mm; das Gebirge der Hauptinsel erhält bis zu 5000 mm. Auf den flacheren Grenadinen herrscht oft Mangel an Süßwasser. Von den sonst in der Karibik häufigen Wirbelstürmen wird Grenada nur selten heimgesucht.

Vegetation und Tierwelt

Die natürliche Vegetation – immergrüner tropischer Regenwald – hat sich fast nur im Bergland der Hauptinsel erhalten; auf den Grenadinen führte das Abholzen des Waldes vielfach zur Bodenabspülung.
Zu den wildlebenden Tieren gehören eine Opossumart (Manicou), Agutis (hasenähnliche Nagetiere), die aus Afrika stammenden Mona-Meerkatzen, Mangusten (Schleichkatzen), ferner Eidechsen, Leguane, Schildkröten und Landkrebse sowie zahlreiche Vogelarten.

Politisches System

Staatsname: State of Grenada
Staats- und Regierungsform: Parlamentarische Monarchie im Commonwealth of Nations
Hauptstadt: St. George's
Mitgliedschaft: UN, Commonwealth, OAS, CARICOM, SELA, AKP

An der Spitze des Staates steht das Oberhaupt des britischen Königshauses, vertreten durch einen Generalgouverneur, der den Führer der Parlamentsmehrheit zum Premierminister beruft. Legislative ist das Parlament, das aus zwei Kammern besteht: dem Repräsentantenhaus mit 15 für fünf Jahre vom Volk gewählten Abgeordneten und dem Senat mit 13 ernannten Mitgliedern. – Der Staat gliedert sich in sieben Gemeinden (Parishes). – Das Rechtswesen ist nach britischem Vorbild aufgebaut.

Bevölkerung

Einwohnerzahl: 120 000
Bevölkerungsdichte: 348 Einw./km²
Bevölkerungszunahme: 1,7 % im Jahr
Größte Stadt: St. George's (7500 Einw.; als Agglomeration 30 000)
Bevölkerungsgruppen: 84 % Schwarze, 12 % Mulatten, 3 % Inder, weniger als 1 % Weiße

Die Bevölkerung des dicht besiedelten Landes stammt überwiegend von afrikanischen Sklaven ab; z. T. ist sie auch gemischt afrikanisch-europäischer Herkunft (Mulatten). Die Minderheit bilden die Inder, deren Vorfahren nach Abschaffung der Sklaverei als Plantagenarbeiter ins Land geholt wurden. Die nur wenigen hundert Weißen sind zumeist Nachkommen der französischen und britischen Kolonisten. 93 % der Gesamtbevölkerung leben auf der Hauptinsel Grenada. Etwa 40 % der Grenader sind jünger als 15 Jahre.
Neben der offiziellen Landessprache Englisch wird auch kreolisches Englisch oder z. T. noch »Patois« (Kreol-Französisch) gesprochen. Zu etwa zwei Dritteln sind die Grenader Katholiken; der Rest gehört hauptsächlich protestantischen Gemeinschaften an, besonders der anglikanischen (22 %) und der Methodistenkirche (3 %).

Soziale Lage und Bildung

Armut und Arbeitslosigkeit (25 %) sind die großen Probleme der Insel. Es gibt eine starke Abwanderung von arbeitssuchenden Männern ins Ausland. Zu Beginn der 80er Jahre versuchte die Regierung von Maurice Bishop ansatzweise, ein Sozialsystem (Gesundheitsstationen, Milchverteilung) zu schaffen. Mit dem Aufbau eines nationalen Versicherungssystems wurde 1983 begonnen.
Das Schulsystem entspricht dem britischen mit allgemeiner Schulpflicht für 6–14jährige; trotz gebührenfreiem Unterricht beträgt die Analphabetenrate etwa 15 %. Besonderer Wert wird auf den Ausbau von Berufsbildungszentren gelegt. Die »University of the West Indies« (Jamaika) unterhält eine Außenstelle in St. George's.

Wirtschaft

Währung: 1 Ostkaribischer Dollar (EC$) = 100 Cents (c)
Bruttoinlandsprodukt (in Anteilen): Land- und Forstwirtschaft 20 %, industrielle Produktion 17 %, Dienstleistungen 63 %
Wichtigste Handelspartner: EG-Staaten, v. a. Großbritannien, Deutschland, Niederlande, Trinidad und Tobago, Kanada, USA

Die »Gewürzinsel« Grenada litt schon immer an wirtschaftlichen Schwierigkeiten. Sie besitzt wenig Industrie und steht beim Export der landwirtschaftlichen Produkte in harter Konkurrenz zu Nachbarstaaten. Weder die sozialistische Wirtschaftspolitik der Bishop-Regierung (1979–1983) noch die Reprivatisierung der Wirtschaft unter dem Einfluß der USA (seit der Invasion 1983) verbesserten die Situation nachhaltig.

Landwirtschaft

Für den Export werden auf Plantagen Muskatnüsse (Grenada liefert etwa ein Drittel der Weltproduktion), Bananen, Kokosnüsse, Zitrusfrüchte, Kakao und Zuckerrohr angebaut. Für die Selbstversorgung dienen Knollen-

Langusten: Leckerbissen für Touristen, der Rest geht in den Export.

früchte (Bataten, Jams, Maniok) und Gemüse. Die Viehzucht reicht kaum zur Selbstversorgung. Die Fischereiwirtschaft wurde in den letzten Jahren verstärkt gefördert.

Industrie

Kleine Gewerbebetriebe verarbeiten die Agrarprodukte der Insel. Nennenswert ist der Segelschiffbau auf den Grenadinen.

Handel

Ausfuhrgüter sind Muskatnüsse, Mazis, Gewürznelken, Vanille und Zimt, Bananen, außerdem Kakao, Zitrusfrüchte, Rum, Zucker, Kokosnüsse und Fische. Eingeführt werden Lebensmittel, Maschinen und Erdöl.

Verkehr, Tourismus

Das Straßennetz ist auf Grenada recht gut ausgebaut (980 km). Es gibt einen neuen internationalen Flughafen bei Point Saline am Südzipfel der Insel. St. George's verfügt über einen Tiefwasserhafen, dem ein Jachthafen angeschlossen ist.
Der Fremdenverkehr spielte als Devisenquelle eine wichtige Rolle. Er wird wieder gefördert, da während der Regierungszeit von Bishop und nach der amerikanischen Invasion die Touristenzahlen stark zurückgegangen sind. Die Hauptinsel mit den weißen Sandstränden und den bewaldeten Berghängen ist beliebter Anlegepunkt bei Karibik-Kreuzfahrten.

Geschichte

Kolumbus entdeckte die Insel 1498 auf seiner dritten Reise und nannte sie Concepción. Die kriegerischen Kariben, die sie bewohnten, schreckten die Spanier aber von der Besiedlung ab. 1650 jedoch ließen sich die Franzosen als erste Europäer auf Grenada nieder und rotteten die Indianer aus. Die letzten Überlebenden stürzten sich bei Sauteurs ins Meer, um nicht lebend in die Hände ihrer Feinde zu fallen.

Daten · Fakten · Reisetips — Grenada

Der Weg in die Unabhängigkeit

Bereits seit 1626 hatten die Franzosen mit den Engländern um den Besitz der Insel gekämpft; 1674 wurde sie französische Kronkolonie, 1763 britische und 1779–1783 wiederum französische Kolonie. Im Vertrag von Versailles 1783 ging Grenada endgültig in britischen Besitz über. Seit dem 18. Jh. hatten hauptsächlich die Briten afrikanische Sklaven auf die Insel gebracht. Nach der Sklavenbefreiung 1833 wurden indische Landarbeiter angeworben. 1877 wurde die Insel britische Kronkolonie.

Von 1885 bis 1958 war Grenada Sitz der britischen Verwaltung der Windward Islands. Nach dem Scheitern der »Westindischen Föderation« (1958–1962) trat Grenada 1967 dem »Verband der Westindischen Assoziierten Staaten« bei, einem mit Großbritannien assoziierten Bund karibischer Inselstaaten, der Grenada eine gewisse Selbstverwaltung einräumte. Am 7. Februar 1974 wurde die Insel in die Unabhängigkeit entlassen, verblieb aber im Commonwealth.

Neue Formen der Abhängigkeit

Vorausgegangen waren blutige Unruhen, da die Bevölkerung in Premierminister Eric Gairy, dem einzigen Millionär der Insel und Inhaber einer Privatpolizei von 1000 Mann, einen zweiten »Papa Doc« à la Haiti sah. Am 13. März 1979 wurde die Gairy-Regierung unter dem Vorwurf korrupter und diktatorischer Amtsführung gestürzt. An die Spitze der »revolutionären Volksregierung« trat Maurice Bishop, Mitglied der JEWEL-Bewegung (Joint Endeavour for Welfare, Education and Liberty; dt.: Bewegung für Wohlstand, Bildung und Befreiung). Er ersetzte das Parlament durch einen Revolutionsrat und strebte engere wirtschaftliche und politische Beziehungen zu Kuba an. 1981 kam es zu einem geheimen Militärabkommen mit der UdSSR.

Nach inneren Machtkämpfen wurde Bishop am 19. Oktober 1983 von Angehörigen der Armee erschossen. Ein Militärrat übernahm die Regierungsgeschäfte. Auf Ersuchen eines Teils der CARICOM-Staaten – Jamaika, Barbados, Antigua, Dominica, St. Lucia und St. Vincent – kam es am 25. Oktober 1983 zur Intervention durch Truppen der USA und der sechs karibischen Staaten, um die »Demokratie auf der Insel wiederherzustellen«. Eine Übergangsregierung wurde ernannt.

Nach dem Abzug des Großteils der Invasionstruppen fanden am 3. Dezember 1984 Parlamentswahlen statt, bei denen die »Neue Nationalpartei« (NNP) von Herbert Blaize 57 % der Stimmen erhielt. Die Parlamentswahlen 1990 gewann der »Nationaldemokratische Kongreß« (NDC). Neuer Ministerpräsident wurde Nicholas Brathwaite.

Kultur

Äußerlich bietet sich Grenada heute als Synthese zweier kolonialer Kulturen dar. Spuren präkolumbischer Kultur sind kaum noch anzutreffen. Nur auf Carriacou sind noch Reste von Siedlungen der Arawaks, die um 1300 von den Kariben verdrängt worden waren, erhalten.

Im Nationalmuseum von St. George's kann man neben Gegenständen aus der Kolonialzeit auch Funde aus der Zeit vor der Entdeckung Grenadas sehen. Obwohl die Hauptstadt im 18. Jh. dreimal durch Feuersbrünste zerstört wurde und 1867 und 1888 schwere Schäden durch Erdbeben erlitten hat, findet man noch heute im Stadtbild von St. George's Gebäude im Stil französischer Landhäuser aus dem 18. Jh. neben Häusern im georgianischen und viktorianischen Stil des 19. Jh. Aus der französischen Kolonialzeit sind außerdem noch zwei Forts erhalten – Fort George und Fort Frederick, beide in St. George's.

In der Gegenwart dominiert jedoch der britische Einfluß, wenn auch afrikanische Traditionen – vor allem in kultischen Gebräuchen und in der Musik – spürbar sind. So ist auf Grenada der Shango-Kult verbreitet, der auf die westafrikanische Yoruba-Kultur zurückgeht und dem Tanz eine zentrale Funktion zuweist. Wie bei anderen synkretistischen Kulten werden die angerufenen afrikanischen Götter mit christlichen Heiligen gleichgesetzt.

Beinahe unverfälscht hat sich afrikanisches Brauchtum auch auf Carriacou erhalten. Zu Ostern tanzen die Nachkommen der Sklaven den Großen Trommeltanz, eine Abfolge verschiedenartiger Rhythmen und Tänze zu wilder Trommelmusik, den einst westafrikanische Medizinmänner bei Opferhandlungen und Geisterbeschwörungen vorführten.

Reise-Informationen

Einreise- und Fahrzeugpapiere
Bürger der Bundesrepublik Deutschland, der Schweiz und Österreichs benötigen für einen Aufenthalt von drei Monaten einen gültigen Reisepaß bzw. Kinderausweis (mit Foto). Fahrzeuge dürfen nur mit einem örtlichen Führerschein gefahren werden, der gegen Vorlage des internationalen Führerscheins ausgestellt wird.

Zoll
Bei der Einreise sind zollfrei: pro Person ab 18 Jahre 200 Zigaretten oder 50 Zigarren oder 250 g Tabak, 1 Liter Spirituosen oder Wein, ¼ Liter Toilettenwasser sowie eine kleine Menge Parfüm.

Devisen
Ostkaribische Dollar (EC$) dürfen in angemessener Menge ein- und ausgeführt werden, Fremdwährungen unbeschränkt. Es empfiehlt sich die Mitnahme von US-Währung. Internationale Kreditkarten werden z. T. von den großen Hotels akzeptiert.

Impfungen
Für Reisende, die aus Infektionsgebieten einreisen, ist Gelbfieberimpfung vorgeschrieben.

Verkehrsverhältnisse
Es herrscht Linksverkehr. Kraftfahrzeuge, Mini-Motorräder und Taxis (Preis vor Fahrtantritt aushandeln) können gemietet werden. Die Straßen sind schmal, bei scharfen Kurven ist vorheriges Hupen üblich. Busse fahren von St. George's nach fast allen Orten der Insel. Zu den Nachbarinseln bestehen Flug- und Schiffs-/Fähr-Verbindungen.

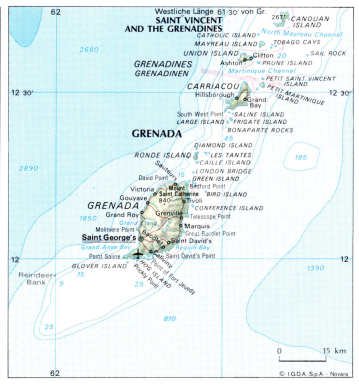

Im Geiste britischer Tradition: die Hafenpolizei von St. George's.

Unterkünfte
Es gibt zahlreiche Hotels von europäischem Standard, aber auch Ferienhäuser und Appartements werden angeboten (Aufschläge bis zu 100 % in der Hauptsaison).

Reisezeit
Die Hauptsaison der tropischen Insel beginnt Mitte Dezember und endet Mitte April. Von Juni bis Dezember ist fast täglich mit Regenschauern zu rechnen.

Wichtiges Exportgut: Kakaobohnen, hier zum Trocknen ausgelegt.

 Grönland und

Erhard Treude

die Arktis

Grönland findet trotz seiner abgeschiedenen Lage, seiner geringen Einwohnerzahl und seiner schwachen Wirtschaftskraft relativ häufig in unseren Medien Beachtung. Auch wenn in der Regel soziale, kulturelle oder wirtschaftliche Probleme im Mittelpunkt der Berichterstattung stehen, klingen immer wieder Respekt oder Bewunderung für die Grönländer mit, die entschlossen zu sein scheinen, ihr Schicksal in die eigenen Hände zu nehmen und dazu schrittweise eine wachsende politisch-administrative Eigenständigkeit zu erringen.

Die Arktis: Wer verbindet mit diesem Begriff nicht die Vorstellung von einem lebensfeindlichen Raum im hohen Norden, in dem Dunkelheit, Kälte, Schnee und Eis vorherrschen? Dieses Bild gilt es jedoch zu relativieren. Die Landgebiete der Arktis sind zwar die meiste Zeit des Jahres mit Schnee bedeckt, aber nur wenige Teile sind vergletschert. Der weitaus größte Teil der arktischen Landflächen ist im kurzen Sommer schneefrei. Die unwirtliche Umwelt hat dort eine ganz besondere Pflanzen- und Tierwelt entstehen lassen, die einer zähen einheimischen Bevölkerung zu überleben hilft und punktuell sogar eine dauerhafte Besiedlung möglich macht.

Amtl. Name:	Grönland
Amtssprachen:	Dänisch und Grönländisch
Einwohner:	53 000
Fläche:	2 175 600 km²
Hauptstadt:	Godthåb (Nûk)
Polit. Status:	Außengebiet Dänemarks mit innerer Autonomie
Kfz-Zeichen:	DK
Zeitzonen:	MEZ −2 bis −5 Std.
Geogr. Lage:	Arktis; Nordatlantik, zwischen Kanada und Island

Wenn die Eskimos bewegungslos liegend auf dem Eis verharren, halten die ruhenden Walrosse ihre Jäger für Artgenossen.

Am Rande des ewigen Eises

Der Name Island (Eisland) wäre für die größte Insel der Welt eigentlich treffender als Grönland (Grünland), denn nur knapp 16 Prozent der Landfläche sind als unterschiedlich breit ausgebildeter Küstenstreifen überhaupt eisfrei. Während an der Ostküste schroffe Hochgebirgsformen vorherrschen, zeichnet sich die Westküste durch ein sanfteres Relief aus: An die schmale, vom Meer geformte Küstenplattform schließt sich zumeist eine durch Gletscher und Inlandeis geprägte Plateau- und Mittelgebirgslandschaft an.

Rund 84 Prozent des Landes aber werden vom mächtigen, bis auf über 3000 Meter Höhe ansteigenden Inlandeis und seinen zum Meer herabführenden Talgletschern eingenommen, die zahllose Eisberge freisetzen. Entlang der Ostküste transportiert der kalte Ostgrönlandstrom gewaltige Eismassen aus dem Polarmeer nach Süden und um Kap Farvel herum auch noch eine Strecke nach Norden; dabei vermischt er sich mit dem warmen Irmingerstrom, einem Zweig des Golfstroms, der vor Island nach Westen abbiegt und den Ostgrönlandstrom zunächst auf seiner Außenseite begleitet.

Dies schafft vor Westgrönland günstige Lebensbedingungen für die Fischbestände und bewirkt außerdem, daß das sogenannte Offenwassergebiet zwischen Paamiut (Frederikshåb) und Sisimiut (Holsteinsborg) ganzjährig eisfrei bleibt, während die übrigen Küstenbereiche über mehrere Monate vom Pack- oder Treibeis eingeschlossen werden.

Grönland gehört insgesamt zum arktischen Klimabereich, weist also auch im wärmsten Monat Mitteltemperaturen von unter zehn Grad Celsius auf. Angesichts der gewaltigen Nord-Süd-Erstreckung der Insel über mehr als 2600 Kilometer gibt es jedoch hinsichtlich Sonnenstand und Temperatur deutliche Abstufungen. So geht bei Thule in Nordgrönland die Sonne im Sommer rund vier Monate lang nicht unter – im Winter allerdings kommt sie ebensolange nicht über den Horizont; südlich des Polarkreises hingegen, also etwa ab der Höhe von Sisimiut, tritt dieses Phänomen der Mitternachtssonne gar nicht auf.

In Klima und Vegetation unterscheidet sich die Außenküste mit der für sie charakteristischen Tundrenflora deutlich von den Fjord-Innenbereichen, die – erwärmt durch föhnartig vom Inland herabfallende Winde – sogar eine waldähnliche Vegetation mit Birken- und Weidengebüschen aufweisen. In diesem Gebiet ließen sich vor fast genau 1000 Jahren die Wikinger nieder.

Vom Jäger zum Fischer

Um die Wende vom elften zum zwölften Jahrhundert erreichten die Vorfahren der heutigen Grönländer vom kanadischen Archipel aus den Norden der Insel. Die Träger dieser nach dem ersten Fundort als Thule-Kultur bezeichneten Phase lebten vornehmlich von der Jagd auf Seesäuger, insbesondere auf den Grönlandwal. Sie besaßen bereits jene technische Ausrüstung einer klassischen materiellen Kultur, deren Objekte wir heute fast nur noch im Museum bewundern können: Kajak, Umiak (ein offenes, mehrsitziges Boot), Hundeschlitten, Harpunen, Lanzen, Speere, Pfeil und Bogen und sogar Schneebrillen.

◁ *Die steilen Randgebirge im Osten Grönlands werden von zahlreichen, ins Meer mündenden Gletscherströmen durchquert, Eisnebel bildet sich über dem arktischen Ozean, wenn wärmere Luftmassen über kaltes Meereswasser streichen.*

▷ *Eine Siedlung an der Südwestküste Grönlands. In dieser klimatisch begünstigten Region leben rund 90 Prozent der Bevölkerung. Neben das klassische bunte Holzhaus nach skandinavischem Vorbild tritt zunehmend der vielstöckige Wohnblock aus Beton. In den sechziger Jahren bemühte sich die Regierung, die Grönländer aus ihren kleinen Dörfern in die Städte umzusiedeln.*

Wahrscheinlich führte eine Klimaverschlechterung dazu, daß sich jene Einwanderer rund 100 Jahre später nach Süden ausbreiteten, wo sie verstärkt der Robbenjagd im offenen Meer oder dem Fischfang nachgingen und sich damit den ökologischen Bedingungen der Westküste anpaßten. Diese Umstellung auf die Inugsuk-Kultur, die die Entwicklung zur eskimoisch-grönländischen Kultur einleitete, wurde jedoch nicht allein von klimatischen Faktoren bestimmt; vielmehr gingen wesentliche Impulse auch von der anhaltenden Präsenz der Europäer aus.

Allgemein wird der Einfluß der Wikinger heute als gering angesehen, anders als jener der Walfänger, der sich vom Ende des 17. Jahrhunderts an nachweisen läßt. Deren Interesse galt vor allem der Gewinnung von Walöl und Barten (Fischbein), so daß die Großwalbestände sehr schnell dezimiert wurden; es erstreckte sich in der Folgezeit aber auch auf Felle und Pelze, die gegen eiserne Geräte, Stoffe, Holz und Gewehre sowie gegen Perlen, Alkohol und Tabak eingetauscht wurden.

Als der norwegische Pfarrer Hans Egede 1721 im Auftrag des dänischen Königs nach Westgrönland reiste und eine erste Missions- und Handelsniederlassung gründete, fand er in den Zentren des Walfangs nur noch Reste der traditionellen Eskimo-Kultur vor. Die Bevölkerung war rassisch bereits stark vermischt. Die Errichtung weiterer derartiger Niederlassungen, an der sich auch die deutsche Herrnhuter Brüdergemeine beteiligte, führte zu einer übermäßigen Konzentration der Bevölkerung an diesen Standorten, so daß ausreichende Jagd- und Fangerträge nicht mehr gewährleistet waren.

Ab 1775 versuchte die dänische Regierung, dieser Entwicklung entgegenzusteuern, indem sie Grönland mit einem dichten Netz von kleinen Außenposten überzog. Dort kaufte nun die mit einem Monopol ausgestattete Königlich-Grönländische Handelsgesellschaft waren auf, insbesondere aus der Robbenjagd, die damals das Rückgrat der Eingeborenen-Wirtschaft bildete.

Zum entscheidenden Wandel dieses immer noch weitgehend auf Selbstversorgung ausgerichteten Wirtschaftssystems kam es ab etwa 1920, als ein relativ rascher Anstieg der Meerestemperaturen insbesondere vor Westgrönland Robben und Wale nach Norden abwandern ließ und sich gleichzeitig die Dorschbestände sprunghaft vermehrten. Diese Veränderungen machten eine wirtschaftliche Umorientierung notwendig.

Bis zum Ausbruch des Zweiten Weltkrieges wurde die Fischerei in unmittelbarer Küstennähe mit Langleinen von kleinen Ruderbooten aus betrieben – die Kajaks hatten sich für diese Fangmethode als ungeeignet erwiesen. Den Fang verarbeitete man in etwa 100 kleinen Fischereibetrieben zu Salz- oder Trockendorsch. Die Fischerei, bis dahin ausschließlich ein Aufgabenbereich der Frauen und der Alten, wurde nun zum Haupterwerb der Männer.

Anders als die Fischerei hatte die Robbenjagd nicht ausschließlich der Lebensmittelversorgung gedient, sondern auch der Versorgung mit Rohstoffen: zum Beispiel für die Kleidung, den Zelt- und Bootsbau oder die Fertigung von Waffen. Deshalb kam es nach der Umstellung auf den Fischfang in weiten Bereichen der Westküste zu einer nahezu vollständigen Abhängigkeit von importierten Gütern. An die Stelle einer vornehmlich auf den eigenen Bedarf ausgerichteten Wirtschaftsform trat die marktorientierte

◁ *In den Adern der Grönländer fließt das Blut von Eskimos und Europäern. Reine Eskimos sind eine Seltenheit auf der größten Insel der Erde; man trifft sie fast nur noch in Thule und in Ostgrönland.*

▽ *Im Jakobshavner Eisfjord produziert der fleißigste Gletscher der nördlichen Hemisphäre Eisberge wie am Fließband. Täglich kalbt er Millionen Tonnen Eis.*

Geldwirtschaft. Nur in den sogenannten Jagddistrikten, den nordwestgrönländischen Kommunen Umanak und Upernavik sowie in Nord- und Ostgrönland behielt die Robbenjagd weiterhin ihre alte Bedeutung.

Im Zeichen der Industrialisierung

Der Zweite Weltkrieg beendete alle dänischen Bestrebungen, die Kolonie Grönland im Interesse einer ungestörten und langsamen Entwicklung von allen Außeneinflüssen abzuschirmen. Mit der deutschen Besetzung Dänemarks wurde die Verbindung unterbrochen. Die Amerikaner übernahmen die Versorgung der Insel und machten die Grönländer mit Ansprüchen und Ideen bekannt, die nach dem Kriege eine Rückkehr in die Abgeschlossenheit nicht mehr erlaubten.

Dänemark trug der veränderten Situation Rechnung, indem es den Kolonialstatus aufhob und Grönland 1953 zum gleichberechtigten Landesteil erhob. Zugleich wurden Maßnahmen eingeleitet, die eine Angleichung des grönländischen Lebensstandards an den dänischen ermöglichen sollten. Die Dänen investierten in die Errichtung von Schulen und Krankenhäusern, Wohnungen und Fischereianlagen.

Bei einer ersten Überprüfung der Entwicklungserfolge mußten sie 1960 feststellen, daß man trotz aller Anstrengungen hinter den Erwartungen zurückgeblieben war. Die Gründe dafür lagen vor allem in dem Bevölkerungswachstum sowie im Fortbestand der vielen Klein- und Kleinstsiedlungen.

In einem Zehnjahresplan (1966–1975) legte man daher fest, daß Industrieansiedlungen nur an größeren Orten gefördert werden sollten, da man hier die besseren Chancen auf dem Arbeitsmarkt und auch für die Entwicklung des Bildungs- und Kultursektors sah. Und da sich allein die Dorschfischerei als tragfähige Grundlage einer wirtschaftlichen Neuorientierung anbot, leitete man in den als ertragssicher geltenden Fischereigebieten der Westküste die Überführung der Fischer- und Jägerbevölkerung in eine moderne Industriegesellschaft ein.

Die bis dahin existierende Fischereiflotte war aber den neuen Ansprüchen nicht gewachsen und mußte um hochseetüchtige Schiffe – wie Hecktrawler – erweitert werden, um eine ganzjährig gleichbleibende Belieferung der Verarbeitungsstätten sicherzustellen; Häfen und Kaianlagen mußten gebaut, Gefrier- und Filetieranlagen für eine exportorientierte Fischerei eingerichtet werden.

Grönland und die Arktis 173

Aber noch ehe der erste Hecktrawler 1969 in Betrieb genommen werden konnte, hatte ein drastischer Rückgang der Dorschbestände eingesetzt. Ursache dafür waren zum einen klimatische Veränderungen mit einem Absinken der Wassertemperaturen auf die Werte von vor 1920, zum anderen die Überfischung der grönländischen Gewässer durch europäische Fangflotten.

Die sinkenden Fangergebnisse konnten auch durch den Einsatz der neuen Schiffe in den kanadischen Gewässern vor Neufundland nicht ausgeglichen werden. Die Verarbeitungsbetriebe erlitten zum Teil Verluste, und insbesondere die kleinen Fischer waren bei steigenden Unkosten häufig zur Aufgabe gezwungen. Ende der siebziger Jahre deutete sich zwar eine erneute Veränderung der Wassertemperaturen und eine Erholung der Dorschbestände an; seit 1984 sind jedoch erneut Einbrüche zu verzeichnen, so daß das Vertrauen in die Sicherheit der Dorschfischerei erschüttert ist.

Die Grönländer sahen sich deshalb verstärkt nach anderen Möglichkeiten um. In der erst seit 1964 in größerem Umfang betriebenen Lachsfischerei konnten sie nicht liegen, da hier die Fangquoten bereits 1972 auf Drängen der USA und Kanadas limitiert worden waren. Man fand sie schließlich in den zum Teil bereits länger bekannten, aber noch weitgehend ungenutzten, ausgedehnten Garnelenfeldern vor der Westküste. Das Zentrum der Garnelenfischerei, deren Einnahmen seit den siebziger Jahren die der Dorschfischerei weit übersteigen, liegt heute in der Disko-Bucht, doch werden inzwischen küstennahe Felder nahezu im gesamten Bereich zwischen Nanortalik im Süden und Umanak im Norden befischt.

Damit dürften die wirtschaftlichen Entwicklungsmöglichkeiten weitgehend ausgeschöpft sein. Die Schafhaltung im äußersten Süden mit gegenwärtig etwa 21000 Tieren wird sich nur unwesentlich ausweiten lassen. Dasselbe gilt für die 1953 im Hinterland von Nûk (Godthåb) eingeführte Rentierhaltung mit derzeit rund 6000 Tieren. In beiden Fällen sind die Weidegründe relativ begrenzt.

Die Robbenjagd in den Jagddistrikten dient der Versorgung der Bevölkerung mit Fleisch; früher durch staatlich subventionierte Preise für Felle künstlich attraktiv gehalten, lohnt die Gewinnung von Fellen seit den Kampagnen der Tierschützer gegen angeblich grausame Praktiken bei der Jagd auf Sattelrobben in südkanadischen Gewässern nicht mehr. Seehundfelle sind auf dem Weltmarkt kaum noch abzusetzen, deshalb spielt in den Jagddistrikten die Fischerei als Nebenerwerb inzwischen eine wichtige Rolle.

Angesichts der Schwierigkeiten in der Fischerei hoffte man, der Wirtschaft des Landes mit der Erschließung von Bodenschätzen ein tragfähiges Fundament schaffen zu können. Diese Zuversicht ist inzwischen einer Ernüchterung gewichen. Die einzige Grube, die in den achtziger Jahren noch in Betrieb war, lag in Marmorilik nahe Umanak. Hier wurden seit 1973 von einer kanadischen Gesellschaft Blei- und Zinkerze gefördert. Doch die abbauwürdigen Vorkommen sind bereits zur Neige gegangen. Weitere erschließungswürdige Lagerstätten sind gegenwärtig nicht bekannt; Probebohrungen auf Erdöl und Erdgas blieben bisher erfolglos.

Die Grönlandisierung Grönlands

Mit diesem Begriff soll zweierlei umschrieben werden: zum einen das Bestreben der Grönländer, die Bindungen an Europa und insbesondere an Dänemark zu lockern, zum anderen ihr Versuch, durch Rückbesinnung auf die eigenen Kulturtraditionen die offenkundige Identitätskrise zu überwinden.

Die unübersehbaren wirtschaftlichen und sozialen Probleme hatten Anfang der siebziger Jahre zu einer kritischen Überprüfung der dänischen Politik geführt. Die Forderung nach einer politischen Umorientierung wurde erstmals in den Diskussionen um die grönländische EG-Zugehörigkeit und um die Vergabe von Konzessionen für die Suche nach Erdöl formuliert.

Obgleich 1972 rund 70 Prozent der Bevölkerung gegen einen Beitritt zur EG stimmten, wurde Grönland als Teil Dänemarks automatisch EG-Mitglied. Als Reaktion auf diese Zwangsmitgliedschaft verstärkte sich der Wunsch nach größerer Selbständigkeit.

Zu dieser Entwicklung trug die dänische Regierung durch ihre Haltung in der Frage der Konzessionen für die Suche nach Bodenschätzen wesentlich bei: Während man in Grönland forderte, die Rohstoffe als Eigentum der grönländischen Bevölkerung zu betrachten und die Erlöse aus möglichen Funden in Grönland zu belassen, bestand Kopenhagen auf der Einhaltung des dänischen Bergbaugesetzes, nach dem alle Rohstoffe dem Staat gehören. Auch dem 1977 vorgetragenen grönländischen Wunsch, die Offshore-Bohrungen unter dem Eindruck der Ölkatastrophe in der Nordsee auszusetzen, wurde von Dänemark nicht entsprochen.

Den Grönländern war damit erneut ihre politische Ohnmacht demonstriert worden. 1979 sprach sich die Mehrheit der grönländischen Bevölkerung in einem Referendum dann auch für die volle innere Autonomie aus. Nach den Parlamentswahlen im April desselben Jahres wurde Jonathan Motzfeldt erster Ministerpräsident des Landes.

Der Autonomie-Status trat am 1. Mai 1979 in Kraft. Aus pragmatischen Gründen wurden die Verbindungen zu Dänemark jedoch nicht vollständig gekappt. Die Außen- und Verteidigungspolitik blieb in dänischer Hand, und auch dänische Entwicklungsbeiträge wurden nicht tangiert.

Die neue Regierung versuchte von Anfang an, Grönland aus der EG zu lösen. Vordergründig argumentierte man, daß ein Ver-

---

Grönland – »grünes Land« der Wikinger

Als der Wikinger Erich der Rote, von Island verbannt, im Jahre 982 die zu jener Zeit noch menschenleere Insel betrat, nannte er sie Grönland, »grünes Land«.

Mit diesem Namen wollte er nicht nur Einwanderer anlocken, sondern auch das ausdrücken, was ihm auffiel: die im Vergleich zu Nord-Island üppig-grüne Vegetation in den geschützten Innenbereichen der Fjorde.

Andere Wikinger folgten Erich dem Roten nach. Schon bald entstanden an der Südwestküste – im Hinterland der heutigen Städte Qaqortoq (Julianehåb) und Nûk (Godthåb) – zwei eng miteinander verbundene Siedlungsgebiete, in denen auf rund 300 Einzelgehöften zwischen 3000 und 8000 Menschen lebten.

Neben der Jagd und dem Fischfang bildeten Rinder-, Schaf- und Ziegenhaltung die wirtschaftliche Grundlage für die Siedler.

Im Sommer wurde das Vieh auf die Almweiden getrieben, um die in Hofnähe begrenzten Futtergrundlagen zu erweitern. Während des Winters mußten die Rinder sieben Monate lang im Stall gehalten werden. Für den Futteranbau wurden die Wiesen gedüngt und zum Teil auch bewässert.

Dieses blühende Gemeinwesen, das nach der Christianisierung im zwölften Jahrhundert sogar zum selbständigen Bistum aufstieg, fand gegen Ende des 15. Jahrhunderts ein jähes Ende. Über die Gründe für diesen Untergang gibt es nur Vermutungen. Vielleicht hatten klimatische Veränderungen zu einer Beeinträchtigung der Landwirtschaft geführt, oder die lebensnotwendigen Versorgungs- und Absatzverbindungen nach Europa waren verlorengegangen. Vielleicht war es auch zu Überfällen von Freibeutern gekommen oder – wofür einiges zu sprechen scheint – zur Vernichtung der Kolonisten durch die nach Süden vordringenden Jäger- und Fängergruppen der Eskimos.

Erst zu Beginn unseres Jahrhunderts versuchten die Grönländer, in diesen relativ begünstigten Lebensräumen die Schafhaltung wieder einzuführen und damit an die Wirtschaftsform der Wikinger anzuknüpfen.

◁ *Die Sonne, die jenseits des Polarkreises im Sommer selbst mitternachts über dem Horizont sichtbar bleibt, taucht die schwimmenden Eismassen der Disko-Bucht in flutendes Licht – eine »Entschädigung« für die vielen Wochen während Dunkelheit im Winterhalbjahr.*

△ *Die Hälfte seiner Zeit verbringt der Eskimo damit, Nahrung für sein Hundegespann zu erjagen. Die wolfsartigen Polarhunde, die mit Trockenfisch oder -fleisch gefüttert werden, können im Freien bis minus 55 Grad Celsius aushalten und Schneestürme überstehen.*

bleiben in der EG mit einer unabhängigen grönländischen Fischereipolitik nicht vereinbar sei und die jährlichen Zuschüsse aus den Regional- und Sozialfonds der Gemeinschaft in keinem Verhältnis zu den von europäischen Fangflotten abgeschöpften Werten stünden. Im Hintergrund aber stand die Forderung nach größerer politischer Eigenständigkeit, die nicht durch ein neues Abhängigkeitsverhältnis – diesmal nicht von Kopenhagen, sondern von Brüssel – eingeschränkt werden sollte. 1982 entschieden sich die Grönländer in einem Referendum mit einer Mehrheit von 52 Prozent gegen ein Verbleiben in der EG. Am 1. Februar 1985 trat das Land aus der EG aus.

Rückbesinnung auf traditionelle Werte

Die Umstrukturierung im wirtschaftlichen Bereich, innerhalb nur weniger Jahre vorgenommen, zog zwangsläufig soziale Veränderungen nach sich. So verlor etwa die für die Jägerkultur typische Großfamilie zunehmend an Bedeutung. Alte und Pflegebedürftige konnten in entsprechende Heime abgeschoben werden. Mit der Kleinfamilie, die sich nicht nur in der Stadt durchsetzte, lockerten sich die vielfältigen traditionellen Bindungen. Auch der Verlust der gewohnten Umgebung und die Unterbringung in kleinen Etagenwohnungen mehrstöckiger Wohnblocks ließen sich oftmals mit den Bedürfnissen der Menschen nicht vereinbaren: Wer von hier aus Jagd und Fischerei noch als Nebenbeschäftigung betreiben will, muß das entsprechende Gerät und die Jagdbeute auf dem Balkon aufbewahren.

Die sozialen Probleme, die sich aus der veränderten Lebensweise ergeben, werden vor allem bei den Jugendlichen deutlich. Beruflicher Aufstieg war und ist nur mit einer abgeschlossenen Schulausbildung und einer Lehre möglich und erfordert meist auch gute Dänisch-Kenntnisse. Die Kinder der aus den Jagddistrikten zugewanderten Familien, die vielfach nur die Eskimosprache beherrschen, erfüllen diese Voraussetzungen häufig nicht. Ohnehin können die Berufsschulen allenfalls die Hälfte der Schulabgänger aufnehmen. Und selbst mit einer entsprechenden Ausbildung bleiben viele grönländische Jugendliche arbeitslos, weil Stellen für qualifiziertere Arbeitskräfte oft mit Dänen besetzt sind.

Da die wirtschaftliche Situation die Schaffung neuer Arbeitsplätze nur in sehr begrenztem Umfang zuläßt, droht die Ausbildungs- und Arbeitsplatzbeschaffung für Jugendliche zu einem nahezu unlösbaren Problem zu werden: Von den etwa 45 000 Einwohnern Grönlands (ohne Dänen) sind gegenwärtig 26 Prozent unter 14 Jahren. Die Arbeitslosigkeit führt heute bereits in vielen Fällen zu Alkoholismus, Gewalttätigkeit und insgesamt steigender Kriminalität.

Durch die Rückbesinnung auf alte Werte und Verhaltensnormen versucht man inzwischen verstärkt, einen Ausweg aus der bestehenden Orientierungslosigkeit und Fürsorgementalität zu finden.

◁ *Im Zeitalter der Motorisierung bald schon ein nostalgisches Bild? Noch ist in Nord- und Ostgrönland, wo die Eskimos von der Jagd leben, der Hundeschlitten unentbehrlich.*

Grönland und die Arktis

Die Grenzen der Arktis

Unter Arktis versteht man die um den Nordpol gelegenen Land- und Meeresgebiete. Im Zentrum liegt das weithin eisbedeckte Nordpolarmeer, das von den Nordküsten Eurasiens, Asiens und Amerikas umgeben und nur zum nördlichen Atlantik in breiter Front offen ist.

Schwierigkeiten bereitet die Frage nach der allgemeinverbindlichen, gültigen und sinnvollen Abgrenzung der Arktis gegen die gemäßigten Breiten. Früher wurde dazu allein der Verlauf des Polarkreises 66°32'51" nördlicher Breite herangezogen, jene mathematisch genau festgelegte Linie, auf der die Sonne im Laufe eines Jahres jeweils einen Tag lang über beziehungsweise unter dem Horizont bleibt.

Von hier aus nehmen die Tages- beziehungsweise Nachtlängen zu, bis am Nordpol jeweils ein halbes Jahr lang Tag oder Nacht herrscht – wobei Nacht besser als Dämmerung verstanden werden sollte.

Ein Blick auf die Karte zeigt, daß diese Linie von wenig praktischem Nutzen ist, schließt sie doch den Südteil des unzweifelhaft arktischen grönländischen Inlandeises aus, dafür aber weite bewaldete Teile Nordskandinaviens ein. Als ähnlich ungeeignete Abgrenzung erweist sich die Verbreitung des Permafrostes, das heißt des ganzjährig gefrorenen Bodens, der nur im Sommer oberflächlich auftaut. Er reicht in Sibirien bis weit nach Süden in den borealen Nadelwald hinein.

Heute zieht man zur Abgrenzung der Arktis vielfach die Baumgrenze heran, das heißt die gedachte Verbindungslinie der am weitesten nach Norden vorgeschobenen Einzelbäume. Sie trennt die baumlose Tundra von der südlich anschließenden Waldtundra. In der Tundra selbst, die von ausgedehnten Mooren und Sümpfen durchsetzt ist, tritt eine artenarme Vegetation mit Zwergsträuchern, Flechten und Moosen auf.

Wenn man die Baumgrenze als Kriterium benutzt, umfaßt die Arktis einen Raum, der sich aus einem schmalen Streifen am Nordrand der Kontinente und den vorgelagerten Inseln einschließlich Grönlands und Spitzbergens zusammensetzt. Auffällige Abweichungen in der Nord-Süd-Erstreckung ergeben sich insbesondere im Nordatlantik – durch den warmen Golfstrom auf der Ost- und den kalten Labradorstrom auf der Westseite – sowie im Bereich der Hudsonbai durch den im Sommer nur langsam auftauenden Wasserkörper.

Arktische Pflanzen- und Tierwelt

Die so abgegrenzte Arktis kann nicht einfach als lebensfeindlicher Raum eingestuft werden. Das zeigen nicht zuletzt die reichlichen Pflanzen- und Tierbestände, die zumindest in der Vergangenheit die Grundlage für das menschliche Leben hier bildeten. Auffällig ist die Verbindung von Artenarmut und Individuen-

◁ *Das Tarnsegel gehört in Grönland zur gängigen Ausrüstung bei der Seehundjagd. Der Eskimo verbirgt sich mit dem Gewehr hinter dem Schirm, wenn er nach Beute Ausschau hält.*

▷ *Bis zu 100 Meter ragen die bizarr geformten Gipfel der Eisberge aus dem Wasser empor. Manche der weißen Giganten wirken wie von der Hand eines modernen Künstlers geschaffen. Die kalte Pracht besteht aus gefrorenem Süßwasser; 90 Prozent der Masse eines Eisberges verbergen sich unter dem Meeresspiegel. Die meisten arktischen Eisberge treiben mit der Meeresströmung südwärts und stranden an den Gestaden Labradors.*

reichtum. Der Umfang der Bestände mag überraschen, weil der jährliche Zuwachs relativ gering ist. Arktische Pflanzen und Tiere zeichnen sich jedoch durch eine generelle Langlebigkeit aus – die verhältnismäßig hohen Bestandsdichten sind das Ergebnis zahlreicher Jahresproduktionen. Dieser Umstand muß bei der Nutzung der Bestände berücksichtigt werden, weil allzu leicht die Gefahr der Überjagung, Überfischung und Überweidung besteht.

Als typischer Bewohner sei das Wildren genannt, das über die gesamte Arktis verbreitet ist und in verschiedenen Arten auftritt. Das kanadische Karibu verbringt den Sommer in der Tundra, den Winter in der Waldtundra beziehungsweise in den Wäldern des subpolaren Gebietes, wobei es auf seinen ganzjährigen Wanderungen bis zu 1000 Kilometer zurücklegt.

Weitere typische Tiere der Tundra sind der in Herden lebende, standorttreue Moschusochse und der Polarfuchs, der wegen seines begehrten Fells das wichtigste Pelztier des Raumes ist. Die Polarfüchse sind in ihrer Anzahl direkt abhängig vom Auftreten der Lemminge, ihrer Hauptbeute. Da die Zahl dieser Wander- und Wühlmäuse alle vier Jahre massenhaft zunimmt, vermehren sich in diesem Turnus auch die Füchse stärker.

Zur vielfältigen arktischen Meeresfauna gehört die über die gesamte Arktis verbreitete ortsfeste Ringelrobbe, die jahreszeitlich wandernde Sattelrobbe im westatlantischen Bereich, das Walroß, der Weißwal der Nordmeere und der Narwal in den ostkanadisch-grönländischen Gewässern. In den polaren Randmeeren, die zu den besten Fischgrün-

den der Erde zählen, kommen Lachsforelle, Lachs, Dorsch, Schwarzer Heilbutt und einige andere Arten vor.

Der Mensch in der Arktis

Für die Eingeborenen-Bevölkerung haben diese Pflanzen- und Tierbestände eine nicht zu unterschätzende Bedeutung. Sie deckt damit teilweise ihren Eigenbedarf und gewinnt daraus Bareinnahmen. Steht bei den in der sowjetischen Tundra lebenden Komi, Nenzen, Ewenen, Jakuten und Tschuktschen usw. die Rentierhaltung an erster Stelle, so herrscht bei den Eskimos von Ostsibirien bis Ostgrönland die Jagd auf Meeressäuger und Wildrentiere vor. Nur in Südwestalaska, Nordlabrador und Westgrönland wird inzwischen kommerzielle Fischerei betrieben.

Seit dem Zweiten Weltkrieg hat sich die Siedlungs- und Wirtschaftsweise dieser Völker grundlegend verändert. Die kleinen, inmitten eines Erwerbsraumes gelegenen Winterwohnplätze wurden zugunsten größerer, mit medizinischen und schulischen Einrichtungen ausgestatteter Siedlungen aufgegeben. Zugleich verschob sich das Schwergewicht der Eingeborenen-Wirtschaft aufgrund verstärkter staatlicher Präsenz und entsprechender Aktivitäten arktisweit vom Fallenstellen auf die Lohnarbeit.

Obgleich neue Wirtschaftszweige wie etwa das Kunsthandwerk eingeführt wurden, stieg die Zahl der Sozialempfänger. Angesichts des anhaltend hohen Bevölkerungswachstums müssen – oder müßten – zusätzliche Arbeits- und Einkommensmöglichkeiten geschaffen werden. Ein einzelner Wirtschaftszweig wird jedoch nicht in der Lage sein, die Entwicklung allein zu tragen.

Aus der Erschließung der arktischen Rohstofflagerstätten, um die man sich seit der Entdeckung der Erdölvorkommen an der Prudhoe Bay in Alaska (1968) verstärkt bemüht, ziehen die Eingeborenen bislang nur bescheidenen Nutzen. Zudem stellt der Abbau von Bodenschätzen eine Gefährdung für den arktischen Naturraum dar, da technische Unfälle wie Pipelinebrüche oder der unkontrollierte Austritt von Erdöl bei den Off-shore-Bohrungen nicht auszuschließen sind. So könnte eine weiträumige Meeresverschmutzung des Polargebietes unübersehbare ökologische Schäden zur Folge haben.

◁ *Zur Paarungszeit im Frühsommer tragen die männlichen Eisbären Vergleichskämpfe aus. Ansonsten ist das vom Aussterben bedrohte Charaktertier der Arktis ein Einzelgänger, der auf der Robbenjagd im Pack- und Treibeisgürtel Hunderte von Kilometern zurücklegt.*

△ *Trotz der Artenarmut der arktischen Flora, die unter einer dicken Schneedecke überwintert, ist die Tundra nicht eintönig. Sommers verleihen Blütenpflanzen wie das rosarote Läusekraut mitsamt den Moospolstern dem flachen Vegetationsteppich ein buntes Gepräge.*

Nachdem das wirtschaftliche Interesse der arktischen Anrainerstaaten an den dort lokalisierten Bodenschätzen wächst, werfen die Ureinwohner mit Recht die Frage auf, wem eigentlich das Land gehört, aus dem der Weiße Mann so ungeheuren Reichtum schöpfen will. Zumindest die Eskimos von Alaska bis Grönland sind bestrebt, Besitzansprüche auf ihren angestammten Lebensraum durchzusetzen und bei dessen industrieller Entwicklung ein Wort mitzureden – steht doch letztlich auch ihre ethnische Identität auf dem Spiel.

Der Weg zum Pol

Die Entdeckungsgeschichte der Arktis

Nicht Forscherdurst und nicht Abenteuerdrang waren es, die seit dem Ende des 15. Jahrhunderts europäische Seefahrer in den hohen Norden trieben: es ging um die Entdeckung eines bequemen Seeweges zu den Schätzen des fernen Orients.

Erst im 19. Jahrhundert erwachte auch ein wissenschaftliches Interesse für die arktischen Gewässer und den Nordpol selbst. Nationales Prestigedenken kam hinzu – gab es doch hier noch einen im doppelten Sinn weißen Fleck riesigen Ausmaßes auf dem Globus. Lag dort – hoch im Norden – noch ein Kontinent verborgen wie am anderen Ende der Welt – tief im Süden – die Antarktis?

Die erste wissenschaftliche Expedition zum Nordpol selbst leitete der arktiserfahrene Sir Edward Parry. Mit 28 Mann startete er im Frühling des Jahres 1827 nach Spitzbergen. Von hier aus ging es mit kufenbestückten Booten weiter, die sich gleichermaßen übers Eis ziehen und durchs Wasser rudern ließen. Ende Juli war die Expedition »nur« noch rund 900 Kilometer vom Pol entfernt – und mußte aufgeben. Dieser Rekord blieb fast 50 Jahre lang unerreicht.

Etwa ein Jahr nach Parrys Rückkehr stachen Sir John Ross und sein Neffe James Clarke Ross mit einem Dampfschiff in See. Sie waren auf der Suche nach einer Nordwestpassage in den Orient, kamen aber nur bis zur Halbinsel Boothia in der kanadischen Arktis, wo sie drei Jahre lang im Eis festsaßen und den nördlichen Magnetpol entdeckten. Schließlich mußten sie ihr Schiff aufgeben und mit einem Walfänger zurückkehren.

Die ausgedehnteste Erforschung der kanadischen Arktis galt in jener Zeit allerdings nicht dem Ziel Nordpol. Sie ergab sich vielmehr aus der Suche nach Sir John Franklin,

▷ *Robert E. Pearys Lebensziel war es, als erster Mensch den Nordpol zu erreichen. Sein Grundsatz, die Kräfte der Natur weitgehend zu nutzen, führte ihn nach eigenen Angaben 1909 ans Ziel. Schon zuvor hatte er Kleidung, Überlebenstechniken, Schlitten und Polarhunde der Eskimos erprobt.*

▽▷ *Fridtjof Nansens Expedition mit der »Fram«, im Jahr 1893 begonnen, war eine gelungene Synthese aus Abenteuer und exakter Wissenschaft. Als der Norweger die ostwestliche Eisdrift erkannt hatte, ließ er für seine Treibfahrt im Nordpolarmeer eigens ein rundbäuchiges Schiff bauen. Der Rumpf der »Fram« war so konstruiert, daß er vom zupackenden Eis nicht zerquetscht, sondern hochgehoben wurde.*

◁ ▽ *Bei der Tauffeier der US-»Nautilus« in New York stand schon fest, daß das erste Atom-U-Boot der Welt unter dem Eis zum Nordpol vorstoßen sollte. Das Unternehmen glückte 1958. Auch heute wird gefeiert, wenn ein Schiff den nördlichsten Punkt der Erde erreicht. Die Besatzung des Atomeisbrechers »Sibir«, die dort im Mai 1987 die Sowjetfahne hißte, faßte sich an den Händen und lief einmal um die Erdachse – in genau 48 Sekunden!*

◁ *Wenngleich sich Ausrüstung und technische Möglichkeiten wesentlich verbessert haben, bleiben Nordpolexpeditionen nach wie vor risikoreich und mit Strapazen verbunden. Trotzdem finden sich auch heute Forscher und andere Wagemutige, die die Arktis zu Fuß und per Schlitten bereisen.*

der sich 1845 ebenfalls aufgemacht hatte, die Nordwestpassage zu finden. Als er nicht zurückkam, setzte man die bis dahin aufwendigste Rettungsaktion der Geschichte in Gang. Sie dauerte insgesamt 15 Jahre und brachte außerordentlich detaillierte Kenntnisse der arktischen Region. Das Schicksal Franklins und seiner Mannschaft konnte jedoch nie genau aufgeklärt werden.

Ebenso tragisch endete die Expedition des amerikanischen Marineoffiziers George Washington De Long, der sein vom Packeis eingeschlossenes Schiff verlassen und einen Rückweg suchen mußte. Im Eis der Arktis fanden er und viele seiner Männer den Tod. Auch Major Adolphus W. Greely scheiterte an jenem »weißen Fleck« Arktis. Als nach zwei Jahren auf seiner im Sommer 1881 eingerichteten Forschungsstation noch immer kein Proviantnachschub eingetroffen war, traten er und seine 25-Mann-Expedition mit zwei Booten den Rückweg an. Nach tragischen und entbehrungsreichen Monaten konnten nur noch sieben Männer – darunter auch Greely – gerettet werden.

Der Norweger Fridtjof Nansen machte sich all die Erfahrungen seiner Vorgänger zunutze und versuchte den Nordpol auf eine ganz besondere Weise zu erreichen. Er ließ sein Spezialschiff »Fram« im Polareis festfrieren und mit der Strömung driften, die seinen Berechnungen nach nahe am Pol vorbeiführen mußte. Der Plan schlug fehl. Zusammen mit einem Begleiter kam Nansen schließlich zu Fuß bis auf 320 Kilometer an den Nordpol heran. Die legendäre, aber vergebliche Expedition endete erst nach drei Jahren. Im August 1896 trafen beide Polarforscher wohlbehalten in Norwegen ein – eine Woche nach ihnen landete die »Fram« unbeschädigt im heimatlichen Hafen. An ihre Rückkehr hatte niemand mehr geglaubt.

Der Amerikaner Robert E. Peary schließlich nahm für sich in Anspruch, der erste Mensch am Nordpol gewesen zu sein. Von 1886 an bis zu seinem Triumph im Jahre 1909 widmete er sein Leben nur diesem einen Ziel. Auch er ließ ein Schiff für die nördlichen Gewässer, die »Roosevelt«, bauen, unternahm viele Expeditionen durch Grönland und andere arktische Gebiete und lernte von den Eskimos das Überleben im ewigen Eis. Nach seinen Angaben erreichte er den Pol endlich am 6. April 1909.

Erst in unseren Tagen machte sich ein Mensch zu Fuß auf den Weg zum Pol: Am 19. April 1968 erreichte der Amerikaner Ralph Plaisted mit drei Begleitern sein Ziel. Seine Ankunft wurde von einem Meßflugzeug eindeutig festgestellt.

Auf dem Luftweg war der Pol schon lange zuvor erreicht worden: 1926 überflogen ihn Roald Amundsen, Lincoln Ellsworth und Umberto Nobile mit einem Luftschiff. Zu Wasser schien die Eroberung des Nordpol ausgeschlossen. Dann aber unterquerte 1958 das amerikanische Atom-U-Boot »Nautilus« die Eisdecke genau am nördlichsten Punkt der Erde, und über Wasser schaffte es schließlich 1977 der atomgetriebene sowjetische Eisbrecher »Arktika«. Am Ende der Entdeckungsgeschichte des Nordpols, die so viele Opfer gefordert hat, steht der Triumph der modernen Technik.

Alfred M. W. Schürmann

Grönland

Daten · Fakten · Reisetips

Landesnatur

Fläche: 2 175 600 km² (sechsmal so groß wie die Bundesrepublik Deutschland)
Ausdehnung: Nord–Süd 2650 km, West–Ost 1050 km
Küstenlänge: 39 000 km
Höchster Berg: Gunnbjørns Fjeld 3700 m
Längster Fjord: Scoresby Sund (mit Nordwestfjord) 314 km

Grönland ist die größte Insel der Erde. Geographisch wird sie dem amerikanischen Kontinent zugerechnet. Nur 26 km von Kanada entfernt, wird das dänische Außengebiet von der Grönlandsee im Osten, der Dänemarkstraße und Labradorsee im Süden, von der Davisstraße und Baffinbai im Westen und dem Nordpolarmeer im Norden begrenzt.

Naturraum

Lediglich 16 % der Gesamtfläche Grönlands sind eisfrei. Darunter fallen das Küstenland und die vorgelagerten Inseln (größte Insel: Disko, 8578 km²). Der gewaltige Eispanzer im Landesinneren weist eine durchschnittliche Stärke von 1500 m (maximal 3400 m) auf. Unter der Last der Eismasse sinkt der Felsuntergrund im zentralen Teil bis unter den Meeresspiegel ab.

Keine Heimat für Jäger und Fischer: moderne Wohnblocks in den Städten.

An den Rändern der Insel wölben sich Gebirge auf, die an der Ostküste alpinen Charakter haben (Gunnbjørns Fjeld, 3700 m). Vor allem an der weniger schroffen Westseite der Insel strömt das Inlandeis in breiten Gletschern über den Küstensaum ab und »kalbt« Eisberge. Selbst der eisfreie, von Fjorden stark zergliederte Küstenstreifen zeigt überall Spuren der früheren Eisbedeckung.

Klima

Grönland hat (mit Ausnahme des subpolaren Südens) streng polares Klima. Die mittleren Temperaturen nördlich des Polarkreises liegen im Juli zwischen 3 °C und 8 °C, im Winter zwischen −15 °C und −30 °C (Tiefsttemperatur auf dem Inlandeis: −66 °C; Höchsttemperatur: 0 °C); Südgrönland hat Durchschnittstemperaturen zwischen 8 °C und 10 °C bzw. zwischen −5 °C und −15 °C. Hier fallen auch die meisten Niederschläge (500–2000 mm pro Jahr). An der Südwestküste, in Godthåb, kann das Thermometer von Juni bis September über 20 °C zeigen. Nördlich des Polarkreises geht die Sonne mindestens einmal im Jahr 24 Stunden lang nicht unter (Mitternachtssonne) bzw. nicht auf (Polarnacht).

Vegetation und Tierwelt

Im eisfreien Küstenbereich des »grünen« Landes wächst eine dürftige Tundra-Vegetation: Moose, Flechten, Gräser, Kräuter, Pilze und Zwergsträucher. Lediglich im Südwesten – im Innern der geschützten Fjorde – kommen auch Krummholzbestände aus Birken, Erlen, Ebereschen und Weiden vor.
Die wichtigsten einheimischen Tiere sind Rentiere, Polarfüchse, Schneehasen, Lemminge, Hermeline, Moschusochsen und Eisbären; vor den fischreichen Küsten leben Robben, Wale sowie eine Vielzahl von Wasservögeln.

Politisches System

Amtlicher Name: Grønland (Kalâtdlit Nunât)
Staats- und Regierungsform: Außengebiet des Königreichs Dänemark mit innerer Autonomie
Hauptstadt: Godthåb (Nûk)

Seit 1979 besitzt Grönland, das die Einheimischen Kalâtdlit Nunât (Land der Menschen) nennen, die innere Autonomie. Staatsoberhaupt ist nach wie vor der dänische Monarch. Der dänischen Regierung bleiben die Außenbeziehungen und die Verteidigung vorbehalten. Das grönländische Parlament wird für vier Jahre direkt gewählt und hat 26 Mitglieder. Die Regierung bildet ein sechsköpfiges Ministerkabinett unter Vorsitz des Führers der Mehrheitspartei oder -koalition. Die Insel gliedert sich in drei Verwaltungseinheiten: Nord-, West- und Ost-Grönland.
Höchste juristische Instanz ist das Hohe Gericht in Godthåb, daneben gibt es 18 Distriktgerichte.

Bevölkerung

Einwohnerzahl: 53 000
Bevölkerungsdichte: 0,02 Einw./km²
Bevölkerungszunahme: 1,2 % im Jahr
Größte Städte: Godthåb (Nûk; 11 000 Einw.), Holsteinsborg (Sisimiut; 5000), Jakobshavn (Ilulissat; 4500), Sukkertoppen (Manitsoq; 4000) und Angmagssalik (Ammarssalik; 3000)
Bevölkerungsgruppen: 82 % Grönländer, 15 % Europäer, 3 % Eskimos

Über vier Fünftel der heutigen Grönländer sind aus der Vermischung der Eskimos mit Nordeuropäern hervor-

Grönland – Grünland: dem Namen wird nur die Südwestecke gerecht.

gegangen. Ursprüngliche Eskimogruppen gibt es noch an der nördlichen West- und Ostküste. Die Europäer sind überwiegend Dänen. Neun Zehntel der Einwohner leben an der milderen südlichen Westküste, wo auch fast alle größeren Orte liegen. Knapp 30 % der Grönländer sind jünger als 15 Jahre. Allgemeine Landessprache ist Grönländisch (Ost-Eskimoisch), das seit 1979 neben dem Dänischen auch Amtssprache ist. Die Bevölkerung gehört fast ausschließlich der evangelisch-lutherischen Kirche und der Herrnhuter Brüdergemeine an.

Soziale Lage und Bildung

Mit finanzieller Unterstützung aus Dänemark konnte ein umfassendes Sozialsystem aufgebaut werden. Hauptproblem ist die jahreszeitlich und in den Gemeinden unterschiedlich hohe Arbeitslosigkeit. Die medizinische Versorgung ist gut und wie in Dänemark kostenlos. Allgemeine Schulpflicht besteht zwischen dem 7. und 14. Lebensjahr. Für weiterführenden Unterricht gehen viele Kinder nach Dänemark. Einzige Fachhochschule ist das Lehrerseminar in Godthåb.

Wirtschaft

Währung: 1 Dänische Krone (dkr) = 100 øre
Wichtigste Handelspartner: Dänemark und andere EG-Länder

Grundlage der Wirtschaft sind Fischerei und fischverarbeitende Industrie; daneben gibt es Seehundjagd und Schafzucht. Grönland ist allerdings auf die finanzielle Unterstützung Dänemarks angewiesen. 1985 trat das Land aus der EG aus und hat seither den Status eines überseeischen Gebietes mit zollfreiem Zugang zum EG-Markt. Den EG-Fischern werden Fangrechte gewährt.

Bodenschätze

Die Hoffnungen auf ergiebige Rohstoffvorräte (Erdölsuche) haben sich bislang nicht erfüllt. Die Kryolithvorkommen bei Ivigtut (Südgrönland) sind nahezu ausgebeutet. Der Kohlebergbau auf Disko wurde eingestellt. Von den wenigen anderen bekannten Bodenschätzen werden vor allem Blei und Zink gefördert.

Industrie

Neben der fischverarbeitenden Industrie gibt es einige kleinere Werften.

Handel

Hauptausfuhrgüter sind Fisch und Fischereiprodukte, Metallerze und Mineralien. Eingeführt werden Erdölprodukte, Industriewaren, Maschinen und Lebensmittel.

Verkehr, Tourismus

Hauptverkehrsmittel sind Boote, Hubschrauber, kleine Flugzeuge, daneben finden Hunde- und Motorschlitten Verwendung. Der internationale Flugplatz Søndre Strømfjord an der Westküste ist Stützpunkt der Transpolarroute. Haupthafen ist Godthåb.

Geschichte

Zu Beginn des 10. Jh. soll der Norweger Gunnbjørn Ulfson, Sohn von Ulf Kraka, Inseln im Westen Islands entdeckt haben. Auf der Suche nach »Gunnbjørns Land« landete der verbannte Isländer Erich der Rote 982 an der fruchtbaren Westküste der Insel und taufte sie Grönland, »grünes Land«. Um 1000 wurde die Insel christianisiert. 1261 gerieten die Einwohner Grönlands unter die Oberhoheit Norwegens. Durch die Gründung der Kalmarer Union (Zusammenschluß Dänemarks, Norwegens und Schwedens unter dänischer Führung) gelangte Grönland 1397 schließlich in dänischen Besitz. Im 15. Jh. sind jedoch fast alle europäischen Siedlungen im Südwesten des Landes untergegangen – Ursachen waren vermutlich Klimaverschlechterungen und Kämpfe mit den deshalb von Norden nachrückenden Eskimos (Inuits). Erst Anfang des 18. Jh. wurde Grönland wieder ko-

Grabschmuck aus Mitteleuropa: wetterfeste Plastikblumen.

Daten · Fakten · Reisetips   Grönland

lonisiert. 1721 errichtete der norwegische Pfarrer Hans Egede im Auftrag des dänischen Königs eine erste Missions- und Handelsniederlassung. Ihm folgten dänische Siedler und Kaufleute. 1815 mußte sich Dänemark zwar von Norwegen trennen, hielt aber Grönland weiterhin politisch annektiert. Die Besiedlung Grönlands durch die Europäer hatte für die Eskimos verheerende Folgen: Viele starben an eingeschleppten Krankheiten.

Im 19. Jh. und im ersten Drittel des 20. Jh. (Alfred Wegener) wurde Grönland von zahlreichen Forschungsexpeditionen besucht. Aufgrund seiner geographischen Lage besaß es im Zweiten Weltkrieg eine große strategische Bedeutung. Die USA schlossen 1941 mit Dänemark ein Verteidigungsabkommen, das ihnen die Anlage von Luftstützpunkten und Radarstationen auf der Insel sicherte (Erneuerung des Abkommens 1951). 1953 wurde die Kolonie dänische Provinz; ihre Bewohner sind seitdem gleichberechtigte dänische Staatsbürger. Seit 1979 besitzt Grönland innenpolitische Autonomie, die es 1985 zum Austritt aus der EG nutzte. Grönland bemüht sich zudem um weitere Unabhängigkeit von Dänemark.

Kultur

Die Fähigkeit, sich auch Kältezonen anzupassen, wird von den Eskimos eindrucksvoll demonstriert. Als früheste Überreste ihrer Kultur gelten 4000–5000 Jahre alte Funde aus der Küstenregion und dem Inland, die zeigen, daß sie Jäger waren. Um die Tiere in ihrem eigenen Element verfolgen zu können, erfanden die Eskimos vor etwa 2000 Jahren das Kajak, das sie aus Treibholz und Tierhaut konstruierten, und das Umiak, ein großes offenes, fellbespanntes Spantenboot. Robbenhäute und -felle lieferten das Material für Stiefel und Kleidung, für Zelte, Bootsbespannungen und Rohlederleinen. Der Robbenspeck war als Brennstoff für Lampen unentbehrlich. Aus dem Elfenbein der Stoßzähne des Walrosses wurden Waffen und Geräte hergestellt. Der Fischfang wurde mit dem Netz, dem Fischspeer oder mit Angelschnüren aus Fischbein betrieben. Auf der Suche nach Nahrung mußten die Eskimos umherwandern; sie lebten im Sommer in Fellzelten und im Winter in Schneehäusern (Iglus). Für die Fortbewegung im Winter erfanden sie Ski und Schneeschuhe.

Die frühesten uns bekannten Kunsterzeugnisse sind kleinformatige Figuren aus Knochen und Walroßzähnen von erstaunlicher Ausdruckskraft. Sie dienten oft als Amulette und Totengaben und werden entweder der Dorset-Kultur (ab etwa 500 v. Chr.) oder der Thule-Kultur (ab 1000 n. Chr.) zugerechnet. Vermutlich auf die Thule-Kultur geht die Technik der Specksteinbearbeitung zurück. Erst 1844 stieß man auf die Kultur der nur etwa 400 Menschen zählenden Angmagssalik-Eskimos mit ihren üppigen Frauenfigürchen und »Tupilaks«, geschnitzten Dämonengestalten, halb Mensch, halb Tier.

Die Kunst der Eskimos war Ausdruck eines magischen Weltbildes, in dem zwar eine ordnende göttliche Kraft (»Sila«) herrschte, das aber ansonsten von Geistern und Seelen der Toten bevölkert war. Die Ordnung dieses magischen Weltbildes überwachten Schamanen. Bei den Eskimos gab es keine Häuptlinge, sondern nur selbstverantwortliche Großfamilien. Im wesentlichen haben sich die Lebensweise und die Kultur der Eskimos bis heute unverändert erhalten, obwohl sie durch die ethnische Vermischung mit dänischen Siedlern und das Eindringen moderner Zivilisation bedroht sind.

Reise-Informationen

Einreisepapiere
Bürger der Bundesrepublik Deutschland, der Schweiz und Österreichs benötigen für einen Aufenthalt bis zu drei Monaten einen gültigen Reisepaß bzw. Kinderausweis oder einen Personalausweis.

Zoll
Bei der Einreise sind zollfrei: pro Person ab 18 Jahre 1 Liter Spirituosen, 2 Liter Wein, 200 Zigaretten oder 50 Zigarren oder 100 Zigarillos oder 250 g Tabak, 50 g Parfüm, ½ Liter Toilettenwasser, 100 g Tee und 500 g Kaffee.

Devisen
Die Ein- und Ausfuhr von Dänischen Kronen (dkr) und anderen Währungen ist unbeschränkt. Euro- und Reiseschecks sowie Kreditkarten werden akzeptiert.

Verkehrsverhältnisse
Als Transportmittel eignen sich am besten Flugzeuge und Hubschrauber. Entlang der Westküste und in Südgrönland verkehren Passagierschiffe, die aber nur eine begrenzte Zahl von Reisenden befördern können. Taxis fahren in den größeren Städten.

Unterkünfte
Es gibt nur wenige Hotels der Mittelklasse, meist findet man einfache Hotels, Herbergen oder Seemannsheime. Reservierungen sollte man so früh wie möglich vornehmen.

Reisezeit
Die beste Reisezeit ist von Ende Juni bis Anfang September, für das Gebiet um Jakobshavn (Disko-Bucht) zwischen März und Mai.

Guadeloupe

Gerda Rob

Das französische Übersee-Departement, eine verstreute Inselgruppe der Kleinen Antillen, trägt das Erbe der kolonialen Vergangenheit und die Nuancen aller nur denkbaren Hautfarben mit freundlicher Gelassenheit. In den Adern der Bewohner fließt afrikanisches, französisches, indisches, chinesisches und indianisches Blut. Sie denken auf exotische Weise französisch und sprechen ein weiches Kreolisch, sie fühlen im Sinne eines neuen Selbstbewußtseins afrikanisch und glauben zuweilen noch an die Macht und den Zauber der Quimboiseurs, die in den kleinen, im Tropenwald versteckten Dörfern ihre geheimnisvollen Tränke mischen. Ihre Ahnen vererbten ihnen das leidenschaftliche Temperament, die grausame Freude am blutigen Hahnenkampf, die Passion zu wetten, die ekstatischen Tänze, die hinreißenden Rhythmen und die Freude am allzu reichen Kindersegen. Heute ist jeder zweite Inselbewohner jünger als 20 Jahre, und ein Teil der »Jeunesse noire« betreibt vor dem Hintergrund der schwierigen Wirtschaftssituation eine militante Los-von-Frankreich-Bewegung.

Amtl. Name:	Departement Guadeloupe
Amtssprache:	Französisch
Einwohner:	340 000
Fläche:	1702 km²
Hauptstadt:	Basse-Terre
Polit. Status:	Französisches Übersee-Departement
Kfz-Zeichen:	F
Zeitzone:	MEZ −5 Std.
Geogr. Lage:	Karibik, zwischen Antigua und Dominica

Kakukera, Inseln der schönen Wasser, nannten die karibischen Indianer ehemals ihre Heimat. Sie meinten damit die kristallklaren Flüsse, die den westlichen Inselteil durchziehen. So findet hier, auf Basse-Terre, natürlich der Waschtag an einem Fluß statt.

Archipel der ungleichen Schwestern

Die Ureinwohner nannten sie liebevoll »Inseln der schönen Wasser« – Kolumbus gab ihnen den heutigen Namen zu Ehren eines Klosters in der Estremadura. Das Departement umfaßt die Hauptinsel Guadeloupe, die Vulkaninseln Les Saintes, die Zuckerrohrinsel Marie-Galante, die Kakteen-Insel La Désirade, die Iles de la Petite-Terre, den Nordteil von Saint-Martin sowie die Insel Saint-Barthélemy, wo Nachfahren bretonischer und normannischer Siedler leben. Keine der Inseln ähnelt einer anderen.

Guadeloupe selbst hat die Form eines Schmetterlings; der linke Flügel besteht aus einem vulkanisch-tropischen Waldgebirge, der rechte aus einer mit Schwammkorallen durchsetzten, verkarsteten Tafelfläche, deren Hügel den heftigen Passatwinden ausgesetzt sind. Die beiden Inselteile sind genaugenommen Schwesterinseln, die an der Rivière Salée, einer 50 bis 140 Meter breiten, von Mangrovensümpfen flankierten Wasserstraße, zusammenstoßen.

Die 848 Quadratkilometer große westliche Inselhälfte Basse-Terre mit dem 1467 Meter hohen Vulkan La Soufrière, den Wasserfällen an der Rivière du Grand Carbet, den warmen Quellen und dem dichten tropischen Regenwald ist schöner, wilder, farbiger als die 588 Quadratkilometer große östliche, flache und monotone Inselhälfte Grande-Terre mit ihren Zuckerrohr- und Bananenplantagen.

Auf Basse-Terre landete 1493 Kolumbus, und hier gingen auch 1635 die Franzosen besitzergreifend, gierig – und den Kariben den Tod bringend – an Land. Von Basse-Terre aus verbreitete sich mit dem ersten Zuckerrohranbau ab 1644 koloniale Kultur und koloniale Unkultur über beide Inselhälften.

Die politische und die heimliche Hauptstadt

Basse-Terre auf dem gleichnamigen Inselflügel ist die politische Hauptstadt von Guadeloupe. Ein süßer, modriger Tropenhauch weht über den Boulevard du Général de Gaulle am Hafen bis hin zur Kirche Notre-Dame du Mont-Carmel und mischt sich mit dem Geruch von Schwefel. Zuweilen scheint es, als greife La Soufrière verderbenbringend nach der Stadt, und die Drohgebärden des Vulkans sind durchaus ernstzunehmen. Im August 1976 mußten 72 000 Bewohner von Basse-Terre und Umgebung für mehrere Monate aus der Gefahrenzone evakuiert werden. Die latent vom Vulkan und zwischen Juli und September auch von Hurrikanen bedrohte Metropole gleicht dennoch einer schönen, verträumten Provinzstadt, die mit tropischer Trägheit ihre Bananendampfer über den Atlantik schickt.

Touristen lassen sich gern zu Ausflügen in den prächtigen Nationalpark von Basse-Terre verlocken. Aufenthalt nehmen sie jedoch lieber auf der Ostinselhälfte Grande-Terre, an der mondänen, teuren Riviera du Sud zwischen Gosier und den skurril zerbrochenen Felsen von Pointe des Châteaux.

Pointe-à-Pitre auf Grande-Terre, an der Nahtstelle der Schwesterinseln gelegen, ist die heimliche Hauptstadt von Guadeloupe.

▽ *Zuckerrohrernte auf Grande-Terre, dem östlichen Inselteil. Dies ist die Landschaft des »westindischen Weins«, wie man scherzhaft den weltberühmten Rum nennt, der hier aus der Zuckerrohrmelasse gewonnen wird.*

▷ *Basse-Terre, ein tropischer Naturpark: Inmitten üppiger Regenwälder ergießen sich Wasserfälle aus den Schluchten des Vulkangebirges.*

Mit dem wichtigsten Hafen und dem Flughafen bildet sie das Wirtschaftszentrum. Pointe-à-Pitre ist eine optimistische Stadt, selbstbewußt, handelstüchtig, aufstrebend und doch westindisch kunterbunt. Die übervollen Märkte am alten Hafen La Darse koexistieren mit den neuen Industrievierteln von Jarry und Le Raizet, avantgardistische Neubauten mit kolonialfranzösischer Architektur und modernen Holzhütten im Palmschatten. Hier mischen sich Jahrhunderte, Kontinente, Wirtschaftsformen und Weltanschauungen.

Alltagsflucht, Landflucht, Inselflucht

Die heimliche Hauptstadt wird infolge der schwieriger gewordenen Absatzlage von Zucker, Rum und Bananen gerade mit Macht in das industrielle Zeitalter katapultiert. Inselsöhne und -töchter erhalten im modernen Technischen Gymnasium und an der Universität das Rüstzeug für eine hoffnungsvollere Zukunft. Eine Hoffnung, die sich allerdings nur bei sinkendem Bevölkerungszuwachs erfüllen kann.

Zyklisch wie der Karneval, wie die blutrünstigen Hahnenkämpfe in den vielen »Pitts« genannten Arenen und die malerische, rumselige, von Beguine-Tänzen und Gesängen begleitete »Fête des Cuisinières« im Zyklonmonat August, treten plötzliche Aufbruchsstimmungen auf. Bei den Kais im alten Hafen von Pointe-à-Pitre trifft sich dann eine bunte Gesellschaft: Wanderhändler aus Dominica, Hutflechter von den Iles des Saintes, Kalebassenschnitzer aus Basse-Terre, Wanderprediger aus Haiti, Puppenmacherinnen von La Désirade und viele chancenlose junge Leute, deren Eltern die Lehren der französischen Familienplanung in den Wind schlugen. Pointe-à-Pitre gilt im Verkehr zwischen den Inseln als zentrale Anlaufstelle, als Fluchtziel aus der Landwirtschaft in städtische und touristische Dienstleistungsbereiche oder als Vorstufe zur Auswanderung.

Daten · Fakten · Reisetips — Guadeloupe

Landesnatur

Fläche: 1780 km²
Ausdehnung: Hauptinsel Guadeloupe: West–Ost 60 km, schmalste Stelle 5 km
Höchster Berg: Soufrière 1467 m

Das Übersee-Departement umfaßt außer der Hauptinsel Guadeloupe (1433 km²) auch die benachbarten Inseln und Inselgruppen Marie-Galante (158 km²), Iles des Saintes (14 km²), La Désirade (22 km²) sowie die etwa 250 km nordwestlich gelegenen Inseln Saint-Barthélemy (21 km²) und den nördlichen Teil von Saint-Martin (54 km²).
Guadeloupe, die größte Insel der Kleinen Antillen, besteht genaugenommen aus zwei Inseln, die durch einen engen Meereskanal getrennt sind. Den westlichen Teil (Basse-Terre) durchzieht vulkanisches Bergland mit dem noch aktiven Vulkan Soufrière (1467 m); der östliche Teil (Grande-Terre) ist flach und besteht aus verkarsteten Kalkplateaus.
Das tropische, in Höhenlagen gemilderte Klima wird vom Passat bestimmt. Die Temperaturen schwanken zwischen 18 °C und 33 °C. Niederschläge fallen vorwiegend von Juli bis September, jährlich etwa 2000 mm im Osten, bis über 3000 mm im Westen. Das bewaldete Basse-Terre wird von zahlreichen kleinen Flüssen durchzogen, die ins Meer münden; auf Grande-Terre gehen die wenigen Wasserläufe in Sümpfe über. Die Küste wird hier von Mangroven gesäumt.
Neben verschiedenen Echsenarten gibt es Waschbären, Mungos und Goldhasen auf Guadeloupe.

Politisches System

Amtlicher Name: Département de la Guadeloupe
Politischer Status: Französisches Übersee-Departement
Hauptstadt/Verwaltungssitz: Basse-Terre

Als »Département d'Outre-Mer« (DOM) ist die Inselgruppe Teil des Mutterlandes Frankreich und wird von einem dem französischen Innenministerium unterstehenden Präfekten verwaltet. Als Selbstverwaltungsorgan fungiert der »Conseil Général« (Generalrat) mit 43 gewählten Mitgliedern.

Bevölkerung

Einwohnerzahl: 340 000
Bevölkerungsdichte: 200 Einw./km²
Größte Städte: Pointe-à-Pitre (25 000 Einw.), Basse-Terre (16 000 Einw.)
Bevölkerungsgruppen: 92 % Mulatten und Schwarze, 6 % Asiaten (vor allem Inder), 2 % Weiße

Die Bevölkerung lebt zu 90 % auf der Hauptinsel Guadeloupe. Die wenigen Weißen sind französischer Abstammung; die Inder wurden nach der Sklavenbefreiung als Plantagenarbeiter auf die Inseln geholt. Neben Französisch wird im Umgang das »Patois« gesprochen, ein kreolisch-französischer Dialekt. Die Mehrheit der Einwohner sind Katholiken. – Sozial- und Bildungswesen sind nach französischem Vorbild ausgerichtet. Aufgrund einseitiger Wirtschaftsstruktur herrscht hohe Arbeitslosigkeit (über 20 %), die besonders die Jugendlichen zur Abwanderung veranlaßt.

Wirtschaft

Währung: 1 Französischer Franc (FF) = 100 Centimes (c)
Wichtigster Handelspartner: Frankreich

Haupteinnahmequelle von Guadeloupe ist der Tourismus. Die meisten Besucher kommen aus den USA, aus Kanada sowie Frankreich, jedoch zunehmend auch aus anderen Ländern Westeuropas.
Ältester Wirtschaftszweig ist die Landwirtschaft. Angebaut werden vor allem Zuckerrohr, Bananen und Ananas. Der Fischfang ist eine weitere wichtige Erwerbsquelle, besonders für die Bewohner der kleinen Nebeninseln. Ausgeführt werden hauptsächlich Bananen, Zucker, Melasse und Rum, eingeführt Lebensmittel, Maschinen und Textilien. Das Straßennetz hat eine Länge von 2000 km. Seehafen ist Pointe-à-Pitre, internationaler Flughafen Raizet (bei Pointe-à-Pitre).

Geschichte

Als Christoph Kolumbus 1493 das tropische Eiland betrat, waren dort Kariben ansässig, Angehörige einer Sprachgruppe südamerikanischer Indianer.
Erst 1635 annektierten die Franzosen Léonard de l'Olive und Jean Duplessis d'Ossonville im Auftrag der privaten »Compagnie des Iles d'Amérique« den Archipel; 1674 wurde Guadeloupe französische Kronkolonie.
Bis 1814, als die Inseln im Friedensvertrag von Paris endgültig Frankreich zugesprochen wurden, waren sie immer wieder zwischen Großbritannien und Frankreich umkämpft. Zu dieser Zeit waren die Kariben fast ausgerottet. Auf den Plantagen arbeiteten schwarze Sklaven, deren Vorfahren im 17. und 18. Jh. aus Afrika hierher verschleppt worden waren.
Sklavenhandel und Sklavenarbeit wurden 1838 auf Betreiben des Elsässers Victor Schoelcher vom französischen Parlament verboten – ähnlich wie auf Martinique.
1871 war Guadeloupe erstmals mit eigenen Abgeordneten im französischen Parlament vertreten. Seit 1946 ist es Übersee-Departement.

Kultur

Von der Kultur der Arawaks, der Ureinwohner von Guadeloupe, zeugen heute nur noch Steine mit eingemeißelten Dämonen- und Götterfiguren. Auch von den Kariben, die die Arawaks verdrängten, ist wenig erhalten. Verbreitet ist der Voodoo-Kult ebenso wie der Glaube an »Zombies«, Totengeister. Vor allem die Musik ist vom afrikanischen Erbe geprägt. Selbst bei kirchlichen Prozessionen wird oft tagelang zum Klang der Holztrommeln der »Calenda« getanzt, ein aus Afrika stammender Gruppentanz.
Seit Beginn des 20. Jh. hat sich eine eigenständige kreolische Literatur entwickelt. Der bedeutendste Dichter von Guadeloupe ist der dort geborene Literatur-Nobelpreisträger Saint-John Perse (1887–1975), der in freien Rhythmen die Natur und eine neue, humanere Welt besungen hat.

Reise-Informationen

Bürger der Bundesrepublik Deutschland, der Schweiz und Österreichs brauchen für einen Aufenthalt bis zu drei Monaten einen gültigen Reisepaß bzw. Kinderausweis.
Als Fahrerlaubnis ist nach 20 Tagen ein internationaler Führerschein erforderlich.
Die Zollbestimmungen entsprechen den französischen.
Die Ein- und Ausfuhr von Französischen Francs (FF) und von Fremdwährungen unterliegt keinen Beschränkungen.
Für Besucher, die aus Infektionsgebieten einreisen, ist Gelbfieberimpfung vorgeschrieben.
Mietwagen sind preisgünstig, Taxis dagegen verhältnismäßig teuer. Es verkehren Omnibusse.
Mit Frankreich und den USA bestehen regelmäßige Flug- und Schiffsverbindungen.
Es stehen Hotels aller Kategorien mit insgesamt 3000 Betten zur Verfügung. Die beste Reisezeit liegt zwischen Dezember und April.

Farbenprächtiges Warenangebot auf den Märkten am alten Hafen »La Darse« in Pointe-à-Pitre.

Guatemala

Roger Franz

Land des ewigen Frühlings und der feuerspeienden Berge: Hinter dem schmalen Küstenstreifen am Pazifik ragen im Hochland Guatemalas mehr als 30 Vulkane in den tiefblauen Himmel. Erdbeben, Aschenregen und Lavaströme haben zwar die meisten der im Zuckerbäckerstil erbauten Kirchen aus der spanischen Kolonialzeit zerstört, die Bauern aber nicht von dem fruchtbaren Boden vertreiben können. Unter orchideenbehangenen Schattenbäumen gedeiht erstklassiger Kaffee, Tausende von Blumen zeugen von der unerschöpflichen Vielfalt der subtropischen Vegetation.

Land der Indianer und Wiege der Maya-Kultur: Im Norden des Landes, in den undurchdringlichen Regenwäldern des Petén, liegt die riesige Ruinenstadt Tikál, einst ein Zentrum der Maya, deren Nachfahren heute noch etwa die Hälfte der Gesamtbevölkerung ausmachen. In Guatemala wurden die Indianer weder durch eingeschleppte Krankheiten noch durch spanische Waffen ausgerottet. In vielen Gebieten leben ihre Sitten und Bräuche nahezu unverändert fort.

Staatsname:	Republik Guatemala
Amtssprache:	Spanisch
Einwohner:	9,2 Millionen
Fläche:	108889 km²
Hauptstadt:	Ciudad de Guatemala (Guatemala-Stadt)
Staatsform:	Präsidiale Republik
Kfz-Zeichen:	GCA
Zeitzone:	MEZ –7 Std.
Geogr. Lage:	Mittelamerika, begrenzt von Mexiko, Belize, Honduras und El Salvador

Farbenprächtig und feierlich geht es bei den religiösen Festen der Indios zu – wie hier in Chichicastenango, wo man den Namenstag des Santo Tomás begeht, des Schutzheiligen der Gemeinde.

Unter der Geißel der Beben – die alte Hauptstadt Antigua

Wann immer ich kann, fahre ich noch nachts nach der Ankunft auf dem Flughafen von Guatemala City in die alte Hauptstadt Antigua: nicht im Chaos aufwachen, sondern in frischer Höhenluft – im besten Kaffeeanbaugebiet des Landes. Nach dem Frühstück ein erster Spaziergang durch die verblichene Pracht der ehemaligen Hauptstadt Zentralamerikas: Aus dem Schatten der Innenhöfe meines Hotels trete ich in die gleißende Sonne auf der Plaza Real, dem alten königlichen Hauptplatz, und stehe in einem lebendigen Museum.

Doch die im frühen 16. Jahrhundert gegründete Stadt bietet nicht nur idyllische Anblicke. Zerborstene Herrenhäuser, zusammengestürzte Palacios und bis auf die Grundmauern zerstörte Kirchen und Klostergebäude zeugen von der Geißel Guatemalas: den Erdbeben.

Die Geschichte Antiguas erscheint wie eine Folge von Katastrophen. Das verheerende Beben von 1773 zwang die Bewohner, ihre weitgehend zerstörte Stadt zu verlassen und 50 Kilometer östlich eine neue Hauptstadt aufzubauen – das heutige Guatemala City. Nur wenige sind damals in Antigua geblieben. Ihre Nachkommen wurden 1917/1918 durch schwere Erdbeben vertrieben. Aber auch diesmal gab es Familien, die genügend Eigensinn besaßen, um zurückzukehren und mit dem Wiederaufbau zu beginnen. Heute sind die Bewohner von Antigua dabei, die Verwüstungen von 1976 zu beseitigen.

Zahlreiche Kirchen, meist im Stil des Kolonialbarocks erbaut, die im späten 17. Jahrhundert gegründete Universität und die schon 1660 eingeweihte Druckpresse lassen erkennen, daß die Kultur der alten Hauptstadt vor allem von der katholischen Kirche geprägt worden ist. In der Kathedrale aus dem 16. Jahrhundert – heute eine Ruine – lag einst Pedro de Alvarado begraben. Im Jahre 1524 war er – im Auftrag von Hernán Cortés, des Konquistadors von Mexiko – plündernd und mordend über das Hochland von Guatemala gefegt. Erobern konnte er es erst, nachdem er in blutigen Schlachten den erbitterten Widerstand der Hochland-Maya – vor allem der Quiché- und der Cakchiquel-Indianer – gebrochen hatte.

1527 gründete Alvarado unter dem stolzen Namen Santiago de los Caballeros de Guatemala seine Hauptstadt, die zum ersten Verwaltungszentrum des neuen Kolonialgebiets wurde. Doch ihre Lage am Fuße des Vulkans Agua sollte ihr schon 1541 zum Verhängnis werden: Eine gewaltige Eruption ließ den Kratersee des Berges über den Rand schwappen, und eine gewaltige Schlammlawine begrub die Stadt unter sich. Die Kirche, die als einziges Gebäude verschont geblieben war, und ein paar Ruinen sind heute noch zu besichtigen – man nennt sie La Ciudad Vieja, die alte Stadt.

Zwei Jahre nach dem Unglück wurde Santiago de los Caballeros ein wenig weiter nördlich ein zweites Mal gegründet. Als Hauptstadt des gesamten Generalkapitanats Zentralamerika erlebte sie in den folgenden 230 Jahren ihre Blütezeit. Erst mit dem »dreiundsiebziger Beben«, wie die Katastrophe von 1773 heute noch genannt wird, ver-

▽ *Hoch über dem Atitlán-See liegt das Städtchen Sololá, Zentrum der Cakchiquel-Indianer. Von der Kirche im spanischen Kolonialstil hat nur der Turm die vielen Erdbeben überstanden. Wie ein Mahnmal droht düster im Hintergrund ein Vulkan.*

△ *Der Glaube an die alten Götter ist bei den Indios auch heute noch lebendig – Christliches und »Heidnisches« haben sich vermischt. Vor diesem riesigen Kopf, dem Zeugnis einer längst vergangenen Kultur, haben Indios eine Gebets- und Opferstätte geschaffen.*

▷ *Im Norden Guatemalas, umgeben vom fast undurchdringlichen Regenwald des Petén, liegt die Maya-Stadt Tikál. Zwischen 300 und 900 n. Chr. hat das legendäre Indio-Volk an diesem gigantischen Zentrum aus Pyramiden, Tempeln und Palästen gebaut.*

lor die Stadt ihre Bedeutung. Von nun an hieß sie nur noch Antigua – die Alte. Als neue Hauptstadt wurde 1776 Nueva Guatemala de la Asunción gegründet, das heutige Guatemala City.

Auch die neue Hauptstadt blieb von dem Schicksal der alten nicht verschont. 1917/1918 wurde Guatemala City von Erdbeben zerstört und danach als Verwaltungszentrum und Brennpunkt des modernen Guatemala im kolonialen Stil wiederaufgebaut. Im Herzen der Stadt liegt der Parque Central mit dem Nationalpalast, dem Rathaus und der Kathedrale vom Ende des 18. Jahrhunderts.

Blutige Kämpfe zwischen rechts und links

Mit der Unabhängigkeit von Spanien hatte sich in den zwanziger Jahren des 19. Jahrhunderts die Zentralamerikanische Föderation gebildet, die jedoch schon 1839 wegen unvereinbarer Interessen in die Einzelstaaten Costa Rica, Nicaragua, El Salvador, Honduras und Guatemala zerfiel. Danach wurde die bewegte Geschichte Guatemalas von manchmal operettenhaft agierenden Diktatoren und zeitweise von den wirtschaftlich dominierenden nordamerikanischen Obstanbaugesellschaften geprägt. Die letzten drei Jahrzehnte waren eine Zeit der Putsche und Gegenputsche des Militärs, das meist auch die Regierung stellte, bis die Bürger des Landes im Dezember 1985 Zivilisten an die Macht wählten. Seitdem ist der blutige Kampf zwischen rechts und links, der besonders in den ländlichen Gebieten und dort vor allem auf dem Rücken der Indios ausgetragen wird, immer wieder von neuem aufgeflammt.

Die Auseinandersetzungen hatten nach 1950 mit der Agrarreform des Präsidenten Jacobo Arbenz Guzmán begonnen. Die Enteignung großer Latifundien und die Aufteilung des Landes auf kleine Pächter, die bisher ein Tagelöhnerdasein gefristet hatten, ließen eine organisierte Opposition der mächtigen Großgrundbesitzer entstehen. Mit ihrer Hilfe und mit der Unterstützung der USA putschte sich 1954 General Carlos Castillo Armas an die Macht und wurde Präsident.

Nach seiner Ermordung im Jahre 1957 verschärften sich die Konflikte zwischen reformfreudigen und ultrakonservativen Kreisen – die Kämpfe wurden immer blutiger.

Tikál – Ruinenstadt der Maya

Mitten in der riesigen Urwaldebene des Petén liegt eines der größten Kult- und Siedlungszentren der Maya mit imposanten Bauwerken aus der klassischen Maya-Periode zwischen 300 und 900 n. Chr. Auf einem Gelände von 20 Quadratkilometern standen damals vermutlich etwa 3000 Gebäude, von der strohgedeckten Hütte bis zur 70 Meter hohen Tempelpyramide. Zur Blütezeit der Stadt haben nach Schätzungen von Archäologen etwa 11 000 Menschen hier gelebt. Im gesamten Einzugsbereich der Stadt muß die Bevölkerungszahl jedoch noch erheblich größer gewesen sein.

Die erste Besiedlung des Gebietes von Tikál und auch die Gründung der Stadt ist Jahrhunderte vor dieser Blütezeit anzusetzen. Bei Grabungen wurde Keramik gefunden, die den Schluß zuläßt, daß der Ort schon 200 v. Chr. recht dicht besiedelt war. Erstaunt waren die Archäologen auch über die Tatsache, daß in Tikál deutliche Einflüsse der Teotihuacán-Kultur festzustellen sind. Form und Art mancher Darstellungen auf Grab- und Gedenktafeln weisen darauf hin, daß es Verbindungen zu jener mächtigen Stadt 40 Kilometer nordöstlich des heutigen Mexiko-City gegeben haben muß.

Sollten Handelsbeziehungen der Bewohner von Tikál mehr als 1000 Kilometer weit bis nach Mexiko hinein gereicht haben? Oder waren die Kontakte eher kriegerischer Natur? Oder gelangte die Kenntnis der Teotihuacán-Kultur auf indirektem Wege über das guatemaltekische Hochland nach Tikál?

Archäologen und Historiker rätseln heute noch darüber. Vielleicht erfährt man einmal Genaueres, wenn die Erforschung der Maya-Schrift weitere Fortschritte macht und die zahlreichen unentzifferten Inschriften von Tikál ihre Geheimnisse preisgeben.

Den heutigen Besucher von Tikál beeindrucken neben der Weiträumigkeit der Anlagen natürlich besonders die gewaltigen Tempelpyramiden. 45 Meter hoch ist der restaurierte Tempel des Großen Jaguars, mit fast 70 Metern überragt die mächtigste Pyramide der Stadt die Urwaldriesen der Umgebung um gut 20 Meter.

Terror von seiten der linksorientierten Guerilla beantworteten Militär und Geheimpolizei mit Vergeltungsmaßnahmen an der Indiobevölkerung auf dem Lande. Oft genügte schon der Anschein passiver Unterstützung der Aufständischen durch die Bauern, um solche Racheakte auszulösen. Zehntausenden, die so zwischen die Fronten geraten waren, blieb nur noch die Flucht ins benachbarte Mexiko.

Die Beruhigung der Lage seit 1985 war eine unabdingbare Voraussetzung für eine Belebung des devisenträchtigen Tourismusgeschäfts, das durch die Bürgerkriegszustände schwere Einbußen erlitten hatte.

Chichicastenango – der Markt und die Maya-Götter

Fünf Tage in der Woche ist das über 2000 Meter hoch gelegene Chichicastenango ein verschlafenes Indianerdorf von knapp 3000 Seelen. Nur an den Markttagen – donnerstags und sonntags – erwacht »Chichi«, wie die Einheimischen es nennen. Dann herrscht hier ein fast großstädtisch anmutendes Treiben, an dem unzählige buntgekleidete Indianer aus der Umgebung teilnehmen; seit Jahrzehnten schon ist der Ort dafür weit über die Grenzen Guatemalas hinaus bekannt.

Chichicastenango ist das wirtschaftliche und religiöse Zentrum der Quiché, eines mächtigen Maya-Volkes. Hier fand man auch das Popol Vuh, die Aufzeichnung der Schöpfungsgeschichte und der Historie der Hochland-Maya. Diese »indianische Bibel« entstand zwischen 1554 und 1558 und gehört zu den wichtigsten Quellen über die Kultur der vorkolumbischen Maya-Völker.

Die Indianer kommen zum Handeln und Beten nach Chichicastenango. Sie sprechen kaum Spanisch und scheinen in ihren bunten Trachten aus längst vergangenen Tagen zu stammen. Das in den letzten Jahren äußerlich europäisierte Markttreiben ist in seinem Kern auch heute noch rein indianisch – ebenso wie die Riten der Quiché auf den Stufen zum Hauptportal der St.-Tomás-Kirche.

Noch ursprünglicher sind die zeremoniellen Vorgänge im Innern der Kirche. In dem Bau aus dem Jahre 1540 versammeln sich die Gläubigen vor gemauerten Plattformen, auf denen sie eine Vielzahl bunter Kerzen entzünden und Blütenblätter, Eier, Schnaps oder auch Coca-Cola opfern. Dabei beten sie laut zu christlichen Heiligenfiguren oder hadern mit ihnen. Doch das Christentum ist nur Tünche, darunter leben die alten Maya-Götter der Erde und des Kosmos weiter. Zerstört werden die alten Traditionen durch aggressiv missionierende protestantische Sekten, die mit viel US-amerikanischem Kapital ganze Dörfer entzweit haben. Auch Mitglieder der 1990 neu gewählten Regierung kommen aus ihren Reihen.

Lago de Atitlán – einer der schönsten Seen der Welt

Zu Füßen der drei Vulkane Atitlán, Tolimán und San Pedro breitet sich über 125 Quadratkilometer die azurblaue Wasserfläche des Lago de Atitlán aus. Von alters her wird die Umgebung des Sees von verschiedenen Maya-Stämmen bevölkert, unter denen die den Quiché verwandten Tzutuhil die größte Gruppe bilden. Von ihren schwer zugänglichen Dörfern aus leisteten sie einst den Spaniern zähen Widerstand.

Unter den Indianersiedlungen rund um den See ist Santiago Atitlán heute die größte. Trotz des stetig zunehmenden Fremdenverkehrs leben hier die Indios wie einst unbekümmert und beispiellos genügsam im Rahmen ihrer althergebrachten Gesellschaftsordnung. Sie fischen, weben, töpfern und bauen Gemüse an; ihre Erzeugnisse verkaufen sie dann auf den Märkten, die zugleich auch ein Ort sozialer Begegnung sind. Kehren sie danach in ihr ländliches Leben zurück, müssen sich die Indios wieder dem Alltag und der bangen Frage nach der Erhaltung von Familie und Dorf stellen. Wie in alter Zeit bildet der Mais für die Indios immer noch das wichtigste Nahrungsmittel. Die Bestellung des Maisfeldes geht heute wie einst vor sich: Wenn ein Stück Wald gerodet und abgebrannt ist, werden unmittelbar nach dem Regen mit einem spitzen Stock etwa 30 Zentimeter tiefe Löcher in die meist ungepflügte Erde gebohrt und in jede Vertiefung drei bis sechs Saatkörner gebettet. Dank der intensiven Sonnenbestrahlung gedeiht der Mais hier bis in Höhen von 3000 Metern.

Hoch über dem Atitlánsee, nicht weit von der Panamericana entfernt, liegt der stark indianisch geprägte Ort Sololá. An jedem Freitag kommen Indios und Mestizen hierher zu einem der lebhaftesten und urtümlichsten Märkte der gesamten Region. Cakchikel-, Tzutuhil- und Quiché-Indianer kann man an ihren farbenprächtigen und regional stark unterschiedlichen Trachten erkennen.

Bei einem Streifzug durch die Dörfer am See kann man die erstaunliche Vielfalt der lokalen Trachten kennenlernen. Zu Beginn dieses Jahrhunderts gab es in Guatemala noch rund 500 verschiedene Frauentrachten, heute sind es immerhin noch etwa 300.

Die Stoffe für die Trachten, ursprünglich aus Baumwolle, später auch aus Wolle oder Seide gewebt, werden im Hause verarbeitet und mit reinen Naturfarben behandelt. Solche Farbstoffe gewinnen die Indios aus Wurzeln, Blättern und Blüten, aus mineralischen Substanzen oder aus tierischen Produkten wie dem Saft der Koschenille-Laus oder dem Sekret verschiedener Schneckenarten.

Versunkene Mayastädte im Urwald des Petén

Sternklare, tiefschwarze Tropennacht um uns, nur zwei Petroleumlampen in der Lodge werfen ein paar Lichtstrahlen durch die Fliegengitter auf die Veranda. Nach einem heißen Tag noch zwei, drei Bier, um den Flüssigkeitsverlust auszugleichen, und dann ab in die Hängematten hinter dem Haus.

Heute mittag waren wir noch in Guatemala City, 1500 Meter über dem Meeresspiegel. In der würzigen Hochlandluft hatten wir unsere Ausrüstung in einer zweimotorigen Aircommander-Maschine verstaut, um in den Petén zu fliegen. Diesmal ging es nur nach Tikál, wobei sich »nur« auf den Schwierigkeitsgrad der Landung bezieht: Die meistbesuchte Ruinenstadt Guatemalas besitzt schon eine asphaltierte Landebahn, während andere Ruinenstätten tief im Urwald lediglich mit Graspisten ausgestattet sind.

Viele tausend Besucher kommen jedes Jahr nach Tikál, nur die wenigsten bleiben über Nacht. Entsprechend einfach sind die Unterkünfte. Kaum stehen die Propeller nach der Landung still, da schlägt uns auch schon die Hitze des Petén entgegen. Am Tage heizt sich der undurchdringliche Regenwald im nördlichen Guatemala auf wie eine Sauna.

Der tropische Regenwald, in dem neben Tikál noch weitere »versunkene« Mayastädte verborgen sind, bedeckt ein Drittel der Gesamtfläche Guatemalas. Von den mehr als neun Millionen Einwohnern des Landes leben jedoch nur 210 000 im Petén. Der Verkehr beschränkt sich, abgesehen von den wenigen Straßen, auf die Flüsse, den Río de la Pasión und den Río San Pedro, die beide in den Río Usumacinta münden. Mit Rodungen schafft man Platz für Viehfarmen, mit dem Einschlag von Edelhölzern nutzt man den natürlichen Reichtum des Petén. Aber die fast unerträgliche feuchte Hitze und eine Unzahl von Moskitos, die besonders in der Regenzeit auftreten, machen den Menschen das Leben schwer.

Kaffee und Bananen für den Weltmarkt

Koschenille und Indigo waren Guatemalas Exportschlager auf dem Weltmarkt, bis beide Produkte Mitte des 19. Jahrhunderts durch die Erfindung synthetischer Farbstoffe fast schlagartig bedeutungslos wurden. Andere Produkte mußten die entstandene Exportlücke füllen. In der gemäßigten Klimazone des Hochlands fand man beste Voraussetzungen für den Anbau von Kakao und später von Kaffee. Im heißen Küstentiefland, wo man bis dahin Zuckerrohr angebaut und Viehwirtschaft betrieben hatte, begann man Anfang des 20. Jahrhunderts, in großem Stil Bananen anzupflanzen.

Die ersten Bananenplantagen der nordamerikanischen United Fruit Company entstanden an der Mündung des Motagua-Flusses nahe Puerto Barrios – damals noch ein kleiner Ort an der karibischen Küste. Aus Jamaica wurden Schwarze als Arbeitskräfte ins Land geholt. Schnell bedeckten die Bananenpflanzungen fast das ganze heiße Tiefland Ostguatemalas entlang des Motagua-Flusses und rund um den Izabal-See. Puerto Barrios wurde zum hochmodernen Verladehafen mit Eisenbahnverbindungen zu den Plantagen und in die Hauptstadt.

Der katastrophale Rückschlag kam 1930: Eine Krankheit machte die Bananenpflanzen

▷ *Der Lago de Atitlán gilt als einer der schönsten Seen der Welt. Seine Farbspiele in vielen Schattierungen von Blau tragen zu diesem Ruf ebenso bei wie die landschaftliche Szenerie rund um den See, in der markante Vulkankegel die Akzente setzen.*

◁ *Masken, wie sie hier an einem Marktstand angeboten werden, tragen die Indios bei den Tänzen an ihren traditionellen Festtagen. Vervollständigt wird die Maskierung durch aufwendige Kostüme, die man sich in speziellen Leihhäusern besorgt. Die Tiersymbolik und der eigenartige pantomimische Charakter mancher Tänze gehen auf alte indianische und kolonialspanische Riten zurück.*

△ *Die Kirche Santo Tomás in Chichicastenango ist religiöser Mittelpunkt für die Quiché-Indianer. Dominikaner-Mönche haben sie 1540 an der Stelle eines alten Tempels erbaut, von dem die steinerne Treppe am Hauptportal erhalten blieb. Hier steigen an Markttagen dichte Rauchschwaden von verbranntem Kopal auf, einem Harz, das die Indios auf den Stufen der Treppe opfern.*

in diesem Gebiet unfruchtbar, und die United Fruit Company wich an die Pazifikküste aus. Im Tiefland zwischen den Häfen San José und Champerico entstand ihr neues Imperium. Die Bananen werden seither per Eisenbahn vom Pazifik in die Karibikhäfen gebracht und dort verschifft, obwohl sich die Bananenstauden um Puerto Barrios inzwischen wieder erholt haben. Doch heute werden dort zum großen Teil Baumwolle und Hanf angebaut.

Etwa 65 Prozent der Gesamtausfuhren Guatemalas machen immer noch die Agrarerzeugnisse aus: Kaffee, danach – mit großem Abstand – Bananen und Baumwolle sind die wichtigsten Produkte. Der Einfluß der United Fruit Company hat sich dabei in den letzten Jahrzehnten etwas hinter die Kulissen der politischen Bühne verlagert. Ursache dafür ist die wachsende Bedeutung der Industrie, die sich vor allem um die Hauptstadt und die Häfen konzentriert. Gummi, Textilien, Papier und pharmazeutische Produkte verhelfen dem Land zu bescheidenen Exporterfolgen. Viel Hoffnung setzt man auf die Ölvorkommen in der Provinz Alta Verapaz und im Regenwald des Petén. Eine neue Pipeline von Rubelsanto (Alta Verapaz) zum Hafen Santo Tomás wurde kürzlich fertiggestellt.

Guatemala wird wohl noch für längere Zeit seine beiden Gesichter behalten: das des modernen Lebens in den Städten und das der traditionellen indianischen Wirklichkeit auf dem Lande, wo eine längst vergangen geglaubte Welt lebendig geblieben ist.

Guatemala — Daten · Fakten · Reisetips

Landesnatur

Fläche: 108 889 km² (weniger als ein Drittel der Bundesrepublik Deutschland)
Ausdehnung: Nord–Süd 470 km, West–Ost 400 km
Küstenlänge: 330 km
Höchster Berg: Volcán Tajumulco 4220 m
Längste Flüsse: Río Motagua 400 km, Río Polochic 240 km
Größte Seen: Lago de Izabal 590 km², Lago de Atitlán 128 km²

Guatemala liegt im Nordabschnitt der mittelamerikanischen Festlandsbrücke. Im Südwesten grenzt das Land an den Pazifik, im Osten hat es einen Zugang zum nordwestlichen Teil des Karibischen Meeres.

Naturraum

Die Südhälfte des Landes wird durchzogen vom Kordillerensystem, das sich in zwei Hauptstränge gliedert: die nordwestliche Sierra de los Cuchumatanes und die südliche Sierra Madre. Letztere besteht aus Kettengebirgen und Hochflächen. Hier liegen über 30 z. T. noch tätige Vulkane, darunter der Volcán Tajumulco, mit 4220 m die höchste Erhebung Zentralamerikas. Das Vorland am Pazifik bildet eine bis zu 50 km breite fruchtbare Küstenebene. Im Norden hat Guatemala mit dem Tiefland von Petén Anteil an der Halbinsel Yucatán.

Klima

In Guatemala unterscheidet man drei klimatische Höhenstufen: Im Tiefland ist es das ganze Jahr über warm und wechselfeucht mit mittleren Jahrestemperaturen zwischen 25 und 30 °C. Im bewaldeten Hochland zwischen 600 und 1500 m schwanken die Temperaturen zwischen 15 und 20 °C. Über 1500 m beginnt die kühle Zone mit Durchschnittstemperaturen um 10 bis 15 °C.
Regenzeit ist von Mai bis Oktober. Der Nordostpassat bestimmt die jeweiligen jährlichen Niederschlagsmengen in den verschiedenen Höhenstufen: Im karibischen Tiefland und in der pazifischen Küstenebene fallen 1000 bis 2000 mm Niederschlag, im Gebirge von 1000 mm in den Tälern und Hochebenen des zentralen Berglandes bis zu 6000 mm in höheren Lagen.

Markt am Atitlánsee: Die Tracht der Indios ist nicht einfach »bunt« – mit jeder Farbe verbindet sich eine bestimmte Vorstellung.

Wellblech – der Fortschritt hält Einzug in die Dritte Welt, doch der Wohlstand hält nicht Schritt.

Vegetation und Tierwelt

Im karibischen Tiefland und im Norden Guatemalas wächst immerfeuchter Regenwald. In höheren Lagen gibt es tropische Bergwälder sowie Eichen-, Kiefern- und Mischwälder und Savannen. Trockenwälder findet man an der Pazifikküste, Kiefernsavannen im trockeneren nördlichen Petén. Die Tierwelt Guatemalas ist exotisch und artenreich. Es gibt hier noch Jaguare, Krokodile, Pekaris, Manatis (Seekühe), Tapire, Pumas und viele Affenarten. Unter den zahlreichen Vogelarten ist der seltene Quetzal, Guatemalas Wappenvogel, zu finden.

Politisches System

Staatsname: República de Guatemala
Staats- und Regierungsform: Präsidiale Republik
Hauptstadt: Ciudad de Guatemala
Mitgliedschaft: UN, OAS, ODECA, SELA, MCCA

Nach der Verfassung von 1985 ist das Recht der Parteien zur freien politischen Betätigung auf demokratischer Grundlage verankert. Guatemala hat eine relativ große Zahl von Parteien, die aber im Vergleich zum Militär nur eine untergeordnete politische Rolle spielen.
Der Staatspräsident, zugleich Regierungschef, wird für fünf Jahre durch direkte Wahl bestimmt. Die Legislative wird durch den Nationalkongreß (Einkammerparlament) gebildet. Die 100 Mitglieder werden für fünf Jahre direkt gewählt.
Das Land ist in 22 Bezirke (Departamentos) unterteilt. Für die Rechtsprechung, die sich nach spanischem Vorbild richtet, sind der Oberste Gerichtshof, fünf Spezial- und zehn Appellationsgerichte sowie 43 Gerichte erster Instanz zuständig.

Bevölkerung

Einwohnerzahl: 9,2 Millionen
Bevölkerungsdichte: 84 Einw./km²
Größte Städte: Ciudad de Guatemala (1,4 Mio. Einwohner), Escuintla (120 000), Quezaltenango (100 000), Puerto Barrios (70 000)
Bevölkerungszunahme: 2,9 % im Jahr
Bevölkerungsgruppen: 46 % Indianer, 46 % Mestizen, 5 % Weiße, 3 % Schwarze

Die Indianer sind fast ausschließlich Nachkommen der Maya, die Mestizen (hier Ladinos genannt) Mischlinge von Spaniern und Indianern. Die Siedlungsschwerpunkte der indianischen Ureinwohner liegen im westlichen Hochland. Die Ladinos leben überwiegend in den beiden Küstenregionen und in den städtischen Zentren. Neben der kleinen weißen Oberschicht sind die Mestizen der politisch und wirtschaftlich dominierende Teil der Bevölkerung. Über die Hälfte der Einwohner ist jünger als 20 Jahre.
Außer der Amtssprache Spanisch werden zahlreiche indianische Dialekte gesprochen. Über 95 % der Guatemalteken bekennen sich zum katholischen Glauben.

Soziale Lage und Bildung

Seit 1948 gibt es ein Sozialsystem, das bei Notfällen begrenzten Schutz für Arbeitnehmer vorsieht, doch sind in Guatemala nur etwa 10 % aller Arbeitnehmer registriert. Ein Großteil ist arbeitslos oder unterbeschäftigt.
Die medizinische Versorgung ist vor allem auf dem Land noch unzureichend. Die meisten Einrichtungen befinden sich in der Hauptstadt.
Es besteht allgemeine Schulpflicht für 7–14jährige, doch brechen – vor allem auf dem Land – etwa 80 % den Schulbesuch vorzeitig ab. Der Anteil von 45 % Analphabeten ist der höchste in Zentralamerika. In der Hauptstadt gibt es fünf Universitäten.

Wirtschaft

Währung: 1 Quetzal (Q) = 100 Centavos (cts)
Bruttoinlandsprodukt (in Anteilen): Land- und Forstwirtschaft 26 %, industrielle Produktion 18 %, Dienstleistungen 56 %
Wichtigste Handelspartner: USA, El Salvador, Deutschland, Japan, Costa Rica

Nach Jahren der Rezession befindet sich die Wirtschaft Guatemalas wegen günstiger außenwirtschaftlicher Rahmenbedingungen (niedrige Zinsen und Ölpreise) seit 1986 wieder in einem leichten Aufwind, allerdings bei anhaltend hoher Inflationsrate. Dennoch haben sich die Lebensbedingungen der Guatemalteken – vor allem für die mittleren und unteren Einkommensschichten – weiter verschlechtert. Dies hängt vor allem mit der extrem ungleichen Besitzverteilung zusammen.

Landwirtschaft

In der Landwirtschaft – nach wie vor wirtschaftliche Basis mit rd. 50 % der Erwerbstätigen – stehen viele kleine bäuerliche Betriebe auf kargem Boden modernen Großbetrieben gegenüber, die sich teilweise in ausländischem Besitz befinden. Diese verfügen über die besten Anbaugebiete und produzieren in Plantagen-Monokulturen die wichtigsten Ausfuhrgüter wie Kaffee, Baumwolle, Zucker und Bananen. Mais, Bohnen, Weizen, Reis und Hirse werden in den Kleinbetrieben für den Eigenbedarf angebaut. Viele der etwa 300 Holzarten, die in Guatemalas Wäldern vorkommen, werden exportiert (vor allem Mahagoni und Zeder). Viehzucht (Rinder, Schweine, Schafe) wird vor allem im Norden des Landes betrieben.

Bodenschätze

Der Abbau von Blei, Zink, Eisen, Kupfer, Steinkohle und Silber wird bislang nur in geringem Umfang vorangetrieben. Seit 1976 wird im Norden des Landes Erdöl gefördert.

Industrie

Die Industrie, die nur etwa 14 % der berufstätigen Bevölkerung Arbeit gibt, beschränkt sich auf die Verarbeitung von einheimischen (Agrar-) Rohstoffen. Hergestellt werden insbesondere Nahrungsmittel, Zement, Pa-

Daten · Fakten · Reisetips — Guatemala

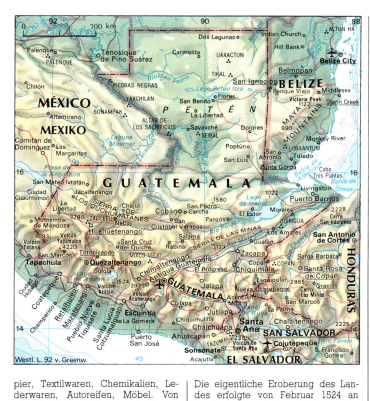

pier, Textilwaren, Chemikalien, Lederwaren, Autoreifen, Möbel. Von wirtschaftlicher Bedeutung sind ferner die traditionellen kunsthandwerklichen Betriebe der Indianer.

Handel

Hauptexportgut Guatemalas ist der Kaffee. Daneben werden Baumwolle, Bananen, Zucker, Gefrierfleisch, ätherische Öle und Hölzer ausgeführt. Eingeführt werden Maschinen, Fahrzeuge, verschiedene Rohstoffe und Nahrungsmittel.

Verkehr, Tourismus

Das etwa 17 000 km lange Straßennetz ist nur im Süden des Landes gut ausgebaut. Die drei wichtigsten Straßen sind die »Carretera Interamericana« im Hochland, die »Carretera Pacífica« im Pazifiktiefland und die »Carretera Interocéanica«, die die wichtigen Häfen Puerto San José am Pazifik und Puerto Barrios am Atlantik verbindet. Zwischen den beiden Orten besteht auch eine Bahnlinie; ferner gibt es Verbindungen mit Mexiko-Stadt und San Salvador. Ein internationaler Flughafen befindet sich bei Ciudad de Guatemala (La Aurora), ein weiterer wurde 1982 am Lago Petén Itzá fertiggestellt. – Aufgrund der bürgerkriegsähnlichen Zustände hat der Tourismus während der letzten Jahre schwere Einbußen erlitten.

Geschichte

Als Christoph Kolumbus auf seiner vierten Reise 1502 am Kap Honduras landete, glaubte er, dem Reich des indischen Großmoguls nahe zu sein. In Wirklichkeit war er auf das Reich der Maya gestoßen.

Die eigentliche Eroberung des Landes erfolgte von Februar 1524 an durch den spanischen Edelmann Pedro de Alvarado, einen Unterführer von Hernán Cortés.

Die unterworfenen Gebiete wurden bald zum Generalkapitanat Guatemala, das ganz Zentralamerika einschloß, zusammengefaßt. 1527 entstand Santiago de los Caballeros de Guatemala, die erste Hauptstadt (später Antigua genannt).

1543 erhob die spanische Krone Guatemala als Teil des Vize-Königreichs Neuspanien zum Sitz einer »audiencia« (Verwaltungs- und Gerichtsorgan). Die Missionierung Guatemalas lag in den Händen der Dominikaner.

Am 15. September 1821 (Nationalfeiertag) löste sich Guatemala vom spanischen Kolonialreich und schloß sich kurzfristig dem mexikanischen Kaiserreich an. Von 1823–1838 gehörte es als Teilstaat zur Zentralamerikanischen Föderation. Seit 1838 war das Land de facto selbständig, de jure vollzog es den Schritt erst 1847.

Die weitere politische Entwicklung Guatemalas bis 1950 wurde von den Kämpfen zwischen Liberalen und Konservativen bestimmt. Die ständigen Auseinandersetzungen begünstigten das Aufkommen diktatorisch regierender Präsidenten wie Rafael Carera (1847–1865), Justo Rufino Barrios (1873–1885) und Manuel Estrada Cabrera (1898–1920).

Zu Beginn des 20. Jh. stieg der Einfluß amerikanischer Kapitalgesellschaften (»United Fruit Company«). Als Folge verstärkte sich auch der politische Einfluß der USA. Außerdem wuchs im innenpolitischen Parteienstreit die Macht der Armee.

Mit General Jorge Ubico Castañeda begann 1931 die Zeit der Militärdiktaturen. Der linksgerichtete Oberst Jacobo Arbenz Guzmán führte 1952 eine umfangreiche Landreform durch, die 1954 zu seinem Sturz führte.

Ihm folgten bis 1985 weitere, meist rechtsgerichtete Militärs auf dem Präsidentenposten; die Gewalt von links und rechts eskalierte. Guerillatruppen terrorisierten das Land: Innerhalb von 30 Jahren wurden etwa 100000 Menschen ermordet, Zehntausende aus ihren Dörfern vertrieben. Eine Verfassung löste die andere ab.

Seit 1986 bemüht sich nun die zweite zivile Regierung, den politischen Einfluß der Streitkräfte zu beschränken und dem Terror von links- und rechtsextremen Guerillagruppen ein Ende zu setzen.

Kultur

Im tropischen Tiefland des Petén und auch im Hochland Guatemalas haben sich großartige Zeugnisse aus der klassischen Epoche der Maya-Kultur (300–900) erhalten: rechteckige, mit Skulpturen, Reliefs und Stuckmosaik geschmückte Tempel auf Stufenpyramiden sowie weiträumige Paläste, Monumente mit formenreicher plastischer Ornamentik und Altäre.

Die bedeutendsten Kultstätten im Hochland Guatemalas sind: Kaminaljuyú mit Pyramidenmounds (Gräbern), Quiriguá und Zaculeu; im Tiefland des Petén: Uaxactún als die wohl älteste Maya-Stadt, Tikál als größte Maya-Stadt mit der über 70 m hohen Tempelpyramide und prachtvollen datierten Stelen, Naranjo, Piedras Négras, Seibal, Ixkún und Flores.

Erhalten haben sich außerdem Keramiken, Tonfiguren, Schmuck, Figuren und Gebrauchsgegenstände aus Jade und Obsidian, aber auch Obsidian- und Steinwerkzeuge, die in den Museen von Antigua und Ciudad de Guatemala zu sehen sind.

Weitere bedeutende Zeugnisse dieser Hochkultur sind die Maya-Hieroglyphen, die vollkommenste amerikanische Bilderschrift, und das von den Maya entwickelte Zahlensystem.

Das Alltagsleben ist noch stark von den Traditionen der Vorfahren geprägt. Die Bewohner sprechen die alten Dialekte und vermengen Christliches mit altindianischem Brauchtum, so beim Allerheiligenfest in Todos Santos oder beim Erntefest in Chichicastenango im Hochland.

Die älteste Universität – die Universidad San Carlos in Ciudad de Guatemala – wurde 1676 gegründet. Viele im Kolonialstil errichtete Sakral- und Profanbauten sind heute verfallen. Sie waren im Stil der Spätrenaissance und des Barock errichtet worden und säumten die nach europäischem Vorbild angelegten Straßen und Plätze.

Die Literatur

»Popol Vuh«, das »Buch des Rates«, wurde zwischen 1554 und 1558 von einem unbekannten Quiché-Indianer verfaßt. Es erzählt von den Traditionen und dem Weltbild der Maya bis zum 10. Jh. und gilt als das bedeutendste Relikt altamerikanischer indianischer Literatur.

Der Jurist und Völkerkundler Miguel Ángel Asturias (1899–1974), mütterlicherseits indianischer Abstammung, wurde 1967 mit dem Literaturnobelpreis ausgezeichnet. Sein Romanwerk wurzelt in den kulturellen Traditionen und Mythen der Maya. Gleichzeitig werden sozialkritische und antiimperialistische Akzente spürbar wie auch sein starkes politisches Engagement für die Unterdrückten dieser Region.

Reise-Informationen

Einreise
Bürger der Bundesrepublik Deutschland, der Schweiz und Österreichs benötigen für einen Aufenthalt bis zu drei Monaten einen gültigen Reisepaß bzw. Kinderausweis.

Zoll
Bei der Einreise sind zollfrei: pro Person ab 18 Jahre 200 Zigaretten oder 100 g Tabak und 1,5 Liter Spirituosen.

Devisen
Die Ein- und Ausfuhr von Quetzal (Q) ist in angemessenen Grenzen gestattet. Fremdwährung kann unbeschränkt ein- und ausgeführt werden.

Impfungen
Für Besucher, die aus Infektionsgebieten einreisen, ist Gelbfieberimpfung vorgeschrieben. Malariaschutz ist in verschiedenen Gegenden unter 1500 m Höhe ganzjährig erforderlich.

Verkehrsverhältnisse
Innerhalb des Landes gibt es regelmäßige Flugverbindungen. Zu sehr günstigen Tarifen fahren Überlandbusse. Mietwagen und Taxis sind vorhanden.

Ein Maya-Krieger auf einer Stele – Detail aus einer der zahlreichen Kultstätten im Urwald Guatemalas.

Unterkünfte
In den Städten und sehenswerten Orten auf dem Land gibt es Hotels von amerikanischem Standard, auch Bungalows und einfachere Quartiere.

Reisezeit
Die beste Reisezeit ist von Dezember bis April. Von Mai bis Oktober ist Regenzeit.

 **Guyana**

Ulrich Stewen

Obwohl Guyana auf dem südamerikanischen Festland liegt, kann man es zur Karibik zählen – die gemeinsame Geschichte der kolonialen Erschließung verbindet das Land mit den Inselstaaten der Antillen. Hier wie dort machte es die von den frühen Siedlern eingeführte Plantagenwirtschaft erforderlich, für die Arbeit auf den Zuckerrohrfeldern Sklaven aus Westafrika zu importieren. Nach der Abschaffung der Sklaverei im 19. Jahrhundert kamen Arbeitskräfte aus anderen Teilen der Welt hinzu. So entstand ein Bevölkerungsgemisch, das bis auf den heutigen Tag das Land nicht zur Ruhe kommen läßt. Die strikte Trennung der sozialen Gruppen lähmte die gesellschaftliche Entwicklung, ethnische Gegensätze wurden künstlich hochgehalten und politisch mißbraucht. Die Zukunft Guyanas – darin sind sich aufgeklärte Bürger einig – kann jedoch nur im Miteinander von Afro- und Indo-Guyanern gemeistert werden.

Tief in den tropischen Regenwäldern des Berglands von Guyana stürzen die gewaltigen, lehmgelben Wassermassen des Potaro über die Kaieteur-Fälle tosend 226 Meter in die Tiefe.

Staatsname:	Kooperative Republik Guyana
Amtssprache:	Englisch
Einwohner:	990 000
Fläche:	214 969 km²
Hauptstadt:	Georgetown
Staatsform:	Präsidiale Republik im Commonwealth
Kfz-Zeichen:	GUY
Zeitzone:	MEZ −5 Std.
Geogr. Lage:	Südamerika, begrenzt von Venezuela, Brasilien und Suriname

Armut in einem Land der vielen Möglichkeiten

Gegen Mitternacht landet die Maschine der Guyana Airways auf dem Flughafen Timehri, 40 Kilometer von Georgetown entfernt. Der launige Pilot, der mit flotten Sprüchen eher einem Animateur als einem Flugzeugführer gleicht, hat das betagte Vehikel glatt auf die regennasse Piste gesetzt und steuert es auf das spärlich beleuchtete Flughafengebäude zu. Um diese Uhrzeit haben sich nur wenige Taxifahrer eingefunden, um deren Dienstleistung sich bald Dutzende von Passagieren balgen, die schwerbepackt aus Barbados zurückgekehrt sind. Vor allem Lebensmittel, dringend benötigte Ersatzteile für Maschinen und Konsumgüter für den gehobenen Bedarf haben sie mitgebracht – Dinge, die in Georgetown seit Jahren nicht mehr oder nur unter besonderen Umständen zu bekommen sind. Das Flugzeug hat sich geleert, ein paar Reisende, die an Bord auf den Weiterflug nach Paramaribo warten, beobachten, wie die Stewardessen an Techniker und Reinigungsfrauen übriggebliebene Bordverpflegung verteilen. Als die Maschine nach einer Stunde erneut abhebt, in Richtung Suriname, sind alle Sitze wieder belegt. Wer sich die Reise ins karibische Einkaufsparadies Barbados nicht leisten kann, der versucht zumindest, sich im Nachbarland mit dem Nötigsten einzudecken.

Dabei ist Guyana wie kein anderes Land der Region gesegnet mit natürlichen Reichtümern. Der Boden birgt enorme Vorkommen an Bauxit, Gold und Diamanten; Zuckerrohr, Reis, etliche Gemüse- und Obstsorten gedeihen – einst galt das Land als »Brotkorb der Karibik«. Vor der Küste bieten reiche Fischgründe Einkommen für die Küstenbevölkerung. Die Fangmenge an Garnelen beträgt Jahr für Jahr Tausende von Tonnen.

Hinter einem schmalen Küstensaum im Norden, wo teilweise über 100 Menschen auf einem Quadratkilometer leben – im übrigen Land sind es etwa fünf –, erstreckt sich ein dichter tropischer Regenwald, durchschlängelt von unzähligen Flüssen.

Wer von der Hauptstadt her auf dem Landweg die Wasserfälle von Kaieteur am Potaro-Fluß erreichen will, die einen Vergleich mit Niagara-, Victoria- oder Iguazu-Fällen nicht zu scheuen brauchen, sollte dazu nicht weniger als sieben Tage einplanen. Im Kaieteur-Nationalpark, in dem sich auch der höchste Berg des Landes, der Monte Roraima (2810 m), erhebt, leben Tapire und Ozelote, Affen und zahllose Vogelarten.

Die Last des kolonialen Erbes

Bei allem natürlichen Reichtum – ein Land im Überfluß ist Guyana dennoch nicht. Die »Kooperative Republik«, so die offizielle Bezeichnung dieser karibischen Spielart des Sozialismus, trägt noch immer schwer an dem kolonialen Erbe eines Vielvölkerstaates. Seit die niederländische Westindien-Kompanie zu Beginn des 17. Jahrhunderts die Kontrolle über Handelsposten in der Region des Essequibo und später des Berbice-Flusses gewonnen hatte, machten England und Frankreich den holländischen Siedlern das Gebiet streitig. Zunächst ohne Erfolg, doch 1814 erhielt England die Oberhoheit und schloß knapp zwei Jahrzehnte darauf die beiden Landesteile mit der Region Demerara zur Kolonie Britisch-Guiana zusammen. Zu diesem Zeitpunkt hatten englische Pflanzer bereits afrikanische Sklaven zur Arbeit auf ihren Zuckerrohrplantagen importiert. Nach Beendigung der Sklaverei im Jahre 1838 erreichten portugiesische Einwanderer um die Mitte des 19. Jahrhunderts die Kolonie, nahezu zeitgleich mit Kanton-Chinesen und angeheuerten indischen Arbeitskräften, deren Nachkommen später die Bevölkerungsmehrheit des Landes bilden sollten.

Als Cheddi Jagan, ein Zahnarzt indischer Abstammung, 1950 die linksorientierte Fortschrittliche Volkspartei (PPP) gründete, begann sich der latente Rassenkonflikt zwischen Bewohnern afrikanischer und indischer Herkunft in politischen Organisationsformen

▽ *Bengal Village, ein Stück Karibik an der flachen, 450 Kilometer langen Atlantikküste von Guyana. Zum Schutz vor Hochwasser stehen die Behausungen hier meist auf Pfählen.*

▷ *Ein Bild aus dem fast unzugänglichen Landesinnern von Guyana. Hier leben, zurückgedrängt von der Kolonisation, die Akawaio-Indianer als Fischer, Jäger und Sammler.*

zu manifestieren. Fünf Jahre später spaltete sich die Partei Jagans, eine Fraktion um Forbes Burnham schloß sich zum Nationalen Volkskongreß (PNC) zusammen. Zwei einflußreiche Parteien, die eine fußend auf der wirtschaftlich aktiven indischen Landbevölkerung, die andere auf die in Politik und Verwaltung dominierende afrikanische Stadtbevölkerung gestützt, standen sich gegenüber. Nachdem Jagans PPP dann dank der zahlenmäßigen Überlegenheit der Indo-Guyanesen bei zwei Wahlen siegreich geblieben war, kam es zu Streiks, bei denen die afro-guyanesischen Staatsbediensteten eine Führungsrolle einnahmen und die in den sechziger Jahren in Rassenauseinandersetzungen mündeten. London weigerte sich, das Land unter einer PPP-Regierung in die Unabhängigkeit zu entlassen, zumal die vornehmlich aus Afro-Guyaner bestehenden Sicherheitskräfte Front gegen Jagan machten. Durch ein neues Wahlverfahren gelang es 1964, der PPP trotz Stimmenmehrheit die Regierungsverantwortung zu entreißen und den PNC zur Regierungspartei zu erklären. Zwei Jahre später erlangte Guyana die volle Souveränität innerhalb des Commonwealth. Regierungschef wurde und blieb bis zu seinem Tod im August 1985 Forbes Burnham.

Eigentümliche Allianzen

Unter der Doktrin »Vorherrschaft der Partei« schuf Burnham ein autoritäres Regime, das internationale Juristen- und Menschenrechtsorganisationen immer wieder zu Protestaktionen veranlaßte. Etwa 80 Prozent der Wirtschaft sowie das gesamte Bildungswesen gerieten unter staatliche Kontrolle. Paramilitärische Organisationen standen der Partei zur Seite, verstärkt durch ausländische Sekten, denen Burnham bedingungslose Unterstützung abforderte. In die Schlagzeilen der Weltpresse geriet das südamerikanische Land im November 1978, als der Prediger Jim Jones einen Massenselbstmord unter den 900 Anhängern seiner Kultgemeinde People's Temple inszenierte. Erst die neue Regierung von Desmond Hoyte, der nach Burnhams Tod Staatspräsident wurde, ging gegen das Sektenunwesen vor und schuf Bedingungen, die eine demokratische Rückbesinnung des Landes anzeigen.

Doch zwei Jahrzehnte, in denen die Wirtschaft an den Rand des Kollapses gebracht, das Miteinander der Menschen erschwert und Rassengegensätze zum Regierungsprogramm erhoben wurden, sind nur langsam zu überwinden. Nicht beseitigt ist zudem eine andere Belastung, die in der Vergangenheit von der Regierung gern genutzt wurde, um gesellschaftliche Gegensätze zu übertünchen: der Territorialkonflikt mit Venezuela. Das Nachbarland beruft sich mit seiner Forderung auf Eingliederung des Gebiets westlich des Essequibo – immerhin zwei Drittel des Staatsgebietes von Guyana – auf historisches Recht. 1970 einigten sich beide Länder auf der Antilleninsel Trinidad, ihren Streit nicht mit militärischen Mitteln auszutragen, sondern auf dem Verhandlungsweg eine Lösung zu suchen. Im Protokoll von Port of Spain räumten sich die Vertragspartner dafür einen Zeitraum von zwölf Jahren ein. In der Zwischenzeit versuchte Guyana jedoch, vollendete Tatsachen zu schaffen, forcierte den Goldbergbau in dem umstrittenen Gebiet und verstärkte die Streitkräfte. Obwohl die Differenzen nicht ausgeräumt sind, halten sich beide Länder unausgesprochen an ein Stillhalteabkommen. Venezuela eilte gar zu Hilfe, als 1986 eine Erdölknappheit Guyanas Wirtschaft in den Ruin zu drängen drohte, und traf mit dem Nachbarland umfangreiche Handels- und Beistandsarrangements.

Unklarer Neubeginn

Erdöl als Energiequelle ist für Guyana derzeit noch unverzichtbar, obwohl reiche Wasserkraftreserven zur Stromgewinnung geradezu einladen. Erst in jüngster Zeit hat man in Georgetown diese Möglichkeit in Erwägung gezogen und sucht

mit Unterstützung internationaler Geldgeber nach Standorten für Wasserkraftwerke. Heimische Anleger zogen bislang Investitionen im Ausland vor. Erst langsam gewinnt die Regierung das Vertrauen des Inlandskapitals zurück. Die Sprachbarriere zum spanisch- und portugiesisch-sprachigen Teil Südamerikas, aber auch die entfernte Lage zu den »natürlichen« Wirtschaftspartnern in der Karibik machen es den Exportbranchen im englisch-sprachigen Guyana ohnehin schwer, Absatzmärkte zu finden. Mit der neuerlichen Annäherung an die Vereinigten Staaten, die zu Burnhams Zeiten eher Zurückhaltung zeigten, bieten sich Chancen. So sollen im Innern des Landes Wirtschaftszonen für die Exportproduktion errichtet werden. Dadurch, so hofft man, könnte der Strom der Auswanderer eingedämmt werden, der jährlich Tausende von Guyanesen in die Fremde zieht. Denn die Löhne, die bei den Staatsbetrieben zu verdienen sind, liegen heute um mehr als die Hälfte unter denen der siebziger Jahre. Viele mußten ihre Arbeit aufgeben, weil die Fahrtkosten zum Arbeitsplatz so stark gestiegen sind, daß sie höher waren als der Lohn. Das einstige »Land im Überfluß« hat noch einen langen Weg vor sich, wenn es seinen früheren Ruf wiedererlangen will.

▽ *Bauernmarkt in Corriverton, einer der größeren Städte des Landes. Das eher karge Angebot zeigt, daß es in Guyana Probleme mit der Lebensmittelversorgung gibt.*

▷ *Bis zu acht Meter lang wird die Anakonda, die größte Riesenschlange der Neuen Welt. Ihr Jagdgebiet ist das Flußufer, wo Säugetiere, Vögel und kleine Kaimane ihre Beute sind.*

Guyana

Daten · Fakten · Reisetips

Landesnatur

Fläche: 214 969 km² (knapp zwei Drittel so groß wie die Bundesrepublik Deutschland)
Ausdehnung: Nord–Süd 780 km, West–Ost 460 km
Küstenlänge: 440 km
Höchster Berg: Monte Roraima 2810 m
Längster Fluß: Essequibo 1000 km

Der Staat Guyana, früher Britisch-Guiana, liegt im Nordosten Südamerikas, begrenzt von Venezuela, Brasilien, Suriname und dem Atlantischen Ozean. Der Name Guayana (indianisch: »Land des Wassers«) bezeichnet eine gebirgige Großlandschaft (Macizo de la Guayana) zwischen Orinoco und Amazonas. An ihr haben auch die beiden anderen Guayana-Staaten Suriname und Französisch-Guayana sowie Venezuela und Nordbrasilien Anteil.

Die Farben des Bodens zeigen den Mineralienreichtum des Landes an. Der wichtigste Bodenschatz Guyanas ist das Bauxit.

Naturraum

Guyana gliedert sich in drei Großlandschaften. Im Westen des Landes liegen die gewaltigen Pakaraima Mountains mit dem höchsten Berg des Landes, dem Monte Roraima (2810 m) im Grenzgebiet zu Venezuela und Brasilien. Sie gehören, ebenso wie die Berge der Serra Acarai im Süden, zum Bergland von Guyana. An das westliche Bergland schließt sich nach Norden und Nordosten ein Hügelland an, das in das Küstentiefland übergeht. Dieses Tiefland, das großenteils als Schwemmland der Flüsse entstanden ist, liegt teilweise unter der Fluthöhe. Deiche und Schleusen schützen die fruchtbaren, teils bereits seit dem 17. Jh. dem Meer abgerungenen Küstenstriche am Atlantik.

Die nach Norden aus den Bergen führenden Flüsse, namentlich die Zuflüsse des Essequibo, besitzen zahlreiche Stromschnellen und Wasserfälle, darunter die 251 m hohen Kaieteur Falls des Potaro.

Klima

Das tropische, an der Küste vom Passat gemilderte Klima Guyanas ist gekennzeichnet durch geringe Temperaturschwankungen und zwei Regenzeiten im Jahr (April–August und Dezember–Januar). Im nördlichen Landesteil fallen jährlich 2000–3000 mm Niederschlag, zum Innern hin nimmt die Menge bis auf 1500 mm ab. Die Jahresmitteltemperatur von Georgetown an der Atlantikküste beträgt 27 °C, die mittleren täglichen Höchst- bzw. Tiefstwerte liegen bei 29 bzw. 24 °C.

Vegetation und Tierwelt

Immergrüner tropischer Regenwald bedeckt etwa 85 % des Staatsgebietes. Im Südwesten und im Bereich des Hügellandes gibt es vereinzelt offene Savannen. An der Küste sind Mangrove und Salzwiesen verbreitet.

An wild lebenden Tieren gibt es Affen, Hirsche, Jaguare, Ozelote, Tapire, Ameisenbären, Gürteltiere, Schlangen (u. a. Anakonda) und Spinnen (Schwarze Witwe, Tarantel); in den Flüssen leben Krokodile, Zitteraale und Piranhas. Zur vielfältigen Vogelwelt gehören Kolibris und Papageien.

Politisches System

Staatsname: Cooperative Republic of Guyana
Staats- und Regierungsform: Präsidiale Republik im Commonwealth of Nations
Hauptstadt: Georgetown
Mitgliedschaft: UN, Commonwealth, CARICOM, SELA, AKP

Nach der Verfassung von 1980 wird der Präsident für fünf Jahre direkt gewählt; er ist Staatsoberhaupt, Regierungschef und Oberbefehlshaber der Streitkräfte; er ernennt den Premierminister und die weiteren Minister. Legislative ist die Nationalversammlung mit 53 direkt gewählten und zwölf ernannten Abgeordneten sowie dem »Speaker«. Der Präsident kann die Nationalversammlung jederzeit auflösen.

Das Land ist in neun Distrikte und den Hauptstadtbezirk aufgeteilt. Das Rechtswesen beruht im wesentlichen auf britischem Recht.

Bevölkerung

Einwohnerzahl: 990 000
Bevölkerungsdichte: 5 Einw./km²
Bevölkerungszunahme: 1,9 % im Jahr
Größte Städte: Georgetown (195 000 Einw.), Linden (30 000), New Amsterdam (23 000)
Bevölkerungsgruppen: 51 % Inder, 31 % Schwarze, 12 % Mulatten und Mestizen, 4 % Indianer, 2 % Weiße und Chinesen

Die Einwohner Guyanas leben zu über 90 % in der Küstenregion, vor allem im Bereich der Hauptstadt Georgetown. Die größte Bevölkerungsgruppe bilden die Inder. Sie sind vorwiegend in der Landwirtschaft und im Handel tätig, während die politisch tonangebenden Schwarzen und Mulatten als stärkste Minderheit bevorzugt in den Städten wohnen und arbeiten. Die Indianer (Kariben, Arawaks) leben zurückgezogen im Innern des Landes. Guyana ist traditionell ein Auswanderungsland (die meisten wandern nach Großbritannien und Kanada aus). Knapp die Hälfte der Guyaner ist jünger als 20 Jahre. Neben der offiziellen Landessprache Englisch werden im Umgang besonders Hindi-Dialekte und Urdu sowie ein kreolisch-englischer Dialekt gesprochen; die Indianer verwenden ihre eigenen Sprachen. Über 40 % der Einwohner sind Christen (Anglikaner, Katholiken, Methodisten), etwa 34 % Hindus, 9 % Moslems. Daneben gibt es Anhänger von Naturreligionen.

Soziale Lage und Bildung

Alle über 65jährigen erhalten eine staatliche Rente, wenn ihr Einkommen unter dem Existenzminimum liegt; auch gibt es verschiedene Sozialversicherungen.

Durch Kampagnen gegen Tuberkulose und Malaria sowie durch geregeltere Wasserversorgung konnte der Gesundheitszustand der Bevölkerung verbessert werden, Mangelkrankheiten sind jedoch nach wie vor verbreitet. Es besteht allgemeine Schulpflicht für 5–14jährige, die in den dünn besiedelten Gebieten allerdings schwer durchsetzbar ist. Die Analphabetenrate liegt bei etwa 4 %; bei der Landbevölkerung muß sie erheblich höher eingeschätzt werden. Seit 1963 gibt es in Georgetown eine Universität.

Wirtschaft

Währung: 1 Guyana-Dollar (G$) = 100 Cents (¢)
Bruttoinlandsprodukt (in Anteilen): Land- und Forstwirtschaft 27 %, industrielle Produktion 24 %, Dienstleistungen 49 %
Wichtigste Handelspartner: USA, EG-Länder, Kanada, Trinidad und Tobago

Grundlagen der guyanischen Wirtschaft sind der Zuckerrohranbau und der Bergbau (vor allem Bauxit). Gemäß dem sozialistischen Kurs kontrolliert der Staat etwa 80 % der Wirtschaft.

Das Land befindet sich in einer ökonomischen Dauerkrise; es leidet unter Inflation, hoher Arbeitslosigkeit und massiver Auslandsverschuldung. Seit Mitte der 80er Jahre wird versucht, durch verstärkte Privatisierung die Krise zu bewältigen.

Landwirtschaft

Nur rd. 2 % der Gesamtfläche Guyanas sind kultiviert. Die fruchtbare Küstenebene wird intensiv für den Anbau von Zuckerrohr (für den Export) und Reis (zur Binnenversorgung) genutzt. Mit den übrigen landwirtschaftlichen Produkten (Mais, Maniok, Gemüse) kann sich das Land selbst noch nicht ausreichend versorgen. Doch konzentriert sich Guyana seit Mitte der 80er Jahre erstmals auf die Intensivierung der Landwirtschaft (verstärkte Rinderzucht, Förderung der Nahrungsmittelerzeugung). Die ausgedehnten Regenwälder lassen sich wegen mangelnder Transportmöglichkeiten nur begrenzt nutzen.

Bodenschätze, Industrie

Der Abbau von Bauxit (50 % des Wertanteils am Export) ist von weltwirtschaftlicher Bedeutung. Allerdings gehen die Exportquoten seit 1982 aufgrund sinkender Weltmarktpreise und veralteter Verarbeitungsanlagen zurück. Außerdem werden Tonerde, Mangan, Diamanten und Gold gewonnen. Reiche Mineralienvorkommen sind noch nicht abbaubar, da ein Großteil der Lagerstätten im von Venezuela beanspruchten Essequibo-Gebiet (zwei Drittel des guyanischen Staatsgebiets) liegt.

Der industrielle Bereich umfaßt hauptsächlich die großbetriebliche verstaatlichte Bauxit- und Manganaufbereitung sowie die Zuckerverarbeitung. Sonstige Betriebe der Nahrungsmittel- und Konsumgüterherstellung haben handwerklichen oder kleingewerblichen Charakter.

Handel

Hauptausfuhrgüter sind Bauxit, Tonerde und Zucker (zusammen rd. 60 % des Ausfuhrwertes), Reis und Rum.

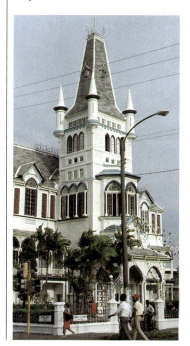

Typisch für die Altstadt von Georgetown: das Rathaus, ein Holzbau im neugotischen Kolonialstil, errichtet 1887.

Daten · Fakten · Reisetips — Guyana

Eingeführt werden Erdöl und Erdölprodukte, Lebensmittel, Maschinen, Fahrzeuge und chemische Produkte.

Verkehr, Tourismus

Das Straßennetz (rd. 5000 km) ist nur im Küstenbereich gut ausgebaut. Daher spielt der inländische Flugverkehr eine wichtige Rolle. Der frühere internationale Flughafen Timehri (40 km von Georgetown entfernt) wird seit 1982 nur noch von regionalen Fluggesellschaften angeflogen. Wichtige Seehäfen sind Georgetown und New Amsterdam.

Der Fremdenverkehr ist noch wenig entwickelt. Touristische Attraktionen sind die Wasserfälle: Kaieteur Falls (251 m), Roraima Falls (457 m) und King George VI Falls (488 m).

Geschichte

Die Küste von Guayana wurde um 1500 von dem Spanier Vicente Yánez Pinzón zuerst erforscht. Da es dort keine Schätze gab, überließen die Spanier das unwirtliche Land den Niederländern, Briten und Franzosen.

Von Guayana zu Guyana

Nachdem zu Beginn des 17. Jh. englische Besiedlungsversuche gescheitert waren, gründeten die Niederländer mehrere Niederlassungen, die mit Hilfe der Westindien-Kompanie mit Sklaven versorgt wurden. 1651 betrieb Lord Willoughby of Parham von Barbados aus die Gründung einer englischen Kolonie am Suriname, trat diese aber im Frieden von Breda (1667) den Niederlanden im Tausch gegen die niederländische Kolonie Nieuw-Amsterdam (New York) ab.

Im Verlauf der Revolutionskriege eroberten die Franzosen den niederländischen Teil Guayanas, der 1796 dann an Großbritannien fiel. Im Frieden von Amiens (1802) gaben die Briten die Kolonien zurück, besetzten sie jedoch bereits 1804 erneut. Die Niederlande erhielten 1814 durch die »Londoner Konvention« einen Teil von Guayana, das heutige Suriname, zurück, mußten aber endgültig auf die Gebiete Essequibo, Berbice und Demerara verzichten, die zunächst getrennt verwaltet und 1831 zur Kronkolonie Britisch-Guayana zusammengefaßt wurden.

Mit Hilfe von schwarzen Sklaven wurden Plantagen (Kaffee, Baumwolle und Zuckerrohr) angelegt. Nach der Abschaffung der Sklaverei im Jahre 1838 verließen die meisten Schwarzen die Pflanzungen, so daß Arbeitskräfte aus Asien angeworben werden mußten. Viele der zumeist aus Indien stammenden Lohnarbeiter blieben auch nach Ablauf ihrer Verträge im Land.

Probleme mit Grenzen und Wirtschaft

Da in der Kolonie zunächst nur die Küstenregion und die fruchtbaren Flußtäler besiedelt waren, wurde der deutsch-britische Südamerikaforscher Robert Hermann Schomburgk von den Briten beauftragt, 1841–1845 den

Grenzverlauf zum Nachbarstaat Venezuela zu bestimmen. 1899 kam es zu Grenzstreitigkeiten mit Venezuela, das zwei Drittel des britischen Territoriums beanspruchte. Ein internationales Schiedsgericht legte damals die noch heute gültige Grenze fest.

Die Weltwirtschaftskrise führte in den dreißiger Jahren auch in Guyana zu einer schweren wirtschaftlichen Depression und zu sozialen Spannungen zwischen Schwarzen und Indern.

1961 wurde der Kronkolonie die volle innere Autonomie gewährt. Am 26. Mai 1966 erlangte sie die Unabhängigkeit. Guyana, zunächst eine parlamentarische Monarchie im Verbund des Commonwealth, wurde am 23. Februar 1970 durch Verfassungsänderung Republik, blieb aber weiterhin im Commonwealth. Mit Barbados, Jamaika, Trinidad und Tobago unterzeichnete Guyana 1973 den Gründungsvertrag der »Karibischen Wirtschaftsgemeinschaft« (CARICOM).

Die neue Verfassung von 1980 hat verstärkt die Entwicklung eines sozialistischen Einheitsstaates zum Ziel. Doch bemüht sich der seit 1985 regierende Staatspräsident Hugh Desmond Hoyte (People's National Congress/PNC) auch um eine marktwirtschaftliche Öffnung des Landes und um verstärkte ausländische Investitionen.

Kultur

Ähnlich wie die beiden Nachbarländer, das niederländisch geprägte Suriname und Französisch-Guayana, unterscheidet sich auch Guyana sprachlich und kulturell von den übrigen Ländern Südamerikas, die alle dem lateinamerikanischen Kulturkreis angehören. Die ursprüngliche indianische Bevölkerung, Arawak-Indianer und Kariben, die bis in die Neuzeit auf neolithischen Kulturstufe stehengeblieben war, ist heute nur mehr in geringer Zahl im Landesinnern anzutreffen.

In Guyana haben sich die einzelnen Bevölkerungsgruppen mit ihren unterschiedlichen nationalen Traditionen nur wenig vermischt. Wie im karibischen Raum haben die afrikanischen Traditionen noch immer große Bedeutung, insbesondere in den Städten, in denen die Nachkommen der schwarzen Sklaven leben. 1973 wurde der von den Briten verbotene Voodoo-Kult wieder zugelassen. Bei diesem vor allem von Haiti her bekannten Geheimkult dominieren Elemente westafrikanischer Stammesreligionen: In ekstatischen Tänzen suchen die Kultteilnehmer die Einheit mit den angerufenen Gottheiten.

Aufgrund des hohen indischen Bevölkerungsanteils sind auch hinduistische Traditionen fest verankert, die bestimmte religiöse und gesellschaftliche Praktiken betreffen (Tempeldienst, Totenritual, Eheschließung und Kindererziehung).

Die Hauptstadt Georgetown hat viel vom britischen Kolonialstil bewahrt; die Holzhäuser stehen zum Schutz vor Hochwasser auf bis zu drei Meter hohen Steinpfeilern. Die zahlreichen Kanäle neben den breiten Alleen erinnern noch an die niederländische Kolonialzeit. Seit den Großbränden in den Jahren 1945 und 1951 ist man jedoch bei den Geschäftsvierteln zu einer modernen Betonbauweise übergegangen. Zu den vielen erhaltenen Holzgebäuden in Georgetown gehören das im gotischen Stil erbaute Rathaus (1887) und das Guyana House (1852), der Sitz des Präsidenten. Die 1892 errichtete St. George's Cathedral soll mit 45 m Höhe eine der höchsten Holzkirchen der Welt sein.

Reise-Informationen

Einreise- und Fahrzeugpapiere
Bürger der Bundesrepublik Deutschland, der Schweiz und Österreichs benötigen für die Einreise ein Visum und einen mindestens noch sechs Monate über den beabsichtigten Aufenthalt hinaus gültigen Reisepaß bzw. Kinderausweis.

Als Fahrerlaubnis gilt der internationale Führerschein. Es besteht Haftpflichtversicherungszwang.

Zoll
Bei der Einreise sind zollfrei: pro Person ab 16 Jahre 200 Zigaretten oder 50 Zigarren oder 225 g Tabak, ¾ Liter Wein, ¾ Liter Spirituosen und eine kleine Menge Parfüm.

Devisen
Bei der Ein- und Ausreise darf man bis zu 200 Guyana-Dollar (G$) mitnehmen. Die Einfuhr von Fremdwährung ist unbeschränkt möglich (Deklaration erforderlich), die Ausfuhr in Höhe des deklarierten Betrags erlaubt. Reisende sollten nur US-Dollar- oder Pfund-Sterling-Reiseschecks bzw. Bargeld mitführen; DM wird nicht eingelöst.

Impfungen
Für Besucher, die aus Infektionsgebieten oder bestimmten Ländern Afrikas bzw. Mittel- und Südamerikas einreisen, ist Gelbfieberimpfung vorgeschrieben; bei Aufenthalt in ländlichen Gebieten wird sie generell empfohlen. Malariaschutz ist in »North West« und »Rupununi« ganzjährig erforderlich.

Verkehrsverhältnisse
Es herrscht Linksverkehr. Der Küstenstreifen besitzt die am besten ausgebauten Straßen. Taxis sind knapp. Die Orte im Landesinnern können mit Boot oder Flugzeug erreicht werden.

Ungewöhnlich bunt für seine Gattung: der Königsgeier. Sein Revier ist der tropische Urwald.

Unterkünfte
An der Küste gibt es nur wenige Hotels; Vorausbestellung ist zu empfehlen. Im Landesinnern bekommt man meist einfache Quartiere.

Reisezeit
Die günstigste Reisezeit ist von Februar bis April.

Haiti

Rita Neubauer

Die karibische Inselrepublik Haiti, einst die reichste französische Kolonie, gehört heute zu den 30 ärmsten Staaten der Erde. Der Sturz von Diktator Jean-Claude Duvalier im Februar 1986 rückte das Land, das sich mit der Dominikanischen Republik die Insel Hispaniola teilt, schlaglichtartig ins Bewußtsein der Weltöffentlichkeit. Die jahrzehntelange Unterdrückung nahm durch den Machtwechsel allerdings kein Ende. Erst seit im Dezember 1990 bei den ersten freien und demokratischen Wahlen in der Geschichte Haitis der Priester Jean-Bertrand Aristide die absolute Mehrheit holte, machte das Land einen Schritt vorwärts auf dem Weg zur Demokratie. Über 80 Prozent der rund sechs Millionen Einwohner leben in Armut. Arbeitslosigkeit, Analphabetismus und dürftige medizinische Versorgung sind ebenso Dauerprobleme wie die Übervölkerung und die Unfruchtbarkeit weiter Gegenden des Landes. Üppige tropische Vegetation, die reizvolle Berggegend im Norden und weiße Traumstrände können dies zumindest den Touristen vergessen lassen. Der Haitianer findet sein Vergessen vielleicht nur noch im Voodoo, einem religiösen Ritual, das seine Vorfahren aus Afrika auf die Insel brachten.

Staatsname:	Republik Haiti
Amtssprache:	Französisch
Einwohner:	6,2 Millionen
Fläche:	27 750 km²
Hauptstadt:	Port-au-Prince
Staatsform:	Präsidiale Republik
Kfz-Zeichen:	RH
Zeitzone:	MEZ −6 Std.
Geogr. Lage:	Karibik; westlicher Teil der Antilleninsel Hispaniola, grenzt an die Dominikanische Republik

Haiti – die Insel des Voodoo-Kults: Mit Tieropfern wollen die Voodoo-Gläubigen ihre Götter günstig stimmen. Der Höhepunkt der Zeremonie ist erreicht, wenn die Teilnehmer in tranceartige Ekstase verfallen.

Geheimnisvoller Kult aus Afrika

Im flackernden Kerzenschein wirbelnde weiße Röcke, fliegende Arme, keuchender Atem, ekstatisch zuckende Körper auf nacktem Lehmfußboden: Der Höhepunkt der Voodoo-Zeremonie scheint zu nahen, doch die Trommeln schweigen auch nach Stunden noch nicht. Sie locken in sich ewig wiederholenden Rhythmen die Houngans und Mambos, wie die männlichen und weiblichen Voodoo-Tänzer in Haiti genannt werden, zu neuer stampfender Trance. Ein stickiger Geruch aus Schweiß und Alkohol hängt in der Luft der gekalkten Hütte. Minuten werden zu Stunden, Stunden zu Tagen. Erlösung scheint tatsächlich nur von Papa Legba zu kommen, den der Voodoo-Priester mit beschwörenden Worten ruft und dem die Gemeinde mit Körper, Geist und kleinen »Kostbarkeiten« wie Nüssen und Geldstücken huldigt.

Voodoo weist den Weg zurück zu den afrikanischen Wurzeln der schwarzen Haitianer. In tagelangen Ritualen – mit Tieropfern als Höhepunkten – werden die Geister der versklavten Vorfahren beschworen, die im 16. und 17. Jahrhundert von den spanischen, später von den französischen Kolonialherren nach Haiti gebracht wurden. Obwohl teilweise für touristische Aufführungen zweckentfremdet, beherrscht dieser afrikanische Kult auch heute noch die Karibikinsel, zum Leidwesen der katholischen Kirche. Sie brandmarkte Voodoo als »heidnisches Teufelswerk« und lernte erst in neuerer Zeit da-

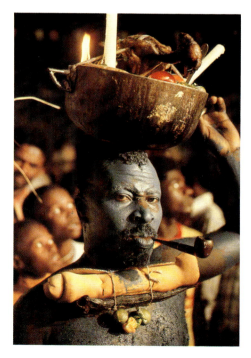

△ ▷ *Die markanten Gesichter und kraftvollen Gestalten der Inselbewohner weisen auf ihre Wurzeln zurück, nach Afrika: Hunderttausende von Schwarzen wurden im 18. Jahrhundert von französischen Kolonialherren »importiert«: Nur mit Hilfe von Sklaven konnten sie die Baumwoll-, Kaffee- und Indigoplantagen ihrer reichen Kolonie Saint Dominque bewirtschaften.*

△ *Vier Tage dauert das ekstatische Bachfest der 70 000 in der Geisterschlucht von Saut d'Eau. Die Anhänger des Voodoo-Kults erhoffen sich davon eine Reinigung ihres Geistes durch die Geister, die in den Wassern hausen.*

mit zu leben. Immerhin sind 90 Prozent der Haitianer katholisch getauft.

François Duvalier, der von 1957 bis 1971 herrschende Diktator, mißbrauchte die naive Religion als Machtinstrument. Papa Doc, wie der einstige schwarze Landarzt genannt wurde, setzte nach Jahrzehnten des politischen Wechsels – geprägt von amerikanischer Besatzung, Aufständen und Revolutionsregierungen – die Geschichte der Inselrepublik mit einem Terrorregime fort. Er schuf einen totalitären Staat und die berühmtberüchtigten Tontons Macoutes, eine auf rund 30 000 Mann geschätzte paramilitärische Truppe, die jede Opposition mit Knüppeln und Macheten zum Schweigen brachte.

Ein Priester als Hoffnungsträger

Nach dem Tod von Papa Doc erbte sein Sohn Jean-Claude Duvalier, genannt Baby Doc, im Alter von 19 Jahren die Familiendiktatur. Unter seiner und vor allem der Herrschaft seiner Frau Michèle blühte die Korruption auf Haiti erst richtig auf: Das Land verkam zum Selbstbedienungsladen einer kleinen Clique und wurde zum ärmsten Land Amerikas.

Das änderte sich auch nach dem Sturz Baby Docs 1986 nicht. Die neue Freiheit währte nur wenige Wochen. Fünf weitere Jahre beherrschte Duvalierismus ohne Duvalier Haiti. Übergangsregierungen lösten sich durch Putsch, Gegenputsch sowie manipulierte Wahlen ab. Hunderte von Menschen kamen bei Unruhen ums Leben.

Doch am 7. Februar 1991 übernahm Jean-Bertrand Aristide das Präsidentenamt. Der katholische Geistliche, der der linksgerichteten Befreiungstheologie nahesteht, ist der Hoffnungsträger der Ärmsten der Armen. Seine populäre Volksbewegung »Lavalas« – die Flut – trug ihn buchstäblich in den blütenweißen Nationalpalast. Aristide, der schon drei Attentate überlebte, hat viele Feinde: die Tontons Macoutes ebenso wie Teile des Militärs. Aber auch in der eigenen Kirche erntet Aristide, der 1988 vom Salesianer-Orden ausgeschlossen wurde, Kritik.

Seine Hauptaufgaben: Säuberung der Armee von duvalieristischen Elementen, gerichtliche Verfolgung der Tontons Macoutes und die Sanierung der haitianischen Wirtschaft. Denn neben Demokratie erwarten die Haitianer endlich eine Verbesserung ihrer miserablen Lebensbedingungen.

Slums und Paläste – die Hauptstadt Port-au-Prince

Die Hauptstadt Port-au-Prince, einst wegen ihrer maritimen Schönheit als eine der reizvollsten Städte der Karibik gepriesen, hat diesen Ruf schon lange verloren. Einem Amphitheater gleich an einer Bucht gelegen, spiegelt sie die sozialen Unterschiede in ihrem Aufbau wider. Den Kern bildet das Geschäfts- und Marktviertel, an dessen Rand die Slums kleben. Es folgen die Häuser der Mittelschicht und die ersten Villen. Hoch oben in Pétionville – eigentlich eine eigene Stadt, aber mit Port-au-Prince eng verwachsen – verbergen sich hinter hohen Mauern in großartig angelegten Gärten die Paläste der Reichen.

Geprägt wird die Stadt aber durch die wuchernden Elendssiedlungen. Der Gran Neg, der »Große Neger«, wie neben den wohlhabenden Schwarzen auch der Weiße wegen seiner finanziellen Stellung auf kreolisch genannt wird, sieht sich unentwegt einem Haufen bettelnder Kinder gegenüber. Er beobachtet ungläubig in Kloaken badende Menschen und registriert den Reichtum einer kleinen Oberschicht neben dem unermeßlichen Elend der Massen. Vom nahegelegenen Kenscoff-Massiv gleicht Port-au-Prince einem einzigen rostigbraunen Blechhaufen. Blechhütte drängt sich an Blechhütte, Grün läßt sich kaum irgendwo entdecken.

Ganz anders das Land, wo auf den ersten Blick eine üppig wuchernde tropische Pflanzenwelt die ökologischen und ökonomischen Probleme überdeckt. Doch Haitis Landwirtschaft nähert sich einer Katastrophe. Massenabholzung der einst waldreichen Insel führte zu Bodenerosion und Versteppung. Das Land ernährt schon lange nicht mehr seine Bewoh-

△ *Kinderreichtum und karge Ernten treiben die Landbevölkerung in die Städte, wo sie Arbeit und Wohlstand zu finden hoffen. Doch gegenüber dem Elend der Slums wirkt das Leben auf dem Dorf fast wie ein Idyll aus alten Zeiten.*

△ *Als erster Staat der Welt hat Haiti die Befreiung der Sklaven erreicht, aber das Volk hat von der Freiheit wenig zu spüren bekommen. Zwar hat der korrupte Baby Doc das Land verlassen müssen, aber in den Präsidentenpalast zog erst fünf Jahre nach dessen Sturz ein demokratisch gewählter Präsident ein.*

ner. Die Menschen versuchen zwar, dem Boden noch das Letztmögliche abzugewinnen, aber oft bleibt ihnen nur die Flucht in die Städte wie Port-au-Prince oder die Hafenstadt Cap-Haïtien im Norden des Landes. In Cap-Haïtien ist täglich Markt. Schon früh am Morgen rattern Holzkarren mit Gemüse und Obst über das Pflaster. Buntbemalte Kleinbusse, liebevoll Tap-Taps genannt, bringen die Waren auf dem Dach in die Stadt. Am Busbahnhof herrscht ein heilloses Gewirr dieser Kunstwerke auf Rädern. Ausrufer kündigen in melodischem bis schrillem Singsang die Abfahrt an. Wenn es dann losgeht, plärren aus dem Lautsprecher karibische Rhythmen, die normalerweise sofort in die Beine gehen, im vollgestopften Bus aber nur die munteren Gespräche anregen.

Diese Schwatzhaftigkeit und Fröhlichkeit der Haitianer hat auch der alltägliche Alptraum nicht zu unterdrücken vermocht. Aber die Hoffnung auf eine bessere Zukunft ist für viele ebenso fragwürdig wie die Aussicht auf wachsende Einnahmen aus dem Tourismus. Haiti als billiges Vergnügungsparadies für sexbesessene Touristen gehört durch die steigende Zahl der Aids-Infizierten ohnehin der Vergangenheit an. Nur die Kunst kennt eine heile Welt, und Haitis naive Maler verstehen es prächtig, mit dem Pinsel auch weiterhin eine Trauminsel mit tropischer Vegetation vorzugaukeln.

Haiti — Daten · Fakten · Reisetips

Landesnatur

Fläche: 27 750 km² (etwas größer als Hessen)
Ausdehnung: West–Ost 300 km, Nord–Süd 200 km
Küstenlänge: 1100 km
Höchster Berg: Pic La Selle 2674 m
Längster Fluß: Rivière de l'Artibonite 170 km
Größter See: Étang Saumâtre 170 km²

Die Antilleninsel Hispaniola liegt etwa 100 km östlich von Kuba. Sie grenzt im Süden an das Karibische Meer, im Norden an den offenen Atlantik.
Die Republik Haiti umfaßt nur das westliche Drittel der Insel mit einigen vorgelagerten Inseln, darunter die Île de la Gonâve (658 km²) und die Île de la Tortue (Tortuga). Einziges Nachbarland ist die fast doppelt so große Dominikanische Republik im Osten Hispaniolas.

Naturraum

»Land der Berge« heißt Haiti in der Sprache der indianischen Ureinwohner. Etwa 80 % der Gesamtfläche Haitis sind gebirgig. Das Land besteht im Grunde aus zwei großen Halbinseln, die zangenförmig den 120 km breiten Golf von Gonâve umfassen. Das Massif du Nord durchzieht die nördliche Halbinsel, das Massif du Sud und das Massif de la Selle (bis 2674 m) die südliche Halbinsel. Dazwischen liegen das Plateau Central, ein Hochbecken, das Tal des Artibonite, des bedeutendsten Flusses Haitis, und die Cul-de-Sac-Ebene mit dem Salzsee

Mit Muschelschalen vergrößern die Fischer ihre Inseln vor der Küste.

Étang Saumâtre. Die Erdkruste des gesamten Inselgebiets von Hispaniola ist sehr labil; Erdbeben sind häufig.

Klima

Der Nordostpassat beeinflußt das randtropische Klima das ganze Jahr über. Die Jahresmitteltemperaturen liegen an der Küste zwischen 25 °C und 29 °C. In höheren Lagen ist es etwas milder. Die jährlichen Niederschläge (mit Schwerpunkten in den Monaten April bis Juni und September

Die Zitadelle, erbaut unter dem schwarzen König Henri Christophe als Symbol der Befreiung.

bis November) fallen gebietsweise sehr unterschiedlich. In den mittleren Gebirgen werden jährlich zwischen 1000–1500 mm gemessen, auf den Ebenen im Windschatten der nördlichen Gebirgszüge teils weniger als 500 mm. Gefürchtet sind die z. T. verheerenden Wirbelstürme, die insbesondere im Spätsommer die Insel heimsuchen.

Vegetation und Tierwelt

Der ursprünglich große Waldbestand der Insel wurde größtenteils abgeholzt. Seither ist der Wasserhaushalt der Insel stark gestört, und weite Teile des Landes sind von der Bodenerosion betroffen. Heute sind nur noch knapp 10 % der Inselfläche von Wald bedeckt. Reste des tropischen Regenwaldes findet man nur noch in höheren Gebirgslagen. Kakteen und Dorngebüsch kommen an trockenen Hängen vor. Die Senken (Tal des Artibonite, Cul-de-Sac-Ebene) tragen Feucht- und Trockensavannen, z. T. auch mit Sukkulentenformationen. An sumpfigen Küstenabschnitten gibt es Mangrovewälder.
Infolge der Entwaldung ist die Tierwelt stark verarmt. Auf der Insel leben heute noch verschiedene Nagetiere, Krokodile, Leguane und andere Reptilien sowie etwa 200 Vogelarten; ferner gibt es rd. 300 Fischarten.

Politisches System

Staatsname: République d'Haïti
Staats- und Regierungsform: Präsidiale Republik
Hauptstadt: Port-au-Prince
Mitgliedschaft: UN, OAS, SELA, GATT

Nach dem Ende der Diktatur des Duvalier-Clans (1986) war am 29. 3. 1987 eine neue Verfassung angenommen worden, die freilich aufgrund mehrerer Militärputsche bis 1990 außer Kraft war. Staatsoberhaupt ist gemäß dieser Verfassung der für fünf Jahre gewählte Staatspräsident; eine unmittelbar folgende zweite Amtsperiode ist ausgeschlossen. Legislativorgan ist das Zweikammerparlament, das sich aus dem Senat mit 27 und dem Abgeordnetenhaus mit 87 Mitgliedern zusammensetzt. Zum Premierminister wird der jeweilige Führer der Mehrheitspartei gewählt; er wählt in Zusammenarbeit mit dem Staatspräsidenten die Minister aus.
Das Rechtswesen richtet sich nach französischem Vorbild.
Das Land ist in neun Departements, 35 Arrondissements und 124 Gemeinden aufgeteilt.

Bevölkerung

Einwohnerzahl: 6,2 Millionen
Bevölkerungsdichte: 220 Einw./km²
Bevölkerungszunahme: 1,7 % im Jahr
Größte Städte: Port-au-Prince (800 000 Einw.), Cap Haïtien (70 000), Gonaïves (40 000)
Bevölkerungsgruppen: 90 % Schwarze, 10 % Mulatten, 0,03 % Weiße

Den größten Teil der haitianischen Bevölkerung bilden heute die Nachkommen afrikanischer Sklaven, die während der Kolonialzeit zur Plantagenarbeit auf die Karibikinsel verschleppt wurden. Die Mulatten leben überwiegend in den Städten und zählen zusammen mit den etwa 2000 Weißen, die sich auf Haiti niedergelassen haben, zur Oberschicht des Landes. 40 % der Haitianer sind jünger als 15 Jahre. Amtssprache ist Französisch. Die Masse der Bevölkerung spricht Créole, eine französisch-afrikanische Mischsprache, die mit spanischen, englischen und indianischen Wörtern durchsetzt ist. Die Mehrzahl der Haitianer (90 %) bekennt sich nominell zum katholischen Glauben, etwa 10 % zu protestantischen Glaubensgemeinschaften. Tatsächlich aber sind die meisten Haitianer Anhänger des Voodoo – eines Geheimkultes afrikanischen Ursprungs.

Soziale Lage und Bildung

Krasse Klassenunterschiede, Armut, Arbeitslosenquote von 80 %, Unterernährung, Überbevölkerung und katastrophale hygienische Verhältnisse prägen das Leben auf Haiti. Die medizinische Versorgung ist unzureichend, auf dem Land fast gar nicht vorhanden. Haiti hat die geringste Lebenserwartung und die höchste Kindersterblichkeit der westlichen Welt; seit einigen Jahren ist die Infektionskrankheit Aids stark verbreitet. Das seit 1955 bestehende Sozialversicherungssystem ist äußerst lückenhaft. Infolge dieser schlechten Situation ist die illegale Auswanderung (Boat people) in die karibischen Staaten und die USA besonders hoch (allein in New York leben 1 Mio. Haitianer). Trotz Schulpflicht geht nicht einmal die Hälfte der Kinder zur Schule. Etwa 60 % der Erwachsenen sind Analphabeten. Die staatliche Université d'Haïti wurde 1944 gegründet.

Wirtschaft

Währung: 1 Gourde (Gde.) = 100 Centimes (cts.)
Bruttoinlandsprodukt: in Anteilen): Land- und Forstwirtschaft 32 %, industrielle Produktion 24 %, Dienstleistungen 44 %
Wichtigste Handelspartner: USA, EG-Staaten, Japan, Kanada, Niederländische Antillen

Haiti zählt zu den ärmsten Ländern der Welt. Etwa 85 % der Bevölkerung leben in absoluter Armut. Wirtschaftliche Reformen wurden auch nach dem Sturz der Duvalier-Diktatur nicht eingeleitet. Schattenwirtschaft und Drogenhandel blühen. Grundlage der Wirtschaft ist der Agrarsektor. Eine nachhaltige Verbesserung der Lage ist, auch angesichts der rückläufigen Wirtschaftshilfe aus dem Ausland, in absehbarer Zeit nicht zu erwarten.

Landwirtschaft

Etwa 40 % der Gesamtfläche Haitis wird landwirtschaftlich genutzt. Aufgrund von Bodenerosion und Bewässerungsproblemen sind die Erträge schwankend. In zahlreichen kleinbäuerlichen Betrieben – zwei Drittel der Bevölkerung sind in der Landwirtschaft beschäftigt – werden mit primitiven und einseitigen Anbaumethoden für den Eigenbedarf Mais, Reis, Maniok, Hirse, Bohnen, Bananen und Bataten angepflanzt. Auf größeren Plantagen werden Kaffee, Kakao, Zuckerrohr und Sisal – zumeist für den Export – angebaut. Die landwirtschaftliche Produktion kann den Inlandsbedarf nicht annähernd decken.

Industrie

Die Industrie Haitis ist, verglichen mit anderen lateinamerikanischen Ländern, sehr schwach entwickelt. Die Produktion für den Binnenmarkt stagniert. Es gibt Betriebe für Konsumgüterproduktion, für Baustoffe und für die Verarbeitung landwirtschaftlicher Produkte. Im Aufschwung befinden

Wie schon vor 300 Jahren: Ochsen ziehen das geerntete Zuckerrohr.

Daten · Fakten · Reisetips   Haiti

sich die sog. »Lohnveredelungsindustrien«: US-Industrien lassen besonders lohnintensive Halbfertigwaren (Textilien, Elektro- und Elektronikartikel) von billigen haitianischen Arbeitskräften weiterverarbeiten.

Handel

Haupthandelspartner sind die USA; sie kaufen drei Viertel des Exports und liefern die Hälfte des Imports. Ausgeführt werden Kaffee, Kakao, Zucker, Sisal und handwerkliche Waren; eingeführt werden Lebensmittel, Textilien und Industrieprodukte.

Verkehr, Tourismus

Vom ganzen Straßennetz (4000 km) sind einige Strecken zwischen der Hauptstadt und einigen Küstenstädten asphaltiert (rund 600 km). Die wenigen, noch befahrenen Eisenbahnlinien (insgesamt 120 km) dienen dem Transport von Exportgütern. Die Küstenschiffahrt ist kaum von Bedeutung. Wichtigster Hafen ist Port-au-Prince. Es existiert ein inländisches Flugverkehrsnetz mit sieben kleinen Flughäfen. Internationaler Flughafen ist ebenfalls Port-au-Prince, 13 km von der Hauptstadt entfernt. – Der Tourismus ist mit beachtlichen Deviseneinnahmen und Besucherzahlen ein wichtiger Wirtschaftszweig.

Geschichte

Die Republik Haiti umfaßt heute den Westteil der Insel, die Christoph Kolumbus nach seiner Landung am 6. Dezember 1492 La Española (lat. Hispaniola) genannt hat. 1496 wurde sein Bruder Bartolomé Gouverneur der ersten spanischen Kolonie in der Neuen Welt mit Santo Domingo als Verwaltungssitz, das im 16. Jh. zum Mittelpunkt der spanischen Herrschaft in Amerika wurde.

Nach wenigen Jahrzehnten hatten die Spanier die Ureinwohner, Arawak-Indianer, fast ausgerottet. Das Land verödete. Auch die Goldvorräte waren bald erschöpft, so daß sich die Eroberer Mexiko und Peru zuwandten, in der Hoffnung, dort neue Reichtümer zu entdecken.

Das 17. Jh. war die große Zeit der Seeräuber. Zuerst nahmen französische Piraten die im Norden vorgelagerte Insel Tortuga (Île de la Tortue: Schildkröteninsel) in Besitz; dann errichteten niederländische und englische Freibeuter ebenfalls Stützpunkte und machten Jagd auf spanische Schiffe mit Silberladung. Aber auch französische Siedler setzten sich im Nordteil der Insel fest und legten Zuckerrohr- und Tabakpflanzungen an. Im Frieden von Rijswijk 1697 trat Spanien den Westteil Hispaniolas an Frankreich ab. Dieser Teil erhielt den Namen Saint Domingue.

Die Kolonie wurde im 18. Jh. eine der reichsten in diesem Teil der Welt – mit einer kleinen, aber mächtigen Pflanzeraristokratie, die über ein Heer von schwarzen Sklaven verfügte. Cap Français (heute Cap-Haïtien), die da-

malige Hauptstadt, wurde zum »Paris der Karibik«.

Revolution und Unabhängigkeit

1791 erhoben sich die schwarzen Sklaven unter Berufung auf die Versprechungen der französischen Revolution. Ihr Führer Toussaint Louverture, Haitis »schwarzer Napoleon«, vertrieb die europäischen Kolonialisten und vereinigte die beiden Inselteile. 1802 wurde er von einem Expeditionskorps unter Napoleons Schwiegersohn Leclerc gezwungen, die französische Oberhoheit anzuerkennen. Als die Franzosen das Abkommen brachen und Toussaint gefangennahmen, kam es zu einer Volkserhebung unter Jean-Jacques Dessalines und Henri Christoph: Die Franzosen wurden zur Kapitulation gezwungen, und Haiti wurde am 1. Januar 1804 (Nationalfeiertag) unabhängig.

In der ersten Hälfte des 19. Jh. war der junge Staat Spielball einheimischer Potentaten, meist Mulatten; 1844 spaltete sich der Ostteil der Insel endgültig ab und bildete einen eigenen Staat, die Dominikanische Republik. In der zweiten Hälfte des 19. Jh. versank der Reststaat Haiti völlig im Chaos. Eine Revolution löste die andere ab, kaum ein Präsident starb eines natürlichen Todes.

Von 1915 bis 1934 hielten die USA Haiti besetzt. Während dieser Zeit erfuhr das Land eine gewisse politische und wirtschaftliche Konsolidierung. Nach dem Abzug der Amerikaner kam es zu neuen politischen Krisen. 1957 ergriff François Duvalier mit amerikanischer Unterstützung die Macht und ernannte sich am 3. Juni 1964 zum Präsidenten auf Lebenszeit. Im Lauf weniger Jahre entwickelte sich »Papa Doc« mit Hilfe seiner Privatarmee (»Tontons Macoutes«) zu einem der brutalsten und korruptesten Diktatoren der westlichen Welt. Sein Sohn Jean-Claude (»Baby Doc«), seit 1971 sein Nachfolger, wurde im Februar 1986 gestürzt. Während der folgenden Jahre war die politische Lage durch wiederholte Militärputsche gekennzeichnet. Im März 1990 mußte General Prosper Avril nach Protesten der Opposition zurücktreten. Eine Übergangsregierung bereitete Neuwahlen vor, aus denen der Kandidat der Nationalen Front für den Wechsel und die Demokratie (FNCD), Jean-Bertrand Aristide, als Sieger hervorging.

Kultur

Auf Haiti gibt es eine Reihe sehenswerter Bauwerke aus der französischen Kolonialzeit, besonders in Port-au-Prince und Cap-Haïtien, der früheren Hauptstadt. Die monumentalsten Staatsbauten waren jedoch die Schlösser und Festungen des bauwütigen Königs Henri (Christophe) I. (1811 bis 1818). Von den neun pompösen Residenzen, darunter der durch ein Erdbeben teilweise zerstörte Palast Sanssouci und die unzugängliche Festung La Citadelle, beide unweit von Milot (20 km südlich von Cap-Haïtien), existieren nur noch Ruinen.

Naive Malerei

Weltgeltung hat die naive Malerei Haitis erlangt. Fasziniert von der künstlerischen Naivität der haitianischen Laienmaler, gründete der amerikanische Kriegsdienstverweigerer DeWitt C. Peters 1944 in Port-au-Prince das Centre d'Art und richtete in der Provinz mehrere Malschulen ein. Von dem französischen Surrealisten André Breton gefördert und durch Ausstellungen in Paris, New York und anderen Städten weltweit bekanntgemacht, erlangte diese Richtung der Malerei im Laufe weniger Jahrzehnte außerordentliche Wertschätzung.

Voodoo-Kult

Ein Großteil der Bevölkerung Haitis bekennt sich zum Voodoo-Kult, einem magisch-religiösen Geheimkult, bei dem sich Glaubensvorstellungen westafrikanischer Stämme mit christlichen Elementen vermischten. Im kultischen Leben herrscht der Geisterglaube vor; Tanz und Ekstase spielen eine große Rolle, Schlangen und Hühner gelten als kultische Tiere.

Reise-Informationen

Einreise- und Fahrzeugpapiere
Bürger der Bundesrepublik Deutschland, der Schweiz und Österreichs benötigen für einen Aufenthalt bis zu drei Monaten einen gültigen Reisepaß bzw. Kinderausweis.
Als Fahrerlaubnis ist der internationale Führerschein erforderlich.
Zoll
Bei der Einreise sind zollfrei: pro Person ab 18 Jahre 200 Zigaretten oder 50 Zigarren oder 1 kg Rauchtabak, 1 Liter Spirituosen, ¼ Liter Toilettenwasser und eine kleine Menge Parfüm. Geschenke sind zollpflichtig.
Devisen
Die Ein- und Ausfuhr von Gourde (Gde.) und von Fremdwährung sind nicht beschränkt. US-Dollars (US-Reiseschecks) werden überall akzeptiert, andere Fremdwährungen nur von wenigen Banken. Euroschecks werden nicht angenommen.

Buntbemalte Tap-Taps transportieren alles, Waren und Menschen.

Impfungen
Für Besucher, die aus Infektionsgebieten einreisen, ist Gelbfieberimpfung vorgeschrieben, Malariaschutz ganzjährig für alle Gebiete unter 300 m Höhe.
Verkehrsverhältnisse
Überlandbusse, Mietwagen und Taxis stehen zur Verfügung.
Unterkünfte
Haiti verfügt über Hotels aller Preisklassen, auch Privatwohnungen und -häuser werden angeboten.
Reisezeit
Am besten reist man im tropischen Haiti von Dezember bis März. Der meiste Regen fällt von April bis Juni und von September bis November. Von Juni bis September ist es sehr heiß.

Honduras

Roger Franz

Der helle Streifen der Karibik küste trennt das glitzernde Meer von dem dunkelgrünen Teppich des Landes: So zeigt sich der Norden von Honduras dem Flugreisenden aus der Vogelperspektive. Ungeheuer dicht ist dieser Teppich gewirkt, nur von den schmalen roten Bändern der Flüsse durchbrochen.

Wer nach Honduras kommt, lernt hier die »grüne Hölle« Mittelamerikas kennen. Weite Teile des Landes sind von üppig wuchernden Urwäldern bedeckt. Landwirtschaftlich genutzt werden vor allem die fruchtbaren Niederungen entlang den Flüssen. Hier breiten sich die riesigen Bananenplantagen der United Fruit Company aus, die über lange Zeit nicht nur das wirtschaftliche, sondern auch das politische Geschick des Landes bestimmt hat.

Honduras ist – nach Nicaragua – das zweitgrößte Land Mittelamerikas, aber es hat nur knapp viereinhalb Millionen Einwohner. Sie leben in einem noch kaum erschlossenen Land, das sich dem Fortschritt nur zögernd zuwendet.

Staatsname:	Republik Honduras
Amtssprache:	Spanisch
Einwohner:	5,1 Millionen
Fläche:	112 088 km²
Hauptstadt:	Tegucigalpa
Staatsform:	Präsidiale Republik
Kfz-Zeichen:	HD
Zeitzone:	MEZ –7 Std.
Geogr. Lage:	Mittelamerika, begrenzt von Guatemala, El Salvador und Nicaragua

Ein paar ziegelgedeckte Häuser ducken sich zwischen prachtvollen tropischen Pflanzen, hier oben in einem Dörfchen bei Co- mayagua. Die Welt hat diesen Landstrich vergessen: keine Bodenschätze, kein Platz für Plantagen, keine Altertümer. Die Menschen betreiben ihre kleine Landwirtschaft – es reicht gerade zum Überleben.

»Bananenrepublik« – nur ein Schlagwort?

»Honduras«, sagen die Menschen in El Salvador oder Guatemala, »ist das Land der Viehherden und der Bananen. Die Viehherden gehören Carias. Die Bananen gehören der United Fruit.« Honduras gleicht ziemlich genau dem Bild, das ein amerikanischer Journalist um die Jahrhundertwende mit dem Schlagwort »Bananenrepublik« umschrieb. Der Anteil der Bananen am Gesamtexport von Honduras beträgt 70 Prozent! Allerdings wird nur eine Sorte ausgeführt, die biedere Tischbanane. Die exotischen Arten zum Dünsten und Kochen finden unverständlicherweise in Europa keinen Anklang und dienen nur dem Eigenbedarf.

Diese hochgradige Monokultur ist ein schwerwiegendes Hindernis für die wirtschaftliche Entwicklung des Landes, zumal es in der Liste der Tropenfrüchte exportierenden Länder ohnehin ziemlich weit unten steht. Dabei bieten sich als Alternativen etwa

Mangel abhelfen können. Das Zeitalter des Karrens und des Maulesels wurde – zumindest auf weiten Strecken – mit einem Schlag vom Zeitalter des Flugzeugs abgelöst. Auch bei schlechtem Wetter sind ständig unzählige kleine Maschinen in der Luft.

Das Land zwischen Karibik und Pazifik

Eigentlich geht die Natur in weiten Teilen von Honduras geradezu verschwenderisch mit ihren Reichtümern um: Sie läßt den Mais dreimal im Jahr reifen, belädt jeden zweiten Baum mit duftenden Früchten und deckt den Boden in wenigen Wochen mit einem Mantel blühender Sträucher zu. Als Behausung braucht man hier eigentlich nur ein Strohdach gegen die sengende Sonne und die wolkenbruchartigen Regenfälle. Vielleicht rührt daher auch die »Laissez-faire«-Mentalität der meisten Honduraner, die sicher dazu beigetragen hat, daß die Entwicklung des Landes so sehr hinter

Kautschuk und Edelhölzer, aber auch Bodenschätze wie Platin, Gold, Eisen und Kupfer an. Alle diese Reichtümer sind kaum oder überhaupt nicht erschlossen; sie könnten das Gesicht des Landes radikal verändern. Doch solange Honduras das absolut vorrangige Problem der Transporte nicht lösen kann, bleiben alle Bemühungen der Regierung um eine moderne Wirtschaftsplanung illusorisch.

Schon die spanischen Konquistadoren haben die riesigen Landstriche im Osten Zentralamerikas, die heute Honduras bilden und in denen für sie keine größeren Reichtümer zu holen waren, bewußt gemieden. Ihr Weg führte von Mexiko her an den Vulkanen von El Salvador und am Golf von Fonseca entlang nach Panama. Die Panamericana, Amerikas »Traumstraße«, folgt ungefähr derselben Linie.

Noch heute sind große Gebiete von Honduras nur auf schlechten Straßen zu erreichen, die in der Regenzeit völlig unbefahrbar werden. In den letzten 20 Jahren hat das Flugzeug in einem gewissen Umfang diesem

△ *Eine Sportstätte der klassischen Maya-Zeit: der Ballspielplatz in der großartigen Tempelanlage von Copán im äußersten Westen von Honduras. Ob die Sieger oder die Verlierer nach dem Wettkampf den Göttern zu Ehren geopfert wurden – darüber streiten sich die Gelehrten noch heute.*

der seiner Nachbarn Guatemala und El Salvador zurückgeblieben ist.

Die überschwengliche Natur zeigt jedoch auch ihre dunkle Kehrseite. Honduras ist zwar von größeren Erdbeben und Vulkanausbrüchen verschont geblieben, aber das Land liegt auf der Bahn der karibischen Wirbelstürme, die nicht selten verheerende Schäden anrichten. So verwüstete 1974 der Hurrikan »Fifi« die gesamte Nordküste mit dem Zentrum der bescheidenen Industrie des Landes, die dadurch um Jahre zurückgeworfen wurde.

Gebirge und Hochebenen prägen das Gesicht des Landes – sie bedecken vier Fünftel

von Honduras. Im Westen steigt ein zerklüftetes Plateau mit fruchtbaren Vulkanascheböden im Cerro las Minas bis 2865 Meter an. Die zwischen den Gebirgszügen eingelagerten Becken liegen meist etwa 1000 Meter hoch. An der Nordküste fällt das Bergland über weite Strecken steil zum meist schmalen Küstenstreifen ab.

An den Ufern der Flüsse, vor allem des Río Aguán und des Río Ulúa, treten die Gebirgszüge zurück und machen bis weit ins Landesinnere Platz für ausgedehnte Niederungen. Hier ließen sich des fruchtbaren Bodens und der guten Verkehrsmöglichkeiten wegen die ersten spanischen Kolonisten nieder. Besonders die bis zu 50 Kilometer breite Ebene entlang des Río Ulúa spielte bei der Entwicklung und Besiedlung des Landes eine wichtige Rolle. Heute breiten sich hier inmitten der üppigen Vegetation dieser feucht-heißen Tiefländer des Nordens langgestreckte Bananenplantagen aus, unterbrochen von Palmenhainen.

Das Tal des Ulúa zieht sich mehr als 100 Kilometer nach Süden bis nahe an die kontinentale Wasserscheide, die mit nur 950 Metern Höhe relativ leicht zu überwinden ist. Auf der anderen Seite erreicht man, dem Río Comayagua folgend, am Golf von Fonseca den Pazifischen Ozean. Nur 280 Kilometer Land trennen hier den Pazifik von der Karibik. An diesem idealen Übergang zwischen den beiden Meeren errichteten die spanischen Eroberer ihre koloniale Hauptstadt Comayagua.

Ein ganz anderes Bild als die Karibikküste bietet der kurze Küstenstreifen, den Honduras am Pazifik besitzt. Hier findet man nicht die breiten fruchtbaren Tiefebenen wie im Norden; die Niederungen entlang den Flüssen sind schmal und reichen nicht weit ins Land hinein. Die Vegetation ist weniger üppig – es fehlen die ausgiebigen Regenfälle, die die Karibikküste und ihr Hinterland den dort vorherrschenden Ostwinden verdanken.

Überhaupt unterscheidet sich die Vegetation in den einzelnen Regionen des Landes recht stark. An den Hängen der höheren Berge geht der tropische Regenwald in Berg- und Nebelwälder über. In den weniger feuchten Becken von Zentralhonduras findet man Hochwälder mit Eichen und Kiefern und im Gebiet um die Hauptstadt Tegucigalpa aufgrund der noch geringeren Niederschläge Busch- und Dornsavannen.

◁ *In Zeitlupentempo hangelt sich das Dreizehen-Faultier mit seinem Jungen von Ast zu Ast. Langsame Bewegung schützt vor Entdeckung, und außerdem ist die Tarnung im gefleckten Geäst vollkommen.*

▽ *Karibische Trauminseln vor der honduranischen Küste: die zauberhaften Islas de la Bahía. Am besten touristisch erschlossen ist Roatán, die größte unter ihnen.*

Eine Maya-Stadt für 50 Dollar

Besondere Herausforderungen haben in der Geschichte manchmal unglaubliche Leistungen hervorgebracht – ein Beispiel dafür sind die Maya. In den dichten Regenwäldern Mittelamerikas – im Gebiet der heutigen Staaten Mexiko, Guatemala und Belize – entstand in den letzten Jahrhunderten vor der Zeitenwende eine einmalige Hochkultur. Während ihrer Blütezeit im dritten bis neunten nachchristlichen Jahrhundert breitete sich die Maya-Zivilisation bis ins heutige Honduras und nach El Salvador aus.

Im Westen von Honduras, nahe der Grenze zu Guatemala, liegt die südlichste der großen Maya-Städte: Copán – heute sicherlich die größte kunst- und kulturgeschichtliche Sehenswürdigkeit des Landes. Nur wenige Kilometer von der verschlafenen Ortschaft Copán Ruinas entfernt, breitet sich die Anlage am Copán-Fluß wie ein Freilichtmuseum aus. In der von völlig überwucherten Bergen umgebenen Ebene kann der staunende Besucher kilometerweit zwischen freigelegten Stelen, Tempelanlagen und Ballspielplätzen wandern.

Copán ist im Jahre 1839 von dem amerikanischen Forschungsreisenden, Diplomaten und Schriftsteller John Lloyd Stephens wiederentdeckt worden. Um sich den Zutritt zu

der im Urwald verborgenen Ruinenstätte zu verschaffen, kaufte er sie den mißtrauischen Einheimischen einfach ab: für ganze 50 Dollar! Die Leute hielten ihn für verrückt – wieder einer der exzentrischen Gringos, die ab und zu ins Land kamen.

Die aus Stein errichteten Häuser und Tempel von Copán liegen in einem mehr als drei Quadratkilometer großen Bereich, der den Priestern und der herrschenden Klasse vorbehalten war. Die Stadt muß in ihrer Blütezeit jedoch wesentlich größer gewesen sein, denn das einfache Volk wohnte am Stadtrand in Hütten, von denen kaum etwas erhalten geblieben ist. Die jüngst begonnenen Ausgrabungen und die Restaurationsarbeiten in einem Priester- und Handwerkerwohnviertel nur wenige Kilometer flußaufwärts vom bekannten Zentrum haben zu sensationellen Ergebnissen geführt.

Der Zeremonienbezirk von Copán – eine Art Akropolis mit Pyramiden, Tempeln, Terrassen und Plätzen – ist 600 Meter lang und 300 Meter breit. Neben der Bauplastik gehören die bis zu drei Meter hohen Stelen zu den künstlerisch reifsten Werken der Maya. Besonders die Gesichter auf diesen figurengeschmückten Säulen sind mit ihren edlen, würdevollen Zügen von großer Ausdruckskraft. Vielfältige Symbole und Schriftzeichen, die über den Grund für die Errichtung der Stele Aufschluß geben, umrahmen die sehr plastisch aus dem Kalkstein herausgearbeiteten Reliefs. Die meisten der Stelen wurden Altären zugeordnet und verleihen dem Hauptplatz seine besondere Atmosphäre.

Wie die anderen Maya-Städte im Regenwald wurde Copán im neunten Jahrhundert verlassen – die Gründe dafür sind ungeklärt. Zahlreiche Hieroglyphen, vor allem an der »Treppe der Inschriften«, sind bis heute noch nicht entziffert – vielleicht verraten sie uns eines Tages mehr über diese versunkene Kultur.

Tegucigalpa – die Stadt auf dem »Silberhügel«

Als die Spanier im frühen 16. Jahrhundert als erste Europäer nach Honduras kamen, erfuhren sie nichts über die alte Hochkultur der Maya. Zwar stießen sie noch auf deren Nachkommen und auch auf andere Indianerstämme, doch sie alle waren längst einfache Bauern geworden.

So schienen sich die Erkundungszüge, die die Spanier in den Bergen des heutigen Honduras unternahmen, kaum auszuzahlen. Aber schließlich fanden die Konquistadoren und Prospektoren im Süden des Landes doch, wonach sie überall in der Neuen Welt suchten: Silber. 1579 gründeten sie in der Nähe der Minen die Stadt Tegucigalpa.

Die heutige Hauptstadt des Landes liegt 1000 Meter hoch in einem von pinienbewachsenen Hügeln umgebenen Becken. Sie hat ihren Charme aus der Kolonialzeit – wenn er auch schon leicht angestaubt wirkt – bis heute bewahrt: eingeschossige, weißgetünchte Häuser, deren abweisende Fassaden nichts von den prächtigen Innenhöfen dahinter ahnen lassen, Straßen mit Kopfsteinpflaster, durchweht von einer etwas morbiden Romantik. Im Kontrast dazu stehen einige

△ *Oben und unten klar unterschieden: Schuhputzer in der Hauptstadt Tegucigalpa. Kein Traumjob, aber immerhin Aussicht auf ein gewisses Einkommen.*

▷ *Maya-Indianer: die Nachfahren der Menschen, die vor über 1000 Jahren eine großartige Kultur aufgebaut haben.*

Hochhäuser wie das neue Kongreßgebäude und die Zentralbank – langsam scheint eine moderne Skyline zu entstehen.

Eigentlich besteht die 600 000 Einwohner zählende Metropole aus zwei Städten: Tegucigalpa – der »Silberhügel« –, einst ein indianischer Ort, liegt rechts, Comayagüela links des trüben Choluteca-Flusses. Wenn man vom rechten Ufer her die Mallol-Brücke überquert, kommt man unmittelbar zum Präsidentenpalast. Hier wurde in unserem Jahrhundert die Politik des Landes gemacht.

Lange Zeit gab es in Honduras zwei Regierungen: eine offizielle, die im Nationalpalast residierte, und eine verborgene, die – kaum 100 Meter davon entfernt – als Statthalterin der United Fruit Company deren Anweisungen weitergab. Die Honduraner wußten immer, daß die heimliche Regierung bei weitem die mächtigere war. Sie wußten, daß Honduras – wie immer auch die im Lande niedergelassene nordamerikanische Gesellschaft heißen mochte – in Wirklichkeit eine heimliche Kolonie der Vereinigten Staaten war.

Koloniale Erinnerungen – die alte Hauptstadt Comayagua

In einer fruchtbaren Ebene in Zentralhonduras liegt eine Kleinstadt mit heute kaum 30 000 Einwohnern: Comayagua. Mehr als 300 Jahre lang war sie die Hauptstadt des Landes. Schon im 16. Jahrhundert hatten die Spanier das ehemalige Indianerdorf zur »Villa real« erhoben – zur »königlichen Stadt«. Geblieben sind bis heute einige sehenswerte Gebäude: die mächtige Kathedrale mit ihrer figurengeschmückten Fassade, wie viele andere Kirchen der Stadt im

△ *Auf langen Gestellen inmitten der Felder trocknen die honduranischen Bauern Tabak, eine der vielen anspruchsvollen Pflanzen, die in diesem Klima gedeihen.*

Statistisch gesehen spielt der Tabak in der Agrarproduktion des Landes jedoch kaum eine Rolle.

spanischen Kolonialbarock erbaut, das Hospital Santa Teresa, einst der Sitz der Inquisition, und die Casa Cural, der Bischofspalast, der auch die 1632 gegründete Universität – die erste Zentralamerikas – beherbergte.

Im Jahre 1880 wurde das 120 Kilometer entfernte Tegucigalpa zur Hauptstadt gemacht. Comayagua verlor seine Bedeutung und ist heute ein stilles Städtchen mit weißgetünchten einstöckigen Häusern. Auf den schattigen Plätzen feiern die Bewohner wie eh und je ihre alten Kirchenfeste, die – wie so oft in den spanisch geprägten Ländern – von prächtigen Feuerwerken untermalt sind.

Traumstrände und Bananenhäfen – die Karibikküste

Der wichtigste Hafen des Landes, Puerto Cortés, liegt an einer bezaubernden Küste. Ob man ihr nach Osten folgt oder nach Westen in Richtung der Grenze zu Guatemala – überall karibische Traumstrände. In Omoa, 35 Kilometer westlich von Puerto Cortés, steht noch ein hervorragend erhaltenes Fort aus der spanischen Kolonialzeit. Damals galt die Gegend als Schlupfwinkel der Piraten. Heute trifft man in den kleinen Fischerdörfern ringsum eine überaus freundliche schwarze Bevölkerung.

Östlich von Puerto Cortés liegen die Bananenhäfen Tela, La Ceiba und – besonders reizvoll – Trujillo. Die Stadt wurde schon in der frühen Kolonialzeit von den Spaniern als Stützpunkt am Meer gegründet. Von der alten Festung Santa Barbara herab überblickt man den ganzen Hafen, hinter dem sich auch hier scheinbar endlose Sandstrände ausbreiten. In den verwinkelten Gassen der Stadt mit ihren malerisch bunten Häusern im Kolonialstil herrscht eine verträumte Atmosphäre – wie vielerorts an dieser vom Massentourismus noch nicht entdeckten Küste.

Die Inseln der Freibeuter – Islas de la Bahía

Aufgereiht zu einem leichten Bogen, liegen vor der Karibikküste von Honduras die Islas de Bahía. Sie gehören zum schönsten, was das Land zu bieten hat. Die drei größten der Inseln heißen Utila, Roatán und Guanaja. Drei kleinere schließen sich östlich von Roatán an: Morat, Santa Elena und Barbareta.

Im Jahre 1502 landete Kolumbus auf Guanaja, aber die Inseln hatten den Spaniern nichts Verlockendes zu bieten. Interessant blieben sie jedoch jahrhundertelang als Stützpunkte englischer, französischer und holländischer Piraten, die in den Buchten ideale Schlupfwinkel fanden. Von hier aus machten sie Jagd auf spanische Galeonen.

Über 100 Jahre lang waren die Bay-Inseln – wie sie damals hießen – in englischem Besitz, und noch heute kann man hier leicht vergessen, daß man sich in Lateinamerika befindet. Die Bewohner sind überwiegend Nachfahren englischer Siedler und ihrer schwarzen Sklaven, die einst aus Jamaika auf die Inseln gekommen waren. Erst seit 1859 gehören die Islas de la Bahía zu Honduras.

Die britische Kolonialtradition ist noch überall spürbar: in der lokalen Bauweise, in der Mentalität der Menschen, in ihren Eßgewohnheiten und in ihrer Sprache. Obwohl die Inselbewohner das Spanische beherrschen, verständigen sie sich untereinander vielfach in einer eigenartigen Variante des Englischen.

Das Karibische Meer rund um die Inseln, die durch riesige Korallenriffe vor der hohen See geschützt sind, schimmert in einem durchsichtigen Türkisblau. Unzählige Atolle machen sie zu einem Traumziel für Sporttaucher. Die drei großen Inseln sind mit dem Flugzeug bequem zu erreichen. Sie sind für den Fremdenverkehr gut erschlossen und bieten von der einfachen Pension bis zum komfortablen Hotel alle Arten von Unterkünften.

Industrialisierung bei 40 Grad im Schatten

Im Gebiet der nüchtern-schmucklosen Stadt San Pedro Sula, in deren Nähe die wichtigen karibischen Häfen liegen, scheint Honduras seinen Weg in die Zukunft anzutreten. Die zweitgrößte Stadt des Landes wurde zum Handelszentrum für Bananen, Kaffee, Zucker und Holz. In den letzten 30 Jahren sind hier – trotz des feuchtheißen Klimas, das in der Senke von San Pedro Sula herrscht – die Industriebetriebe nur so aus dem Boden gewachsen. Von der Stahlindustrie bis zur hochspezialisierten Kunststoffverarbeitung gibt es ein breites Spektrum von Produktionsstätten. Die meisten dieser Betriebe sind allerdings in der Hand ausländischer – arabischer, nordamerikanischer, deutscher oder chinesischer – Unternehmen.

Die alten Kolonialbauten der Stadt sind verschwunden. Sie wurden durch moderne Hochhäuser mit röhrenden Klimaanlagen ersetzt. Doch bisher ist San Pedro Sula im sonst meist ländlichen und etwas verschlafen wirkenden Honduras nur eine Enklave des Fortschritts. Es scheint so, als sehne man sich in diesem Land gar nicht so sehr danach wie im übrigen Lateinamerika.

Honduras — Daten · Fakten · Reisetips

Landesnatur

Fläche: 112 088 km² (ein Drittel so groß wie die Bundesrepublik Deutschland)
Ausdehnung: West–Ost 600 km, Nord–Süd 300 km
Küstenlänge: 800 km
Höchster Berg: Cerro Las Minas 2865 m
Längste Flüsse: Río Patuca 320 km, Río Ulúa 240 km
Größter See: Lago de Yojoa 285 km²

Honduras liegt im Zentrum der mittelamerikanischen Festlandsbrücke. Es grenzt im Norden an die Karibik, im Westen an Guatemala, im Süden an El Salvador und im Osten an Nicaragua; im Süden hat das Land am Golf von Fonseca auch Zugang zum Pazifik.

Naturraum

Der größte Teil des Staatsgebiets besteht aus Bergland, das zum Kordillerensystem gehört und in zahlreiche Gebirgszüge mit Höhen zwischen 2000 m und 2500 m gegliedert ist. Obwohl tertiärer Vulkanismus den Südteil des Landes mitgeformt hat, fehlen die für die Nachbarstaaten typischen Vulkankegel weitgehend. Der Küstensaum an der Karibik verbreitert sich gegen Osten und erstreckt sich in der von Flüssen, Sümpfen und Lagunen durchsetzten Mosquitia über 70 km tief ins Landesinnere; vor dem mittleren Küstenabschnitt liegen die Islas de la Bahía. Das westliche Küstentiefland am Pazifik erstreckt sich als schmaler, 70 km langer Randstreifen am Golf von Fonseca. Die Flüsse können wegen der Stromschnellen nur stellenweise befahren werden.

Die Gelbnackenamazone, ein typischer Bewohner des Regenwaldes.

Klima

Das Klima ist tropisch – im karibischen Raum immerfeucht, auf der Pazifikseite wintertrocken. Die Jahresmitteltemperatur beträgt im karibischen Tiefland 25 °C, am Pazifik 28 °C und im Hochland bei 1000 m um 20 °C (Tegucigalpa). Die Niederschlagsmenge nimmt allgemein von Nord nach Süd ab (nördliche Tiefländer 2500–3000 mm, küstennahe Bergketten bis 5000 mm, zentrales Bergland und Pazifikregion zwischen 1000 und 2000 mm). Im Sommer suchen Wirbelstürme die Nordküste heim.

Vegetation und Tierwelt

Das karibische Tiefland wird von tropischem Regenwald bedeckt, der bis auf 1500 m ü. M. ansteigt. Im Gebiet der inneren Hochlagen treten Trockensavannen oder Kiefernwälder auf, örtlich feuchte Höhenwälder bis hin zu Nebelwäldern; in trockenen, windabgeschirmten Becken gedeiht nur Busch- und Dornsavanne. Trockenwälder finden sich in der Pazifikebene, Mangrovengewächse an der Küste.

Große Säugetiere wie Bären, Pumas, Leoparden und Panther kommen nur noch vereinzelt im Bergland vor; weit verbreitet sind dagegen viele Insektenarten, besonders Moskitos, sowie Krokodile und Schlangen, große Echsen und Schildkröten in den tropischen Regenwäldern.

Politisches System

Staatsname: República de Honduras
Staats- und Regierungsform: Präsidiale Republik
Hauptstadt: Tegucigalpa
Mitgliedschaft: UN, OAS, ODECA, SELA

Der für vier Jahre direkt gewählte Präsident ist gleichzeitig Regierungschef. Bei wichtigen Entscheidungen muß er jedoch die Zustimmung des Obersten Rates der Streitkräfte einholen. Die 128 Mitglieder des Parlaments – ebenfalls für vier Jahre gewählt – bilden die Legislative. Das Land ist in 18 Departamentos mit 282 Stadt- und Landkreisen aufgeteilt. Für die Rechtsprechung sind der Oberste Gerichtshof, Berufungsgerichte, Arbeitstribunale und Friedensrichter zuständig.

Bevölkerung

Einwohnerzahl: 5,1 Millionen
Bevölkerungsdichte: 45 Einw./km²
Bevölkerungszunahme: 3,6 % im Jahr
Größte Städte: Tegucigalpa (600 000 Einw.), San Pedro Sula (400 000), La Ceiba (70 000), Choluteca (60 000)
Bevölkerungsgruppen: 80 % Mestizen, 10 % Indianer, 5 % Mulatten und Schwarze, 5 % Weiße

Angaben über die ethnische Zugehörigkeit der Honduraner beruhen auf Schätzungen, da sie bei den Volkszählungen unberücksichtigt bleibt. Mit einem Anteil von etwa vier Fünfteln stellen die Mestizen den Großteil der Bevölkerung. Die Indianer gehören überwiegend zu den Maya im westlichen Bergland. Die vor allem im karibischen Tiefland lebenden Schwarzen sind stark mit anderen ethnischen Gruppen vermischt. Ähnliches gilt z. T. auch für die Weißen (Kreolen). Fast die Hälfte der Bevölkerung ist jünger als 15 Jahre. Der Zustrom von Arbeitssuchenden und Flüchtlingen aus El Salvador und Nicaragua hat während der letzten Jahre die sozialen Spannungen verschärft.

Landessprache ist Spanisch, Umgangssprachen sind indianische Dialekte, an der Karibikküste auch Englisch. Neun Zehntel der Bevölkerung sind katholisch.

Glücklich kann sich schätzen, wer den Job eines Bananenpackers hat.

Soziale Lage und Bildung

Honduras ist eines der ärmsten Länder Mittelamerikas. Etwa 80 % der Bevölkerung leben am Rand des Existenzminimums. Von den Sozialleistungen bei Krankheit und im Alter profitiert nur ein kleiner Teil der Bevölkerung. Die medizinische Versorgung ist vor allem auf dem Land unzureichend. Allgemeine Schulpflicht besteht für 6- bis 14jährige; die Analphabetenrate beträgt rd. 40 %. Das Land hat drei Universitäten; die älteste wurde 1847 in Tegucigalpa gegründet.

Wirtschaft

Währung: 1 Lempira (L) = 100 Centavos (cts.)
Bruttoinlandsprodukt (in Anteilen): Land- und Forstwirtschaft 25 %, industrielle Produktion 21 %, Dienstleistungen 54 %
Wichtigste Handelspartner: USA, Japan, Deutschland und andere EG-Staaten, Guatemala, Venezuela, Costa Rica, Mexiko, Brasilien

Die Wirtschaft von Honduras stützt sich vor allem auf die Landwirtschaft. 50 % der Erwerbstätigen sind in Land- und Forstwirtschaft beschäftigt. Durch eine Landreform soll vor allem der Agrarexport gefördert werden. 1975 wurden die Bananenplantagen, zu über 90 % in US-Besitz, verstaatlicht.

Landwirtschaft

In Plantagenwirtschaft werden die Exportprodukte Bananen und Kaffee, für den Eigenbedarf von den Kleinbauern Mais, Reis, Bohnen, Hirse, Kartoffeln und Kochbananen angebaut. Die Viehzucht (Rinder, Schweine) wird z. T. staatlich gefördert. 30 % der Landesfläche sind bewaldet, doch die Forstwirtschaft (vor allem Einschlag von Edelhölzern wie Mahagoni und Zedern) beschränkt sich wegen unzureichender Verkehrserschließung auf die leicht zugänglichen Gebiete. Der Fischfang spielt für die Küstenbevölkerung im karibischen Raum eine große Rolle.

Bodenschätze, Industrie

Honduras ist reich an Bodenschätzen, doch die Vorkommen sind noch kaum erschlossen. Bisher werden in den fast nur in US-Besitz befindlichen Bergwerken Silber, Gold, Blei, Zink und Antimon gefördert. – Zentren der mittelständischen Industrie sind Tegucigalpa und San Pedro Sula.

Handel

Hauptausfuhrgüter sind Bananen, Kaffee, Hölzer, Baumwolle, Schalentiere und Bergbauprodukte. Eingeführt werden Industriegüter, Erdöl, Textilien, chemische Erzeugnisse und Lebensmittel.

Verkehr, Tourismus

Honduras ist verkehrsmäßig schlecht erschlossen. Das Straßennetz umfaßt rd. 18 000 km (nur 1800 km sind asphaltiert). Die wichtigste Fernverbindung ist die »Carretera Interamericana« im südlichen Küstenabschnitt, die Honduras mit Guatemala, El Salvador und Nicaragua verbindet. Der nordöstliche karibische Küstenbereich um Puerto Cortés ist noch am besten erschlossen, ansonsten ist das Straßennetz sehr weitmaschig. Eisenbahnlinien gibt es nur im Norden des Landes; sie dienen fast ausschließlich dem Bananentransport. Wichtigstes Verkehrsmittel ist das Flugzeug. Wichtigste Seehäfen sind Puerto Cortés (Karibikküste) sowie Amapala und San Lorenzo (Pazifik). Internationale Flughäfen sind Toncontin bei Tegucigalpa, San Pedro Sula und La Ceiba; daneben gibt es zahlreiche kleinere Flugplätze, die von inländischen Fluggesellschaften angeflogen werden.

Der Fremdenverkehr konzentriert sich auf die Karibikküste und die Maya-Stadt Copán.

Geschichte

Kolumbus landete auf seiner vierten Reise am 14. August 1502 an der honduranischen Küste. Zwei Jahrzehnte später setzte die Kolonialisierung des heutigen Gebietes von Honduras ein. Damals legten allein die im Verfall begriffenen Siedlungen und Tempelanlagen im Nordwesten Zeugnis ab von der einstigen kulturellen Blüte der Maya-Zivilisation.

Bereits in vorchristlicher Zeit hatten sich die Maya vom guatemaltekischen Hochland aus im Tal des Río Ulúa und am Lago de Yojoa ausgebreitet. Zu Beginn des 10. Jh. hatte sich jedoch der

Daten · Fakten · Reisetips — Honduras

Reise-Informationen

Einreise- und Fahrzeugpapiere
Bürger der Bundesrepublik Deutschland, der Schweiz und Österreichs benötigen für einen Aufenthalt bis zu 30 Tagen (pro Monat ist eine Verlängerung möglich; Maximalaufenthalt sechs Monate) einen noch mindestens sechs Monate gültigen Reisepaß bzw. Kinderausweis; Österreicher brauchen zusätzlich ein Visum.
Als Fahrerlaubnis wird der internationale Führerschein verlangt. Das Mindestalter zum Mieten von Autos beträgt 25 Jahre.

Zoll
Bei der Einreise sind zollfrei: pro Person 200 Zigaretten oder 100 Zigarren oder 500 g Tabak, zwei Flaschen alkoholische Getränke, eine angemessene Menge Parfüm und Geschenke bis zu einem Wert von 50 US-$.

Devisen
Die Ein- und Ausfuhr von Lempira (L) und Devisen ist unbeschränkt. US-Dollars müssen bei der Einreise deklariert werden. Es wird dringend empfohlen, nur US-Währung mitzunehmen. Der Umtausch von DM ist kaum möglich.

Impfungen
Für Besucher, die aus Infektionsgebieten einreisen, ist Gelbfieberimpfung vorgeschrieben. Malariaschutz ist besonders in ländlichen Gebieten ganzjährig erforderlich.

Verkehrsverhältnisse
Taxis (auch Sammeltaxis) und Mietwagen stehen zur Verfügung. Das inländische Flugnetz ist gut ausgebaut.

Unterkünfte
In den großen Städten und den touristischen Zentren gibt es Hotels von europäischem Standard, sonst meist nur einfachere Quartiere.

Reisezeit
Die beste Reisezeit ist von Dezember bis Mai. Temperatur und Luftfeuchtigkeit hängen entscheidend von der Höhenlage ab. Die Hauptstadt Tegucigalpa hat – außer März bis Mai (Regenfälle) – ein angenehmes Klima.

---

kulturelle Schwerpunkt in den Norden von Yucatán verlagert. Die in der Folgezeit in jener Region siedelnden Indianervölker, insbesondere die Chortí, die den Konquistadoren erbitterten Widerstand leisteten, verloren offenbar den Bezug zur Kultur der Maya weitgehend, so daß deren Traditionen ausstarben.

Die Eroberung des Landes wurde vor allem von Hernán Cortés vorangetrieben: 1525 wurde Honduras durch königlichen Erlaß als spanische Provinz anerkannt und 1539 dem Generalkapitanat Guatemala angegliedert, das ganz Zentralamerika umfaßte. Comayagua war ab 1570 (bis 1880) Hauptstadt von Honduras.

Die Erschließung des Landesinneren schritt erst während des 17. Jh. voran. Die Häfen an der Nordküste wurden ausgebaut und gegen die Angriffe von Freibeutern befestigt. Von dort aus wurde das im Hochland geförderte Gold und Silber nach Spanien verschifft.

Im Zuge der mexikanischen Befreiungsbewegung erlangte 1821 auch Honduras die Unabhängigkeit von Spanien und wurde bald darauf Mitglied der Zentralamerikanischen Föderation, deren Präsident von 1830 bis zu ihrer Auflösung 1838 der Honduraner Francisco Morazán war.

Träger des antiföderalistischen Kurses in Honduras waren die von 1841 bis in die 70er Jahre regierenden Konservativen und die katholische Kirche. Nach der Machtübernahme durch die Liberalen wurde Tegucigalpa Hauptstadt des Landes. Die folgenden Jahrzehnte waren durch ständige Regierungswechsel geprägt.

Ende des 19. Jh. wurde durch den Verkauf großer Landstriche an die »United Fruit Company« und andere nordamerikanische Gesellschaften die politische und ökonomische Vormachtstellung der USA in Honduras begründet. Wie in den Nachbarstaaten entstanden großflächige Bananen- und Kaffeeplantagen. Für kein Land sollte in der Folge das Schlagwort »Bananenrepublik« so sehr zutreffen wie eben für das »Armenhaus« Honduras. Die kaum verhüllte Begünstigung diktatorischer Regime vereitelte jeden ernsthaften Versuch einer Agrarreform und garantierte der »United Fruit Company« stetig wachsende Exporterträge. Frei gewählte Regierungen, die überfällige soziale Reformen anstrebten, blieben kurzlebige Ausnahmeerscheinungen. Zwischen 1963 und 1978 gab es vier Militärputsche.

Das südliche Grenzgebiet wird seit 1981 als Operationsgebiet der von den USA unterstützten Contras für ihren Kampf in Nicaragua genutzt. Ihr Anfang 1989 beschlossener Abzug wurde erst 1990 vollzogen.

Kultur

Die wohl eindrucksvollsten Zeugnisse der Maya-Zivilisation bieten die Ruinen des Kultzentrums Copán nahe der Grenze zu Guatemala. Der während der spätklassischen Periode (5.–9. Jh.) angelegte Tempelbezirk umfaßt fünf Höfe, die von Stufenpyramiden, Tempeln und Terrassenbauten umschlossen sind. Im Zentrum der Anlage befindet sich der von rampenartigen Wällen eingefaßte sakrale Ballspielplatz. Auf die angrenzende Pyramide führt die berühmte »Hieroglyphentreppe«, in deren Stufen etwa 2500 Zeichen eingemeißelt sind. Die Altäre, die teilweise noch an ihren ursprünglichen Standorten zu finden sind, und insbesondere die reich dekorierten Stelen gelten als klassische Beispiele für die Reliefkunst der Maya.

Das kulturelle Erbe der Spanier zeigt sich vor allem in der früheren Hauptstadt Comayagua und in Tegucigalpa. Das wohl prunkvollste Bauwerk aus der Kolonialzeit, die barocke Kathedrale von Comayagua aus dem frühen 18. Jh., birgt die alte Glocke von Alhambra, ein Geschenk König Philipps III. Als eine architektonische Besonderheit ist die Anfang des 19. Jh. vollendete Kirche »Los Dolores« im Zentrum von Tegucigalpa anzusehen. Sie ist die Kirche der Indios und mithin ein Symbol für die Verschmelzung indianischer und christlicher Glaubensinhalte, denn hier vereinigen sich spanisch-barocke und indianische Stilelemente in seltener Harmonie, am augenfälligsten an der mit bunten Fayencefliesen verzierten Fassade und der holzgeschnitzten, üppig vergoldeten Altarwand.

Die Vermischung spanischer und indianischer Elemente manifestiert sich auch in der honduranischen Musik, wobei der indianische Einfluß durch die Rohrflöten zum Tragen kommt. Mit der vor allem in den nördlichen Küstengebieten verbreiteten Marimba gesellt sich ferner ein afro-karibisches Element hinzu.

Seit Beginn des 20. Jh. entwickelte sich eine eigenständige Literatur. Schriftsteller wie Arturo Mejía Nieto, Carlos C. Izaguirre, Amaya Amador oder Marcos Carías schildern das Elend der Plantagenarbeiter, die Alltagsnöte des Städters, aber auch das Leben indianischer Bauern und deren teils noch ungebrochenen Bezug zur Welt ihrer Vorfahren.

So sah Copán, das Tempelzentrum der Mayas, nach Ansicht der Forscher aus.

Jamaika

Roshan Dhunjibhoy

Kaum ein Land der Erde hat so viele Gesichter wie Jamaika. Da tauchen Bilder auf von Rastafaris mit ihren langen, geflochtenen Haaren, da atmet man den Geruch des Ganja (Marihuana) und spürt den Herz und Beine bewegenden Rhythmus des Reggae. Da sind die sonnenüberfluteten Strände und die kühlen grünen Berge mit ihren üppigen Regenwäldern. Doch da gibt es auch Slums voll von gefährlichen »bad boys«, den kleinen und größeren Gangstern, da gibt es Politkiller, die bereit sind, Wahlen mit dem Revolver zu entscheiden, und da lebt eine Mittelklasse, die bemüht ist, vor all dem die Augen zu schließen.

In jedem dieser Klischees steckt etwas Wahres, und den Neuankömmling kann diese komplexe, von Spannungen erfüllte Gesellschaft bisweilen einschüchtern – doch wer mehr als nur einen Sandstrand sucht, der kann auf Jamaika unvergeßliche Erfahrungen machen.

Staatsname:	Jamaika
Amtssprache:	Englisch
Einwohner:	2,3 Millionen
Fläche:	10991 km²
Hauptstadt:	Kingston
Staatsform:	Parlamentarische Monarchie im Commonwealth
Kfz-Zeichen:	JA
Zeitzone:	MEZ −6 Std.
Geogr. Lage:	Karibik, südlich von Kuba, westlich von Haiti

Eine Show vor der Kulisse eines glühenden Sonnenuntergangs: Feuerschlucker und Feuertänzer, Limbo und Calypso beherrschen allabendlich den lebhaften Strandbetrieb auf Jamaika.

Die Spitze eines versunkenen Gebirges

Wie kommt es, daß Jamaika kein typisches Touristenland ist, obwohl so viele Touristen hierherkommen? Zum einen liegt es am Wesen seiner Menschen und zum anderen an seinen Bergen. Jamaika bildet die Spitze einer versunkenen Gebirgskette, und daher steigt das Land ungewöhnlich steil an. Die Insel ist etwa 235 Kilometer lang, und an der breitesten Stelle mißt sie 85 Kilometer. Von Kingston im Süden nach Port Antonio an der Nordküste sind es nur gut 30 Kilometer Luftlinie, und doch ist dieses schmale Landstück vollgepackt mit den höchsten Bergen der ehemals britischen Karibik: Der Blue Mountain Peak bildet mit 2256 Metern die höchste Erhebung.

Ein unauslöschliches Bild der Insel bekommt man, wenn man an einem klaren Morgen, bevor die Wolken sich zusammenziehen, quer über das Land fliegt. Deutlich erkennt man aus dem Flugzeug, wie das Zentralmassiv und seine Nebenketten und -arme die Insel vielfältig gliedern: Da zeigen sich schüsselförmige Senken, lockere Gruppen kleinerer Hügel und Flecken von Weideland. Diese zahlreichen Landschaftsabschnitte lassen verständlich werden, warum sich die Jamaikaner – bei allem Nationalbewußtsein – immer auch mit der Gegend ihrer Herkunft identifizieren: Man ist ein Portlander oder eine Westmorelanderin und bleibt es.

Zu dieser Vielfalt der Landschaft gesellen sich die unauslöschlichen Gerüche der Insel: der Duft der Jasminblüten in einem abendlichen Garten, das scharfe Süß-Sauer eines frisch abgeernteten Zuckerrohrfeldes, das einladende Aroma von Schweine- und Hühnerfleisch, das über Pimentholz gegrillt wird, und von gebratenem Fisch aus den Buden am Wegrand, dazu der unverwechselbare Geruch des Ganja.

Die Wurzeln reichen nach Afrika

Die Menschen auf Jamaika sind ausgesprochen individualistisch. Ihre Geschichte hat sie wach und vorsichtig gemacht – vorsichtig gegenüber Versprechungen und Fremden, die mit Klischeevorstellungen auf ihre Insel kommen.

Die Vorfahren der meisten Jamaikaner stammen aus Westafrika. Die ersten von ihnen wurden schon 1517 hierher gebracht, bald nachdem die Spanier die Insel erobert hatten. Die spanische Herrschaft war so hart, daß die Ureinwohner der Insel, die Arawak-Indianer, innerhalb eines Jahrhunderts fast völlig ausstarben. So wurden schwarze Sklaven für die Kolonialherren zu den wichtigsten Arbeitskräften. Im Laufe der Zeit konnten jedoch zahlreiche Sklaven in die Berge im Innern der Insel flüchten, wo sie sich zu Rebellengruppen formierten.

1655 besetzten Engländer die Insel. Den Soldaten folgten Siedler, die vom Handel mit Zucker, Kakao, Indigo, Salz und Pfeffer lebten. Das Geschäft mit Zucker entwickelte sich schnell, und um 1700 waren Anbau und Verarbeitung von Zuckerrohr zum ertragreichsten Wirtschaftszweig Jamaikas geworden. Der Erfolg dieser neuen Industrie basierte auf den reichlich vorhandenen billigen Arbeitskräften: den afrikanischen Sklaven.

Die Arbeit der Sklaven brachte Jamaika das sogenannte »goldene Zeitalter«, in dem englische Abenteurer und Plantagenbesitzer zu reichen Leuten wurden. Seinen Höhepunkt erreichte es um 1750. Doch das ganze 18. Jahrhundert war zugleich von immer wieder aufflammenden Revolten der Sklaven durchzogen, die von den Maroons angefacht wurden und zeitweilig zu regelrechten Kriegen eskalierten. Die Freiheit brachten sie jedoch noch nicht. Erst zwischen 1833 und 1838 wurde die Sklaverei offiziell abgeschafft.

Die Mehrzahl der befreiten Sklaven zog in die Berge des Landesinnern und gründete neue Siedlungen und Plantagen, doch die wirtschaftliche und politische Macht blieb in den Händen der Weißen. Sie verwehrten den Schwarzen nicht nur die Mitsprache bei der Gesetzgebung, sondern legten ihnen überdies zahlreiche Hindernisse in den Weg, von denen erhöhte Steuern und Straßenzölle nur zwei Beispiele sind. In den sechziger Jahren des 19. Jahrhunderts verstärkte sich der Druck auf die Farbigen so sehr, daß es zu dem berühmten Aufstand von Morant Bay kam, der blutig niedergeschlagen wurde.

Kurz vor der Jahrhundertwende kam die amerikanische United Fruit Company nach Jamaika und begann in großem Stil Bananen anzubauen. Bereits um 1910 hatte sie fast eine Monopolstellung erreicht. Der Bananenexport rangierte nun gleichrangig neben dem von Zucker, und Jamaika war damit sowohl von britischem wie von amerikanischem Kapital abhängig.

Zwei Parteien spalten das Land

Die Zeit zwischen den Weltkriegen bis nach 1945 war bestimmt von sozialpolitischen Unruhen und vom Aufbruch in die Selbstbestimmung. Die mächtigste Bewegung der zwanziger und dreißiger Jahre

▷ Reggae, die eigenwillige Verbindung aus afrikanischem Trommelrhythmus und moderner Elektrogitarre, schwingt allerorts in der Luft. Mühelos beherrschen die Bands die Geräuschkulisse ganzer Straßenzüge und bringen den lässig schlendernden Gang der Jamaikaner in einen gemeinsamen Takt.

▽ Mit Dreistigkeit treten die Rastafari für die Legalisierung von Rauschgift ein: Sie rauchen es einfach in der Öffentlichkeit.

war die von Marcus Garvey, der die internationale Vereinigung aller schwarzen Völker anstrebte. Er begründete die erste politische Partei der Arbeiterklasse sowie die erste Gewerkschaft Jamaikas und gilt heute als Nationalheld.

Mit dem Ende des Zweiten Weltkriegs kam auch das Ende des britischen Imperiums, doch sollte es noch bis 1962 dauern, ehe Jamaika ein unabhängiger Staat wurde. Zu dieser Zeit hatten sich zwei Parteien herausgebildet, die »People's National Party« (PNP) von Norman Manley sowie die »Jamaica Labour Party« (JLP) von Alexander Bustamante, der erster Premierminister wurde. Die beiden Parteien – heute geführt von Michael Manley (PNP) und Edward Seaga (JLP) – spalten das Land in zwei unversöhnliche Lager, die sich in regelrechten »Bürgerkriegen« mit der Waffe bekämpfen. Es gibt Straßen, die in PNP- und JLP-Bereiche geteilt sind, die Sicherheit von Arbeitsplatz und Wohnung hängt vom Gewinner der Wahlen ab.

Die Ursache der Spaltung liegt in den jeweiligen Parteiprogrammen: Manleys PNP, die von 1972 bis 1980 regierte, setzte soziale Reformen durch, die zwar zum Abbau von Ungerechtigkeiten führten, aber zugleich eine Kapitalflucht bewirkten. Als 1980 Seagas JLP an die Macht kam, holte man die westlichen Konzerne erneut ins Land, die Sozialausgaben wurden jedoch drastisch gekürzt, so daß die Gesellschaft heute mehr denn je in viele sehr Arme und wenige sehr Reiche zerfällt. Und obwohl seit 1989 die PNP wieder am Ruder ist, hat sich daran wenig geändert.

In der Hauptstadt Kingston wird dieser Kontrast deutlich. Kingston wird im Norden von den Blue Mountains begrenzt, an deren Fuß die Villen der High Society stehen. Von hier aus blickt man weit über die smogverhangenen Stadtteile der Mittel- und Unterschicht. West-Kingston hat den Ruf, der ärmste und scheußlichste Bereich der ganzen Karibik zu sein. Es ist ein Slum-Getto, beherrscht von Arbeitslosigkeit und Kriminalität. Bob Marley, der ungekrönte König des Reggae, stammte von hier.

Jamaica Talk – die Sprache eines phantasievollen Volkes

Die Hauptquellen von Jamaikas eigenartiger Mischsprache, des Jamaica Talk, sind Englisch und verschiedene westafrikanische Sprachen. Der Wortschatz ist größtenteils von den Weißen übernommen worden, während Aussprache, Tonfall, Rhythmus und Grammatik weitgehend von der schwarzen Mehrheit stammen. Die Mischung, die daraus entstand, ist nicht die Sprache eines unterdrückten Volkes, sondern die eines Volkes mit lebhafter Vorstellungskraft und einem ausgeprägten Sinn für das Ironische und Lächerliche, für Spitznamen und Attribute, für bodenständigen Humor und deftige Schimpfworte.

Die Menschen Jamaikas sind auf eine Weise religiös, die weit über den sonntäglichen Kirchgang hinausgeht. Es gibt verschiedenartigste Kulte und Erweckungsbewegungen, man versucht »richtig« zu leben und veranstaltet Tänze für die Toten, an deren Auferstehung genauso geglaubt wird wie an die Existenz einer Geisterwelt, die mit der lebendigen Welt eine Einheit bildet.

Die bekannteste Sekte ist die der Rastafaris, kurz »Rastas« genannt. Sie ist die Mischung einer sozialpolitischen Bewegung mit teils afrikanischen, teils alttestamentlichen Religionselementen. Zu ihrer Lehre gehört die völlige Ablehnung weißer Macht und weißer Weltanschauung. Die Ausgestoßenen der Erde bilden das Zentrum dieses Glaubens: Ihr Gott ist der allmächtige Jah, und alle Kinder von Jah sind eins und unsterblich. In diesem Glauben finden sie zu ihrer Identität, und das daraus erwachsende Selbstwertgefühl beeinflußte nachhaltig die kulturelle und soziale Entwicklung weit über Jamaika hinaus – nicht zuletzt durch die kreativen Ausdrucksformen in der Malerei, im Theater und in der Musik, im Reggae.

Weiße Strände und blaue Berge

Im Gegensatz zur wenig entwickelten Südküste ist die Nordküste weitgehend touristisch erschlossen. Port Antonio, Ocho Rios, Montego Bay, Runaway Bay und Negril sind die Hauptanlaufpunkte, in denen die Hotels jedoch zum Teil inzwischen überteuert sind.

Man kann die landschaftlichen Reize der Nordküste aber auch billiger genießen. So

◁ Aus knapp 200 Metern stürzt sich das glasklare Wasser des Dunn's River in Kaskaden über Terrassen in die Karibische See. Umgeben von tropischer Natur bieten die natürlich geformten Wasserbecken ein Badevergnügen ohnegleichen.

△ Ein Paradebeispiel klassischer jamaikanischer Architektur ist das Devon House in Kingston. Vom ersten Millionär Jamaikas 1881 erbaut, zeigt es die verschwenderische Lebensweise der reichen Plantagenbesitzer des letzten Jahrhunderts.

bietet zum Beispiel Negril, das die attraktivsten aller Strände besitzt, eine große Bandbreite an Unterkünften: von Campingplätzen über einfache Landhäuser bis zu Luxushotels.

Sehr lohnend sind auch Touren in die Blue Mountains. Dort kann man Obstgärten und Kaffeeplantagen besichtigen oder ganz einfach nur die Schönheit der Berge genießen. Vom Blue Mountain Peak aus sieht man an klaren Tagen sogar bis nach Kuba.

Jamaika ist für den Touristen kein »leichtes« Land, aber es ist lohnend. Es ist eine Insel von atemberaubender Schönheit, die von einem stolzen Volk bewohnt wird.

Jamaika — Daten · Fakten · Reisetips

Landesnatur

Fläche: 10 991 km² (etwa halb so groß wie Hessen)
Ausdehnung: West–Ost 235 km, Nord–Süd 85 km
Höchster Berg: Blue Mountain Peak 2256 m
Längster Fluß: Rio Minho 70 km

Jamaika ist die nach Kuba und Hispaniola (Haiti) drittgrößte Insel der Großen Antillen. Zum Hoheitsgebiet von Jamaika gehören auch die kleinen Riffinseln Morant Cays und Pedro Cays südlich der Hauptinsel.

Naturraum

Jamaika ist sehr gebirgig; etwa die Hälfte der Insel liegt mehr als 300 m ü. M. Ein tief zerschnittenes Faltengebirge durchzieht die ganze Insel wie ein Rückgrat von West nach Ost. Am östlichen Ende erreicht der Gebirgszug seine größte Höhe im Blue Mountain Peak (2256 m ü. M.). Zwei Drittel der Insel bestehen aus verkarsteten Kalksteinplateaus, die aus rund 500 m Höhe terrassenförmig zum Meer hin abfallen. Im schwer zugänglichen Cockpit Country im Nordwesten finden sich besonders bizarre Karstformen. Schmale Küstenebenen trennen im Norden und Süden Gebirge und Meer. Während die Küsten im Norden von Sandstränden gesäumt werden, sind sie auf der Südseite versumpft. Die Schwemmebenen im Süden werden landwirtschaftlich genutzt.

Klima

Das vom Nordostpassat geprägte Inselklima ist tropisch warm und feucht. Die Temperaturunterschiede sind das ganze Jahr über gering. Die mittlere Julitemperatur von Kingston liegt bei 27,5 °C, die kaum niedrigere Januartemperatur bei 25 °C.

Die nördlichen immerfeuchten Gebirgshänge erhalten jährlich 2500 bis 5000 mm Niederschlag, an der wechselfeuchten Südküste beträgt der Jahresdurchschnitt hingegen nur 800 mm. Zwischen August und Oktober können verheerende Wirbelstürme auftreten; die regenreichsten Monate sind Mai und Oktober.

Die Sümpfe der Südküste, Lebensraum für zahlreiche Reptilien.

Vegetation und Tierwelt

Der ursprüngliche Wald ist vom Menschen weitflächig gerodet und zerstört worden. In den Ebenen und auf den Kalksteinplateaus breiten sich heute Savannen aus, am südlichen Gebirgsfuß wächst Trockenbusch. Die reichlich beregneten Hänge tragen in den unteren Lagen immergrünen Regenwald, darüber Berg- bzw. Nebelwald. Typisch sind der Guajakbaum, der das Holz für die Kegelkugeln liefert, sowie Jamaikas Nationalbaum, der Mahon. Teile der Küste werden von Palmen und Mangrove gesäumt. Zur Tierwelt gehören viele Vogelarten, insbesondere Kolibris und Papageien, zahlreiche Reptilien und Amphibien sowie die seltene Jamaika-Ferkelratte. Eingeführt wurden Mungos und zahlreiche Fledermausarten.

Politisches System

Staatsname: Jamaica
Staats- und Regierungsform: Parlamentarische Monarchie im Commonwealth of Nations
Hauptstadt: Kingston
Mitgliedschaft: UN, Commonwealth, OAS, GATT, CARICOM, SELA, AKP

Nach der Verfassung von 1962 steht an der Spitze des Staates das Oberhaupt des britischen Königshauses, vertreten durch einen Generalgouverneur. Dieser ernennt den Mehrheitsführer im Repräsentantenhaus zum Premierminister und auf dessen Vorschlag die weiteren Minister des Kabinetts. Das Parlament hat zwei Kammern: den Senat mit 21 ernannten und das Repräsentantenhaus mit 60 für fünf Jahre direkt gewählten Mitgliedern. Der Staat ist in 14 »Parishes« (Verwaltungsbezirke) aufgeteilt. Das Rechtswesen beruht auf britischem Recht.

Bevölkerung

Einwohnerzahl: 2,3 Millionen
Bevölkerungsdichte: 210 Einw./km²
Bevölkerungszunahme: 1,2 % im Jahr
Größte Städte: Kingston (104 000 Einw.; Agglomeration 680 000), Spanish Town (89 000)
Bevölkerungsgruppen: 77 % Schwarze, 19 % Mulatten, 3 % Asiaten, 1 % Weiße

Die überwiegend schwarze Inselbevölkerung stammt von afrikanischen Arbeitssklaven ab, die von den Briten besonders im 18. Jh. auf die Plantagen Jamaikas verschleppt worden waren. Die indianische Urbevölkerung vom Stamm der Arawaks war schon in der frühen Kolonialzeit ausgerottet worden. Der starke Bevölkerungszuwachs hat in den letzten Jahrzehnten zu einer beträchtlichen Auswanderung nach Großbritannien (bis 1965) und Nordamerika geführt (Auswanderungsquote: 0,5 % im Jahr). Gleichwohl ist die Insel heute noch überbevölkert; knapp 40 % ihrer Einwohner sind jünger als 15 Jahre. Zu fast 80 % lebt die Bevölkerung in den Städten. Allgemeine Umgangssprache ist ein mit afrikanischen und spanischen Wörtern durchsetztes »jamaikanisches Englisch«.

Die Mehrzahl der Jamaikaner gehört einer der zahlreichen protestantischen Gemeinschaften an, vor allem der anglikanischen Kirche und den Baptisten; 8 % sind Katholiken. Bei vielen Sekten haben sich christliche und afrikanische Glaubenselemente gemischt.

Überall, wo an den Hängen der Blue Mountains Regen fällt, breitet sich eine üppige Vegetation aus.

Soziale Lage und Bildung

Jamaika gehört seit 1938 (Mindestlohngesetz) zu den sozial fortschrittlichsten Ländern Lateinamerikas. Bereits 1937 wurde die »Jamaica Social Welfare Commission« gegründet, eine Gesellschaft, die mit staatlicher Unterstützung soziale Mißstände bekämpft. Seit 1966 gibt es ein nationales Versicherungssystem. Die Arbeitslosenquote liegt bei etwa 25 %. Ärztliche Versorgung ist kostenlos, nur für stationäre Behandlung und Medikamente werden Kosten erhoben.

Das Bildungssystem folgt britischem Vorbild. Es besteht allgemeine Schulpflicht für 6–14jährige; die Analphabetenrate beträgt 17 %. Die University of the West Indies (gegr. 1948) hat ihren Sitz in Kingston.

Wirtschaft

Währung: 1 Jamaika-Dollar (1 J$) = 100 Cents (c)
Bruttoinlandsprodukt (in Anteilen): Land- und Forstwirtschaft 6 %, industrielle Produktion 42 %, Dienstleistungen 52 %
Wichtigste Handelspartner: USA, Großbritannien, Kanada, Venezuela, Mexiko, Norwegen, Deutschland, CARICOM-Länder

Bauxitförderung, Zuckerrohranbau und Fremdenverkehr bilden die Grundlagen der jamaikanischen Wirtschaft. Nach dem Scheitern einer sozialistischen Wirtschaftspolitik gegen Ende der 70er Jahre und einem kurzen wirtschaftlichen Aufschwung zu Beginn der 80er Jahre ist das Wirtschaftswachstum seit 1984 wieder rückläufig, steigen Inflation und Arbeitslosigkeit.

Landwirtschaft

Die Landwirtschaft Jamaikas produziert vor allem Zuckerrohr und Bananen für den Export; mehr als ein Drittel aller Arbeitnehmer sind im Agrarbereich beschäftigt. Weitere Exportprodukte sind Zitrusfrüchte, Kakao, Kokosnüsse, Kaffee und Piment. Für den Eigenbedarf werden Jamsknollen, Mais, Reis, Maniok und Bataten angebaut; trotzdem kann die Produktion den Eigenbedarf nicht decken. 97 % aller landwirtschaftlichen Betriebe sind Klein- und Kleinstwirtschaften; aber gleichzeitig werden 50 % der Anbaufläche von wenigen Großplantagen eingenommen. Die Regierung versucht, dieses Ungleichgewicht zu korrigieren. Viehzucht und Forstwirtschaft sind bedeutungslos, die Fischerei befindet sich erst im Aufbau.

Bodenschätze, Industrie

Jamaika ist nach Australien und Guinea der drittgrößte Bauxitproduzent der Welt. Die Bauxitreserven werden auf rd. 1 Mio. Tonnen geschätzt und können im Tagebau abgebaut werden. Die Förderung ist jedoch seit Jahren rückläufig. Wegen fehlender Energiequellen kann nur Tonerde, nicht aber das Endprodukt Aluminium erzeugt werden. Amerikanische Fördergesellschaften haben sich zurückgezogen. Trotz niedriger Weltmarktpreise und starker Konkurrenz ist der Export von Bauxit und Tonerde nach wie vor größter Devisenbringer Jamaikas. Außer Bauxit werden in größerem Umfang Marmor, Kalkstein und Gips abgebaut.

Jamaikas Industrie verarbeitet überwiegend inländische Agrarerzeugnisse, vor allem Rohrzucker und Rum.

Handel

Wichtigste Exportgüter sind Tonerde (31 %), Bauxit (17 %), Zucker (10 %) und Rum (1 %). Eingeführt werden Erdöl, Rohstoffe, Halbfertigprodukte und Lebensmittel.

Verkehr, Tourismus

Jamaika hat ein gut ausgebautes, etwa 17 000 km langes Straßennetz (4700 km Hauptstraßen). Die etwa 330 km

Daten · Fakten · Reisetips — Jamaika

langen Eisenbahnlinien führen von Kingston zum Touristenzentrum Montego Bay und nach Port Antonio. Kingston und Montego Bay verfügen über internationale Flughäfen; beide Städte sind zugleich die bedeutendsten Seehäfen.

Der Fremdenverkehr, Jamaikas größter Devisenbringer, befindet sich nach dem Boom der frühen 70er Jahre und der folgenden Stagnationsphase wieder im Aufwind.

Geschichte

Christoph Kolumbus nahm die Insel, die in der Sprache der Indianer Xaymaca (Land von Wald und Wasser) hieß, auf seiner zweiten Reise am 4. Mai 1492 für Spanien in Besitz und benannte sie nach dem heiligen Jakob »Santiago«.

Unter Diego Colón, dem Sohn des Entdeckers, begann 1509 die Eroberung der Insel für Spanien unter Ausrottung der einheimischen Arawak-Indianer. Nach zwei vergeblichen Versuchen, 1596 und 1643, gelang es 1655 der von Lordprotektor Cromwell ausgesandten Flotte, die Insel einzunehmen. Spanische Rückeroberungsversuche schlugen fehl. 1670 wurde Jamaika endgültig an die Engländer abgetreten.

Um 1700 hatte sich die Insel zu einem Dorado der Seeräuber entwickelt. Die Briten trugen hierzu bei, indem sie jenen Freibeutern »Landrecht« einräumten, die versprachen, nur spanische Schiffe zu kapern. Port Royal, der heutige Hafen von Kingston, erwarb sich als Piratenhauptstadt den Ruhm, die reichste und ruchloseste Stadt der Welt zu sein.

In der zweiten Hälfte des 18. Jh. stieg Jamaika durch die Zuckerrohr- und Kakaoplantagenwirtschaft zur wohlhabendsten Kolonie Großbritanniens auf. Die dafür notwendigen Arbeitskräfte lieferte der Sklavenhandel, dessen wichtigster Umschlagplatz Jamaika war. Mehr als eine Million Sklaven wurden hier im Laufe von mehreren Jahrzehnten »versteigert«. Von ihnen blieben rd. 250 000 auf der Insel.

1807 wurde der Sklavenhandel abgeschafft, zwischen 1833 und 1838 die Sklaverei insgesamt verboten. Auch durch die Einfuhr indischer Kontraktarbeiter konnte in der Folge den wirtschaftliche Niedergang Jamaikas nicht aufgehalten werden. 1866 erhielt die Insel nach einem Aufstand der Schwarzen (1865) den Status einer britischen Kronkolonie; 1870 verlegten die Briten den Regierungssitz von Spanish Town nach Kingston, das damit auch die wichtigste Hafenstadt der Insel wurde.

Die Unabhängigkeit löst die Probleme nicht

1938 gewährte Großbritannien Jamaika beschränkte Autonomie und 1944 die erste Verfassung. 1959 schließlich erlangte die Insel ihre volle innere Selbstverwaltung und am 6. August 1962 (Nationalfeiertag) die Unabhängigkeit. Im gleichen Jahr verließ der neugegründete Staat die Westindische Föderation, verblieb aber im Commonwealth.

Bei den Wahlen von 1972 und 1976 war die »People's National Party« (PNP) erfolgreich. Ihr Führer Michael Manley leitete im Rahmen des demokratischen Sozialismus die Zusammenarbeit mit Kuba ein. 1980 ging die Macht an die »Jamaica Labour Party« (JLP) mit Edward Seaga an der Spitze über, der 1983 auch die vorgezogenen Wahlen gewann. Die Oppositionspartei PNP hatte die Wahlen wegen der Wirtschaftspolitik der Regierungspartei boykottiert. Die hohe Arbeitslosigkeit und die steigende Inflationsrate brachten im Herbst 1986 eine Kurskorrektur in der Wirtschaftspolitik. Seit 1989 trägt wieder die PNP die Regierungsverantwortung.

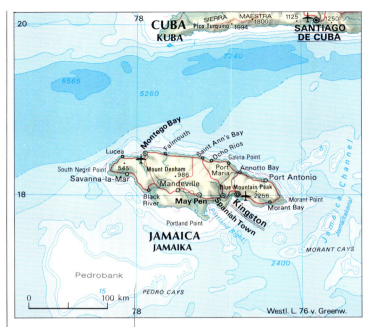

Kultur

Auf die indianische Urbevölkerung – die Subtainos, eine Untergruppe der Arawak-Indianer, die sich etwa im 10. Jh. auf Jamaika ansiedelten – weisen nur noch Keramikfunde und Höhlenmalereien hin. Spuren spanischer Kolonisation finden sich in Ruinenfeldern wie Nueva Sevilla bei Saint Ann's Bay. Aus der britischen Kolonialzeit stammen eine Reihe typischer Bauwerke in Spanish Town.

Die Kulte

Afrikanische Kulturelemente leben heute in einer Vielzahl von Kulten und in der jamaikanischen Musik fort, vor allem bei den Nachfahren geflohener Sklaven, den Maroons, im Cockpit Country und im Osten der Insel bei Port Antonio.

Die bekanntesten religiösen Mischkulte sind der Kumina- und der Pocomania-Kult. Im Mittelpunkt steht jeweils der von Trommeln begleitete ekstatische Tanz, durch den die Gläubigen in Trance versetzt werden.

Von besonderer Bedeutung ist der Rastafari-Kult, der, im Rückgriff auf alttestamentarisches Gedankengut, Äthiopien als Heimat der auserwählten schwarzen Rasse betrachtet und den letzten äthiopischen Kaiser Haile Selassie (Ras Tafari) als Messias verehrt. Die Anhänger, die schon äußerlich an ihren langen, geflochtenen und verfilzten Haaren und ihren Bärten zu erkennen sind, lehnen die westliche Zivilisation (Fleisch- und Alkoholgenuß) ab; sie rauchen Marihuana, von ihnen Ganja genannt, um noch tiefer in Trance zu versinken.

Eine wichtige Funktion besitzt dabei die Musik. Die Einheimischen nennen sie Rasta-Musik. In den USA und Europa wurde sie als Reggae-Musik bekannt. Sie wurzelt in der Musik der Karibik und in der Burru-Musik, deren monotone Rhythmen auf die Zeit der Sklaverei zurückgehen. In den 50er Jahren kamen aus Nordamerika noch Elemente des Rhythm and Blues hinzu. Daraus entwickelte sich über den Ska und den Rocksteady Ende der 60er Jahre der Reggae, bei dem die Instrumente der Rockmusik verwendet werden. Die Texte hatten früher stärker als heute sozialkritische und religiöse Inhalte.

Bildende Kunst und Literatur

Lange Zeit dominierte in der bildenden Kunst und Literatur der Einfluß Großbritanniens. In der Malerei und Bildhauerkunst gelang dank der 1950 gegründeten »Jamaica School of Arts« der Anschluß an die zeitgenössischen Kunstströmungen. Dagegen besann man sich in der Literatur auf das afrokaribische Erbe: Aufzeichnungen von mündlich tradierten Volkserzählungen, Motive westafrikanischer Folklore und Rückbesinnung auf die Themenwelt der Westindischen Inseln finden sich besonders bei Claude McKay (1890–1948).

Reise-Informationen

Einreise- und Fahrzeugpapiere
Bürger der Bundesrepublik Deutschland, der Schweiz und Österreichs benötigen für einen Aufenthalt bis zu drei Monaten einen mindestens noch drei Monate länger gültigen Reisepaß bzw. Kinderausweis. Der Aufenthalt kann bis auf sechs Monate verlängert werden.

Als Fahrerlaubnis ist der internationale Führerschein erforderlich, der noch mindestens ein Jahr gültig sein sollte.

Zoll
Bei der Einreise sind zollfrei: pro Person ab 18 Jahre 200 Zigaretten oder 50 Zigarren oder 225 g andere Tabakwaren, 1 Liter Wein, 1 Liter Spirituosen und etwa 150 g Parfüm. Für ausländischen Rum und Streichhölzer ist eine Einfuhrlizenz erforderlich. Artikel aus Ziegenfell dürfen nicht eingeführt werden.

Devisen
Die Ein- und Ausfuhr von Jamaika-Dollar (J$) ist verboten. Fremdwährung darf dagegen unbeschränkt eingeführt (Deklaration) und in Höhe des deklarierten Betrages wieder ausgeführt werden.

Impfungen
Für Besucher, die aus Infektionsgebieten einreisen, ist Gelbfieberimpfung vorgeschrieben.

Für diese Kinder ist jeder Fremde ein potentieller Bananenkäufer.

Verkehrsverhältnisse
Es herrscht Linksverkehr. Allwetterstraßen verbinden alle wichtigen Orte. Taxis (auch Linientaxis) und Leihwagen können gemietet werden. Es besteht regelmäßiger Flug- und Eisenbahnverkehr zwischen Kingston und den größten Städten. Busse sind für Touristen nicht zu empfehlen. Jamaika wird von Kreuzfahrt-Schiffen angelaufen.

Unterkünfte
Neben Hotels aller Kategorien findet man preiswerte Pensionen, alte Gasthäuser, Bungalows, Campingplätze, aber auch Ferienvillen.

Reisezeit
Die beste Reisezeit ist von Dezember bis April (ca. 25 °C).

 Kanada

Hans-Gerd Wiegand

Kanada ist ein Land mit den Ausmaßen eines Kontinents. Etwa 6000 Kilometer mißt es von Ost nach West – von den für ihre Hummer berühmten Fischerdörfern an der atlantischen Steilküste Neuschottlands bis nach Vancouver an der Pazifikküste, der beliebtesten Stadt des Landes. Fast 2000 Kilometer Luftlinie liegen zwischen der Grenze zum US-Bundesstaat Montana im Süden und dem ewigen Eis am Polarkreis – und auch dort ist das Nordpolarmeer, Kanadas nördliche Grenze, noch nicht erreicht.

Am Sankt-Lorenz-Strom, der die Großen Seen mit dem Atlantischen Ozean verbindet, hat sich kanadische Geschichte entwickelt und entzündet. Hier trieben die französischen Siedler Handel mit den Indianern, die zur verschwindenden Minderheit in ihrem ureigenen Land geworden sind, und hier gewannen die Briten im 18. Jahrhundert die Vorherrschaft. Hier liegen Quebec-City, das Klein-Paris des Landes, und die Millionenstadt Montreal.

Heute wendet sich Kanada in zunehmendem Maße dem pazifischen Raum zu. Die kanadische Wirtschaft sieht ihre Zukunft auf dem wachstumsträchtigen asiatischen Markt. Die Bindungen an Europa haben sich gelockert.

Staatsname:	Kanada
Amtssprachen:	Englisch, Französisch
Einwohner:	26 Millionen
Fläche:	9,98 Mio. km²
Hauptstadt:	Ottawa
Staatsform:	Demokratisch-parlamentarischer Bundesstaat im Commonwealth
Kfz-Zeichen:	CDN
Zeitzonen:	MEZ −4½ bis −9 Std.
Geogr. Lage:	Nordamerika, an die Vereinigten Staaten grenzend

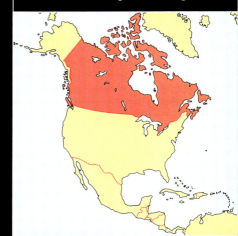

Millionen Kubikmeter Holz werden alljährlich in Kanada geschlagen. Unerschöpflich scheinen die Vorräte vor allem in British Columbia zu sein. Die Ökologen warnen längst vor dem industriellen Raubbau, der die Zukunft der Wälder immer mehr gefährdet.

Für die Indianer zählt Kolumbus nicht

Verzückt-interessiert verfolgen weiße Besucher indianische Kulttänze im Kulturzentrum von Vancouver. Plötzlich brechen die Indianer ihre Vorführung ab. Der Häuptling tritt vor und richtet eine Frage an das weiße Publikum: »Wer entdeckte Amerika?« Verlegenes Schweigen. Mit einem listigen Schmunzeln wiederholt der Indianer: »Wer entdeckte Amerika?« Schweigen, das hier und da von einem unsicheren Räuspern unterbrochen wird. »Sie denken, Kolumbus entdeckte Amerika«, fährt der Häuptling herausfordernd fort, »aber er hatte sich verirrt, und wir haben Kolumbus entdeckt«, belehrt er dann spöttisch-stolz seine weißen Zuhörer.

Jede sich bietende Gelegenheit ergreifen die Indianer, um das amerikanische Geschichtsbild zurechtzurücken. Für die Weißen nimmt Amerika seinen Anfang mit Kolumbus, für die Indianer beginnt die Geschichte Jahrtausende früher. Als Asien und Amerika an der heutigen Beringstraße noch durch eine Landzunge miteinander verbunden waren, drangen ihre Vorfahren, mongolische Völkerscharen, auf den noch menschenleeren amerikanischen Kontinent vor.

Trotzdem beginnen die meisten kanadischen Geschichtsbücher mit der Entdeckung Kanadas durch den Franzosen Jacques Cartier aus Saint Malo am 2. Oktober 1535. Zwar waren die Wikinger schon um das Jahr 1000 von Island aus nach Nordamerika vorgestoßen, doch ihre Fahrten gerieten in Vergessenheit. Auch die Landung von Giovanni und Sebastiano Caboto, zwei italienischen Seefahrern in englischen Diensten, die im Jahre 1497 wahrscheinlich im heutigen Neufundland kanadischen Boden betraten, blieb ohne Folgen. So gilt Cartier als der eigentliche »Entdecker« Kanadas.

Schon 1534 hatte er erstmals die kanadische Küste erspäht. Sein Schiff glich damals einem Elendsquartier. Die Mannschaft war unterwegs an Skorbut erkrankt, und es mangelte an Wasser. Halbverdurstet irrten die Männer auf dem Atlantik umher. Mehr Glück als Navigationstalent verschlug sie an das kanadische Festland. Doch das Land zu erkunden, dazu reichte ihre Kraft nicht mehr. Nach einer Erholungspause in einer kleinen Bucht füllten sie ihre Fässer mit Trinkwasser, packten frisch erlegtes Wild ein und segelten zurück nach Frankreich.

Cartiers Bericht über ein unberührtes Land im fernen Westen erregte vor allem die Neugier König Franz' I. Sein luxuriöses Hofleben verschlang Unsummen, mehr als an Steuern aus den Untertanen herausgepreßt werden konnte. Unaufhörlich hielt der königliche Hofmarschall deshalb Ausschau nach neuen Einnahmequellen. Neues Land, so hoffte man, werde neuen Reichtum bringen.

Nach 84 Tagen am Großen Hochelaga-Fluß

Hatte Jacques Cartier seine erste Entdeckungsreise noch auf eigene Faust gemacht, von Freunden und Gönnern finanziert, stattete ihn jetzt der französische Staat mit einer Expeditionsflotte aus. Drei Großsegler stachen am 19. Mai 1535 in See: Cartiers »L'Emerillon«, »La Grande Hermine« und »La Petite Hermine«. 112 Seeleute waren an Bord, darunter ein Dutzend Verwandte Cartiers, so auch die Kapitäne der beiden Begleitschiffe – eine Vorsichtsmaßnahme gegen Meuterei. Das Familienunternehmen hatte den königlichen Auftrag, das neue Land zu erschließen und im Namen der französischen Krone Frankreich einzuverleiben.

Die Mannschaft hauste zusammengepfercht in kleinen Holzverschlägen, mit ihr Hühner, eine Ziege und eine Kuh. Sieben Zimmerleute gab es an Bord, um eventuelle Sturmschäden zu reparieren. Der Friseur war zugleich Quacksalber und Chirurg. Jedes der drei Schiffe hatte einen Trompeter, der bei Nebel blies, damit sich die Schiffe nicht gegenseitig rammten.

Nach 84 Tagen – teils bei stürmischer See, teils in zeitraubender Windstille – erreichte Cartier zum zweiten Mal die Küste des fremden Landes, diesmal etwas weiter südlich. Zwischen zwei Inseln segelte er mit seiner Flotte in eine riesige Bucht. Es war der 10. August, das Fest des heiligen Lorenz, des römischen Märtyrers. »La Baie Saint Laurent« taufte Cartier die Bucht, den heutigen Sankt-Lorenz-Golf, das Mündungsbecken des Sankt-Lorenz-Stromes am Atlantik. Damals hieß der Strom noch Großer Hochelaga-Fluß. Er mißt an seiner breitesten Stelle 150 Kilometer, ein reiches Fischfanggebiet der Huronen, auf die Cartier bald stoßen sollte. Er segelte in den Fluß hinein und glaubte, den Wasserweg zum Orient entdeckt zu haben.

Zwei Indianer, die Cartier auf seiner ersten Fahrt beim Fischen gefangengenommen und als lebende Beweise für eine neue Welt nach Frankreich verschleppt hatte, dienten ihm jetzt als Lotsen. Sie dirigierten die Flotte durch die verwirrende Inselwelt der Flußlandschaft, an tückischen Untiefen vorbei und durch gewaltige Stromschnellen. Die felsige, hochbewaldete Uferlandschaft erkundeten die Entdecker mit Booten, sie ergötzten sich an Lachse fangenden Bären und trauten ihren Augen nicht, als plötzlich »Fische« vor ihnen auftauchten, die wie Pferde aussahen. Es waren Walrosse. Dann passierten sie die gefährlichen Inselriffe beim heutigen Point Britain. Hier ereignete sich später das größte Schiffsunglück in der kanadischen Geschichte, als 1711 acht von 55 Schiffen der britischen Invasionsflotte sanken. Rund 900 Seeleute fanden dabei den Tod. Noch heute warnt die Küstenwache die Schiffe vor dieser tückischen Fahrrinne. Aber Cartiers Indianerlotsen meisterten auch diese Gefahr. Sicher navigierten sie die Flotte durch die Riffe.

▽ *Flüsse und Seen bilden die natürlichen Verkehrswege, auf denen Kanadas reiche Holzvorräte aus den nördlichen Waldgebieten – wie hier in Ontario – nach Süden geflößt werden. Bullige Kraft der Schlepper und Geschick ihrer Besatzung wirken zusammen, um so gewaltige Holzmassen ans Ziel zu bringen.*

Farbenrausch und Gaumenfreude

Die Herbstfärbung am Sankt-Lorenz-Strom ist eines der großartigsten Naturereignisse Nordamerikas. Blutrote und goldgelbe Ahornwälder, die hier und da unterbrochen sind von Tannen, Eichen, Kiefern und Birken, säumen die Flußufer von Quebec bis Toronto. Ein farbenprächtiges Naturschauspiel, aber auch von Interesse für die Liebhaber einer kulinarischen Spezialität: Denn im Herbst produzieren die Ahornblätter Zucker, und der Saftstrom transportiert ihn ins Wurzelwerk zum Überwintern.

Im Frühjahr, wenn der Saft in die Baumkronen steigt, ist Erntezeit. Aus 4 Zentimeter tief in die Rinde eingeschnittenen Kerben wird die zuckrige Lösung abgezapft. 40 Liter ergeben einen Liter Sirup. Die Siedler lernten diese Technik von den Indianern und überlebten mit dem Sirup die erste Hungersnot. Heute ist die Maple-Sirup-Produktion eine Industrie mit strengen Schutzvorschriften für die Bäume. Gegen sauren Regen, der auch die Ahornwälder immer stärker belastet, ist man allerdings machtlos.

Ein folgenschweres Mißverständnis

Am 2. Oktober 1535 wird Cartier frühmorgens von seiner Bootswache aufgeregt geweckt. »Kapitän, Kapitän, sehen Sie, dort drüben, dort muß es sein!« Cartier erblickt Felder, auf denen etwas angebaut ist. Es sind Maisfelder. Eine halbe Stunde später entdecken die Männer auf halber Höhe eines Berges einen hochragenden Holzrundbau: die Indianersiedlung Hochelaga. Sie sind am Ziel. Rasch füllt sich das Ufer mit Neugierigen. Als Cartier mit seinen Leuten an Land geht, halten ihm die Frauen ihre Kinder entgegen. Cartier soll sie berühren, denn sie halten ihn für einen Gott. Männer zünden Feuer an, junge Mädchen beginnen zu singen und zu tanzen. Und aus der Menge tönt es: »Aguyase! Aguyase!«, was soviel wie »herzlich willkommen« heißt. Junge Burschen schleppen Maiskolben und getrockneten Fisch herbei, sogar wilde Weintrauben gibt es für die Fremden.

Das war das goldene Zeitalter der Rassenfreundschaft in Nordamerika. Die Indianer riefen »Kanata! Kanata!« und deuteten auf ihr Dorf. Dort wollten sie Cartier dem Häuptling vorstellen. Dorf heißt in der Sprache der Indianer »Kanata«, aber Cartier glaubte, es sei der Name des Landes, und er trägt in sein Logbuch ein: »Ich habe heute Kanata entdeckt!« Aus einem kleinen Mißverständnis entstand der Name für ein riesiges Land.

△ *Flüsse und Seen waren schon in der Pionierzeit die wichtigsten Verkehrswege der Waldläufer, Fallensteller und Siedler. Heute erleichtern sie als Landeflächen für die »Buschpiloten« den Verkehr. Eine eilige Lieferung, ein dringender Arztbesuch oder ein Weekend bei Freunden: Mit dem Flugzeug erreicht man fast jedes Ziel.*

Vom Schutzwall des mächtigen Wehrdorfes seiner Gastgeber genießt Cartier einen majestätischen Rundblick über das weite Flußtal. »Mont Royal« tauft er den Berg. Daraus wurde später Montreal, die Millionenstadt am Sankt-Lorenz-Strom. Auf dem Grund und Boden der Indianersiedlung Hochelaga erstreckt sich heute die angesehene McGill-Universität. Und den Sankt-Lorenz-Strom passieren längst Überseefrachter aus aller Welt auf ihrem Weg zu den Häfen Quebec, Montreal, Toronto und weiter durch die Großen Seen an der kanadisch-amerikanischen Grenze bis nach Chicago. Mit fast 4000 Kilometern Länge ist er einer der größten Binnenschiffahrtswege der Welt.

Die Briten gewinnen die Vorherrschaft

Nachdem Cartier für die französische Krone von dem Land Besitz ergriffen hatte, sollten noch 70 Jahre vergehen, bis sich die ersten französischen Siedler am Sankt-Lorenz-Strom niederließen. Der Franzose Samuel de Champlain gründete 1608 neben einer Indianersiedlung die Stadt Quebec, eine der ältesten Städte Nordamerikas. Die Franzosen entwickelten Pelzhandel und Landwirtschaft als Basis ihrer wirtschaftlichen Existenz. Die Erfolgreichen unter ihnen wurden mit der Zeit Großgrundbesitzer.

Gut 60 Jahre nach der Gründung von Quebec, als Neufrankreich bereits eine blühende Kolonie war, kamen die Briten ins Land. Ausgerechnet zwei französische Pelzhändler hatten englischen Kaufleuten den Tip vom großen Pelzgeschäft im Norden an der Hudsonbai gegeben. Dort gründeten die Briten 1670 die Hudson's Bay Company.

Damit setzte ein langwieriger Kampf um die Vorherrschaft ein, in dem die beiden Mächte sich auch mit Indianerstämmen verbündeten. Der Siebenjährige Krieg, den die europäischen Mächte 1756 bis 1763 führten, beeinflußte auch die britisch-französischen Auseinandersetzungen in den Kolonien der Neuen Welt. Eine wichtige Entscheidung fiel hier 1759 in der Schlacht auf den Plains of Abraham oberhalb der Stadt Quebec. Die Briten besiegten die Franzosen und beendeten damit die 150jährige französische Herrschaft am Sankt-Lorenz-Strom.

Ein langer Kampf um Gleichberechtigung

Le Parti Patriot, die erste wichtige nationalistische Partei Quebecs unter Louis-Joseph Papineau, forderte bereits 1812 die politische Selbstbestimmung für alle Frankokanadier. Die britische Kolonialverwaltung lehnte immer wieder ab, bis es zur Rebellion von 1837 kam. Die Briten setzten Truppen ein und besiegten in mehreren blutigen Gefechten die Frankokanadier; aber auch diese Niederlage konnte ihren Widerstand nicht brechen. In den folgenden 150 Jahren kämpften sie unablässig für ihre politische und kulturelle Selbstbestimmung und Unabhängigkeit.

Obwohl die Kolonialherrschaft 1867 beendet und von einem kanadischen Bundesstaat abgelöst worden ist, fühlten sich über 100 Jahre danach noch viele Frankokanadier im englisch dominierten Kanada politisch, wirtschaftlich und kulturell benachteiligt.

Während die englischsprachige Bevölkerung seit der Staatsgründung sehr stark angewachsen war, verloren sich die Frankokanadier zu einer Minorität: 5 Millionen gegenüber 20 Millionen Anglokanadiern. Diese beherrschten zum Beispiel die Wirtschaft der gesamten Provinz Quebec. Wer einen Job haben wollte, mußte des Englischen mächtig sein, doch sprechen 80 Prozent der 6,2 Millionen Einwohner heute noch Französisch als Muttersprache. Nur die Hälfte von ihnen spricht fließend Englisch, die andere Hälfte kann es nur radebrechen. Unter dem frankokanadischen Bevölkerungsteil war die Arbeitslosigkeit deshalb am höchsten. Während Anglokanadier in Quebec die höchsten Einkommen erzielten, hatte die Französisch sprechende Mehrheit jahrzehntelang das niedrigste Pro-Kopf-Einkommen und fühlte sich in der eigenen Provinz diskriminiert.

Kein Überleben der französisch geprägten Quebec-Kultur ohne Kontrolle der Wirtschaft, ohne politische Unabhängigkeit – so lautete die Grundthese aller Separatisten-Bewegungen von Louis-Joseph Papineau bis René Lévesque. Die letzte Phase des langen Kampfes um Selbstbestimmung begann 1960 unter der liberalen Provinzregierung von Jean Lesage. In dieser Zeit der sogenannten »stillen Revolution« versuchte eine gut aus-

▷ *Die St. James Cathedral neben Montreals Wolkenkratzern – ein Bild für die vielen Gegensätze der Millionenstadt. Hier steht französisches Savoir-vivre englischer Nüchternheit gegenüber, und eine verwinkelte Altstadt lockt nicht weniger zum Bummeln als die hochmodernen U-Bahn-Stationen mit Hunderten von Geschäften. Selbst das Klima zeichnet sich durch scharfe Kontraste zwischen feuchtheißen Sommern und schneereichen Wintern aus.*

▽ *Der koloniale Traum von einem Frankreich jenseits des Atlantiks hat sich als Illusion erwiesen. Vor über 200 Jahren wurden die Frankokanadier Untertanen des englischen Königs. An ihrer Sprache und kulturellen Eigenart halten sie dennoch fest. Die junge Frau im Bäckerkostüm zeigt, wie lebendig die französische Tradition in der Provinz Quebec noch immer ist.*

von ihm als mystisch empfundene Umwelt mit seiner Musik bewußt machen.

International bekannt und respektiert ist der 1982 verstorbene Pianist Glenn Gould, ein genialer Interpret klassischer und zeitgenössischer Musikwerke, der sich außerdem als Komponist einen Namen machte. Auch die kanadische Ballett-Kultur ist über die Grenzen des Landes hinaus geschätzt und steht der europäischen in nichts nach. Neben Opern- und Schauspielhäusern, die weitgehend Klassisches pflegen, überraschen Kleinkunstbühnen immer wieder mit formsprengenden Experimenten. Finanziert wird alles privat. Hin und wieder gibt es aber auch einen Zuschuß vom Canada Council, dem Kultur-Füllhorn des Landes für förderungswürdige Leistungen.

◁ **Alex Colville hat sich über Kanada hinaus als Vertreter des Fotorealismus einen Namen gemacht. Sein Gemälde »Truck Stop« von 1966 hängt im Kölner Wallraff-Richartz-Museum.**

▽ **Liebevoll pflegen die Kanadier Zeugnisse ihrer Vergangenheit. In Kingston am Ontariosee steht in Fort Henry dieses Geschütz, das von Kanonieren bedient wird, als stünde der Feind vor der Tür.**

◁ **Die Fahrt auf dem Icefield Parkway durch die Nationalparks Banff und Jasper führt über den Sunwapta-Paß. Seen, Flüsse, Gletscher sowie die reiche Flora und Fauna der Bergwelt machen die zweitägige Fahrt zum eindrucksvollen Erlebnis.**

Doch viele Kanadier machen ihre Karriere in den USA – wie der brillante Jazzpianist Oscar Peterson und der Sänger Leonard Cohen. Die besten Gagschreiber von Hollywood sind Kanadier – offenbar haben sie mehr Humor als die Yankees. Mit den Kanadiern ist es wie mit den Österreichern: Der Prophet gilt wenig im eigenen Lande, er muß schon ins Ausland gehen, wenn er etwas werden will.

Eine Ausnahme ist Margaret Atwood, Kanadas renommierteste Schriftstellerin. Übersetzt in viele Sprachen, auch ins Deutsche, avancierte sie zu einer international anerkannten Autorin. Ihr Französisch schreibendes Pendant ist Antonine Maillet. Ihr Roman »Pélagie-La-Charrette« wurde 1980 mit dem Prix Goncourt ausgezeichnet. Pélagie, eine kanadische Mutter Courage, führte mit ihrem Holzkarren (la Charrette) die von den Briten vertriebenen französischen Siedler (Acadiens) wieder in ihre Dörfer zurück. Der Roman ist in Englisch-Kanada weitgehend unbekannt. Margaret Laurence, Robertson Davies, Alice Munro sind weitere erfolgreiche Autoren der kanadischen Gegenwartsliteratur.

International geschätzt und viele Male ausgezeichnet mit Oscars und Preisen sind die Produktionen des National Film Board: Zeichentrickfilme, Kurzspielfilme und vor allem Dokumentarfilme von hohem Rang. Unverständlicherweise kürzte die Regierung wiederholt den NFB-Etat. Viele hochbegabte und vielversprechende Filmemacher wurden deshalb in den letzten Jahren arbeitslos. Ein unverzeihlicher Fehler der sonst so engagierten Kulturpolitik Kanadas.

Ausblick in die Zukunft

»Ich mache zehnmal eher ein Geschäft mit Japan oder China als mit Westeuropa«, erklärt ein kanadischer Unternehmer aus Montreal, der die Einfuhrbeschränkungen und die komplizierten Handelsrichtlinien der Europäischen Gemeinschaft beklagt. Abgesehen davon ist der atlantische Raum für kanadische Produkte weitgehend gesättigt. Wachstumsraten verspricht der pazifische Raum, wo die Hälfte der Menschheit lebt: ein riesiger Markt mit einem gewaltigen Potential an billigen Arbeitskräften. Kanadischer Weizen nach China und in die Sowjetunion, Rohstoffe für Autos und Technologie aus Japan, kanadische Firmenniederlassungen in Indonesien, auf den Fidschi-Inseln, in Neuseeland und Australien.

Obwohl die Alte Welt immer noch ein wichtiger Markt ist, hat sich der Schwerpunkt des kanadischen Handels in den letzten zehn Jahren vom atlantischen in den pazifischen Raum verlagert. Hier, wo das Wirtschaftswachstum wesentlich größer ist, liegt die Zukunft Kanadas.

Auch innenpolitisch dürfte sich die Szene verändern. In zehn Jahren könnte Kanada die erste sozialdemokratische Bundesregierung haben. Die ewige Oppositionspartei NDP, jahrzehntelang als sozialistisch verteufelt, halten nach jüngsten Umfragen immer mehr Kanadier für wählbar. Ihr Konzept einer nationalen Rohstoffpolitik mit der Schaffung von mehr Arbeitsplätzen, ihr Eintreten für den Mittelstand und ihr Vorschlag, Kanadas Mitgliedschaft in der kostspieligen NATO aufzugeben, finden in der Öffentlichkeit sehr viel Sympathie. Nachwahlen im Sommer 1987 ergaben einen überzeugenden Erfolg für diese Partei.

Sollte es Kanada gelingen, sich von der importierten, kostentreibenden und umweltzerstörenden Großtechnologie zu befreien und statt dessen eine kostengünstige, mittelgroße, umweltschonende Technologie einzusetzen und den Ausbau einer international wettbewerbsfähigen Sekundärindustrie zu intensivieren, könnte es mit seinem enormen Rohstoffreichtum eines der wohlhabendsten Länder der westlichen Welt werden.

DIE BESONDERE REISE 1
Auf den Spuren der Goldgräber

Kanadas wilder Westen

An Kanadas und Alaskas Westküste verläuft durch eine vielfältige Insellandschaft der Wasserweg, den Ende des 19. Jahrhunderts Goldgräberschiffe hochdampften bis nach Skagway. Zehntausende von Goldgräbern schlugen hier ihre Zelte auf in einem Tal, in dem heute noch manche ihrer Enkel und Urenkel leben. Die Glücksucher zogen dann weiter über den White Pass oder den Chilkoot Pass in das rund 700 Kilometer entfernte Klondike im kanadischen Yukon-Territorium. Dort gründeten sie, an der Mündung des Klondike in den Yukon, Dawson City.

Die Stadt, später teilweise abgebrannt, wurde originalgetreu wiederaufgebaut und zeigt sich schon wieder verkommen und verwittert. Immerhin gibt es noch genügend zu sehen, so daß man sich vorstellen kann, wie es hier zuging, als – wer dächte nicht an Jack London – der »Lockruf des Goldes« erscholl. Nach anfänglichem »Wildwest« sorgte dann die North West Mounted Police dafür, daß Verbrechen in der kurzen Blütezeit der Goldgräberstadt kaum noch vorkamen.

Während sich die Goldgräber einst durch langgezogene Täler und über steile Pässe quälten und hetzten, können die Touristen von heute die Landschaften in Ruhe in sich aufnehmen. Schon die Schiffsreise auf der Inside Passage ist geruhsam, denn sie verläuft wegen der Abschirmung durch Inselketten in Gewässern ohne nennenswerten Seegang. Äußerst eindrucksvoll ist die Route durch die Gletscherfjorde bis Glacier Bay. Sie gehören zum größten nichtpolaren Gletschergebiet der Erde, das hier in den pazifischen Gebirgsketten Kanadas und Alaskas liegt.

Die Schiffsroute führt am »Kreißsaal der Wale« vorbei, wo die mächtigen Meeressäuger ihre Jungen zur Welt bringen. Rechts und links öffnen sich dem Betrachter urzeitlich wirkende Gletschertäler, Bilder wie aus den Tagen der Schöpfung. Auf Eisschollen und Eisbergen treiben Robben und Seeotter vorbei. In den Felswänden zeigen sich Adler, Bergschafe und -ziegen. Wer will, kann in einem Rettungsboot bis dicht an die Gletscherwände gleiten, mit dem Pickel Eisstücke herausschlagen und seinen Fünf-Uhr-Whiskey mit jahrtausendealtem Gletschereis kühlen.

Der Reisende sollte sich Landgänge in die Kleinstädte an der Küste nicht entgehen lassen. Sitka, während Alaskas russischer Zeit bis 1867 Hauptstadt, besitzt die älteste russisch-orthodoxe Kirche Nordamerikas mit kostbaren Ikonen aus der Zarenzeit. Hier werden immer noch Gottesdienste für eine kleine Glaubensgemeinde zelebriert, die zumeist aus Aleuten besteht, den Ureinwohnern Alaskas, deren Vorfahren von den Russen zum Christentum bekehrt worden sind.

▷ *Am Klondike wird noch immer Gold gewaschen – allerdings sind es heute die Touristen, die als Glücksucher ins Yukon-Territorium kommen. Wer etwas Zeit und Geduld mitbringt, hat durchaus die Chance, ein paar Goldkörnchen in der Pfanne zu finden. Doch richtige Nuggets, die die Mühe lohnen, sind rar geworden.*

△ *Der Red Light District von Skagway war einst eine Attraktion. Die rote Lampe am Saloon zeigte unzweideutig an, um welche Art von Etablissement es sich handelte.*

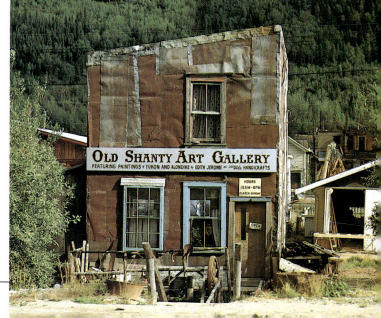

▷ *Gold machte Dawson vor der Jahrhundertwende berühmt. Heute bringen Touristen, die sich auf historischem Boden in die legendäre Vergangenheit der Goldgräbersiedlung zurückversetzen wollen, Geld in die Stadt. Einige der alten Gebäude wurden restauriert, andere werden provisorisch vor dem Verfall bewahrt wie diese Galerie für Gemälde und Kleinkunst.*

◁ Die Schiffsreise entlang der pazifischen Gletscherregion Kanadas und Alaskas führt die Natur in Bildern monumentaler Kraft und friedlicher Unschuld vor Augen.

△ Gewaltige, hoch aufragende Eismassen umrahmen Glacier Bay an Alaskas pazifischer Küste wie ein Gebirge. Ein Erlebnis besonderer Art ist es, wenn die Gletscher kalben und mit gewaltigem Tosen Eisberge ins Meer stürzen.

△ Noch gibt es die an das arktische Klima so vollkommen angepaßten Eisbären, aber ihr Bestand ist bedroht. Die Tiere sind gute Läufer und geschickte Kletterer. Sie unternehmen weite Wanderungen im Packeis- und Treibeisgürtel. Das Weibchen bringt seine Jungen während des Winters in Schneehöhlen zur Welt. Eisbären ernähren sich vorwiegend von Robben, kleinen Landsäugetieren und Fischen.

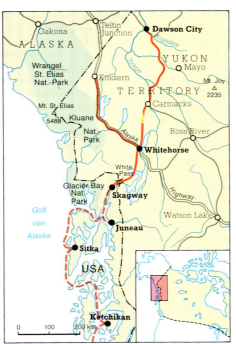

Ketchikan, laden zu einer ausführlichen Besichtigung ein. In Ketchikans berühmt-berüchtigtem Red Light District garantierte Dolly, die Piratentochter, um die Jahrhundertwende heiße Nächte im eisigen Alaska.

Aus Skagway, der Zeltstadt der Goldgräber, wurde bald eine Westernstadt, und so sieht sie heute noch aus: rohgezimmerte Häuser, ein alter Saloon, ein Barbershop, das Haus des Pfandleihers und eine alte Westernbühne. Seit 50 Jahren spielt sie dasselbe Theaterstück. »Der Goldrausch« heißt es, und die Enkel spielen als Attraktion in Originalkostümen das Leben ihrer Großeltern.

Wer die Gletscherwelt auch noch von oben erleben möchte, kann in Juneau, Sitka oder Ketchikan einen Rundflug buchen. Verbindungsstraßen zwischen den Küstenstädten gibt es nämlich nicht. Die Gletscher würden sie forttragen.

Erst Skagway bietet eine Überlandtour mit dem Bus an. Am White Pass vorbei fährt man zeitweise entlang dem Goldgräberpfad bis nach Whitehorse, der Hauptstadt des Yukon-Territoriums. Übernachtet wird in recht einfachen, aber sauberen Motels mit landesüblicher Küche.

Von Whitehorse geht es in einer Tagestour weiter bis zur Goldgräberstadt Dawson. Wer will, kann sich dort an den Bächen mit einer Pfanne im Goldwaschen versuchen. Manchmal reicht es für ein Dinner, und wer besonderes Glück hat, schürft die Kosten seiner Reise ans Tageslicht.

Von Whitehorse aus empfiehlt sich auch eine Fahrt auf dem Alaska-Highway, der zu zwei Dritteln durch Kanada verläuft. Kluane, Kanadas höchstgelegener Nationalpark mit den Sankt-Elias-Eisfeldern, zählt zu den eindrucksvollsten Abschnitten der nur teilweise asphaltierten Strecke; aber die Schotterstraße ist gut zu befahren. Alle 100 Kilometer gibt es eine Tankstelle mit einem kleinen Motel und Drugstore.

Hin und wieder kreuzen Bären und Elche den Highway. Nicht anhalten, sondern langsam weiterfahren und kein Futter aus dem Wagen werfen! Auch kein Fenster öffnen, wenn sich ein Bär zeigt! Bären sind Raubtiere und keine harmlosen Kuscheltiere!

Hans-Gerd Wiegand

Auf dem alten russischen Friedhof oberhalb der Stadt sind Soldatengräber aus den Indianerkriegen und das Grab einer Tatarenprinzessin, der Frau des letzten russischen Gouverneurs, zu sehen. 50 Schritte weiter steht noch ein hölzerner Wachturm, ein Relikt der alten russischen Stadtmauer. An den Enden elegant verzapft und ohne vorstehende Balken, bildet er eine Ausnahme in der Blockhausarchitektur Nordamerikas. Nach der Vorführung von original russischen Tänzen wird dem Besucher die Kopie eines historischen Schecks über 7,2 Millionen Dollar präsentiert: die Kaufsumme, mit der die Amerikaner Alaska den Russen abluchsten.

Auch Juneau, die heutige Hauptstadt Alaskas, und die »Lachshauptstadt der Welt«,

DIE BESONDERE REISE 2
An den Küsten Neuschottlands

Wo es den besten Hummer gibt

Von Montreal oder Toronto aus fliegt man in zwei Stunden nach Halifax, der Hauptstadt der kanadischen Atlantikprovinz Neuschottland.

Wer sich schon hier in die berühmten Hummerrestaurants der Altstadt stürzen will, sollte sich noch etwas gedulden. Weitaus billiger und frischer kann man die Leckerbissen direkt vor Ort genießen, in den Fischerdörfern entlang der 450 Kilometer langen Hummerküste.

Eine zweistündige Autofahrt durch die Bilderbuchlandschaft Neuschottlands mit sturmzerfetzten Felsklippen auf der einen und malerischen Waldseen auf der anderen Seite bringt den Touristen nach Lunenburg, einer 1753 von Deutschen und Schweizern gegründeten Fischerkleinstadt. Auf den ersten Blick glaubt man, in einem Villenvorort zu sein. Statt der erwarteten Fischerhütten stehen hier stattliche Bürgerhäuser im viktorianischen Stil mit dem charakteristischen Widow Peak, dem Witwenauslug in den Giebelfenstern. Von dort schauten die Frauen aufs Meer und warteten – manchmal vergeblich – auf die Rückkehr ihrer Männer.

Ihre prachtvollen Häuser mit Erkern und Türmchen hegen und pflegen die Fischer wie unersetzliche Schaustücke eines Freilichtmuseums. Besonders die kunstvoll ausgestaltete Holzkirche zeigt den Stolz der Bürger auf ihre reiche Vergangenheit.

▷ *Er hat gut lachen, denn sein Tagwerk hat sich gelohnt. Weit über 10 000 Hummerfischer stellen an Kanadas atlantischen Küsten den begehrten Krustentieren nach. Zwischen 30 und 45 Millionen Hummer gehen ihnen jährlich in die Fallen. Um die Grundlage ihrer Existenz nicht zu gefährden, unterwerfen sich die Fischer einem strengen Reglement. Nobelrestaurants bis hin nach Montreal und Toronto bilden ihre zahlungskräftige Kundschaft.*

▽ *Lunenburgs Name erinnert daran, daß Mitte des 18. Jahrhunderts Einwanderer aus Lüneburg hier eine neue Heimat fanden. Im Archiv der malerischen, für ihre Holzarchitektur berühmten Stadt geben alte Einwanderungslisten noch genaue Auskunft.*

◁ *Mai, Juni und Dezember sind die Hauptmonate für den Hummerfang. Nur mit solchen Fallen aus Holzlatten und Maschendraht dürfen die gepanzerten Meeresbewohner überlistet werden. Ein Köder lockt sie an, ein bunter Schwimmer markiert die Stelle, wo eine Falle versenkt worden ist.*

▽ *Zwischen Lunenburg und Halifax liegt Peggy's Cove. Keine 100 Einwohner zählt das idyllische Fischerdorf. Seine bunten Holzhäuser, ein romantischer Hafen und der weiße Leuchtturm locken im Sommer Tausende von Touristen an.*

◁ *Aus einem Gewirr gigantischer Felsbrocken ragt der berühmte Leuchtturm von Peggy's Cove auf, eines von rund 1000 Seewarnzeichen in Neuschottland. Sie alle erinnern daran, wie gefährlich diese Küste ist. Tausende von Schiffen sind hier schon gescheitert und lieferten Stoff für manche Legende von Geisterseglern und versunkenen Schätzen.*

Zeitweilige Rückschläge in der Hochseefischerei konnten mit dem krisenfesten Hummergeschäft wieder wettgemacht werden. Blue Rock, eine halbe Autostunde von Lunenburg entfernt, ist über eine etwas holprige Wegstrecke zu erreichen. Schon von weitem kann man die vom Wetter gezeichneten Holzhütten der Fischer und die hochgetürmten Hummerfallen aus Holz und Maschendraht sehen. Ankernde Boote, gelb, blau, rot, schaukeln im Flutgewässer. Ralph, ein deutschstämmiger Hummerfischer, dessen Vorfahren vor 150 Jahren aus Hamburg eingewandert waren, nimmt hin und wieder Touristen mit auf Hummerfang. Die Fahrt geht durch kristallklare Gewässer der Vielinselwelt Neuschottlands. Der Hummer lebt in Tiefen zwischen 200 und 300 Metern auf felsigem Meeresgrund. Mit Fallen rückt man ihm von November bis Ende Juni auf den begehrten Leib. Erst Anfang dieses Jahrhunderts erschlossen kanadische Fischer in Neuschottland die reichsten Hummerkulturen der Welt. Feinschmecker in den USA und Europa preisen die Qualität des kanadischen Hummers als unüberbietbar.

Drei Dollar bekommt Ralph für das Pfund. Wenn der Hummer dann im Restaurant serviert wird, zahlt der Gast oft das Zehnfache, allerdings nicht hier vor Ort. Im Mai und Juni veranstalten die Fischerdörfer an der neuschottischen Küste Hummerfestivals. Nicht in Restaurants, sondern in den Gemeindehäusern werden dann lebend-frische Hummer für ganze fünf Dollar angeboten. Bei Bier, Whiskey, Wein, bei Fiddlermusik und Steptanz genießen Touristen zusammen mit den Fischern original-originelles Küstenleben in Neuschottland.

Übernachten läßt sich in Lunenburg im »Boscawen Inn«, einem Country Hotel. Die Country Inns in den atlantischen Provinzen Kanadas sind eine Kultur für sich: alte gepflegte Patriziervillen mit Salon, Musikzimmer, Bibliothek und gemütlichen Leseecken. Die Zimmer mit Bad oder Dusche sind jedes für sich in einem besonderen Stil eingerichtet. Eine vorzügliche Küche lädt zum Dinner ein, zum Frühstück kommen mehrere selbstgebackene Brotsorten auf den Tisch und frische Eier von Hühnern, die noch im Grünen herumlaufen.

Eines der erlesensten Country Inns findet man drei Autostunden von Lunenburg entfernt, in Wolfville, wo Kanadas bekanntester Maler Alex Colville lebt. »Blomidon Inn« heißt das Kleinod, etwas versteckt in einem Park mit alten Bäumen gelegen. Auf der Holzveranda laden bequeme Korbsessel zur ersten Rast ein. Das Innere und die Küche sollen vorerst eine Überraschung bleiben. Wer sich hier nicht wohl fühlt, hat es nicht besser verdient. Nur um zu übernachten lohnt sich der Trip hierher schon. Sehenswert sind auch die altviktorianischen Patrizierhäuser und die Kunstakademie, ein nüchterner Klinkerbau, der sich bewußt von den Bauten der guten alten Zeit absetzt.

Von einem Abstecher nach Peggy's Cove, einer der schönsten Fischerbuchten Neuschottlands, heute mehr ein Freilichtmuseum für Touristen, macht man sich auf nach Cape Breton. Die zweitägige Reise führt durch Landschaften, die man schnell nicht vergißt.

Hans-Gerd Wiegand

Kanada — Daten · Fakten · Reisetips

Landesnatur

Fläche: 9 976 139 km²
Ausdehnung: West–Ost 5500 km, Nord–Süd 4600 km
Höchster Berg: Mount Logan 6050 m
Längste Flüsse: Mackenzie (mit Peace River) 4241 km, Sankt-Lorenz-Strom 3350 km (einschl. des Weges durch die Großen Seen), Nelson (mit Saskatchewan) 2575 km
Größte Seen: Oberer See 82 103 km² (Gesamtfläche mit US-Anteil), Huronsee 59 570 km² (mit US-Anteil), Großer Bärensee 31 153 km², Großer Sklavensee 28 570 km², Eriesee 25 667 km² (mit US-Anteil), Winnipegsee 24 390 km², Fläche der Binnengewässer: 755 200 km² (= 1/13 der Staatsfläche)

Der vor der Jahrhundertwende fast ausgerottete Bison lebt heute in den kanadischen Schutzgebieten wieder in großen Herden.

Kanada nimmt mit Alaska den Norden Nordamerikas ein. Es erstreckt sich vom Atlantik im Osten bis zum Pazifik im Westen, von den Großen Seen im Süden über die Hudsonbai und die arktische Inselwelt bis zum Nordpolarmeer. Nach der Sowjetunion ist es das zweitgrößte Land der Erde.

Naturraum

Das geologische Kernstück des Landes bildet der stark abgetragene Kanadische Schild mit der erst in der Erdneuzeit eingesenkten Hudsonbai und deren Umrahmung. Dieses felsige und gewässerreiche Flachland, das etwa 200–600 m hoch ist, steigt nur auf der Halbinsel Labrador bis über 1500 m an.
Die größten der zahllosen Seen (Großer Bärensee, Großer Sklavensee, Athabasca- und Winnipegsee) markieren den Westrand dieses archaischen Schildes. Der Arktische Archipel mit Baffininsel (476 100 km²), Viktoriainsel (212 000 km²) und Königin-Elisabeth-Inseln ist gleichfalls dem archaischen Festlandskern zuzurechnen. Im Osten hat Kanada Anteil an den nordöstlichen Ausläufern der Appalachen, den Notre Dame Mountains, einem flachhügeligen Rumpfgebirge, das sich auf Neufundland fortsetzt. Tief eingeschnittene Fjorde und breite Marschebenen bestimmen den atlantischen Küstensaum.
Von der Eiszeit geformt wurden die Tallandschaft des Sankt-Lorenz-Stroms und die Tieflandgebiete der Großen Seen mit Ontario-, Erie-, Huron- und Oberem See, die sich Kanada mit den USA teilt.
Nach Westen schließen sich an den Kanadischen Schild die Great Plains an – die Inneren Ebenen, die in Schichtstufen bis auf 1500 m ansteigen. Der übrige Raum zum Pazifik hin wird von den Nordamerikanischen Kordilleren eingenommen. Sie bestehen aus den östlich gelegenen, 4000 m hohen Rocky Mountains, den inneren Plateaus (1000–1500 m hoch) und einer Westkette mit der Küsten- und Inselkordillere. Wie am Atlantik wird die Küste auch hier durch Fjorde zergliedert. Im Norden des Küstengebirges liegen die höchsten Berge: Mount Logan (6050 m) und Mount St. Elias (5489 m).

Klima

Bedingt durch die Weite des Raumes und die ihn umfließenden kalten Meeresströmungen ist das Klima überwiegend kontinental mit großen Temperaturschwankungen. Nur an den Meeresküsten (vor allem im Bereich des Pazifiks) ist es ausgeglichener.
Über die Hälfte des Landes hat eine mittlere Jahrestemperatur von unter 0°C. Die Hudsonbai gilt als »Eiskeller« Nordamerikas. Da im Norden schützende Gebirge fehlen, können arktische Luftmassen weit nach Süden vordringen. Allgemein herrschen lange Winter und kurze Sommer. Einige der nordöstlichen Inseln tragen ganzjährig Eiskappen.
Im Einflußbereich des Atlantiks fallen jährlich 800 bis 1500 mm Niederschlag, im Gebiet der Inneren Ebenen noch etwa 300 mm. Die Westhänge der Küstenkordillere erhalten wegen ihrer Stauwirkung extrem viel Regen (bis 6000 mm pro Jahr).

Vegetation und Tierwelt

Vom atlantischen Südosten bis hin zu den Großen Seen zieht sich eine Mischwaldregion, an die sich nach Westen Prärien und Grassteppen anschließen. Nördlich davon erstreckt sich zwischen Atlantik und Pazifik der »boreale Nadelwaldgürtel« mit Fichten, Tannen und Kiefern. Weiter nach Norden zu lösen sich die Nadelwälder allmählich in Mooren durchsetzte Waldtundra auf. Der Nordrand des Festlandes und die arktische Inselwelt werden von baumloser Tundra gebildet. Das ist der Bereich des nur im Sommer oberflächlich auftauenden Dauerfrostbodens, der stellenweise einige hundert Meter in die Tiefe reicht.
Die Tierwelt weist gerade in den weiträumigen Naturreservaten eine bemerkenswerte Anzahl anderswo ausgerotteter oder dezimierter Arten auf. Große Säugetiere des arktischen Nordens sind Moschusochse und Ren (Karibu), in den Küstenregionen Walrosse, Robben sowie Eisbären. Im Waldgürtel leben Elche, Wapitis, eine Weißwedelhirscharr, Waldrens und Schwarzbären, in den Kordilleren außerdem Schneeziegen, Dickhornschafe und Grislys. Größere Büffelherden kommen nur noch in Schutzgebieten vor. Kleinere Pelztiere wie Biber und Nerz sind überall anzutreffen. Die zahllosen Gewässer bieten neben Forelle, Hecht und Lachs vielen Vogelarten Lebensraum.
Die bekanntesten Naturreservate sind der Wood-Buffalo-Nationalpark (44 800 km²) südlich des Großen Sklavensees, der Jasper- (10 900 km²) und der Banff-Nationalpark (6600 km²; ab 1885) in den Rocky Mountains sowie der Prinz-Albert-Nationalpark (3890 km²) in Saskatchewan.

Politisches System

Staatsname: Canada
Staats- und Regierungsform: Demokratisch-parlamentarischer Bundesstaat im Commonwealth of Nations
Hauptstadt: Ottawa
Mitgliedschaft: UN, Commonwealth, GATT, OECD, NATO; Beobachter in der OAS, Kooperationsvertrag mit der EG

Nach der Verfassung von 1867 (British North America Act) und der Reform von 1982 ist Kanada ein nach britischem Vorbild regierter demokratisch-parlamentarischer Bundesstaat im Rahmen des Commonwealth. Kanada besitzt heute die volle Souveränität über Verfassung und Gesetzgebung; das bis 1982 bestehende Mitspracherecht der britischen Krone entfiel. Staatsoberhaupt ist der britische Monarch, sein Vertreter der für fünf Jahre auf Vorschlag der kanadischen Regierung von der Krone ernannte Generalgouverneur. An der Spitze der Regierung steht der Premierminister. Er wird vom Generalgouverneur berufen, unter Berücksichtigung der Mehrheitsverhältnisse im Abgeordnetenhaus.

Gesetzgebung und Verwaltung

Die gesetzgebende Gewalt liegt beim Parlament. Es setzt sich aus zwei Kammern zusammen: dem Senat und dem House of Commons (Abgeordneten- oder Unterhaus). Der Senat besteht aus 104 Vertretern der Provinzen. Die Senatoren werden vom Premierminister ernannt und bleiben bis zur Vollendung des 75. Lebensjahres im Amt. Das Abgeordnetenhaus hat 295 Mitglieder, die alle fünf Jahre in allgemeinen Wahlen bestimmt werden.
Das Land ist in zehn Provinzen und zwei große Territorien (Yukon-Territorium und Nordwest-Territorien) aufgeteilt. Die beiden Territorien sind nur sehr dünn besiedelt und unterstehen direkt der kanadischen Bundesregierung. Die Provinzen haben dagegen eigene Parlamente und Regierungen und weitgehende politische Selbstbestimmung.

Recht und Justiz

Das Justizwesen orientiert sich weitgehend am britischen Recht; das Zivilrecht in Quebec beruht auf dem französischen Code Civil. Der Oberste Gerichtshof hat seinen Sitz in Ottawa.

Bevölkerung

Einwohnerzahl: 26 Millionen
Bevölkerungsdichte: 3 Einw./km²
Bevölkerungszunahme: 1,2 % im Jahr
Einwanderungsquote: 0,3 % im Jahr
Ballungsgebiete: Tal des Sankt-Lorenz-Stroms mit den Stadtregionen Toronto, Montreal und Quebec; am Pazifik Vancouver
Größte Städte: Toronto (3,1 Mio. Einw.), Montreal (2,9 Mio.), Vancouver (1,3 Mio.), Ottawa (760 000), Edmonton (690 000), Calgary (630 000), Winnipeg (610 000), Quebec (590 000)
Bevölkerungsgruppen: 98,5 % Kanadier als Nachkommen von Einwanderern, 1,4 % Indianer, 0,1 % Eskimos

Kanada ist ein ausgesprochenes Einwanderungsland. Der Anteil der im Ausland geborenen Einwohner liegt

Schlittenhunde ziehen auch heute noch das klassische Transportmittel der kanadischen Polargebiete, den Toboggan.

Daten · Fakten · Reisetips   Kanada

gegenwärtig bei 15%. 45% der Kanadier sind britischer bzw. irischer, 29% französischer, 6% deutscher und 3% italienischer Abstammung. Recht stark vertreten sind auch Ukrainer, Niederländer, Polen und Skandinavier. Kleine Minderheiten sind Chinesen, Japaner und Schwarze. Die etwa 370000 Indianer leben großteils in Reservaten, die rund 25000 Eskimos (Inuits) an den arktischen Küsten. Aufgrund der natürlichen Gegebenheiten wohnen etwa 90% der Kanadier in einem knapp 300 km breiten Streifen an der südlichen Staatsgrenze.

Landessprachen
Englisch und Französisch sind gleichberechtigte offizielle Landessprachen. Ausschließlich Englisch wird von etwa zwei Dritteln der Kanadier gesprochen, ausschließlich Französisch von einem Fünftel.

Religion
Zu fast gleichen Teilen sind die Bewohner Kanadas katholisch und protestantisch. Aufgrund der Zersplitterung der Protestanten hat die römisch-katholische Kirche (über 10 Mio. Mitglieder, meist Frankokanadier) erheblichen Einfluß im öffentlichen Leben. Zu den konfessionellen Minderheiten gehören Griechisch-Orthodoxe und Juden.

Soziale Lage und Bildung
Die arbeitende Bevölkerung (7% Arbeitslose) ist sozial gut abgesichert. Über 40% des Bundesetats werden für das Sozial- und Gesundheitswesen ausgegeben. Der Staat zahlt zur Pflichtversicherungsrente ein zusätzliches Altersgeld an alle Personen über 65 Jahre. Träger des öffentlichen Gesundheitsdienstes sind die Provinzen. Es besteht allgemeine Schulpflicht vom 6. bis 14. Lebensjahr; der Unterricht ist im allgemeinen kostenlos. Kanada hat 66 (z. T. private) Universitäten; die größte ist die Université de Québec mit 72000 Studenten. Kultur- und Bildungszentrum ist, neben Toronto, Montreal mit vier Universitäten. Dort befindet sich auch die 1821 gegründete McGill University, noch heute eine der nordamerikanischen Elite-Universitäten.

Wirtschaft

Währung: 1 Kanadischer Dollar (kan$) = 100 Cents (c)
Bruttoinlandsprodukt (in Anteilen): Land- und Forstwirtschaft 4%, industrielle Produktion 36%, Dienstleistungen 60%
Wichtigste Handelspartner: USA, Japan, EG-Staaten, UdSSR, Venezuela, China

Kanada verfügt über fruchtbare Böden, ausgedehnte Wälder, viele Bodenschätze und gewinnt preisgünstige Energie aus Wasserkraft. Auf dieser Basis wurde neben der Grundstoff- die Verarbeitungsindustrie ausgebaut, so daß der Charakter Kanadas

Die riesigen Bäume in den weiten Wäldern sind die Grundlage der exportorientierten Holzindustrie.

als ursprünglich reines Rohstoff- und Agrarland zurücktritt. Heute bildet die kanadische Wirtschaft zusammen mit der der USA eine arbeitsteilige Großraumwirtschaft.

Landwirtschaft
Knapp 7% der Staatsfläche werden landwirtschaftlich genutzt, zwei Drittel davon dienen dem Ackerbau. Kerngebiete des weitgehend mechanisierten Anbaus sind die Prärieprovinzen Manitoba, Saskatchewan und Alberta. Sie erzeugen über 90% der kanadischen Weizenernte sowie den Hauptanteil an Gerste, Hafer und Ölsaaten. Für diese Produkte ist Kanada einer der größten Erzeuger und Exporteure. Der Schwerpunkt der Viehwirtschaft liegt auf Rinderhaltung, dazu kommen Schweine- und Geflügelzucht. Pelz-

Hochtechnisiert ist der großflächige Anbau von Getreide in Kanadas Prärieprovinzen.

tiere werden heute zumeist auf Tierfarmen gehalten.
Die ausgedehnten, fast die Hälfte der Landesfläche einnehmenden Wälder (über 90% in Staatsbesitz) werden seit langem forstwirtschaftlich genutzt; eine umfassende holzverarbeitende Industrie produziert in großem Umfang für den Export. Kanada zählt auch zu den großen Fischereinationen (Kabeljau, Lachs, Hummer).

Bodenschätze
Die Bodenschätze sind erst z. T. erforscht, die Reserven noch kaum abschätzbar. Bisher werden zumeist nur sehr große, günstig gelegene und leicht abbaubare Lagerstätten ausgebeutet. Kanada gehört bei Nickel, Zink, Blei, Kupfer, Gold, Silber, Platin, Asbest und Uran zu den weltgrößten Förderländern. Kohle, ebenfalls reichlich vorhanden, tritt als Energieträger hinter Erdöl und Erdgas zurück. Die ergiebigsten Ölfelder liegen in Alberta, zusammen mit großen Vorräten an ölhaltigen Teersanden; daneben wurden auch Ölvorkommen im arktischen Norden und vor der Atlantikküste erschlossen.

Energieversorgung
Kanada hat den höchsten Pro-Kopf-Energieverbrauch der Welt, der vor allem durch Erdöl (39%) gedeckt wird, außerdem durch Erdgas, Wasserkraft und in immer geringerem Maße durch Kohle. Zur Sicherung der Erdölversorgung wurde von der Prudhoe Bay in Alaska eine Pipeline in den Süden Kanadas verlegt.

Industrie
Die hochmoderne Verarbeitungsindustrie für montane sowie land- und forstwirtschaftliche Rohstoffe nimmt einen breiten Raum ein. Säge- und Furnierwerke, Zellstoff- und Papierfabriken nutzen die großen Holzreserven. In der Produktion von Zellstoff, Holzschliff und Zeitungspapier ist Kanada neben den USA führend in der Welt. Wichtig sind außerdem die Nahrungs- und Genußmittelindustrie, die chemische, metallurgische, metallverarbeitende (Maschinen-, Fahrzeugbau) und elektrotechnische Industrie. Industrielle Zentren sind Ontario, Quebec und British Columbia.

Handel
Ausgeführt werden vor allem Spezialfahrzeuge, Zeitungspapier, Papiermasse, Nutzhölzer, Getreide, Maschinen aller Art, Erze, Aluminium, Erdöl, Erdgas und Fischereierzeugnisse. Haupteinfuhrgüter sind Fahrzeuge und Maschinen, Stahlprodukte, elektrotechnische, feinmechanisch-optische sowie chemische Erzeugnisse, Nahrungs- und Genußmittel, Textilien, Erdölprodukte und Bauxit.

Verkehr
Nur der Süden besitzt ein modernes Verkehrsnetz: rd. 400000 km Straßen, etwa 100000 km Schienennetz. Der Rest des Landes ist nur wenig erschlossen; hier spielt der inländische Flugverkehr eine bedeutende Rolle. Wichtigste internationale Flughäfen sind Toronto, Vancouver und Montreal.
Weltwirtschaftliche Bedeutung hat der Sankt-Lorenz-Seeweg, der über eine Strecke von 3800 km die Großen Seen mit dem Atlantik verbindet. Kanadas wichtigste Umschlaghäfen sind Vancouver an der Pazifikküste, Thunder Bay am Oberen See, Toronto, Montreal, Quebec und Sept-Iles am Sankt-Lorenz-Strom sowie Saint John's und Halifax als einzige eisfreie Häfen an der Ostküste.

Tourismus
Die meisten Besucher kommen aus den USA, doch die Zahl der Westeuropäer nimmt zu. Bevorzugte Ziele sind die Nationalparks im Westen Kanadas, die Niagarafälle und die Städte Quebec, Montreal und Vancouver.

Geschichte

Bis ins 16. Jh. waren Indianer und Eskimos die einzigen Bewohner dieses riesigen Landes. Vom Beginn des 17. Jh. an war Kanada dann Einwanderungsland; unter der französischen, besonders aber unter der britischen Oberhoheit (ab 1763) entwickelte es sich zu einer ständig wachsenden Gemeinschaft der verschiedensten ethnischen und religiösen Gruppen.

Die Europäer kommen
Der heutige Name des Landes geht wahrscheinlich auf »Kanata« zurück, die Bezeichnung der Irokesen für ihre Dorfgemeinschaften.

Gewaltige Maschinen werden im Tagebau für leicht abzubauende Bodenschätze eingesetzt.

Als erste Europäer erreichten die Wikinger um das Jahr 1000 die Ostküste des Landes. Auf der Suche nach einer Nordwestpassage für den Seeweg nach Indien landeten dann, fünf Jahrhunderte später, 1497 die Italiener Giovanni und Sebastiano Caboto im Auftrag englischer Handelsleute im Gebiet des heutigen Neufundland. Erst der Franzose Jacques Cartier drang 1534/35 weiter in die Gebiete

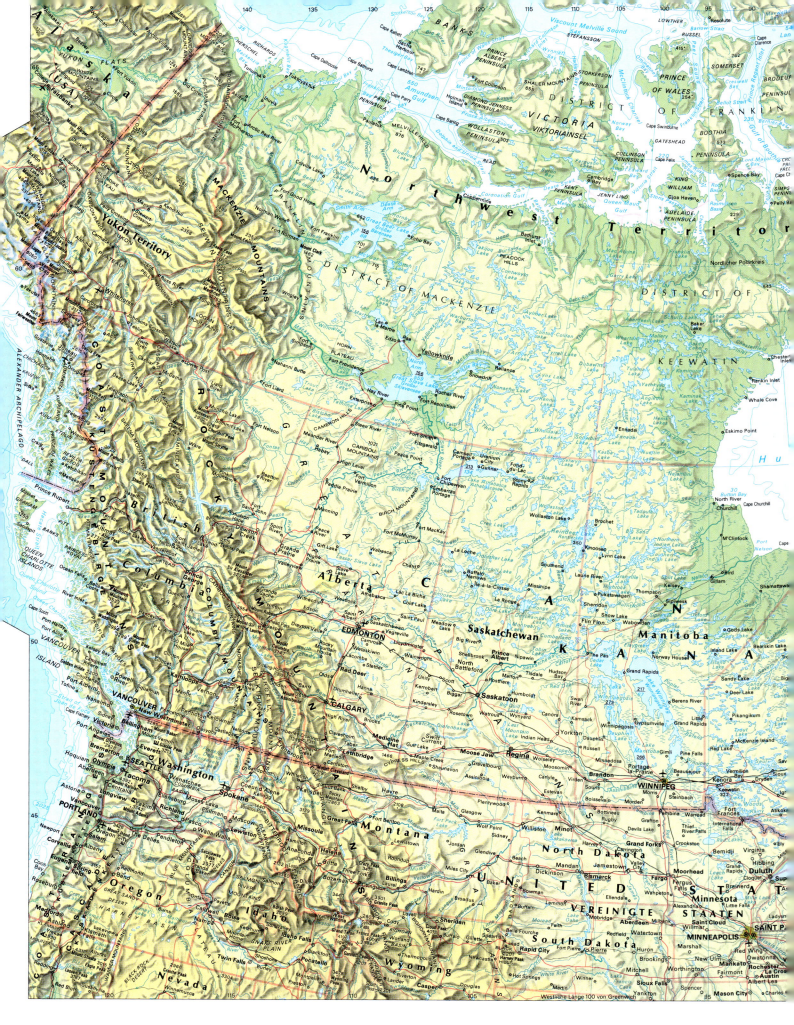

Kanada

Daten · Fakten · Reisetips

um den Sankt-Lorenz-Strom ein und nahm sie schrittweise für Frankreich in Besitz (Gründung Neufrankreichs). 1608 gründete Samuel de Champlain die Stadt Quebec. Zunächst wurden die eroberten Ländereien privaten französischen Monopolgesellschaften unterstellt, die hauptsächlich Pelzhandel trieben, ab 1674 schließlich der französischen Krone. Frankreich dehnte seinen Einfluß in der Folgezeit bis zur Jamesbai, nach Manitoba sowie zum Golf von Mexiko im Süden aus. Vor allem gelang es, die strategische Verbindung zwischen dem Sankt-Lorenz-Strom und dem Mississippi herzustellen. 1718 wurde New Orleans gegründet.

Zur Sicherung der Wege und Wasserstraßen nach Süden bauten die französischen Kolonialisten vom Sankt-Lorenz-Strom aus eine Kette von Forts im Einzugsgebiet von Ohio und Mississippi auf, die auch als Schutz gegen die Engländer dienen sollten. Die Engländer waren 1713 – als Ergebnis des Spanischen Erbfolgekrieges – in den Besitz von Neuschottland, Neubraunschweig, Neufundland und des Gebietes um die Hudsonbai gelangt und drangen von den Neu-England-Kolonien aus weiter nach Westen vor.

Das Ende Neufrankreichs

Die Spannungen zwischen den dünnbesiedelten französischen und den bevölkerungsreicheren britischen Besitzungen nahmen in der Folge zu, besonders im Ohiobecken, wo es 1754/55 zu den ersten Zusammenstößen kam. Der unmittelbar darauf ausbrechende »Siebenjährige Krieg« (1756–1763) – mit England und Brandenburg-Preußen auf der einen sowie Frankreich, Österreich und Rußland auf der anderen Seite – weitete sich rasch zum Weltkrieg aus. Kriegsschauplatz war – neben Europa, Indien und den Meeren – auch Nordamerika. 1758 begannen die Kämpfe im Gebiet Neufrankreichs. 1760 siegte England als die überlegene Seemacht. Im Frieden von Paris (1763) ging Kanada in britischen Besitz über. Die nunmehr britische Kolonie Quebec, die bis an den Ohio reichte, unterschied sich grundlegend von den 13 alten englischen Kolonien am Atlantik. 1774 wurde deshalb der Quebec Act erlassen, der den katholischen Frankokanadiern besondere Rechte zusicherte: Schutz der Religion und fortdauernde Gültigkeit französischer Rechtsgrundsätze.

Im Nordamerikanischen Unabhängigkeitskrieg (1775–1783) stand die Provinz Quebec loyal zur britischen Krone. Das bescherte ihr den ersten großen Einwandererstrom: Zehntausende von englandtreuen »Loyalisten« kamen nach Quebec, von wo aus sie Ontario und Neubraunschweig besiedelten. Durch den Frieden von Versailles (1783) wurden die USA unabhängig und erhielten alle Gebiete südlich der Großen Seen.

Ober- und Unterkanada

Durch den Constitution Act von 1791 wurde die Provinz Quebec in Ober- und Unterkanada geteilt: Oberkanada als überwiegend britisches, Unterkanada als größtenteils französisches Siedlungsgebiet – beide mit selbständigen Verwaltungen. Der letzte Versuch der USA, im Krieg von 1812–1814 das gesamte Territorium Nordamerikas in Besitz zu nehmen, scheiterte am entschlossenen Widerstand der beiden Provinzen, unterstützt durch die britische Flotte. 1818 wurde der 49. Breitengrad zur Grenzlinie zwischen Kanada und den USA bestimmt – nur ein Restgebiet am Pazifik blieb noch umstritten. In den folgenden Jahren riß der Strom der Emigranten aus den USA ab, dafür stieg die Zahl der britischen Einwanderer. Aber auch Russen und Deutsche kamen in die Neue Welt. Allein zwischen 1815 und 1850 wuchs die Bevölkerung von 500 000 auf über zwei Millionen. Das riesige, noch weithin unberührte Land ermöglichte politisch und religiös Verfolgten auch eigenständige Gemeinschaftsformen.

1840 folgte die britische Regierung dem Rat des damaligen Generalgouverneurs, Lord Durham, und gab dem Land eine neue innere Ordnung – u. a. erfolgte der Zusammenschluß von Ober- und Unterkanada zur Provinz Kanada.

Das Dominion of Canada

1864 fand die erste Konferenz der Vertreter aller britischen Kolonien statt, und am 1. Juli 1867 gab das britische Parlament dem Land eine bundesstaatliche Ordnung. Die Provinzen Ontario, Quebec, Neuschottland und Neubraunschweig vereinigten sich zum Dominion of Canada. Der gewaltige Landbesitz der »Hudson's Bay Company« wurde 1869 dem Dominion übertragen. British Columbia trat der Föderation 1871 bei, die Prinz-Edward-Insel 1873. Zuletzt schloß sich 1949 Neufundland an. Ottawa wurde 1867 Hauptstadt des Bundesstaates, John Macdonald der erste Premierminister.

Aber die Modernisierung beschränkte sich nicht auf den politischen Bereich. 1885 wurde die »Canadian Pacific Railway« fertiggestellt. Sie verband erstmals Ostkanada mit der Pazifikküste, an ihrer Strecke entstanden Siedlungen, Farmen, Bergwerke.

Zeichen der gewachsenen politischen und wirtschaftlichen Selbständigkeit war 1879 die Einsetzung eines Hohen Kommissars in London. Die Bindungen an das Mutterland wurden dadurch enger; zugleich vertieften sich die Spannungen zwischen den beiden Bevölkerungsteilen in Kanada.

Vom Beginn des 20. Jh. an befreite sich das Land, das am Ersten Weltkrieg auf britischer Seite teilnahm, kontinuierlich von seinem Kolonialstatus – sichtbarer Ausdruck dafür war die Außenpolitik: Der sog. »Heilbuttvertrag« (1923) – ein Fischereiabkommen mit den USA – war das erste selbständig geschlossene Abkommen Kanadas. 1931 wurde Kanada durch das Westminster-Statut von Großbritannien unabhängig. 1939 erklärte es als souveräner Staat dem Deutschen Reich den Krieg, in dessen Verlauf seine Industrie einen beispiellosen Boom erlebte, der noch in den 50er Jahren anhielt.

Kanada heute

Nach 1945 gehörte das Land zu den Gründungsmitgliedern der UN und der NATO. Wie andere Länder des ehemaligen britischen Weltreiches konnte sich auch Kanada nicht der wachsenden politischen, wirtschaftlichen und militärischen Einflußnahme der USA entziehen. So sind heute große Teile der Wirtschaft durch amerikanisches Kapital überfremdet.

Den Spannungen zwischen Anglokanadiern und Frankokanadiern begegnete Ministerpräsident Pierre Trudeau 1973 mit gesetzlichen Regelungen, durch die die Gleichberechtigung beider Sprachen durchgesetzt und die Benachteiligung der Minorität beendet wurden. Die umstrittene Kompetenzverteilung zwischen Bundesregierung und Provinzen sollte durch die Verfassungsreform von 1982 neu geregelt werden. Die Provinzregierungen haben der Neufassung jedoch bisher nicht zugestimmt. Die jahrelangen Auseinandersetzungen führten zu einer Verfassungskrise, die mit dem Scheitern der Verhandlungen im Juli 1990 zutage trat.

Fast ein Vorbild für die Moderne: eine aus grünlichem Speckstein geschnitzte Eskimoplastik.

Kultur

Dünne Besiedlung, der anglo-französische Antagonismus und nicht zuletzt die mühsame Emanzipation vom britischen Empire haben in Kanada die Entstehung einer einheitlichen Nationalkultur verhindert. Statt dessen bietet sich heute dem Besucher das äußerst facettenreiche Bild einer »multicultural society«, die allen Bevölkerungsgruppen die Chance zur Selbstverwirklichung einräumen will.

Architektur und Siedlungsformen

Die frühen französischen (16. Jh.) und britischen Ansiedlungen (17. Jh.) waren bescheidene, an Flüssen oder meeresnah gelegene Handelsstationen und kleine Forts, die aus schlichten Holzbauten bestanden (Beispiele: Fort York, Toronto; Fort Henry, Kingston/Ontario). Erst mit dem Übergang zum Steinbau am Ende des 17. Jh. begannen sich jeweils die architektonischen Einflüsse des Mutterlandes durchzusetzen (Fort Sainte-Marie, Ontario; Zitadelle von Halifax).

Im überwiegend französischen Unterkanada dominierten bis ins 19. Jh. die Stilformen der französischen Klassik. Zeugnisse sind das Hôpital Général und das Ursulinen-Kloster (beide Ende des 17. Jh.) in der historischen Altstadt von Quebec sowie als Beispiel großräumiger Besiedlung die restaurierte Festung Louisbourg auf Cape Breton Island. In Quebec entstanden auch die »Cottage«-Wohnhäuser: rechteckige Bauten mit niedrigen Wänden, hochgezogenem, mit Fenstern versehenem Dach und offenem steinernem Kamin; die bekannte Veranda kam erst später hinzu.

Vom britisch geprägten Oberkanada begann sich um die Mitte des 19. Jh. der für kanadische Städte auch heute noch charakteristische anglokanadische Kolonialstil auszubreiten: Typisch für ihn sind die historisierenden Bauformen der Neurenaissance und Neugotik. Zu den wichtigsten Bauwerken dieser Periode gehören das Par-

Wer sich um 1898, vom Goldfieber angesteckt, auf den Weg zum fernen Klondike machte, mußte ungeheure Strapazen auf sich nehmen.

Daten · Fakten · Reisetips   Kanada

liament Building (1859–1866) in Ottawa, das Hôtel Château Frontenac (1893) in Quebec und die Kirche von Nôtre Dame in Montreal.
Die Architektur des 20. Jh. (Schule von Chicago, europäischer Funktionalismus) hat in Kanada erst nach dem Zweiten Weltkrieg ihren Siegeszug angetreten. Seit den 60er Jahren hat sie in den Zentren von Montreal, Toronto und Vancouver futuristische Stadtlandschaften entstehen lassen. Aus der Vielzahl der Bauwerke unseres Jahrhunderts sind hervorzuheben: die Public Library in Pembroke/Ontario, von Frank L. Wright und Louis H. Sullivan entworfen, die Toronto City Hall des Alvar-Aalto-Schülers Viljö Revell und der spektakuläre 553 m hohe Fernsehturm von Toronto.

Kanadische Literatur und Malerei

Von kanadischer Literatur und Malerei kann im Grunde erst seit der zweiten Hälfte des 19. Jh. gesprochen werden. Ihre Anfänge waren von europäischen Traditionen und Stilformen (Romantik, Realismus und zuletzt Symbolismus) geprägt.
In der Malerei erfolgte die Emanzipation von übermächtigen europäischen Einflüssen durch das Wirken kleiner, national orientierter Künstlergruppen in Montreal und Toronto. Die bedeutendste war die »Gruppe der Sieben«, ihr gelang in den 30er Jahren nicht nur eine Erneuerung der kanadischen Landschaftsmalerei, sondern auch der Durchbruch zu internationaler Anerkennung. Nach dem Zweiten Weltkrieg haben Künstler wie Jean-Paul Riopelle und Alex Colville entscheidend zur Weiterentwicklung der modernen Malerei beigetragen.
Die kanadische Literatur fand erst nach dem Zweiten Weltkrieg internationale Anerkennung, vor allem in der englisch- und französischsprachigen Welt. Zu den namhaftesten Vertretern der Nachkriegsgeneration gehören Margaret Atwood, Antonine Maillet, Alice Munro und Leonard Cohen.

Die Kunst der Indianer und Eskimos

Zeugnisse indianischer Kunst finden sich – von Totempfählen abgesehen – nur noch in den ethnologischen Sammlungen der kanadischen Landesmuseen. Dagegen ist die Kunst der Eskimos in ihrer ganzen Vielfalt erhalten geblieben. Ihre Schnitzereien aus Walroß-Elfenbein, Speckstein und Horn erinnern in ihrer klaren Linienführung oft frappierend an die Werke von Lehmbruck, Mataré oder Barlach (Museum für Eskimo-Kunst in Ksan/B. C.).

Urbanes Leben in Kanada

Zentren kulturellen Lebens waren stets die ostkanadischen Städte Montreal, Toronto, Ottawa und Quebec sowie das von asiatischen Einwanderern mitgeprägte Vancouver an der Pazifikküste; in den letzten Jahren sind aufstrebende Städte des Mittelwestens wie Edmonton, Calgary und Winnipeg hinzugekommen. Die rivalisierenden Millionenstädte Montreal und Toronto können sich, was touristische Attraktivität und urbanes Flair anbelangt, durchaus mit europäischen und US-amerikanischen Großstädten messen. Das Theaterleben hat, gefördert durch Privatinitiativen und Hochschulprogramme, einen großen Aufschwung genommen; in jeder größeren Stadt gibt es renommierte Privattheater.
In der kanadischen Musik treffen sich die unterschiedlichsten Einflüsse und Traditionen von indianischen Tanzformen und mitteleuropäischer Volksmusik bis hin zu den modernen Musikgattungen. International bekannt ist vor allem das National Ballet of Canada in Toronto.
Weltweites Ansehen genießt auch die Filmproduktion, die, schon früh von der kanadischen Bundesregierung gefördert (Gründung des National Film Board 1939), jährlich Hunderte von auch international anerkannten Spiel-, Dokumentar-, Werbe- und Industriefilmen hervorbringt. Filmzentren sind Toronto und Montreal.
Die bedeutendsten Museen und Bibliotheken befinden sich in Montreal,

Auch im kältesten Winter werden die beliebten Kanadierrennen temperamentvoll ausgetragen.

Toronto und Ottawa; für europäische Besucher besonders interessant sind das Royal Ontario Museum in Toronto sowie die National Library und die National Gallery of Canada (mit der vollständigsten Sammlung kanadischer Kunst) in Ottawa.
Nicht wegzudenken aus dem kanadischen Großstadtleben sind Sportveranstaltungen. Unter den bekannten Sportarten dominiert eindeutig das Eishockey, Ende des 19. Jh. in Montreal entstanden. Die Stanley-Cup-Begegnungen der nordamerikanischen National Hockey League (NHL), deren Spieler überwiegend von Kanadiern gestellt werden, und der alle vier Jahre ausgetragene Canada Cup der weltbesten Nationalteams gehören zu den faszinierendsten amerikanischen Sportereignissen.
Auf Geschicklichkeitswettbewerbe der Cowboys gehen die besonders im Mittelwesten beliebten Rodeos (Reiterspiele) zurück. Die alljährliche »Stampede« von Calgary hat den Rang einer Rodeo-Weltmeisterschaft.

Medien

Neben der einzigen bedeutenden überregionalen Zeitung, der »Toronto Globe and Mail«, gibt es gegenwärtig über 100 regionale Tageszeitungen; ferner etwa 80 Zeitungen und Zeitschriften in über 20 Sprachen für die verschiedenen ethnischen Gruppen. Rundfunk und Fernsehen werden von der öffentlich-rechtlichen Canadian Broadcasting Company (CBC) sowie mehreren privaten Stationen betrieben; das dichte zweisprachige Netz erreicht 98 % der Haushalte.

Reise-Informationen

Einreise- und Fahrzeugpapiere
Bürger der Bundesrepublik Deutschland, der Schweiz und Österreichs benötigen für einen Aufenthalt von bis zu drei Monaten nur einen gültigen Reisepaß, Familienpaß bzw. Kinderausweis. Wer länger als drei Monate (Gesamtaufenthalt höchstens ein Jahr) bleiben will, muß sich bei der Einreise eine Genehmigung ausstellen

Typisch in Kanadas Waldgürtel: Vor Elchen wird gewarnt.

lassen. Bei der Einreise über die USA oder einer Fahrt nach Alaska benötigen Österreicher außerdem noch ein USA-Touristenvisum.
Der Führerschein wird für einen Aufenthalt bis zu drei Monaten zwar anerkannt, jedoch empfiehlt sich zusätzlich die Mitnahme eines internationalen Führerscheins. Rechtzeitig vor der Abreise sollte die für Kanada erforderliche Haftpflichtversicherung bei einer kanadischen Gesellschaft abgeschlossen werden, da dies in Kanada bis zu zwei Wochen dauern kann.
Zoll
Es wird empfohlen, über alle wertvollen Gegenstände eine Liste (zweifach) mitzuführen. Bei der Einreise sind zollfrei: pro Person ab 16 Jahre 200 Zigaretten, 50 Zigarren und 2 lbs. (900 g) Tabak; pro Person ab 18 bzw. 19 Jahre (je nach Provinz verschieden) 1 Liter Spirituosen oder Wein; Lebensmittel für zwei Tage, eine kleine Menge Parfüm sowie Geschenke (ausgenommen alkoholische Getränke, Tabakwaren, Werbematerial) bis zu einem Gesamtwert von 40 Kanadischen Dollar (kan$).
Devisen
Die Ein- und Ausfuhr von Landes- und Fremdwährung ist unbeschränkt. Internationale Kreditkarten werden fast überall akzeptiert, dagegen Euroschecks grundsätzlich nicht eingelöst.
Impfungen
Im internationalen Reiseverkehr sind keine Impfungen notwendig.
Verkehrsverhältnisse
Alle wichtigen Gebiete vor allem im Süden des Landes sind durch gute Straßen miteinander verbunden. Wegen der großen Entfernungen sollten Kraftfahrzeuge in bestem Zustand und von Mitte Oktober bis Mitte April unbedingt winterfest sein. Das Benzin ist billig. Im Norden ist das Tankstellennetz wenig ausgebaut. Campmobile können in den größeren Städten oder bereits bei den im Amerika-Kanada-Geschäft spezialisierten Reisebüros zu Pauschalpreisen angemietet werden. Es gibt auch ein hervorragendes und billiges Busnetz.
Unterkünfte
Neben den teuren Stadthotels sind die preiswerten Motels zu empfehlen, die überall entlang der Durchgangsstraßen zu finden sind. Günstig für Familien sind »Kitchen Units«, in denen man selbst kochen und waschen kann. In den Städten gibt es auch zahlreiche Privatquartiere. Für junge Leute (über 16 Jahre) sind die Jugendherbergen zu empfehlen.
Reisezeit
Kanada kann das ganze Jahr besucht werden. Die wärmsten Monate sind Juli und August (Hauptreisezeit).

Calgary, seit den Olympischen Winterspielen von 1988 in der ganzen Welt ein Begriff.

Kolumbien

Wolfgang Gaßbauer

F
ür seinen Kaffee ist Kolumbien berühmt, für Kokain berüchtigt. Das Genußmittel und das Rauschgift – beide haben Symbolwert für das Land: Paradiesisches und Infernalisches unter einer Flagge. Paradiesisch sind die Städte und Strände an der Karibikküste, die Bergwelt im Zentrum des Landes mit ihren Dörfern, die Urwälder an der Pazifikküste und im Stromgebiet des Amazonas. Höllisch ist die Gewalt, die von Mensch und Natur ausgeht. In einigen Regionen Kolumbiens herrschen bürgerkriegsähnliche Zustände, Guerilla, Mafia, Entführungsindustrie und Todesschwadronen belasten den Ruf des Landes. Erdbeben und Vulkanausbrüche fordern immer wieder Opfer – wie 1985, als der Nevado del Ruiz explodierte und vier Städte mit fast 25 000 Einwohnern für immer begrub. Dem Reisenden zeigt sich Kolumbien jedoch von seiner gastfreundlichen und kultivierten Seite. Von den Schattenseiten ihrer Heimat sprechen die Kolumbianer, stets auf Etikette bedacht, mit einer Distanz, als handle es sich nicht um ihr eigenes Land.

Staatsname:	Republik Kolumbien
Amtssprache:	Spanisch
Einwohner:	33 Millionen
Fläche:	1 138 914 km²
Hauptstadt:	Bogotá
Staatsform:	Präsidiale Republik
Kfz-Zeichen:	CO
Zeitzone:	MEZ −6 Std.
Geogr. Lage:	Südamerika, begrenzt von Venezuela, Brasilien, Peru, Ecuador und Panama

Ein Esel, bepackt mit gefangenen Leguanen. Diese Echsen gelten als Leckerbissen in der einheimischen Küche – für den Jungen und seine Familie ein guter Nebenverdienst in einem reichen Land, in dem dennoch etwa die Hälfte der Menschen in bitterer Armut lebt.

Medellín – Stadt der Blumen und der »blauen Bohnen«

»Oye, hombre, allá vienen!« – »Paß auf, da kommen sie!« –, raunt der kleine Junge dem einarmigen Bettler zu. Und während der Sightseeing-Bus seine Touristenfracht am Blumenmarkt von Medellín ausspuckt, reibt der Bettler blitzschnell den Stumpf seines handlosen Armes über den rauhen Putz der Hauswand, der Schorf über der Narbe platzt auf, langsam quillt Blut aus der Wunde. Ohne Ausdruck von Schmerz geht der Bettler auf die Reisegruppe zu, hält ihr stumm den blutenden Stumpf entgegen; die traurigen Augen bitten um Almosen. Einer der Urlauber hat die gutgemeinte, aber in dieser Situation eher gefährliche Idee, dem »armen Mann« Jod und Pflaster aus seiner Reiseapotheke anzubieten. Es ist nicht der kaum hörbar durch die Zähne gepreßte Fluch »Fahr zur Hölle, Gringo!«, es sind die wilden Augen voller Wut, die die Reisegruppe schnell weitergehen lassen.

Die Episode ist rasch vergessen angesichts des bunten Treibens auf dem Mercado de las flores, dem Blumenmarkt. Vom Obst bis zum Altmetall wird hier fast alles feilgeboten. Vor allem aber gibt es auf dem Mercado de las flores Blumen – sie sind das Wahrzeichen von Medellín, der reichen Hauptstadt des Departements Antioquia, die sich ihres gleichbleibend milden Klimas wegen gern »die Stadt des ewigen Frühlings« nennt.

Den Menschen von Antioquia sagt man Fleiß und Mutterwitz nach. Industrie und Landwirtschaft blühen in diesem Departement, doch der Wohlstand hat auch noch andere Quellen: Gold gehört dazu – und Kokain. Das berüchtigte »Cartel de Medellín« operiert von hier aus und liefert fast 75 Prozent des Kokains für den nordamerikanischen Rauschgiftmarkt. Die Villen der Mafiosi gehören in der ohnehin schönen Stadt Medellín zu den architektonischen Glanzlichtern. Umgeben von Parks, täuschen sie ein Bild des Friedens vor. Die elektronischen Überwachungssysteme sind so wenig sichtbar wie die schwerbewaffneten Leibwächter. Die Regierung – in fast aussichtslosem Kampf gegen die Coca-Barone – stürmt und beschlagnahmt immer wieder einmal eine ihrer Prunkburgen. Das Cartel antwortet mit Bombenanschlägen und Attentaten auf Polizei, Richter, Politiker. Kolumbien zahlt einen hohen Blutzoll dafür, daß anderswo in der Welt Kokain konsumiert wird.

Dennoch – die Heimsuchungen des Coca-Krieges spiegeln sich kaum im Straßenbild dieser höchst lebendigen und lebenswilligen Stadt wider.

Bogotá – das »Athen Südamerikas«

Medellín gehört – neben Cali und den Kapitalen der Kaffeeprovinzen – zu den wirtschafts- und finanzstarken Städten, die mit der Hauptstadt Bogotá in Konkurrenz stehen. Anders als in den meisten lateinamerikanischen Ländern hat sich die Hauptstadt nicht zu jenem verhängnisvollen »Wasserkopf« entwickelt, der vor allem an die Erhaltung der eigenen Machtpositionen denkt. So besitzen heute weite Teile des Landes eine funktionierende Infrastruktur.

Viele der historisch gewachsenen Hauptstädte des amerikanischen Kontinents sind in Küstennähe entstanden. Bogotá aber liegt wirklich im Herzen des Landes – rund 2600 Meter über dem Meeresspiegel in einem Hochbecken der kolumbianischen Ostkordillere. 1538 unter Beteiligung des deutschen Eroberers Nikolaus Federmann gegründet, entwickelte sich die Stadt im 18. Jahrhundert zum »Athen Südamerikas«: Der landwirtschaftliche Reichtum der Region ließ eine Gesellschaft entstehen, die Künste und Wissenschaften genauso pflegte wie spanische Tradition und indianisches Erbe.

Bogotá ist heute eine moderne Stadt. Nachdem das Zentrum 1948 beim sogenannten Bogotazo – einem Arbeiteraufstand, der 5000 Todesopfer forderte – weitgehend zerstört worden war, wurden an Stelle der alten Gebäude Hochhäuser, Läden und Wohnblocks errichtet. Doch noch immer kann jeder Fremdenführer eine ganze Reihe von Sehenswürdigkeiten präsentieren: die Wallfahrtskirche Monserrate, die in weißer Pracht hoch über der Stadt thront, die koloniale Altstadt mit ihren lauschigen Plätzen und stolzen Palästen, die prächtigen Barockkirchen, die postmoderne Architektur des Kindermuseums und natürlich das Goldmuseum.

Der Besuch des Goldmuseums sollte für jeden Besucher Bogotás ein Muß sein. Es bietet einen Überblick über den kulturellen Reichtum der indianischen Vergangenheit des Landes. Tausende der Ausstellungsstücke bestehen tatsächlich aus Gold und rechtfertigen den Namen des Museums; sie stammen durchweg aus Grabfunden unseres Jahrhunderts. Viele Funde gingen und gehen trotz Verbot noch immer ins Ausland.

Doch Guacos, die antiken Keramiken und Schmuckstücke, gehen nicht mehr ausschließlich an Sammler und kundige Touristen; es gilt heute in Kolumbien als schick, sich mit Gegenständen aus der eigenen Vergangenheit zu zieren, etwa mit echtem oder zumindest gut nachgemachtem Indianerschmuck. Kreiert wurde diese Mode von den Nordamerikanern, und in Lateinamerika fasziniert eben alles, was aus den USA oder aus Europa kommt – selbst wenn es die eigenen Sachen sind.

Der Trend geht in die Luft

Als einziges Land Südamerikas liegt Kolumbien sowohl am Pazifik als auch am Atlantik – genauer: am Karibischen Meer. Es hat außerdem Anteil am größten Süßwassersystem der Erde, dem Amazonasgebiet. Die Anden, die in Kolumbien Höhen von über 5000 Metern erreichen, gliedern sich hier in drei Gebirgsketten – ein Umstand, der die Entwicklung des Landes geprägt hat: Tiefe Täler und steile Höhenzüge erschweren die Verbindung zwischen den Regionen im Herzen des Landes – die Wegstrecke zwischen zwei Orten ist oft um ein Vielfaches länger als die Luftlinie. Das hat dazu geführt, daß sich viele Gebiete weit-

gehend isoliert entwickelt haben. Und trotz moderner Straßen- und Flugverbindungen halten sich die regionalen Unterschiede hartnäckig.

Um die Verkehrsverhältnisse zu verbessern, hat man schon früh den Luftweg gesucht: Kolumbien besitzt die zweitälteste noch bestehende Linienfluggesellschaft der Welt. Kaum ein anderes südamerikanisches Land verfügt heute über so viele Flugplätze wie Kolumbien. Zudem haben die Kolumbianer in den letzten Jahren begonnen, ihr stark ausbaubedürftiges Straßennetz zu erweitern. Dennoch ist eine Autofahrt durch die Andenregion noch immer ein abenteuerliches und zeitraubendes Unternehmen.

Noch schwerer tut sich in diesem Land die Eisenbahn, deren Netz deshalb auch nur bescheidene Ausmaße besitzt. Die Schienen können meist nur den Flußläufen folgen – wie etwa auf der Strecke von Bogotá nach Santa Marta an der Karibikküste. Die Fahrt ist in vielfacher Hinsicht bemerkenswert und lohnend. Man darf allerdings keine Eile haben: Die Reise dauert gut 18 Stunden.

Vom rund 2600 Meter hoch gelegenen Bogotá windet sich die Schmalspurbahn ruckelnd durch den ständig verhangenen Regenwald hinunter an den Río Magdalena, Kolumbiens mächtigsten Strom: aus der frischen Gebirgswelt in die schwere, duftende Luft tropischer Feuchtigkeit und Hitze. Der Schienenstrang folgt dem Fluß immer weiter nach Norden, bis er bei El Banco das Magdalenen-Tal verläßt und am Fuße der östlichen Kordillerenkette entlang nach Santa Marta führt.

Daß diese Reise höchst reizvolle landschaftliche Eindrücke bietet, durfte man erwarten; daß man unterwegs aber auch kuli-

◁ Die Naboba-Hochebene, über 4000 Meter hoch, mit schneebedeckten Andengipfeln im Hintergrund: Hier oben ist der Lebensraum der Indios, denen die dünne Luft nicht zu schaffen macht.

▽ Die buntgekleideten Indios sind vom Lande in die Stadt zum Markt gekommen, nach Silvia in der Provinz Canca im Süden Kolumbiens. Da gibt es natürlich Neuigkeiten auszutauschen.

◁ Der Unterschied könnte nicht krasser sein: hier die dürftigen Behausungen der Armen, dort die prächtigen Verwaltungsbauten, die Prunkvillen der Reichen und die Luxusdomizile der Mafiabosse, die den Rauschgifthandel beherrschen. In Medellín, der zweitgrößten Stadt Kolumbiens, prallen die sozialen Gegensätze noch schärfer aufeinander als in anderen Städten des Landes.

narische Entdeckungen machen kann, das überrascht. Wer im Schlafwagen reist, wird morgens um halb sieben durch den Schaffner geweckt, der ein riesiges Tablett präsentiert: das Frühstück. Auf einem familienpizzagroßen Teller ruht ein gewaltiges Beefsteak, von zwei Spiegeleiern und Röstzwiebeln bedeckt und rundum reichhaltig garniert: mit Maiskolben, Maniok, Kartoffeln, Tomaten. Dazu gibt es eine Pfeffersoße – und Kaffee. Es bedarf allerdings nicht nur eines kolumbianischen Magens, sondern auch außerordentlicher Geschicklichkeit, um dieses Frühstück im rüttelnden und schüttelnden Schlafwagen der Schmalspurbahn zu vertilgen.

Vom Bananenhafen zur »verlorenen Stadt«

Santa Marta ist der Bananenhafen Kolumbiens. Ein Band schönster Strände, manche hinter großen Sanddünen verborgen, umgibt die Stadt. Das Meer zeigt hier jenes kristallklare Grün und Blau, das

man überall in der Karibik findet – ein Traum aller Touristen.

Von Santa Marta aus lassen sich aber auch interessante Ausflüge unternehmen – etwa zu den Lagunen im Hinterland, die für ihren außerordentlichen Reichtum an Wasservögeln berühmt sind. Oder in die Sierra Nevada de Santa Marta, die sich jäh aus der tropischen Tiefebene erhebt und bis in die Region des ewigen Eises und zum Gipfel des 5800 Meter hohen Pico Cristóbal Colón ansteigt. Hier befindet sich einer der bedeutendsten Nationalparks des Landes.

Mitten in diesem Gebiet liegt die geheimnisvolle Ciudad perdida, die »verlorene Stadt«, eine uralte indianische Siedlung. Die Archäologen haben ihre Mauern, Terrassen und Wege freigelegt, doch über ihr Alter, ihre Erbauer und Bewohner wissen sie bis heute kaum etwas. Die Wissenschaftler vermuten, daß an den steilen, unzugänglichen Berghängen noch ein gutes Dutzend solcher Städte verborgen liegt, überwuchert von tropischer Vegetation.

Barranquilla – eine Hochburg des karibischen Karnevals

In das eintönige Plätschern des morgendlichen Regens mischt sich die melancholische Stimme des argentinischen Tangokönigs Carlos Gardel. Die rauschenden Töne der uralten Tangoplatte erfüllen die kleine Bar an einer Straßenecke in der Altstadt von Barranquilla. Eine regenfrische Brise weht durch die hohen, weit offenen Türen in die Kneipe und läßt die Gäste frösteln: ein halbes Dutzend Männer, jeder für sich allein mit einer Flasche Bier oder Rum an einem Tisch sitzend, mit verlorenem Blick den Worten von Liebe, Leidenschaft, Enttäuschung nachsinnend, versunken in Erinnerungen an gestern, vorgestern. Es ist Aschermittwoch in Barranquilla – Erschöpfung und Katerstimmung nach fünf Tagen Karneval,

▷ *Kaffeetrinken für den Fotografen – die Kinder eines Plantagenarbeiters in der Gegend um Manizales und Pereira, die als Kaffeeanbaugebiete auch bei uns bekannt sind.*

▽ *Nördlich von Bogotá liegt Villa de Leiva, eine Kleinstadt aus der frühen Kolonialzeit. Sie hat ihren ursprünglichen Charakter weitgehend erhalten und wurde von der kolumbianischen Regierung zum nationalen Monument erklärt.*

fünf Tagen Tanz auf den Straßen, fünf Tagen Trinken bis zum Umfallen.

Der Karneval von Barranquilla ist nicht so berühmt, nicht so prunkvoll und aufwendig wie der von Rio – er ist einfacher, volkstümlicher. Die ganze Stadt nimmt daran teil, vibriert im Rhythmus der Cumbia. Die Frauen tragen weiße Spitzengewänder mit bunt bestickten Glockenröcken. Sie tanzen in langen Reihen, die Männer ihnen gegenüber, ebenfalls in Weiß gekleidet, mit bunten Schärpen, den Strohhut in der einen, das Holzschwert in der anderen Hand: ein nicht endenwollendes Menuett unter der tropischen Sonne.

Wenn die Nacht hereinbricht, geht man in die Casetas, riesige, von Tischen und Bänken umgebene Tanzböden unter freiem Himmel. Hier fließen Bier und weißer Rum in Strömen. Doch trotz des gewaltigen Alkoholkonsums verläuft alles friedlich: In Barranquilla kommt niemand auf die Idee, am Ende des Karnevals eine Bilanz der Gewalt zu erstellen, wie das in Rio üblich ist.

Zum Karneval von Barranquilla kommen nicht nur Besucher aus ganz Kolumbien, sondern auch aus den benachbarten Ländern. Unterhaltungsorchester aus der Dominikanischen Republik, aus Venezuela, Puerto Rico und sogar aus New York spielen in der Hafenstadt an der Karibikküste auf – dem Besten im Wettbewerb winkt eine goldene Trophäe.

▷ *Linienbusse in Kolumbien – bis übers Dach vollbepackt mit Passagieren, fahren diese farbenprächtigen Oldtimer über Land. Auf ihre Pünktlichkeit darf man sich allerdings nicht verlassen.*

Die wehrhafte »Perle der Karibik«

Neben Santa Marta und Barranquilla ist Cartagena die dritte und wohl die bedeutendste Hafenstadt Kolumbiens am Atlantik. Im 16. und 17. Jahrhundert galt sie wegen ihrer Handelsbeziehungen zur Alten Welt sogar als die wichtigste Stadt Südamerikas. Heute nennt man sie die »Perle der Karibik«, und ohne Zweifel gehört Cartagena zu den schönsten Städten des Kontinents.

Die Altstadt, sorgfältig restauriert und von der UNESCO teilweise zum »Kulturerbe der Menschheit« erklärt, gleicht einer historischen Theaterkulisse. Jede Straße, jeder Balkon, jedes Fenster ist ein Kunstwerk für sich. Hinter gewaltigem Mauerwerk erhebt sich die imposante Festung San Felipe.

Schon in den frühen Morgenstunden erschallen an den Straßenecken und auf dem Marktplatz beim »Turm der Uhren« die herben Stimmen der schwarzen Obstverkäuferinnen. Sie stammen aus Palenque, einem nahegelegenen Dorf, und ziehen unweigerlich die Blicke fotografierender Touristen auf sich, wenn sie elegant, große Aluminiumschalen voll exotischer Früchte auf dem Kopf balancierend, durch die Straßen schreiten.

Auch andere Fotomotive bietet die Stadt mehr als genug: die Kirche und das Kloster von San Pedro Claver, dem Schutzpatron der Sklaven, die Innenhöfe der Adels- und Bürgerhäuser, die hölzernen Portale und die unglaubliche Vielfalt des Schnitzwerks an Balkonen und Fenstergittern. Vom Hügel de la Popa aus läßt sich die faszinierende Zweiteiligkeit der Stadt gut überblicken: im Vordergrund das historische Cartagena, dahinter die Skyline der modernen Stadt und die langen Strände. Wie kaum eine andere Stadt Kolumbiens ist Cartagena so für den anspruchsvollen Tourismus gerüstet.

Die grüne Hölle: Gold und Regen

Bis zu den Waden im Wasser eines Baches stehen fünf Mitglieder der Familie von Basilio Valdez. Dicht über der Wasseroberfläche schütteln sie mit kreisenden Bewegungen große flache Aluminiumschalen. Sie waschen Gold: Vater Basilio, seine Frau, die beiden Töchter und der jüngste von sechs Söhnen. Schauplatz ist eine Lichtung am Río San Juan im Departement Chocó.

Basilio und seine Söhne sind Miteigentümer der Chocó Gold Mining. So hieß schon in den zwanziger Jahren das blühende amerikanische Unternehmen, das 30 Jahre lang riesige Mengen Gold aus dem Bett des Río San Juan und seiner Nebenflüsse förderte. Eine Welle des Nationalismus hat das Unternehmen dann in kolumbianische Hände gespült. Die Kolumbianer baggerten hemmungslos weiter nach Gold, ohne etwas für die Instandhaltung der Fördergeräte zu tun – bis nichts mehr ging. Als kein Geld mehr für Gehälter da war, überließ die Geschäftsleitung das Unternehmen den Arbeitern und Angestellten.

Die neuen Herren sind die Nachfahren schwarzer Sklaven, die einst den spanischen Kolonialisten in der Landwirtschaft und im Bergbau dienen mußten. Nun fördern sie ihr eigenes Gold – und leben doch in bitterster Armut. Täglich müssen sie neu entscheiden, ob der Erlös aus dem Goldverkauf für den Lebensunterhalt oder für die Wiederherstellung der mittlerweile über 60 Jahre alten Schwimmbagger verwendet werden soll. Die eisernen Ungetüme müssen funktionieren – sie sind für die Menschen dieser Region die einzige Hoffnung auf Arbeit und Brot.

Chocó ist für die Kolumbianer die »grüne Hölle«. Der unerschöpflich scheinende Goldreichtum läßt die Menschen hier ausharren, aber sie zahlen einen hohen Preis. Hitze und Luftfeuchtigkeit zehren Körper und Geist aus. Mehrmals täglich ballen sich am Himmel dunkle Wolken zusammen und entladen sich in kurzen, sintflutartigen Regengüssen. Mit durchschnittlich 10000 Millimetern Niederschlag im Jahr zählt Chocó zu den regenreichsten Gebieten der Erde.

Das grüne Feuer von Muzo

Noch ist der Hubschrauber nicht zu sehen, aber jeden Augenblick muß er über einer der bewaldeten Bergkuppen erscheinen. Schwerbewaffnete Burschen nehmen Aufstellung. Der Helikopter ist kaum gelandet, da springt – unter den schwirrenden Rotoren seinen breitkrempigen Texanerhut festhaltend – der mittelgroße Mann heraus und begrüßt seine Leibgarde.

Don Gilberto besucht seine Smaragdmine in Muzo. Hier, fast im Mittelpunkt der kolumbianischen Hochgebirge, findet man feurige Smaragde, die besten dieser Erde. Sie haben Don Gilberto und seine Partner zu den ganz Reichen im Lande gemacht. Doch das Geschäft mit den grünen Steinen ist kaum weniger »heiß« als der Handel mit Kokain – auch hier steckt die Mafia dahinter.

Alle ein bis zwei Monate geht in der Mine eine Sprengladung hoch. Danach verteilen Bulldozer das Geröll, und einige Arbeiter durchsuchen es unter bewaffneter Aufsicht nach Smaragden. Wenn sie nichts mehr finden, schieben die Bulldozer den Schutt über den nächsten Abhang. Unten im Tal lauert schon eine Horde zerlumpter Gestalten, die »Geröllgeier«. Im Wasser des Baches waschen sie den Abraum Kubikmeter um Kubikmeter sorgfältig durch. Erstaunlich viele Smaragde bleiben noch in den Sieben hängen. Aus dem Gewimmel im Schlamm ragen die weißen Strohhüte der Aufkäufer wie Pilze hervor. Die »Geröllgeier« müssen ihnen ihre Funde verkaufen – die Preise bestimmen die »weißen Hüte«. Und niemand darf es wagen, sich ihnen zu widersetzen. Sie sind Agenten von Don Gilberto und machen mit ihm und den anderen Minenbesitzern halbe-halbe.

Don Gilberto gehörte einst ebenfalls zu den Aufkäufern. Härter, zäher und verschlagener als die anderen, hat er sich zum Miteigentümer der Mine hochgekämpft. Und wehe dem »weißen Hut«, der sich nicht an die Vereinbarungen mit Don Gilberto hält!

»Die Schweiz soll unserem Land recht ähnlich sehen«

Die Mine von Muzo liegt im Vorgebirge der Ostkordillere, auf der sich die Sabana, die Hochebene von Bogotá, erstreckt. Schwarzbuntes Holsteiner Vieh grast auf den saftigen Weiden in 2600 Meter Höhe. Und weil Kolumbien in Äquatornähe liegt, reicht der Ackerbau bis in Höhen von über 3000 Metern. Milch, Kartoffeln und neuerdings auch Blumen verdankt diese Region ihren Reichtum. Zwei Departements teilen sich diesen Garten Eden im Hochgebirge: Cundinamarca und Boyacá.

»Wenn man uns etwas von der Schweiz erzählt, dann denken wir: Ach ja, die Schweiz, sie soll Boyacá recht ähnlich sehen.« Mit solch heiterem Stolz reagieren die

---

Der Nationalpark von San Agustín

200 Kilometer von Bogotá entfernt liegt einer der faszinierendsten Plätze Südamerikas: die große archäologische Fundstelle von San Agustín. Hoch in den Bergen um das obere Magdalenen-Tal gelegen, sind die Gräber und riesigen in Stein gehauenen Figuren heute leicht zu erreichen. Den spanischen Eroberern und ihren Nachfahren war diese gewaltige Kultstätte der Indianer bis zum Jahre 1758 allerdings verborgen geblieben.

Die Ortschaft San Agustín eignet sich gut als Ausgangspunkt für einen Ausflug in das einige hundert Quadratkilometer große Gebiet voll steinerner Überraschungen. Bis heute kennt niemand das Geheimnis der Kultstätte San Agustín. Die Indianer haben nichts Schriftliches hinterlassen, aber diese sanfte Bergregion um das Quellgebiet des Magdalenen-Flusses war offenbar ein geheiligter Ort, ein Ort der Götternähe. Hier haben verschiedene Kulturen von etwa 500 bis 1500 n. Chr. ihre Herrscher und Priester beerdigt und in monumentalen, oft übermannshohen Steinfiguren verewigt. Jede dieser Skulpturen ist anders: manche stellen grimmige Krieger dar, andere Priester, menschenfressende Gottheiten, Jaguare, Krokodile, Eulen oder Schlangen – ein geheimnisvoller Anblick in einer phantastischen Landschaft.

Bauern auf den unausweichlichen Vergleich europäischer Besucher. Ortschaften wie Monguí, Ráquira, Tunja oder Villa de Leiva brauchen den Vergleich wirklich nicht zu scheuen. Villa de Leiva erscheint dem Besucher wie ein blumengeschmücktes Museum – die Kolumbianer lieben es wie wohl kein anderes südamerikanisches Volk, sich mit blühenden Pflanzen zu umgeben.

Man schätzt hier eine bodenständige Eleganz, in der sich der Stolz auf Tradition und Vergangenheit ausdrückt. Das spanische Erbe bleibt dabei unverkennbar: Holz, Lehm, Kalk und Ziegel sind die bevorzugten Baumaterialien. Das Hotel »Mesopotamia« mit seiner rustikalen Ausstattung ist zu einem Vorbild kolumbianischer Gasthäuser und Restaurants geworden. Wer als Tourist nach Villa de Leiva kommt, wird sich jedoch auch die Kirche ansehen: Ihre wuchtige weiße Fassade bildet einen spannungsreichen Kontrast zu dem groben Kopfsteinpflaster des weiten rechteckigen Platzes.

Ein beliebtes touristisches Ziel ist auch die Kathedrale von Zipaquirá, einem kleinen Ort, rund eine Stunde von Bogotá entfernt. Diese vierschiffige Salzkirche haben Bergarbeiter Mitte unseres Jahrhunderts in einen Salzstock gehauen, der einst den Indianern gehörte. Zipaquirá liegt an der alten Eisenbahnstrecke, die von Bogotá über die Sabana nach Chiquinquirá führt. Lange Zeit stillgelegt, lädt sie jetzt an den Wochenenden zu vergnüglichen Familienfahrten durch die typische Andenlandschaft um Bogotá ein.

Kolumbien — Daten · Fakten · Reisetips

Landesnatur

Fläche: 1 138 914 km² (etwa dreimal so groß wie die Bundesrepublik Deutschland)
Ausdehnung: Nord–Süd 1800 km, West–Ost 1000 km
Küstenlänge: 2900 km
Höchster Berg: Pico Cristóbal Colón 5800 m
Längste Flüsse: Río Magdalena 1540 km, Río Caquetá und Río Putumayo je 1500 km, Río Cauca 1340 km, Río Guaviare (mit Río Guayabero) 1050 km

Kolumbien erstreckt sich über das nordwestliche Südamerika. Es reicht von der zentralamerikanischen Festlandbrücke bis zum Amazonas-Tiefland und grenzt als einziger südamerikanischer Staat sowohl an den Atlantischen als auch an den Pazifischen Ozean. Zum kolumbianischen Staatsgebiet gehören auch die Inseln San Andrés, Providencia und einige Korallenbänke in der westlichen Karibik (zusammen 44 km²) sowie die Pazifikinseln Malpelo (2 km²) und Gorgona.

Naturraum

Kolumbien ist ein Andenland, dennoch bestehen etwa zwei Drittel seiner Fläche aus Tiefebenen, nur ein Drittel wird vom Gebirge eingenommen. Entlang der Pazifikküste im Westen zieht sich ein Tieflandstreifen, der nach Norden in die niedrige Küstenkordillere übergeht. Dahinter erheben sich drei durch tiefe Talfurchen voneinander getrennte Gebirgsstränge, eine Auffächerung des ganz im Süden Kolumbiens noch zusammenhängenden Andenmassivs: Die im Norden hochflächenartig verbreitete *Westkordillere* erreicht Höhen von über 4000 m. Die vulkanreiche *Zentralkordillere* endet im Norden mit dem an der Karibikküste isolierten Gebirgsblock Sierra Nevada de Santa Marta, der den höchsten kolumbianischen Berg (Pico Cristobál Colón, 5800 m) aufweist. Die *Ostkordillere* spaltet sich bei Cúcuta in zwei Äste: die nach Venezuela hineinreichende Cordillera de Mérida und die Sierra de Perijá, welche in der Guajira-Halbinsel endet. Im Bereich der Ostkordillere liegt eine Reihe von Hochbecken, darunter die ausgedehnte Sabana de Bogotá mit der Hauptstadt.

Kolumbiens bedeutendster Fluß, der Río Magdalena, fließt zwischen Zentral- und Ostkordillere ins Karibische Meer. Sein Hauptzufluß Río Cauca verläuft zwischen Zentral- und Westkordillere.

Das Tiefland im Osten nimmt die größte Fläche Kolumbiens ein. Im Norden und Osten hat das Gebiet Anteil an den Ebenen des Orinoco (Llanos), im Süden und Südosten, zu Brasilien hin, an der Amazonasniederung (Selvas). Durch Flußanschwemmungen gebildete, teilweise versumpfte Tiefebenen gibt es auch an der Karibikküste. Kolumbien ist ein Land der Vulkane. Der Ausbruch des Nevado del Ruiz 1985 hatte katastrophale Folgen: Meterhohe Schlammfluten überschwemmten ganze Städte.

Starke Festungsanlagen schützten Cartagena, die Perle der Karibik.

Klima

Kolumbien liegt (mit Ausnahme des nördlichen karibischen Küstengebiets) im Bereich der inneren Tropen; das Klima ist daher von der Höhenlage abhängig. In der heißen Zone unterhalb 1000 m beträgt das Jahresmittel der Temperatur 25–30 °C; im gemäßigten Bereich zwischen 1000 und 2000 m sinkt die durchschnittliche Temperatur bis auf 18 °C ab; zwischen 2000 und 3000 m beträgt sie noch 10–17 °C (Bogotá, 2550 m ü. M.: 13 °C). Darüber herrscht trotz Äquatornähe kaltes Höhenklima. In allen Zonen ist die jahreszeitliche Schwankung der Temperatur gering, doch können die täglichen Temperaturunterschiede – besonders in den höheren Regionen – beträchtlich ausfallen. Kolumbien hat zwei Regen- und zwei (allerdings nur schwach ausgeprägte) Trockenzeiten. Die Pazifikküste und die Westseite der Anden erhalten den ausgiebigsten Niederschlag (zwischen 3000 mm im Süden und 10000 mm im Norden); einige Gebiete gehören zu den feuchtesten der Welt mit Höchstwerten bis zu 16000 mm. Die Andenosthänge und das östliche Tiefland werden dagegen weniger stark, aber immer noch reichlich beregnet (Höchstwerte im April und im Oktober). In den Längstälern und Hochbecken verringern sich die Niederschlagsmengen bis unter 1000 mm. Die vom Passat beeinflußten östlichen Teile des karibischen Küstenlandes mit der Halbinsel Guajira bleiben vergleichsweise trocken (unter 400 mm).

Vegetation und Tierwelt

Die Vegetation ist – den klimatischen Höhenstufen und Niederschlagsverhältnissen entsprechend – unterschiedlich entwickelt. Tropischer Regenwald bedeckt weitgehend das östliche Tiefland, das pazifische Küstenland und die Andenhänge bis etwa 900 m Höhe. An den höheren Hängen finden sich Berg- und Nebelwälder, allerdings nur noch mit Restbeständen. Oberhalb 2500 m gibt es noch Gebiete mit immergrünen Eichen. In den kultivierten Hochbecken bestimmen heute Eukalypten das Landschaftsbild. Über 3200 m bis zur Schneegrenze (ab 4500 m) herrscht Páramo-Vegetation (Hochsteppe) vor. In den Llanos des östlichen Tieflands treten Feucht- oder Trockensavannen mit Galeriewäldern auf; im karibischen Küstenland gibt es neben Savannen auch Dornbusch- und Sukkulentenvegetation. An der Pazifikküste erstreckt sich Mangrove, der landeinwärts ein Sumpfwaldstreifen folgt.

Die ursprüngliche Tierwelt der Gebirgsregionen ist stark reduziert; so sind etwa Puma und Spießhirsch nur noch vereinzelt anzutreffen. In den Regenwäldern des östlichen Tieflands gibt es Affen, Brillen- und Waschbären, Jaguare, Faultiere, Ameisenbären, Tapire, Schlangen, Schildkröten sowie über 1500 Vogelarten (darunter Papageien und Kolibris); in den Flüssen leben Kaimane und die gefährlichen Piranhas

Politisches System

Staatsname: República de Colombia
Staats- und Regierungsform: Präsidiale Republik
Hauptstadt: Bogotá
Mitgliedschaft: UN, OAS, ALADI, SELA

Die mehrfach revidierte Verfassung geht auf das Jahr 1886 zurück. Nach ihr wird der Präsident des Landes für vier Jahre direkt gewählt. Er ist gleichzeitig Regierungschef und Staatsoberhaupt. Durch die Verfassungsänderung von 1968 erhielt der Präsident umfassende Rechte bei der Erklärung des »wirtschaftlichen Notstands«.

Gesetzgebung und Verwaltung

Die Legislative liegt beim Kongreß, der aus zwei Kammern besteht: Senat und Abgeordnetenhaus. Die 114 Senatoren und 193 Abgeordneten werden für vier Jahre gewählt. Durch Volksentscheid wurde 1957 eine Verfassungsreform gebilligt, die eine paritätische Aufteilung der Macht zwischen den beiden großen Parteien, den Konservativen und Liberalen, für vier Regierungsperioden vorsah. Auch nach 1972 blieb man – obwohl wieder andere Parteien bei den Wahlen zugelassen waren – noch dabei, das Kabinett paritätisch zu besetzen.

Kolumbien gliedert sich in 24 Provinzen (Departamentos), vier Intendanturen, welche die wenig besiedelten Gebiete umfassen, und fünf Kommissariate. Sie unterstehen direkt der Zentralregierung. Die Hauptstadt Bogotá bildet innerhalb der Provinz Cundinamarca einen eigenen Verwaltungsbereich.

Recht und Justiz

Das Rechtswesen orientiert sich an spanischen und französischen Vorbildern. Höchste Instanz ist der Oberste Gerichtshof mit 24 Richtern auf Lebenszeit. Nachgeordnet sind 61 Bezirksgerichte und im weiteren die einzelnen Gemeindegerichte.

Bevölkerung

Einwohnerzahl: 33 Millionen
Bevölkerungsdichte: 29 Einw./km²
Bevölkerungszunahme: 2 % im Jahr
Ballungsgebiete: die Hauptstadtregion sowie die städtereiche Zone zwischen Medellín und Cali
Größte Städte: Bogotá (4,2 Mio. Einw.; als Agglomeration 5,5 Mio.), Medellín (2 Mio.), Cali (1,4 Mio.), Barranquilla (1,1 Mio.), Cartagena (550 000), Bucaramanga (500 000), Cúcuta (450 000), Pereira (400 000)
Bevölkerungsgruppen: 65 % Mestizen, 18 % Weiße, 10 % Mulatten, 5 % Schwarze, 2 % Indianer

Die Mehrheit der Einwohner Kolumbiens – etwa 40 % sind jünger als 15 Jahre – ist aus der Vermischung der verschiedenen ethnischen Gruppen im Lande hervorgegangen. Die weitaus größte Gruppe stellen heute die Mestizen dar – Mischlinge zwischen Weißen und der indianischen Urbevölkerung. Auch die weißen Kolumbianer, besonders die Kreolen der

Bogotá wächst weiter – bis an die Berghänge der Cordillera Oriental.

Daten · Fakten · Reisetips — Kolumbien

Oberschicht, die ihre Abstammung auf die altspanischen Kolonisatoren zurückführen, haben oft einen indianischen Vorfahren im Stammbaum. Die Zahl der indianischen Ureinwohner ist rückläufig; sie konnten sich fast nur in abgelegenen Gebieten oder in Reservaten erhalten. Die Indianer gliedern sich in über 70 verschiedene Stämme; wichtigste Gruppe sind die Chibcha des Hochlands, deren Zahl zu Beginn der spanischen Eroberung allein eine Million betragen haben soll. Eine Reihe kleiner, bis heute wenig bekannter Gruppen lebt im östlichen Tiefland. Die Schwarzen (Nachkommen afrikanischer Sklaven) und Mulatten gehören meist der untersten sozialen Schicht an.

Etwa drei Viertel der Kolumbianer leben in den klimatisch begünstigten Tälern und Becken der Zentral- und Ostkordillere, wo auch fast alle großen Städte liegen. Ständige Landflucht hat zu einer starken Verstädterung und zu einer katastrophalen Wohnungsnot in Bogotá, Medellín, Cali und Barranquilla geführt.

Die Landessprache Spanisch wird von nahezu der gesamten Bevölkerung gesprochen; kolumbianisches Spanisch gilt als das beste in Lateinamerika. Lediglich die Indianer sprechen oft nur ihre angestammten Sprachen (vor allem Chibcha-Dialekte).

Bis auf die Anhänger von Naturreligionen und mit Ausnahme protestantischer und jüdischer Minderheiten bekennt sich die Bevölkerung zum Katholizismus. Die römisch-katholische Kirche Kolumbiens gehört zu den konservativsten Lateinamerikas. Unter dem niederen Klerus gibt es jedoch viele Anhänger der »Theologie der Befreiung«, deren prominentester Vertreter der 1966 erschossene Camilo Torres Restrepo war.

Soziale Lage und Bildung

Armut und Arbeitslosigkeit prägen die innenpolitische Situation. Viele Kolumbianer gehen als Gastarbeiter ins Ölland Venezuela oder sind am illegalen Drogengeschäft beteiligt. Nur ein kleiner Teil der Bevölkerung ist in der gesetzlichen Sozialversicherung erfaßt. Die medizinische Versorgung gilt vor allem auf dem Lande als unzureichend; drei Viertel der Bevölkerung sind unterernährt.

Allgemeine Schulpflicht besteht zwischen dem 7. und 12. Lebensjahr, doch wegen mangelnden Lehrangebots und früher Kinderarbeit konnte sie nur begrenzt durchgesetzt werden. Etwa 15 % der über 15jährigen dürften Analphabeten sein. Das Land hat 119 Universitäten; die älteste wurde 1573 in Bogotá gegründet. Die Qualität der wissenschaftlichen Forschung ist allerdings gering; besser situierte Studenten gehen nach Europa oder in die USA.

Wirtschaft

Währung: 1 Kolumbianischer Peso (kol$) = 100 Centavos (cvs)
Bruttoinlandsprodukt (in Anteilen): Land- und Forstwirtschaft 19 %, industrielle Produktion 34 %, Dienstleistungen 47 %
Wichtigste Handelspartner: USA, Bundesrepublik Deutschland, Japan, Venezuela, Niederlande, Großbritannien

Kolumbiens Wirtschaft ist privatwirtschaftlich ausgerichtet, wird jedoch durch dirigistische Maßnahmen der Regierung beeinflußt. Diese betreffen vor allem die Industrialisierung von Randgebieten, den Ausbau des Energiebereichs und die Verbesserung der Grundnahrungsmittelversorgung. Probleme der Wirtschaftspolitik sind hohe Arbeitslosigkeit (10 %), hohe Inflationsrate (25 %) und die Auslandsverschuldung. Hinzu kommen das Guerilla-Problem, der für die Bauern lukrative Drogenanbau und der Drogenschmuggel.

Seit Mitte der 80er Jahre hat sich ein leichter Wirtschaftsaufschwung bemerkbar gemacht, der u. a. auf günstige Exporterlöse für Kaffee – Kolumbien ist nach Brasilien der zweitgrößte Kaffeeproduzent der Welt – zurückzu-

Mit Blick auf schneebedeckte Kordillerengipfel: eine Industriezone auf der grünen Wiese nördlich von Bogotá bei Zipaquirá.

Kolumbien

Daten · Fakten · Reisetips

führen ist. Daneben belebten die Öl- und Kohleförderung die Konjunktur. Das reale Wirtschaftswachstum lag in den letzten Jahren im Durchschnitt jeweils knapp über 3 %, doch Importbeschränkungen, Devisenrückgang und Auslandsverschuldung bereiten dem Land Schwierigkeiten.

Landwirtschaft

Etwa ein Fünftel der Fläche Kolumbiens wird landwirtschaftlich genutzt, die Anbauzonen mit vielfältigen Kulturen liegen meist in großen Höhen. Kaffee als wichtigstes Produkt wächst in der warmgemäßigten Zone. Auch Viehzucht, vor allem Rinderhaltung, spielt in fast allen Landesteilen und auf jeder Höhenstufe eine Rolle. Da Kaffee und Drogen (Marihuana, Koka) die größten Gewinne erzielen, wird der Anbau von Grundnahrungsmitteln vernachlässigt.
Kolumbien hat große Waldbestände (60 % der Staatsfläche), geregelte Forstwirtschaft findet jedoch wegen der unzureichenden Verkehrserschließung nur in geringem Umfang statt. Trotz großen Fischreichtums ist die Fischereiwirtschaft unbedeutend. An der karibischen Küste wird traditionsgemäß Perlenfischerei betrieben.

Bodenschätze, Energieversorgung

Kolumbien ist reich an Bodenschätzen, die erst seit kurzem verstärkt ausgebeutet werden. Das Land verfügt

Ein Beispiel der San-Agustín-Kultur: eine steinerne Grabfigur.

über die größten Steinkohlereserven Südamerikas. Der Abbau soll intensiviert werden, z. T. wird Kohle bereits exportiert. Trotz der Förderung eigenen Erdöls muß ein Teil des Bedarfs importiert werden. Kolumbien ist der größte Goldproduzent Südamerikas und einer der wichtigsten Smaragdexporteure der Welt.
Seinen Energiebedarf deckt Kolumbien zum größten Teil durch Erdöl, Erdgas und Kohle. Elektrizität soll künftig hauptsächlich durch Kohle und Wasserkraft erzeugt werden.

Industrie

Die industrielle Entwicklung hat seit dem Zweiten Weltkrieg einen großen Aufschwung genommen. Neben dem Ausbau der Konsumgütererzeugung wurde der Aufbau einer Grundstoffindustrie stark gefördert. Wichtige Zweige sind nach wie vor die Lebensmittelindustrie, die chemische Industrie und die Textilherstellung.

Handel

Hauptausfuhrprodukte sind, neben Kaffee, Kohle, Bananen, Baumwolle, Blumen, Edelsteine und -metalle. Eingeführt werden vor allem Maschinen, Kraftfahrzeuge, elektronische Geräte, chemische Produkte sowie Erdöl und Erdölprodukte.

Verkehr, Tourismus

Das Straßennetz beträgt rd. 150 000 km, davon sind etwa 15 % asphaltiert. Es ist stark ausbaubedürftig, auch das Tiefland ist noch wenig erschlossen. Dem nationalen Flugverkehr kommt eine hohe Bedeutung zu. Internationale Flughäfen befinden sich in Bogotá, Barranquilla, Cali, Cartagena, Medellín, Pereira und San Andrés. Die Binnenschiffahrt spielt nur noch auf dem Río Magdalena eine wichtige Rolle. Führende Seehäfen sind Buenaventura am Pazifik (50 % des Exports) sowie Barranquilla, Santa Marta und Cartagena an der Karibikküste.
Der Fremdenverkehr, vor allem mit Touristen aus den USA, konzentriert sich auf die karibische »Smaragdküste«, die alten Kolonialstädte und die präkolumbischen Stätten.

Geschichte

Kolumbien wurde 1499 durch Alonso de Ojeda und Amerigo Vespucci entdeckt. Erste größere Städtegründungen waren Santa Marta (1525) und Cartagena (1533). Gonzalo Jiménez de Quesada unterwarf 1536–1539 die kleinen Reiche der kriegerischen Chibcha im Hochland, bei denen die Spanier das sagenhafte Goldland gefunden zu haben glaubten, und gründete 1538 Villa de la Santa Fe, das heutige Bogotá. Diese Stadt wurde 1549 Sitz des Generalkapitanats Neugranada, das zum Vizekönigreich Peru gehörte. 1717 wurde Neugranada Vizekönigreich und umfaßte auch das Gebiet der heutigen Staaten Ecuador, Venezuela und Panama. Wie in den übrigen Kolonien, so betrieb man auch in Kolumbien Bergbau und Plantagenwirtschaft großenteils mit afrikanischen Sklaven.

Kampf um Unabhängigkeit und innere Ordnung

Streitigkeiten mit dem Mutterland sowie das Drängen der kreolischen Aristokratie und der Mittelschicht auf Mitbestimmung führten ab 1781 zu ersten Aufständen gegen die spanische Herrschaft. Am 20. 7. 1810 bildete sich unter Führung von Camilo Torres in Bogotá eine revolutionäre Junta, die die Unabhängigkeit verkündete. Doch

Sortiert, gewogen und in Säcke abgenäht: Kaffee für den Export.

erst 1819 konnten die Spanier nach langen Kämpfen unter der Führung von Simón Bolívar geschlagen werden. Bolívar wurde auf dem Kongreß von Angostura zum Präsidenten der neuen Republik Großkolumbien gewählt. Mit seinem Feldherrn Antonio José de Sucre befreite er in den folgenden Jahren auch alle an Kolumbien angrenzenden Gebiete. Aber schon 1829/30 löste sich Großkolumbien nach einem Bürgerkrieg wieder in die Einzelstaaten Ecuador, Venezuela und Neugranada auf. Neugranada erhielt erst 1863 seinen heutigen Namen: Colombia.
Die Feindschaft zwischen Konservativen und Liberalen führte das Land immer wieder an den Rand des Chaos. Auf eine kirchenfreundliche, konservative Ära bis 1845 folgten eine liberale (Trennung von Kirche und Staat, Säkularisation und Religionsfreiheit 1861) und wiederum eine vorwiegend konservative Ära (1867–1930). In dieser Zeit gelang es dennoch dem liberalen Präsidenten Rafael Núñez (1880–1894 mit Unterbrechungen), den fortwährenden Streit um die Stellung der Kirche mit einem Kompromiß beizulegen und dem Land 1886 eine Verfassung zu geben. Nach dem Tod von Núñez versuchten die Liberalen während des Bürgerkriegs von 1899 bis 1901 vergeblich, wieder an die Macht zu kommen.
Auf Betreiben der USA hin, welche die französische Panamakanalgesellschaft aufgekauft hatten, löste sich Panama 1903 von Kolumbien. Die daraus resultierenden Spannungen bereinigte die USA 1921 durch Zahlung von 25 Mio. US-$ an die kolumbianische Regierung. Mit Hilfe reichlich fließender Gelder aus den USA wurde die Wirtschaft weiter ausgebaut, insbesondere der Kaffeeanbau forciert.
Unter der Herrschaft der Liberalen wurden in den 30er Jahren umfassende Reformen durchgeführt (neue Arbeitssteuer- und Sozialgesetze). Auch die Gewerkschaften wurden zugelassen. Dadurch verschärften sich die Konflikte zwischen Liberalen und Konservativen erneut. Als 1948 der beliebte linksliberale Präsidentschaftskandidat Jorge Eliécer Gaitán ermordet wurde, reagierten die Arbeiter von Bogotá mit einem Aufstand, der auf andere Städte übergriff. Der blutige Bürgerkrieg kostete bis 1957 rd. 200 000 Menschen das Leben.

»Nationale Front«, Guerilla und Rauschgifthandel

Nach einem Militärputsch einigten sich 1957 Konservative und Liberale auf eine Koalition. In der gemeinsam gebildeten »Nationalen Front« (FTN) wurde der regelmäßige Wechsel zwischen liberalen und konservativen Präsidenten ausgehandelt und so ein »Burgfrieden« zwischen den beiden Parteien erzielt. Dank dieser Atempause konnten etwa 88 000 landlose Familien auf 2,75 Mio. ha Land angesiedelt werden.
Die Unmöglichkeit, außerhalb der FTN im Parlament vertreten zu sein, führte zu einer allgemeinen innenpolitischen Erstarrung und ab 1959 zur Gründung mehrerer oppositioneller Untergrundbewegungen. Der politische Terror der Guerillagruppen, besonders der marxistischen Gruppe M-19, und die entsprechenden brutalen Militäraktionen nahmen beängstigende Ausmaße an. Weder Polizei- oder Militäraktionen noch der Versuch einer Amnestie (Amnestiegesetz 1982) oder der von Präsident Belisario Betancur Cuartos 1984 vereinbarte Waffenstillstand mit der größten Guerillaorganisation, der FARC, vermochten die innere Ordnung hinreichend zu garantieren. Aufsehen erregte besonders der Überfall auf den Justizpalast durch die Gruppe M-19 im Jahr 1985, bei dem es 112 Tote gab, darunter zwölf hohe Richter.
Ein weiteres Problem hält das Land in Atem: das organisierte Verbrechertum, vor allem die Rauschgift-Mafia. Auf ihr Konto geht ein Großteil der über 30 000 Morde, die zu Beginn der 80er Jahre jährlich registriert wurden. Sie unterhält einerseits gute Beziehungen zur Justiz, schreckt aber andererseits auch vor Justizmorden nicht zurück: Im Januar 1988 wurde der kolumbianische Generalstaatsanwalt Carlos Mauro Hoyos entführt und umgebracht. Auch zahlreiche Politiker fielen im Rahmen des »totalen Krieges«, den das Kokain-Kartell von Medellín 1989 der Regierung erklärt hatte, Mordanschlägen von Todesschwadronen zum Opfer; allein vier namhafte Präsidentschaftskandidaten wurden im Verlauf des jüngsten Wahlkampfes ermordet.
Außenpolitisch versucht Kolumbien, eine aktive Rolle in der südamerikanischen Politik zu spielen. 1978 unterzeichnete es zusammen mit den anderen Amazonas-Ländern den »Amazonas-Pakt« über wirtschaftliche Zusammenarbeit. Außerdem gehört Kolumbien zu den »Contadora«-Staaten, die eine dauerhafte Friedensregelung für die mittelamerikanische Region anstreben. Der 1990 gewählte Präsident der Liberalen Partei (LP), César Gaviría, will sich für die innere Befriedung des Landes sowie für die Überwin-

Daten · Fakten · Reisetips — Kolumbien

dung der Armut und der hohen Arbeitslosigkeit einsetzen.

Kultur

Unter den Ureinwohnern Kolumbiens spielten die im Hochland lebenden Chibcha und die Tairona in der Sierra Nevada de Santa Marta eine besondere Rolle. Sie besaßen bereits ein hochentwickeltes Staatswesen und waren Meister in der Goldschmiedekunst. Bei den Muísca, einem der Chibcha-Völker, bildete sich die Sage von »El Dorado« (der Vergoldete), jenem mythenumwobenen Fürsten, der mit Goldstaub eingepudert sein rituelles Bad im See vollzogen haben soll.

Kunstwerke aus Gold, Ton und Stein

Obwohl die Spanier viel Gold exportierten, besitzt Bogotá heute eines der reichsten Goldmuseen der Welt. Die höchst kunstvoll aus purem Gold oder einer Gold-Kupfer-Legierung gefertigten Gefäße und Masken, Helme, Schmuckstücke, menschen- und tiergestaltigen Idole und Figuren entstanden hauptsächlich in drei Kulturzentren: Es gab die Quimbaya-Kultur im Tal des Río Cauca (Blütezeit um 500 n. Chr.) und die Kulturen der Muísca im Hochland von Bogotá und der Tairona in der Sierra Nevada de Santa Marta (1000–1500 n. Chr.).

Die Anfänge der Töpferkunst – einfache Formen mit geometrischer Verzierung – liegen in Nordkolumbien (3000 v. Chr.). Am bekanntesten von den verschiedenen Keramikkulturen ist diejenige des Cauca-Tals (Quimbaya-Ware, ab 500 n. Chr.). Typisch für sie sind große männliche und weibliche Figuren mit aufgemalten Beinbändern oder -binden, Gefäße und hohl modellierte Tonfiguren mit Bemalungen in Negativ- oder Abdecktechnik sowie mit Ritzlinien und Ausschneidungen verzierte Keramik. Am bekanntesten sind die Kulturen von Tierradentro und San Agustín. In der Tierradentro-Region wurden riesige, in Felsen gehauene und bemalte Grabanlagen (entstanden von 200–500) entdeckt. Bei San Agustín fand man im Umkreis von mehreren hundert Quadratkilometern über 300 unterschiedlich gruppierte Steinbildwerke. Die bis zu 4 m hohen, bizarren Skulpturen, halb Mensch, halb Dämon oder Raubtier, dienten dem Totenkult oder bezeichneten die Gräber. Sie sind wohl der sog. »Späten Periode« des kolumbianischen Altertums (um 500–1500 n. Chr.) zuzurechnen.

Kunst in der Kolonialzeit

Während der Kolonialzeit entstanden in Kolumbien weit weniger bedeutende Kunstwerke als etwa in Mexiko oder Peru. Kolonialen Charakter besitzt vor allem Bogotá (Kirchen La Concepción, San Ignacio, San Agustín und El Sagrario). Berühmt sind die Gemälde des einheimischen Künstlers Gregorio Vázquez de Arce y Ceballos (1638–1711), die in mehreren Kirchen Bogotás, besonders in der El-Sagrario-Kapelle, zu sehen sind.

Die Baufreude im 18. Jh. bezeugt vor allem das Stadtbild von Popayán. Nach dem Erdbeben von 1736 erhielt die Stadt ein barockes Gepräge (Casa de Moneda, Kloster Santo Domingo und die Prachtfassade der Kirche San Francisco).

Republikanischer Geist und Kunst der Gegenwart

Mit dem Unabhängigkeitskrieg begann auch für die Entwicklung der Kunst eine neue Ära. Künstler wie José María Espinosa, Torres Méndez u. a. beschäftigten sich vor allem mit dem Schicksal der Soldaten während des Freiheitskampfes und der Heldenfigur Simón Bolívar; daneben stellten sie in ihren Bildern das alltägliche Leben des Volkes dar.

Die moderne Kunst erhielt wichtige Impulse aus Madrid, Rom und Paris, aber auch aus Japan und den USA. Internationale Anerkennung fanden die in den USA geschulten Künstler Alejandro Obregón (geb. 1920), der der Moderne zum Durchbruch verhalf, und vor allem Fernando Botero (geb. 1932), der sich selbst als Neofiguralist bezeichnet.

Unter dem Eindruck der europäischen und südamerikanischen Freiheitsbewegungen entstand Ende des 18. und Anfang des 19. Jh. eine nationale kolumbianische Literatur. Camilo Torres (1786–1816) forderte in seinem berühmten Manifest »Memorial de Agravios« (1809) die politische Gleichstellung von Amerika und Europa. Er griff die Pressezensur scharf an, geißelte die Unterdrückung der Indianer und wurde deshalb öffentlich enthauptet. Einer der wichtigsten Wegbereiter der modernen Poesie war José Asunción Silva (1865–1896). Seine pessimistischen und melancholischen Gedichte leiteten den »Modernismo« ein, der von Guillermo Valencia (1873–1943) zu höchster Perfektion entwickelt wurde. Bei Miguel Angel Osorio (1883–1942) mündete diese literarische Richtung schließlich in Nihilismus. Repräsentativ für die moderne Prosa waren die Romane von José María Vargas Vila (1860–1933), Texte gegen die antidemokratischen Kräfte Lateinamerikas und den Imperialismus der USA. José Eustasio Rivera (1888–1928) wurde vor allem durch seinen Roman »Der Strudel« (1924) berühmt, der die Welt der ständig vom Urwald bedrohten Kautschuksammler schildert.

Die grotesk-märchenhaften, mythisch-realistischen Romane und Erzählungen von Gabriel García Márquez (geb. 1928), besonders »Hundert Jahre Einsamkeit« (1967), haben nicht nur den 1982 mit dem Nobelpreis ausgezeichneten Autor weltweit bekannt gemacht, sondern auch entscheidend das Interesse an lateinamerikanischer Literatur gefördert.

Der kolumbianische Film gewann erst Anfang der 70er Jahre internationale Bedeutung, als politisch engagierte und sozialkritische Filmemacher begannen, sich mit der Realität ihres Landes auseinanderzusetzen. Carlos Alvarez beschäftigte sich mit dem Gegensatz zwischen Armut und Reichtum (»Colombia 70«) und der politischen Situation in Kolumbien (»Was ist Demokratie?«, 1971). Marta Rodríguez und Jorge Silva stellten die Probleme der Indianer (»Planas – Zeugnis eines Völkermords«, 1971; »Campesinos«, 1975) und der Arbeiter (»Ziegelarbeiter«, 1972) dar.

Reise-Informationen

Einreise- und Fahrzeugpapiere
Bürger der Bundesrepublik Deutschland, der Schweiz und Österreichs benötigen für einen Aufenthalt bis zu 90 Tagen einen gültigen Reisepaß bzw. Kinderausweis.
Als Fahrerlaubnis ist der internationale Führerschein erforderlich.
Aufgrund der anhaltenden Terrorakte der Drogenmafia sowie von rechts- wie linksextremen Guerillagruppen ist eine Touristenreise nach Kolumbien derzeit nicht empfehlenswert.

Zoll
Bei der Einreise sind zollfrei: pro Person ab 18 Jahre 200 Zigaretten oder 50 Zigarren oder 250 g Tabak, 2 Liter alkoholische Getränke und eine kleine Menge Parfüm. Wertvolle Gegenstände sollten bei der Einreise deklariert werden.

Devisen
Die Einfuhr von Fremdwährung ist unbeschränkt erlaubt (Deklaration erforderlich). Es empfiehlt sich, US-Dollars (in Reiseschecks) mitzuführen. Die Ausfuhr von Fremdwährung muß der deklarierten Einfuhr entsprechen, abzüglich der getauschten Beträge.

Impfungen
Impfung gegen Gelbfieber wird allen Reisenden dringend empfohlen, die folgende Gebiete besuchen wollen: den Mittelteil des Río-Magdalena-Tales, das Vorgebirge der Ostkordillere

Einzigartig in der Welt: das Goldmuseum in Bogotá mit fast 40 000 historischen Exponaten aus Gold.

zwischen den Grenzen von Ecuador und Venezuela, Urabá, den südöstlichen Teil der Sierra Nevada de Santa Marta und das Waldgebiet entlang dem Río Guaviare. Malariaschutz ist in vielen ländlichen Gebieten unter 800 m Höhe ganzjährig erforderlich.

Verkehrsverhältnisse
Die durchs Gebirge angelegten, steinigen Serpentinenpisten lassen 500 km Luftlinie leicht zu 900 km Straße werden. Nur die asphaltierten Fernstraßen können das ganze Jahr über benutzt werden; allerdings sind sie, wie etwa auch der »Panamerican Highway«, nicht immer in gutem Zustand. Das Flugzeug ist die einzige Verkehrsmittel, mit dem jeder Ort mit mehr als 3000 Einw. ohne großen Zeitverlust erreicht wird. Überlandbusse verkehren auf kurzen und mittleren Strecken in großer Zahl und dichter Folge. In den größeren Städten kann man Taxis, auch Sammeltaxis (Collectivos), und Leihwagen mieten. Zu warnen ist vor »Taxi-Piraten«, besonders bei Sammeltaxis.

Unterkünfte
In allen größeren Städten, aber auch in kleineren Orten gibt es ausgezeichnete Hotels, teilweise mit Luxusausstattung. Am häufigsten findet man recht komfortable Mittelklassehotels.

Reisezeit
Aufgrund der zwei Regenzeiten und der nur wenig ausgeprägten Trockenzeiten sind die besten Reisemonate Dezember bis März. Zu beachten ist, daß in dieser Zeit auch die Kolumbianer Urlaub machen.

Zur Schau gestellt für die Kameras der Touristen: eine Gruppe Yagua-Indianer im Amazonas-Gebiet.

 **Kuba**

Horst Eckart Gross

Kuba – extrem unterschiedliche Assoziationen verbinden sich mit diesem Land: weiße Strände und ein türkisgrünes Meer, blauer Himmel, Sonne und Palmen, ein lebensfrohes Volk – das ewige Kuba. Aber Kuba steht auch für Veränderung: Fidel Castro und Che Guevara sind Symbolgestalten einer Revolution, die nicht nur Kuba selbst verwandelt hat, sondern auf ganz Lateinamerika ausstrahlte.

Trotz ständiger Konfrontation mit den Vereinigten Staaten hat sich das Land von seinem Kurs nicht abbringen lassen. Die krassen sozialen Unterschiede, die das Bild vieler anderer unterentwickelter Länder prägen, sind heute in Kuba unbekannt. Innerhalb weniger Jahre gelang es, das Analphabetentum abzubauen und ein vorbildliches Gesundheitswesen einzurichten. Die Ausstrahlungskraft seiner sozialen Errungenschaften, aber auch seine aktive Außenpolitik haben Kuba zu einem Faktor in der Weltpolitik gemacht.

Heute ist das Land eine der letzten Bastionen des Staatssozialismus und hat nach dem Zusammenbruch des sozialistischen Lagers mit enormen Schwierigkeiten zu kämpfen.

Staatsname:	Republik Kuba
Amtssprache:	Spanisch
Einwohner:	10,5 Millionen
Fläche:	110 861 km²
Hauptstadt:	Havanna (La Habana)
Staatsform:	Sozialistische Republik
Kfz-Zeichen:	C
Zeitzone:	MEZ –6 Std.
Geogr. Lage:	Karibik, zwischen Mexiko (Yucatán), USA (Florida), Haiti und Jamaika

Vor der verschlissenen Fassade historischer Bauten die alten Getränkewagen – doch das Stillen des Durstes obliegt heute der Poder Popular, der »Volksgewalt«, wie sich die gastronomische Genossenschaft von Alt-Havanna nennt.

Eine Insel wird entdeckt

Vor mindestens 6000 Jahren erreichten die ersten Siedler Kuba. Ob sie mit ihren Einbäumen von anderen Inseln oder vom Festland gekommen waren, ist bis heute ungewiß. Etwa 100000 Ureinwohner lebten in Kuba, als Christoph Kolumbus am 28. Oktober 1492, einem Sonntag, die Insel betrat und zum Besitz der spanischen Krone erklärte. 50 Jahre später waren nach Kriegen, Zwangsarbeit, Seuchen und kollektiven Selbstmorden kaum noch 5000 Indianer am Leben. Sie hatten sich in abgelegene Regionen geflüchtet und standen als Arbeitskräfte nicht mehr zur Verfügung. So wurde mit der Einfuhr von Sklaven begonnen. Spanische Konquistadoren und Siedler sowie die aus Afrika verschleppten Schwarzen prägten die kubanische Nation und ihre Identität.

In den ersten drei Jahrhunderten kolonialer Herrschaft war Havanna Spaniens wichtigster Handelsplatz in der Neuen Welt. Alle spanischen Flotten, die von Amerika in die Heimat zurücksegelten, sammelten sich im Hafen der kubanischen Hauptstadt. Im übrigen blieb die wirtschaftliche Bedeutung der Insel sekundär. Die geringen Edelmetallvorkommen waren bereits nach wenigen Jahren abgebaut; wirtschaftlich lebte die Insel von Viehherden, Tabakanbau und Edelhölzern. Zuckerrohr, von den Spaniern schon kurz nach ihrer Ankunft angebaut, gedieh sehr gut, hatte jedoch bis gegen Ende des 18. Jahrhunderts als Nahrungsmittel nur für die Insel selbst Bedeutung. So wurden im 17. Jahrhundert ganze 500 Tonnen Zucker exportiert, und noch im 18. Jahrhundert betrug der Anteil Kubas an der Weltproduktion nicht einmal drei Prozent.

Zucker prägt eine Nation

Der Zuckerboom begann erst nach der erfolgreichen Sklavenrebellion auf Haiti im Jahre 1791 – die Zuckerproduktion des bis dahin weitaus wichtigsten Anbaugebiets kam zum Erliegen. Kuba nutzte die Chance. Da die Intensivierung der kubanischen Zuckerproduktion nun mehr Arbeitskräfte erforderte, wurde der Import von Sklaven entsprechend gesteigert: Waren in den drei vergangenen Jahrhunderten insgesamt 90000 Schwarze nach Kuba gebracht worden, so stieg ihre Zahl zwischen 1790 und 1865 auf weit über 500000.

Mit Hilfe der Sklaven wurde immer mehr Zuckerrohr angebaut – Kuba entwickelte sich zu einem der bedeutendsten Zuckerproduzenten der Welt. An die Stelle der kleinen »Trapiches« traten immer größere Zuckerfabriken. Damit war der Weg für den Einsatz »moderner Technologie«, also für Dampfmaschinen und Eisenbahnen, geebnet.

Gleichzeitig stiegen jedoch auch die Anforderungen an die Qualifikation der Arbeiter – die Sklaverei war unzeitgemäß, ja zum Hindernis für die weitere Entfaltung der kubanischen Zuckerproduktion geworden. Weitere Gründe, die für eine Abschaffung der Sklaverei sprachen, waren die Furcht vor einem Sklavenaufstand nach dem Beispiel von Haiti, die durch zahlreiche Revolten und Aufstände in Kuba genährt wurde, und die gestiegenen Preise für Sklaven – für die Zuckerbarone schien die Beschäftigung von Lohnarbeitern ökonomisch interessant zu werden. Da sich zudem die Erkenntnis durchsetzte, daß die Sklaverei auch moralisch nicht mehr vertretbar sei, wurde sie schließlich im Jahre 1886 offiziell abgeschafft.

Hatte die Zuckerproduktion Kubas 1840 noch rund 160000 Tonnen betragen, so überschritt sie 1903 die Millionengrenze und erreichte Mitte der zwanziger Jahre die gigantische Menge von mehr als fünf Millionen Tonnen. Zucker prägt Kuba bis hin zur Landschaft: Im Jahre 1812 waren noch 90 Prozent der Insel bewaldet, 1959 nur noch 14 Prozent – der Zucker fordert nicht nur Anbaufläche, sondern auch Brennmaterial für die Verarbeitung.

Die Unabhängigkeit von Spanien

Im Jahre 1868 begann in Kuba ein Unabhängigkeitskrieg, der zehn Jahre lang dauerte, ohne daß die angestrebte Loslösung von Spanien erreicht worden wäre. Daß der Kampf 1895 wieder aufgenommen wurde, war nicht zuletzt ein Verdienst José Martís, auch wenn dieser legendäre Poet und

Ein Spaziergang durch Alt-Havanna

Wer einen Rundgang durch die Altstadt von Havanna unternimmt, wird sicherlich das Stadtmuseum im Palacio de los Capitanes Generales, den alten Präsidentenpalast mit dem Museum der Revolution, und die Kathedrale im Programm haben, vielleicht auch die hervorragend restaurierten Gebäude in der Obispo-Straße.

Aber es lohnt sich, noch ein wenig weiter durch die Gassen zu wandern und auf eigene Faust Entdeckungen zu machen. Klöster, Kirchen, Paläste und weit über 300 Gebäude aus der Zeit zwischen dem 16. und dem 18. Jahrhundert geben der Altstadt, die von der UNESCO zum »Kulturerbe der Menschheit« erklärt worden ist, ihre unverwechselbare Atmosphäre. Viele der alten Häuser sind baufällig und lassen ahnen, welche Anstrengungen bis weit ins nächste Jahrtausend hinein noch notwendig sein werden, um die Restaurierung der Altstadt zu vollenden.

Zu den Zeugen einer bewegten Vergangenheit gehören auch manche der Bars und Restaurants, etwa die »Bodeguita del Medio« oder die »Floridita«, in denen Ernest Hemingway einst verkehrte. In Finca Vigia, ganz in der Nähe Havannas, besaß er seit 1939 ein Haus, das im Originalzustand erhalten ist und den zahlreichen Besuchern Einblicke in die Lebens- und Arbeitsweise des Schriftstellers erlaubt. In Coijmar, nur wenige Meilen von Finca Vigia entfernt, hat er auch jenen Fischer getroffen, der ihn zu seinem mit dem Nobelpreis ausgezeichneten Werk »Der alte Mann und das Meer« inspirierte. Hemingway war fasziniert von Alt-Havanna, und noch immer scheint diese Faszination, die von der Stadt und von ihren Menschen ausgeht, ungebrochen.

◁ *Ein Stadtpalais im Herzen der Altstadt von Havanna. Solche stuckverzierten herrschaftlichen Häuser sind noch zur Zeit des Zuckerbooms in den zwanziger und dreißiger Jahren entstanden, als sich die kubanische Metropole zu einer der schönsten Städte der Welt herausputzte.*

▽ *»Diese Fahne, diesen Himmel und dieses Land werden wir um jeden Preis verteidigen.« Dergleichen Parolen und das Porträt des »Máximo Líder« Fidel Castro findet man überall auf Kuba. Sie zeigen, daß sich das Land noch immer bedroht fühlt.*

Revolutionär fast ständig im Exil leben mußte. Die Gedichte und Zeitungsartikel des 1853 in Havanna geborenen Martí wurden in ganz Lateinamerika geschätzt und veröffentlicht, und das Lied »Guantanamera«, dessen Text von ihm stammt, ist noch heute in aller Welt bekannt. Der Lyriker war auch ein aktiver Politiker: Rastlos reiste er, um die Revolution für die Armen und Entrechteten vorzubereiten, warb für die Befreiung von Spanien und warnte vor dem Herrschaftsanspruch der USA.

1895 begann der zweite Unabhängigkeitskrieg. Martí fiel bereits nach wenigen Tagen, aber der Aufstand schien erfolgreich zu sein. Doch kurz vor dem Sieg über die Spanier marschierten 1898 US-Truppen in Kuba ein, die das Land erst 1902 nach Einsetzung einer den Vereinigten Staaten hörigen Regierung wieder verließen.

Seitdem war der US-Botschafter der mächtigste Mann in der faktischen US-Kolonie – bis zum 1. Januar 1959. Bis dahin war das gesamte wirtschaftliche Leben Kubas auf nordamerikanische Interessen zugeschnitten. Die Insel lieferte Rohstoffe wie Zucker, Tabak und Erze, deren Preise in den USA festgelegt wurden. Die wichtigsten Unternehmen waren

◁ *Eine Erbschaft aus der kapitalistischen Zeit: das Panorama von Alt-Havanna. Die beiden Kuppelbauten beherbergen heute das Revolutionsmuseum (links) und die Akademie der Wissenschaften. Im Vordergrund erkennt man das Reiterstandbild des Revolutionsgenerals Máximo Gómez, der 1895 zu den Führern des Aufstands gegen die Spanier gehörte und von 1909 bis 1913 Präsident des Landes war.*

Filialen großer US-Konzerne, die in erheblichem Umfang den Außenhandel und damit die Wirtschaft des Landes kontrollierten. 1952 putschte sich der ehemalige Präsident Fulgencio Batista mit Unterstützung der USA wieder an die Macht; Korruption, Willkür und Unterdrückung wurden danach unter Beteiligung der Mafia im großen Stil praktiziert.

Die Revolution

Am 26. Juli 1953 versuchte der durch die Ideen José Martís geprägte Rechtsanwalt Fidel Castro mit mehr als 100 Anhängern, die Moncada-Kaserne in Santiago de Cuba zu stürmen mit dem Ziel, einen Befreiungskrieg gegen den Diktator zu beginnen. Der Versuch schlug fehl, Castro entkam knapp dem Tod, wurde verurteilt, aber aufgrund einer mächtigen Sympathiewelle in der Bevölkerung begnadigt. Er ging nach Mexiko ins Exil und landete am 2. Dezember 1956 mit 82 Mann, darunter der argentinische Arzt Ernesto »Che« Guevara, im Osten der Insel. Sein Guerilla-Krieg gegen das diktatorische Regime wurde von der Bevölkerung aktiv unterstützt. Am 1. Januar 1959 verließ Batista das Land – die Revolution hatte gesiegt.

Ein Programm sozialer Reformen, geprägt von den Idealen José Martís, führte sehr schnell zur Konfrontation mit dem mächtigen Nachbarn im Norden und damit zu einem Radikalisierungsprozeß. Am 17. April 1961 landeten, von den USA massiv unterstützt, mehr als 1000 Exilkubaner in der Schweinebucht. Sie glaubten, überall auf der Insel den Aufstand gegen die Regierung Castros auslösen zu können. Aber sie hatten sich getäuscht: Innerhalb von drei Tagen waren die Eindringlinge besiegt, und es zeigte sich, daß die große Mehrheit der Kubaner zu ihrer Revolution stand.

△ *Nicht reich, aber zufrieden: ein altes Ehepaar vor seinem einfachen Haus in Trinidad an der Südküste Kubas. Um die materielle Absicherung des Lebensabends braucht man sich hier keine allzu großen Sorgen zu machen: Kubas Sozialleistungen gelten als vorbildlich in der Dritten Welt.*

Weitere Konfrontationen mit den USA folgten, wobei die Kuba-Krise im Oktober 1962 wegen der Anlage sowjetischer Raketenstützpunkte auf der Karibik-Insel die Welt an den Rand eines Atomkrieges führte. Jahrelang mußte sich das Land der Aktivitäten bewaffneter Contra-Gruppen erwehren. Bis heute dauern – mit wechselnder Intensität – die Spannungen zwischen den USA und Kuba an. Washington hält noch immer das Handelsembargo aufrecht und nutzt gegen den erklärten Willen Kubas weiterhin den Stützpunkt Guantánamo im Osten der Insel.

Neue Gesellschaft mit großen Problemen

Trotz aller Schwierigkeiten gelang es, in Kuba eine neue Gesellschaft aufzubauen. Die grundlegenden Probleme unterentwickelter Länder wurden gelöst: Hunger und Elend breiter Schichten sind in Kuba unbekannt, ein vorbildliches Bildungs- und Gesundheitswesen wurde aufgebaut und steht allen Bewohnern der Insel kostenlos zur Verfügung; die mittlere Lebenserwartung liegt bei 74 Jahren. Erreicht wurde dies mit einer Anbindung der Wirtschaft an die sozialistischen Staaten. 80 Prozent des Außenhandels wurden mit der UdSSR abgewickelt, die DDR war der zweitwichtigste Handelspartner.

Nach dem Zusammenbruch des Staatssozialismus in Osteuropa und der unsicheren Situation in der UdSSR steht Kuba vor riesigen Problemen. Absatzmärkte sind zusammengebrochen; Lieferungen von Maschinen, Ersatzteilen und Lebensmitteln wurden eingestellt oder sind nicht gesichert. Obwohl erneut sämtliche Waren rationiert wurden, sind Versorgungsengpässe heute an der Tagesordnung. Dennoch liegt der durchschnittliche Lebensstandard immer noch über dem aller anderen lateinamerikanischen Länder.

Zur Lösung der Krise wird versucht, die Lebensmittelversorgung mit eigenen Kräften zu sichern. Zahlreiche Menschen arbeiten heute in landwirtschaftlichen Projekten. Die Handelsbeziehungen zu anderen Ländern der Dritten Welt werden intensiviert. Um die für wichtige Importe notwendigen Devisen zu erwirtschaften, werden medizinische Geräte und Impfstoffe exportiert und der Tourismus weiter ausgebaut. Zudem versucht man, die Effizienz der Wirtschaft zu erhöhen: durch Abbau aufgeblähter Belegschaften, durch Gewährung größerer Autonomie für die Leitung der Betriebe sowie durch besondere Brigaden, »Contingentes« genannt, die zwar hochproduktiv sind, aber keine 10 Prozent der Beschäftigten des Landes umfassen. Bürokratismus, der häufig wenig produktive Einsatz von Arbeitskräften sowie große Probleme insbesondere im Dienstleistungsbereich sind jedoch auch heute eher die Regel als die Ausnahme.

Für ein Land ohne nennenswerte eigene Energieressourcen sind die Erdöllieferungen aus der UdSSR lebensnotwendig. Ob sie auch in Zukunft eintreffen werden, ist fraglich. Kuba bereitet sich daher auf eine weitere Reduzierung der Erdöllieferungen vor, doch ob ein Überleben ohne diese Lieferungen möglich ist, sei dahingestellt.

Der Zusammenbruch des Staatssozialismus hat in Kuba tiefe Spuren im politischen Leben hinterlassen. Der Sozialismus war in Kuba jedoch nicht importiert, sondern von einer breiten Mehrheit der Bevölkerung getragen worden. In vielfältiger Form wurde die gesamte Bevölkerung am politischen Willensbildungsprozeß beteiligt. Das zwar nicht mehr unbestrittene, aber weitgehend ungebrochene Charisma Fidel Castros trägt zur politischen Identität und Stabilität bei. Die 1990 begonnene breite Diskussion über politische Reformen hat große Hoffnungen geweckt. Falls es tatsächlich zu Reformen kommen sollte und die Nahrungsmittelversorgung stabilisiert werden kann, dürfte das Überleben des kubanischen Modells des Sozialismus möglich sein.

Originell und vital: das kulturelle Leben

Die kubanische Kultur ist durch das Zusammentreffen von Menschen, die aus den unterschiedlichsten Kulturkreisen stammten, geprägt worden. In einigen Bereichen – so in der Literatur und in den darstellenden Künsten – war die Kultur der spanischen Konquistadoren beherrschend. Daneben behaupteten sich – vor allem in der Musik, aber auch in der bildenden Kunst – über die Jahrhunderte hinweg die zahlreichen afrikanischen Kulturen mit ihrer Kraft und Ursprünglichkeit. Hinzu kamen Einflüsse weiterer Nationalitäten, etwa der Chinesen, der Jamaikaner oder der Haitianer. Alle diese Kulturen konnten sich in erstaunlichem Maß gegen die offizielle – und unterdrückende – Kultur der spanischen Machthaber behaupten. Ihre vielfältigen Ausdrucks-

▽▷ *Eine der vielen Plantagen im Landesinnern Kubas. Die wichtigsten Exportgüter der Insel sind landwirtschaftliche Produkte: Zuckerrohr, Zitrusfrüchte – und natürlich der Tabak, Rohstoff für die handgerollte »Havanna«, die noch heute als Königin der Zigarren gilt.*

▽ **Trinidad, 1514 gegründet, ist die älteste Stadt Kubas.** Einst so reich wie Havanna, geriet sie in Vergessenheit; die koloniale Bausubstanz blieb weitgehend unangetastet. Heute ist Trinidad ein nationales Denkmal – typisch die flachen Häuser mit den hohen, vergitterten Fenstern.

formen verbanden sich zu einer eigenständigen, originellen kubanischen Kultur.

Kuba hat heute eine ganze Reihe auch international bekannter Künstler vorzuweisen: etwa den Schriftsteller Miguel Barnet, der mit seinem Buch »Cimarrón«, der Biographie eines entflohenen Sklaven, Weltruhm erlangte; die Sänger Silvio Rodriguez und Pablo Milanés, die in ganz Lateinamerika populär sind; die Gruppe »Irakere«, die auch in Europa bei Jazzkennern hochgeschätzt ist; oder der Maler Mendive, der für seine stark durch afrikanische Einflüsse geprägten Bilder weltweit Anerkennung gefunden hat.

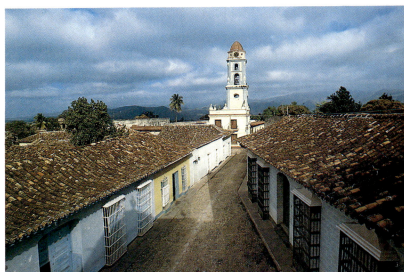

Die Grundlage für solche hervorragenden Leistungen bildet ein vielfältiges kulturelles Leben in Kuba. Es gibt eine Vielzahl von Zirkeln, in denen sich die Menschen mit Literatur, Malerei oder Bildhauerei beschäftigen, es gibt Musik- und Tanzgruppen, die alle staatlich unterstützt und gefördert werden.

Anders als in der Zeit vor 1959 dürfen sich heute künstlerische Talente frei entfalten, werden kulturelle Traditionen nicht mehr unterdrückt. Ein Beispiel: Die seit 1926 bestehende »Grupo Caidije«, die das Brauchtum Haitis – einschließlich der Patois-Sprache und des Voodoo-Kults – pflegt, konnte vor der Revolution nur unter strengster Geheimhaltung existieren.

Nach 1959 gab es zwar zeitweise immer noch Unverständnis gegenüber den eigenwilligen Tänzen und Riten, die selbst viele Kubaner exotisch anmuten, etwa wenn dabei der »Mayor machet« die rasiermesserscharfe Machete über Hals und Zunge wirbelt. Heute werden solche Aktivitäten von staatlicher Seite gefördert.

Die breite Entfaltung unterschiedlichster künstlerischer Ausdrucksformen war nur dank einer liberalen und undogmatischen Kulturpolitik möglich. Che Guevara beispielsweise kritisierte bereits Anfang der sechziger Jahre das Dogma des sozialistischen Realismus; und nicht nur er, sondern auch Fidel Castro und Kulturminister Armando Hart setzten sich für eine weitgehende Pluralität im kulturellen Leben Kubas ein. Dazu gehört auch die Offenheit gegenüber den Kulturen aller Länder der Welt – ein weiteres Kennzeichen kubanischer Politik.

Kuba — Daten · Fakten · Reisetips

Landesnatur

Fläche: 110 861 km²
Ausdehnung: West–Ost 1250 km, Nord–Süd (im Mittel) 90 km
Küstenlänge: 3400 km
Höchster Berg: Pico Turquino 1994 m
Längster Fluß: Río Cauto 240 km

Die mittelamerikanische Republik Kuba besteht aus der Hauptinsel Kuba, der größten Antilleninsel, und etwa 1600 kleineren Inseln und Korallenriffen. Die 180 km breite Floridastraße trennt den Inselstaat vom nordamerikanischen Festland.
An der Bucht von Guantánamo wurde 1903 durch einen Pachtvertrag ein 114 km² großes Gebiet an die USA abgetreten, die dort eine Marinebasis und einen Militärflughafen errichteten.

Kubas zerklüftete Südküste vor der Kulisse der Sierra Maestra.

Naturraum

Erdgeschichtlich gehören die kubanischen Inseln zum nordamerikanischen Kontinent. Die 105 007 km² große Hauptinsel besteht überwiegend aus Tiefland.
Gebirgscharakter besitzt Kuba besonders im Südosten, wo die erdbebenreiche Sierra Maestra mit dem Pico Turquino eine Höhe von fast 2000 m erreicht. Nur 40 km weiter südlich senkt sich der bereits an der Küste steil abfallende Caymangraben bis 7240 m unter den Meeresspiegel ab. Kleinere Gebirgslandschaften gibt es ferner im südlichen Mittelteil Kubas (Sierra de Trinidad) und im Westen (Sierra Guaniguanico). Im Norden liegen die niedrigen Bergländer von Havanna und Matanzas. Die zahlreichen Inseln und Riffe vor der buchtenreichen Küste bestehen durchwegs aus Korallenkalk; die Isla de la Juventud (2199 km²) ist hügelig (bis 316 m) und im Süden von Sümpfen durchzogen.

Klima

Kuba hat ein wechselfeuchtes Klima, das vom Nordostpassat beeinflußt wird. In Havanna betragen die durchschnittlichen Temperaturen im Juli 28 °C, im Januar 22 °C. Im Landesdurchschnitt fallen 1000 bis 1500 mm Niederschläge jährlich. Juni und Oktober sind die regenreichsten Monate; der Winter (November–April) ist relativ trocken. Im Spätsommer gefährden Wirbelstürme vor allem den Nordwesten des Landes.

Vegetation und Tierwelt

Die ursprüngliche Vegetation auf der Hauptinsel – regengrüne Feuchtwälder, Savannen und Mischwälder – ist infolge landwirtschaftlicher Nutzung weitgehend zerstört. Kulturflächen und Palmsavannen prägen heute das Bild der Tiefländer. Örtlich finden sich noch Kiefern-Eichen-Wälder. Immergrünen Regenwald, der in Bergwald übergeht, gibt es nur noch an den Hängen der südlichen Sierren. Umfangreiche Aufforstungsmaßnahmen sind mittlerweile eingeleitet worden. Abgesehen von Vögeln und Insekten ist die Tierwelt zu Lande wenig artenreich. Sie besteht hauptsächlich aus Insektenfressern, Nagetieren, Schlangen, Eidechsen und Krokodilen. Dagegen finden sich in den fischreichen Küstengewässern etwa 500 Arten von Speisefischen und allein 35 Haiarten.

Politisches System

Staatsname: República de Cuba
Staats- und Regierungsform: Sozialistische Republik
Hauptstadt: Havanna (La Habana)
Mitgliedschaft: UN, SELA, GATT, COMECON (OIWZ)

Nach der Verfassung von 1976 ist Kuba ein sozialistischer Staat; einzige Partei ist die »Kommunistische Partei Kubas«. Das Volk wählt alle fünf Jahre die Abgeordneten der 169 Municipal-Versammlungen, die ihrerseits (nach Einwohnerzahlen) Delegierte in die 14 Provinzversammlungen und in die derzeit 499köpfige Nationalversammlung entsenden. Letztere wählt die 31 Mitglieder des Staatsrats. Staatsrat und Nationalversammlung bilden die Legislative. Höchstes Exekutivorgan ist der Ministerrat, der von der Nationalversammlung und dem Staatsratsvorsitzenden, der zugleich Präsident und Regierungschef ist, bestimmt wird. Kuba hat 14 Provinzen und 169 Großgemeinden (Municipios).
Höchste juristische Instanz ist der Oberste Volksgerichtshof, unterste Instanzen sind Volksgerichte. Die Gerichte wurden für Laien geöffnet.

Bevölkerung

Einwohnerzahl: 10,5 Millionen
Bevölkerungsdichte: 95 Einw./km²
Bevölkerungszunahme: 0,7 % im Jahr
Größte Städte: Havanna (2 Mio. Einw.), Santiago de Cuba (360 000), Camagüey (260 000)
Bevölkerungsgruppen: 70 % Weiße, 17 % Mulatten, 12 % Schwarze

Wegen ihres relativ hohen Anteils an europäischen Einwanderern, die insbesondere nach 1886 nach Kuba gekommen sind, gilt die Insel heute als die »weiße Insel« unter den Großen Antillen. Die Schwarzen stammen von ehemaligen Sklaven ab. Die ursprüngliche indianische Bevölkerung wurde teils vertrieben, teils unterworfen oder ging an den von den Spaniern eingeschleppten Krankheiten zugrunde. Seit dem Umsturz im Jahr 1959 haben über eine halbe Million Kubaner das Land verlassen und leben heute größtenteils in den USA.
Rund ein Viertel der kubanischen Bevölkerung wohnt im Gebiet der Hauptstadt Havanna. Dicht besiedelt sind auch die gebirgigen Landesteile im Südosten und im mittleren Inselabschnitt. Um die Landflucht zu stoppen, bemüht sich die Regierung um bessere Lebensbedingungen auf dem Land. Etwa 37 % der Bevölkerung sind unter 20 Jahren. Landessprache ist Spanisch.
Etwa 90 % der Kubaner gehören nominell der römisch-katholischen Kirche an, die allerdings nur noch eine untergeordnete Rolle spielt.

Soziale Lage und Bildung

Eine fortschrittliche Sozialgesetzgebung bietet der gesamten Bevölkerung umfassenden Schutz. Die medizinische Versorgung ist kostenlos.
Einer der größten Erfolge der kubanischen Revolution war die Reform der Bildungseinrichtungen. Die Analphabetenrate dürfte heute unter 2 % liegen. Es besteht Schulpflicht zwischen dem 6. und 14. Lebensjahr, der Unterricht ist gebührenfrei. Das Land hat etwa 30 Hochschulen sowie drei Universitäten.

Wirtschaft

Währung: 1 Kubanischer Peso (kub$) = 100 Centavos (¢)
Bruttoinlandsprodukt (in Anteilen): Land- und Forstwirtschaft 10 %, industrielle Produktion 45 %, Dienstleistungen 45 %
Wichtigste Handelspartner: COMECON-Länder, Japan, China

Die Wirtschaftsordnung der »Zuckerinsel« ist seit 1959 sozialistisch ausgerichtet (Planwirtschaft). Angesichts der politischen Veränderungen in den Staaten des früheren Ostblocks wird Kuba neue Wirtschaftsbeziehungen knüpfen und ausländische Investitionen zulassen müssen, um den zu erwartenden Rückgang der Wirtschaftshilfe, vor allem aus der Sowjetunion, kompensieren zu können.

Landwirtschaft

Das Hauptanbauprodukt ist Zuckerrohr. Bedeutend sind auch Kaffee, Tabak, Gemüse und Zitrusfrüchte. Etwa vier Fünftel der Nutzfläche werden durch Staatsgüter bewirtschaftet, kleinbäuerliche Betriebe sind genossenschaftlich organisiert. Die Fischereiwirtschaft wird vom Staat gefördert.

Bodenschätze, Energieversorgung, Industrie

Kuba zählt zu den größten Nickelproduzenten der Erde. Gefördert werden ferner Mangan, Chrom und Kupfer. Die Energiewirtschaft ist auf sowjetische Öllieferungen angewiesen.
Exportorientierte Zweige der Industrie sind die Zuckerrohr- und Tabakverarbeitung sowie die Nickelverhüttung. Neben Nahrungs- und Genußmitteln werden Konsumgüter (Textilien, Möbel, Glas) hergestellt. Industrielles Zentrum ist Havanna mit seinen Nachbarstädten.

Handel

Etwa 80 % des Handels wurden bislang mit den COMECON-Staaten abgewickelt. Kuba ist weltgrößter Zuckerexporteur (75 % der Exporterlöse). Weitere Exportwaren sind Nickel, Erdölerzeugnisse, Tabak, Alkohol, Früchte und Fisch. Eingeführt werden Eisen, Stahl, Getreide, Maschinen, Fahrzeuge und Ausrüstungen.

Verkehr, Tourismus

Das Straßennetz umfaßt rd. 32 000 km (ein Drittel ist asphaltiert). Wichtig ist auch das Eisenbahnnetz (6000 km öffentliche Linien, 12 000 km Werkbahnen). Größter der 30 Seehäfen ist Havanna. Internationale Flughäfen befinden sich in Havanna, Camagüey und Santiago de Cuba.
Der Fremdenverkehr als zweitwichtigster Devisenbringer wird gefördert.

Perfekt organisierte Selbstdarstellung: kommunistisches Jugendfestival 1978 in Havanna.

Daten · Fakten · Reisetips — Kuba

Geschichte

Am 28. Oktober 1492 entdeckte Christoph Kolumbus Kuba, aber erst 1511 gelang es dem Spanier Diego Velásquez, mit 300 Mann das Eiland zu erobern. In der Folgezeit wurde Kuba Ausgangspunkt für die weitere Eroberung Zentralamerikas.
Der ständigen Bedrohung durch Piraten versuchten die Spanier Mitte des 16. Jh. zu begegnen, indem sie Havanna zur stärksten Festung Lateinamerikas ausbauten. Trotzdem war die Insel weiterhin Plünderungen durch Piraten wie auch Eroberungsversuchen durch Briten, Niederländer und Franzosen ausgesetzt. Mit dem Anbau von Tabak und Zuckerrohr und der Entwicklung der Plantagenwirtschaft im 18. Jh. wurden immer mehr Sklaven nach Kuba gebracht. 1762 wurde die Insel von den Briten erobert, 1763 im Austausch gegen Florida wieder spanisch.
Die Unabhängigkeitsbewegung der spanischen Kolonien in Mittelamerika griff in der zweiten Hälfte des 19. Jh. auch auf Kuba über. Die Aufstände schlugen jedoch fehl. Als 1895 die Kämpfe erneut aufflammten, griffen die USA ein. Die Explosion des US-Kriegsschiffes »Maine« im Hafen von Havanna nahmen die Amerikaner zum Anlaß, Spanien am 20. April 1898 den Krieg zu erklären. Nach der Niederlage der spanischen Flotte verlor Spanien im Frieden von Paris (10. Dezember 1898) mit allen anderen amerikanischen und asiatischen Kolonien auch Kuba. Der Inselstaat blieb bis 1902 unter amerikanischer Militärverwaltung; am 5. Mai 1902 wurde er unter der Schutzherrschaft der USA eine unabhängige Republik. Dennoch intervenierten die USA 1906 und 1913 erneut auf Kuba und pachteten 1903 die Bucht von Guantánamo »auf ewige Zeit«.
Innenpolitisch kam die Insel lange nicht zur Ruhe. Nach der Flucht des korrupten Präsidenten Machado y Morales 1933 hatte der ehemalige Sergeant Fulgencio Batista mit Unterbrechungen bis 1958 die Macht in den Händen. Am Neujahrstag 1959 setzte er sich mit der Staatskasse im Wert von 40 Mio. Dollar in die USA ab.
Mit dem Einzug Fidel Castros, seines Bruders Raul und des Argentiniers Che Guevara am 1. Januar 1959 in Havanna begann die Geschichte der sozialistischen Republik Kuba (gegründet am 2. Dezember 1961). Die vom US-amerikanischen Geheimdienst vorbereitete, aber gescheiterte Invasion der Exil-Kubaner in der »Schweinebucht« am 17. April 1961 führte zur Annäherung zwischen Kuba und der Sowjetunion. Chruschtschows Versuch, Kuba zur vorgeschobenen Raketenbasis der Sowjetunion auszubauen, löste im Oktober 1962 die Kuba-Krise aus und ließ einen Weltkrieg in bedrohliche Nähe rücken. Nach Beilegung der Krise betonte Castro Kubas Rolle als Revolutionszentrum in Lateinamerika. Der Staats-, Regierungs- und Parteichef Fidel Castro lehnt die politische Demokratisierung und wirtschaftliche Liberalisierung nach dem Vorbild der sowjetischen Perestroika entschieden ab und will auch in Zukunft am »unverfälschten Sozialismus« festhalten.

Kultur

An die indianische Urbevölkerung, die Ciboney und die im 12. Jh. eingewanderten Subtaino, erinnern nur noch Fundstücke von Steinwerkzeugen und Keramiken.
Die Architektur war bis Ende des 19. Jh. durch die spanische Herrschaft geprägt. Aus der Frühzeit der Kolonisation sind Festungsanlagen erhalten, darunter das Castillo de la Real Fuerza (16. Jh.). Viele Sakralbauten, Paläste und Bürgerhäuser im Mudéjar- und Barockstil stammen aus dem 18. Jh.
Die Musik der Schwarzen war in der Zeit der Sklaverei eng mit synkretistischen Kulten wie Santéria sowie mit Geheimbünden (etwa Cabildos) verknüpft.
Die musikalische Folklore ist aus der Verschmelzung afrikanischer und europäischer, vor allem spanischer Elemente entstanden. International bekannt ist die Tanzmusik (Habanera, Rumba, Mambo, Cha-Cha-Cha). In jüngerer Zeit sind Salsa, Cuban Jazz und Nueva Trova als eigenständige Richtungen hinzugekommen.
In der Literatur dominierte im 19. Jh. ein romantischer Patriotismus, der »Siboneyismo«. Die Vertreter dieser Stilrichtung, besonders José Martí (1853–1895), wurden gegen Ende des Jahrhunderts zunehmend radikaler in ihren politischen Ansichten. Im

Im Tante-Emma-Laden: wenig Auswahl, aber gute Stimmung.

20. Jh. entwickelte sich mit der »poesía negra« eine afrokubanisch geprägte Kunstform innerhalb der Lyrik. Ihr wichtigster Vertreter war Nicolás Guillén (geb. 1902), der in seinen Gedichten Kapitalismus und Rassismus in den USA anklagte. Das Werk Alejo Carpentiers (1904–1980) wird dem »magischen Realismus« zugerechnet. Einen tiefen Einschnitt erfuhr die kulturelle Entwicklung durch die Revolution von 1959.
Der Film gewann in der Folgezeit Bedeutung und wurde gleichzeitig zum Medium der politischen Aufklärung. Über die Grenzen Kubas hinaus bekannt geworden sind die Regisseure Tomás Gutiérrez Alea und Julio García Espinosa.

Reise-Informationen

Einreise- und Fahrzeugpapiere
Bürger der Bundesrepublik Deutschland und Österreichs benötigen eine Touristenkarte sowie einen gültigen Reisepaß. Für Schweizer genügt der gültige Reisepaß.
Als Fahrerlaubnis ist der internationale Führerschein notwendig.
Zoll
Bei der Einreise sind zollfrei: pro Person ab 14 Jahre 200 Zigaretten oder 25 Zigarren oder 450 g Pfeifentabak, zwei Flaschen Spirituosen und eine kleine Menge Parfüm.
Devisen
Kubanische Pesos (kub$) dürfen bei der Ein- und Ausreise nicht mitgeführt werden. Ausländische Zahlungsmittel können dagegen unbeschränkt eingeführt und in Höhe der deklarierten Einfuhr ausgeführt werden. Es ist ratsam, US-Dollars mitzunehmen.
Verkehrsverhältnisse
Kuba verfügt über ein ausgezeichnetes Straßennetz und Busverbindungen zwischen allen großen Orten. In den Fremdenverkehrsgebieten stehen Leihwagen und Touristentaxis, die in US-$ bezahlt werden, zur Verfügung. Es gibt regelmäßige Flugverbindungen innerhalb des Landes.
Unterkünfte
Individualtouristen können in Hotels, Feriendörfern oder auf Campingplätzen übernachten.
Reisezeit
Da der Sommer regenreich ist, gilt als beste Reisezeit November bis April.

Gerda Ro...

G

ott und Frankreich favorisieren die zauberhafte Insel mit der wi den Fruchtbarkeit eines tropische Gartens, den grazilen, biegsame Mädchen, den bunten Kolibris, der feuerfarbenen Mond und den einsa men Stränden am türkisblauen Meer. Die Martiniquais, zu über 90 Prozer als Nachkommen afrikanischer Skla ven schwarz oder braunhäutig, Träge einer kolonialen und postkoloniale Mischkultur, sind seit 1946 gleichbe rechtigte Franzosen. Ganz nach der A von Musterschülern haben sie ihr Lektionen über französischen Lebens stil, den Paris mit missionarischem E fer auf die Antillen verpflanzte, ge lernt. Auch nach dem Rückgang de Zuckerbooms, der Flaute im Bananer handel, der zunehmenden Arbeitslo sigkeit und der nur durch Sozialhilfe gemilderten Armut heißt die Devise »Joie de vivre«. Noch sorgt das ferne Mutterland nach Kräften und wohl auch aufgrund eines noch nicht ganz verschütteten kolonialen Schuldbe wußtseins für seine treue, verwöhnte überseeische Tochter. Der Ruf nach Autonomie artikuliert sich daher bis jetzt nicht allzu laut.

Amtl. Name:	Departement Martinique
Amtssprache:	Französisch
Einwohner:	330 000
Fläche:	1102 km²
Hauptstadt:	Fort-de-France
Polit. Status:	Französisches Übersee-Departement
Kfz-Zeichen:	F
Zeitzone:	MEZ −5 Std.
Geogr. Lage:	Karibik, zwischen Dominica und Saint Lucia

Unter der karibischen Sonne wirken Muscheln und Schnecken farbenprächtiger als sonst irgendwo. Tritons-

hörner und ins Violett oszillierende Konchen kommen aus einem Meer mit Farben vom zarten Türkis bis zum tiefen Nachtblau

Eine »Blumeninsel«, entstanden aus Feuer, Wind und Wasser

Als Kolumbus 1502 Martinique entdeckte, wurde die Insel von der einheimischen Bevölkerung Madinina, die Blumeninsel, genannt. Auch heute nimmt das Auge hier vor allem Tropenzauber wahr: korallenweiße Hotelstrände im Inselsüden, die seltsamen, Mornes genannten Rundgipfel, silbrige Wasserfälle und die vielen kleinen Flüsse, die alsbald vom Regenwald verschluckt werden. Alles wächst, blüht, riecht sinnverwirrend fremd. Man staunt ob dieser Üppigkeit, denn die gebirgige, 1102 Quadrat-

◁ Fort-de-France – hier ein französisch anmutender Straßenzug – ist seit dem Untergang Saint-Pierres die Hauptstadt Martiniques. 100 000 Einwohner, ein Drittel der Inselbevölkerung, leben in dieser quicklebendigen Hafenstadt.

△ Das Menetekel im Norden des Paradieses: die Montagne Pelée – ein an die 1400 Meter hoher Vulkan, der manchmal noch so gefährlich rumort, als wolle er bersten.

kilometer große Antilleninsel entstand aus dem Zusammenwirken von Vulkanen und Wirbelstürmen. Drei Vulkanzonen, die 504 Meter hohe Montagne du Vauclin im Süden, die 1196 Meter hohe Pitons du Carbet in Zentral-Martinique und die 1397 Meter hohe Montagne Pelée im Norden, schickten ihr Feuer, ihre Beben, ihre Asche- und Gaswolken über die Landschaft und formten sie variantenreich, vom versteinerten Wald in der Savane des Pétrifications bis zu den herrlichen Schluchtenlandschaften bei Ajoupa-Bouillon.

Der heute vom Observatoire du Morne des Cadets ständig beobachtete Vulkan der Montagne Pelée vernichtete bei seinem Ausbruch am 8. Mai 1902 durch eine Wolke glühender Gase die damalige Hauptstadt Saint-Pierre, das lebenslustige »Paris der Antillen«, und seine 30 000 Bewohner. Das neue Saint-Pierre entstand im Schatten der Katastrophe, der Trümmer, der Angst und auch der Trauer über den an Fort-de-France verlorenen Hauptstadtstatus. Doch längst überzieht ein malerisches Gespinst aus Scharlachkordien, Hibiskus, Bougainvilleen, Muschelingwer und gelbem Oleander die Ruinen. Das wechselfeuchte, tropische Klima, die vielen Regenfälle in der zweiten Jahreshälfte sorgen für eine paradiesische Fruchtbarkeit. Allerdings fehlt auch in diesem Garten Eden die Schlange nicht: Die hochgiftige Lanzenotter ist die Plage der Bananenplantagen, und wer von den kleinen grünen, apfelähnlichen Früchten des Manzinellenbaumes kostet, beißt direkt in ein hochwirksames Pfeilgift.

Fort-de-France: Provinzschönheit unter der Trikolore

Rund 100 000 Martiniquais, fast ein Drittel der Inselbewohner, leben in der Hauptstadt – eng gedrängt zwischen französischen Luxusläden, überquellenden Märkten und Rum-Kneipen. Sie wohnen in der verwitterten Altstadt Le Carénage, im Einkaufszentrum um die Kathedrale St. Louis, in den schäbigen Fischerhütten an der Mündung der Rivière Madame oder in den prachtvollen, im Kolonialstil erbauten Villen am Plateau Didier.

Fort-de-France ist geschäftig, laut, die Barkassen der Kreuzfahrtschiffe landen direkt an der zentralen Place de la Savane. In den Ladenstraßen wirkt die Stadt wie ein Musterbild der französischen Überflußgesellschaft. Auf dem Markt türmen sich Bananen, Ananas, Zitrusfrüchte, Guaven, Tamarindenfrüchte, Avocados, Auberginen und Karibenkohl, am Marché aux Poissons Fische und Krustentiere. Doch die Fülle täuscht. Martinique importiert fast 80 Prozent der benötigten Lebensmittel aus Frankreich, zuweilen sogar Fisch. Die Exportrate von Bananen, Zucker, Ananas und Rum beträgt nur etwa ein Fünftel der Importrate. Ohne die France-Milliarden aus dem Mutterland wäre die Insel nicht lebensfähig. Trotz Luxustourismus und einer modernen Industriezone bei Le Lamentin sind die Zukunftsaussichten eher trüb.

Eine Gesellschaft ohne Wurzeln

Die Ureinwohner von Martinique, die Arawak-Indianer, hinterließen von ihrer Kultur nichts als ihre Keramiken, die heute im Museum von Fort-de-France zu sehen sind. Schon ein paar hundert Jahre vor Kolumbus waren die Arawak von den Kariben verdrängt worden. Diese ritzten in der Forêt de Montravail Sonnengesichter mit schreckerstarrten Augen in den Fels, als ahnten sie ihr schreckliches Ende durch die nächsten Eroberer voraus. 1655 – 20 Jahre nach der französischen Inbesitznahme – wurden die Kariben auf Martinique durch Kriege und Krankheiten nahezu ausgerottet. Nur eine Minderheit der künftigen Bewohner kam anschließend freiwillig auf die Insel: die weißen Landnehmer. Die große Mehrheit wurde als Sklaven an Land getrieben. So entstand eine neue, aber künstliche Gesellschaft, deren schwarze Mehrheit kulturell entwurzelt war. Die Sklavenbefreiung im Jahre 1848 konnte ihr die tiefe Verunsicherung ob der verlorenen Identität und Tradition nur langsam nehmen.

Aimé Césaire, weltbekannter afrokaribischer Dichter, zudem Bürgermeister von Fort-de-France und Abgeordneter in der französischen Nationalversammlung, wurde zum Vordenker der Négritude im Sinne kultureller und politischer Eigenständigkeit der Insel. Schwarz und Weiß ist jedoch kein wirklich herausragendes Thema, was nicht heißen soll, daß man nicht zwischen Blancs-France (Emigranten aus dem Mutterland), Békés (inselgeborenen Franzosen), zwischen Schwarzen, Mulatten, Indern, Chinesen und Arabern unterscheidet.

Obwohl etwa ein Fünftel der Bevölkerung arbeitslos ist und die Franzosen die führenden Stellungen in der Verwaltung und im Geschäftsleben besetzt halten, genießen es die Martiniquais, ein überaus verwöhnter Sozialfall der Grande Nation zu sein, und befürworten den Verbleib im französischen Staatsverband. Die Anziehungskraft des Mutterlandes ist so groß, daß über 100 000 Martiniquais der allzu dicht besiedelten Insel den Rücken kehrten. Ihr Traum heißt nach wie vor: Paris.

Daten · Fakten · Reisetips — Martinique

Landesnatur

Fläche: 1102 km²
Ausdehnung: 65 km lang, 12–30 km breit
Höchster Berg: Montagne Pelée 1397 m

Martinique ist nach Guadeloupe die zweitgrößte Insel der Kleinen Antillen in der östlichen Karibik.
Die gebirgige Insel ist vulkanischen Ursprungs und besitzt infolge intensiver Erosion eine stark gegliederte Oberfläche. Ihre felsige, buchtenreiche Küste bildet an der Westseite einen tief ins Land reichenden Naturhafen, die Bucht von Fort-de-France, an die sich landeinwärts der flache Mittelteil der Insel anschließt. Der Norden wird vom fast 1400 m hohen Vulkan Montagne Pelée beherrscht.
Das warmtropische Klima mit Monatsmitteltemperaturen zwischen 24 und 31 °C unterliegt dem mildernden Einfluß des Passats. Niederschläge fallen reichlich, hauptsächlich in der Zeit von Juli bis November.
Vorherrschende Vegetationsform ist dichter tropischer Regenwald. Im Süden und Südwesten breiten sich Savannen aus. Auf der Insel leben Mungos, Wildkaninchen und verschiedene Taubenarten.
Das günstige Klima erlaubt den Anbau tropischer Nutzpflanzen (Bananen, Zuckerrohr, Kaffee).

Napoleons Gattin Joséphine, die bekannteste Frau aus Martinique.

Politisches System

Amtl. Name: Département de la Martinique
Politischer Status: Französisches Übersee-Departement mit zwei Arrondissements und 34 Communes
Hauptstadt: Fort-de-France

Als »Département d'Outre-Mer« (DOM) ist Martinique Teil des Mutterlandes Frankreich und wird von einem dem französischen Innenministerium unterstehenden Präfekten verwaltet. Selbstverwaltungsorgan ist der »Conseil Général« (Generalrat) mit 45 Mitgliedern.

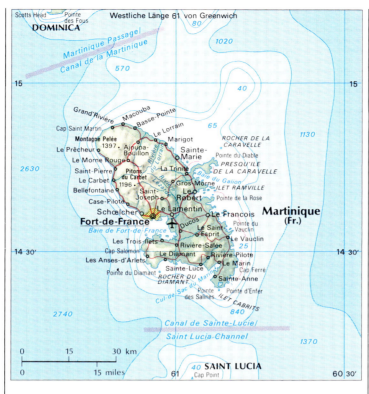

Bevölkerung

Einwohnerzahl: 330 000
Bevölkerungsdichte: 300 Einw./km²
Wichtigste Stadt: Fort-de-France (98 000 Einw.)

Wichtigste Bevölkerungsgruppen sind Schwarze und Mulatten (88 %), Weiße meist französischer Herkunft (4 %), Inder und Chinesen (8 %).
Landessprache ist Französisch, doch spricht vor allem die schwarze Bevölkerung im Umgang »Patois«, einen kreolisch-französischen Dialekt. Der Großteil der Bevölkerung bekennt sich zur römisch-katholischen Kirche.
Auf der Insel herrscht – dank Tourismus und Handel – ein für die Karibik recht hoher Lebensstandard. Durch das Fehlen größerer Industrien besteht jedoch hohe Arbeitslosigkeit, die zu vermehrter Abwanderung ins Mutterland und zu innenpolitischen Spannungen führt.
Sozial- und Bildungswesen sind nach französischem Vorbild ausgerichtet.

Wirtschaft

Währung: 1 Französischer Franc (FF) = 100 Centimes (c)
Wichtigster Handelspartner: Frankreich

Haupteinnahmequelle von Martinique ist der Tourismus, der in den letzten Jahren einen Zuwachs verzeichnen konnte. Die meisten Besucher kommen nach wie vor aus den USA, Kanada sowie Frankreich, zunehmend auch aus anderen Ländern Westeuropas.
Wichtigstes landwirtschaftliches Produkt sind Bananen, die auch den größten Teil des Exports ausmachen. Daneben ist noch der Anbau von Zuckerrohr von Bedeutung.

Geschichte und Kultur

Martinique präsentiert sich dem Besucher wie eine französische Dependance in der Karibik – kein Wunder, denn seit 1635, als die ersten französischen Siedler das tropische Eiland betraten, war die Insel fast dauernd in französischem Besitz.
Die Landung von Christoph Kolumbus 1502 blieb eine Episode. Erst 150 Jahre später wurde die Blumeninsel »Madinina«, wie die Ureinwohner sie nannten, für die Europäer wirklich interessant: Inzwischen war in Europa der Zuckerkonsum gestiegen, so daß der Anbau von Zuckerrohr, das holländische Juden 1654 nach Martinique brachten, ein einträgliches Geschäft versprach. Die Erschließung der Insel begann. Es fehlten jedoch Arbeitskräfte, denn die Kariben, Nachfolger der im 15. Jh. ausgerotteten Arawak, waren schon nach kurzer Zeit durch Sklaverei und Seuchen vernichtet. Für die Plantagenarbeit holten sich die Pflanzer deshalb zunehmend Sklaven aus Afrika.
1674 wurde die Insel französische Kronkolonie und blieb es trotz häufiger Kämpfe mit Holländern und Engländern im 17., 18. und 19. Jh.
Nach verschiedenen Sklavenaufständen brachte erst das Jahr 1848 die Aufhebung der Sklaverei.
1946 wurde Martinique französisches Übersee-Departement.

Neben französischen Einflüssen haben auch Reste indianischer und schwarzafrikanischer Traditionen die kulturelle Entwicklung der Insel geprägt. Das Departement-Museum in der Hauptstadt Fort-de-France präsentiert Zeugnisse präkolumbischer Kulturen. Afrikanische Wurzeln haben die im Inselinnern noch vereinzelt gepflegten Voodoo-Kulte.
Kulturelles Zentrum ist Fort-de-France, als Fort Royal im 17. Jh. gegründet und auch heute noch geprägt vom Lebensstil des Mutterlandes. Alljährlicher Höhepunkt ist der farbenprächtige Karneval.
Ein Kleinod ist das Gauguin-Museum in der Bucht von Turin. Dort lebte der Maler, ehe er nach Tahiti ging.
In Saint-Pierre, der alten Hauptstadt im Nordwesten, erinnert das kleine Vulkanmuseum an den Ausbruch der Montagne Pelée im Jahr 1902. Damals kamen fast 30 000 Menschen, die gesamte Einwohnerschaft der blühenden Stadt, ums Leben.

Reise-Informationen

Bürger der Bundesrepublik Deutschland, der Schweiz und Österreichs benötigen für einen Aufenthalt bis zu drei Monaten einen gültigen Reisepaß bzw. Kinderausweis.
Als Fahrerlaubnis genügt der Führerschein; bei einem Aufenthalt von mehr als 20 Tagen ist ein internationaler Führerschein erforderlich.
Es gelten die französischen Zollbestimmungen.
Französische Francs (FF) und Fremdwährung können bei der Ein- und Ausreise unbeschränkt mitgeführt werden.
Für Besucher, die aus Infektionsgebieten einreisen, ist Gelbfieberimpfung vorgeschrieben.
Mietwagen und Taxis sind billig. Mit Frankreich und den USA bestehen Flug- und Schiffsverbindungen.
Es gibt Hotels von europäischem Standard, Pensionen, Campingplätze und Anlagen des Club Méditerranée.
Die beste Reisezeit ist zwischen Dezember und April.

Vor jedem Hahnenkampf werden die scharfen, meist tödlichen Stahlsporen fachgerecht befestigt.

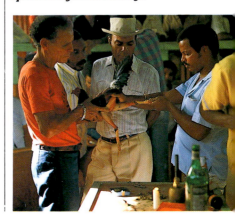

 **Mexiko**

Breite Sombreros, klirrende Sporen, abenteuerlich bunte Trachten – auf dem Lande hält Mexiko an seiner Mestizenkultur fest, dieser Mischung aus altmexikanischen und spanischen Elementen. Dinnerjackets, elegante Modellkleider, hochhackige Pumps – in der Stadt orientiert man sich an New York, Paris, Rom oder Madrid und ist stolz darauf, modern und zukunftsgerichtet zu sein. Und eigentlich müßte die Zukunft vielversprechend sein, denn Mexiko besitzt alles: Bodenschätze wie Gold und Silber, Kupfer, Blei, Zinn, Eisen und vor allem Erdöl, florierendes Handwerk und vielfältige Industrie, aber auch fruchtbare Ebenen mit ausgedehnten Obst-, Gemüse-, Kaffee- und Baumwollplantagen und darüber hinaus eine ungeheure Landschaftsvielfalt – Wüsten, Regenwälder, Gebirge und entlang den Küsten fast unabsehbare Strände.

Aber der Reichtum verschwindet hinter den Problemen, die das Land zu erdrücken drohen: unkontrollierbares Bevölkerungswachstum, Elend der Slums, katastrophale Unterernährung großer Bevölkerungsteile, Korruption, Inkompetenz und eine horrende Staatsverschuldung.

Staatsname:	Vereinigte Mexikanische Staaten
Amtssprache:	Spanisch
Einwohner:	86 Millionen
Fläche:	1 958 201 km²
Hauptstadt:	Cíudad de México (Mexiko-Stadt)
Staatsform:	Präsidiale Bundesrepublik
Kfz-Zeichen:	MEX
Zeitzonen:	MEZ −7 bis −9 Std.
Geogr. Lage:	Nord- und Mittelamerika, begrenzt von den Vereinigten Staaten, Guatemala und Belize

Mexiko ist Kakteenland – zwei Drittel aller bekannten Kakteenarten sind hier zu Hause. In der kargen Sierra de las Mixtecas setzt der Kandelaberkaktus markante Akzente in das Landschaftsbild.

Die Rückkehr des Quetzalcóatl

In Veracruz an der Atlantikküste nahm Amerikas neuere Geschichte ihren Anfang. Dort begann die spanische Eroberung des Kontinents. Beim heutigen Fischerdorf La Antigua landete am 22. April 1519, einem Karfreitag, Hernán Cortés und schickte sich an, das Azteken-Reich zu zerschlagen. Dessen Herrscher, Montezuma II., hielt den Spanier für Quetzalcóatl, jenen weißen Halbgott, den die Tolteken 550 Jahre zuvor aus Tula vertrieben hatten und der, mit dem Versprechen wiederzukommen, über den Atlantik verschwunden war.

Cortés (1485–1547) gründete im Landegebiet die Stadt Villa Rica de la Vera Cruz, die »Reiche Stadt des Wahren Kreuzes«. Reste aus dieser Zeit, wie das von Bäumen überwucherte Fort und die erste auf mexikanischem Boden gebaute Kirche, sind heute noch bei Zempoala zu besichtigen. Die Spanier verlagerten ihr Hauptquartier noch mehrmals, bis sie 1598 La Nueva Veracruz gründeten, einen Hafen, der bis heute kaum an Bedeutung verloren hat.

In Veracruz schlugen die Mexikaner 1824 ihre letzte Schlacht im Unabhängigkeitskrieg gegen die Spanier. Von hier rückten die Truppen der Vereinigten Staaten im mexikanisch-amerikanischen Krieg (1846/1847) gegen die Hauptstadt vor. Hier landete, von den Franzosen gerufen, 1864 der habsburgische

Erzherzog Maximilian, für kurze Zeit »Kaiser« von Mexiko, und von hier schifften sich drei Jahre später die geschlagenen französischen Interventionstruppen wieder in ihre Heimat ein – im selben Jahr, in dem Maximilian vor ein mexikanisches Kriegsgericht gestellt und erschossen wurde.

Im Bundesstaat Veracruz fanden britische und amerikanische Geologen Ende des vergangenen Jahrhunderts das erste mexikanische Öl; hier steht auch das erste mexikanische Kernkraftwerk, das umstrittene »Laguna Verde«. In dem schmalen Landstrich zwischen den Gipfeln der Sierra Madre Oriental mit dem schneebedeckten Pico de Orizaba und den weißen Stränden des Golfs von Mexiko wechseln sich Erdölfelder mit Tabakplantagen ab, Kaffeepflanzungen mit Industriezentren, in denen Glas, Leder und Chemieprodukte hergestellt werden, und Maisfelder mit Vanilleplantagen und Urwäldern, in denen die Bohrtürme selbst jahrhundertealte Baumriesen überragen.

Nur die Kunst erzählt von den Olmeken

Zu den herausragenden Kolonialbauten der Stadt Veracruz gehören die älteste erhaltene Kirche des Kontinents, Santo Cristo del Buen Viaje gegenüber dem Parque Gutiérrez Zamora, und die Plaza de Armas mit ihrem Rathaus aus dem 17. Jahrhundert. Die Region Veracruz gilt als eine der reichsten Fundgruben präkolumbischer Kulturen. Im Süden, beim Cerro de las Mesas – dem »Hügel der Altäre«, in Tres Zapotes und bei San Lorenzo hinterließen die Olmeken zahlreiche Spuren. Ihr Name ist aztekisch und bedeutet soviel wie »Leute aus dem Gummiland«. Man kennt nur ihre Kunstwerke, die sie in der Landschaft aufstellten: Pyramiden, Tempelplattformen, Altäre, Stelen, kunstvoll gearbeitete Jadefiguren und die berühmten, bis zu 18 Tonnen schweren Kolossalköpfe aus Basalt. Vom Volk der Olmeken selbst ist dagegen nichts bekannt.

Ursprung und Zentrum des Olmeken-Reiches, das sich zeitweilig bis ins heutige El Salvador hinein erstreckte, lagen – so nahm die Wissenschaft bisher an – in Veracruz und im Bundesstaat Tabasco, insbesondere im Gebiet von La Venta, dem wichtigsten Platz für olmekische Funde. Als Zeitraum für diese Kultur setzte man die Zeit zwischen 1200 v. Chr. und 600 n. Chr. an. Neuere Ausgrabungen in den Bergen des Bundesstaates Guerrero könnten diese Herkunftstheorie allerdings in Frage stellen, denn dort fanden Archäologen Reste einer großen Olmeken-Stadt, deren älteste Bauwerke bereits um 1400 v. Chr. entstanden sein sollen.

Den Olmeken folgten Mexikos andere Völker, die nordwestlich von Veracruz zwei große Städte hinterließen: Zempoala und El Tajin. Tajin war dem »Gott der Blitze und Wirbelstürme« gewidmet und, den zahlreichen Ballspielplätzen nach zu schließen, offensichtlich ein Zentrum des in ganz Mesoamerika verbreiteten »Juego de la Pelota«, jenes Ballspiels, bei dem die Verlierer – oder wie andere Forscher behaupten: die Sieger – den Göttern geopfert wurden.

Die Maya-Entdeckung steht erst am Anfang

Über die feuchtheißen, von Bohrtürmen übersäten und von Pipelines durchschnittenen Niederungen Tabascos führen breite Straßen bis in die beinahe undurchdringlichen Regenwälder von Chiapas, der südlichsten Provinz Mexikos, und ins angrenzende Guatemala. In dieser Grenzregion, dem Herzen der Maya-Zivilisationen, sollen noch immer Hunderte, größtenteils un-

△ *Der Allerseelentag am 2. November heißt in Mexiko »Tag der Toten«. Er wird mit einem für unser Empfinden makabren Brauch begangen: Geschäftsleute und Straßenhändler bieten Skelette, Totenschädel und Särge aus Papier, Ton oder gar aus Marzipan an. Hier eine Dekoration, die an das Erdbeben von 1985 erinnert.*

▷ *Mexiko City bei Nacht mit dem prachtvollen »Palast der Schönen Künste«.*

◁ *Xochimilco, der »Ort der Blumenäcker«, gehörte einst zu der auf Pfählen errichteten und von Kanälen durchzogenen aztekischen Hauptstadt Tenochtítlan, auf deren Ruinen das heutige Mexiko City steht. Auf den Kanälen zwischen den künstlichen Inseln fahren heute Vergnügungs-Gondeln.*

Die Strafen waren unerbittlich und brutal: Verfolgung, Ermordung, Sklavenarbeit. Schließlich rafften die aus Europa eingeschleppten Seuchen noch Millionen von Eingeborenen dahin. Ihre Lage begann sich erst in der Mitte des 16. Jahrhunderts zu bessern, als der »Verteidiger der Indianer«, der Dominikanermönch Bartolomé de las Casas, von 1544 bis 1550 Bischof von Chiapas, sich der Eingeborenen annahm und in seinen Schriften, insbesondere seinem »Bericht von der Verwüstung Westindiens«, die Greueltaten der Kolonisatoren anprangerte. San Cristóbal de las Casas, diese typische, von indianischer Schwermut geprägte Kolonialstadt mit ihren vielen Kirchen und den flachen, ziegelgedeckten Häusern, ist nach ihm und dem Ortsheiligen benannt.

Schnittpunkt der Völkerwanderungen: Oaxaca

In Chiapas dominieren die Maya-Stämme, im westlich angrenzenden Oaxaca haben die Völker der Zapoteken und Mixteken überlebt. In den fruchtbaren Tälern erforschte Maya-Stätten verborgen liegen. Erst vor kurzem verlangten Wissenschaftler nach den Ausgrabungen im guatemaltekischen Nakbe sowie im mexikanischen Oxkintok (zu deutsch: drei Steinsonnen) eine »grundlegende Revision der Maya-Chronologie«. In Chiapas liegen einige der bedeutendsten religiösen und politischen Zentren aus dem »Alten Reich« (300 bis 900), der Zeit der sogenannten Maya-Klassik:

Palenque, die »befestigten Häuser«. Der Ort existierte schon um 300 v. Chr., entfaltete aber erst in der klassischen Periode seine größte Macht. Doch wie alle Städte des »Alten Reiches« wurde auch Palenque im neunten Jahrhundert aus bisher ungeklärten Gründen von seinen Bewohnern verlassen.

Yaxchilán, der »Ort der grünen Steine«. Er wird geschützt vom Dschungel und einer Schleife des Río Usumacinta. Noch heute vollziehen hier wandernde Lacandón-Indianer in den Tempel- und Palastruinen ihre Riten.

Bonampak, die »bemalte Mauer«. Es ist nur zum Teil ausgegraben, war kleiner und offenbar von geringerer Bedeutung als die anderen Orte. Aber 1946 entdeckten Wissenschaftler hier im »Tempel der Wandmalereien« die künstlerisch wertvollsten und schönsten Fresken der Maya-Klassik, die zudem Einblick in das Leben der Maya geben.

Chincultic, die »Höhle der Stufen«, war ehedem ein Zentrum der Maya-Zeremonien. Es liegt weiter südlich, etwas abseits, an den Lagunas de Montebello.

Weit verstreut liegen in der Provinz Chiapas die armseligen Adobe- oder Holzhütten der dort noch zahlreichen Indianer. Sie kommen nur an Markttagen in die Stadt. In San Cristóbal de las Casas bieten sie dann in ihren farbenprächtigen Trachten ihre Ware an: Chicle – die Grundsubstanz des Kaugummis –, Mangos und handgewebte Stoffe; oder auch Heilkräuter, die allerdings zunehmend von internationalen Pharmakonzernen aufgekauft werden, wie das desinfizierende, fiebersenkende Guajaka, das einst Ulrich von Hutten von der Syphilis befreit haben soll, oder die Wurzel der Sarsaparille, der Stechwinde, die gegen Gicht hilft; auch Bilsenkraut für Wöchnerinnen, dazu Tepexcohuite, die Rinde vom »Baum des Lebens«, die selbst schwerste Brandwunden narbenfrei heilt.

Die Maya hatten den spanischen Eroberern erbitterten Widerstand entgegengesetzt.

Muralismo, die Bildersprache der Revolution und des Kosmos

Sie leuchten in den dunklen Hallen des Palacio de Bellas Artes, prangen von den Gemäuern des Nationalpalastes, schmücken die Wände von Ministerien, Kapellen, Instituten, Hospitälern oder Hotels: die monumentalen Wandgemälde der »Großen Drei«, wie man die Muralisten José Clemente Orozco, David Alfaro Siqueiros und Diego Rivera auch nennt. Die Kunstbewegung des Muralismo entstand um 1920 in der Absicht, mit den Mitteln der Kunst zur »Entfaltung der Revolution beizutragen« (Siqueiros). Nach dem Vorbild präkolumbischer Wandmalereien wandten sich die Muralisten der Geschichte ihrer Nation zu – vom Aztekenreich und seiner Eroberung bis zum neuen Menschheitsbeherrscher, der Maschine, wobei Siqueiros seinem Wandbild im Instituto Politécnico Nacional der Hauptstadt aus dem Jahr 1952 den beschwörenden Titel gegeben hat: »Der Mensch – Herr, nicht Sklave der Technik«.

Der Muralismo gilt als *der* Beitrag Mexikos zur Kultur des 20. Jahrhunderts; ihm verdankt Mexikos Kunst ihren Weltruhm. Für die Moderne Südamerikas wirkte er in seinem Monumentalismus und dem Appell an die eigenen Traditionen umwälzend. Als Erbe und Überwinder der »Großen Drei« gilt vor allem Rufino Tamayo, an dem der mexikanische Schriftsteller Octavio Paz würdigt, daß er die Degeneration des Muralismo zum »Wachsfigurenkabinett des mexikanischen Nationalismus« verhindert habe. Zur gegenwärtigen Bewertung des Muralismo heißt es im Katalog einer zum ersten Mal in Europa präsentierten Bestandsaufnahme mexikanischer Kunst des 20. Jahrhunderts in der Frankfurter Kunsthalle (»Imagen de Mexico«, 1988), die »Essenz« der Muralismo-Entwicklung bestehe aus »nichts Geringerem ... als einer neuen Vision des Menschen, der Welt und des Kosmos«.

zwischen den schroffen Bergketten der Sierra Madre und den von dornigen Büschen und Kakteen überzogenen Savannen siedelten schon vor 6000 Jahren primitive Völker. Um 1000 v. Chr. entwickelten sich indianische Zivilisationen im Gebiet der heutigen Stadt Oaxaca de Juárez; den Ort allerdings gründeten erst 1521 die Spanier in der Nähe eines 1486 errichteten Militärstützpunktes der Azteken.

Weil das Gebiet um Oaxaca schon vor Jahrtausenden ein Schnittpunkt häufiger Völkerwanderungen gewesen ist, weiß man bis heute nicht, wer die ersten Erbauer jener eindrucksvollen Kultstätten von Mitla, Monte Albán oder Yagul waren. »Fragen, nichts als

Fragen«, fand schon der »rasende Reporter« Egon Erwin Kisch angesichts der imposanten Pyramiden- und Tempelanlagen, die Merkmale aus den Kulturen sowohl der Olmeken als auch der Mayas, der Zapoteken und der Mixteken aufweisen. In seinem Reportagen-Zyklus »Entdeckungen in Mexiko« aus den vierziger Jahren bewundert Kisch die meisterliche altmexikanische Juwelier- und Töpferarbeit: Noch 800 Jahre später hätten Starjuweliere die Präzisionstechnik des Schliffs der Bergkristalle nicht erklären können. Und er schwärmte von »zwanzigreihigen Halsketten mit 854 ziselierten, mathematisch gleichen Gliedern aus Gold und Edelsteinen«, von »Ohrengehängen wie aus Tränen und Dornen«, von einem »Kopfschmuck – einer Tiara, würdig eines Papstes über alle Päpste... Welche byzantinische Kaiserin, welche indische Maharani besaß je zu Lebzeiten so prächti-

stammung Porfirio Díaz für 30 Jahre in diesem Amt – allerdings als Diktator.

An der Pazifikküste hinterließen weder die Olmeken noch die Mixteken, weder die Azteken noch die Maya nennenswerte Spuren. Zwar gibt es Theorien, wonach die heutigen Seebäder Acapulco und Manzanillo unter aztekischer Herrschaft Handelshäfen für den Verkehr mit den Inka-Reichen in Ecuador und Peru gewesen sein sollen, doch haben die wenigen Spuren präkolumbischer Kulturen dafür ebensowenig Beweiskraft wie die zahlreichen noch heute lebendigen Legenden der Indianer. Die kulturellen und politischen Zentren lagen an den Küsten des Golfes von Mexiko und der Karibik, in den Regenwäldern von Chiapas und in Tenochtitlán, auf dessen Ruinen die Konquistadoren dann die Stadt Mexiko errichteten.

Brodelnde Metropole mit unlösbaren Problemen

Noch um 1520, kurze Zeit vor ihrer Zerstörung, muß Tenochtitlán, was soviel heißt wie »Ort der Kaktusfrucht«, eine der schönsten Städte überhaupt gewesen sein, vergleichbar mit dem Venedig der Dogen: eine prunkvolle Lagunenstadt, auf ei-

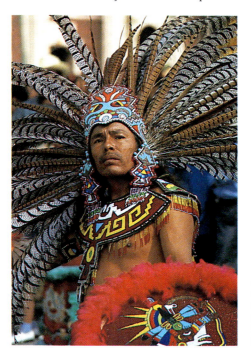

Die Jungfrau von Guadalupe

Der Legende nach soll im Jahre 1531 die Muttergottes dem getauften Azteken Juan Diego mehrere Male als dunkelhäutige Mestizin erschienen sein. Diese »Jungfrau von Guadalupe« ist bei Historikern, Theologen und im Vatikan zumindest umstritten, für die Mexikaner aber bleibt sie über jeden Zweifel erhaben. Schließlich war der Ort ihres Erscheinens der Felsen Tepeyac, wo einst der aztekischen Erdmutter Tonantzín gehuldigt wurde.

So ist sie denn eher eine indianische Gottheit als eine christliche Heilige – ein typischer Fall von Synkretismus, von Vermischung verschiedener Religionen.

Alljährlich wallfahren Millionen zu der wundertätigen Jungfrau, und am 12. Dezember, ihrem Erscheinungstag, wird die Basilika von Guadalupe zum Mittelpunkt Mexikos. Aus dem ganzen Land pilgern sie dorthin – Bauern, Indianer, ganze Dorfgemeinschaften und sogar linke Gewerkschafter –, das letzte Stück des Weges oft auf den Knien. Die Umgebung der Basilika ist dann ein einziger riesiger Basar mit Devotionalienständen, Imbißbuden und Gruppen gefiederter Tänzer, der Concheros, die zum Lobe der Jungfrau nach dem Rhythmus altindianischer Instrumente tanzen – so, wie es schon lange vor der Missionierung Mexikos Brauch war.

△ *Ein Tänzer im aztekischen Federschmuck beim Conchero, dem Tanz zu Ehren der Jungfrau von Guadalupe. Zu ihrer Basilika im Nordosten von Mexico City pilgern ständig große Massen von Wallfahrern. Die Jungfrau verehren alle Mexikaner, besonders aber die Indianer.*

ges Geschmeide, wie es viele dieser Indios noch im Grabe trugen?«

1521 eroberten die Spanier auch Oaxaca. Cortés, dem später Kaiser Karl V. hier große Ländereien und den Titel »Marqués del Valle de Oaxaca« verlieh, ließ zahlreiche Dominikanerklöster errichten. Die Gegend sollte schnell missioniert und kolonisiert werden. So entstand die Klosterroute in der Mixteca Alta. Für die Fundamente verwendeten die Spanier die Steine der zerstörten Tempel.

Die alten Indianerreiche verschwanden, doch die Einheimischen bestimmten auch weiterhin noch oftmals die Geschicke ihres Landes. Zunächst stieg der Zapoteke Benito Pablo Juárez vom Diener zum Präsidenten Mexikos auf. Dann, nach seinem Tod im Jahr 1872, folgte ihm der Mestize mixtekischer Ab-

ner Insel im Texcocosee gelegen, inmitten eines von Vulkanen umgebenen Hochtals, über drei Dämme und ein Äquädukt mit dem Festland verbunden. Der Hauptmann Bernal Díaz del Castillo, der Cortés auf seinem mexikanischen Eroberungszug begleitet hatte, schreibt über den ersten Eindruck, den die Spanier im Jahr 1521 von dieser Stadt hatten: »Wir blieben in Verwunderung versetzt und sagten, es scheinen Verzauberungen zu sein..., wegen der großen Türme, Tempel und Gebäude, die im Wasser standen, und alles auf festgefügtem Mauerwerk... Wir sahen niemals gehörte noch gesehene, noch selbst erträumte Dinge.« Doch dann merkt er resigniert an: »Heute ist von alledem nichts mehr zu sehen. Kein Stein dieser schönen Stadt steht mehr auf dem anderen.«

Mittlerweile, fast 470 Jahre nach der Zerstörung Tenochtitláns und der Gründung von Mexiko-Stadt, zeigt sich, daß dieses inzwischen größte städtische Zentrum der Welt einen höchst ungünstigen Standort hat. Es liegt, von allen Wasser-, Nahrungs- und Energiequellen entfernt, 2300 Meter über dem Meeresspiegel, dazu noch in einer Erd-

bebenzone, und leidet buchstäblich unter Sauerstoffmangel.

In Mexiko-Stadt treten alle Probleme des Landes Mexiko geballt auf: Rund 20 Millionen Menschen, ein Viertel der Gesamtbevölkerung Mexikos, drängen sich auf 1472 Quadratkilometern. In diesem Großraum werden beinahe 40 Prozent des Bruttosozialprodukts erwirtschaftet; 52 Prozent der Dienstleistungen werden hier erbracht, und 60 Prozent der Verkehrsmittel fahren allein in Mexiko-Stadt. Die Folgen sind katastrophal: Drei Millionen Autos und 150000 Industrieanlagen pusten jährlich etwa 700000 Tonnen Metalle, Chemikalien, Staub und Ruß in die ohnehin dünne Luft. Auf den sieben riesigen Müllhalden der Stadt lösen biochemische Gase regelmäßig Schwelbrände aus, die oft wochenlang andauern.

Inflationsraten, die immer noch regelmäßig die 30-Prozent-Grenze überschreiten, eine extrem liberale Wirtschaftspolitik, die Mexiko ausländischen Investoren als Billiglohnland und Exportparadies anpreist, sowie 50 Prozent Arbeitslosigkeit zwingen Millionen in bitterste Armut. Entwürdigte

◁ *Popocatépetl (links) und Iztaccíhuatl, zwei erloschene Vulkane, beide über 5000 Meter hoch und etwa 80 Kilometer südöstlich von Mexico City gelegen. Früher waren sie eine imposante Kulisse für die Hauptstadt, heute sind sie wegen der Luftverschmutzung von dort aus kaum mehr zu sehen.*

Indianer, die an verstopften Straßenkreuzungen in ihren Stammestrachten rituelle Tänze vorführen, armselige Händler, die billigen Ramsch, Zigaretten und Kaugummi feilbieten, zerlumpte Jugendliche, die als Feuerschlucker ganze Familien ernähren müssen, bevor sie an vom Benzin zerfressenen Lungen sterben: Sie alle tummeln sich im stetigen Gewühl der Kraftfahrzeuge, um ein paar wertlose Pesos zu verdienen. Dagegen verbirgt sich die wohlhabende Oberschicht mit ihrem Reichtum hinter hohen, gut bewachten Mauern in klinisch sauberen Stadtvierteln wie Lomas, Pedregal oder Bella Vista.

△ *Die Altstadt von Guanajuato ist reich an stattlichen Gebäuden aus der Kolonialzeit. Im Vordergrund die eindrucksvolle Basilica Nuestra Señora de Guanajuato, ein Barockbau aus dem späten 17. Jahrhundert in prächtigem Ocker, dahinter rechts die Iglesia de la Compañía im bizarren spanischen Spätbarock. Die helle »maurische« Fassade allerdings ist erst gut 30 Jahre alt und gehört zu der 1955 gebauten Universität. Die Altstadt von Guanajuato steht unter Denkmalschutz – bis heute noch eine Seltenheit in Mexiko.*

Mehr als 20 Morde an einem Tag

So ist es kaum verwunderlich, daß die Kriminalität in Mexiko-Stadt erschreckend zunimmt. Die Bilanz der Polizei an einem ganz normalen Tag: mehr als 20 Morde, 300 Einbrüche und Überfälle (ohne die Verbrechen, die von den Betroffenen nicht gemeldet wurden, weil sie befürchteten, damit auch noch Opfer der korrupten, 25 000 Mann starken Polizei zu werden).

Und trotzdem – all diese Probleme, die das chaotische Wachstum mit sich bringt, konnten den Charme der Stadt nicht zerstören. Architektonische Schmuckstücke aus vergangenen Epochen prägen noch immer ganze Stadtteile. Museen, Theater, Konzertsäle, Galerien, Restaurants und Cafés sind stets überfüllt. Die Gastfreundschaft und die Lebensfreude der Stadt »durchdringen immer wieder die Fassade scheinbar unlösbarer Probleme«, wie der amerikanische Journalist Alan Riding in seinem Bestseller »Distant Neighbours« schreibt. Zwar sind die schneebedeckten Gipfel der Vulkane Popocatépetl und Iztaccíhuatl nur noch an seltenen, verkehrsarmen Tagen zu sehen – meist verschwinden sie im Smog –, doch immer noch kann man zahlreiche Spuren jener »schönsten (der) von Europäern gegründeten Städte« bewundern, die es schon dem Berliner Naturforscher und Geographen Alexander von Humboldt (1769–1859) angetan hatte.

Der Zócalo mit den aztekischen Tempelruinen, mit der Kathedrale und dem National-

◁ *Reiterwallfahrt zu Ehren des heiligen Michael. Alljährlich treffen sich Ende September die Rinderhirten der Umgebung in San Miguel de Allende, einem kleinen, pittoresken Künstlerort nahe Guanajuato.*

Mexiko 271

palast oder das mitten im Stadtpark gelegene Schloß Chapultepec oder auch der Prachtboulevard Paseo de la Reforma zählen zu den auffälligsten Sehenswürdigkeiten. Und nur 10 bis 20 Kilometer südlich haben einstige Kolonialdörfer wie Coyoacán, San Angel, San Jerónimo oder Xochimilco ihren ländlichen Reiz erhalten, obwohl sie längst von der wuchernden Stadt eingekreist sind. Neben Dichtern, Malern, Künstlern und Intellektuellen leben hier auch Bauern, Händler, Handwerker und Marktfrauen. An jedem Wochenende brechen Tausende von Besuchern in die Idylle dieser Stadtteile ein. Ganze Familien rüsten sich für den Ausflug mit Speisen und Getränken aus. Straßenmusikanten, Fotografen, Blumenverkäufer, ambulante Köche und fliegende Händler, die vom Luftballon bis zum T-Shirt und Kunstgewerbe alles anbieten, wetteifern dabei lautstark um die Aufmerksamkeit der Ausflügler.

Silber bis zum heutigen Tag

Zu den malerischsten Orten Mexikos gehören das Städtchen Taxco im Staat Guerrero und Guanajuato, die Hauptstadt des gleichnamigen Bundesstaates. Taxco liegt zwischen Mexiko-Stadt und dem Pazifik, mitten im Gebirge, Guanajuato nordwestlich der Metropole. Beide waren – wie auch Pachuca, Real de Catorce oder Zacatecas – während der spanischen Herrschaft Zentren des für die Kolonialwirtschaft so wichtigen Silberbergbaus.

Taxco, die »Perle« der Kolonialepoche, ist eines der beliebtesten Reiseziele Mexikos. Das Städtchen lebt heute fast ausschließlich vom Fremdenverkehr und von der Silberschmiedekunst; in mehreren hundert Werkstätten arbeiten dort über 1500 Kunsthandwerker. Wie ein südeuropäisches Räubernest schmiegt sich Taxco mit seinen roten Ziegeldächern und den weiß gekalkten, kleinen Häusern, deren Fassaden unter der Tropensonne blenden, an die umliegenden Hügel. Überragt werden die niedrigen Bauten, die kleinen Plätze und die winkligen Gassen von den Türmen der Kathedrale Santa Prisca. José de la Borda, den die Silberfunde reich gemacht hatten, ließ dieses Meisterwerk mexikanischer Barockkunst als Dank für die Entdeckung einer besonders reichhaltigen Mine errichten – entsprechend seiner Devise »Gott gibt Borda, Borda gibt Gott«. Das Innere der Kirche ziert ein prächtig geschmückter Altar aus vergoldetem Edelholz. Die Fassade schlugen indianische Steinmetze, die in der Fülle der Muttergottesdarstellungen, Heiligenfiguren und Reliefs indianische Motive wie bunte, tropische Früchte versteckten.

Guanajuato, wo neben Silber auch Gold, Kupfer, Quecksilber und Opale gefördert werden, bezieht seinen Charme aus der Enge seines Stadtkerns, dessen Anlage noch aus der Kolonialzeit stammt. Die Balkone der buntbemalten Häuser stehen sich in dem Gewirr engster Gassen und Treppen oft so nahe gegenüber, daß einst zwei Liebende – so will es die Legende wissen – diesen Umstand nutzen konnten, ihre verbotene Zuneigung mit einem Kuß von Balkon zu Balkon zu besiegeln. Ganz und gar nicht romantisch ist dagegen die Geschichte der Alhóndiga de Granaditas, in der sich heute das Museum der Mexikanischen Unabhängigkeit befindet. Einst als Getreidespeicher gebaut, diente der Bau später abwechselnd als Gefängnis oder als Festung. Über zehn Jahre waren hier die Köpfe der im Jahr 1811 hingerichteten Unabhängigkeitskämpfer Hidalgo, Allende, Jiménez und Aldama an Haken aufgehängt.

◁ *Agaven im Wüstenhochland der Baja California (Niederkalifornien). California heißt »heißer Ofen«, und die schmale Halbinsel, die sich fast 1300 Kilometer in den Pazifik hinein erstreckt, gehört denn auch zu den heißesten Gegenden der Welt.*

▷ *Aus der Luft gesehen: die Isla Espíritu Santo, die Insel des Heiligen Geistes. Sie liegt in der Bucht von La Paz im äußersten Süden Niederkaliforniens und ist ein grandioses Ausflugsziel, das man von Pichilingue aus, der Hafenstadt vor La Paz, leicht erreicht. Man schwimmt, taucht und schnorchelt in dieser Bucht oder sieht vom Glasbodenboot ins Meer hinab.*

Querétaro – Schauplatz der Geschichte

Zusammen mit dem Staat Guanajuato teilt sich Querétaro die zwischen den erzreichen Bergen der östlichen und westlichen Sierra Madre liegenden Täler und Ebenen: Mexikos Kornkammer. In dieser milden Region bauten die Spanier das Indianerdorf Querétaro zum Versorgungszentrum für ihre reichen Silber- und Goldminen von Guanajuato und Zacatecas aus; Querétaro sollte wie kein anderer Ort Mexikos zum Schauplatz historischer Ereignisse werden: Hier begann die Verschwörung, die zum Kampf um Mexikos Unabhängigkeit von der spanischen Krone führte; hier wurde der habsburgische Kaiser Maximilian von Mexiko endgültig besiegt und 1867 hingerichtet, und hier wurde auch 1917 die heute noch gültige Verfassung Mexikos verabschiedet.

Die Universitäts- und Bischofsstadt Querétaro ist mittlerweile zu einem bevorzugten Industriestandort vor allem von US-Firmen geworden. Das zwischen 1726 und 1738 errichtete Aquädukt mit seinen 74 Bögen versorgt noch immer die Barockbrunnen der Stadt.

Der mexikanische Rausch: Mariachi, Tequila und Fußball

Westlich von Guanajuato, etwa 700 Kilometer von der Hauptstadt entfernt, liegt auf einem Hügel in der fruchtbaren Hochebene von Atemajac Mexikos zweitgrößte Stadt: Guadalajara, die Hauptstadt des Bundesstaates Jalisco. Vor mehr als 450 Jahren von den spanischen Eroberern gegründet und nach seiner spanischen Schwesterstadt benannt, diente der Ort einst als Vor-

▽ *Fischer mit einem Rochen an der Harpune: ein dicker Fang vor der Küste Niederkaliforniens; die Fischgründe dort gelten als die allerbesten in Amerika. Man schätzt, daß mehr als 600 Arten vorkommen, darunter Schwert-, Säge- und Segelfisch, Albacone und Heilbutt, Marlin und Schwarze Meerbrasse. Dazu soll es hier auch noch etwa 11 000 Wale geben.*

posten für weitere Eroberungsfeldzüge und gleichzeitig als Verteidigungsanlage gegen die Indianer-Nomaden aus Nayarit.

Heute ist Guadalajara eines der wichtigsten Handels- und Industriezentren des Landes. Das schnelle Wachstum der Stadt droht bereits zu einer Wiederholung der Umwelt- und Verkehrskatastrophen von Mexiko City zu führen. Dennoch erhielt sich die Drei-Millionen-Metropole ihren traditionsbewußten, sehr europäischen Charakter, der in seiner Geschichte nie von Kriegszerstörungen oder Revolutionsturbulenzen bedroht war.

Die Mexikaner verbinden mit Guadalajara vor allem Mariachi, Tequila und Fußball. Bei den beiden Weltmeisterschaften 1970 und 1986 in Mexiko war die Stadt Austragungsort einiger der mitreißendsten Spiele. Für Ausländer stellen die als Charreadas bekannten Reiterspiele, der Volkstanz Jarabe Tapatio und die Straßenmusik der Mariachis den Inbegriff mexikanischer Folklore dar.

Ungewiß bleibt, was das Wort Mariachi bedeutet, woher der Name für die Straßenmusikanten kommt, die – wie der Landadel des 19. Jahrhunderts – in Galaanzügen, mit Silberknöpfen und -schnüren verziert, und dem breiten Sombrero auftreten. Die populärste Hypothese leitet das Wort vom französischen Mariage ab, weil diese Musiker ursprünglich auf Hochzeiten aufspielten. Sicher jedenfalls ist, daß zu einer Mariachi-Band mindestens einige Gitarren samt Baßgitarre und mehrere Geigen gehören. Meist wird die Gruppe durch einen Trompeter und einen Solosänger vervollständigt. Mariachi-Sänger können mit ihrem »schmalzigen« Tenor eine weit größere Popularität erreichen als jeder Sport- oder Show-Star. Den berühmtesten von ihnen, den vor 30 Jahren gestorbenen Sänger, Schauspieler und Frauenhelden Pedro Infante, sähen manche Mexikaner am liebsten heiliggesprochen.

Ohne Tequila ist die Mariachi-Musik ungenießbar. Dieser Schnaps – aus dem Saft der Maguey, der sogenannten blauen Agave – gewonnen, ist zum Nationalgetränk Mexikos geworden. In seiner reinen Form stammt er aus der Umgebung Guadalajaras; der nahegelegene Ort Tequila gab ihm den Namen. Doch gibt es kaum eine Gegend im Westen Mexikos, die nicht ihren eigenen Agavenschnaps hätte. So trinkt man in Oaxaca und Guerrero den verwandten Mezcal, dem die Indianer seiner Drogensubstanzen wegen eine magische Wirkung zuschreiben. Im Süden, in Chiapas, ist der nicht minder starke Posh populär, während man im Norden dem nobleren Sotol zuspricht. Im Unterschied zur westlichen Pazifikküste bevorzugen die Bewohner der östlichen Karibikküste, etwa in Veracruz, Tabasco, Campeche oder Yucatán, allerdings Zuckerrohrschnäpse. Zwar gibt es im Bundesstaat Aguascalientes und auf der niederkalifornischen Halbinsel auch Weinkulturen, aber deren Erzeugnisse sind nicht einmal bei den Einheimischen beliebt.

Kakteen und Elektronik

Im Norden Mexikos, der geologisch und klimatisch noch zum nordamerikanischen Teil des Doppelkontinents gehört – die geographische Linie zwischen Nord- und Mittelamerika verläuft sogar erst am

---

Aus der Küche:
Tortillas, Bohnen und Blumen

Am Anfang war der Mais, genauer: seine 42 Arten. Daraus machten die Azteken die bekannten runden Fladen, Tortillas genannt, die ihnen als Brot, zugleich aber auch als Löffel dienten – und noch heute haben sie dieselbe Funktion. Gefüllt und zusammengerollt heißen diese Fladen Tacos, mit Soße übergossen Enchiladas. Aus Mais werden auch Tamales zubereitet, in Maisblätter gewickelte, mit Fleisch gefüllte, gedünstete Maiskuchen. Oder Atole, ein süßes, mit Maismehl angedicktes Getränk, sowie der Pulque de Maíz, eine gegorene Maisbrühe, dem Bier nicht unähnlich. Insgesamt kennt die mexikanische Küche über 600 verschiedene Maisrezepte, allein zur Tortillazubereitung schon mehr als 100 Variationen.

Den Mais haben schon die Azteken mit den beiden anderen mexikanischen Hauptnahrungsmitteln kombiniert: mit Chile (bei uns meist Chili genannt) und mit schwarzen Bohnen, die heute noch auf jeden mexikanischen Teller kommen, sei es gekocht, zu Brei zerstampft oder in Öl gebraten. Zum Würzen gibt es allein 400 Sorten Chile-Schoten, von den für Europäer beinahe ungenießbar scharfen bis hin zu den milden, peperoniähnlichen Vitamin-C-Spendern. Nirgendwo hätten sich die spanische und die altmexikanische Kultur so gut vermischt, behaupten die Mexikaner, wie in ihrer Küche. So füllt heute Schweinefleisch die Tamales und Rindfleisch die Tacos. Chile-Schoten können mit Hackfleisch, Mandeln, Rosinen und Kastanien gefüllt und zudem mit einer Nußcreme übergossen werden.

In dieser barocken Küche taucht auch der beliebte Mole auf, eine Soße aus mehreren Chile-Sorten, zu deren 19 Zutaten nach dem klassischen Rezept der spanischen Nonnen aus dem 18. Jahrhundert auch Mohn und Schokolade gehören. Neben Fisch sind auch Blumen Grundlage für sehr beliebte Gerichte. So kann man etwa mit Fisch gefüllte Chrysanthemen genießen, und zusammen mit dem Huitlacoche, einem Schimmelpilz, ist die Kürbisblüte die populärste Füllung für die Quesadillas, gebratene Taschen aus Maisteig.

Isthmus von Tehuantepec –, dehnen sich weite Wüsten und unfruchtbare Savannen aus. Das Landschaftsbild der nordmexikanischen Hochebene bestimmen weitgehend die Kakteen: vom Nopal, einer verbreiteten Opuntienart, von der auch die Früchte eßbar sind, bis zum berühmten, seltenen Peyote (oder Peyotl), der getrocknet Meskalin enthält und mit dem die Huichol-Indianer »ihre Götter besuchen«.

Hier, in dieser unwirtlichen Gegend, liegen die großen Industriestädte Mexikos, in denen die Unternehmerverbände und die starken Metall- und Bergbaugewerkschaften ihre Hochburgen haben. Neben den Eisenbergwerken und den Hochöfen der Stahlproduktion siedeln sich neuerdings zunehmend europäische, amerikanische sowie japani-

Mexiko 273

sche Automobil- und Elektronikfirmen an. Sie nutzen die niedrigen Lohnkosten und beliefern den US-Markt. Mit beinahe aufreizender Parallelität folgt diese Region dem Auf und Ab der wirtschaftlichen Schwankungen in den benachbarten Vereinigten Staaten.

Dort und an den Ölküsten des Ostens werden die Devisen erwirtschaftet, die Mexiko benötigt, um wenigstens die Zinsen für seine Auslandsschulden bezahlen zu können, die auch nach dem neuesten Umschuldungsabkommen noch über 90 Milliarden Dollar betragen. Hier, in den Metropolen des Nordens, in Monterrey oder Saltillo, herrscht aber auch die dumpfe Apathie der Arbeitslosigkeit.

Monterrey mit seinen insgesamt 2,7 Millionen Einwohnern, seiner Schwerindustrie, seinen Glas-, Zement-, Textil-, Kunststoff- und Lebensmittelfabriken und seiner bekannten Bierbrauerei ist die am stärksten zukunftsorientierte Stadt Mexikos. Von hier ging schon zu Zeiten des Diktators Porfirio Díaz (Regierungszeit 1877–1881 und 1884–1911) der Impuls zur Modernisierung des Landes aus.

▷ *Tulum auf der Halbinsel Yucatán gilt als die einzige Festungsstadt der Maya am Meer. Sie thront auf zwölf Meter hohen Felsenklippen über dem weißen Strand der mexikanischen Karibikküste. Die Bauten dieser überaus imposanten und vielbesuchten archäologischen Stätte – hier das berühmte »Castillo«, das sich direkt aus dem Meer zu erheben scheint – stammen aus der Maya-Spätklassik und sind zum Teil gerade 500 Jahre alt.*

▽ *Ein typischer Maya-Friedhof aus unseren Tagen auf Yucatán mit deutlichen kolonialspanischen Einflüssen.*

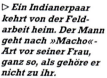

▷ *Ein Indianerpaar kehrt von der Feldarbeit heim. Der Mann geht nach »Macho«-Art vor seiner Frau, ganz so, als gehöre er nicht zu ihr.*

Hier entstand aber auch gleichzeitig der reaktionäre, großbürgerliche Konservativismus, der heute noch einem geradezu frühkapitalistischen Wirtschaftsliberalismus das Wort redet. Welche Bedeutung die Stadt für das Land hat, läßt sich leicht daran ermessen, daß Arbeitskonflikte in Monterrey noch in der 1000 Kilometer entfernten Hauptstadt Erschütterungen hervorrufen.

Indianer und Revolutionäre

Von der Eintönigkeit des Nordens, der von monotonen Landstraßen und endlosen Bahnlinien durchzogen wird, wo Kakteen die einzige Abwechslung bieten, setzt sich nur Chihuahua ab, der größte Bundesstaat Mexikos. Er grenzt auf mehr als 700 Kilometern Länge an Texas und New Mexico. Das Hochplateau mit den tiefen Schluchten und zerklüfteten Bergzügen der Sierra Madre Occidental war die Heimat des berühmtesten Revolutionärs in Mexiko, des schillernden Francisco »Pancho« Villa.

Revolutionen sind die Lokomotiven der Geschichte, meinte Karl Marx. Doch auch Revolutionen brauchen Lokomotiven, bewies Pancho Villa. Mit Kind und Kegel zogen Villas Bauernarmeen als die legendäre »Division del Norte« nach Süden und beseitigten mit ihrer Ankunft in Mexiko-Stadt am Ende des Jahres 1914 das alte Regime der Diktatur endgültig.

Obwohl Villa und auch sein Revolutionsgefährte aus dem Süden, Emiliano Zapata, von den auf Industrialisierung ausgerichteten Kräften um Alvaro Obregón ausgeschaltet wurden, leben die beiden doch bis heute in den Legenden, in den Corridos und Rancheras des mexikanischen Volkes weiter. In diesen Liedern besingen die Mexikaner das Leben des Revolutionärs, der als einziger in der Geschichte Mexikos die USA auf eigenem Territorium angegriffen hat: 1916 überrannte Villa das texanische Grenzstädtchen Columbus und provozierte damit erneut eine Intervention amerikanischer Truppen in Mexiko. In manchem Corrido werden auch die Wagnisse des Volkshelden Villa im Kampf gegen seinen Verfolger General Pershing, den Namensgeber der amerikanischen Mittelstreckenraketen, besungen. In den Gebirgen Chihuahuas mußte der US-General schließlich aufgeben – dort, wo heute noch die letzten nordamerikanischen Indianer, die Hopi, Guarijio und Tarahumara, leben. Sie haben nichts mit den Völkern Mittelamerikas weiter unten im Süden gemein. Sie sind vielmehr Verwandte der Comanchen und Apachen Nordamerikas, was auch die Klippenhäuser und Höhlenbehausungen dort beweisen, die einzigen präkolumbischen Funde in der archäologischen Zone von Casas Grandes im äußersten Norden Mexikos.

reichte Mexiko weit in das heutige Gebiet der USA hinein, damals, als etwa Coahuila und Texas noch einen gemeinsamen mexikanischen Bundesstaat bildeten. Doch heute sind sie durch Zollämter, Schlagbäume, Mauern und den Fluß getrennt, den die Nordamerikaner Rio Grande, die Mexikaner aber Río Bravo nennen. Dem mexikanischen Tijuana liegt die kalifornische Millionenstadt San Diego gegenüber, dem mexikanischen Matamoros das texanische Brownsville.

An dieser Grenze arbeiten die Polleros: Schmuggler, die ihre Pollos – eigentlich »Hühner«, gemeint aber sind Bauern – in Lastwagen oder auf Güterzügen versteckt, durch Schlupflöcher in den Zäunen, durch Flußfurten oder durch die Wüste als illegale Saisonarbeiter auf die Farmen des amerikanischen Südens schleusen. Und hier machen auch die Coyotes ihr Geld, die arme Mexikaner gegen Handgelder zwischen 500 und 1000 Dollar pro Kopf illegal in die USA

entgehen, ziehen Scharen von wohlgenährten US-Amerikanern nach Süden in den Urlaub und überschwemmen die kilometerlangen weißen Sandstrände und Tourismuszentren um Mérida, Cancún, Cozumel oder Chetumal auf der Halbinsel Yucatán.

Diese riesige, flache, kaum über den Meeresspiegel hinausragende Kalkplatte mit ihren Sandbänken, Lagunen, Mangrovensümpfen und Buschwäldern gilt als der schönste Teil Mexikos. Zudem beherbergt das Gebiet die reichste Fauna Mexikos: Im dichten Busch der Halbinsel jagen Ozelote, Pumas und Jaguare Rotwild. Krokodile, Schlangen, Flamingos, Fasane, Papageien, Tukane und Kolibris bevölkern Sümpfe und Wälder.

Yucatán ist auch archäologisch äußerst interessant. Es sind Überreste zahlreicher Städte und Kulturzentren der Maya und Tolteken wie Chichén Itzá, Izamal, Dzibilchaltún, Uxmal, Kabáh, Sayíl und Labná erhalten, aber auch beeindruckende Zeugnisse kolonialer

Mit Öl zu wirtschaftlicher Unabhängigkeit?

Das Öl wurde in Mexiko zu einem Symbol für die Unabhängigkeit. 20 Jahre nachdem gegen Ende des letzten Jahrhunderts amerikanische und britische Ingenieure den wertvollen Rohstoff an der Golfküste entdeckt hatten, machte das mexikanische Öl bereits ein Viertel der Weltproduktion aus – und alles gehörte ausländischen Firmen.

Doch nach der Revolution bestand die Zentralregierung auf dem staatlichen Eigentumsrecht an den Bodenschätzen. Die Konflikte zwischen den Bohrfirmen und der mexikanischen Regierung wuchsen. Am 18. März 1938 schließlich teilte Präsident Lázaro Cárdenas der Nation über den Rundfunk mit, daß die 17 ausländischen Ölgesellschaften ihrer »arroganten und aufsässigen Haltung wegen« enteignet und in der staatlichen Petróleos Méxicanos (Pemex) zusammengefaßt würden. Ganz Mexiko bejubelte Cárdenas als den Baumeister der nationalen wirtschaftlichen Unabhängigkeit. Doch Pemex geriet

zunehmend unter die Kontrolle der Regierung. Politische Überlegungen, Korruption, Vetternwirtschaft und mangelnde Leistungsfähigkeit bestimmten die Unternehmenspolitik. Als in den siebziger Jahren im Süden des Landes immense Ölreserven entdeckt wurden und gleichzeitig auf dem Weltmarkt der Ölpreis explodierte, investierte die Regierung fast nur noch in die Ölsuche. Andere Projekte wurden mit ausländischen Krediten finanziert, von denen man glaubte, sie mit späteren Einnahmen aus dem Ölverkauf zurückzahlen zu können.

Aber Mitte der achtziger Jahre sanken die Ölpreise durch die Energiesparmaßnahmen der Industrienationen wieder. Mexiko fehlten die Einnahmen, um seine Auslandsschulden zurückzahlen zu können, und man mußte einsehen, daß der Besitz von Öl allein die Unabhängigkeit nicht garantiert: Mexikos Wirtschaftspolitik wird heute von den Auflagen seiner Gläubiger bestimmt.

schmuggeln. Nach Schätzungen leben heute, trotz verschärfter Grenzüberwachung durch die US-Border-Patrol, 25 Millionen Mexikaner in den USA. Los Angeles ist mit seinen mehr als zwei Millionen Mexikanern bereits die zweitgrößte »mexikanische« Stadt.

Spöttisch verweisen die Mexikaner auf diese »Rückeroberung« der in den Jahren 1846 und 1847 verlorenen Gebiete. Damals, nach dem mexikanisch-amerikanischen Krieg, hatte Mexiko alle seine Gebiete nördlich des Rio Grande an die USA abtreten müssen: neben Texas auch die Staaten Arizona, New Mexico und Kalifornien sowie Teile von Utah, Nevada und Oregon – etwa die Hälfte des mexikanischen Territoriums, insgesamt zwei Millionen Quadratkilometer.

Der Untergang der Maya im Paradies der Touristen

Während Hunderttausende von Mexikanern versuchen, das Ziel ihrer Träume, die paradiesisch reichen Vereinigten Staaten, zu erreichen, um dort ihrem elenden, von Armut bestimmten Schicksal zu

Baukunst, etwa die mit Patina überzogenen Wohnpaläste spanischer Plantagenbesitzer oder auch in der subtropischen Sonne gleißende, weißgetünchte Kirchen und Klöster, die Franziskanermönche bereits im 16. Jahrhundert erbaut haben.

Dabei leisteten gerade die Maya auf Yucatán dem Vordringen der spanischen Konquistadoren den hartnäckigsten Widerstand. Erst nach 20 Jahren erbitterter Kämpfe konnten die Eroberer wenigstens die Hälfte der Halbinsel unter ihre Kontrolle bringen. Doch immer wieder rebellierten Maya-Stämme und versuchten, das Land zurückzugewinnen. In der zweiten Hälfte des 19. Jahrhunderts führte der »Krieg der Kasten« sogar zur zeitweiligen Unabhängigkeit vom mexikanischen Zentralstaat. Erst zu Beginn unseres Jahrhunderts hat der mexikanische Staat die volle Souveränität über Yucatán errungen. Die meisten der besiegten Indianer zogen sich in die von Malaria und Typhus verseuchte Wildnis von Quintana Roo im Südosten zurück, wohin ihnen die Weißen nicht mehr folgen konnten. Die Nachkommen der Zurückgebliebenen sind heute eine armselig pittoreske Staffage im Paradies der Touristen.

Die ausgedehnten Kupfervorkommen hier lockten die Weißen an, und die Tarahumara zogen sich immer tiefer in die Wälder der unzugänglichen Gebirge zurück an den letzten Platz, wo sie sich mit ihrer Kultur noch behaupten konnten und können. Bekannt sind die »Rarámuri« – die »Fußläufer«, wie die Tarahumara sich selbst nennen – für ihre rituellen Rennen, die oft tagelang andauern: Barfüßige Läufer treiben abwechselnd einen Holzball vor sich her. Doch das Schicksal der Rarámuri ist abzusehen und wird sich kaum von dem der anderen Indianer Nordamerikas und Mexikos unterscheiden: Aus ihrem Land vertrieben und in die Städte abgewandert, verfallen sie bei niedrigster Arbeit in aller Regel dem Alkohol.

Trennlinie oder Verbindung zweier Welten?

Die gemeinsame Grenze mit den USA ist über 3000 Kilometer lang und geht vom Pazifik aus an den kakteenreichen Wüsten Sonoras entlang, in deren künstlich bewässerten Tälern Gemüse und Obst für den Export angebaut werden, und verläuft dann über das nicht weniger trocken-heiße Coahuila bis hin zu den tropischen Tälern am Golf von Mexiko.

Zwei Welten prallen hier aufeinander: die Supermacht und das unterentwickelte Dritte-Welt-Land, in dem beinahe nichts ohne die Genehmigung des großen Nachbarn geschieht. »Armes Mexiko«, klagte schon vor 100 Jahren der sonst nicht eben antiamerikanische Diktator Porfirio Díaz, »so weit von Gott entfernt und so nah an den USA«. Einst

Mexiko 275

DIE BESONDERE REISE
Von der Sierra zum Pazifik

Eine Eisenbahnfahrt durch den Norden Mexikos

In aller Frühe verläßt der Zug die Landeshauptstadt Chihuahua. Die zweite Diesellok, die ihm in letzter Minute noch vorgespannt wurde, erscheint zunächst höchst überflüssig. Nach und nach tritt blasses Gras an die Stelle verdorrt scheinender Wüstenpflanzen, langsam wärmt die Sonne die kalte Morgenluft der Savanne.

Die Mitreisenden sind Mennoniten in Jeans und karierten Hemden, mit Cowboyhüten und roten Halstüchern; die Frauen tragen knöchellange Röcke und weiße oder schwarze Hüte – je nachdem, ob sie verheiratet oder ledig sind. Stumm und demütig halten sie den Blick auf den Boden gerichtet. Sie werden in Cuauhtémoc, der ersten größeren Station, aussteigen, um auf ihre fruchtbaren Felder und Äcker zurückzukehren. Vor etwa 100 Jahren wanderten diese strenggläubig-puritanischen Protestanten holländischer, englischer oder deutscher Abstammung aus ihren ersten Exilländern, den USA oder Kanada, nach Chihuahua ein. Ihr Glaube verbietet ihnen jede Verschwendung und jeden »irdischen Tand« wie Radio- oder Fernsehgerät, Kühlschrank oder Waschmaschine.

Kurz nach Cuauhtémoc, in La Junta, endet die alte Strecke der Ferrocarril Chihuahua-Pacífico, auf der schon der Revolutionär Francisco »Pancho« Villa seine Truppen verlegte. Die Bewältigung der Sierra gelang den Ingenieuren erst Anfang der sechziger Jahre mit dem Bau der jetzigen Bahnlinie.

In La Junta steigt der Zug steil hinauf durch den Wald des Hochgebirges – und jetzt wird die zweite Diesellok dringend notwendig. Nur noch langsam quälen sich die Maschinen nach oben. Bis Los Mochis am Pazifik, wohin die Reise gehen soll, überquert die Eisenbahn 30 hohe, lange und gefährlich zerbrechlich aussehende Brücken und durchschneidet in zehn kilometerlangen Tunnels die Berge der Sierra.

Zwischen La Junta und Los Mochis hält der Zug zehnmal, jedesmal Gelegenheit für die an den Stationen postierten ambulanten Küchen, lautstark ihre Tortillas mit Bohnen, Bratkartoffeln, Käse oder Hackfleisch durch die Fenster anzubieten.

In La Junta steigen mit schwerem Gang Holzfäller ein, die hier ihren Lohn mit Alkohol und Prostituierten durchgebracht haben. Jetzt sind sie abgebrannt und fahren wieder hinauf, hoch in die Wälder der Sierra, um Edelhölzer zu schlagen. Auch Händler steigen zu, Chabochi – »Spinnen-im-Gesicht«, wie die weiter oben lebenden Tarahumara-Indianer zu den Weißen, denen ein Bart wächst, sagen. Zu lächerlichen Preisen werden sie die handgearbeiteten Produkte der indianischen

▷ *Zwei Diesellokomotiven sind nötig, um die fast 2500 Meter Höhenunterschied zwischen dem Meer und der Sierra zu überwinden. Der Tarahumara-Indianer auf dem Bahn-Emblem symbolisiert den Sprung von Chihuahua (CH) zum Pazifik (P).*

△ *Ein Schnappschuß aus der fahrenden Eisenbahn: Etwa 100 Kilometer hinter dem Ausgangsbahnhof Chihuahua liegt die Hochebene von Cuauhtémoc, wo die Mennoniten ihre Felder bestellen. Technische Neuerungen wie Autos oder Traktoren lehnen die strenggläubigen unter ihnen ab – sie bevorzugen das Pferdefuhrwerk.*

▷ *Eine Bahnhofsszene unterwegs: Siesta in der Mittagssonne.*

◁ *Der Blick in die Barranca del Cobre, den Kupfer-Canyon, ist der Höhepunkt dieser Eisenbahnreise. Der Zug hält 20 Minuten an der Station El Divisadero: eigens für diesen schwindelerregenden Blick in die 2000 Meter tiefe Felsensschlucht.*

△ *Das sieht man nicht vom Zugfenster aus: Tarahumara-Indianer in Kostümierung und Bemalung für den Pascol-Tanz, den sie in der Karwoche zelebrieren. Dieser Stamm hat seine Eigenständigkeit erbittert verteidigt und sich zuletzt in die Gegend zwischen Cuauhtémoc und Creel zurückgezogen, die deshalb Sierra Tarahumara heißt.*

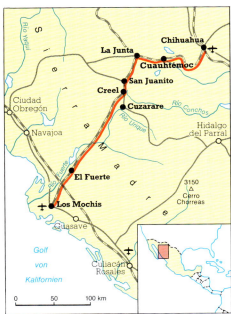

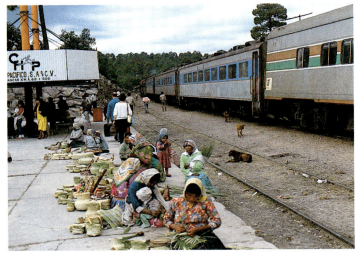

◁ *Tarahumara-Frauen breiten auf dem Bahnsteig von El Divisadero ihre Handarbeiten für die Touristen aus.*

Von jetzt an geht es mit angezogenen, kreischenden Bremsen abwärts, dem Pazifik entgegen.

Kurz hinter El Divisadero, noch 2300 Meter hoch, liegt Creel, das Zentrum des Kupferbergbaus, benannt nach jenem amerikanischen Ingenieur, der in dieser Gegend die erste Mining-Company gründete. Nicht weit von Creel, in Cuzarare, steht eine einsame, von Indianern ausgemalte Jesuitenkirche aus dem 18. Jahrhundert. Missionare dieses Ordens hatten die Tarahumara bekehrt, ehe die Spanier in der Gegend reiche Gold- und Silbervorkommen entdeckten, die Männer zur Zwangsarbeit in die Minen verschleppten und die Frauen vergewaltigten. Danach mieden die Indianer den Klang der Glocken. Sie flohen vor den Weißen, den Chabochi, in die unzugängliche Sierra. Immerhin entdeckt man in den Bergen heute wieder einige Missionsschulen für Indianerkinder und von Nonnen unterhaltene Internate für junge Tarahumara-Frauen.

In El Fuerte erreicht der Zug das Tal, und falls die eigentlich schon obligatorische Verspätung einmal ausfallen sollte, kommt man nach 14 Stunden Bahnfahrt, rechtzeitig zum purpurnen Sonnenuntergang, nach Los Mochis und zu den Obst- und Palmenhainen an den Stränden des Golfs von Kalifornien.

Miguel Rico Diener

Kunsthandwerker aufkaufen: handgewebte Wolldecken, geflochtene Körbe, Trommeln, grobgeschnitzte Geigen mit Gitarrensaiten und Holzschnitzereien aller Art wie Rehe, Fische oder Vögel. In Holzkisten führen die Aufkäufer ihre Tauschware mit: Aguardiente, billigen Schnaps. Der alte Trick der ersten spanischen Siedler funktioniert noch immer.

Über San Juanito und San Rafael, Verladestationen der großen Holzfabriken, in denen Zellulose und Schnittholz produziert werden, erreicht der Zug schrill pfeifend und zischend die Station El Divisadero, die Wasserscheide zwischen Atlantik und Pazifik, im Tannenwald hoch über der Barranca del Cobre gelegen. Während es hier, in beinahe 2500 Metern Höhe, empfindlich kalt wird, wachsen 2000 Meter tiefer, am Fuß der Schlucht, Orangen, Bananen oder Avocados, bevölkern Pumas und Papageien den unerwarteten Dschungel. Im Winter, wenn hoch in der Sierra die Temperaturen weit unter Null sinken, ziehen die scheuen Tarahumara barfuß durch den Schnee in die Wärme der Schlucht hinab.

Steile, nackte Felswände, an deren farbigen Formationen leicht die bewegte Erdgeschichte dieser Region abzulesen ist, versperren auf der anderen Seite die Aussicht.

Mexiko — Daten · Fakten · Reisetips

Landesnatur

Fläche: 1 958 201 km² (mehr als fünfmal so groß wie die Bundesrepublik Deutschland)
Ausdehnung: Nordwest–Südost 3200 km, Landenge von Tehuantepec (Nord–Süd) 216 km
Küstenlänge: 10 000 km
Höchster Berg: Pico de Orizaba oder Citlaltépetl 5700 m
Längste Flüsse: Rio Grande oder Río Bravo del Norte (Gesamtlänge 3030 km; mexikanischer Anteil 1800 km), Río Grande de Santiago (mit Río Lerma) 1000 km, Río Balsas 770 km
Größter See: Lago de Chapala 1080 km²

Mexiko liegt zwischen dem Golf von Mexiko (Atlantik) und dem Pazifischen Ozean; es verbindet Nord- und Mittelamerika. Zum mexikanischen Staatsgebiet gehören auch die Insel Guadaloupe und die Revillagigedo-Inseln im östlichen Pazifik.

Naturraum

Das mexikanische Hochland bildet die südliche Fortsetzung des nordamerikanischen Kordillerensystems. Von mächtigen Randgebirgen umschlossen, die zum Golf von Mexiko und Pazifik hin jeweils steil abfallen, steigt es im Nord-Süd-Verlauf allmählich von etwa 1000 m bis über 2000 m an. Nach Südosten zu verengt sich die Landmasse dann keilförmig gegen den Isthmus von Tehuantepec.
Von Westen nach Osten lassen sich folgende Großlandschaften unterscheiden: Am Westrand des mexikanischen Hochlandplateaus erhebt sich die Sierra Madre Occidental (bis über 3500 m hoch), ein durch tiefe Cañons zerschnittenes, unwegsames Gebirge. Jenseits des Golfs von Kalifornien bildet die 1300 km lange Halbinsel Niederkalifornien (Baja California) eine Verlängerung der kalifornischen Küstenkordillere. Das zentrale Hochland von Mexiko (Meseta Central; 1500–3000 m) ist durch kürzere Gebirgsrücken in einzelne, teilweise abflußlose Becken (Bolsóne) gegliedert.

Vulkanisches Gestein und ewiger Schnee am Gipfel des Popocatépetl.

Das östliche Randgebirge, die bis über 4000 m hohe Sierra Madre Oriental, ist die Fortsetzung der Rocky Mountains und verzweigt sich wie diese in zahlreiche Ketten. Den südlichen, bogenförmigen Abschluß des Hochlandsockels bildet die Cordillera Volcánica – ein Erdbebengebiet mit mehreren noch aktiven Vulkanen, darunter dem 1943–1952 entstandenen Paricutín. Hier liegen auch die höchsten Berge Mexikos: die vergletscherten Vulkanmassive Pico de Orizaba oder Citlaltépetl (5700 m) und Popocatépetl (5452 m). Südlich davon, durch die Senke des Río Balsas getrennt, erstreckt sich parallel zur Pazifikküste die Sierra Madre del Sur. Im Osten endet der gesamte Kordillerenzug am Isthmus von Tehuantepec, der schmalsten Stelle Mexikos. Das anschließende Bergland von Chiapas, das lagunengesäumte Tiefland von Tabasco und die flache, verkarstete Halbinsel Yucatán, östlich der Landenge, gehören geologisch bereits zu Mittelamerika.

Über eine Strecke von 1800 km, von Ciudad Juárez bis zum Golf von Mexiko, bildet der Río Bravo del Norte (in den Vereinigten Staaten Rio Grande genannt) die Grenze zu den USA. Während der winterlichen Trockenzeit ist der längste Fluß Mexikos in manchen Abschnitten nur ein Rinnsal, doch in der Regenzeit wird er zum gewaltigen Strom. Wichtigster Fluß im Landesinnern ist der Río Grande de Santiago; er entspringt als Río Lerma im Hochtal von Toluca und durchfließt den Lago de Chapala; auf dem Weg zum Pazifik überwindet sein Unterlauf mehrere große Stromschnellen.

Klima

Mexiko besitzt aufgrund seiner beträchtlichen Nord-Süd-Erstreckung und der großen Höhenunterschiede sehr verschiedenartige Klimazonen. Die nördlichen subtropischen Landesteile haben trockene Sommerhitze und gemäßigte Temperaturen in den Wintermonaten. In den tropischen Gebieten südlich des Nördlichen Wendekreises dagegen ist es das ganze Jahr über feuchtheiß. Gelegentlich treten an der Golfküste Wirbelstürme (Hurrikane) auf.
Der Süden des zentralen Hochlands erhält etwa 600 mm Jahresniederschlag, die Nordregion vielerorts weniger als 250 mm. Das gilt auch für die Halbinsel Niederkalifornien, die durch den Einfluß des kalten Kalifornischen Stroms extrem trocken ist. Auf der Pazifikseite fallen die Niederschläge hauptsächlich von Juni bis September (durchschnittlich 1000 mm jährlich), am Golf von Mexiko – im Bereich der Passatwinde – sind sie gleichmäßig auf das Jahr verteilt. Im regenreichen Tiefland von Tabasco können sie über 4000 mm betragen.
Im tropischen Bergland lassen sich vier Höhenstufen unterscheiden: eine heiße Zone (Tierra caliente, bis etwa 800 m Höhe) mit Jahresmitteltemperaturen um 25 °C; eine warm-gemäßigte Zone (Tierra templada, bis 1700 m) mit geringen jahres- und tageszeitlichen Temperaturschwankungen (mittlere Jahrestemperatur 17 °C bis 23 °C); eine kühle Zone (Tierra fría, bis zur Vegetationsgrenze bei etwa 4000–4700 m) mit deutlichen tageszeitlichen Temperaturschwankungen und einer Jahresmitteltemperatur von

Mexikos Nationalgericht mit zahllosen Varianten: die Tortillas, beliebt schon bei den Azteken.

15 °C; sowie die Schneeregion (Tierra helada, ab etwa 4700 m) mit einer Jahresmitteltemperatur unter 10 °C.
Mexiko-Stadt, 2300 m hoch gelegen, hat ein Jahresmittel von 15 °C (Januar 12 °C, Mai 18 °C).

Vegetation und Tierwelt

Die Vegetation Mexikos ist – soweit sie der Mensch nicht verändert hat – durch große Artenvielfalt gekennzeichnet. An den feuchten Hangseiten der Kordilleren wachsen Regen- oder Nebelwälder, in den höheren Lagen vorwiegend Mischwälder von Kiefer und Eiche oder reine Kiefernwälder. Die trockeneren Senken, Niederkalifornien und die nördlich gelegenen Gebirgszüge sind mit Dornstrauchvegetation überzogen. Für die Küstenebenen vor den Randgebirgen ist Feucht- und Buschsavanne typisch. Kakteensteppen prägen den Nordteil des inneren Hochlands, Savannen mit Kurzgrasfluren dagegen die südlichen Becken. Das weithin versumpfte Tiefland von Tabasco ist von Feuchtsavanne oder tropischem Feuchtwald bedeckt, auf der Halbinsel Yucatán überwiegen Trockenwald und Dornstrauchsavanne.
Auch in der Tierwelt spiegelt sich die Brückenlage des Landes wider. So sind neben Bären, Luchsen, Präriewölfen, Kojoten, Bibern, Hirschen auch Jaguare, Pumas, Ozelote, Tapire, Gürteltiere und verschiedene Affenarten anzutreffen. In den Lagunen und Sümpfen finden sich Alligatoren, Schildkröten und Leguane; es gibt sehr viele Vogelarten und allein 13 Arten von Klapperschlangen. Zum Schutz der Tier- und Pflanzenwelt sind Nationalparks z. B. im Cañon del Río Blanco oder im Gebiet von Ixtacihuatl und Popocatépetl eingerichtet worden.

Politisches System

Staatsname: Estados Unidos Mexicanos
Staats- und Regierungsform: Präsidiale Bundesrepublik
Hauptstadt: Cíudad de México
Mitgliedschaft: UN, OAS, ALADI, SELA

Die mexikanische Verfassung trat 1917 in Kraft, wurde aber zwischen 1929 und 1974 mehrmals revidiert. Neben dem Prinzip der Gewaltenteilung enthält sie auch soziale Garantien und ein Agrarreform-Programm.

Gesetzgebung und Verwaltung

Die Exekutive liegt in der Hand des Präsidenten, der für sechs Jahre unmittelbar vom Volk gewählt wird. Er ist mit weitreichenden Befugnissen ausgestattet und ernennt die Regierung. Die Legislativgewalt liegt beim Kongreß. Er besteht aus dem Senat mit 64 Mitgliedern (Vertretung der Einzelstaaten) und dem Abgeordnetenhaus. Jeder Gliedstaat und auch der Bundesdistrikt entsenden zwei Senatoren. Dagegen werden für das Abgeordnetenhaus 300 Abgeordnete nach relativem Mehrheits- und 200 nach Verhältniswahlrecht gewählt. Gesetzentwürfe müssen von beiden Kammern gebilligt werden.
Mexiko gliedert sich in 31 Staaten (Estados), in den Bundesdistrikt mit der Hauptstadt sowie in 2300 nachgeordnete Kreise (Municipios). Die Staaten sind nominell weitgehend autonom und haben eigene Verfassungen, die allerdings der Bundesverfassung angeglichen sind.

Recht und Justiz

Die Rechtsordnung lehnt sich an spanische und französische Vorbilder an. Mit Ausnahme des Handelsrechts sind Gesetzgebung und Rechtsprechung primär Sache der Gliedstaaten. Der Oberste Gerichtshof ist nur für zwischenstaatliche Angelegenheiten und für Berufungen zuständig. Die juristische Besonderheit Mexikos, »Amparo« genannt, gibt jedem Beschuldigten die Möglichkeit, seine konstitutionellen Grundrechte sofort einzuklagen.

Bevölkerung

Einwohnerzahl: 86 Millionen
Bevölkerungsdichte: 44 Einw./km²
Bevölkerungszunahme: 3 % im Jahr
Ballungsgebiet: die Zentralregion mit Mexiko-Stadt, der größten städtischen Agglomeration der Erde
Größte Städte: Mexiko-Stadt (10 Mio. Einw.; mit Vororten 20 Mio.), Guadalajara (Aggl. 3,3 Mio.), Monterrey (Aggl. 2,7 Mio.), Tijuana (950 000), Ciudad Juárez (900 000), León und Puebla de Zaragoza (je 800 000), Acapulco de Juárez, Chihuahua und Tampico (jeweils über 600 000)
Bevölkerungsgruppen: 55 % Mestizen, 29 % Indianer, 15 % Weiße, 1 % Schwarze, Asiaten

Daten · Fakten · Reisetips   Mexiko

Im wesentlichen besteht die mexikanische Bevölkerung aus Mestizen mit teilweise sehr unterschiedlichem europäischem bzw. indianischem Erbanteil. Die Zahl der Europäer und weißen Kreolen (Abkömmlinge altspanischer Einwanderer), die ohnehin nur wenig mehr als ein Zehntel der Bevölkerung ausmachen, nimmt weiter ab. Kaum größer dürfte heute auch der Anteil der indianischen Ureinwohner Mexikos sein. Noch sehr viel geringer ist der Anteil der Schwarzen (Nachkommen afrikanischer Sklaven), Mulatten und der erst in jüngerer Zeit eingewanderten Asiaten.

Die etwa 40 noch existierenden Indianerstämme leben vor allem in der Südhälfte des Landes. Wichtigste Gruppen sind: Nahua (mit Azteken und Tolteken), Otomí, Mazahua, Tarasken im zentralen Hochland, Totonaken und Huaxteken an der Golfküste, Maya auf der Halbinsel Yucatán, Zapoteken, Mixteken, Mazateken im südlichen Bergland.

Die Besiedlungsdichte ist sehr unterschiedlich. Im Großraum von Mexiko-Stadt und in den umliegenden Verwaltungsgebieten lebt mehr als die Hälfte der mexikanischen Bevölkerung auf 14 % der Gesamtfläche. Von Veracruz über Mexiko-Stadt bis nach Guadalajara zieht sich dieser Ballungsraum. 37 % der Bevölkerung sind jünger als 15 Jahre.

Landessprache
Allgemeine Landessprache ist Spanisch, das allerdings durch zahlreiche indianische, insbesondere aztekische Lehnwörter angereichert ist. Unter den Indianersprachen sind das Nahuatl und die Maya-Sprachen hervorzuheben. Etwa 2 % der Bevölkerung beherrschen nur ihre Indianersprache.

Religion
Etwa 93 % der Bevölkerung bekennen sich zum katholischen Glauben, der in Mexiko allerdings z. T. stark von altindianischen Glaubensvorstellungen und Bräuchen geprägt wird. Protestanten (3 %) und Juden bilden Minderheiten.

Wichtiges Dienstleistungsgewerbe: berufsmäßige Briefsteller.

Soziale Lage und Bildung
Trotz der für Lateinamerika vorbildlichen Sozialgesetzgebung, des allgemein steigenden Lebensstandards und der verbesserten Gesundheitsfürsorge wird ein erheblicher Teil der Bevölkerung nur unzureichend versorgt, vor allem in vielen ländlichen Gebieten und auch in den schnell wachsenden Elendsvierteln am Rand der Großstädte, die oft überbevölkert sind. Die medizinische Versorgung wurde in den letzten Jahren im Rahmen eines nationalen Gesundheitsplans insbesondere für die Landbevölkerung ausgebaut und erweitert.

Allgemeine Schulpflicht besteht zwischen dem sechsten und zwölften Lebensjahr. Der Unterricht an den staatlichen Schulen ist kostenlos, dennoch absolviert nur etwa ein Drittel der Kinder die Pflichtjahre. Trotzdem ist die Analphabetenrate von über 25 % auf 9 % gesunken. Die bedeutendsten Hochschulen des Landes sind das »Instituto Politécnico Nacional« und die schon 1551 gegründete »Universidad Nacional Autónoma de México« mit über 280 000 Studenten.

Während der Hochblüte der Maya-Kultur in Yucatán ein wichtiges Zentrum: der Tempel von Palenque.

Wirtschaft

Währung: 1 Mexikanischer Peso (mex$) = 100 Centavos (cts)
Bruttoinlandsprodukt (in Anteilen): Land- und Forstwirtschaft 9 %, industrielle Produktion 35 %, Dienstleistungen 56 %
Wichtigste Handelspartner: USA, Japan, EG-Staaten, Brasilien, Kanada

Die Wirtschaft Mexikos ist zwar privatrechtlich geordnet, doch werden alle wichtigen Wirtschaftszweige direkt oder indirekt vom Staat kontrolliert. Die Bodenschätze sind ausnahmslos in Staatsbesitz. Bildeten Landwirtschaft und Bergbau noch vor wenigen Jahrzehnten die Grundlage des Wirtschaftslebens, so ist Mexiko inzwischen durch die forcierte Industrialisierung in die Gruppe der »Schwellenländer« aufgerückt. Hauptprobleme der Entwicklungsplanung sind die immer noch hohen Inflationsraten sowie die drückende Arbeitslosigkeit (in den Städten mindestens 12 %) als Folge des Bevölkerungswachstums und der anhaltenden Landflucht.

Landwirtschaft
Etwa 30 % der Erwerbspersonen sind im Agrarbereich, dem immer noch große Bedeutung zukommt, beschäftigt. Wegen der in vielen Regionen ungünstigen Klima- und Bodenverhältnisse kann Ackerbau nur auf 12 % der landwirtschaftlich nutzbaren Fläche betrieben werden. Besonders im trockenen Norden bemüht sich die Regierung um die Ausweitung der Bewässerungsgebiete.
Seit der Agrarreform von 1917 sind die meisten Bauern Teilhaber am Genossenschaftsbesitz der »Ejidos«, einer aus vorkolonialer Zeit stammenden Form des Gemeinschaftseigentums. Für die Versorgung des Marktes sind jedoch die als Plantagen oder Viehzuchtbetriebe geführten Großgüter (Haziendas) viel bedeutender.
Wichtigste Feldfrucht ist Mais, der neben Bohnen als Hauptnahrungsmittel dient. Weitere Agrarerzeugnisse sind Weizen, Sorghumhirse, Reis, Zuckerrohr, Sojabohnen, Kartoffeln, Gemüse, Zitrusfrüchte, Ananas, Bananen, Kaffee und Baumwolle, auf Yucatán Sisalhanf. Neben der Rinder-, Schweine- und Geflügelzucht ist auch der Fischfang zu erwähnen.

Bodenschätze
Mexiko ist reich an Bodenschätzen, die z. T. erst wenig erschlossen sind. Im Mittelpunkt stehen heute Erdöl- und Erdgasvorkommen. Die umfangreichen Lagerstätten an der Golfküste wurden teilweise erst in jüngster Zeit entdeckt; allerdings stellte der Ölpreisverfall der vergangenen Jahre die Wirtschaftspolitik vor erhebliche Probleme.
Die Vorkommen an Edelmetallen haben zwar an Bedeutung verloren, sind aber keineswegs erschöpft. Bis heute ist Mexiko weltweit führender Silberproduzent. Wichtiger ist inzwischen allerdings der Abbau von Eisen, Blei, Zink und Kupfer, hinzu kommt die Gewinnung von Mangan, Quecksilber, Antimon, Schwefel, Fluorit, Phosphaten und hochwertiger Kohle.

Energieversorgung
Wichtigste Energiequellen zur Stromerzeugung sind Erdöl und Erdgas. Sie decken den Bedarf des Landes zu über vier Fünfteln. Für die Zukunft wird ein stärkerer Einsatz von Kohle, Wasser- und Kernkraft angestrebt.

Beliebte Geschenke zu Allerseelen: bunte Zuckertotenköpfe.

Industrie
Die Industrie verarbeitet in erster Linie die einheimischen Agrar- und Montanrohstoffe. Der Großteil der Unternehmen ballt sich an wenigen Standorten zusammen: im Hochland um Mexiko-Stadt bis Guadalajara, an der Golfküste (Chemie, Raffinerien) sowie im Nordosten des Landes. Das Zentrum der Schwerindustrie ist Monterrey.

Handel
Größter Handelspartner Mexikos sind die USA (mit 60 % des Außenhandels), umgekehrt ist Mexiko einer der wichtigsten Handelspartner der USA. Die Handelsbilanz ist seit 1982 anhaltend positiv. Ausgeführt werden vor allem Erdöl und Erdölderivate (60–70 % des Ausfuhrwertes) sowie Bergbauprodukte, außerdem Kaffee, Baumwolle, Zucker, tropische Früchte, Vieh, Maschinen und Fahrzeuge, chemische Produkte, Textil- und Fischereierzeugnisse. Wichtigste Einfuhrgüter sind maschinelle Ausrüstungen, Fahr-

zeuge, chemische Produkte (Dünger, Kunststoff), feinmechanische Erzeugnisse, Papier und Lebensmittel (u. a. Getreide).

Verkehr

Das Verkehrsnetz wurde in den letzten Jahren modernisiert und erweitert. Außerhalb Zentralmexikos ist es allerdings immer noch weitmaschig. Die Straßen (insgesamt etwa 220 000 km, zu 60 % befestigt) spielen nicht zuletzt für den Tourismus aus den USA eine wichtige Rolle. Fernbusse sind mit 20 großen Linien ein wichtiges Verkehrsmittel. Das staatliche Schienennetz (etwa 25 000 km mit zwei Spurweiten) ist für den Personenverkehr weniger bedeutsam. Wichtige Häfen sind an der Golfküste Veracruz Llave sowie Tampico und Coatzacoalcos (für die Ölverschiffung), an der Pazifikküste Salina Cruz und Guaymas. Mexiko-Stadt ist eine Drehscheibe des internationalen Flugverkehrs. Es gibt zwei mexikanische Fluggesellschaften. Insgesamt 32 Flughäfen des Landes bieten nationale und internationale Verbindungen.

Tourismus

Eine lukrative Devisenquelle stellt der Fremdenverkehr dar. Etwa 90 % der Besucher kommen aus den USA. Touristische Anziehungspunkte sind die Pazifikküste (Acapulco, Puerto Vallarta), Mexiko-Stadt und die Fundstätten der indianischen Hochkulturen.

Geschichte

Die ältesten bisher bekannten Funde im mexikanischen Raum werden auf etwa 20 000 v. Chr. datiert. Ihnen zufolge waren die Ureinwohner Mexikos Großwildjäger, einige Gruppen auch Sammler. Als gegen Ende der letzten amerikanischen (Wisconsin-)Eiszeit, etwa um 8000 v. Chr., das Großwild ausstarb oder in andere Klimazonen abwanderte, waren Wildfrüchte und Pflanzen die alleinige Nahrungsquelle. Um 6000 v. Chr. begannen die Bewohner Zentralmexikos schon, Kürbis, Cayennepfeffer und Avocados anzubauen, gegen 5000 v. Chr. auch Bohnen und später Mais. Etwa um 3000 v. Chr. entstanden die ersten festen Wohnbauten. Die Völker Nordwestmexikos dagegen blieben, wohl aufgrund anderer klimatischer Bedingungen, bis ins 16. Jh. Jäger und Sammler. In Zentral- und Südmexiko jedoch entstand bereits um 1100 v. Chr. die Hochkultur der Olmeken mit dem Kultzentrum La Venta.

Die Maya

Die Herkunft der Maya ist nicht bekannt. Sie besiedelten als seßhafte Feldbauern in der frühen vorklassischen Periode (2000–1200 v. Chr.) die Halbinsel Yucatán und den Norden Guatemalas. Erste Kultzentren entstanden während der mittleren vorklassischen Periode (um 1200).

Mexiko

Zwischen 400 v. Chr. und 300 n. Chr. entwickelte die Maya-Kultur ihre Hieroglyphenschrift und ihr Kalenderwesen. Die Hochblüte lag in der klassischen Periode zwischen 300 und 900. In dieser Zeit gab es mindestens 110 religiös-politische Zentren mit großen Plätzen und Höfen sowie Spielstätten für das kultische Ballspiel mit Kautschukbällen. Noch immer ungeklärt sind die Ursachen des Untergangs der klassischen Maya-Kultur.

Ende des 10. Jh. wurde die Kultur der verbliebenen Maya-Zivilisationen von der toltekischen überlagert. Nachdem aus dem Hochtal von Mexiko kriegerische Stämme in die Toltekenstadt Tollan (Tula, nördlich von Mexiko-Stadt) eingefallen waren, flüchtete deren Herrscher Quetzalcóatl nach Yucatán. Er begründete dort eine mehr als 200 Jahre währende Herrschaft, die erst 1185 durch den Fürsten von Mayapan beendet wurde. Zentrum war die dicht besiedelte und stark befestigte Stadt Chichén Itzá.

Teotihuacán

Während die Kultur der Maya vor allem in Südmexiko und Yucatán ihre Hochblüte erlebte, entwickelte sich in Zentralmexiko ab dem 2. Jh. n. Chr. Teotihuacán zum führenden geistig-religiösen, politischen und wirtschaftlichen Zentrum. Die Stadt war nach genauem Plan angelegt und bildete mit etwa 200 000 Einwohnern eine bedeutende Metropole. Teotihuacán besaß ein fortschrittliches Regierungssystem, Manufakturen und Handel brachten der Stadt Reichtum, und ihre Bewohner lebten in friedlicher Koexistenz mit anderen Orten. Etwa um 700 n. Chr. wurde diese erste »Großstadt« des Kontinents zerstört. Der Untergang der Stadt markiert zugleich den Beginn einer Periode, in der Völker von Norden in das Hochtal von Mexiko eindrangen und bis ins 14. Jh. hinein die Entwicklung Zentralmexikos bestimmten. Zwischen dem 8. und 12. Jh. waren es zunächst die Tolteken, Ende des 12. bis zum 15. Jh. dann die Chichimeken, die vor allem die Geschicke des vorspanischen Mexiko entscheidend prägten.

Das Aztekenreich

Als eine der letzten Gruppen gründeten die Azteken, ursprünglich ein nomadisierendes Bauernvolk, im Jahre 1370 Tenochtitlán (an der Stelle der heutigen Hauptstadt). Ihr König Montezuma I. vergrößerte Mitte des 15. Jh. das Herrschaftsgebiet, während Montezuma II. zu Beginn des 16. Jh. dem so geschaffenen Reich eine innere Organisationsstruktur gab. Das Aztekenreich reichte von der Golf- bis zur Pazifikküste und wurde durch eine zentrale Rechtsprechung, Verwaltungs- und Kultusbürokratie sowie mit Hilfe eines stehenden Heeres nach innen und außen gefestigt. Bis 1519 war

Direkte Nachfahren der Maya: die Lakandonen. Nur ca. 400 gibt es noch in den Wäldern von Chiapas.

die Vorherrschaft der Azteken in Zentralmexiko ungebrochen. Landwirtschaft, Handwerk und Handel blühten.

Spanische Kolonialherrschaft

Die Kolonialisierung Mexikos begann 1519 mit der Landung des Spaniers Hernán Cortés an der Golfküste, nahe der heutigen Stadt Veracruz; von dort aus drang er mit seinen Soldaten ins Landesinnere vor. 1521 fiel Tenochtitlán. Zwei Faktoren begünstigten die Eroberungszüge der Spanier, die zahlenmäßig dem Heer der Azteken hoffnungslos unterlegen waren: zum einen die Feuerwaffen der Konquistadoren, zum anderen Cortés' Bündnispolitik mit aztekenfeindlichen Stämmen. Dennoch dauerte es bis 1547, ehe die Spanier das gesamte Land einschließlich Yucatáns endgültig unterworfen hatten.

Bereits 1535 setzte Spanien einen Vizekönig in Mexiko ein. Einwanderer aus Europa nahmen das Land in Besitz. Die Kirche begann mit der Christianisierung der Indianer, gründete Ordensniederlassungen und baute in der 300 Jahre währenden Kolonialzeit 10 000 Kirchen. Bis 1570 verloren nicht weniger als 12 Millionen Indianer ihr Leben. Sie wurden ausgerottet oder starben an Krankheiten, die die Europäer eingeschleppt hatten.

Diego Rivera, ein Meister der Wandmalerei: Geschichte des Landes als Geschichte der Ausbeutung.

Unter der Regentschaft Karls III. von Spanien (1759–1788), der umfangreiche Verwaltungsreformen durchführte, wurden drückende Ungerechtigkeiten beseitigt. Mexiko erlebte einen geistigen und wirtschaftlichen Aufschwung, der jedoch schon unter Karl IV. (1788–1808) wieder endete.

Kampf um Unabhängigkeit

Der Einfluß revolutionärer Ideen (Französische Revolution, Nordamerikanischer Unabhängigkeitskampf) und der Druck finanzieller Forderungen Spaniens führte zu wachsenden Spannungen zwischen den im Mutterland geborenen Spaniern und den Kreolen. Auch der Klerus spaltete sich. Mit der Forderung nach einschneidenden Sozialreformen (Aufhebung der Sklaverei, Tributbefreiung und Bodenreform) leitete der Priester Miguel Hidalgo y Costilla 1810 den Kampf um die Unabhängigkeit ein. Sie wurde 1824 mit der ersten republikanisch-bundesstaatlichen Verfassung faktisch erreicht, auch wenn Spanien diese erst 1836 anerkannte. Dennoch sollte das Land vorerst keine Ruhe fin-

Zielsicher wirft ein Ranchero sein Lasso bei den »Charreadas«, traditionellen Reiterspielen.

den. Von 1821 bis zum Sturz des Diktators Antonio López de Santa Anna 1854 gab es nicht weniger als 34 Regierungswechsel.

1846/47 griffen die USA Mexiko wegen nichtbezahlter Schulden an. Mexiko verlor diesen Krieg und mußte 1848 im Friedensvertrag von Guadalupe Hidalgo etwa die Hälfte seines Territoriums an die USA abtreten.

1858 erschütterte ein Bürgerkrieg um die 1857 verabschiedete Verfassung das Land. Als der Liberale Benito Pablo Juárez, ein Zapoteke, 1861 als Sieger aus diesem Krieg hervorging, griffen England, Spanien und Frankreich Mexiko unter dem Vorwand an, die hohen Auslandsschulden eintreiben zu müssen. Zwar zogen sich Engländer und Spanier bereits 1862 aus diesem Krieg zurück, doch gelang den Franzosen 1863 die Besetzung von Mexiko-Stadt. Juárez kämpfte, mit Unterstützung der USA, vom Norden her gegen die Franzosen; diese setzten 1864 Maximilian von Habsburg als Kaiser von Mexiko ein, dessen Re-

Mexiko — Daten · Fakten · Reisetips

Mit Bauernarmeen befreite der Revolutionsführer Pancho Villa Mexiko von der Díaz-Diktatur.

gentschaft allerdings nur von kurzer Dauer war. Als Frankreich 1867 unter dem Druck der Vereinigten Staaten seine Truppen aus Mexiko abzog, konnte auch Maximilian sich nicht länger halten. Da er sich aber weigerte, Mexiko zu verlassen, wurde er 1867 hingerichtet. Benito Pablo Juárez übernahm erneut das Amt des Präsidenten bis 1872. Ihm folgte 1876 Porfirio Díaz, ein Mestize, der über 30 Jahre im Amt blieb. Er regierte Mexiko diktatorisch und öffnete es ausländischen Kapitalgebern. Zwar machte das Land auf diese Weise große wirtschaftliche Fortschritte – eine neue Infrastruktur wurde geschaffen, der Silber- und Kupferbergbau gefördert und die Erdölgewinnung vorangetrieben –, doch die soziale Lage der breiten Bevölkerung verschlechterte sich zusehends.

Revolution und neueste Zeit

Nach der Wiederwahl von Díaz brach 1910 ein Bürgerkrieg aus, der zehn Jahre dauern sollte. Er wurde vor allem von der verelendeten Landbevölkerung sowie von Teilen der liberalen

Erst 1939 entdeckt: die fast 3000 Jahre alten Monumentalplastiken der Olmeken in La Venta.

Intelligenz geführt. 1911 wurde Díaz gestürzt. Die bedeutendsten Persönlichkeiten in diesen Revolutionskämpfen waren Emiliano Zapata, Pancho Villa und Alvaro Obregón, der den Bürgerkrieg schließlich 1920 beendete. 1917 trat eine neue, stark sozialistisch orientierte Verfassung in Kraft, auf deren Grundlage eine Enteignung des Großgrundbesitzes und eine Verstaatlichung der Bodenschätze stattfand. Präsident Lázaro Cárdenas verstaatlichte 1938 auch die Eisenbahnen und die Erdölindustrie, was sich Mitte der siebziger Jahre auszahlen sollte, als riesige Vorkommen entdeckt wurden, die Mexiko zu einem der führenden Erdölproduzenten in der Welt machten.

Seit 1946 standen wirtschaftlicher Aufschwung und Ausbau der Infrastruktur im Zentrum der mexikanischen Politik. Die Hochkonjunktur von 1977 bis 1981 brach jedoch bald unter der sehr hohen Auslandsverschuldung und den fallenden Erdölpreisen zusammen. Seitdem schmilzt das Übergewicht des seit 1929 regierenden Partido Revolucionario Institucional (PRI) dahin. Der Brady-Plan von 1990 zur Schuldenregelung schafft gute Aussichten für Mexikos nähere Zukunft.

Kultur

Entscheidend für das Verständnis der alten Hochkulturen ist das dualistische Weltbild der mexikanischen Völker dieser Zeit, das sich in der Religion, der Architektur, der Städteplanung, der Malerei und Bildhauerei und auch in der Musik dokumentiert. Danach stellte sich das Leben als permanentes Werden und Vergehen dar, das dem Willen der Natur, der Götter, unterworfen ist. Die wichtigsten Götter des alten Mexiko waren folgerichtig der Sonnen- und der Regengott.

Alte Hochkulturen

Bereits um 1200 v. Chr. errichteten die Olmeken in La Venta am Golf von Mexiko ein Kultzentrum, dessen Monumentalplastiken und Altäre im Jahre 1939 entdeckt und ausgegraben wurden. Von den Olmeken und später auch von den Zapoteken mit ihrer Pyramidenstadt Monte Albán, nahe dem heutigen Oaxaca, gingen entscheidende künstlerische, architektonische und religiöse Impulse aus. Sie finden sich in allen folgenden Kulturen Mexikos wieder. Die mexikanische Pyramide, eine Stufenpyramide mit 7 oder 13 Ebenen (je nach der im mexikanischen Mythos angenommenen Zahl der Himmel), beherrscht die Baukunst. Sie war der Ort für kultische Zeremonien, Versammlungen, Opfer, für rituelle Spiele und Tänze.

Die größten Pyramidenbauten Altamerikas befinden sich in Teotihuacán: die 63 m hohe Sonnenpyramide mit einer Grundfläche von 225 × 222 m und die 42 m hohe Mondpyramide mit einer Grundfläche von 150 × 120 m (beide 5. Jh. n. Chr.). Die Pyramiden waren mit Fassadenreliefs und Malereien verziert. Eines der schönsten Zeugnisse ist die Quetzalcóatl-Pyramide in der »Zitadelle« von Teotihuacán. Etwa zeitgleich mit der Kultur

Ein Jaguarkopf aus Jade, Zeugnis hochkultureller Gestaltungskraft.

von Teotihuacán (200–700 n. Chr.) erreichte die Maya-Kultur in Yucatán ihre Hochblüte. Vor allem in der »klassischen Periode« (300–900) wurden große Städte errichtet, politische und kulturelle Zentren wie Palenque, Bonampak oder Uxmal. Diese Städte wurden geprägt von mächtigen Steinpyramiden mit Tempeln, zu deren Füßen noch zahlreiche Nebenbauten lagen. Neu in der Baukunst war die Konstruktion des »falschen Bogens«, eines stufenförmig angelegten Gewölbes, das jedoch nur für die Überdachung kleiner Räume geeignet war. Auch gingen die Maya dazu über, zwei- und mehrstöckige Gebäude zu errichten und diese mit Giebeln zu versehen. Meister waren sie in der Reliefplastik sowie in der Keramik und Wandmalerei.

In Zentralmexiko gründete im 10. Jh. der mythenumwobene Toltekenkönig Quetzalcóatl die Hauptstadt Tollan (Tula). Kunst und Kultur von Tollan standen unter dem Einfluß von Teotihuacán. Neu war jedoch ein höfischer Repräsentationsstil, der sich am deutlichsten in der Architektur widerspiegelte: Die Tolteken entdeckten den Pfeiler als entscheidendes Konstruktionselement. Dadurch konnten die Innenräume der Pyramiden, etwa des »Tempels des Morgensterns«, größer und lichter gestaltet werden. Die Großartigkeit der Architektur wurde durch bunte Relieffriese, die die gesamte Pyramide umzogen, noch gesteigert. Als die Tolteken Ende des 10. Jh. aus Tollan vertrieben wurden und nach Yucatán vordrangen, mischte sich ihre Architektur mit der der Maya. Höhepunkt der »maya-toltekischen Kultursymbiose« ist die Stadtanlage von Chichén Itzá, die Tollan an Ausdehnung und Grandiosität bei weitem übertrifft. Als harmonischer Großbau stellt sich die »El Castillo« genannte Pyramide dar, zu deren Heiligtum von vier Seiten aus steile Treppen führen.

Die Azteken hingegen besaßen keine eigene Kultur, als sie im 13. Jh. nach Mexiko vordrangen, sondern sie orientierten sich an den Kulturen von Teotihuacán und Tollan. Das ausgesprochene kriegerische Wesen der Azteken spiegelte sich in ihrer Religion wie in ihrer Kunst wider. Ihr Stammesgott war der Kriegs- und Sonnengott Huitzilopochtli, dem täglich Menschenopfer, meist Kriegsgefangene, dargebracht wurden. Die Kunst der Azteken – Architektur, Plastik und Keramik – war monumental. Ihre Herrscher wohnten in großen, steinernen Palästen mit Dächern aus Zedernholz. Das Palastinnere soll mit feingewobenen Teppichen und schönen Gemälden geschmückt gewesen sein.

Das »Neue Spanien« – Kolonialkunst

Das heutige Mexiko wurde auch kulturell von der fast 300 Jahre währenden Kolonialzeit geprägt. Schon bald folgten den Konquistadoren Anfang des 16. Jh. die Missionare nach »La Nueva España«, wie Hernán Cortés Mexiko nannte. Die Ordensbrüder errichteten im Zuge der Christianisierung zahlreiche beachtliche Sakralbauten.

Zwei Entwicklungsphasen kennzeichnen die Kolonialkunst: In der ersten beschränkte man sich zunächst auf die Nachahmung europäischer Vorbilder, während in der zweiten auf einheimische Traditionen zurückgegriffen wurde. So entstand der typische Kolonialstil, bei dem Elemente der spanischen Kunst mit dem Form- und Farbgefühl indianischer Kultur verschmolzen. Den Prozeß der Stilsymbiose dokumentiert sehr eindrucksvoll die stattliche Kathedrale von Mexiko-Stadt. Begonnen wurde sie im 16. Jh. auf den Fundamenten eines Aztekentempels im sog. Herrera-Stil; vollendet wurde sie im Barockstil des 18. Jh. Die Schmuckfassaden des ebenfalls im 18. Jh. angebauten Sakramentshäuschens wurden von einem spanischen Architekten und einem

Daten · Fakten · Reisetips — Mexiko

einheimischen Bildhauer gestaltet. Der indianischen Keramik- und Töpfereikunst ist es zu verdanken, daß seit Ende des 17. Jh. ganze Kirchenfassaden mit Fliesen und Kacheln verkleidet wurden. Ebenfalls von der indianischen Keramik- und Töpfereikunst stark beeinflußt waren die zahlreichen Freskenmalereien mit ihrer schlichten Farbgebung.

Eigenständige Kultur

Erst nach der Unabhängigkeit Mexikos konnte sich allmählich eine eigenständige Kultur entwickeln. Sie löste sich Anfang des 20. Jh. endgültig aus den kolonialen Fesseln. Als Antwort auf den 1910 ausbrechenden Bürgerkrieg entstand die politische »Revolutionskunst«, eine Monumentalkunst, welche laut Manifest der mexikanischen Maler die »künstlerischen Ausdrucksformen sozialisieren« sollte. Heute brandmarken Hunderte von Großfresken an öffentlichen und privaten Gebäuden die Ausbeutung des Volkes; sie propagieren den Klassenkampf und den sozialen Fortschritt Mexikos. Altmeister dieser Wandmalerei, auch »Muralismo« genannt, sind José Clemente Orozco (1883–1949), David Alfaro Siqueiros (1896–1974), Diego Rivera (1886–1957) und dessen Lebensgefährtin Frida Kahlo (1910–1954).

Auf internationales Interesse ist auch die moderne Architektur Mexikos gestoßen. Besonders bekannt wurden Juan O'Gorman (Universitätsbibliothek in Mexiko-Stadt), Felix Candela (Schalenkonstruktion des Daches des Strahlenlaboratoriums) sowie Enrique Castañeda und Antonio Peyri (Sportpalast).

Andere Kunstrichtungen – Literatur, Theater, Musik – entwickelten sich vergleichsweise weniger spektakulär. Der wohl bedeutendste zeitgenössische Lyriker ist Octavio Paz (geb. 1914; Nobelpreis 1990), in dessen Werk Marxismus, Surrealismus und konkrete Poesie miteinander verschmelzen. Ebenfalls vom Marxismus geprägt ist der Romancier Carlos Fuentes (geb. 1928), der die Konflikte innerhalb der nachrevolutionären Gesellschaft beschreibt. Die Lebensproblematik der indianischen Bevölkerung schildert Juan Rulfo (geb. 1918). Auch der 1924 nach Mexiko geflohene und dort 1964 gestorbene B. Traven beschäftigte sich in seinen sozialkritischen Abenteuerromanen in deutscher Sprache mit den Lebensbedingungen der Arbeiter und Indios.

Der mexikanische Film empfing neue Anregungen durch eine Reihe spanischer Emigranten, vor allem durch Luis Buñuel, der von 1947 bis 1955 zahlreiche realistisch-sozialkritische Filme in Mexiko drehte.

Volksglaube und Fiestas

Die Indios haben viele ihrer alten Göttervorstellungen auf die katholischen Heiligen übertragen. Jeder Municipio besitzt seine eigenen Schutzheiligen. Der Namenstag des Schutzheiligen wird oft mit einer mehrtägigen Fiesta gefeiert. Rund um die Kirche werden Jahrmarktbuden aufgebaut, in denen neben Speisen, Kleidern und Waffen auch Amulette und Zaubermittel feilgeboten werden.

Großer Beliebtheit erfreut sich in ganz Mexiko das Fest des hl. Markus, das am 25. April gefeiert wird. In Aguascalientes wird daraus eine zehntägige »Feria de San Marcos« zu Ehren des Schutzheiligen der Stadt, bei der neben Messen und Prozessionen auch Musikserenaden, Hahnen- und Stierkämpfe stattfinden – Toreros gelten in Mexiko ebenso als Volkshelden wie in Spanien. Fiestas sind auch wichtige Schauplätze für die berühmten »Mariachi«, Orchester mit drei bis fünf Streich- und Zupfinstrumenten und Trompetenbegleitung.

Etwas stiller geht es bei den vorweihnachtlichen »Posadas« zu, bei denen in Prozessionen der Bethlehem-Reise Marias und Josefs gedacht wird.

Am 12. Dezember wird mit Prozessionen und Indianertänzen im ganzen Land die Heilige Jungfrau von Guadelupe geehrt. Zu Tausenden strömen die Pilger zur Kathedrale von Guadelupe nahe Mexiko-Stadt, um auf Knien rutschend die Gnade der Jungfrau zu erflehen.

Mit 63 m Höhe der monumentalste Bau des alten Mexiko: die Sonnenpyramide von Teotihuacán (5. Jh.).

Reise-Informationen

Einreise- und Fahrzeugpapiere
Für Bürger der Bundesrepublik Deutschland, der Schweiz und Österreichs genügt bei einem Aufenthalt bis zu 90 Tagen ein mindestens noch sechs Monate gültiger Reisepaß in Verbindung mit einer Touristenkarte, die von den Fluggesellschaften, Reiseunternehmen und den mexikanischen Konsulaten kostenlos ausgestellt wird.

Für die Benutzung von Mietwagen ist ein internationaler Führerschein empfehlenswert. Wer größere Strecken fahren will, sollte sich bei einem bekannten Autovermieter eine Kreditkarte besorgen. Die Rückgabe des Mietwagens am Ausleihort ist anzuraten. In anderen Orten fallen relativ hohe Überführungsgebühren an. Haftpflicht- und Kaskoversicherungsabschluß sind empfohlen.

Zoll
Bei der Einreise sind zollfrei: pro Person geringe Mengen an Genußmitteln (20 Schachteln Zigaretten, 50 Zigarren, 3 Liter Wein oder Spirituosen); die Einfuhr von Früchten und Pflanzen ist verboten. Für die Ausfuhr von Kunstgegenständen bestehen strenge Zollvorschriften oder sogar absolutes Ausfuhrverbot.

Devisen
Es gibt keine besonderen Vorschriften für die Ein- und Ausfuhr von Devisen. Wegen der hohen Inflationsrate empfiehlt es sich, mit nur kleinen Mengen Mexikanischer Pesos (mex$) einzureisen und statt dessen US-Dollar-Reiseschecks mitzuführen, die überall problemlos eingetauscht werden können, da der US-Dollar zugleich Leitwährung für Mexiko ist. Kreditkarten sind sehr gebräuchlich.

Impfungen
Ein Impfnachweis gegen Gelbfieber ist nicht erforderlich, es sei denn, der Reisende kommt aus einem Infektionsgebiet. Für Yucatán und die Pazifikregion ist während der Regenzeit Malariaprophylaxe zu empfehlen. Gegen »Montezumas Rache«, eine unangenehme Verdauungsstörung, beugt die Einhaltung strenger Hygieneregeln vor: nur abgekochtes Wasser verwenden, kein Eis in die Getränke (es sei denn in besseren Hotels), keine rohe Milch und Sahne, kein Verzehr von ungeschälten Früchten oder rohem Salat.

Verkehrsverhältnisse
Mexiko verfügt über ein dichtes Netz von Flugverbindungen. Auf den gut ausgebauten Überlandstraßen reist man am billigsten mit dem Bus: Zwischen allen größeren Orten des Landes verkehren z. T. mit Klimaanlagen versehene Überlandbusse. Billig und bequem ist auch das Reisen mit der Eisenbahn. In den Städten gibt es überall Taxis, wobei oft mehrere Unternehmen miteinander konkurrieren: gelbe, auf festen Routen verkehrende VW-Busse als Sammeltaxis (am preiswertesten), rote, von Standplätzen anzufordernde Einzeltaxis mit Taxameter und vor großen Hotels eigene Hoteltaxis ohne Taxameter, bei denen der Fahrpreis vor Fahrtantritt ausgehandelt werden sollte.

Für den Autofahrer gelten die internationalen Straßenverkehrszeichen. Gewarnt werden muß bei nächtlichen Fahrten vor unbeleuchteten landwirtschaftlichen Fahrzeugen.

Unterkünfte
Mexiko ist touristisch weitgehend erschlossen, so daß sich überall Übernachtungsmöglichkeiten in den verschiedensten Preisklassen finden lassen.

Reisezeit
Von Mai/Juni bis September/Oktober ist Regenzeit, so daß sich als beste Reisezeit die Monate zwischen November und März anbieten. Ausgesprochene Badesaison ist von Dezember bis Februar.

Auch heitere Kunstwerke gab es im alten Mexiko: eine Keramikfigur aus der Zeit der Veracruz-Kultur.

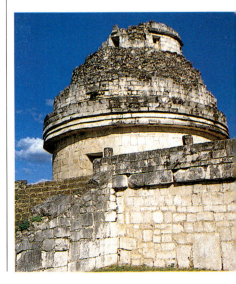

Astronomie spielte eine große Rolle in der Maya-Kultur. Hier das Observatorium in Chichén Itzá.

 **Nicaragua**

Willi Germund

Kubas Staatschef Fidel Castro am 19. Juli 1980 in Nicaragua Ehrengast bei den Feierlichkeiten zum ersten Jahrestag des Sturzes von Diktator Somoza, ließ den Blick von der Rednertribüne schweifen und sah den Vulkan Momotombo. Gesehen, gesagt: »Die Menschen Mittelamerikas sind wie seine Vulkane«, rief er ins Mikrophon, »sie können jederzeit ausbrechen.« Wenn dieser Satz für ein Land in Mittelamerika gilt, dann für Nicaragua. Ein Volk, in seinen Regungen so explosiv und manchmal auch so unberechenbar wie seine 24 Vulkane. Es brachte brutale Diktatoren wie die Somozas hervor und Dichter wie Rubén Darío. Und ebenso zerstörerisch wie die Vulkanausbrüche, die ganze Städte in Schutt und Asche legten, wirken sich die politischen Konflikte aus: Sie spalten das Volk bis in die Familien hinein.

»Que sos Nicaragua
para dolerme tanto?«
fragt die Dichterin Gioconda Belli:
»Wer bist Du, Nicaragua,
daß Du mich so quälst?«

Staatsname:	Republik Nicaragua
Amtssprache:	Spanisch
Einwohner:	3,7 Millionen
Fläche:	130 000 km²
Hauptstadt:	Managua
Staatsform:	Präsidiale Republik
Kfz-Zeichen:	NIC
Zeitzone:	MEZ −7 Std.
Geogr. Lage:	Mittelamerika, zwischen Honduras und Costa Rica, Karibischem Meer und Pazifik

Nicaragua ist ein Agrarstaat: Mehr als drei Viertel der Exporterlöse des mittelamerikanischen Staates werden von der Landwirtschaft erzielt. Neben Bananen sind vor allem Baumwolle, Kaffee und Zuckerrohr wichtige Anbauprodukte.

Baseball, der Nationalsport vom Gegner

Bevor Nicaraguas Guerilleros von der Sandinistischen Befreiungsfront FSLN 1979 die Berge verlassen konnten und in die Hauptstadt Managua einzogen, hatten die Revolutionäre eine Hymne gedichtet, die später immer wieder zu Reibereien mit den USA führte. »Yankees, Feinde der Menschheit!« schmetterten sie bei passenden und unpassenden Gelegenheiten in die Luft. Starke Worte, die aber an manchem Abend völlig in Vergessenheit gerieten: Wenn die »Boer« aufs Spielfeld liefen, die »Dantos« zu besiegen, dann schlug auch das Herz der »Frente«-Führung um Daniel Ortega und Tomas Borge wie das jedes anderen Nicaraguaners ausgerechnet für die nordamerikanischste aller Sportarten – den Baseball.

Kaum verwunderlich, daß das Baseballstadion, bewußt oder unbewußt, zum fast alles überragenden optischen Mittelpunkt der Hauptstadt Managua geriet. Abend für Abend lenkt die Flutlichtanlage den Blick von nahezu jedem Punkt Managuas auf das Stadion. Baseball, das ist für Nicaragua noch wichtiger als Fußball für die Deutschen. Nordamerikanische Marines brachten das Spiel ins Land, als sie Nicaragua 1912 besetzten. Sie blieben bis 1933. Und diese gut 20 Jahre reichten dem Baseball, um hier heimisch zu werden.

Juli 1979: Hoffen auf den Neubeginn

Die Besatzung legte freilich auch die politische Grundlage für die Konflikte, unter denen Nicaragua noch heute zu leiden hat. Während der letzten fünf Jahre der Besatzungszeit führte General Augusto César Sandino in den Bergen des nicaraguanischen Nordens einen unermüdlichen Kleinkrieg gegen die US-Marines und den von den USA als Staatschef eingesetzten General Anastasio Somoza García. Der schloß schließlich einen Frieden mit seinem Widersacher Sandino, nur um ihn wenig später, im Februar 1934, ermorden zu lassen. Das Verbrechen war der Anfang einer Familiendiktatur, die sich mit nordamerikanischer Unterstützung 45 Jahre halten konnte.

Die Wende kam 1979, als Anastasio Somoza Debayle, ein Sohn des Dynastiegründers, seine Koffer packen und nach Miami fliehen mußte. Ein Volksaufstand, angeführt von der Sandinistischen Befreiungsfront, hatte ihn vertrieben. Am 19. Juli 1979 zogen die Sandinisten unter schier unbeschreiblichem Jubel in die Hauptstadt Managua ein. 30000 Tote hatte der Bürgerkrieg gefordert. Die meisten gingen auf das Konto der brutalen Nationalgarde des Diktators. Rücksichtslos hatte sie selbst Jugendliche ermordet und die Städte des Landes bombardiert.

Der 19. Juli 1979 sollte ein Neubeginn sein. Die linksgerichteten Sandinisten sprachen von der Schaffung des Hombre Nuevo, des neuen Menschen. Ernesto Cardenal, Priester, Dichter und Kulturminister, machte sich auf in die Welt und verkündete die Nachricht vom friedliebenden nicaraguanischen Volk. Aber die Hoffnung, die Vergangenheit könnte Geschichte werden, erwies sich als trügerisch. Im Nachbarland Honduras sammelten sich Reste der versprengten Nationalgarde. Angeführt vom US-Geheimdienst CIA begannen sie mit einem Kleinkrieg gegen Nicaragua, aus dem bald ein richtiger Krieg wurde. Mehr als 40000 Menschen starben zwischen 1982 und Anfang 1990.

Erst nach dem überraschenden Wahlsieg der konservativen Politikerin Violeta Chamorro waren die US-unterstützten Contras bereit, ihre Waffen niederzulegen. Aber immer noch leidet das Land am Erbe des Krieges.

Wie ein Musterbeispiel für die Zerrissenheit des Landes wirkt die Familie Chamorro: Violeta Chamorro, seit April 1990 Staatspräsidentin, leitete vor ihrem Amtsantritt die konservative, bis dahin oppositionelle Tageszeitung »La Prensa«. Ihr Mann Pedro Joaquín Chamorro war 1978 von Diktator Somoza ermordet worden. Der nach dem Vater benannte Sohn ging Anfang der achtziger Jahre ins Exil und gehörte zur Contra-Führung. Seine Schwester Claudia dagegen leistete für die Sandinisten Diplomatendienste. Ein weiterer Bruder, Carlos Fernando, leitete als Chefredakteur das sandinistische Zentralorgan »Barricada«; seine Schwester Cristiana besetzt inzwischen den gleichen Posten in der Familien-Postille »La Prensa«. Doch trotz aller Gegensätze gab und gibt es gemeinsame Familienfeste, zu denen alle Chamorros kommen.

Nicht zuletzt die Erfahrungen in der eigenen Familie ließen Violeta Chamorro ein Vorhaben an die erste Stelle ihres Regierungsprogramms rücken: die Versöhnung der Nation. Ein Ziel, das wesentlich ist, um das Erbe des Krieges zu überwinden, das zu erreichen aber nicht leicht sein wird. Denn auf der linken Seite der Opposition haben sich einige radikale Kräfte formiert, und selbst bei Violeta Chamorros eigenen Verbündeten herrschte von Anfang an heftiger Streit: Ihr Stellvertreter, Vizepräsident Virgilio Godoy, lief schon am Tag nach dem Regierungsantritt Sturm gegen das Regierungsprogramm –

◁ *Was dem Europäer als exotische Rarität erscheint, ist im karibischen Raum ein begehrter Leckerbissen: der grüne Leguan, ein bis zu zwei Meter langes Reptil, das vorwiegend auf Bäumen lebt.*

▷ *Garküchen am Markt: Hier essen die Einheimischen. Zu Hühner- und Schweinefleisch gibt es in der schlichten kreolischen Küche Bohnen, Mais, Reis und gebratene Bananen. Getrunken wird billiges Bier, dann natürlich Rum, vor allem mit Coca-Cola. Wein dagegen ist selten und teuer.*

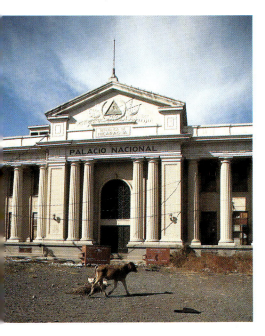

rung, etwa eine Million Menschen, lebten in der Hauptstadt. Obwohl die Strom- und Wasserversorgung zunehmend Schwierigkeiten bereitet und kaum Arbeitsplätze zu finden sind, zieht es immer noch mehr Landbewohner nach Managua.

Sie kamen aus den Kriegsgebieten. Früher bot das Bergland mit seinen verzweigten Tälern, den unübersichtlichen Kaffeeplantagen und dem teilweise unberührten Urwald den Sandinisten Unterschlupf. Später hausten die Contras in den Gebieten, in denen sie heute zum Teil wieder als Kleinbauern ange-

◁ Der »Palacio Nacional« in Managua; nach dem Erdbeben vom Dezember 1972: nur noch eine Architekturkulisse im Stil des Klassizismus der Neuen Welt.

▽ Zu Füßen der Vulkane: Auf den fruchtbaren Böden wird intensiv Landwirtschaft, vor allem Viehzucht, betrieben. Fleisch zählt nach Kaffee und Baumwolle zu den wichtigsten Exportgütern.

Der Atlantico – ein anderes Land

Im Norden und in der Pazifikregion leben die meisten der fast dreieinhalb Millionen Nicaraguaner. Den größten Teil des Territoriums aber umfaßt der Atlantico: zwei Drittel des Landes, die nahezu unerschlossen sind. Einst waren weite Gebiete des Atlantico von Kiefernwäldern bedeckt. Aber Raubbau brachte vor allem den nördlichen Teil der Atlantikküste an den Rand der ökologischen Katastrophe. Der Waldbestand verringerte sich in nur 30 Jahren von 8000 auf etwas mehr als 5000 Quadratkilometer.

Dieser Atlantico ist vom restlichen Nicaragua so verschieden, als wäre er ein anderes Land. Rund um die Stadt Puerto Cabezas bis hin zur Grenze nach Honduras leben die Misquitos – Indianer, die zum größten Teil unter dem Einfluß der Mährischen Kirche stehen. Weiter südlich, in der Gegend um Bluefields,

er vermißte Vergeltungsmaßnahmen gegen die Sandinisten.

Eine Hauptstadt, die keine Stadt ist

Widersprüche – sie kennzeichnen das ganze Land. Managua, nur 70 Meter über dem Meer gelegen, ist eine Hauptstadt, die keine Stadt ist. Sie wurde 1972 von einem Erdbeben nahezu völlig zerstört. Rund 10 000 Menschen starben in den Trümmern. Da der Stadtkern genau auf einer Erdbebenfalte liegt, wurden die neuen Häuser anschließend um das frühere Managua herumgebaut. Fast ein Drittel der Bevölke-

siedelt werden sollen. Aber die Landflucht hält wegen der wirtschaftlichen Probleme weiter an.

Die riesigen Baumwoll- und Zuckerplantagen im Norden bilden neben den Erzeugnissen der Pazifikregion die wichtigste Einnahmequelle Nicaraguas. Am Ende des letzten Jahrhunderts kamen die Agenten deutscher Kaffeehändler in die bergige Gegend um die Stadt Matagalpa und gründeten viele der heutigen Plantagen. Sie erwogen sogar den Bau einer Eisenbahnlinie, der jedoch nicht verwirklicht wurde. Das einzige Zeugnis dieser Episode ist ein übergroßes Gemälde im Hotel Selva Negra – »Schwarzwald« – nahe der Stadt Matagalpa. Von der drückenden Hitze an der Pazifikküste ist hier kaum etwas zu spüren. Regen, nächtliche Kühle, Tannen und die bergige Landschaft machen verständlich, weshalb sich die deutschen Erbauer des Selva Negra an den Schwarzwald erinnert fühlten.

leben vor allem die Nachfahren schwarzer Sklaven. Sie kennen, wie auch die Misquitos, nur einen Namen für die Nicaraguaner an der Pazifikküste: Spanier. Denn nicht nur Hautfarbe und Sitten sind grundverschieden, auch die Sprache scheint manchmal eine schier unüberwindliche Barriere zu bilden. Als die sandinistische Regierung durch ihre 1980 begonnene landesweite Alphabetisierungskampagne die Rate der Analphabeten von mehr als 50 auf 10 Prozent senkte, brachte ihr dieser gute Wille an der Atlantikküste böses Blut ein, weil der »Feldzug gegen die Unwissenheit«, wie die Kampagne genannt wurde, auf spanisch und nicht in den dort üblichen Sprachen Englisch oder Misquito durchgeführt wurde.

Dadurch wurden die im Atlantico ohnehin vorhandenen Vorurteile und Konflikte mit der Zentralregierung in Managua weiter geschürt, so daß es schließlich zu einer bewaffneten Auseinandersetzung kam. Inzwischen

Nicaragua 287

gibt es einen Autonomie-Status: Er räumt der Bevölkerung an der Atlantikküste weitgehende Mitspracherechte ein. Die Entwicklung wird zeigen, ob damit der Zündstoff entschärft werden kann.

Von Puerto Cabezas führt nur eine unbefestigte Straße zur westlichen Seite Nicaraguas. Bluefields hat gar keine Straßenverbindung mit dem Westen. Per Boot geht es von dort in einer sechsstündigen Fahrt den Río Escondido hinauf nach Rama. Dann sind es immer noch sieben Stunden Autofahrt bis zur Hauptstadt Managua. Wer nach einer solch anstrengenden Tour erschöpft zu Hause ankommt und sich auf eine erfrischende Dusche freut, kann bitter enttäuscht werden. Eine Million Einwohner sind zuviel für den Wasserhaushalt Managuas. Deshalb wird in jedem Stadtviertel zweimal pro Woche das Wasser abgestellt.

Haie im Süßwassersee

Dabei scheint Nicaragua auf den ersten Blick keineswegs an Wassermangel zu leiden. Schon der Name Nicaragua deutet darauf hin: Er ist aus den Worten Nicarao-Agua zusammengezogen und bedeutet »Wasser des Nicarao«. Zudem sind mehr als 10 000 Quadratkilometer des Landes von Binnengewässern bedeckt. Das zweitgrößte ist der See von Managua – doch dieses Reservoir ist durch die Abwässer der Hauptstadt völlig verschmutzt und gilt in seiner südlichen Hälfte als biologisch tot.

Der See von Nicaragua, manchmal auch Cocibolca genannt – 148 Kilometer lang und bis zu 55 Kilometer breit –, wirkt fast wie ein Binnenmeer. Ähnlich muß es auch den Haien vorgekommen sein, als sie vom Atlantik über den Río San Juan in den See wanderten. So ist er wohl der einzige Südwassersee der Welt, in dem Haie leben.

310 Inseln und Inselchen zählt dieses »Binnenmeer«. Zwar überragt die Isla de Ometepe mit ihren beiden Vulkanen – einer davon ein nahezu perfekter Kegel von fast 1600 Meter Höhe – alle anderen Inseln, doch den Beinamen »Perle von Nicaragua« trägt zu Recht die Inselgruppe Solentiname im südlichen Zipfel des Sees. Dicht bewachsen gleichen die Inseln einem Paradies. In den Baumwipfeln krächzen Papageien. Affen turnen durch die Kokospalmen. Die wenigen Menschen dort leben von Fischfang und Akkerbau. Nachbarn besuchen einander mit dem Ruderboot. Die Zeit, so scheint es, ist an diesen Inseln spurlos vorübergegangen.

Und doch gingen von Solentiname wichtige Impulse aus. Hier hat die naive Malerei Nicaraguas ihren Ursprung, und hier entstand die Bewegung, die längst die Grenzen des Landes, ja des Kontinents überschritten hat: In den Dörfern von Solentiname arbeitete in den siebziger Jahren der Dichterpriester Ernesto Cardenal und gründete eine christliche Basisgemeinde. Zusammen mit den Campesinos, den Kleinbauern, verfaßte er »Das Evangelium der Bauern von Solentiname«, eine volkstümliche Darstellung der Befreiungstheologie. Die Texte beschäftigen sich nicht nur mit der Armut, in der die Bauern leben, sondern auch mit der Frage, wie sie das Joch der Unterdrückung und des Elends abschütteln können. Die Messe wird inzwischen in vielen Kirchen der Dritten Welt gelesen.

Jedes Dorf hat seinen Dichter

Ernesto Cardenal, der sich als Schüler des amerikanischen Dichters Ezra Pound bezeichnet, wurde in der ganzen Welt zum Protagonisten der sandinistischen Revolution. Der schmächtige Mann mit der schwarzen Baskenmütze, dem halblangen weißen Haar und dem schütteren Bärtchen verkörpert das Idealbild der sandinistischen Revolution mit ihrer Mischung aus katholischen, marxistischen und nationalistischen Elementen. Dieses Image mag seine Kratzer bekommen haben, aber Cardenal steht für eine nicaraguanische Tradition, die in Lateinamerika einmalig ist. »Jedes Dorf«, so sagte er mir einmal im Gespräch, »hat seinen Dichter.« Cardenal hat recht.

Und nicht nur jedes Dorf. Daniel Ortega etwa, der erste gewählte Präsident nach der Revolution, dichtete, als er während der siebziger Jahre eine siebenjährige Haft verbüßte, in seiner Zelle. Sein bekanntestes Gedicht: »Die Miniröcke in Managua sah ich nicht.« Armee und Innenministerium veranstalten jährlich Dichterwettbewerbe. Gioconda Belli, eine 1948 geborene, dynamische Revolutionärin, sorgte mit Gedichten für Aufregung, die eine nahezu erotische Verehrung für ihr Vaterland offenbarten.

Der berühmteste Dichter Nicaraguas aber war Rubén Darío (1867–1916). Er errang Weltruhm und gehörte in Paris zu den Künstlerkreisen um Picasso und Dalí. Darío lebte in León, einem Kolonialstädtchen inmitten der

▽ *Vulkankegel prägen das Landschaftsbild im Westen Nicaraguas. Sie sind die Charakterberge dieses Landes, und die Menschen hier – so heißt es – seien wie ihre Vulkane: unberechenbar und explosiv.*

Baumwoll- und Zuckerplantagen Nicaraguas. León, heute eine Universitätsstadt, steht traditionell für das liberale Element des Landes.

Cardenal, der bekannteste nicaraguanische Dichter der Gegenwart, kommt dagegen aus Granada. Das Städtchen am Rande des Nicaraguasees ist noch immer die Hochburg der konservativen Bourgeoisie.

»Hier ergibt sich niemand«

Zwischen León und Granada besteht eine Konkurrenz, seit Nicaragua wie die anderen mittelamerikanischen Staaten auch im Jahr 1821 die Unabhängigkeit vom spanischen Kolonialreich erhielt. Schon damals zeigten die Nicaraguaner einen Hang zu der Unversöhnlichkeit, ja Sturheit, mit der sie bis heute Politik betreiben.

Die Streitfrage lautete damals: Soll León oder Granada Hauptstadt werden? Die Liberalen wollten den Konservativen nicht entgegenkommen, und umgekehrt gab es auch nicht mehr Kompromißbereitschaft. So einigte man sich schließlich auf Managua, die Stadt, die genau auf der Erdbebenfalte liegt, an der entlang sich in Nicaragua 24 Vulkane reihen. Diese Vulkane haben zwar die Pazifikküste mit ihrer Lava fruchtbar gemacht, sie haben aber auch immer wieder Teile des Landes in Schutt und Asche gelegt.

»Aqui no se rinde nadie!« – »Hier ergibt sich niemand!« – ein revolutionärer Slogan der Sandinisten, der auch als Antwort auf die Naturgewalten verstanden werden kann. Er stammt aus einem Brief, den General Sandino Ende der zwanziger Jahre den nordamerikanischen Besatzungstruppen sandte. Immer noch steht dieser Satz in ungelenker Schrift an vielen Häuserwänden – eine nun nicht mehr aktuelle Warnung an die Nordamerikaner.

Jahrelang haben die Vereinigten Staaten die Contras mit Hunderten von Dollar-Millionen unterstützt – in der Hoffnung, sie könnten die linksgerichteten Sandinisten militärisch bezwingen. Den rechtsgerichteten Rebellen ist es jedoch nie gelungen, die Sympathien des Volkes zu erringen. Aber der Krieg mit seinen wirtschaftlichen Folgen wie Hyperinflation und Nahrungsmittelknappheit brachte schließlich doch noch das von Washington gewünschte Ergebnis. Violeta Chamorro gewann bei den Wahlen Anfang 1990 eine breite Mehrheit – entgegen sämtlichen Prognosen.

Es war die Stunde des »Gueguense«, des einfachen Nicaraguaners mit seiner unerforschbaren Logik und seinen ureigenen Bedürfnissen – zwei Wesensmerkmale, denen der Fremde am Nachmittag zwischen fünf und sechs auf die Spur kommen kann. Dann taucht die untergehende Sonne das Land in ein kupfergoldenes Licht. Es ist die sogenannte Kupferstunde – Feierabend. In Casares, einem Dorf mit zwei Dutzend Häusern, 60 Kilometer von der Hauptstadt entfernt an der Pazifikküste, räkeln sich dann die Fischer am Sandstrand. In den Bergen des Nordens packen die Kaffeepflücker ihre Sachen zusammen. Viehtreiber bringen die Rinder in den Stall.

Es ist die Stunde, in der dem »besten Rum der Welt«, so die Nicaraguaner, gehuldigt wird. Er heißt Flor de Caña – »Blume des Zuckerrohrs«. Über einem Schwätzchen scheinen alle Probleme in den Hintergrund zu treten. In der Kupferstunde, sinnierend über einem Gläschen Flor de Caña, scheint ein Vers der Dichterin Gioconda Belli mehr als einleuchtend:

»Ah, Nicaragua
vos sos mi hombre
con nombre de mujer!

Me gustas
Me gustas en toda tu extensión de selva,
de valle y de montaña.«

»Ach Nicaragua
Du bist mein Mann
mit dem Namen einer Frau!

Du gefällst mir
Du gefällst mir mit all Deinem Urwald,
dem Tal und dem Gebirge.«

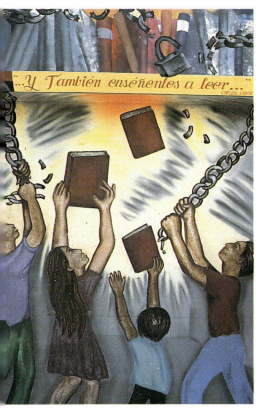

◁ *Bildung für alle, das war eines der Ziele der Sandinisten. In ihrer Regierungszeit konnte die Analphabetenrate von mehr als 50 auf 10 Prozent gesenkt werden. Die Inschrift des Wandbildes in Managua fordert dazu auf, den Kindern das Lesen beizubringen.*

▽ *Nach den Verwüstungen durch das Erdbeben von 1972 wieder aufgebaut: der Nationalpalast in der Hauptstadt Managua. Im Vordergrund das Denkmal für den als Revolutionshelden verehrten Carlos Fonseca Amador.*

Nicaragua 289

Nicaragua — Daten · Fakten · Reisetips

Landesnatur

Fläche: 130 000 km² (etwa dreimal so groß wie die Schweiz)
Ausdehnung: Nord–Süd 450 km, West–Ost 430 km
Höchster Berg: Pico Mogotón 2107 m
Längste Flüsse: Río Coco (Segovia) 750 km, Río Grande de Matagalpa 330 km
Größte Seen: Lago de Nicaragua 8264 km², Lago de Managua 1042 km²

Nicaragua ist das größte, aber nach Belize das am schwächsten besiedelte Land Mittelamerikas. Es grenzt an Honduras und Costa Rica sowie an den Pazifik und das Karibische Meer.

Naturraum

Der Naturraum Nicaraguas gliedert sich in vier Großlandschaften: Die bis zu 2100 m hohen Kordillerenzüge bilden das *Bergland* im Norden (mit dem Pico Mogotón, 2107 m, als höchster Erhebung) und in der Landesmitte. Das bis zu 80 km breite *karibische Tiefland* im Osten besteht vor allem aus der »Moskitoküste«, einem sumpfigen, lagunenreichen und kaum bevölkerten Landstrich. Der 480 km langen Karibikküste sind zahlreiche Korallenriffe, Sandbänke und Inseln vorgelagert.
Die markanteste Landschaft Nicaraguas ist die *Nicaragua-Senke,* der tiefste Einschnitt der amerikanischen Kordilleren. Sie verläuft schräg vom pazifischen Golf von Fonseca (Honduras) im Nordwesten in südöstlicher Richtung zur costaricanischen Karibikküste zwischen Colorado und Limón. In der Senke liegen der riesige Nicaraguasee (8264 km²) und der Managuasee (1042 km²) mit der Hauptstadt Managua an seinem Südufer. In der zweiten Hälfte des 19. Jh. wurde diese Senke als mögliche Route eines Atlantik-Pazifik-Kanals diskutiert. Im Westen des Landes folgt ein bis 1800 m aufragender *vulkanischer Gebirgszug* der 346 km langen Pazifikküste. Manche der Vulkane sind noch aktiv.

Baumwolle, wichtigstes Exportgut und Rohstoff für die große Textilfabrik in Managua.

Klima

In Nicaragua ist es tropisch feuchtheiß, besonders an der Westküste. Im Bergland und an der karibischen Ostküste ist es etwas weniger schwül. Die Temperatur schwankt im Jahresdurchschnitt nur wenig. Sie bewegt sich zwischen 24 °C und 28 °C in den Tieflagen und zwischen 17 °C und 22 °C in den höheren Lagen des Berglands. Man unterscheidet immerfeuchte Gebiete im Osten mit 2500 bis 6000 mm und wechselfeuchte westliche Gebiete mit maximal 2000 mm Niederschlag. Die Regenzeit an der Pazifikseite dauert von Mai bis Oktober. Am wenigsten regnet es in der Nicaragua-Senke (etwa 1000 mm).

Vegetation und Tierwelt

Artenreicher immergrüner Regenwald mit Mandel-, Walnuß-, Guajak- und Eisenholzbäumen, Zedern sowie Mahagoni herrscht im karibischen Tiefland vor. Als Ersatz für abgeholzten Regenwald finden sich nach Norden hin ausgedehnte Kiefernwälder. An der Karibikküste gibt es große Mangrove- und Palmensümpfe. Die Trockenwälder der Nicaragua-Senke wurden zugunsten des Ackerbaus weitgehend gerodet. Ab 600 m Höhe geht der tropische Regenwald in immergrünen Bergwald über, ab 800 m Höhe wächst Mischwald mit Eichen und Kiefern.
Die artenreiche Tierwelt des Landes umfaßt Jaguare, Pumas (beide fast ausgerottet), Affen, Pekaris (Nabelschweine), Alligatoren, Schildkröten, Klapperschlangen, Papageien, Tukane und Pelikane.

Politisches System

Staatsname: República de Nicaragua
Staats- und Regierungsform: Präsidiale Republik
Hauptstadt: Managua
Mitgliedschaft: UN, OAS, GATT, MCCA, SELA, ODECA

Gemäß der Verfassung von 1987, die politischen Pluralismus, gemischte Wirtschaft, demokratische Wahlen und Blockfreiheit als Prinzipien festschreibt, ist Nicaragua eine präsidiale Republik. Der für sechs Jahre vom Volk direkt gewählte Staatspräsident verfügt über umfassende Kompetenzen (unter anderem Vetorecht und das Recht zur Ausrufung des Notstandes); er ist zugleich Regierungschef und Oberbefehlshaber der Streitkräfte. Legislative ist die Nationalversammlung mit 92 direkt gewählten Abgeordneten.
Nicaragua ist in 16 Bezirke (Departamentos) und 134 Gemeinden (Municipios) gegliedert.
Bis zur Revolution war das Justizwesen nach spanischem Vorbild aufgebaut. Der Oberste Gerichtshof in Managua ist höchste juristische Instanz.

Für die Ärmsten ist sogar der dürftige Müll noch eine Fundgrube.

Bevölkerung

Einwohnerzahl: 3,7 Millionen
Bevölkerungsdichte: 28 Einw./km²
Bevölkerungszunahme: 3,4 % im Jahr
Größte Städte: Managua (800 000 Einw.; als Agglomeration 1 Mio.), León (160 000), Chinandega (140 000), Granada (80 000)
Bevölkerungsgruppen: 70 % Mestizen, 17 % Weiße, 9 % Schwarze, Mulatten und Zambos, 4 % Indianer

An der Pazifikküste, den beiden großen Seen und im westlichen Bergland wohnen ca. 90 % aller Nicaraguaner. Im dünnbesiedelten karibischen Tiefland leben vor allem die Indianer (Misquito, Sumo, Rama) und die Schwarzen. Fast die Hälfte der Bevölkerung ist jünger als 15 Jahre. Rund 100 000 Flüchtlinge kommen jährlich aus El Salvador; eine ähnlich große Menge verläßt das Land nach Costa Rica und Honduras.
Amts- und allgemeine Landessprache ist Spanisch; als Verkehrssprache ist auch Englisch gebräuchlich.
Über 95 % der Bevölkerung sind römisch-katholischen Glaubens. Daneben existieren kleinere protestantische Gemeinden.

Soziale Lage und Bildung

Die soziale Absicherung der Bevölkerung bestand bis zur Revolution 1979 nur auf dem Papier. Die Einrichtung eines sozialen Netzes macht aber auch heute noch große Schwierigkeiten (Arbeitslosenquote von rd. 20 %). Das Gesundheitswesen mit 43 staatlichen Krankenhäusern und zahlreichen Gesundheitsposten wurde nach 1979 reformiert und ausgebaut. Das Bildungssystem wurde von den Sandinisten wesentlich verbessert, z. B. durch Einführung der allgemeinen Schulpflicht für 6–13jährige und die Errichtung zahlreicher Dorfschulen. Durch eine Alphabetisierungskampagne konnte die Analphabetenrate auf 10 % gesenkt werden. Nicaragua besitzt 14 Hochschulen, darunter die Universitäten in León (gegr. 1812) und Managua.

Wirtschaft

Währung: 1 Córdoba (C$) = 100 Centavos (c, cts)
Bruttoinlandsprodukt (in Anteilen): Land- und Forstwirtschaft 23 %, industrielle Produktion 33 %, Dienstleistungen 44 %
Wichtigste Handelspartner: Mitgliedsländer des MCCA, EG-Staaten, Japan, Venezuela, RGW-Staaten

Die Jahrzehnte während Diktatur der Somoza-Familie sowie der lange Bürgerkrieg, verbunden mit einer extrem hohen Inflation in den 80er Jahren, haben der Wirtschaft des Landes schweren Schaden zugefügt. Ökonomisches Rückgrat Nicaraguas war immer schon die Landwirtschaft. Bergbau, Forstwirtschaft, Fischerei und Bankwesen wurden nach 1979 verstaatlicht.

Landwirtschaft

Die Landwirtschaft prägt mit 78 % Exportanteil das gesamte Wirtschaftsgefüge Nicaraguas. Exportiert werden Baumwolle, Kaffee, Zuckerrohr, Bananen, Sesam, Kakao und Tabak. Die Grundnahrungsmittel Mais, Reis, Hirse, Maniok und Bohnen sind für den inländischen Markt bestimmt. Die stagnierende Viehwirtschaft (besonders Rinderzucht) soll wieder stärker gefördert werden. Fischerei ist bislang von geringer Bedeutung; Krabben und Langusten sind fast ausschließlich für den Export bestimmt.

Bodenschätze und Industrie

Obwohl bedeutende Erzlagerstätten (Zinn, Zink, Blei, Nickel, Wolfram) festgestellt wurden, werden derzeit nur Gold, Silber, Kupfer und Halbedelsteine abgebaut. Neben der Wasserkraft wird seit 1983 die geothermische Energie der Vulkanzone zur Stromerzeugung genutzt.
Die Erdölraffinerie und die Textilfabrik in Managua sind die größten Industrieunternehmen des Landes. Sonst ist die Industrie schwach entwickelt.

Handel

Hauptausfuhrgüter sind Kaffee, Baumwolle, Meerestiere und Fleisch, Bananen, Zucker, Hölzer und Edelmetalle. Der Goldexport wurde 1982 eingestellt. Eingeführt werden Industriezwischenprodukte, Erdöl und Lebensmittel. Die Folgen des Wirtschaftsem-

Daten · Fakten · Reisetips — Nicaragua

bargos der USA (1985–1990) belasten Nicaragua schwer.

Verkehr, Tourismus
Das Straßennetz von rd. 15000 km Gesamtlänge ist nur im Westen relativ gut ausgebaut. Wichtigste Straßenverbindungen sind der von Norden nach Süden verlaufende Abschnitt der »Panamericana« (384 km) und die erst kürzlich fertiggestellte einzige West-Ost-Verbindung zwischen Matagalpa und Puerto Cabezas. Eine 344 km lange Eisenbahnlinie verbindet Corinto, Managua und Granada. Wichtigster Binnenschiffahrtshafen ist San Carlos am Nicaraguasee; über die Pazifikhäfen, besonders Corinto, werden 90% des Seehandels abgewickelt. Managua verfügt über den internationalen Flughafen »Augusto Sandino«. Der Tourismus ist unbedeutend.

Geschichte

Am 12. September 1502 landete Christoph Kolumbus auf seiner vierten Entdeckungsreise an der Ostküste Nicaraguas. 20 Jahre später drang sein Landsmann Gil Gonzales de Avila weiter in das Land der Nicarao vor.
Die endgültige Eroberung durch die Spanier erfolgte aber erst 1524 unter Francisco de Hernández de Córdoba. Er gründete die beiden Städte León und Granada. León wurde das erste Bistum auf zentralamerikanischem Boden.
Ab 1811 entstanden Unabhängigkeitsbewegungen; zehn Jahre später (15. September 1821) erklärte Nicaragua seine Unabhängigkeit von Spanien.
Von 1823 bis 1838 gehörte Nicaragua der Zentralamerikanischen Föderation an, aus der es sich als erster zentralamerikanischer Staat löste.
1858 bestimmte man Managua zur Hauptstadt des Landes. Der geplante Nicaraguakanal zwischen Pazifik und Atlantik, Streitigkeiten mit Honduras und die wachsenden amerikanischen Konzerne (z.B. United Fruit) rückten Nicaragua in die Interessensphäre der USA: Von 1912 bis 1933 (mit Unterbrechung 1925–1927) hielten US-Truppen Nicaragua besetzt.

Die Herrschaft des Somoza-Clans
Nach Abzug der US-Truppen, gegen die Augusto César Sandino mit seiner Befreiungsarmee gekämpft hatte, putschte sich 1936 der Somoza-Clan an die Macht. Anastasio Somoza García, ab 1932 Befehlshaber der von den USA aufgestellten Nationalgarde, Protegé und Statthalter US-amerikanischer Interessen, beherrschte das Land von 1937 bis 1947 und von 1950 bis 1956. 1934 wurde der Guerillaführer Sandino von der Nationalgarde ermordet. Somoza folgten im Präsidentenamt seine Söhne: Luis Anastasio Somoza Debayle (1956–1963) und Anastasio Somoza Debayle (1967–1972 und 1974–1979).
Der über vier Jahrzehnte herrschende Somoza-Clan führte das Land in den Bürgerkrieg: 1978 brachen die Kämpfe zwischen der »Sandinistischen Befreiungsfront Nicaraguas« (FSLN) – 1962 gegründet und nach Sandino benannt – und Somozas Nationalgarde offen aus. Im Juli 1979 flüchtete der Diktator in die USA. Es bildete sich eine linksorientierte Junta des »nationalen Wiederaufbaus«, die ein Notstandsprogramm entwickelte und eine Bodenreform einleitete. Sieger der ersten Wahlen nach dem Umsturz wurde 1984 der Vertreter der Sandinisten, Daniel Ortega Saavedra.
In den folgenden Jahren wurden die Kämpfe zwischen den von Honduras angreifenden regierungsfeindlichen Rebellen (Contras) und Regierungstruppen immer heftiger. Menschenrechtsverletzungen auf beiden Seiten häuften sich. Die USA griffen wiederholt massiv in die nicaraguanische Innenpolitik ein.
Nach jahrelangen Verhandlungen wurde 1988 ein erster Waffenstillstand erreicht. Bei den international kontrollierten Wahlen am 25. Februar 1990 errang die Nationale Oppositionsunion (UNO) ihren ersten Sieg. Die neue Präsidentin Violeta Chamorro will sich vorrangig der nationalen Versöhnung und dem wirtschaftlichen Neuaufbau widmen.

Kultur

Erste Zeugnisse aus der präkolumbischen Zeit stammen aus dem Gebiet um Rivas, das zur Provinz Groß-Nicoya (heute Costa Rica) gehörte und um 1500 v. Chr. von Ackerbauern besiedelt wurde. Um etwa 1000 n. Chr. wanderte der Stamm der Chorotegen aus Mexiko ein. Sie betrieben rituelle Selbstpeinigung, um das Wachstum der Pflanzen voranzutreiben, und sollen zu bestimmten Zeremonien auch Menschenfleisch gegessen haben.

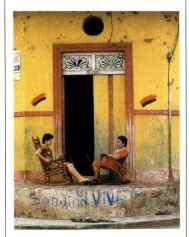

Die Siesta gehört zum Alltag wie die Erinnerung an General Sandino.

Ab etwa 1400 besiedelte das Volk der Nicarao, nach denen das Land benannt worden ist, das Gebiet um den Nicaraguasee. Zeugnisse jener Zeit sind bis zu 4 m hohe säulenartige Steinfiguren in der Provinz Chontales sowie Keramik: fratzenhafte bunte Masken und farbige Gefäße aller Art, häufig mit geometrischer Musterung. Die Traditionen der Chorotegen und Nicarao haben sich nur in einigen Kultspielen erhalten; die Stämme im karibischen Tiefland haben hingegen noch viele alte Lebensgewohnheiten bewahrt.
Die Zeit der spanischen Kolonialherrschaft wird in Granada und León lebendig. Von den erhaltenen Sakral- und Profanbauten sind die riesige barocke Kathedrale von León und die Pfarrkirche von Subtavia, die wohl älteste Kirche Lateinamerikas, besonders sehenswert.

Die Literatur
Die Literatur des unabhängigen Nicaragua, an deren Anfang einige bedeutende Vertreter der Romantik und der folkloristischen Sittenschilderung (Costumbrismo) stehen, besitzt zwei Schriftsteller von Weltrang: Rubén Dario (1867–1916) beeinflußte mit seiner Lyrik nachhaltig die gesamte spanische und südamerikanische Dichtung des 20. Jh. Der katholische Priester, Lyriker und entschiedene Somoza-Gegner Ernesto Cardenal (geb. 1925) verbindet in seinen Werken religiöses Empfinden mit politischem und sozialem Engagement. Von 1979 bis 1990 bekleidete er das Amt des Kulturministers in Nicaragua.

Reise-Informationen

Einreise- und Fahrzeugpapiere
Bürger der Bundesrepublik Deutschland, der Schweiz und Österreichs brauchen für einen Aufenthalt von 30 Tagen einen mindestens noch sechs Monate gültigen Reisepaß. Deutsche und Österreicher benötigen außerdem ein Visum (Verlängerung beim Innenministerium in Managua gegen Gebühr).
Als Fahrerlaubnis ist der internationale Führerschein erforderlich.

Zoll
Bei der Einreise sind zollfrei: pro Person ab 18 Jahre 500 g Tabak oder 200 Zigaretten und 3 Liter alkoholische Getränke. Verboten ist die Einfuhr von Fleisch und Fleischwaren, Milchprodukten, Lederwaren, Streichhölzern sowie die Ausfuhr von Gold und archäologischen Gegenständen.

Devisen
Córdoba (C$) dürfen zwar ein- und ausgeführt werden, wegen der »galoppierenden« Inflation ist dies aber nicht zu empfehlen. Die Einfuhr von Fremdwährung ist unbegrenzt (Deklaration erforderlich), die Ausfuhr in Höhe der deklarierten Einfuhr abzüglich der umgetauschten Beträge erlaubt. Es empfiehlt sich die Mitnahme von US-Währung.

Impfungen
Für Besucher, die aus Infektionsgebieten einreisen, ist Gelbfieberimpfung vorgeschrieben. Malariaschutz ist erforderlich für alle ländlichen Gebiete sowie für die Außengebiete der Städte Chinandega, León, Bluefields, Bonanza, Puerto Cabeza, Rosita und Siuna.

Verkehrsverhältnisse
Taxis haben keine festen Tarife. Von den Stadtbussen ist abzuraten; Leihwagen stehen zur Verfügung.

Unterkünfte
Hotelzimmer sollten rechtzeitig reserviert werden. Es gibt gute und einfache Unterkünfte.

Reisezeit
Am besten reist man im tropischen Nicaragua von Dezember bis Februar. Die heißesten Monate sind März bis Mai. Zwischen Mai und Oktober ist an der Westküste Regenzeit. Die Luftfeuchtigkeit ist das ganze Jahr über hoch.

Panama

Armin Wertz

Kaum irgendwo in Lateinamerika kann man die Pracht und die Vielfalt des Dschungels mit seinen Mangrovenbäumen, Liliengewächsen, Papageien und Affen ruhiger und gefahrloser genießen als an Deck eines der vielen Schiffe, die den Panama-Kanal durchqueren, oder in einem der alten, handbemalten Pullman-Holzwaggons der Panama-Railroad. Diese beiden Verkehrsstränge teilen das Land, und sie teilen auch den Doppelkontinent Amerika. Der Verbindung des Atlantischen mit dem Pazifischen Ozean verdankt Panama nicht nur seinen heutigen Ruf als internationales Handels- und Bankenzentrum, sondern seine Existenz als souveräne Nation. Seine Eigenständigkeit ist untrennbar verknüpft mit der besonderen geographischen Lage in der Mitte eines Kontinents, der sich über 15000 Kilometer von Norden nach Süden erstreckt.

Panama – das ist vor allem der Kanal, eine Zone von größter politischer Bedeutung. Hier ein Container-Riese in der Miraflores-Schleuse am »Abstieg« zum Pazifik: eine der drei Schleusenanlagen zur Überwindung von insgesamt 26 Metern Höhenunterschied. Zur Durchquerung der Landenge zwischen den beiden Weltmeeren braucht ein Schiff nur etwa 15 Stunden.

Staatsname:	Republik Panama
Amtssprache:	Spanisch
Einwohner:	2,3 Millionen
Fläche:	77082 km² (mit der Panamakanal-Zone, 1432 km²)
Hauptstadt:	Ciudad de Panamá (Panama-Stadt)
Staatsform:	Präsidiale Republik
Kfz-Zeichen:	PA
Zeitzone:	MEZ –6 Std.
Geogr. Lage:	Mittelamerika, begrenzt von Costa Rica und Kolumbien

»Eine Gegend, in der viele Fische zu fangen sind«

Schon immer waren Mittelamerikas Küsten »eine Gegend, in der viele Fische zu fangen sind« – so die Übersetzung des indianischen Wortes Panama. Die Schätze des Meeres jedoch interessierten die spanischen Konquistadoren kaum, als sie Panamas Küste entdeckten. Die Gier nach den »riesigen Reichtümern«, von denen Rückkehrer in der Alten Welt berichtet hatten, trieb sie weiter: zu entbehrungsreichen Expeditionen durch nahezu undurchdringliche Urwälder.

So auch Vasco Núñez de Balboa, der mit 150 Mann »das große Wasser und viel Gold« suchte, von dem ihm Indianer erzählt hatten. Er durchquerte die Landenge von Panama, und am 29. September 1513 erreichte er als erster Weißer den Pazifik, warf sich ins Meer, das er noch »Südsee« nannte, und nahm es so für den König von Spanien symbolisch in Besitz – nach Stefan Zweig eine »Sternstunde der Menschheit«. Mit Balboas Entdeckung war Panamas Zukunft besiegelt. Schon 1552 bezeichnete der Priester Franzisco López de Gómara Panama als geeigneten Ort für den Bau eines Kanals. Doch die Diskussion über die beste Route wurde noch jahrhundertelang geführt.

»Malariageschwängerte Straße zur Hölle«

So blieb noch über 400 Jahre lang nur der Landweg über den Isthmus. Auf ihren Galeonen brachten die Spanier Gold und Silber aus den südamerikanischen Ländern an der Pazifikküste nach Panama, um es dann auf dem »Camino Real«, einem beschwerlichen Maultierpfad, zur Verschiffung nach Europa über die Landenge in den Atlantikhafen Portobelo zu transportieren.

Natürlich lockten diese Schätze ganze Scharen britischer, französischer und holländischer Piraten aus der Karibik herbei. Und sie griffen nicht nur die Häfen oder die spanischen Flotten an, sie überfielen auch die reich beladenen Maultierkarawanen auf den Dschungelpfaden Panamas. Der englische Kaperfahrer Francis Drake erbeutete bei einem einzigen derartigen Raubzug 30 Tonnen Silber und Gold. 1671 durchquerte Drakes »Kollege« Henry Morgan mit 2000 Mann gar den Isthmus, um die Stadt Panama zu plündern. 400 gefangene Sklaven und 175 Maulesel waren nötig, um die Beute an die Karibikküste zu transportieren. Panama-Stadt ging in Flammen auf – einige Ruinen sind heute noch zu besichtigen – und wurde wenige Kilometer entfernt aufs neue errichtet.

Etwa 100 Jahre nach dem letzten Piratenüberfall in Panama war es wieder das Gold, das Tausende über diese »malariageschwängerte Straße zur Hölle« trieb: zu den gerade entdeckten Goldfeldern Kaliforniens. Der Goldrausch war Anlaß für den Bau, wenn auch noch nicht des Kanals, so doch wenigstens der Eisenbahn. 1850 wurde in dem Städtchen Colón die erste von insgesamt 75 000 Schwellen gelegt. Malaria, Ruhr, Cholera, Pocken und Gelbfieber forderten Tausende von Opfern unter den Arbeitern. Aber nach fünf Jahren Bauzeit an einer Strecke, die acht Millionen Dollar gekostet hatte, fuhr der erste Zug der »Panama Railroad«.

Fast 30 Jahre später, 1879, begannen dann endlich die Arbeiten für den seit Jahrhunderten erträumten Kanal. Doch Ferdinand Vicomte de Lesseps, der Planer des Sueskanals, scheiterte nach 20 skandalträchtigen Jahren an diesem Projekt: Gelbfieber, Malaria, Millionen von Taranteln, Überschwemmungen, technische Pannen und Korruption machten sein Vorhaben zunichte. 22 000 Arbeiter waren gestorben, und Tausende französischer Kleinaktionäre hatten insgesamt 1 435 000 000 Francs verloren. Der Zusammenbruch der Compagnie Universelle du Canal Interocéanique de Panama war der bis dahin wohl größte Bankrott in der Geschichte.

Heute erinnert nur noch die Plaza de Francia am Ende der Altstadt von Panama an jene Zeit. Liebespaare flanieren um den von einem gallischen Hahn gekrönten Obelisken mit seinen Marmortafeln, auf denen der französischen Pioniere gedacht wird. Im einstigen Hauptquartier der Lesseps-Gesellschaft ist jetzt die Post untergebracht.

Nur wenige Autominuten trennen Panama-Stadt von Balboa, wo heute die Kanalbehörde ihr Hauptquartier hat. In dieser nordamerikanisch anmutenden Provinzstadt mitten im panamaischen Treibhausklima und in Sichtweite der Slums und des Verkehrschaos gibt es alles, was zum »American way of life« gehört: klimatisierte Supermärkte, Bungalows, kurzgeschorene Rasen, die neuesten Detroiter Automodelle, Bowlingbahnen, Autokinos, Tennisplätze, Jogger.

Die Republik Panama wird geboren

US-Präsident Theodore Roosevelt war der »Spinner«, wie Rudyard Kipling ihn nannte, der das französische Unternehmen vollenden wollte. Doch dazu mußten zunächst einige politische »Korrekturen« vorgenommen werden, denn Panama gehörte seit seiner Unabhängigkeit von Spanien im Jahr 1821 zu Kolumbien, das zwar den Franzosen die Genehmigung zum Bau eines Kanals erteilte, nicht jedoch den USA. »Vielleicht müssen wir diesen Banditen bald eine Lektion erteilen«, drohte Roosevelt.

Daraufhin organisierten die Panama-Railroad und ein paar Einheimische, meist Angestellte amerikanischer Firmen, unterstützt von einigen US-Kriegsschiffen, »die außergewöhnlichste Revolution der Geschichte«, wie später ein Senator der Vereinigten Staaten schrieb. Sie dauerte ganze drei Tage. Die meiste Zeit verging mit Verhandlungen über die Höhe der Prämien, die den in Panama stationierten kolumbianischen Truppen für ihre »Loyalität« gegenüber der neuen Regierung zu bezahlen wären. Am 6. November 1903 wurde die Unabhängigkeitserklärung verlesen: Die Republik Panama wurde geboren. Zwar schickte Bogotá auf dem Landweg noch 2000 Mann, um die verlorene Provinz zurückzuerobern, doch geschlagen vom Fieber und der Dschungelwildnis des Darién, gab die Armee auf und kehrte um.

Vor dem Dschungel des kaum erschlossenen Darién an Panamas Ostküste, etwa 150 Kilometer von Panama-Stadt, endet bisher selbst die Panamericana, die von Alaska bis Feuerland führende Straße. Sie setzt sich erst in Kolumbien weiter fort. Während der Regenzeit, von April bis Dezember, fallen bis zu 3800 Millimeter Niederschläge. Dann ist der Darién vollends unpassierbar. Doch selbst in den übrigen Monaten sind die 300 Kilometer bis Kolumbien nur zu Fuß und auf den Einbäumen der Eingeborenen zu bewältigen. Es geht dabei durch das Gebiet der Chocó- und der Cuna-Indianer, zwei von insgesamt sechs Stämmen, die die Folgen der Zivilisation überlebt haben: Als Balboa vor 500 Jahren den Isthmus durchquerte, hatten noch 60 Stämme die feuchtheiße Landenge bevölkert.

Panama, das ist der Kanal

Weder Panamas Regenwald noch seine Bananen-, Zuckerrohr- oder Kaffeeplantagen haben große wirtschaftliche Bedeutung. Panama, das ist der Kanal und die Area metropolitana, zu der neben Panama-Stadt auch Colón zählt. Hier

leben 60 Prozent der mehr als 2,2 Millionen Panamaer, die im übrigen 70 Prozent des Nationaleinkommens erwirtschaften: ein Segen des Kanals?

Den vollendeten die Amerikaner, nachdem sie mit einem ehemaligen französischen Ingenieur des Lesseps-Unternehmens einen Kanal-Vertrag geschlossen hatten, ohne die Regierung der neuen Republik auch nur zu informieren. Am 15. August 1914 wurde der 81,6 Kilometer lange Panama-Kanal nach elf Jahren Bauzeit mit der Durchfahrt des Dampfers »Ancon« offiziell eröffnet. Die Amerikaner hatten die Malaria und das Gelbfieber besiegt, mit 61 000 000 Pfund Dynamit fast 180 Millionen Kubikmeter Erde bewegt und 352

◁ ▽ *Nur für Geld lassen sich die Cuna-Indianer fotografieren. Sie haben in der Vergangenheit keine guten Erfahrungen mit den Weißen gemacht und begegnen den Touristen skeptisch. Heute leben noch etwa 20 000 Cuna, kulturell und politisch relativ eigenständig, in der Küstenprovinz San Blas und auf den rund 400 Inseln, die ihr vorgelagert sind.*

tragswidrige Ausbau der Kanalzone zu einer Militäranlage mit nicht weniger als acht Forts 75 Jahre lang ein Menetekel panamaischer Souveränität und Anlaß für Spannungen mit den USA. Erst 1977, mit dem Abschluß eines völlig neuen Abkommens, das bis zum Jahr 2000 die Übergabe des Kanals an Panama vorsieht, konnten die Probleme gelöst werden.

Panama verdankt seine beiden wichtigsten Einnahmequellen dem Kanal. Auch wenn die »Freihandelszone von Colón«, die zweitgrößte der Welt nach Hongkong, ebenso wie das Finanzzentrum Panama-Stadt Ende der achtziger Jahre unter dem Wirtschaftsboykott und der anschließenden Invasion der USA, die zum Sturz des Militärdiktators und Drogenhändlers Manuel Antonio Noriega führte, litt: Die Hunderte ausländischer Firmen sollen wie ehedem – von jeglichen Steuern befreit – in Panama operieren. Die internationalen Banken, die ein anlegerfreundliches Bankgeheimnis Schweizer Art schützt, sollen Panama wieder zu dem Finanzparadies machen, das es jahrzehntelang war.

Trotz einiger Zerstörungen in El Chorrillo, wo vordem Noriegas Hauptquartier lag, hat sich die Stadt kaum verändert. Im Zentrum

◁ *Der Dschungel entlang des Panamakanals: eine immergrüne Treibhaushölle. Mehr als 20 000 Arbeiter kamen hier am Ende des 19. Jahrhunderts beim ersten – gescheiterten – Versuch um, einen Durchstich zwischen den beiden Ozeanen zu schaffen.*

Millionen Dollar ausgegeben. Drei Schleusenanlagen ermöglichen seitdem die Überwindung eines Höhenunterschieds von 26 Metern. Für jede Schiffspassage sind 196 Millionen Liter Wasser nötig. Um die 15 000 Schiffe mit einer Transittonnage von mehr als 120 Millionen Tonnen passieren jährlich den Kanal. Doch von den Einnahmen in Höhe von über 100 Millionen Dollar erhielt Panama nicht einmal ein Prozent. Jener Vertrag aus dem Jahre 1903, der den USA absolute Hoheitsrechte in der 16 Kilometer breiten Kanalzone einräumt, blieb ebenso wie der ver-

dominieren Bankgebäude und Geschäftshäuser, Hotels, Supermärkte, Modeboutiquen und Autoschlangen, während nebenan, in den Mulattenvierteln, in den Slums aus Wellblech und Pappe, der Gestank von Fäulnis sogar den Geruch der Abgase verdrängt und der basargleiche Straßenlärm die plärrenden Musikboxen in den Bars und den nasal-monotonen Gesang aus den Kirchen übertönt.

Doch von diesen Gegensätzen bemerkt nichts, wer sich zu einer Kanaldurchfahrt auf dem Vergnügungsdampfer »Fiesta« entschlossen hat.

Panama 295

Panama — Daten · Fakten · Reisetips

Landesnatur

Fläche: 77 082 km² (etwas kleiner als Österreich)
Ausdehnung: West–Ost 700 km, Nord–Süd 46–120 km
Küstenlänge: 2900 km
Höchster Berg: Volcán Barú (auch Chiriquí) 3478 m
Längste Flüsse: Río Bayano 170 km, Río Chucunaque 130 km

Panama umfaßt das schmalste, s-förmig gebogene Stück im Südosten der mittelamerikanischen Festlandsbrücke. Der Panamakanal, der bis zum Jahr 2000 von den USA betrieben wird, trennt das Land in einen Ost- und einen Westteil. Den beiden Küsten sind Hunderte von Inseln vorgelagert; die beiden größten sind Isla de Coiba und Isla del Rey.

Naturraum

Panama gliedert sich in zwei Landschaftsräume: Die Westhälfte wird von der vulkanischen Gebirgskette Serranía de Tabasará beherrscht, die sich in Costa Rica als Cordillera de Talamanca fortsetzt. Nahe der Grenze zu Costa Rica erhebt sich der höchste Berg Panamas, der Volcán Barú, auch Chiriquí genannt (3478 m). In der Osthälfte Panamas gibt es entlang der Karibikküste einige kleinere Gebirgszüge von etwa 1000 m Höhe (Cordillera de San Blas u. a.); ihnen vorgelagert ist das zum Pazifik offene Tiefland von Darién.
Etwa in der Mitte des Landes liegt die Landenge von Panama – die schmalste und niedrigste Stelle zwischen Atlantik und Pazifik; durch diese Senke wurde der Panamakanal geführt (Scheitelhöhe 26 m).
Die Küsten Panamas besitzen tief ins Land greifende Meeresbuchten und zahlreiche Halbinseln; die größte davon, die Península de Azuero am Pazifik, begrenzt den Golf von Panama im Westen. Ganz Panama ist stark erdbebengefährdet.

Klima

In Panama herrscht tropisches Klima mit konstant hohen Temperaturen und einer hohen Luftfeuchtigkeit. Die mittlere Jahrestemperatur liegt bei 27 °C (im Bergland bei 20 °C). Dank der Passatwinde gibt es auf der karibischen Seite der Westhälfte keine Trockenzeit (immerfeuchtes Klima), während auf der Pazifikseite der Regen von Januar bis April ausbleibt (wechselfeuchtes Klima). In der Osthälfte ist dagegen das Tiefland von Darién immerfeucht. Die jährlichen Niederschläge betragen an der karibischen Küste bis zu 4500 mm, am Pazifik bis zu 2000 mm.

Christoph Kolumbus: Auf der vierten Reise kam er auch nach Panama.

Vegetation und Tierwelt

Die immerfeuchten karibischen Küstengebiete und das Tiefland von Darién sind von immergrünem tropischen Regenwald bedeckt. Im Gebirge geht der Regenwald ab 2500 m Höhe in Nebelwald über. In den wechselfeuchten tiefgelegenen Regionen des pazifischen Raumes breiten sich Trockenwälder und Savannen aus. Die sumpfigen Küsten am Karibischen Meer und am Golf von Panama werden von Mangroven gesäumt.
Zur Tierwelt Panamas gehören Jaguare, Pumas, Ozelote, Tapire, Affen, Krokodile, Alligatoren sowie zahlreiche Vogelarten, besonders Tukane, Papageien und Kolibris.

Politisches System

Staatsname: República de Panamá
Staats- und Regierungsform: Präsidiale Republik
Hauptstadt: Ciudad de Panamá (Panama-Stadt)
Mitgliedschaft: UN, OAS, SELA

Gemäß der seit 1983 gültigen Verfassung wird der Präsident, der zugleich Regierungschef ist, direkt vom Volk für fünf Jahre gewählt; er ernennt sein Kabinett. Das Parlament besteht aus einer Kammer, dem Legislativrat, mit 67 ebenfalls für fünf Jahre gewählten Abgeordneten. Der Legislativrat setzt sich seit dem durch die Intervention der US-amerikanischen Streitkräfte herbeigeführten Ende der Militärdiktatur im Dezember 1989 gemäß dem Ergebnis der im Mai 1989 annullierten Wahlen zusammen. Neuwahlen sind für den Mai 1994 vorgesehen.
Panama ist in neun Verwaltungsprovinzen mit jeweils einem Gouverneur an der Spitze und das autonome Indianergebiet Comarca de San Blas aufgeteilt.
Die Panamakanal-Zone untersteht seit 1982 der juristischen Hoheitsgewalt Panamas. Die Rechtsprechung obliegt dem Obersten Gerichtshof sowie 56 kommunalen und 18 Bezirksgerichten.

Bevölkerung

Einwohnerzahl: 2,3 Millionen
Bevölkerungsdichte: 30 Einw./km²
Bevölkerungszunahme: 2,5 % im Jahr
Größte Städte: Ciudad de Panamá (560 000 Einw., einschließlich San Miguelito), Colón (68 000), David (50 000)
Bevölkerungsgruppen: 60 % Mestizen, 20 % Schwarze und Mulatten, 10 % Weiße, 8 % Indianer, 2 % Asiaten

Die vielschichtige Bevölkerung Panamas besteht überwiegend aus Mestizen; ihr Anteil erreicht in den südwestlichen Provinzen 90 %. Die Weißen sind zumeist spanischer Abstammung. Der schwarze Bevölkerungsteil stammt von afrikanischen Sklaven und Lohnarbeitern ab, die auf den Karibikinseln für Eisenbahn- und Kanalbau angeworben wurden. Eher als in anderen Ländern Zentralamerikas haben hier die zur Gruppe der Chibcha-Völker gehörenden Indianer Volkstum und Sprache bewahren können. Inder und Chinesen bilden lediglich kleine Minderheiten. In der Kanalzone leben zu 85 % US-Bürger. Die Bevölkerungsstruktur des Landes zeigt ein Übergewicht an Jugendlichen; knapp 40 % der Einwohner sind jünger als 15 Jahre.
Neben der offiziellen Landessprache Spanisch dient Englisch als Handels- und Umgangssprache. In der Kanalzone ist Englisch Amtssprache. Rund 93 % der Bevölkerung sind Katholiken, 6 % Protestanten verschiedener Bekenntnisse.

Soziale Lage und Bildung

Panama hat ein relativ hohes Pro-Kopf-Einkommen, dennoch bestehen Unterbeschäftigung und Arbeitslosigkeit (um 25 %). Das staatliche Sozialversicherungssystem erfaßt etwa zwei Drittel der Bevölkerung. Zur Bekämpfung von Mangelerkrankungen und Infektionskrankheiten wird das Gesundheitswesen ständig ausgebaut. Medizinisch gut versorgt sind die Städte, auf dem Land ist die ärztliche Betreuung trotz Behandlungszentren und mobiler Klinikdienste unzureichend. Allgemeine Schulpflicht bei kostenlosem Unterricht an staatlichen Schulen besteht für 7–15jährige. Die Analphabetenrate beträgt allerdings im Landesdurchschnitt 12 %, in den Städten liegt sie halb so hoch. Panama hat zwei Universitäten; die älteste ist die 1935 gegründete staatliche »Universidad de Panamá«.

Wirtschaft

Währung: 1 Balboa (B/.) = 100 Centesimos (c); wertgleich mit dem US-$, der auch Landeswährung ist
Bruttoinlandsprodukt (in Anteilen): Land- und Forstwirtschaft 9 %, industrielle Produktion 19 %, Dienstleistungen 72 %
Wichtigste Handelspartner: USA, Mexiko, Ecuador, EG-Staaten, Venezuela, Japan

Das Wirtschaftsleben Panamas wird vor allem vom Panamakanal geprägt: Die Einnahmen aus Kanalverkehr, dem Betrieb der Trans-Isthmus-Pipeline und der den Kanal begleitenden Eisenbahnlinie gehören zusammen mit den US-Pachtüberweisungen zu den wichtigsten Einnahmequellen des Landes. Infolge des rückläufigen Kanalverkehrs und der geringen landwirtschaftlichen Produktivität befindet sich Panamas Wirtschaft seit 1983 in einer langanhaltenden Stagnationsphase. Panama besitzt eine der größten Handelsflotten der Welt mit meist ausländischen Schiffseigentümern. Die »Billig«-Flagge Panamas bringt den Reedern Steuervorteile und geringere Sozialverpflichtungen. Panama ist sehr hoch verschuldet; die Wirtschaftssanktionen der USA verhinderten bislang jeglichen Aufschwung.

Landwirtschaft

Panamas schrumpfende Landwirtschaft ist von geringer Produktivität gekennzeichnet. Nur ein knappes Drittel der Fläche wird landwirtschaftlich genutzt, davon zwei Drittel für die Viehwirtschaft. Selbst der Binnenmarkt kann nicht ausreichend mit Reis, Mais, Maniok und Bohnen versorgt werden; fehlende Lebensmittel müssen importiert werden. Für den Export aber werden auf den Plantagen der meist ausländischen Besitzer besonders Bananen, Zuckerrohr, Kaffee und Kakao angepflanzt. Der Bodenbesitz ist äußerst ungleich verteilt; 0,3 % aller Betriebe bearbeiten 23 % sämtlicher landwirtschaftlich nutzbaren Flächen.
Die Fischwirtschaft, spezialisiert auf den Fang von Garnelen, Langusten, Thunfisch und Anchovis, gewinnt zunehmend an Bedeutung.

Bodenschätze, Industrie

An Bodenschätzen sind vor allem Kupfer, aber auch Gold, Silber, Molybdän, Zinn und Zink bekannt; sie haben jedoch keine größere wirtschaftliche Bedeutung. Die Industrie beschränkt sich auf Nahrungsmittelverarbeitung, Bekleidungsproduktion und Erdölraffination (im Freihafen Colón). Im Großraum von Panama-Stadt konzentrieren sich nahezu drei Viertel der Industrie.

Im dichten Dschungel lebt der Jaguar, Amerikas große Raubkatze.

Daten · Fakten · Reisetips — Panama

Handel
Die Hauptstadt ist ein internationales Finanzzentrum mit über 120 Großbanken. Ausfuhrgüter sind Erdölprodukte, Bananen, Kakao und Kaffee, Zuckerrohr, Fisch, Garnelen und Krabben. Eingeführt werden Rohöl, Maschinen, chemische Erzeugnisse, Textilfasern und Lebensmittel. Das Handelsbilanzdefizit wird von Jahr zu Jahr größer.

Verkehr, Tourismus
Das Verkehrsnetz ist nur in der Kanalzone gut ausgebaut. Die Länge der Straßennetzes beträgt etwa 8900 km; davon sind rund ein Drittel asphaltiert. Östlich der Hauptstadt liegt der internationale Flughafen Tocumen. Die wichtigste Verkehrsader ist der 81,6 km lange Kanal, den täglich 30 bis 40 Schiffe passieren. Der Fremdenverkehr profitiert von der Passagierschifffahrt (Kreuzfahrer) durch den Kanal (etwa 350000 Touristen pro Jahr).

Geschichte
Als erster Europäer befuhr Rodrigo de Bastidas einen Teil der Atlantischen Küste des heutigen Panama; den restlichen Teil entdeckte Christoph Kolumbus auf seiner vierten Reise (1502–1504). Der eigentliche Entdecker des Landes war aber Vasco Núñez de Balboa (1475–1517), der die Nordostküste Südamerikas und den Isthmus von Panama erkundete. Hierbei erfuhr er von der Existenz eines riesigen Meeres. Daraufhin brach er am 1. September 1513 mit 190 Spaniern und 800 Indianern auf und erreichte nach 28 Tagen den Pazifischen Ozean, den er »Südsee« nannte und feierlich für den spanischen König in Besitz nahm.
1519 gründete Pedro Arias d'Avila, Mörder und Nachfolger Balboas, die Stadt Panama. Aus dem kleinen Fischerdorf wurde bald ein Regierungs- und Bischofssitz, der 1542 dem Vize-Königreich Peru zugeteilt wurde. 1597 gründeten die Spanier an der Karibikküste die Stadt Portobelo, die sich rasch zum großen Handelsplatz entwickelte.
Portobelo lockte zahlreiche englische und französische Freibeuter an. Francis Drake, William Parker, »Sir« Henry Morgan und Admiral Edward Vernon plünderten nacheinander die Stadt, so daß sich die Spanier 1739 gezwungen sahen, den Hafen zu schließen. Dadurch kam der Handel zum Erliegen, und der Isthmus verlor für Jahrzehnte seine Bedeutung.
1821 schloß sich Panama der von Simón Bolívar geschaffenen Republik Groß-Kolumbien an. 1826 berief Bolívar den ersten Panamerikanischen Kongreß nach Panama ein. Sein Ziel, die Schaffung der »Vereinigten Staaten von Südamerika«, scheiterte aber am Egoismus der Einzelstaaten. Der »Goldrausch« in Kalifornien machte Panama wieder zum Durchgangsland zwischen Süd- und Nordamerika. Am 3. November 1903 (Nationalfeiertag) löste sich Panama mit Unterstützung der USA von Kolumbien und wurde selbständige Republik.

Der Panamakanal
Zwischen den Städten Panama am Pazifik und Colón am Atlantik bestand seit 1855 eine Eisenbahnverbindung. So konnte die kurze, aber beschwerliche Landetappe zwischen den beiden Ozeanen leichter bewältigt werden. Das große Projekt, der die beiden Ozeane verbindende Kanal, konnte erst im zweiten Ansatz verwirklicht werden: Der von Ferdinand de Lesseps, dem Erbauer des Suezkanals, 1879 begonnene Versuch endete 1889 mit dem wirtschaftlichen Zusammenbruch der Kanalgesellschaft. Aus dem Panamakanal wurde der Panamaskandal. Erst durch das Eingreifen der USA und ihr wirtschaftliches Engagement gelang das kostspielige Unternehmen. Am 15. August 1914 durchquerte das erste Schiff den Kanal.
Die innere Lage des Landes war seit seiner Selbständigkeit 1903 bis zum Jahr 1968 von ständigen Machtkämpfen rivalisierender Familien bestimmt. 1977 kam es zu zwei Vereinbarungen mit den USA über die Rückgabe der 1903 für 10 Millionen Dollar abgetretenen, 16 km breiten Kanalzone. Diese soll bis zum Jahr 2000 erfolgen. Allerdings haben sich die USA ein »ewiges« Interventionsrecht vorbehalten. 1968 putschte sich eine Junta der Nationalgarde mit dem General Omar Torrijos Herrera an die Macht; als er 1981 bei einem Flugzeugabsturz ums Leben kam, übernahm der Chef der Nationalgarde, Manuel Antonio Noriega, die politische Herrschaft. Schon 1987 wurde Noriega von amerikanischen Gerichten des Drogenhandels angeklagt. Als bei den Wahlen vom 7. Mai 1989 die Opposition mit Guillermo Endara an der Spitze siegte (68,5 % der Stimmen), ließ Noriega die Wahl trotz internationaler Wahlbeobachter widerrechtlich annullieren.

Typisch für die Chiriquí-Kultur: mehrfarbig bemalte Tonschalen.

Schlägertrupps der Regierung, »Bataillone der Würde«, terrorisierten das Land. Am 20. Dezember 1989 erfolgte die Invasion der USA: Noriega flüchtete, Endara wurde als rechtmäßiger Präsident anerkannt, die USA hoben die Wirtschaftssanktionen auf. Am 3. Januar 1990 wurde Noriega verhaftet und den Gerichten überstellt.

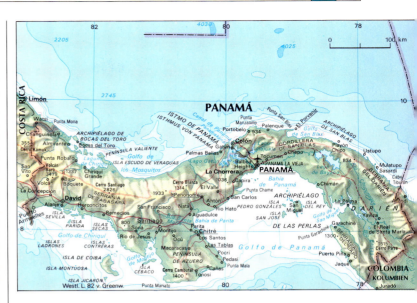

Kultur
Die präkolumbische Kulturgeschichte Panamas gliedert sich in drei Abschnitte: die Periode der eng mit Costa Rica verwandten Chiriquí-Kultur (300 v. Chr. bis 1 n. Chr.), die ab 800 belegte Veraguas-Kultur und die im 14./15. Jh. blühende Coclé-Kultur.
Erhalten sind aus der präkolumbischen Zeit Skulpturen, die Menschen und Tiere darstellen, und zwei- oder mehrfarbige Keramiken (Schalen, Platten, Henkelpokale, Rundgefäße), die neben geometrischen Mustern oft Kaimane und Alligatoren, aber auch Jaguare zeigen. Berühmt sind die deutlich von Kolumbien beeinflußten, teilweise mit (Halb-)Edelsteinen verzierten Goldschmiedearbeiten, wie Schmuck aller Art und Amulette. Vieles wurde allerdings von den Spaniern eingeschmolzen.
Die Indianer Panamas, vor allem Cuna und Guaymí (Chibcha-Völker), haben bis heute alte Sitten und Gebräuche bewahrt. Die Cuna leben größtenteils in Reservaten auf den San-Blas-Inseln vor der Nordostküste Panamas. Allerdings sind Einflüsse des Christentums wie auch Traditionen der aus der Karibik zugewanderten schwarzen Bevölkerung spürbar.
Aus der Kolonialzeit blieben in ganz Panama nur wenige Sakral- und Profanbauten erhalten. Von der alten Stadt Panama, die durch den Freibeuter Henry Morgan zerstört wurde, gibt es heute nur noch Ruinen außerhalb der Hauptstadt; einzelne Bauteile wurden beim Wiederaufbau weiterverwendet.

Literatur
Eine eigenständige Nationalliteratur bildete sich erst nach Erlangung der Unabhängigkeit heraus. Hervorzuheben sind Darío Herrera (1870–1914), der Initiator des Modernismo und Begründer der ersten literarischen Zeitschrift »El Cosmos«, und der Erzähler und Lyriker Rogelio Sinán (geb. 1904), der dem Avantgardismus und später dem Surrealismus zum Durchbruch verhalf, außerdem José María Sánchez (geb. 1918) und F. Changmarín (geb. 1922).

Reise-Informationen

Einreise- und Fahrzeugpapiere
Bürger der Bundesrepublik Deutschland, der Schweiz und Österreichs benötigen für einen Aufenthalt von drei Monaten einen gültigen Reisepaß bzw. Kinderausweis.
Als Fahrerlaubnis ist der internationale Führerschein erforderlich.

Zoll
Bei der Einreise sind zollfrei: pro Person ab 18 Jahre 500 Zigaretten oder 500 g Tabak, drei Flaschen alkoholische Getränke, eine angemessene Menge Parfüm sowie Gastgeschenke im Wert von 50 US-$.

Devisen
Ein- und Ausfuhr von Balboa (B/.) und Fremdwährung sind unbeschränkt. Neben dem Balboa sind US-$ gesetzliche Zahlungsmittel.

Impfungen
Für die Provinz Darién ist Gelbfieberimpfung erforderlich; sie wird allen Reisenden empfohlen, die sich außerhalb der größeren Städte aufhalten wollen. Für einige ländliche Gebiete ist zusätzlich Malariaschutz vorgeschrieben.

Verkehrsverhältnisse
Taxis und Mietwagen stehen zur Verfügung. Es bestehen regelmäßige Flug-, Schiffs- und Busverbindungen. Eine Eisenbahnlinie verbindet Panama-Stadt mit Colón. Panama wird auch häufig von Kreuzfahrtschiffen angelaufen.

Unterkünfte
In den Städten stehen Hotels von europäischem Standard zur Verfügung, auf dem Land meist nur einfache Quartiere. In der Haupttreisezeit wird eine Reservierung empfohlen.

Reisezeit
Die Haupttreisezeit ist von Dezember bis April.

Paraguay

Wolfgang Ganbauer

P

araguay gehört sicher zu den unbekannteren Ländern des Kontinents. Der kleine Binnenstaat im Herzen Südamerikas hat von Beginn seiner Geschichte an unter der isolierten Lage gelitten: Er besitzt keinen Zugang zum Meer. Unsinnige und grausame Kriege mit den Nachbarländern haben eine kontinuierliche Entwicklung in Paraguay weitgehend verhindert. Das politische und wirtschaftliche Chaos nach dem Chaco-Krieg gegen Bolivien, der um eher unbedeutende Gebiete im Nordwesten des Landes geführt wurde, brachte 1954 Alfredo Stroessner an die Macht. Das diktatorische Regime des deutschstämmigen »Don Alfredo«, der sich bis 1989 auf dem Präsidentensessel halten konnte, hat dem Ansehen Paraguays in der Welt schwer geschadet.

Doch die Menschen in Paraguay sind besser als der Ruf ihres Landes. Ihr zäher Überlebenswille hat sie in der Vergangenheit alle Bedrohungen und Schicksalsschläge überstehen lassen. Mit derselben Beharrlichkeit versuchen sie, die Gegenwart zu meistern. Sie sehen auch der Zukunft Paraguays mit Gelassenheit entgegen.

Staatsname:	Republik Paraguay
Amtssprachen:	Spanisch und Guaraní
Einwohner:	4,2 Millionen
Fläche:	406 752 km²
Hauptstadt:	Asunción
Staatsform:	Präsidiale Republik
Kfz-Zeichen:	PY
Zeitzone:	MEZ −5 Std.
Geogr. Lage:	Südamerika, begrenzt von Bolivien, Brasilien und Argentinien

Der Gaucho verkörpert noch immer das romantische Ideal eines freien, naturverbundenen Lebens. Alltägliche Wirklichkeit ist für die lassogewandten Viehhirten jedoch meist harte Arbeit im Dienst von Großgrundbesitzern. Für stimmungsvolle Abende am Lagerfeuer bleibt wenig Zeit. Den flotten Ritt über die weiten Weidegründe genießen die Gauchos aber offensichtlich auch heute noch

Neue Heimat in der Neuen Welt

Drückend heiß ist es am Morgen des zweiten Advents, als uns Bauer Escher zum Frühstück in sein Haus einlädt. Die Zeit scheint hier stehengeblieben zu sein. In der Küche tut noch der alte Holzofen seinen Dienst, der Kaffeekessel hängt im Feuer, das unter der eisernen Herdplatte brennt. Frau Escher schneidet Brot, Wurst und Schinken auf – alles selbstgemacht. Die Bauersleute sprechen südbadischen Dialekt, obwohl ihre Wiege hier im Süden Paraguays, in Villa Independencia, stand. Ihre Eltern waren zusammen mit zahlreichen anderen Familien vom Kaiserstuhl und aus Oberschwaben nach Paraguay ausgewandert, auf der Flucht vor der wirtschaftlichen Not im Inflations-Deutschland der frühen zwanziger Jahre.

Die deutschstämmigen Siedler machen im Gebiet von Independencia etwa ein Zehntel der Gesamtbevölkerung aus. Die paraguayischen Bewohner – überwiegend Mestizen – leben zum großen Teil in erbärmlichen Verhältnissen. Viele verdienen nur dann etwas, wenn sie vorübergehend bei den Siedlern als Erntehelfer oder Handlanger arbeiten können. Bauer Escher sagt über seine paraguayischen Mitbürger: »Die vom Lande können nicht in die Zukunft denken. Sie wissen genau, daß sie in den Monaten nach den Ernten keine Einnahmen mehr haben werden. Das hindert sie nicht, an einem Wochenende alles bis auf den letzten Pfennig auszugeben. Sie leben dann von Maniok, Mais und Mate.«

Hier auf dem Lande herrscht noch eine Art Feudalsystem. Weit mehr als die Hälfte des nutzbaren Landes gehört Großgrundbesitzern. Die Landarbeiter, die zum Großteil weder lesen noch schreiben können, sind weitgehend von den Gutsherren abhängig. Zwar kann jedermann für umgerechnet etwa 2000 Mark 20 Hektar jungfräulichen Boden erwerben, aber nur wenigen gelingt es, eine solche Summe zusammenzusparen.

△ *Reinrassige Indios wie diese Mädchen machen in Paraguay nur noch zwei Prozent der Gesamtbevölkerung aus. Im Gran Chaco leben einige Indios heute als Jäger und Sammler, die meisten fristen aber ein Dasein als einfache Landarbeiter.*

Die meisten der Siedlerfamilien haben sich inzwischen einen soliden Wohlstand erarbeitet und auf Urwaldrodungen unter Palmen Häuser im heimatlichen Stil gebaut. Die Eschers pflanzen auf ihrem Anwesen Wein, Zuckerrohr und Mate an. Mate ist – anders als Wein und Zuckerrohr – ein heimisches Gewächs: ein Baum oder Strauch, dessen koffeinhaltige Blätter zu einem Tee fermentiert werden. Schon die Ureinwohner des Landes, die Guaraní-Indianer, tranken Mate, und heute wird der »Paraguay-Tee« nicht nur hier, sondern auch in Südbrasilien, Uruguay und Argentinien geschätzt. Zu jeder Tageszeit saugen die Menschen das bittere Getränk mit Silberröhrchen aus Kalebassen, Kuhhörnern oder anderen Gefäßen. Je nach Jahreszeit oder Geschmack gießt man die Mateblätter mit heißem oder mit kaltem Wasser auf, und in Paraguay gibt man manchmal auch einen Schuß Zuckerrohrschnaps hinzu.

Hauptstadt mit ländlichem Charme

Auf der linken Seite des Paraguay-Flusses, nahe der Grenze zu Argentinien, liegt Asunción, die Hauptstadt des Landes. Unter allen südamerikanischen Metropolen ist sie die lieblichste und die ländlichste – boshafte Zeitgenossen sagen: auch die langweiligste. Großstädtisch wirken allenfalls einige wenige Verwaltungshochhäuser im Zentrum der Stadt, ansonsten herrscht die in Paraguay übliche Bauweise vor: nicht höher als zwei Stockwerke.

Dafür kann Asunción mit breiten, von Orangenbäumchen gesäumten Straßen prunken. In den eleganten Wohnvierteln sind die Häuser und Villen von großen, oft parkartigen Gärten umgeben. An der Prachtstraße Marschall López findet man die Paläste der Großgrundbesitzer, der wenigen einheimischen Industriellen und der Schmugglerkönige. Die

architektonische Phantasie scheint kaum Grenzen zu kennen: Hier ein französisches Schloß im Miniaturformat, dort eine Nachbildung des Herrschaftshauses aus dem Film »Vom Winde verweht« – man fühlt sich in eine von Millionären angelegte Schrebergartenkolonie versetzt.

Gegen Mittag versinkt Asunción in Schlaf: Man hält Siesta wie überall im Lande. Im Sommer sind die Temperaturen um die Mittagszeit so hoch, daß alle Welt in die Kühle abgedunkelter Schlafzimmer flüchtet. Und so bleibt das Leben in Paraguay zwischen 11.30 Uhr und 17.30 Uhr stehen – oder vielmehr: Es ruht in der Hängematte. Gearbeitet wird morgens ab 7 Uhr – so früh beginnt man in keinem anderen südamerikanischen Land – und nach der Siesta bis 20.30 Uhr.

Unten am Paraguay-Fluß, im Hafengebiet, drängen sich zahllose Läden, die mit Schmuggelgut aus aller Herren Länder vollgestopft sind. Vor allem elektronische Geräte und Spirituosen scheinen bei den Kunden beliebt zu sein. Doch Vorsicht zum Beispiel bei edlem schottischen Whisky: In Asunción gibt es raffinierte Schnapspanscher, die mit Hilfe von Spritzen den teuren Whisky gegen billigsten Zuckerrohrfusel austauschen, ohne daß man dem Originalverschluß etwas ansieht.

Dennoch, die Bewohner von Asunción sind außerordentlich freundliche und ehrliche Menschen – Ganoven gibt es schließlich überall. Und für Touristen dürfte Asunción die sicherste Hauptstadt ganz Südamerikas sein – jedenfalls solange sie sich auf der Sonnenseite oberhalb des Flusses bewegen.

Unten, in den Pfahlbauten im Uferschlamm des Río Paraguay, wohnt das Elend.

◁ ▽ *Von den meist nur zwei Stockwerke hohen Häusern in Asunción hebt sich der Regierungspalast prunkvoll ab. Dahinter, am Ufer des Paraguay, leben in ständig vom Hochwasser bedrohten Holz- und Blechhütten die Ärmsten der Armen: Menschen, die auf der Suche nach Arbeit vom Land in die Stadt gezogen sind und nun, wie der Müllsammler unten, die Abfallhalden von Asunción nach Verwertbarem durchwühlen.*

◁ *Preußischer Drill bei der Armee: Im Stechschritt zogen die Soldaten am Regierungspalast von Präsident »Don Alfredo« Stroessner vorbei, für den die Armee ein wichtiges Instrument zur Machterhaltung war.*

Hier leben Tausende von Familien, die auf der Suche nach Arbeit aus dem Landesinnern in die Hauptstadt gekommen sind. Ihre armseligen Behausungen drohen regelmäßig Opfer des Hochwassers zu werden, wenn die schweren tropischen Regenfälle in Bolivien und im Mato Grosso Brasiliens den Fluß anschwellen lassen. Dann kann das Wasser schon mal recht nahe an den Regierungspalast reichen, der hoch über dem Elend thront.

Über allem »Don Alfredo«

In diesem prunkvollen klassizistischen Bau residierte 35 Jahre lang Präsident Alfredo Stroessner. Der deutschstämmige General hatte 1954 durch einen Putsch einem jahrzehntelangen bürgerkriegsähnlichen Zustand ein Ende gesetzt. Seitdem herrschte »Don Alfredo« in Paraguay absolutistisch und mit fast unbegrenzter Macht, als wäre das Land sein persönliches Eigentum – eine Art größerer Bauernhof. Landesvater nannten ihn die einen, Diktator die anderen. Die einen durften, die anderen mußten ihn alle fünf Jahre im Amt bestätigen – in Paraguay herrscht Wahlpflicht, und die Zahl der Amtsperioden für den Präsidenten ist nicht begrenzt.

Im Februar 1989 war es dennoch soweit: Stroessner wurde von General Andrés Rodriguez gestürzt. Bei den Wahlen im Mai 1989 erhielt der neue Präsident 74 Prozent der Stimmen, doch soll es dabei nicht überall mit rechten Dingen zugegangen sein – der Schatten »Don Alfredos« scheint noch immer über dem Land zu liegen.

Deutsches ist den Paraguayern spätestens seit Stroessners nichts Fremdes mehr. Der General stammte von einer oberfränkischen Einwandererfamilie ab. Deutsche Gründlichkeit zeichnete das perfekteste politische Überwachungssystem Südamerikas aus – dem »großen Bruder« Alfredo und seiner Polizei entging nichts im Staate Paraguay. Auch die Wehrmacht, eine Stütze des Systems, wurde nach preußisch-deutschem Muster gedrillt. Andererseits standen deutschstämmige Paraguayer, vor allem Geistliche und Missionare beider Konfessionen, in der ersten Linie des Widerstands gegen das Regime des Diktators.

Deutschtum in Reinkultur wollte schon im 19. Jahrhundert der Lehrer Bernhard Förster, der Schwager Friedrich Nietzsches, nach Paraguay verpflanzen. Um deutschen Geist und deutsches Wesen, die er im damaligen Reich durch Liberalismus und Fremdeinflüsse bedroht sah, zu erhalten und zu entwickeln, gründete Förster im Jahre 1886 rund 200 Kilometer nordöstlich von Asunción ein Agrarkollektiv mit dem Namen Neugermanien. Das Unternehmen kam jedoch nur schleppend in Gang, weil sich in Deutschland nicht genügend »Neugermanen« für Paraguay fanden. Nach dem Tod Försters im Jahre 1889 siechte die Kolonie langsam dahin.

In den frühen zwanziger Jahren waren es vor allem Opfer der wirtschaftlichen Misere, die aus Deutschland nach Paraguay kamen. Ende des Zweiten Weltkriegs setzten sich Nazis und Kriegsverbrecher nach Paraguay ab, und später galt das Land einige Zeit als Sammelbecken für Betrüger und andere dubiose Existenzen. Leute dieses Schlages sollen es geschafft haben, gut betuchten und abschreibungsfreudigen Bundesbürgern Ländereien von der dreifachen Größe ganz Paraguays zu verkaufen. Sollten einige der Käufer noch heute ihren Grund und Boden in Paraguay suchen, so können sie sich eines besonderen Service der paraguayischen Luftverkehrsgesellschaft LAP erfreuen: Die Bordansagen werden auch in deutsch gemacht.

Die Mennoniten und ihr Staat im Staate

Ein Stück deutscher Kultur brachten die Mennoniten ins Land. Die Anhänger der aus der Täuferbewegung des 16. Jahrhunderts hervorgegangenen protestantischen Religionsgemeinschaft kamen nach dem Ersten und dem Zweiten Weltkrieg in mehreren Einwanderungswellen nach Paraguay. Schon im 18. Jahrhundert hatten sie Deutschland verlassen und waren nach Rußland gezogen. Nach der Oktoberrevolution gingen die ersten von ihnen nach Amerika. In Paraguay leben heute etwa 15000 Mennoniten. Mit unglaublichem Fleiß und großer Genügsamkeit haben sie den unwirtlichen Chaco im Nordwesten in die größte und rentabelste landwirtschaftliche Produktionszone des Landes verwandelt.

Das Leben der Mennoniten wird von ihrer Religion bestimmt, ihr Handeln orientiert sich am Gemeinwohl. Die Orthodoxen unter den mennonitischen Siedlern verlangen vom einzelnen ein spartanisch arbeitsames Leben und lehnen moderne Produktionsmethoden ab, weil sie sündhafter Bequemlichkeit dienen. Den Pragmatikern erscheint alles, was dem Wohl der Gemeinschaft dient, als gottgefällig – sie haben modernste landwirtschaftliche Produktions- und Vermarktungsmethoden im Chaco eingeführt. Auch das nationale Tourismusgeschäft liegt in ihren Händen.

Die Kolonie der Mennoniten bildet heute in Paraguay eine Art Staat im Staate mit einer weitgehend autonomen Selbstverwaltung. Die Amtssprache ist Deutsch. Allerdings sprechen die Mennoniten eine Mischung aus Platt- und antiquiertem Hochdeutsch, die in unseren Ohren recht eigenartig klingt.

▷ Rund 15000 deutschstämmige Mennoniten leben in Paraguay. Die strenggläubigen Anhänger der protestantischen Wiedertäuferbewegung sind durch Disziplin und hohe Arbeitsmoral zu einem wichtigen Wirtschaftsfaktor geworden. In ihren landwirtschaftlichen Anbaugebieten genießen sie weitgehende Autonomie.

▽ Das Tiefland des Paraguay – endlose Weite von Flüssen durchzogen; auf seinen letzten 2000 Kilometern hat der Paraguay nur noch 118 Meter Gefälle.

Guaraní – nur die Sprache wird überleben

Auch der Spanisch sprechende Reisende hat in Paraguay manchmal Schwierigkeiten mit der Verständigung. Zwar ist Spanisch die Amtssprache, aber im täglichen Leben rangiert es hinter Guaraní, der Indianersprache, an zweiter Stelle. Alle Paraguayer sprechen Guaraní, das offiziell als zweite Landessprache ausgewiesen und sogar Kommandosprache der Armee ist, aber nicht jeder spricht Spanisch, vor allem auf dem Lande nicht. Häufig hört man ein Gemisch beider Sprachen, das für den Fremden vollends unverständlich ist.

Die Guaraní-Indianer waren die Ureinwohner jener Region Südamerikas, die heute von Paraguay, Südbrasilien und Nordargentinien eingenommen wird. Nur noch zwei Prozent der Bevölkerung Paraguays sind reinrassige Indianer. Sie leben in völliger Verelendung und sind vom Aussterben bedroht. Obwohl Paraguay die fortschrittlichste Gesetzgebung zum Schutze der Indianer hat, geht deren Zahl weiter zurück. Zu oft sind diese Gesetze das Papier nicht wert, auf dem sie stehen, denn Holzindustrie und Bodenspekulanten im Verein mit einer unfähigen oder korrupten Verwaltung engen den Lebensraum der Indianer immer mehr ein. Vielleicht werden in nicht allzu ferner Zeit nur noch die Sprache, der Name der Landeswährung und das Hotel Guaraní, eine der luxuriösesten Touristenherbergen in Asunción, an das große Indianervolk erinnern.

Es ist ein herzzerreißender Anblick, wenn man heute die letzten Guaraní-Indianer durch die Straßen von Asunción ziehen sieht, wo sie Touristen für ein paar Guaraní-Münzen kunsthandwerkliche Souvenirs aufdrängen, um überleben zu können, und oft von den Paraguayern davongejagt werden – mit Flüchen in Guaraní.

»Ameisen« auf dem Schmuggelpfad

Paraguay gehört sicher nicht zu den klassischen Reiseländern Südamerikas, trotzdem zieht es viele Touristen an. Sie kommen vor allem aus den Nachbarländern – weniger der Sehenswürdigkeiten als der äußerst günstigen Einkaufsmöglichkeiten wegen. Man bekommt etwa in Ciudad del Este, dem einstigen Puerto Stroessner, an der Grenze zu Brasilien zollfrei und daher billig so ziemlich alles, was jenseits der Grenze teuer oder gar nicht zu haben ist. Vor allem elektrische und elektronische Geräte für Büro, Haushalt und Unterhaltung sind bei den Einkaufstouristen gefragt. Auf der Brücke, die die Stadt mit Brasilien verbindet, herrscht Tag und Nacht geschäftiges Treiben.

Der Schmuggel im kleinen läßt die Zöllner offensichtlich kalt. Nur gelegentlich machen sie Stichproben und entlarven eine »Ameise«, wie man hier die Kleinschmuggler nennt, die in der Einkaufstasche ein paar Armbanduhren, Computerelemente, Dampfbügeleisen oder einen Videorecorder über die Grenze zu bringen versuchen. Aber auch die Großschieber brauchen den Zoll kaum zu fürchten. Es heißt, daß über die Brücke Ströme gestohlener Autos aus Brasilien rollen und jährlich Hunderttausende von Tonnen Soja illegal die Grenze passieren. In langen Schlangen warten beiderseits der Grenze mit Sojabohnen beladene Lastkraftwagen – unbeachtet von den scheinbar mit Blindheit geschlagenen Zöllnern.

Aber nicht alle Besucher kommen nur zum Einkaufen nach Ciudad del Este. Etwas oberhalb der Stadt liegt am Paraná-Fluß die jüngste Touristenattraktion des Landes: Itaipú, das größte Wasserkraftwerk der Welt, das von Paraguay gemeinsam mit Brasilien betrieben wird. Nur ein wenig weiter südlich, an der Grenze zu Argentinien und Brasilien,

▽ *Auf Komfort braucht man bei einer Flußdampferfahrt auf dem Paraguay nicht ganz zu verzichten, denn Hängematten finden sich auch auf vollbeladenen Schiffen. Paraguay und Paraná sind die wichtigsten Verkehrsadern des Landes; über 90 Prozent aller Export- und Importgüter werden in ihren Häfen umgeschlagen.*

bieten die mächtigen Wasserfälle von Iguazú dem Besucher ein überwältigendes Naturschauspiel.

Die »Jesuitenstraße« zwischen Asunción und Encarnación

Eine der klassischen touristischen Attraktionen in Paraguay ist die sogenannte Jesuitenstraße. Über 370 Kilometer führt sie zwischen Asunción und Encarnación am Paraná durch etliche Städtchen und Dörfer, die einst große jesuitische Missionsstationen waren. Im Gebiet der Guaraní-Indianer gab es im 17. und 18. Jahrhundert ungefähr 30 solcher Stationen, die Reduktionen genannt wurden.

Den Jesuiten war es damals gelungen, die Indianer an feste Siedlungen zu binden, in denen bis zu 7000 Menschen lebten. Sie errichteten Schulen und Kirchen – manche so groß wie europäische Kathedralen –, gründeten Handwerksbetriebe und bauten eine ertragreiche Landwirtschaft auf. In den Reduktionen waren die Indianer der kolonialistischen Ausbeutung entzogen und auch vor Sklavenjägern einigermaßen sicher. Daß dieser »Gottesstaat« wirtschaftlich erfolgreich und weitgehend unabhängig war, erregte den Argwohn weltlicher und geistlicher Institutionen, die um ihre Macht fürchteten. Es kam zu blutigen Auseinandersetzungen – so bei einer geplanten Umsiedlungsaktion von sieben Reduktionen im portugiesisch-spanischen Grenzgebiet – und 1756 zu einer regelrechten Schlacht zwischen den Indianern unter Führung der Jesuiten und den Spaniern.

Das Ende der Reduktionen begann 1767, als Karl III. von Spanien die Jesuitenpatres durch den Gouverneur Bucareli vertreiben ließ. Ohne die patriarchalische Führung der Jesuiten verfielen die Reduktionen nach und nach. Was bis heute erhalten blieb, ist eine Fülle von Bauwerken und kunsthandwerklichen Arbeiten in einem Stil, der sowohl vom spanischen Barock als auch von indianischen Elementen geprägt ist. In den Städtchen und Dörfern entlang der Jesuitenstraße bemüht man sich, diese Zeugnisse einer fruchtbaren Zusammenarbeit zwischen Indianern und Europäern zu erhalten, zu restaurieren und Besuchern zugänglich zu machen.

Kinder als Krieger – der Kampf gegen die »Dreierallianz«

Rund hundert Jahre nach dem Experiment des »Jesuitenstaates« trieb ein blutiger Krieg Paraguay an den Rand des Abgrundes. Das Land hatte sich 1811 von der Vorherrschaft Spaniens und Argentiniens losgesagt und sich im Jahre 1813 als selbständige Republik konstituiert. Unter der Herrschaft dreier diktatorisch regierender Präsidenten begann Paraguay, wirtschaftlich eigene Wege zu gehen. Es baute eine Konsumgüter- und Schwerindustrie auf und versuchte, durch Schutzzölle den Einfluß Großbritanniens – damals in Südamerika die Handelsmacht Nummer eins – zu brechen. Unter Präsident Francisco Solano López kam es verstärkt zu Konflikten mit den Nachbarländern und 1865 bis 1870 zu einem verheerenden Krieg. Gegen die Übermacht der »Dreierallianz« von Brasilien, Argentinien und Uruguay kämpfte Paraguay buchstäblich bis zum letzten Mann. In einer der letzten Schlachten traten sogar Kinder an – mit falschen Bärten, um den Gegner darüber zu täuschen, daß es so gut wie keine erwachsenen Soldaten mehr gab.

Paraguay verlor durch diesen Krieg wertvolles Territorium. Das verwüstete Land blieb jahrelang von Brasilien besetzt und erholte sich wirtschaftlich nur langsam. Ein Aufschwung, der in den zwanziger Jahren unseres Jahrhunderts einsetzte, wurde 1932 durch den Ausbruch des Chaco-Krieges gegen Bolivien jäh beendet. Es ging um relativ wertlose Gebiete im Nordwesten des Landes. Paraguay konnte den Krieg zwar gewinnen, wirtschaftlich und politisch geriet es jedoch in den desolaten Zustand, der Alfredo Stroessner 1954 den Weg an die Macht ebnete.

Paraguay

Daten · Fakten · Reisetips

Landesnatur

Fläche: 406 752 km² (etwas größer als die Bundesrepublik Deutschland)
Ausdehnung: Nordwest–Südost 950 km, West–Ost 300–600 km
Höchste Erhebung: Cordillera de Caaguazú 700 m
Längste Flüsse: Río Paraguay, paraguayischer Anteil 1300 km (Gesamtlänge 2200 km), Río Paraná, paraguayischer Anteil 800 km (Gesamtlänge mit Rio Grande 4200 km)
Größte Seen: Lago Ypoá 400 km², Laguna Ypacaraí 60 km²

Paraguay ist neben Bolivien der zweite Binnenstaat Amerikas. Er liegt im Herzen Südamerikas, beiderseits des Südlichen Wendekreises. Seinen Namen gab ihm der Río Paraguay (indianisch »Papageienfluß«), der das Land von Nord nach Süd in zwei annähernd gleich große Teile, Oriente und Gran Chaco, gliedert.

Naturraum

Der Oriente, die östliche Landeshälfte, besteht überwiegend aus bis zu 700 m hohen Bergzügen und Plateaus, Ausläufern des Brasilianischen Berglandes. Nach Osten fallen sie zum Río Paraná ab, der natürlichen Grenze zu Brasilien und Argentinien. Nach Westen hin trennt eine steile Stufe (Cuesta) das Bergland vom paraguayischen Tiefland. Die westliche Landeshälfte, Gran Chaco, ist eine flache Aufschüttungsebene, die nach Nordwesten auf 500 m ansteigt.
Der Río Paraguay ist von ausgedehnten Überschwemmungs- und Sumpfgebieten umgeben. Trotz seines verwilderten Flußbettes und der Untiefen ist er eine bedeutende Verkehrsader; er mündet an der Südwestspitze des Landes in den Río Paraná.

Ein alltägliches Bild vor Aufhebung des Ausnahmezustands 1987: Parolen an den Häuserwänden gegen Diktatur und Polizeiterror.

Klima

Der nördliche Landesteil gehört zur Tropenzone, der Süden ist subtropisch. Insgesamt hat Paraguay wechselfeuchtes Klima; nach Westen hin nehmen die Niederschlagsmengen ab (2000 mm im Oriente, 800 mm im Gran Chaco). Die durchschnittlichen Temperaturen liegen zwischen 17 °C (Juni) und 28 °C (Januar), mit Extremwerten von unter 0 °C bzw. über 40 °C.

Vegetation und Tierwelt

Die Bergländer des Ostens sind von immergrünen subtropischen Regenwäldern bedeckt. In den nördlichen Tiefländern Ostparaguays finden sich parkähnliche »Campos« (Feuchtsavanne), im Süden Grasfluren. In der trockenheißen Westregion gibt es Savannen, Buschland und laubabwerfende Trockenwälder. Im Osten des Gran Chaco wachsen bedeutende Quebrachowälder.
Zur artenreichen Tierwelt Paraguays gehören Jaguare, Hirsche, Wildschweine, Gürteltiere, Fischotter, Kaimane, Vampirfledermäuse sowie verschiedene Affen, Schlangen und natürlich Papageien, die dem Land am Río Paraguay den Namen gaben.

Politisches System

Staatsname: República del Paraguay
Staats- und Regierungsform: Präsidiale Republik
Hauptstadt: Asunción
Mitgliedschaft: UN, OAS, ALADI, SELA

An der Spitze der Exekutive steht ein für jeweils fünf Jahre direkt gewählter katholischer Präsident, der gleichzeitig Staatsoberhaupt, Regierungschef und Oberbefehlshaber der Streitkräfte ist. Von 1954 bis 1989 hatte Alfredo Stroessner dieses Amt inne. Die legislative Gewalt liegt beim Zweikammerparlament, das aus Abgeordnetenkammer (72 Sitze) und Senat (36 Sitze) besteht. Die Mehrheitspartei erhält automatisch zwei Drittel aller Sitze in jeder Kammer, der Rest wird entsprechend dem Wahlergebnis auf die anderen Parteien verteilt. Für alle Bürger ab 18 Jahre besteht Wahlpflicht.
Das Land ist in den Bezirk der Hauptstadt und 19 weitere Verwaltungsbezirke (Departamentos) aufgeteilt. Die Rechtsprechung erfolgt durch den Obersten Gerichtshof, durch Land- und Amtsgerichte sowie durch die Berufungskammern. Alle Richter werden von der Regierung ernannt; die Justiz ist nicht unabhängig.

Bevölkerung

Einwohnerzahl: 4,2 Millionen
Bevölkerungsdichte: 10 Einw./km²
Bevölkerungszunahme: 3,2 % im Jahr
Größte Städte: Asunción (455 000 Einw.; als Agglomeration 730 000), Ciudad del Este (48 000), Pedro Juan Caballero (37 000), Encarnación (28 000)
Bevölkerungsgruppen: 95 % Mestizen, 2 % Indianer, 2,5 % Weiße, 0,5 % Asiaten (Japaner, Koreaner)

Rinderherden, der Reichtum der weiten Savannen im Westen.

Paraguay gehört zu den »Mestizenländern« Lateinamerikas; der Großteil seiner Bevölkerung ist spanisch-indianischer Herkunft. Auch die ehemaligen afrikanischen Sklaven sind in der Bevölkerung aufgegangen. Die wenigen Weißen sind Nachkommen der Spanier oder europäischer Einwanderer. Die größte indianische Volksgruppe stellen die ackerbautreibenden Guaraní im Osten Paraguays dar. Die Chaco-Indianer – Restgruppen verschiedener Stämme – sind vom Aussterben bedroht. Die meisten Paraguayer leben im Oriente, rd. 70 % der Gesamtbevölkerung allein im Ballungsraum Asunción-Caaguazú. Paraguays Bevölkerung ist jung: 40 % sind unter 15 Jahren.
Paraguay ist ein zweisprachiges Land: Die Indianersprache Guaraní steht heute gleichrangig neben dem Spanischen. Fast die Hälfte der Einwohner beherrscht beide Sprachen.
Über 90 % der Paraguayer bekennen sich zum katholischen Glauben, der zugleich Staatsreligion ist. Unter den rund 37 000 Protestanten gibt es etwa 15 000 deutschstämmige Mennoniten. Auch leben etwa 1000 Juden im Land.

Soziale Lage und Bildung

Die Arbeitslosenquote beträgt 8,5 %, viele Paraguayer wandern aus (0,6 % im Jahr). Das Sozialversicherungswesen berücksichtigt fast nur die Stadtbevölkerung. Auch die medizinische Versorgung weist ein erhebliches Stadt-Land-Gefälle auf. Die hygienischen Verhältnisse sind immer noch unzureichend (z. B. verunreinigtes Trinkwasser).
Für die 7–14jährigen besteht allgemeine Schulpflicht; die Analphabetenrate beträgt etwa 15 %. Die beiden Universitäten des Landes – eine staatliche (gegr. 1889) und eine katholische – befinden sich in Asunción.

Wirtschaft

Währung: 1 Guaraní (G) = 100 Céntimos (cts)
Bruttoinlandsprodukt (in Anteilen): Land- und Forstwirtschaft 29 %, industrielle Produktion 25 %, Dienstleistungen 46 %
Wichtigste Handelspartner: Brasilien, Argentinien, Japan, EG-Staaten, USA, Schweiz

Die paraguayische Wirtschaft erzielte in den 70er Jahren hohe Wachstumsraten. Impulse kamen vor allem von Energie- und Infrastrukturprojekten sowie von wachsenden Agrarexporten. Nach einem Einbruch in den Jahren 1982/83 setzte wieder eine leichte konjunkturelle Erholung ein. Trotzdem zählt Paraguay heute noch zu den rückständigsten Ländern Lateinamerikas.

Landwirtschaft

Der landwirtschaftliche Anbau wird durch sehr ungleiche Besitzverhältnisse beeinträchtigt: Knapp 2 % der Bevölkerung verfügen über mehr als 80 % der Nutzfläche. Mehr als 95 % aller Agrarerzeugnisse (vor allem Sojabohnen, Baumwolle, Maniok und Mais) wachsen in der Oriente-Region. Viehwirtschaft, besonders Rinderzucht, wird in den weiten Savannen des Westens betrieben. Nur ein gutes Drittel der Wälder wird forstwirtschaftlich genutzt (Edelhölzer, Quebracho zur Tanningewinnung).

Bodenschätze, Energieversorgung

Wirtschaftlich bedeutsam sind nur die Kalkstein-, Granit- und Sandsteinbrüche. Allerdings verfügt Paraguay über große Wasserreserven. Zusammen mit Brasilien wurde bei Itaipú das Wasserkraftwerk mit dem größten Staudamm der Erde errichtet. Dieses und andere Wasserkraftwerke machten Paraguay zu einem der größten Stromexporteure der Welt.

Industrie

Die in einer Rezessionsphase befindliche Industrie verarbeitet hauptsächlich einheimische land- und forstwirtschaftliche Produkte.

Handel

Baumwolle und Ölsaaten (Soja) sind die Hauptexportprodukte neben Fleisch, Holz, Tannin, Häuten und Fellen sowie Kaffee. Importiert werden Maschinen, Fahrzeuge, chemische und petrochemische Produkte sowie Lebensmittel. Neben dem offiziellen Außenhandel gibt es noch einen illegalen, aber geduldeten internationalen Schmuggel-Außenhandel (Rauschgift, Luxusartikel) mit Brasilien und

Daten · Fakten · Reisetips — Paraguay

Argentinien, der auf den anderthalbfachen Wert des registrierten Außenhandels geschätzt wird.

Verkehr, Tourismus

Nur etwa 10 % des 20 000 km langen Straßennetzes sind asphaltiert. Die einzige Eisenbahnlinie (440 km) verbindet Asunción mit Encarnación. Für den Frachtverkehr hat die Flußschiffahrt besondere Bedeutung. Asunción besitzt einen internationalen Flughafen. – Der Tourismus spielt bisher noch kaum eine Rolle.

Geschichte

1535 trafen die Spanier im heutigen Paraguay ein und gründeten zwei Jahre später Asunción, das zum Mittelpunkt der spanischen Kolonisation im La-Plata-Gebiet wurde. Ab 1609 begannen die Jesuiten, die im Paraná-Gebiet lebenden Guaraní-Indianer zu missionieren. In dörflichen Siedlungen, sog. Reduktionen, schützten die Jesuiten die Indianer vor Übergriffen der Siedler oder brasilianischer Sklavenjäger. Erst die Vertreibung der Jesuiten unter Karl III. 1767 erlaubte es den spanischen Kolonisten, den »Jesuitenstaat« zu vernichten und die Indios zu verjagen oder auszurotten.

Unabhängigkeit und Katastrophe

1776 wurde Paraguay dem neuen spanischen Vizekönigreich Río de la Plata unterstellt, es wehrte sich aber mit Erfolg gegen die argentinische Bevormundung. 1811 erklärte es seine Unabhängigkeit von Spanien und Argentinien. Der Diktator Rodriguez de Francia (1814–1840) legte daraufhin durch Förderung und Kontrolle der Landwirtschaft den Grundstein für einen in Südamerika einzigartigen Wohlstand, den sein Nachfolger Carlos Antonio López (1840–1862) weiter ausbaute. Dessen Sohn Francisco Solano López stürzte jedoch das Land durch den Krieg (1865–1870) gegen Uruguay, Brasilien und Argentinien in den völligen Ruin. Nur etwa 230 000 von 1,4 Mio. Einwohnern überlebten.

Stagnation und Militärherrschaft

Von diesem Krieg und der folgenden wirtschaftlichen Stagnation erholte sich Paraguay erst nach 1918. Der Krieg mit Bolivien um den Gran Chaco (1932–1935), der ins unfruchtbares Land ohne die erhofften Erdölvorkommen einbrachte, führte zu neuer politischer und wirtschaftlicher Instabilität. 1954 gelangte der deutschstämmige General Alfredo Stroessner durch einen Militärputsch an die Macht. Durch korrupte Ämtervergabe, jahrzehntelangen Ausnahmezustand (bis 1987), eine politisch abhängige Justiz, Militär und Propaganda sicherte er 35 Jahre lang seine diktatorische Macht. Am 3. Februar 1989 wurde Stroessner von General Andrés Rodriguez gestürzt. Bei den Wahlen vom 1. Mai 1989 wurde Rodriguez bestätigt. Eine grundlegende Demokratisierung zeichnet sich indessen noch nicht ab.

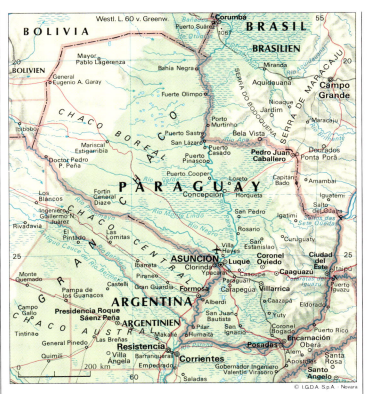

Kultur

Die Kultur Paraguays ist geprägt von der Verschmelzung indianischer Traditionen mit dem Kulturgut europäischer Einwanderer, die nur selten an ihren Sitten und ihrer Sprache festgehalten haben; eine der wenigen Ausnahmen bilden die drei Kolonien ostfriesischer Mennoniten im Gran Chaco. Einige versprengte Gruppen der Guaraní leben noch in den Wäldern im Nordosten, doch schwindet ihre Zahl in den letzten Jahren zunehmend.

Die kulturelle Entwicklung des Landes wurde seit Anfang des 17. Jh. stark geprägt durch die Jesuiten, die im Osten und Süden von Paraguay Siedlungen zur Missionierung der indianischen Bevölkerung errichteten. Die 32 Reduktionen, die als Gemeinschaften mit einer Art Selbstverwaltung und kollektivem Eigentum strengen theokratischen Regeln unterworfen waren, entwickelten sich bis zur Ausweisung der Jesuiten aus dem spanischen Kolonialreich zu wohlhabenden Siedlungen, von denen jede etwa 3000–7000 Indianer umfaßte.

Die Reduktionen hatten alle die gleiche architektonische Anlage: Um einen zentralen Platz gruppierten sich Kirche, Kloster, Schule, Spital und Gästehäuser. Im weiteren Umkreis standen die Unterkünfte der Indianer, strohgedeckte Reihenhäuser aus rotem Sandstein. Einige Reduktionshäuser sind noch heute in den Pueblos erhalten (Paraguarí, Carapegúa, Yaguarón); Sakralbauten mit sehenswerten Bildhauer- und Schnitzarbeiten, wie die Kirche in Yaguarón, finden sich dagegen kaum noch.

An die Kolonialzeit erinnern nur noch wenige Bauwerke. Die Hauptstadt wurde um 1830 neu erbaut; die meisten öffentlichen Gebäude sind mehr oder weniger deutlich europäischen Vorbildern nachempfunden.

Paraguay blieb lange Zeit von den Kunstströmungen in Südamerika isoliert. Wichtig für die literarische Entwicklung war die Aufzeichnung mündlicher Überlieferungen der Guaraní, die erst im 20. Jh. erfolgte. Die bedeutendsten Arbeiten für die Erschließung der Guaraní-Literatur stammen von dem Ethnographen León Cadogán, der 1959 eine Sammlung heiliger und traditioneller Texte publizierte.

Heute schreiben einige Schriftsteller in Guaraní und Spanisch. Viele von ihnen – wie der dem Magischen Realismus zuzurechnende Augusto Roa Bastos (geb. 1917) – leben aus politischen Gründen im Exil.

Reise-Informationen

Einreise- und Fahrzeugpapiere
Bürger der Bundesrepublik Deutschland, der Schweiz und Österreichs benötigen für einen Aufenthalt bis zu 90 Tagen einen gültigen Reisepaß bzw. Kinderausweis und eine Touristenkarte, die bei der Ankunft in Asunción ausgestellt wird.
An Fahrzeugpapieren sind für den eigenen Wagen ein Carnet de passages und der internationale Führerschein erforderlich.

Zoll
Bei der Einreise sind zollfrei: pro Person 200 Zigaretten oder 50 Zigarren oder 250 g Tabak, eine Flasche Spirituosen, ferner eine kleine Menge Parfüm.

Devisen
Guaraní (₲) und Fremdwährung können unbeschränkt ein- und ausgeführt werden. Da Banknoten zahlreicher Länder oft nicht getauscht werden, empfiehlt es sich, US-Währung mitzunehmen.

Impfungen
Für Besucher, die aus Infektionsgebieten einreisen, ist Gelbfieberimpfung vorgeschrieben. Malariaschutz ist von Oktober bis Mai in einigen ländlichen Gebieten erforderlich.

Verkehrsverhältnisse
Überlandbusse verbinden die wichtigsten Orte des Landes. In Asunción verkehren Straßenbahnen und Linienbusse. Taxis und Mietwagen stehen in größeren Städten zur Verfügung. Zwischen Asunción und Concepción verkehren regelmäßig Schiffe.

Unterkünfte
Es gibt Hotels aller Kategorien, aber auch Privatunterkünfte.

Reisezeit
Die regenreichsten und zugleich heißesten Monate sind meist die Sommermonate Dezember bis März (bis über 40 °C); die regenärmsten sind die Wintermonate Juni bis September. Am besten reist man von April bis Oktober.

Paraguay, an den mächtigen Strömen Paraguay und Paraná gelegen, zählt zu den größten Stromexporteuren der Welt.

Ulrich Encke

D
as Gold der Inka wollten die spanischen Eroberer an sich bringen. Und die Inka gaben es ihnen – als Preis für das Leben ihres Herrschers Atahualpa, den die Konquistadoren trotzdem töteten. Sein Reich zerfiel – doch die Städte und Bergfestungen der Inka sind heute Touristen-Attraktionen, allen voran Machupicchu, 2400 Meter hoch in den Anden versteckt und erst im Jahre 1911 wiederentdeckt. Die Indios, Nachfahren der Inka, bilden noch immer die Mehrheit der Bevölkerung Perus, aber sie stehen auf der untersten Stufe der sozialen Leiter. Mehr als eine Million von ihnen lebt in den Slums der Hauptstadt Lima.

Politische und wirtschaftliche Krisen haben Peru an den Rand des Staatsbankrotts geführt: Die für die Milliarden Dollar Auslandsschulden fälligen Zinsen übersteigen die Exporterlöse. Präsident Alberto Fujimori, seit 1990 im Amt, hat das wirtschaftspolitische Ruder radikal herumgeworfen: Er setzt auf eine bedingungslose Marktwirtschaft und auf eine enge Kooperation mit dem Internationalen Währungsfonds. Geholfen hat aber auch das nichts. Neben Bolivien ist Peru heute das Armenhaus Südamerikas – mit allen wirtschaftlichen, sozialen, aber auch gesundheitspolitischen Konsequenzen.

Staatsname:	Republik Peru
Amtssprachen:	Spanisch und Ketschua
Einwohner:	22 Millionen
Fläche:	1 285 216 km²
Hauptstadt:	Lima
Staatsform:	Präsidiale Republik
Kfz-Zeichen:	PE
Zeitzone:	MEZ −6 Std.
Geogr. Lage:	Südamerika, begrenzt von Ecuador, Kolumbien, Brasilien, Bolivien, Chile und dem Pazifik

Machupicchu, die geheimnisvolle Inka-Stadt, ruht auf einem Bergsattel hoch über der Schlucht des Urubamba, des heiligen Flusses der Inka. Umgeben von undurchdringlichem Dickicht und von Nebelschwaden umhüllt, blieb sie den spanischen Eroberern verborgen. Erst 1911 wurde die »verlorene Stadt der Inka« von dem Amerikaner Hiram Bingham entdeckt.

Lima – von der Stadt der Könige zur Stadt der Armut

Bis zur Unabhängigkeit der südamerikanischen Republiken galt Lima als die eigentliche Hauptstadt der spanischen Besitzungen. Die Stadt der Könige, wie sie damals genannt wurde – eine Metropole, die allen Glanz und Reichtum der spanischen Kolonialmacht repräsentierte. Viel ist davon in der heutigen peruanischen Hauptstadt nicht mehr zu sehen: 1746 wurde Lima von einem fürchterlichen Erdbeben verwüstet, fast alle kolonialen Prachtbauten fielen in Schutt und Asche.

Rund um die Plaza de Armas mit der Kathedrale, dem Präsidentenpalast und dem Rathaus ist noch etwas von dem alten Glanz zu spüren, sonst aber ist Lima heute eine trostlose Stadt: ohne eigenes städtebauliches Bild, ohne eigene Atmosphäre. Das Geschrei der fliegenden Händler, die zu Tausenden durch die Straßen ziehen, kann nicht über die dahinterstehende Armut hinwegtäuschen. Lima scheint dem Verfall preisgegeben zu sein. Und wenn im Bolívar, dem größten Hotel von Lima, jeden Nachmittag im Stil eines Wiener Kaffeehauses der Jahrhundertwende der Stehgeiger aufspielt, dann drängen sich Erinnerungen an die Titanic auf: Touristen und die peruanische Oberschicht zelebrieren ihren Fünfuhrtee, ohne den sich rundherum ausbreitenden Untergang zur Kenntnis zu nehmen.

Schon die Zufahrt vom Flughafen ins Zentrum deprimiert, obwohl sie keinesfalls durch die ärmsten Viertel der Stadt führt. Selbst das Wetter hat sich in Lima der trüben Stimmung angepaßt: Von Juli bis Oktober hängt eine dichte Wolkendecke über der Stadt, aber auch während der restlichen Monate ist von der Nähe zum Äquator nichts zu spüren – fast immer liegt eine graue Dunstglocke über dem ebenso grauen Häusermeer. Verantwortlich dafür ist der kalte Humboldtstrom, der auch dafür sorgt, daß es in Lima kaum jahreszeitliche Klimaschwankungen gibt – empfindliche Kälte ist hier ebenso unbekannt wie die sonst in Südamerika oft quälende Hitze. Und da es nur alle Jubeljahre einmal regnet, ist Lima die einzige südamerikanische Hauptstadt, in der es keine Gullys gibt und in der an den meisten Autos die Scheibenwischer fehlen.

Pueblos jóvenes – die Slums von Lima

Genau weiß es niemand, aber fast sieben Millionen Menschen dürften heute in diesem Ballungsgebiet leben, mehr als die Hälfte davon in den beschönigend Pueblos jóvenes (junge Dörfer) genannten Slums, die sich mit atemberaubender Geschwindigkeit wie Krebsgeschwüre rund um die Stadt ausbreiten. Dort gerät das Leben zu einem verzweifelten alltäglichen Überlebenskampf.

Villa el Salvador ist eine der älteren Armensiedlungen der Hauptstadt, rund 500 000 Menschen vegetieren dort vor sich hin. In Villa el Salvador gibt es kein elektrisches Licht, das Wasser muß in Blechkanistern von weit her geholt werden, die ärztliche Versorgung ist völlig unzureichend und die Kindersterblichkeit extrem hoch. Es gibt in Villa el Salvador keine Arbeit und damit auch kein Geld. Verglichen mit den neueren Slums sind die Bedingungen hier jedoch fast noch freundlich zu nennen.

Teils mit kirchlicher Hilfe und teils in Eigeninitiative wurden Gemeinschaftsküchen aufgebaut, deren Etat mehr als kärglich ist: So stehen in einigen dieser Gemeinschaftsküchen pro Tag ganze zehn Dollar für die Verköstigung von 130 Personen zur Verfügung – ein Betrag, für den man in Limas Nobelvierteln Miraflores oder San Isidro in einem Restaurant nicht einmal ein Abendessen bekommt.

Ein Land der Gegensätze: Von der Wüste in den Dschungel

In und um Lima konzentrieren sich 80 Prozent der peruanischen Wirtschaft: Fischerei, Industrie und Banken. Der Vorsatz, durch eine Dezentralisierung den wirtschaftlichen Wasserkopf Lima abzubauen und so für eine mehr gleichgewichtige Entwicklung auch in den Regionen zu sorgen, ist bis heute ein Vorsatz geblieben. Seine Verwirklichung scheiterte nicht nur am mangelnden Willen der politisch Verantwortlichen, sondern auch an den geographischen Gegebenheiten: Peru, das sich auf einer Länge von 2300 Kilometern entlang der Pazifikküste erstreckt, gliedert sich in drei Zonen, die – vom Flugzeug abgesehen – untereinander kaum eine verkehrstechnische Anbindung haben.

Der Küstenstreifen im Westen besteht aus einer für das Auge faszinierenden, ansonsten aber unwirtlichen Wüste, die einst sogar die NASA animierte, ihre für die erste Mondlandung vorgesehenen Astronauten zum Training in diese Region zu schicken. Das feuchtwarme Amazonas-Tiefland, in dessen Wäldern nach Erdöl gebohrt wird, ist bis heute noch nicht voll erforscht. Zwischen dem Küstenstreifen im Westen und dem Urwaldgebiet im Osten ragt das gewaltige Massiv der Anden empor, auf deren Hochebenen ein Großteil der peruanischen Indios als Selbstversorger lebt.

Rund 65 Prozent der Bevölkerung wohnen heute jedoch in den Städten. Die Oberschicht bilden die Kreolen – Nachfahren der spanischen Eroberer und Einwanderer –, neben denen sich nur einige sozial aufgestiegene Mestizen behaupten können. In den Slums aber drängt sich das Millionenheer der Indios, die in Peru die Bevölkerungsmehrheit bilden. Noch immer kommen sie aus den Anden herab in die Hauptstadt, in der Hoffnung, hier eine Überlebensmöglichkeit zu finden.

Im Würgegriff von Wirtschaftskrise und Währungsreform

Neben Bolivien ist Peru heute das Armenhaus Südamerikas: Rund 70 Prozent aller Peruaner sind arbeitslos oder unterbeschäftigt, können also von der eigenen Hände Arbeit nicht leben. Als Ergebnis

einer langanhaltenden Wirtschaftskrise schrumpfte das Sozialprodukt des Landes allein 1989 um zwölf Prozent. Gepaart mit Inflationsraten von bis zu 2000 Prozent sank die Wirtschaftsleistung auf einen Stand zurück, der bereits vor 15 Jahren erreicht war. Trotz eines radikalen wirtschaftspolitischen Kurswechsels hielt die Talfahrt auch Anfang der neunziger Jahre an. Das Pro-Kopf-Einkommen liegt heute schon unter dem von 1965. Überlagert wird diese Krise von knapp 20 Milliarden Dollar Auslandsschulden, die jeden Versuch eines Neubeginns hoffnungslos machen.

1990 vollzog sich schon zum zweiten Mal etwas für die peruanische Geschichte Ungewöhnliches: ein demokratischer Regierungswechsel ohne das Intermezzo einer Militärdiktatur. 1985 löste Alan García Pérez den bürgerlich-konservativen Fernando Belaúnde Terry im Präsidentenpalast ab.

Der damals erst 36jährige García warf sofort nach seiner Wahl dem Internationalen Währungsfonds mutig den Fehdehandschuh hin: Solange sich die westlichen Gläubiger weiter weigerten, das lateinamerikanische Schuldenproblem als eine politische Krise zu verstehen, solange sie also weiter auf vollen Tilgungszahlungen bestünden, müsse Peru zu Notwehrmaßnahmen greifen. Der Weltöffentlichkeit rechnete García vor, daß Peru allein in seinem Wahljahr 3,7 Milliarden US-Dollar an Zins und Tilgung zahlen müßte, in der gleichen Zeit aber nur Exporterlöse von 3 Milliarden Dollar zu erwarten seien. Der unbekümmerte Präsident verfügte, daß sein Land ab sofort nur noch zehn Prozent seiner Exporterlöse für den Schuldendienst bereitstellen und den Rest für die Überwindung der katastrophalen wirtschaftlichen Lage im eigenen Lande investieren werde.

◁ *Die Inka-Festung Sacsayhuamán, in 3000 Meter Höhe bei Cusco gelegen, ist alljährlich zur Sonnenwende am 24. Juni Schauplatz des Inti-Raymi-Festes. Mit bunter Folklore erinnern die Indianer an das Inka-Fest zu Ehren der Sonne und ihrer Söhne, der gottgleichen Inka-Herrscher.*

◁ *Mit dem Ende des Kautschuk-Booms begann auch für den einst so bedeutenden Flußhafen von Iquitos – 3700 Kilometer vom Meer entfernt – der Niedergang.*

△ *Lamas sind Symbol des Wohlstandes und damit der Stolz jedes Hochlandbauern. Sie werden als Tragtiere und wegen ihres Fleisches gezüchtet.*

volution von oben. Vor allem mit Hilfe einer Landreform sollten die sozialen Verhältnisse verändert werden, in der Hoffnung, so der politischen Gewalt und dem Terrorismus den Boden entziehen zu können. Auch damals mußte unter dem Druck der internationalen Finanzbehörde das Experiment Anfang der siebziger Jahre aufgegeben werden.

Zu Beginn seiner Präsidentschaft hat Alberto Fujimori einen erneuten Kurswechsel eingeleitet. Mit der Rückkehr Perus in die internationale Finanzgemeinschaft hoffte er, dem Land wieder den Zugang zu den dringend benötigten Krediten zu öffnen. Doch auch er muß mit den politischen und ökonomischen Begrenzungen leben, denen Peru unterworfen ist. Seine der peruanischen Wirtschaft verordnete Roßkur, bei der die Lebenshaltungskosten den Einkommen unaufhaltsam davonliefen, dämpfte zwar erfolgreich die Inflation, trieb das Land zugleich aber in eine tiefe Rezession. Vor allem die arme Unterschicht kam dabei endgültig unter die Räder. Den Krieg an der Wirtschaftsfront hatte Fujimori damit verloren, bevor er ihn überhaupt erst richtig beginnen konnte. Einen anderen Krieg hat er von seinen Vorgängern geerbt: den mit dem Sendero Luminoso, dem Leuchtenden Pfad, der den Andenstaat seit 1980 mit blutigem Terror überzieht.

Innerhalb des schuldengequälten Lateinamerikas ließ ihn das weit über die Grenzen seines Landes hinaus zum strahlenden Volksführer aufsteigen, genutzt hat es am Ende aber weder ihm noch dem Land. 1986 erklärte der Internationale Währungsfonds (IWF) Peru für kreditunwürdig, das Land war damit von jeder Auslandshilfe abgeschnitten. Eine noch weiter steigende Arbeitslosigkeit, horrende Inflationsraten und eine zusammenbrechende Produktion waren die Folgen. Als García 1990 seinem Nachfolger Alberto Fujimori, einem Sohn japanischer Einwanderer, die Präsidentenschärpe übergab, war Peru faktisch bankrott.

Die Geschichte wiederholt sich

Instabilität scheint die einzige Konstante in der modernen Geschichte Perus zu sein. Weder die fast immer korrupten Zivilregierungen noch die Militärdiktaturen haben daran etwas ändern können. Die untragbaren sozialen Strukturen wurden so nicht überwunden, die Gegensätze vielmehr immer noch weiter verschärft.

Nur einmal, 1968 unter General Velasco Alvarado, versuchten die Militärs einen anderen Weg zu gehen: Sie propagierten die Re-

Der Leuchtende Pfad führt zum Ort der Toten

Zentrum ist Ayacucho in der gleichnamigen Provinz. Bergdörfer werden von den Senderistas überfallen, Großbauern, Bürgermeister oder Friedensrichter als Repräsentanten des verhaßten Staates erschossen.

Nach dem Ende der zwölfjährigen Militärdiktatur übertrug die erste zivile Regierung des konservativen Fernando Belaúnde Terry der Armee allein die Verantwortung für den Kampf gegen den Leuchtenden Pfad. Die Mi-

▽ *Vor der Kulisse der alten Kolonialkirche in Chinchero findet allwöchentlich der Sonntagsmarkt der Indios statt. Für die Menschen der Umgebung ist der Markt nicht nur Handelsplatz, sondern auch ein gesellschaftlicher Treffpunkt.*

▷ *Selbst die steilsten Hänge an der Cordillera de Vilcanota über dem Urubamba-Tal werden noch als Ackerboden genutzt. Wegen des äußerst kargen Bodens und der frostigen Nächte sind der Landwirtschaft im Hochland enge Grenzen gesetzt.*

litärs beantworteten den Terror in den Bergen wiederum mit Terror: Mit Soldaten besetzte Armeelastwagen rollten abends in die Bergdörfer ein, Hütten wurden angezündet. Die Soldaten nahmen wahllos Jugendliche mit, die man am nächsten Tag erschossen auf irgendeiner Müllkippe fand. Bürgerkriegsähnliche Zustände waren die Folge, das Terrorproblem aber wurde so nicht eingedämmt – im Gegenteil: Das Vorgehen der Armee trieb die Jugendlichen erst recht in die Arme des Leuchtenden Pfads. Knapp 20000 Menschen sind diesem von beiden Seiten betriebenen Wahnsinn bisher zum Opfer gefallen.

1964 war der Leuchtende Pfad aus einer Spaltung der kommunistischen Partei als maoistische Organisation hervorgegangen. Ein ehemaliger Soziologieprofessor der Universität Ayacucho, der über Kant promoviert hat, war der geistige Vater der neuen Organisation, die den bewaffneten Kampf gegen das bürgerliche System propagierte. Professor Abimael Guzmán, der sich seitdem Camarada Gonzalo nennen läßt, versteht sich selbst nach Marx, Lenin und Mao als viertes Schwert des Weltkommunismus. Mit einer aus Mystik, Inka-Traditionen und marxistischen Ansätzen verbrämten Ideologie will der Leuchtende Pfad die Antwort auf die Perspektivelosigkeit des Kapitalismus in der Dritten Welt sein. Auf schätzungsweise 5000 aktive Kämpfer kann sich der Leuchtende Pfad heute stützen. Geschickt hatte er sich zum Sprachrohr der diskriminierten Landarbeiter – zumeist Indios – gemacht, die gegen ihre unerträgliche wirtschaftliche und soziale Lage rebellierten. Anfang der achtziger Jahre wurden dann die Kleinbauern von den Senderistas gezwungen, nur noch für den Eigenbedarf anzubauen. Der Handel der Dörfer untereinander wie auch mit der Zentrale in Lima wurde gewaltsam unterbunden. Dem verhaßten kapitalistischen System sollte so der Nachschub abgeschnitten werden. Tatsächlich aber geschah etwas anderes: Über Jahrhunderte hinweg tradierte andine Lebensformen waren plötzlich bedroht, wodurch der Leuchtende Pfad in der Andenregion seine anfängliche Massenbasis verlor. Der Kampf des Sendero gegen das System wurde zum Selbstbetrug: Die meisten Opfer der Gewalt waren jetzt jene Landarbeiter, um deren Befreiung es angeblich geht.

In letzter Zeit hat der Sendero seine Aktivitäten in die Städte verlagert. Zusätzlich bildete sich 1984 unter dem Namen Tupac Amarú eine Stadtguerilla, die sich an den Idealen des früheren kubanischen Revolutionärs Ché Guevara ausrichtet. Von einem Bombenanschlag auf den Zug zwischen Cusco und Machupicchu abgesehen, richteten sich die Anschläge bisher jedoch nur gegen politische Ziele, weshalb der Tourismus bisher kaum beeinträchtigt worden ist. Nur Ayacucho sollte man meiden, jene Stadt und Region in den Anden, deren Name nichts anderes bedeutet als: Ort der Toten.

Von Lima nach Norden – eine Reise in die Vergangenheit

Oft ist der Panamerican Highway als die Traumstraße der Welt bezeichnet worden. Wer von Lima aus mit dem Leihwagen oder mit dem Bus nach Norden fährt, versteht diesen Superlativ. Der Pazifik auf der linken Seite, rechts eine je nach Sonnenstand in allen möglichen Ockertönen schillernde Wüste und die fast immer sichtbaren Ausläufer der Anden machen die Fahrt für Naturliebhaber zu einem Erlebnis. Gut 500 Kilometer nördlich von Lima kommt man nach Trujillo, einem schönen kolonialen Städtchen mit guten Übernachtungsmöglichkeiten.

Ein Abstecher zu dem nahegelegenen Chan Chan führt mitten hinein in die so reiche peruanische Geschichte. Die einstige Metropole des Chimú-Reiches gilt als die größte Adobe-Stadt der Welt. Erstaunlich viele der aus einer Mischung von Lehm und Stroh aufgeschichteten Häuser, Paläste und Kultstätten sind heute noch erhalten: Die Inka, die 1470 die Stadt eroberten und das Chimú-Reich ihrem Imperium einverleibten, plünderten zwar die unermeßlichen Reichtümer von Chan Chan, zerstörten es aber nicht.

Das Schicksal der Inka wurde gut 100 Kilometer weiter nördlich in den Anden bei Cajamarca besiegelt. Francisco Pizarro, einer der berühmtesten, aber auch berüchtigtsten spanischen Eroberer, setzte hier den letzten Inka-Herrscher Atahualpa gefangen, und damit war das Ende des großen Inka-Reiches gekommen. Denn mit dem Ausfall seines gottgleichen Führers brach in dem extrem zentralistisch organisierten Inka-Staat jede politische und militärische Organisation zusammen. Der gefangene Atahualpa versuchte vergeblich, sein Schicksal noch einmal zu wenden: Den goldgierigen Spaniern bot er an, als Preis für seine Freiheit einen ganzen Raum mit Gold aus dem Schatz der Inka füllen zu lassen. Pizarro nahm das Angebot scheinheilig an. Als die Forderung erfüllt war, hielt er sein Wort jedoch nicht. Er stellte Atahualpa vor die Wahl: sich entweder bekehren und danach erdrosseln zu lassen oder den Tod eines Heiden auf dem Scheiterhaufen zu sterben. Der letzte Inka starb daraufhin als frisch getaufter Christ. El cuarto del rescate (das Zimmer des Lösegelds) ist heute noch in Cajamarca zu besichtigen – allerdings ohne das Gold der Inka.

Der Schweinehirt und die Inka

Als Francisco Pizarro, ein ehemaliger spanischer Schweinehirt, auf der Suche nach dem schnellen Reichtum mit einem verwegenen Haufen von nicht einmal 200 Mann 1532 in Peru landete, war sein Vorhaben eigentlich völlig aussichtslos. Denn das Reich der Inka stand im Zenit seiner Macht. Längst waren die angrenzenden indianischen Reiche unterworfen, reichte der Herrschaftsbereich des Inkas, des Kaisers, vom heutigen ecuadorianischen Quito im Norden bis weit hinein nach Chile im Süden. Der als Sohn der Sonne verehrte Inka hatte sein Reich trotz der riesigen Entfernungen fest unter Kontrolle. Ein rund 16000 Kilometer langes Straßennetz durchzog sein Imperium, ein ausgeklügeltes Staffettensystem sorgte für schnellste Informationen und für die Weitergabe von Befehlen: Binnen fünf Tagen sollen die Läufer mehr als 2000 Kilometer Wegstrecke bewältigt haben.

Kleine Dorfgemeinschaften bildeten die Basis für das Wirtschafts- und Sozialgefüge des Inka-Reiches, Grund und Boden waren Gemeinschaftsbesitz. Obwohl Abgaben an den Inka und die Gottheiten zu entrichten waren, mußte niemand hungern – weshalb das Inka-Reich später oft als der erste Sozialstaat dieser Welt bezeichnet wurde. Die Inka hatten eine hochentwickelte Kultur: Mit einfachsten Geräten schufen sie beeindruckende Bauwerke und Befestigungsanlagen; sie verfügten über ein modernes Bewässerungssystem, waren Experten in der Verarbeitung von Edelmetallen und nahmen schon damals offenbar erfolgreich Gehirnoperationen vor.

Es gibt nur Spekulationen darüber, wie es möglich war, daß Pizarro und sein verwegener Haufen dieses Riesenreich mit seinen geschätzten 20000 Soldaten im Handstreich einnehmen konnten. Der Streit um die Thronfolge zwischen dem Inka Atahualpa und seinem Halbbruder Huascar hatte den politischen Zentralismus bereits erschüttert. Zudem waren in dem Anden-Reich sowohl Pferde als auch Feuerwaffen unbekannt – besonders die Gewehre könnten bei den die Sonne anbetenden Inka zu einer Panik geführt haben. Schließlich soll es eine Weissagung gegeben haben, daß eines Tages weiße Götter zu den Inka zurückkehren würden. Fest steht allein, daß mit der schnellen Gefangennahme des Inka Atahualpa das Reich schon zerschlagen war, bevor sich der Widerstand überhaupt formieren konnte.

▽ ▷ *Groß wie ein Meer liegt der Titicacasee in knapp 4000 Meter Höhe. Ein breiter Schilfgürtel überzieht den Nordosten des Sees. Seit alters lebt hier auf kleinen schwimmenden Inseln das Volk der Uru. Der See gibt ihnen ihr wichtigstes Material: die Tortora-Binse (rechts). Aus ihr bauen sie ihre Boote, ihre Hütten und ihre Inseln. Droht eine Insel abzusinken, wird einfach eine neue Binsenschicht aufgetragen. Die Uru haben sich inzwischen mit den Aymará-Indianern vermischt und leben nur noch zeitweise auf dem See.*

Im November 1533 ritt Pizarro als Sieger in Cusco ein. Er ließ die unvorstellbaren Reichtümer der Stadt plündern, die Kaiserstadt selbst dem Erdboden gleichmachen und auf den Ruinen der alten Inka-Tempel christliche Kirchen erbauen. 1541 wurde er in seinem Palast in Lima ermordet.

Die Stadt der Kaiser: Cusco

Das über 3300 Meter hoch gelegene Cusco ist auch heute noch das Zentrum der Indios in den Anden. Mit all ihrer Armut, aber auch mit der Farbenpracht ihrer Trachten prägen die Indios das Bild der

alten Kaiserstadt, in der trotz aller Vernichtungswut viele steinerne Zeugnisse der Inka-Zeit erhalten sind.

Der Höhepunkt des Cusco-Besuchs (und für jeden Peru-Reisenden ein Muß) aber ist die Fahrt mit der Eisenbahn entlang dem Río Urubamba zu der geheimnisumwitterten Ruinenstadt Machupicchu. Und wer die heutigen Nachfahren der Inka treffen will, der sollte am Sonntagvormittag dem Markt in Pisac einen Besuch abstatten. Das ist zum Teil zwar leider nur noch ein touristisches Spektakel, doch am Rande findet man ihn wirklich noch: den ursprünglichen Indio-Markt.

Cusco selbst ist vor allem wegen jener Bauwerke sehenswert, die die spanischen Eroberer hinterlassen haben. Ihre Kirchen – wie die Jesuitenkirche La Compañía –, ihre Paläste und die winkligen Gassen bestimmen das Bild dieser nicht nur bizarren, sondern wahrlich historischen Stadt.

Unermüdliche können von Cusco aus zehn Stunden lang mit dem Zug nach Puno fahren, einer kleinen Hafenstadt an dem in knapp 4000 Meter Höhe gelegenen Titicacasee. Das intensive Farbenspiel dieses riesigen Sees, umrahmt von dem überwältigenden Panorama der Anden, ist ein unvergeßliches Erlebnis. Vor Puno im Titicacasee leben – heute zur touristischen Attraktion geworden – Nachfahren der Uru auf ihren schwimmenden Inseln.

DIE BESONDERE REISE
Vom Pazifik in die Anden

Eine Fahrt in den peruanischen Süden

Gut eine Stunde braucht der Bus, um auch die letzten Vororte Limas hinter sich zu lassen, dann taucht er ein in eine faszinierende Landschaft: Während rechts der kalte Pazifik gegen die einmal sandige und dann wieder von bizarren Felsen durchsetzte Küste brandet, gleitet der Blick nach links über eine hügelige Wüstenlandschaft auf die Ausläufer der Anden.

In Pisco verläßt man den Bus, um mit einem Taxi noch einige Kilometer weiter zur Halbinsel Paracas zu fahren. Dort kann man sich von den Strapazen der Fahrt erholen. Am nächsten Morgen heißt es früh aufstehen, denn die Boote zu den Vogel- und Seelöweninseln fahren wegen der am Nachmittag unruhig werdenden See nur vormittags. Tausende von Seelöwen, die auf dem Kiesstrand der nackten Felseninseln liegen, lassen sich von den per Boot kommenden Eindringlingen ebensowenig stören wie die Bewohner der scheinbar endlosen Vogelkolonien.

Am Nachmittag geht die Reise weiter, per Taxi zurück nach Pisco und von dort aus mit dem Bus noch tiefer in den Süden, nach Nazca. Ein Ort, der nicht viel zu bieten hat, dessen Umgebung dafür aber um so interessanter ist. Rund um Nazca findet man sogenannte Scharrbilder von überdimensionaler Größe. Ihr ganzes Ausmaß wird erst aus der Luft erkennbar (Rundflüge von Nazca aus). Die rätselhaften Bilder stammen aus der Zeit zwischen dem ersten und dem achten Jahrhundert; es gibt sie ähnlich auch in Nord-Chile und im Norden Perus, aber nirgendwo sind sie so eindrucksvoll wie hier in Nazca. Die Zeichnungen – riesige Bilder von Affen, Kolibris, einem Kondor und einer Spinne – entstanden durch meterbreite Abtragungen einer grauen Geröllschicht. Das trockene Wüstenklima hat über die Jahrhunderte hinweg dazu beigetragen, daß die Naturbilder erhalten blieben. Erich von Däniken holte sich hier Anregungen für seine Spekulatio-

▷ *Der Linienbus nach Süden verkehrt von Lima über die Panamericana bis zur chilenischen Grenze.*

▽ *Die Ballestas-Inseln vor der Küste von Paracas sind die Heimat großer Seelöwen- und Robbenkolonien, die man vom Boot aus bestaunen kann.*

▷ *Ein typischer Vogel der Inselwelt vor der Küste von Peru ist der Guano-Tölpel. Er »produziert« einen organischen Dünger, der wegen seines hohen Stickstoffgehalts im letzten Jahrhundert in Europa sehr geschätzt war.*

312 Peru

◁ *Wie ein riesiger Kandelaber erscheint auf einem Ufer der Halbinsel Paracas diese 150 Meter hohe Figur, ein sogenanntes Scharrbild. Ähnliche »Naturbilder« gibt es auch in der Gegend um Nazca – hier wie dort liegt ihre Bedeutung bis heute im dunkeln.*

▽ *Bis zu 3000 Meter tief hat sich der Colca-Fluß bei Arequipa sein Bett gegraben. Der Canyon ist einer der tiefsten des Kontinents.*

nen über frühzeitliche astronautische Landebahnen, und die deutsche Mathematikerin Maria Reiche hat sich seit 1946 ausschließlich der Erforschung dieses Phänomens gewidmet, für das es bisher gleichwohl noch keine eindeutige Erklärung gibt.

Mit dem Bus kann man aus der frühgeschichtlichen Zeit zurück in die jüngere Vergangenheit reisen, in das ebenfalls im Süden Perus gelegene Arequipa, die weiße Stadt. Wegen des ganzjährig milden Klimas wurde Arequipa 1540 am Fuße dreier gigantischer Vulkane von den Spaniern gegründet. Arequipa blendet zwar nicht durch seinen Reichtum, doch es gibt hier auch nicht jene morbide Atmosphäre, die den Reisenden in vielen anderen peruanischen Städten zuweilen bedrückt. Das weißglänzende Stadtbild und die fast immer scheinende Sonne wekken Lebensfreude, und auf dem von kolonialen Bauten eingerahmten Hauptplatz kann man in der Nachmittagssonne die peruanische Geschichte der letzten Jahrhunderte Revue passieren lassen.

Doch auch sonst hat Arequipa durchaus Sehenswertes zu bieten: die koloniale Kathedrale, die Jesuitenkirche La Compañía und vor allem das großartige Kloster Santa Catalina, das bis vor wenigen Jahren noch der Öffentlichkeit verschlossen war – eine wunderschön restaurierte Anlage, die fast schon eine eigene Stadt ist, ein geruhsamer Ort mit sonnendurchfluteten und vom Duft der Blumen durchströmten Gassen. Wer nicht Ruhe, sondern weitere Aufregung sucht, kann einen ganztägigen Ausflug in den Cañon de Majes machen, wo das Gestein bis zu 3000 Meter tief hinab zum Río Colca abbricht.

Ulrich Encke

◁ △ *Am Fuße des Vulkans Misti liegt in einem weiten Hochtal die Stadt Arequipa. Ihre Häuser sind aus einem hellen Tuffstein erbaut, dem die Stadt auch ihren Beinamen verdankt: Ciudad Blanca. Als Stadt in der Stadt liegt das Kloster Santa Catalina im Zentrum von Arequipa. Fast 400 Jahre lebten hier in äußerster Abgeschiedenheit etwa 450 Nonnen mit rund 2000 Mägden.*

Peru — Daten · Fakten · Reisetips

Landesnatur

Fläche: 1 285 216 km² (dreieinhalbmal so groß wie die Bundesrepublik Deutschland)
Ausdehnung: Nord–Süd 2000 km, West–Ost 600–1200 km
Küstenlänge: 2300 km
Höchster Berg: Nevado Huascarán 6768 m
Längste Flüsse: Río Ucayali (mit Apurimac) 2700 km, Río Marañón 1300 km, Río Napo 900 km
Größter See: Titicacasee 8288 km² (mit bolivianischem Anteil)

Peru liegt im nordwestlichen Südamerika, am Pazifischen Ozean. Es ist das drittgrößte Land Südamerikas.

Naturraum

Peru ist in drei große Regionen gegliedert: den Küstenstreifen (Costa); das Hochgebirgsland der Anden (Sierra); den Ostabfall der Anden (Montaña) mit dem nördlich anschließenden Tiefland der Amazonas-Quellströme.
Die *Costa*, eine 2300 km lange Wüsten- und Steppenlandschaft, umfaßt den meist nur schmalen Küstensaum und das westliche Andenvorland.
Die *Sierra* – mit 4000 m ü. M. gelegenen Beckenlandschaften und Hochflächen – besteht aus drei parallel zur Küste verlaufenden Hauptketten der Anden: der Westkordillere mit dem höchsten Berg Perus, dem Nevado Huascarán (6768 m), und den fast gleich hohen, vulkanisch aufgebauten Bergen Yerupaja und Coropuna; der Zentralkordillere und der Ostkordillere (mit Ausangate), die beide vom Río Huallaga getrennt werden. Die Westkordillere bildet die kontinentale Wasserscheide, von der viele Flüsse den kürzesten Weg zum Pazifik nehmen. Einige Wasserläufe im äußersten Südosten enden im abflußlosen Becken des Titicacasees. Die großen Flüsse Río Marañón und Río Ucayali aber fließen über Stromschnellen am Gebirgsrand in das nordöstliche Tiefland und vereinigen sich dort zum Amazonas.
Fast übergangslos schließt sich an die östlichen Andenketten die bergige und stark bewaldete *Montaña* an. Nach Norden geht dieses schwer zugängliche Gebiet in den tropischen Regenwald des oberen Amazonasbeckens, die Selva, über.

Auf hochgelegenen Puna-Heiden lebt halbwild das Alpaka, Lieferant wertvoller Wolle.

Ein karges Auskommen haben die Bauern in den Tälern zwischen Cordillera Blanca und Negra.

Klima

Aufgrund der tropischen Lage sind die Temperaturen weitgehend ausgeglichen, jedoch schwanken sie je nach Höhenlage tagsüber beträchtlich. Starke Unterschiede lassen sich auch regional bei den Niederschlägen feststellen. Der Einfluß des kalten Humboldtstroms verhindert das Einströmen feuchtwarmer Luft von der Pazifikseite und damit Niederschläge in der Küstenregion: Küstensaum und Anden-Westhänge gehören zu den trockensten Gebieten der Erde (Lima: mittlere Jahrestemperatur 20 °C, mittlerer Jahresniederschlag 45 mm). Die Küstenwüste zieht die Andenhänge weit hinauf. Regen fällt nur auf den Hochflächen der Anden und in den Sommermonaten sowie auf den Osthängen und im feuchtheißen Amazonastiefland (Iquitos: mittlere Jahrestemperatur 26,5 °C, mittlerer Jahresniederschlag 2850 mm).

Vegetation und Tierwelt

Die Vegetation ist je nach Höhenstufung und Niederschlagsmenge sehr unterschiedlich. Im östlichen Tiefland herrscht artenreicher tropischer Regenwald vor, der über die Montaña auch in die östliche Gebirgskette vordringt. Oberhalb einer Zone von Laubbäumen und Säulenkakteen tritt zwischen 2000 und 4000 m immergrüner Nebelwald auf. Darüber schließt die Hochgebirgsvegetation an mit Büschelgräsern, Stauden und Schopfbäumen in den feuchtkühlen Páramos des Nordens sowie den Puna-Heiden im trockeneren Süden. Am Westhang der Küstenkordillere finden sich Sukkulenten- und Dornstrauchgewächse. Zu den großen Hochlandtieren gehören – neben Andenbär und Kondor – Guanako (Lama, Alpaka) und Vikunja. Im östlichen Tiefland leben Jaguar, Affe, Pekari, Tapir und Faultier, außerdem Schlangen, Kaimane und zahlreiche Vogelarten. Die fischreichen Küstengewässer sind Jagdreviere von Pelikanen, Kormoranen und Tölpeln; in der Costa gibt es Skorpione.

Politisches System

Staatsname: República del Perú
Staats- und Regierungsform: Präsidiale Republik
Hauptstadt: Lima
Mitgliedschaft: UN, OAS, ALADI, SELA

Nach der neuen Verfassung von 1980 ist Peru eine präsidiale Republik. Das Parlament besteht aus zwei Kammern mit weitgehend gleichen Gesetzgebungsfunktionen. Die Minister sind dem Parlament direkt verantwortlich. Präsident und Parlament berufen die obersten Richter.

Gesetzgebung und Verwaltung

An der Spitze der Exekutive steht der für fünf Jahre direkt gewählte Präsident. Er ist – als Staatsoberhaupt – Oberbefehlshaber der Streitkräfte; er ernennt und entläßt das Kabinett. Im Falle des von ihm ausgerufenen Notstands hat er weitreichende Vollmachten. Gegen vom Kongreß erlassene Gesetze kann er sein Veto einlegen, das jedoch durch einfache Kongreßmehrheit unwirksam wird.
Der Kongreß besteht aus Senat (60 Mitglieder) und Repräsentantenkammer (180 Mitglieder) und wird ebenfalls für fünf Jahre bestimmt. Die vom Kongreß, dem Präsidenten oder vom Obersten Gericht eingebrachten Gesetze haben erst nach Zustimmung beider Kammern Gesetzeskraft.
Die Verwaltung des Landes gliedert sich in 24 Bezirke (Departamentos) und den Regierungsbezirk Callao, 156 Provinzen und 1321 Distritos (Kreise).

Recht und Justiz

Das Gerichtswesen besteht aus dem Obersten Gerichtshof in Lima, den Obergerichten in den Departamentos und den Gerichten Erster Instanz in den Provinzhauptstädten. Seit 1980 gibt es ein Verfassungsgericht, dessen neun Richter für sechs Jahre berufen werden.

Bevölkerung

Einwohnerzahl: 22 Millionen
Bevölkerungsdichte: 17 Einw./km²
Bevölkerungszunahme: 2,4 % im Jahr
Ballungsgebiet: Agglomeration Lima-Callao mit über einem Viertel der Gesamtbevölkerung
Größte Städte: Lima (5,5 Mio. Einw.), Arequipa (530 000), Callao (500 000), Trujillo (440 000), Chiclayo (350 000)
Bevölkerungsgruppen: 48 % Indianer, 35 % Mestizen, 13 % Weiße

Peru zählt zu den großen »Indianerländern« Südamerikas. Die wichtigsten Indiogruppen (Ketschua und Aimará) sind keine ethnischen Einheiten, sondern lediglich Sprachgemeinschaften.
Etwa ein Achtel der Bevölkerung ist europäischer Abstammung, überwiegend Nachkommen altspanischer Einwanderer (Kreolen), die sich als Bewahrer der spanischen Tradition betrachten. Heute lebt über ein Drittel der Bewohner in den Stadtgebieten des Küstenlandes, das aus dem Andenhochland weiterhin Zuzug erhält. Über 40 % der Bevölkerung sind unter 15 Jahren.
Neben der offiziellen Landessprache Spanisch ist das Ketschua – im Hochland allgemeine Umgangssprache – seit 1975 amtlich anerkannt. Es wird von 25 % der Bevölkerung gesprochen. Seit 1973 besteht in Peru völlige Religionsfreiheit. 95 % der Bevölke-

Ein Bild der Majestät: der Nevado Huascarán, mit 6768 m der höchste Berg Perus.

rung gehören der römisch-katholischen Kirche an, doch haben sich bei den Indianern christliche Bräuche und naturreligiöse Riten vielfach vermischt.

Soziale Lage und Bildung

Nach inoffiziellen Schätzungen ist über die Hälfte der arbeitsfähigen Bevölkerung ohne feste Anstellung. Unterstützung bei Arbeitslosigkeit gibt es kaum. Die medizinische Versorgung

Daten · Fakten · Reisetips — Peru

ist nur in den Städten einigermaßen sichergestellt.
Für Kinder im Alter von 6 bis 15 Jahren besteht allgemeine Schulpflicht. Die Analphabetenrate der über 15jährigen liegt bei 13 %. Peru hat über 40 Hochschulen. Die älteste Universität – die Universidad Nacional Mayor de San Marcos – wurde 1551 in Lima gegründet.

Wirtschaft

Währung: 1 Inti (I/.) = 1000 (alte) Soles (S/.) = 100 Céntimos (cts)
Bruttoinlandsprodukt (in Anteilen): Land- und Forstwirtschaft 12 %, industrielle Produktion 36 %, Dienstleistungen 52 %
Wichtigste Handelspartner: USA, EG-Staaten, Japan, Brasilien, Chile, UdSSR

Die schwierige wirtschaftliche Situation Perus mit hoher Arbeitslosigkeit, galoppierender Inflation und Auslandsverschuldung verschärfte sich 1988/89 dramatisch: Das Bruttoinlandsprodukt schrumpfte sogar. Mit Preisstopp, Zinssenkungen und radikaler Kürzung des Schuldendienstes für Kredite des Internationalen Währungsfonds reagierte die Regierung auf diese Rahmenbedingungen.

Landwirtschaft

Die Agrarproduktion reicht zur Versorgung des Landes nicht aus. Anbau (auf 2,5 % der Landesfläche) und Viehzucht konzentrieren sich auf drei Zonen: Im Küstenbereich werden vor allem Zuckerrohr und Baumwolle gepflanzt, dazu Reis, Wein, Obst und Gemüse; im Hochland wachsen die Grundnahrungsmittel Mais und Kartoffeln, außerdem Getreide und Koka; in der Montaña werden Kaffee, Kakao, Tee, Tabak und tropische Früchte angebaut. Viehzuchtgebiete (Lamas, Alpakas, Schafe, Ziegen) sind die Hochweiden der Anden, für Rinder die tieferen Lagen. Die großen Wälder im Osten bergen wertvolle Hölzer. 60 % der Gesamtfläche des Landes sind bewaldet, doch eine umfassende Forstwirtschaft ist wegen ungenügender Verkehrserschließung nicht möglich.
Die Küstengewässer Perus gelten trotz Überfischung als eines der fischreichsten Gebiete der Welt.

Bodenschätze, Energieversorgung

Der Bergbau ist eine Hauptstütze des Wirtschaftslebens. Es gibt bedeutende Erz- und Mineralvorkommen in der Sierra, Erdölvorräte an der Nordküste, in der Montaña und im westlichen Amazonien. Peru ist auch der führende Buntmetallproduzent in Südamerika (Kupfer-, Blei-, Zinkerze). Beachtlichen Umfang hat die Gewinnung von Eisenerz, Vanadium, Wismut und Silber; dazu kommen Antimon, Mangan, Salz, Schwefel, Phosphate, hochwertige Kohle und Gold. Die Wasserkraft deckt heute 60 % des Elektrizitätsbedarfs.

Industrie

Die Grundstoffindustrie (Hüttenwesen, Erdölraffinerie, Zementherstellung) ist weiter ausgebaut worden. In der Verarbeitungsindustrie stehen die Nahrungsmittel- und Textilbranche an erster Stelle. Die Fischmehlproduktion ist in normalen Fangjahren die größte der Welt. Von großer Bedeutung ist auch die Herstellung indianischer Weberei- und Töpfereiartikel.

Handel

Wichtigste Ausfuhrgüter sind Kupfer, Silber, Erdöl und andere Montanrohstoffe, Fischmehl, Baumwolle und Zucker. Eingeführt werden vor allem Maschinen, Fahrzeuge, Nahrungsmittel, Metalle sowie chemisch-pharmazeutische Produkte.

Verkehr

Die Verkehrserschließung wird durch das gebirgige Gelände erheblich behindert, das Straßennetz (70 000 km, davon 7500 km asphaltiert) ist unzureichend. Nur der Küstenbereich ist gut erschlossen. Fluglinien zählen zu den wichtigsten Verkehrsverbindungen. Neben der »Carretera Panamericana« (Panamerican Highway) als bedeutendster Nord-Süd-Ader (etwa 3400 km) ist die »Carretera Central« von Lima ins Binnenland eine wichtige Hauptstraße.
Das Eisenbahnnetz umfaßt 2177 km, hat unterschiedliche Spurweiten und besteht aus neun voneinander unabhängigen Strecken, die in den Anden extreme Höhen (bis über 4000 m) überwinden. Die Binnenschiffahrt spielt im oberen Amazonasbecken und auf dem Titicacasee eine wichtige Rolle. Führender Handelshafen ist Callao bei Lima, größter Fischereihafen Chimbote. Internationale Flughäfen sind Lima und Iquitos.

Tourismus

Der Fremdenverkehr ist als Devisenquelle sowie zur Schaffung von Arbeitsplätzen wirtschaftlich von Bedeutung und wird vom Staat stark gefördert.

Peru

Daten · Fakten · Reisetips

Überall im Hochland besticht die Tracht der Indios durch die Vielfalt ihrer Muster und die leuchtenden Farben.

Geschichte

Die ältesten in Peru gefundenen Steinwerkzeuge stammen von Jägern und Sammlern der Jungsteinzeit, die von Asien über die Beringstraße bis nach Peru gewandert waren. Funde wie in Huaca Prieta (nördlich von Trujillo) bezeugen seit 2500 v. Chr. die ersten festen Siedlungen in Steinhäusern.

Um 2000 v. Chr. begann die Frühzeit (»Initialperiode«) peruanischer Zivilisation, in der die ersten Keramikgegenstände gefertigt und Zeremonialbauten errichtet wurden. Zwischen 1250 und 850 v. Chr. (»Guañape-Periode«) wurde bereits Lamawolle mittels Litzenstab-Webgeräten zu Textilien verarbeitet.

Im 9. Jh. v. Chr. vollzog sich dann ein tiefgreifender gesellschaftlicher Wandel, der die bis etwa 300 v. Chr. reichende »kultische Periode« Perus einleitete. Während dieser Zeit entstanden so monumentale Kult- und Pilgerstätten wie Chavín de Huántar, deren Steinmauern mit Reliefs geschmückt waren, auf denen erstmals Raubtiergottheiten, Kondor und Schlange dargestellt waren.

Der Zeitraum von 500 bis 350 v. Chr. wird oft als »experimentelle Periode« Perus bezeichnet, weil sich damals landwirtschaftliche, bautechnische und handwerkliche Fähigkeiten entwickelten, die im »klassischen« Jahrtausend, dem ersten Jahrtausend n. Chr., weiterentwickelt wurden. In der Blütezeit zwischen 200 und 600 n. Chr. entstanden urbane Zentren von oft erheblicher Größe, die häufig in heftigem Widerstreit miteinander lagen. Aus den das peruanische Hochland bevölkernden Gruppen hob sich zwischen 600 und 800 eine Kulturgruppe hervor, die nach ihrem bedeutendsten Fundort am Titicacasee in Bolivien Tiahuanaco-Kultur genannt wurde. Ihr Einfluß wurde erst um 1000 n. Chr. durch die Entstehung regionaler Königreiche, deren mächtigstes Reich das der Chimú mit seiner geheimnisumwitterten Hauptstadt Chan Chan (nördlich Trujillo) war, gebrochen.

Das Reich der Inka

Die Inka-Kultur entwickelte sich um 1200 in der Gegend um Cusco und reichte während ihrer Blütezeit um die Wende vom 15. zum 16. Jh. von Ecuador bis zum mittleren Chile.

Der Inka-Staat, das mächtigste präkolumbische Reich in Amerika, war ein perfekt organisierter Zentralstaat mit einer Bevölkerung bis zu 12 Millionen. An der Spitze des theokratischen Staatsapparates stand der Inka, der als Sohn des Sonnengottes galt. Grund und Boden, Produktionsmittel und Wirtschaftsbetriebe waren Staatseigentum, alle Einwohner hatten statt Abgaben regelmäßige Arbeits- und Militärdienste zu leisten. Kaum glaublich, daß dieses Riesenreich von einer Handvoll spanischer Soldateska erobert werden konnte. 1532 stieß Francisco Pizarro mit nur 178 Mann bei Cajamarca auf die etwa 20 000 Mann starke Armee des Inka Atahualpa, ließ während eines Nachtmahles dessen 5000 Mann starke Leibwache niedermetzeln und nahm Atahualpa gefangen. 1533 wurde der Inka, trotz eines hohen Lösegelds, hingerichtet.

Pizarro selbst, der 1535 das heutige Lima gründete, wurde 1541 von Landsleuten ermordet.

Von der Kolonie zum Nationalstaat

Seit 1542 galt Peru als spanische Kronkolonie. Erst 1572 jedoch gelang es Francisco de Toledo durch die Hinrichtung des letzten Inka Tupac Amaru, den Widerstand der Indios endgültig zu brechen. Das spanische Vizekönigreich Peru umfaßte zunächst fast das ganze spanische Südamerika. 1739 wurden jedoch das Vizekönigreich Neugranada (Kolumbien, Venezuela), 1776 das Vizekönigreich La Plata (Bolivien, Paraguay, Uruguay und Nordargentinien) und 1797 das Generalkapitanat Chile abgetrennt.

Die reichen Bodenschätze Perus (Silber, Quecksilber) wurden ab Mitte des 16. Jh. mit Hilfe von Sklaven ausgebeutet. Zwischen 1737 und 1816 gab es mehrere Aufstände der Indios, die jedoch blutig niedergeschlagen wurden. Die Befreiung Perus von der spanischen Fremdherrschaft kam von außen: durch die Armeen Simón Bolívars und José de San Martíns, der 1821 die Unabhängigkeit Perus ausrief. Aber erst 1824, in der Entscheidungsschlacht von Ayacucho, gelang es Antonio José de Sucre, die Macht der Spanier endgültig zu brechen. Ramón Castilla, Präsident von 1845–51 und 1855–62, konnte Peru endlich politische Stabilität geben und die Wirtschaft durch die Gewinnung von Salpeter und Guanodünger ankurbeln. 1879 begann jedoch der »Salpeterkrieg« mit Chile, der 1884 mit dem Verlust der Salpeter-Provinzen Tarapaca, Arica und vorübergehend auch Tacna endete.

Der Aufbruch ins 20. Jahrhundert

Um die Jahrhundertwende strömte britisches und nordamerikanisches Kapital ins Land. Begünstigt durch den Kautschuk-Boom und die Erschließung der Erdöl- und Kupfervorkommen kam es zwischen 1890 und 1930 zu einem wirtschaftlichen Aufschwung, der den Indios aber nur Armut und Elend brachte. Zum Wortführer einer sozialistisch gefärbten Reformbewegung wurde Victor Raúl Haya de la Torre, der Gründer der APRA (Alianza Popular Revolucionaria Americana; 1924), deren politisches Programm teilweise bis heute die peruanische Innenpolitik prägt. Reformversuche unter den Präsidenten Manuel Prado y Ugarteche (1939–1945) und José Luis Bustamante y Rivero (1945–1948) scheiterten jedoch weitgehend am Widerstand der kreolischen Oligarchie und der ausländischen Kapitalgeber, die von 1948–1956 den Diktator Manuel A. Odria Amoretti an die Macht brachten. 1963 wurde der Sozialreformer Fernando Belaúnde Terry Präsident.

Inzwischen waren 88 % der Erdölvorkommen und 85 % des Bergbaus in ausländischem Besitz; Auslandsverschuldung und Inflation stiegen unaufhaltsam. So kam es am 3. 10. 1968 zum Staatsstreich unter General Juan Velasco Alvarado und zur Bildung einer linksnationalistischen »Revolutionären Militärjunta«. 1968 wurden die US-Erdölkonzerne, 1973 der US-Minenkonzern Cerro de Pasco verstaatlicht. Die ersten demokratischen Wahlen 1980 gewann der zurückgekehrte Belaúnde Terry. Wachsende soziale Ungerechtigkeit, der immer brutalere Guerillakampf und die Wirtschaftskrise sind die Ursachen des Wahlsiegs von Alberto Fujimori vom 8. April 1990. Der Präsident setzt nun auf ein Schockprogramm zur Einführung der Marktwirtschaft.

Kultur

Die meist mit Peru assoziierte Hochkultur der Inka war nur die Spätphase einer Jahrtausende zurückreichenden Entwicklung, die teilweise im Halbdunkel der Frühgeschichte verborgen liegt.

Zeugnisse Alt-Perus

Schon in der »präkeramischen Periode« (8000–2000 v. Chr.) existierte eine frühe Jäger- und Sammlerkultur, von der Steinhäuser, Steinwerkzeuge und verzierte Kürbisse zeugen. Bereits die Keramiken aus der »frühkeramischen Periode« (2000–1250 v. Chr.) waren verziert und lassen eine Fülle dekorativer Techniken erkennen; allerdings waren die Dekore schlicht, gegenständliche Motive fehlten. Auf 1800 v. Chr. wird der älteste erhaltene Tempel datiert, der Tempel der gekreuzten Hände bei Kotosh (bei Huánuco). 1250 v. Chr. begann die »evolutive oder formative Periode« peruanischer Kultur, in der in Keramik, Metallbearbeitung, Kunsthandwerk, Architektur und Technik die Grundlagen für die späteren Hochkulturen geschaffen wurden. Eindrucksvolle Tempelbauten mit mehrfarbiger Malerei wurden im Nepeña-Tal (südlich von Chimbote) entdeckt. Ein hohes Niveau erreichte die Guañape-Kultur (1250–850 v. Chr.) im Virú-Tal (40 km südlich von Trujillo). Hier kannte man bereits mehrstöckige Häuser, kostbare Grabbeigaben, reichverzierte Keramik, aufwendige Kleidung mit viel Schmuck und verschiedene Musikinstrumente. Im 9. Jh.

Flöten, Schellen und Trommeln bestimmen das Klangbild der Kapellen bei traditionellen Festen.

Daten · Fakten · Reisetips — Peru

v. Chr. wurden überall im Land steinerne Kultzentren mit der Raubtiergottheit als Zentrum errichtet. Die imposanteste Tempelanlage ist die von Chavín de Huántar (im nördlichen Hochland zwischen Lima und Trujillo) mit ihren z. T. dreistöckigen Gebäuden, Terrassen, Plattformen und Innenhöfen.

Weltbild und künstlerische Ausdrucksformen der Chavín-Kultur waren Grundlage weiterer altperuanischer Hochkulturen, die sich von der Zeitenwende bis etwa 800 n. Chr. entfalteten. Dazu gehörten die Mochica-Kultur mit der eindrucksvollen sog. Sonnenpyramide Huaca del Sol bei Trujillo und die Nazca-Kultur mit ihrer farbenreichen naturalistischen Keramik. Erst 1942 entdeckte man vom Flugzeug aus in der Wüste von Nazca (400 km südlich von Lima) bis zu 8 km große Scharrbilder, vermutlich astronomische oder kosmische Symbole. Um 600 n. Chr. ging vom 4000 m hoch gelegenen Tiahuanaco am Titicacasee (Bolivien) eine neue religiöse Strömung aus. Die dort mit riesigen Megalithen errichteten Monumentalbauten geben der Forschung bis heute noch Rätsel auf. Der Glanz von Tiahuanaco verblaßte um 1000 n. Chr., als die Chimú die Vorherrschaft übernahmen. Sie errichteten (6 km südlich von Trujillo) die

Für die Inka war Gold nur einer der Werkstoffe für Kunstwerke mit meist religiösem Charakter.

Stadt Chan Chan aus luftgetrockneten Lehmziegeln (»Adobe«), deren Größe, perfekter Grundriß und Schönheit sogar mesopotamische Städte übertrafen.

Die Kultur der Inka wäre undenkbar gewesen ohne all diese älteren Hochkulturen. Gold- und Silberschmiede der Chimú wurden aus den küstennahen Städten nach Cusco geholt, die Kunst der Bronzeverarbeitung wurde von Tiahuanaco übernommen. Auf kunstvollen Textilarbeiten finden sich Symbole, die möglicherweise Anfänge einer eigenen Schrift darstellten. Ihre kulturell bedeutendste Leistung jedoch vollbrachten die Inka in der Monumentalarchitektur. Fast unvorstellbar, wie ohne Metallwerkzeuge die riesigen Steine so glatt bearbeitet werden konnten oder wie ohne Kenntnis des Rades ein so gigantischer Baukomplex wie die befestigte Stadtanlage Machupicchu entstehen konnte.

Die Kunst der Kolonialzeit

Mit den Spaniern kam das Ende der Inka-Kultur, viele Kulturdenkmäler wurden zerstört, riesige Schätze nach Spanien gebracht. Oftmals auf Fundamenten altperuanischer Bauten wurden seit dem 16. Jh. unzählige Kirchen errichtet, deren Gestaltung den Stilwandel in Europa widerspiegelte. Vor allem in der unwirtlichen Hochebene von Collao bei Cusco wurden um 1600 zahlreiche Kirchen im Renaissancestil erbaut, durchsetzt mit gotischen Bauteilen und Mudéjarelementen. Im 17. Jh. trieben die Jesuiten den Kirchenbau energisch voran. Ein charakteristisches Beispiel für den entstehenden kolonialen Mischstil ist die Jesuitenkirche La Compañía in Cusco (1651–1668) mit ihrem manieristischen Grundriß, einem gotischen Gewölbe und einer barocken Fassade mit mächtigen Türmen. Die im 17. und 18. Jh. erbauten Barockkirchen zeigen oft andalusischen Einfluß. In Südperu griffen die Steinmetzen häufig auf das Formgut der Tiahuanaco- und Inka-Zeit zurück, um der flächigen Darstellungsweise der Einheimischen entgegenzukommen. Ein ähnlicher Stilwille drückt sich auch in den Werken der Malerschule von Cusco mit ihrem häufig verwendeten Goldgrund aus, der an Malereien der Gotik und Renaissance erinnert.

Peruanische Literatur und Musik

Untrennbar verknüpft mit der Verbreitung des Christentums durch die Spanier war die Durchsetzung der spanischen Sprache. Trotzdem sprechen heute noch 7 Mio. Indios in Peru, Bolivien, Ecuador und Chile das Ketschua (Quechua), die Reichssprache der Inka. Da es keine Schriftsprache war, ist nur wenig mündlich Überliefertes aus der präkolumbischen Zeit erhalten, darunter das im 15. Jh. entstandene Volksdrama »Ollontay«. Ein unschätzbares dokumentarisches Werk, teils in Ketschua, teils in Spanisch, ist die »Nueva Cronica y buen gobierno« des Inka-Sohnes Poma de Ayala (1534 bis 1615).

Die Literatur bis Ende des 19. Jh. ist in

Über 2000 Jahre alt: eine aus Alpakawolle gefertigte Raubtiergottheit von einem Totentuch.

Europa wenig bekannt. Literarische Weltgeltung hat erst das lyrische Werk des 1938 im Pariser Exil verhungerten César Vallejo erlangt. Das erzählerische Werk von Ciro Alegria (1906–1967) und José María Arguedas behandelt ausschließlich Themen aus der Welt der Indios. Als überragender Romancier seiner Generation gilt der 1936 geborene Mario Vargas Llosa.

Musikgeschichtlich kann Peru auf eine lange Tradition zurückblicken. Aus der Zeit vom 2. bis 14. Jh. stammen Funde von Panflöten, Trompeten und Schlaginstrumenten. Die Inka-Herrscher brachten die Musik zu einer Hochblüte, so daß die Spanier nach Zerschlagung des Reiches gutgeschulte Musiker zum katholischen Kirchenmusikdienst verpflichten konnten. Die heutige Volksmusik wird weitgehend mit verschiedenen Flöten, Trommeln, Schellen und Rasseln gespielt. Bekannt geworden ist sie vor allem durch Gruppen wie »Los Incas« und »Los Chalchakis«.

Feste und Bräuche

Der heutige Katholizismus in Peru ist eine Volksreligion mit Elementen des alten Glaubens und Aberglaubens. Ein Beispiel dafür ist die Zusammenlegung der Fronleichnamsprozession mit dem heidnischen Fest der Sonne »Inti Raymi«, das alljährlich zur Sonnenwende bei der Inka-Festung Sacsayhuamán nahe Cusco stattfindet. Alljährlich vom 18.–20. Oktober wird in Lima das Fest zu Ehren des »Señor de los Milagros« (»Herr der Wunder«) gefeiert, bei dem ein fast 1000 kg schweres Christus-Standbild aus Silber durch die Straßen getragen wird. Beim Totenfest werden in Orten auf dem fast 4000 m hoch gelegenen Altiplano den Verstorbenen auf ihren Gräbern Nahrungsmittel angeboten. Naturreligiöse Riten sind besonders bei den indianischen Waldstämmen im Amazonas-Regenwald verbreitet.

Reise-Informationen

Einreise- und Fahrzeugpapiere
Bürger der Bundesrepublik Deutschland, der Schweiz und Österreichs benötigen für einen Aufenthalt bis zu maximal 90 Tagen einen gültigen Reisepaß bzw. Kinderausweis (mit Foto). Als Fahrerlaubnis sind erforderlich: internationaler Führerschein und Carnet de passages für das eigene Auto.

Zoll
Bei der Einreise sind zollfrei: pro Person bis zu 400 Zigaretten oder 50 Zigarren oder 250 g Tabak, drei Flaschen (zusammen 2,5 Liter) alkoholische Getränke. Gegenstände, die künstlerisches oder kulturelles Gut des Landes sind, dürfen nicht ausgeführt werden.

Devisen
Inti und Fremdwährung dürfen in unbeschränkter Höhe ein- und ausgeführt werden.

Impfungen
Für Besucher, die aus Infektionsgebieten einreisen, ist Gelbfieberimpfung vorgeschrieben; sie wird auch allen Reisenden empfohlen, die sich außerhalb der großen Städte aufhalten. Malariaschutz ist in manchen ländlichen Gebieten unter 1500 m Höhe ganzjährig erforderlich. Choleraprophylaxe wird für das ganze Land dringend angeraten.

Verkehrsverhältnisse
Da einige Gebirgsstraßen während der Regenzeit kaum befahrbar sind, bietet das Flugzeug die beste Reisemöglichkeit im Landesinnern. Linienbusse verkehren täglich.

Unterkünfte
Hotels von europäischem Standard findet man in Lima und den meisten touristisch interessanten Stätten. Sehr zu empfehlen sind die »Hoteles de Turistas« der staatlichen Hotelgesellschaft ENTUR.

Reisezeit
Die beste Reisezeit für den Küstenbereich sind November bis April (17–29 °C), für Sierra (Regenzeit: Ende November bis Anfang April) und Selva Juni bis August.

Eindrucksvolle Lehmarchitektur in der Adobe-Stadt Chan Chan.

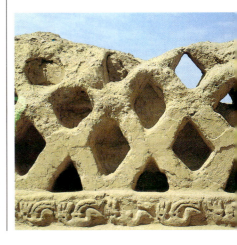

St. Kitts und

Ulrich Stewen

Für die erste Kolonie Englands in der Karibik hat sich schon früh der Name St. Kitts eingebürgert, obwohl sie St. Christoph hieß. Wenig sprach dafür, daß sich das einmal ändern würde, und so hat die Regierung jüngst die Konsequenzen gezogen und St. Christoph nun auch offiziell zu St. Kitts gemacht. Mit der Nachbarinsel Nevis zu einem unabhängigen Staat zusammengeschmiedet, zählt der Inselstaat zu den kleinsten Ländern der Welt. Doch auch unter den Kleinsten spielt die Größe eine Rolle: Die Einwohner von Nevis fühlten sich lange Zeit von St. Kitts benachteiligt und wollten dem Schritt der Insel Anguilla folgen, die sich schon früh von dem ursprünglichen Dreierbündnis lossagte. St. Kitts und Nevis lebten vornehmlich vom Tabakanbau. Doch als der karibische Tabak in Europa keine Liebhaber mehr fand, baute man Zuckerrohr an. Das ist bis auf den heutigen Tag so geblieben. Aber die Moderne hat auch vor den Schwesterinseln nicht haltgemacht: Zwischen zwölf Fernsehprogrammen kann die kleine Gemeinde der »Kittians« und »Nevisians« wählen. Der große US-Bruder im Norden macht's möglich.

Nevis

Über dem silbrig schimmernden Sandstrand von Nevis erheben sich die grünen Hänge der Vulkane auf St. Kitts.

Staatsname:	Föderation St. Kitts und Nevis
Amtssprache:	Englisch
Einwohner:	50 000
Fläche:	261 km²
Hauptstadt:	Basseterre (auf St. Kitts)
Staatsform:	Parlamentarische Monarchie im Commonwealth
Zeitzone:	MEZ −5 Std.
Geogr. Lage:	Östliche Karibik, zum nördlichen Teil der Kleinen Antillen gehörend

 # St. Lucia

Das böse Wort vom »Hinterhof« der USA gilt, wenn die Rede auf die Karibik kommt, für viele Inselstaaten der Region. Doch auch ein Zwergstaat kann durchaus wirtschaftliche Überlebenskraft entwickeln – das beweist die nur gut 600 Quadratkilometer große Karibikinsel St. Lucia. Geringe Einwohnerzahl, niedriger Ausbildungsstand der Arbeitskräfte, eine isolierte Lage im Schatten der Großmacht USA – sicher nicht gerade günstige Voraussetzungen, aber St. Lucia hat das Beste daraus gemacht. Umsonst war die Sonderstellung unter den Staaten der Kleinen Antillen allerdings nicht zu haben. Die Öffnung der Insel für ausländische Investoren und die wachsende Abhängigkeit von den Bedürfnissen und Wünschen europäischer und nordamerikanischer Touristen haben das Land anfällig für die Launen der internationalen Konjunktur gemacht. Die Regierung in Castries hat das Problem erkannt und setzt auf einen Zusammenschluß der Kleinstaaten im Osten der Karibik. In einer Union fiele der Insel – angefochten nur von dem regionalen Machtzentrum Barbados – eine Führungsposition zu.

Staatsname:	St. Lucia
Amtssprache:	Englisch
Einwohner:	130 000
Fläche:	616 km²
Hauptstadt:	Castries
Staatsform:	Parlamentarische Monarchie im Commonwealth
Kfz-Zeichen:	WL
Zeitzone:	MEZ −5 Std.
Geogr. Lage:	Karibik, zwischen Martinique und St. Vincent

Das Idyll der Karibik: die Bucht der Fischer auf St. Lucia, überragt von den zuckerhutförmigen Vulkankegeln Gros Piton und Petit Piton, den Wahrzeichen der Insel.

Gebremste Exotik – die Hauptstadt Castries

Neben der Antillen-Metropole Barbados ist St. Lucia bevorzugtes Ferienziel deutscher Touristen in der Inselkette über dem Wind. Mit gebremster Exotik wartet die Hauptstadt Castries auf. Ihr Gesicht trägt moderne Züge. Kein Wunder: Ein Großbrand – nicht der erste in der Geschichte der Stadt – hatte Castries 1948 fast vollständig zerstört. Nur noch vereinzelte Gebäude erinnern heute an frühere Zeiten. Wie auf dem Reißbrett entworfen, verlaufen die auffallend gepflegten Straßenzüge geradlinig zwischen dem Hafendock Elizabeth II. im Norden und dem Castries-Fluß im Süden, zwischen dem Tiefseehafen Prince Alfred's im Westen und dem Gesundheitszentrum an der Chaussee Road im Osten. In der Brazil Street, in der Micoud-, Jeremie- und Bridge-Street wechseln sich die glatten Betonfassaden der Geschäftshäuser mit liebevoll gestalteten Entrées von Restaurants und Boutiquen ab. Die katholische Kirche am Columbus Square, deren Dachkonstruktion an eine Bahnhofshalle erinnert, hat die Zeiten nahezu unbeschadet überstanden. Der Feuersbrunst entgangen ist auch jener 150 Jahre alte Saman-Baum in der Mitte des Stadtparks am Columbus Square, auf den die Feuerwehr von Castries ein besonderes Auge hat.

Kommt die Union der ostkaribischen Staaten?

Als die Kleinstaaten im Osten der Karibik 1981 beschlossen, innerhalb der Karibischen Gemeinschaft CARICOM eine Interessengruppe zu bilden, und sich zur Organisation Ostkaribischer Staaten (OECS) verbanden, erhielt Castries den Zuschlag für den Sitz der Organisation. Seither gehen von St. Lucia immer wieder Anregungen aus, die Zusammenarbeit in eine Union münden zu lassen, ähnlich der allerdings kurzlebigen Westindischen Föderation zu britischen Kolonialzeiten. Gemeinsam mit dem Staatschef von St. Vincent gilt Insel-Premier John Compton als Wegbereiter für einen Zusammenschluß der karibischen Zwerge, die in einer Union ihre internationale Position stärken könnten. Mehr noch als die Partner dürfte sich St. Lucia davon Vorteile versprechen.

Obwohl sich der Inselstaat weiterhin auf die Landwirtschaft stützt, ist es dank einer tragfähigen Infrastruktur gelungen, kleinere Industriebetriebe anzusiedeln, die vor allem für den Export produzieren. Der Großflughafen Hewanorra im Süden – für Transatlantikflüge – und der kleinere Vigie Airport nahe Castries – für regionale Flüge – dienen nicht nur dem Passagierverkehr und damit dem immer bedeutender werdenden Tourismus, sondern ermöglichen darüber hinaus einen raschen Gütertransport. Für über 300 Millionen Mark will die Regierung die beiden Flughäfen modernisieren, die Trinkwasser- und Stromversorgung verbessern. Da überrascht es nicht, daß St. Lucia schon heute mehr als alle anderen Länder der Region aus einer Initiative der Vereinigten Staaten Gewinn zieht: Washington richtete 1984 für die Dauer von zwölf Jahren eine Freihandelszone ein, die den Import karibischer Waren in die USA fördern soll und mit Wirtschafts- und Investitionshilfen in Millionenhöhe verbunden ist.

Asiaten auf dem Vormarsch

Ausländische Anleger begannen, sich verstärkt für die Insel zu interessieren, zumal die politischen Wirren der ausgehenden siebziger Jahre und der darauf folgende wirtschaftliche Abschwung überwunden zu sein scheinen. Eine freie Industriezone im Süden, deren Einrichtung von der Karibischen Entwicklungsbank unterstützt wurde und den ausländischen Herstellern eine zoll- und steuerbegünstigte Produktion erlaubt, ist bereits ausgebucht. Ein US-Erdölunternehmen eröffnete 1982 unweit von Castries einen Öl-Terminal mit einem Fassungsvermögen von fünf Millionen Barrel (1 Barrel = 159 Liter) und wurde mit zum größten Einzelinvestor der Insel.

Neben Interessenten aus den Vereinigten Staaten hat St. Lucia zahlreiche Anleger aus Südkorea, Taiwan, Hongkong und Singapur angezogen, die vor allem Lohnkostenvorteile und den in unmittelbarer Nähe gelegenen aufnahmefähigen US-Markt im Auge haben. Auch sie sahen eine große Chance, von den Freihandelsregelungen zu profitieren. Die Nachfrage aus dem Ausland nach Plätzen für Produktionsanlagen wurde so stark, daß die Regierung 1986 gesetzlich festlegte, welche Teile des Landes ausschließlich einheimischen Interessenten vorbehalten bleiben sollen.

Natürlich gibt es auch eine Kehrseite der Erfolgsgeschichte von St. Lucia. Alle Anstrengungen reichten nicht aus, die hohe Zahl der Arbeitslosen zu senken. Wegen der hohen Geburtenrate drängen immer mehr Jugendliche auf den Arbeitsmarkt. Nahezu zwei Drittel der Bevölkerung sind jünger als 20 Jahre. Das führt dazu, daß die Löhne, besonders bei den Frauen, extrem niedrig bleiben und kaum Kaufkraft geschaffen wird. Schlimmer noch: In der überwiegend dunkelhäutigen Bevölkerung entsteht der Eindruck, man sei zum Spielball der wirtschaftlichen Interessen ausländischer Geschäftsleute geworden. Ein ohnehin latent vorhandener Spannungszustand zwischen Schwarz und Weiß bekommt so zusätzliche Nahrung.

Vielfältige Landschaft – wechselvolle Geschichte

All das hat der Attraktivität der Insel für ausländische Urlauber jedoch keinen Abbruch getan. Aufs Jahr gesehen übersteigt die Zahl der Besucher die der einheimischen Bevölkerung beträchtlich – die Hälfte der staatlichen Einnahmen stammt aus dem Tourismus.

Eine mittlere Jahrestemperatur von 26 Grad Celsius – die fast immer spürbare Nord-

▷ Wie Choiseul, das Fischerdorf an der Südküste, haben die meisten Orte von St. Lucia französische Namen, die auf die koloniale Vergangenheit der Insel hinweisen. Und in diese Richtung deutet auch der Baustil einiger Häuser an der kleinen Bucht.

◁ *Bananentransport auf karibische Art – wahrscheinlich zum heimischen Herd. Die Banane ist in St. Lucia – neben Kakao und Kokosnüssen – eines der wichtigsten Anbau- und Exportprodukte.*

seits Opfer der Kolonisierung. Allerdings leisteten sie den Eindringlingen in den undurchdringlichen Wäldern der Insel bis weit ins 17. Jahrhundert hinein erfolgreich Widerstand.

Kaum eine andere Karibik-Insel wechselte später derart oft ihren Besitzer. Ab Mitte des 17. Jahrhunderts lösten sich Briten und Franzosen etwa ein dutzendmal ab, bis St. Lucia 1814 im Vertrag von Paris endgültig der britischen Krone zugesprochen wurde. Aus dieser Zeit der Auseinandersetzungen stammen die zahlreichen Forts und kanonenbewehrten Steinwälle, denen man noch allerorts begegnet.

ostbrise mäßigt das tropische Klima –, in der Hochsaison von Januar bis April so gut wie keine Niederschläge, eine vielfältige Landschaft und einladende Strände – es bleiben kaum Wünsche offen. Im Innern der Insel: grüne Bananenplantagen, Avocado-, Mango- und Blauholzsträucher, fruchtbare Flußtäler und von Orchideen überwucherte Berghänge. Westlich des 950 Meter hohen Mount Gimie ragen an der Küste die schroffen Felsen zweier Vulkankegel empor, Gros Piton und Petit Piton. Und im Krater des Mount Soufrière dampfen heiße Schwefelquellen, die zur Stromgewinnung genutzt werden.

Wie auch die Nachbarinseln war St. Lucia vor der Ankunft der Europäer von Kariben-In-

▷ *Blick auf Castries, die Hauptstadt von St. Lucia. Mehrere Feuersbrünste haben die Kolonial-Architektur fast völlig zerstört; heute hat die Stadt ein modernes Gepräge. Keimzelle der Stadt war der natürliche Tiefwasserhafen, der sie zum wichtigen Handelsplatz machte. Heute ist sie Anlaufstelle für viele Kreuzfahrer.*

◁ *Wie ein Gemälde aus der großen Zeit der Segelschiffe: Marigot Bay, palmenumsäumte Bucht an der zerklüfteten Westküste südlich von Castries. Palmen säumen das Ufer, dahinter steigen fruchtbare Hänge mit Kaffee- und Kakaoplantagen auf.*

dianern bewohnt. Von deren Vorgängern, den Arawak-Indianern, zeugen lediglich noch einige Felsgravuren am Dauphin-Fluß. Auf welche Weise die Kariben die Arawak verdrängt haben, darüber streiten die Gelehrten ebenso lange wie ergebnislos. Die einen unterstellen den Kariben Kopfjägerei und Kannibalismus und stützen sich dabei auf Funde, von denen einige in einem Museum in Antigua ausgestellt sind. Andere verwerfen die These des Kannibalismus vehement mit dem Argument, diese Version der Kariben-Geschichte entstamme der Sichtweise spanischer Konquistadoren und habe sich fälschlicherweise bis auf den heutigen Tag erhalten. Wie dem auch sei, die Kariben erwiesen sich als siegreich und wurden ihrer-

Auch die Sprache der Einwohner läßt Rückschlüsse auf die wechselvolle koloniale Vergangenheit zu: Neben Englisch, das zur Verkehrssprache geworden ist und von fast allen verstanden und gesprochen wird, hat sich auch das Patois, ein auf dem Französischen fußendes Kreolisch, weitgehend erhalten. Sogar Radioprogramme werden in Patois ausgestrahlt. Sprachwissenschaftler fordern immer wieder, dem Kreolischen im Geschäfts- und Rechtswesen den gleichen Stellenwert einzuräumen wie dem Englischen. Auch in der Debatte um eine Alphabetisierungskampagne – damals konnte nahezu die Hälfte der Bevölkerung über 25 Jahre weder lesen noch schreiben – spielte die Sprachenfrage eine herausragende Rolle.

St. Lucia — Daten · Fakten · Reisetips

Landesnatur

Fläche: 616 km²
Ausdehnung: Nord–Süd 44 km, West–Ost 21 km
Höchster Berg: Mount Gimie 950 m

Die Insel St. Lucia liegt in der östlichen Karibik und gehört zu den Kleinen Antillen.

Naturraum

Wahrzeichen von St. Lucia sind die beiden zuckerhutförmigen, fast 800 m hohen Vulkankegel Gros Piton und Petit Piton im Südwesten, die schroff aus dem Meer aufragen und eine kleine Bucht von ungewöhnlicher Schönheit umschließen. Im Innern ist die Insel waldreich und gebirgig, mit dem Mount Gimie (950 m) als höchster Erhebung. Das Bergland wird von zahlreichen kleinen Flüssen durchzogen, deren Täler im geologisch älteren Norden breit und fruchtbar sind. Die Küste ist buchtenreich und besitzt im Süden und Westen weiße Sandstrände; an einigen Stellen sind Korallenriffe vorgelagert. Auf den vulkanischen Ursprung der Insel weisen die zahlreichen Dampf- und Schwefelquellen des Soufrière und des Qualibou hin.

Klima

Das Klima der Insel ist tropisch-wechselfeucht und steht unter dem Einfluß des Nordostpassats. Die durchschnittlichen Temperaturen schwanken zwischen 25 °C und 30 °C. In den windabgewandten Küstengebieten fallen bis zu 1200 mm Niederschläge jährlich, im Bergland bis zu 3500 mm. Die regenreichsten Monate sind August und September. Die geringsten Niederschläge fallen zwischen Dezember und April.

Bananen, Bananen, Bananen – doch zunehmend investieren Anleger aus aller Welt in Industrieanlagen.

Vegetation und Tierwelt

Tropischer Regen- und Bergwald ist nur noch in höheren Lagen erhalten; in tiefer gelegenen Regionen hat sich (z. T. zwergwüchsige) Sekundärvegetation ausgebreitet, die rund die Hälfte der Inselfläche einnimmt. Die Beseitigung der natürlichen Vegetation hat zu erheblichen Erosionsschäden geführt.
Unter den zahlreichen Vogelarten sind besonders Papageien und Kolibris hervorzuheben.

Politisches System

Staatsname: St. Lucia
Staats- und Regierungsform: Parlamentarische Monarchie im Commonwealth of Nations
Hauptstadt: Castries
Mitgliedschaft: UN, Commonwealth, OAS, CARICOM, AKP

Nach der Verfassung von 1979 steht an der Spitze des Staates das Oberhaupt des britischen Königshauses, vertreten durch einen Generalgouverneur. Die Legislative liegt beim Parlament, das aus zwei Kammern besteht: dem Abgeordnetenhaus mit 17 Mitgliedern (auf fünf Jahre gewählt) und dem Senat mit 11 Mitgliedern. Der Gouverneur beruft den Mehrheitsführer des Abgeordnetenhauses zum Premierminister und – auf dessen Vorschlag – die Minister und Senatoren. Das Rechtswesen ist nach britischem Vorbild aufgebaut.

Bevölkerung

Einwohnerzahl: 130 000
Bevölkerungsdichte: 210 Einw./km²
Bevölkerungszunahme: 2,1 % im Jahr
Größte Stadt: Castries (45 000 Einw.)
Bevölkerungsgruppen: 96 % Schwarze und Mulatten, 3 % Inder, 1 % Weiße

Die Bevölkerung von St. Lucia lebt zu fast 80 % im Gebiet der Hauptstadt Castries und im südlichen Hügelland. Sie besteht mehrheitlich aus den Nachkommen schwarzafrikanischer Sklaven, die im 17. und 18. Jh. auf die Insel verschleppt wurden. Schwarze und Mulatten verfügen heute über die politische Macht im Inselstaat, während die winzige Minderheit der Inder und Weißen, zumeist britischer Herkunft, die Wirtschaft kontrolliert.
Neben Englisch als Amts- und Verkehrssprache wird im Umgang »Patois« gesprochen – ein kreolisch-französischer Dialekt. Größte Religionsgemeinschaft sind die Katholiken (90 %);

Direkt aus dem Meer wachsen die Deux Pitons, Wahrzeichen der tropischen Schönheit St. Lucia.

Schuluniformen – Zeichen für die Gleichheit von Kindern unterschiedlichster Herkunft.

der Rest der Bevölkerung ist protestantisch (vor allem Anglikaner und Methodisten).

Soziale Lage und Bildung

Trotz starker Bemühungen der politisch einflußreichen Gewerkschaften ist die soziale Absicherung der Bevölkerung noch ungenügend. Dagegen ist die medizinische Versorgung gut ausgebaut (drei Krankenhäuser und 27 Gesundheitszentren). Allgemeine Schulpflicht besteht für Kinder von 5 bis 15 Jahren; der Grundschulbesuch ist kostenlos, die Analphabetenrate wurde auf 10 % gedrückt. In Morne Fortune gibt es ein Zentrum für Lehrer- und Technikerausbildung.

Wirtschaft

Währung: 1 Ostkaribischer Dollar (EC$) = 100 Cents (c)
Bruttoinlandsprodukt (in Anteilen): Land- und Forstwirtschaft 15 %, industrielle Produktion 16 %, Dienstleistungen 69 %
Wichtigste Handelspartner: USA, Großbritannien, Trinidad und Tobago

St. Lucia hat sich nach dem wirtschaftlichen Einbruch von 1980, Folge eines verheerenden Wirbelsturms, wieder etwas erholt. Hohe Zuwachsraten im Tourismus helfen, wie auch der Export landwirtschaftlicher Güter, die traditionell defizitäre Handelsbilanz des Staates zu entlasten.

Landwirtschaft

In der exportorientierten Landwirtschaft sind etwa 40 % der Erwerbstätigen beschäftigt. Angebaut werden vor allem Bananen, Zuckerrohr, Kakao, Kokosnüsse, Zitrusfrüchte und Gewürze; ein landwirtschaftlicher Entwicklungsplan sieht den Anbau weiterer Produkte vor. In geringem Umfang werden auch Rinder, Schafe und Ziegen gezüchtet.

Industrie

Auf dem Industriesektor werden vor allem die heimischen Agrarerzeugnisse verarbeitet. Neben Rumdestillation und Kokosöl-Gewinnung gibt es Produktionsanlagen für Seife und Textilien. Dank des deutlichen Anstiegs der Bautätigkeit und des Ausbaus der Leichtindustrie läßt sich eine Belebung des Wirtschaftslebens verzeichnen.

Handel

Ausgeführt werden Bananen, Kokospalmprodukte, Kakao, Rum sowie Zitrusfrüchte. Die wichtigsten Importwaren sind Lebensmittel, Textilien, Zement, landwirtschaftliche Maschinen und Düngemittel.

Daten · Fakten · Reisetips — St. Lucia

Verkehr, Tourismus

Das Straßennetz ist vor allem im Küstenbereich ausgebaut und umfaßt etwa 800 km. Zwei moderne Häfen – Castries und Vieux Fort – sind auch Ziel von Karibik-Kreuzfahrtschiffen. Es gibt einen kleinen Flugplatz in Vigie bei Castries und den internationalen Flughafen »Hewanorra« bei Vieux Fort.

Der Tourismus hat sich zu einer bedeutenden Devisen-Einnahmequelle entwickelt und wird weiterhin intensiv gefördert.

Geschichte

In der Entdeckungsgeschichte dieser Antillen-Insel vermengen sich Tatsachen und Legenden. Christoph Kolumbus soll die Insel schon 1493 kurz gesichtet und dann auf seiner vierten Reise am 18. Juni 1502 entdeckt haben; betreten hat er sie wohl nie. Das Verhalten der Inseleinwohner, der kriegerischen Kariben, lud auch nicht dazu ein. 1605 wehrten sie einen ersten Versuch der Engländer, die Insel in Besitz zu nehmen, erfolgreich ab. Auch ein zweiter Versuch, 1638 unternommen, scheiterte: Die Kariben töteten die Eindringlinge. Erst den Niederländern gelang es um 1640, im Süden der Insel Fuß zu fassen, zehn Jahre später auch den Franzosen, die mit der eigentlichen Besiedlung begannen.

Die frühe Kolonisation

Von 1660 bis 1814 wechselte die Insel in der Zeit des großen Ringens zwischen den Kolonialmächten Großbritannien und Frankreich um die Vorherrschaft in der Neuen Welt etwa zehnmal den Besitzer.

Verdienste um die Erschließung der Insel erwarb sich Charles Eugène Gabriel de La Croix Castries (1727–1801), Marschall von Frankreich und von 1780 bis 1787 französi-

Mit dem Auto mitten hinein in einen Vulkankrater mit seinen Schwefelquellen – eine wahrhaft exotische Exkursion im Südosten der Insel.

scher Marineminister, dessen Namen die Hauptstadt der Insel trägt.

Im Pariser Vertrag von 1814, der den Kampf um die Vorherrschaft über die Insel beendete, wurde St. Lucia den Briten zugesprochen. Von 1838 bis in die erste Hälfte des 20. Jh. blieb St. Lucia als britische Kronkolonie im Verband der Windward Islands. 1941 war die Insel vorübergehend amerikanischer Marinestützpunkt.

Nach dem Zweiten Weltkrieg strebten die Briten im Rahmen der Entkolonialisierung die Bildung einer Westindischen Föderation an. Dieser gehörte St. Lucia von 1958 bis zur Auflösung im Jahr 1962 an.

Am 1. März 1967 erhielt die Insel den Status eines mit Großbritannien assoziierten Staates mit innerer Autonomie, ehe sie am 22. Februar 1979 (Nationalfeiertag) in die Unabhängigkeit entlassen wurde.

Kultur

Die Ureinwohner von St. Lucia, die Arawaks, wurden im 13. Jh. von den kriegerischen Kariben unterworfen und später verdrängt. Relikte der Kultur der indianischen Ureinwohner sind die Felszeichnungen bei Choiseul.

Die Kultur der Insel ist nachhaltig geprägt durch die britische Kolonialzeit, wenn auch der französische Einfluß noch immer spürbar ist – besonders in der Architektur.

In Castries wurden jedoch fast alle älteren Gebäude durch zwei Großbrände 1927 und 1948 zerstört; seitdem ist die Stadt in modernem Stil wiederaufgebaut worden. Nur die Kathedrale wurde im ursprünglichen neogotischen Stil wiedererrichtet.

Auf dem Hügel Morne Fortune südlich der Stadt sind Reste der alten Befestigungsanlage erhalten: das alte Pulvermagazin und die Kanonen der Vier-Apostel-Batterie. Auch die Ruinen von Fort Rodney auf Pigeon Island an der Nordspitze der Insel, 1778–1782 erbaut, erinnern daran, wie umkämpft die Insel zwischen Briten und Franzosen war. Der Ort selbst diente im 17. Jh. dem Freibeuter »Old Wooden Leg« als Unterschlupf.

In der Nähe der früheren Hauptstadt Vieux Fort ist die Ruine einer Zuckerraffinerie aus dem 18. Jh. zu sehen.

Da die Bevölkerung überwiegend von schwarzen Sklaven abstammt, haben sich in Musik und Folklore afrikanische Elemente erhalten.

Neben vier englischsprachigen Zeitungen gibt es zwei Rundfunkstationen, die auch Programme in Französisch und »Patois« ausstrahlen, und einen privaten Fernsehsender.

Reise-Informationen

Einreise- und Fahrzeugpapiere
Bürger der Bundesrepublik Deutschland, der Schweiz und Österreichs benötigen für einen Aufenthalt von 28 Tagen einen gültigen Reisepaß bzw. Kinderausweis (Verlängerung bis zu sechs Monaten möglich). Mietwagen dürfen nur mit einer »Visitors Driver's Licence« gefahren werden, die gegen Vorlage eines internationalen Führerscheins ausgestellt wird. Die Autovermieter helfen bei der Beschaffung der notwendigen »Licence«.

Zoll
Bei der Einreise sind zollfrei: pro Person ab 18 Jahre 200 Zigaretten oder 50 Zigarren oder 250 g Tabak, 1 Liter Spirituosen oder Wein, eine kleine Menge Parfüm.

Devisen
Ostkaribische Dollars (EC$) und Fremdwährung dürfen unbegrenzt ein- und ausgeführt werden.

Impfungen
Für Besucher, die aus Infektionsgebieten einreisen, ist Gelbfieberimpfung vorgeschrieben.

Verkehrsverhältnisse
Es herrscht Linksverkehr. Die Straßen sind nicht immer in bestem Zustand. Auf einer Ringstraße kann man fast die ganze Insel umfahren. Ein regelmäßiger Omnibusverkehr verbindet alle ländlichen Gebiete mit der Haupt-

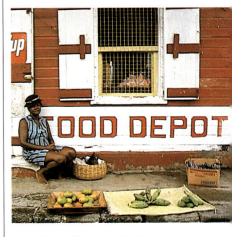

Ein hilfloser Versuch, mit ein paar Früchten zu Geld zu kommen – kaum Konkurrenz für das Food Depot.

stadt Castries. Taxis und Leihwagen stehen zur Verfügung.

Unterkünfte
Es gibt Hotels, Ferienhäuser und Appartements von europäischem Standard. In der Hauptreisezeit ist eine rechtzeitige Zimmerreservierung erforderlich.

Reisezeit
Dank der maritimen Lage ist das tropische Klima von St. Lucia sehr ausgeglichen. Die Hauptreisezeit liegt zwischen Mitte Dezember und Mitte April. Die regenreichsten Monate sind August und September.

Ulrich Stewen

Auf der Landkarte ist St. Vincent ein weißer Fleck, jedenfalls was den transkontinentalen Luftverkehr betrifft. Gerade noch die betagten viermotorigen Propellermaschinen der regionalen Fluggesellschaft LIAT kann der Airport Arnos Vale bei der Hauptstadt Kingstown aufnehmen. Schlechte Verbindungen nach draußen machen der Insel bis auf den heutigen Tag zu schaffen, behindern die Ansiedlung von Industriebetrieben für die Exportwirtschaft und halten die Touristenzahlen niedrig. Doch wenn der Karneval »ausbricht«, platzt die Insel aus den Nähten. Davon erfährt die High Society aus Europa und Nordamerika, die sich auf den Grenadinen eingekauft hat, allerdings wenig. In gesicherten Wohnpalästen genießt sie die exotischen Seiten der Inseln. Der profane Alltag der Bewohner, stets von einem erneuten Vulkanausbruch bedroht, kümmert sie wenig.

Staatsname:	St. Vincent und die Grenadinen
Amtssprache:	Englisch
Einwohner:	130 000
Fläche:	388 km²
Hauptstadt:	Kingstown
Staatsform:	Parlamentarische Monarchie im Commonwealth
Kfz-Zeichen:	WV
Zeitzone:	MEZ − 5 Std.
Geogr. Lage:	Karibik, zwischen St. Lucia und Grenada

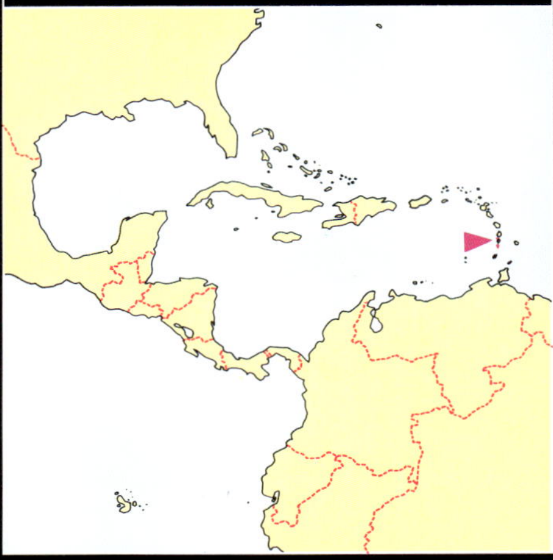

Direkt vor der Hauptinsel St. Vincent erhebt sich Young Island aus dem Meer, ein tropisches Paradies für Segler und Sonnenanbeter.

die adinen

Die Reichen kommen – die Armen gehen

»Vincyland«, so nennen viele Insulaner ihre Heimat liebevoll, denn wer will sein Herkunftsland schon förmlich mit »St. Vincent und die Grenadinen« angeben? Die Grenadinen – das ist ein Paradies aus acht kleinen und über 100 winzigen Inseln, die fast geradlinig zwischen der Hauptinsel St. Vincent und dem südlich gelegenen Nachbar-Inselstaat Grenada aufgereiht sind. Hier geben sich Größen des internationalen Showgeschäfts und Abkömmlinge europäischer Herrschaftshäuser ein Stelldichein, in traumhaften Nobelvillen abgeschirmt vor den Blicken Neugieriger. Die Exklusivität der Insel Mustique beispielsweise sichert ein Preisniveau, das dem anderer Jet-Set-Zentren der Welt in nichts nachsteht.

Da vergißt man leicht, daß St. Vincent gemeinsam mit Haiti zu den ärmsten Staaten der karibischen Region zählt. Sieht man einmal von den Bananen ab, die allwöchentlich von der britischen Geest-Line für die englischen Verbraucher abgeholt werden, so besitzt das Land bisher keine nennenswerten Ausfuhrgüter. Im Hafen von Kingstown haben daher die modern ausgestatteten Bananendampfer von Geest-Industries absolutes Vorrecht. Aber hier zieht auf dem bislang geschützten Markt bereits mittelamerikanische Konkurrenz auf, die dazu noch Preis- und andere Wettbewerbsvorteile zu bieten hat. Wie alle Bananenproduzenten im Osten der Karibik muß das Land um sein Hauptexportprodukt fürchten, wenn der europäische Binnenmarkt eröffnet wird.

Was St. Vincent besonders trifft, sind die durch Krankheiten, Unwetter- und Verpackungsschäden bedingten Qualitätseinbußen. Die dadurch hervorgerufene wirtschaftliche Dauerkrise führt dazu, daß viele Einwohner die Insel verlassen und im Ausland eine Tätigkeit suchen, die genügend Geld einbringt, um davon noch einen Teil in die Heimat schicken zu können.

Karneval nach »Vincy-Art«

Zum »Vincy-Karneval« aber sind alle wieder da. Wer das für übertrieben hält, sollte einmal versuchen, in den ersten Julitagen einen Flug nach Kingstown zu buchen: ein hoffnungsloses Unterfangen. Obwohl er jüngeren Datums als das Massenspektakel von Rio, die turbulenten Tage in Trinidad oder der Mardi Gras in New Orleans, hat der Karneval von St. Vincent seine liebenswürdige Provinzialität bewahrt. Das tut jedoch den aufwendigen »Jump-ups«, den Maskeraden in kostbaren farbenprächtigen Kostümen, keinen Abbruch. Das »Karnevals-Entwicklungskomitee« hat die Fäden in der Hand, kürt aus zahllosen Calypso-Bands den »King of Calypso«, der in seinen Songs den Mächtigen den Spiegel vorhält. Viele »Calypsonians« versprechen sich von diesen Auftritten den Beginn einer großen Karriere, aber nur wenige schaffen es.

Einer von ihnen ist Beckett, mit bürgerlichem Namen Alston Beckett Cyrus, der vor über einem Jahrzehnt zum Lokalmatador erhoben wurde und heute zu den internationalen Berühmtheiten der Calypso-Musik zählt. Wer als Künstler etwas auf sich hält, lebt und arbeitet in New York, kennt Frankie McIntosh, Produzent zahlreicher westindischer Gruppen und Sänger, und läßt sich einige Male im Jahr daheim feiern. Für Beckett ist das ebenso wichtig wie die Postfachnummer 3221 an der Grand Central Station in New York: Von hier aus hält der Beckett-Fan-Club den Star bei

▷ *Holzschnitzerei – Kunst aus schwarzer Hand hat Tradition auf St. Vincent. Die Ursprünge reichen weit zurück, nach Afrika. Doch die archaischen Kultfiguren der alten Heimat haben sich zu Souvenirgegenständen gewandelt. Auf Märkten, am Strand, vor den Hotels werden sie angeboten. An Auswahl, auch unter anderen Produkten der Volkskunst, fehlt es nicht.*

seiner Gemeinde in den USA in guter Erinnerung. Nicht wenige in St. Vincent sind der Meinung, daß Beckett 1984 die Abwahl des korruptionsumwitterten Premierministers Milton Cato entscheidend beschleunigt hat. Damals machten die Texte seiner LP »Mama« die Runde, und die Inselbewohner wählten einen Hotelbesitzer von Bequia, James F. Mitchell, zum neuen Regierungschef.

Der schwierige Weg zur Union

Milton Cato zählte zu den letzten jener alten Garde karibischer Politiker, die ihre Insel in die Unabhängigkeit führten, doch später ihr Ansehen zuweilen zu politischer Bevormundung ausnutzten. Die Bildung der kurzlebigen Westindischen Föderation war ihr Werk, nationalstaatliche Eifersüchteleien und der Zusammenbruch der Union jedoch ebenfalls. Jetzt haben die Nachfolger das Thema »Zusammenschluß« zumindest für die Kleinen Antillen wieder auf die politische Bühne getragen, und James F. Mitchell ist einer ihrer Wortführer. Für St. Vincent und die Grenadinen wäre ein Zusammenschluß der Ostkaribik wichtiger als für die Nachbarstaaten der Region: Er könnte die wirtschaftliche Überlebensfähigkeit der Insel gewährleisten.

Von einem unscheinbaren Büro über der Hauptpost in der Halifax Street von Kingstown aus dirigiert Premierminister Mitchell die Staatsgeschäfte. Lediglich der Sicherheitsposten vor dem Gebäude weist auf die Besonderheit des Ortes hin. Vor seinem Arbeitsraum sitzen stets Männer und Frauen, die den Regierungschef in »wichtigen« Geschäftsangelegenheiten sprechen wollen, etwa wegen Erbschaftsregelungen oder Stipendien für ein Studium im Ausland. Hin und wieder gibt es längere Wartezeiten, wenn eine Gruppe Aktenkoffer tragender Herren im Büro des Premiers verschwindet. Nordamerikanische Geschäftsleute geben sich zuweilen die Türklinke in die Hand, Investitionen werden erwogen, doch selten getätigt, weil womöglich die Nachbarinsel bessere Standortbedingungen bietet oder in Sachen Steuerfreiheit großzügiger ist.

Hinzu kommt, daß der Flughafen Arnos Vale bei Kingstown für die Abfertigung großer Maschinen nicht geeignet ist. Besucher aus Übersee müssen eine Zwischenstation auf Barbados oder St. Lucia einlegen: zuviel Aufwand für den Touristen und erst recht für Investoren, deren Produkte schnell und sicher beim heimischen Kunden in den USA sein sollen. So muß sich St. Vincent auf die regionalen Märkte beschränken. Eine Getreidemühle bedient alle Inseln der südlichen Antillen, eine Kartonagenfabrik ist der wichtigste Arbeitgeber in der Industrie. Sie stellt vor allem Verpackungsmaterial für den Bananentransport her. Für den Export bestimmt sind auch die schnittigen Jachten, deren Bau neben dem Fischfang eine weitere wichtige Einnahmequelle der Grenadinen ist.

Kapitän Bligh brachte den Brotfruchtbaum

In einem allerdings gehört St. Vincent zur Weltspitze, auch wenn der Exportwert in den Einnahmestatistiken, verglichen mit dem der Banane, kaum nennenswert zu Buche schlägt. Die Insel zählt zu den wichtigsten Pfeilwurz-Lieferanten der Erde. Diese Bodenpflanze findet auf den fruchtbaren vulkanischen Böden hervorragende Wachstumsbedingungen. Getrocknet und zu

▷ *Im Norden der Insel brodelt der Vulkan La Soufrière. Bei seinem Ausbruch 1979 wurden große Teile der Vulkankuppe weggesprengt; eine riesige Aschenwolke schwebte über St. Vincent. Vom Gipfel aus bieten sich faszinierende Blicke in den tief gelegenen Kratersee und über die grüne Insel.*

Pulver gemahlen, wird sie hauptsächlich zur Herstellung von Spezialpapier für Computer in die USA und nach Großbritannien exportiert. Heute hat Pfeilwurz als Rohstoff allerdings durch synthetische Ware Konkurrenz erhalten. Einen schweren Rückschlag erlitt dieser Wirtschaftszweig, als 1979 der Vulkan Soufrière ausbrach und Teile der Insel unter schwarzer Asche begrub.

Erhalten blieb jedoch jener Brotfruchtbaum im Botanischen Garten von Kingstown, den Kapitän William Bligh vor rund 200 Jahren aus dem Südpazifik in die Karibik brachte. Der glücklose Kapitän der Bounty-Meuterer war nach seiner abenteuerlichen Rettung ein zweites Mal in See gestochen mit dem Auftrag, in Tahiti Brotfruchtbaum-Setzlinge an Bord zu nehmen, von deren Anbau sich die englischen Pflanzer auf den Westindischen Inseln Vorteile versprachen. Da die

◁ *Der Brotfruchtbaum – nicht ohne Grund schmückt sein tiefgelapptes Blatt das Wappen des Inselstaates: Man sieht ihn allenthalben, vor den Hütten und als Plantagenbaum.*

▽ *Die kopfgroßen, bis zu zwei Kilogramm schweren Früchte des fast 20 Meter hohen Brotfruchtbaumes sind ein wichtiges Grundnahrungsmittel. Gegrillt, geschmort oder gebraten schmecken die Früchte ähnlich wie Kürbis.*

Früchte dieses Baumes eßbar sind, sparten sie einen Teil der Lebensmittel für ihre Sklaven, indem sie diese buchstäblich »auf die Bäume jagten«.

An dem 1793 von William Bligh angeblich persönlich gepflanzten Baum ist die Zeit zwar nicht gerade spurlos vorbeigegangen, doch die Brotfruchtbaum-Plantagen im Mesopotamia-Tal zeugen noch heute von der navigatorischen Großtat des Kapitäns Bligh.

Das Ende der Kariben-Indianer

Im Jahre 1783 war es England gelungen, sich die Insel vertraglich zu sichern, nachdem rund hundert Jahre zuvor Frankreich das Territorium für sich beansprucht hatte. Damals war es den Kariben-Indianern jedoch gelungen, ihre angestammten Rechte durchzusetzen, und St. Vincent wurde für einige Jahre zum neutralen Gebiet erklärt. Doch mit dem Herrschaftsanspruch der Engländer konnten sich die Kariben ebensowenig anfreunden. Deshalb verbündeten sie sich mit den Franzosen, mußten aber gegen die englischen Truppen eine empfindliche Niederlage einstecken. Das war das Ende der Kariben auf St. Vincent. Englische Schiffe deportierten 5000 Indianer auf die Insel Roatán im Golf von Honduras. Nur wenige entgingen der Deportation. Sie flüchteten ins Landesinnere von St. Vincent, wo sie sich am Vulkan Soufrière niederließen.

Heute stellen die Nachfahren der früheren Einwohner kaum noch ein Prozent der Bevölkerung. Die Mehrzahl der Vincenter stammt von afrikanischen Sklaven ab, die sich die Engländer für die Arbeit auf den Zukkerrohrplantagen geholt hatten. Nach der Abschaffung der Sklaverei ließen die Kolonialherren bezahlte Plantagenarbeiter aus Indien kommen, deren Nachfahren heute vornehmlich die Geschäftswelt von Kingstown prägen.

St. Vincent

Daten · Fakten · Reisetips

Landesnatur

Fläche: 388 km²
Ausdehnung: Hauptinsel
St. Vincent:
Nord-Süd 29 km,
West-Ost 17 km
Höchster Berg: Soufrière 1234 m

Der Inselstaat St. Vincent und die Grenadinen liegt in der östlichen Karibik, im Süden der Kleinen Antillen. Er umfaßt die Hauptinsel St. Vincent (345 km²) und die Inseln des nördlichen Teils der Grenadinen, darunter Bequia Island (18 km²), Mustique Island (5 km²), Canouan Island (7 km²) und Union Island (8 km²).

Naturraum

Im Norden der gebirgigen Hauptinsel St. Vincent liegt der noch tätige Vulkan Soufrière. Bei einem Ausbruch im Jahr 1902 kamen über 2000 Menschen ums Leben. Die letzte Eruption erfolgte 1979.
Nach Osten zu fällt das Gelände gleichmäßig zum Meer ab. An der buchtenreichen Westküste ragen steile Felskliffe auf. Die kleinen bergigen Inseln der Grenadinen sind ebenfalls vulkanischen Ursprungs. Hier trifft man auf schöne Sandstrände.

Klima

Das Inselklima ist tropisch. Die monatlichen Mitteltemperaturen schwanken zwischen 25 °C und 27 °C (mittlere Extremwerte: 18 °C bis 32 °C). Den tiefer gelegenen nordöstlichen Gebieten bringt der Passat im Jahresdurchschnitt 1500 mm Niederschlag, der zentralen Gebirgsregion von St. Vincent bis über 3500 mm. Während der Trockenmonate (Januar bis Mai) versiegen die meisten Wasserläufe.
Auf den wesentlich trockeneren Grenadinen herrscht oft Süßwassermangel. Im Spätsommer ziehen manchmal Wirbelstürme über das Inselgebiet hinweg.

Die Insel Mustique im Norden der Grenadinen, eines der exklusivsten Ziele im Karibik-Tourismus.

Vegetation und Tierwelt

Das gebirgige, regenreiche Innere der Hauptinsel ist mit immergrünem tropischem Regenwald bedeckt. Übermäßiger Holzeinschlag hat – besonders auf den Grenadinen – zu schweren Erosionsschäden geführt.
Von den zahlreichen Vogelarten ist vor allem die Königsamazone, eine Papageienart, zu erwähnen, die nur auf St. Vincent vorkommt.

Politisches System

Staatsname: Saint Vincent and the Grenadines
Staats- und Regierungsform: Parlamentarische Monarchie im Commonwealth of Nations
Hauptstadt: Kingstown
Mitgliedschaft: UN, Commonwealth, OAS, CARICOM, AKP

An der Spitze des Inselstaates steht das Oberhaupt des britischen Königshauses, vertreten durch einen Generalgouverneur. Die Legislative liegt beim Parlament mit 15 für fünf Jahre direkt gewählten Abgeordneten und sechs auf Vorschlag des Premiers und des Oppositionsführers ernannten Senatoren. Der Führer der Mehrheitspartei im Parlament wird zum Premierminister berufen. Das Rechtswesen ist nach britischem Vorbild aufgebaut.

Bevölkerung

Einwohnerzahl: 130 000
Bevölkerungsdichte: 335 Einw./km²
Bevölkerungszunahme: 3,2 % im Jahr
Größte Stadt: Kingstown (35 000 Einw.)
Bevölkerungsgruppen:
70 % Schwarze, 23 % Mulatten, 4 % Inder, 2 % Weiße, 1 % Indianer

Die von afrikanischen Sklaven abstammenden Schwarzen und Mulatten bilden heute die Mehrheit der Bevölkerung. Die Inder, vorwiegend im Handel tätig, sind Nachkommen von Plantagenarbeitern, die nach Abschaffung der Sklaverei auf die Zuckerrohrfelder geholt wurden. Die wenigen Weißen sind meist britischer Herkunft. Die indianische Bevölkerung (Kariben) lebt im Landesinnern. Etwa 40 % der Einwohner sind jünger als 15 Jahre.
Neben der Amtssprache Englisch werden als Umgangssprachen ein kreolisches Englisch und das »Patois« (ein französisch-kreolischer Dialekt) gesprochen.
Der größte Teil der Einwohner ist protestantisch (vor allem Anglikaner und Methodisten), ein kleiner Anteil entfällt auf Katholiken (19 %).

Soziale Lage und Bildung

Eines der Hauptprobleme des Inselstaates ist die hohe Arbeitslosigkeit (etwa 20 %); viele Männer suchen im Ausland nach Arbeit und wandern ab. Seit 1970 besteht eine gesetzliche Sozialversicherung, die u. a. eine Altersrente ab 60 Jahren beinhaltet. Die medizinische Versorgung auf St. Vincent ist ausreichend, auf den Grenadinen jedoch noch mangelhaft.
Es besteht keine Schulpflicht, doch ist kostenloser Schulbesuch für alle Bevölkerungsgruppen gesichert. Die Analphabetenrate liegt unter 5 %. Neben einer Ausbildungsstätte für Lehrer wurde eine technische Fachschule eingerichtet.

Wirtschaft

Währung: 1 Ostkaribischer Dollar (EC$) = 100 Cents (c)
Bruttoinlandsprodukt (in Anteilen):
Land- und Forstwirtschaft 16 %, industrielle Produktion 26 %, Dienstleistungen 58 %
Wichtigste Handelspartner: USA, Kanada, Großbritannien, Trinidad und Tobago

Zunehmender Fremdenverkehr, vor allem aber die traditionelle Landwirtschaft mit Früchte- und Gemüseanbau bestimmen das Wirtschaftsleben des Inselstaates.

Zwei Konfessionen, zwei Kirchen, zwei Stile in Kingstown, aber deutlich ein Ursprung: England.

Landwirtschaft

Annähernd die Hälfte der Gesamtfläche der Inseln wird landwirtschaftlich genutzt. Viele Hänge wurden für den Ackerbau terrassiert. Hauptanbauprodukte für den Export sind Bananen, Kokospalmen, das Stärkemehl der Pfeilwurz, Muskatnuß, Bataten und die hochwertige Sea-Island-Baumwolle. Zur Eigenversorgung der Insulaner werden Knollenfrüchte, Gemüse, Erdnüsse, Mais und Zuckerrohr angebaut. Das Fischereiwesen ist gut entwickelt.

Industrie, Handel

Die Agrarerzeugnisse werden in Kleinbetrieben verarbeitet. In letzter Zeit sind auch Unternehmen der Textilbranche, der Möbelindustrie und für elektronische Bauteile hinzugekommen. Ausgeführt werden Früchte, Gemüse und elektronische Bauteile; eingeführt werden Maschinen, Lebensmittel und Brennstoffe.

Verkehr, Tourismus

Das Straßennetz auf St. Vincent (rd. 400 km) ist nur zur Hälfte gut ausgebaut. Von der Küste führen einige Stichstraßen ins Hinterland. Der Nordwesten ist noch kaum erschlossen. Kingstown besitzt den einzigen Tiefseehafen der Insel. Über den Flugplatz Arnos Vale ist St. Vincent mit den internationalen Flughäfen von Barbados, Antigua, Trinidad und St. Lucia verbunden.
Der Fremdenverkehr gewinnt an Bedeutung. Die Grenadinen gelten als Seglerparadies und Kreuzfahrt-Attraktion.

Geschichte

Die Entdeckung von St. Vincent durch Kolumbus im Jahr 1493 ist nicht sicher verbürgt, auch um die Besiedlung ranken sich Legenden. Erst um die Mitte des 17. Jh. konnte der Widerstand der kriegerischen Kariben, die die Insel bewohnten, teilweise gebrochen und der größere Teil des Küstenlandes kolonisiert werden.

Wechselnde Besitzverhältnisse

Engländer und Franzosen, die beide St. Vincent in ihren Besitz bringen

Daten · Fakten · Reisetips   St. Vincent

wollten, schlossen zuerst einen Vertrag, nach dem die Insel, wie auch andere Antillen-Inseln, neutral bleiben sollte. Da der Vertrag von den Engländern aber nicht eingehalten wurde, entbrannte Ende des 17. Jh. erneut der Kampf zwischen beiden Mächten. Ebenso wie die anderen Antillen-Inseln wechselte St. Vincent in der Folgezeit mehrfach den Besitzer.
Dieser Umstand rettete die Kariben letztlich vor dem Untergang. Sie vermischten sich bald mit entlaufenen afrikanischen Sklaven. So entstand im Laufe des 18. Jh. die Bevölkerungsgruppe der »Black Caribs«. Sie ließen sich von den Europäern nicht unterwerfen und bekamen 1773 sogar ein Stück Land im Norden der Insel zugewiesen.
Mit dem Frieden von Versailles (1783) wurde St. Vincent britische Kronkolonie und in der Folge in größerem Umfang besiedelt.
Ende des 18. Jh. wurden die Auswirkungen der Französischen Revolution auch auf St. Vincent spürbar. Französische Agenten gründeten Republikanische Clubs, die sich mit den Black Caribs verbündeten. Gemeinsam eroberten sie die Insel, brannten Siedlungen nieder, vernichteten Zuckerrohrfelder und ermordeten weiße Kolonisten. Als die Briten die Insel 1796 zurückeroberten, nahmen sie etwa 5000 Indianer und Black Caribs gefangen, weil diese die Franzosen den Grenadinen in die Unabhängigkeit entlassen.

Kultur

In der Kultur des Inselstaates spiegelt sich das Erbe der französischen und britischen Kolonialzeit wider.
Als die Europäer die Insel entdeckten, war sie von Kariben bewohnt. An die indianische Urbevölkerung erinnern an mehreren Orten zahlreiche, teilweise gut erhaltene Felszeichnungen, die bis in das 6. Jh. zurückreichen. Damals lebten auf St. Vincent die Ciboney, ein Stamm von Sammlern und Fischern, die den karibischen Raum schon um 2000 v. Chr. besiedelt hatten und später durch die Arawaks von den Antillen verdrängt wurden, bevor diese den Kariben weichen mußten.
In der Nähe von Layou und Barrouallie sind zwei hohe Steine, die »Karibensteine«, zu sehen, in die eine menschliche Figur bzw. ein Gesicht eingraviert sind und die möglicherweise als Altäre verwendet wurden.
In der Altstadt von Kingstown sind viele Gebäude aus der britischen Kolonialzeit erhalten, vornehmlich aus dem 19. Jh. Besonders auffällig ist die katholische St. Mary's Cathedral, die 1877-1882 von dem Belgier Carlos Verbeke in einem eigentümlichen Mischstil aus maurischen, gotischen, romanischen und barocken Elementen erbaut wurde.

Kinderreiches St. Vincent: Rund 40 % der Einwohner sind jünger als 15 Jahre, und die Geburtenziffern sind weiterhin hoch.

unterstützt hatten, und deportierten sie auf die Insel Roatán im Golf von Honduras.
In der Folgezeit blieb St. Vincent nun unter britischer Herrschaft bzw. mit Großbritannien assoziiert: Ab 1885 war es dem Verband der Windward Islands angegliedert, von 1958-1962 gehörte es zur Westindischen Föderation und ab 1969 zu den Westindischen Assoziierten Staaten. Erst am 27. Oktober 1979 (Unabhängigkeitstag) wurde St. Vincent zusammen mit

Der 1765 angelegte botanische Garten ist der älteste auf dem gesamten Kontinent. Hier findet man noch den Brotfruchtbaum, den Kapitän Bligh (berühmt durch die Meuterei auf seinem Schiff »Bounty«) 1793 als Setzling von Tahiti mitbrachte.
Das Fort Charlotte oberhalb der Stadt, das Ende des 18. Jh. erbaut worden ist, spielte eine wichtige Rolle im Kampf gegen die Franzosen; heute ist in den Befestigungsanlagen ein Museum eingerichtet.
Bis vor kurzem machten die Fischer auf St. Vincent und den Grenadinen-Inseln Mustique und Bequia noch mit Handharpunen vom offenen Boot aus Jagd auf Buckelwale. Diese Art der Walfischjagd geht auf schottische Walfänger zurück, die sich 1840 in der Friendship Bay auf Bequia niederließen.

Reise-Informationen

Einreise- und Fahrzeugpapiere
Bürger der Bundesrepublik Deutschland und der Schweiz brauchen für die Einreise einen mindestens noch einen Monat über den beabsichtigten Aufenthalt hinaus gültigen Reisepaß bzw. Kinderausweis. Österreichische Touristen benötigen neben Reisepaß bzw. Kinderausweis ein Visum.
Fahrzeuge dürfen nur mit einer »Visitors Driver's Licence« gefahren werden, die gegen Vorlage des internationalen Führerscheins ausgestellt wird. Die Autovermieter sind in der Regel bei der Beschaffung der notwendigen »Licence« behilflich.
Zoll
Bei der Einreise sind zollfrei: pro Person ab 18 Jahre 200 Zigaretten oder 50 Zigarren oder 225 g Tabak, 1 Liter Spirituosen oder Wein und eine kleine Menge Parfüm.
Devisen
Die Ein- und Ausfuhr von Ostkaribischen Dollars (EC$) und von Fremdwährung ist unbegrenzt.
Impfungen
Für Besucher, die aus Infektionsgebieten einreisen, ist Gelbfieberimpfung vorgeschrieben.
Verkehrsverhältnisse
Es besteht Linksverkehr. Die Straßen sind meist schmal und kurvenreich. Es verkehren Minibusse zwischen Kingstown und den meisten Orten. Mietwagen stehen zur Verfügung. Zwischen St. Vincent und den Grenadinen besteht regelmäßiger Schiffsverkehr.
Unterkünfte
Angeboten werden Hotels in verschiedenen Preisklassen. Für die Hauptsaison (Dezember bis April) ist rechtzeitige Reservierung notwendig.
Reisezeit
Die beste Reisezeit ist während der Trockenmonate Januar bis Mai. Die Luftfeuchtigkeit ist das ganze Jahr über ziemlich hoch.

Länger als auf den anderen Inseln konnten sich die Kariben auf St. Vincent halten. Ihnen schreibt man diesen Altar zu.

Suriname

Günter C. Vieten

Abenteurer suchten im 16. Jahrhundert in den Bergen von Suriname El Dorado, den »Goldenen Mann« – sie fanden ihn nicht. Den Glücksrittern folgten die Siedler, unter denen das Land zu einer der grausamsten Sklavenkolonien der Neuen Welt wurde. Zwei Jahrhunderte lang lieferte die niederländische Besitzung billig Zuckerrohr, Kaffee und Kakao nach Amsterdam. Dann zwang die Sklavenbefreiung im Jahre 1863 die weißen Herren, neue Arbeitskräfte aus asiatischen Ländern zu holen. So wurde Suriname ein Vielvölkerstaat, der seit seiner Unabhängigkeit im Jahre 1975 mit den Problemen zu kämpfen hat, die ihm durch seine koloniale Vergangenheit aufgebürdet wurden. Noch kann sich die Oberschicht der in den Städten lebenden Kreolen gegenüber der asiatischen Mehrheit behaupten. In den Wäldern aber wohnen – von aller Zivilisation weitgehend abgeschieden – die Nachfahren der indianischen Ureinwohner und der rebellischen schwarzen Sklaven, die Buschneger Surinames. Jetzt kommen sie mit motorisierten Einbäumen aus der düsteren Geschichte und wollen die Zukunft des Landes mitbestimmen.

Staatsname:	Suriname
Amtssprache:	Niederländisch
Einwohner:	410 000
Fläche:	163 265 km²
Hauptstadt:	Paramaribo
Staatsform:	Präsidiale Republik
Kfz-Zeichen:	SME
Zeitzone:	MEZ −4½ Std.
Geogr. Lage:	Südamerika; begrenzt von Guyana, Brasilien und Französisch-Guayana

Der Suriname, einer der vielen Urwaldflüsse Guayanas, kommt aus den Tiefen der immergrünen tropischen Regenwälder. Im 17. und 18. Jahrhundert retteten sich viele Negersklaven auf den Flüssen in die Freiheit der riesigen Urwälder; dort lernten sie die Tücken dieser Wasserwege zu meistern – und nennen sich seither »Flußmenschen«.

Suriname gegen New York – ein Tauschgeschäft

»Vaarwel Suriname. – Tan bun, Sranang.« Am 25. November 1975 entläßt Juliana von Oranien-Nassau, Königin der Niederlande, die ehemalige Plantagenkolonie in den guayanischen Tropen mit einem »Lebewohl« in die Souveränität. Sie setzt damit den Schlußpunkt unter 308 Jahre Kolonialherrschaft. Der Juliana-Berg in den Granitmassen des surinamischen Landesinnern jedoch behält seinen Namen – die Republik kommt vorläufig nicht vom historischen Mutterland los.

Die »wilde Küste« zwischen Orinoco und Amazonas haben – wahrscheinlich – um 1500 die spanischen Schiffskapitäne Alonso de Ojeda und Amerigo Vespucci entdeckt. Neben Goldsuchern ließen sich bald auch Spezereienhändler von ihr anlocken; aber beide wurden enttäuscht. Gegen Ende des 16. Jahrhunderts nahm Spanien das Land offiziell in Besitz, doch als erste siedelten sich um 1630 Engländer hier an, zu denen italienische und niederländische Juden kamen. Damals entstanden die ersten Zuckerrohrplantagen.

1650 kam dann das gesamte Guayana, dessen »Mittelstück« Suriname darstellt, unter britische Herrschaft. Aber schon 1667, gegen Ende des zweiten englisch-niederländischen Seekrieges, segelte der holländische Admiral Abraham Crijinssen mit seinen kanonenbestückten Schiffen unter falscher Flagge ein Stück weit den Suriname hinauf und nahm das englische Fort in Paramaribo ein – ein Handstreich, der kurz darauf im Frieden von Breda (Juli 1667) besiegelt wurde: England behielt das den Niederländern abgenommene »Neu-Belgien« mit Nieuw Amsterdam, dem heutigen New York, dafür fiel Suriname an die Niederlande.

Guayana blieb auch noch im 18. Jahrhundert zwischen Niederländern, Franzosen und Briten umstritten, aber die Niederländer (Holländer) verstanden es, die Souveränität über ihr Mittelstück Suriname zu behaupten. Die Verwaltung lag dabei in den Händen einer »Oktroyierten Sozietät«, einer von der niederländischen Regierung privilegierten Gesellschaft. Deren Anteile an der Kolonie gehörten zu je einem Drittel der Westindischen Kompanie, dem ersten Gouverneur Cornelis van Aerssen (und nach dessen Ermordung im Jahr 1688 seinen Erben) sowie der Stadt Amsterdam, an die 1770 auch noch der Anteil der Van-Aerssen-Nachkommen fiel.

Die knapp 200 Jahre zwischen der Inbesitznahme des Landes und der Abschaffung der Sklaverei in Suriname im Jahre 1863 gehören zu den grausamsten Kapiteln der Ausbeutung des Menschen durch den Menschen. Sie haben das »afrikanischste« Rebellenvolk der Neuen Welt hervorgebracht, die Buschneger von Suriname, die heute etwa zehn Prozent der Bevölkerung ausmachen. Die weißen Siedler hatten zunächst die Arawak-Indianer versklavt und, als diese Eingeborenen wie die Fliegen starben, Negersklaven in großer Zahl herbeigeschafft. So zählte man bereits gegen Ende des 18. Jahrhunderts auf den 600 Plantagen Surinames 60 000 Sklaven; auf einen Weißen sollen damals 15 schwarze Zwangsarbeiter gekommen sein.

Viele Völker, keine Nation

Den Mangel an Arbeitskräften nach Abschaffung der Sklaverei suchte man durch die Einwanderung von Indern und Javanern zu kompensieren. Die Inder bilden denn auch heute die größte Gruppe unter den Völkerschaften Surinames; allerdings sind die Stadtkreolen, von denen sich viele ihre Bildung bei den Niederländern geholt haben, – zunächst noch – die do-

▽ *Rush-hour in Paramaribo. Allzuviel ist meist nicht los: Die Hauptstadt hat ihr koloniales Gepräge behalten, wirkt eher verschlafen. Autoverkehr beschränkt sich in Suriname fast gänzlich auf die Städte: Eine einzige große Straße verbindet die drei Hauptstädte Guayanas – Georgetown, Paramaribo und Cayenne.*

minierende Schicht. Aus dieser kreolischen Bevölkerungsgruppe kommen die surinamischen Politiker, die von Beginn der siebziger Jahre an mit antikolonialen Kreisen in den Niederlanden die Unabhängigkeit ihres Landes durchsetzten.

Aber: Die meisten Surinamer halten die Trennung vom Mutterland für überstürzt. Ihr Vielvölkerland hat noch keine nationale Identität entwickelt. Die Menschen besitzen keine gemeinsame Muttersprache und wurzeln in Kulturen und Religionen, die nichts verbindet. Doch niemand hatte die im Urwald lebenden Indianer und Buschneger nach ihrer Meinung gefragt. Auch die aus Java stammenden Surinamer zählten nicht mit. Und bis zuletzt hatte sich die Partei der indischen Händler und Bauern gegen die völkerrechtliche Freisetzung des Landes aufgelehnt. Die Opposition war zwar in der Mehrheit, konnte jedoch gegen den gesammelten Willen der schwarzen Linken in Paramaribo und der weißen Linken in Den Haag nichts ausrichten, da eine Volksabstimmung in Suriname unterblieb.

Gegner der Selbständigkeit wurden mit der Zusage von 3,4 Milliarden Gulden Staatsaufbauhilfe beschwichtigt, zahlbar in projektgebundenen Terminen bis 1985. Doch selbst dieses generöse Abschiedsgeschenk von 10 000 Gulden pro Kopf der Bevölkerung, mit dem die Niederlande eine »historische Ehrenschuld« einzulösen gedachten, hatte keine vertrauensbildende Wirkung. Konservative Bürger trauten den politischen Emporkömmlingen kein krisenfestes Landesmanagement zu. Die Infrastruktur Surinames war schlecht entwickelt. Korruption und Vetternwirtschaft plagten die Gesellschaft. Bei den Asiaten kam Furcht vor Rassenkonflikten mit

der Oberschicht hinzu. Am Ende buchte jeder dritte Surinamer ein Fluchtticket nach Amsterdam.

Rund 300 000 Kreolen, Inder und Javaner in Suriname optierten für den niederländischen Paß, der ihnen ihr Eldorado zu versprechen schien. Nachdem weiße Glücksritter vor 400 Jahren gehofft hatten, in Suriname das Land des goldbestäubten Kaziken zu finden, suchten nun die farbigen Menschen ihr Glück in der umgekehrten Richtung: an der Nordsee. Die »Rijksgenoten« aus dem tropischen Armeleutehaus stießen bald an die Toleranz-

Ein neuer Schienenstrang in die Alaunberge im Westen des Landes sollte Prestige und Staatseinkommen erhöhen, führte jedoch »vom Nichts nach Nirgendwo«. Das Volk verarmte zusehends. Die Regierung in Den Haag versuchte sich noch einmal an der Fernsteuerung des surinamischen Schicksals und kontrollierte über ihre Kapitaltransfers bald wieder die Entwicklung des kleinen Landes in Übersee.

Noch immer: Folgen der Kolonialherrschaft

Aber dann stürzten 1980 sieben Unteroffiziere und ein Leutnant die Regierung. Der »Militärische Nationalrat« setzte die Verfassung außer Kraft und orientierte sich an den antikapitalistischen Systemen Kubas und Libyens. Als die Korporalsjunta 1982 in Paramaribos ehemaliger Zwingburg Fort Zeelandia politische Gegner liquidierte, stellten die Niederlande ihre Entwicklungshilfe ein. Suriname war bald hoch verschuldet. 1986 mobilisierte sich im Landesinnern eine Freischar von Buschnegern, die gegen den kreolischen Militärdiktator Desi Bouterse zu Felde zog, der vordem unter anderem in einer Nato-Einheit bei Bremen gedient hatte.

Staatsarmut, sinkender Lebensstandard und wachsender Widerstand gegen die Soldatenherrschaft zwangen den Militärrat Ende 1987 zur Kursänderung. Mit Unterstützung der früheren Parteien kamen nach einem Referendum eine neue parlamentarische Verfassung und die Wahl am 25. November 1987 zustande. Doch zu Beginn der neunziger Jahre waren die Machtstrukturen noch labil. Man diskutierte über Commonwealth-Beziehungen zu dem ehemaligen Mutterland.

Die Probleme Surinames rühren aus einer Kolonialherrschaft, die fremde Länder und fremde Menschen planlos an sich riß und sie wieder verließ, als sie damit nichts mehr anfangen konnte.

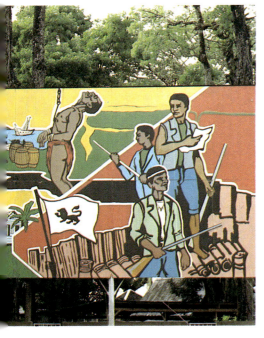

◁ *Die Geschichte Surinames, in Bildern erzählt auf einer Plakatwand in Paramaribo. Eindringen der Europäer, Ausrottung der indianischen Ureinwohner, Einfuhr von Negersklaven und ihre brutale Behandlung durch die Plantagenaufseher, schließlich der Stolz auf die Unabhängigkeit.*

△ *Djoemoe-Dorf am Oberlauf des Suriname, wo auch der Granman vom Buschnegerstamm der Saramaccaner seinen Sitz hat. Im Bauxitland Suriname gehört Aluminiumgeschirr selbst hier zum Haushalt. Aus Furcht, es könne sonst einmal leer bleiben, wird es ständig poliert.*

grenze der niederländischen Großstädte. Auf der anderen Seite des Ozeans führte die Auswanderungswelle zur akuten Schwächung der jungen Republik. Dem dünnbesiedelten Land fehlten geschulte Köpfe und fleißige Hände.

Die kreolische Elite nährte sich an den Gulden, die von der Nederlandse Bank kamen. Bauxit, Tonerde und Aluminium, vor 1980 mit über 80 Prozent des Ausfuhrwerts notiert, waren die wichtigsten Devisenquellen; doch der Erlös ging auf die Konten amerikanischer und niederländischer Konzerne.

Die schwarze Seite

Die an den Oberläufen der Urwaldströme Marowijne, Suriname und Saramacca lebenden Buschneger-Stämme gehen auf die Maroons des 17. und 18. Jahrhunderts zurück: gebrandmarkte Negersklaven, die von den Plantagen ins undurchdringliche Hinterland der Kolonie geflohen waren. Von dort aus traten sie zu einem fast 100 Jahre dauernden Kleinkrieg gegen die Weißen an. Ein »Korps Schwarzer Jäger« und weiße Söldner jagten sie gegen Kopfprämie, um sie aufs qualvollste zu töten, sobald sie ihrer habhaft wurden. Von einem britischen Offizier der niederländischen Söldnertruppe, die 1772 nach Suriname kam, ist ein Bericht bekannt, wonach Sklaven dort bei lebendigem Leib von Pferden zerrissen oder an brennende Öfen gekettet worden seien. Die niederländische Kolonie war wegen dieser Greuel in ganz Westindien verrufen. Nach einer Studie des Königlichen Tropen-Instituts in Amsterdam ist die Sklaverei in der Neuen Welt »nirgendwo so sehr in persönlichen Sadismus ausgeartet wie in Suriname«.

Die Buschneger hier haben keine geschriebene Geschichte, leben jedoch in einem gesellschaftlichen und geistigen Kosmos, den sie nach den Regeln und Vorstellungen ihrer westafrikanischen Urheimat geschaffen haben. Die Hüter dieses Erbes sind ihre Könige (Granmans), Ahnenpriester, Orakeldeuter und Medizinmänner. Sie sprechen Stammesdialekte des »Taki-Taki«, einer Mischsprache aus europäischen und afrikanischen Elementen, die in der Sprachenverwirrung der Sklavenzeit entstanden ist.

Drei Jahrhunderte nachdem die Schiffsverfrachtung ihrer Vorfahren begonnen hatte, besuchten die vier Granmans von Suriname 1970 unter Führung der Amsterdamer Historikerin Silvia de Groot die Heimat ihrer Vorfahren in Afrika. Erschütterung bemächtigte sich der schwarzen Männer, als man sie durch die alten Sklavenforts von Ghana führte. An den westafrikanischen Höfen und Heiligtümern wurden sie wie Verwandte empfangen.

Der protestantische Granman der Saramaccaner verglich das Schicksal seiner Ahnen mit dem Verkauf Josephs durch seine Brüder. Und der Granman der Djuka flüsterte beim Anblick einer zu ihren Ehren gedeckten Festtafel: »Die Rechnung wird hier mit Geld beglichen, das für unsere Vorväter bezahlt worden ist.«

Suriname 337

Suriname — Daten · Fakten · Reisetips

Landesnatur

Fläche: 163 265 km² (zweimal so groß wie Österreich)
Ausdehnung: Nord–Süd 450 km, West–Ost 400 km
Höchster Berg: Juliana Top 1230 m
Längste Flüsse: Corantijn 700 km (mit Coeroeni und Sipaliwini), Marowijne 720 km (mit Lawa und Litani)

Suriname, das mittlere der drei Guayanaländer, liegt an der Atlantikküste im nördlichen Südamerika.

Naturraum

Im Bereich der Nordabdachung des Berglandes von Guayana gelegen, stellt Suriname großenteils ein örtlich stark zerschnittenes Hochland dar, über das einzelne markante Bergzüge aufragen. Zerbrochene Schollen des Grundgebirges formen das in der Landesmitte gelegene Wilhelmina-Gebirge mit dem Juliana Top (1230 m) als höchster Erhebung des Landes. Zum Atlantik hin schließt eine Hügelzone an, die in das Küstentiefland überleitet, eine 20 bis 100 km breite, fruchtbare Schwemmebene, die von Sümpfen durchsetzt ist. Hier befindet sich das Agrargebiet von Suriname, das stellenweise durch Einpolderung gewonnen wurde.
Die beiden größten der sämtlich nordwärts fließenden Flüsse, Corantijn und Marowijne (auch Maroni), bilden die Grenze zu Guyana und Französisch-Guayana. Der Suriname ist im Mittellauf bei Brokopondo zum »W. J. Van Blommestein Meer« aufgestaut.

Klima

Das tropische Klima wird durch konstant hohe Jahrestemperaturen (um 27 °C) geprägt; die Tagestemperaturen im Gebirge schwanken stark. In zwei Regenzeiten (Mai bis August und November bis Januar) fallen an der Küste 1500 mm, an den Berghängen bis 2500 mm Niederschlag.

Gefährlich blitzen die scharfen Zähne der Piranhas; in den Urwaldflüssen Surinames sind diese Raubfische massenhaft verbreitet.

Gut getarnt in der grünen Hölle: eine Baumschlange.

Vegetation und Tierwelt

Die z. T. sumpfige Küste ist von Mangrovenwäldern gesäumt. Dahinter erstreckt sich savannenartige Vegetation. Das Landesinnere wird von tropischem Regenwald beherrscht; insgesamt sind 85 % des Landes bewaldet. Die größten vorkommenden Säugetiere sind Jaguare, Pumas, Ozelote, Tapire, Pakiras (Wildschweine) und Affen sowie an der Küste die seltenen Manatis (Seekühe); daneben gibt es verschiedene Schlangen-, Echsen-, Schildkröten- und Fledermausarten. Unter den mehr als 600 Vogelarten sind besonders Kolibris, Papageien und Schopfhühner hervorzuheben. Für seltene Tiere und Pflanzen gibt es acht Naturschutzgebiete.

Politisches System

Staatsname: Republiek van Suriname
Staats- und Regierungsform: Präsidiale Republik
Hauptstadt: Paramaribo
Mitgliedschaft: UN, OAS, SELA, AKP

Nach der am 30. 9. 1987 per Volksentscheid angenommenen Verfassung ist Suriname eine parlamentarische Demokratie. Am 25. 11. 1987 fanden erstmals seit zehn Jahren freie, geheime und allgemeine Wahlen statt, zu denen auch die Parteien wieder zugelassen waren. Jedoch hat sich das Militär das Recht vorbehalten, jederzeit einzugreifen, wenn die »Errungenschaften der Revolution« gefährdet scheinen.
Legislative ist die Nationalversammlung mit 51 Abgeordneten, die direkt vom Volk für vier Jahre gewählt werden. Die Nationalversammlung wählt mit Zweidrittelmehrheit den Staatspräsidenten für eine Amtszeit von fünf Jahren; der Präsident hat umfassende Exekutivbefugnisse. Der Führer der Parlamentsmehrheit wird zum Ministerpräsidenten ernannt.
Das zentralistisch verwaltete Land ist in neun Distrikte aufgeteilt. Das Rechtswesen entspricht dem der Niederlande.

Bevölkerung

Einwohnerzahl: 410 000
Bevölkerungsdichte: 2 Einw./km²
Bevölkerungszunahme: 0,2 % im Jahr
Größte Stadt: Paramaribo (200 000 Einw.)
Bevölkerungsgruppen: 54 % Asiaten (Inder, Indonesier, Chinesen), 31 % Kreolen, 10 % Schwarze, 3 % Indianer, 1 % Weiße

Die ethnisch sehr verschieden zusammengesetzte Bevölkerung Surinames lebt zu mehr als 80 % in der Küstenregion, vor allem im Großraum von Paramaribo. Zu je etwa einem Drittel besteht sie aus Indern (Hindustani) und Kreolen. Drittstärkste Gruppe (15 %) sind die Indonesier, zumeist Javaner. Den Rest bilden Weiße (meist Niederländer) und Chinesen sowie im Landesinneren Indianer (Oayana, Trio) und die als Buschneger (Maroons) bezeichneten Nachkommen geflohener schwarzer Sklaven. Vor allem zwischen Indern und Kreolen gibt es erhebliche Spannungen. Die Bevölkerung setzt sich überwiegend aus jüngeren Menschen zusammen (80 % unter 35 Jahren). Neben der Amtssprache Niederländisch, das nur etwa 40 % der Surinamer sprechen, und den Sprachen der verschiedenen Volksgruppen dienen die beiden Mischsprachen Sranan Tongo, volkstümlich Taki-Taki genannt, und Saramaccan der Verständigung. Als Verkehrssprache ist Englisch wichtig. Konfessionell sind Protestanten, Katholiken, Hindus und Muslime ungefähr gleich stark vertreten.

Soziale Lage und Bildung

Bedingt durch Rassenunruhen und hohe Arbeitslosigkeit kam es nach der Unabhängigkeit zwischen 1975 und 1980 zur Auswanderung von etwa einem Drittel der Bevölkerung in die Niederlande. Die Masse der armen Bevölkerung ist sozial überhaupt nicht abgesichert. Eine staatliche Krankenversicherung gibt es nicht.
Seit 1976 besteht allgemeine Schulpflicht vom 6. bis 12. Lebensjahr; die Analphabetenrate liegt bei etwa 10 %. Die einzige Universität wurde 1968 in Paramaribo eingerichtet.

Wirtschaft

Währung: 1 Suriname-Gulden (Sf) = 100 Cents (cts)
Bruttoinlandsprodukt (in Anteilen): Land- und Forstwirtschaft 8 %, industrielle Produktion 34 %, Dienstleistungen 58 %
Wichtigste Handelspartner: EG-Staaten, USA, Kanada

Basis des Wirtschaftslebens und des immer noch beachtlichen Lebensstandards sind die reichen Bauxitvorkommen des Landes, die entweder direkt exportiert oder erst zu Tonerde bzw. Aluminium weiterverarbeitet werden. Aufgrund der Bürgerkriegswirren und des Verfalls der Exporterlöse war die Wirtschaftsentwicklung in den letzten Jahren z. T. stark rückläufig; die Arbeitslosigkeit liegt bei etwa 30 %; besonders betroffen sind Jugendliche.

Bauxit, Wirtschaftsfaktor Nummer eins, wird in modernen Fabrikanlagen zu Aluminium verarbeitet.

Landwirtschaft

Nur die küstennahen Gebiete (etwa 0,4 % des Staatsgebietes) werden für den Anbau genutzt. Die wichtigsten Agrarprodukte sind Reis, Zuckerrohr, Bananen, Zitrusfrüchte.

Bodenschätze, Industrie

International zählt Suriname zu den sechs größten Bauxitförderern. Die Aluminium-Industrie leidet unter der Sabotage der Rebellen. Daneben gibt es Fabriken zur Holzverarbeitung sowie zur Getränke- und Zuckerherstellung.

Handel

Ausgeführt werden Tonerde, Bauxit, Aluminium, Holz, Reis, Früchte und Shrimps. Eingeführt werden Fahrzeuge, Maschinen, Rohstoffe, chemische Erzeugnisse und Lebensmittel.

Verkehr, Tourismus

Das Straßennetz (2500 km befestigte Straßen) konzentriert sich auf die Küstenregion. Wichtigster Hafen ist Paramaribo; südlich der Hauptstadt liegt der moderne internationale Flughafen Zanderij. Der Tourismus gewinnt allmählich an Bedeutung.

Daten · Fakten · Reisetips — Suriname

Geschichte

Suriname war schon 1000 v. Chr. von Indianern besiedelt; Zeugnisse seiner Geschichte gibt es aber erst seit der Entdeckung der »wilden Küste« Guayanas gegen Ende des 15. Jh. (Kolumbus 1498, Vespucci und Ojeda 1499, Yáñez Pinzón 1500). Gemäß dem 1494 mit Portugal geschlossenen Vertrag von Tordesillas gehörte dieser Teil Südamerikas zum spanischen Expansionsraum; 1593 wurde Suriname offiziell von Philipp II. beansprucht. Da es in Guayana weder Gold noch andere Schätze gab, zeigten Spanier wie auch Portugiesen kein Interesse an dem unwirtlichen Land. So konnten sich in der Folge Niederländer, Briten und Franzosen festsetzen.

Niederländisch-Guayana

Nach der Entdeckung dauerte es noch 100 Jahre, bis die ersten europäischen Siedler in Guayana Fuß faßten: Niederländer, die Handelsniederlassungen an den Flüssen gründeten. Auf den fruchtbaren Böden der küstennahen Gebiete entstanden später Tabak- und Zuckerrohrplantagen. Eine planmäßige Besiedlung gelang jedoch erst den Briten 1651 von Barbados aus.
Die Briten eroberten in den folgenden Jahren ganz Guayana, verloren es aber 1667 im zweiten englisch-niederländischen Seekrieg. Noch im selben Jahr konnte Großbritannien die südamerikanische Kolonie zurückerobern, überließ sie aber im Frieden von Breda (1667) den Niederlanden im Tausch gegen deren nordamerikanische Kolonie Neu-Amsterdam, das heutige New York.
1676 mußten die Niederländer die Existenz einer französischen Kolonie am Cayenne, das heutige Französisch-Guayana, anerkennen. Als die Franzosen während der Revolutionskriege auch Niederländisch-Guayana in ihre Gewalt brachten, besetzten es die Briten erneut von 1799 bis 1802 und von 1804 bis 1814. Bei der Rückgabe (Konvention von 1814) wurde Britisch-Guayana, das heutige Guyana, abgetrennt.
Die Entwicklung der Kolonie war eng mit der Plantagenwirtschaft verbunden. Die 1621 gegründete Holländisch-Westindische Kompanie versorgte die Plantagen mit schwarzen Sklaven, die das Klima besser vertrugen als die Europäer. Zahlreiche Sklaven flüchteten in den Urwald, wo ihre Nachkommen noch heute leben. Man nennt sie Buschneger oder Maroons. Nach der Abschaffung der Sklaverei 1863 traten Kontraktarbeiter aus Indien, Indonesien und China an die Stelle der Schwarzen.

Surinames Weg in die Unabhängigkeit

Bis zum Zweiten Weltkrieg war Suriname für die Niederlande eine recht unbedeutende Kolonie. Erst 1954 wurde es gleichberechtigter Bestandteil des Königreichs mit innerer Selbstverwaltung. Auf Drängen des

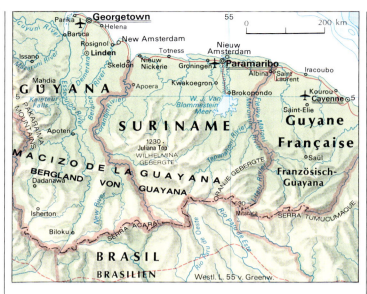

kreolischen Bevölkerungsteils hin wurde Suriname schließlich am 25. 11. 1975 in die Unabhängigkeit entlassen. Die engen Bindungen zum Mutterland, das Suriname noch zehn Jahre lang finanziell unterstützen wollte, zerbrachen Ende 1982 nach mehreren Militärputschen.
Ende 1990 wurde Präsident Ramsewak Shankar durch einen Militärputsch gestürzt. Nach einer Übergangszeit soll die Nationalversammlung einen neuen Präsidenten sowie eine neue Regierung wählen.

Kultur

Die Kultur Surinames wird von großen ethnischen Gegensätzen geprägt; sie sind ein Erbe der Kolonialzeit.
Reste der indianischen Urbevölkerung findet man fast nur noch im Lan-

Gandhi – Identifikationsfigur für die Hindustani in Suriname.

desinnern – in verstreuten Dörfern entlang des Marowijne bei Jodensavanne und Apoera (am Corantijn). Die Buschneger leben an den Flüssen im Landesinnern und halten an ihren aus Westafrika stammenden Glaubensvorstellungen und Riten fest. Bei den in Küstennähe lebenden Buschnegern sind diese Glaubensvorstellungen zunehmend mit Elementen des Christentums vermischt. Sie pflegen Besessenheitskulte (Winti) mit speziellen Trancetänzen, »gute« (Obia) und »böse Magie« (Wisi) sowie einen besonderen Totenkult.
Besonders deutlich werden die kulturellen Unterschiede in der Hauptstadt Paramaribo und ihrer Umgebung: Neben zahlreichen Gebäuden im niederländischen Kolonialstil aus dem 18. und 19. Jh. findet man hier einen Hindu-Tempel, eine Moschee und eine Synagoge. Sehenswert sind auch das vor kurzem renovierte Fort Zeelandia, das früher das Suriname-Museum beherbergte und heute wieder vom Militär beansprucht wird, und das 1639 gegründete Jodensavanne mit der ältesten Synagoge Amerikas, die in Teilen wiederhergestellt worden ist. Auch die vielen Sprachen Surinames spiegeln kulturelle Gegensätze wider.
Und sechs Rundfunkstationen senden Programme in Niederländisch, Hindi, Sranan Tongo und Javanisch. Das Fernsehprogramm wird in niederländischer Sprache ausgestrahlt; in Niederländisch erscheint auch die einzige Tageszeitung (»De Ware Tijd«).

Reise-Informationen

Einreise- und Fahrzeugpapiere
Bürger der Bundesrepublik Deutschland, Österreichs und der Schweiz benötigen für einen Aufenthalt bis zu 30 Tagen einen gültigen Reisepaß bzw. Kinderausweis und (außer Schweizer Bürgern) ein Visum.
Als Fahrerlaubnis ist der internationale Führerschein erforderlich.

Zoll
Für Personen ab 18 Jahre sind zollfrei: 400 Zigaretten oder 100 Zigarren oder 200 Zigarillos oder 500 g Tabak, 2 Liter Spirituosen, 4 Liter Wein, 50 g Parfüm und 1 Liter Toilettenwasser.

Devisen
Bei der Ein- und Ausreise dürfen bis zu 100 Suriname-Gulden (Sf) mitgeführt werden; Fremdwährung kann bei der Einreise unbeschränkt (Deklaration erforderlich), bei der Ausreise bis zur Höhe der deklarierten Einfuhr abzüglich des geltenden Mindestumtauschsatzes mitgenommen werden.

Impfungen
Für Besucher, die aus Infektionsgebieten einreisen, ist Gelbfieberimpfung vorgeschrieben. Sie wird empfohlen, wenn man sich für längere Zeit außerhalb der Städte aufhält. Malariaschutz ist für das ganze Land erforderlich.

Verkehrsverhältnisse
Es herrscht Linksverkehr. Ordentliche Straßen gibt es nur an der Küste und von Paramaribo südlich bis Brokopondo. Im Küstengebiet verkehren regelmäßig Autobusse. Die nationale

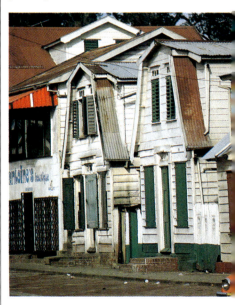

Niederländische Reminiszenzen in Paramaribo: Die Dächer der Häuser erinnern an die Trachtenkappen holländischer Frauen.

Fluggesellschaft SLM unterhält Verbindungen zwischen allen größeren Städten und einigen Siedlungen im Landesinnern.

Unterkünfte
Hotels von europäischem Standard findet man an der Küste.

Reisezeit
In Suriname unterscheidet man vier Jahreszeiten: Die kleine Trockenzeit von Februar bis April, die gleichzeitig die beste Reisezeit ist, die große Regenzeit von Mai bis August, die große Trockenzeit von August bis November und die kleine Regenzeit von November bis Januar (Tagesdurchschnittstemperaturen 27–30 °C).

Trinidad und

Roshan Dhunjibhoy

Tobago

Farbenprächtige Kostüme und heiße Calypso-Rhythmen der Steel Bands – das ist »Mas«, der Karneval von Trinidad.

Es ist schon ein grundverschiedenes Inselpaar, das da 1889 »verwaltungsmäßig« zu einer britischen Kolonie vereinigt wurde: hier das abgeschieden stille Tobago, dort das rund 30 Kilometer südlicher gelegene, aufregend schrille Trinidad mit dem weithin bekannten »Carnival«, dem Calypso und den dröhnenden Steel Bands – Orchestern mit oft zwanzig und mehr Stahltrommeln.

Über 96 Prozent der Bevölkerung leben auf Trinidad, so daß sich Tobago noch heute »paradiesisch« geben kann. Auf Tobago, so heißt es denn auch, erhole man sich von Trinidad.

Die Einheit Trinidad und Tobago umfaßt die beiden südlichsten und exotischsten Inseln der Karibik, die durch bedeutende Erdölvorkommen in Trinidad auch zu ihren wohlhabendsten zählen. Dennoch lebt die Bevölkerung in eher bescheidenen Verhältnissen. Aber die sind vergessen, wenn der beste Calypsosänger zum Karnevalskönig bestimmt ist und unter den Steel-Band-Rhythmen der Himmel über Port of Spain einzustürzen droht.

Staatsname:	Republik Trinidad und Tobago
Amtssprache:	Englisch
Einwohner:	1,35 Millionen
Fläche:	5128 km²
Hauptstadt:	Port of Spain
Staatsform:	Präsidiale Republik
Kfz-Zeichen:	TT
Zeitzone:	MEZ −5 Std.
Geogr. Lage:	Karibik, vor der Nordküste Venezuelas

Mas und Calypso – Karneval in Trinidad

Nur wenige Stunden nach dem Abflug von London nach Trinidad, war es plötzlich, als scheine bereits die karibische Sonne in die Kabine. Die Passagiere an Bord, von denen viele nach Hause zum Karneval flogen, verfielen sichtlich in Urlaubsstimmung. Ein junger Mann, offenbar aus Trinidad, wandte sich an eine junge Engländerin, die neben ihm saß, und fragte: »Yuh playin' mas? Who yuh playin' with?« Es war die um diese Jahreszeit unvermeidliche Frage: »Was machen Sie im Karneval?«

Trinidad, das ist »Mas« (Masquerade), ist Karneval.

Der Karneval von Trinidad ist nicht so berühmt wie der von Rio, doch er ist genauso wild, so rhythmisch und prächtig und ebenso wie dort ein Bestandteil des Lebens. Ursprünglich war er ein elegantes Vergnügen der französischen und spanischen Aristokratie in Trinidad, doch nach der Beendigung der Sklaverei in den dreißiger Jahren des 19. Jahrhunderts wandelte er sich zu einem Straßenfest der Farbigen – ein Ausdruck der Freiheit. Mit Ulk und Ironie wurden die Kolonialherren verspottet, die deshalb viele Jahrzehnte lang versuchten, Mas zu unterbinden.

Das politische Element des Mas spielt heute nicht mehr die Rolle wie einst. Nicht, daß es unterdrückt würde – die vielen Mas-Gruppen richten heute vielmehr ihr Hauptinteresse darauf, sich gegenseitig an Prächtigkeit zu übertrumpfen. Der Karneval ist deswegen nicht weniger ausgelassen als früher.

Die Seele des Karnevals (und ganz Trinidads) ist der Calypso, und der ist weit mehr als nur Rhythmus und Melodie: Calypso ist eine lebende Zeitung, ist politischer Kommentar, beißende Sozialkritik. Seine Wurzeln liegen in den Hütten Westafrikas; auf Trinidad entwickelte er sich zur Straßenmusik, deren Inhalte sich gegen die Kolonialherren richteten. Als diese versuchten, den Calypso wegen seiner politischen Brisanz zu unterdrücken, wurden etliche Calypsosänger geradezu zu Volkshelden. Seit in den dreißiger Jahren der Calypso vom Kommerz entdeckt wurde, verflachten die Texte zusehends, doch haben sie in den letzten zwei Jahrzehnten wieder etwas von ihrer einstigen Schärfe zurückgewonnen.

▽ *Tropische Vegetation wuchert üppig auf Tobago, der geruhsamen kleinen Schwester des hektischen Trinidad.*

▷ *Viktorianische Imponierarchitektur in Port of Spain: das Queen's Royal College im Savannah-Park, einem riesigen Erholungsgelände am Rande der Hauptstadt.*

Zwei Inseln – zwei Gesichter

Die Geschichte der beiden Inseln verlief sehr unterschiedlich. Trinidad war bis zur Übernahme durch die Briten 1802 zwar umkämpft, aber beständig unter spanischer Herrschaft, während Tobago in der Zeit der Kämpfe zwischen den Europäern um Besitz in der Karibik häufig den Herrn wechselte: Holländer, Spanier, Franzosen und Engländer lösten einander immer wieder ab. Die Engländer waren es schließlich, die gegen Ende des letzten Jahrhunderts die beiden Inselkolonien zu einer Verwaltungseinheit zusammenschlossen.

Die ungewöhnliche Geschichte erklärt die ungewöhnliche Zusammensetzung der Bevölkerung. Zwei Hauptgruppen bestimmen das Bild. Da sind einmal die Schwarzen, deren Vorfahren von den Kolonialherren als Sklaven aus verschiedenen Gegenden Afrikas herangebracht wurden – sie machen etwa 40 Prozent der 1,2 Millionen Bewohner aus. Ungefähr gleich groß ist die Gruppe der Nachfahren indischer Arbeiter, die nach der Aufhebung der Sklaverei (1834–1838) von den Briten angesiedelt wurden. Zu den Minderheiten gehören neben den indianischen Ureinwohnern und den Engländern Men-

schen aus China, dem Mittleren Osten, Portugal, Madeira und verschiedenen Mittelmeerländern. Die traditionelle Rollenverteilung (Weiße und Inder in der Wirtschaft, Afrikaner im Dienstleistungsbereich; Inder in der Opposition, Afrikaner in der Regierung) löst sich allmählich auf.

Mit dem Erdöl begann die wirtschaftliche Stabilität

Seit Trinidad und Tobago 1962 die Unabhängigkeit erlangten, erfreute sich das Land weitgehender politischer Stabilität. Die von Eric Williams gegründete und bis zu seinem Tod 1981 geführte PNM (People's National Movement) regierte bis 1986. Seitdem koalieren verschiedene Parteien. Die PNM ist konservativ ausgerichtet und hat ihre Anhänger vorwiegend unter den Schwarzen der Städte.

1976 machte Williams Trinidad und Tobago zur Republik; es verblieb jedoch im Commonwealth. Nicht zuletzt Eric Williams verdankt das Land auch seine wirtschaftliche Stabilität. Ursprünglich lebte man vom Export der Produkte des Landes: Zucker, Kakao, Kaffee, Zitrusfrüchte. Später wurde Erdöl entdeckt und brachte dem Land reiche Gewinne. Williams erkannte, daß die Agrarausfuhren zurückgehen würden, und nutzte die Ölprofite, um eine Schwerindustrie aufzubauen, die die benötigte Energie aus den vor Trinidad liegenden Erdgasfeldern bezog. Dank dieser Voraussicht ist die Republik Trinidad und Tobago heute der reichste Staat der englischsprachigen Karibik, aber der Verfall der Ölpreise hat dem Land wirtschaftlich stark zu schaffen gemacht. Der Höhenflug ist vorbei – man hat gegen Arbeitslosigkeit, Inflation und wirtschaftlichen Abstieg zu kämpfen.

Ein Land für Entdecker

Im Gegensatz zu Tobago entspricht Trinidad nur sehr bedingt dem Klischee, das sich Europäer von südlichen Inseln machen. Es ist eher eine Insel für unternehmungslustige Entdecker als für Leute, die zwischen den einzelnen Sonnenbädern gezielt berühmte Sehenswürdigkeiten und Panoramen erleben wollen.

Port of Spain, die Hauptstadt, ähnelt auf den ersten Blick einem Katastrophengebiet – jedenfalls was die Stadtplanung angeht. Das Meer ist zugebaut, viele Häuser und Straßen rotten vor sich hin, und Parken ist so gut wie unmöglich. Die Stadt wirkt wie ein chaotischer Organismus, zugleich aber vermittelt sie eine intensive Lebendigkeit. Der ruhende Pol und Stolz der Stadt ist der 220 Hektar große Queen's Park Savannah, ein Stück offenes Land zwischen der Stadt und den Hügeln. Umgeben von Bäumen und Villen liegt dieses Erholungsgebiet, in dem man Picknick macht, Drachen steigen läßt oder Cricket spielt. An Renntagen wird hier auf Pferde gewettet, und wenn Mas ist, finden die größten Veranstaltungen in diesem Park statt.

Trinidad bietet eine einzigartige Vielfalt von Landschaften. Bergige Regenwälder, Mangrovensümpfe, Strände und Savannengebiete liegen dicht beieinander. Einst war die Insel mit Südamerika verbunden. Daher haben sich sowohl kontinentale als auch insulare Flora und Fauna auf engstem Raum erhalten – und das in überwältigender Fülle. Man zählte über 600 Schmetterlingsarten, 400 Vogelarten, 100 Säugetier- und 70 Reptilienarten sowie über 2000 Arten von blühenden Pflanzen – ein Paradies für Naturliebhaber, besonders für Ornithologen.

Aber nicht nur Pflanzen- und Tierfreunde kommen auf ihre Kosten: Trinidad bietet das große Höhlensystem von Aripo und die Fledermaushöhlen des Mount Tamana, die Schlammvulkane im Süden oder den einzig-

▽ *Am »goldenen« Strand von Tobago: Auch Frauen und Kinder packen mit an, wenn die Fischer ihre Netze einholen.*

▷ *Indien in Trinidad: Wie keine andere Bevölkerungsgruppe haben die Menschen indischer Abstammung hier ihre traditionellen Glaubensvorstellungen und ihre Lebensweise bewahrt.*

artigen, fast 100 Meter tiefen Asphaltsee vom La Brea, der sich trotz starken Abbaus bisher immer wieder füllte.

Von Tobago aus kann man sich das berühmte Buccoo Reef ansehen. Es gehört zu den »zugänglichsten« Korallenriffen und ist vom Ort Buccoo an der gleichnamigen Bucht aus zu erreichen. Boote mit Glasböden fahren den Besucher die ein bis zwei Meilen hinaus, und dann darf man schnorchelnd die Unterwasserwunder bestaunen. Nach der Rückkehr kann man am Pigeon Point, Tobagos berühmtestem Strand, den Sand, die Palmen, das blaugrüne Wasser und die Ruhe genießen. Das Idyll ist nur durch eine Gefahr harmloser Art bedroht, an den Palmen warnen Schilder: »Vorsicht vor fallenden Nüssen!«

Trinidad und Tobago — Daten · Fakten · Reisetips

Landesnatur

Fläche: 5128 km² (doppelt so groß wie das Saarland)
Ausdehnung: Hauptinsel Trinidad: Nord–Süd 80 km, West–Ost 50–100 km
Höchster Berg: Cerro del Aripo 940 m

Der kleine atlantische Inselstaat vor der Küste Venezuelas besteht aus der Hauptinsel Trinidad (mit Nebeninseln 4828 km²) und der 31 km nordöstlich gelegenen Insel Tobago (300 km²).

Naturraum

Die beiden Inseln liegen im Flachmeerbereich des südamerikanischen Kontinentalschelfs. Bis vor etwa 8000 Jahren waren sie mit dem Festland verbunden, von dem sie durch den nacheiszeitlichen Anstieg des Meeresspiegels getrennt wurden. Trinidad, die südlichste der Westindischen Inseln, ist nur 15 km vom venezolanischen Orinoco-Delta entfernt. Ihre beiden westlichen Ausläufer schließen hufeisenförmig den Golf von Paria ab. Trinidad wird in West-Ost-Richtung von drei Bergketten durchzogen. Die bedeutendste ist – als Fortsetzung der venezolanischen Küstenkordillere – die Northern Range mit dem Cerro del Aripo, dem höchsten Berg der Insel (940 m), und zahlreichen Wasserfällen, darunter dem Blue Basin und den Maracas-Fällen (beide 91 m hoch). Zwischen den Bergketten erstreckt sich leicht gewelltes, stellenweise sumpfiges Tiefland. Im Südwesten bei La Brea liegt der 90 m tiefe Asphaltsee Pitch Lake (0,38 km²) mit dem größten natürlichen Asphaltvorkommen der Welt. Nord- und Südküste sind steil und felsig, Ost- und Westküste hingegen flach und z. T. von Lagunen und Mangrovesümpfen gesäumt. Tobago ist zu zwei Dritteln Bergland (bis 576 m). Der Südwesten der Insel ist flach. Außer im Nordosten (Steilküste) erstrecken sich weite Sandstrände entlang der Küste. Ihr vorgelagert sind zahlreiche Korallenriffe, darunter das für seine reiche Unterwasserwelt bekannte Buccoo Reef.

Klima

Das feuchttropische Klima der Inseln wird durch den Nordostpassat gemildert. Die Monatsmittel der Temperaturen liegen bei 24–26 °C; der Tageshöchstwert beträgt im Mittel 30,5 °C, der Tiefstwert 20,5 °C. Niederschläge fallen hauptsächlich in der Zeit von Juli bis Dezember: auf Trinidad von 1600 mm im Westen bis zu 3800 mm im Osten, auf Tobago 2200 mm. Trockenzeit ist von Januar bis Mai.

Vegetation und Tierwelt

Tobago ist bis auf den Küstenstreifen von tropischem Regenwald bedeckt, Trinidad dagegen nur im Norden und Osten; im Westen und Süden wechseln Feucht- und Trockenwälder mit Savannen. Insgesamt sind etwa 45 % der Fläche Trinidads bewaldet; es werden Aufforstungsprogramme durchgeführt.
Zur reichen Tierwelt der Inseln gehören Rothirsche, Agutis (hasenähnliche Nagetiere), Pekaris (Nabelschweine), Ozelote, Waschbären, Affen, Faultiere, Gürteltiere, Fledermäuse, verschiedene Schlangenarten, Schildkröten und Alligatoren sowie viele Vogelarten, darunter Kolibris, weiße Flamingos, Silberreiher und Paradiesvögel. Nationalsymbol ist der scharlachrote Ibis. Auf beiden Inseln gibt es Vogelreservate: Grafton Estate auf Tobago, Caroni Swamp auf Trinidad.

Der Vogelreichtum beider Inseln ist durch Reservate gesichert.

Politisches System

Staatsname: Republic of Trinidad and Tobago
Staats- und Regierungsform: Präsidiale Republik
Hauptstadt: Port of Spain
Mitgliedschaft: UN, Commonwealth, GATT, OAS, AKP, SELA

Seit 1976 besitzt Trinidad und Tobago, trotz Mitgliedschaft im britischen Commonwealth, eine republikanische Verfassung. Staatsoberhaupt ist der von Wahlmännern aus beiden Parlamenten gewählte Präsident. Die Exekutive liegt bei dem von ihm berufenen Premierminister und dessen Kabinett. Legislative ist das Parlament, das aus dem Abgeordnetenhaus – für fünf Jahre gewählt, mit 36 Mitgliedern, davon zwei aus Tobago – und dem Senat besteht. Dessen 31 Mitglieder werden vom Präsidenten in Abstimmung mit Premier und Oppositionsführer ernannt. Seit 1980 besitzt Tobago ein unabhängiges Regionalparlament mit 15 für vier Jahre direkt gewählten und drei ernannten Mitgliedern.
Der Inselstaat gliedert sich in acht Verwaltungseinheiten (Counties) und in Tobago. Das Rechtswesen ist nach britischem Vorbild aufgebaut. Es gibt einen Obersten Gerichtshof und nachgeordnete Distriktgerichte.

Bevölkerung

Einwohnerzahl: 1,35 Millionen
Bevölkerungsdichte: 263 Einw./km²
Bevölkerungszunahme: 1,5 % im Jahr
Größte Städte: Port of Spain (150 000 Einw.; als Agglomeration 300 000), San Fernando (60 000), Arima (25 000), Scarborough (Hauptstadt von Tobago; 6000)
Bevölkerungsgruppen: 41 % Schwarze, 41 % Inder, 16 % Mulatten, 1 % Weiße, 1 % Chinesen

Mehr als 96 % der Gesamtbevölkerung leben auf Trinidad, das im Westteil, vor allem im Bereich der Hauptstadt Port of Spain, sehr dicht besiedelt ist. Die beiden größten ethnischen Gruppen stellen die Schwarzen (Nachkommen afrikanischer Sklaven) und die Inder. Die drittstärkste Gruppe bilden die Mulatten. Die Weißen, meist britischer, französischer und spanischer Herkunft, sind ebenso wie die Chinesen, Libanesen oder Syrer nur als kleine Minderheiten vertreten. Auf Tobago leben fast ausschließlich Schwarze. Etwa ein Drittel der Gesamtbevölkerung ist jünger als 15 Jahre. Zwischen den verschiedenen ethnischen Gruppen bestehen bis heute große soziale Unterschiede. Politisch einflußreich sind besonders die Schwarzen, die wirtschaftliche Macht liegt überwiegend in Händen der Weißen und Inder.
Neben der offiziellen Landessprache Englisch wird im Umgang ein kreolisches Englisch gesprochen; darüber hinaus sind das »Patois« (kreolisches Französisch), Spanisch sowie Hindi-Dialekte im Gebrauch. – Bei völliger Religionsfreiheit bekennen sich zwei Drittel der Einwohner zum Christentum (mit Katholiken und Anglikanern als stärksten Gemeinschaften); etwa 25 % der Bevölkerung sind Hindus, 6 % Moslems.

Soziale Lage und Bildung

Seit 1972 gibt es ein nationales Versicherungssystem mit Alters- und Krankenversicherung. Für die etwa 20 % Arbeitslosen wird in gewissem Umfang eine Arbeitslosenunterstützung gezahlt. Die medizinische Versorgung gilt als gut; die Regierung bemüht sich um die Sanierung der Slums. Es besteht allgemeine Schulpflicht für 6–12jährige; die Analphabetenrate beträgt 3 %. Die University of the West Indies (Jamaika) unterhält eine Agrarwissenschaftliche Fakultät in Saint Augustine nahe Port of Spain.

Wirtschaft

Währung: 1 Trinidad-und-Tobago-Dollar (TT$) = 100 Cents (c)
Bruttoinlandsprodukt (in Anteilen): Land- und Forstwirtschaft 5 %, industrielle Produktion 31 %, Dienstleistungen 64 %
Wichtigste Handelspartner: USA, EG-Staaten, Kanada, Saudi-Arabien, CARICOM-Staaten, Japan

Die Erdölindustrie ist immer noch wichtigster Wirtschaftsbereich des Inselstaates (80 % der Exporterlöse). Da die Ölvorkommen weitgehend erschöpft sind, hängt die zukünftige Wirtschaftsentwicklung zunehmend von der Verwertung der großen Erdgasreserven und dem Ausbau der petrochemischen und der Stahlindustrie ab. Seit Mitte der 80er Jahre befindet sich der Inselstaat in einer Rezession (Inflationsrate um 13 %). Der Devisenbringer Tourismus wird intensiv gefördert, um der Lebensmittelproduktion, dem Dienstleistungsbereich und dem Baugewerbe die erforderlichen Impulse geben zu können.

Landwirtschaft

Etwa ein Drittel der Gesamtfläche beider Inseln wird landwirtschaftlich genutzt. Angebaut werden Zuckerrohr, Kakao und Kaffee, dazu Reis, Gemüse, Bananen, Obst und Tabak. Kokospalmhaine, die Kopra liefern, säumen die Küsten beider Inseln. Geflügelzucht und Milchwirtschaft werden intensiviert. Da die Agrarerzeugnisse fast ausschließlich exportiert werden, müssen größere Mengen an Nahrungsmitteln eingeführt werden. Forst- und Fischereiwirtschaft sind kaum entwickelt.

Bodenschätze, Industrie

Im Süden der Hauptinsel und im Golf von Paria liegen die größten Erdölvorkommen, die in den 90er Jahren er-

An die 250 Jahre spanische Herrschaft erinnern viele überreich verzierte Bauten im Kolonialstil.

Daten · Fakten · Reisetips — Trinidad und Tobago

schöpft sein dürften. Außerdem werden Erdgas und Naturasphalt (Pitch Lake) gewonnen. Als bergbauliches Nebenprodukt fällt Schwefel an. Wichtigste Bereiche der Industrie sind Erdölraffinerien und petrochemische Verarbeitung. Zur Kapazitätsauslastung wird ein Großteil des Erdöls aus anderen Ländern importiert und nach der Verarbeitung wieder exportiert.

Handel

Wichtigste Ausfuhrgüter sind Erdöl und Erdölerzeugnisse, Asphalt, chemische Produkte, Zucker, Rum, Kakao, Kaffee und Zitrusfrüchte. Importiert werden Rohöl, Maschinen und Lebensmittel.

Verkehr, Tourismus

Das Straßennetz umfaßt etwa 6400 km; davon sind rund 2800 km asphaltiert. Der Straßenzustand ist allerdings oft schlecht. Größter Seehafen ist Port of Spain. In der Nähe der Hauptstadt befindet sich auch der internationale Flughafen Piarco; es besteht ein Linendienst mit Tobago (auch Fährverkehr).

Die Sandstrände und das angenehme Klima der Inseln ziehen vor allem Touristen aus den USA, Kanada und Großbritannien an. Das besonders attraktive Tobago ist bemüht, die Serviceleistungen zu verbessern.

Geschichte

Auf seiner dritten Entdeckungsreise landete Christoph Kolumbus am 31. 7. 1498 auf Trinidad. Wegen dreier auffallender Berggipfel (Trinity Hills an der südöstlichen Inselspitze) gab er der Insel den Namen »Trinidad« (Dreieinigkeit).

Ab 1552 von einem spanischen Gouverneur verwaltet, blieb Trinidad etwa 250 Jahre unter spanischer Herrschaft. Im 16. und 17. Jh. kämpften Großbritannien, Frankreich und die Niederlande vergeblich um den Besitz dieser Insel, die aufgrund ihrer Lage an einer der zentralen Schiffahrtsstrecken zwischen Europa und Zentralamerika von großer geopolitischer Bedeutung war. Auch Piraten benutzten Trinidad als Schlupfwinkel.

Durch die Einführung des Kakao-Anbaus kam es um 1700 zu einem wirtschaftlichen Aufschwung, der 1730 jäh endete, als Mehltau auf den Plantagen ausbrach. 1797 eroberten die Briten Trinidad und erhielten es im Frieden von Amiens 1802 zugesprochen. Zu diesem Zeitpunkt war die ursprüngliche indianische Bevölkerung (Arawaks) auf etwa 2000 Einwohner zurückgegangen. Auf Trinidad und Tobago wurde – wie auf anderen Westindischen Inseln auch – die Plantagenwirtschaft mit afrikanischen Sklaven betrieben.

Ethnische Vielfalt

Auf Tobago hatten die Niederländer 1632 mit der Besiedlung begonnen. 1781 eroberten die Franzosen die Insel. 1814 wurde sie im Frieden von Paris dann Großbritannien übereignet; 1888/89 wurde die Verwaltung mit Trinidad vereinigt.

Im Zuge der allgemeinen Sklavenbefreiung zwischen 1834 und 1838 traten auf Tobago kleinbäuerliche Betriebe an die Stelle der Großplantagen. Die Nachkommen dieser Sklaven bilden heute den Großteil der Bevölkerung auf dieser Insel.

Auf Trinidad hingegen wurden die etwa 21 000 befreiten Schwarzen, die sich ebenfalls als Kleinbauern niederließen, seit 1846 durch indische, ab 1853 auch durch chinesische Kontraktarbeiter für die Plantagen ersetzt. Diese beiden ethnischen Gruppen blieben größtenteils im Land. So kam es zu einem Nebeneinander verschiedener Bevölkerungsgruppen, die auch heute noch zum Teil getrennt leben – eine der Ursachen der andauernden Rassenstreitigkeiten.

1956 führte Großbritannien die partielle, 1961 die volle Selbstverwaltung ein. Von 1958 bis 1962 gehörte Trinidad und Tobago der »Westindischen Föderation« an. Als sich diese Föderation 1962 auflöste, erhielt der Inselstaat als parlamentarische Monarchie im Commonwealth die Unabhängigkeit. Seit 1976 ist der Inselstaat eine präsidiale Republik im Commonwealth.

Bei den Parlamentswahlen im Dezember 1986 errang die »Nationale Allianz für den Wiederaufbau« (NAR) die absolute Mehrheit und beendete damit die 30jährige Herrschaft der »Nationalen Volksbewegung« (PNM). Die letzten Regierungsjahre der PNM waren gekennzeichnet durch Rassenunruhen, Streiks der Erdöl- und Plantagenarbeiter und durch Korruptionsskandale. Anfang August 1990 scheiterte in Port of Spain ein Putschversuch moslemischer Rebellen.

Kultur

Die ethnische Vielfalt des Inselstaats spiegelt sich beispielsweise in den Ortsnamen und vor allem im Nebeneinander verschiedener Kultstätten wider: So findet man in der Hauptstadt Port of Spain neben christlichen Kirchen auch Moscheen, Synagogen und hinduistische Tempel.

Die zahlreichen Parks sind ein Erbe der britischen Kolonialzeit; aber auch spanische und französische sowie afrikanische und asiatische Einflüsse sind im Straßenbild erkennbar.

Infolge eines Großbrands im Jahr 1808 sind kaum noch Gebäude aus dem 17. und 18. Jh. erhalten. Als ältestes Bauwerk gilt das 1787 von den Spaniern errichtete Fort San Andres, wo 1792 der spanische Astronom Don Cosmo Damien de Churruca den ersten Längenmeridian der Neuen Welt bestimmte.

Brauchtum und Kulte

Bei den Nachkommen der Inder, die hinduistische und moslemische Traditionen weiterführen, wird das hinduistische Lichterfest Divali ebenso gefeiert wie das Hosein-Fest, bei dem der Ermordung von zwei schiitischen Prinzen gedacht wird. Auf westafrikanische Ursprünge gehen verschiedene Bräuche der schwarzen Bewohner zurück. Der Shango-Kult bindet jedes Mitglied an eine afrikanische Gottheit. Jedem Gott entspricht hierbei meist auch ein christlicher Heiliger. Zwei andere Bräuche sind offiziell verboten: ein Zauberkult, in dessen Mittelpunkt eine als Obia bezeichnete magische Kraft und der sie repräsentierende Zauberer, der Obia-Man oder »Lookman«, stehen, sowie der Bongotanz, der beim volkstümlichen Totenritual getanzt wird – begleitet von Trommelklängen und Wechselgesängen.

Von Trinidad stammen außerdem zwei Tänze, die afrikanischen Ursprungs sind: der Limbo, der für den Totenkult bedeutsam war, und der Calypso, dessen Melodien meist aus der Zeit der Sklaverei stammen.

Eng mit dem Calypso verbunden sind die Steel Bands, die erst nach dem Zweiten Weltkrieg entstanden sind. Diese Kapellen sind heute fast überall in der Karibik verbreitet und gehören zum festen Bestandteil des Karnevals – das Fest des Jahres schlechthin.

Reise-Informationen

Einreise- und Fahrzeugpapiere
Bürger der Bundesrepublik Deutschland, der Schweiz und Österreichs benötigen für einen Aufenthalt bis zu drei Monaten einen gültigen Reisepaß bzw. Kinderausweis.
Als Fahrerlaubnis ist der internationale Führerschein erforderlich.
Zoll
Bei der Einreise sind zollfrei: pro Person ab 17 Jahre 200 Zigaretten oder 50 Zigarren oder 225 g Tabak, 1 Liter Wein oder Spirituosen, eine angemessene Menge Parfüm und Gastgeschenke bis zu einem Wert von 50 Trinidad-und-Tobago-Dollar (TT$).
Devisen
Bei der Einreise darf keine Landeswährung, bei der Ausreise dürfen bis 200 TT$ mitgeführt werden. Fremdwährung kann unbeschränkt eingeführt und in Höhe der deklarierten Einfuhr abzüglich der umgetauschten Beträge wieder ausgeführt werden (Bankquittungen sind vorzulegen).

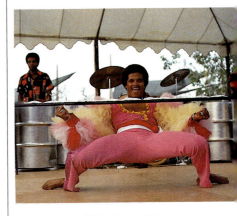

Ursprünglich afrikanischer Totenkult, heute Touristenattraktion: Limbotänze mit Calypsobegleitung.

Impfungen
Für Reisende, die aus Infektionsgebieten kommen, ist Gelbfieberimpfung vorgeschrieben. Sie wird allen Reisenden empfohlen, die sich außerhalb der größeren Städte aufhalten.
Verkehrsverhältnisse
Es herrscht Linksverkehr. Der Straßenzustand auf den Inseln ist meist schlecht. Autobusse verkehren zwischen den Hauptorten. Flugzeuge und Fähren verbinden täglich Port of Spain (Trinidad) und Scarborough (Tobago).
Unterkünfte
Trinidad und Tobago verfügen über Hotels in allen Preisklassen und über einfache Gästehäuser.
Reisezeit
Beste Reisezeit sind die Monate Januar bis Mai.

 Uruguay

Wolfgang Gahbauer

Von allen Ländern Südamerikas bietet Uruguay am wenigsten Exotik. Die meisten seiner drei Millionen Einwohner sind Nachfahren europäischer Einwanderer, die vor allem aus Spanien und Italien, aber auch aus Deutschland in das Land nördlich des Río de la Plata kamen. So wirkt Uruguay heute auf den Besucher wie ein europäisches Land, in dem die Zeit stehengeblieben ist.

Seinen Wohlstand verdankt Uruguay, das bis in die fünfziger Jahre als die »Schweiz Südamerikas« galt, seiner Viehwirtschaft. Auf den saftig-grünen Weiden grasen zwölf Millionen Rinder und 22 Millionen Schafe. Dieser endlos scheinenden Weideflächen wegen war Uruguay lange Zeit umkämpft – zunächst zwischen den Kolonialmächten, später dann zwischen Argentinien und Brasilien.

Heute wetteifert Uruguay mit den beiden großen Nachbarstaaten auf friedlichere Weise: Es geht um den Ruhm als Fußballnation oder als Land, in dem der Tango erfunden wurde.

Staatsname:	Republik Östlich des Uruguay
Amtssprache:	Spanisch
Einwohner:	3 Millionen
Fläche:	176 215 km²
Hauptstadt:	Montevideo
Staatsform:	Präsidiale Republik
Kfz-Zeichen:	ROU
Zeitzone:	MEZ −4 Std.
Geogr. Lage:	An der Atlantikküste Südamerikas, begrenzt von Brasilien und Argentinien

Ein Paradies für Oldtimer – überall in Uruguay begegnet man museumsreifen, aber noch immer fahrtüchtigen Vehikeln aus früheren Tagen des Automobils. Ein ganzer Industriezweig beschäftigt sich mit der Herstellung von Ersatzteilen für die Veteranen.

Auf den Weiden wuchs der Wohlstand

Mit einem Blutbad endet im Jahre 1516 der Versuch des spanischen Eroberers Juan Díaz de Solís, das Land um den Río de la Plata zu erforschen und einen Weg an die Pazifikküste zu finden. Nur wenige Mitglieder seiner Expedition überlebten den heißen Empfang durch Indianerpfeile und -speere.

Die Charrúa-Indianer, die Ureinwohner des Landes, leisteten auch späteren Landnahmeversuchen erbitterten Widerstand, der jedoch gegen die überlegenen Waffen der Europäer letztlich vergeblich blieb. Immerhin – die kämpferischen »Wilden« und die Tatsache, daß es hier weder Gold noch Silber zu holen gab, bremsten zunächst einmal das Interesse der Konquistadoren an dieser Region Südamerikas.

Erst im 17. Jahrhundert begann die Besiedlung des Landes durch die Spanier, die im Jahr 1580 am südlichen Ufer des Río de la Plata Buenos Aires gegründet und Juan de Garay als Gouverneur eingesetzt hatten. Dessen Nachfolger, Hernando Arias de Saavedra, soll als erster Rinder aus Europa in das Gebiet des heutigen Uruguay gebracht haben.

Das milde Klima und die saftigen Weiden ließen das Vieh prächtig gedeihen. Die Herden vermehrten sich rasch – die Grundlage für die wirtschaftliche Zukunft des Landes war geschaffen. Doch der wachsende Wohlstand weckte auch die Begehrlichkeit von Engländern und Portugiesen, die lange Zeit mit der spanischen Krone um den Besitz der Ländereien stritten. Erst nach dem Frieden von Rio de Janeiro, in dem die Unabhängigkeit Uruguays endgültig anerkannt wurde, fanden die Auseinandersetzungen schließlich ein Ende.

»Das Unglück der anderen hat uns reich gemacht«

Die Hauptstadt Montevideo liegt am Nordufer des Río de la Plata, des »Silberflusses«. Doch nach dem silbernen Glanz, den der Name zu versprechen scheint, wird man vergeblich Ausschau halten. Rötlich sind die Fluten der Flußmündung, die hier fast 100 Kilometer breit ist. Die Farbe stammt von den roten Schlammassen, die vor allem der Paraná in den Río de la Plata schwemmt. Sie lagern sich in der Flußmündung ab und behindern die Schiffahrt ganz erheblich. So müssen im Hafen von Buenos Aires ständig die Fahrrinnen freigebaggert werden. Bei Montevideo, 200 Kilometer weiter stromabwärts, ist der Fluß jedoch schon so breit, daß Ablagerungen die Schiffahrt nicht beeinträchtigen.

Fast die Hälfte der drei Millionen Einwohner Uruguays lebt in Montevideo. Die Stadt atmet Gelassenheit, Gediegenheit und eine etwas altväterliche Eleganz. Vieles erinnert hier noch an die Zeiten, als man Uruguay die »Schweiz Südamerikas« nannte. Bis in die fünfziger Jahre, als nach dem Ende des Korea-Krieges die Exportwirtschaft in eine Krise geriet, war das Land eine Oase des Wohlstands.

»Das Unglück der anderen hat uns reich gemacht«, resümiert Mario Benedetti, einer der großen Schriftsteller Uruguays. »Mit jedem Krieg in diesem Jahrhundert, dem Ersten, dem Zweiten Weltkrieg, dem Krieg in Korea, brauchte die Welt unser Fleisch, unser Leder, unsere Wolle. Es kam viel Geld ins Land. Die Farmer und Handelsherren kassierten nur, ohne einen Pfennig in die Modernisierung der Landwirtschaft und der Industrie zu stecken. Heute haben wir den Anschluß verloren, haben wir Probleme wirtschaftlicher und sozialer Art. Wir sind kaum mehr wettbewerbsfähig.«

Bitternis klingt in den Worten des Schriftstellers mit, der nach zwölf Jahren Exil in seine Heimat zurückgekehrt ist. Er hat ein Büro im Zentrum Montevideos und setzt sich aktiv für die Festigung der Demokratie nach den Jahren der Militärdiktatur ein. Uruguay kann die verheerenden Folgen der Gewaltherrschaft nur langsam überwinden. Noch sind die Wunden nicht vernarbt, die der menschenfeindliche Staatsterror und die ebenso rücksichtslosen Bomben- und Mordanschläge der berüchtigten Stadtguerilla »Tupamaro« in den siebziger Jahren gerissen haben.

Der Tangospieler mit der »Besengeige«

Montevideo ist noch immer eine elegante Stadt, doch von dem Glanz früherer Jahre ist manches verlorengegangen. Über allem liegt ein Hauch von Melancholie und Dekadenz: Tangostimmung.

Vielerorts in der Hauptstadt ist der Rhythmus des Tangos zu spüren – die Menschen sind hier ebenso fanatische Tango-Anhänger wie ihre argentinischen Nachbarn, mit denen sie trefflich darüber streiten können, wo denn nun die Wiege des Tangos gestanden habe: in den Hafenkneipen von Buenos Aires oder in den Bordellen Montevideos.

Tangomusik besonderer Art bieten an jedem Sonntagmorgen zwei Rentner auf dem Flohmarkt Tristan Narvajo. Einer von ihnen spielt Gitarre. Das Instrument des anderen besteht aus einem Besen mit einer Blechbüchse als Resonanzkörper, über die eine einzelne Saite gespannt ist. Dieser »Besengeige« entlockt er die phantastischsten Töne. Ihr melancholisches Quäken gibt den Tangoliedern der beiden Virtuosen den nostalgischen Klang alter Schellackplatten.

Und Nostalgie herrscht überall auf dem Flohmarkt Tristan Narvajo. Er ist der bedeutendste der Hauptstadt, aber fast jedes der »besseren« Stadtviertel besitzt seinen eigenen Flohmarkt – ein Zeichen für die kritische wirtschaftliche Lage der Mittelschicht. Doch wer etwas verkaufen will oder muß, kann hier mit Kundschaft rechnen. Die Menschen in Uruguay lieben das Althergebrachte. Sie sind konservativ und pflegen ihre Traditionen.

Das zeigt sich auch in der Sitte des Matetrinkens. Überall und zu jeder Tageszeit sieht man Menschen mit einer Thermosflasche unter dem Arm und einer Kalebasse in der Hand. Mit dem heißen Wasser aus der Thermosflasche gießt man die getrockneten und fermentierten Blätter des Matestrauches in der Kalebasse zu einem bitteren Tee auf. Der Brauch ist so verbreitet, daß es Spezialausrüstungen gibt, die das Mateschlürfen auch am Steuer eines Autos ermöglichen.

Ein Denkmal für die letzten Charrúa-Indianer

Der Genuß von Mate ist lebendig gebliebene Erinnerung an die Indianer, die einst das Gebiet von Uruguay besiedelten und erbittert gegen die Weißen zu verteidigen versuchten. Ihr Heldenmut war umsonst – sie wurden ausgerottet. Das stolze Volk der Charrúa endete elend: Die letzten Überlebenden, eine vierköpfige Familie, wurden nach Frankreich verkauft und dort auf Jahrmärkten vorgeführt. Sie starben 1830 an Tuberkulose – und an Heimweh. In Montevideo hat man ihnen ein Denkmal gesetzt: Heroenkitsch in Bronze. Nicht weit davon entfernt steht ein anderes Denkmal, das an die »Heldentaten« der Eroberer erinnert.

Montevideo ist reichlich mit Standbildern, Büsten und Brunnen ausgestattet. Kaum eine andere Stadt Südamerikas besitzt so viele in Stein gehauene oder in Bronze gegossene Reminiszenzen – an Eigenes ebenso wie an Fremdes: Neben den Gedenkstätten für die Indianer und für ihre Mörder findet man die Büsten berühmter Männer von Konfuzius bis Kennedy oder Kopien bekannter Meisterwerke der Bildhauerkunst. All diese Prunkstücke sind auf die unzähligen Plätze, Parks und Alleen der Hauptstadt verteilt. Da auch

◁ *Im Herzen von Montevideo: die Avenida 18 de Julio mit dem monströsen Palacio Salvo. Das turmartige Hochhaus wurde in den zwanziger Jahren getreu den ausgefallenen Wünschen des Auftraggebers erbaut.*

an Kaffeehäusern kein Mangel herrscht, kann man sich in Montevideo wie in einem riesigen Kurort fühlen.

Auch architektonisch hat Montevideo einiges zu bieten: Im Prunk ihres Zuckerbäckerstils stehen noch Beispiele aus der Frühzeit des Hochhausbaus. Zu den beeindruckendsten Bauwerken der Stadt gehört der Palacio Legislativo, das mächtige Parlamentsgebäude, vor dem sich die Flagge Uruguays im Winde bläht. Die Mauern dieses kostbar ausgestatteten »Tempels der Demokratie« sind mit zwei Dutzend verschiedenen Marmorarten verkleidet.

◁ *Hochsaison in Punta del Este, dem berühmtesten und mondänsten Badeort an der südamerikanischen Atlantikküste.*

△ *In den Confiterías ist immer Betrieb. Sie sind Speiselokal und Café in einem – und für die Einheimischen ein beliebter Treffpunkt, an dem sich immer jemand für einen Plausch findet. Auch mit Fremden sucht man in der Confitería gern ein Gespräch.*

Zur Touristenattraktion ist seit seiner Restaurierung auch der alte englische Bahnhof am Hafen geworden – nicht nur der wunderschönen Eisenkonstruktion, sondern auch der kulinarischen Genüsse wegen, die den Besucher dort erwarten. Die Einheimischen nennen ihn den »Cholesterintempel«: Ein gutes Dutzend Restaurants bietet Gegrilltes aller Art vom offenen Holzkohlefeuer an. Das Fleisch ist in Uruguay von derselben vorzüglichen Qualität wie in Argentinien, und wie dort ißt man es fast ausschließlich als Grillfleisch: Filets und Rippenstücke, quergeschnitten, Euter, Bries und Innereien – vorwiegend vom Rind, versteht sich, manchmal vom Schaf, nie vom Schwein. Dazu trinkt man Wein oder das sehr schmackhafte einheimische Bier und erfreut sich der Aufmerksamkeit des Personals: Uruguay hat wohl die besten Kellner Südamerikas, und diese wiederum haben die besten Gäste – die Uruguayer sind außerordentlich höfliche und freundliche Menschen.

Uruguay 349

»Aus Liebe zum Vaterland – vergrößere Deine Familie!«

Das Gesundheitswesen steht in Uruguay für lateinamerikanische Verhältnisse auf hohem Niveau. Die Lebenserwartung liegt bei 73 Jahren – höher als in den meisten Ländern Südamerikas. Ungewöhnlich ist auch die niedrige Geburtenrate; in den siebziger Jahren mußte man sogar eine rückläufige Tendenz befürchten. Die Regierung startete daraufhin eine großangelegte Kampagne zur Belebung der Fortpflanzungsfreudigkeit. Sichtbarster Ausdruck der Maßnahmen waren Plakate, die überall in den Städten hingen: »Aus Liebe zum Vaterland – vergrößere Deine Familie!«

Schon seit dem 19. Jahrhundert besitzt Uruguay das fortschrittlichste Bildungssystem Südamerikas. Heute ist der Besuch aller Bildungseinrichtungen vom Kindergarten bis zum Universitätsstudium kostenlos. In den Städten gibt es fast keine Analphabeten. Doch zwischen Stadt und Land herrscht immer noch ein deutliches Bildungsgefälle, was vor allem auf die Vernachlässigung der ländlichen Infrastruktur zurückzuführen ist.

Uruguay ist ausgesprochen städtisch. 84 Prozent der Bevölkerung leben – zum Teil in der Industrie, vor allem aber im Dienstleistungsbereich tätig – in den Städten. Das erscheint um so erstaunlicher, als der Wohlstand Uruguays wie eh und je auf dem Lande erwirtschaftet wird. Doch die Rinder- und Schafhaltung erfordert relativ wenige Arbeitskräfte. Denn ein einzelner Gaucho – ein berittener Viehhirt – kann leicht 800 Rinder betreuen.

Die spartanische Lebensweise, die den Gauchos abverlangt und als Tugend angerechnet wird, ist eher ein Mittel der Ausbeutung. Die großen Viehfarmer leben keineswegs so genügsam wie ihre Untergebenen. Das Gras wächst von allein, das Vieh frißt sich dick, und die Bankkonten der Großgrundbesitzer werden immer stattlicher, ohne daß sie sich sonderlich anstrengen müßten. So sind sie vor allem daran interessiert, daß sich die Verhältnisse auf dem Lande nicht verändern.

Das Paradies der Oldtimer

Die Armut, unter der große Teile der Landbevölkerung leiden, übersieht man leicht, wenn man den Blick auf die idyllische Landschaft Uruguays richtet. Sanfte Hügel, wenige Wälder, unendliche Weiden prägen das Bild. Das eintönig-sanfte Geräusch, das von den grasenden Viehherden ausgeht, wird jäh von den weithin hallenden Rufen der Kiebitze unterbrochen.

Wenn durch eine solche Landschaft ein uraltes Auto aus den dreißiger Jahren zockelt, mutet das ganz selbstverständlich an – die Zeit scheint einfach stehengeblieben zu sein. Erstaunlich ist aber die Menge der Oldtimer, die in Uruguay noch fahren – nicht als kostbare Museumsstücke, sondern als Arbeits- und Transportmittel. Es gibt noch so viele Ford Lizzi, Chevrolet, Renault, Opel und ähnliche Vehikel aus den frühen Zeiten des Automobils, daß sich hier ein eigener Industriezweig entwickelt hat, der nur mit der Herstellung von Ersatzteilen für die dünnrädrigen Methusalems beschäftigt ist.

Es sind allerdings nicht nur nostalgische Gefühle; auch die hohen Einfuhrzölle für Neuwagen bewegen viele Autofahrer, an ihren alten Fahrzeugen festzuhalten. Trotzdem – man ist stolz auf seine Oldtimer und hat sie unter eine Art Denkmalschutz gestellt, um ihren Ausverkauf an ausländische Sammler zu verhindern. Und es gehört zu den für Uruguay so typischen Eindrücken, einen hochbeinigen und schmalbrüstigen Lastwagen Modell Ford T, mit Kohlköpfen oder großen Korbflaschen voller Wein beladen, über Land schaukeln zu sehen, verfolgt vom wütenden Schrei des Kiebitzes und in herausfordernd leichtem Lauf begleitet von einem Nandu, dem südamerikanischen Vogel Strauß.

In Uruguay gibt es noch zahlreiche dieser Laufvögel. Die Umwelt ist weitgehend intakt, es gibt auf dem Lande kaum Industrie, und an den Verkehr und die Weidezäune haben sich die Tiere gewöhnt. Vielerorts werden sie als Haustiere gehalten – ihrer Federn wegen. Man stellt aus ihnen die Federwische her, mit denen in jedem Haushalt Uruguays dem Staub zu Leibe gerückt wird.

Die »Hände von Uruguay« sind Frauenhände

Da die Männer auf dem Lande oft nur als Saisonarbeiter Beschäftigung finden – während der Erntezeit oder bei der Schafschur –, haben die Frauen vor 20 Jahren Kooperativen für die Herstellung und den Vertrieb kunsthandwerklicher Wollwaren gegründet. »Manos del Uruguay« – »Hände von Uruguay« – nennt sich die Kette von Betrieben und Verkaufsstellen, die es inzwischen überall im Lande gibt. Die Frauen pflegen die Kunst des Webens und des Webstuhlbaus und fertigen alle nur denkbaren Wollsachen: Pullover, Kleider, Kostüme, Decken, Bezugsstoffe. Die Läden von »Manos del Uruguay« findet man heute in allen touristischen Zentren. Da kein Zwischenhandel eingeschaltet ist, sind die Waren relativ preiswert. Und weil man auch für den Export in die USA und nach Europa arbeitet, wird darauf geachtet, daß Schnitt und Farben immer der neuesten Mode entsprechen.

»Tooor« – ein Schrei geht um die Welt

Nicht nur mit den Händen wird in Uruguay Außergewöhnliches vollbracht, sondern auch mit den Füßen – oder, besser gesagt, mit den Beinen: Die Fußballspieler haben zum Ruhm des Landes wesentlich beigetragen. Das kleine Uruguay gehört in dieser Sportart zu den ganz Großen.

Der Tempel der Fußballfans ist das »Jahrhundertstadion« in Montevideo. Es wurde für die erste Fußballweltmeisterschaft erbaut, die 1930 hier stattfand und bei der die Nationalmannschaft Uruguays den Weltmeistertitel gewann. Zuvor waren die Kicker des Landes schon zweimal Olympiasieger geworden, und 1950 konnten sie sich noch einmal mit der Weltmeisterkrone schmücken.

▷ *Die »Schweiz Südamerikas«, so wurde Uruguay einst genannt. Das milde Klima und saftige Weiden ließen das Vieh prächtig gedeihen – Grundlage für den Wohlstand des Landes. Doch nach dem Boom der Kriegsjahre, als Uruguay ganze Armeen mit Fleisch versorgte, hat man den Anschluß weitgehend verloren. Veraltete Produktionsmethoden in der Landwirtschaft wie in der Industrie ließen das Land in wirtschaftliche Schwierigkeiten geraten.*

Die Begeisterung für den Fußball ist in der Tat enorm, und in kaum einem anderen Land dürfte dieser Sport in Presse, Funk und Fernsehen so viel Raum einnehmen wie in Uruguay.

Die Radio- und Fernsehreporter sind weit über Südamerika hinaus berühmt für die Art und die Schnelligkeit, mit der sie das Spielgeschehen kommentieren, vor allem aber für ihre Torschreie. Nur mit Hilfe einer speziellen Atemtechnik gelingt es den Starreportern, den anscheinend nie endenden Schrei durch alle Höhen und Tiefen der Tonleiter zu ziehen. Tarzan könnte bei ihnen noch etwas lernen.

Wo der Jet-set Ferien macht

»Republik Östlich des Uruguay« lautet die Übersetzung der amtlichen Bezeichnung des Landes. Der Uruguay-Fluß bildet also seine Westgrenze. Am Ostufer des Flusses zeugt eine Kette von 13 Festungen von der bewegten Vergangenheit des umkämpften Landes und von der erstaunlichen Kunst des Festungsbaus. Einige der kanonenbewehrten Bauwerke wurden sorgfältig restauriert und sind heute vielbesuchte Touristenziele.

◁ *Kleiner Kopf und großer Schnabel : ein Dottertukan. Etwa 40 Arten von Tukanen, die sich meist durch einen mächtigen Schnabel auszeichnen, leben in den Tropenwäldern Amerikas. Ihre Neugier läßt sie zutraulich erscheinen, ihre ungewöhnliche Gestalt spaßig.*

△ *Nostalgie auf vier Rädern – Uruguay gleicht einem rollenden Automobilmuseum. Doch nicht nur aus Liebhaberei fahren die Uruguayer die Vehikel aus alten Zeiten. Hier kostet ein Neuwagen etwa fünf Jahresgehälter eines Normalverdieners, also behält man seinen Wagen eben, solange er rollt.*

Historisch-touristisches Interesse weckt auch die Stadt Colonia del Sacramento. Sie liegt am Río de la Plata, von Montevideo gut 170 Kilometer flußaufwärts, und ist eine der ältesten Ansiedlungen Uruguays. Mit ihren prachtvollen Kolonialbauten und der von engen Gassen durchzogenen Altstadt wirkt Colonia wie ein Museum. In der Ferienzeit bevölkern Touristen die Stadt, vor allem Argentinier. Sie kommen mit dem Tragflügelboot in etwa 50 Minuten von Buenos Aires herüber.

Der berühmteste Ferienort an der Atlantikküste ist jedoch Punta del Este. Die Stadt liegt rund 140 Kilometer östlich von Montevideo auf einer spornartigen Halbinsel, ganz am Ende des Mündungstrichters des Río de la Plata. Das Zentrum von Punta del Este ist mit Hochhäusern zugebaut. Fast 40 Kilometer Strand umgeben den Betonwald. Die Stadt gilt als der exklusivste und mondänste Badeort ganz Südamerikas. Wer im Jet-set des Kontinents etwas gelten will, besitzt hier zumindest ein Appartement, wenn nicht gar eines jener traumhaften Häuser in den Dünen rund um die Stadt. Hier findet man – im wahrsten Sinne des Wortes auf Sand gebaut – so ziemlich alles, was die Phantasie hochbezahlter Architekten zu bieten vermag.

Acht Monate im Jahr schläft Punta del Este einen sanften Dornröschenschlaf, der nur ab und zu durch einen internationalen Kongreß, etwa einen Weltwirtschaftsgipfel, gestört wird. Und dann beginnt die Saison. Bevor die Urlauberwelle über die Küstenorte schwappt, kommen die Uruguayer aus dem Hinterland – in der Hoffnung auf irgendeinen Job. In Punta del Este verzehnfacht sich zwischen Dezember und März die Einwohnerzahl, vervielfachen sich die Preise, drängen sich die Luxusjachten. Das Getümmel von Privatflugzeugen über der Stadt ist atemberaubend. Der Tourismus – nicht nur der des internationalen Jetsets in Punta del Este, sondern auch der weniger exklusive in den anderen Küstenorten – ist für die Wirtschaft Uruguays heute schon fast so wichtig wie die Landwirtschaft.

Wenn Ende März das Feuerwerk der Urlaubssaison abgebrannt ist, zieht das Heer der Kellner und Serviererinnen, der Putzfrauen, Gärtner und Verkäufer wieder nach Hause. Die Fischer ziehen ihre Boote an Land und gehen auf Arbeitssuche nach Montevideo.

Uruguay — Daten · Fakten · Reisetips

Landesnatur

Fläche: 176 215 km² (zweimal so groß wie Österreich)
Ausdehnung: Nord–Süd 530 km, West–Ost 460 km
Küstenlänge: 600 km
Höchster Berg: Cerro de las Ánimas 501 m
Längste Flüsse: Río Uruguay, uruguayischer Anteil 600 km (Gesamtlänge 1650 km), Río Negro 800 km

Uruguay, an der Ostseite Südamerikas gelegen, wird auf zwei Seiten von Wasser begrenzt: im Osten vom Atlantik, im Süden vom 300 km in den Kontinent hineinreichenden Río de la Plata, dem gemeinsamen Mündungstrichter der Ströme Río Paraná und Río Uruguay.

Naturraum

Uruguay ist ein flachwelliges Hügelland. Nur etwa ein Zehntel des Landes liegt auf einer Höhe von über 200 m. Die größte Höhe erreicht mit 501 m der Cerro de las Ánimas nahe der Stadt Minas in einem Südausläufer der Cuchilla Grande. Uruguay ist Teil des Brasilianischen Schildes, dessen altkristallines Gestein besonders im südlichen Landesteil deutlich zutage tritt. Im Nordwesten dagegen wird der Schild von jüngeren geologischen Schichten überlagert. Besonders fruchtbare Lößdecken und Schwemmlandebenen finden sich an der lagunenreichen Atlantikküste und am Río de la Plata. Die meisten Flüsse des Landes münden in den Río Uruguay, den Grenzfluß zu Argentinien. Bedeutendster Binnenfluß Uruguays ist der Río Negro mit einem 1400 km² großen Stausee im Mittellauf.

1001 Nacht in Südamerika: Punta del Este ist der mondänste Badeort.

Klima

In Uruguay herrscht vorwiegend subtropisch-feuchte Wärme, die jedoch gelegentlich durch Kaltlufteinbrüche aus den Pampas unterbrochen wird. Die mittlere Sommertemperatur schwankt zwischen 21 °C und 26 °C, die Wintertemperatur liegt im Durchschnitt bei 10 °C. Niederschläge fallen zu allen Jahreszeiten (im Mittel 1000 mm), am häufigsten im Herbst.

Vegetation und Tierwelt

Vom ursprünglichen Wald haben sich nur noch kleine Reste erhalten, vor allem in den Niederungen des Nordwestens als flußbegleitender Feuchtwald, sog. Galeriewald. Dagegen sind die als Weideland wirtschaftlich nutzbaren Grasfluren der Campos heute weit verbreitet.
Die Zahl der Wildtiere ist stark zurückgegangen; sogar der früher so zahlreich vorkommende Pampasstrauß, der Nandu, ist seltener geworden. An Flußufern und im Norden des Landes gibt es Pumas, Jaguare, Füchse, Rotwild, Gürteltiere und Kaimane.

Politisches System

Staatsname: República Oriental del Uruguay
Staats- und Regierungsform: Präsidiale Republik
Hauptstadt: Montevideo
Mitgliedschaft: UN, OAS, GATT, ALADI, SELA

Auf der Basis der Verfassung von 1967 wird der Staatspräsident, der zugleich Staatsoberhaupt und Regierungschef ist, alle fünf Jahre direkt vom Volk gewählt.
Vollmachten an das Militär kann bei inneren Unruhen jetzt nur noch das Parlament erteilen. Die Legislative besteht aus dem Senat (30 Sitze) und dem Abgeordnetenhaus (99 Sitze), die nach einem überaus komplizierten und reformbedürftigen Wahlgesetz für fünf Jahre gewählt werden.
Das Land gliedert sich in 19 Departamentos. Unter dem Obersten Gerichtshof sprechen Appellations-, Departements- sowie Friedensgerichte Recht.

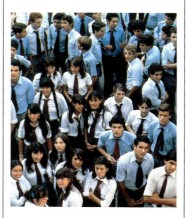

Uruguay, ein »weißes« Land in Südamerika, hat wenig Analphabeten.

scher Siedler und den seit dem 19. Jh. verstärkt eingewanderten Spaniern, Italienern und Griechen, so daß Uruguay als ein »weißes« Land Lateinamerikas gilt. Der Rest der Bevölkerung besteht aus Mestizen und Mulatten bzw. Schwarzen. Die indianischen Ureinwohner, die Charrúa, sind ausgestorben. Im mittleren Küstenabschnitt am Río de la Plata, besonders in Montevideo, lebt über die Hälfte aller Uruguayer. Allgemeine Landessprache ist Spanisch. Der größte Teil der Bevölkerung gehört der römisch-katholischen Kirche an. Protestanten (2–3 %) und Juden sind Minderheiten.

Soziale Lage und Bildung

Seit Beginn dieses Jahrhunderts besitzt Uruguay Arbeits- und Sozialgesetze und ist somit einer der ersten »Wohlfahrtsstaaten« in Lateinamerika. Die medizinische Versorgung ist allein auf den Großraum Montevideo konzentriert, auf dem Land ist sie unzureichend. Allgemeine Schulpflicht besteht für 6–14jährige. Die Analphabetenrate liegt unter 5 %. In Montevideo befindet sich eine Universität.

Wirtschaft

Währung: 1 Uruguayischer Neuer Peso (urugN$) = 100 Centésimos (cts)
Bruttoinlandsprodukt (in Anteilen): Land- und Forstwirtschaft 11 %, industrielle Produktion 29 %, Dienstleistungen 60 %
Wichtigste Handelspartner: Brasilien, USA, Argentinien, EG-Staaten, Venezuela

Stetig sinkende Reallöhne, hohe Arbeitslosigkeit, starke Verschuldung von Landwirtschaft und Industrie sowie rückläufiges Sozialprodukt waren noch 1983 kennzeichnend für die schlechte Wirtschaftslage. Seit 1985 ist ein Wirtschaftsaufschwung bei gleichbleibend hoher Inflationsrate (über 90 %) zu verzeichnen (Wachstum des Bruttoinlandsprodukts über 5 %, Rückgang der Arbeitslosenquote von 14 auf 9 %, Steigerung der Reallöhne um 24 %, Exportboom); erfolgreichste Sektoren waren Industrie und Handel. Seit 1988 stagnierte die Konjunktur.

Bevölkerung

Einwohnerzahl: 3 Millionen
Bevölkerungsdichte: 17 Einw./km²
Bevölkerungszunahme: 0,5 % im Jahr
Größte Städte: Montevideo (1,5 Mio. Einw.), Salto (90 000), Paysandú (85 000), Mercedes (60 000)
Bevölkerungsgruppen: 90 % Weiße, 7 % Mestizen, 3 % Mulatten und Schwarze

Die große Mehrheit der Bevölkerung resultiert aus Nachkommen altspani-

Landwirtschaft

Wichtigstes Agrargebiet ist der Südwesten mit Weizen-, Mais-, Flachs-, Sonnenblumen- und Haferanbau; daneben gibt es Gerste, Roggen, Kartoffeln, Zuckerrüben, Zuckerrohr (im Nordwesten), Erdnüsse und Baumwolle; Reis wächst am Río Uruguay und am Atlantik. Außerdem werden Obst und Wein kultiviert. Gut 70 % der Staatsfläche sind Weideland mit ganzjähriger, meist extensiver Weidewirtschaft (Rinder, Schafe). Der Fischfang ist für den Export von Bedeutung.

Bodenschätze, Energieversorgung

Der Bergbau ist in Uruguay bislang nicht stark entwickelt, obwohl Vorkommen von Eisenerz, Uran, Mangan, Kupfer und Blei nachgewiesen sind. Bereits abgebaut werden Granit, Kalk und Marmor. Die Energie-Erzeugung aus Wasserkraft wird weiter forciert.

Industrie

Führende Branchen sind Fleischverarbeitung, Obst- und Gemüsekonservierung und Zuckerherstellung. Außerdem gibt es Textil- und chemische Industrie, Elektrogeräte, Fahrzeug- und Leichtmaschinenbau.

Handel

Ausgeführt werden Fleisch und Fleischprodukte, Wolle, Textilien, Leder, Häute, Felle, pflanzliche Öle, Reis, Weizen. Einfuhrgüter sind Erdöl, Rohstoffe, Halbfabrikate, Maschinen, Holz, Tabak, Getränke.

Verkehr, Tourismus

Dem Güter- und Personenverkehr steht ein dichtes Straßennetz (50 000 km, davon 10 000 km asphaltiert) zur Verfügung; das 3000 km lange Eisenbahnnetz befindet sich in sehr schlechtem Zustand. Binnenschiffahrt gibt es auf dem Río Uruguay; der größte Seehafen ist in Montevideo. – Der Tourismus hat sich seit den 70er Jahren zu einem wichtigen Wirtschaftszweig entwickelt.

Geschichte

Uruguay wurde 1515 von Juan Díaz de Solís entdeckt. Lange und entschlossen wehrten sich die Charrúa-Indianer gegen die Eroberer. Erst im Lauf des 17. Jh. begann die eigentliche Besiedlung durch Portugiesen von Brasilien und durch Spanier von Argentinien aus. 1777 wurden die Portugiesen vertrieben und das Land Östlich des Uruguay (Banda Oriental de Uruguay) dem spanischen Vize-Königreich Río de la Plata angegliedert. 1810 schloß sich Uruguay dem argentinischen Aufstand gegen die Spanier an. 1817 eroberten die Portugiesen die Banda Oriental und schlossen sie Brasilien an. Anfang 1825 begann ein

Daten · Fakten · Reisetips   Uruguay

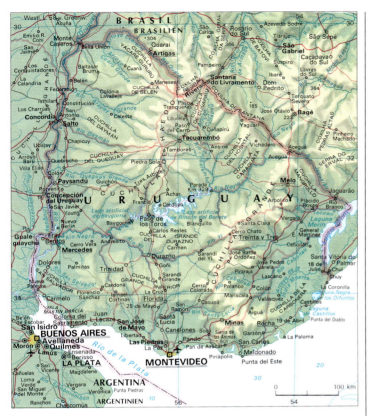

erneuter Freiheitskampf gegen die Portugiesen. Am 25. 8. 1825 (Nationalfeiertag) wurde die Unabhängigkeit Uruguays verkündet, die 1828 auch durch Argentinien und Brasilien anerkannt wurde.

Die unitarische Verfassung von 1830 konnte den innerlich zerrissenen Staat allerdings nicht vereinen. Zu erbittert bekämpften sich die liberal-konservativen »Colorados« und die von Großgrundbesitzern und Kirche unterstützten »Blancos«. Der Bürgerkrieg schlug beiden Seiten tiefe Wunden. Ein Krieg gegen Paraguay (1865 bis 1870) verschärfte die Situation weiter. So konnte sich das Land erst ab 1876 unter Oberst Lorenzo Latorre von Krieg und inneren Unruhen erholen. Die nun folgende Friedenszeit ermöglichte die wirtschaftliche Gesundung: Die Viehzucht wurde intensiviert, der Export von Gefrierfleisch setzte ein, und mit dem Aufbau eines Eisenbahnnetzes wurde begonnen.

1890 leitete der erste zivile Präsident Uruguays, Julio Herrera y Obes, den Übergang zur Demokratie ein. Am stärksten prägten das Land aber die beiden Amtszeiten des Präsidenten José Batlle y Ordóñez (1903–1907, 1911–1915), der mit seiner Sozialgesetzgebung (Alters- und Unfallrenten, Mindestlöhne, Achtstundentag u. a.) einen Wohlfahrtsstaat nach Schweizer Vorbild begründete.

Der Wohlstand des »glücklichen Uruguay« endete mit der Weltwirtschaftskrise 1929. Zwar brachten gute Exportmöglichkeiten im Zweiten Weltkrieg und die hohen Woll- und Fleischpreise in den Nachkriegsjahren noch einen wirtschaftlichen Aufschwung, aber auch dieser fand sein jähes Ende, als nach dem Korea-Krieg (1954) die Preise für tierische Produkte fielen. Mangelnde Erfolge der »Blanco«-Regierungen (Arbeitslosigkeit, Geldentwertung) führten schließlich zum Staatsbankrott (1965) und zur erneuten Regierungsübernahme der »Colorados« unter Präsident Juan María Bordaberry.

Bordaberry benützte die seit 1969 zunehmenden Streiks, die Gewalttaten und Entführungen der Stadtguerilla (Tupamaros), um in einem Staatsstreich 1973 das Parlament zu entmachten. Von den Militärs unterstützt, bekämpfte Bordaberry ohne Rücksicht auf Menschenrechte die Tupamaros und die gesamte linke »Subversion«.

Die sozialen Probleme blieben dabei ungelöst. Wirtschaftskrise und Massenprotest erzwangen das Ende der Militärdiktatur: 1984 wurde der Kandidat der »Colorados«, Julio María Sanguinetti, zum Präsidenten eines ruinierten Staates gewählt (5,2 Mrd. US-$ Auslandsschulden, über 70 % Inflation). Der von ihm initiierte »nationale Dialog« und seine liberale Wirtschaftspolitik ermöglichten den 1985 einsetzenden Aufschwung: Der demokratische Alltag kehrte zurück, Wirtschaft und Export wuchsen, Arbeitslosigkeit und Inflation gingen zurück. 1988 brach dieser Boom zusammen. Sanguinetti setzte noch die Verlängerung des Amnestiegesetzes für die Verbrechen während der Militärdiktatur durch (Referendum 16. April 1989), verlor jedoch die Wahl vom 26. November 1989 gegen den Kandidaten der »Blancos«, Luis Alberto Lacalle.

Kultur

In Uruguay hat sich im 19. Jh. endgültig die Kultur der weißen Einwanderer aus Europa durchgesetzt. Die Charrúa und andere Indianervölker, die zur Zeit ihrer Entdeckung als Jäger und Fischer lebten, wurden entweder ausgerottet oder haben sich mit der weißen Bevölkerung vermischt (Mestizen). Präkolumbische Zeugnisse findet man deshalb nur noch in den Museen. Ein Überbleibsel der indianischen Tradition sind die *Bolas*. Diese Schleuderwaffen, an mehreren Lederriemen befestigte Steine, wurden zur Jagd oder zum Einfangen von Vieh verwendet.

Auch von der Kultur der wenigen nach Uruguay deportierten afrikanischen Sklaven hat sich kaum etwas in die Gegenwart hinübergerettet; ihre Tradition lebt nur mehr in der Musik und im Karneval fort.

Aus der Kolonialzeit stammen ebenfalls nur wenige Zeugnisse; am stärksten spiegelt die Hauptstadt die koloniale Atmosphäre wider. Die ältesten Bauwerke im Kolonialstil findet man in der 1680 von portugiesischen Siedlern erbauten Stadt Colonia del Sacramento am Río de la Plata. Elemente verschiedener nationaler Traditionen haben sich noch in den »Colonias« der europäischen Einwanderer, insbesondere der Schweizer und Waldenser, erhalten.

Charakteristisch für das ländliche Uruguay sind die kleinen Ranchos, vor allem aber die riesigen Viehherden und die großen Estancias – weitläufige Besitztümer mit einem weißgetünchten Steinbau als Zentralgebäude und niedrigen strohgedeckten Arbeiterhütten. Untrennbar mit der Folklore des Landes sind die Gauchos verbunden. Diese Viehhirten, früher ausschließlich Mestizen, sind an ihrer typischen Kleidung erkennbar. Höhepunkt der Gaucho-Folklore, die auch in der Musik und Kunst lebt, ist jedes Jahr das Yerra-Fest, wenn das Jungvieh mit dem Lasso eingefangen und mit Brandzeichen markiert wird. Während der Fiesta der Gauchos (alljährlich in der Osterwoche) finden in Montevideo rodeoähnliche Wettbewerbe statt.

Im 19. Jh. war Montevideo das geistige Zentrum der La-Plata-Region. Bestimmend für die Literatur war lange Zeit der Gegensatz zwischen einer klassizistischen, an Europa orientierten Richtung und einer romantischen Gaucho-Literatur.

Wegbereiter der modernen uruguayischen Literatur sind Florencio Sánchez, Verfasser von sozialkritischen Komödien, der Essayist und Kulturkritiker José Enrique Rodo und Horacio Quiroga, Autor von teils realistischen, teils phantastischen Erzählungen. Internationalen Weltruf erlangten Juan Carlos Onetti, geboren 1909, der in seinen Werken ein düsteres Bild der inhumanen Großstadt entwirft, und der vielseitige Dichter, Dramaturg und Kritiker Mario Benedetti (geboren 1920).

Reise-Informationen

Einreise- und Fahrzeugpapiere
Bürger der Bundesrepublik Deutschland, der Schweiz und Österreichs benötigen für einen Aufenthalt bis zu drei Monaten einen gültigen Reisepaß bzw. Kinderausweis.
Als Fahrerlaubnis ist der internationale Führerschein erforderlich.
Zoll
Bei der Einreise sind zollfrei: pro Person ab 18 Jahre 400 Zigaretten oder 50 Zigarren oder 500 g Tabak, 2 Liter alkoholische Getränke und 5 kg Nahrungsmittel.
Devisen
Es gibt keine Beschränkungen für die Mitnahme von Landes- und Fremdwährung.
Verkehrsverhältnisse
Wichtigstes Verkehrsmittel sind Überlandbusse. Internationale Fluggesellschaften fliegen Carrasco bei Montevideo an.
Unterkünfte
Im ganzen Land findet man zahlreiche Hotels, an der Küste viele Campingplätze. Im Landesinnern gibt es kaum Campingplätze, doch freies Campieren wird geduldet.
Reisezeit
Die Jahreszeiten sind den europäischen entgegengesetzt. Die beste Reisezeit liegt zwischen November und April.

Relikte aus der großen Zeit der Gauchos: Dolche, Gürtelschnalle und Reitpeitsche aus kunstvoll verziertem, vergoldeten Silber.

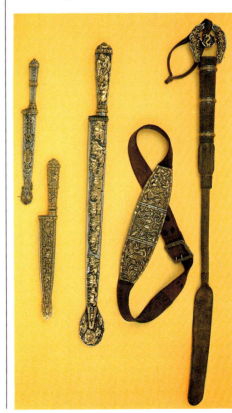

Venezuela

Was mit jedem anderen Wasserfahrzeug ein gefährliches Unternehmen wäre, mit dem Luftkissenboot ist es ein reines Vergnügen: eine Fahrt auf den Fluten des Orinoco, Venezuelas gewaltigstem Fluß.

Harald Jung

Auf der Plaza Venezuela, dem zentralen Platz der Hauptstadt Caracas, steht das »Denkmal für den Einwanderer«. Venezuela ist ein Land der Hoffnung: Jeder zweite Bürger hat zumindest einen Großvater, der nicht im Land geboren ist.

Viele kamen auf der Flucht vor Verfolgungen: aus dem faschistischen Spanien oder aus einer der vielen lateinamerikanischen Diktaturen. Andere wollten Armut und Arbeitslosigkeit entkommen und suchten einen wirtschaftlichen Neubeginn. 30 Jahre stabile demokratische Verhältnisse und ein halbes Jahrhundert lang phantastische Einnahmen aus dem Erdöl – Venezuela ist seit langem das Ausnahmeland auf diesem krisengeschüttelten Halbkontinent.

Aber seit ein paar Jahren beginnt man auch hier zu ahnen, daß es keine Garantie für ein dauerhaftes Glück gibt. Zwar sitzt man auf den größten Erdöllagern der Welt, gehört inzwischen jedoch zu den Großschuldnern in Lateinamerika.

Staatsname:	Republik Venezuela
Amtssprache:	Spanisch
Einwohner:	20 Millionen
Fläche:	912 050 km²
Hauptstadt:	Caracas
Staatsform:	Präsidiale Bundesrepublik
Kfz-Zeichen:	YV
Zeitzone:	MEZ −5 bis −6 Std.
Geogr. Lage:	Südamerika, begrenzt von Kolumbien, Brasilien und Guyana

Fahrt hinauf ins Inferno

Wenn sich die Tür des Flugzeugs öffnet, schlägt einem die feuchte Hitze ins Gesicht wie die Druckwelle einer fernen Explosion. Die 20 Meter durch den Terminalfinger treiben Schweißperlen auf die Stirn. Jede Begegnung mit den Tropen geht durch die Haut.

Maiquetía, der Flughafen von Caracas an den Ufern des Karibischen Meeres, liegt annähernd auf dem Wärmeäquator. Die Halle: offener Beton, getöntes Glas, Marmor – großzügig, wie auch die Paßkontrolle, wenn man aus Europa kommt. Die Beamten ein wenig von oben herab, als fühlten sie sich wie Pförtner zum Paradies. Dann tritt man ins dampfige Freie. Das Abenteuer beginnt.

Es empfiehlt sich, eine Linientaxe zu nehmen und den Preis vor dem Start auszuhandeln. Alles weitere hängt von Tag und Stunde ab.

Hat man Glück oder ein gutes Reisebüro, dann ist man nicht an einem Samstag- oder Sonntagnachmittag angekommen, wenn Hunderttausende von Caraqueños von ihrem Hausstrand, dem Litoral, in die Stadt zurückkommen. Doch auch bei normalem Verkehr sind die 20 Kilometer hinauf in die Hauptstadt ein Schieben und Drängen, Stoßstange an Stoßstange.

Die Augen zu schließen hilft auch nicht viel, das Inferno dringt durch Ohren und Nase. Drei Tunnel auf der Strecke, der längste, »Boceron I«, niedrig, unzureichend entlüftet – drei Kilometer Alptraum.

Schon weit vor der Stadt, ungefähr auf halber Distanz, die ersten Ranchos, Elendsquartiere, kaum verdeckt von riesigen Reklamewänden. »Si existe, esta in en las paginas amarillas«, wirbt der Vertreiber des Branchenbuches: Was nicht auf den gelben Seiten steht, existiert nicht.

Aber sie existieren doch. Über den Rand des Hochtals von Caracas quellen sie hinaus, Behausungen aus Wellblech, Backstein oder Karton, tollkühn in die Steilhänge gebaut, wo immer ein paar Quadratmeter Platz waren. Jedes Jahr, wenn der Tropenregen kommt, stürzen ein paar dieser Häuschen in sich zusammen. Fast immer gibt es Tote.

Spätestens an der Stelle, wo die Gegenspur atemberaubend knapp an dem wegrutschenden Hang entlangführt, kann man vom Taxifahrer hören, daß die Regierung an allem schuld sei. Und wenn der Mann besonders in Fahrt ist, dann erzählt er sicher auch, daß diese Autopista zwischen Caracas und dem Hafen, die einmal das Wahrzeichen einer »Nation im Aufbruch« war, natürlich von Pérez Jiménez gebaut worden ist, dem letzten Diktator, und daß sie jetzt kurz vor dem Zusammenbruch stehe, unterspült von den Abwassern der Ranchos, die natürlich in der Demokratie entstanden seien. Daß die Regierung – welche auch immer – nichts taugt, ist gemeinsame Überzeugung der Venezolaner und ändert nichts an der Liebe zu ihrem Land. »Ich würde mit keinem Platz auf der Welt tauschen«, sagt der Taxifahrer, der aus Galizien zugewandert ist.

Oben, auf 900 Metern Höhe, nach dem dritten Tunnel – die Luft ist nicht mehr so feucht, die Temperatur viel angenehmer –, der erste Blick auf Caracas: ein Tal, in dem der Beton wächst, 20 Kilometer lang, von Cátia im Westen bis Petare im Osten, zwölf Kilometer breit, im Norden gekrönt von dem fast 2200 Meter hohen Pico Ávila. Vier Millionen Menschen leben nach amtlichen Angaben insgesamt auf diesen 240 Quadratkilometern. Experten sprechen von fast sechs Millionen und sagen für das Jahr 2000 etwa zwölf Millionen voraus. Wie das gehen soll?

Caracas – Stadt ohne Erinnerung

Die Hochhäuser, zehn-, zwölf-, sechzehnstöckige Wohnblocks mit flachen Dächern, haben sich längst die Hänge hinaufgeschoben, ohne erkennbare Ordnung. Durch ein Gewirr von Über- und Unterführungen taucht die Autobahn hinunter auf die tiefste Stelle des Tals, wo sie dem Betonbett eines flachen, stinkenden Rinnsals folgt. Das ist übriggeblieben vom Guaire, an dessen Ufern Diego de Losada im Jahr 1567 die Stadt Santiago de Léon de los Caracas gegründet hat.

Die Strecke führt vorbei am Parque Central, der alles andere als ein Park ist, sondern mit seinen 16 Stockwerke hohen Türmen das letzte aus Beton gegossene Symbol des »Venezuela saudita«, wie man hier inzwischen in Anspielung auf die Saudis der siebziger Jahre nennt, als nichts unmöglich und schon gar nichts zu teuer war; vorbei an »La Carlota«, einem der größten Privatflughäfen Südamerikas in jenen Tagen der Glorie, mit über 1000 Privatmaschinen; hinaus in den Osten, wo eine Wand neu hochgezogener Wohnblocks den schmalen Ausgang des Tals versperrt und damit den natürlichen Strom des Windes bricht, der die Stadt immer »gelüftet« hat. Um vier Grad Celsius ist die Durchschnittstemperatur von Caracas gestiegen, seit Kaffeesträucher und Mangobäume den hängenden Gärten der Konsumzentren, seit Wasserfälle und Flüsse den plätschernden Brunnen in den Innenhöfen der Büropaläste gewichen sind. Aus dem »ewigen Frühling«, den Alexander von Humboldt schwärmend registrierte, ist ein ewiger Sommer geworden. Nichts ist gewaltiger als der Mensch, der in Öl schwimmt!

Überall, nicht am Rande der Stadt wie in anderen lateinamerikanischen Metropolen, sondern mittendrin, in Steinwurfabstand von den Marmorportalen der Wolkenkratzer und den Einkaufspassagen: die Barrios, pittoreske Backsteinviertel, in denen die Hälfte der Bevölkerung lebt, die Elendssiedlungen derer, deren bloße Existenz andere als Bedrohung empfinden. Jede Tür ist doppelt gesichert, jedes Fenster schwer vergittert.

Caracas ist keine Liebe auf den ersten Blick. Kaum etwas, soweit das Auge reicht, scheint älter als 30 Jahre zu sein. Eine Stadt, die ihre Erinnerungen gelöscht hat, so entschieden und radikal wie ein Neureicher, der sich seiner bescheidenen Herkunft schämt.

Über Jahrhunderte war Venezuela Provinz. Die sagenhaften Schätze von »El Dorado« hatten weder die spanischen Entdecker gefunden noch die Augsburger Welser, die von Karl V., dem hochverschuldeten Imperator des Heiligen Römischen Reiches Deutscher Nation, die Konzession zur Kolonialisierung von Venezuela erhalten hatten. Seitdem war

△ *Die Skyline von Caracas, der Hauptstadt des Landes. Seit den fünfziger Jahren wird die reiche Erdölmetropole immer wieder »umgepflügt«:*

Bulldozer besorgen hier die Stadtplanung. Manches Hochhaus fällt, kaum daß es hochgezogen wurde, der Bodenspekulation zum Opfer.

es immer verlockender gewesen, in Mexiko, Lima oder Cusco zu leben als in Venezuela.

Wer die Kathedrale in Caracas betritt, spürt den Unterschied. Hier eine Kirche, relativ groß, aber irgendwie unfertig, als habe sie jemand einfach mal hinbauen lassen, für alle Fälle. Dort, in Mexiko etwa, eine Kathedrale, bei der mit jedem Stein der Anspruch auf Größe, Macht und Dauer festgemauert ist.

Die Kathedrale von Caracas steht an dem Platz, um den die Spanier immer kirchliche und weltliche Macht gruppiert haben: die Plaza Mayor, heute Plaza Bolívar genannt. Jede Stadt, jedes Dorf, jede Ansammlung von Häusern in Venezuela hat ihre Plaza, und alle heißen sie Plaza Bolívar. Denn darauf hat man sich geeinigt: Simón Bolívar, der »Befreier«, ist der bedeutendste Sohn des Landes. Er hat nicht allein für Venezuela die Unabhängigkeit von den Spaniern erkämpft, sondern für halb Lateinamerika. Mit dem kann man sich sehen lassen.

Das Erdöl verändert das Denken

Die Plaza Bolívar in Caracas spiegelt noch heute den Geist derer wider, denen Venezuela nicht zu bescheiden war, die hiergeblieben sind, weil ihnen das Klima und die paradiesische Fruchtbarkeit mehr bedeuteten als der trügerische Glanz des fernen Goldes: überschaubar in ihren

Dimensionen, von familiärer Intimität, Treffpunkt von Bürgern viel mehr als Demonstration von Größe. »Hier und in den paar Straßen um den Platz herum sahen wir uns nahezu täglich. Jeder kannte jeden, alle mochten wir uns, niemand haßte einen anderen. Es war eine Stadt zum Leben«, erzählte Francisco Tamayo, der vor wenigen Jahren verstorbene »Weise der Stadt«. Er sprach über seine Jugend, über das Caracas von 1925, als die Stadt gerade 125000 Einwohner hatte. Aber damals bereits war das eigentliche venezolanische Eldorado entdeckt: das Erdöl. Von da an sollte, zunächst kaum spürbar, aber unaufhaltsam und mit wachsender Beschleunigung, alles anders werden.

Im Jahr 1918 exportierte Venezuela zum ersten Mal Petroleum. In das Land, das bis dahin mit Kakao, Kaffee, Zucker und Rindern auf dem Weltmarkt in Erscheinung getreten war und im behäbigen Rhythmus eines Bauernhofes gelebt hatte, drang die hochtechnisierte, hauptsächlich auf den Export gerichtete Erdölindustrie ein. Die Yankees kamen und die Briten, Fachleute und Kaufleute, die ihre Hände auf das »schwarze Gold« legten. Mit ihnen Maschinen, schweres Gerät, Autos, Ersatzteile, bis zur letzten Schraube importiert, die Gebrauchsanweisungen auf englisch. Es begann die Spaltung des Landes, die vor den Köpfen seiner Bewohner nicht haltmachen sollte.

△ Armselige Goldgräberhütten in den Bergen Venezuelas. Der Traum vom großen Fund geht hier nur selten in Erfüllung.

◁ Erst 1937 entdeckte der Amerikaner James Angel den höchsten Wasserfall der Erde, den nach ihm benannten Salto Angel im venezolanischen Teil des Berglands von Guayana. Fast 1000 Meter stürzt hier der Rio Churún, ein Nebenfluß des Caroní, von einem Felsplateau in die Tiefe.

Am Ende der zwanziger Jahre ist Venezuela der wichtigste Erdölexporteur der Welt. Nach dem Zweiten Weltkrieg, als die USA aufhören, Selbstversorger in puncto Öl zu sein, wird Venezuela zu einem Land von allererster strategischer Bedeutung für Washington; nicht nur, weil es in der unmittelbaren politisch-militärischen Einflußzone liegt, sondern auch, weil sich hier ein Absatzmarkt öffnet: Hier kann – mit den Abweichungen und Einschränkungen eines unterentwickelten Landes – der »American way of life«, das Modell des amerikanischen Kapitalismus, reproduziert werden, deutlicher als sonst irgendwo in Lateinamerika. Die Ideologie der industriellen Entwicklung, ungebrochener Geist der fünfziger Jahre, unreflektiert übernommen von den politischen Eliten des Landes, fegt die über Jahrhunderte hinweg weitergetragenen Werte und Gewohnheiten der venezolanischen Agrargesellschaft beiseite, verändert Denken und Verhalten.

Venezuela 357

Im Zehn-Jahres-Rhythmus verdoppelt sich die Bevölkerung von Caracas (heute leben etwa 85 Prozent der Venezolaner in Städten und rund 15 Prozent auf dem Land – 1940 war es genau umgekehrt). Was sich den Bulldozern in den Weg stellt, wird weggeräumt, kaum ein Stein bleibt auf dem anderen, kein Wert unberührt. Ganze Straßenzüge des historischen Caracas fallen der Spitzhacke zum Opfer. Wer darüber klagt oder gar versucht, sich dem zu widersetzen, zieht allenfalls Spott auf sich. Immer geht alles voran und weiter, Krisen scheint es nicht zu geben in Venezuela – wenn die Weltwirtschaft ins Stocken gerät, steigen jedesmal zufällig auch die Erdölpreise, und das sorgt für neuen Schwung.

Das Zentrum von Caracas ist schon lange nicht mehr die Plaza Bolívar. Die Stadt hat sich, den Gesetzen der Geographie und ihres eigenen ungehemmten Wachstums folgend, nach Osten verlagert, ganz wie das Alexander von Humboldt 100 Jahre zuvor schon vorhergesehen hatte. Der neue Mittelpunkt heißt – anspruchsvoll – Plaza Venezuela und ist, auch nach dem dritten Umbau, nichts weiter als ein riesiger Verkehrsverteiler. Auf der einen Seite begrenzt von einer sechsspurigen Autobahn, überquert von einer provisorischen Hochstraße, umringt und untertunnelt von vielspurigen Verbindungsstraßen. Platz also allenfalls auf dem Teil, den der Verkehr übrigläßt, und dort kaum mehr als eine Ansammlung von allerlei Kunst im Freien. Undefiniert, so als müsse die Identität irgendwo im Morgen verankert sein, nicht im Heute oder gar im Gestern. Denn immer sollte es noch toller kommen, jede Attraktion von heute war schon morgen ein alter Hut.

Der Rausch geht zu Ende

Was wir Weltenergiekrise nennen, die plötzliche und explosive Erhöhung der Erdölpreise – von drei Dollar pro Barrel im Oktober 1973 auf 11,65 Dollar im Januar 1974 –, öffnet die Schleusen für eine neue Dollarflut. Am 1. Januar 1976 werden die Erdölgesellschaften verstaatlicht. Venezuela verfügt plötzlich über sagenhafte Summen Geldes. 1973 bringt das Erdöl 2,6 Milliarden Dollar. 1974 springen die staatlichen Einnahmen aus dem Öl auf 8,5 Milliarden, und 1981 erreichen sie die unwahrscheinliche Summe von 16,5 Milliarden Dollar.

Die Menschen lebten in einem Zustand kollektiver Euphorie. Es war, als wäre ein Wunder über sie gekommen. Vom Staat konnte man nicht mehr, aber auch nicht weniger verlangen, als daß er die Wunder mehrte. Politiker taten das Ihre: Sie schwelgten in gigantischen Projekten, in zehn, zwanzig Jahren werde man den Stand der entwickelten Industrienationen erreicht und überholt haben.

Aber bald begann die Logik des Systems zu wirken. Die Petrodollars verschwanden wieder in den Industrieländern, für Nahrung – das ehemalige Agrarland Venezuela mußte über 50 Prozent Grundnahrungsmittel importieren –, für Kleidung, Spielzeug, Genußmittel, für Maschinen, Autos, Waffen. Ein endloser Strom von Waren und Artikeln, vom simpelsten Ersatzteil bis zum erlesenen Luxus und horrenden Schund, wurde ins Land geschwemmt. Sechsmal täglich gingen die Düsenjets nach Miami/Florida, wie die Butterdampfer, und zurück kamen die Venezolaner mit vollen Taschen, weil es immer noch etwas gab, was in den Einkaufspalästen von Caracas nicht zu haben war.

Der Rausch hielt sieben Jahre an. Aber als 1982 die Erdölmärkte zusammenbrachen – als Folge der weltwirtschaftlichen Rezession und der von den Industrieländern eingeleiteten Energiesparmaßnahmen –, war alles zu Ende. Am 18. Februar 1983 hat Venezuela seinen »schwarzen Freitag«. Seine Geschichte zerfällt in ein Vorher und ein Nachher. Mehr als 50 Jahre hatte der venezolanische Bolívar unverändert auf 4,30 zum US-Dollar gestanden. An diesem Tag wird er zum ersten Mal abgewertet. Bis Ende 1987 ist der »Bolo« auf etwa 30 pro US-Dollar abgesackt.

Der Rausch ist vorüber, der Kater geblieben. Ungläubig mußten die Venezolaner zur Kenntnis nehmen, daß sie zu den Großschuldnern der Dritten Welt gehören: fast 2000 Dollar pro Kopf, nur übertroffen von Bananenrepubliken wie Panama und Barbados. Beschwichtigend rechnen Politiker vor, daß Venezuela seine Schulden in zwei Jahren zurückzahlen könnte, wenn es, bei einem angenommenen Ölpreis von 20 Dollar pro Barrel, seine gesamte Exportkapazität zur Deckung der Schulden aufwenden würde. Aber grau ist alle Theorie. Venezuela hat in den letzten Jahren gezahlt, was es konnte, mehr als irgendein Land in Lateinamerika, ohne seine Schulden auch nur verringern zu können.

Und die große Mehrheit zahlt mit. Plötzlich weiß man wieder, daß es Hunger gibt im Land. Fast 40 Prozent der Familien leben unter der kritischen Armutsgrenze. »Arbeit für meinen Bruder« überschrieben die Bischöfe ein aufrüttelndes Hirtenwort. Der Mittelstand verarmt. Nur die kleine Oberschicht ist von der Krise unberührt. Noch mehr Geld sammelt sich in noch weniger Taschen. Venezuela droht der Rückfall in die »lateinamerikanische Krankheit«.

Der Schlagstock trifft die Demokratie

Ende der achtziger Jahre mehrten sich die Kassandra-Rufe: Journalisten marschierten für mehr Pressefreiheit, Festredner geißelten die Korruption als das Krebsgeschwür von Staat und Verwaltung, Politiker versprachen moralische Erneuerung – und keiner glaubte ihnen.

Die Symptome der Krise waren nicht zu übersehen: der Abgeordnete, den man mit fünf Kilogramm Heroin erwischt hatte; der Richter, der aus dubiosen Gründen Drogenhändler freiließ; der Transportminister, der sich mit etlichen Steuermillionen ins Ausland absetzte.

Doch bei der Präsidentschaftswahl von 1988 gewann wieder der Kandidat der regie-

▽ *Die romantischen Hacha-Wasserfälle im Parque Nacional Canaima, der mit 30 000 Quadratkilometern der größte Nationalpark Südamerikas ist.*

▷ *Mehr als 1000 Flüsse entwässern Venezuela, das damit zu den wasserreichsten Ländern der Erde gehört.*

renden Demokratischen Aktion (AD), Carlos Andrés Peréz. Als der neue Präsident, der dieses Amt schon zwischen 1974 und 1979 bekleidet hat, dem Land ein Sparprogramm mit massiven Preiserhöhungen und Subventionskürzungen verordnete, kam es im Februar 1989 zu schweren Unruhen. Die Regierung verhängte für fast vier Wochen den Ausnahmezustand und mußte ihre Wirtschaftspolitik revidieren.

30 Jahre Demokratie, einsamer Rekord in Südamerika, sind nicht den Politikern zu danken, sondern Bürgern dieses Landes. Sie sind weniger traumatisiert, weniger von Hunger und Überlebensängsten gezeichnet als anderswo in Lateinamerika. Offen und optimistisch bis an die Grenze der Naivität, ausgestattet mit einem feinen Gespür für das Pathos der Macht, haben sie sich ein schon fast im Anarchistischen verankertes Gefühl für die Gleichheit bewahrt. Der Präsident bleibt der »Bürger Präsident«, und vor dem Polizisten hat man nicht Respekt, sondern allenfalls Angst.

Das Petroleum hat eine Illusion finanziert, die Illusion der Harmonie. Wenn der Traum vorbei ist, kann Demokratie sterben wie die Liebe.

Das weite Land: fast unberührt

Und das Land? Der riesige Rest? Unberührte Weite. Tierra incógnita. Drei von vier Venezolanern leben auf einem schmalen Gürtel, der sich von den Ausläufern der Anden im Nordwesten über Caracas, Puerto la Cruz bis Cumaná im Osten zieht, parallel zur Küste. Die südlichen Gebiete, der Bundesstaat Bolívar und das Bundesterritorium Amazonas – zusammen etwa halb so groß wie ganz Venezuela und knapp doppelt so groß wie die Bundesrepublik Deutschland –, sind fast menschenleer.

Im Estado Bolívar leben – zieht man die wenigen Städte ab – auf rund 240 000 Quadratkilometern 170 000 Menschen. Die fiebrige Hast unserer Tage ist ihnen fremd und unverständlich. Wer kommt, ist herzlich willkommen, wer bleibt, ist zu Hause.

Vom ewigen Schnee der Anden bis zur Wüste der Médanos de Coro im Staate Falcón: In Venezuela findet man beinahe jede Landschaft. Fährt man von der Sierra Nevada in Mérida hinunter an den Maracaibo-See, dann wechselt man in drei Stunden zweimal die Jahreszeiten, vom Gefrierpunkt hoch auf 30 Grad Celsius und mehr. Hier, im See, stehen nicht nur die Bohrtürme, die den Reichtum des Landes ausmachen, sondern auch und immer noch die Pfahlbauten der Parauja-

△ *Yanoamö-Indianer fachsimpeln über einen Pfeil. Dieser als ausgesprochen kriegerisch geltende Stamm lebt in den entlegenen Urwäldern des Orinoco, jagt Affen, Wild und Vögel und pflanzt Tabak und Baumwolle an. Man schätzt die Zahl der Yanoamö auf 10 000.*

nos-Indianer, denen das Land seinen Namen verdankt. Als der Spanier Alonso de Ojeda und der Genuese Amerigo Vespucci im Jahre 1499 hier vorbeisegelten, fühlten sich die weitgereisten Männer durch diese vom Wasser umspülten Hütten so sehr an Venedig erinnert, daß sie das Land »Klein-Venedig«, Venezuela, nannten.

Viel haben die morbid ihrem Untergang entgegendämmernde Adria-Schönheit und das wilde, unfertige, kaum erwachte Land in den Tropen nicht gemein. Oder doch: Es sind Plätze, die man nicht vergißt, in die man sich verlieben kann, wenn man es zuläßt.

Venezuela 359

Venezuela

Daten · Fakten · Reisetips

Landesnatur

Fläche: 912 050 km² (zweieinhalbmal so groß wie die Bundesrepublik Deutschland)
Ausdehnung: West–Ost 1300 km, Nord–Süd 1100 km
Küstenlänge: 3200 km
Höchster Berg: Pico Bolívar 5007 m
Längste Flüsse: Río Orinoco 2575 km, Río Apure 820 km
Größte Seen: Lago de Maracaibo 13 300 km², Lago de Valencia 238 km²

Venezuela liegt im Norden Südamerikas, am Karibischen Meer. Von den zahlreichen der Küste vorgelagerten Inseln gehören die drei größeren westlichen (Aruba, Curaçao, Bonaire) zu den Niederlanden; größte der venezolanischen Inseln sind Margarita (1085 km²) und Tortuga (171 km²).

Naturraum

Venezuela weist drei Großlandschaften auf: das Gebirgsland der Anden, das Orinoco-Tiefland und das Guayana-Hochland. Im Nordwesten spaltet sich der östliche Strang der kolumbianischen Kordillere bei Cúcuta in die Sierra de Perijá (venezolanisch-kolumbianisches Grenzgebiet) und die Cordillera de Mérida auf. Diese Kordillerenzüge umschließen die Senke von Maracaibo mit dem flachen, zum Golf von Venezuela geöffneten Maracaibo-See, einer 13 300 km² großen Brackwasserlagune. In den Tertiärschichten des Maracaibo-Beckens ruht der größte Reichtum des Landes: das Erdöl.

Die Mérida-Kordillere besitzt mehrere bis in die Schneeregion aufragende Gipfel, darunter den Pico Bolívar (5007 m) als höchste Erhebung Venezuelas. Östliche Fortsetzung dieser Kette ist das durch mehrere Hochbecken gegliederte, erdbebenreiche Karibische Küstengebirge, zu dem auch noch die küstennahe Insel Margarita gehört.

Bei La Esmeralda am Oberlauf des Orinoco. Nicht weit von hier gabelt sich der Fluß und führt einen Teil seines Wassers dem Amazonas zu.

Den Mittelteil des Landes nimmt das Orinoco-Tiefland mit seinen Llanos (Grasland, ähnlich der argentinischen Pampa) ein. Es ist ein bis zu 400 km breites, ebenes und gegen Osten leicht geneigtes Aufschüttungsgebiet. Der Orinoco ist das drittgrößte Stromgebiet Südamerikas. Die Wasserscheide an seinem Oberlauf im Hochland von Guayana ist allerdings so gering ausgebildet, daß der Brazo Casiquiare über eine »Bifurkation« (Flußgabelung) ein Viertel des Orinoco-Wassers in den Río Negro und damit in den Amazonas leitet. Der Orinoco mündet im Nordosten des Landes in einem weitverzweigten Delta in den Atlantik.

Fast über die gesamte südliche und südöstliche Landeshälfte dehnt sich das Hochland von Guayana aus, das geologisch der urzeitlichen Festlandsmasse Südamerikas zuzurechnen ist. Nach Norden, zum Orinoco hin, fällt das Hochland allmählich ab; der Südabfall dagegen ist relativ steil. Mächtige Tafelberge aus Sandstein (sog. Tepui) überlagern hier noch teilweise das alte Gestein des Untergrunds und erreichen Höhen um 3000 m (Pico da Neblina auf der Grenze zu Brasilien, 3014 m; Monte Roraima im östlichen Dreiländereck, 2810 m). Im äußersten Südwesten schließlich greift das venezolanische Staatsgebiet noch ein Stück in das Amazonastiefland hinein.

Klima

Venezuela hat tropisch-wechselfeuchtes Klima mit einer Trockenzeit im Winter und Regenperioden im Frühjahr und Herbst. Die Andenhänge erhalten bis 3000 mm Niederschlag pro Jahr, das Orinoco-Tiefland zwischen 1200 und 2000 mm, das Hochland von Guayana nach Süden hin zunehmend bis über 3000 mm. An der Nordküste

Schlangen – lauernde Gefahr in der üppigen tropischen Natur Venezuelas; viele von ihnen sind giftig.

ist es demgegenüber relativ trocken (Maracaibo: 390 mm); auch die Hochbecken des Karibischen Küstengebirges und im Regenschatten liegende Andentäler verzeichnen nur mäßige Niederschlagsmengen (800–1000 mm). Wie überall im tropischen Andenbereich unterscheidet man in Venezuela mehrere klimatische Höhenstufen: die heiße (bis 800 m ü. M., durchschnittliche Jahrestemperatur 25–29 °C), die warm-gemäßigte (bis 2000 m ü. M., 15–25 °C) und die bis zur Schneeregion hinaufreichende kalte Höhenstufe. Das feuchtheiße Klima der Küste und des Tieflands (Spitzenwerte im August bis zu 38 °C) ist für Europäer ziemlich strapaziös.

Vegetation und Tierwelt

Venezuela hat durch die unterschiedlichen Klimazonen und Landschaften auch eine sehr artenreiche Vegetation. An den stark beregneten unteren Kordillerenhängen wächst immergrüner tropischer Regenwald, der in der gemäßigten Höhenregion in Bergwald übergeht. Darauf folgt (bis 3000 m) Nebelwald, schließlich die sog. Páramo-Vegetation mit Hochweiden und Schopfbäumen.

Die inneren Llanos des Tieflands sind mit weiten Grasfluren bedeckt, die in den Flußniederungen von Galeriewäldern unterbrochen werden. An den Rändern der Llanos wachsen Trockenwälder. Im sumpfigen Orinoco-Delta gedeiht üppiger Regenwald, im Brackwasserbereich der Mündungsarme Mangrove. Im Hochland von Guayana wechseln Berg- und Feuchtwälder mit Savannen. Das Maracaibo-Becken hat Trockenwald, der nördliche Küstenstreifen Dornbusch- oder Sukkulentenvegetation. Waldrodung (in den Kordilleren) und Überweidung (im Maracaibo-Becken) haben zu beträchtlichen Bodenverlusten durch Erosion geführt.

In den Wäldern Venezuelas leben Affen, Jaguare, Pumas, Ozelote, Ameisenbären, Gürteltiere, Faultiere, Tapire und Wasserschweine. Zur artenreichen Vogelwelt gehören Kolibris, Papageien, Tyrannen und Schnurrvögel; die überschwemmten Llanos bevölkern Reiher, Löffler und Enten. Mit Riesenschlangen, Kaimanen und Schildkröten sind auch die Reptilien zahlreich vertreten.

Um die bedrohte Flora und Fauna zu schützen, hat Venezuela zahlreiche Naturparks eingerichtet bzw. bestimmte Landschaftsteile zu Naturmonumenten erklärt.

Politisches System

Staatsname: República de Venezuela
Staats- und Regierungsform: Präsidiale Bundesrepublik
Hauptstadt: Caracas
Mitgliedschaft: UN, OAS, ALADI, OPEC, SELA

Nach der Verfassung von 1961 ist Venezuela eine föderative Präsidialdemokratie. Der Präsident wird (gleichzeitig mit dem Kongreß) für fünf Jahre direkt gewählt. (Eine Wiederwahl kann erst zehn Jahre nach Ablauf der Amtszeit erfolgen.) Der Präsident, zugleich Regierungschef und Oberbefehlshaber der Streitkräfte, ist außerdem zu Verfassungsänderungen und vor allem zur Ausrufung des Notstandes berechtigt.

Gesetzgebung und Verwaltung

Legislative ist der Bundeskongreß, der aus zwei Kammern besteht: Abgeordnetenhaus und Senat. Letzterer setzt sich aus jeweils zwei direkten Vertretern der Bundesstaaten und einer festgelegten Zahl von Minderheitsvertretern zusammen. Hinzu kommen die ehemaligen Präsidenten, die Senatoren auf Lebenszeit sind. Die Zahl der Mitglieder des Abgeordnetenhauses (204) richtet sich nach der Einwohnerzahl.

Die 20 Bundesstaaten haben Selbstverwaltung und eigene gesetzgebende Versammlungen. Der Bundesdistrikt mit der Hauptstadt Caracas und zwei Bundesterritorien (Amazonas und Delta Amacuro) unterstehen direkt dem Präsidenten. Daneben gibt es als Verwaltungseinheiten 72 Inseln in der Karibischen See (Dependencias Federales), die der Zentralregierung unterstehen.

Recht und Justiz

Das Rechtswesen ist vorwiegend nach französischem Vorbild aufgebaut. Höchste Instanz und gleichzeitig Verfassungsgericht ist der Oberste Gerichtshof. Seine 15 Richter werden vom Kongreß für neun Jahre ernannt. Nachgeordnet sind die Orts- und Kreisgerichte erster Instanz sowie die Gerichte zweiter Instanz der 20 Bundesstaaten.

Daten · Fakten · Reisetips   Venezuela

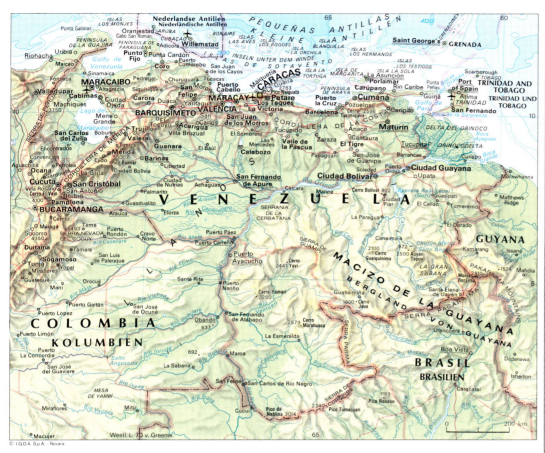

Bevölkerung

Einwohnerzahl: 20 Millionen
Bevölkerungsdichte: 22 Einw./km²
Bevölkerungszunahme: 2,9 % im Jahr
Ballungsgebiete: die Region Caracas – Valencia sowie das Erdölzentrum Maracaibo
Größte Städte: Caracas (2,5 Mio. Einw.; als Agglomeration 4 Mio.), Maracaibo (900 000), Valencia (570 000), Barquisimeto (500 000), Maracay (440 000), Petare (340 000)
Bevölkerungsgruppen: 70 % Mestizen und Mulatten, 20 % Weiße, 8 % Schwarze, 2 % Indianer

Venezuela gehört zu den Ländern Lateinamerikas mit einer stark gemischten Bevölkerung, in der ethnische Unterschiede aber nur eine geringe Rolle spielen. Über zwei Drittel der Venezolaner sind Mestizen bzw. Mulatten. Der Anteil der Weißen (vorwiegend spanischer und italienischer Abstammung) hat sich durch die beträchtliche Einwanderung aus Ost- und Mitteleuropa nach dem Zweiten Weltkrieg erhöht. Die Schwarzen sind Nachkommen der ehemaligen Sklaven; teilweise sind sie auch von den Westindischen Inseln zugewandert. Die über 40 Indianerstämme, deren Anzahl zurückgeht, haben Rückzugsgebiete im Nordwesten, im Orinoco-Delta und im Hochland von Guayana. Es leben außerdem schätzungsweise 2 Mio. Kolumbianer und Ecuadorianer illegal im Land.

Als Siedlungsräume sind das Karibische Küstengebirge und das Hochland des Andengebiets von Bedeutung. Zu den rasch gewachsenen Ballungszentren gehören die Erdölgebiete mit ihren stadtähnlichen Arbeitersiedlungen (Campamentos). Insgesamt hat die Verstädterung ein hohes Ausmaß erreicht, nur knapp ein Sechstel der Bevölkerung lebt noch auf dem Lande. Etwa 40 % der Venezolaner sind jünger als 15 Jahre.
Neben der Landessprache Spanisch findet Englisch im Geschäfts- und Handelsverkehr zunehmend Verwendung. Die Indianer sprechen im wesentlichen karibische, arawakische oder Chibcha-Dialekte.
Über 90 % der Bevölkerung gehören der römisch-katholischen Kirche an. Die Stellung der Kirche, die sehr lang eine konservative Haltung einnahm, ist jedoch schwächer als in anderen lateinamerikanischen Staaten. Protestanten, Juden sowie die Anhänger von Naturreligionen bilden Minderheiten.

Soziale Lage und Bildung

Venezuela ist dank seiner Rohstoffe das reichste Land Südamerikas, dennoch herrscht Arbeitslosigkeit (etwa 13 %).
Ein für Zentralamerika fortschrittliches Sozialversicherungssystem wurde bereits 1944 geschaffen; seine Leistungen kommen jedoch nur einem Teil der Arbeitnehmer zugute. Das Gesundheitswesen ist zwar auf modernstem technischem Stand, aber die medizinische Versorgung ist insgesamt noch unzureichend.
Allgemeine Schulpflicht besteht vom 7. bis 13. Lebensjahr, jedoch absolviert nur etwa die Hälfte der Schüler alle Klassen. Rund 13 % der Erwachsenen sind trotz entsprechender Bildungsprogramme der Regierung noch Analphabeten. Venezuela hat 47 Hochschulen und 17 Universitäten; die älteste Universität (gegr. 1725) befindet sich in Caracas.

Wirtschaft

Währung: 1 Bolívar (Bs) = 100 Céntimos (c, cts)
Bruttoinlandsprodukt (in Anteilen): Land- und Forstwirtschaft 9 %, industrielle Produktion 36 %, Dienstleistungen 55 %
Wichtigste Handelspartner: USA, Deutschland, Japan, Kanada, Großbritannien, Kolumbien, Brasilien, Trinidad und Tobago, Niederländische Antillen

Die Grundlage der Wirtschaft, in der der Staat wichtigster Arbeitgeber und größter Investor ist, bildet das Erdöl. Die extreme Abhängigkeit vom Weltmarkt führte zu Problemen: In den letzten Jahren sind die Deviseneinnahmen – sie machen über die Hälfte der gesamten Staatseinnahmen aus – stark zurückgegangen, einmal wegen der gesunkenen Ölpreise, zum anderen wegen gedrosselter Förderung. In Anbetracht der hohen Auslandsverschuldung, der hohen Inflation (etwa 80 %), des krassen Ungleichgewichts in der Einkommensverteilung und der Arbeitslosigkeit sieht sich die Regierung gezwungen, die während des Ölbooms stark vernachlässigte Landwirtschaft zu fördern und die Industrialisierung voranzutreiben.

Landwirtschaft

Etwa 12 % der erwerbstätigen Bevölkerung sind in der Landwirtschaft beschäftigt; nur ein Fünftel des Staatsgebiets wird entsprechend genutzt.
Der Anbau konzentriert sich auf die dichtbesiedelte Kordillerenregion und einige Küstenstriche. Für den Export werden Kaffee, Kakao und Zuckerrohr angebaut, für den Inlandsbedarf Mais, Reis, Maniok, Kartoffeln, Hülsenfrüchte, Gemüse, Bananen, Ananas, Zitrusfrüchte, Kokosnüsse, Tabak, Baumwolle und Sisal. Größtes Viehzuchtgebiet sind die weiträumigen Llanos. Die Fischereiwirtschaft wurde in den letzten Jahren ausgebaut. Dennoch ist die Nahrungsmittelproduktion des Landes unzureichend. Etwa ein Viertel der Nahrungsmittel muß importiert werden.

Bodenschätze

Von größter Bedeutung sind die Erdöllagerstätten im Maracaibo-Becken, im Nordosten des Orinoco-Tieflands und am oberen Río Apure. Darüber hinaus gibt es ausgedehnte Vorräte ölhaltiger Sande. Das bei der Ölgewinnung anfallende Erdgas wird bisher nur zum Teil genutzt. Eine bessere Verwertung der großen Erdgasvorräte ist vorgesehen. Venezuela ist nach Brasilien zweitgrößtes Förderland von Eisenerz

Das Wasserschwein, der größte lebende Nager, wird bis zu 50 Kilogramm schwer.

in Südamerika. Außerdem verfügt das Land über Vorkommen an Gold, Diamanten, Steinkohle, Meersalz, Bauxit, Kupfer, Blei, Zink, Schwefel, Asbest und Phosphaten.

Energieversorgung

Der Energieversorgung dienen bislang vor allem die heimischen Erdöl- und Erdgasvorkommen, doch gewinnt

Venezuela — Daten · Fakten · Reisetips

die Wasserkraft – wie die Kohle – als Energiequelle zunehmend an Bedeutung.

Industrie

Dominierender Industriezweig ist der seit 1976 verstaatlichte Erdölsektor, obwohl er nicht einmal 1 % der Erwerbstätigen beschäftigt. Etwa ein Drittel des in Venezuela geförderten

Vor allem im Río-Caroni-Gebiet im südöstlichen Bergland wird die Diamantensuche betrieben.

Öls wird in eigenen Raffinerien verarbeitet. Weitere wichtige Industriebereiche sind die Nahrungsmittel-, Getränke- und Textilindustrie. Dazu kommen Eisen-, Stahl- und Aluminiumerzeugung, Maschinen- und Fahrzeugbau, elektrotechnische und chemische Industrie, Reifen- und Papierfabriken sowie die Baustoffproduktion. Ballungsgebiete sind Caracas/Valencia und Maracaibo.

Handel

Wichtigste Exportgüter sind Erdöl und Erdölderivate (83 % des Ausfuhrwertes). Ausgeführt werden auch: Eisenerz, Aluminium, Kaffee, Zucker, Häute, Garnelen, Kakao und in geringem Umfang Hölzer. Eingeführt werden Nahrungsmittel, Maschinen, Fahrzeuge, elektrische Apparate, feinmechanisch-optische sowie chemische Produkte und Rohstoffe.

Verkehr, Tourismus

Das Straßennetz Venezuelas gilt als das beste in ganz Lateinamerika (76 000 km, davon rd. ein Drittel asphaltiert). Wichtig sind auch die Flußschiffahrt und der nationale Flugverkehr. Caracas ist der wichtigste der von internationalen Fluggesellschaften angeflogenen Flughäfen. Bedeutende Seehäfen sind Puerto Cabello, La Guaira (Hafen von Caracas), Maracaibo (Erdölexport) und Puerto Ordaz am Orinoco (Erzexport).
Hauptziele des Tourismus sind die karibischen Strände und die Andenregion.

Geschichte

Christoph Kolumbus entdeckte 1498 die Küste zwischen der Orinoco-Mündung und der Isla Margarita. Ein Jahr später segelten Alonso de Ojeda und Amerigo Vespucci in den Golf von Maracaibo und nannten das Land nach den dortigen indianischen Pfahlbauten Venezuela (Klein-Venedig). Im Zuge der Kolonisation und Missionierung (1513–1521) versuchten Dominikaner mit Hilfe von Bischof Bartolomé de Las Casas, des »Anwalts der Indios«, in Mischsiedlungen Europäer und Indianer friedlich zu integrieren. Dieses Projekt scheiterte, da die Siedlungen ständig von Sklavenjägern überfallen wurden.
Ohne Erfolg blieb auch der Versuch der Augsburger Kaufmannsfamilie der Welser, das Land, das sie von Kaiser Karl V. als Lehen erhalten hatten, zu einer wirtschaftlich einträglichen Kolonie zu machen. Auf der Suche nach Gold unternahmen die deutschen Statthalter Nikolaus Federmann, Georg Hohermuth von Speyer, Philipp von Hutten u. a. weite Expeditionen ins Land, stießen aber auf den Widerstand der Eingeborenen. Mit der Ermordung von Huttens durch die spanischen Befehlshaber 1546 war die deutsche Herrschaft praktisch beendet. 1567 wurde Caracas gegründet, 1577 kam das Land unter spanische Verwaltung.
1777 wurde das Generalkapitanat Venezuela geschaffen.

Befreiung und Herrschaft der Oligarchie

Der Kampf Simón Bolívars erwies sich auch nach der Unabhängigkeitserklärung 1811 als schwierig, da der Widerstand der an Spanien festhaltenden Loyalisten und die Feindseligkeit der Bevölkerung der Steppengebiete (Llaneros) äußerst heftig waren. Erst ein blutiger Bürgerkrieg brachte 1821 (Entscheidungsschlacht bei Carabobo) den endgültigen Sieg über die Spanier. Venezuela wurde ein Teil der

Erst seit dem Zweiten Weltkrieg ein wichtiger Wirtschaftsfaktor: die Eisenerzförderung nahe Ciudad Guayana und Ciudad Bolívar.

Republik Großkolumbien, die 1830 zerfiel.
Die wirtschaftliche und gesellschaftliche Struktur des Landes war auch nach der Revolution unverändert geblieben. Die Oligarchie kämpfte für ihre eigenen politischen und wirtschaftlichen Privilegien und widersetzte sich liberalen Reformen, wie etwa der 1854 erfolgten Sklavenbefreiung. Zwischen 1870 und 1877 unterstand das Land dem autoritären Regime des Generals Antonio Guzmán Blanco. Er verfocht einen »fortschrittlichen« Kurs (Eisenbahnbau, Gründung einer Nationalbank, Zivilehe u. a.), hatte aber auch den völlig unangemessenen und kostspieligen Ausbau von Caracas zu verantworten, mit dem er seinen eigenen Ruhm verewigen wollte. Die willkürliche, stark von persönlichen Interessen bestimmte Politik des Generals Cipriano Castro, der 1899 durch einen Putsch an die Macht kam, führte zeitweilig sogar zu einer internationalen Seeblokkade Venezuelas durch Großbritannien, das Deutsche Reich u. a.
Dank seiner großen Erdölvorkommen entwickelte sich Venezuela seit den zwanziger Jahren zu einem der modernsten lateinamerikanischen Staaten. Von 1908–1929 und 1931–1935 wurde es von General Juan Vicente Gómez diktatorisch regiert. Er regte ausländische Kapitalgeber zu Investitionen an und ermöglichte dadurch die Ausbeutung der Ölfelder von Maracaibo. Seit 1912 erhielten niederländische (Royal Dutch) und britische Gesellschaften umfangreiche und billige Konzessionen; sie mußten nur 11 % des Gewinns an den Staat abführen. Gleichzeitig schwächte der Wandel Venezuelas vom Agrarland zum Rohstofflieferanten die Macht der landbesitzenden Oligarchen und festigte diejenige des Präsidenten. Ein vorausschauender Ausbau der Industrie mit Hilfe der Erdöleinnahmen, der die Abhängigkeit Venezuelas von ausländischem Kapital und den Schwankungen des Weltmarkts hätte vermindern können, wurde nicht in die Wege geleitet.

Demokratisierungsversuche nach dem Zweiten Weltkrieg

Eine Veränderung der Situation zeichnete sich erst nach der Ära Gómez ab. General Marcos Pérez Jiménez (1952–1958) verfolgte die Wirtschaftspolitik seiner Vorgänger seit 1935, die Ansiedlung verschiedener Industriezweige, weiter. Trotz teilweise beachtlicher Erfolge führten schließlich finanzielle Mißwirtschaft und allgemeine Korruption zum Widerstand der »Vaterländischen Front« (seit 1954) und der Kirche (1957). Jiménez mußte das Land verlassen. Mit der Wahl Rómulo Betancourts (1959), die der »Demokratischen Aktion« (AD) zur Macht verhalf, begannen umfassende Reformen; Landverteilung mit Ansiedlung von Familien, Wohnungsbau u. a. entspannten die soziale Lage. Die Förderung von Grundindustrien (Stahl, Elektrizität) sollte Venezuela zu größerer Selbständigkeit verhelfen. 1964 erlebte das Land den ersten demokratischen Präsidentenwechsel. Raúl Leoni (1964–1969) konnte soziale Unruhen, ausgelöst durch die venezolanische Guerilla, beilegen; sie gab 1968 ihren Kampf auf. Präsident Carlos Andrés Pérez betrieb nach seiner Wahl 1973 das Programm einer »energievollen Demokratie«: Er leitete die Veränderung der Besitzverhältnisse auf dem Land ein und verstaatlichte die Ölgesellschaften (1976) sowie die in amerikanischer Hand befindliche Hüttenindustrie. Alle diese Maßnahmen verhinderten jedoch nicht, daß Venezuela unter Präsident Luis Herrera Campíns (1979–1983) in große wirtschaftliche Schwierigkeiten geriet. Mit einem strikten Sparprogramm versuchte der 1984 gewählte Präsident Jaime Lusinchi das Außenhandelsdefizit in Rekordhöhe (34 Mrd. US-$) zu vermindern; fallende Ölpreise halbierten jedoch die Ölexporterlöse von 1981 bis 1988. Als der seit Februar 1989 amtierende Präsident Carlos Andrés Pérez ein weiteres Sparprogramm mit massiven Preiserhöhungen ankündigte, brachen im ganzen Land schwere Unruhen aus. Die Regierung setzte die Grundrechte außer Kraft und befahl den Einsatz des Militärs. Der demokratische Weg Venezuelas zwischen wirtschaftlicher Gesundung und drohender Revolution scheint immer schmaler zu werden.

Kultur

Die Kultur Venezuelas spiegelt den Einfluß zweier unabhängiger Strömungen wider: der Kultur der tropischen Ebenen am Unter- und Mittellauf des Orinoco, die der Amazonaskultur gleicht, und der Kultur der Hochebenen im Westen, die enge Beziehungen zu Nordostkolumbien aufweist.
Die präkolumbische Kunst ist noch wenig erforscht. Im Maracaibo-Bekken fand man Keramik bereits aus der Zeit von 2500 v. Chr.; eine Vielfalt unabhängiger keramischer Stile entwickelte sich jedoch erst im 1. Jahrtausend v. Chr. Zu den bisherigen Funden gehören Tonfiguren, Schalen, aus Stein geschliffene Perlen für Halsketten und eine besondere Art von Flachreliefs mit aufgesetzter Ornamentik. In

Daten · Fakten · Reisetips   Venezuela

den Grabstätten nahe des Valencia-Sees fanden sich zahlreiche, meist stehende weibliche Tonfiguren mit überdimensionalen Köpfen.

Indianische und afrikanische Einflüsse

Venezuela war einst von zahlreichen Indianerstämmen bewohnt, die zur großen Gruppe der Kariben und zu den Arawaks gehörten. Der noch verbliebene Rest der indianischen Urbevölkerung lebt heute weitgehend isoliert in Dorf- und Gruppengemeinschaften. Die Indianer betreiben Brandrodung und ernähren sich von den Früchten des tropischen Waldes. Nur wenige Waika-Gruppen gehen noch auf die Jagd. Früher spielte hierbei das Pfeilgift Kurare mit seiner muskelerschlaffenden Wirkung eine große Rolle, weil sich das erlegte Tier bei Eintritt des Todes nicht verkrampfte.

Fleischfressende Pflanzen: Was wie eine Blüte aussieht, ist ein zur Insektenfalle umgebildetes Blatt.

Die Indianer stellen Flechtarbeiten (Hängematten) und einfache Tongefäße her. Alte Kulte, wie Geisterglaube oder Todesriten, bei denen z. B. die Asche der Toten verspeist wird, leben bis in unsere Tage fort.
Mit den schwarzen Sklaven, die ab dem 16. Jh. in großer Zahl ins Land gebracht wurden, gelangte das Brauchtum westafrikanischer Kulturen nach Venezuela. Nach dem Vorbild im afrikanischen Dahome (heute Benin) haben die Schwarzen die »Cayapa« (Bruderschaft) geschaffen, eine Organisation zur gegenseitigen Unterstützung in allen Lebensbereichen.
Venezuela ist bekannt für die das ganze Jahr über in allen Landesteilen stattfindenden Volksfeste. Charakteristisch für diese Feste sind Kulthandlungen mit Musik (Trommeln, Flöten, Schrap- und Schüttelinstrumente), rhythmische Tänze und farbenprächtige Prozessionen. Berühmt ist das Fest der Teufelstänzer in San Francisco de Yare am Fronleichnamstag, bei dem sich verschiedene afrikanische Riten mit christlichen Glaubensinhalten mischen.

Bildende Kunst in Venezuela

An die spanische Kolonialzeit im 17./18. Jh. erinnern kaum noch Zeugnisse, da Erdbeben die meisten Bauten vernichtet haben. Die Küstenstadt Coro gehört zu den wenigen Orten, deren kolonialer Kern noch weitgehend erhalten ist.
Das Bild des modernen Caracas wurde entscheidend von dem international anerkannten Städtebauer Carlo Raúl Villanueva (1900–1975) geprägt. Er machte Entwürfe für Geschäftshäuser, Wohnsiedlungen und vor allem für die Universitätsstadt und verwirklichte eine Verbindung von weiträumigem Nutzbau und künstlerischer Dekoration.
Seit Mitte des 20. Jh. machten venezolanische Maler auch international von sich reden. Der 1954 verstorbene Armando Reverón brach nach anfänglichen impressionistischen Versuchen ganz mit der traditionellen Malerei. Er benutzte Materialien wie Packpapier für seine Bilder und malte am Ende seiner Entwicklung große weiße Flächen mit wenigen schattenhaften Linien. Reverón war für viele jüngere Maler Vorbild, besonders für die Gruppe der »Dissidenten«, aus der auch der berühmte Op-art-Künstler Jesús Raphael Soto (geb. 1923) hervorging. Soto verarbeitet in seinem Werk Impulse, die der technisch-industrialisierten Welt und dem venezolanischen Alltag entstammen.

Theater und Literatur

Das Theaterleben in Venezuela entspricht europäischem Niveau. Alle zwei Jahre findet ein internationales Theaterfestival statt. Als Filmland steht Venezuela heute nach Brasilien, Argentinien und Mexiko an vierter Position in Lateinamerika. Dieser Aufschwung ist ein Resultat der Filmförderungspolitik, die die Filmemacher Anfang der 70er Jahre dem Staat abgetrotzt haben.
Die venezolanische Literatur übte erst nach der Unabhängigkeitserklärung auf das politische und humanistische Bewußtsein Südamerikas einen starken Einfluß aus. Simón Rodríguez (1771–1854), ein Lehrer Simón Bolívars, stellte sein revolutionäres und originelles Erziehungssystem in seinem Werk »Education popular« dar. Andrés Bello (1781–1865), ebenfalls ein Lehrer Bolívars, wurde zu einem der bedeutendsten Universalgelehrten Südamerikas. Sein Amerika-Bewußtsein nahm bereits manche Tendenzen der kreolischen Literatur des 20. Jh. vorweg. Einer der herausragendsten Modernisten Venezuelas und der neueren hispano-amerikanischen Literatur war Manuel Díaz Rodriguez (1871–1927). Er wandte sich von einer europäisch geprägten kosmopolitischen Weltsicht ab und beschäftigte sich in späteren Jahren mit den unmittelbaren Problemen Venezuelas, vor allem der ländlichen Bevölkerung. Auch der Schriftsteller und Historiker Rufino Blanco Fombona (1874–1944) behandelte in naturalistischer Form die gesellschaftlichen und politischen Zustände in Venezuela. Der wohl bekannteste zeitgenössische Schriftsteller, Rómulo Gallegos (1884–1969), begann seine Karriere als Mitherausgeber der Zeitschrift »Alborada«. Er war Unterrichtsminister und wurde 1947 Präsident. Nach neun Monaten wurde er durch einen Militärputsch gestürzt und ging für zehn Jahre ins Exil. In seinen poetisch-realistischen Romanen (z. B. »Doña Bárbara«, 1929; »Canaima«, 1932) stellt er den Widerstreit zwischen Zivilisation und Barbarentum dar.

Alexander von Humboldt, der auf seiner Südamerikareise auch den Oberlauf des Orinoco erforschte.

Reise-Informationen

Einreise- und Fahrzeugpapiere
Bürger der Bundesrepublik Deutschland, der Schweiz und Österreichs benötigen für einen Aufenthalt bis zu 60 Tagen einen mindestens noch sechs Monate gültigen Reisepaß bzw. einen Kinderausweis sowie eine Touristenkarte (Tarjeta de Ingreso). Die Touristenkarte wird kostenlos von den Flug- oder Schiffahrtsgesellschaften bzw. den venezolanischen Konsulaten ausgestellt.
An Fahrzeugpapieren wird der internationale Führerschein empfohlen. Bei Mitnahme des eigenen Wagens ist ein »Carnet de pasaje« notwendig.
Zoll
Bei der Einreise sind zollfrei: pro Person ab 18 Jahre 200 Zigaretten oder 50 Zigarren oder 250 g Tabak, 2 Liter alkoholische Getränke und eine kleine Menge Parfüm und Eau de Cologne. Lebensmittel dürfen generell nicht eingeführt werden.
Devisen
Die Ein- und Ausfuhr von Bolívar (Bs) und von Fremdwährung ist unbeschränkt.
Impfungen
Im internationalen Reiseverkehr werden keine Impfungen gefordert. Eine Impfung gegen Gelbfieber wird jedoch allen Reisenden empfohlen, die sich außerhalb der größeren Städte aufhalten.
Malariaschutz ist ganzjährig erforderlich für ländliche Gebiete in Teilen der Staaten Apure, Barinas, Bolívar, Mérida, Portuguesa, Táchira, Zulia und in den Bundesterritorien Amazonas und Delta Amacuro.
Verkehrsverhältnisse
Da Benzin im Erdölland Venezuela sehr billig ist, lohnt sich ein Mietwagen. In Caracas fahren Metro und Taxis sowie Busse und Sammeltaxis, die aber von Touristen kaum genutzt werden. Es bestehen gute Flugverbindungen innerhalb des Landes und auch in die Karibik.
Unterkünfte
Es gibt ein relativ breites Angebot an Hotels. Während der Ferienmonate (August/September), aber auch an

Hauptziele der Touristen: die weiten, von Palmen gesäumten Strände an der Karibikküste.

Weihnachten und Ostern empfiehlt sich eine Vorausbuchung.
Reisezeit
Die beste Reisezeit liegt zwischen Dezember und April. Es gibt zwei Regenperioden: im Frühjahr und im Herbst.

von Amerika

Die Vereinigten Staaten von Amerika – ein Land wie geschaffen, um Träume wahr werden zu lassen: endlos weite Landschaften, überwältigende Naturschauspiele, hilfsbereite und höfliche Menschen aus unterschiedlichen Kulturkreisen, weltoffene Großstädte voll von pulsierendem Leben und verträumte Dörfer, neonbunte Spielerparadiese und stille Stätten der Nostalgie.

Dies ist das Amerikabild, wie es die Urlaubsprospekte zeichnen. Doch sie verschweigen die Schattenseiten. Zwar wächst im Land der unbegrenzten Möglichkeiten die Wirtschaft, aber ebenso die Kluft zwischen arm und reich. Im Land der Freiheit, nach dessen Verfassung einem jeden das Menschenrecht auf Leben und auf Streben nach Glück zusteht, sind Rassenkonflikte und soziale Diskriminierung nicht zu übersehen. Amerikas Probleme sind groß wie das Land selbst. Aber die Heimat der Pioniere und Abenteurer hat nichts von ihrem Reiz verloren.

Staatsname:	Vereinigte Staaten von Amerika
Amtssprachen:	Englisch und Spanisch (in New Mexico)
Einwohner:	250 Millionen
Fläche:	9 372 614 km²
Hauptstadt:	Washington, D. C.
Staatsform:	Präsidiale Bundesrepublik
Kfz-Zeichen:	USA
Zeitzonen:	MEZ −6 bis −9 Std.; Alaska: MEZ −11 bis −12 Std.; Hawaii: MEZ −11 Std.
Geogr. Lage:	Nordamerika, begrenzt von Kanada und Mexiko

Klaus Harpprecht

Eine Weltmacht wird geboren
Die Geschichte der Vereinigten Staaten bis zum Ende des Zweiten Weltkrieges

Die Legende vom geschichtslosen Amerika

Im Park des Staatshauses von Austin, der texanischen Hauptstadt, besagt ein kleines Schild zu Füßen einer kräftigen Ulme, daß jener Baum ein Abkömmling der historischen Ulme von Cambridge in Massachusetts sei, unter der George Washington im Jahre 1775 den Oberbefehl über die Streitkräfte der amerikanischen Kolonien in ihrem Kampf um die Unabhängigkeit übernommen habe. In einem kalifornischen Museum kann man den Splitter einer Eiche besichtigen, in deren Schatten (angeblich) Abraham Lincoln als Kind gespielt hat.

Reisende aus Europa sind geneigt, diesen Reliquienkult im Umgang mit der Geschichte zu belächeln. Er sei ein sicheres Zeichen, behaupten sie oft, daß die Amerikaner »so wenig Geschichte« besäßen und Europa um sein Alter und seinen historischen Reichtum heimlich beneideten, ja daß sie ein »geschichtsloses« Volk seien, eine Nation ohne rechte Wurzeln und ohne solide Verankerung in sozialen, geistigen und religiösen Traditionen.

Solche Äußerungen eines törichten Kulturhochmutes haben mit der Realität wenig zu schaffen. Da die Neue Welt von der Alten aus erobert und besiedelt wurde, gehört den Amerikanern die Geschichte Europas so gut wie uns. Sie erbten – ob verdient oder nicht – Geschichte und die Geschichten der Indianer, von denen Oscar Wilde in seiner Bosheit sagte, sie seien die einzigen, die das Recht hätten, sich Amerikaner zu nennen. Sie nehmen durch ihre schwarzen Mitbürger an manchen Überlieferungen Afrikas teil, und die Vergangenheit Asiens rückt ihnen dank der Einwandererscharen aus Vietnam und China, Japan und Korea immer näher. Die Vereinigten Staaten versammeln in sich ein Stück Welt-Geschichte (im wörtlichen Sinn). Doch das Bewußtsein der Bürger wurde durch die angelsächsisch geprägte Nationalgeschichte bestimmt, die viele Generationen resoluter Volksschulmeisterinnen auch in die Köpfe der Kinder deutscher und polnischer, jüdischer und italienischer Herkunft paukten. Man könnte die Geschichte die eigentliche Ideologie der Amerikaner nennen.

Der Vorstoß in die Neue Welt – ein Kolonialreich entsteht

Und ist diese Geschichte so »jung«? Zwei Jahrzehnte vor dem legendären Anschlag der Thesen von Martin Luther in Wittenberg – und nur fünf Jahre nach der Ankunft von Christoph Kolumbus in der Karibik – erkundete John Cabot im Auftrag des englischen Königs die Küsten von Kanada. Im Jahre 1521, als der Reformator zagend vor den Reichstag in Worms trat, wurde Hernando Cortez zum Statthalter in Mexiko ernannt. Drei Jahre später drang Giovanni da Verrazano in die Mündung des Hudson River ein. Und weitere elf Jahre danach stieß der französische Kapitän Jacques Cartier im Sankt-Lorenz-Strom bis in die Höhe des heutigen Montreal vor.

Französische Protestanten gründeten 1564 die erste feste Siedlung auf nordamerikanischem Boden, das Fort Caroline in Florida, das nach gut einem Jahr von den Spaniern vernichtet wurde. So begann die abendländische Entwicklung der Neuen Welt mit den Schlächtereien der Religionskriege. Es vergingen nur zwei Jahrzehnte, bis Sir Walter Raleigh die ersten englischen Kolonien in North Carolina gründete, von denen man heute freilich keine Spuren mehr findet. Erst 1607 gelang es den Briten, sich in Virginia festzusetzen, und 1620 segelten die Pilgerväter auf der »Mayflower« über den Ozean.

Als in Rom der Petersdom geweiht wurde, im Jahre 1626, gründeten holländische Kalvinisten die Stadt Neu-Amsterdam, die vier Jahrzehnte später New York heißen sollte. Französische Entdecker waren inzwischen über die Großen Seen bis in die Weiten des Mittleren Westens vorgestoßen. Die Briten hatten die französische Stadt Quebec erobert und wieder herausgegeben. Noch vor dem Ende des Jahrhunderts nahm Sieur de La Salle, der den Mississippi bis zu seiner Mündung hinabfuhr, die gewaltigen Landmassen zwischen den Großen Seen im Norden und dem Golf von Mexiko im Süden, den Appalachen-Bergen im Osten und den Rocky Mountains im Westen für die Krone Frankreichs in Besitz.

Die Stadt Gottes – auch für die Indianer

Der Mut der französischen Entdecker war unvergleichlich. Sie nahmen jede Strapaze auf sich, um immer tiefer in den Kontinent einzudringen, unbekannte

▽ **Kult der Geschichte im amerikanischen Maßstab: Zwischen 1927 und 1941 schlug der Bildhauer Gutzon Borglum die Köpfe von George Washington,** *Thomas Jefferson, Theodore Roosevelt und Abraham Lincoln aus dem Fels des Mount Rushmore in South Dakota.*

Territorien zu erschließen und neue Handelswege zu öffnen. Sie suchten, wann immer es anging, die Freundschaft der Indianer. Die jesuitischen Missionare wanderten mit ihrer Botschaft des Friedens von Stamm zu Stamm bis in den subtropischen Dschungel der Mississippi-Mündung. Französische Bauern aber setzten sich nur am Unterlauf des Sankt-Lorenz-Stromes fest. So blieben die Konflikte mit den Indianern, deren Interessen selten unmittelbar bedroht waren, fürs erste begrenzt.

Natürlich predigten auch die englischen Pilgerväter und Puritaner Frieden und Eintracht. Sie hatten ihre Heimat verlassen, um in Amerika ohne Bedrückung durch Krone, Staat und Kirche nach ihrem Glauben und ihrem Gewissen leben zu können, von der Vision gelenkt, »die Stadt auf dem Hügel« zu bauen, wie sie das Alte und das Neue Testament verhießen, die Stadt Gottes, das Neue Zion, in dem auch die Rothäute willkommen sein sollten.

Die Bekehrungsversuche aber scheiterten nahezu allesamt. Wie sollte die abstrakte Lehre dieser strengen Protestanten das Gemüt der Jägervölker erreichen? Die französischen Jesuiten hüteten sich davor, die Sitten und Gewohnheiten der Indianer anzutasten. Die englischen Schüler Calvins aber forderten von den »Wilden« die Unterwerfung unter die Normen ihrer Zivilisation. Schlimmer noch: die Kolonisten kleinbäuerlicher Herkunft, die den Pilgervätern nachreisten, folgten einer leidenschaftlichen Gier nach Land, die sich nur stillen ließ, wenn die Indianer aus ihren Jagdgründen wichen. Die rechtmäßigen Herren des Kontinentes konnten nicht immer mit Glasperlen und anderem Schnickschnack abgefunden werden – wie 1626 beim Kauf von Manhattan, das die Holländer 60 Gulden kostete. Sie gaben sich auch nicht mehr mit Handwerkszeug, Waffen, Pferden und Kleidung zufrieden, wenn sie begriffen, daß die Grundlage ihrer Existenz bedroht war.

Der Verdrängungskampf wurde im Süden mit besonderer Härte geführt. Neuengland und Pennsylvania mit seinen deutschen Siedlern wurden von einer bäuerlichen Gesellschaft geprägt, doch in Virginia, in den beiden Carolinas und in Georgia etablierte sich eine Schicht von Großgrundbesitzern, die für den Anbau von Baumwolle und Tabak weite Landflächen und ganze Bataillone von afrikanischen Sklaven brauchten. (Man schätzt, daß im Gang von drei Jahrhunderten etwa zehn Millionen Menschen nach Nord- und Südamerika verkauft wurden.)

Britisch-französisches Duell auf dem neuen Kontinent

Landgier trieb auch den Vermesser George Washington um, nachdem er im Siebenjährigen Krieg zwischen Großbritannien und Frankreich die fruchtbaren Territorien des Mittleren Westens kennengelernt hatte. Die Konkurrenz zwischen den beiden europäischen Hauptmächten überschattete die Erschließung des Kontinentes. Sie begann mit dem Kampf um die Fischgründe vor Neufundland, die sämtliche Tafeln Europas vom Ende des 15. Jahrhunderts an mit Stockfisch versorgten, und sie endete erst mit Napoleons Verkauf von Louisiana an die Vereinigten Staaten. Der imperiale Konflikt nährte sich wie stets aus wirtschaftlichen Interessen. Doch zugleich war er tiefer begründet: In der Neuen Welt stießen zivilisatorische Konzepte grundverschiedener Art und die Fronten der großen christlichen Konfessionen aufeinander.

Friedrich der Große schlug – als »Festlandsdegen« der Briten – seine Schlachten auf einem Nebenschauplatz. Der Krieg, der die Weltgeschichte unmittelbar veränderte, wurde in Indien und Amerika ausgetragen. Zynisch bedienten sich die Europäer ihrer indianischen Hilfstruppen (die Briten im historischen Bündnis mit den aggressiven Irokesen), die weit größere Verluste als ihre weißen Alliierten erlitten – und so in ihrer Widerstandskraft entscheidend geschwächt wurden. Am Ende der Kämpfe hatte Frankreich seine kanadischen Besitzungen und alle Territorien östlich des Mississippi an die Briten verloren. Das fruchtbare Neuland hinter den »blauen Bergen« lag dem Zugriff der Kolonisten von New York bis Virginia offen. Auch George Washington konnte sich einen Anteil an der Beute sichern.

Finanzstreit mit dem Mutterland

Der Triumph der britischen Krone über die Franzosen war in gewisser Hinsicht ein Pyrrhussieg, der auf lange Sicht mehr kostete, als er einbrachte. Die amerikanischen Siedler, ohne die sich der Krieg nicht hätte gewinnen lassen, traten der Regierung in London mit gestärktem Selbstbewußtsein entgegen. Auf dem Mutterland lasteten schwere finanzielle Bürden. Um sie leichter zu machen, beschloß das Parlament die Einführung einer Stempelsteuer – eine direkte Besteuerung von Dokumenten und Druckschriften aller Art in den nordamerikanischen Kolonien. Für den Unterhalt der britischen Truppen auf amerikanischem Boden sollten 360 000 Pfund aufgebracht werden.

Die Amerikaner boykottierten, um sich für diese Zumutung zu rächen, die Einfuhr von Waren aus Großbritannien. Prompt wurde die Stempelsteuer widerrufen, aber wenig später beschloß das Unterhaus, Exportware für Amerika mit Zoll zu belegen. Auch diese Maßnahme mußte zurückgenommen werden. Doch der Vorrat an Torheiten war damit nicht erschöpft: Um die East India Company vor dem Bankrott zu retten, wurde der Gesellschaft erlaubt, ihren Tee zu Dumpingpreisen nach Amerika zu verschiffen. Das erregte erst recht den Zorn der Kolonisten, die in den billigen Tee-Importen einen Bestechungsversuch des englischen Parlaments sahen, eine von ihnen nicht beschlossene steuerliche Maßnahme zu dulden. Eine Schar radikaler Rebellen schlich – als Indianer verkleidet – auf eines der Teeschiffe im Hafen von Boston und warf 340 Kisten der kostbaren Fracht (im Wert von 90 000 Pfund) ins Wasser: die Teeparty des Jahres 1773, die in allen Geschichtslegenden gefeiert wird.

Der Hafen von Boston wurde geschlossen, die britische Garnison verstärkt. Die Forderung der aufsässigen Kolonisten war einfach: »Keine Besteuerung ohne Vertretung« – nämlich im Parlament, in dem sie weder Sitz noch Stimme hatten.

△ *Bostoner Teeparty 1773: Ein Zollbeamter wird geteert und gefedert statt bezahlt, der kostbare Tee wird ins Meer geschüttet. Auf diese Weise entluden die Amerikaner ihren Zorn über die erhöhten Zölle, die England der Kolonie auferlegt hatte.*

Die amerikanische Nation wird geboren

Der weise Publizist, Politiker und Naturwissenschaftler Benjamin Franklin wurde zu Verhandlungen nach London geschickt. Seine Vermittlungsvorschläge scheiterten. Noch ehe er wieder nach Hause gelangte, fiel bei einem Zusammenstoß zwischen amerikanischen Milizionären und britischen Soldaten in Concord, einem Nest vor den Toren Bostons, der Schuß, der das Signal zum Krieg für die amerikanische Freiheit gab.

Man könnte diesen Kampf, der Züge eines Bruderkrieges trug, als Produkt konkurrierender Interessen in der frühen Phase des Kapitalismus verstehen. Aber die Unruhe, die schließlich zur Revolution führte, nährte sich aus tieferen Wurzeln. Der Erhebung war eine der großen Erweckungsbewegungen vorausgeeilt, die von Zeit zu Zeit die Seelen der Amerikaner wie ein Steppenbrand überfallen. Zugleich brachten französische und englische Schriften den Geist der Aufklärung herüber, der die Bürger zur geistigen und moralischen Selbstverantwortung rief. Die Unmittelbarkeit des Menschen zu Gott, die Luther und Calvin verkündet hatten, übersetzte sich für die Menschen im »Jahrhundert des Lichts« – von dem die Franzosen sprachen – in die Unmittelbarkeit vor dem Recht, vor dem es nur Gleiche geben könne und dürfe: dem Recht auf Freiheit und auf einen Anteil am irdischen Glück. Religiöse und weltliche Impulse verschmolzen ineinander.

Thomas Jefferson, der lang aufgeschossene, rothaarige Anwalt aus Virginia, vom Kongreß der Kolonien in Philadelphia mit dem Entwurf der Unabhängigkeitserklärung beauftragt, fand für das Dokument eine Sprache, die ihr Leben ganz aus dem Pathos einer welthaften Religiosität schöpfte: »Wir halten diese Wahrheit aus sich selbst erwiesen, daß alle Menschen gleich geschaffen sind...« Am 4. Juli 1776 wurde die Deklaration – von allen 13 Kolonien endlich akzeptiert – dem Volk verkündet: Die amerikanische Nation war geboren. Fortan bestimmte die spannungsvolle, doch nicht unverträgliche Koexistenz von Aufklärung und Religiosität, von Reformation und Revolution, von Spiritualität und Weltlichkeit das geistige und politische Geschick Amerikas. Sie ersparte dem Land die ideologischen Verkrampfungen, die von Europa solch entsetzliche Opfer gefordert haben.

Die Verfassung von 1787 – ein Vorbild für die Welt

Fast sieben Jahre schleppte sich der Krieg für die Freiheit hin. Er wurde dank der Vorteile des Raumes, der französischen Waffenhilfe und der zähen Vernunft George Washingtons gewonnen. Der Oberkommandierende verzagte weder vor der Macht des oft überlegenen Feindes noch – was schwieriger war – vor der Eifersucht des Kongresses. Er hielt seine rebellischen Offiziere in Schach, und als endlich Friede geschlossen wurde, gab er nach dem Vorbild des römischen Bürgers Cincinnatus den Feldherrnstab zurück, um seine Äcker zu bestellen. Damit bestätigte er, wohl ein für allemal, daß nicht der militärischen, sondern der zivilen Autorität das letzte Wort im republikanischen Gemeinwesen Amerikas zukommt.

Der Friede war womöglich noch schwerer zu gewinnen als der Krieg. Schulden, innenpolitische Wirren, die ans Chaotische grenzten, und eine gefährliche Isolation bedrückten das Land, das in einen Zustand der Unregierbarkeit zu stürzen drohte. So entschloß sich die politische Elite der konföderierten Staaten endlich, eine zentrale Regierung zu schaffen. Nach gut vier Monaten disziplinierter Arbeit legten die Väter der Verfassung im Sommer 1787 ihr Werk vor, das zwei Jahrhunderte lang jeder Zerreißprobe standgehalten und damit eine unvergleichliche Kontinuität bewiesen hat. Der erste gewählte Kongreß

▷ *Flüchtlingselend: Gegen Ende des 19. Jahrhunderts, als sie schon von der Ausrottung bedroht waren, wurden den Indianern Reservate zugewiesen. Die Darstellung zeigt die Vertreibung der Navajo-Indianer nach Bosque Redondo. Tausende kamen bei diesen Aktionen um.*

▽ *»Auf nach Westen« – das Motto des 19. Jahrhunderts. Tausende von nordamerikanischen Siedlern, Goldsucher und Abenteurer strömten im großen Treck westwärts – getrieben von Pioniergeist und der Hoffnung auf den heißersehnten Reichtum.*

▽ *Ein epochales Ereignis: die Fertigstellung der fast 3000 Kilometer langen Eisenbahnstrecke zwischen Omaha in Nebraska und Sacramento in Kalifornien. Am 10. Mai 1869 feierten Arbeiter, Honoratioren und Schaulustige bei Promontory Point in Utah die Zusammenführung der beiden Schienenstränge, die den Osten mit dem Westen der USA verbanden: Die erste transkontinentale Eisenbahnstrecke der Welt war vollendet.*

fügte der Verfassung in zehn ergänzenden Artikeln einen Katalog der Menschenrechte an, der beispielhaft für die Französische Revolution und schließlich für die Völker des ganzen Erdkreises wurde.

Von Anfang an: »Zur moralischen Führung der Völker berufen«

George Washington versah das Amt des Präsidenten mit der ruhigen Würde und der klugen Umsicht, die seinem konservativen Temperament entsprachen. Er zähmte die radikalen Impulse, die aus dem revolutionären Frankreich nach Amerika herüberdrangen, von Thomas Jefferson behutsam ermutigt. Er gab auch den Konzepten des agilen Alexander Hamilton nicht nach, der eine enge Anlehnung an Großbritannien suchte und für eine Stärkung der Zentralgewalt plädierte. Hamilton aber, der das Amt des ersten Finanzministers versah, gelang es, das zerrüttete Geldwesen zu ordnen und die junge Union trotz ihrer Armut kreditwürdig zu machen.

Amerika konnte vor der Welt in der Tat nicht viel hermachen: ein Randstaat von knapp vier Millionen Menschen, Wirtschaft und Handel durch den Krieg geschwächt...

Dennoch zögerte Hamilton, Gründer und Führer der Föderalistischen Partei, nicht einen Augenblick, diesem schäbigen Gebilde einen Platz unter den Hauptmächten der künftigen Geschichte zuzuweisen. Darin wenigstens wußte er sich mit Thomas Jefferson, seinem Erzwidersacher, eines Sinnes: Beide waren sie vom Glauben an die Größe der amerikanischen Mission in der Welt völlig durchdrungen. Jefferson, der Führer der Republikanischen Partei, zweifelte nicht eine Stunde lang daran, daß die Vereinigten Staaten zur moralischen Führung der Völker berufen seien. »Wir können nicht länger sagen, daß es

△ *Die Darstellung zeigt eine Szene aus dem Sezessionskrieg: Zwei unvereinbare Gesellschaftssysteme waren damals die Ursache des amerikanischen Bürgerkriegs, der sich 1861 an der Sklavenfrage entzündete. Nach anfänglichen Erfolgen scheiterten die Südstaaten an der materiellen Überlegenheit des industrialisierten Nordens.*

nichts Neues unter der Sonne gebe«, rief der dritte Präsident Amerikas am Tag der Vereidigung einem Freund zu, »denn dieses ganze Kapitel in der Geschichte der Menschen ist neu...«

In Wahrheit hielt sich dieser geistreiche und so vielseitig gebildete Weltbürger nicht damit auf, die spirituelle Mission Amerikas und seine imperialen Träume sorgsam voneinander zu unterscheiden. Kein Zufall, daß er es war, der die riesige Landmasse Louisianas zwischen dem Mississippi und den Rocky Mountains vom napoleonischen Frankreich erwarb. Konsequent rüstete Jefferson die Expedition der Offiziere Meriwether Lewis und William Clark zur ersten Durchquerung des Kontinentes aus, die »Öffnung des Westens« für die künftige Besiedlung vorbereitend.

Und die Indianer? Sie ließen sich, meinte der kühle Idealist im Weißen Haus, wohl dazu überreden, Ländereien zum besseren Teil zu verkaufen. Hernach könne man sie mit gütigem Zwang vielleicht zu Ackerbürgern erziehen. Aber die schwarzen Sklaven? Jefferson sagte klar genug, daß ihnen die Freiheit nicht verweigert werden dürfe, doch zugleich fragte er mit bitteren Zweifeln, ob die beiden Rassen fähig seien, in Frieden unter einem Dach zu leben. Für die Besserung ihres Geschicks unternahm er so gut wie nichts, ja er mochte sich zeit seiner Tage nicht zur Freilassung der eigenen Sklaven entschließen – vermutlich weil er nicht reich genug war, auf das beträchtliche Vermögen zu verzichten, das die Schar seiner dunkelhäutigen Leibeigenen darstellte.

Die Parteien: wechselnde Konstellationen der Macht

Überdies hatte er politische Rücksichten zu nehmen. Seine Republikanische Partei – die sich Ende der zwanziger Jahre in die der Demokraten verwandeln würde, während Hamiltons Föderalisten in den Republikanern aufgingen – formte die klassische Allianz vor, mit der ab 1933 Franklin Delano Roosevelt seine Wahlsiege errang: Sie vereinte die aristokratischen Plantagenbesitzer des Südens mit den bettelarmen Einwanderern aus Irland und Deutschland, die radikalen Intellektuellen mit den Pionieren, die an die Grenzen der Zivilisation vorgedrungen waren, die schlecht entlohnten Handlanger in den Städten des Ostens mit den Managern der politischen Machtmaschinerie, Großbürger mit den »kleinen Leuten«, die sich als die geschundenen und immer zu kurz gekommenen Opfer der politischen Manipulationen betrachteten.

Hamilton, der gesellschaftliche Hasardeur, strebte eine Republik der Eliten an, während Thomas Jefferson, der Tabak-Baron, zuweilen mit der Revolution flirtete und die egalitären Leidenschaften seiner Landsleute ermutigte. Er schwärmte von einer agrarischen Demokratie, während sein Gegner die Voraussetzungen für eine Industrialisierung des Landes schuf.

Der hochfliegende Idealismus hielt Jefferson nicht davon ab, in den täglichen Regierungsgeschäften einem handfesten Pragmatismus zu folgen. Für seine Politik trifft Ralf Dahrendorfs glänzende Formel von der »angewandten Aufklärung« im besonderen Maße zu. Doch auch er repräsentierte in Wahrheit eine elitär beschränkte Demokratie, die diesen Namen kaum verdiente, denn das Wahlrecht war an Besitz und Bildung gebunden. Die Führung der Vereinigten Staaten

ging nach Jefferson fast selbstverständlich auf seine Schüler und virginischen Landsleute über: zuerst auf James Madison, danach auf James Monroe, der den europäischen Mächten 1823 jede Einmischung in die Angelegenheiten der unabhängigen amerikanischen Staaten untersagte. (Seine »Doktrin« war zunächst nichts anderes als eine knappe Passage in einer Rede.)

Die Ausweitung des Wahlrechtes bereitete unterdessen eine Wandlung der Gesellschaft vor, die man später die »Jacksonian Democracy« nennen sollte – nach dem Helden des zweiten und letzten Krieges gegen die Engländer (von 1812 bis 1814) und der Kämpfe gegen die Indianer in den Grenzregionen des Südens. Andrew Jackson, das Idol der »kleinen Leute«, war freilich längst ein reicher Mann von eher konservativer Haltung, als er 1829 ins Weiße Haus gewählt wurde. Seinen Anhängern fiel das kaum auf. Sie feierten seinen Einzug mit einem wüsten Fest, dem sich der Präsident nur durch die Flucht zu entziehen vermochte.

Das »Imperium der Freiheit« – das Ende einer Kultur

In jenen Jahren des demokratischen Aufbruchs wurde das Land von einer neuen Welle christlich-pietistischer Erweckung heimgesucht, die sich nicht – wie im protestantischen Europa – im Rückzug auf »innere Werte« erfüllte, sondern sich mit der Forderung nach sozialen Reformen entschlossen dieser Welt zuwandte. Die Dynamik dieser neuen Bürgerschichten machte auch an den bisherigen territorialen Grenzen nicht halt. Amerika, das »Imperium für die Freiheit«, erweiterte – mit kriegerischen und mit friedlichen Mitteln – seine Herrschaft zwischen 1845 und 1853 um die mexikanischen Gebiete von Texas, New Mexico, Arizona und Kalifornien, die riesenhaften Territorien des Mittleren Westens und die nordwestlichen Regionen an der pazifischen Küste, die Großbritannien für sich beansprucht hatte.

Dies war die Epoche des »Manifest Destiny«, des angeblich im Himmel beschlossenen Geschicks der Amerikaner, immer weiter nach Westen vorzudringen, um auf jungfräulicher Erde ein gottgewolltes Reich der Freiheit zu gründen. Der New Yorker Journalist Horace Greeley übersetzte die mystische Phrase in die Parole »Go west, young man!«, ohne zu bedenken, daß er damit ein Todesurteil über die traditionelle Lebensordnung der Indianer fällte, die aus ihren Jagd- und Siedlungsräumen vertrieben und, soweit sie die Hungermärsche überlebten, in die kargen Reservate des Westens eingewiesen wurden. Die urwelthaften Bisons verendeten zu Millionen vor den Flinten der weißen Schlächter, die sehr wohl wußten, daß sie die Existenzgrundlage der Prärie-Indianer vernichteten.

Eisenbahnlinien, die von irisch-katholischen Wanderarbeitern und chinesischen Kulis unter elenden Bedingungen gebaut wurden, schoben sich quer über den Kontinent in Richtung Pazifik voran. Die landhungrigen Massen der Emigranten aus Deutschland, Skandinavien und Irland drängten nach. Mit der Eroberung des Mittleren und des Ferneren Westens aber zwang sich den Amerikanern eine andere Schicksalsfrage auf, an der die Nation zu zerbrechen drohte: das Problem der Sklaverei.

Die Sklavenfrage spaltet die Nation

Länger als ein halbes Jahrhundert hatten es die Bürger von Neuengland nicht gewagt, das barbarische Privileg der Südstaaten auf den Besitz von Menschen anzutasten. Überdies blühte die Plantagenwirtschaft unter der Konjunktur von »King Cotton«. Nun gefährdete die Expansion nach Westen den faulen Frieden. Die Südstaaten verlangten, daß die Sklaverei auch in den neu erworbenen Territorien geduldet werden müsse. Die Staaten des Nordostens widersprachen dieser Zumutung mit immer größerer Heftigkeit. Man schleppte sich von Kompromiß zu Kompromiß. Der letzte, im Jahre 1854 geschlossen, sah vor, der Bevölkerung der neuen Territorien Kansas und Nebraska die Entscheidung zu überlassen, wie sie es mit der Sklaverei halten wolle.

Der Süden aber drängte auf eine Sicherung seiner Rechte. Daher nominierte die Demokratische Partei dort 1860 einen eigenen Kandidaten für die Präsidentenwahl. Bereits 1854 hatten die abgefallenen Demokraten des Nordens mit anderen politischen Gruppierungen, die der Sklaverei kritisch gegenüberstanden, die Partei der Republikaner gegründet. Im folgenden Wahlkampf hob die junge Partei der Republikaner Abraham Lincoln auf den Schild. Der Provinz-Anwalt aus Illinois verbarg in seiner ungefügen, ja etwas grotesken Erscheinung einen kühnen Geist von seltener Originalität. Advokatorische List war ihm nicht fremd, doch oft erfüllte seine Reden ein religiöses Feuer, dessen magische Energien jedes Publikum bannten.

Abraham Lincoln erzwingt die Union

Lincolns Argumentation ließ, was die Sklaverei anging, wenig Raum für eine neue Übereinkunft. Durch die Spaltung der Demokraten fiel ihm der Sieg in den Schoß, aber noch ehe er ins Weiße Haus zog, begannen die Südstaaten, eine separate Regierung zu bilden. Zwei Monate später wurde der Bürgerkrieg mit den Artilleriesalven gegen das Fort Sumter im Hafen von Charleston in South Carolina eröffnet.

Die Befreiung der Sklaven war nicht das einzige und, wie er selber einräumte, nicht das wichtigste Kriegsziel Lincolns: Ihm ging es zuerst und zuletzt um die Einheit der Union. Zugleich wurde das Volk gezwungen, sich zwischen den beiden Gesellschaftsideen zu entscheiden: der Dominanz der Agrar-Aristokratie und ihrer Interessen im Süden und dem progressiven Geist der jungen Industrie im Norden und Osten.

Der Kampf wurde mit einer grausamen Entschlossenheit geführt und endete mit der bedingungslosen Kapitulation des Südens. Die Strategie der »verbrannten Erde« beraubte ganze Generationen ihrer Lebensgrundlagen. Viele Gefangenenlager in Nord und Süd waren nach den Berichten von Augenzeugen »Menschen-Schlachthöfe«. Der Norden hatte – unter 22 Millionen Einwohnern – mehr als eineinhalb Millionen Soldaten mobilisiert, der Süden etwa eine Million unter neun Millionen Einwohnern. Der Norden opferte über 350 000 Menschenleben, der Süden mehr als 250 000. Auch Frauen und Kinder blieben vom Morden nicht verschont. Man sprach, nicht zu Unrecht, vom ersten totalen Krieg der Geschichte.

Als Abraham Lincoln unter den Schüssen seines Mörders gefallen war, sagte Jefferson Davis, der Gegenpräsident der Konföderation, mit unverstelltem Entsetzen, dies sei das schrecklichste Unglück, das den Süden habe treffen können. Der Geist der Rache zog eine böse Spur. Die Südstaaten brauchten Jahrzehnte, um die schlimmsten Folgen der wirtschaftlichen Ausplünderung, und länger als ein Jahrhundert, um die politische und soziale Zurücksetzung zu überwinden. Die Sklaven waren in die Freiheit entlassen – aber sie wurden zugleich in eine noch tiefere Armut gestoßen. Ihre Kinder und Enkel mußten 100 Jahre warten, bis sie endlich die gleichen Rechte wie die Weißen erkämpft hatten.

Wirtschaftliche und außenpolitische Expansion um die Jahrhundertwende

Unterdessen beschleunigte sich der Prozeß der Industrialisierung in mächtigen Sprüngen. Allein die Stahlproduktion wurde in den letzten zwei Dekaden des 19. Jahrhunderts um mehr als das Siebenfache gesteigert, und die Strecke der Eisenbahnverbindungen verdoppelte sich. Die Arbeiterschaft, die sich in immer größerer Zahl aus den Einwanderern mittel-, ost- und südeuropäischer Herkunft rekrutierte, begann sich in Gewerkschaften zu organisieren, um einen gerechteren Anteil am wachsenden Wohlstand der Nation einzufordern. Die Lohnkämpfe wurden mit einer Härte ausgetragen, die in der Alten Welt kaum denkbar war. Dennoch gewannen – anders als in Deutschland, Frankreich oder Großbritannien – die sozialistischen und kommunistischen Parteien kaum eine Handbreit Boden in der amerikanischen Gesellschaft. Sie wurden von der Mehrheit der Bürger stets als »Agenturen fremder Mächte« gefürchtet. Der Widerstand ließ sich einfach erklären. Ein Volk, das Jahr um Jahr Hunderttausende von Emigranten aufnahm, war mehr als jedes andere geneigt, sich gegen ausländische Einflüsse abzuriegeln, um seine verletzliche Identität nicht zu gefährden. Überdies widerstrebte dem Geist des Landes, in dem sich Religiosität und Pragmatismus vereinten, jede ideologische Verhärtung.

Der wirtschaftlichen Expansion – auch der Export hatte sich zwischen 1880 und 1900 mehr als verdoppelt – entsprach ein immer kräftigeres Verlangen, die Stellung der Vereinigten Staaten in der Welt zu stärken. Die europäischen Mächte hatten die Kontinente unter sich aufgeteilt, und Japan war im Begriff, den Rang einer Großmacht zu besetzen. Sollten die Vereinigten Staaten für immer in freiwilliger Bescheidenheit beiseite stehen?

In der Neige des Jahrhunderts schickte sich Präsident William MacKinley an, Ameri-

◁ *Präsident Theodore Roosevelt war Anhänger einer imperialistischen Politik. Vor allem gegenüber Lateinamerika handelte er nach seinem berühmten Ausspruch: »Sprich sanft und trage einen großen Knüppel.«*

▽ *Die Vereinigten Staaten als Zuflucht für Verfolgte, zum Beispiel des Naziregimes: Albert Einstein leistet zusammen mit seiner Stieftochter den Eid auf die amerikanische Verfassung.*

kas Aufsicht über die Karibik zu sichern, die so oft und respektlos genug der »Hinterhof« Amerikas genannt wurde. Die Rebellion der Kubaner gegen die spanische Kolonialmacht und schließlich die Versenkung des Kriegsschiffes »Maine« durch eine Mine im Hafen von Havanna gaben den Anlaß, ein Landungskorps zu entsenden, das nur auf geringen Widerstand stieß. Der Senat weigerte sich hernach, die Annexion der Insel zu billigen, doch der Okkupation Puerto Ricos legte er nichts in den Weg.

Zugleich hatten sich die Vereinigten Staaten mit den Hawaii-Inseln ein Sprungbrett zum Fernen Osten gesichert. Sie vertrieben die Spanier von den Philippinen. Doch zugleich wurden sie von den philippinischen Freiheitskämpfern in einen Partisanenkrieg verstrickt, den sie mit erbarmungslosen Repressalien erstickten. (Man schätzte die Zahl der Opfer auf mehr als 200 000 Menschen.)

Amerika tritt in den Kreis der Weltmächte ein

Es gab keinen Zweifel: Amerika, das seine eigene Unabhängigkeit mit der Revolution gegen die britische Kolonialmacht errungen hatte, war selbst in den Kreis der imperialen Staaten getreten. Freilich verstummten unter seinen Bürgern niemals die Stimmen, die daran erinnerten, daß die Unterwerfung anderer Völker ein Verrat an Amerikas Traditionen und an seinem Auftrag in der Geschichte sei. Viele beobachteten die Verstrickung in die Händel fremder Nationen, vor der George Washington in seiner Abschiedsbotschaft so eindringlich gewarnt hatte, mit Angst und voller Abscheu.

Theodore Roosevelt, der brillante Nachfolger des ermordeten MacKinley, ließ sich von der vermeintlichen Zimperlichkeit nicht allzu tief beeindrucken. Dieser gebildete Großbürger, der von einem nahezu zwanghaften Aktivismus getrieben wurde, zögerte nicht, in Panama eine Rebellion gegen die Regierung von Kolumbien anzuzetteln und danach für die Gründung einer panamaischen Republik zu sorgen. So konnte unter seiner Administration endlich der Kanal durch die mittelamerikanische Landenge gebaut werden, der den Pazifik und den Atlantik miteinander verbinden sollte – zum Vorteil der Handelsschiffahrt und vor allem der amerikanischen Flotte. Außerdem vermittelte der Präsident 1905 die Friedensverhandlungen zwischen Rußland und Japan. Im Jahre 1906 konnte er bei der Schlichtung der Marokko-Krise zwischen dem deutschen Kaiserreich und Frankreich nützliche Dienste leisten. Kurz: mit Theodore Roosevelt traten die Vereinigten Staaten endgültig als eine Weltmacht unter die Völker – freilich als Weltmacht wider den Willen eines guten Teils ihrer Bürger.

Erster Weltkrieg: Ein Sieg der USA und eine Niederlage der Vernunft

Das neue Imperium bereitete sich darauf vor, eine schiedsrichterliche Aufgabe unter den Nationen zu übernehmen. Die moralische Mission verband sich aufs natürlichste mit der Autorität einer so kraftvollen jungen Nation. Der Demokrat Woodrow Wilson, der als Präsident der Universität von Princeton den Respekt der progressiven Elite des Landes gewonnen hatte, hielt es zum Beispiel für seine Pflicht, den mexikanischen Diktator Huerta mit Hilfe amerikanischer Waffen von der Macht zu entfernen. Wilson war ein Mann von hohen Idealen, und es gab keinen Anlaß, am Ernst seines Willens zur Neutralität zu zweifeln, als 1914 der Krieg zwischen den europäischen Großmächten die Alte Welt nach und nach zu verheeren begann.

Die U-Boot-Operationen, mit denen die Kaiserliche Flotte die britische Blockade der deutschen Häfen beantwortete, sorgten allerdings durch ihre Brutalität für immer neue Konflikte zwischen Washington und Berlin. Sie lieferten überdies der britischen Propaganda in den Vereinigten Staaten eindrucksvolle Argumente.

Zum anderen ließ sich nicht verbergen, daß Amerika die Kriegsmaschine der Alliierten mit seinen Lieferungen in Gang hielt. Als die deutsche Reichsleitung am 1. Februar 1917 den uneingeschränkten U-Boot-Krieg gegen die gesamte militärische und zivile Schiffahrt eröffnete, blieb Wilson keine andere Wahl, als die diplomatischen Beziehungen zu Deutschland abzubrechen. Nach der Versenkung amerikanischer Frachter war die Kriegserklärung unvermeidlich.

Bis zum September 1918 landeten mehr als eine Million amerikanischer Soldaten in Frankreich. Ihr unschuldiger Opfermut und ihre unverbrauchte Kraft trugen dazu bei, die Widerstandskraft der ausgemergelten deutschen Armeen aufzureiben und den Krieg rasch zu beenden.

Die amerikanische Massenpresse förderte unterdessen die Entstehung und Verbreitung einer allgemeinen Kriegshysterie und demonstrierte, was psychologischer Terror anzurichten vermag. Unter dem Druck des Fremdenhasses verloren die Amerika-Deutschen, obwohl in ihrer Mehrheit loyal, ihr Selbstbewußtsein, ihre eigenständige Kultur und viele ihrer sozialen Einrichtungen. Das Beispiel machte Schule.

Noch vor dem Beginn der Feindseligkeiten hatte Wilson für einen »Frieden ohne

△ *Mit einer Katastrophe begann das kriegsentscheidende Engagement der USA in den Zweiten Weltkrieg: Am 7. Dezember 1941 zerstörte die japanische Luftwaffe Pearl Harbor auf Hawaii, den bedeutenden amerikanischen Marinestützpunkt im Pazifik.*

Sieg« plädiert. Im Januar 1918 entwarf er in 14 Punkten eine Friedensordnung, die »den Sieg der Demokratie in der Welt sichern« sollte. Der einstige Student der Universität von Virginia, von Thomas Jefferson nach eigenen Entwürfen erbaut, war darin ganz seinem historischen Mentor getreu, der Amerika einen Heilsauftrag in der Welt zugesprochen hatte. Wilson gelang es, die Aufspaltung des Deutschen Reiches zu verhindern, aber störrisch widersetzten sich die europäischen Sieger seiner Mahnung, die Besiegten fairer zu behandeln. Ihm selbst war am Ende allerdings die Zustimmung Englands und Frankreichs zur Gründung des Völkerbundes wichtiger, und so setzte er seine Unterschrift unter das Versailler Vertragswerk. Doch im Senat fand sich nicht die nötige Zweidrittelmehrheit, um die Abkommen zu ratifizieren. Von einem Schlaganfall gelähmt, lag der Präsident hilflos im Weißen Haus, als drüben im Kapitol sein Friedens- und Lebenswerk unterging.

Vom »ewigen« Wachstum in die große Depression

Amerika und die Welt zahlten für diesen Rückfall in den Isolationismus einen bitteren Preis. Aber hätte eine enge internationale Zusammenarbeit, wie sie nach dem Zweiten Weltkrieg mit solchem Erfolg erprobt wurde, die große Wirtschaftsdepression nach dem »Schwarzen Freitag« im Oktober 1929 aufzufangen vermocht?

Geschichte wird nicht im Konjunktiv geschrieben, doch es drängt sich in der Tat die Frage auf, ob Europa der totalitären Versuchung des Faschismus anheimgefallen wäre, hätten sich die Vereinigten Staaten nach dem Ersten Weltkrieg nicht so brüsk aus ihrer Mitverantwortung für das Geschick der Alten Welt zurückgezogen. Nach der zweiten europäischen Katastrophe ersparte sich die westliche Welt eine Wiederholung von »Versailles«. Sie hatte – die Amerikaner den anderen voran – ihre Lektion gelernt.

In den zwanziger Jahren begnügten sich ihre mediokren Präsidenten damit, die vermeintliche Prosperität in den Himmel wachsen zu lassen. Im übrigen starrten sie – wie die Mehrzahl der Bürger – gebannt auf die »rote Gefahr«, die durchaus nicht nur eine Einbildung war, da die Bolschewisten immerhin ein Sechstel der Erde erobert hatten. Aber sie war nicht die einzige Gefahr – und auch nicht die akuteste. Erst der Republikaner Herbert Hoover trat der plötzlichen und dramatischen Verarmung seines Landes von 1930 an mit Maßnahmen entgegen, die nicht hart genug waren. Er versuchte auch, den Zusammenbruch der Republik von Weimar durch Kompromisse in der Reparationsregelung aufzufangen, um Europa vor einem neuen Sturz in den Abgrund zu bewahren. Die Einsicht des klugen Mannes kam zu spät – hier wie dort.

Franklin Roosevelt oder der Triumph der Hoffnung

Die Verzweiflung von vielen hunderttausend bankrotten Farmern, Handwerkern und Geschäftsleuten, die Not der über 13 Millionen Arbeitslosen trug Franklin Delano Roosevelt, den Gouverneur von New York, 1933 ins Amt des Präsidenten: ein glänzender, wenn auch nicht allzu gründlicher Geist, trotz seiner Lähmung (durch eine Polio-Attacke) von einem unbesiegbaren Optimismus erfüllt.

Einen guten Monat nach der Wahl Adolf Hitlers zum Kanzler der Deutschen rief er – in jedem Zug das Gegenbild des Mannes aus Braunau – den Amerikanern in seiner Antrittsrede zu, sie hätten nichts zu fürchten als die Furcht. Mit unvergleichlicher Dynamik steuerte er in den ersten hundert Tagen seiner Regierung eine Serie von Maßnahmen durch den Kongreß, um die Lawine des Verhängnisses aufzuhalten: Er griff den Bauern, den Banken und durch die Gründung öffentlicher Einrichtungen den Arbeitslosen unter die Arme. Später brachte er es zuwege, Amerika die Anfänge einer modernen Sozialgesetzgebung zu vermitteln.

Sein »New Deal« allerdings konnte die hartnäckige Depression nicht verscheuchen. Noch bei Beginn des Zweiten Weltkrieges verzeichneten die Vereinigten Staaten eine Arbeitslosigkeit von weit über zehn Prozent. Aber Roosevelts Zuversicht, sein soziales Gewissen und sein Mut, auch die Steuerungskräfte des Staates zu mobilisieren, hatten das »System« gerettet.

Die Reformen dieses späten Erben von Thomas Jefferson sicherten dem amerikanischen Kapitalismus das Überleben. Im Zweiten Weltkrieg demonstrierte die Wirtschaft der Vereinigten Staaten eine Vitalität, die von den Diktatoren in Europa und im Fernen Osten sträflich unterschätzt worden war. Fabriken und Werften produzierten zwischen 1939 und 1945 an die 300 000 Flugzeuge, fast 90 000 Tanks und 6500 Schiffe. Mehr als 15 Millionen Männer und Frauen standen in Waffendiensten.

Ein Fanal der Weltherrschaft: der Atompilz über Hiroschima

Der Zusammenprall der Vereinigten Staaten mit dem nazistischen Deutschland und dem militaristischen Japan war unvermeidlich. Im Pazifik bedrohte das Reich des Tenno elementare Interessen der Vereinigten Staaten, und Amerika konnte es auch niemals dulden, daß Großbritannien und Frankreich in die Knie gezwungen würden. Behutsam bereitete Roosevelt seine Nation auf den Kriegseintritt vor. Der japanische Angriff auf Pearl Harbor und die Kriegserklärung Hitlers vereinfachten das Verfahren. Trotz der Niederlagen des ersten Jahres auf den pazifischen Kriegsschauplätzen war mit dem Engagement der Vereinigten Staaten der Ausgang des wahrhaft universellen Kampfes entschieden.

Die Vereinigten Staaten gingen aus dem Krieg als die erste Macht der Welt hervor. Das britische Empire war zerbrochen. Das Kolonialreich Frankreichs hatte sich aufgelöst. Die Sowjetunion schien durch ihre unermeßlichen Verluste ausgeblutet. China drohte in inneren Wirren zu ersticken. Die beiden Atombomben, die Präsident Truman im August 1945 über Hiroschima und Nagasaki mit kalter Unschuld detonieren ließ, waren eine tragische Demonstration der amerikanischen Herrschaft über die Welt, die durch nichts und niemanden mehr anfechtbar zu sein schien.

Das Bewußtsein unerschütterlicher Überlegenheit erklärte wohl auch die Sorglosigkeit, mit der Franklin Roosevelt seine Verabredungen mit Stalin in Teheran und – schon vom Tode gezeichnet – in Jalta traf. Der sowjetische Diktator schien zu glauben, er könne im Schatten der amerikanischen Überlegenheit, die er zugleich mit Furcht und Mißtrauen beobachtete, seine Macht über die verabredeten »Einfluß-Sphären« hinaus nach Westeuropa vorantreiben. Doch darin täuschte er sich. Anders als 1919 schüttelten die Vereinigten Staaten die europäische Verantwortung nicht ab. Kein neuer Isolationismus zwang die Weltmacht zum Rückzug auf sich selber. Das 20. Jahrhundert war das Jahrhundert Amerikas geworden.

Fritz Pleitgen

Glanz und Elend im Weißen Haus

Politik und Wirtschaft der Vereinigten Staaten von 1945 bis heute

Möglichkeiten und Grenzen amerikanischer Demokratie nach 1945

Arthur Miller hat mehr als ein Dutzend Präsidenten und seinen Staat in guten wie in schlechten Tagen erlebt. Als Dramatiker hat er sich mit der amerikanischen Gesellschaft intensiv beschäftigt. Er hat ihre verlogenen Verhältnisse bloßgestellt und den Traum der unbegrenzten Möglichkeiten für jedermann als Schimäre entlarvt.

Die Gesellschaft hat sich dafür revanchiert und ihn wegen »unamerikanischer Aktivitäten« bestraft. Dennoch stellt er voller Überzeugung fest: »Wir sind besser dran als andere, denn in unserem Land hat Demokratie eine große Tradition.« Der Patriotismus eines notorisch kritischen Geistes! Das ist Amerika.

Doch Millers Gutachten stimmt: Über zweihundert Jahre ununterbrochene Demokratie sind ohnegleichen. Mit der Verfassung von 1787 haben die »Founding Fathers«, die Gründungsväter, in Philadelphia ein Meisterwerk geschaffen, das Staat und Bürger Krisenzeiten überwinden läßt.

»That's unconstitutional.« Mit diesem Aufschrei wehren sich Arme und Reiche, Liberale und Konservative, Präsident und Gesetzgeber, wenn sie ihre Überzeugungen und Rechte angegriffen sehen. Die Berufung auf die Verfassung ist wirkungsvoll. Sie führt zum Nachdenken, zum Diskutieren und nicht selten zu Kurskorrekturen; manchmal dauert es allerdings geraume Zeit, wie der Fall »McCarthy« zeigt.

Die USA werden von zwei widersprüchlichen Triebkräften regiert: von Pragmatismus und Idealismus. Machtpolitik und Missionsgedanke gehen oft Hand in Hand, was dem Land eine unerreichte Dynamik verleiht, es aber ebenso unberechenbar macht. Die Folgen sind nicht nur für die übrige Welt schwer zu verkraften, auch für die Amerikaner selbst. Nach dem Zweiten Weltkrieg führen sie zu einer schweren Staatskrise.

Trumans Politik der »Eindämmung«

Soeben sind die faschistischen Feinde Deutschland und Japan niedergeworfen worden. Die USA sind zur Supermacht Nummer eins aufgestiegen. Die Vision eines ewigen Friedens gaukelt am Horizont. Die Amerikaner päppeln ihre ehemaligen Feinde mit Care-Paketen wieder auf. Später helfen sie dem schwer zerstörten Europa mit dem Marshall-Plan auf die Beine. Dafür wollen sie aber auch eine Welt nach ihrem Geschmack. Doch sie erleben das Gegenteil.

Das von Washington unterstützte Tschiang Kai-schek-Regime wird vertrieben. Die Kommunisten unter der Führung von Mao Tse-tung übernehmen China. Zur gleichen Zeit macht Stalin Osteuropa zu Moskaus Domäne. Winston Churchill spricht vom Eisernen Vorhang, der zwischen Ostsee und Adria heruntergegangen sei.

Auf die historischen Worte des großen Briten läßt ein unscheinbarer Mann aus Amerikas Mittelwesten Taten folgen. Harry S. Truman – durch den Tod Franklin Delano Roosevelts zum Präsidenten geworden – eröffnet ein neues Kapitel amerikanischer Außenpolitik, das heute noch Gültigkeit hat. Der Mann aus Missouri, seiner politischen Herkunft nach eigentlich ein Isolationist, verkündet Amerikas Verantwortung für die Welt. Die USA seien entschlossen, freien Völkern zu helfen, jeglicher Unterjochung durch bewaffnete Minderheiten von innen oder durch Druck von außen zu widerstehen. Die bürgerlichen Regierungen von Griechenland und der Türkei erhalten umgehend Militär- und Wirtschaftshilfe, um sich gegen die eigenen Kommunisten und gegen Moskau wehren zu können.

George F. Kennan, Botschaftsrat an der US-Botschaft in Moskau, hat das Konzept der neuen Strategie entwickelt, die als Truman-Doktrin gleich in die Geschichtsbücher eingeht. Sie ist die Fortschreibung der Monroe-Doktrin aus dem Jahre 1823, nach der Washington keine Einmischung von außen in die inneren Angelegenheiten amerikanischer Staaten duldet. Truman macht die USA zum Weltpolizisten. »Containment« heißt das Schlagwort: »langfristige, wachsame und entschlossene Eindämmung russischer Expansionsbestrebungen«.

Doch Truman bekämpft den Kommunismus nicht nur in der großen weiten Welt. Er will auch zu Hause nichts anbrennen lassen. In den USA geht das Gespenst um, die Kommunisten seien dabei, Gottes eigenes Land zu unterwandern. Truman ordnet an, daß sich alle Regierungsangestellten einer Sicherheitsüberprüfung unterziehen müssen.

Der Wahn wird immer schlimmer. Das Abgeordnetenhaus etabliert den Ausschuß zur Untersuchung unamerikanischer Aktivitäten. Die Unterhaltungsindustrie wird nach Kommunisten abgesucht. Leinwandhelden wie Rod Taylor und Gary Cooper sind willfährige Zeugen der Anklage. Der große Regisseur Elia Kazan wird zum Denunzianten. Andere hingegen, wie der Schauspieler Humphrey Bogart und die Dramatikerin Lillian Hellman, lassen sich nicht einschüchtern.

Eine illustre Künstlerschar gerät in Hollywood auf die »schwarze Liste«; darunter auch eine gewisse Nancy Davis, später als Nancy Reagan First Lady des Landes. Es han-

▷ *Iwojima, 23. Februar 1945: Amerikanische Soldaten hissen ihre Flagge auf der japanischen Insel, mit deren Eroberung die vernichtende Luftoffensive gegen Japan eingeleitet wurde. Die Rolle der USA als erste Weltmacht hat erst mit dem Zweiten Weltkrieg voll eingesetzt. Es begann das langfristige Engagement Amerikas in allen Fragen der Weltsicherheit. Es begann die Konfrontation zwischen Moskau und Washington, welche die USA endgültig aus ihrer weltpolitischen Selbstisolation herausführte.*

delt sich um eine Verwechslung mit einer Schauspielerin gleichen Namens, die allerdings ebenfalls unter falschen Beschuldigungen auf die »schwarze Liste« gelangt ist.

Im Kampf gegen den Kommunismus steht der Schauspieler Ronald Reagan nicht beiseite. Er zählt nicht zu den besten seines Metiers, dafür stemmt er sich in vorderster Front gegen die rote Flut. Als guter Patriot hilft er gelegentlich auch dem FBI mit Informationen aus.

Ein anderer künftiger Präsident tut in Washington seine Pflicht. Richard Nixon macht aus seinem Herzen eine Mördergrube. Im Fernsehen erklärt er: »Ich stimme zu, daß Kommunisten Ratten sind. Und wenn auf Ratten geschossen werden soll, dann sofort!«

Die antikommunistische Hysterie in den USA erhält ständig neue Nahrung. Die Sowjets blockieren Berlin, China fällt an die Kommunisten, Nordkoreas Rote marschieren über den 38. Breitengrad in den Süden ein. Die USA stellen sich ihnen an der Spitze einer UNO-Streitmacht entgegen. 1949 explodiert die erste sowjetische Atombombe. Der Deutsche Klaus Fuchs, mitbeteiligt am Manhattan-Projekt, dem amerikanischen Atombombenprojekt in Los Alamos, gesteht gegenüber Scotland Yard, Moskau mit Geheiminformationen über die amerikanische Bombe geholfen zu haben. Daraufhin werden in den USA Ethel und Julius Rosenberg als Komplizen verhaftet und als Spione hingerichtet, obwohl sie bis zum Schluß ihre Unschuld beteuern und die letzten Beweise fehlen.

△ *»Rosinenbomber« im Landeanflug. Die Versorgung der Westsektoren Berlins auf dem Luftweg veranlaßte die Sowjetunion im Mai 1949, die Blockade abzubrechen. Die Luftbrücke wurde zum Symbol für den westlichen Widerstandswillen.*

◁ *Der verlustreiche Koreakrieg (1950–1953) zeigte den Amerikanern, daß es auch für sie nicht nur totale Siege gab. Die lokale »Polizeiaktion« der Vereinten Nationen gegen die kommunistische Aggression in Korea endete mit einem Waffenstillstand.*

Die Terrorkampagnen des Senators Joe McCarthy

Die Zeit eines jungen, verklemmten Senators aus Wisconsin ist gekommen. Joe McCarthy sieht Kommunisten und sonstige Subversive überall, vor allem im State Department. Als erstes schwenkt er eine Liste von 205 Personen, die angeblich ihr Unwesen im amerikanischen Außenministerium treiben. Kein Wunder also, daß China verlorengeht.

150 Untersuchungen führt McCarthy durch. Universitäten, Geschäftswelt und Berufsorganisationen – allerorten werden »schwarze Listen« eingeführt. Tausende von Existenzen bleiben auf der Strecke. Was heute wie der helle Aberwitz aussieht, wurde damals als selbstverständlich hingenommen. »Amerika ist ein religiöses Land«, registriert Arthur Miller lakonisch.

McCarthy schüchtert sogar die Administration samt Präsident und Verteidigungsminister ein. Doch als er sich die Armee vorknöpft, trifft er auf einen Anwalt des Heeres, der ihm jede Würde abspricht. McCarthy baut rapide ab. Der ständige Protest der Beschuldigten »that's unconstitutional« tut endlich seine Wirkung. Die Kreuzzug-Stimmung verebbt mit Ende des Koreakrieges, der nach blutigem Hin und Her unentschieden am 38. Breitengrad endet, nachdem er Zehntausende Amerikaner das Leben gekostet hat. Der McCarthyismus verschwindet wie ein böser Spuk. Der eifernde Senator findet als Alkoholiker ein trauriges Ende.

Doch der Antikommunismus bleibt Leitstern für die amerikanische Außenpolitik. Unter diesem Zeichen führt John Foster Dulles, Außenminister unter Präsident Dwight D. Eisenhower, kalten Krieg gegen die Sowjetunion, Rotchina und Ho Chi Minhs Nordvietnam. Als er im Jahr 1959 stirbt, hat er an keiner Front gesiegt.

Bittere Erfahrungen bleiben John Foster Dulles erspart. Kurz nach seinem Tod läßt sich Sowjetführer Nikita Chruschtschow in den USA feiern; wenige Monate später nutzt der Kremlboß den Abschuß eines amerikanischen Aufklärungsflugzeuges vom Typ U 2 über sowjetischem Territorium, um Washington zu demütigen und ein Gipfeltreffen der vier Siegermächte des Zweiten Weltkrieges platzen zu lassen.

Chruschtschows prahlerische Drohung »wir werden euch begraben« fährt den Amerikanern ebenso in die Glieder wie die Raumfahrterfolge der anderen Seite. Erst Sputnik, dann Jurij Gagarin! Es sind sowjetische Satelliten, die als erste die Erde umkreisen – unbemannt und bemannt. Ein schwerer Schlag für Amerikas Selbstbewußtsein!

Daß die unterentwickelte Sowjetunion dem fortschrittlichen Amerika technologisch

– wenn auch nur vorübergehend – vorauseilt, muß im Land der unbegrenzten Möglichkeiten schockieren. Seit Jahr und Tag produzieren die USA konkurrenzlos Wohlstand und Fortschritt. Anders als in der Vergangenheit war die amerikanische Wirtschaft nach dem Krieg nicht eingeknickt, sondern auf vollen Touren weitergelaufen. Von 1950 bis 1965 wird sie so viel herstellen wie in ihrer gesamten Geschichte vorher – angefangen von der ersten Siedlung in Jamestown 1607.

Das Straßennetz wird mit Milliardensummen modernisiert. In den entferntesten Orten werden Flughäfen angelegt. Um die Städte schießen wohlhabende Vororte aus dem Boden wie die Pilze nach dem Regen. Doch das schier unaufhörliche Wirtschaftswachstum hilft nicht, die Teilung der Vereinigten Staaten in arm und reich oder schwarz und weiß zu überwinden, sondern vertieft noch den Graben.

So endet die scheinbar gediegene Eisenhower-Ära in Verunsicherung. Rassen- und Klassenkonflikte kündigen sich im Innern an, und nach außen droht sich die Konfrontation mit Moskau weiter zu verschärfen.

Höfischer Glanz hält Einzug in Washington

Um diesen Herausforderungen zu begegnen, wählen die Amerikaner nach dem ältesten Präsidenten nun den jüngsten ins Weiße Haus: John F. Kennedy. Der 43jährige rechtfertigt gleich zum Amtsantritt die hochgesteckten Hoffnungen der Nation mit einer Rede, die den Aufbruch zu neuen Ufern verheißt. Von den Stufen des Kapitols fordert er die Bürger auf: »Fragt nicht, was euer Land für euch tun kann, sondern fragt, was ihr für euer Land tun könnt!«

Mit diesem Ton trifft Kennedy die patriotische Gesinnung der Nation: Optimismus mit der Bereitschaft, dem Land zu dienen. Und noch einen heimlichen Wunsch erfüllt der charismatische Präsident: die Sehnsucht der durch und durch demokratischen Amerikaner nach höfischem Glanz. Ihnen ist, als sei mit dem Einzug der Kennedys König Arthurs Hof an den Potomac gekommen.

Washington – im eigenen Land als Sammelplatz selbstsüchtiger Politiker und inkompetenter Bürokraten mißachtet – gewinnt mehr und mehr die Anerkennung als »Nation's capital«, als Hauptstadt des Landes. Und auch von den Metropolen der Alten Welt – London, Paris, Rom – beobachtet man mit Respekt, wie der Parvenu am Potomac Klasse und internationales Flair entwickelt.

So erfüllt sich die Vision des französischen Ingenieurs Pierre-Charles L'Enfant, der 1791 den Plan für das künftige Weltzentrum entwarf. Den Auftrag dazu hatte er vom Kongreß bekommen. Ganz im Stil späterer Gewohnheit hatten sich die Volksvertreter nach langen Debatten, Erpressungsversuchen und Gegengeschäften auf den Platz für die neue Hauptstadt der Vereinigten Staaten von Amerika geeinigt – auf der Grenze zwischen Nord und Süd am Potomac-Fluß.

Paris und Versailles vor Augen, gedachte L'Enfant, mitten in der Wildnis eine Metropole von barocker Grandeur und demokratischer Symbolik zu errichten. Doch das war damals zu weit gedacht. Bevor der Grundstein zum Kapitol gelegt wurde, war der Franzose bereits gefeuert worden. Aber sein Ausgangskonzept hat die Zeiten überdauert.

Das Panorama von Washington vermittelt den Eindruck von Frische und Freiheit. Nach der Verfassung spielt der Kongreß die erste Geige im Gewaltenkonzert. Deshalb wurde ihm von L'Enfant eine überragende Lage auf dem Capitol Hill zugewiesen. Kein Haus in der Stadt darf höher gebaut werden. »Hier regiert das Volk!«, so beschrieb Alexander Hamilton, einer der Gründungsväter, die Rolle des Kongresses. Nach Meinung des Volkes regiert auf Capitol Hill eher das Chaos.

Eine Meile weiter hat der Präsident seinen Amtssitz – etwas kleiner, aber immer noch ansehnlich. Thomas Jefferson jedenfalls hielt das Haus an der Pennsylvania Avenue für groß genug, um darin zwei Präsidenten, zwei Kaiser, den Papst und den Dalai-Lama zu beherbergen. Dolly Madison, Frau des vierten amerikanischen Präsidenten, nutzte die großen Räume zum Wäscheaufhängen, und Frau Lincoln ließ auf dem Rasen vor dem Weißen Haus ihre Kuh grasen. Doch mit der Zeit wurde Pennsylvania Avenue 1600 zum Repräsentationsgebäude der Supermacht Nummer eins herausgeputzt.

Den letzten Schliff geben die Kennedys. Die Augen der Welt richten sich seitdem mehr und mehr auf das Weiße Haus. Zum ersten Mal werden von hier aus Pressekonferenzen des amerikanischen Präsidenten live im Fernsehen übertragen. Die Journalisten ziehen von New York in die vorher langweilige Hauptstadt um. Die Wirtschaftslobby folgt auf dem Fuße. Washington wird Anziehungspunkt für die Karrieremacher; »The Best and the Brightest«, wie es der Titel eines kritischen Buches über die Hintergründe des Vietnamkrieges sagt.

Kubakrise – an der Schwelle der atomaren Konfrontation

Kennedy läßt es an politischer Unterhaltung nicht fehlen. Mit einem Feuerwerk an Reden, Programmen und Fehlschlägen leitet er für die Amerikaner die aufregendste Dekade des 20. Jahrhunderts ein. Noch in diesem Jahrzehnt würden die USA einen Mann auf dem Mond landen und ihn heil zur Erde zurückbringen, verkündet er Amerikas Antwort auf die sowjetischen Triumphe im All.

Doch Kennedy beerdigt auch die Konfrontationspolitik à la Dulles mit großen Worten. »Die USA werden niemals aus Furcht verhandeln, aber wir werden Verhandlungen niemals fürchten.«

Den starken Sprüchen folgen große Pannen. Eine Streitmacht von Exilkubanern scheitert bei dem Versuch, das Castro-Regime zu vertreiben. Von Washington gesteuert, rennen die Invasoren in eine Falle und werden in der Schweinebucht schmählich im Stich gelassen.

Noch nicht drei Monate im Amt, muß John F. Kennedy die Verantwortung auf sich nehmen. Er hatte den Plan von seinem Vorgänger geerbt und war von der CIA zu der Aktion gedrängt worden.

▽ »Zentrum und Herz Amerikas« – das Kongreßgebäude auf dem Capitol Hill in Washington. Mit seinem 90 Meter hohen Kuppelbau überragt es – seiner Bedeutung als Sitz der Volksvertretung entsprechend – alle anderen Gebäude der Bundeshauptstadt. Der Grundstein zum Kapitol wurde am 18. September 1793 von George Washington gelegt.

◁ ▽ *Luftaufnahmen brachten es 1962 an den Tag: Die Sowjetunion hatte gegen die USA gerichtete Raketen auf Kuba stationiert. Nur durch das geschickte Taktieren Präsident Kennedys wurde eine gewaltsame Konfrontation beider Supermächte vermieden. Die kommunistische Zuckerinsel Fidel Castros erhielt von den USA die Garantie der Unabhängigkeit.*

Die Erinnerung an das Desaster ist noch frisch, als sich der junge Präsident auf ein Gipfeltreffen mit Chruschtschow einläßt. Der Sowjetführer – selbst nicht Herr der Verhältnisse im eigenen Lager – glaubt Kennedys Unerfahrenheit ausnutzen zu können. Das Treffen endet als Mißerfolg.

Kurz darauf wird die Mauer durch Berlin gebaut. In den Augen der Weltöffentlichkeit steht Kennedy wieder als Verlierer da, weil er nicht gleich die ersten Barrikaden niederreißen läßt. Im Zorn wird übersehen, daß auch Chruschtschow zurückgesteckt hat. Mit dem Bau der Mauer hat er von der Idee Abschied genommen, ganz Berlin zu kassieren, wie er kurz vorher noch gedroht hatte.

Doch die große Krise, die die Welt an den Abgrund eines Atomkrieges führt, steht noch bevor. Am 14. Oktober 1962 kreuzt eine U 2 auf einem Übungsflug hoch über Kuba. Von dem Aufklärungsflugzeug aus wird die Insel systematisch fotografiert. Als die Aufnahmen ausgewertet werden, entdecken die Experten voll ausgebaute Raketenstellungen, von denen aus die USA mit Atomsprengköpfen angegriffen werden könnten.

Die amerikanischen Militärs fordern einen vernichtenden Schlag gegen die Raketenbasen; manche raten gar zur Invasion. Doch der Präsident – die gescheiterte Schweinebucht-Invasion noch in den Knochen – entschließt sich zur totalen Seeblockade. Chruschtschow läßt dennoch seine mit Raketen beladenen Schiffe weiter volle Kraft Richtung Kuba dampfen. Eine Kollision der Supermächte scheint unvermeidlich, als Moskau in letzter Minute einen Deal vorschlägt: Die Sowjets wollen ihre Raketenstellungen abbauen, falls die Amerikaner versprechen, keine Kuba-Invasion zu unternehmen.

Kennedy geht darauf ein und erfüllt später noch eine weitere sowjetische Forderung. Klammheimlich ziehen die USA ersatzlos ihre überalterten Jupiter-Raketen aus der Türkei nahe der sowjetischen Grenze ab. So kommt am Ende ein Unentschieden heraus. Doch

◁ *»Warum so hart bei Kuba und so sanft bei Berlin?« lauteten Transparente, als Präsident Kennedy im Juni 1963 West-Berlin besuchte. Nach einer Fahrt zur Mauer mit Bundeskanzler Konrad Adenauer und Bürgermeister Willy Brandt hielt er vor dem Schöneberger Rathaus die berühmte Rede »Ich bin ein Berliner«. Jenen Satz wertete die Welt damals als schärfste Kampfansage gegen den Kommunismus.*

diesmal gilt in aller Welt John F. Kennedy als der Gewinner.

25 Jahre später treffen sich die engsten Berater von Kennedy und Chruschtschow zu einem Symposium in Harvard. Sie vergleichen ihre Positionen von damals und stellen fest, daß sie die Absichten der Gegenseite gründlich mißverstanden und nur im letzten Augenblick die außer Kontrolle geratene Entwicklung in den Griff bekommen hatten.

Ein Mord in Dallas begräbt die Hoffnungen der Neuen Welt

Im ersten Schrecken nach der Kubakrise finden Kennedy und Chruschtschow endlich zu einem vernünftigen Dialog. Sie lassen eine Hot-Line, den »Heißen Draht«, zwischen Moskau und Washington installieren, um sich im Krisenfall schnell verständigen zu können. Anschließend bringen sie noch ein begrenztes Atom-Teststopp-Abkommen zustande, das Versuche mit Nuklearwaffen in der Atmosphäre, unter Wasser und im Weltall verbietet.

Weitreichende Abrüstungsvereinbarungen scheinen möglich, doch am 22. November 1963 wird John F. Kennedy auf einer Fahrt durch Dallas, Texas, im offenen Auto erschossen. Der mutmaßliche Täter, Lee Harvey Oswald, wird gleich gefaßt und zwei Tage später bei der Einlieferung ins Gefängnis von Jack Ruby, einem Nachtklubbesitzer, mit drei Schüssen getötet. Eine Untersuchungskommission kommt zu dem Schluß, daß Oswald wie Ruby allein handelten. Doch viele Punkte bleiben ungeklärt und nähren ständig wiederkehrende Spekulationen über eine Verschwörung.

Der jähe Tod macht John F. Kennedy in der ganzen Welt zu einem mystischen Helden. Er wird nicht nach seinen bescheidenen Erfolgen beurteilt, sondern nach den Idealen, die er scheinbar repräsentierte. Für Harold Macmillan, Englands Premier, »verkörperte John F. Kennedy alle Hoffnungen und Vorstellungen der Neuen Welt, die darum kämpft, wie Phönix aus der Asche der Alten aufzusteigen«.

Die Hoffnungen auf Beendigung des Wettrüstens und des kalten Krieges verfliegen mit Kennedys Tod und Chruschtschows Sturz ein Jahr später. Ein ungutes Gesetz der Serie beginnt sich zu etablieren: Nach jeder amerikanisch-sowjetischen Annäherung folgt ein Rückschlag, der das Verhältnis zwischen den beiden Supermächten erneut vergiftet.

Nach dem meist überschätzten Präsidenten kommt der meist unterschätzte; auf den edlen Ritter Kennedy folgt der Prolet Lyndon Baines Johnson. Geschichte wiederholt sich, und nicht immer als Farce. Wie nach dem Tod des überragenden Franklin Delano Roosevelt niemand glaubte, der schlicht wirkende Harry S. Truman könne ein fähiger Nachfolger sein, so wird diesmal dem polterigen Texaner Johnson nicht zugetraut, ein guter Ersatz für seinen strahlenden Vorgänger zu sein. Ein Irrtum in beiden Fällen, aber verständlich!

Camelots Aura hat mit Kennedy abrupt das Weiße Haus verlassen. An Pennsylvania Avenue herrscht nun der ungeschliffene Ton eines Western Saloons. Während sich Kennedy mit Geld, Stil und schonungslosem Machtwillen seinen Weg ins Oval Office, das Amtszimmer des Präsidenten, bahnte, hat sich Johnson im Mann-gegen-Mann-Kampf und mit vielen Tricks nach oben gearbeitet.

JFK stand für das feine, alt-etablierte Neuengland und den bis dahin dominierenden Osten. LBJ repräsentiert den unaufhaltsam vorwärtsstrebenden Westen. Der Wechsel, willkürlich herbeigeführt, markiert eine grundsätzliche Wende. Amerikas Schwerpunkt wandert von der Atlantik-Küste über den Süden Richtung Pazifik – politisch, wirtschaftlich und technologisch.

Lyndon B. Johnson ist ein »Wheeler Dealer«, ein Pferdehändler, dem keiner über den Weg traut, den die meisten aber respektieren und viele sogar lieben. Er wirkt wie eine Erscheinung aus den Pionierzeiten – ungehobelt, mit sicherem Instinkt für das Machbare und unerschöpflichem Behauptungswillen.

Bei seiner Wahl in den Kongreß soll es nicht mit rechten Dingen zugegangen sein. Wie bei Gogols »Toten Seelen« seien auch längst Verstorbene mitgezählt worden, wird offen behauptet. Auf Capitol Hill angekommen, begnügt sich Johnson nicht mit der Rolle des Hinterbänklers, sondern mischt von Anfang an kräftig mit.

Über das Abgeordnetenhaus gelangt er in den Senat, wo er den Posten des Mehrheitssprechers anstrebt und ihn auch bekommt. Er überredet, intrigiert und erpreßt. Sein politisches Vorgehen wirkt wie sein Auftreten alles andere als honorig, aber sein Tun erweist sich vielfach als Segen. Lyndon B. Johnson sorgt nicht nur für seine Karriere, sondern auch für die Armen, Entrechteten und Zurückgestoßenen in dieser auf Erfolg getrimmten Gesellschaft.

Johnsons Feldzug gegen Armut und Diskriminierung

Was Kennedy verhieß, setzt Johnson in die Tat um. In seinem ersten Bericht zur Lage der Nation kündigt er vor dem Kongreß ein Milliarden-Programm zum Krieg gegen die Armut an. Als nach 20 Jahren Bilanz gezogen wird, hat er nach Vietnam auch diesen Krieg verloren. Und dennoch steht Lyndon Baines Johnson nach dem großen Franklin Delano Roosevelt als der Präsident da, der in diesem Jahrhundert innenpolitisch am meisten erreicht hat. In der LBJ-Gedächtnis-Bibliothek in Austin, Texas, wird die Größe seines Wirkens auf einen Blick erkennbar. Hier kann man all die Gesetze finden, die Johnson mitgeschrieben oder durchgesetzt hat. Kein anderer kann sich da mit ihm messen.

Johnson setzt unter dem Schlagwort »Great Society« fort, was Roosevelt mit dem »New Deal« begonnen hat. Seinen zögernden Landsleuten verkauft er den kostspieligen Feldzug für soziale Gleichheit mit dem überzeugenden Argument, daß Armut und Unwissenheit auf Dauer die Stärke der gesamten Nation unterminieren.

Stellen für berufliche Weiterbildung werden geschaffen, Wohlfahrtsprogramme eingeführt. Im Kongreß drückt Johnson durch, daß die Älteren in der Gesellschaft gesetzlichen Anspruch auf medizinische Versorgung haben. Drastisch werden die Ausgaben für das Schul- und Bildungswesen erhöht.

Das große Gesetz über die Bürgerrechte bringt er allen Widerständen zum Trotz durch den Kongreß. Damit wird jede Diskriminierung in öffentlichen Einrichtungen für ungesetzlich erklärt. Seit der »Reconstruction«, der Zeit des Wiederaufbaus nach dem Bürgerkrieg, hat es ein solch weitreichendes Gesetzeswerk nicht gegeben. Ein Jahr später folgt der Wahlrechts-Akt, der zum ersten Mal allen Schwarzen im Süden die Teilnahme an den Wahlen ermöglicht.

Johnson nutzt seinen Erdrutsch-Sieg über den erzkonservativen Republikaner Barry Goldwater, um seine Vorhaben durch Senat und Abgeordnetenhaus zu manövrieren. Doch seine Herkuleskräfte lassen nach. Er wird mehr und mehr Gefangener des Vietnamkrieges, der immer größere Summen verschlingt. Fast hilflos muß Johnson zusehen, wie Weiße gewalttätig auf die wachsende Militanz der Schwarzen reagieren. Es geht drunter und drüber. Unter diesen Umständen rücken für ihn die selbstgesteckten Ziele in weite Ferne. Johnsons Tragik: Er hat den Zug zu der von ihm proklamierten »Großen Gesellschaft« mit seinem gigantischen Vietnam-Engagement selbst entgleisen lassen.

Vom kalten Krieg zum heißen Krieg: Amerika in Vietnam

Es hätte allerdings der Kraft eines Titanen bedurft, um mit den ererbten Problemen erfolgreich fertigzuwerden. Johnson gerät in einen Zwei-Fronten-Krieg: auf der einen Seite die Rassenkonflikte im Innern, auf der anderen der Krieg in Vietnam. Der Präsident wird Opfer der Truman-Doktrin und seiner eigenen Taktik. Er glaubt, die Roten in Vietnam zurückwerfen zu müssen, um die Ausbreitung des Kommunismus in Südostasien zu verhindern. Dabei bedient er sich wie in seinen besten innenpolitischen Zeiten eines Tricks, der ihn und die Nation noch teuer zu stehen kommen wird.

Im Sommer 1964 kreuzt das amerikanische Kriegsschiff Maddox im Golf von Tonkin dicht vor der nordvietnamesischen Küste, um die Verteidigung der Roten ein bißchen zu provozieren. Etwa gleichzeitig attackiert ein südvietnamesisches Kommando im selben Revier Marine-Basen des Feindes. Für die Nordvietnamesen ist das eine konzertierte Operation. Sie preschen hinter den Südvietnamesen her und treffen auf die Maddox. Obwohl chancenlos, eröffnen sie das Feuer und verlieren prompt ein Boot.

Zwei Tage später dampft die Maddox erneut in das kritische Gebiet; diesmal in Begleitung der C. Turner Joy. Ob es wieder zu Attacken kommt oder die beiden Kriegsschiffe sich versehentlich gegenseitig beschießen, geht aus den ersten Meldungen nicht klar hervor. Im Weißen Haus will man darauf auch gar nicht warten. Endlich ist ein Anlaß da, das verhaßte Ho-Chi-Minh-Regime im eigenen Land zu bestrafen. Amerikanische Flugzeuge bombardieren ein Öldepot und Militärhäfen in Nordvietnam, ehe einigermaßen bekannt ist, was sich wirklich im Golf von Tonkin abgespielt hat.

Die getäuschte amerikanische Öffentlichkeit ist vom entschlossenen Vorgehen des Präsidenten begeistert. Johnson nutzt die Gunst der Stunde, um auf Capitol Hill die später berüchtigte Tonkin-Resolution durchzudrücken, die Amerika endgültig in den unseligen Krieg hineinzieht. Der Kongreß gibt dem Präsidenten die Macht, »alle Maßnahmen zu ergreifen, um bewaffnete Angriffe auf die Streitkräfte der Vereinigten Staaten zurückzuschlagen und weitere Aggressionen zu verhindern«.

▽ *Der Vietnamkrieg forderte immer größere Opfer, die immer sinnloser erschienen. Die Antikriegsdemonstrationen in den USA führten daher bis an den Rand bürgerkriegsähnlicher Zustände. Die Kluft zwischen Universitäten und Establishment, zwischen jung und alt, arm und reich, weiß und schwarz wurde tiefer.*

Der Präsident befiehlt daraufhin weitere Bombenangriffe auf Nordvietnam und schickt immer mehr amerikanische Soldaten in den Krieg. 1968 kämpfen über 500 000 GIs in Vietnam. Aber sie zwingen den Feind nicht zu Boden. Die Verluste steigen. Zu Hause wächst daraufhin der Protest gegen Johnsons Kriegspolitik. Der Präsident wirft das Handtuch. Er ruft zum Waffenstillstand auf und verkündet gleichzeitig, daß er für eine Wiederwahl nicht zur Verfügung stünde. Bewegt verfolgt die Nation die Fernsehrede des schwer gezeichneten Mannes und erkennt, wie tief sie selbst in der Krise steckt.

Martin Luther King – Prediger des gewaltlosen Widerstands

Der nächste Schrecken läßt nicht lange auf sich warten. Am 4. April 1968 wird der Führer der Schwarzen und das Idol der Bürgerrechtsbewegung Martin Luther King in Memphis, Tennessee, erschossen. Der Mord an dem Prediger des gewaltlosen Protestes löst im ganzen Land gewalttätigen Aufruhr aus. Als sich der Sturm legt, bietet sich ein schockierendes Bild: verwüstete Viertel, über 50 Tote.

Der Graben zwischen den Rassen und Klassen ist wieder tiefer geworden. Doch mit der Zeit erweisen sich die von Martin Luther King erkämpften Errungenschaften und Lyndon Baines Johnsons Bürgerrechtsgesetze als tragfeste Brücke. Immer mehr Schwarze machen Karriere, erobern hohe politische Ämter. Aber der Weg zur Gleichheit aller Amerikaner ist noch weit und mit vielen Rückschlägen gepflastert.

Begonnen hatte die mächtige Bürgerrechtsbewegung mit einem scheinbar unbedeutenden Zwischenfall: Am 1. Dezember 1955 wird in Montgomery, Alabama, eine junge Schwarze namens Rosa Parks festgenommen, weil sie sich weigert, ihren Sitzplatz im Bus einem weißen Mann anzubieten. Schwarzenführer, unter ihnen der junge Pastor Martin Luther King, organisieren daraufhin einen totalen Busboykott.

Die Aktion ist so wirkungsvoll, daß ein Frontalangriff auf die Rassentrennungsgesetze des Südens gestartet wird – strikt gewaltlos. Am 1. Februar 1960 lassen sich vier ordentlich gekleidete junge Schwarze in Greensboro, North Carolina, in der Woolworth-Cafeteria nieder, die nur für Weiße bestimmt ist. Trotz langen Wartens werden sie nicht bedient. Eine neue Protestform ist geboren, das »Sit-in«. Eine Welle ähnlicher Demonstrationen schwappt durch den Süden.

Die gewaltlosen Aktionen führen zu mörderischen Reaktionen. Weiße Südstaatler gehen gegen Schwarze mit Terror vor. Die Polizei bricht brutal friedliche Demonstrationen auf. Es gibt Tote. Aber die Bewegung wird immer mächtiger.

Im Sommer 1963 versammeln sich in Washington 250 000 Demonstranten auf der Mall zwischen Kapitol und Lincoln Memorial und hören Martin Luther Kings Rede »I have a dream«. Dieser Traum von Gleichheit für alle wird zur Bergpredigt der Bürgerrechtsbewegung. Die geforderten Gesetze werden erlassen. King wird mit dem Friedensnobelpreis ausgezeichnet. Aber zu Hause wird er vom FBI beschattet und abgehört, seine Umgebung der kommunistischen Infiltration verdächtigt.

Was für ihn und die Bewegung noch schlimmer ist: Der Friedensnobelpreisträger wird im eigenen Lager angefeindet und wegen seiner Strategie des gewaltlosen Widerstandes als Onkel Tom verspottet. Für andere Schwarzenführer wie Malcolm X, der den radikalen »Black Muslims« angehört, kann es keine Integration in die Welt der Weißen geben. Als Malcolm X doch von Koexistenz spricht, wird er von ehemaligen Gefolgsleuten erschossen.

Die Gewalttaten nehmen zu. Weiße ermorden Schwarze. Aufruhr ist die Antwort. Die Gettos im Norden explodieren. Über Jahrzehnte sind Hunderttausende Schwarze hierhin geflüchtet, ohne ihr Glück zu machen. Im Norden gibt es zwar keine gesetzliche Rassentrennung, aber unüberwindliche wirtschaftliche und soziale Schranken. Die Schwarzen kommen aus den Slums nicht heraus.

Die Erfolge der Bürgerrechtsbewegung im Kampf gegen die gesetzliche Rassentrennung im Süden lassen in den Elendsvierteln des Nordens Frust und Zorn über die Ausweglosigkeit der eigenen Situation wachsen. Die Atmosphäre knistert. Übergriffe der Polizei wirken wie Funken in Pulverfässern. Aufruhr bricht aus. In über hundert Städten brennen die Gettos.

Der Bürgerkrieg fordert viele Tote: In Watts, einem Stadtteil von Los Angeles, sterben 34 Menschen, in Detroit 43. Obwohl fast alle Opfer Schwarze sind, ziehen sich daraufhin auch fortschrittliche Weiße erschrocken von der Bürgerrechtsbewegung zurück. Eine Untersuchungskommission urteilt anders: Nicht weniger, sondern mehr Unterstützung sei nötig. Mehr Wohnungen und bessere Ausbildung für die Bewohner der Gettos seien die beste Vorbeugung gegen Gewalt.

Robert F. Kennedy – das schnelle Ende einer Hoffnung

Ein Politiker, der dies in die Tat umsetzen könnte, ist Robert F. Kennedy. Unter seinem Bruder John übte er als Generalstaatsanwalt quasi die Funktion des Justizministers aus, aber noch mehr war er der engste Berater des Präsidenten. Als Gegner von Lyndon B. Johnson verließ er nach dem Tod seines Bruders die Administration und erkämpfte sich als Senator des Staates New York einen einflußreichen Platz im Kongreß.

Nun – 1968 – bewirbt er sich um das Amt des Präsidenten. Er zieht gegen Rassendiskriminierung, wirtschaftliche Ungerechtigkeit und den Vietnamkrieg zu Felde. Die Chancen des wohl größten Talents der Kennedys stehen gut. Er gewinnt die wichtige Vorwahl in Kalifornien, dem bevölkerungsstärksten Staat der USA.

Doch wie in einer klassischen Tragödie stürzt der junge Held in der Stunde seines Triumphes. Beim Verlassen des Hotels Ambassador in Los Angeles wird er von Sirhan Sirhan, einem jordanischen Einwanderer, niedergeschossen und tödlich verletzt. Zutiefst bewegt säumen Tausende die Bahnstrecke, und Millionen verfolgen gebannt im

△ *Am 4. April 1968 wurde in Memphis/Tennessee der Bürgerrechtler und Baptistenpfarrer Martin Luther King ermordet. »Die Schande von Memphis ist eine Last für Amerika«, sagten seine Anhänger. King war der letzte große Repräsentant des gewaltlosen Kampfes der Schwarzen um die Integration in die weiße Gesellschaft.*

Fernsehen, wie der Zug mit dem Sarg Robert Kennedys nach Washington zurückrollt und mit ihm der Traum der neuen amerikanischen Generation verschwindet.

Woodstock – ein Rockkonzert markiert einen Wendepunkt

Wie in anderen westlichen Staaten begehrt auch in den USA die Jugend auf wie nie zuvor. Ihre Unruhe wird aus mehreren Quellen gespeist: aus dem Wunsch nach Anerkennung und Mitsprache, den Forderungen nach mehr Bürgerrechten und der vehementen Ablehnung des Vietnamkrieges. Befreiung vom Establishment und den Fesseln der Tradition ist das erklärte Ziel. Was enthemmt, wird in vollen Zügen genossen: Rockmusik, Rauschgift und der Schutz durch die Pille. Studenten übernehmen Universitäten. In den Straßen wird gegen den Vietnamkrieg marschiert. Die Schwarzen-Gettos stehen in Flammen, und politische Führer werden erschossen. Die Supermacht USA treibt auf den Rand der Anarchie zu. Da passiert etwas Merkwürdiges. 400 000 Jugendliche treffen sich im Staat New York zu einem Rockkonzert. Alle Welt erwartet Mord und Totschlag. Aber in einer Zeit der Gewalt und der entfesselten Leidenschaften geht diese emotionsgeladene Mammut-Veranstaltung in Woodstock friedlich über die Bühne.

Doch die Ära der Konfrontationen ist noch nicht vorüber. Der Vietnamkrieg putscht immer wieder zu Protest auf. Als amerikanische Truppen auch noch in Kamputschea einmarschieren, wird dagegen an der Kent State University in Ohio demonstriert. Die Nationalgarde schießt auf die Studenten. Vier Tote und neun Verwundete fordert der brutale Polizeieinsatz.

Als zehn Tage später bei einer ähnlichen Demonstration in Mississippi schwarze Studenten erschossen und verwundet werden, machen 500 Universitäten dicht. Kurz darauf werden die amerikanischen Soldaten aus Kamputschea und aus den Frontlinien in Vietnam zurückgezogen. An den Universitäten kehrt Ruhe ein. Die amerikanische Jugend künftiger Zeiten gibt sich wieder wie früher: konservativ und patriotisch.

Doch die Gesellschaft der USA hat sich verändert: Minderheiten haben mehr Rechte, die Frauen konkurrieren mit den Männern, und die Nation ist insgesamt skeptischer geworden. Das Fernsehen spielt bei der Bewußtseinsbildung zunehmend eine Rolle. Der Vietnamkrieg auf der anderen Seite der Erde ist keine ferne Angelegenheit. Er wird jeden Abend mit all seiner Gemeinheit und Sinnlosigkeit in die Wohnstuben übertragen. Die Politiker-Parolen vom edlen, gerechten Krieg verfangen nicht mehr. Aber das Fernsehen beschert der Nation auch die großen Stunden der USA.

Am 20. Juli 1969 schaut alle Welt gebannt zu, wie eine unförmige Gestalt aus einem Phantasiegefährt die Leiter hinuntersteigt. Mit einem kleinen Hupfer springt sie von der letzten Stufe. Ein historischer Augenblick! Der Amerikaner Neil Armstrong hat als erster Mensch den Mond betreten. 21 Stunden und 37 Minuten hält er sich zusammen mit seinem Gefährten Edwin Aldrin auf dem Erdtrabanten auf, installiert wissenschaftliche Instrumente und kehrt dann mit Gesteinsproben und vielen Fotos zur Erde zurück, wo er vier Tage später hart, aber heil im Pazifik landet. John F. Kennedys Auftrag ist erfüllt. Die USA haben die Führung in der Raumfahrt zurückgewonnen. Die angeschlagene Nation läßt sich auf einer Welle nationalen Stolzes davontragen, ehe sie vom Elend des Vietnamkrieges wieder eingeholt wird.

Nixon und Kissinger beenden den Krieg in Vietnam

Der Mann, der das Land endlich aus diesem Dilemma führen will, hat selbst seine Probleme. Wenn er in der Öffentlichkeit auftritt, fühlt er sich unwohl, was seinem künstlichen Gehabe deutlich anzusehen ist. Dabei hat er sich mit seiner Berufswahl dieses Milieu selbst ausgesucht.

Richard Milhous Nixon wirkt wie die vom Computer erfundene Figur eines Erfolgspolitikers. Er ist intelligent, machthungrig und skrupellos. Was ihm fehlt, ist Charisma. Dafür besitzt er um so mehr Unglaubwürdigkeit. Nixon ist im Grunde nicht wählbar. Daß er es dennoch schafft, mächtigster Mann der Welt zu werden, verdankt er einer jener Eigenarten, die Amerikas Unberechenbarkeit, aber auch seine Größe ausmachen.

Ende der sechziger Jahre haben die Demokraten abgewirtschaftet. Ihr bester Mann, Robert Kennedy, ist tot. Auch die Republikaner haben keine großen Politiker vorzuweisen. So öffnet sich der Weg für Richard Nixon. Er verspricht, den Krieg in Vietnam zu beenden, und wird gewählt, wenn auch nur mit hauchdünner Mehrheit.

Seine politische Karriere galt eigentlich als beendet. Sie war bis dahin auch nicht besonders rühmlich verlaufen. Im Kongreß hatte er sich in abstoßender Weise als Kommunistenjäger aufgespielt. Danach stand er im Verdacht, Wahlkampfgelder für üble Zwecke mißbraucht zu haben. Als Eisenhowers Stellvertreter wollte er dann selbst Präsident werden, scheiterte aber an sich und Kennedy. Gleich darauf unterlag er auch noch bei den Gouverneurswahlen in Kalifornien. Nun ist er also zurück und vollbringt Historisches – im Guten wie im Schlechten.

Nixon holt sich einen Mitarbeiter ins Weiße Haus, der ihm an Machtsinn und Opportunismus nicht nachsteht, aber Grenzen kennt; nicht zuletzt dank seiner überragenden Intelligenz. Der Mann kommt aus Fürth und mußte als Kind jüdischer Eltern vor den Nazis aus Deutschland fliehen. Henry Kissinger, inzwischen geachteter Harvard-Dozent, wird Nixons Sicherheitsberater und später Außenminister der USA.

Unter dem Schlagwort »Vietnamisierung« gehen die beiden Männer daran, die USA aus dem schmutzigen Krieg in Südostasien zu holen. Ihre Methoden wirken alles andere als ritterlich und lösen im eigenen Land Empörung aus.

Die Nixon-Administration zieht die amerikanischen GIs aus den Frontlinien ab und läßt die Vietnamesen das Kämpfen besorgen. Die US-Luftwaffe beginnt derweil ein gnadenloses Bombardement von Nordvietnam und Vietcong-Stellungen im Süden. Entgegen offiziellen Erklärungen werden nicht nur militärische, sondern auch zivile Ziele angegriffen. Wie viele Menschen dabei umkommen, ist bis heute nicht bekannt. Aber die Schäden sind verheerend. Auf Vietnam fallen mehr Bomben, als im ganzen Zweiten Weltkrieg abgeworfen wurden.

Die andere Seite steht in Grausamkeiten nicht nach. Ihr wird zugute gehalten, daß sie im eigenen Land kämpft. Amerikas Ansehen als moralischer Wächter der Welt geht dagegen mehr und mehr verloren. Berichte über Massaker schüren die Anti-USA-Stimmung.

Kissinger handelt mit Nordvietnam den Abzug der US-Truppen aus und wird dafür mit dem Friedensnobelpreis geehrt. Doch das Ende ist schmählich. Nachdem ihre Truppen zwei Jahre vorher abgezogen sind, verlassen die letzten Amerikaner Saigon 1975 fluchtartig mit dem Hubschrauber vom Dach ihrer Botschaft. Das von ihnen gestützte Regime ist zusammengebrochen. Vietnam wird kommunistisch. Das vom Krieg jahrzehntelang gefolterte Land sieht einem trostlosen Frieden entgegen.

Aber auch die USA brauchen lange, um ihren ersten verlorenen Krieg zu verkraften. Die heimkehrenden Soldaten werden nicht mit Fanfaren empfangen. Viele Vietnam-Veteranen, verroht durch den Krieg oder seelisch verwundet, schaffen den Umstieg ins zivile Leben nicht. Erst allmählich geht die Gesellschaft an die Bewältigung des Vietnam-Traumas.

In Washington wird ein Memorial errichtet, entworfen von einer 21jährigen Kunststudentin. Inmitten der weißen Monumente und Repräsentationsbauten, die von Amerikas Gloria zeugen, bildet es einen bewegenden Kontrast. Es ist schwarz und in eine Mulde eingebettet. Auf zwei spitz auslaufenden Wänden, die ein V bilden, stehen die Namen aller in Vietnam gefallenen Amerikaner; aufgeführt nach dem Tag ihres Todes. Über 57 000! Es ist kein Denkmal der stolzen Trauer, sondern der tiefen Würde, die dieses große Land besitzt.

Ein Besuch im Kreml

Während sie den Krieg in Vietnam beenden, schaffen Nixon und Kissinger in dieser schwierigen Zeit ein diplomatisch-politisches Meisterstück. Sie stellen zu dem bis dahin bitter befehdeten Rotchina offizielle Beziehungen her und schwenken gleichzeitig gegenüber Pekings Rivalen Moskau von Konfrontation auf Koope-

◁ *Das Sternenbanner auf dem Mond: Zwischen 1969 und 1972 feierten die US-Bürger die Erfolge ihrer Apollo-Astronauten als nationalen Triumph. Nach einer Zeit der Krisen und Niederlagen ein mächtiges Stimulans für das angeschlagene Selbstgefühl der Amerikaner.*

Vereinigte Staaten von Amerika   379

ration um. Binnen kurzer Zeit bringen sie eine Serie weitreichender Verträge zustande.

Sie unterstützen die von der deutschen Bundesregierung Brandt/Scheel konzipierte Ostpolitik, die das Verhältnis der Bundesrepublik Deutschland zu den Staaten des Warschauer Pakts normalisiert. Es ist auch die Nixon-Administration, die zum Gelingen des Viermächte-Abkommens beiträgt. Berlin hört auf, ein internationaler Krisenherd zu sein. Die Stadt hat gesicherte Zufahrtswege und gute Entwicklungsmöglichkeiten.

Am 26. Mai 1972 klirren im St.-Wladimir-Saal des Kremls die Champagnergläser. Soeben haben Nixon und der Sowjetführer Leonid Breschnew ein Bündel von Abkommen unterschrieben, die das Verhältnis zwischen den beiden Supermächten auf eine solide Basis stellen sollen. Die Presse ist zu dem historischen Akt als Zeuge geladen worden. In angemessenem Abstand dürfen die Journalisten beobachten, wie sich Amerikaner und Russen zuprosten.

Neben den Mitgliedern des Politbüros ist auch die sowjetische Militärführung dabei. Die Herrschaften, sonst der Weltöffentlichkeit als eine Galerie finster blickender Gesellen bekannt, geben sich vergnügt. Endlich ist die Sowjetunion von dem ebenso gefürchteten wie bewunderten Rivalen USA als gleichrangig anerkannt worden.

Auch Nixon hat Grund zur Zufriedenheit. Mit dem Vertrag über die Begrenzung der Strategischen Rüstung (SALT) glaubt er, auf Moskaus schweres Atomwaffen-Potential einen Deckel gesetzt zu haben. Mit einem anderen Abkommen (ABM) verpflichten sich beide Seiten, nur je ein Abwehrsystem gegen feindliche Interkontinentalraketen zu unterhalten. Zugleich untersagen sie sich die Erprobung, Entwicklung und Aufstellung eines neuen Verteidigungsschildes.

Wie die hölzernen und komplizierten Formulierungen auszulegen sind, darüber wird es später noch schwere Differenzen geben. Doch jetzt sind sich beide Seiten einig, daß Abwehrsysteme niemals ausreichenden Schutz bieten, dafür aber die Gegenseite zum Bau von noch mehr Atomraketen herausfordern. Soviel Übereinstimmung nährt die Zuversicht auf eine friedliche, gemeinsam gemanagte Zukunft. Richard Nixon wird mit überwältigender Mehrheit zum Präsidenten wiedergewählt. Niemand ahnt, daß der Triumphator schon in Kürze ein geschlagener Mann sein wird.

Ein Anschlag auf die Demokratie: Nixons Watergate

Wenige Wochen nach Nixons Moskau-Besuch wird in Washington gegenüber dem Watergate-Hotel im Hauptquartier der Demokraten eingebrochen. Sieben Mann werden festgenommen. Sie gehören dem Komitee zur Wiederwahl des Präsidenten an, aber da sie schweigen, kann eine direkte Verbindung zu Nixon nicht nachgewiesen werden. Die Sache scheint als drittklassiger Einbruch in Vergessenheit zu geraten.

Neun Monate später bricht einer der Einbrecher das Schweigen. Er nennt Nixons Wahlkampfmanager John Mitchell, pikanterweise früher Generalstaatsanwalt, als Auftraggeber. Kurz darauf gibt FBI-Direktor Patrick Gray zu, Watergate-Beweismaterial auf Druck des Weißen Hauses vernichtet zu haben. Eine Lawine kommt ins Rollen. Nixons engste Mitarbeiter müssen gehen. Sein Rechtsberater John Dean eröffnet dem Untersuchungsausschuß des Senats, daß der Präsident persönlich die Zahlung von Schweigegeld an die sieben Einbrecher autorisiert habe.

▷ *Der Skandal um Richard Nixon, der 1974 mit dem ersten Rücktritt eines Präsidenten in der US-Geschichte endete, ging ans Mark der amerikanischen Nation. Kaum war der Vietnamkrieg zu Ende, brach über sie die Watergate-Affäre herein, in der sich das Staatsoberhaupt als machtbesessener Intrigant entpuppte.*

Jeder Tag bringt eine neue Räuberpistole. Nixons Ex-Mitarbeiter Alexander Butterfield teilt en passant Sensationelles mit. Seit Kennedys Zeiten würden alle Gespräche im Amtszimmer des Präsidenten aufgezeichnet. Deans Behauptung kann also überprüft werden. Nun beginnt ein zäher Kampf zwischen Kongreß, Oberstem Gericht und Weißem Haus um die Herausgabe der Tonbänder. Nixon spielt alle Macht des Präsidenten aus. Er feuert den Sonderankläger, den Generalstaatsanwalt und andere. Aber es hilft ihm nicht. Er muß auf Beschluß des Obersten Gerichts alle Bänder herausrücken. Als auch noch das Abgeordnetenhaus Schritte zur Absetzung des Präsidenten einleitet, gibt Nixon auf. Er tritt am 9. August 1974 ab.

Die Abschiedsszene gerät zur Groteske. Bevor er in den Hubschrauber auf dem Südrasen des Weißen Hauses einsteigt, fuchtelt der geschlagene Mann mit verzerrtem Gesicht und ekstatischen Armbewegungen der peinlich berührten Nation sein sattsam bekanntes Siegeszeichen zu.

Die Tonbänder bestätigen die Anschuldigungen. Entsetzt stellen die Bürger fest, daß im Weißen Haus nach Mafia-Art geredet und gehandelt wurde. Watergate war kein Einzelfall. Der krankhaft argwöhnische Nixon hatte ein Netzwerk interner Spionage aufgebaut. Einbrechen, Abhören und politische Sabotage waren gang und gäbe. Alle Welt ist erleichtert, daß er weg ist. Nur die Sowjets – offensichtlich vertraut mit solchen Methoden – vermissen Nixon als Partner und sprechen von einer Verschwörung zum Nachteil der Ost-West-Beziehungen.

So bitter die Erfahrungen sind, sie beweisen auch die Stärke der amerikanischen Demokratie. Das von den Gründungsvätern in Philadelphia ausgeklügelte System des Gewaltenausgleichs (Checks and balances) funktioniert. Der Präsident hat zwar im Laufe der Zeit mehr Macht gewonnen, als von der Verfassung vorgesehen, aber er kann sich der Kontrolle durch Kongreß und Oberstes Gericht nicht entziehen.

Als vierte Gewalt im Bunde bewährt sich die Presse. Carl Bernstein und Bob Woodward, die Watergate-Reporter der »Washington Post«, lassen nicht locker, als alles noch undurchdringlich erscheint. Obwohl ihre ersten Berichte unglaublich klingen, macht ihre Zeitung nicht schlapp – weder vor den Drohungen des Weißen Hauses noch vor der negativen Reaktion der Leser, die anfangs die Watergate-Stories für unbotmäßige Schnüffeleien halten.

Am Ende des schmerzlichen, aber reinigenden Prozesses hat die Gesellschaft gewonnen; ganz im Sinne Thomas Jeffersons. Der Verfasser der Unabhängigkeitserklärung hatte die Bedeutung der unabhängigen Presse für eine freie demokratische Gesellschaft mit den Worten beschrieben: »Wenn ich die Wahl hätte zwischen einer Regierung ohne Zeitungen oder Zeitungen ohne Regierung, würde ich das zweite wählen.« Ein überspitztes Bonmot, aber es trifft den Kern der USA! Darum schwört auch ein kritischer Mann wie Arthur Miller auf die amerikanische Demokratie.

Die Machtbalance im Kräftefeld Weißes Haus, Capitol Hill, Oberstes Gericht und Presse hat den Vereinigten Staaten auch nach 200 Jahren stabile Verhältnisse gesichert, obwohl die USA wegen ihrer wirtschaftlichen, sozialen, kulturellen und ethnischen Unterschiede und Gegensätze eigentlich ständig explodieren müßten.

Das Scheitern des tugendhaften Präsidenten Carter

Wonach sich die Nation nach Nixon sehnt, sind Ehrlichkeit und alte Größe. Gerald Ford, der neue Präsident, kann da nur eine Übergangsrolle spielen. Dem biederen Mann haftet bei aller Integrität das Stigma der Skandal-Administration seines Vorgängers an, dem er als Stellvertreter gedient hat. So macht denn ein aufrichtiger Provinzpolitiker seinen Weg. James Earl Carter, Erdnußfarmer aus Georgia und später Gouverneur seines Staates, verspricht nie zu lügen. Das gibt den Ausschlag für seinen Wahlsieg über Ford.

Unglücklicherweise bringt Carter keine besonders qualifizierte Mannschaft ins Weiße Haus. Überdies neigt er dazu, sich um alles selbst zu kümmern. Er kennt die kleinsten Details, verliert aber darüber die große Linie. Völlig überarbeitet, fehlt ihm am Ende die Kraft zu harten Entscheidungen.

Dennoch: Carter erzielt außenpolitische Erfolge, die sich sehen lassen können. Mit Panama bringt er ein nicht einfaches Abkommen über die Zurückgabe des Panama-Kanals am letzten Tag dieses Jahrhunderts zustande. Er klärt Washingtons Verhältnis zur Volksrepublik China und zu Taiwan. Sein größtes Werk ist das Friedensabkommen zwischen den Erzfeinden Ägypten und Israel. Mit Moskau handelt er SALT II aus, den zweiten Vertrag über die Begrenzung der Strategischen Rüstung.

Doch Carter hat keine Fortune. Er bringt SALT II nicht durch den Kongreß. Den Präsidenten läßt das schwach erscheinen, wie auch der sowjetische Einmarsch in Afghanistan, den Moskau angeblich nur wegen Washingtons weicher Haltung riskierte. Die vom Iran ausgelöste Ölkrise trifft Amerikas Wirtschaft und auch das Weiße Haus. Den Rest besorgt die Geiselnahme amerikanischer Diplomaten in Teheran für 444 Tage.

Glanz und Gloria: Ronald Reagan

Die Supermacht fühlt sich zutiefst gedemütigt. Ihr Ansehen als Führerin der westlichen Welt geht verloren. Präsident Carter spricht selbst von einer Malaise. Ein ehrliches, aber politisch unkluges Bekenntnis! Amerika hat von seinem tugendhaften, aber erfolglosen Präsidenten genug. Die Zeit ist reif für einen Politiker, der Stärke, Selbstbewußtsein und Erfolg sowie Glanz und Gloria verspricht. Dies alles tut Ronald Wilson Reagan. Er wird mit überwältigender Mehrheit zum 40. Präsidenten der Vereinigten Staaten von Amerika gewählt.

Einerseits Ideologe, andererseits Pragmatiker, verkörpert Ronald Reagan Amerikas Erfolgsmischung. Was noch mehr zählt: er hat Fortune. Der Tag des Machtwechsels ist dafür symbolisch.

Verbittert beobachtet der vom Iran gedemütigte Jimmy Carter, wie sein Nachfolger vom Obersten Richter Warren E. Burger auf der Westseite des Kapitols eingeschworen wird. Während die Bilder der Zeremonie über die Fernsehschirme laufen, verkünden die Kommentatoren, daß Teheran in diesem Augenblick die amerikanischen Geiseln freigibt. Dafür überläßt Washington den Ayatollahs einen großen Teil des Iran-Vermögens, das während der Schahzeit in den USA angelegt wurde.

Jimmy Carter hat diesen Deal mit Hilfe von Algerien ausgehandelt. Aber die rachsüchtigen Ayatollahs wollen ihn um die Früchte seiner Bemühungen bringen und lassen die Geiseln erst nach dem Machtwechsel in Washington aus Teheran abfliegen.

Als die freigelassenen Diplomaten in die USA zurückkehren, erklärt Ronald Reagan mit klirrender Stimme: »In Zukunft werden wir gegen feige Geiselnehmer sofort und wirkungsvoll zurückschlagen.« Die Nation hört es gerne. Jahre später zeigt sich Reagan dem gleichen Problem noch weniger gewachsen als sein Vorgänger und gerät darüber in die schwerste Krise seiner Amtszeit.

◁ △ *Bei seinem Deutschlandbesuch 1978 wurde Präsident Carter herzlich empfangen. In den USA aber sollte seine Popularität bald den Tiefpunkt erreichen. Dazu trug wesentlich der Sturz des Schah-Regimes und die Geiselnahme amerikanischer Diplomaten im Iran bei. Revolutionsführer Khomeini erreichte zwar nicht die Auslieferung des in die USA geflohenen Schahs; doch erstmals hatte sich die moslemische Welt gegen die kapitalistische Supermacht erhoben und sie auch noch kräftig zur Kasse gebeten.*

Eine Wirtschaftsblüte auf Pump

Die amerikanische Geschichte verläuft in Zyklen. Dynamische Perioden wechseln mit Phasen der Erschöpfung, Erholung und Neuorientierung ab. Auf die bewegten Kriegs- und Nachkriegsjahre folgt eine Dekade der Beruhigung. Die turbulenten sechziger Jahre gehen über in eine Zeit der Selbstbesinnung.

Nun herrscht wieder Aufbruchstimmung, etikettiert als Reagan-Revolution. Der neue Präsident bringt eine selbst- und machtbewußte Mannschaft mit, die das bürokratische, selbstgefällige Washington auf Vordermann bringen will. Weniger Staat, mehr Eigeninitiative ist ihre Devise. Sie ziehen einen Schlußstrich unter Programme à la »New Deal« und »Great Society«. Staatliche Hilfen für Bedürftige werden gekürzt, Unternehmen hingegen mit Steuererleichterungen belohnt. Wenn oben genug verdient wird – so die Kalkulation –, sickert der Segen auch nach unten. »Trickle down« heißt diese Theorie. Andere nennen es Darwinismus oder Auslese der Starken gegenüber den Schwachen.

Reagans Versprechen scheint sich zu erfüllen: Wachstum ohne Grenzen, Fortschritt ohne Schmerzen. »Es ist wieder Morgen in Amerika.« Mit diesem Slogan gewinnt er die Wahlen 1984. Doch dunkle Wolken ziehen auf. »Reagonomics«, wie der Laissez-faire-Kapitalismus des Präsidenten genannt wird, hat eine Wirtschaftsblüte auf Pump erzeugt.

Als Ronald Reagan ins Weiße Haus einzog, waren die USA der größte Gläubiger der Welt. Nun sind sie der größte Schuldner. Das Haushaltsdefizit steigt von Jahr zu Jahr. Unter Reagan verdreifachen sich die nationalen Schulden auf gigantische 2,3 Billionen Dollar. Damit hinterläßt er seinem Nachfolger eine schwere Bürde.

Nervöse Finanziers und ausländische Gläubiger drohen die Zinsen hochzujagen und dadurch eine Rezession auszulösen. Vor allem fehlen aber Mittel für Sozialprogramme. Reagans »Trickle-down«-Theorie funktioniert nicht.

Die Zahl der Armen ist in seiner Amtszeit gewachsen. 33 Millionen Amerikaner leben unter dem Existenzminimum (die Grenze liegt bei 11 000 Dollar Jahreseinkommen für eine vierköpfige Familie). Zwanzig Prozent der Kinder wachsen in Armut auf. Die Familien in den Elendsgettos gehen zugrunde. Immer mehr Teenager werden Mütter. Ihre Kinder wachsen in einem Milieu von Gewalt, Drogen und Prostitution heran. Sie sind verloren, bevor sie als Erwachsene eine faire Chance suchen können.

Doch Ronald Reagan versteht es, dunkle Ahnungen zu verdrängen und gute Stimmung zu schaffen. Er besitzt die ungewöhnliche Gabe, gewöhnliche Menschen anzusprechen, die Vergangenheit zu feiern und eine lichte Zukunft zu verheißen. Er verschafft dem Präsidentenamt, das unter Vietnam, Watergate und Geiselkrise gelitten hat, wieder großes Ansehen. Während seine Vorgänger die Last der Aufgaben und Verantwortung am Ende kaum noch tragen konnten, genießt Reagan die größte Rolle seines Lebens. Souverän agiert er als mächtigster Mann der Welt.

Nach Woodrow Wilson, Franklin D. Roosevelt und Dwight D. Eisenhower ist er in diesem Jahrhundert erst der vierte amerikanische Präsident, der zwei volle Amtsperioden absolviert. Er wird bei einem Attentat schwer verletzt. Später muß er erst eine Krebs-, danach eine Prostata-Operation über sich ergehen lassen. Jedesmal kehrt er ohne lange Erholungspause ins Weiße Haus zurück. Dennoch scheint ihm »der schwerste Job der Menschheit« nichts auszumachen.

Tauziehen zwischen Weißem Haus und Capitol Hill

Mit den neuen Medien ändert sich auch die Amtsführung des Präsidenten. Politik zu verkaufen wird genauso wichtig, wie sie zu entwickeln. Ronald Reagan praktiziert das meisterhaft. Über Rundfunk und Fernsehen wendet er sich direkt an die Bürger, trägt seine Absichten vor und schwärzt den Kongreß als Hemmschuh und Geldverschwender an. Es funktioniert häufig wie gewünscht. Die Volksvertreter geraten unter den Druck der von Reagan eingenommenen Wähler. So stimmen oft auch oppositionelle Demokraten für den populären Präsidenten.

Anders als in Europa unterwerfen sich die amerikanischen Senatoren und Abgeordneten nicht der Parteidisziplin. Sie votieren nach ihrem Gewissen, den Interessen ihres Wahlkreises und nach eigenem Vorteil, ehe sie ihrer Fraktionsführung folgen. Das sorgt für überraschende Ausgänge parlamentarischer Debatten. Der Präsident kann Stimmen aus dem gegnerischen Lager gewinnen, aber gleichzeitig auch Widerspruch aus den eigenen Reihen erfahren. Diese Ungebundenheit schafft Vertrauen und trägt wesentlich zu den stabilen politischen Verhältnissen in den USA bei.

Zwischen Weißem Haus und Capitol Hill findet ein ständiges Tauziehen statt. Der Kongreß hat die Macht über die Kasse, spricht das letzte Wort bei Ernennungen von Spitzenbeamten, ratifiziert Verträge und entscheidet über Kriegserklärungen.

Doch auch damit läßt sich Ronald Reagan am Anfang nicht stoppen; erst später revanchiert sich der Kongreß. So fallen im Namen des Präsidenten Entscheidungen, die seinem Willen zuwiderlaufen oder seiner erklärten Politik widersprechen: Zu Ehren des ermordeten Schwarzen-Führers Martin Luther King wird ein Nationalfeiertag eingeführt, gegen das Apartheid-Regime in Südafrika werden Sanktionen verhängt, und der Abgang des philippinischen Herrschers Marcos wird beschleunigt.

Im Vergleich zu seinem verspotteten Vorgänger Carter ist Reagans außenpoli-

▷ *Für drei Tage gingen die Uhren des Kremlchefs und des US-Präsidenten gleich: Am 8. Dezember 1987 unterzeichneten Gorbatschow und Reagan den Vertrag über die Abschaffung der Mittelstreckenraketen. Hoffnung oder Illusion – was wird von dem Washingtoner Gipfel bleiben?*

◁ *Arbeitslosigkeit, Drogen und Kriminalität haben Harlems menschliches Gesicht entstellt. Das Farbigenviertel New Yorks gleicht einer Trümmerstadt, während anderswo neue Wolkenkratzer aus dem Boden schießen. Reagans Politik der Stärke hat die Gegensätze zwischen arm und reich verschärft.*

tische Bilanz mager. Eine Nahost-Initiative wird aufgegeben, die Zentralamerika-Politik bleibt stecken und der Flottenaufmarsch im Persischen Golf kann den iranisch-irakischen Krieg nicht beenden.

Dafür gibt es einen unerwarteten Erfolg in der Sicherheitspolitik. Am 7. Dezember 1987 begrüßt Ronald Reagan im Weißen Haus mit Michail Gorbatschow den Führer des Landes, das er während seiner Amtszeit als »Reich des Bösen« bezeichnet hatte. Am nächsten Tag unterzeichnen beide ein Abkommen zur Beseitigung aller amerikanischen und sowjetischen Atomraketen mittlerer Reichweite. Zum ersten Mal schaffen es die beiden Supermächte, eine ganze Waffenklasse wegzuverhandeln. Das gesamte Atomarsenal ist dadurch allerdings nur um drei Prozent kleiner geworden.

Immerhin: Der nächste Präsident hat eine Plattform, von der aus er die Abrüstung weiterbetreiben könnte. Er findet allerdings auch ein Erbe vor, das diesen Prozeß zum Stillstand bringen kann: Reagans Strategische Verteidigungsinitiative (SDI). Als der Präsident mit dieser Idee im März 1983 herauskam, war das Echo einhellig negativ.

Es gilt zwar weiterhin als ausgeschlossen, die von Ronald Reagan propagierte lückenlose Raketenabwehr im Weltall aufzubauen, dennoch läuft inzwischen eine umfangreiche Forschungs- und Entwicklungstätigkeit. Die Industrie sieht lukrative Aufträge vor sich. Selbst wenn dabei nichts für die Raketenabwehr herauskommt, versprechen die »Spinoffs«, die Abfallprodukte von Forschung und Entwicklung, Gewinn in der zivilen Wirtschaft. Der Geist ist nicht mehr in die Flasche zurückzuwingen. Das Problem ist nur, daß die Initiative offensichtlich gegen Buchstaben und Geist des amerikanisch-sowjetischen Anti-Raketen-Vertrages (ABM) von 1972 verstößt. Die beiden beteiligten Seiten können sich nicht darauf einigen, was das Abkommen verbietet und was nicht.

Die Amerikaner sind auf diesem Feld den Sowjets technologisch weit voraus. Paradoxerweise sind sie aber in der zivilen Erforschung des Weltalls ins Hintertreffen geraten. Am 28. Januar 1986 erleben die USA den dunkelsten Tag der Reagan-Ära. Vor Millionen Fernsehzuschauern explodiert die Weltraumfähre »Challenger« kurz nach dem Start in Kap Canaveral, dem amerikanischen Weltraumstützpunkt. Die siebenköpfige Besatzung, darunter zwei Frauen, ist sofort tot.

Das Programm der amerikanischen bemannten Raumfahrt erleidet einen schweren Rückschlag. Der Mythos von der Unfehlbarkeit der Weltraumbehörde NASA ist zerstört. Eine Untersuchungskommission fördert schwerwiegende Fehler zutage. Auch die unbemannte Raumfahrt wird von Mißgeschicken verfolgt. In der Zwischenzeit ziehen die Sowjets davon und bieten amerikanischen Firmen rote Raketen zum Transport kapitalistischer Satelliten an. Für Reagans USA eine unerträgliche Demütigung.

Der Präsident scheint plötzlich vom Glück verlassen. In Beirut werden Amerikaner von rivalisierenden arabischen Gruppen gekidnappt und als Geiseln festgehalten. Trotz Drohungen, trotz diplomatischer Bemühungen schafft Washington ihre Freilassung nicht. Das Versprechen, das Reagan bei der Rückkehr der Iran-Geiseln gegeben hat, läßt sich nicht einlösen. Während er andere Staaten auffordert, nie gegenüber Terroristen nachzugeben, geht er ausgerechnet mit dem Iran des verhaßten Ayatollah Khomeini einen Handel von Waffen gegen Geiseln ein.

Die Sache kommt durch den Bericht einer obskuren Zeitung in Beirut heraus. Die amerikanische Bevölkerung ist schockiert. Stück für Stück wird durch monatelange Untersuchungen aufgedeckt, daß engste Mitarbeiter des Präsidenten eine ungenierte Piratenpolitik betrieben hatten. Sie hatten nicht nur den Iran illegal mit Waffen beliefert, sondern die Gewinne an die Contras in Nicaragua weitergeleitet. Wie das bei Mafia-Methoden dieser Art ist, verschwand der größte Teil des Geldes auf dem Wege zu den Rechtsrebellen in den Taschen von Waffendealern.

Für Reagans Reputation ist die Affäre ein schwerer Schlag. Seine Glaubwürdigkeit ist dahin. Die Mehrheit der Amerikaner merkt, daß die Jahre des schönen Scheins vorüber sind. Ronald Reagan hat seine Schuldigkeit getan. Nach der langen Zeit der schweren inneren Auseinandersetzungen über Bürgerrechte, Vietnamkrieg und Watergate-Affäre, nach der Demütigung durch die Geiselnahme im Iran hat er der Nation Selbstvertrauen und Glauben an das eigene Land wiedergegeben. Aber nun muß dafür die Zeche gezahlt werden.

Acht Jahre war George Herbert Walker Bush unauffälliger Stellvertreter von Ronald Reagan. Dann schafft er, was nur wenige fertiggebracht haben. Seit Martin van Buren – 152 Jahre vor ihm – ist er der erste Vizepräsident der USA, der durch Wahlen zur Nummer eins seines Staates aufsteigt. Obwohl Bush die Ära der republikanischen Präsidentschaften fortsetzt, beginnt mit ihm eine andere Zeit. Mit Reagan und seiner Kalifornien-Clique zog Westküsten-Mentalität ins Weiße Haus ein. Sein Nachfolger bringt das Ostküsten-Establishment zurück: Harvard, Yale, Princeton. Nach dem Laissez-faire seines Vorgängers gibt sich Bush als Hands-on-president – als

zupackender, sachkundiger Präsident. Aufgedonnerter Reichtum ist nicht mehr in; Sachlichkeit ist der Stil der Zeit, den Verhältnissen entsprechend. Reagans hemmungslose Wachstumspolitik beginnt ihren Preis zu kosten. Eine allgemeine Rezession zeichnet sich ab. Die Jahre der Extravaganz – auch der politischen – sind vorüber. Den Spar- und Darlehenskassen droht der totale Zusammenbruch mit einem Verlust von 500 Milliarden Dollar. Für die Wirtschaft wäre das der Ruin. Der Präsidentensohn ist an dem unrühmlichen Mißmanagement beteiligt. Doch George Bush hat das Glück des Mächtigen.

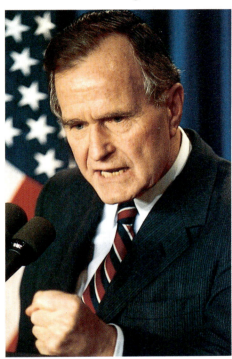

◁ Für das Militär ist den Amerikanern nichts zu teuer. Die traditionsbewußte Selbstdarstellung der US-Streitkräfte bei Aufmärschen und Paraden, in denen sich der naive Patriotismus der Nation widerspiegelt, gilt heute einem hochtechnisierten Heer.

△ Als George Bush im Januar 1989 von Ronald Reagan das Präsidentenamt übernahm, hatte er ein schweres Erbe anzutreten. Der Golfkrieg ließ seine Popularitätskurve steil nach oben steigen.

Ein kühler Rechner: George Bush

In der Global-Politik läuft alles zu seinen Gunsten. Zwar müssen die USA militärische Stützpunkte in Europa und Asien aus Kostengründen räumen, aber ihre Stellung als Supermacht Nummer eins ist stärker denn je, weil die jahrzehntelange Rivale Sowjetunion an ihrer Reformpolitik Perestroika vollkommen bankrott geht. Durch den Niedergang Moskaus eröffnet sich der Bush-Administration die Möglichkeit, in chronischen Krisengebieten wie Mittelamerika und Nahost nach amerikanischen Vorstellungen vorzugehen, ohne dadurch gefährliche Ost-West-Konflikte hervorzurufen.

Exempel Nummer eins wird 1989 in Panama statuiert, wo der Diktator und Drogen-Dealer Noriega mit Militärgewalt ausgehoben wird. Daß wegen der Festnahme eines einzigen Mannes einige hundert Zivilisten im Bombenhagel umkommen, geht unter, weil die Weltöffentlichkeit gebannt auf die gleichzeitige Selbstbefreiung der Völker in Ost- und Mitteleuropa schaut.

Bush erweist sich als kühler Rechner. Aus Sorge vor einem Weltbrand widersteht er den vehementen Forderungen einflußreicher Politiker und Publizisten der USA, durch massive Unterstützung des Baltikums und anderer nach Unabhängigkeit strebender Sowjetrepubliken den Zusammenbruch der UdSSR zu beschleunigen.

Der Krieg um Kuwait

Als sich daraufhin im eigenen Land die alten Schmähungen, er sei ein Wimp – eine Memme –, wieder mehren, statuiert Bush sein zweites Exempel. Auf die brutale Besetzung des Ölscheichtums Kuwait am 2. August 1990 durch den Irak unter seinem Diktator Saddam Hussein antwortet er mit einem gigantischen Truppenaufmarsch. Dank einer diplomatischen Meisterleistung besorgt er sich von der UNO – unterstützt sogar von der Sowjetunion, von China und einigen arabischen Staaten – die Legitimation, Irak notfalls mit Gewalt zum Rückzug zu zwingen. Mit 540000 eigenen Soldaten und einer gewaltigen Flugzeugarmada an der Spitze alliierter Streitkräfte aus arabischen und europäischen Staaten eröffnet George Bush am 16. Januar 1991 den Krieg gegen den Irak als Kreuzzug gegen den Diktator Saddam Hussein. Dafür wird das Land zwischen Euphrat und Tigris – so ein UNO-Bericht – in das »vorindustrielle Zeitalter« zurückgebombt. Nach sechs Wochen gibt Saddam Hussein auf.

Kuwait ist zwar wieder frei, wird aber auf Jahre in Flammen brennender Ölquellen stehen. Die amerikanischen Verluste sind gering, auf irakischer Seite starben hingegen weit über 100000 Soldaten und Zivilisten. Das Leiden geht weiter, denn das Land verblutet anschließend im Bürgerkrieg. Weite Teile des Persischen Golfes drohen unter einem dicken Ölteppich zu ersticken. Ein zu allem fähiger Diktator ist ausgeschaltet, aber es will kein Frieden in die leidgeprüfte Region einkehren, insbesondere nicht zwischen Arabern und Israelis. Doch Bush glaubt, ein Beispiel für die Schaffung seiner New World Order gesetzt zu haben; einer Welt voller Demokratie und Gerechtigkeit, befreit von Aggression und Subversion. Die Verheißung stößt jedoch auf Skepsis. Der Argwohn wächst, die USA könnten sich zum Globo-Cop, zum Weltpolizisten aufschwingen.

Das Weiße Haus weist derartige Verdächtigungen zurück. »Wir haben Europa gerettet, den Mond erobert und werden auch im 21. Jahrhundert die beste und letzte Hoffnung der Menschheit sein!« Mit dieser Erklärung setzt George Bush Trumans Nachkriegspolitik fort, die Verantwortung der USA für die ganze Welt zu demonstrieren. Danach wird das amerikanische Jahrhundert bis ins nächste Jahrtausend andauern.

Gabriele von Arnim

Patrioten in Gottes eigenem Land

Kultur und Gesellschaft der Vereinigten Staaten

Amerika und die Amerikaner

Wir sehen ihre Filme und ihre Fernsehserien. Wir tragen ihre Jeans und Sweatshirts. Wir joggen ihnen nach, hören ihren Jazz, essen ihre Big Macs und trinken ihre Coke. Wir sind Kinder ihrer Kultur, Zöglinge ihres gesellschaftspolitischen Systems und ahnen doch nur, was das sein könnte: Amerika und die Amerikaner. Sie scheinen uns fatal vertraut, solange wir uns mit importierten Klischees begnügen. Bereisen wir jedoch den weiten Kontinent und lernen Amerikaner als Menschen kennen, wird unser Bild zum Puzzle, dessen Steinchen sich einfach nicht mehr zum Ganzen zusammenfügen wollen.

»Die« Amerikaner, eine so anmaßende Abstrahierung geht nur dem leicht von der Zunge, der weit weg vom Schauplatz des Geschehens besser als alle anderen zu wissen glaubt, was »da drüben« los ist.

Da hören wir dann, wie ungebildet, naiv, jovial und oberflächlich »die« Amerikaner daherkommen: Freundschaft sei für sie ein Spiel, kein Austausch der Seelen, Geld wichtiger als Gemüt, Kultur nur dazu da, um gekauft zu werden.

Manche Deutschen, die meinen, die Bildung im Blut zu haben, und sich benehmen, als habe Goethe sie persönlich auf den Knien gewiegt, sind vollkommen verblüfft, wenn sie feststellen müssen, daß ihr amerikanisches Gegenüber Hölderlin besser kennt als sie selbst.

Stein für Stein – Kulturimport auf amerikanisch

Die vielzitierte »Junge Nation«, die immerhin im Jahre 1987 den 200. Geburtstag ihrer Verfassung feiern konnte, hat sicherlich keine Tradition im europäischen Sinn – aber was haben wir schon im Vergleich etwa zu den Chinesen? Selbstverständlich brechen amerikanische Touristen auf einer Rheinfahrt beim Anblick der Burgen in Bewunderungsschreie aus.

Ja, sie haben Komplexe, neiden uns unsere Kultur, setzen Europa mit Zivilisation gleich, hätten liebend gern nicht nur einen Rauschenberg, sondern auch einen Rembrandt, nicht nur Wolkenkratzer, sondern auch Palazzi, Burgen und Kathedralen.

Aber in Oregon steht nun mal kein Kölner Dom und in Kalifornien keine Wieskirche. Da beschlossen sie eben, sich zu holen, was sie nicht haben. Die Unbefangenheit, mit der Amerikaner darangegangen sind, sich Europa ins Land zu schaffen, ist unnachahmbar.

Eines der schönsten und extravagantesten Beispiele ist nach wie vor der Bau der »Cloisters« in New York. In den dreißiger Jahren kaufte John D. Rockefeller vier verfallende europäische Klöster, schiffte sie Stein für Stein über den Atlantik, um aus ihnen, inmitten grüner Hügel im Norden Manhattans, The Cloisters errichten zu lassen. Es wurde ein zauberhaftes, eigenwilliges Bauwerk, das heute als Zweigstelle des Metropolitan Museums ein beliebter Ausflugsort für stadtmüde New Yorker ist.

Manche Europäer empören sich angesichts solcher Annexionen. Aber warum eigentlich? Es ist sicher richtig, daß enthusiastische Konsumenten fremder Kulturen nicht über Nacht zu kultivierten Bildungsbürgern werden, aber sind Amerikaner, die mit Spaß und Neugier ihrem Nachholbedarf frönen, etwa unkultiviert?

In den Vereinigten Staaten gibt es etwa 1500 Orchester, 850 Opernhäuser, 750 Theater und 200 Tanzgruppen. Selbst in der Provinz findet man von prominenten Architekten erbaute und gut bestückte Museen. Manche Universitäten besitzen Bibliotheken, von denen wir nur träumen können. Und keine der großen kulturellen Institutionen wird wie bei uns subventioniert. Zuschüsse vergibt die staatliche National Endowment for the Arts, die allerdings immer stärker unter die Fuchtel der politischen Moralwächter gerät. Zum Glück fließen aber jedes Jahr viele Millionen Dollar auch aus privaten Schatullen in das öffentliche Kulturleben.

Natürlich werden Sponsoren dafür von der Steuer und von den Stars belohnt: Sie können Spenden absetzen und auf »Fund raising dinners« mit Barischnikow Lammbraten essen. In den Aufsichtsräten der Museen sitzen kaum Kunsthistoriker, sondern Männer und Frauen mit Glamour und Geld und den nötigen Beziehungen zur Finanzwelt.

Das kulturelle Selbstbewußtsein festigt sich

Die Zeiten, in denen die »Junge Nation« ehrfurchtsvoll und zielstrebig allein darauf aus war, die Kultur der Alten Welt aufzukaufen, sind längst vorbei. Es gibt eine eigene amerikanische Kultur, auf die man stolz ist. Die Ablösung der Künstler von den europäischen Vorbildern begann Anfang dieses Jahrhunderts. Der New Yorker Maler Guy Pène du Bois bemerkte dazu: »Wir haben unser koloniales Verhalten, europäische Produkte zu lieben und unseren eigenen vorzuziehen, bis zum Grad lächerlicher Absurdität betrieben.«

Der Abnabelung folgte ein Chauvinismus, der die amerikanische Kunstszene über Jahrzehnte bestimmen sollte. Es wurde Mode, »amerikanisch« zu malen, man widmete sich den Sujets des eigenen Landes, schloß sich zu Gruppen mit Namen wie »Ash Can School« oder »American Scene« zusammen, porträtierte das bodenständige Amerika, »das ganze schwitzende und elende Leben der amerikanischen Kleinstadt und die traurige Verlassenheit der Vorortlandschaft«, wie es der Maler Charles Burchfield beschrieb. Man malte das desolate Lebensgefühl der Depressionsjahre. Als nach dem Zweiten Weltkrieg mit Jackson Pollock und Willem de Kooning die abstrakten Expressionisten und später mit Roy Lichtenstein, Andy Warhol, Claes Oldenburg oder James Rosenquist die Pop-Maler weltweit Furore machten, da war es plötzlich Amerika, das den Ton angab und als Inbegriff der künstlerischen Avantgarde galt. Nun fuhren die Europäer nach Amerika, um Kunst zu kaufen.

Noch in den siebziger Jahren hatten zeitgenössische europäische Künstler kaum eine Chance, in den Vereinigten Staaten ausgestellt zu werden. Erst als sich das eigene kulturelle Selbstbewußtsein dort gefestigt hatte, durften auch Europäer zeigen, was sie denn in der Zwischenzeit geleistet hatten. Heute feiert man dort Anselm Kiefer wie hier Julian Schnabel, kauft man drüben Georg Baselitz wie bei uns Keith Haring.

Das Zentrum der Avantgarde ist – mit seinen über 400 Galerien – nach wie vor New York, in das amerikanische wie europäische

Künstler pilgern, um den Puls der Kunst zu spüren und den eigenen Marktwert zu testen. Denn dort ist in den letzten Jahren ein Kunstfieber ausgebrochen, das die Kunst längst aus hehren Höhen in die Niederungen des Kommerzes geholt hat. Händler und Sammler machen aus der Kunst ein Geschäft, bei dem mit Bildern wie mit Aktien spekuliert wird.

Auch Liebhabereien müssen sich lohnen. Da werden Preise in Höhen getrieben, die selbst von Museen – einstmals wichtige »Mäzene« der Maler – nicht mehr gezahlt werden können. Denn deren Budgets – weitgehend aus privaten Spenden finanziert – können mit dem Boom an der Kunstbörse nicht mithalten. Und so greifen Kustoden zu ganz unmusealen Mitteln: Sie beteiligen sich am Handel, indem sie aus ihrem Fundus verkaufen. Nur ein Museum hat das nicht nötig. Im Gegenteil, dort weiß man gar nicht, wohin mit den Zinsen aus dem gewaltigen Stiftungsvermögen. Mindestens 60 Millionen Dollar im Jahr stehen dem Getty-Museum in Kalifornien zum Ankauf von Kunst zur Verfügung, während beispielsweise die National Gallery in Washington für Neuerwerbungen jährlich nur etwa sieben Millionen investieren kann.

Erst kommt das Geld, dann die Kultur – so hielten es die großen Industriellen wie Paul Getty oder früher Henry Clay Frick, ein Stahlbaron, der 1913 ein Louis-seize-Schlößchen an der Fifth Avenue in New York errichten ließ, um seinen Bouchers, Gainsboroughs und van Dycks nebst vielen anderen einen würdigen Rahmen zu geben. Und so halten es auch die Städte. Chicago hat nicht nur sehenswerte Museen, sondern veranstaltet auch eine Kunstmesse à la Basel oder Köln, um seinen Ruf als Kunststadt zu festigen. Mit Ehrgeiz und viel Geld ist Los Angeles dabei, New York Konkurrenz zu machen. Das Los Angeles County Museum wurde erheblich vergrößert, und das neuerbaute Museum of Contemporary Art (»Moca« in Anlehnung an »Moma«, das Museum of Modern Art in New York) buhlt um Nachlässe, Schenkungen und Spenden, um mit dem arroganten Rivalen an der Ostküste gleichziehen zu können. Inzwischen kündigt gar Dallas an, bis zum Jahr 2000 ein international renommiertes Kunstzentrum werden zu wollen.

Als Renommiergehabe reicher Emporkömmlinge sind solche Anstrengungen wohl kaum abzutun. Und ist der Hunger nach Kultur etwa unkultivierter als der Hochmut, mit dem wir behaglich im Lehnstuhl unseres kulturellen Erbes schlummern?

◁ *Meditation mitten im Großstadtgetümmel. Das Pflaster New Yorks ist eine Bühne für Propheten, Paradiesvögel und Selbstdarsteller, wie man sie sonst kaum irgendwo auf der Welt findet.*

△ *Polnischer Metzgerladen in New York. Bei den »Hausmacher Würsten« verläßt man sich auf europäisches Know-how oder auf Importe. Własny Wyróbs Laden bietet beides.*

◁ *Sie lernen schnell: Die Einwanderer aus den asiatischen Ländern sind die neuen »Wunderkinder der Nation« – eine Minderheit, die sich mit Fleiß, Ausdauer und Anpassungsfähigkeit in der neuen Heimat durchzusetzen weiß.*

Die Zukunft gehört den Ungeduldigen

»Tired societies«, müde Gesellschaften, nennen uns die unermüdlich Vorwärtsstrebenden, von denen der scharfsinnige italienische Journalist und Schriftsteller Luigi Barzini einmal schrieb: »Was die Europäer wirklich erschreckt..., ist die Ungeduld Amerikas. Die Vereinigten Staaten können... als ein Land gesehen werden, das sich stets von einem schäbigen Heute... auf ein strahlendes Morgen zubewegt. Man hat sie mit einem Radfahrer verglichen, der fällt, wenn er nicht mehr in die Pedale tritt und sich vorwärtsbewegt.«

»Good old Europe«, sagen die Amerikaner, und in die Ehrfurcht mischt sich ein wenig Verachtung. Sie neiden uns die große Vergangenheit, aber die Zukunft gehört ihnen. Sie lieben Überliefertes, aber wenn es ihnen nicht in den Kram paßt, pfeifen sie darauf. Es ist sicher kein Zufall, daß europäische Firmen gern gräfliche oder gar prinzliche Frühstücksdirektoren nach Amerika entsenden. Es ist auch unbestreitbar, daß manche Amerikanerin ganz entzückt ist, wenn europäische Herren sie mit Handkuß begrüßen. Und wer seiner Gastgeberin die Blumen schon vor dem Dinner ins Haus schickt, hat eben Stil – europäischen Stil.

Diese Bewunderung ist jedoch längst nicht immer zum Maßstab eigenen Verhaltens. Nimmt man zum Beispiel sein Dinner in einem eleganten Restaurant ein, kann man womöglich beobachten, wie ein offensichtlich wohlsituiertes Paar nach eingehender Beratung mit dem Kellner einen teuren Rotwein bestellt und ihn nach dem ersten Probeschlückchen mit Eiswürfeln abkühlt. Typisch amerikanisch würden wir sagen. Aber genauso stimmt: Bei einer blinden Weinprobe französischer und kalifornischer Rotweine mit europäischen und amerikanischen Kennern gewann der kalifornische Wein – auch das ist typisch amerikanisch.

Amerika ist die Heimat von Fast food und Junk food, die pappigen Sandwiches mit dem schlappen Salatblatt sind so typisch wie die unappetitlichen »Franks«, die mit unseren leckeren Würstchen nur noch die Form gemein haben. Wer das Innere des Landes erkundet, läßt seinen Gaumen besser zu Hause: Es gibt riesige weiße Flecken auf der kulinarischen Landkarte der USA.

Andererseits: Könnten Sie sich vorstellen, in einer der sogenannten seriösen deutschen Tageszeitungen genüßlich geschriebene Rezepte zu finden? In den großen amerikanischen Gazetten ist Essen ein wichtiges Thema. Und die berühmten »food critics« spielen im kulturellen Leben eine unübersehbare und respektierte Rolle.

»Amerikanische Verhältnisse«

Keiner, der nach Amerika reist, kommt hier an, ohne irgend etwas mit diesem Land zu verbinden. Bei den einen sind es Care-Pakete und Marshall-Plan, bei den anderen Vietnam und Pershings, bei manchen die Bürgerrechtsbewegung und Martin Luther King, bei wenigen wohl Betty Friedan, die Urmutter der Women's-liberation-Bewegung, und bei den meisten Dallas und Denver, John Wayne und Rita Hayworth, James Dean, Bob Dylan, Michael Jackson, Mickey Rourke oder Mickey Mouse. Sie wissen, daß die Amerikaner zu große Autos bauen, zuviel Energie verbrauchen und ein gewaltiges Handelsdefizit haben, daß in diesem Land Tellerwäscher zu Millionären wurden und Heerscharen von Hungrigen die zahlreichen Suppenküchen bevölkern, daß in dem Land, in dem alle Menschen frei sind, Schwarze in menschenunwürdigen Gettos leben, daß im Land der Gleichheit Diskriminierung gang und gäbe ist. Vielleicht wissen sie sogar, daß im Land der Elite-Universitäten Millionen von Menschen Analphabeten sind,

▽ *Armenviertel am Rande von Chicago; der Einkaufswagen ersetzt den Straßenkreuzer. Aus der Papptonne wird vielleicht einmal ein Einrichtungsstück. Die »naive« Wandbemalung erinnert an schwarze »Wurzelsuche«, und eine spanische Inschrift widmet die Wand den Einwohnern von Chicago – ein Zeichen dafür, daß in dieser Elendsgegend auch »Hispanics« wohnen.*

daß das Fernsehen eine Droge und der Puritanismus verbreitet ist.

In Europa warnt man vor »amerikanischen Verhältnissen«, meint damit Mord und Totschlag, Mafia und Drogen, meint Kinder, die mit 15 Jahren mehr Stunden vor dem Fernsehapparat als in der Schule zugebracht haben, meint Desinformation durch Überinformation, meint Seifenopern, Disney-Kitsch und Hollywood-Quatsch. »Amerikanische Verhältnisse« – das sind auch die hiesigen Absonderlichkeiten, manche närrisch, manche gnadenlos. Da gibt es zum Beispiel Videokassetten, auf denen 30 Minuten lang süße Babys hygienisch strampeln und gurren; wer würde da noch ein echtes Baby haben wollen, das die Hosen voll macht und auch nachts noch plärrt? Und auch das gibt es – leider – im Land der unbegrenzten Möglichkeiten: Zwergenbowling, eine »Sportart«, bei der Kleinwüchsige in Schutzbekleidung – auf ein Skateboard gebunden – als lebende Bowlingkugeln verwendet und auf die Bahn geschickt werden. Inzwischen ist diese Scheußlichkeit allerdings gesetzlich verboten.

Als absonderlich empfinden manche Europäer auch die überbordende Herzlichkeit der Amerikaner. So kann es vorkommen, daß man am Ende des Abends, ohne ein Wort mit der Person gewechselt zu haben, die einen so freundlich begrüßt hatte, von eben derselben mit einem begeisterten »Good bye Hans, it was wonderful to have met you« verabschiedet wird.

So können sie sein, die Amerikaner, mit einer Unempfindlichkeit entgegenkommend, die eher die Nerven als das Herz erzittern läßt. Und doch: Das Grundgefühl, das sich

vermittelt, ist Wohlwollen, und das tut gut. Man darf nur nicht den Fehler machen, unverbindliche Freundlichkeiten als Basis für zukünftige Begegnungen zu betrachten. »Let's have lunch« heißt nicht, daß man je zusammen zu Mittag ißt, sondern eher: »Es hat Spaß gemacht, mit Ihnen zu reden.« Und wenn es eine Maxime im amerikanischen Leben gibt, dann ist es sicherlich »to have fun«, sich zu amüsieren, es sich gutgehen zu lassen, die Demokratie, die Freiheit und das Barbecue zu genießen.

Optimismus heißt das Stichwort, Zukunftsglauben und Lebensfreude – und wo fände

◁ »Betuchte« schwarze Jeunesse dorée, hier »Buppies« genannt – ein Wortspiel aus »Black Yuppies« – in der allerfeinsten Mode; eine verschwindende Minorität in der schwarzen Minderheit.

man diese drei inniger vereint als bei Walt Disney im Magical Kingdom und im Epcot Center. Der Märchengarten und die heimgeschneiderte Welt von morgen im hochtechnisierten Gewand sind der Inbegriff dessen, was die »Dreamers and Doers«, die Träumer und Macher, erwarten und wollen. Neben Szenerien aus Märchen, Abenteuer und Folklore feiern auch General Motors und Exxon ihre Zukunftsorgien. Der Fortschritt erscheint als fröhliche Posse: Die Fahrt beginnt bei den Dinosauriern und führt uns durch Kohlebergwerke und sterbende Wälder in die Idylle sauberer Atomenergie.

»Fun is first« heißt auch hier die Devise. Walt Disneys Philosophie ist kein Geheimnis:»Es gibt schon genug Häßlichkeit und Zynismus in der Welt«, soll er einmal gesagt haben, »ich will nicht auch noch dazu beitragen.« Und so schuf er eine geschrubbte Version – heiter, glatt und fortschrittsgläubig. Je mehr sich im Land der unbegrenzten Möglichkeiten das ungute Gefühl verbreitet, daß die Chancen des einzelnen womöglich doch arg eingeschränkt seien, desto hemmungsloser wird hier von einer Zukunft geträumt, die die heile Welt der Vergangenheit in sich birgt. Man sehnt sich nach dem Gestern, freut sich auf das Morgen und negiert das Heute.

»Geschichte wird von solchen Männern gemacht«, sagte der Sozialwissenschaftler Eric Hoffer, »die ruhelos, anfällig und arglos genug sind, an eine Scheinwelt zu glauben, und die Rücksichtslosigkeit und Selbstgerechtigkeit von Kindern haben. Geschichte wird, kurz, von solchen Männern gemacht, die ihr Herz Spielzeugen verschrieben haben.« Walt Disney, der Erfinder von Mickey Mouse, war wohl so ein Mann, ein echter Amerikaner.

»Disney World« ist eine perfekte Verführungsmaschine. Als Skeptiker kommt man sich deplaziert vor, wenn ein jubelndes Publikum »America the Beautiful« lauthals mitsingt und wild applaudiert, wenn die lebensgroße Marionette Benjamin Franklin der lebensgroßen Marionette Mark Twain erklärt: »Wir hatten die Freiheit, eine Nation von Träumern und Machern zu werden. Doch wir

▷ Hier die »schwarze« Seite. Eine heruntergewohnte Bude, ein zweistöckiges Bett für sechs Kinder, der Fernsehapparat als einziges Wohlstandsrequisit: 36 Prozent aller Schwarzen Amerikas leben unter der Armutsgrenze.

waren nicht nur Träumer, wir waren Visionäre.« Diese Überzeugung macht die Amerikaner stark und das Land mächtig.

Ist Gott ein Amerikaner?

Die Mehrzahl der Amerikaner fühlt sich in der Gemeinsamkeit des Glaubens an die Stärke ihres Landes geborgen. Und Amerika ist nicht stark, weil es reich ist. Amerika ist groß, weil es gut ist. Wer an Gott glaubt, glaubt an die Demokratie. Wer an die Demokratie glaubt, glaubt an Amerika. Präsident Eisenhower hat das amerikanische Glaubensbekenntnis einmal so zusammengefaßt: »Eine Demokratie kann ohne eine religiöse Grundlage nicht bestehen... Ich glaube an die Demokratie.«

Die strikte Trennung von Kirche und Staat könnte Nichtsahnende über die innige Verbindung von Religion und Politik hinwegtäuschen. Präsident Nixon hielt Andachten im Weißen Haus ab. Jimmy Carter, ein wiedergeborener Southern Baptist, predigte und betete sich ins Amt. Ronald Reagan wäre vielleicht ohne die massive Unterstützung der christlichen Rechten, der Fundamentalisten unter der Ägide des Pastors Jerry Falwell, nicht ein zweites Mal Präsident geworden. George Bush hat – natürlich –, bevor er den Befehl gab, den Golfkrieg zu beginnen, göttlichen Beistand erfleht und geistliche Führer um Rat gebeten. Der Kongreß veranstaltet »Nationale Gebetsfrühstücke«. 75 Prozent aller Amerikaner fühlen sich von Gott geliebt, und über 80 Prozent meinen gar, daß Gott einen Plan für sie habe. Ist Amerika denn nicht »God's own country«?

Nur vor diesem Hintergrund ist auch der jauchzende Patriotismus der Amerikaner zu verstehen. Warum sollen sie in Frage stellen, was Gott ihnen anvertraute? Und da man als guter Mensch auch andere an seiner Seligkeit teilhaben lassen möchte, ist jeder aufrechte Patriot zugleich ein überzeugter Missionar.

Henry Kissinger hat einmal von dem »traditionellen Gefühl einer universellen moralischen Sendung« gesprochen. Das haben die Amerikaner, und das macht ihre Außenpolitik oft so unberechenbar.

Das innige Verhältnis zu Gott ist das Erbe ihrer Vorfahren, die als Pioniere in Gottes Namen den Wilden Westen eroberten, das Land rodeten, Amerika in Besitz nahmen. »Wenn ich Gott einmal treffe«, erklärte ein Pfarrer begeistert, »so erwarte ich, ihn als Amerikaner zu treffen.«

Eine solche Überzeugung hilft dem Selbstbewußtsein und treibt – in Verbindung mit der kalvinistischen Knute, die die Gnade jenseitiger Glückseligkeit von diesseitiger Strebsamkeit abhängig macht – zu Höchstleistungen an.

Heutige Priester verwehren sich dieses Privileg auch selbst nicht. Die eloquenten Fernsehprediger scheffeln Millionen mit ihren privaten Fernsehstationen. Leider – für alle Beteiligten – ist einer von ihnen erwischt worden. Der Moralprediger Jim Bakker war nicht nur in einen Sex-Skandal verwickelt, er soll seine Gefolgsleute zudem um 50 Millionen Dollar betrogen haben. Er wurde zu 45 Jahren Gefängnis verurteilt. Manche fürchten nun um ihr Wohlergehen. Doch bisher sprudeln die Quellen noch ziemlich munter weiter. Ein Teil der Gelder geht in die Politik, um konservative Kandidaten zu unterstützen, ein Teil fließt in die privaten Schulen und Universitäten der Fundamentalisten, in denen sie dem Verderb der amerikanischen Jugend durch zensierte Lektüre und ordentliche Moralvorstellungen Einhalt gebieten wollen. »Jugendliche sollen nicht lernen, wie man denkt, sondern was man denkt«, heißt die Maxime der »Moral Majority«, wie sich die rigide moralisierende Bewegung großspurig nennt.

Und einige Dollars bleiben sicher übrig für die Erziehungsseminare der fundamentalistischen Frauen, in denen der Feminismus verleumdet und Sexualität verteufelt wird. Die anständige Frau, so wird es dort unter anderem gelehrt, trägt feste Büstenschalen, um ihre Weiblichkeit zu verbergen. Prüderie und Unterordnung, Zensur und Zucht – das ist das Programm der Fundamentalisten.

Computertechnologie, ist das Sammelbecken der Psychofreaks, die in heißen Bädern unter hypnotischem Nirwana-Gestammel sich selbst zu entdecken suchen. Tocqueville, um den Altvater der Amerika-Analytiker noch einmal heranzuziehen, hätte dieses Nebeneinander gewiß nicht erstaunt: »Ich wäre überrascht, wenn in einem ausschließlich um sein materielles Wohlergehen besorgten Volke die Lehren der Mystik nicht bald Fortschritte machten.« Doch selbst hier bleibt die Mehrzahl der Amerikaner pragmatisch. Es geht ihnen weniger darum, als ätherische Erleuchtete leichtfüßig die Welt zu durchwandeln, als vielmehr darum, ihre eigene Zufriedenheit, ihre persönliche Glückseligkeit oder jedenfalls eine gute Portion Glücksgefühl zu erlangen.

Thomas Jefferson, einer der Verfasser der Unabhängigkeitserklärung, ist nicht ganz unschuldig an diesem Glücksanspruch der Amerikaner, denn er formulierte: »Wir halten

▽ Elvis Presley, Sohn eines Baumwollpflückers und König des Rock 'n' Roll – die amerikanische Legende schlechthin. Mit 25 bekam er bereits 125 000 Dollar für einen Fernsehauftritt, mit 40 war er 500facher Plattenmillionär. Zu Lebzeiten als »Heulboje« apostrophiert, ist er heute ein Mythos.

Das Streben nach Glück – ein Grundrecht

Nicht alle Amerikaner mögen sich mit der trockenen puritanisch-kalvinistischen Kost begnügen. Neben Sekten wie der Scientology Church oder der Unification Church des Reverend Moon tummeln sich immer wieder Gurus, Swamis, Yogis oder andere Erleuchtete, die Heil verkünden und Heilung versprechen. Die Suchenden steigen zum Beispiel in den Deprivation tank, ein flaches, sargartiges Gebilde, in dem man in vollkommener Dunkelheit auf Salzwasser treibt, die Orientierung verliert und sich – hoffentlich – findet. Andere legen sich mit Schnorchel und Nasenklipp beim »Rebirther« in die Badewanne, um ihre Geburt wiederzuerleben und – befreit von allen Urschrecknissen – neugeboren wieder aufzutauchen.

Ausgerechnet Kalifornien, das Zentrum der Rüstungsindustrie und der Nuklear- und

△ Ray Bradbury, Jahrgang 1920, einer der bekanntesten Science-fiction-Autoren der USA. Für Filme wie »Gefahr aus dem Weltall« gaben seine Romane die Vorlage ab; die berühmteste Verfilmung nach Bradbury: Truffauts »Fahrenheit 451«.

diese Wahrheit aus sich selbst erwiesen, daß alle Menschen gleich geschaffen und von ihrem Schöpfer mit bestimmten unveräußerlichen Rechten ausgestattet sind; darunter das Recht auf Leben, auf Freiheit und auf Streben nach Glück.«

»The pursuit of happiness« als ein von der Verfassung verbrieftes Recht, darauf pochen die Amerikaner, notfalls unerbittlich. Das Streben nach Glück kann sich als harmloses Austoben eines robusten Individualismus äußern oder auch als rücksichtslose Entfaltung eines »Laisser-faire«-Kapitalismus, bei dem der eine sein Glück erringt und der andere über die Klinge springt.

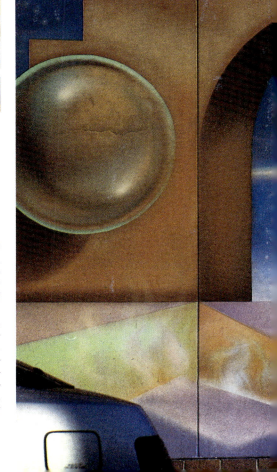

»Im Alltag bin ich Klempner – im Auto bin ich König«

Auf der steten Suche nach Glück und Freiheit, ruhelos getrieben von dem unbestimmten Gefühl, daß es irgendwo anders irgendwie besser sein könnte – so kennen wir die Amerikaner auch aus Filmen wie »Easy Rider« oder »Alice Doesn't Live Here Anymore«. 25 Millionen Amerikaner ziehen angeblich jedes Jahr um. Viele treibt es erst einmal auf die Highways, die langen, leeren, geliebten Highways. Frei ist, wer abhauen und aufbrechen kann, frei ist, wer ein Auto hat und am Steuer sitzt.

Für die Amerikaner ist das Auto mehr als nur Mittel zur Fortbewegung, es ist mehr als Hobby oder Statussymbol. Für sie ist das Auto Voraussetzung für die Verwirklichung des »amerikanischen Traumes«: Vehikel zur Unabhängigkeit. Zwar sind sie keine Pioniere mehr, denen es darum geht, neue Grenzen abzustecken, doch der Mythos der Landstraße lebt – die flirrende Weite und Öde des Landes lassen ihn überdauern, von Generation zu Generation. Auch das ist Tradition.

Jayne Anne Phillips, eine der begabtesten amerikanischen Nachwuchsautorinnen, hat in einer ihrer Kurzgeschichten dieses Vakuum zwischen Abschied und Nichts beschrieben: »Wir fuhren in der Dämmerung aus der Stadt. Ich hatte dieses gewisse Gefühl, das einzige High des Herumtreibers: Ich war frei, es spielte keine Rolle, wenn ich diese Straßen nie wiedersah; noch während wir sie durchfuhren, entfernten sie sich und traten in ein Reich ortloser Straßen. Selbst die Menschen waren verschwunden, die guten und die schlechten; was immer Wirkliches geschehen war, gehörte mir, ich nahm es alles mit. Ich war verschwunden, unsichtbar, eine weitere Wohnung leer zurückgelassen, meine Habseligkeiten weggegeben, weggeworfen, weggepackt in zugeklebten Kartons, die auf einem verfügbaren Fahrzeug verstaut waren. Das Fahrzeug war das Licht, das frühe Licht und später die Dunkelheit.«

»Unsere Bewegungsfreiheit macht einen großen Teil unseres typisch amerikanischen Optimismus aus«, meint ein amerikanischer Autofahrer und fragt verunsichert: »Werden wir ein melancholisches Volk, wenn man uns in Busse und Vorortbahnen zwingt?« Kaum

▷ *Helmut Jahn, weltberühmter Architekt, steht für die Träume aller amerikanischen Einwanderer: 1940 in Nürnberg geboren, 1966 Stipendiat in Chicago, 1967 Halbtagsjob in einem renommierten Architekturbüro, 1973 dessen Chefarchitekt und Vizepräsident, 1975 Nationalpreis für US-Architekten. Unter seinen Bauten ragt das 152 Meter hohe Xerox-Centre in Chicago heraus.*

▽ *»Street-Art« in Chicago, seit 20 Jahren eine populäre Malrichtung in den USA.*

eine Erfindung, kaum ein Konzept hat das Gefüge der amerikanischen Gesellschaft in den letzten 75 Jahren so nachhaltig verändert wie die Einführung des Automobils. Die Amerikaner wurden eine Gesellschaft von Pendlern. Sie bauten Vororte rund um die Städte und breiteten sich aus. Seit Jahrzehnten dreht sich Stadtplanung fast nur noch ums Auto. Los Angeles, von dem man sagt, daß es keine Stadt sei, sondern ein Konglomerat von 100 Vororten auf der Suche nach einem Zentrum, hat keine Untergrundbahn, keine Straßenbahn und keine Hochbahn. Selbst die nächste Busstation ist oft nur mit dem Auto zu erreichen. Amerika hat im hitzigen Autofieber Gleise herausgerissen und Zugstrecken in Highways verwandelt. Massentransportmittel wurden im ganzen Land schmählich vernachlässigt, und Gleisbau ist eine Kunst, die kaum noch einer beherrscht. Auf zahlreichen Eisenbahnstrecken fuhr man Anfang des Jahrhunderts, als die Gleise noch neu waren, schneller und ruhiger als heute, wo manche Züge wie bockende Esel auf den Schienen hüpfen.

Benjamin Stein, ein »Autoverehrer« aus Los Angeles, spottete in einer Kolumne zum 100. Geburtstag des Autos: »In den letzten hundert Jahren hat das Auto die amerikanische Lebensweise verändert. In den nächsten hundert Jahren wird das Auto die amerikanische Lebensweise sein.«

Ein Autofreak sagte es schlichter: »Im Alltag bin ich Klempner, in meinem Auto bin ich König.« Als König ist man frei, und als freier Mensch kann man Träume verwirklichen. Darum geht es im Land der idealistischen Pragmatiker: nicht nur träumen, sondern das Erträumte auch tun.

Der ungewöhnliche Weg eines Träumers und Machers

Auch Gilbert Kaplan hatte einen Traum. Als er mit Anfang zwanzig zum ersten Mal Gustav Mahlers Zweite Symphonie hörte, begann eine »wahre Liebesaffäre«. Doch daß er »dazu bestimmt« sei, dieses Opus zu dirigieren, wußte er erst Jahre später. Zunächst einmal gründete der mittellose junge Mann mit finanzieller Unterstützung von Freunden ein Magazin, das ein Welterfolg wurde. Der »Institutional Investor« ist heute Pflichtlektüre für alle, die wissen wollen, was in der Welt der Wirtschaft und Finanzen los ist. Gilbert Kaplan machte sich einen Namen und verdiente Millionen.

Und dann fühlte dieser Mann, der mit Fakten, Zahlen und Analysen ein nüchternes Geschäft betrieb, die »Berufung«. Etwa 1980 sei ihm klar geworden, er müsse Mahlers Zweite dirigieren. Es sei natürlich eine absurde Idee gewesen, meint er im Rückblick. Er habe als Kind drei Jahre Klavierunterricht gehabt und kaum eine Note lesen können. Kein Wunder, daß ihn außer seiner Frau alle auslachten, denen er von seinem Traum erzählte. »Midlife crisis«, meinten Freunde begütigend, klopften dem damals 39jährigen auf die Schulter und rieten ihm, Golf spielen zu lernen. Doch Kaplan blieb beharrlich. »Da war etwas ganz tief in mir, das mich trieb – und wenn man so etwas je spürt, dann darf man es nicht verdrängen, sonst verharrt man in lebenslänglichem Bedauern.«

Er engagierte einen Dirigentenlehrer, probte mit gemieteten Orchestern, lernte – was noch niemandem gelungen war – die schwierige Partitur auswendig, und unterwarf sich einem körperstählenden Fitneßprogramm, um die Kraft für die auslaugenden 90 Minuten zu haben. Er hat in diesem »Mahler-Jahr« seinen eigentlichen Beruf nicht an den Nagel gehängt. Morgens und abends arbeitete er an Mahler, in der Zwischenzeit war er wie bisher Herausgeber und Chefredakteur seiner Zeitschrift. Als er nach Tokio flog, um zu hören, wie die japanischen Philharmoniker Mahlers Zweite aufführten, interviewte er morgens den Präsidenten der japanischen Bundesbank und aß zu Mittag mit einem Industriellen; danach zog er sich um und ging zu den Proben.

Zum 15jährigen Bestehen des »Institutional Investors« mietete Kaplan die Avery Fisher Hall im New Yorker Lincoln Center, lud 2700 Gäste ein und dirigierte Mahlers Zweite vor Finanzministern, Industrie- und Bankvorständen aus aller Welt. Das Konzert war ein Riesenerfolg. Inzwischen wird Kaplan von Rio bis Stockholm eingeladen, diese Symphonie zu dirigieren. Er gilt als einer der großen Mahler-Experten unserer Zeit.

Eine selbst für Amerika ungewöhnliche Geschichte und in Europa wohl kaum denkbar. Diese Energie, diese Besessenheit, diese Unerbittlichkeit, die Verknüpfung von Traum und glasklarer Vernunft, von Spaß und Ehrgeiz, von Glück und Erfolg, von Spinnerei und Strebsamkeit, diese Melange, die die amerikanische Mentalität ausmacht, läßt sich kaum besser als an diesem Mann beschreiben.

»Dieses Land wurde mit dem Gewehr in der Hand geboren«

Und wo bleibt die Kehrseite der Freiheit, die schließlich nicht nur Exzentriker der liebenswürdigen Art hervorbringt? Nehmen nicht auch die fanatischen Waffenbesitzer die Worte Jeffersons für sich in Anspruch? »Jeder Mensch hat ein Recht auf Leben«, heißt es in einer Erklärung des »Bürgerkomitees für das Recht auf Waffen«, »und so hat jeder Mensch auch das Recht, sein Leben zu schützen.«

Wenn die Statistik stimmt, hat fast jeder Amerikaner ein Gewehr im Schrank, eine Pistole am Gürtel oder eine Flinte an der Wand. Und während zwischen 1963 und 1973 etwa 57000 Amerikaner im Vietnamkrieg ihr Leben verloren, wurden in eben dem Zeitraum daheim, im friedlichen Amerika, 84644 Menschen ermordet. Aber die Waffenlobby hält unbeirrbar an ihrem Slogan fest: »Menschen töten Menschen, nicht Waffen« – und sie beruft sich stolz darauf, daß Amerika mit dem Gewehr in der Hand geboren sei – »this country was born with a rifle in its hand«. Sie scheint dabei zu vergessen, daß die Zeiten der Pioniere vorbei und die der Arbeitslosigkeit und Aggressionen, der Drogen und Kriminalität da sind.

Der schnelle Griff zum verfügbaren Schießeisen läßt – so vermuten Gegner der Waffenfreiheit – die Mordrate in die Höhe schnellen. Doch sie sind machtlos im Vergleich zu den Lobbies der Waffenbefürworter, die zu den reichsten und einflußreichsten Gruppen in Washington gehören. Die National Rifle Association finanziert Wahlkämpfe von Politikern, die ihrem Anliegen wohlgesonnen gegenüberstehen, mit Millionenbeträgen. Manche Präsidenten haben die Hilfe gern angenommen und sich nicht gescheut, sich zu der Vereinigung zu bekennen. Eisenhower, Nixon und Reagan waren Mitglieder. George Bush ist es bis heute.

Die Vereinigten Staaten sind ein Land, in dem jeder glücklich, frei, reich und unabhängig werden darf und kann – wenn er die Kraft dazu hat. Die anderen haben Pech gehabt. Das Kranken-, Sozial- und Versicherungssystem ist im Vergleich zu dem, was unser Wohlfahrtsstaat anbietet, in skandalöser Weise unterentwickelt. Millionen von Amerikanern arbeiten ohne Versicherungsschutz oder Alterssicherung. Arbeitslose werden nur eine gewisse Zeitlang vom staatlichen Sozialsystem aufgefangen. Dann fallen sie der privaten Fürsorge anheim. Unter Ronald Reagan wurden allein die Mietzuschüsse um 75 Prozent gekürzt. Der Exodus auf die Straße schien unaufhaltsam. Drei Millionen Amerikaner sind heute obdachlos, 90000 von ihnen sind Kinder. Und ausgerechnet George Bush, der zu Beginn seiner Amtszeit eine »mitfühlendere Gesellschaft« versprochen hatte, hat sich keineswegs als Anwalt der Armen oder der Minderheiten erwiesen. 33 Mio. Amerikaner sind im Sinne der Statistik arm – das heißt zum Beispiel bei einer vierköpfigen Familie, daß sie mit weniger als 11000 Dollar im Jahr auskommen muß. 12 Prozent aller Weißen und 36 Prozent aller Schwarzen fallen in diese Kategorie. Das Durchschnittseinkommen der Schwarzen war schon einmal bei 60 Prozent von dem der Weißen angelangt – inzwischen liegt es wieder bei 56 Prozent. Und noch eine besorgniserregende Zahl: 40 Prozent aller schwarzen Jugendlichen sind arbeitslos. Schwarze sterben sehr viel zahlreicher als Weiße im Säuglingsalter, an Drogen oder an Aids. Und im Jahre 1990 hat George Bush ein wichtiges Bürgerrechtsgesetz zur Aufhebung rassischer Diskriminierung mit einem Veto blockiert.

Bei Schwarz sehen viele rot

Das Verhältnis der Weißen zu den ehemaligen Sklaven ist nach wie vor in hohem Maße von Verachtung, Nichtachtung und Furcht geprägt. Grundstückspreise fallen, wenn Schwarze in eine bisher weiße Nachbarschaft ziehen, weiße Eltern nehmen ihre Kinder aus der Schule, wenn

▽ »Traditionspflege« in den USA: Auch erwachsene Amerikaner spielen noch Cowboy – für die Touristen. In Kulissenstädten wie Old Tuscon in Arizona werden solche Spektakel vor großen Besucherscharen live dargeboten. – Daneben ein »Veteran« in einer grauen Südstaatler-Uniform aus dem Bürgerkrieg und der Fahne der Hill's Rebell Division, einer Einheit der Konföderierten.

△ ▷ *Mama Leone's Restaurant im New Yorker Geschäftsviertel; auch Tischtücher und Kellnerbekleidung sind in den Farben der italienischen Trikolore Grün-Weiß-Rot gehalten. Wer auf sich hält, wer Gäste hat, ißt europäisch, zumal die »Hamburger« bei weitem nicht immer so knackig ausfallen, wie es die mächtige Reklame glauben machen will.*

△ *Las Vegas, die Glitzeroase in der Wüste von Nevada, Weltmetropole des »Show-Biz« und Amerikas letzte Illusion von Dorado, der Goldstadt. Auf dem »Strip« pulsiert der Glückstourismus rund um die Uhr.*

die Zahl der Schwarzen und der Hispanics – der spanischstämmigen Einwanderer aus Lateinamerika – die 50-Prozent-Grenze erreicht, Country clubs verwehren Schwarzen und oft auch Juden die Mitgliedschaft. Rassentrennung ist passé, getrennt leben die Rassen dennoch. Gettos gibt es im ganzen Land. Selbst im angeblich so aufgeklärten Norden mischen sich schwarze und weiße Gesellschaften kaum.

Natürlich gibt es inzwischen schwarze Stars im Sport, im Show-business und sogar in Hollywood, es gibt schwarze Politiker, Sheriffs und Bürgermeister. David Dinkins, erstes schwarzes Stadtoberhaupt von New York, holte 1989 bei seiner Wahl 27 Prozent der weißen und 91 Prozent der schwarzen Stimmen. Es gibt schwarze Manager, Universitätsprofessoren und Schuldirektoren, Ärzte, Anwälte und Journalisten; es gibt die »Buppies« (Black yuppies) und eine solide schwarze Mittelklasse, doch im großen und ganzen haben die Schwarzen sich nicht durchgesetzt. »They didn't make it.«

In den Augen ihrer weißen Mitbürger haben sie sich als Träumer, aber nicht als Macher erwiesen, und die meisten Weißen haben alles dazu getan, sie auch nie zu Machern werden zu lassen. Zur Zeit wird den Schwarzen ihr »Defizit« noch einmal mit bitterer Konsequenz vor Augen geführt. Die Einwanderungswelle der Asiaten schwappt sichtlich über sie hinweg. Die Vietnamesen, Koreaner und Chinesen sind die neuen Wunderkinder der Nation, die in Windeseile Marktnischen entdecken und im 24-Stunden-Einsatz der gesamten Großfamilie wirtschaftliche Erfolge erschuften.

Natürlich darf man die ehrgeizigen Einwanderer – denn es sind in erster Linie die Smarten und Tatkräftigen, die es überhaupt schaffen, nach Amerika zu kommen – nicht mit den Nachfahren der zwangsverschickten Sklaven vergleichen. Und doch sind es gerade die Schwarzen selbst, die diesen Vergleich anstellen und an dieser Situation verzweifeln. Vor allem die schwarzen Frauen nehmen es ihren Männern übel, wenn sie versagen. »Sie haben eine Krämerseele«, wüten sie dann, »werden am liebsten Beamte mit Pensionen und wagen nichts.«

Doch der schwarze Mann provoziert bei weißen Amerikanern mächtige Potenzängste, und die böse Mär von der schwarzen Bestie, die stets darauf aus ist, die weiße, reine Frau zu vergewaltigen, sitzt tief und fest verankert im weißen Bewußtsein. »Überlegen Sie doch mal«, forderte mich vor einigen Jahren ein schwarzer Schriftsteller auf, »welche männlichen schwarzen Autoren in Amerika Erfolg haben.« Er lächelte bitter: »Richard Wright – und der ist tot. Ralph Ellison – der hat seit 30 Jahren nichts mehr geschrieben, und James Baldwin, der ist schwul.« Inzwischen ist auch James Baldwin gestorben, doch das Beispiel gilt noch immer.

Schlimm ist, daß die Furcht und Verachtung der Weißen sich in der schwarzen Psyche als Selbsthaß eingenistet hat. Könnten sie wählen, wären viele von ihnen weiß. Trotz der jahrelangen Verbreitung von Parolen wie Black is Beautiful, trotz schwarzer Rollenvorbilder und schwarzer Wurzelsuche (»Roots«) griffen bei einer Untersuchung im Jahre 1987 zwei Drittel aller schwarzen Kinder, denen man eine schwarze und eine weiße Puppe anbot, nach dem hellhäutigen Kuschelgeschöpf – 125 Jahre nach der proklamierten Aufhebung der Sklaverei. »The pursuit of happiness« – die Schwarzen sind heute noch zu großen Teilen von dieser amerikanischen Maxime ausgeschlossen.

Amerika als Traum und Alptraum – beides stimmt: auf der einen Seite dieser parzivalische Glaube an das Gute, eine ungestüme Unschuld, mit der Probleme angepackt und Glückseligkeit angestrebt werden, und andererseits eine rabiate Rücksichtslosigkeit der Starken gegenüber den Schwachen, ein ausgelebter Rassenhaß und missionarische Machtgelüste.

Sind sie wie Kinder? Naiv und skrupellos, brüderlich, aber unbarmherzig, hemmungslos im Guten wie im Bösen? Wenn es doch so einfach wäre! Die vereinigten Völker der Vereinigten Staaten lassen sich so leicht nicht aus europäischer Sicht beschreiben. Nicht umsonst hat Luigi Barzini festgestellt, die Amerikaner seien für uns vor allem eines: verblüffend.

Uwe Siemon-Netto

Von New York bis San Francisco

Land und Leute in den Vereinigten Staaten

New York – ein Musterbeispiel für die Neue Welt

Auf die Gefahr hin, als Ketzer des Landes verwiesen zu werden, behaupte ich, daß New York die Quintessenz der Vereinigten Staaten ist. Ich weiß, daß ich mich damit als Sektierer entlarve. Die meisten Amerikaner sagen das genaue Gegenteil. Dem muß ich entgegenhalten, daß sich wohl kaum jemand für die USA erwärmen würde, wenn es sich in Ortschaften wie Kalamazoo in Michigan, Kankakee in Illinois, Baraboo in Wisconsin oder Bismarck in North Dakota erschöpfte.

Ich gehe nicht so weit wie meine Freundin, die Schriftstellerin Jeannie Sakol, der es körperlich übel wird, wenn sie die Insel Manhattan verlassen muß, es sei denn, sie führe zum Kennedy-Flughafen, um von dort aus unverzüglich nach London oder Paris zu reisen. Nein, Kalamazoo, Kankakee, Baraboo und Bismarck mangelt's nicht an einem gewissen Charme. Aber ein Musterbeispiel für die Neue Welt sind sie nicht.

Denke ich an Amerika, so denke ich an ein Lied, das die Musikautomaten aller Kaschemmen des Erdballs plärren. Darin heißt es:

> If you can make it there
> You make it anywhere.
> It's up to you ...
> New York, New York.
>
> Wenn du es dort packst,
> dann schaffst du's überall;
> von dir allein hängt's ab ...
> New York, New York.

Selten hat uns ein Schlager eine so tiefe Einsicht beschert: To make it, also sich durchzusetzen, ist und bleibt der amerikanische Traum, und wenn er sich im rauhen, schnellen New York erfüllt, dann zählt das doppelt und dreifach.

Die Einwanderer der letzten Jahre werden mir recht geben: russische Juden, Haitianer und Westafrikaner, für die der Knochenjob hinter dem Steuer eines zerbeulten gelben Taxis die erste Sprosse auf der Leiter nach oben bedeutet; die Südkoreaner, die Tag und Nacht an fast jeder Straßenecke Obst und Gemüse verkaufen; der junge Einwanderer aus Cottbus, der auf dem Trottoir der eleganten Fifth Avenue »The Best of German Wurst« feilhält, dazu auch eine selbstgemachte Erbsen- oder Linsensuppe. Bald war David Rockefeller, der Boß der Chase Manhattan Bank, sein Kunde; bald stand Manhattans Hautevolee am Imbißkarren des Lausitzers Schlange, Menschen, deren Ahnen auf ganz ähnliche Weise zu Millionären geworden waren; auch er wird wohl in Kürze ein Millionär sein.

New York macht so etwas möglich; New York ist ein Synonym für Energie. Es ist die einzige Stadt, die meinen Puls beschleunigt wie ein guter Champagner. New York perlt, summt und hupt. New York ist immer in Bewegung. Ein Klotz, wer hier nicht seine Sportschuhe anzieht und sich in den Strom der spurtenden Weltstädter einreiht, der einzigen passionierten Fußgänger Amerikas; ein Stoffel, der nicht ihr Idiom aufsaugt, ihren scharfen Humor, ihre Schlagfertigkeit von Alt-Berliner Format.

Ich muß in New York häufig an das Alt-Berlin denken, das ich nur vom Hörensagen kenne. Es gehört zur Widersprüchlichkeit New Yorks, daß es nicht nur in die Zukunft weist, sondern auch eine Vergangenheit bewahrt, die den meisten Deutschen kaum noch ein Begriff ist. New York ist eine Stadt der Tante-Emma-Läden, eine Stadt, in der jedem Häuserblock ein Schuster und ein Schneider ihre Werkstätten haben und Supermärkte und Apotheken dem Kunden ihre Ware ins Haus liefern. So hart New York auf den Außenseiter wirkt, so wohlig kann sich der New Yorker in der Intimität seines Wohnviertels fühlen.

Mitten in Manhattan lebe ich wie im Dorf. Nichts zwingt mich dazu, mich mehr als zehn Minuten Fußweg von meiner Wohnung zu entfernen. Ob mich's nun nach frischen Bröt-

▽ *Immer höher reckt New York sich in den Himmel. Die Zahl der Stockwerke wird von den immensen Bodenpreisen diktiert. Hochhäuser, die Ende des 19. Jahrhunderts als kühne Verwirklichung utopischer Pläne galten, muten längst nostalgisch an.*

▷ *Klassizismus und grell plakatiertes Spiel mit der Angst: Kein Gegensatz ist zu groß. New York reißt alles an sich und schmilzt es ein in die hektisch pulsierende Melodie einer hinreißend vitalen Stadt.*

chen gelüstet, ob ein Knopf angenäht werden muß, ob ich französisch, italienisch, irisch, chinesisch oder japanisch essen oder in einer wahrhaft zünftigen Eckkneipe zechen will, ob mir der Sinn nach Jazz oder Orgelmusik steht: Ich finde alles vor meiner Haustür, das meiste täglich und rund um die Uhr.

Der Gemüsehändler als Bankier

Dies ist eine Stadt ohne Ladenschlußgesetz, eine Stadt, deren Menschen sich nicht zu schade sind, anderen zu Diensten zu sein – schon gar nicht, wenn sich dies als lukrativ erweist. New York ist eine Stadt der Dienstleistungen und auch darin typisch fürs ganze Land, das folglich oft wohltuend altmodisch wirkt. Worin unterscheidet es sich also von Deutschland? Nun, darin, daß auf die Institutionen wie die Banken, die Post und die Polizei wenig, auf Privatinitiative dafür aber um so größerer Verlaß ist.

Weil die Polizei in meinem Wohnviertel keine Sicherheit schaffen konnte, wird dies von privaten Bürger-Patrouillen erledigt. Weil die amerikanische Post nichts taugt, machen private Kurierdienste ein blendendes Geschäft. Weil amerikanische Banken kleine Konteninhaber wie Herdenvieh behandeln und zudem den Geldverkehr über die Grenzen der einzelnen Bundesstaaten hinweg grotesk erschweren, spielen Ladeninhaber den freundlichen Schalterbeamten. In New York ist es mein Weinhändler, der mir für meine Schecks jederzeit Bargeld gibt. In Chicago war mein Gemüsemann mein Bankier. Er löste mir unbürokratisch und ohne jeden Zeitverlust oder Aufpreis meine New Yorker Schecks ein.

Die Bereitschaft zur Dienstleistung erstreckt sich auf alle Lebensbereiche, auch auf den Glauben, der in diesem modernen Babel noch in einem für Europäer unvorstellbaren Maße praktiziert wird; 30 Prozent aller Mitglieder der rund 3000 Gemeinden 100 verschiedener Religionen und Konfessionen gehen noch regelmäßig in die Kirche, die Synagoge, die Moschee oder den Tempel. Meine lutherische St.-Peters-Gemeinde im Citicorp Center feiert neben drei Sonntagsgottesdiensten auch unter der Woche jeden Mittag das heilige Abendmahl, damit die Büroangestellten der Umgebung sich in ihrer Arbeitspause spirituell stärken können.

Es ist wohl wahr, daß New York selbst für seine leidenschaftlichen Freunde nicht immer leicht zu begreifen ist. Heute liebe ich es; morgen hasse ich es. Eben noch habe ich mich einen ganzen Morgen lang mit einem

△ *Im rasanten Rhythmus von New York – entspanntes Nebeneinander von Schwarz und Weiß. Zwar sind die Rassenschranken noch nicht gefallen, aber die Anzeichen mehren sich, daß der Kampf um die Gleichberechtigung Früchte trägt.*

Vereinigte Staaten von Amerika 393

rüden Taxifahrer, einer lustlosen Bankangestellten, einem feisten, pöbelhaften Polizisten herumgeärgert, und plötzlich wird all dieser Verdruß durch die kleine Geste eines anderen gejagten Großstädters wiedergutgemacht: Meine Frau und ich kommen an einem Blumenhändler vorbei, der auf dem Bürgersteig seine Auslagen arrangiert. Unvermittelt dreht er sich zu uns um, drückt meiner Frau, die er noch nie zuvor gesehen hatte, ein Bündel Rosen in die Arme und verschwindet in seinem Laden. Ein eingefleischter New Yorker fragt hier nicht nach Motiven. Er weiß um das plötzliche Bedürfnis des urbanen Mannes, wieder einmal ein wenig menschlich zu sein.

Eine Liebeserklärung an den Central Park

Wer versuchen will, die menschliche Seite New Yorks zu ergründen, der sollte mit dem Central Park beginnen, obwohl auch dieses Erlebnis zunächst mehr verwirrt als erhellt. Die Seele der Stadt und des Landes hat sich hier etabliert. Meine Liebesaffäre mit diesem Park begann vor einem Vierteljahrhundert, als ich nach einer durchtwisteten Nacht bei Morgengrauen dort spazierenging. Andere waren schon vor mir da: die Penner, die unter dicken Schichten von Zeitungspapier auf den Bänken schliefen; das Liebespaar, das sich hier ein Baumhaus gebaut hatte; die Vogelfreunde, die mir signalisierten, doch bitte still zu sein; ein paar stattliche Damen, die ich für Dirnen hielt, die sich aber später als Polizisten in Frauenkleidern entpuppten.

Als die Sonne aufging, verrichteten Animisten in wallenden Gewändern ihr rätselhaftes Ritual. Bald stellten sich die professionellen »Dog walkers« ein. Sie hatten jeder 20 oder mehr Hundeleinen in der Hand. Die Weimaraner und Irischen Wolfshunde, die auf diese Weise Auslauf erhielten, gehörten wohlhabenden Leuten, die zu dieser Stunde noch in ihren Luxus-Appartements ruhten.

Dann wachten die Penner auf. Während sie sich langsam aus ihren Zeitungen pellten, eilten Manager in Nadelstreifenanzügen an ihnen vorbei, gehobene Herren auf dem Weg zum Kontor. Heute sind diese Managertypen Jogger, die sich oft noch bei Dunkelheit Fahrradlampen um die Waden schnallen und dann wie ein Schwarm großer Glühwürmer um das Wasserreservoir im Park rennen.

▽ *Coney Island, das Seebad der New Yorker. Wenn die schwüle, drückende Sommerhitze das Leben in den Straßenschluchten zur Qual werden läßt, flüchten Zehntausende an den Strand der schmalen Düneninsel am südwestlichen Zipfel von Long Island.*

▽ *Mitten im Zentrum Manhattans leistet sich New York seinen Central Park – eine Oase auch der Menschlichkeit. Alle Gegensätze scheinen hier aufgehoben: Ob Arme oder Reiche, Alte oder Junge, Schwarze, Weiße oder Gelbe – im Central Park verblassen die Unterschiede.*

Wenn es denn wahr ist, daß sich das Ausmaß der Menschlichkeit einer Lokalität nach den Freiräumen ermitteln läßt, die sie ihren Exzentrikern gewährt, dann dürfte der Central Park ungeachtet der vielen Überfälle auf nächtliche Spaziergänger zu den menschlichsten Orten der Welt gehören. Da stakst einer den ganzen Tag lang auf Stelzen durchs Gelände und äfft alle Passanten nach. Da tippt ein Autor auf einer Wiese seine Werke, wenn er nicht gerade Flöte spielt oder mit einem seiner 19 Hunde spazierengeht. Da fegt eine betagte Negerin, die unter einer blauen Plane im Freien lebt, jeden Morgen vor ihrer eingebildeten Haustür. Da klaubt ein alter

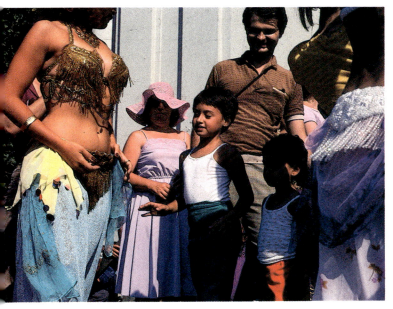

◁ *Als »imposanten, reichen, endlosen Zirkus in größtem Maßstab« hat schon der amerikanische Dichter Walt Whitman New Yorks Central Park gepriesen. Spinner, Träumer und Utopisten geben sich hier ein Stelldichein, und Schaulustige kommen bestimmt auf ihre Kosten. Bei freiem Eintritt, versteht sich!*

△ *Rund zwei Millionen Juden leben in New York. Ihre orthodoxen Vertreter scheinen das Wort vom Schmelztiegel Amerika Lügen zu strafen. Für sie kommt Assimilation nicht in Frage. Ihr unbeirrtes Festhalten am alten Glauben mit seinen strengen Sitten macht sie zu einem unübersehbaren Element im bunten Leben der Stadt.*

gebracht werden könnten, gemeinsam nach einer Pfeife zu marschieren, und darin müsse ihre Schwäche liegen. In Wirklichkeit sagte die Szene das genaue Gegenteil aus: Zwar tanzten alle nach verschiedenen Pfeifen, aber sie tanzten eben alle zusammen, ohne dabei schmerzhaft zu kollidieren, und darin lag gerade ihre Stärke.

Kein anderer Ort in den USA reizt mich deshalb so sehr wie dieser Park, nicht die Fifth Avenue mit ihren eleganten Geschäften, nicht die lieblichen Kleinstädte Neuenglands mit ihren weißen Kirchen; nicht die Rocky Mountains, nicht San Francisco; nicht einmal ein Eiland, auf dem ich den erholsamsten Urlaub meines Lebens verbracht habe: die zu North Carolina gehörende Insel Ocracoke, auf der wilde Pferde weiden, vor deren schneeweißen Stränden sich Delphine im Atlantik tummeln und deren Bürger ein Englisch sprechen, wie es unter der jungfräulichen Britenkönigin Elisabeth I. üblich war.

Ich liebe den Central Park, weil sich hier der schöpferische, dynamische und skurrile Charakter Amerikas in einem Kürzel darstellt; ich liebe den Park, weil er eine von Amerikas wichtigsten Funktionen erfüllt. Er hebt Gegensätze auf, den Gegensatz zwischen Alter und Jugend, den Gegensatz zwischen Armen, Reichen, Häßlichen, Schönen, Christen, Juden, Schwarzen, Weißen und Gelben.

Gewiß, an seinem Nordende zeigt sich der Park von einer ganz anderen Seite. Dort, wo er an Harlem grenzt, dort, wo der Gescheite sich nicht hinwagt, dort hocken fern von Exzentrikern, Gauklern, Märchenerzählern, Streichquartetten, Jazz- und Steelbands, klägliche Gestalten und starren mit glasigen Augen ins Leere. Ratlos wie alle New Yorker stehe ich dem Phänomen einer drogensüchtigen Unterschicht gegenüber, die für die meisten Gewaltverbrechen im Lande verantwortlich ist und zugleich selbst umbringt – einmal mit dem Rauschgift und zum anderen mit den unsauberen Injektionsnadeln, an denen das tödliche AIDS-Virus haftet.

Gleichwohl ist die Existenz dieser Unterschicht kein Beweis gegen meine Behauptung, daß New York Gegensätze aufhebt, zumindest die Gegensätze zwischen jenen, die

Knabe in einer abgewetzten Lederjacke, olivgrünen Hosen und Schnürstiefeln Unrat von den Wurzeln wuchtiger exotischer Bäume und begießt sie zuweilen auch aus einer grünen Plastikkanne.

Einmal folgte ich drei Rotchinesen in diesen 336 Hektar großen Stadtpark mitten in Manhattan und fragte mich, was wohl in ihren Funktionärsköpfen vorgehen mochte, als sie bei den Rollschuhläufern ankamen. Sprachlos standen die Volksrepublikaner am Rande eines geteerten Weges und starrten auf den gleitenden, vergnügten und vielfarbigen Klassenfeind: den glatzköpfigen Schwarzen mit seiner braunen Pluderhose, das vietnamesische Flüchtlingsmädchen im silbrig schimmernden Astronautenanzug, den professoralen Herrn mit Schiebermütze, Nickelbrille und über den Knien abgeschnittenen Jeans, die rassige Lateinamerikanerin im rot-weiß gestreiften Minirock. Sie alle trugen Kopfhörer, von denen jeder seinem Träger etwas anderes ins Ohr spielte, weswegen sich die Rollschuhläufer in völlig unterschiedlichen Rhythmen bewegten.

Die Gäste aus dem Osten, so fürchtete ich, könnten diese Szene mißverstehen. Sie könnten zu dem Schluß kommen, daß von diesen Amerikanern doch nur jeder mit sich selbst beschäftigt sei und daß sie wohl kaum dazu

Vereinigte Staaten von Amerika 395

ein Bestreben eint: »to make it there«, wie es im Liede heißt, also voranzukommen. Mehr als irgendeine andere Stadt ist New York der Schmelztiegel, der Amerika gern sein möchte. Wie wohltuend dies ist, wurde mir erst bewußt, als ich nach Chicago zog, das New York äußerlich ähnelt, aber nie sein Flair erreichen wird.

Chicago – die Metropole am Michigansee

Damit will ich Chicago seine urbane Menschlichkeit keineswegs absprechen. Der Leser möge folgende Szene in seinem Herzen bewegen: Ein unrasierter Mann jenseits der Lebensmitte betrat »O'Rourke's«, eine der vielen tausend Kneipen, die den Charakter Chicagos nicht minder prägen als seine meisterliche Architektur

anderen Ort leben so viele Volksgruppen nebeneinander, nämlich mehr als 70. Aber im Wort »nebeneinander« liegt auch bereits das Problem. Statt sich, wie in New York, gegenseitig immer aufs neue zu beeinflussen, wachen Iren, Italiener, Polen, Ukrainer, Lateinamerikaner, Schwarze und alle anderen eifersüchtig über ihre eigenen Interessen und schaden damit dem menschlichen Klima in der Sechs-Millionen-Stadt.

Nirgendwo in der westlichen Welt bin ich folglich einem schäbigeren Politikerklüngel begegnet, nirgendwo einem ärgeren Filz. Jahrzehntelang beherrschten die Iren das politische Leben Chicagos, dann geriet die Stadt fest in die Hand einer schwarzen Parteimaschinerie, weil alle anderen Gruppen untereinander zerstritten waren. Jetzt sind wieder die Iren dran. Weder die einen noch die anderen zeichnen sich durch ein leidenschaftliches Interesse für das Wohl der Allge-

und sein famoses Musikleben. Der Mann zwängte sich zwischen die anderen Gäste am Tresen und bestellte ein Bier. Er sah aus wie viele Männer hier, wo die rauhen Winter einen exzellenten Vorwand zur Völlerei liefern: Er war enorm fett. Außerdem trug er ein Brautkleid aus feinster weißer Spitze.

»Auf einer Hochzeit gewesen?« fragte ein Zecher, der neben ihm stand. Der Fette schob mit einer sanften Handbewegung seinen Schleier beiseite und antwortete: »Hmm, ja.« Dann leerte er sein Glas und watschelte aus der Wirtschaft. Das Personal und die übrigen Gäste taten so, als sei dies ein alltäglicher Vorgang. »Bei uns nehmen auch die Transvestiten ihren Schoppen zum Feierabend«, sagte der Barmixer achselzuckend.

Dies ist eine Geschichte aus einer Großstadt. Wie wir von New York wissen, ist es das Merkmal echter Großstädte, daß sie ihre verschrobenen Bürger gewähren lassen. Chicago könnte einer der amüsantesten Plätze der Welt sein. Es hat alle Zutaten. An keinem

△ *Architekten aus Chicago hatten die entscheidenden Ideen zur Entwicklung des amerikanischen Wolkenkratzers. Ende des 19. Jahrhunderts schufen sie einen strengen, klaren Stil, der bis heute unverkennbar das Stadtbild prägt.*

▷ *Um der alten Heimat zu gedenken, schmückte der Deutsche Club von Chicago im 19. Jahrhundert seinen Festsaal mit diesem prunkvollen Altar. Finanznöte zwingen heute dazu, den Raum zu vermieten.*

meinheit aus. Chicago wird mir zeit meines Lebens nicht nur als eine Stadt der Kunst, sondern auch als eine ungepflegte Stadt mit vereisten Fußgängerübergängen, offenen Gullys und kratergroßen Schlaglöchern im Bewußtsein bleiben. Die South University Avenue, an der ich wohnte, wurde so selten gereinigt, daß man dieses Ereignis durch Plakate ankündigte.

Schamlos nützen weiße wie schwarze Kommunalpolitiker in ihren Wahlkämpfen Vorurteile im Volk aus; schamlos einigen sie

◁ *Im Winter zieht der Michigansee Chicagos Angler an. Sie hacken Löcher in den dicken Eispanzer und lauern auf Beute. Im Sommer bietet der See Abwechslung beim Wassersport, und während des ganzen Jahres versorgt er die Stadt mit Trink- und Brauchwasser.*

Solche feinen Züge gibt es heute nicht mehr, aber nach wie vor gilt, was schon seit über einem Jahrhundert der Fall ist: Wer mit der Bahn Amerika durchqueren will, muß in Chicago umsteigen. Es ist der Bauchnabel der USA; hier kreuzen sich die Schienenstränge, Straßen und Luftwege des Landes. Chicago ist sein Rückgrat, sein zentrales Nervensystem. Es ist sein Antlitz, einerseits jugendlich-schön, andererseits aber auch voller Warzen und Pickel.

Wer das sich unentwegt wandelnde Amerika nicht verstehen will, der wird auch Chicago nicht begreifen, das sich zweimal in seiner jungen Geschichte gewandelt hat: einmal nach dem Brand des Jahres 1871 und ein andermal nach dem Zweiten Weltkrieg, als sich sein Lebenszweck ebenso änderte wie sein Gesicht.

▽ *Armut im reichsten Land der Welt? Wer nicht vorankommt, fällt leicht durch die Maschen des nur locker geknüpften sozialen Netzes.*

Eine Millionenstadt mit provinziellen Zügen

Chicago hat den verkehrsreichsten Flughafen der Welt, auf dem am Tag 2000 Maschinen starten oder landen. Es ist die internationale Hauptstadt des Warentermingeschäftes und des Handels mit moderner Kunst. Und doch fehlt ihm ein wirklich kosmopolitisches Klima. Jedes westfälische oder niederbayerische Provinzblatt ist weltoffener als Chicagos Medien. Als Bundeskanzler Kohl hier Station machte, um in drei Vorträgen vor einem Rückfall in den Isolationismus zu warnen, wurde er vom Lokalfernsehen und den meisten Zeitungen ignoriert. Die Redakteure, die ich später darauf ansprach, konnten sich beim besten Willen nicht vorstellen, daß sich irgend jemand für den Besuch des Regierungschefs des wichtigsten militärischen Verbündeten der USA interessieren könne.

sich untereinander mit Kompromissen, denen stets ein Rassenproporz zugrunde zu liegen scheint. Und wenn in den Lokalnachrichten der Chicagoer Fernsehsender nicht davon die Rede ist, wird über spektakuläre politische Korruptionsfälle berichtet. Sprachlos verfolgte ich zum Beispiel in der Lokalpresse, wie die Bundesjustiz unaufhörlich die vom Volk gewählten Richter unterer Instanzen scharenweise wegen Korruption ins Gefängnis schicken mußte.

Dabei sind die Deutschamerikaner, die sich ihrer alten Heimat immer noch verbunden fühlen, hier eine der größten Volksgruppen. Chicago war um die Jahrhundertwende die sechstgrößte »deutsche« Stadt der Welt. Heute leben in Chicago und Umland immer noch über 600 000 Menschen deutscher Zunge. Deutsche hatten einen wesentlichen Anteil am Aufbau dieser erst 150 Jahre alten Stadt.

Sie gründeten hier ein Symphonie-Orchester, das zu den besten der Welt zählt; sie gründeten die ersten Krankenkassen, Gewerkschaften und die Loyola-Universität. Deutsche Architekten wie Ludwig Mies van der Rohe und heute Helmut Jahn leisteten einen entscheidenden Beitrag zum Stadtbild von Chicago. Aber politisch haben die Deutschen hier nichts zu sagen, weil sie einmal mit ihren über 100 landsmannschaftlichen Vereinen viel zu zersplittert sind und zum anderen sich schneller assimilieren als andere Einwanderer – und weil der Makel zweier Kriege noch an ihnen haftet.

Der Leser möge mir meinen Verdruß über Chicago nachsehen; es ist der Zorn eines Liebhabers über das Objekt seiner langjährigen Zuneigung, die vor 25 Jahren begann. Damals gab es noch den Twentieth Century Limited, den »Orient Expreß« der westlichen Hemisphäre. Dieser Zug, für dessen Fahrgäste man buchstäblich den roten Teppich ausrollte, hatte einst Barbiere, Bügler und Schuhputzer an Bord; Schlafwagenschaffner ließen ihren Passagieren das Badewasser einlaufen.

»Wo ist Al Capone? Wo sind die Schlachthöfe?«

Nichts verdrießt die Chicagoer mehr als die täglich neuen Beweise dafür, daß im Ausland nur in Klischees über ihre Stadt gedacht wird. Nicht die Parallelen zu London, Paris oder Berlin werden gesehen, nicht Chicagos Humor und die Schönheit seiner Bauten, nicht das 40 Kilometer lange Seeufer, das an Rio erinnert; nicht die Eleganz der Michigan Avenue; nicht das üppige Musikleben, nicht die vielen Theater, die Hollywood und dem Broadway immer neue Talente liefern; nicht der Jazz und der Blues, deren Hauptstadt Chicago nach wie vor ist; nicht das Dutzend ausgezeichneter Universitäten; nicht die 750 Kongresse, 158 Fachmessen und 27 000 Firmentreffen, an denen hier jährlich drei Millionen Menschen teilnehmen.

»Wo ist Al Capone? Wo sind die Schlachthöfe?« wird Niels Friedrichs, der Geschäfts-

Vereinigte Staaten von Amerika 397

△ ▷ *Kinder sind der Reichtum der Amish People. Im frühen 18. Jahrhundert fanden sie in Pennsylvanien die Gewissensfreiheit, die ihnen die alte Heimat versagte. Von modernen Entwicklungen so gut wie unberührt, halten sie an ihrem mennonitischen Glauben und überlieferten Sitten ebenso fest wie an einem altertümlichen Deutsch. Die Barttracht ist das Privileg verheirateter Männer.*

△ *Wie ein Symbol des überquellenden Reichtums, den Amerikas Böden hervorbringen, wirkt diese Dekoration. Ein einfallsreicher Händler in Hampton, New Hampshire, hat die Kürbisse vor seinem Geschäft ausgebreitet.*

führer der Deutsch-Amerikanischen Handelskammer, immer wieder gefragt, wenn er Industriemagnaten aus der Bundesrepublik Deutschland am O'Hare-Flughafen abholt.

Nun, Al Capone ist bereits seit über 40 Jahren tot, und das organisierte Verbrechen hat zum Beispiel in Miami eine molligere Heimstatt gefunden. Und was die berüchtigten großen Schlachthöfe anbelangt, so hat die moderne Kühltechnik sie überflüssig gemacht; sie erlaubt es, das Vieh nahe seinen Ställen und Weiden zu schlachten und das Fleisch frisch, billig und schnell in die ganze Welt zu transportieren.

Der Fremde muß also nicht mehr die Nase rümpfen, wenn er nach Chicago kommt. Er muß auch nicht nach schwerbewaffneten Gangstern Ausschau halten, sofern ihm sein gesunder Menschenverstand sagt, daß er sich aus den Gettos fernhalten möge. Ihm droht hier keine größere Gefahr als wachsende Leibesfülle, denn Chicago ist das Lyon der USA. Keine andere Stadt in diesem Lande hat so ernsthafte Schlemmer und so viele exquisite Restaurants, und wenige sind mit so guten frischen Lebensmitteln gesegnet. Das erstere ist unter anderem eine segensreiche Folge der Vielfalt an Volksgruppen; das letztere verdankt Chicago der Nähe reicher landwirtschaftlicher Gebiete, insbesondere des idyllischen Staates Wisconsin, aus dem der feinste Käse und das beste Bier Amerikas kommen und wo sogar ein guter Wein gekeltert wird.

Gesegnetes Land im Mittelwesten

Wäre ganz Amerika wie der Milchstaat Wisconsin, dann wäre es zwar weniger aufregend, dafür aber sanft und lieblich wie das Périgord in Südwestfrankreich. Es wäre von Küste zu Küste ein Land mit adretten Gehöften, pittoresken Kirchen, gepflegten Feldern und Forsten, Meiereien wie in der Schweiz und anheimelnden Städten, die New Holstein, New Berlin, Freistadt, Luxemburg, Germantown oder auch Baraboo heißen, Städten, in denen niemand sein Auto abschließt, niemand seinen Unrat achtlos auf die Straße wirft und niemand Angst haben muß, nachts auf die Straße zu gehen.

Wäre ganz Amerika wie Wisconsin, dann hätte eine vom früheren Erziehungsminister Bell eingesetzte National Commission on Excellence in Education nicht in einem »Offenen Brief an das amerikanische Volk« warnen müssen: »Unsere Nation ist in Gefahr, weil wir im Bildungswesen in gedankenloser Weise einseitig abgerüstet haben ...« Rund 25 Millionen erwachsene Amerikaner seien praktisch Analphabeten. 40 Prozent aller 17jährigen könnten aus Texten keine Schlüsse ziehen. Ein Viertel aller Marinerekruten habe nicht die Lesefähigkeit, die von Schülern der neunten Klasse erwartet werde.

Andere Untersuchungen sind sogar zu noch katastrophaleren Ergebnissen gekommen. Laut »Time« können 30 Prozent der 18jährigen weder lesen noch schreiben. Und bei einem Test der National Geographic Society an einer Oberschule in Baltimore waren 45 Prozent der Pennäler nicht in der Lage, ihr eigenes Land auf dem Globus zu finden.

Wie das benachbarte Minnesota hat Wisconsin solche Sorgen nicht; in beiden Staaten setzen sich nord- und mitteleuropäische Bildungstraditionen fort, denn beide wurden vorwiegend von skandinavischen und deutschen Einwanderern besiedelt; beide entlohnen die Lehrer besser als die restlichen Staaten des Landes, von teuren Gebieten wie New York abgesehen; beide gönnen sich große Universitäten von hohem Renommee.

Die staatliche University of Wisconsin, deren Institute sich über 13 Städte verteilen, ist die größte in den USA. Sie hat 160 000 Studenten. Bei der University of Minnesota sind 60 000 immatrikuliert. Minnesota verfügt aber noch über ein zweites Netz staatlicher Hochschulen und, ebenso wie Wisconsin, über mehrere angesehene Privatuniversitäten. Dabei gehören Wisconsin und Minnesota mit 4,7 beziehungsweise vier Millionen Einwohnern zu den kleineren US-Bundesstaaten.

Da Wissen und Gesetzestreue meistens Hand in Hand gehen, rangieren Wisconsin und Minnesota in den amerikanischen Kriminalstatistiken am unteren Ende. In beiden Staaten gibt es keine Todesstrafe, und Minnesota vermietet Gefängniszellen an andere Staaten, weil es selbst nicht genügend Halunken hat.

»Welch ein gesegnetes Land! Wie könnt ihr euch das leisten?« fragte ich einen Kollegen in Minneapolis, nachdem er mir die saubere und großzügig ausgestattete Oberschule seiner Tochter und eine unterbelegte Strafanstalt gezeigt hatte. »Erstens sind unsere Politiker im allgemeinen ehrlich«, antwortete er, »und zweitens zahlen wir höhere Einkommens- und Luxussteuern als andere Amerikaner. Der Alkohol beispielsweise kostet bei uns deshalb mehr als andernorts.«

Ich hatte mir Minnesota, die Hochburg des amerikanischen Luthertums, etwas bieder vorgestellt und entdeckte ein weitherziges, sinnenfrohes Volk, dessen exquisit schöne Frauen von nun an einen Dauerplatz in meinem Gedächtnis haben. Minnesota nennt sich das »Land der 10 000 Seen«. Ich bin der Eiszeit dankbar, daß sie hier so viele Gewässer hinterlassen hat, allen voran den Lake Superior, das zweitgrößte Binnenmeer der Welt. Staunend fuhr ich an seiner Nordwestküste von der Hafenstadt Duluth hinauf zur kanadischen Grenze: Tief im Landesinnern der USA rollte ich eine Uferstraße entlang, die sich mit der Corniche in Südfrankreich an Schönheit messen kann.

In Minnesota sind die Einheimischen im Sommer in jeder freien Minute im Wasser und im Winter auf dem Eis, das bei Temperaturen von bis zu minus 50 Grad Celsius mehrere Meter dick wird. Dann bauen sie Hüttenstädte auf den zugefrorenen Seen, richten sich gemütlich mit Betten, Heiz-, Koch- und Fernsehgeräten ein, bohren Löcher in das Eis, werfen ihre Angelschnüre hinein und hoffen, daß ein Walleye-Hecht anbeißt. Der Fang erstarrt im Freien in Minutenschnelle zu Tiefkühlkost. Die wahren Könner machen sich's etwas schwerer. Sie versuchen die Hechte mit Speeren zu erlegen.

Wisconsin und Minnesota sind die Perlen des amerikanischen Kernlandes, des Mittelwestens, dessen Farmen die Welt füttern könnten, aber heute oft ihre Besitzer nicht mehr ernähren. Zu Tausenden machen sie Pleite, weil sie die Darlehen nicht zurückzahlen können, die sie für Maschinen und Landzukauf aufgenommen haben.

▷ *Verschwenderisch geht der Herbst in Massachusetts mit seinen Farben um. In diese Landschaft verschlug es 1620 die puritanischen Pilgerväter. Sie wollten mit der »Mayflower« nach Virginia, doch Stürme ließen sie ihr Ziel verfehlen. So gründeten sie hier im Norden die Neuengland-Staaten.*

Bärtige Männer und wuchtige Ackergäule

Nun wird in Amerika viel davon geredet, daß ein nachindustrielles Zeitalter angebrochen sei. Ungewohnte Szenen auf den Feldern des Mittleren Westens scheinen dies zu bestätigen. Hier und dort verschwinden bereits die schweren, mit Stereoanlagen in vollklimatisierten Kabinen ausgestatteten Traktoren. Statt dessen pflügen bärtige Männer in schwarzen Gewändern mit Hilfe wuchtiger Ackergäule die Scholle.

Dies sind Amish People, amische Mennoniten, Nachfahren der deutschen und Schweizer Wiedertäufer. Ihre Religion verbietet ihnen neben jeglichem Luxus auch Motorfahrzeuge, so daß sie nie aufhörten, Pferde vor ihre Pflüge, Eggen und Kutschen zu spannen. An billigen Arbeitskräften mangelt es ihnen nicht. Eine Amish-Familie hat im Durchschnitt acht Kinder, die höchstens acht Jahre lang zur Schule gehen dürfen; mehr läßt ihr Glaube nicht zu. Mit ihrer Hilfe bewirtschaften sie gewinnbringend ihre Anwesen, von denen jedes normalerweise 40 Hektar groß ist.

Jahrhundertelang lebten die Amish fast ausschließlich in Pennsylvanien. Doch nun, da in den anderen Staaten immer mehr Land billig erstanden werden kann, breiten sie sich nach Westen aus, wo sich leichter das Gebot ihrer Sekte erfüllen läßt, jedem Sohn einen Hof zu kaufen. Und diese Entwicklung wird sich noch lange fortsetzen. Die altmodischsten unter den Amerikanern sind zugleich die am schnellsten wachsende Minderheit. Im Jahre 1950 gab es ihrer nur 33 000 im ganzen Lande; heute sind es fast 100 000. Außerdem findet ihr schlichter Lebensstil Nachahmer unter der übrigen Bevölkerung. Immer mehr junge Männer, die Bauern werden wollen, aber das Geld für modernes landwirtschaftliches Gerät nicht haben, ler-

nen bei den Amish, mit Pferdekraft zu pflügen, zu eggen und zu düngen.

Was nun aber Wisconsin und Minnesota anbelangt, so bringen die Amish die deutsche Sprache, die dort bis zum Ersten Weltkrieg fast ebenso häufig zu hören war wie das Englische, in diese Staaten zurück. Denn seit der Reformationszeit haben die Amish ihren alemannischen Dialekt nie abgelegt. Deutsch ist Pflichtfach in ihren Zwergschulen; Deutsch ohne Diphthonglaute ist die Sprache, in der sie predigen, beten und in uralten Chorälen Gott preisen.

New Hampshire und Vermont – Heimat der Querköpfe

Dem Leser wird nicht entgangen sein, daß die von mir bevorzugten Teile Amerikas bisher paarweise beschrieben wurden: das Städtepaar New York und Chicago, das Staatenpaar Wisconsin und Minnesota. Ich will diesem Schema folgen, um über die ungleichen Zwillinge New Hampshire und Vermont zu berichten, über die ich mich schon lange köstlich amüsiere.

Wollen wir uns nicht lange beim Pittoresken aufhalten; die weißen Kirchen und das strahlend bunte Herbstlaub Neuenglands sind den Deutschen ein Begriff. Hier interessieren uns mehr die Menschen dieser Gegend, die knorrigen Yankees, die Mottenlöcher in ihren Tweedjacken für ein Zeichen von Tugend halten, weil sie von Sparsamkeit zeugen. Mein wohlhabender Freund Ebenezer, dessen Vorfahren 1620 auf der »Mayflower« eingetroffen waren, ist eine solche Gestalt. Er kauft seine Anzüge grundsätzlich nur aus zweiter Hand und verbringt manchen lauschigen Sommerabend damit, von den Weihnachtskarten, die er im vorangegangenen Jahr erhalten hatte, die handgeschriebenen Grüße seiner Freunde wegzuschneiden, so daß er die Karten, nunmehr mit seiner eigenen Signatur versehen, weiterschicken kann.

Wer wie ich ein Faible für verschrobene Zeitgenossen hat, kommt also in Neuengland auf seine Kosten. In Peterborough in New Hampshire erzählte man mir von einem Mann, der jeden Tag an einen von Bibern bewohnten Teich ging und rief: »Komm, Biber, komm!« Einige Jahre lang geschah nichts, aber dann, so versichern die Bürger von Peterborough, kam tatsächlich eines der Nagetiere aus dem Wasser und biß dem Mann kräftig in die Hand. Ob der schmerzhafte Schluß der Geschichte nun wahr ist oder nicht, sei dahingestellt. Der entscheidende Punkt ist dieser: Ein Original hat die Yankees zum Schmunzeln gebracht.

Daß Querköpfe hier nachgerade die Norm sind, wurde mir am Connecticut River klar, der die Grenze zwischen Vermont und New Hampshire bildet. Der Fluß trennt zwei gleichermaßen verträumte Yankee-Städte. Am Westufer liegt Norwich in Vermont. Dort wohnen viele Professoren des vornehmen Dartmouth College, das in Hanover am Ostufer angesiedelt ist, und Hanover gehört zu New Hampshire.

Warum verzichten die Gelehrten auf den Komfort, nach der Arbeit im Schatten edler Straßenbäume zu Fuß nach Hause zu schlendern? »Aus ideologischen Gründen«, sagte der Historiker Jere Daniell belustigt. New Hampshire, seit Jahrzehnten das wahlpolitische Barometer Amerikas, sei ihnen zu rechts, was sich vor allem darin zeige, daß es als einziger Bundesstaat weder eine Einkommens- noch eine Verkaufssteuer erhebe.

Dies macht den blühenden Industriestaat New Hampshire, der auch ein beliebtes Ferienziel ist, in gewisser Hinsicht zur konservativsten Ecke Amerikas. Denn konservativ zu sein bedeutet dort in erster Linie, dem Staatsapparat nichts Gescheites zuzutrauen und ihn folglich klein- und knappzuhalten. Die amerikanischen Linken, die sich Liberale nennen, sind gegensätzlicher Ansicht. »Eine Einkommensteuer macht erst eine aktivistische Regierung möglich«, sagt Professor Frank Smallwood, der in Dartmouth Staatskunde lehrt und abends nach Vermont pendelt, das bis vor kurzem genauso konservativ war wie New Hampshire und sein Herz für hohe Sozialleistungen und Steuern erst entdeckte, als sich in den sechziger Jahren Horden von Intellektuellen aus New York in diese Idylle absetzten.

▽ *Die wellige Landschaft der Great Plains bildet, geographisch gesehen, das Herz des nordamerikanischen Kontinents. Viele Millionen Bisons weideten auf den Prärien, ehe der weiße Mann kam und sie bis Ende des 19. Jahrhunderts nahezu ausrottete. In den Schutzgebieten der Vereinigten Staaten wie hier in Dakota ist der Bestand der »Indianerbüffel« inzwischen wieder auf rund 30 000 angewachsen.*

◁ *Eins der großen Naturschauspiele im Yellowstone-Nationalpark: heiße Fontänen, bis über 60 Meter emporgeschleudert. Auf Old Faithful ist Verlaß – er »spuckt« in Abständen von jeweils gut einer Stunde vier Minuten lang seinen von Dampfwolken umgebenen Wasserstrahl himmelwärts. Andere Geysire sind wenigere zuverlässig, bei einigen bleiben die Eruptionen sogar über lange Zeiträume hinweg aus.*

New Hampshire finanziert seinen mageren Staatsapparat mit Hilfe eines Spirituosenmonopols, das den sparsamen Yankees die zusätzliche Freude beschert, hier billiger trinken zu können als in irgendeinem anderen Bundesstaat. Ist nun die Abwesenheit eines vom Staat gespannten sozialen Netzes ein Beweis für Herzlosigkeit? »Keineswegs«, sagt Judson Hale, der Chefredakteur des »Yankee Magazine«, und weist auf den ausgeprägten Sinn für Nachbarschaftshilfe hin, der wesentlich effizienter sei als behördliche Fürsorge.

Gemeinschaftssinn als Grundlage des Wohlstands

In seinem Buch »Inside New England« schreibt Hale über seinen Heimatort Dublin in New Hampshire: »Wir teilen die Sorgen von Mitbürgern, die in Schwierig-

△ *Die Indianer mieden den Ort – sie glaubten, das Werk böser Geister vor sich zu haben. Geologen geben für das Entstehen der Kalksinterterrassen im Yellowstone-Nationalpark eine andere Erklärung: Kohlensäurehaltige Quellen haben Kalk im Erdinnern gelöst und an der Erdoberfläche abgelagert. Ein wenig unheimlich mutet die seltsame Naturerscheinung in jedem Fall an.*

keiten sind. Wir lieben jedermanns Kinder und hoffen, daß sie nicht alle wegziehen werden, wenn sie das College hinter sich haben. Wir trauern gemeinsam. Wir feiern Geburtstage und Hochzeiten gemeinsam ... Wir kämpfen gemeinsam gegen die Elemente, und wir bauen einander das ganze Jahr über auf, indem wir uns zuhupen, zuwinken, einen guten Morgen wünschen und die Wetterlage kurz analysieren.«

Diesem Gemeinschaftssinn, der den klassischen amerikanischen Wertvorstellungen entspricht, verdanken denn auch die Kommunen ihre Stärke. Sie sind das wichtigste Kriterium zum Verständnis dieses ökonomisch unbeschreiblich erfolgreichen Staates, der so gut wie keine Arbeitslosigkeit kennt und den das restliche Amerika gleichwohl nur einmal alle vier Jahre zur Kenntnis nimmt: dann nämlich, wenn hier die erste der Primärwahlen stattfindet, mit denen die beiden großen Parteien ihre Präsidentschaftskandidaten bestimmen.

In keinem anderen Teil der USA sind die Stadt- und Dorfgemeinschaften trotz aller konfessionellen und parteipolitischen Unterschiede so in sich geschlossen wie in New Hampshire. Dies hat historische Gründe. New Hampshire war das einzige Territorium in Neuengland, das als Kronkolonie direkt von London aus regiert wurde. Als im amerikanischen Unabhängigkeitskrieg die britische Verwaltung zusammenbrach, fehlte eine zentrale Regierung, die ihre Funktionen hätte übernehmen können. Ihre Aufgaben fielen deshalb an die Gemeinden, die bis heute eifersüchtig über ihre Eigenständigkeit wachen.

Aus diesem Grunde verfügt dieser Staat mit seinen 920 000 Einwohnern auch über das drittgrößte Parlament der englischsprachigen Welt. Nur der Kongreß in Washington und das britische Unterhaus sind größer. Das Parlament, einem deutschen Landtag vergleichbar, hat zwei Kammern. Im Senat sitzt je ein Abgeordneter der 24 Landkreise. Das Repräsentantenhaus aber hat 400 Mitglieder, weil jeder Ort, auch der kleinste, darauf besteht, dort vertreten zu sein.

»Das Bedürfnis, am demokratischen Prozeß teilzuhaben, wird uns mit der Muttermilch eingegeben«, erklärte mir der Bauer Howard Townsend, früherer Landwirtschaftsminister von New Hampshire. Deswegen sind in New Hampshire die Gemeinderäte um ein Mehrfaches größer als im restlichen Amerika. Die durch eine vorzügliche Lokalpresse gut informierten Einwohner nehmen denn auch stets in großer Zahl an den Gemeinderatssitzungen teil, und wie überall in Neuengland gibt es zudem noch »Town meetings« – Treffen aller mündigen Einwohner, bei denen die Geschicke ihrer Ortschaft beschlossen werden.

▷ *Schnurgerade führt die Autostraße durch das kalifornische Death Valley auf die Sierra Nevada zu. Die Fahrt durch das »Todestal« kann auch heute noch qualvoll sein – über 80 Grad Celsius wurden hier an der Erdoberfläche schon gemessen.*

△ *Im Vorbeifahren erzählt der Fahrer dieses Trucks, worauf er stolz ist: auf seinen Truck und auf Amerika. Ein Hauch von Romantik und heroischer Einsamkeit umweht den Trucker – man sieht in ihm den Erben der Pioniere und Cowboys, der Helden von einst.*

Es gibt in den Vereinigten Staaten einen alten Spruch: »As New Hampshire goes, so goes the Nation.« Damit ist gemeint, daß die Kandidaten, die bei den Primärwahlen in New Hampshire gewinnen, meistens anschließend bundesweit das Rennen machen. Wenn politischer Instinkt das wichtigste Kriterium für die Beurteilung eines Landes wäre, dann müßte ich mich jetzt korrigieren; dann wäre nicht New York, sondern New Hampshire das Paradigma der Neuen Welt.

Der pazifische Nordwesten – ein kulinarisches Paradies

In »Inside U.S.A.«, dem scharfsinnigsten Porträt der Vereinigten Staaten, hat John Gunther darauf hingewiesen, daß sich die Nüchternheit und Vernunft der Menschen im amerikanischen Nordosten am anderen Ende des Landes widerspiegele. Das kommt nicht von ungefähr. Der kühle pazifische Nordwesten wurde im vorigen Jahrhundert von Neuengländern besiedelt.

Viele meiner amerikanischen Freunde halten die Zwillinge Oregon und Washington für die beiden Bundesstaaten mit der höchsten Lebensqualität in ihrem Lande. Ich kann ihnen schwerlich widersprechen, zumal ich dort meinen epikureischen Neigungen hemmungslos nachgehen kann. Vor allem in der Hafenstadt Seattle hat eine Schlemmer-Revolution stattgefunden, die stark von der Hippie-Bewegung der sechziger Jahre beeinflußt ist. »Die Menschen hier haben die Köstlichkeiten wiederentdeckt, die die Natur ihnen schenkt«, sagte der Journalist und Restaurantberater John Dörper, während wir im Restaurant »The Other Place« einen Salat aus 25 verschiedenen wilden Blüten aßen, die die ehemalige »Blumenkinder« am selben Tag in den Bergen Washingtons gepflückt und dem Lokal teuer verkauft hatten.

Dörper, der früher Hans hieß und aus Würzburg stammt, ist einer von 15 Journalisten, die in den Zeitungen, Zeitschriften und Rundfunksendern von Seattle ausschließlich über Essen und Trinken berichten. Das Interesse an guter Kost ist hier so ausgeprägt, daß Männer wie Dörper von Schulämtern beauftragt werden, die Schulkantinen zu testen.

Dies ist ein kulinarisch gesegnetes Land. Selbst Europäern, die von zu Hause reichhaltige Wochenmärkte gewohnt sind, gehen auf dem Pike Place Market in Seattle die Augen über. An keinem anderen Ort habe ich eine solche Fülle an duftenden Pfifferlingen, wilden Beeren, frischem Salm und Stör, wildem Spargel und allen erdenklichen Gemüsesorten, Geflügel und Käse gesehen.

◁ »Gänsehälse« – Goosenecks – nennt man treffend diese phantastischen Sandsteinformationen, die dem Goosenecks State Park im Süden von Utah seinen Namen gegeben haben.

△ Daß die Beine der Fortbewegung dienen – fast wäre den Amerikanern diese Einsicht abhanden gekommen. Bis sie das Laufen entdeckten! Noch im dichtesten Verkehr huldigen die Jogger ihrer Leidenschaft wie auf der Golden Gate Bridge in San Francisco.

Europäer brauchen nun auch nicht mehr hochmütig die Nase zu rümpfen, wenn sie sehen, was die Amerikaner zu diesen Köstlichkeiten trinken. Früher war's Milchkaffee; heute sind es edle Weine aus eigenem Anbau. Längst hat Washington mit seiner Weinproduktion den Bundesstaat New York überholt, der jahrzehntelang an zweiter Stelle nach Kalifornien rangierte. Die Cabernet-Sauvignons, Merlots, Lemberger, Pinot Noirs, Chardonnays und Rieslinge übertreffen zuweilen sogar ihre weltweit gefeierten kalifornischen Konkurrenten an Qualität.

Die Winzer vom Willamette-Tal

Der Geheimtip amerikanischer Weinliebhaber lautet jedoch, sich in Oregon umzusehen. Ich habe dort Weine getrunken, die es zum größten Teil vor einem Dutzend Jahren noch gar nicht gab, Weine, die meine Mundhöhle ausfüllten wie volle, reife, perfekte Burgunder; Rotweine weich wie Samt, Weine, deren Buketts mich mal an Mokka, mal an Kirschen oder schwarze Johannisbeeren, mal an eine verwirrende Vielzahl von Gewürzen erinnerten.

Das Willamette-Tal in Oregon, das teils der Pfalz, teils Burgund, teils auch dem französischen Südwesten ähnelt, ist unter den ernst zu nehmenden Weinlandschaften Amerikas die jüngste und mit 2000 Hektar Anbaufläche noch recht klein. Aber jedes Jahr kommen weitere 200 Hektar hinzu, und die rund 40 Winzer dürften die interessantesten Bauern der Welt sein.

Sie kommen durchweg aus akademischen Berufen. Der erste, David Lett, hatte Zahnmedizin studiert. Ein anderer, ein Radiologe, konnte den täglichen Umgang mit unheilbar Krebskranken nicht mehr ertragen. Ein Städteplaner baut Reben an, weil ihm das Stadtleben auf die Nerven fiel. Der 45 Jahre alte Germanist David Adelsheim hatte während seines Studiums in Deutschland eine solche Liebe zum Wein entwickelt, daß er daheim, in Oregon, selber welchen machen wollte. Als guter Akademiker ging er beim Erlernen des neuen Berufes methodisch vor. Erst ließ er sich im Lycée Viticole in Beaune im Keltern unterweisen; dann arbeitete er in weinwirtschaftlichen Versuchsstationen in Deutschland, Frankreich und der Schweiz, und schließlich verdingte er sich noch als Weinkellner in den besten Restaurants seiner Heimatstadt Portland. Erst dann gründete er ein kleines Weingut. Da sage keiner, daß die Amerikaner oberflächlich seien.

Nun gehört es zu den amerikanischen Ungereimtheiten, daß das Wildbret, zu dem Adelsheims Pinot Noir am allerbesten paßt, zwar in Oregon in großen Mengen vorhanden ist, aber in den Restaurants nicht serviert werden darf. Der Wirt kann Reh- oder Hasenfleisch aus Europa oder Neuseeland einführen. Aber einem Jäger seine Strecke abzukaufen, ist ihm untersagt; das will das US-Ernährungsamt nicht.

▷ *Albuquerque in New Mexico ist Zentrum der amerikanischen Atomforschung. Nostalgisch mutet dagegen das Festival der Heißluftballons in der Oasenstadt an.*

◁ *Er ist das Wahrzeichen von Arizona: der Saguaro-Kaktus. Mit seiner markanten Kandelaberform beherrscht er das Landschaftsbild – wie hier im Saguaro-Nationalpark nahe Tuscon im Süden des Bundesstaates.*

Ferien im Indianerreservat

Es überrascht mich nicht, daß Oregon ein bevorzugtes Feriengebiet der Kalifornier ist. Der nördliche Nachbarstaat lockt sie an, weil auch sie suchen, was uns Europäern noch mehr fehlt: viel Raum, viel unverdorbene Natur und freundliche, direkte Menschen, die ihre Heimat pflegen. Es liegt eine gewisse Ironie darin, daß ausgerechnet die Kalifornier ihren weltberühmten Stränden den Rücken kehren und in die karge Schönheit der Sanddünen von Oregon flüchten. Zwar ist dort das Wasser des Pazifiks zum Baden viel zu kalt; dafür können die Urlauber aus dem Süden Wale und Seelöwen in ihrer natürlichen Umwelt beobachten.

Sie stellen auch den größten Teil der Gäste in einer Ferienanlage, deren Existenz von der Vernunft zeugt, durch die sich die Menschen von Oregon auszeichnen. Oberflächlich betrachtet ist das Kah-Nee-Ta Resort eine von unzähligen amerikanischen Ferienfabriken mit Golf- und Tennisplätzen, Schwimm- und Thermalbädern, Reit- und Angelmöglichkeiten. Nur unterscheidet es sich von allen anderen dadurch, daß es mitten in einem 200 000 Hektar großen Indianerreservat liegt, drei föderierten Stämmen gehört und von ihnen betrieben wird. Hier hat der indianische Stammesrat und nicht die Landesregierung von Oregon das Sagen; Missetäter werden denn auch nicht vor ein Staatsgericht gestellt, sondern vor ein Indianertribunal.

Die Vorfahren der 2500 Rothäute, die heute dort leben, hatten die Weißen freundlich empfangen. Zum Dank wurde ihnen 1855 nicht, wie anderen Stämmen, lauter schlechtes Land, sondern vielmehr sehr gutes zugewiesen. Die Indianer zogen eine erfolgreiche Forstwirtschaft mit einem großen Sägewerk auf. Sie bauten einen Staudamm und ein Wasserkraftwerk, das heute Strom nach Portland liefert, der größten Stadt in Oregon. Und sie bauten mit viel Geschmack das Ferienzentrum, in dem die Indianerstämme aus allen Teilen Nordamerikas ihre Kongresse veranstalten.

Kalifornien – Brutstätte für Paradiesvögel

Ich kann das Bedürfnis der Kalifornier nachempfinden, aus ihrem eigenen Staat auszureißen, um bei den Indianern in Oregon Salm zu essen, den diese im Freien backen. Kalifornien, eines der beliebtesten Urlaubsgebiete Amerikas, zerrt zuweilen arg an den Nervensträngen seiner Bürger. Früher gehörte ich zu jenen, die jede Gelegenheit wahrnahmen, in diesen westlichsten Ableger der westlichen Zivilisation zu fliegen, und er fasziniert mich auch heute noch. Gut und Böse, Fleiß und Faulheit, Brillanz und Irrsinn, Schönheit und Häßlichkeit, Erfolg und Bankrott liegen dort so nahe beieinander wie die mit ewigem Schnee bedeckten Berge und die in ewigen Sonnenschein getauchten Palmenstrände, wie Wüsten und Mammutbäume, durch die Tunnel führen, so daß selbst Straßenkreuzer unter ihnen hindurchfahren können.

Mich faszinieren die Paradiesvögel, die Kalifornien ihre Heimat nennen:

Ronald Reagan, der erst Filmstar, dann Gewerkschaftsführer, danach Gouverneur und schließlich Präsident der Vereinigten Staaten wurde;

Edmund Brown junior, Reagans Nachfolger im Gouverneursamt, der nacheinander Jesuiten-Novize, Zen-Buddhist und ein Verehrer von Mao, Ho Chi Minh und Mahatma Gandhi war;

James Pike, vormals Rechtsanwalt, der es ohne Theologiestudium zum anglikanischen

▽ *Die Babyflasche in der einen, die Spielzeugpistole in der anderen Hand, im Hintergrund das Fernsehgerät – der Navajo-Junge lernt frühzeitig Konsumverhalten. Doch langsam regt sich bei den Indianern Widerstand gegen eine Zivilisation, die ihre kulturelle Identität schon weitgehend ausgelöscht hat.*

◁ *Eine schnurgerade Straße, flankiert von unzähligen Reklametafeln – das typische Bild einer Kleinstadt des Südwestens. Hier vergißt kein Reisender, wo er sich befindet: in den Vereinigten Staaten mit ihren vielgelästerten und doch weltweit begierig aufgenommenen Attributen wie Motels, Fast Food und Blue Jeans.*

Bischof von San Francisco brachte, dann aber dem Okkultismus verfiel und in der Wüste Negev im Heiligen Land verdurstete;

Melvin Belli, ein exzentrischer Staranwalt, der einmal einen sechs Zentner schweren Mandanten mit einem Riesenkran durch das Fenster eines Gerichtssaales hieven ließ;

Tim Hemer, Unternehmer, der Regenwürmer züchtet, die man aus einem Automaten ziehen kann – Preis: ein Dollar das Dutzend;

Marvin Melman, Klitschenbesitzer, der vor seinem Betrieb steht und ruft: »Kommt, Leute, kommt und seht, wie ein Tintenfisch einen Dudelsack nach dem anderen vergewaltigt.«

Denke ich an Kalifornien, wird mir heute schwindlig. Mir ist es noch nicht gelungen, diesen volkreichsten Staat der USA zu verstehen. Er ist das Land künstlerischer Meisterwerke und wissenschaftlicher Pioniertaten, aber auch unvergleichlicher Selbstverwöhnung, ein Land, in dem etwa Surfing als Lebenszweck betrachtet wird. Es gibt in Kalifornien Wohnwagen, in deren Salons Steinway-Flügel stehen und französische Kronleuchter von der Decke hängen und in denen Fahrstühle den Besitzer zum Dachgarten befördern. Die 25 Millionen Kalifornier haben fast 20 Millionen Kraftfahrzeuge, die jedes Jahr 45 Milliarden Liter Benzin verfahren.

Andererseits waren es die Kalifornier, die als erste die tödlichen Gefahren erkannten, die der Gesellschaft vom Kraftwagen drohen. Sie waren denn auch die ersten, die in den sechziger Jahren durch rigorose Auflagen an die Auto-Industrie die Luftverschmutzung radikal verringerten. Kein anderer Teilstaat der USA hat so radikale Umweltschutzgesetze.

Ich gebe gern zu, daß ich oft versucht bin, Kalifornien gegenüber schrecklich ungerecht zu sein. Mit meiner Aversion gegen seine größte Stadt stehe ich nicht allein da. Der Charme von Los Angeles ist schwer auszumachen. Zunächst einmal hat es viel zu viele Autobahnen: 1100 Kilometer insgesamt, und die Grünstreifen sind vielfach mit Büschen, Bäumen und Gras aus Kunststoff dekoriert. Zum anderen hat es zu viele Sekten, um als ein Zentrum des Glaubens ernst genommen zu werden; Adressen der Kirchengemeinden füllen im Branchenverzeichnis des Telefonbuches 60 Spalten. In welche Tiefen der Perversion das Glaubensbedürfnis der Menschen in diesem Zipfel der Welt sinken kann, wissen wir seit den Wahnsinnsmorden des »Messias«, »Satans« und Satyrs Charles Manson und seiner Jünger.

Schlechte Erinnerungen an die sechziger Jahre – San Francisco

Mein Verhältnis zu Kaliforniens schönster Stadt ist komplizierter. Sie erscheint mir wie eine auf Abwege geratene Geliebte. In einem Lied wird sie mit den gleichen Worten besungen wie bei uns Heidelberg: »I left my heart in San Francisco.« Es gab einmal eine Zeit, in der auch ich dort mein Herz verloren hatte. Aber ich bin froh, daß ich es wiederfand, bevor San

Vereinigte Staaten von Amerika 405

Francisco wie kein anderer Ort von den beiden übelsten Plagen unserer Zeit heimgesucht wurde: vom Rauschgift und von AIDS. Es ist nicht möglich, beim Gedanken an San Francisco die Erinnerungen an die dunklen Seiten der sechziger Jahre auszuschalten: an die dort konzentrierten Jünger des Harvard-Dozenten Dr. Timothy Leary, der den Drogengenuß als Gottesersatz predigte, und an die Apostel maßloser sexueller Libertinage. Auf die Frage nach den Ursachen der ausgebrannten Gehirne und des Siechtums sind sie uns bisher eine Antwort schuldig geblieben.

Ich habe mich von San Francisco abgewandt, nachdem ich dort miterleben mußte, wie eine der schönsten jungen Frauen, denen ich je begegnet bin, unter die Räder kam. Wenige Wochen nach ihrem Eintreffen

legte sie Hippie-Kluft an und knabberte Nüsse. Bald darauf war kein vernünftiges Gespräch mit ihr mehr möglich, weil sie unaufhörlich Marihuana rauchte.

Sie zog in eine trotzkistische Kommune ein und faselte von Revolution. Einstichnarben am ganzen Arm verrieten Heroin-Injektionen. Wenige Wochen später landete sie auf dem Strich, um ihre Drogensucht zu finanzieren. Schließlich wurde sie Teil einer grausigen Statistik: Sie versetzte sich den »goldenen Schuß« und beendete damit – wie Tausende junger Menschen in San Francisco – ihr verpfuschtes Leben.

Das gesunde Wüstenklima von Arizona

Auf der Suche nach Sonne meide ich heute Kalifornien ebenso wie Florida, dessen größte Stadt, Miami, als wichtigster Drogenumschlagplatz der Welt auf meine Dollars nicht angewiesen ist. Da gebe ich schon lieber Arizona den Vorzug, dessen Hauptattraktion seine trockene, saubere Luft ist. »Take your sinuses to Arizona« – »Bringt eure Nebenhöhlen nach Arizona«, lockte früher ein Fernsehwerbespot die New Yorker, die samt und sonders an Verschnupfung zu leiden scheinen.

Sie kamen tatsächlich, und mit ihnen kamen die Allergiker, deren Leiden anfangs ebenfalls von Arizonas reiner Luft gelindert wurden. Dummerweise brachten sie aber auch Pflanzen mit, die ihnen überhaupt nicht guttun: Bermudagras, schattenspendende Maulbeerbäume, auch Ölbäume, deren Pollen zu den reiselustigsten der Flora gehören. Und siehe, heute ist in Arizona zum Beispiel die Anfälligkeit für Asthmaerkrankungen zwei- bis dreimal höher als im amerikanischen Bundesdurchschnitt.

Die goldenen Türme von Dallas

Zu behaupten, daß Arizona ein Exempel für das junge und immer noch dynamische Amerika sei, wäre freilich arg vermessen. Dies träfe schon eher auf Texas zu und dort vor allem auf die Stadt Dallas, für die ich ein besonderes Faible habe. Das war nicht immer so. Als ich dort im November 1963 über das Attentat auf Präsident John F. Kennedy berichtete, war Dallas eine langweilige Provinzstadt, deren Menschen uns Journalisten beschimpften, bedrohten und zuweilen auch bespuckten; sie meinten, wir hätten sie weltweit in Verruf gebracht.

Mein erstes Erwachen in Dallas fast ein Vierteljahrhundert später kam mir zunächst wie ein metaphysisches Erlebnis vor. Ich hatte den Eindruck, in Gold gebadet zu werden. Zwei mit goldfarbenem Spiegelglas verkleidete Bürotürme flankierten mein Hotel, und einer von ihnen warf mir das Licht der Morgensonne ins Fenster. Diese beiden Türme, die es zur Zeit des Kennedy-Mordes noch nicht einmal auf dem Reißbrett gab, sind den Fernsehzuschauern in sechs Erdteilen vertraut, weil sie stets in der Eröffnungsszene der Serie »Dallas« auf den Bildschirmen funkeln.

Sie sind das Wahrzeichen eines neuen Dallas; sie sind Kinder eines enormen Aufschwungs, den die Stadt in den letzten 20 Jahren erlebt hat. Dallas hat sich in diesen beiden Dezennien zu einer urbanen und unermeßlich reichen Stadt gemausert, in die ganze Konzerne aus der Mühsal älterer amerikanischer Städte geflüchtet sind.

Über Dallas besagt heute ein Sprichwort, dort sei ein armer Mann daran zu erkennen, daß er seinen Mercedes selber waschen müsse. Es ist schon etwas dran an dem Vorurteil vieler Menschen von der amerikanischen Ostküste, daß Dallas eine Stadt voller Angeber sei; aber angeben darf hier nur, wer etwas leistet. Neuankömmlinge aus Europa, die den ganzen Tag am Pool herumlungern wollen, werden verächtlich belächelt. »Euro-Trash« nennen die Texaner sie, Euro-Müll also.

◁ *Moderne Architektur, wirtschaftliche Dynamik, eine lebendige Kulturszene und ein unverkennbarer Hang zu verschwenderischem Luxus haben Dallas zu einer der umworbensten Städte Amerikas gemacht.*

▽ *Erdgeschichtliche Zeugen von bizarrer Schönheit: die Felsentürme in der einsamen Canyonlandschaft des Colorado National Monument.*

»Andererseits wird hier jeder vorurteilslos aufgesaugt, der im Rhythmus der Stadt mitschwingt«, sagte mir der Metzgermeister Hans Müller aus Kaiserslautern, der hier 1969 eine Wurstfabrik eröffnet hatte, deren Umsatz mittlerweile zigmillionen Dollar im Jahr erreicht hat. Müller besitzt nun ein Wochenendhaus an einem See, ein Ski-Chalet in Colorado und einen Mercedes 300 Turbodiesel, auf dessen Nummernschild anstelle von Ziffern die Buchstaben WURST stehen.

Der Rhythmus, den er meinte, heißt harte Arbeit, die aber in Dallas auch mit einem unvorstellbaren Luxus belohnt wird. Selbst die

◁ *Cliff Palace ist Teil einer Siedlung der Anasazi-Indianer, deren Kultur ihre Blütezeit zwischen 1100 und 1300 n. Chr. erlebte. Der »Felsenpalast« liegt auf einem Hochplateau im Mesa-Verde-Nationalpark, der sich im äußersten Südwesten Colorados befindet.*

▽ *Ungebrochen ist die Faszination, die das Leben der Pionierzeit ausübt. Für seine Gäste, die sich in alte Zeiten zurückversetzen wollen, hält dieser Rancher in der texanischen Wüste einen Planwagen nach historischem Muster bereit.*

unterirdische Passage von der Union Station zum Bahnhof, an dem höchstens zweimal am Tage ein Zug hält, hat einen wundersam weichen Teppichboden.

Wer die Angeberei dieser Stadt übersieht, entdeckt bald, daß Dallas in Wirklichkeit viel Stil hat. Es leistet sich ein ausgezeichnetes Symphonieorchester, eine der besten Opern in der amerikanischen Provinz und mehrere gute Theater. Dallas hat auch einen ausgeprägten Sinn für die bildenden Künste, wie die vielen Sammlungen exquisiter Gemälde und Skulpturen beweisen.

Zu den Merkmalen von Dallas gehören auch seine schönen, geschmackvoll gekleideten Frauen, die von Modeagenturen als Fotomodelle in die ganze Welt exportiert werden. Kim Dawson, die die berühmteste dieser Agenturen betreibt, führt den hier ausgeprägten Sinn fürs Fesche auf einen Mann zurück: Stanley Marcus, dem das luxuriöseste Geschäft der Welt gehört, das Warenhaus

Vereinigte Staaten von Amerika 407

Neiman-Marcus, zu dem Multimillionäre aus Kalifornien ihre Privatjets schicken, um Champagner-Eis fürs Abendessen abzuholen. Neiman-Marcus hält die schicksten Kleider, Pelze und Juwelen der Welt feil. »Stanley Marcus«, so meint Kim Dawson, »hat Dallas gelehrt, was Eleganz ist.«

Eine Gemeinschaft von Pionieren

Lange habe ich darüber nachgedacht, wo denn der Unterschied zwischen Dallas und New York liege. Nun, darin: Das mittlerweile schon betagte New York ist, wie ein anderer Autor einmal schrieb, eine wunderbare Katastrophe. Es

◁ *Ein junger Alligator als friedlicher Passagier einer Wasserschildkröte. In der urtümlichen Sumpflandschaft des Everglades-Nationalparks hat sich eine vielfältige Tier- und Pflanzenwelt erhalten.*

scheint ständig in einem Ausnahmezustand zu leben und sich immer wieder vom Abgrund zurückzureißen. Und dies ist das Verdienst einer Notgemeinschaft, zu der sich New Yorker zusammenschließen, weil sie keine andere Wahl haben. Wer einmal im Krieg war, weiß, welche Wunder Notgemeinschaften im Angesicht des Untergangs bewirken können.

Dallas ist hingegen jung. Die Gemeinschaft, die diese Stadt vorantreibt, ist beileibe keine Notgemeinschaft, sondern immer noch eine Gemeinschaft von Pionieren. Typisch für Dallas ist H. Ross Perot, der kurz nach dem Kennedy-Attentat mit 1000 Dollar Eigenkapital eine Computer-Servicefirma eröffnete und zum doppelten Milliardär wurde.

Was tut nun in Dallas ein erfolgreicher Mann wie Perot mit seinem Geld? Er dient dem Gemeinwohl. Im Vietnam-Krieg zog er ein Spionagenetz auf, das ihn mit Informationen über US-Gefangene im kommunistischen Norden des Landes versorgte; er charterte zwei Flugzeuge, lud sie mit Liebesgaben voll

△ *»Vater der Flüsse« – Mississippi – nannten die Indianer den größten Strom Nordamerikas. »Kein Wald- und-Wiesen-Fluß, sondern in jeder Hinsicht etwas Besonderes«, befand Mark Twain, der als Lotse die Schönheit des Stromes kennen und seine Gefahren meistern lernte. Eine Flußfahrt mit dem Raddampfer »Delta Queen« läßt Besucher heute noch die Abenteuer von Tom Sawyer und Huckleberry Finn nachempfinden.*

▷ *Der »Vater der Flüsse« als Kind: der junge Mississippi, bald nach seinem Ursprung im Itasca-See (Minnesota).*

408 Vereinigte Staaten von Amerika

und schickte sie nach Hanoi, wo ihnen freilich das Landerecht verweigert wurde. Später entsandte er ein Befreiungskommando nach Teheran, um zwei seiner Angestellten aus dem Gefängnis zu holen. Letzthin leitete er im Auftrag des Gouverneurs von Texas ein Gremium, das für das arg lädierte Bildungswesen von Texas Verbesserungsvorschläge unterbreiten sollte.

Es gehört zu den noch jungen Traditionen von Dallas, daß wohlhabende Bürger immer dann einspringen, wenn das Beamtentum versagt.

Als es galt, die notorisch schlechten Schulen der Stadt aufzumöbeln, half die Geschäftswelt. Manager und Ingenieure sprangen als Lehrer ein; Frauen leitender Angestellter beaufsichtigten die Schüler auf dem Hof und in der Mensa; Betriebe spendeten Computer und Büchereien.

Dieser Geist ist es, der Amerikas Stärke ausmacht. Es ist ein Geist, der selbst die ältesten Teile des Landes vorantreibt, zum Beispiel Mississippi im tiefen Süden. Dort liegt eine meiner Lieblingsstädte in den USA, Natchez heißt sie. Als ich sie 1963 als junger Korrespondent zum erstenmal besuchte, war die Bürgerrechtsbewegung in vollem Schwunge, weswegen zwei Polizisten meinen Wagen, der eine New Yorker Pressenummer trug, schnurstracks aus dem Ort eskortierten und mir mit drohenden Gebärden nahelegten, nicht zurückzukommen; ich sei nämlich nicht willkommen.

Seither hatte ich Natchez nicht vergessen: seine wuchtigen Straßenbäume, von denen

△ *Viele schwarze Amerikaner bekennen sich zum Baptismus, dessen weiße Anhänger sich einst im Kampf gegen die Sklaverei hervorgetan haben. Ihre Vitalität und Sehnsucht, ihre Lebensfreude und tiefe Gläubigkeit bringen die schwarzen Christen in Gospelsongs zum Ausdruck. Große Sängerinnen wie Mahalia Jackson sind aus Baptistengemeinden hervorgegangen, deren musikalische Kraft schier unerschöpflich scheint und Amerikas schwarze Musik immer wieder befruchtet.*

Spanisches Moos wie ein silbergraues Lametta herabhing und der schwül-heißen Stadt eine rätselhafte Atmosphäre gaben; seine weißen Plantagenhäuser mit ihren wuchtigen Säulen; das glockenhafte Lachen seiner Frauen, ihre sinnlich-trägen Gesten.

Ich habe Natchez soeben wieder besucht und wohnte bei Bürgermeister Tony Byrne, der in seinem noblen Palais ein luxuriöses kleines Hotel betreibt – und siehe, in einem Teil Amerikas, in dem noch vor einem Vierteljahrhundert auf schwarz-weiße Liebe Gefängnis stand, waren jetzt schwarz-weiße Paare im Hause des Schulzen zu Gast. Der amerikanische Schmelztiegel ist nun auch dort am Werk, wo er am wenigsten vermutet wurde.

New York oder Hawaii? Ein Blick in die Zukunft

Wenn es denn stimmt, daß Amerikas wichtigste Funktion die eines Schmelztiegels ist, dann wird aber vielleicht dereinst nicht New York beispielhaft für dieses Land sein, sondern der Bundesstaat Hawaii mitten im Pazifik, der im 21. Jahrhundert politisch und wirtschaftlich eine ähnliche Rolle spielen wird wie das Mittelmeer in der Antike.

Dieser Gedanke kam mir im »Brauhaus« am International Market Place in Waikiki, wo unter schattigen Banyanbäumen vietnamesische Flüchtlinge japanischen Touristen teuren Tand aus Hongkong verkaufen. Dort brachte Eddie, ein hellbrauner Vier-Zentner-Mann, nordamerikanischen Gästen bayerisches Brauchtum bei.

»Oans, zwoa, g'suffa«, sang er und »Ein Prosit der Gemütlichkeit«. Die Nordamerikaner schunkelten, während Noreen, eine japanische Kellnerin im blauen Dirndl, Krüge mit grüngefärbtem Bier durchs Lokal trug, denn es war gerade St. Patrick's Day, der Tag des irischen Schutzpatrons, und Grün ist die Farbe der Iren.

An jenem Tage gab es in Hawaii, wie überall in den USA, nichts als Iren, die Grünes trugen oder Grünes tranken: irische Iren, englische Iren, jüdische Iren, deutsche Iren, chinesische, koreanische, japanische, samoanische, tonganesische und auch hawaiianische Iren. Zu den letzteren gehörte auch Eddi Kahuena, der diesen Umstand mit zwei verschiedenen Trachten untermalte: Mal trug er zu alpinen Hosenträgern einen Hula-Rock aus grünem Bast, mal grüne Seppelhosen, von denen er sagte, sie seien aus echt original bayerischen zusammengenäht.

Nicht daß Helmuth »Pepi« Pesentheimer, sein Chef, in einem Akt kultureller Vergewaltigung den Eingeborenen Eddie zum Amüsement der Fremden in einen dicken Bayern verwandelt hätte. Nein, das war Eddies Wille. Eddie hatte als Kind im Schulchor gesungen und mit diesem auch Deutschland besucht, für dessen Melodien Hawaiianer einen besonderen Sinn haben, seit der preußische Militärkapellmeister Heinrich Berger im vorigen Jahrhundert der hawaiianischen Musik eine weltweit verwertbare Form verliehen hatte.

So kam es, daß Eddie sich vom »Brauhaus« angezogen fühlte, und so kam ich zu einem glaubwürdigen Kronzeugen gegen einen Autor, für den ich mich noch nie recht hatte erwärmen können. Ich meine Rudyard Kipling.

Dieser hatte dreist behauptet: »East is East, and West is West, and Ne'er the Twain Shall Meet« – »Osten ist Osten, und Westen ist Westen, und niemals werden sich beide vereinen.« Das waren Worte, die Generationen weißer, brauner und gelber Politiker als Vorwand dienten, einander mutwillig mißzuverstehen.

Ich wünschte, Kipling hätte am St.-Patricks-Tag bei Eddie im »Brauhaus« gesessen; ich wünschte, er hätte an einem Sonntagmorgen in Honolulu im weißen Tempel der buddhistischen Honpa Hongwanji Mission auf einer Kirchenbank gesessen und, von einer mächtigen Orgel begleitet, zu einer vertrauten englischen Melodie den Choral »Onward Buddhist Soldiers« gesungen.

Ich wünschte, er hätte im Central Park in New York neben den Rotchinesen gestanden und die Rollschuhläufer beobachtet: den schwarzen Glatzkopf, die Vietnamesin im Astronautenanzug, den professoralen Weißen, die rassige Lateinamerikanerin.

Vielleicht wäre Kipling dann ein hellerer Gedanke gekommen: daß sich Ost und West und Nord und Süd in Amerika vereinigen; daß es als mächtigstes und reichstes Land der Welt die Rolle der Klammer zu spielen hat, wenn die Menschheit überhaupt eine Zukunft haben soll.

Vereinigte Staaten von Amerika 409

DIE BESONDERE REISE 1
Vom Grand Canyon zum Rio Grande

Im Südwesten der Vereinigten Staaten

Es gibt Gegenden, da ist einem die Reise bald wichtiger als das Ziel. Was wäre der Sonnenaufgang am Grand Canyon ohne die Vorbereitung tagelangen Dahinfahrens durch die grandiose Weite Arizonas? Die Luft ist trocken, das Licht von außergewöhnlicher Klarheit. Tafelberge am Horizont, roter Wüstensand, übermannshohe Kakteen. Entlang den Flußläufen wild zerklüftetes Erosionsgebirge, auf schroffen Hügeln Lehmdörfer. Canyonland. Indianerland.

Seit Stunden haben wir keinen Menschen gesehen – bis auf den einsamen Navaho-Mann, der stoisch hinter seinem Tisch voll Muschelketten, Türkis- und Silberschmuck auf einen Käufer wartet. Wir machen Abstecher in Regionen, die vor Jahrmillionen entstanden sind. Allerlei Gedanken gehen einem da durch den Kopf – über Zeit und Ewigkeit und die Frage, wie lange wir diese Erde wohl noch bevölkern.

Die Szene wechselt ständig. Über die Interstate 89 erreichen wir im südlichen Utah den Bryce Canyon und können es nicht fassen: Aus einem amphitheaterartig ansteigenden Kessel ragen Tausende von »Pink Cliffs« empor – rosa und weiße Säulen, Türmchen, Kegel, Pyramiden und Steilwandformationen. Regen und Wind haben das Gebirge aus Sand und Kalkstein so bizarr verwittern lassen, als sei es das Werk eines Zuckerbäckers. Eine Gruppe von Reitern durchquert das Tal. Man müßte ein Pferd mieten und das Naturspektakel von unten betrachten. Man müßte so vieles.

Statt dessen steigen wir ins Motorboot um und fahren über den Lake Powell. Das hat etwas absolut Irreales: Wir bewegen uns auf fast gleicher Höhe mit Hunderten von rotbraunen Bergrücken und Felskuppen, die wie Urwelttiere aus dem tiefblauen See ragen. So wie andere durch Gebirgsschluchten fliegen, schwimmen wir hindurch. Das verdanken wir dem mächtigen, 180 Meter hohen Staudamm des Colorado River, der das gesamte 300 Kilometer lange Gebiet des Glen Canyon unter Wasser gesetzt hat. Man müßte ein Hausboot mieten und sich tagelang durch das Fjordparadies treiben lassen.

Den Sonnenuntergang erleben wir, wie sich's gehört, im Monument Valley auf dem Colorado Plateau. Für mich war's, im nachhinein, too much. Mag sein, daß es einen schlechten Tag hatte. Leicht bedrohlich wirkte jedenfalls auf mich das Lieblingstal der amerikanischen Werbeagenturen. Seine pompösen Naturruinen boten sich mir als Wagnersche Gralsburgen dar, als neugotische Bismarcktürme, kurz als ein – ja, das war's! – indianisches Neuschwanstein. Aber gesehen haben muß man's natürlich, genauso wie man sich bei »Four Corners« auf die Grenzkreuzung von vier US-Staaten gesetzt haben muß – die Hände in Utah und Colorado, die Füße in New Mexico und Arizona.

Frühmorgens im Jeep durchs ausgetrocknete Flußbett des Canyon de Chelly. Kühl weht der Wind. Ein Schimmel galoppiert vor uns davon. Unser indianischer Führer weist auf prähistorische Felsmalereien hin, die wir ohne ihn leicht übersehen hätten, und setzt jeder zweiten Erklärung ein listiges »oder wie der weiße Mann das nennt...« hinzu.

Hier im Gebiet der »verbrannten Erde« begann die Leidensgeschichte der Navaho. Aus ihren Felsenhöhlen hatten sie sich jahrhundertelang gegen Spanier und Nordamerikaner verteidigt, bis sie 1864 von dem legendären Colonel »Kit« Carson vernichtend geschlagen wurden. Durch Unfreiheit, Armut, Isolation und Alkoholismus gebrochen, waren sie zur Durchsetzung ihrer Bürgerrechte auf die Hilfe der Weißen angewiesen, und die kam spät. Heute regiert sich das Volk der 160000 Navaho in Arizona demokratisch selbst. Eine Enklave wurde der Minderheit der 6000 Hopi zugesprochen, die kunstvoll töpfern und als Anhänger des Kachina-Kults durch Maskentänze die Geister der Ahnen beschwören. Während den Alten und Traditionsbewußten im Reservat der Boden noch heilig ist, vergeben die Jungen und Progressiven Lizenzen zur Förderung von Kohle, Erdgas und Erdöl an die Industrie. Parabolantennen neben primitiven, blockhausähnlichen Hogans sind die Symbole einer neuen Zeit.

Von der ist in den Lehmziegeldörfern der Indianer in New Mexico noch nicht viel zu spüren. Wir fahren Richtung Santa Fé. Die Straße führt durch eine Landschaft, deren Hügel sich zu immer neuen Bildern formieren. Wie kann man hier leben und nicht malen?

▽ *Irgendwo in Arizona: Verloren in der Weite der Wüstenlandschaft steht diese Indianerin an einem Parkplatz und bietet Silberschmuck feil.*

▽ *Aus einem wilden Canyon machte der Mensch eine nicht minder anziehende Fjord-Landschaft: Nachdem der Colorado River in Arizona gestaut worden war, versank der Glen Canyon in den Fluten – der Lake Powell entstand.*

Daten · Fakten · Reisetips Vereinigte Staaten von Amerika

Historische Begegnung 1959: Arthur Miller mit Ehefrau Marilyn Monroe, Carson McCullers und Tania Blixen.

geführt. Die erfolgreichste Kunstmusikrichtung der Gegenwart ist die Minimal Music von Steve Reich (»Tehillim«, 1980/81), Philip Glass (»Glassworks«, 1981; Filmmusik »Koyaanisqatsi«, 1982) und Terry Riley (»A Rainbow in Curved Air«, 1970).

Amerikas ureigenste Errungenschaft ist der Jazz. Er entstand aus der Verschmelzung afroamerikanischer und europäischer Musikelemente und verbreitete sich bis 1915 von New Orleans über ganz Amerika. In den Metropolen des Nordens (Chicago, New York) bildeten sich weitere Jazzstile. Bedeutende Jazz-Musiker sind u. a. Count Basie, Louis Armstrong, Duke Ellington, Dizzie Gillespie, Benny Goodman und Glenn Miller. Für zahlreiche Stilrichtungen der modernen Unterhaltungsmusik kamen die Anstöße aus den USA: Aus afroamerikanischer Volksmusik (Blues, Gospel, Spirituel) entwickelten sich der Soul (Ray Charles), Rock (Jimmy Hendrix, Frank Zappa), Rock 'n' Roll (Elvis Presley, Bill Haley) und Pop (Madonna, Prince). An die Folk-Musik (Woody Guthrie) knüpften der Protestsong der 60er Jahre an (Bob Dylan, Joan Baez). Das Zentrum der Country- und-Western-Musik ist in Nashville.

Hollywood und der amerikanische Film

Mit den frühen Arbeiten von Edwin S. Porter (»The Great Train Robbery«, 1903) und David W. Griffith (»Birth of a Nation«, 1915) beginnt die Geschichte des amerikanischen Films. 1909 wurde in Los Angeles die Filmstadt Hollywood gegründet, die sich bald zum Zentrum einer florierenden Industrie entwickelte. Sie brachte mit Douglas Fairbanks, Mary Pickford sowie den Komikern Buster Keaton, Laurel und Hardy und vor allem Charly Chaplin die ersten großen Stars der Stummfilmzeit hervor. Starker Einfluß der großen Produktionsgesellschaften, früh einsetzende Zensurmechanismen und konsequente Marktorientierung kennzeichneten ab 1925 das Produktionssystem. Klischeebildung, Typisierung und Starkult bildeten die Grundlage des weltweiten Erfolgs. Die Einführung des Tonfilms (1926–1928) erhöhte zusätzlich die Attraktivität des Mediums für ein Massenpublikum und löste eine Welle von Tanz- und Revuefilmen aus. In den 30er Jahren hatte jedes größere Studio seine eigenen Regisseure, Schauspieler und Techniker als Angestellte unter Vertrag und verfolgte sein eigenes Fließbandprinzip, um die ihm angeschlossene Kinokette dauernd mit Spielfilmen zu versorgen. Bis in die 50er Jahre hinein differenzierten sich auch Spitzenprodukte nicht nach den Stilen der Regisseure, sondern nach Genres. Das war der Fall bei Ernst Lubitsch und der »Sophisticated Comedy« (»Forbidden Paradise«, 1925), John Ford und dem Western (»Stagecoach«, 1939), Howard Hawks, Mervyn LeRoy und dem Gangsterfilm (»Scarface«, 1932; »Little Caesar«, 1930), Alfred Hitchcock und dem Thriller (»Suspicion«, 1941), Vincente Minelli und dem Musical (»An American in Paris«, 1951, mit Gene Kelly und Leslie Caron; »The Band Wagon«, 1953, mit Fred Astaire), mit Walt Disney und dem Zeichentrickfilm (»Pinocchio«, 1940).

Das Südstaaten-Melodram »Gone With the Wind« (1939) von David O. Selznick verhalf dem Farbfilm zum Durchbruch. Michael Curtiz' »Casablanca« (1942, mit Humphrey Bogart) und »Citizen Cane« (1941) von Orson Welles gelten heute als Klassiker des Kinos. »The Best Years of Our Lifes« (1946) von William Wyler gehört zu den eindrucksvollsten Antikriegsfilmen des alten Hollywood.

Mit dem Aufschwung des Fernsehens nach 1947 geriet die amerikanische Filmwirtschaft in die schwerste Krise, die nur durch die Verlagerung von Fernsehproduktionen in einen Teil der Studios gemeistert werden konnte. Dank veränderter Produktionsbedingungen kamen in den 50er Jahren Regisseure wie Robert Aldrich, Nicholas Ray und Stanley Kubrick (»The Killing«, 1956; »A Clockwork Orange«, 1971) zum Zuge.

Seit den 60er Jahren sind die meisten Filme am Durchschnittsgeschmack des breiten Publikums orientiert und kommen dessen Bedürfnis nach Action entgegen. Die größten Kassenerfolge erzielen heute Filme wie »Star Wars«, »E. T.« oder die »Rocky«-Serie. Für das künstlerisch ambitionierte Gegenwartskino stehen Regisseure wie John Cassavetes, Robert Altman, Francis Coppola, Woody Allen und Martin Scorsese.

Massenmedien und Freizeit

Die USA sind das Land der größten Pressevielfalt. Die angesehensten Tageszeitungen sind die »New York Times« und »Washington Post«, wichtige Nachrichtenmagazine »Time« und »Newsweek«. Der Hörfunk, der Ende der 20er Jahre bereits ein landesweites Netz besaß, wird heute von etwa 50 kommerziellen Senderketten und einigen staatlichen Sendern betrieben.

Bedeutendstes Massenmedium ist heute allerdings das Privatfernsehen. Alle amerikanischen Haushalte verfügen (statistisch) über mindestens ein Fernsehgerät, etwa die Hälfte ist verkabelt. Die kommerziellen Sender (größte Gesellschaften: NBC, CBS, ABC) finanzieren sich ausschließlich durch die Einblendung von Werbespots. Die Abhängigkeit von den Einschaltquoten hat zu einseitiger Programmstrukturen, zum Übergewicht von Unterhaltungsfilmen, Sportberichten, Talkshows und Fernsehserien (Dallas, Denver) geführt. Es gibt jedoch auch gegen Gebühr (Pay TV) Programmangebote mit nicht durch Werbung unterbrochenen Spielfilmen und seriöser Berichterstattung.

Neben dem Fernsehen spielt der Sport bei der Freizeitgestaltung eine große Rolle. Die beliebtesten Publikumssportarten sind Baseball, Football, Basketball und Leichtathletik. Beliebte Massenveranstaltungen sind Boxkämpfe und Rodeos. Aus den USA, wo der Sport schon in den Schulen hoch bewertet wird, kamen Jogging, Aerobic, Stadtmarathons und die Fitneßwelle nach Europa.

Reise-Informationen

Einreise- und Fahrzeugpapiere
Bürger der Bundesrepublik Deutschland und der Schweiz brauchen für einen Besuch bis zu 90 Tagen einen drei Monate gültigen Reisepaß bzw. Kinderausweis sowie das Formular der »I-775«-Vereinbarung, das bei den Reisebüros erhältlich ist; dieser Visaverzicht gilt nur für Touristen- und Geschäftsreisen. Österreicher benötigen weiterhin ein Touristenvisum.

Touristen können ihr Auto ein Jahr lang mit Heimatkennzeichen und Touring Permit der US-Zollbehörde in den USA fahren. Es empfiehlt sich, den internationalen Führerschein und die internationale Zulassung mitzuführen. In einigen Teilen der USA ist eine Haftpflichtversicherung Pflicht. Man sollte schon vor der USA-Reise eine Kfz-Versicherung abschließen, da eine kurzfristige Versicherung für Ausländer in den USA kaum zu erhalten ist.

Zoll
Bei der Einreise sind zollfrei: pro Person Geschenke bis zu 100 US-$, pro Person ab 18 Jahre: 50 Zigarren oder 200 Zigaretten oder 1,3 kg Tabak und 1 Liter Alkoholika. Einfuhrverbot besteht für Fleischwaren, mit Alkohol gefüllte Süßigkeiten, Narkotika und gefährliche Arzneimittel, pornographische Publikationen, Feuerwerksartikel, gefährliches Spielzeug, Pflanzen, Gifte und Klappmesser.

Devisen
US-Dollars (US-$) und Fremdwährung können ein- und ausgeführt, Beträge im Wert von über 10 000 US-$ müssen deklariert werden. Am besten reist man mit Kreditkarten oder Reiseschecks, denn der Wechsel von ausländischen Währungen in Dollars wird nur von wenigen Banken an der Grenze, in den Großstädten und den Touristenzentren vorgenommen.

Verkehrsverhältnisse
Die Amerikaner verhalten sich im Straßenverkehr defensiv und höflich. Höchstgeschwindigkeit in Ortschaften: 25–30 miles/h (40–48 km/h), außerhalb von Ortschaften: 55 miles/h (88 km/h). Mietwagen, auch Campmobile, werden überall angeboten (Mindestalter des Mieters 21 Jahre). Es lohnt sich, den Mietwagen schon vor Antritt der Reise zu buchen. Mit den Greyhound-Bussen kann man billig durchs Land reisen, auch nach Kanada und Mexiko. Taxis (Cabs) sind billiger als in Mitteleuropa. Empfehlenswert ist auch der US-Rail-Paß der Eisenbahngesellschaft Amtrak. Für den inneramerikanischen Verkehr bietet sich besonders das Flugzeug an. Hierbei sollten die günstigen Visit-USA-Tarife beachtet werden.

Unterkünfte
In allen größeren Städten gibt es Hotels von internationalem Standard. An den großen Straßen stehen zahlreiche Motels zur Verfügung, für Camping rd. 150 000 Camp Grounds. Bei den preiswerten Hotels von YMCA und YWCA sowie Jugendherbergen ist Vorbestellung empfehlenswert.

Ein Museum für die Technik der Zukunft: das Kennedy Space Center.

Reisezeit
Den Süden und Südwesten der USA bereist man am besten in den Monaten April bis Juni. Beste Reisezeit für den Norden und Osten ist der »Indian summer« von September bis November, für Florida auch der Winter.

Heinz Kohnen

Antarktis
Ein Kontinent unter ewigem Eis

Typisch für die antarktische Eisszenerie sind die Schelfeise, gewaltige über dem Festlandsockel schwimmende Eisplatten, deren Klippen gegen das Meer bis zu 40 Meter in die Höhe ragen. Aus den abbrechenden Teilen des Schelfeises entstehen Tafeleisberge, stark abgeflachte Riesenplatten, die in die offene See treiben.

Der lebensfeindlichste aller Erdteile

The world's last frontier – die letzte Grenze dieser Erde, so nennen amerikanische Forscher diesen gewaltigen Kontinent am Südpol, der nur aus Eis zu bestehen scheint. Kilometerhoch wölbt sich der Eispanzer über einer Grundfläche, die fast doppelt so groß ist wie Australien. Lebensfeindlich und tot ist die schier endlose Eisfläche, über die Blizzards mit Geschwindigkeiten von 200 Kilometern pro Stunde fegen und wo die Temperaturen auf minus 90 Grad Celsius fallen können.

Der Kontinent um den Südpol steuert und beeinflußt das Wettergeschehen bis über den Äquator hinaus. Das Wachsen und Schrumpfen der Eismassen hat in geologischer Vergangenheit das Klima unserer Erde immer wieder verändert und wird es auch weiter tun. Diese Entwicklung zu beobachten ist einer der Gründe, weshalb es Forscher in diese unwirtliche Region zieht. Aber auch Bodenschätze, die hier vermutet werden, locken den Menschen heute in die Antarktis. Ihre Ausbeutung könnte den Charakter dieses einzigartigen Landes verändern.

Das Gesicht des siebenten Kontinents

Die Antarktis ist der rauheste, kälteste, höchste und unwirtlichste Kontinent dieser Erde. Leicht ließen sich weitere Superlative zum Land um den Südpol hinzufügen, das in seiner einzigartigen Erscheinungsform mit keinem anderen Erdteil vergleichbar ist.

Vom Rossmeer aus scheinen die majestätischen Viertausender des Viktorialandes in der klaren Luft zum Greifen nah. Im Polarsommer bricht das Packeis auf, danach bildet es wieder undurchdringliche Barrieren.

Der Kontinent erstreckt sich über nahezu 14 Millionen Quadratkilometer und ist damit fast anderthalbmal so groß wie Europa. Über dem felsigen Untergrund wölbt sich ein gewaltiger zusammenhängender Eispanzer bis zu über drei Kilometern Höhe empor, der nur hier und da von einzelnen Gebirgsketten oder Bergen, sogenannten Nunataker, durchstoßen und zum Meer hin von einigen Randgebirgen begrenzt wird. Durch diesen mächtigen Eispanzer hat die Antarktis eine mittlere Höhe von 2040 Metern. Sie liegt damit fast dreimal so hoch über dem Meeresspiegel wie die restliche Welt, deren Durchschnittshöhe 730 Meter beträgt.

98 Prozent des Kontinents sind vom Inlandeis bedeckt – eine zumeist monotone, weiße Ebene. Der Wind hat die Schneeoberfläche in Rippeln und dünenartige Gebilde zerfurcht, die die weiße Wüste wie eine Momentaufnahme des Meeres erscheinen lassen. Erst in der Nähe der Gebirge zeigt das Eis eine unruhigere Gestalt. Dort sind auch die gefürchteten Gletscherspalten zu finden, die ein sicherer Hinweis auf Bewegung und Aktivität des Eises sind.

unter jahrelangen Reise zerbrechen und schmelzen sie und kehren so wieder in den Wasserkreislauf zurück. Aber auch in großen Gletschersystemen schieben sich die Eismassen zum Meer. Manche dieser Gletscher sind über 30 Kilometer breit und über 100 Kilometer lang.

Leben hinter dem Packeisgürtel

Denkt man an Kontinentalränder, dann hat man eigentlich unveränderliche Küstenlinien vor Augen. Diese Vorstellung ist nur schwer auf die Antarktis zu übertragen, deren Küstenlinie zu großen Teilen aus Schelfeis- und Gletscherfronten besteht. Diese schieben sich stetig vorwärts, manchmal mit 2000 Metern pro Jahr, bis sie dann nach großen Kalbungsereignissen – dem Abbrechen von Eisbergen – schlagartig wieder um viele Kilometer zurückverlegt werden. So verändert sich die Küstenlinie ständig und ist deshalb kartographisch nur schwer zu erfassen.

Das Faltengebirge der südamerikanischen Anden setzt sich auf der antarktischen Halbinsel fort. Zu beiden Seiten des schmalen Le-Maire-Kanals, der südlich der Bismarckstraße die Booth-Insel von der Graham-Küste trennt, erheben sich die Felswände fast senkrecht aus dem Wasser. Gegen die Ostantarktis ist das Klima der Halbinsel relativ »mild«.

Die Fronten von Gletschern, gebirgigen Küsten und Schelfeisen begrenzen den Kontinent dem Meer zu. Schelfeise sind die schwimmende Fortsetzung des Inlandeises ins Meer hinaus. Sie bilden sich dort, wo kein Randgebirge den Eisfluß nach Norden behindert. Nahezu 40 Prozent des Kontinentalrandes sind von solchen Schelfeisen gesäumt, deren Fronten sich über viele hundert Kilometer als vertikale Klippen von 20 bis zu 40 Metern Höhe darstellen. An den Stirnseiten beträgt die Mächtigkeit des Eises 100 bis 300 Meter, am Übergang zum aufliegenden Inlandeis kann sie bis zu 1800 Meter erreichen. Die größten Schelfeise, das Ross- und das Filchner-Schelfeis, haben mit je etwa 500 000 Quadratkilometern fast die Größe Frankreichs.

Aus den immer wieder abbrechenden Rändern der Schelfeise entstehen die typisch antarktischen Tafeleisberge. Ihre Länge schwankt von wenigen hundert Metern bis zu vielen Kilometern – die größten bisher gesichteten Eisberge waren 140 und 158 Kilometer lang. Sie treiben mit den Meeresströmen langsam nach Norden. Auf ihrer mit-

Und doch bilden diese Eisfronten die Begrenzung eines Kontinents. Sprechen wir also vom antarktischen Kontinent, so meinen wir diese schon seit Millionen Jahren bestehende Einheit aus felsigem Untergrund, mächtigen Gebirgen und kilometerdickem Inlandeis.

Während des langen Winters bildet sich um den Kontinent ein Packeisgürtel, der im Spätwinter eine Ausdehnung von nahezu 20 Millionen Quadratkilometern erreicht. Im Sommer schrumpft diese Zone auf etwa ein Viertel des Wintermaximums. Erst wenn das Packeis sich zurückgezogen hat, können Forschungsschiffe ungehindert zum Kontinent vordringen.

Packeis ist der Sammelbegriff für das Meereis, das sowohl in geschlossenen Decken als auch in vielen Formen von einzelnen Schollen auftritt. Das Meer darunter ist reich an Nahrung und bietet den Seevögeln und Meeressäugern einen gut gedeckten Tisch. Verschiedene Robbenarten ruhen träge auf Eisschollen; Albatrosse und Sturmvögel segeln oft stundenlang hinter Schiffen her, und sogar Wal-

Eine Bohrung im Eis

Die Bohrstelle könnte bei Vostock oder auf Law Dome in der Ostantarktis, in Marie-Byrd-Land an der Byrd-Station, am Bohrpunkt J9 auf dem Ross-Schelfeis oder weit im Hinterland des Filchner-Schelfeises liegen – es gäbe kaum einen Unterschied: ein Camp auf weißer, konturloser Schneeoberfläche, wo vermummte Gestalten an Winden und Schalttafeln hantieren, einen Bohrkopf in das Eis absenken und in regelmäßigen Abständen Eiskerne, kaum länger als einen Meter, aus dem Bohrloch ziehen. Die etwa zehn Zentimeter dicken Eisstangen werden vermessen, in Plastikfolien eingeschweißt, numeriert und registriert. In Kühlcontainern treten sie den langen Heimweg an, um in hochspezialisierten Laboratorien analysiert zu werden. Tage bis Wochen arbeitet die Bohrmannschaft unter den harten Klimabedingungen, um einige hundert Meter Bohrkern zu gewinnen; ein ganzes Jahr dauert es, um 2000 Meter und tiefer in das Eis vorzudringen. Der Aufwand an Arbeit, Technik und auch an Geld ist so groß, daß bisher nur zwei wirklich tiefe Bohrungen von mehr als 2000 Metern abgeteuft werden konnten.

Eisbohrkerne sind für den Glaziologen – den Eisforscher – eine Fundgrube an Wissen und Erkenntnis. Das Eis ist in seiner molekularen Zusammensetzung die Uhr für die Bestimmung seines Alters und gleichzeitig das Thermometer für die Klimaschwankungen der Vergangenheit. Die eingeschlossene Luft enthüllt dem Wissenschaftler, wie die Atmosphäre der Vergangenheit beschaffen war, welche Spurenstoffe und Gase sie enthielt und wie deren Anteil sich während der Jahrhunderte veränderte. Aus der Zunahme solcher Spurenstoffe und Gase vermag er schließlich abzuschätzen, wie sich unser Klima in der Zukunft entwickeln wird.

schulen sind manchmal noch zu sehen. Ohrenbetäubend ist das Schnattern der Pinguine, die häufig zu Tausenden in großen Kolonien auf dem Eis zusammenstehen. Das vielfältige Tierleben in den Küstenregionen läßt manchmal vergessen, wie starr und lebensfeindlich der Kontinent ist.

Auch die eisfreien Gebiete der Antarktis, die Gebirge, die ganze zwei Prozent des Kontinents ausmachen, sind unwirtlich, schroff und lebensfeindlich. Außer einigen Moosen und Flechten sowie wenigen Blütenpflanzen – letztere nur auf der Antarktischen Halbinsel –, die sich an den Berghängen in geschützten und sonnigen Nischen entwickeln, wächst dort nichts. Die Tierwelt besteht hier lediglich aus einigen Arten von Insekten, Milben, Würmern und Rädertieren – ansonsten hat sich die Fauna schon längst aus den Bergen zurückgezogen.

Ein Kontinent kühlt ab

Als der berühmte deutsche Geophysiker und Meteorologe Alfred Wegener 1912 seine Vorstellung von der Verschiebung der Kontinente formulierte, stieß er in der damaligen Fachwelt auf wenig Gegenliebe. Aus der Ähnlichkeit der Küstenverläufe und der Verwandtschaft biologischer und geologischer Provinzen hatte er in kühner Vision geschlossen, daß die Kontinente einmal zusammengehangen haben, im Laufe der geologischen Geschichte auseinandergebrochen seien und seither auseinanderdriften. Heute ist dies keine Vermutung mehr. Die geophysikalische und geologische Forschung der letzten Jahrzehnte hat in der Tat gezeigt, daß die Kontinente, wie Eisschollen auf dem Erdmantel schwimmend, auseinandertreiben. Längst ist Wegeners Hypothese von Pangäa, dem in geologischer Vorzeit alles umfassenden Urkontinent, akzeptiert. Später bestand dann auf der Südhalbkugel ein zusammenhängender Großkontinent, den die Geologen Gondwana

nennen und der die heutigen Erdteile Südamerika, Afrika, Vorderindien, Australien und Antarktika umfaßte.

Die Antarktis war während dieser Millionen Jahre dauernden Entwicklung nicht immer vereist. Reiche Kohlelagerstätten sind ein sicherer Beweis dafür, daß hier einmal gemäßigte, ja sogar warme Klimaverhältnisse geherrscht haben müssen.

In den antarktischen Gebirgen hat man Fossilien von Tieren und Pflanzen gefunden, die gleichzeitig auch auf den anderen Teilen des Gondwana-Kontinents lebten und die sich kaum über große Meeresdistanzen hätten ausbreiten können. Die magnetischen Streifenmuster der Ozeanböden sagen uns, daß die Bruchstücke des Großkontinents immer noch mit einigen Zentimetern pro Jahr auseinandertreiben. Heute ist es mit modernen Weltraumtechnologien sogar möglich, das Driften präzise zu messen.

Der Zerfall Gondwanas begann etwa vor 180 Millionen Jahren, als sich die ersten Schollen lösten. Die letzte Landbrücke zwischen der Antarktis und Südamerika zerbrach vor etwa 35 Millionen Jahren. War die Entwicklungsgeschichte der Antarktis zuvor eng mit der der anderen Teile Gondwanas verknüpft gewesen, so entfalteten sich nach dem Verschwinden der letzten Landverbindung die für die Antarktis so typischen Züge: Abkühlung und Vereisung.

Vulkane brodeln mitten im Eis

Topographisch wie auch geologisch läßt sich die Antarktis in große Struktureinheiten gliedern. Das Transantarktische Gebirge zieht sich quer durch den ganzen Kontinent und teilt ihn in Ost- und Westantarktis. Der mächtige Eisdom der Ostantarktis grenzt an den Indischen Ozean, während die Westantarktis mit der Antarktischen Halbinsel Südamerika gegenüber liegt.

Den felsigen Untergrund der Ostantarktis bildet ein kontinentaler Schild, dessen Gesteine bis zu drei Milliarden Jahre alt sind und dessen Höhen sich um das Meeresniveau bewegen. Ohne die Belastung durch die Eismassen würden

Die Antarktis gleicht heute manchmal einem großen Laboratorium. Die Forschungsstation des Wissenschaftlers, der auf dem Filchner-Schelfeis Vermessungsarbeiten vornimmt, besteht nur aus einer Kunststoffhütte, »Biwakschachtel« genannt. Andere Stationen dagegen sind regelrechte kleine Siedlungen. Zudem unternehmen ansehnliche Traktorenzüge mit fahrbaren Wohn- und Arbeitsräumen Überlandexpeditionen, die oft Wochen oder Monate dauern.

sich hier Hochebenen emporwölben. An den ostantarktischen Schild schmiegt sich das transantarktische Gebirge, das vor etwa 480 bis 500 Millionen Jahren entstand, aber erst vor etwa 50 Millionen Jahren zu seiner heutigen Erscheinung herausgehoben wurde.

Die jüngste geologische Struktureinheit bilden die Gebirgszüge der Antarktischen Halbinsel, des Marie-Byrd-Lands und der Ellsworth-Kette. Ihre Entstehungszeit reicht vom Erdmittelalter bis ins Alttertiär. Die Antarktische Halbinsel kann dabei als Fortsetzung der südamerikanischen Anden angesehen werden.

Die westantarktischen Gebirgsregionen ragen bis 5140 Meter (Vinson-Massiv) vom Meeresuntergrund auf. Könnte man die Eisbedeckung entfernen, so läge hier eine Insellandschaft, durchzogen und umgeben von bis zu 2000 Meter tiefen Meeresarmen und -gürteln.

Wie auf allen Kontinenten gab es auch in der Antarktis immer wieder Vulkanausbrüche. Mächtige Lavadecken, ganze Berge aus vulkanischen Aufschüttungen und erloschene Vulkane lassen erkennen, daß diese Aktivitäten in bestimmten Perioden der geologischen Vergangenheit besonders heftig waren. Vermutlich haben die gewaltigen Gas- und Staubmengen der Ausbrüche sogar die Atmosphäre so getrübt, daß sich die Sonneneinstrahlung

FS »Polarstern« ist der größte und modernste Forschungseisbrecher in der Antarktis. Das für die polaren Gewässer gebaute Spezialfahrzeug steht für vielfältige Forschungsaufgaben zur Verfügung. Mit seinen Laboratorien und High-Tech-Einrichtungen dient es allen marin orientierten Disziplinen der Naturwissenschaft, wobei es auch in vielen internationalen Projekten zum Einsatz kommt. Seit sie 1982 in Dienst gestellt wurde, übernimmt die »Polarstern« auch die Versorgung der deutschen Antarktisstationen.

vorübergehend deutlich verminderte. Diese Abkühlungen könnten sogar zu Eiszeiten geführt haben; ihre letzten Ursachen liegen jedoch immer noch im dunkeln.

Aktiven Vulkanismus gibt es heute nur noch im Bereich der Antarktischen Halbinsel und auf Ross Island am Rossmeer. Auf der Deceptioninsel haben in den sechziger Jahren dieses Jahrhunderts Vulkanausbrüche eine wissenschaftliche Station zerstört und die Wissenschaftler zu hastigem Rückzug gezwungen. Über dem 3794 Meter hohen Mount Erebus auf der Rossinsel steht als Zeichen seiner Aktivität ständig eine weiße Rauchfahne. In der amerikanischen Station McMurdo und der neuseeländischen Scott Base nahe dem Fuße dieses Vulkans lauschen Wissenschaftler in den Berg, um sein unruhiges Inneres zu erforschen.

Erstaunlicherweise wird die Antarktis trotz ihres jungen Vulkanismus nur selten von Erdbeben erschüttert. Da Erdbeben die überzeugendsten Indizien für die tektonische Aktivität von Kontinenten sind, nimmt man an, daß die Antarktis ähnlich dem skandinavischen oder kanadischen Schild ein seit langem inaktiver Block ist. Zusätzlich könnte die mächtige Eiskuppe Bruchvorgänge in der unterliegenden Kruste unterdrücken.

Die Antarktis ist das Reich der Pinguine. Der größte und würdevollste Vertreter ihrer Art ist der Kaiserpinguin. Im Gegensatz zu anderen Vögeln der Polargebiete nutzt er den grimmigen antarktischen Winter zur Fortpflanzung auf dem küstennahen Meereis. Das Weibchen legt nur ein Ei, das vom Männchen nach der Ablage auf die Füße genommen und in einer Hautfalte am Bauch ausgebrütet wird. Wenn die Jungen schlüpfen, kehren die Pinguinmütter wohlgenährt aus dem Meer zurück, um die Aufzucht ihrer Zöglinge zu übernehmen. Anders als ihre großen Vettern brüten die kleinen Adeliepinguine nur auf den wenigen eisfreien Küstenstrichen, wo sie sich im Polarsommer in riesigen Kolonien drängen. Die Adelies bauen Nester aus Kieselsteinen, worin das Weibchen zwei Eier ablegt. Im Winter besiedeln die Vögel – gewandte Schwimmer und Taucher, aber flugunfähig – die Randzonen des Meereises, wo sie genügend Fische und Krebse als Nahrung finden.

Eine Wüste aus Eis

Die Vereisung der Antarktis ist eng mit dem Zerfall des Gondwana-Kontinents verknüpft. Nach dem Wegfall der letzten Landbrücke bildeten sich sowohl im umgebenden Ozean als auch in der Atmosphäre Strömungen aus, die den Kontinent seither umfließen und den Zufluß wärmerer Strömungen aus nördlicheren Breiten weitgehend verhindern. Damit kamen die Lage um den Südpol, die geringe Wärmezufuhr während des Sommers und die Wärmeverluste während der langen Winternacht zur Wirkung – die Vereisung konnte einsetzen. Schon vor 15 Millionen Jahren erreichte der Eisstand einen ersten Höhepunkt. Danach sind die Schwankungen der Eiszeiten im Quartär über die Antarktis gelaufen, was zu wiederholten Vorstößen und Rückzügen des Inlandeises geführt hat.

Das Inlandeis entstand und entsteht noch heute aus dem Neuschnee, der sich unter zunehmendem Druck neuer Niederschläge zunächst in porösen Firn und dann in der Tiefe in klares Gletschereis umformt. Da die Niederschläge nur wenige Zentimeter pro Jahr betragen, dauert dieser Prozeß Jahrhunderte.

Eis ist zwar ein Festkörper, aber im Gegensatz zu den Gesteinen der Erdoberfläche befindet es sich nahe seinem Schmelzpunkt und ist deshalb plastisch verformbar. So fließt das Inlandeis wie ein Kuchenteig unter seiner eigenen Last ständig auseinander. An der Oberfläche des mächtigen Eisdomes der Ostantarktis fließt es nur einige Zentimeter bis mehrere Meter, an der Stirnseite der Schelfeise aber bis zu zwei Kilometer im Jahr. So wird der Zutrag durch die Bewegung ausgeglichen, indem die immerwährend neu entstehenden Eismassen in Richtung Küste transportiert werden. Ein Eisteilchen kann dabei mehrere hunderttausend Jahre unterwegs sein. Modellrechnungen lassen darauf schließen, daß das Eis an der Basis des ostantarktischen Inlandeises sicherlich bis zu 400 000 Jahre alt sein muß.

Die Gretchenfrage »Nimmt das Eis der Antarktis zu oder nimmt es ab?« ist bis heute noch nicht exakt zu beantworten. Sie ist deshalb eine wichtige Frage, weil die Eisausdehnung einen unmittelbaren Einfluß auf das Klimageschehen der Erde hat. Ein großer Vorstoß des Inlandeises hätte langfristig eine weltweite Abkühlung zur Folge. Es gibt jedoch keine drastischen Anzeichen – weder für einen Vorstoß noch für einen Rückzug des Eises –, so daß wir derzeit noch von einem annähernden Gleichgewicht von Schneezutrag und Eisabbau ausgehen können.

Das Volumen des Inlandeises kennen wir ziemlich genau. Seit sich die Radartechnik als schnelle Methode zur Eisdickenbestimmung durchgesetzt hat, werden die Eismächtigkeiten vom Flugzeug aus kartiert. In der Ostantarktis wurden Eisdicken bis zu 5000 Metern gefunden. Mit einer mittleren Mächtigkeit von etwa 2200 Metern ergibt sich ein Eisvolumen von 30,5 Millionen Kubikkilometern. Das entspricht 90 Prozent des gesamten Gletschereises der Erde und zugleich etwa 80 Prozent aller Süßwasservorräte an der Erdoberfläche. Würde alles Eis schmelzen, höbe sich der Meeresspiegel weltweit um fast 60 Meter. Weite Teile Westeuropas wären vom Meer überflutet. In Deutschland würde das Wasser die Mittelgebirge erreichen.

Das Inlandeis beeinflußt auch das Wetter des antarktischen Kontinents. Da über der Antarktis ständig ein Hochdruckgebiet liegt, zudem die Schneeoberfläche die Son-

neneinstrahlung reflektiert, wobei die meiste Energie verlorengeht, sinken die kalten Luftmassen ab und strömen mit einer Linksdrehung spiralenförmig zu den Tiefdruckgebieten über dem Meer. Hierbei können besonders in den Küstenregionen kalte Fallwinde entstehen, die zu den berüchtigten antarktischen Blizzards werden und manchmal mit Geschwindigkeiten von nahezu 200 Kilometern pro Stunde über das Eis fegen.

Aber die Tiefs über dem Meer bringen auch Wärme und Niederschlag. So sind die Küstenregionen die gemäßigten Zonen der Antarktis mit verhältnismäßig hohen Jahresmitteltemperaturen zwischen null und minus 20 Grad Celsius sowie mit starkem Niederschlag, der während eines Jahres 60 bis 80 Zentimeter erreichen kann. Selbst Regen ist manchmal zu beobachten.

Im Inland wird es zunehmend trockener und kälter. Auf dem Hochplateau der Ostantarktis fallen im Jahresmittel weniger als drei Zentimeter Niederschlag – so geringe Mengen wie sonst nur noch in den Zentralregionen der Sahara oder der Wüste Gobi. Die Jahresdurchschnittstemperaturen liegen hier unter minus 50 Grad Celsius. An der sowjetischen Station Vostock wurde im Winter 1985 mit minus 90 Grad Celsius ein neuer Kälterekord gemessen. Diese eisige Luft kann ein Mensch nicht mehr ohne künstliche Vorwärmung atmen, da sonst die Bronchien erfrieren würden. Man kann davon ausgehen, daß mindestens ein Viertel des kontinentalen Areals jährlich Temperaturen unter minus 75 Grad Celsius erfährt. Will man die Antarktis klimatisch klassifizieren, so gibt es keinen passenderen Begriff als »Wüste« – allerdings eine Wüste aus Eis.

Das Auftauchen eines Buckelwals in antarktischen Gewässern gilt heute als Sensation. Den schwarzen, massigen Meeressäuger, der im Gegensatz zu anderen Arten die Küstennähe bevorzugt, hat man lange Zeit stark bejagt. Trotz strenger Schutzbestimmungen und ständig kleiner werdender Fangquoten ist er wie viele andere Bartenwale vom Aussterben bedroht.

Ein Kontinent des Friedens und der Forschung

Das Internationale Geophysikalische Jahr 1957/1958 hatte gezeigt, daß die Erforschung der Antarktis gemeinsamer, multinationaler Anstrengungen bedarf. Viele Fragen, die zu beantworten die Möglichkeiten einer Nation weit überfordert hätte, waren offengeblieben. Deshalb schlugen die USA Ende der fünfziger Jahre, ermutigt durch die reibungslose Zusammenarbeit während des Internationalen Geophysikalischen Jahres, ihren Partnern in der Antarktis vor, nationale Interessen für einen befristeten Zeitraum zurückzustellen und den Kontinent allein friedlicher Forschung auf internationaler Basis vorzubehalten.

Daß es zu einer solchen Zusammenarbeit kommen würde, war nicht ohne weiteres zu erwarten, denn aufgrund früher Entdeckungen und geographischer Nähe beanspruchen Argentinien, Australien, Chile, Frankreich, Großbritannien, Neuseeland und Norwegen kuchenstückförmige Sektoren der Antarktis als nationales Territorium. Diese Gebietsansprüche werden von den anderen Nationen, insbesondere von den Großmächten USA und UdSSR, nicht anerkannt.

1959 kam ein Vertragswerk zustande, das von den zwölf damals in der Antarktis tätigen Nationen Argentinien, Australien, Belgien, Chile, Frankreich, Großbritannien, Japan, Neuseeland, Norwegen, Südafrika, der UdSSR und den USA 1961 ratifiziert wurde und die Antarktis bis 1991 internationalisiert. Dieser beispiellose »Antarktisvertrag«, der den Raum südlich des 60. Breitengrades umfaßt, »legt die nationalen Ansprüche für 30 Jahre ›auf Eis‹ und behält die Antarktis für diese Zeit allein friedlicher Forschung vor. Militärische Unternehmen, Tests nuklearer Waffen und die Deponie von Atommüll sind untersagt. Forschungsergebnisse wie auch Wissenschaftler werden ausgetauscht. Die wissenschaftlichen Erkenntnisse sind frei und allen Partnern jederzeit zugänglich.«

So ist die Antarktis mit Recht ein Kontinent des Friedens und der Forschung zu nennen. Jedes Land, das sich zu den Maximen der Vereinten Nationen bekennt und sich zu dauerhafter Grundlagenforschung auf dem Kontinent verpflichtet, kann dem Vertragswerk als einfaches Mitglied beitreten. Voraussetzung für die Vollmitgliedschaft sind erhebliche wissenschaftliche Forschungsarbeiten in der antarktischen Zone. Diesen Status haben seit 1978 Brasilien, die Bundesrepublik Deutschland, Indien, Polen, die Volksrepublik China, Uruguay, Italien, Finnland, Ecuador, Peru, die Niederlande, Schweden, Südkorea und Spanien erhalten. Seit Vertragsgründung haben die Unterzeichnerstaaten an den Prinzipien festgehalten. Wir stehen hier vor der einmaligen Situation, daß die Wissenschaft in friedlicher Eintracht die Geschicke eines ganzen Kontinents bestimmt.

In Dauerstationen, die ganzjährig besetzt sind, werden ununterbrochen Beobachtungen zum Wetter, zur Veränderung der Lufthülle und des Klimas, zu den Schwankungen des erdmagnetischen Feldes oder zur weltweiten Erdbebentätigkeit vorgenommen. Das berühmte Ozon-Loch wurde schon in den siebziger Jahren entdeckt und seine ständige Vergrößerung seit dieser Zeit verfolgt. Alljährlich werden Schiffsexpeditionen zur Erforschung des antarktischen Meeresgürtels einschließlich seiner besonderen Lebensformen ausgesandt. Auf Überlandexpeditionen und mit Flugunterstützung werden das Inlandeis und die Gebirgswelt erforscht, Bohrkerne und andere Proben genommen und zu Hause in Laboratorien mit modernster Technologie analysiert.

Manche der wissenschaftlichen Aufgaben – zum Beispiel die Erfassung der Lebensbedingungen und -zusammenhänge im Meer vom Plankton über den Krill bis zu den Robben und Walen oder die Bestimmung der Massenbilanz des Inlandeises im Zusammenhang mit klimatischen Untersuchungen – überfordern die Kapazität einer Nation. Hier haben sich Vertragspartner, ungeachtet unterschiedlicher politischer Anschauungen, zu Gemeinschaftsprojekten zusammengeschlossen. So wie sich Diplomaten der Vertragsstaaten alle zwei Jahre zu Beratungen über die Zukunft der Antarktis treffen, so kommen auch Wissenschaftler im Zweijahresrhythmus zusammen. Dieses Scientific Committee on Antarctic Research sichtet und begutachtet das Erreichte, gibt Anregungen, plant das weitere Vorgehen, initiiert und koordiniert internationale Gemeinschaftsprojekte.

Die Bundesrepublik Deutschland ist ein junger Partner in dieser Runde. Erst Ende der siebziger Jahre besann man sich auf die Antarktisforschung und erstellte ein großes, langfristig angelegtes Forschungsprogramm. Nach dem Bau der Überwinterungsstation »Georg von Neumayer« an der Atka-Bucht, die seitdem als meteorologisches und geophysikalisches Observatorium in Betrieb ist, wurde die Bundesrepublik Deutschland Vollmitglied in der Vertragsrunde. In den folgenden Jahren sind drei weitere Stationen als Basen für Sommeroperationen errichtet worden.

1981 wurde das Alfred-Wegener-Institut für Polar- und Meeresforschung in Bremerhaven gegründet. Zentrale Aufgaben dieser Großforschungseinrichtung sind die Erforschung der Polargebiete, die Koordination der polaren Aktivitäten auf nationaler und internationaler Ebene sowie die Bereitstellung der Technik und Logistik für die Durchführung der antarktischen Programme. Mit dem Forschungseisbrecher »Polarstern« und den Polarflugzeugen des Alfred-Wegener-Instituts stehen der deutschen Antarktisforschung wissenschaftliche Geräte zur Verfügung, die weltweit zu den modernsten und höchstentwickelten zählen.

Ein Blick nach vorn

Bis in die späten siebziger Jahre unseres Jahrhunderts war die Antarktis lediglich Anziehungspunkt für die Forschung. Dann begann jedoch eine unaufhaltsame Entwicklung, die von den Geologen und Geophysikern durch die Rekonstruktion des Gondwana-Puzzles angeregt worden war. Müßten nicht auch in der Antarktis alle die Rohstoffe zu finden sein, die auf den anderen Kontinenten der Südhalbkugel seit Jahren abgebaut werden?

Anfang der achtziger Jahre geisterten Rohstoffkarten durch die Weltpresse, die die Antarktis als Eldorado voller Bodenschätze erscheinen ließen. In diesen Karten war von

---

Reisen in Antarctica

Es gibt ihn schon, den antarktischen Tourismus, zwar noch zaghaft, aber nicht aufzuhalten. Von Südamerika aus werden Flüge zur Antarktischen Halbinsel angeboten, wo an einer Station hotelähnliche Quartiere zahlungskräftigen Reisenden Unterkunft und die Möglichkeit zu Wanderungen im Stationsbereich bieten. Vereinzelt werden auch Überflüge organisiert, deren Teilnehmer für wenige Stunden die Eislandschaft aus großer Höhe bewundern können.

Während des Hochsommers, wenn das Packeis sich weit zurückgezogen hat, wagen sich manchmal auch Touristenschiffe zum Kontinentalrand vor. Das beliebteste Ziel solcher Reisen ist die Antarktische Halbinsel, die wegen ihrer relativ milden klimatischen Verhältnisse am besten zugänglich ist. Unvorstellbar schön ist die Fahrt durch den Neumayer- und Le-Maire-Kanal, an Gletscherfronten, langsam driftenden Eisbergen und geschützten Buchten vorbei, in denen sich vereinzelt Forschungsstationen angesiedelt haben.

Den staunenden Augen der Reisenden öffnet sich eine fremde, großartige Welt voller Seevögel und Pinguine, jagender Robben und manchmal sogar noch gemächlich dahinziehender Wale. Wenn die eine oder andere Forschungsstation angelaufen wird, können solche Fahrten auch einen kleinen Einblick in die Arbeit der Wissenschaftler geben.

Eine Reise in den äußersten Süden unserer Erde verlangt besondere Vorkehrungen und große Umsicht – die Antarktis verzeiht keinen Fehler. Hilfe ist meistens weit und kommt oft zu spät. Im Packeis zerquetschte Schiffe, verschollene Einhandsegler und abgestürzte Flugzeuge warnen vor überstürzter Reiseeuphorie. Der Mount Erebus, an dessen Hängen 1980 ein Großraumflugzeug im Blizzard zerschellte, ist von den Antarktis-Staaten zum offiziellen Mahnmal erklärt worden. Die Maschine war mit 250 Passagieren von Neuseeland aus zu einem antarktischen Rundflug gestartet; alle Insassen fanden bei dem Absturz den Tod. Noch im Sommer 1985/1986 wurde ein Expeditionsschiff auf dem Weg zum Kontinent im Packeis gefangen und zerquetscht. Glücklicherweise fanden in der Nähe der Unglücksstelle Forschungsarbeiten statt – so daß alle Reisenden gerettet werden konnten.

Register

Register

Kursiv gedruckte Seitenzahlen weisen auf Abbildungen hin.

A

Aalto, Alvar 424
Acapulco 270, 280
Acapulco de Juárez 278
Aconcagua 118
Acre 87, 91, 105, 109
Adams, John 422
Adelsheim, David 403
Adenauer, Konrad *376*
Agua (Vulkan) 188
Aguascalientes 273, 283
Aguilera, Jaime Roldós 153
Aimará-Indianer 52, 90, 91, 314
Akawaio-Indianer *196*
Al Capone 397, 398
Alagoas 100
Alajuela 132, 133
Alaska 15, 16, 28, 29, 177, 227, 238, 239, 416, *416*, 417, 420, 422, *423*
Alaska Highway 422
Alaunberge 337
Alausí 151
Albee, Edward 424
Alberta 230, 239
Albuquerque *404*
Aldrich, Robert 425
Aldrin, Edwin 379
Alea, Tomás Gutiérrez 261
Alegria, Ciro 317
Alessandri Rodríguez, Jorge 120
Alessandri y Palma, Arturo 120, 126
Aleuten 416
Alexander I., Zar 436
Alexanderarchipel 416
Alfonsín, Raúl 49, 58
Alfred-Wegener-Institut 434
Allegheny Mountains 416
Allen, Woody 425
Allende, Isabel 127
Allende, Salvador 31, 118, 119, 120, 121, 126
Allfrey, Phyllis Shand 137
Almagro, Diego de 90
Alta Verapaz 191
Altar (Vulkan) 148
Alt-Havanna *255*, *256*
Altiplano 86, 88, 317
Altiplano de Bolivia 90
Altman, Robert 425
Altos de Chavón *145*
Altun Ha 77
Alvarado, Pedro de 159, 188, 193
Alvarado Velasco, Juan 316
Alvarez, Carlos 253
Amado, Jorge 100, 115, *115*
Amador, Amaya 213
Amapala 212
Amazonas 15, 17, *28*,31, 96, *99*, 110, 111, 148, 198, 246, 250, 314, 360
Amazonasbecken 110, 315
Amazonas-Tiefland *107*, 110, 111, 250, 308
Amazonien *100*, 105
Ambato 149, 151
Ambergris Cay 75
Amish People 399
Ammarssalik 180
Amundsen, Roald 179, 436, 437
Anasazi-Indianer *407*
Anden 14, 15, 16, 17, *51*
(Argentinien) *51*, 52, 54, *55*, 56
(Bolivien) 85, 86, 88, 89, 90
(Chile) 118, 124

(Ecuador) 148, 151, 152, 153
(Kolumbien) 246, 250
(Mexiko) 20
(Peru) 308, 310, 312, 314
(Venezuela) 359, 361
Anden siehe auch Kordilleren
Anden-Indianer 55
Andrade, Jorge Carrera 153
Andrades, Mario de 115
Andros 64
Angel, James *357*
Angmagssalik 180
Angmagssalik-Eskimos 181
Angostura 252
Anguilla 321
Antarktis 426 bis 437
Antarktis-Vertrag 434, 437
Antigua (Guatemala) 188, 189, 193
Antigua (St. Lucia) 325
Antigua und Barbuda 36 bis 41
Antillen, Große 19
Antillen, Kleine 19
Antioquia 246
Antofagasta 118, *119*, 124, 125, 126
Apachen 274
Apoera 339
Appalachen 15, 238, 366, 416, 422
Apure 363
Apurimac 314
Araguai 96
Aramayo 87
Aranjo, Arturo 159
Araujo, Isaac Ruíz 159
Araukaner 119, 124, 126, 127
Araukanien 123, *123*
Arawak-Indianer 17, 111, 264, 265
(Antigua und Barbuda) 40, 41
(Bahamas) 65
(Barbados) 71
(Dominica) 139
(Dominikanische Republik) 144
(Franz.-Guayana) 162
(Guadeloupe) 185
(Guyana) 198, 199
(Haiti) 205
(Jamaika) 218, 219
(St. Lucia) 325, 327
(St. Vincent) 333
(Suriname) 336
(Trinidad und Tobago) 345
(Venezuela) 363
Arenal 132
Arequipa 313, *313*, 314
Argentinien 42 bis 59
Argerich, Martha 59
Arguedas, Alcides 88, 91
Arguedas, José María 317
Arias, Pedro 136
Arica 118, 126, 316
Arima 344
Aripo 343
Aristide, Jean-Bertrand 201, 203, 205
Arizona 28, 370, *404*, 406, *411*, 416, 417
Armas, Carlos Castillo 189
Armstrong, Louis 425
Armstrong, Neil 379
Arrau, Claudio 127
Artibonite-Tal 204
Aruba 360
Asimov, Isaac 424
Assis, J.M. Machado de 115
Asturias, Miguel Angel 193
Asunción 56, 300, 301, *301*, 303, 304, 305
Atacama-Wüste *117*, 118, 124, 125, *125*
Atacameño 58, 127
Atahualpa 20, 150, 307, 310, 311, 316
Athabascasee 238
Atitlánsee *193*
Atlanta 422

Atlantico 287
Atlantischer Ozean 221
Atwood, Margaret 233, 243
Austin 366
Austral-Plan 55
Avenida de los Volcánes 149
Avila, Gil Gonsales de 291
Avila, Pedro Arias d' 297
Ayacucho 309, 310, *311*, 316
Aylwin, Patricio 121, 126
Aymará-Indianer 311
Azteken 17, 20, 279
Azteken-Reich 268

B

Baños 148, 149
Baez, Joan 425
Baffinbai 180
Baffininsel 238
Bagno 162
Bahamas 60 bis 65
Bahia 25, 98, 99, *104*
Bahía Blanca 56
Bahía-Tolita-Kultur 153
Baja California *272*, 278
Baker 416
Balaguer, Joaquín 142, 143, 145
Balboa 294
Balboa, Vasco Núñez de 294, 297
Baldwin, James 391, 424
Ballestas-Inseln *312*
Balmaceda, José Manuel 118
Baltimore 398, 422
Baltimore, Lord 21
Banda Oriental de Uruguay 352
Banff-Nationalpark 238
Banzer, Hugo 88
Baraboo 398
Barahona 144
Barbados 66 bis 71
Barbareta 211
Barber, Samuel 424
Bärensee, Großer 238
Barinas 363
Barnet, Miguel 259
Barquisimeto 361
Barranca del Cobre *277*
Barranquilla 248, 250, 251, 252
Barrios, Justo Rufino 193
Barroualie 333
Barrow, Errol 71
Barstow *21*
Bartók, Béla 424
Bartolomé *150*
Barú (Vulkan) 296
Barzini, Luigi 385, 391
Baselitz, Georg 384
Basie, Count 425
Basse-Terre *183*, 184, 185, *185*
Basseterre 320, *320*, 321
Bastidas, Rodrigo de 297
Bastos, Augusto Roa 305
Bathsheba 69, *69*
Batista, Fulgencio 257, 258, 261
Batlle y Ordóñez, José 353
Baton Rouge 421
Bay-Inseln 211
Beagle-Kanal 51
Beckett Cyrus, Alston 330
Bedregal, Yolanda 91
Beecher-Stowes, Harriet 424
Békés 264
Belalcázar, Sebastián de 153
Belaúnde Terry, Fernando 308, 309, 316
Belém 111
Belgrano, Manuel *52*, 56

Belize 72 bis 77
Belize City *74*, 75, 76, 77
Belize River 76
Bella Vista 271
Belli, Gioconda 285, 289
Belli, Melvin 405
Bello, Andrés 363
Bellow, Saul 424
Belmopan 74, *74*, 75, 76
Belo Horizonte 110, 111, 115
Benedetti, Mario 348, 353
Bengal Village *196*
Bengue Viejo 77
Bequia Island 330, 332, 333
Berbice 196, 199
Berger, Heinrich 409
Beringstraße 15, 16
Bermuda 78 bis 83
Bermúdez, Juan de 83
Bernstein, Carl 380
Bernstein, Leonard 424
Betancourt, Rómulo 362
Bimini Islands 65
Bingham, Hiram *306*
Birri, Fernando 59
Biscayne Bay *414*
Bishop, Maurice 167, 168, 169
Black Caribs 333
Black Muslims 378
Blaize, Herbert 167, 169
Blanco, Antonio Guzmán 362
Blanco, Salvador Jorge 145
Blancs-France 264
Blanqui, Andrés 59
Bligh, William 331
Blixen, Tania *425*
Bloch, Ernst 424
Bloody Point 320
Blue Hole 77
Blue Mountain Peak 216, 217, 218
Blue Mountains *218*,
Blue Ridge 416
Blue-Basin-Wasserfall 344
Bluefields 287
Bôa Vista 94
Bogart, Humphrey 373, *412*, 425
Boggy Peak 40
Bogotá 246, 249, 250, 251, 252, 253
Boiling Lake 138
Bolívar, Simón 27, 28, 86, 88, 91, 153, 252, 253, 297, 316, 362,
Bolivien 84 bis 91
Bonaire 360
Bonampak 269, 282
Boothia 178
Borchgrevink, Carsten Egeberg 436
Bordaberry, Juan María 353
Borge, Tomás 286
Borges, Jorge Luis 59
Bosch, Juan 145
Bosco, Giovanni 105
Boston 21, 367, 417, 420, 422, 424
Boston Tea Party *367*, 422
Botero, Fernando 253
Boyacá 249
Bradbury, Ray *388*, 424
Brandt, Willy *376*, 380
Bransfield, Edward 436
Brasília 31, 105, *105*, 106, 110, 114, *115*
Brasilianischer Schild 96
Brasilien 92 bis 115
Brazo Casiquiare 360
Breschnew, Leonid 380
Breton, André 205
Bridgetown 69, *69*, 70, *70*, 71,
Brimstone Hill 320, 321
Britisch-Kolumbien 227, 242
Brokopondo 339
Brown, Nathaniel 436
Brown junior, Edmund 404

Register

Buñuel, Luis 283
Bucaramanga 250
Bucareli 303
Buccoo (Stadt) 343
Buccoo Reef 343, 344
Buenos Aires 30, 43, *43*, 44, *44*, 45, 46, 50, 54, 55, 56, 59, *59*
Buffalo Bill 227
Burchfield, Charles 384
Burger, Warren E. 381
Burnham, Forbes 197
Bush, George 383, 423
Bustamante, Alexander 217
Bustamante y Rivero, José Luis 316
Butterfield, Alexander 380
Byrd-Station 430
Byrne, Tony 409
Byron, John 119

Caballero, Pedro Juan 304
Cañas, Juan J. 159
Cañon de Majes 313
Cañon del Río Blanco 278
Caboclos 96, 97
Cabot, John 366
Caboto, Giovanni 222, 239
Caboto, Sebastiano 56, 222, 239
Cabral, Manuel del 145
Cabral, Pedro Alvares 94, 114
Cabrera, Manuel Estrada 193
Cacoal 109
Cadogán, León 305
Cafayate 51
Cage, John 424
Cahuita 129, 131
Cajamarca 310, 316
Cakchiquel-Indianer 188, 190
Calafate 51
Calama *119*
Calderón, Rafael Angel 133
Calgary 226, 238, 243, *243*
Cali 246, 250, 251, 252
Callao 314, 315
Camagüey 260
Câmara, Helder 106
Cambridge 366
Caminha, Pedro Vaz de 94, 96
Campeche 273
Campíns, Luis Herrera 362
Campo Grande 111
Campos, Pedro a 71
Canaima-Nationalpark *358*
Cancún 275
Candela, Felix 283
Canoe, John 65
Canouan Island 332
Canudos 100
Cape Brenton Island 242
Cap-Haïtien 142, 203, 204, 205
Capitol Hill 375, *375*, 377, 380, 382
Capote, Truman 424
Carabobo 362
Caracas 355, 356, *356*, 357, 358, 359, 360, 361, 362, 363
Carajás 105
Carambei 104
Carapegúa 305
Cardenal, Ernesto 286, 288, 289, 291
Cárdenas, Lázaro 275, 282
Careenage *70*,
Carera, Rafael 193
Carías, Marcos 213
Cariocas 93
Carmel 413
Carneiros 100

Carolina 22, 367
Caron, Leslie 425
Carpentiers, Alejo 261
Carretera Interamericana 193
Carretera Interoceánica 193
Carretera Pacífica 193
Carriacou 167, 168, 169
Carrión, Alejandro 151
Cartagena 248, 250, 252
Cartago 133
Carter, Jimmy 380, 381, *381*, 387, 423
Cartier, Jacques 222, 223, 224, 366
Casares 289
Casas, Bartolomé de las 269
Casas Grandes 274
Cascade Range 416
Cascavel 94
Cassavetes, John 425
Castañeda, Enrique 283
Castañeda, Jorge Ubico 193
Castelo Branco, H. de Alecenar 114
Castilla, Ramón 316
Castillo, Bernal Díaz del 270
Castries 323, 324, *325*, 326, 327
Castries, Charles Eugène 327
Castries-Fluß 324
Castro, Cipriano 362
Castro, Fidel 30, 31, 142, 255, 257, *257*, 258, 259, 261, 285, *376*
Castro, Raul 261
Cat Island 64
Catavi 88
Cato, Milton 330
Cauca-Tal 253
Caupolicán 119
Cay Chapel 75
Cay Corker 75
Cayenne 161, 162, 163, 339
Caymangraben 260
Ceará 107
Ceballos, Gregorio Vázquez de Arce y 253
Central Park 394, *394*, 395, *395*, 409
Cerda, Aguirre 120
Cerro Aconcagua 54, 55, *55*
Cerro Chirripó 132
Cerro de las Animas 352
Cerro de las Mesas 268
Cerro de Pasco 316
Cerro del Aripo 344
Cerro las Minas 209, 212
Cerro Paine *121*
Cerro Rico *87*
Cerro Torre 50, *51*
Césaire, Aimé 264
Céspedes, Augusto 87, 91
Chabochi 277
Chacabuco 120
Chaco 54, 90, 302
Chaco Boreal 90
Chaco Canyon *20*
Chaco-Indianer 55, 304
Chaco-Krieg 30, 87, 88, 91, 299, 303
Chalatenango 157
Chalchuapa 159
Challenger 382
Chamorro, Carlos Fernando 286
Chamorro, Pedro Joaquín 286
Chamorro, Violeta 286, 291
Champerico 191
Champlain, Samuel de 224, 242
Chan Chan 310, 316, 317, *317*
Chandler, Raymond 424
Changmarín, F. 297
Chango 124, 127
Chango-Indianer 124
Chapare 89
Chaplin, Charly 425
Charles, Eugenia 137, *138*
Charles, Ray 425

Charleston 24, 370
Charlestown 321
Charrière, Henri 163
Charrúa-Indianer 348, 352, 353
Château Montebello 227
Chavín de Huántar 316, 317
Chavín-Kultur 317
Chesapeake Bay 22, 416
Chetumal 275
Chiapas 268, 269, 270, 273, 278, *281*
Chibcha-Indianer 133, 251, 252, 253, 296, 297
Chicago 385, *386*, *389*, 393, 396, *396*, 397, 398, 400, 416, 417, 422, 423, *424*, 425
Chichén 275
Chichén Itzá 281, 282, *283*
Chichicastenango 189, 190, *191*
Chichimeken 281
Chiclayo 314
Chihuahua 274, 276, 278
Chile 116 bis 127
Chili, Manuel 153
Chiloé 122, 123, *123*, 124, 126
Chimborazo 149, 152
Chimbote 315, 316
Chimú-Indianer 316, 317
Chimú-Reich 310
Chinanandega 290, 291
Chinchero *310*,
Chinchontepec 157
Chinculatic 269
Chiquinquirá 249
Chiriquí-Kultur 297, *297*
Chocó 249
Chocó-Indianer 294
Choiseul *324*, 327
Cholchol 123
Choluteca 212
Cholo 88
Choqueyapu 88
Chorotegen 291
Chorotegen-Indianer 133
Chorti-Indianer 213
Christo *414* 424
Christophe, Henri *204*,205, *205*
Chruschtschow, Nikita 261, 374, 376, 377
Chuquicamata 118
Churchill, Winston 83, 373, 423
Churruca, Cosmo Damien de 345
Cibao 144
Ciboney-Indianer 261, 333
Ciboney-Indianer (Kuba) 261
Citlaltépetl 278
Ciudad Bolívar *362*
Ciudad Guayana *362*
Ciudad Juárez 278
Clark, William 369
Cleveland 420
Cliff Palace *407*
Cloisters 384
Coahuila 274
Coast Ranges 416
Coatzacoalcos 280
Cochabamba 90
Cockpit Country 218, 219
Coclé-Kultur 297
Cohen, Leonard 233, 243
Coijmar 256
Colón 294, 295, 296, 297
Colón, Diego 219
Colonia del Sacramento 351, 353
Colorado 416, 423
Colorado National Monument *406*
Colorado Plateau 416
Colorado River 20, *411*
Color de Mello, Fernando 114
Columbia 417
Columbia Plateau 416

Colville, Alex 232, 233, 243
Comanchen 274
Comayagua *206*, 209, 210, 211, 213
Comayagüela 210
Comodoro Rivadavia 50
Compton, John 324
Concepción 122, 124, 126
Concepción (Grenada) 168
Concord 367
Coney Island *394*
Connecticut River 400
Conselheiro, Antonio 100
Contras (Nicaragua) 286, 290, 291
Cook, James 436
Coolidge, Calvin 423
Cooper, Gary 373
Cooper, James F. 424
Copacabana 106, 107
Copán 159, *208*, 209, 210, 212, 213
Copán Ruinas 209
Copán-Fluß 209
Copland, Aaron 424
Coppola, Francis 425
Corcovado 94
Cordero, Léon Febres 153
Cordillera Apolobamba *89*
 Blanca und Negra *314*
 Central 144
 Central *131*
 de Guanacaste 132
 de Mérida 360
 de San Blas 296
 de San Blas *296*
 de Talamanca 132, 296
 de Vilcanota *310*, 311
 Real *83*
 Septentrional 144
 Volcánica 278
Córdoba 55, 56, 59
Córdoba, Francisco de Hernández de 291
Corinto 291
Coro 363
Coroico 89
Coropuna 314
Corozal 76
Corriverton *197*
Cortázar, Julio 59
Cortés, Hernán 20, 159, 188, 193, 213, 268, 270, 281, 282, 366
Cortez, Hernando siehe Cortés, Hernán
Costa, Lúcio 105, 115
Costa Rica 128 bis 133
Cotopaxi 149, 152
Cowell, Henry 424
Coyoacán 272
Cozumel 275
Creel 277
Crijnssen, Abraham 336
Criollos 88
Cromwell, Oliver 219
Cross, James R. 225
Cuartas, Belisario Betancur 252
Cuauhtémoc 276
Cuauhtémoc *276*
Cuchilla Grande 352
Cúcuta 250, 360
Cuenca 151, 152
Cuiabá 108
Cul-de-Sac-Ebene 204
Cumaná 359
Cuna-Indianer 294, 297
Cuna-Indianerin *294*
Cundinamarca 249, 250
Cunhas, Enclides R.P. da 115
Curaçao 360

446

Register

Curitiba 95, 104
Curtiz, Michael 425
Cuscatlán 158
Cusco 17, 150, 310, 311, 316, 317
Cuzarare 277

D

Dahrendorf, Ralf 369
Dakota *401*
Dalai Lama 106, 375
Dallas 376, 385, 406, 407, 408, 420, 422, *422*
Dalton, Roque 155
Dänemarkstraße 180
Dangriga 74, 75, 76
Däniken, Erich von 312
Darién 294, 296, 297
Darío, Rubén 159, 285, 289, 291
Dartmouth 400
Darwin, Charles 151
D'Aubuisson, Roberto 157
Dauphin-Fluß 325
David 296
Davies, Robertson 233
Davis, Jefferson 370
Davisstraße 180
Dawson *234*
Dawson, Kim 407
Daytona Beach 415
De Long, George Washington 179
Dean, James 386
Dean, John 380
Death Valley *402*, *413*, 416, 417
Deception-Insel 432
Delaware Bay 416
Demerara 199
Denver 422
Dessalines, Jean-Jacques 205
Detroit 378, 420
Deux Pitons *326*
Diaguita 58, 127
Diaguita-Kultur 58
Díaz, Porfirio 28, 270, 274, 282
Diego, Juan 270
Diegues, Carlos 115
Discépolo, Enrique Santos 45
Disko-Bucht 181
Disney, Walt 387, 425
Disney World 415, *415*
Disquís 133
Djoemoe-Dorf *337*
Djukas 337
Doblas, Fabián 133
Dominica 134 bis 139
Dominikanische Republik 140 bis 145
Donner, Hans 101
Donoso, José 127
Dörper, John 403
Dorset-Kultur 181
Drake, Francis 120, 294, 297
Dreiser, Theodore 424
Dreyfus, Alfred 162, 163
Droguett, Carlos 127
Drygalsky, Erich von 436
Duarte, José Napoleón 157, 159
Dublin (New Hampshire) 401
Dulles, John Foster 374, 423
Duluth 399
Dumont, Gabriel 227
Dunn's River *217*
Duvalier, François 202, 205
Duvalier, Jean-Claude 201, 203, 205
Duvalier, Michèle 203
Dylan, Bob 386, 425
Dzibilchaltún 275

E

Ecuador 146 bis 153
Edmonton 226, 238, 243
Egede, Hans 172, 181
Einstein, Albert *371*
Eisenhower, Dwight D. 83, 374, 382, 387, 423
El Banco 246
El Divisadero 277, *277*
El Fuerte 277
El Inga 153
El Pital 158
El Progreso 212
El Salvador 154 bis 159
El Tajin 268
El Teniente 118
Eleuthera 64, 65
Eliot, T.S. 424
Elisabeth I. von England 395
Ellington, Duke 425
Ellison, Ralph 391, 424
Ellsworth, Lincoln 179
Ellsworth-Kette 431
Emerillon-Indianer 162
Encarnación 304, 305
Endara, Guillermo 297
English Harbour 39, *40*, 41
Erich der Rote 174, 180
Eriesee 226, 238, 416
Escuintla 192
Esnambuc, Belain d' 320
Espinosa, José María 253
Espinosa, Julio García 261
Essequibo 197, 198, 199
Estado Bolívar 359
Estenssoro, Victor Paz 88, 91
Etang Saumâtre 204
Everglades-Nationalpark *408*, 415, *415*, 417
Ewenen 177
Exuma Cays *64*
Eskimo-Kultur 172, 181
Eskimos 16, *175*, 177, 179, 180, 181, *231*
Esmeraldas 152

F

Facendeiro *31*
Fairbanks 416
Fairbanks, Douglas 425
Falcón 359
Falklandinseln 30, 44, 47, 58, *59*
Falklandkrieg 30, 45, 47
Fallas, Carlos Luis 133
Falwell, Jerry 387
FARC 252
Faulkner, William 424
Federmann, Nikolaus 246, 362
Ferrer, José Figueres 133
Feuerland 43, 54, 55, *55*, 56, 124
Feuerland-Indianer 124, 127
Figueiredo, João Batista 114
Filchner-Schelfeis 429, 430
Finca Vigia 256
Fitz Roy *51*
Fizdale, Robert 386
Fjorde 238
Florida 15, 21, 406, 414, *414*, 416, 417, 422
Floridastraße 260
FMLN 156, 157
Fombona, Rufino Blanco 363
Ford, Gerald 380, 423
Ford, Henry 105
Ford, John 425
Forêt de Montravail 264
Förster, Bernhard 301
Fort Caroline 366
Fort Charlotte 333
Fort Frederick 166, 169
Fort George 166, 169
Fort Henry 233, *233*, 242
Fort Rodney 327
Fort Sainte-Marie 242
Fort San Andres 345
Fort Shirley 139
Fort Sumter 370
Fort York 242
Fort Zeelandia 337, 339
Fortaleza 110
Fort-de-France 263, 264, *264*, 265
Fort-Royal 265
Foster, Stephen 415
Francia, Rodriguez de 305
Franklin, Benjamin 367, 387
Franklin, John 178
Franz I., König von Frankreich 222
Französisch-Guayana 160 bis 163
Fraser River 226, *226*
Frederikshåb 172
Freeport 63, 64, 65
Frei, Eduardo 118, 120, 126
Freistadt 398
Frente de Acción Popular 126
Frente Sandinista de Liberación siehe FSLN
Freyre, Gilberto 97, 98
Frick, Henry Clay 385
Friedan, Betty 386
Friedrich, Niels 397
Friedrich der Große 367
Frigate Bay 320
FSLN 286, 291
Fuentes, Carlos 283
Fujimori, Alberto 307, 309, 316

G

Gagarin, Jurij 374
Gairy, Eric 166, 167, 169
Gaitán, Jorge Eliécer 252
Galápagos-Inseln 147, *147*, *150*, 151, 152, *152*
Galeano, Eduardo 118
Galibi-Indianer 162
Gallegos, Rómulo 363
Galvarino 123
Gandhi, Mahatma 404
Garay, Juan de 348
Garay, Narciso 297
García Pérez, Alan 307, 308, 309, 316
Gardel, Carlos 45, 248
Garifuna-Indianer 75
Garvey, Marcus 217
Gastown *225*
Gates, William 381
Gavidia, Francisco 159
Gaviría, César 252
Gê-Indianer 17, 111
Geisel, Ernesto 114
Georgetown 196, 197, 198, *198*, 199
Georgia 22, 367, 380
Germantown 398
Gershwin, George 424
Getino, Octavio 59
Getty, Paul 385
Getty-Museum 385
Geysir del Tatio 124, *125*

Gibb's Hill *83*
Gillespie, Dizzie 425
Ginastera, Alberto 59
Ginsberg, Allan 424
Glacier Bay *235*
Glacier-Nationalpark 417
Glass, Philip 425
Glen Canyon *411*
Godthåb 174, 180
Goiás, Hochland von 110
Gold, Arthur 386
Golden Gate Bridge *403*
Goldwater, Barry 377, 381
Golf von Ancud 124
Golf von Fonseca 209, 212, 290
Golf von Gonâve 204
Golf von Maracaibo 362
Golf von Mexiko 15, 16, 19, 268, 270, 278, 282, 415, 416, 422
Golf von Paria 344
Golfstrom 19, 172, 176
Gómara, Franzisco López de 294
Gómez, Juan Vicente 362
Gómez, Peña 142
Gonaïves 204
Gondwana 430, 431, 432, 434
Goodman, Benny 425
Gooseneks State Park *403*
Gorbatschow, Michail 232, 382, *383*
Gorgona 250
Gosier 184
Goulart, João 103, 114
Gould, Glenn 233
Graham, Mary 119
Gran Chaco 51, 54, 56, 58, 91, *301*, 304, 305
Granada 289, 290, 291
Grand Bahama 64, 65
Grand Canyon 416, 417
Grand Teton 417
Grande-Terre 184, 185, *185*
Granmans 337
Grasse, François de 139
Gray, Patrick 380
Great Abaco 62, 64
Great Basin 416
Great Bermuda 82
Great Inagua 64
Great Plains *16*, 238, *400*, 416
Great Salt Lake Desert 417
Great Salt Pond 320
Great Valley 416
Greeley, Horace 370
Greely, Adolphus W. 179
Greene, Graham 203
Greensboro 378
Grenada 164 bis 169
Grenadinen 167, 168
Griffith, David W. 425
Grönland und die Arktis 170 bis 181
Grönlandsee 180
Groot, Silvia de 337
Gropius, Walter 424
Gros Piton *323*, 325, 326
Große Antillen 19
Große Seen 15, 221, 223, 238, 239, 366, 416, 422
Großer Bärensee 238
Großer Sklavensee 238
Guañape-Kultur 316
Guadalajara 272, 273, 278, 279
Guadeloupe 182 bis 185
Guaire 356
Guajakol 269
Guajira 250
Guam 416, 422
Guanaja 211
Guanajuato *271*, 272
Guantánamo 258, 260, 261, 416

447

Register

Guaraní-Indianer 111, 300, 302, 303, 304, 305
Guarijio-Indianer 274
Guatemala 186 bis 193
Guatemala City 188, 189, 190, 192, 193
Guayana-Hochland 360
Guayaquil 148, 149, *149*, 150, 151, 152, 153
Guaymas 280
Guaymí-Indianer 297
Guazapa 157
Guerra, Ruy 115
Guerrero 268, 272, 273
Guevara, Ernesto Che 89, 91, 255, 258, 259, 261
Guillén, Nicolás 261
Gunnbjørns Fjeld 180
Gunnbjørns Land 180
Guridi, J. A. 145
Guthrie, Woody 425
Gutierrez, Joaquín 133
Guyana 194 bis 199
Guzmán, Abimael 310
Guzmán, Antonio 145
Guzmán, Jacobo Arbenz 189, 193
Guzmán, Patricio 127

H

Hacha-Wasserfälle *358*
Haile Selassie 219
Haiti 200 bis 205
Halcyon Cove *39*
Haley, Bill 425
Halifax 242
Hamilton *79*, 80, 82, *83*
Hamilton, Alexander 321, 369, 375
Hamilton Island 82
Hammett, Dashiell 424
Hampton *398*
Hanover 400
Harding, Warren G. 423
Haring, Keith 384
Harris, Roy 424
Harrison's Cave 69
Hart, Armando 259
Hartford, Huntington 62
Harvard 376, 386, 421
Harvey Vale 167
Havanna 256, *256*, 257, 260, 371
Hawaii 371, 409, 416, 417, 420, 421, 422
Hawkins, Richard 120
Hawks, Howard 425
Hawthorne, Nathanael 424
Haya de la Torre, Victor Raúl 316
Hayworth, Rita 386
Hearst 413
Hemer, Tim 405
Hemingway, Ernest 65, 256
Hendrix, Jimmy 425
Heredia 133
Hernández, Fidel Sánchez 159
Hernández, José 59
Herrera, Darío 297
Herrera, Omar Torrijos 297
Herrera y Obes, Julio 353
Herrnhuter Brüdergemeine 172, 180
Hewanorra 324
Heyerdahl, Thor 120
Hidalgo 27
Hidalgo y Costilla, Miguel 281
Hillsborough 167
Hindemith, Paul 424
Hispaniola 141, 144
Hitchcock, Alfred 425
Hitler, Adolf 372

Ho Chi Minh 374, 377, 404
Hochelaga 223
Hochelaga-Fluß 222
Hochland von Goiás 110
Hochland-Maya 188, 189
Hochschild 87
Hoffer, Eric 387
Hohermuth, Georg 362
Hollywood 412, *412*, 425
Holsteinsborg 172, 180
Honduras 206 bis 213
Honolulu 409
Hoover, Herbert 372
Hoover-Damm *423*
Hopewell-Kulturen 16
Hopi-Indianer 274
Houston 31, 420, 422
Howland 416
Hoyos, Carlos Mauro 252
Hoyte, Desmond 197, 199
Huaca Prieta 316
Huánuco 316
Huascar 150, 311
Huaxteken 279
Hudson River 366
Hudsonbai 176, 224, 228, 238, 242
Huichol-Indianer 273
Huitzilopochtli 282
Humahuaca 52, *52*, 53, *53*
Humboldt, Alexander von 27, 149, 271, 356, 358, *363*
Humboldtstrom 118, 124, 125, 308, 309, 314
Huronsee 238, 416
Hutten, Philipp von 362
Hutten, Ulrich von 269

I

Ibáñez del Campo, Carlos 120, 126
Ibarra, José María Velasco 153
Icaza, Jorge 153
Icefield Parkway *233*
Iguazú-Wasserfälle 15, *43*, *47*, 51, 54, 56, 96, *100*, 104, 303
Ile de la Gonâve 204
Ile de la Tortue 204, 205
Ile d'Orléans *225*
Ile du Diable 162, 163
Ile Royale 162, 163
Iles de la Petite Terre 184
Iles des Saintes 184, 185
Iles du Salut 163, *163*
Illapel 124
Illimani 88
Illinois 15
Ilulissat 180
Independencia 300
Indian River *138*
Infante, Pedro 273
Inka 17, 20, 58, 86, 89, 90, 126, 127, 149, 150, 153, 270, 307, 310, 311, 316, 317, *317*
Inti-Raymi *309*
Inugsuk-Kultur 172
Inuit 180
Iquique 118
Iquitos *309*, 314, 315
Iracou 163
Irala, Domingo Martínez de 56
Irazú *129*, 132, *132*
Irigoyen, Hipólito 57
Irmingerstrom 172
Irokesen 22
Isla de Coiba 296
Isla de la Juventud 260
Isla de Ometepe 288

Isla del Coco 132
Isla del Rey 296
Isla Espíritu *272*
Isla Margarita 360, 362
Isla Wellington *121*
Island 172
Islas de la Bahía *208*, 211
Islas de los Desventurados 124
Itaipú 104, 111
Itaipú-Wasserfälle 304
Itzá 275
Ives, Charles 424
Ivigtut 180
Iwojima *373*
Ixtacihuatl 278
Izabal-See 190
Izaguirre, Carlos C. 213
Izalco *157*
Izamal 275
Iztaccíhuatl 16, *270*, 271

J

Jackson, Andrew 370
Jackson, Michael 386
Jagan, Cheddi 196, 197
Jahn, Helmut *389*, 397
Jakobshavn 180, 181
Jakobshavner Eisfjord *173*
Jakuten 177
Jalisco 272
Jamaika 214 bis 219
James Bay 228, 229, 242
James I. 71
Jamestown 21, 375, 422
Jara, Victor 127
Jarvis 416
Jasper-Nationalpark 238
Jefferson, Thomas 22, 368, 369, 372, 375, 380, 388, 422
Jesuitenstraße 303
Jiménez, Marcos Pérez 30, 356, 362
Jivaro-Indianer 148, *153*
Jobson Cove *81*
Jodensavanne 339
Johann VI. 114
Johnson, Lyndon 377, 378, 423
Johnston 416
Jones, Jim 197
Jones, John Paul 65
Jones, Le Roi 424
Juan-Fernández-Inseln 124
Juárez, Benito 28, 270, 281, 282
Juàzeiro do Norte 107
Jujuy 43, *48*, 51, 52, 53, *53*, 56, 58
Juliana, Königin der Niederlande 336
Juliana-Berg 336, 338
Julianehâb 174
Jungferninseln 416
Jungle Train *131*

K

Kabáh 275
Kagel, Mauricio 59
Kahlo, Frida 283
Kahoolawe 416
Kahuena, Eddi 409
Kaieteur-Nationalpark 196
Kaieteur-Wasserfälle *194*, 196, 198, 199
Kalâtdlit Nunât 180
Kalifornien 21, 28, 275, 370, 381, 385, 388, 404, 405, 406, 412, 416, 417, 422
Kalmarer Union 180

Kaminaljuyú 193
Kanada 220 bis 243
Kansas 370
Kap Canaveral 382
Kap Hatteras 82
Kap Hoorn 29, 54, 117
Kaplan, Gilbert 389, 390
Kariben (Dominica) 136, 139
  (Franz.-Guayana) 163
  (Guyana) 199
  (St. Lucia) 327
  (Belize) 74, 75
  (Guyana) 198
  (St. Vincent) 331, 333
  (Venezuela) 363
Karl III. von Spanien 88, 281, 303, 305
Karl IV. von Spanien 281
Karl V. von Spanien 56, 270, 356, 362
Karolinen 416
Kaskaden 14
Kauai 416
Kazan, Elia 373
Keaton, Buster 425
Kekchi-Maya (Belize) 77
Kelly, Gene 425
Kennan, George F. 373
Kennedy, John F. 83, 375, 376, *376*, 377, 379, 406, 423
Kennedy, Robert 378, 379, 423
Kennedy Space Center *425*
Kenscoff-Massiv 203
Kentucky 417
Kern, Iara 106
Kerouac, Jack 424
Ketchikan *234*
Ketschua-Indianer 314
Khomeini, Ayatollah *381*, 382
Kiefer, Anselm 384
Kienholz, Edward 424
Kilauea Crater 416
King, Martin Luther 378, *378*, 382, 386, 423
King, Stephen 424
King-George-VI.-Wasserfälle 199
Kingman 416
Kings Canyon 417
Kingston 216, 217, *217*, 218, 219, 233, *233*, 242
Kingstown 329, 330, 331, 332, *332*, 333
Kipling, Rudyard 83, 294, 409
Kisch, Egon Erwin 270
Kissinger, Henry 379, 387
Kleine Antillen 19
Klondike *234*
Kohl, Helmut 397
Kolumbien 244 bis 253
Kolumbus, Bartolomé 145, 205
Kolumbus, Christoph 19, 20, 40, 65, 77, 130, 133, 136, 139, 141, 143, 144, *144*, 145, 168, 184, 185, 193, 205, 211, 212, 219, 222, 256, 261, 264, 265, 291, *296*, 297, 320, 321, 327, 332, 339, 345, 362, 366
Kolumbus, Diego 145
Komi 177
Konföderation, Argentinische 56
Königin-Elisabeth-Inseln 238
Kooning, Willem de 384
Koons, J. 424
Koop, Gerhard 74
Kordilleren (Argentinien) 51, 54
  (Bolivien) 85, 86, 88, 89, 90
  (Chile) 124
  (Costa Rica) 132
  (Dominikanische Republik) 144
  (Ecuador) 152
  (Guatemala) 192
  (Honduras) 212
  (Kolumbien) 246, 249, 250, 251, 253
  (Mexiko) 278

Register

(Nicaragua) 290
(Nordamerikanische) 238, 417
(Peru) 314
Kordilleren siehe auch Anden
Koreakrieg *374*
Kotosh 316
Kourou 162, 163, *163*
Kraka, Ulf 180
Kreml 380
Ksan 243
Kuba 254 bis 261
Kuba 376
Kubakrise 261, 375, 376, 423
Kubrick, Stanley 425
Ku-Klux-Klan 422, *422*
Kuroschio 227

L

La Antigua 268
La Brea 343, 344
La Ceiba 211
La Cumbre 89
La Darse 184, *185*
La Désirade 184, 185
La Esmeralda *360*
La Gloria *131*
La Guaira 362
La Junta 276
La Merced 150
La Nueva Vercruz 268
La Paz 83, 86, *87*, 88, *89*, 90, 91
La Plata 55, 56
La Soufrière 184
La Venta 268, 280, 282, *282*
Labná 275
Labrador 238
Labradorsee 180
Labradorstrom 176
Lacandón-Indianer 269
Lago Agrio 148
Lago Argentino 51, 54, *54*
Lago Buenos Aires 54
Lago de Atitlán 190, *190*, 192
Lago de Chapala 278
Lago de Ilopango 158
Lago de Izabal 192
Lago de Managua 288, 290
Lago de Maracaibo 360
Lago de Nicaragua 290, 291
Lago de Valencia 360
Lago de Yojoa 212
Lago Enriquillo 144
Lago Nahuel Huapi 54
Lago Petén Itzá 193
Lago Ypoá 304
Laguna Mar Chiquita 54
Lagunas de Montebello 269
Lakandonen *281*
Lake Powell *411*
Lake Superior 399
Lampião 99, 100
Lanai 416
Laniel, Joseph 83
Lanin 54
La-Plata 44
Laporte, Pierre 225
Lara, Jesús 91
Las Casas, Bartolomé de 145, 362
Las Nieves 320
Las Vegas *391*
Latacunga 149
Latorre, Lorenzo 353
Laurel und Hardy 425
Laurence, Margaret 233
Lautaro 119
Law Dome 430

Lawa 163, 338
Layou 333
Le Carénage 264
Le Corbusier 115, 424
Le Lamentin 264
Leary, Timothy 406
Lejia-See *117*
Le-Maire-Kanal 434
L'Enfant, Pierre-Charles 75
León 278, 289, 290, 291
Leoni, Raúl 362
LeRoy, Mervyn 425
Les Saintes 184
Lesage, Jean 224, 225
Lesseps, Ferdinand de 294, 297
Lett, David 403
Leuchtender Pfad 309, 310, 316
Lévesque, René 224, 225
Lewis, Meriwether 369
Lewis, Sinclair 83, 424
Lichtenstein, Roy 384, 424
Lighthouse Reef *77*
Lima 307, 308, 312, *312*, 314, 315, 317
Limón 130, 132, 133
Lincoln, Abraham 366, 370, 422
Linden 198
Líneá Vieja 133
Lisboa, Antonio Francisco 115
Litani 163, 338
Littín, Miguel 127
Llaima 123
Llano Estacado 417
Llanquihue-See 120, 123, *123*, 124
Llullaillaco 124
Locke, John 417
Loja 151
Lomas 271
Long Island 64, 394, *394*
Lonquimay 123
López, Carlos Antonio 305
López, Francisco Solano 303, 305
López de Santa Anna, Antonio 281
Lord, Samuel Hall 71
Lord Nelson *39*
Los Alamos 374
Los Angeles 275, 378, 385, 389, 405, 412, 416, 417, 422, *422*, 425
Los Angeles (Chile) 122
Los Mochis 276, 277
Losada, Diego de 356
Los-Glaciares-Nationalpark *50*, 51, *54*
Louisbourg 242
Louisiana 367, 369, 422
Lubaantum 77
Lubitsch, Ernst 425
Lucayos-Indianer 65
Lunenburg *236*
Lusinchi, Jaime 362
Luxemburg 398

M

Macdonald, John 242
Machupicchu *306*, 307, 310, 311, 317
Macizo de la Guayana 198
MacKinley, William 370, 371
Macmillan, Harold 83, 376
Macumba-Kult 106, 115
Madison, Dolly 375
Madison, James 370, 422
Madonna 425
Magdalenen-Tal 246, 249
Magelhaes, Fernao de 56
Magellanstraße 124
Mahler, Gustav 389
Mailer, Norman 424

Maillet, Antonine 233, 243
Maipo-Tal 119
Maiquetía 356
Malamud, Bernard 424
Malcolm X 378
Malpelo 250
Malvinas siehe Falklandinseln
Mamboréuaçu 96, 97
Mammoth Cave 417
Managua 286, *287*, 287, 288, 290, 291
Managuasee 288, 290
Manaus *98*, 105, 111, 115
Manhattan 367, 384, 392, *394*, 395
Manitoba 220, 239, 242
Manitsoq 180
Manizales *248*
Manley, Michael 217, 219
Manos del Uruguay 350
Manta 153
Manuel I. von Portugal 114
Manuel-Antonio-Nationalpark *132*
Manufactoring Belt 421
Manzanillo 270
Mao Tse-tung 29, 373, 404
Mapuche-Indianer 119, 123
Mar del Plata 55, 56
Maracaibo 31, 360, 361, 362
Maracaibo-Becken 361, 362
Maracaibo-See 359
Maracas-Wasserfälle 344
Maracay 361
Maranhão 99
Marcus, Stanley 407
Maria Bonita 99
Marianen 416
Marie-Byrd-Land 430, 431
Marie-Galante 184, 185
Marigot 136, 137
Marigot Bay *325*
Marinho, Roberto 101
Marley, Bob 217
Marmorilik 174
Maroni 162, 163
Márquez, Gabriel García 253
Marshallinseln 416
Martí, Farabundo 157
Martí, José 256, 257, 258, 261
Martinez, Denis 286
Martínez, Maximiliano Hernández 159
Martinique 262 bis 265
Maryland 21
Massachusetts 366, *399*, 422, 423
Massif de la Selle 204
Massif du Sud 204
Matagalpa 287, 291
Matanzas 260
Mato Grosso *100*, 105, 108, 110
Matta Echaurren, Sebastián 127
Maui 416
Mauna Kea 416
Mauna Loa 416
Maximilian, Erzherzog 28, 268
Maya 16, 17, 74, 75, 76, 159, 192, 209, 210, *210*, 212, 213, 269, 270, *274*, 275, 279, 280, 281, *281*
Maya-Kultur 189, 190, 193, *279*, 281, 282, *283*
Maya Mountains 76
Mazahua 279
Mazateken 279
McCarthy, Joseph R. 373, 374, 423
McCullers, Carson *425*
McIntosh, Frankie 330
McKay, Claude 219
McMurdo-Station 432
Médanos de Coro 359
Médici, Emílio G. 114
Melman, Marvin 405
Melville, Herman 424

Melville Hall 138
Memphis/Tennessee 378, *378*
Méndez, Torres 253
Mendive 259
Mendocino 412, 413
Mendoza, Pedro de 44, 55, 56
Menem, Carlos Saul 49, 58
Mennoniten 74, 276, 302, *303*, 304, 305, 399
Mercedes 352
Mérida 20, 275, 359, 363
Mérida-Kordillere 360
Mesa Verde 423
Mesa-Verde-Nationalpark *407*
Meseta 130
Meseta Central 278
Mesopotamia 54
Mesopotamia argentina 51
Mesopotamia-Tal 331
Mexcaltitlan *24*
Mexico City siehe Mexiko-Stadt
Mexiko 266 bis 283
Mexiko-Stadt 20, *266*, *268*, 270, 271, *271*, 278, 279, 280, 281, 282, 283
Miami 398, 414, *414*, 416, 420, 422
Michener, James 424
Michigansee *397*, 416
Midway 416
Mies van der Rohe, Ludwig 397, 424
Mikronesien 416
Milanés, Pablo 259
Milhaud, Darius 424
Miller, Arthur 373, 374, 380, 424, *425*
Miller, Glenn 425
Miller, Henry 424
Milot 205
Milwaukee 417
Minas 352
Minas Gerais 111
Minelli, Vincente 425
Minnesota 398, 399, 400, 421
Misiones 54, 59
Misquito-Indianer 287, 290
Mississippi 15, 22, 367, 369, *408*, 416, 421, 422
Mississippi (Stadt) 379
Mississippi-Kulturen 16
Missouri 416
Mistassini-Indianer 228
Mistral, Gabriela 117, 127
Mitaraca 163
Mitchell, James F. 330
Mitchell, John 380
Mitchell, Margret 424
Mitla 269
Mixteca Alta 270
Mixteken 269, 270, 279
Mochica-Kultur 317
Molina, Gilberto 249
Molokai 416
Mondlandung *379*
Monguí 249
Monroe, James 370, 422
Monroe, Marilyn *412*, 425
Monroe-Doktrin 373
Montagne Pelée *264*, 265
Montana 417
Monte Albán 269, 282
Monte Cristo 158
Monte Roraima 196, 198, 360
Montego Bay 217, 218, 219
Monterrey 274, 278, 279, 413
Montesquieu, Charles de 417
Montevideo 348, *349*, 350, 351, 352, 353
Montezuma I. 281
Montezuma II. 268, 281
Montgomery 378
Montoneros 48, 58
Montreal 221, 223, *224*, 225, 226, 227, 232, 238, 239, 243

449

Register

Moore, Thomas 83
Mopan-Maya (Belize) 77
Morales, Machado 261
Morant Bay 216
Morant Cays 218
Morat 211
Morázan 157
Morazán, Francisco 213
Morelos 27
Moreno, Gabriel García 153
Morgan, Henry 294, 297
Morgan-Lewis-Windmühle *70*
Morne Diablotin 138
Morne Trois Pitons National Park 139
Mosquitia 212
Motzfeldt, Jonathan 174
Mount Alvernia 64
Mount Elbert 416
Mount Erebus 432, 434
Mount Gimie 325, 326
Mount Hillaby 70
Mount Logan 238
Mount McKinley 416, *416*, 417
Mount Misery 321
Mount Mitchell 416
Mount Qualibou 326
Mount Rushmore *366*
Mount Soufrière 325, 326
Mount St. Catherine 166, 168
Mount St. Elias 238
Mount Tamana 343
Mount Whitney 416
Muísca-Indianer 253
Munro, Alice 233, 243
Mustique Island 332, *332*, 333
Mütter der Plaza de Mayo *44*, 48, 58
Muzo 249

N

Naboba-Hochebene *246*
Nabokow, Wladimir 424
Nahua 279
Nahuel Huapi 54
Namphy, Henry 203
Nandaime 291
Nanortalik 174
Nansen, Fridtjof 179
Napo 152
Napoleon I. 102, 114, 367, 422
Napoleon III. 28
Nashville 425
Nassau 62, *63*, 64, 65
Natchez 409
Navajo-Indianer *368*
Nazca 312
Nazca-Kultur 317
Nazca-Wüste 317
Nebraska 370, 417
Negril 217
Négritude 264
Nelson, Horatio 41
Nelson, Lord 71
Nelson's Dockyard 39, *39*, 41
Nenzen 177
Nepeña-Tal 316
Neruda, Pablo 117, 120, 127
Neu-Amsterdam 366
Neubraunschweig 242
Neuengland 22, 367, 402, 421, 422
Neufrankreich 224, 242
Neufundland 222, 238, 239, 242, 367
Neugermanien 301
Neumayer-Kanal 434
Neumayer-Station 434
Neuschottland 221, 242
Nevada 275

Nevado del Illimani 90
Nevado del Ruiz 250
Nevado Huascarán 314, *314*
Nevado Ojos del Salado 54, 124
Neves, Tancredo 114
Nevis Peak 320
New Amsterdam 198, 199
New Berlin 398
New Hampshire 400, 401, 402, 403
New Holstein 398
New Jersey 31
New Mexico 28, 275, 370, *404*, 416, 420, 422
New Orleans 22, *22*, 421, 422, 423, *424*, 425
New Providence 64, 65
New York 31, 366, 367, 378, *383*, 384, 385, *385*, 390, *391*, 392, *392*, 393, *393*, 394, *394*, 395, *395*, 396, 398, 400, 403, 409, 417, 422, 424, *424*, 425
Niagarafälle 15, 226, *226*, 239, 416, 422
Nicaragua 284 bis 291
Nicaraguasenke 290
Nicarao 291
Nicoya 132, 133
Niemeyer, Oscar 105, 115
Nieto, Arturo Mejía 213
Nietzsche, Friedrich 301
Niihau 416
Nilsson, Leopoldo Torre 59
Nixon, Richard 374, 379, 380, *380*, 387, 423
Nobile, Umberto 179
Nohochtunich 77
Nord-Dakota 230
Nordpol 176, 178, *179*
Nordpolarmeer 176, 180, 221, 228
Norfolk 422
Noriega, Manuel Antonio 297, 383, 423
Norris, Frank 424
North Cascades 417
North Point 69
Northern Range 344
Norwich 400
Notre Dame Mountains 238
Nueva Isabella 145
Núk 174, 180
Núñez, Rafael 252

O

O'Gorman, Juan 283
O'Higgins, Bernardo 120, 125, 126
O'Neill, Eugene 83, 424
Oahu 416
Oaqortoq 174
Oaxaca 269, 270, 273, 282
Oayana-Indianer 338
Obere Seen 22
Oberer See 238, 416
Obregón, Alejandro 253
Obregón, Alvaro 274, 282
Ocho Rios 217
Odria Amoretti, Manuel A. 316
Ohio 379
Ohio River 16, 22
Ojeda, Alonso de 252, 336, 339, 359, 362
Old Road Town 320
Old Tuscon *390*
Oldenburg, Claes 384, 424
Old-Faithfull-Geysir *401*
Olive, Leonard de l' 185
Oliveira, Juscelino Kubitschek de 105, 114

Olmeken 268, 282, *282*
Omoa 211
Onetti, Juan Carlos 353
Ontario 222, *222*, 229, 231, 239, 242
Ontariosee 226, 233, 238, 416
Orange Walk 75, 76
Oregon 275, 403, 404
Oriente (Ecuador) 148
Oriente (Paraguay) 304
Orinoco 198, 250, *355*, *360*, 362
Orinoco-Tiefland 360, 361
Orlando 415
Orongo 127
Orozco, José Clemente 269, 283
Ortega, Daniel 286, 289, 291
Ortega, Humberto 286
Ortiz, Adalberto 153
Oruro 88, 90
Osa 132
Osorio, Miguel Angel 253
Osorno 123
Ossonville, Jean Duplessis d' 185
Osterinsel 124, 127, *127*
Ostgrönlandstrom 172
Oswald, Lee Harvey 376
Otavalo 150, 151
Otomí 279
Ottawa 225, 226, 227, 232, 238, 243
Ottawa River 227
Ouro Prêto 101, 115
Oyampi-Indianer 162
Oyapock 162, 163
Ozon-Loch 434

P

Paamiut 172
Pacheco, Fernando Castro 20
Pachuca 272
Packeisgürtel 429
Pakaraima Mountains 198
Palenque 248, 269, 282
Palikour-Indianer 162
Palmyra 416
Pampa (Argentinien) *49*, 50, 51, 55, 56, 58, 59
Panama 292 bis 297
Panamakanal 293, 294, 297, 381, 416, 422
Panama-Stadt 294, 295, 296, 297
Panamerican Highway siehe Panamericana
Panamericana 122, 123, 126, 149, 150, 151, 152, 158, 208, 291, 294, 310, *312*, 315
Panchinalco 159
Pancho-Indianer 159
Panecillo 149
Pangäa 430
Pantanal *108*, 110
Papineau, Louis-Joseph 224, 227
Pará 101
Paracas 312, *313*
Paradise Island 63, *63*
Paraguarí 305
Paraguay 298 bis 305
Paramaribo 335, 336, *336*, 337, 338, 339, *339*
Páramos 314
Paraná 96, 104, 111
Paranaguá 95
Paraujanos-Indianer 359
Pargua 123
Paricutín 278
Parker, William 297
Parks, Rosa 378
Parry, Edward 178

Pascal-Trouillot, Ertha 201, 203
Passos, John Dos 424
Patagonien 43, 46, *49*, 50, 51, 54, 56, 57, *57*, 58, *121*, *125*
Patiños, Simón 87, 88
Paysandú 352
Paz, Octavio 269, 283
Pazifik-Krieg 86, 118
Pearl Harbor 29, 372, *372*, 423
Pearson, Lester Bowles 232
Peary, Robert F. 179
Pedregal 271
Pedro Cays 218
Pedro I., Kaiser von Brasilien 102, 114
Pedro II., Kaiser von Brasilien 26, 102, 114
Peggy's Cove *237*
Pelechuco-Paß *89*
Pembroke 243
Pène du Bois, Guy 384
Península de Azuero 296
Pennsylvania 21, 22, 367
Pereira *248*, 250, 252
Pérez, Carlos Andrés 362
Pérez Rodrígez, Carlos Andrés 359, 362
Perito-Moreno-Gletscher 51, *54*
Pernambuco 95, 97
Perón, Evita *58*
Perón, Isabel 47, 58
Perón, Juan 30, 47, 57, *58*
Peronismus 47, 48, 57
Perot, H. Ross 408
Perse, Saint-John 185
Peru 306 bis 317
Pesentheimer, Helmuth 409
Petare 361
Petén 187, 189, 190, 191, 192, 193
Peterborough 400
Peters, DeWitt C. 205
Peterson, Oscar 233
Pétionville 203
Petit Martinique 167, *167*, 168
Petit Piton *323*, 325, 326
Petrified Forest 417
Petroglyphen 127
Peyri, Antonio 283
Philadelphia 368, 420, 422
Philipp II. von Spanien 339
Philipp III. von Spanien 213
Philippi, Bernhard 120
Phillips, Jayne Anne 389
Pic La Selle 204
Pichincha 149, 153
Pickford, Mary 425
Pico Avila 356
Pico Bolívar 360
Pico Cristóbal Colón 247, 250
Pico da Bandeira 96, 110
Pico da Neblina 110, 360
Pico de Orizaba 268, 278
Pico Duarte 144
Pico Mogotón 290
Pico Turquino 260
Piedmont 421
Piedmont Plateau 416
Pigeon Island 327
Pike, James 404
Pindling, Lynden O. 63, 65
Pink Beach *82*
Pinochet, Augusto 30, 118, 119, 121, 124, 125, 126, 127
Pinzón, Vicente Yáñez 163, 199, 339
Pipiles-Indianer 159
Pisac 311
Pisco 312
Piston, Walter 424
Pitch Lake 344, 345
Pitons du Carbet 264

Register

Pizarro, Francisco 20, 90, 150, 310, 311, 316
Plains of Abraham 224
Plaisted, Ralph 179
Planalto 110
Plateau Central 204
Plateau Didier 264
Plymouth 21, 422
Poe, Edgar Allan 424
Point Britain 222
Point Saline 168
Pointe des Châteaux 184
Pointe-à-Pitre 184, 185, *185*
Polarkreis 180, 221
Pollock, Jackson 384
Polynesien 416
Poma de Ayala 317
Pomerode 104
Popayán 253
Popocatépetl 16, *270*, 271, 278, *278*
Port Antonio 216, 217, 219
Port of Spain 343, *342*, 344, 345
Port Royal 219
Port Stanley 47
Portales, Diego 120, 126
Port-au-Prince 142, 203, *203*, 204, 205
Porter, Edwin S. 425
Portland 404, 422
Pôrto Alegre 111
Pôrto Seguro 94
Pôrto Velho 101, 109
Portobelo 294, 297
Portsmouth 136, 139
Portuguesa 363
Potaro 196, 198
Potomac 375
Potosí 86, *87*, 88
Potter's Ville 136
Pound, Ezra 288, 424
Prado y Ugarteche, Manuel 316
Praia Grande 106
Prärie-Indianer 370
Presley, Elvis *388*, 425
Prince George 226
Prince-Charles-Gebirge 435
Princeton 386, 421
Prinz-Albert-Nationalpark 238
Prinz-Edward-Insel 242
Promontory Point *368*
Providencia 250
Provincia Gigante 56
Prudhoe Bay 177, 239
Pucarás 53
Pucón 123
Puebla de Zaragoza 278
Pueblo Bonito *20*
Pueblo-Indianer 423
Pueblos jóvenes 308
Puerto Aisen *124*
Puerto Argentino 47
Puerto Ayora 151
Puerto Barrios 190, 191, 192, 193
Puerto Bolívar 153
Puerto Cabello 362
Puerto Cabezas 287, 288
Puerto Cortés 211, 212
Puerto Eden *121*
Puerto la Cruz 359
Puerto Montt 123, *123*, 126
Puerto Octay 123
Puerto Ordaz 362
Puerto Plata 142
Puerto Rico 20, 29, 371, 416, 422, 423
Puerto San José 193
Puerto Stroessner 303, 304
Puerto Vallarta 280
Puerto Varas 123
Pujilí 149
Puno 311
Punta Arenas 120, 126, *127*

Punta del Este *349*, 351, *352*
Punta Norte 51
Puntarenas 130, *130*, 132, 133
Purmamarca 53, *53*
Pusilha 77
Pynchon, Thomas 424

Q

Quadros, Janio da Silva 114
Quebec 30, 221, 223, 224, 225, 226, 230, 238, 239, 242, 243
Quellón 123
Quenca 149
Querétaro 272
Quesada, Gonzalo Jiménez de 252
Quetzal 192
Quetzalcóatl 268, 281, 282
Quezaltenango 192
Quiché-Indianer 188, 189, 190, 193
Quimbaya-Kultur 253
Quintana Roo 275
Quiriguá 193
Quiroga, Horacio 353
Quito 147, *148*, 149, 150, 152, *152*, 153, 311

R

Racouyenne-Indianer 162
Raleigh, Walter Sir 366
Rama-Indianer 290
Rapa Nui 120
Ráquira 249
Rastafari 217, 219
Rauschenberg, Robert 424
Ray, Nicholas 425
Reagan, Nancy 373
Reagan, Ronald 167, 291, 374, 381, 382, 383, *383*, 387, 390, 404, 421, 423
Real de Catorce 272
Recife 99, 111
Redonda 40
Regenwaldinseln 230
Reich, Steve 425
Reiche, Maria 313
Restrepo, Camilo Torres 251
Revell, Viljö 243
Revelstoke-Nationalpark 229
Reverón, Armando 363
Rhys, Jean 137
Ribeirão Preto 104
Riding, Alan 271
Riley, Terry 425
Río Aguán 209
Río Apure 361
Rio Araguaia 114
Río Balsas 278
Río Bayano 296
Río Beni 90
Río Biobío 126
Rio Branco 109
Rio Bravo 275, 278
Río Bravo del Norte 278
Río Caquetá 250
Río Caroni *362*
Río Cauca 250, 253
Río Cauto 260
Río Choluteca 210
Río Churún *357*
Río Coco 290
Río Colca 313, *313*

Río Colorado 54
Río Comayagua 209
Río Daule 152
Rio de Janeiro 25, *94*, *96*, 98, 101, 102, 103, 106, 107, 110, 111, 114, 115
Río de la Pasión 190
Río de la Plata 17, 50, 56, 96, 305, 347, 348, 351, 352, 353
Río Escondido 288
Río Grande (Argentinien) 54
Río Grande (Brasilien) 110
Río Grande (Mexico) 278
Río Grande (Paraguay) 304
Río Grande (Stadt/Nicaragua) *289*
Río Grande (USA) 275, *411,* 416
Río Grande de Matagalpa 290
Río Grande de Santiago 278
Rio Grande do Sul 104
Río Guaviare 250, 253
Río Guayabero 250
Río Guayas 152
Río Huallaga 314
Río Huasco 124
Río Iguaçu 51
Río Laja 122
Río Lempa 158
Río Lerma 278
Rio Madeira 101, 102, *108*
Río Magdalena 246, 249, 250, 252, 253
Río Mamoré 90
Río Marañon 314
Rio Minho 218
Río Motagua 190, 192
Río Napo 148, 152, 314
Río Negro 50, 55, 105, 153, 352, 360
Río Negro (Provinz) 56
Río Paraguay 15, 51, 300, *301*, *303*, 304
Río Paraná 15, *46*, 51, 54, 55, 96, 110, 303, 304, *305*, 348, 352
Río Pastaza 148
Río Patuca 212
Río Polochic 192
Río Putumayo 250
Rio Recife Juàzeiro 94
Río Reventazón 132
Río Salado 54
Río San Juan 249, 288
Río San Pedro 190
Rio São Francisco 96, 110
Río Tocantins 110
Río Ucayali 314
Río Ulúa 209, 212
Río Urubamba 311
Río Uruguay *47*, 51, 54, 351, 352
Río Usumacinta 190, 269
Río Xingu 114
Río Yaque del Norte 144
Ríobamba 149, *149*, 151
Riopelle, Jean-Paul 243
Ríos Morales, Antonio 120
Rivera, Diego 20, 269, *281*, 283
Rivera, José Eustasio 253
Riviera du Sud 184
Rivière de l'Artibonite 204
Rivière du Grand Carbet 184
Rivière Madame 264
Rivière Salée 184
Roatán 75, *208*, 211, 331, 333
Rocha, Glauber 115
Rockefeller, David 392
Rockefeller, John D. 384
Rocky Mountains 14, 15, *18*, 226, 227, 229, *229*, 238, 366, 369, 416, 417
Rodney, George 139
Rodo, José Enrique 353
Rodríguez, Andrés 301, 305
Rodríguez, Manuel Díaz 363

Rodríguez, Marta 253
Rodríguez, Silvio 259
Rodríguez, Simón 363
Rogers, Woodes 65
Roggeveen, Jacob 120
Rokha, Pablo de 127
Rolim de Moura 109
Romero, Oscar Arnulfo 156, 157
Ronde 168
Rondônia 105, 108, 109
Roosevelt, Franklin 369, 372, 373, 377, 382, 423
Roosevelt, Theodore 294, 371, *371*
Roraima-Wasserfälle 199
Rosario 55, 56
Rosario Islands *26*
Rosas, General Manuel de 56
Rosas, João Guimarães 115
Roseau 135, 136, 138
Roseau-River 136
Rosenberg, Ethel 374
Rosenberg, Julius 374
Ross, James Clarke 178, 436
Ross, John 178
Rossinsel 432
Rossmeer 432, 436
Ross-Schelfeis 429, 430
Rourke, Mickey 386
Ruby, Jack 376
Ruggle, Carl 424
Ruiz, Raul 127
Rulfo, Juan 283
Runaway Bay 217
Ruperts-Bucht 136

S

Saavedra, Hernando Arias de 348
Saba 320
Sabana 249
Sábato, Ernesto 45, 59
Sacsayhuamán *308*, 317
Saguaro-Nationalpark *404*
Saint Ann's Bay 219
Saint Augustine 344
Saint Dominique *202*
Saint Malo 222
Saint-Barthélemy 184, 185
Saint-Laurent 162
Saint-Martin 184, 185
Saint-Pierre 264, 265
Sakol, Jeannie 392
Sala y Gómez 124
Salasaca-Indianer 149
Salem 423
Salina Cruz 280
Salinger, Jerome D. 424
Salpeter-Krieg 91, 316
Salta 51, 58
Saltillo 274
Salto 352
Salto Angel *357*
Salvador (Bahia) 110, 111
Salvador (Brasilien) 97, 99, 115
Sam Lord's Castle 69, 71, *71*
Samoa 416
San Agustín 249, 253
San Andrés 250, 252
San Angel 272
San Augustín 150
San Benito 156
San Carlos 291
San Cristóbal de las Casas 269
San Diego 417
San Domingo 24
San Felipe 248

451

Register

San Fernando 344
San Francisco 392, *403*, 405, 406, 412, 413, *413*, 417, 420, 422
San Francisco de Macorís 144
San Francisco de Yare 363
San Ignacio Miní 59
San Ildefonso *411*
San Jerónimo 272
San José 77, 130, *131*, 132, 133, 191
San Juan 20, 423
San Juanito 277
San Lorenzo 212, 268
San Martín, José de 27, 56, *56*, 126, 316
San Miguel 158
San Miguel (Vulkan) 158
San Miguel de Allende *271*
San Miguel de Tucumán 55
San Pedro Claver 248
San Pedro Colombia 77
San Pedro Sula 211, 212
San Rafael 277
San Salvador 156, 157, *157*, 158, 159
San Salvador (Vulkan) 158
San Simeon 413
San Vicente 157
San Vicente (Vulkan) 158
San-Andreas-Graben 14
San-Blas-Archipel *294*
San-Blas-Inseln 297
Sánchez, Florencio 353
Sánchez, José María 297
Sánchez, Oscar Arias 133
Sandinisten 31, 290
Sandino, Augusto César 286, 289, *289*
Sangay 148
Sanguinetti, Julio 353
Sanjines, Jorge 91
Sankt-Lorenz-Golf 222
Sankt-Lorenz-Seeweg 239
Sankt-Lorenz-Strom 15, 22, 221, 222, 223, 224, 226, 238, 242, 366, 367
Santa Ana 158
Santa Ana (Vulkan) 158
Santa Barbara (Honduras) 211
Santa Catalina (Peru) 313
Santa Catarina 104
Santa Cruz (Argentinien) 58, *59*
Santa Cruz (Bolivien) 90
Santa Cruz, Andrés 91
Santa Cruz de la Sierra 89
Santa Elena 211
Santa Fe 422
Santa Fe (Argentinien) 55, 56, 59
Santa Marta 246, 247, 248, 252
Santéria-Kultur 261
Santiago (Dominikanische Republik) 144
Santiago, Miguel de 153
Santiago Atitlán 190
Santiago de Chile 118, *119*, 124, 126, 127
Santiago de Cuba 257, 260
Santiago de los Caballeros 188, 193
Santo Domingo 141, 143, 144, 145, 150, 205
Santos 95, 103
Santos, Lucelia 101
Santos, Nelson Pereira dos 115
São Bernardo do Campo 103
São Francisco 96, 100, 115
São Paulo 96, 97, 98, 100, 102, *102*, 103, *103*, 104, 106, 110, 111, 114, 115
Saramacca 337
Sarney, José 114
Saskatchewan 226, 227, 238, 239
Saut d'Eau *202*
Sauteurs 168
Savane des Pétrifications 264
Savannah 24

Sayíl 275
Sayle, William 65
Scarborough 344
Schafer, Murray 232
Scheel, Walter 380
Schmidl, Utz 44
Schnabel, Julian 384
Schoelcher, Victor 185
Schomburgk, Robert Hermann 199
Schönberg, Arnold 424
Schweinebucht 258, 261, 375
Scientific Committee on Antarctic Research 434
Scoresby Sund 180
Scorsese, Martin 425
Scotland District 70
Scott, Robert 436, 437
Scotts Head 136
Seaga, Edward 217, 219
Seattle 403, 422
Segal, George 424
Selva (Peru) 314, 317
Selznick, David O. 425
Sendero Luminoso siehe Leuchtender Pfad
Sequoia 417
Serra Acarai 198
Serra da Mantiqueira 96
Serra do Espinhaço 96
Serra do Mar 95, 96
Serra Pelada 101
Serranía de Tabasará 296
Sertão 99, 100, 110
Sessions, Roger 424
Sezessionskrieg *369*, 422
Shackleton, Ernest 436
Shakespeare, William 80, 83
Shango-Kult 169, 345
Sheekerley Mountains 40
Shepard, Sam 424
Shirley Heights 39
Sierra de Bahoruco 144
  de Córdoba *49*, 54, 56
  de las Mixtecas *266*
  de los Cuchumatanes 192
  de Perijá 250, 360
  de Trinidad 260
  Guaniguanico 260
  Madre 192, 268, 274, 278
  Maestra 260
  Nevada 359, *402*, 416, 417
  Nevada de Santa Marta 247, 250, 253
Sieur de La Salle 366
Silicon Valley 421
Silva, Jorge 253
Silva, José Asunción 253
Simons, Menno 74
Simpson, Wallis 62
Sinán, Rogelio 297
Sinclair, Upton 424
Singer, Isaac B. 424
Sioux Lookout 231
Sipaliwini 338
Siqueiros, David Alfaro 269, 283
Sirhan, Sirhan 378
Sisimiut 172, 180
Sklavensee, Großer 238
Smallwood, Frank 400
Solanas, Fernando E. 59
Solentiname 288
Solís, Juan Díaz de 56, 348, 352
Sololá *188*, 190
Somers, Sir George 83
Somoza-Clan 31, 286, 289, 290, 291
Søndre Strømfjord 180
Sosúa 142, 143
Soto, Helvio 127
Soto, Jesús Raphael 363
Soufrière 185, 331, *331*, 332

Sousa, Martim Afonso de 95, 97
South Carolina 370
Spanish Lookout 74
Spanish Town 219
Speightstown 69
Spitzbergen 178
St. Augustin 21
St. Augustine 415
St. David's 82
St. Eustatius 320
St. George's 80, 83, 165, 166, *166*, *167*, 168, 169, *169*
St. Georges Cay 75
St. John's 38, *39*, 40, 227
St. Kitts und Nevis 318 bis 321
St. Lucia 322 bis 327
St. Peter's 83
St. Vincent und die Grenadinen 328 bis 333
Stalin 372, 373, 423
Stanford 421
Stann Creek 75, 76, 77
Stein, Benjamin 389
Stein, Gertrude 424
Steinbeck, John E. 424
Stephens, John Lloyd 209
Strawinsky, Igor 424
Stroessner, Alfredo 299, 301, *301*, 303, 304, 305
Subtavia 291
Sucre, Antonio José de 90, 91, 153, 252, 316
Südpol 435, 436
Sukkertoppen 180
Sullivan, Louis 423
Sumo-Indianer 290
Suriname 334 bis 339
Suwannee River 415

T

Tabasco 268, 273, 278
Táchira 363
Tacna 316
Tairona-Indianer 253
Taiwan 381
Tajumulco (Vulkan) 192
Taki-Taki 337
Talcahuano 124
Tamayo, Francisco 357
Tamayo, Rufino 269
Tampico 278
Taos-Pueblo *411*
Tapajós 96
Tarahumara-Indianer 274, 277, *277*
Tarapacá 127, 316
Tarasken 279
Taxco 278
Taylor, Rod 373
Teatro Colón 59
Tegucigalpa 209, 210, *210*, 211, 212, 213
Tehuantepec 273, 278
Tela 211
Temuco 123
Tenancingo 156
Tenochtitlán 270, 281
Teotihuacán 281, 282, *283*
Teotihuacán-Kultur 189
Tepeyac 270
Termas de Reyes 53
Texas 28, 370, 422
Texcocosee 270
The Narrows 320
Thule-Kultur 172, 181
Thunder Bay 239
Tiahuanaco 85, 90, 91, *91*, 317

Tiahuanaco-Kultur 91, 127, 316
Tierradentro 253
Tijuana 275, 278
Tijuca-Wald 106
Tikál 187, *188*, 189, 190, 193
Timehri 196, 199
Titicacasee 86, 90, 91, 311, *311*, 314, 315, 316, 317
Tocqueville, Alexis de 387, 388
Toledo, Francisco de 316
Tollan 281, 282
Tolteken 268, 275, 279, 281
Tonantzín 270
Tontons Macoutes 202, 203, 205
Toronto 223, 226, *226*, 227, 230, 231, 232, 238, 239, 242, 243
Torres, Camilo 252, 253
Tortuga-Insel 204, 205, 360
Totonaken 279
Toussaint-Louvertures 142, 205
Town Hill 82
Townsend, Howard 402
Traiguén 123
Traino-Indianer 145
Transamazónica 111
Trans Canada Highway 227
Traven, Bruno 283
Tres Cruces 53
Tres Leguas 74
Tres Zapotes 268
Treze Tilias 104
Trinidad (Kuba) *258*
Trinidad und Tobago 340 bis 345
Trinity Hills 345
Trio-Indianer 338
Trudeau, Pierre E. 225, 226, 232, 242
Trujillo (Stadt) 211, 310, 314, 317
Trujillo, Hector 145
Trujillo, Rafael Leónidas 141, 142, 143, 145
Truman, Harry S. 372, 373, 377, 423
Truman-Doktrin 373
Tschiang Kai-schek 373
Tschuktschen 177
Tucker's Town *82*
Tucumán 56, 58
Tula 268, 281, 282
Tulcán 150
Tumbaya 52
Tundra 176, 177, 238
Tungurahua 148
Tupac Amaru 316
Tupamaros 348, 353
Tupí-Guaraní 163
Tupí-Indianer 17, 111
Turner, Frederick 28
Turrialba 130
Tuscon *404*
Twain, Mark 83, 387, 424
Txucarramae-Indianer *106*
Tzutuhil-Indianer 190

U

Uaxactún 193
Ulfson, Gunnbjørn 180
Ulúa-Tal 209
Umanak 173, 174
Unión Cívica Radical 57
Union Island 332
Upernavik 173
Upsála-Gletscher 51
Urique-Schlucht 277
Uru 311
Uruguay 346 bis 353
Urville, Jules Dumont d' 436
Ushuaia 51, *55*

Register

Usulután 159
Utah *403*, *411*, *423*
Utila 211
Uxmal 275, 282

V

Valdés 51
Valdivia, Pedro de 118, 119, 123, 126
Valencia 361, 362
Valencia, Guillermo 253
Valle Central 132
Valle de la Luna *119*
Vallejo, César 317
Valparaíso 124, 126
Van Blommestein Meer 338
Vancouver 221, 222, *225*, 226, 227, 230, 231, 232, 238, 239, 243
Vargas, Getulio 114
Vargas Llosa, Mario 317
Velasco Alvarado, Juan 309
Velásquez, Diego 261
Venezuela 354 bis 363
Veracruz (Bundesstaat) 268
Veracruz (Stadt) 268, 273, 279, 281
Veracruz-Kultur *283*
Veraguas-Kultur 297
Verbeke, Carlos 333
Vereinigte Staaten von Amerika 364 bis 425
Vermont 400
Vernon, Edward 297
Verrazano, Giovanni da 366
Vespucci, Amerigo 19, 252, 336, 339, 359, 362
Victoria Peak 76
Videla, Gabriel Gonzáles 120
Videla, Jorge Rafael 58
Viedma 50, 55, *59*

Vietnamkrieg 377, *377*, 379, 383, 408
Vieux Fort 327
Viktoriainsel 238
Vila, José María Vargas 253
Vilcabamba 151
Villa de la Santa Fe 252
Villa de Leiva *248*, 249
Villa el Salvador 308
Villa Independencia 300
Villa, Pancho 274, 276, 282, *282*
Villa Rica de la Vera Cruz 268
Villa-Lobos, Heitor 115
Villanueva, Carlo Raúl 363
Villarica (Vulkan) 118
Villarrica 123
Vinson-Massiv 431
Virginia 21, 22, 367, 368, 422
Voodoo-Kult 145, 185, 199, 201, 202, *202*, 204, 205, 259, 265
Vortundra 228
Vostock-Station 430, 433

W

Waikiki 409
Waitukubuli 136
Wake 416
Wallace, Lewis 424
Warhol, Andy 384, 424
Warner, Thomas 320
Warwick Long Bay *81*
Washington 30, 375, *375*, 376, 379, 383, 385, 403, 420, 422, 423, 424
Washington (Distrikt) 417
Washington, George 22, 366, 367, 368, 369, 371, 422
Washington Post 380, 425
Washingtoner Gipfel *383*
Watergate 380, 382, 383

Watling Island 65
Weddell, James 436
Wegener, Alfred 181, 430
Weißes Haus 373 bis 383
Welles, Orson 425
West Palm Beach 415
Whitman, Walt *395*, 424
Wiesel, Elie 424
Wikinger 172, 174
Wilhelm III. von England 62
Wilhelmina-Gebirge 338
Wilkes, Charles 436
Wilkes-Land 436
William IV. von England 41
Williams, Eric 343
Williams, Tennessee 424
Willoughby, Lord of Parham 199
Wilson, Woodrow 371, 372, 382, 422
Windward Islands 327
Winnipeg 238, 243
Winnipegsee 238
Wisconsin 398, 399, 400
Wolf, Egon 127
Wood-Buffalo-Nationalpark 238
Woodstock 378
Woodward, Bob 380
Wright, Frank L. 243, 423
Wright, Richard 391, 424
Wyler, William 425
Wyoming 417

X

Xingu 96
Xinguano-Indianer *28*
Xingu-Reservat *107*
Xochimilco *269*, 272
Xunantunich 77

Y

Yaguarón 305
Yagul 269
Yale 386, 421
Yanoamö-Indianer *359*
Yaxchilán 269
Yellowstone-Nationalpark *18*, *401*, 417
Yerupaja 314
Yorktown 22, 422
Yoruba-Kult 169
Yosemite-Nationalpark 417
Young Island *329*
Yucatán 17, 19, 73, 76, 77, 192, 213, 273, *274*, 275, 278, 279, *279*, 280, 281, 282
Yukon 416, 417
Yukon-Territorium 227
Yungas 88, 89

Z

Zacatecas 272
Zacatecoluca 158
Zaculeu 193
Zapata, Emiliano 274, 282
Zapoteken 269, 270, 279, 282
Zappa, Frank 425
Zempoala 268
Zipaquirá 249
Zola, Emile 162
Zona da mata 99
Zorobaro 130
Zuckerhut (Rio de Janeiro) *94*
Zulia 363
Zweig, Stefan 294

Bildnachweis

Umschlag: Anthony Verlag/Lindner, Starnberg
Seite 1: Silvestris/Telegraph, Kastl (Freiheitsstatue in New York)
Seite 2/3: Silvestris/Telegraph, Kastl (Rio de Janeiro)
Seite 4/5: Silvestris/Friedel, Kastl (Xingu-Indianer in Brasilien)
Seite 6/7: H. Schmied, München (Landschaft bei Oaxaca in Mexiko)
Seite 8/9: IFA/Nägele, München (Grand Teton in Wyoming/USA)
Seite 10/11: Silvestris/Photo Source, Kastl (vereistes Beringmeer in Alaska)
Seite 12/13: Hamann/Hartz, München (Skyline von New York)

AKG, Berlin 425 o.
Anton, F., München 152 r., 252 l., 276 u., 279 o., r., 282 r., 297, 317 M., u.
Anzenberger/Sioen, Wien 118 r.
Baedeker, B., Freiburg 77 u., 130, 133 u., 210 o. l.
—/Müller 154/155, 206/207, 296 o., 356/357 o., 363 u.
Bavaria/Bias-Eichler, Gauting 243 u.
—/Eckebrecht 59 r., 247 u., 251
—/Fiore 246/247 o., 247 r.
—/French 168 o., 224 l.
—/Hamilton 169 r.
—/Kummels 234 u.
—/Lang 223 o.
—/Laurinpress 381 u.
—/Messerschmidt 414/415 u.
—/Nägele 233 r.
—/Raota 48 o.
—/Rose 260 l.
—/Scholz 261
Bilderberg/Bossemeyer, Hamburg 30 l., 45 o.
—/Ellerbrock u. Schafft 413 M.
—/Grames 20, 402 o., 405 r., 413 r.
—/Horacek 403 r.
—/Kunz 424 o.
—/Volz 382 l.
Binanzer, G., Stuttgart 65 r., 83 u., 166/167 u.
Bongarts, Hamburg 42/43
Bronny/v. d. Lippe, Bochum 172/173 u.
Brouwer, R., Amsterdam 286/287 u.
Cubero, C., Rio de Janeiro 94 l., 97 r., 101, 102 o., 109 o., M., 115 M.
DFVLR, Köln 162
dpa 127 l., 145, 156 o., 158 u., 376 u., 377, 378, 383 r., 388 o., 422 u.
Epple, A., Stuttgart 149 r., 310 o., 390 l.
Franz, R., München 74 l., 74/75 u., 76 l., 193, 268 l., 270/271, 271 r., 274 l., 276 o., M., 277, 279 u., 282 o., 283 u., 368, 368/369 u., 393 r., 397 r., 401 o.
Gamma/Studio X 160/161, 162 r., 163, 243 M., 286 l., 289 o., 301 o., 303, 304 o., 305, 349 o. l., r., 351 r., 352 o., 357 r., 362

Gantzhorn, R., Wilhelmshaven 50/51 u.
Geh-Spinelli, B., München 38, 39 o., 40 u., 65 l., 68, 69, 74/75 o., 78/79, 80, 81 l., 82, 83 o., 138 o., 192 o., 216 o., 216/217 u., 218 o., 324/325 u., 325 u. r., 326 o., r., 327 r., 330, 331 r., 332, 333 l.
Gross, A. M., München 208 l., 212 o., 213, 248 r. u., 412 o.
Grupp, T., North Vancouver 234 M.
Hamann/Gerster, München 16, 17, 18, 21, 26/27 u., 29 r., 30/31 r., 398 r., 404/405 o., 414 M.
—/Hoepker 19, 23 o., 25 r., 26 l., 364/365, 382/383 M., 384/385 u., 385, 386, 387, 388 l., 388/389 u., 389, 391 l., 393 o., 394 l., 394/395 M., 395 o., 396, 396/397 u., 402/403 o., 409 r., 410 l., 411 o., 412/413 u., 415 r.
—/Kunze 44 l., 44/45 u.
—/Mayer 23 l., u., 26 r., 408/409 u.
—/Munzig 24, 25 o.
—/Straiton 237 M.
Hansmann, C., München 153, 242 o., 283 o., 317 o.
Hermann, H., Markgröningen 302 o.
Hoffmann, P.-A., Stuttgart 346/347, 352 u., 392/393 u.
Holzach, E., München 58 r. o.
IFA/Aberham, München 90 u., 188 r., 188/189 u., 192 u., 282 u.
—/AGE 115 u.
—/Amadeus 424 u.
—/Bernard 217 r.
—/Everts 410/411 M., 411 o.
—/Fiedler 252 o.
—/Fred 86 u., 87 r., 265 r., 314 u.
—/Gerig 281 u.
—/Gorter 191 o.
—/Gottschalk 49 r., 54 l., 56 r., 103 o., 121 r., 123 M., 124 r., 126 u.
—/Hoerske 198 r., 336/337 u.
—/Kalden 401 r.
—/KHJ 105 r., 111 o., 114 u., 115 o.
—/Limbrunner 312 o.
—/Meulemann 91
—/Mithra-Gorter 131 o. l.
—/Prenzel 132 r.
—/Schmidt 274/275 o.
—/Schüller 104 l.
—/Seebach 119, 126 o.
—/WPS 46 o., 55 o., 98, 99 o., 102 u., 104/105 o., 122 M., 224 u., 228 u., 300/301 u., 375, 415 l. o.
Inst. f. Auslandsbeziehungen, Stuttgart 156 l., 156/157 o., 158 o., 159
Interfoto, München 56 o., 58 l. o., 178 l., r. M., 367, 369 o., 371, 372, 373, 374, 376 o. r., l., 436/437 M.
Jung, G., Ottobrunn 39 r., 66/67, 70 o., 219, 256/257 u., 321, 322/323, 325 o., 327 l., 331 r., 334/335, 336 l., 336/337 o., 338 r., 339, 340/341, 342 o., 344 l.
Jürgens, Köln 382 o.
Kohnen, H., Bremerhaven 430, 431

Lazi, F., Stuttgart 426/427, 428 u., 436 l.
Limbrunner, A., Dachau 311 u.
Lindner, H. J., Haar 230 l., 243 o., 405 l., 417 o., 423 o.
Lx/Rostami-Rabet, Hamburg 290 o.
Mack, D., München 180
Moog, T., München 242 l.
Nahke, P., Hamburg 64 l.
NASA 435
Neumeister, W., München 46/47 u., 49 o., 52, 53 o. l., 59 o., u., 89 r., 184 l., 313 r., u., 353
Nowosti, Köln 179
Pflücke, R., Rio de Janeiro 122 u., 123 u.
Poblete, J. F., Oberursel 289 o.
Rostami-Rabet, B., Hamburg 284/285, 288, 289 r.
Schapowalow, Archiv, Hamburg 92/93
Schmied, H., München 99 r., 103 r., 225 r., 233 l., 269, 270 l., 271 u., 278
Schnell, A., Germering 188 l.
Silvestris/Alberts, Kastl 390 r.
—/A. N. T. 51 o., 89 M., 144 l., 314 r.
—/ARDEA 54 l., 58 r. M., 116/117, 133 r., 150 l. u., 194/195, 196 l., 197 r., 199, 313 M., 338 u., 357 u., 359 o., 360, 363 l., 416 o., 428 o., 429, 433 o.
—/Arnold 234 o. l., 399
—/Arndt 173 r., 174/175 o., 175 r., 176/177 u., 177 r.
—/Bildhuset 95 r., 291
—/Coleman 110 l., 196 o., 198 l., 348/349 u., 351 o.
—/Cramm 90 o., 250 l., 253 r.
—/Dani-Jeske 29 l., 46 l., 108 u., 110 o., 111 u., 114 o., 208 u., 296 u., 432 l.
—/Eschmert 338 o.
—/Everts 410/411 M., 411 o.
—/Fiedler 252 o.
—/Friedel 28, 36/37, 40 r., 41 l., 60/61, 62, 63 o., 63 u., 64 o., u., 95 o., 96, 97 o., 106, 107, 108 r. o., 110 l., 128/129, 134/135, 136, 139 u., 142/143 u., 144 r., 166 r., o. l., 200/201, 202, 203, 204, 208/209 u., 210 u., 214/215, 216 l., 218 u., 258/259 u., 259 o., 264 o., 265 l., 295 o., l., 331 r., 342 l., 342/343 r., 343 r., 344 r.
—/Gross 138 r.
—/Harding 31 r., 70 u., 140/141, 170/171, 175 u., 176 l., 196/197 u., 248/249 u., 292/293, 294/295 u., 350/351 u., 354/355, 359 r., 361
—/v. Hoorick 137 o., 182/183, 186/187, 195 o., 210/211 o., 254/255, 260 u., 318/319, 333 r.
—/Jürgens 109 u.
—/Kozeny 148/149 u., 152, 309 r., u., 310 l., 312 o., M., 313 r., 314 o.
—/Kraseman 54 o.
—/Lade 72/73, 77 r., 123 r., 143 o., 306/307
—/Lane 108 l., 172 l., 235 M., 238 u., 416 u.
—/Lindenburger 84/85, 87 o. l., 89 o. l., 283 r.
—/Lythgoe 173 o.
—/Marka 316 o.

—/Masterfile 228/229 u.
—/Matthias 281 r.
—/Meyers 228 l.
—/Müller 146/147
—/NASA 379
—/NHPA 417 u.
—/N. N. 432/433 u.
—/Pellegrini 14, 15, 55 l., 63 r., 120, 121 l., 124 o., 127 r., 272, 273, 281 o., 287 r., 398 l., M., 423 l.
—/Pölking 152 o., 408 o.
—/Postl 122 o., 124 l.
—/Reimann 391 M.
—/Rekos 53 r., 55 l.
—/Riepl 76 o.
—/Rohdich 40 o.
—/Schiersmann 177 o.
—/Schäfer 230 l., 395 l., 417 l.
—/Schmidt 191 r.
—/Siegenthaler 391 o. r., 425 r.
—/Stone 71, 143 M., 185, 190/191 u., 266/267, 268 r., 311 r., 326 u., 358/359 u., 400/401 u., 412 M.
—/Suthmann 363 o.
—/Telegraph 58 u., 76 u., 86 o., 94/95 u., 100 o., l., 118 l., 178/179 u., 229 o., 236 o., 238 l., 248 l., 298/299, 300 l., 302 u., 304 o., 308/309 u., 345, 413 o., 422 o.
—/Wothe 131 r., u., 132 o., u., 148 o., 150 l., 150/151 o., 212 l.
Steenmans, H., Mönchengladbach 366, 404 l., 407 o., 408 l., 411 r., 414 o., 423 u., 424 r.
Süddt. Verlag, München 178 o., 178/179 u., 179 r., 380, 381 o., 437 o., r., u.
Teuschl, K., München 234/235 o., 235 r.
Transglobe/Black Star, Hamburg 239 r.
—/Bösenberg 226 l.
—/Fauner 223 r.
—/Ventura 237 o.
Wallraf-Richartz-Museum, Sammlung Ludwig, Köln/Fischer Fine Art Ltd., London 233 l.
Weber, H. J., Hamburg 184 r.
ZEFA/Black Star 137 u., 139 r., 290 o.
—/Blank 406 l.
—/Boutin 250 r.
—/Carle 81 r.
—/Damm 164/165, 167 r., 168 u., 169 l., 226 o., 257 o., r. l., 258 l., 264 u., 325 r., 328/329
—/Eichhorn/Zingel 406/407 u.
—/Englebert 244/245, 253 l., 316 u.
—/Goebel 48/49 u.
—/Kappelmeyer 402 l.
—/Kerth 70 l.
—/Koch 142 l.
—/Kummels 44 o.
—/Masterfile 220/221, 222/223 u., 224/225, 230/231 o., 236 u., 237 u., 239 o., 239 l. u.
—/Phillips 41 r.
—/Strange 320

455